# COLLECTION

DE

# DOCUMENTS INÉDITS

## SUR L'HISTOIRE DE FRANCE

PUBLIÉS PAR LES SOINS

## DU MINISTRE DE L'INSTRUCTION PUBLIQUE.

———◆◆◆———

## PREMIÈRE SÉRIE.

## HISTOIRE POLITIQUE.

# NÉGOCIATIONS

## DIPLOMATIQUES

# DE LA FRANCE AVEC LA TOSCANE

DOCUMENTS RECUEILLIS PAR GIUSEPPE CANESTRINI

ET PUBLIÉS

## PAR ABEL DESJARDINS

DOYEN DE LA FACULTÉ DES LETTRES DE DOUAI

—

## TOME IV

# PARIS

IMPRIMERIE NATIONALE

—

M DCCC LXXII

# NÉGOCIATIONS DIPLOMATIQUES

## DE LA FRANCE

## AVEC LA RÉPUBLIQUE DE FLORENCE

### PENDANT LE XVIᵉ SIÈCLE.

## HUITIÈME PÉRIODE.

### HENRI III.

1574-1589.

### PRÉCIS HISTORIQUE.

Le règne de Henri III est une des époques les plus déplorables de notre histoire.

Un jeune roi, victime d'une corruption précoce et profonde, qui détruit sa santé et ébranle sa raison, jouet d'infâmes mignons ou de favoris insatiables, entraîné à l'abîme par les événements qu'il ne sait ni diriger ni dominer; à ses côtés, une vieille reine rompue à l'intrigue, trop compromise pour conserver son crédit, s'épuisant en efforts stériles, et un prince dont l'incapacité turbulente et l'agitation coupable enlèvent au pays tout espoir de repos; l'immoralité incurable d'une cour dépravée, les ardentes rivalités et les implacables ressentiments des chefs de partis; les convictions religieuses faisant place ou servant de voile aux calculs intéressés et aux honteuses convoitises de l'ambition; l'abaissement prolongé de notre politique extérieure, le peuple en proie à des maux incalculables : tels sont les traits du tableau que présente la France pendant ce règne funeste. C'est une douloureuse période de quinze années, qui ne peut être ni supprimée ni même abrégée : ce règne est en effet la conséquence de celui qui le précède; il explique, en la rehaussant, la valeur de celui qui va suivre. Ceux qui ignorent Henri III ne seront jamais assez reconnaissants envers Henri IV. Il importe donc de recueillir patiemment les témoignages contemporains, surtout quand ils émanent d'hommes, qui par leur position ou leur caractère semblent dégagés de toute prévention, affranchis de tout esprit de parti, de toute passion haineuse. Les correspondants du grand-duc de Toscane remplissent ces conditions d'impartialité; leurs dépositions seront consultées avec fruit par l'historien qui se propose d'étudier la société si troublée de la fin du xvie siècle.

Nos témoins sont de deux sortes :

Les uns sont revêtus d'un caractère public, les autres sont des particuliers placés dans des conditions favorables pour être bien renseignés.

Le grand-duc François Ier eut pour représentants à la cour de France :

1° VINCENZIO ALAMANNI (déjà accrédité auprès de Charles IX), de 1574 à 1576;
11° SINOLFO SARACINI, de 1576 à 1580.

A cette époque la question de la préséance, question si longtemps débattue entre la Savoie, Ferrare et Florence, ayant été décidée contre ce dernier État, le grand-duc, offensé, rappela son ambassadeur; il choisit alors pour correspondants secrets :

111° RENIERI DA COLLE et GIULIO BUSINI, de 1580 à 1582.

Vers la fin de l'année 1581 il chargea un de ses secrétaires d'une mission en France, et il reçut de lui un certain nombre de dépêches. Ce secrétaire s'appelait

IV° ANDREA ALBERTANI, de 1581 à 1583.

Après son départ, la correspondance fut reprise par

v° GIULIO BUSINI, de 1583 à 1585;

Et, après lui, par

vi° FILIPPO CAVRIANA, de 1585 à 1589.

Enfin le grand-duc Ferdinand envoya en France un des principaux banquiers florentins avec mission de négocier son mariage avec la princesse de Lorraine. De là une dernière correspondance, celle de

vii° ORAZIO RUCELLAÏ, 1588-1589.

Cette période se divise donc en sept sections distinctes.

PREMIÈRE SECTION.

# I. LÉGATION DE VINCENZIO ALAMANNI.

(Suite et fin.)

DÉPÊCHES ET EXTRAITS DISTRIBUÉS SOUS VINGT-DEUX TITRES.

Juin 1574-juin 1576 (pages 11 - 74).

L'ambassadeur raconte, en les appréciant, les événements qui se succèdent pendant ces deux années : les embarras politiques et financiers de la Reine mère; le retour du Roi, qui s'échappe de la Pologne comme d'une geôle; sa triste campagne dans les provinces du midi de la France; son mariage avec mademoiselle de Vaudemont; ses efforts persévérants pour éloigner son frère, qu'il n'aime pas et qu'il redoute. Dans son désir de s'en débarrasser, il alla jusqu'à chercher à constituer en sa faveur un état à Gênes, en prenant la flotte turque pour auxiliaire (Dép. XI et XII, p. 39 et 41). Cet étrange projet fut presque aussitôt abandonné.

La fuite de *Monsieur* et ses conséquences sont exposées et jugées avec autant de bon sens que de talent (XIV–XXII, p. 44 et 70).

Témoin de la profonde détresse du pays, et des misères qu'entraînaient et la faiblesse du gouvernement et les sanglantes rivalités des grands, Alamanni quitta la France sans conserver la moindre illusion sur l'avenir du nouveau règne. Il avait assez longtemps résidé dans le royaume pour ne pas pouvoir partager l'opinion trop favorable émise sur Henri III par l'ambassadeur vénitien Jean Michel, qui écrivait, en 1575 : *Non si può negare che il Re non sia pieno d'ingegno, e anco di giudizio, come si conosce dalli suoi ragionamenti*[1]. Les premiers actes du Roi ne lui permettaient pas de compter sur la sûreté de son jugement. Ce qu'il admettait, avec tout le monde, c'est que ce prince aussi infortuné que coupable ne devait pas vivre longtemps. Sous ce rapport il était d'accord avec Jean Michel[2]. Cette croyance trop répandue augmentait les forces et l'importance du parti du duc d'Alençon.

[1] *Relations des ambassadeurs vénitiens*, Tommaseo, t. II, p. 236.

[2] *Id.* t. II, p. 234 : «Non lascerò di dire «alla Serenità Vostra quello che di là ho «trovato esser impresso negli animi di cias-«cuno: che la Sua Maestà non sia per avere «longa vita; avendo, secondo dicono, dell' «indisposizioni grandi, occulte, e partico-«larmente una naturale e perpetua indiges-«tione.»

## DEUXIÈME SECTION.
# II. LÉGATION DU CHEVALIER SINOLFO SARACINI.
### DÉPÊCHES OU EXTRAITS DISTRIBUÉS SOUS QUARANTE-SEPT TITRES.

Juillet 1576-février 1580 (p. 75-286).

Le nouvel ambassadeur était loin d'avoir le mérite de son prédécesseur : c'était un homme négligent et médiocre; mais son secrétaire, Curzio da Picchena, tenait presque toujours la plume, et, si c'était un homme sans scrupule, il ne manquait ni d'intelligence ni d'activité. Cette légation présente donc un sérieux intérêt. Elle renferme d'importants détails sur les commencements de la Ligue, sur la tenue des premiers États de Blois, sur les affaires de Flandre et sur la conduite du duc d'Alençon, sur sa déplorable campagne et sur les éternelles négociations de son mariage avec la reine d'Angleterre; sur le long voyage politique entrepris par la Reine mère pour pacifier le midi de la France. Nous ne pouvons indiquer ici que les points principaux sur lesquels les lettres de l'envoyé florentin jettent une vive lumière. Il faut y joindre mille traits de caractère touchant les personnages de la cour, mille incidents qui révèlent la physionomie de cette malheureuse époque.

C'est avec autant de surprise que d'indignation que nous avons trouvé dans cette correspondance toute une longue négociation secrète, dont l'objet est de faire assassiner par des sicaires de profession les proscrits florentins réfugiés en Angleterre ou en France. C'est le secrétaire de l'ambassade qui conduit, avec une incroyable persévérance, cette hideuse entreprise, à laquelle l'ambassadeur lui-même prête les mains avec une complaisance qu'on ne saurait trop flétrir (XV-XXXVII, presque sans exception, p. 111-240). Nous ne sachions pas que jamais agent diplomatique ait été aussi dépourvu de pudeur et de sens moral.

Avec la légation de Sinolfo Saracini finissent les relations officielles. La préséance à laquelle prétendait François Ier de Médicis, en qualité de grand-duc, sur les ducs de Savoie et de Ferrare, lui ayant été définitivement déniée (XLVI, p. 273), l'ambassadeur florentin fut immédiatement rappelé, et le chiffre de la correspondance secrète fut confié à des particuliers. Les deux premiers furent le banquier Busini et l'ingénieur Renieri da Colle.

## III. CORRESPONDANCE DE RENIERI DA COLLE ET DE GIULIO BUSINI.

DÉPÊCHES OU EXTRAITS DISTRIBUÉS SOUS VINGT-CINQ TITRES.

Février 1580-novembre 1582 (p. 287-431).

Les lettres des deux correspondants sont adressées tantôt à Viterbe, tantôt à Rome, à des intermédiaires qui les faisaient tenir aux secrétaires du grand-duc. Énéa Renieri da Colle, surnommé *le Bellarmato*, était un ingénieur militaire attaché au service du roi de France; c'était un homme d'une incontestable valeur, et que sa position mettait à même d'être bien renseigné. Lorsque ses fonctions l'obligeaient à quitter la cour, il était suppléé par Giulio Busini, qui appartenait à une riche famille de négociants ou de banquiers florentins, dont il était le représentant à Paris.

Tous les événements qui se succèdent pendant ces trois années sont passés en revue dans cette correspondance avec un soin minutieux, et racontés, surtout par Renieri, d'une façon vive et piquante.

Les négociations relatives au mariage du duc d'Alençon avec la reine Élisabeth étaient sans cesse abandonnées et reprises; cette union singulière, que le Roi considéra un moment comme un fait accompli (XIX, 26 novembre 1581, p. 409), donnait prise aux critiques les plus judicieuses. Renieri s'en fit l'interprète (XIX, 14 novembre 1581, p. 409-416)[1].

L'intervention, en quelque sorte intermittente et toujours maladroite, de *Monsieur* en Flandre est bien jugée par Renieri dans la plupart de ses lettres (voyez surtout la dépêche XVII, p. 394-404). La mystérieuse affaire de Salcède est exposée, sinon éclaircie, avec une scrupuleuse attention (XXIII, XXIV, p. 423-429).

L'intervention indirecte du gouvernement dans les Pays-Bas n'était pas la seule cause de désaccord entre la France et l'Espagne. La succession à la couronne de Portugal venait de s'ouvrir; Philippe II réclama le trône et s'arrangea de manière à

---

[1] «Altri, écrit Renieri, che misurano il «nono cielo a un dito presso, conchiudono «che il detto parentado non è credibile per «alcuna ragione; e, fra le altre cose, alle-«gano che la grande differenza dell' età, «*quantum ad fœminam* di già senile *usque ad* «*sterilitatem*, leva la speranza de' figliuoli; «ella sa che *fama volavit*, e che Sua Altezza «lo sa o deve sapere; e sa che, il Re non «avendo figliuoli, se venisse a morire, Sua «Altezza la lascierebbe dormir sola, se di già «la femina non volesse seguire il maschio in «Francia. Che, se ciò avvenisse, per una ra-«dunanza degli Stati di questo regno, Sua «Altezza arebbe dispensa di repudiarla per «pigliarne un' altra, *causâ prolis*, etc.»

l'obtenir. Catherine de Médicis, dont les prétentions, très-peu fondées, avaient été écartées, prit le parti du prieur Antoine de Crato, et envoya, sous le commandement de Strozzi, aux Açores, une flotte qui essuya un échec complet. Nos deux Florentins nous transmettent sur cet épisode des renseignements curieux (XVIII. p. 404, et XXV, p. 429).

Ils nous apprennent en outre que la révolte des provinces prenait un caractère social, réunissant sous un même drapeau, et au service d'une même cause, huguenots et catholiques (I, p. 287-299)[1]; ils nous éclairent enfin sur les dangereuses menées de Philippe II, qui comptait parmi ses pensionnaires en France les Guise, les Biron. et jusqu'à certains chefs du parti protestant (XI, p. 346-354; XV, p. 373-380: XVII, p. 394-404)[2].

QUATRIÈME SECTION.

## IV. CORRESPONDANCE D'ANDREA ALBERTANI.

DÉPÊCHES OU EXTRAITS DISTRIBUÉS SOUS HUIT TITRES.

Novembre 1581-mars 1583 (p. 432-461).

Albertani était un des secrétaires du grand-duc, qui l'avait envoyé en France pour y poursuivre le recouvrement d'une créance. Sa correspondance complète celle de Busini et de Renieri jusqu'à la fin de 1582; elle la continue pendant les premiers mois de 1583. Elle nous renseigne sur la situation des partis, sur le déclin de l'autorité de la Reine mère et sur le crédit des deux favoris; sur le procès de Salcède; sur le malheureux coup de main tenté par *Monsieur* sur Anvers: elle nous introduit enfin dans l'intérieur même du Roi, dont elle nous signale les prodigalités et la folle conduite.

CINQUIEME SECTION.

## V. CORRESPONDANCE DE GIULIO BUSINI.

DÉPÊCHES OU EXTRAITS DISTRIBUÉS SOUS TRENTE ET UN TITRES.

Avril 1583-novembre 1585 (p. 462-601).

Après le départ d'Albertani, Busini reprend la plume. Il mande fidèlement aux

[1] Renieri écrit le 15 février 1580, à propos de la révolte du Dauphiné : «I popoli, «tanto delle città e terre murate che della «campagna, delle due religioni, si sono uniti «con promesse di mantenere l'uno l'altro.»

[2] Après avoir cité parmi les pensionnaires du roi Catholique les Guise et le maréchal de Biron, Renieri ajoute : «Ancora dicono «che Sua Maestà Cattolica non si contenta «di praticare i cattolici, ma ancora abbi'in-«telligenza con alcuni ugonotti, e di conto. «per impedire lo stabilimento della pace.»

secrétaires du grand-duc ce qui se passe en France : les excès de dévotion du Roi, la triste situation de *Monsieur*, qui revient de Flandre, malade, déconsidéré, ruiné; l'affront public que le Roi inflige imprudemment à sa sœur, la reine de Navarre; la prétendue conspiration dirigée contre le frère du Roi [1]; la réconciliation de ce prince avec Sa Majesté; la dernière maladie, la mort et les obsèques de *Monsieur*. (Voir les dépêches XIII, XIV et XV, p. 497-516, remplies de détails du plus haut intérêt.)

On peut affirmer que la correspondance des Florentins renferme sur la vie et sur la mort du duc d'Alençon les renseignements les plus complets et les plus précieux. Le jugement qu'ils ont porté sur lui confirme pleinement l'opinion de Busbecq, qui, le 18 juin 1584, écrivait à l'Empereur son maître : « Plusieurs « pensent que la mort de *Monsieur* est plus avantageuse à l'État que sa vie : prince « qui donnait dans les mauvais conseils de ministres malhabiles; qui ne savait pas « discerner les amis des flatteurs, une grande d'une bonne réputation; facile à « entreprendre, plus facile à se désister; toujours inconstant, inquiet, léger, tou- « jours prêt à troubler la tranquillité la mieux établie [2]. »

Lorsque l'héritier présomptif de la couronne eut disparu de la scène, la situation du Roi et du royaume devint plus grave, et les lettres de Busini plus dignes d'attention. Aucun fait, aucun détail ne lui échappe. Il signale l'assassinat du prince d'Orange et ses conséquences; la faveur insolente de d'Épernon; les poursuites dirigées contre les gens de finance, et les réformes voulues plutôt que réalisées par le Roi; la création des quarante-cinq; les armements secrets des Guise.

Les manifestations séditieuses de la Ligue, au printemps de 1585, sont décrites avec de grands développements (XXIII-XXVIII, p. 554-592). On sait que le Roi fut contraint de souscrire à toutes les volontés des Ligueurs et de déchirer l'édit de pacification, jetant ainsi, malgré lui, un défi au parti protestant. C'est à ce moment que s'arrête la correspondance de Busini.

------

## VI. CORRESPONDANCE DE FILIPPO CAVRIANA.

DÉPÊCHES DISTRIBUÉES SOUS CINQUANTE-DEUX TITRES.

Novembre 1584-mars 1589 (p. 602-867).

Voici la partie la plus importante de ce volume. Cavriana, médecin mantouan,

[1] Dépêche IX, 9 janvier 1584, p. 479. A ce propos, le Roi aurait prononcé cette parole significative : « Questa è un' altra *Sal-* « *cedata;* » ce qui donnerait à penser que le malheureux Salcède n'était pas aussi coupable qu'on serait tenté de le croire d'après l'horrible supplice qu'on lui fit subir.

[2] *Archives curieuses de l'histoire de France*, Cimber et Danjou, 1ʳᵉ série, t. X, p. 114.

habitait depuis longtemps la France; attaché d'abord à la fortune du duc de Nevers, qui était un Gonzague, et plus tard au service de la Reine mère, il était au courant des affaires et des intrigues. Ce n'est pas seulement un homme renseigné, c'est un homme qui a le sens politique et un écrivain distingué [1]. Ces lettres, que nous reproduisons toutes et tout entières, renferment l'histoire la plus vraie et la plus saisissante que nous connaissions de la fin du règne de Henri III. Les événements tragiques qui se préparent et s'accomplissent, pendant cette période de cinq ans, sont racontés avec un rare talent, et appréciés avec une grande justesse de coup d'œil. Cavriana n'écrit pas avec indifférence et pour s'acquitter d'un devoir; il a une opinion, une croyance, un système. Italien et catholique, il voit les Ligueurs à l'œuvre et il les juge avec une grande sévérité. Il les condamne avec autant de persistance que d'énergie [2]. C'est là, à notre avis, le principal mérite de sa correspondance; sur ce point délicat et controversé, son témoignage est considérable.

A l'instant où il prend la plume une lutte implacable et fatale est engagée entre le Roi et les Guise. Cavriana, dès le début, comprend qu'une réconciliation est impossible. *L'odio che ha il Re contro il duca di Guisa e il suo cardinale è immortale* (dépêche I^re, p. 603-605). Il connaît la cour et il la juge : *La corte è povera, infame, piena di uomini bassi, creati da Joyeuse e Epernon* (id. ibid.). La guerre est inévitable, mais comment la faire? *Come fare la guerra, senza denari, senza vettovaglie e senza capitani? essendo morti quasi tutti i più esercitati; nè vene essendo ora che di giovani, inesperti, arroganti e licenziosissimi* (XXII, p. 697-704) [3]. C'est à désespérer de l'avenir de la France : *Questo*, dit-il en terminant sa lettre du 30 septembre 1586, *questo è lo stato di questo regno, povero, esausto, diviso, infermo, fraudolente, e che se ne va all' occaso, con gran dispiacere di ognuno che ama il publico* (XIV, p. 655-661).

L'habile Italien prévoit les événements et il les prédit; à la veille de la journée

---

[1] C'est à Cavriana que nous devons la belle relation de la Saint-Barthélemy, insérée dans notre troisième volume.

[2] Il serait trop long de citer tous les passages relatifs à la Ligue. En voici deux pris au hasard : «... e in questo mezzo, Madonna Santa Lega ha rovinato Madonna Santa Chiesa Cattolica Romana» (dépêche XIV, 30 septembre 1586, p. 660). «Con il Re s'intendono i signori ricchi, i vecchi capitani, gli uomini maturi, e buona parte del clero, perchè cotesti sanno, che i signori Ligarii non sono infervorati del servizio di Dio, ma del loro proprio, e di crescere in ogni maniera che sia» (dépêche XXII, 5 juillet 1587, p. 697).

[3] Comment l'ambassadeur vénitien Lippomano juge-t-il l'entourage du Roi, en 1577? «Tutti giovani, écrit-il, e forse ancora più carichi d'anni che di consiglio.» (*Relations des ambassadeurs vénitiens*, Tommaseo, t. II, p. 506.)

des Barricades, il écrit : *Signor mio, questa è una delle maggiori rivolte e ribellioni che si udisse mai; e temo molto che, prima che sia un mese, io vi scriverò un accidente stranissimo : Guisa vuol regnare, e il Re può poco per impedirlo, di sorte che sarà costretto di andare sotto l'imperio del suo soggetto* (XXXIV, p. 771-775). Il raconte avec son art accoutumé, dans sa lettre du 13 mai, la révolution dont Paris vient d'être le théâtre, et il ajoute : *La crise che io dissi a vostra signoria che si farebbe molto tosto, si è fatta, e non è per anco fornita; perchè andrà più innanzi, e sempre in peggiorando; e si attenterà alla persona del Re* (XXXV, p. 775-782). «Le duc de «Guise, dit-il plus loin (XXXIX, p. 790-794), n'en viendra point à ses fins; c'est «une grande monarchie qui s'écroule, pour faire place à la démocratie.» Sa perspicacité n'est jamais en défaut : «Croyez, dit-il le 1er juillet 1588, croyez qu'un «jour ou l'autre on en viendra au poignard[1].» Puis le 26 juillet : «On s'attend «à voir naître quelque Cassius ou quelque Brutus[2].» Enfin, le 12 septembre : «Dieu veuille que nous ne voyions pas couler le sang[3]!»

A dater de l'ouverture des États de Blois, toutes les lettres de Cavriana sont du plus haut intérêt : soit qu'il nous fasse assister au conseil de famille tenu par les Guise, pour savoir si le duc leur chef doit se laisser enfermer chaque nuit dans cette cage de Blois, *in questa gabbia di Blois* (XLVI, p. 826-834); soit qu'il nous raconte l'assassinat du 23 décembre et qu'il nous fasse assister à l'entrevue du Roi et de sa mère, entrevue dont il était le seul témoin (XLVIII, p. 842-846); soit qu'il nous raconte les derniers moments de la Reine mère (L, p. 853-858); soit qu'il nous montre les prédicateurs et le peuple de Paris appelant au trône le roi de Navarre, tout hérétique qu'il est, de préférence à Henri III (L et LI, p. 853-864); soit enfin que, à la date du 11 mars 1589, il annonce avec certitude la mort prochaine et sanglante du Roi[4]. A tous les points de vue cette correspondance est une des plus remarquables de notre recueil.

Nous insérons à la suite (p. 868-872) une lettre du cardinal légat Morosini, qui explique et justifie la conduite qu'il a tenue à l'égard du Roi après le double assassinat du duc et du cardinal de Guise.

---

[1] «Vostra signoria creda che si verrà un «dì al pugnale. Io veggo di già la festa» (dépêche XL, p. 795).

[2] «Si giudica bene che possa nascere «qualche Cassio o qualche Bruto» (dépêche XLI, p. 802).

[3] «Dio voglia che non naschi sedizione e «sangue!» (dépêche XLV, p. 823). «Dio «voglia che non sia acerbo!» (*Ibid.* p. 825.)

[4] «Del Re non si è memoria nè rispetto: «e si parla da ognuno di torgli la vita con «l'imperio; e di già si sono posti all'ordine «per eseguire questa impia e scelerata loro «deliberazione» (dépêche LII, p. 865).

## VII. CORRESPONDANCE D'ORAZIO RUCELLAI.

DÉPÊCHES ET EXTRAITS DISTRIBUÉS SOUS SIX TITRES.

Octobre 1588-février 1589 (p. 873-884).

Le 19 octobre 1587, Ferdinand de Médicis devenait grand-duc à la place de son frère François I<sup>er</sup>; il renonçait à son chapeau de cardinal, et peu de temps après il recherchait et obtenait la main de la jeune princesse Christine de Lorraine, petite-fille, par sa mère Claude de France, de Catherine de Médicis, et nièce de Henri III. Orazio Rucellaï fut chargé de négocier cette alliance, qui eut pour conséquence de rapprocher la cour de Toscane de la cour de France. Nous avons extrait de la correspondance très-volumineuse de l'envoyé florentin tous les passages qui nous ont paru présenter quelque intérêt historique. A la suite des lettres de Rucellaï se trouve le traité secret conclu par son entremise, et aux termes duquel le marquisat de Saluces devait être engagé au grand-duc en échange d'une somme de huit cent mille écus (VI, p. 881-884).

Le dernier document que renferme ce volume est une lettre du comte de Lenoncourt, annonçant l'assassinat de Henri III (p. 884).

Après avoir rappelé cette mort tragique, Agrippa d'Aubigné ajoute : « Voilà la « fin de Henri troisiesme, prince d'agréable conversation avec les siens, amateur « des lettres, libéral par delà tous les rois, courageux en sa jeunesse et lors désiré « de tous, en vieillesse aimé de peu ; qui avait de grandes parties de roi, souhaité « pour l'estre avant qu'il le fust, et digne du royaume s'il n'eust point regné. C'est « ce qu'en peut dire un bon François [1]. »

Nous pensons, nous, qu'un bon Français n'en doit pas tant dire, et que d'Aubigné est trop indulgent. Il parle de la vieillesse de ce prince, qui est mort à trente-huit ans. En effet, il était vieux, mais cette vieillesse prématurée était le résultat et le châtiment de ses mœurs infâmes. Quoiqu'il ait été doué de quelques qualités aimables, d'une assez remarquable finesse d'esprit, et même d'une éloquence naturelle, il n'en a pas moins été le plus incapable, le plus indolent. nous avons presque dit le plus insensé des rois. Après un règne aussi honteux que funeste, il a laissé en mourant la France démembrée, le peuple ruiné et la royauté avilie. Tout était perdu ; Henri IV a tout sauvé.

[1] Agrippa d'Aubigné, *Hist. universelle*, liv. II, chap. XXII.

## PREMIÈRE SECTION.

# I. LÉGATION DE VINCENZIO ALAMANNI.

(SUITE ET FIN.)

Juin 1574 - juin 1576.

---

### I.

### ALAMANNI AU GRAND-DUC.

(*Arch. Med.* Legazioni di Francia, filza 13.)

Juin et juillet 1574.

Sommaire. — *Dépêche du 8 juin.* Paris. Levée de reîtres faite par les huguenots. Tentative d'évasion du roi de Navarre et du duc d'Alençon. Échec du duc de Montpensier devant Fontenay. Médiation de La Noue sollicitée par la Reine mère. — *Dépêche du 14 juin.* Visite à la Reine veuve; étiquette: deuil rigoureux. Échec de Montluc en Gascogne. — *Dépêche du 15 juin.* Murmures contre la Reine mère, accusée d'avoir usurpé la régence, que les États ont seuls le droit de conférer. Intelligences du prince de Condé et du duc de Bouillon avec le duc d'Alençon; troubles imminents. — *Dépêche du 20 juin.* Attaques nouvelles dirigées contre Lusignan et Fontenay. — *Dépêche du 22 juin.* Assemblée menaçante des chefs huguenots sur les bords du Rhin : ils comptent sur le concours des Suisses. Envoi de M. de Schomberg en Allemagne, pour y enrôler, au nom du Roi, six mille reîtres. Départ de l'ambassadeur d'Angleterre; bel état de la flotte anglaise. — *Dépêche du 2 juillet.* Exécution de Montgommery. Le maréchal de Montmorency, prisonnier, cherche à se procurer du contre-poison. Propositions secrètes de l'ambassadeur d'Angleterre au duc d'Alençon. — *Dépêche du 5 juillet.* Accord conclu avec La Noue. — *Dépêche du 16 juillet.* La Reine mère, à court d'argent, sollicite instamment le grand-duc de lui en prêter. Troubles en Dauphiné, en Languedoc, en Bretagne et en Picardie. — *Dépêche du 19 juillet.* Tentative en Flandre, pour amener la paix entre le prince d'Orange et les Espagnols; intervention de la reine d'Angleterre. Aventure de la princesse de Navarre. La Reine mère et le maréchal de Montmorency.

8 juin.

Sono dubbii che la leva dei raitri fatta in Alamagna da Casimiro non sia per contro la Francia, fomentata e sollicitata dal principe di Condé e da M. di Thoré, fratello del duca di Montmorency; questo timore grandemente s'accresce col ritorno del marescial di Retz, dai gentiluomini del quale s'intese che i raitri sono prontissimi per venir qua a favore degli ugonotti, nè loro manca altro che danari.

2.

Un figlio del già M. de Bricquemaut, volendo impadronirsi d'un ponte sulla Loira, è stato preso a Décize, e condotto a Nevers, dove, dicesi, s'è ordinato se gli mozzi la testa.

S'è anche detto che Monsignore d'Alençon e il re di Navarra abbiano di nuovo tentato di fuggir da Parigi.

Il duca di Montpensier, tenendo assediato Fontenay, volle tentar la fortuna di pigliarlo per assalto, e ci ha perso molta gente.

A La Noue è stato spedito l'abbate Guadagni; e partì ieri con ordine di riappiccare in qualche modo, con le grandi offerte per la sicurtà, la pratica dell'accordo; ma ci è poca speranza, facendosi, al credere dei più savi, ad ingannarsi l'un l'altro il più che possono.

14 juin.

Visitai la Regina vedova, da me ritrovata in una oscurissima camera, le cui mura e il palco di sopra e di sotto erano tutti parati di nero; nel qual luogo, al lume di due piccole candelette che a pena risplendono, ella ha da stare, sino al quarantesimo giorno, a piangere la morte del Re, suo consorte.

Era Sua Maestà, come è usanza del paese, coperta dal capo alle piante di bianco; ed erano così fatte ancora tutte le dame, essendo li gentiluomini e signori che le assistevano vestiti tutti di gramaglie nere lunghissime; il che faceva, con la mistione del color nero e bianco, e con le faccie loro del color della morte in quella oscurità grandissima, un molto acerbo e doloroso spettacolo a riguardare.

In Guascogna M. di Montluc, M. di la Valette, e certi altri capi cattolici hanno fatto dare un assalto a Clérac, dove si è combattuto assai, con morti di molti dall'una parte e dall'altra, ma il luogo non si è preso.

15 juin.

S'intende chè molti populi hanno inteso mal volentieri il regentato della Regina Madre, come cosa non seguita più, e contro li Ordini di Francia, a' quali stava la dichiarazione della reggenza, e non al parla-

mento di Parigi nè al consiglio ; nè è dubbio alcuno che molta gente
sta sollevata e prestissima, in caso che si avessi a mutare governo. E,
senza occasione apparente, nessuno ardisce far novità con poca speranza di profittare ; ma, se a' questi principi fusse riuscita la fuga, o
che d'Alamagna venga gente, come si dubita, se bene non ha chi gli
faccia spalle come altre volte, si vederebbe in questo regno gran mutazioni.

Io son ito riservato con la Regina Madre nelle offerte, conforme' al
comandamento di Vostra Altezza, non lassando però di certificarla
dell'affezione e servitù; e se io m'allargassi davantaggio, non dubito
punto che Sua Maestà si risolverebbe a farle qualche domanda di denari, de' quali se ne ha necessità più che mai.

Si dice che è stato scoperto alla Regina Madre, che il duca di Bouillon si è offerto a Monsignore d'Alençon dieci mila fanti e due mila
cavalli, in caso si possa valere del nome di Sua Altezza per la Francia:
che il principe di Condé ha intelligenze in due piazze forti di Piccardia:
vi vada con gente, lo riceveranno ; e che le compagnie de' reggimenti si
riempiono di soldati sospetti, per potersene servire a ogni occasione:
e che Sua Maestà ci facci tenere buona guardia. Si dice ancora che a
tutti li dipendenti di casa Montmorency che hanno carica, è stata loro
sospesa l'autorità di governare sino all'arrivo del Re.

20 juin.

Si è dato ordine che in Poitou vada artiglieria, per battere Lusignan
e Fontenay che tengono li ugonotti, e che il duca di Montpensier faccia
ogni forza di ricuperare queste due piazze, sendo di molta importanza
per li passaggi di questa provincia.

22 juin.

Si dice che Casimiro, il principe di Condé, M. di Méru e M. di
Thoré, fratelli di Montmorency, un figliuolo dell'ammiraglio Châtillon, e un altro di M. d'Andelot, vicino a Strasbourg, hanno fatto dieta,
e risoluto di condurre in Francia, per la strada de' Svizzeri, e di là a

Ginevra, sei in otto mila raitri e quattro mila lanzichenecchi; e altri ci aggiungono che i Cantoni Svizzeri ugonotti gli concederanno la leva di quattro mila uomini, cosa, che se avesse effetto, sarebbe di grandissima conseguenza e molto perniciosa alla Francia.

Di qui si spedisce in Alamagna M. di Schomberg, con ordine di fare ancor lui, in nome del Re, una leva di sei mila raitri; ma ha assegnamento di pochi denari, e s'è detto che li cardinali di Bourbon, Lorena e Este accomodano la Corona di cento mila scudi per questo effetto. Altri dicono che M. di Schomberg porta denari e gioie, per presentare in Alamagna, e operare che questi raitri non si muovano.

Si dice ancora che l'ambasciatore straordinario d'Inghilterra, licenziatosi questa mattina, se ne parte senza avere voluto comunicare le sue commissioni alla Regina Madre Reggente, poichè, per la malatia e la morte del Cristianissimo, non ha potuto dirle a Sua Maestà. È ben cosa certissima che quella Regina ha in essere la più bella armata che abbi mai avuta, e si crede per impedire la Cattolica, in caso venga in Fiandra.

In questo proposito, m'è stato riferito, che un gentiluomo ha detto all'ambasciatore d'Inghilterra, venendo lui di Spagna, che sa l'armata Cattolica non essere per Fiandra, ma contro Vostra Altezza (il granduca di Toscana).

2 juillet.

Vostra Altezza arà intesa l'esecuzione fatta di Montgommery; il quale, dopo essere stato decapitato pubblicamente, fu messo in quarti, e la testa lassata nella piazza della città, se bene la notte seguente e l'una e li altri furono levati via. Esso morse ugonotto, e volse che il populo sapessi che egli mai era stato consapevole di congiura alcuna contro il Re, ma che solo aveva preso le armi per difesa della vita e della sua religione, per la quale moriva volentieri; e mandò a pregar la Regina Madre Reggente, che avessi pietà di nove figli ch'egli lassava, i quali tutti nella sentenza sono stati dichiarati ignobili, e i beni confiscati.

Delli marescialli di Montmorency e Cossé per ancora non se ne parla, se bene alcuni han dubitato che Cossé sia morto; ma non s'è verificato.

M. di Montmorency ha mandato a chiedere alla moglie l'olio contro a veleno che Vostra Altezza gli mandò; ma gli gioverà poco, se lo vorrano far morire per quella via.

Il Buonaccorsi m'ha detto in confidenza che l'ambasciatore d'Inghilterra, parlando al duca d'Alençon, gli disse : « Io arei a parlare a « Vostra Altezza di qualche cosa d'importanza; però mandimi a casa « uno de'suoi più confidenti, che gli dirò tutto. » E Sua Altezza ci mandò lui; e gli fu detto che la Regina d'Inghilterra prometteva a Monsignore d'Alençon per ora dugento mila scudi, e quanta gente sapeva domandare per suo aiuto, con ogni altra cosa necessaria; e che esso, nel referire a Sua Altezza questa offerta, gli disse che non ci dessi orecchie, anzi che non si voleva impacciare contro questo regno. Questa è stata la causa della sua prigionia [1]; ma non ha già confessato questo particolare alla Regina Madre, nè ad alcun altro; ma sì bene ha detto nella sua esamina, che Inghilterra offeriva raccomandare e aiutare d'Alençon per quanto starà in lei, secondo gli aveva detto l'ambasciatore di quella Regina; e che esso, come fedele servitore del Re e di suo padrone, aveva consigliato a non porgere orecchie a'Inghilterra in queste cose. Di che sendosi certificata Sua Maestà, lo fece liberare; e, se bene ha ordine di non seguire per ora Alençon, non lassa per questo la Regina Madre di beneficarlo di un dono che gli aveva promesso con certe altre cose, che ne caverà dieci mila franchi.

5 juillet.

Si dice conclusa la tregua con La Noue, nel Poitou, per due mesi : se è vero, non vuol dir altro, che dar modo senza pericolo alli ugonotti di ritirar nelle piazze che tengono tutte le raccolte di quel paese.

---

[1] Il s'agit ici de Buonaccorsi et non pas du prince.

ı 6 juillet.

Solite premure della Regina Madre all'ambasciatore, per aver denari in prestito
dal granduca.

Narrazione delle esequie fatte a Re Carlo IX, e del sepellimento a Saint-Denis.

Che M. de Guitry fu condotto a Parigi, e, dopo aver parlato alla Regina
Madre, n'è stato rimandato a casa, con giuramento di mai più pigliar arme contro
il Re.


In Delfinato gli ugonotti sono più forti che mai; e il principe Delfino non può per ora resistere alle forze loro, rispetto alli sollevati che
sono venuti in quella provincia della Linguadoca, dove per adesso seguono pochi progressi, per causa della tregua. E del mareścial Damville dicono molte cose : che egli fa contro il servizio del Re; nè, per
quanto ha potuto, ha comportato che altri sino ad ora comandi in
quella provincia.

In Brettagna e Piccardia si sono levati alcuni pochi gentiluomini
ugonotti, e stanno lesti per unirsi in ogni occasione che se gli presen-
tassi, ma non hanno fatto progresso alcuno di conseguenza.


ʋ9 juillet.

S'è inteso che la Regina d'Inghilterra ha spedito al comandator maggiore in Fiandra milord Montaigu; e a lei è stato mandato don Bernardino di Mendoza, e anco al principe d'Orange è ito qualche personaggio, per trovare qualche buon modo di quietare, sendo ormai
stracchi della lunga guerra in que'paesi.

Quattro dì sono, occorse nel palazzo regio che un gentiluomo, tenuto oggi pazzo, andandosene alle stanze del cardinale di Bourbon,
domandò quelle del cardinale di Lorena, sendo stato prima alla camera
della Regina Madre, per presentare non so che memoriale; ma gli fu
vietata la porta. Andatosene dunque per entrare, secondo dice lui,
nella camera di Lorena, entrò in quella della principessa di Navarra,
che era ancora nel letto; e, tirate le cortine, volle metter mano alla

spada; ed ella, vedendo quest' uomo, se ne fuggì in camiscia nella sua guardaroba, mentre che alcune poche figlie e un servitore di camera tennero il pazzo e gli levorno la spada, gridando dalle finestre che rispondono nella corte del castello per soccorso. In somma esso fu preso e condotto prigione, e, se la pazzia non lo scusa, porta pericolo d'una cavezza.

La Regina Madre è stata avvertita che la Regina d'Inghilterra si mescola di trattare accordo fra il Re Cattolico e Orange, per impadronirsi dell'isola di Flessingue; ma Sua Maestà non ha dato fede a questo avviso.

Si cerca bene, sotto mano, ogni strada per quietare in Francia in qualsivoglia modo; e di già per questo sono stato avvertito che Sua Maestà ha fatto tentare, per via d'una dama del duca di Montmorency, se con l'occasione esso s'impiegherà a' servizi del Re per la quiete del regno.

----

## II.

### ALAMANNI AU GRAND-DUC.

#### Août 1574.

Sommaire. — *Dépêche du 1er août.* Paris. Détresse financière; dessein d'aliéner les biens ecclésiastiques. — *Dépêche du 5 août.* Négociations; prétentions des huguenots. Le nouveau roi Henri III et la princesse de Condé; défiance de la Reine mère. — *Dépêche du 7 août.* Prochain départ de la Reine mère pour Lyon; espoir de pacifier les provinces du Midi ou de les réduire. Le duc d'Alençon et le roi de Navarre. Singulier expédient financier. — *Dépêche du 14 août.* La Reine veuve chargée de gouverner en l'absence de la Reine mère; son inexpérience. Le Roi disposé à pardonner à son frère, au roi de Navarre et aux deux maréchaux captifs. Prétendue tentative d'assassinat contre Damville. — *Dépêche du 30 août.* Lyon. M. de Biron a rejoint la Reine mère. Le maréchal Damville présenté au Roi, à Turin, par le duc de Savoie; il retourne dans le Languedoc. Bon accueil fait à M. de Montbrun par le Roi, à Chambéry; symptômes de réconciliation. Active intervention du duc de Savoie; ses efforts en faveur de la maison de Montmorency. On a peu de foi dans le rétablissement de la paix; pourtant rien n'est encore désespéré. Bons procédés à l'égard d'Alençon et de Navarre; ils sont libres, au moins en apparence. Disgrâce probable de M. de Villequier; faveur de M. de Bellegarde; on lui réserve le bâton du maréchal de Cossé, dont la vie est en danger.

1er août.

Si parla, per la gran penuria di danaro, di alienare i beni ecclesiastici, e si spedisce l'abbate del Bene al Pontefice, perchè se ne contenti.

5 août.

Il Re ha scritto alla Regina, madre sua, che si facci ogni opera per trovar modi di accordarsi con li ribelli, e per quietare, se è possibile, questo regno. E l'uomo del Conte Palatino venuto quà, se n'andrà à trovare il Re, guidato dal Fregoso, e porta al sicuro capitoli che i principi protestanti domandano per i ribelli di Sua Maestà, acciò si venga a qualche appuntamento; altrimenti, si lascia intendere il Palatino, che lascerà seguire le loro imprese incominciate, nè potrà con qualsivoglia opera sua impedire la venuta in Francia de' raitri. E una delle principali domande che fanno, è la liberazione de' marescialli prigioni, e la restituzione della grazia a Danville e alli altri suoi fratelli, e prima al principe di Condé: la moglie del quale si trova quì indisposta; e intendo che il Re le ha scritto lettere amorevolissime in sua consolazione, come ha fatto ancora a madama di Montmorency, la quale, due dì fa, andò a vedere un'altra volta il mariscial, suo marito. S'intende di buon luogo che il Re potria fare qualche resoluzione d'importanza a suggestione della principessa di Condé, della quale Sua Maestà è innamorata. Di che la Regina Madre dubita; e, fra le altre cause della sua partita di qui, se però segue, si va congetturando sia che Sua Maestà vuole negoziare con il Re avanti che quest'altra abbia alcuna commodità.

Paris, 7 août.

La Regina è risoluta di partir lunedì, che saranno i ix, e in breve vuol essere a Lyon.

Si può credere voglino le Loro Maestà tentar qualche cosa in quelle provincie di Provenza e Linguadoca con le forze che di nuovo faranno condurre in quelle bande; e forse, oltre agli Svizzeri, ce ne sarà qualche numero d'Italiani; che si procurano d'avere col mezzo del duca di Savoia.

La Regina è stata molto sconsigliata di far questo viaggio, rispetto al menare attorno Monsignore il Duca e il Re di Navarra; e questo consiglio può essere che l'abbia fatta ritardare qualche tempo; ma alla fine s'è voluta cavar questo capriccio.

*Proposta fatta al Re di un modo curioso di pagare i debiti : che ciascuno offra ciò che spende in un giorno.*

Paris, 14 août.

In Parigi è restata la già Regina Cristianissima, alla quale questi della città ricorrono in ogni cosa necessaria, come Reggente in assenza di Sua Maestà; e, perchè ella non è pratica de'negozi, assistono a tutto il vescovo di Parigi, M. di Lansac, il conte Fiesco e alcuni altri che sono restati qui con la Maestà Sua. S'è detto che il nuovo Re hà dato per lettere buona speranza al fratello e a Navarra di voler dimenticare le cose passate, come non trattate contro la persona sua, ogni volta però che per l'avvenire si risolvino interamente a esserli fedeli e amorevoli come loro promettevano; e anco si ha qualche miglior credenza delli marescialli prigioni, se già non riuscissi vero una nuova, della quale non ci è alcuna confermazione, che al maresciallo Damville sia stata tirata un'archibusata, ma non con pericolo della vita, e che chi l'ha tirata sia stato preso; nè io la credo, sapendola già parecchi giorni, nè poi se n'è parlato più. Se poi riuscissi vera, non bisognerebbe trattar più d'accordo con li ugonotti, il quale va pur sempre seguitando; e, oltre all'uomo del Palatino che andò a trovare il Re, ce n'è comparso anco un altro per il medesimo conto, dal Rhingrave; e, arrivato in Parigi, s'è messo subito sulle poste per trovare quanto prima le Loro Maestà.

Lyon, 30 août.

M. di Biron, generale dell'artiglieria e uno de'più bravi e pratichi soldati che abbi oggi la Francia, ma sospetto al Re come ugonotto e intrinseco de La Noue, è venuto qui a trovar la Regina Madre, e oggi si trova con Sua Maestà. M. Damville, con buone promesse e con sicurtà del duca di Savoia, è stato a trovare il Re a Torino, dove Sua

3.

Maestà lo ha accolto con buonissima cera e fattoli particolari favori, con rimandarlo di poi in Linguadoca dove egli era. M. di Montbrun, capo delli ugonotti in tutto il Delfinato e Provenza, con le medesime promesse e sicurtà si dice, va a trovare il Re a Chambery, e la pratica la conduce M. du Gast, suo parente, oggi favoritissimo di Sua Maestà. Le venute di questi principali con tanta sicurezza, sapendosi da ognuno per quante strade questi medesimi altra volta si sia ingegnato il Re defunto levarseli dinanzi, aggiuntoci li mandati di più principi Alemanni, de' quali una parte se ne trova a Torino, fa credere a' più savii e penetranti gli umori del regno, che l'accordo si tratti gagliardamente con l'intercessione ancora del duca di Savoia, il quale ha rimandato alla Regina Madre un suo agente che era quà; e subito Sua Maestà l'ha rispedito indietro a Torino; e io so di buona parte che l'intertenersi tanto Sua Maestà in Piemonte non è per indisposizione, come s'è cavato voce, ma per negoziar questo affare d'importanza con maggior sicurtà di quelli che vanno a trovare il Re; il quale si lascia intendere di voler far professione di non mancar mai a promessa che faccia. E anco si crede al certo che Madama e il duca di Savoia si condurranno sino in questa città, dove s'adopererà con ogni suo potere a favor di M. di Montmorency e di tutta la sua casa, e dove ancora Sua Maestà Cristianissima si crede abbia da fare ogni resoluzione o di pace o di guerra.

Io ho molto contento d'avere scritto più volte a Vostra Altezza di questi accomodamenti, i quali, se bene sono tenuti dalla maggior parte per impossibili e pericolosissimi, non è per questo che alla fine non possano succedere con l'intercessione e sicurtà di tanti principi che se ne travagliano. E, s'io volessi concorrere nell'opinione de' più, potrei scriverle liberamente che non se ne verrà mai ad effetto alcuno; tuttavia l'averci qualche poco di speranza particolare fa ch'io non metto il negozio per disperato, nè manco per impossibile; e presto se ne dovrà sentire la fine in qualsivoglia modo.

Non è dubbio che il Re ha scritto apparentemente lettere amorevolissime a Monsignore d'Alençon e al Re di Navarra, e anche alla Regina Madre in loro benefizio, con pregarla che non voglia far più credere al mondo che essi stiano come prigioni, ma li metta nella intera libertà loro, non intendendo in modo alcuno di usarli simili trattamenti, con le promesse massime che tiene da loro di esserli non meno fedeli che congiunti di sangue; e la Regina Madre, nel dare a questi principi la nuova, li ha pregati caramente a tenerli fedel compagnia tanto che si trovino dalla persona del Re, che allora vedranno con quanta amorevolezza e libertà saranno ricevuti e trattati. Questo modo di fare corre oggi così, ma non mi assicurerei per questo, che, quando fussino voluti partire, che avessino potuto farlo senza pericolo, e che non li fussi stato vietato. Anzi per cammino si sono sempre fatte guardie gagliardissime e strettissime più che mai, come più necessarie.

M. di Villequier, primo favorito del Re e inimicissimo di casa Montmorency, è caduto assai in disgrazia, e ne viene odiato da tutta la corte, come poco amico di giovare ad alcuno; e M. di Bellegarde è tirato innanzi gagliardissimamente, e ha avuto promessa della prima piazza vacante di marescialato; che li potria toccare presto, se mancassi il marescial di Cossé, che s'intende stare in qualche pericolo della vita, nè saria senza qualche disturbo di questi ugonotti, perchè dubiterebbono sempre fussi stato aiutato a morire. Ma del particolare di M. di Bellegarde e di molti altri, ne sarà stata raguagliata Vostra Altezza con il ritorno del signor Troilo.

Il gran cancelliere in questi maneggi d'accordi fluttua un poco, come fa ancora M. di Retz, che adesso s'accorgerà della variazione della fortuna.

## III.

### ALAMANNI AU GRAND-DUC.

Lyon, septembre 1574.

6 septembre.

La Regina Madre e il gran cancelliere principalmente fanno ogni opera per rompere ogni trattato che si metta avanti per la corte : l'una istigata dal cardinale di Lorena e sua aderenti, con molte rimostranze di pericolo che Sua Maestà porta della privazione del governo, quando l'accordo segua; quest'altro, come autore e consigliero della prigionia delli marescialli, dubiterebbe grandemente di qualche affronto, e con molta ragione. Talchè fanno ogni forza che il Re abbi in essere e gente e denari per poter risolvere alla guerra. Di più malvolentieri si può mettere insieme che il duca di Savoia, come devoto a Spagna, possa essere mezzano a questi accomodamenti, da'quali non è dubio verrebbe la rovina de'Paesi Bassi; e bisogna che sotto ci sia qualche umore che io non so. Dico bene a Vostra Altezza che qual duca ha sconsigliato il maresciallo Damville a seguitare la corte, sotto colore che esso non vuole sotto la sua promessa che Damville riceva alcun danno; del che la Regina Madre è restata in collera, e ha detto che Damville ha mostro fidarsi più fuor del regno del Re che di lei; e non è dubbio che la presenza di questo maresciallo, se si fussi camminato a buona fede, averia potuto giovare assai alla conclusione dell'accordo.

Intendo che il Re è stato in collera con Ferrara principalmente,
perchè, a requisizione dell'Imperatore, esso cerca ingarbugliare le cose
di Pollonia, sino col procurare di essere eletto re, e che ci ha mandato ambasciatore nuovo per tale effetto.

7 septembre.

Ieri finalmente arrivò il Re in Lione, avendo il giorno avanti alloggiato à Bourgoin in compagnia della Regina, sua madre, che le era
andata all'incontro. Intrò su le cinque ore di sera, senza pompa, avendo
nondimeno fra innanzi e dopo da dieci in dodici mila cavalli. Faceva
Sua Maestà volare una gran carrozza, nella quale sedevano la Regina
al fianco di lui, la Regina di Navarra e il cardinale di Bourbon dietro
alle spalle, e Monsignore e il duca di Savoia dinanzi, in quel luogo
cioè dove si cammina all'indietro. Il Re di Navarra cavalcava appresso
del cocchio per mancamento di luogo, avendo forse voluto onorar
Savoia come forestiere. Dicesi ora che M. Damville è restato a Torino,
per attendere quivi sicuramente la resoluzione delle cose, la quale non
doverrà tardar molto a pigliarsi o in un modo o in un'altro.

13 septembre.

I rumori della guerra vanno seguitando più che mai, avendo, se non
si muta proposito, disegnato che in Linguadoca comandino M. di
Montluc e d'Uzès; in Provenza il marescial di Retz, che partirà presto;
come faranno anco per il Delfinato il principe Delfino e M. di Bellegarde, che si chiama oggi maresciallo con promessa della prima piazza
vacante; e in Poitoù M. di Montpensier, che alli giorni passati ne dette
una buona mano alli ugonotti; ma li è stata di poi resa non minore,
sendoci rimasto morto M. di Puygaillard, suo luogotenente generale,
e perso, per quanto si dice, alcuni pezzi d'artiglieria.

Si fa disegno di servirsi de' quattro mila soldati del duca di Savoia
fatti fermare a dieci leghe di qui, ma non posso scriverlo di certo; delli
raitri che di già sono venuti, che non passano mille, se bene gli altri,
sino al numero di quattro mila, s'aspettano; de' sei mila Svizzeri; e anco

si crede faranno una leva di due mila Corsi davvantaggio, oltre alle dieci compagnie che ce ne sono sotto la carica del figliuolo di Sampiero; e di più delle compagnie ordinarie francesi.

I mandati ugonotti, che vennero qui di Provenza e Delfinato, ebbero aspra risposta, dicendoli Sua Maestà che non voleva parlar d'accordo se non li erano rese le sue terre.

Il signor duca di Savoia s'intromette manco può apparentemente negli affari, e mostra avere gran volontà di partirsi presto, restando ancora in qualche parte mal satisfatto del modo di procedere di questa corte; come fanno anco molti gentiluomini francesi che se ne ritornano alle loro case, sbigottiti per li modi nuovi di fare del Re, non ordinarii alli suoi antecessori.

Si accorda la restituzione di Pignerolo e Savigliano, che il Cristianissimo s'era riservate, quando il duca fu rimesso in stato, con promessa che al primo figlio maschio Sua Maestà Cristianissima era tenuta alla restituzione, come anche era tenuta la Maestà Cattolica alla restituzione di Asti e di Santhia; e poichè questa è promessa, doverà ancora il Re di Spagna in conseguenza fare il medesimo, dicendosi non l'aver fatto fino ad ora, per non essere il primo a rendere. Dicono alcuni che queste due piazze si renderanno smàntellate, come le trovò il Re, fortificate poi da questa Corona; ma pare la Regina Madre abbia detto che la restituzione sarà libera. S'è detto che il ducato di Berri, dote della duchessa di Savoia, che tornerebbe alla Corona per sua morte. è stato accordato durante la vita del principe suo figliuolo.

Al marescial Damville si sono spediti più personaggi, ma non si sente effetto alcuno. Gli ugonotti non hanno più un capo generale com'era già l'Ammiraglio. S'è pubblicato un perdono generale a tutti i rebelli che volessero ritirarsi alle case loro, e lasciare il seguitar gli ugonotti, col restituire le terre che tengono del Re, con promesse grandi della sicurtà de'beni e vite loro; ma se non si viene ad altri accomodamenti, ne ritorneranno pochi.

18 septembre.

La Regina Madre si lascia governare più che mai dal cardinale di Lorena; il quale, come astutissimo, sapendo che a lungo andare non gli potrebbono riuscire i suoi disegni, per essere troppo conosciuto, usa l'istrumento del cancelliere, che non muove un passo senza conferirlo al cardinale. E Sua Maestà li crede più che a se stessa; e, se bene mostra stare avvertita, mostra di curarsene poco, e seguita questi suoi modi di fare con poca satisfazione di tutto il mondo. E il Re fa professione di volere tutto quello che pare a sua madre, senza contradirli; e, quando volessi, non so dove potessi voltare per consiglio. Se si avessi a dichiarare un luogotenente generale del Re, non vedo dove potessino mettere questo grado, che ci fusse la ubbidienza; e di già Alençon, dubitando del duca di Lorena, il quale si dice verrà fra qualche poco di tempo in corte, si lassa intendere non voler comportare questa carica nella persona sua; e si crede il Re medesimo sarà necessario intervenirci.

Alençon e Navarra cominciano a andare a caccia, e si mostrano in apparenza molto satisfatti, se bene in corte le guardie si fanno più gagliarde che mai.

28 septembre.

Rispetto alla restituzione delle due piazze in Piemonte al duca di Savoia, si è dato ordine che tutta l'artiglieria di Pignerolo, che è in grandissimo numero, si ritiri in Carmagnola, fortezza del marchesato di Saluzzo, che solo resta al Cristianissimo in Italia.

Il Re ha pubblicato che a Damville si tolga il comandamento e la obbedienza nel suo governo, e che il duca d'Uzès e M. di Joyeuse esercitino per ora la sua carica.

Montluc, con titolo di maresciallo sopranumerario, com'anco Bellegarde, si partì per la Guienna, dove darà ordine il meglio che potrà a quelle sollevazioni; e Bellegarde detto è partito ancora lui per ritrovare il principe Delfino nel Delfinato, e vedere se è possibile di levar

di mano alli ugonotti due o tre piazze che ci tengono, e dove si sono
fortificati, capo M. di Montbrun; e il luogo più forte è Livron, per
dove si sono inviate queste genti del duca di Savoia; e Dio voglia che
l'impresa sia sì certa, come se la sono imaginata; che mi pare d'intendere non la finiranno così presto, per avere a fare con soldati disperati, e in conseguenza risoluti.

M. di Montpensier, mentre che all'intorno di Fontenay, luogo vicino
alla Roccella a dieci leghe, si trattava composizione, stando quei di
dentro stracchi e resoluti di darsi, fece entrare li soldati per una certa
parte della terra; e, impadronitosene per il Re, ne fece ammazzare da
cinquanta; li altri, fattoli giurare di non servir più contro la Corona,
furono rimandati alle case loro.

-----

### IV.

#### ALAMANNI AU GRAND-DUC.

Lyon, octobre 1574. — Dépêches des 4, 11, 14, 19 et 28 octobre.

##### ANALYSE.

La Reine mère a fait de grandes instances pour obtenir du grand-duc un prêt
d'argent : *e mostra averne grandissima urgenza.*

Bellegarde, chargé de combattre avec le prince Dauphin les huguenots du
Dauphiné, obtient peu de succès. Des quatre mille soldats que le duc de Savoie
s'est engagé à fournir, quinze cents seulement se sont présentés : *per essersi fuggiti
gli altri alle case loro assai vicine.* Indiscipline et désertion parmi les troupes françaises. Mollesse du prince Dauphin : *il quale, afferma Bellegarde, che e' vuole troppi
commodi alla guerra.* Les huguenots tiennent ferme dans Livron.

Le maréchal Damville est à Beaucaire. Il met pour première condition à tout
accommodement la mise en liberté de son frère, le maréchal de Montmorency. La
Reine mère et le Roi donnent à la maréchale de Montmorency de bonnes espé-
rances. Le cardinal de Bourbon et le maréchal de Retz sont députés auprès de
Damville, qui, dit-on, s'est déclaré ouvertement contre le Roi.

Les habitants de la Rochelle, après avoir exigé des otages, ont envoyé quatre
des leurs en députation auprès du Roi. Le duc de Montpensier assiége Lusignan,
qu'il ne recevra qu'à discrétion.

L'ambassadeur d'Angleterre, envoyé pour complimenter le Roi sur son avénement, a mission de recommander la paix et la réconciliation entre les partis.

Frégose est parti pour l'Allemagne. Il doit attester aux princes de ce pays que le Roi ne négligera rien pour ramener la paix, mais qu'il rencontre dans l'accomplissement de cette œuvre les plus graves difficultés.

Le prince de Condé, qui était à Genève, s'est retiré, d'abord à Berne, puis en Allemagne.

Le Roi, dans un nouvel édit, promet à tous ceux qui se soumettront un complet oubli du passé, et il engage solennellement sa parole royale et son honneur.

Les nouvelles de Pologne sont mauvaises. Si le Roi ne se trouve pas le 12 mai à Cracovie, la diète procédera à une nouvelle élection.

## V.

### ALAMANNI AU GRAND-DUC,

(*Arch. Med.* Legazioni di Francia, filza 14.)

Lyon, novembre 1574.

SOMMAIRE. — *Dépêche du 2 novembre.* Les députés de la Rochelle; leurs demandes; ils veulent gagner du temps. Damville se déclare. La guerre civile se rallume dans le Languedoc. Arrestation d'un envoyé secret du prince de Condé au capitaine Montbrun. — *Dépêche du 9 novembre.* Le maréchal Damville repousse les ouvertures qui lui sont faites au nom du Roi. Les députés de la Rochelle se retirent sans avoir rien conclu. L'attitude menaçante de Damville fait craindre pour la vie de son frère, qui est toujours prisonnier. — *Dépêche du 16 novembre.* Départ du Roi et de la Reine mère pour Avignon; double motif : empêcher Damville de tenir les États du Languedoc, se rapprocher pour négocier. Troubles à Montpellier. L'Espagne jalouse de l'union qui semble exister entre la cour de France et la Savoie. — *Dépêche du 29 novembre.* Intention du Roi de convoquer les États du Languedoc et de la Provence; difficulté d'exécution; longs délais probables. Désir universel de paix. Démarche du Parlement de Paris. Accident arrivé à la barque de la reine de Navarre au passage du Pont-Saint-Esprit.

2 novembre 1574.

Li deputati della Roccella hanno sino ad ora negoziato due volte con questa Maestà; e dicesi che essi domandano una sospensione d'armi nel Poitoù, fin tanto che sia loro concesso andare a negoziare in Alemagna, e ci inchiudono fra que'principi quello di Condé; alli quali anderà un gentiluomo di M. de la Noue, compreso fra i deputati, con buona grazia del Re, e gli altri intanto saranno intertenuti in qualche luogo; e, se si camminassi di buone gambe, non saria cattivo modo per venire a qualche appuntamento. Ma io dubito che questa dilazione domandata non serva loro a qualche disegno occulto, come hanno li ugonotti usato dell'altre volte, che hanno chiesto sospensioni per mettersi in ordine a far la guerra. Essi intendo che parlano molto modestamente, e che s'ingegnano di satisfare al Re; tuttavia le domande loro tenderanno sempre alla libertà della coscienza, all'esercizio della loro religione ne' luoghi che posseggono, e al recusare guarnigioni: cose tutte prejudicialissime a questo regno.

Tre giorni sono, venne nuova a Sua Maestà, che alcuni luoghi della Linguadoca, e fra li altri Somiers e Pézenas dov'è la figliuola di M. Damville, per opera di M. d'Uzès s'erano dichiarati per il Re, e che aveano cacciati li soldati ugonotti che vi erano dentro; e questo avviso lo mandava il marescial di Retz.

Iersera poi, per un gentiluomo si è inteso che il detto marescial Damville fa sapere a Sua Maestà, come esso con tutti li suoi aderenti, per sicurtà della vita sua, aveva preso l'armi, non vedendo altro modo di salvarla, per esserli tesi troppi lacciuoli. E referisce questo gentiluomo, che lui, fatta una orazione a tutti quelli del suo seguito, li dichiarò la sua voluntà; e promesse a quelli che volevano seguire la sua fortuna, farli partecipi d'ogni onore e commodità; e alli altri che se ne volevano ritirare, passaporti sicuri e quanto avesse potuto di danari: e che, inteso questo, molti se ne partirono, e molti ancora erano resoluti di seguirlo. Se questo avviso riesce vero, a tempo nuovo si sentirà una gran guerra; massime con la certezza, si dice, hanno li ugonotti del soccorso gagliardo d'Alemagna e delli Svizzeri luterani; o forse potria spingere il Re più presto alla conclusione dell'accordo, se starà in sua mano di poterlo fare.

È stato preso un capitano Rossetto del paese d'Avignone, che il principe di Condé mandava a Montbrun, capo delli ugonotti nel Delfinato, per esortarlo a seguitar l'impresa, e assicurarlo che a tempo nuovo sarà soccorso, trovandosi dugenti mila ducati per impiegarli a benefizio publico.

9 novembre.

Si crede che farà poco frutto questa andata di M. Belloy al Damville, come quella sin qui del cardinale di Bourbon e del marescial di Retz, i quali non si potettero mai abboccar seco in Beaucaire, con ogni forza e industria che ci usassi l'ammiraglio, che conduceva d'ordine del Re questa pratica. E si risolvette Damville a lasciare un gentiluomo suo per fare la risposta all'ammiraglio; la quale in somma fu : « Che « esso non voleva più essere aggirato dal malconsiglio del Re, come « lui e tutti li suoi fratelli avevano provato per il passato. » E così l'ammiraglio, senza aver fatto altro, se ne venne in corte. Si crede che il Re lo rimanderà a M. Damville.

Dopo la spedizione del gentiluomo soprascritto, hanno queste Maestà mandato lo Strozzi in Provenza, come amico di molti capi ugonotti, e un servente di camera del Re alla Roccella, solito a negoziar con quelle genti altre volte; li deputati de' quali alla fine sono partiti senza alcuna conclusione, poichè si sono lassati intendere alla libera, che, senza la sospensione dell'armi domandata, essi hanno ordine de' loro superiori di non venire ad alcuno effetto della loro negoziazione. A' quali è stato risposto dal consiglio, che questa Sua Maestà non la può accordare senza suo grandissimo prejudicio e danno, rispetto alla spesa del tener pagata tanta gente; e che perciò si poteva molto bene negoziare l'accordo, e che ciascuno in questo mezzo facessi il fatto suo. Della qual risposta pare che siano restati molto mal contenti.

In Linguadoca quei luoghi delli ugonotti unitamente hanno dato fede di seguir la fortuna di Damville, il quale, messo da parte il nome di religione, della quale non ha voluto si facci menzione alcuna, anzi che ciascuno possi liberamente esercitare la sua, si fa chiamare : *Liberatore del Publico;* e altri ci aggiungono : *Riformatore del consiglio del Re.* Subito che s'intese questa dichiarazione, Sua Maestà mandò un gentiluomo a Parigi, e s'è ito dubitando non sia per dar ordine a fare il processo alli marescialli prigioni.

16 novembre.

Partirono iermattina queste Maestà per la volta d'Avignone. Due sono le cagioni diversissime, per le quali si giudica essere seguita la partita : l'una che il Re con la presenza sua voglia ovviare che in Linguadoca M. Damville non tenga li Stati, nella quale congregazione, molti senza questo viaggio del Re si sarebbono resoluti intervenire e seguitar la fortuna di Damville : l'altra, che secretamente il Re e li suoi ribelli abbino concertato qualche piazza sicura per una parte e l'altra, dove abbino a intervenire deputati di ciascuno un giorno prefisso, e quivi risolvere il modo dell'appuntamento con satisfazione d'ognuno; e che il Re come vicino possa essere avvertito, senza dilazione di tempo, di tutto quello che passa; e questa sia stata la cagione di tante spedizioni segrete seguite da molti giorni in quà; è che anche il negozio del cardinale di Bourbon e marescial di Retz abbi teso a questo fine. Alcuni dicono ancora che Savoia ci si troverà ricercatone dal Re Cristianissimo.

In Montpellier è nato garbuglio fra li cattolici e ugonotti, quelli per non voler seguitare la fortuna di Damville, questi altri per impadronirsi di maniera della città, che la parte del Re ci abbi poco appoggio. E, se il duca d'Uzès, che è là vicino, aveva potuto soccorrere li cattolici, potrebbe questa sollevazione portarci qualche buono effetto. . .

L'ambasciatore di Spagna residente qui sin a ora ha sempre laudato la restituzione delle fortezze a Savoia, e affermato che il Re, Suo Signore, non lasserà di restituire Asti e Santhia. Adesso che si conosce far davvero, mostra maravigliarsi più che uomo del mondo di questa resoluzione del Cristianissimo; e si conosce che in secreto non vorrebbe tanta dimostrazione di amicizia e confidenza tra Francia e Savoia, temendo forse di quel che prima mostrava non aver sospetto.

29 novembre.

Si dice che il Re, con la presenzia, ha tirati dalla sua molti gentiluomini provenzali; e che il maresciallo Damville si trova in Beaucaire molto accompagnato, essendoseli l'ammiraglio, di commessione del Cristianissimo, avvicinato per parlamentare; e alcuni hanno detto che ci si trova ancora un mandato del signor duca di Savoia. Viene ancora scritto che Sua Maestà vuol far tenere li Stati della Provenza e Linguadoca, per intender l'animo di quei populi e quel che desiderano; ma questo sarà difficile a eseguirsi, rispetto ai luoghi che occupano li ugonotti; e, se si fa con partecipazione loro, si vorrà del tempo assai, con una sospensione d'armi, perchè non vorrà Damville concedere tal cosa senza il consenso di tutti li protestanti di Francia, Alemagna e Inghilterra ancora; e, quando avessi effetto, saria buon modo per venire alla conclusione di qualche appuntamento, il quale ognuno desidera, e sino il Parlamento di Parigi ne consiglia il Re. In somma ciascuno confessa che per ora meglio sarebbe all'universale concludere l'accordo, che mettersi a fare nuova guerra con tanto poco modo di seguitarla, e con la ruina apparente di tutto il regno.

Nel condursi la corte a Avignone, la maggior parte si messe sulle barche per il Rodano; e fra li altri ci andò il cavaliere Alfonso Gondi, primo maestro di casa della Regina di Navarra; la barca della quale, nel passare il ponte Santo Spirito, si aperse, e di sessante persone che ci erano sopra, se ne affogorno più della metà, e fra gli altri il detto cavaliere Alfonso.

---

## VI.

ALAMANNI AU GRAND-DUC.

Lyon, décembre 1574.

cardinal de Lorraine : il a conduit le Roi à Avignon dans l'espoir de le mener plus près encore de
l'Espagne, et de lui faire conclure une étroite alliance avec le roi catholique ; ce qui cause de grandes
appréhensions aux princes allemands.

14 décembre 1574.

In Linguadoca appariscono le cose un poco più difficili, essendosi
i popoli di quella provincia insuperbiti molto per la dichiarazione di
M. Damville. Al quale il Re per due o tre volte ha mandato il cavaliere Belloy, e prima M. l'ammiraglio, zio del detto Damville; e la
risposta che n'hanno tratta, è stata come esso in particulare e per
conto suo proprio solamente non gli voleva ascoltare, perchè, avendo
egli fatto lega coi visconti e con gli altri ugonotti della Linguadoca,
non poteva nè intendeva trattare cosa alcuna a parte e senza il loro
intervento; e che, se voleano parlare della causa publica, che nego-
ziassino, dirizzandosi in pieno consiglio a tutti, e non a lui propria-
mente; il che facendo, allora sarebbono uditi, e averebbono da loro
risposta.

Per la qual cosa fu resoluto di far parlare il detto Belloy in consiglio, e fu rimandato con una lettera a Sua Maestà, per la quale proponevano essi le condizioni delle loro domande. Le quali non si sono
intese ancora bene; ma penso che sieno conformi nella maggior parte
a quello che s'è scritto altre volte. Dicono bene che il mariscial
Damville non vuol trattare cosa alcuna, se prima o non si gastiga il
mariscial suo fratello se ha errato, o non si libera trovandosi senza
colpa; e che il Re ha rimandato di nuovo quel M. di Belloy con un
secretario della Regina, per seguitare la pratica della detta pace, la
quale il Re mostra di desiderare grandemente. Intanto si sta Sua Maestà
in Avignone, e dicono avere assegnato li Stati della provincia di Linguadoca a Villanova, che è lì vicina, per li xii o xv del presente; avendo
li ugonotti all'incontro assegnati li Stati loro a Montpellier o a Nimes,
dove oggi si trova il detto Damville per li xxv di questo medesimo
mese. Aspettansi ancora i deputati del principe di Condé per intervenire alle dette pratiche. Del partir della corte non si parla ancora
punto, è ed opinione de' più, che, dove ella è, debba soprassedere qualche

giorno, così per conto de' detti Stati, come per le pratiche che si tengono; le quali per lo più hanno con loro difficultà e lunghezza.

Sua Maestà sta benissimo della vita, e ha cominciato a ber vino per
consiglio de' medici. È entrato in una compagnia di *Battuti*, che è in
Avignone, e va agli uffizi sacri, vestito pare da *Battuto;* dando a ciascuno de' suoi popoli un ottimo esempio di sè, e monstrandosi in ogni
cosa sua religioso e molto cattolico principe.

27 décembre.

Alla corte sono arrivati, con salvacondotto del Re, molti personaggi
di Linguadoca, della Roccella, d'Alemagna, da' Svizzeri, dal principe
di Condé e da altri; e Sua Maestà ancora lei ne ha mandati per tutto e
similmente al maresciallo di Montmorency. In somma non si viene a
conclusione di cosa che si proponga, e ognuno sta nella maggior per-
plessità del mondo. Qualcuno crede che per adesso s'abbi a venire a
una sospensione d'armi per un tempo determinato, tanto che si possa
audire ognuno, e in questo mezzo tener questi Stati di Linguadoca, i
quali s'hanno ancora a cominciare.

Del ritorno della corte si parla diversamente, volendo alcuni che il
Re, avanti la partita, facci ogni sforzo di finire questi rumori; altri che,
come abbi finito di tener li Stati, se ne ritiri a Reims per il Sacro, e
di là a Parigi dove è chiamato con grandissima istanza, e che in questi
paesi di quà lassi suo luogotenente generale il maresciallo di Retz.

Il Fregoso arrivò ieri d'Alemagna, e dubita di aversi presto a ripar-
tire. Mostra aver negoziato con molti principi, i quali, dice lui, restano
capacissimi che i garbugli di Francia non si fanno più per causa della
religione, e che per tal causa essi sono resoluti, per quanto starà in
loro, di non soccorrere mai per alcun tempo li rebelli di Sua Maestà.
È ben vero che buon numero d'Alemanni vanno fuora a servir chi li
paga, e che non possono impedirli; ma che non li daranno già per capo
alcuno di loro, avendo manifestata la loro intenzione a Casimiro ancora,
che è il più sospetto di tutti a questo Re.

Il principe di Condé, con li fratelli di Montmorency, si stanno men-

dicando più amici che possono, ma con pochi denari, se bene Condé
ha avuto promessa dalli Roccellesi di cento mila ducati, quando si trovi
chi, sotto la loro obligazione, lo voglia soccorrere di tal somma; inclu-
dendosi, quando non possino satisfare altrimenti, che daranno tanto
sale. Dice che in Alemagna corre voce che il Re vuol la pace in tutti e
modi che potrà, e che sino in persona è voluto andare a dimandarla
alli suoi vassali sollevati; ma che altri sono assicurati che il cardinale
di Lorena è stato quello che ha condotto il Re in Avignone, con speranza ancora di tirarlo più basso verso li confini di Spagna, e quivi
incamminare qualche negoziazione di mariaggio o d'altro, tutto per
rendere Sua Maestà più sospetta ai principi d'Alemagna, e fare entrare
tra di loro ogni giorno più maggiore inconfidenza. E esso ha ordine
d'avvertirne il Re e la Regina Madre per farli mutar proposito; e anco
di raccomandare strettamente, a nome della maggior parte di loro, il
maresciallo di Montmorency.

* * *

## VII.

### ALAMANNI AU GRAND-DUC.

Lyon, janvier 1575. — Dépêches des 10. 14 et 24 janvier.

#### ANALYSE.

Le Roi tente sans succès les derniers efforts pour conclure un arrangement avec
Damville : *E, se a questa volta*, écrit Alamanni, *non se ne viene a capo, si può con
molta ragione dubitare d'una crudelissima e lunga guerra.*

Il accorde de grands avantages aux catholiques du Languedoc, et leur abandonne
le revenu des gabelles, évalué par l'ambassadeur à la somme de trois cent mille
francs par mois. Les catholiques s'engagent en retour à soutenir la guerre à leurs
frais tant qu'elle durera.

Le Roi quitte Avignon, et, en se rendant à Lyon, il est témoin du honteux échec
éprouvé par ses troupes devant la place de Livron, vaillamment défendue par les
huguenots de Montbrun.

Les États du Dauphiné sont réunis à Romans. L'archevêque d'Embrun, répon-
dant au Roi, qui sollicite le concours de tous ses sujets catholiques, assure Sa

Majesté de la fidélité des États. Henri III et la Reine mère rentrent à Lyon le 19 janvier.

Affaires de Pologne. Le duc Alphonse de Ferrare songe à se porter comme compétiteur au trône de Pologne. Le cardinal d'Este est chargé en son nom de proposer au Roi quelque somme d'argent, dont il a grand besoin, et sa renonciation absolue à toute prétention sur le duché de Bretagne, auquel sa mère, Madame Renée de France, pouvait avoir des droits. Mais les offres et les démarches du cardinal demeurent sans résultat.

L'Empereur envoie également des ambassadeurs en France, pour prier le Roi d'appuyer le prince Ernest, qui prétend aussi à la couronne de Pologne.

Les Guise négocient habilement le mariage du Roi avec une des filles de M. de Vaudemont, cousine germaine du duc de Lorraine. Madame la duchesse de Lorraine conduira sa jeune parente à Reims : *La Regina Madre si pensa difficilmente ci s'abbia a condurre, ricordevole de' tempi passati; tuttavia la morte del cardinale di Lorena potrebbe operare qualche altra resoluzione* [1].

---

## VIII.

### ALAMANNI AU GRAND-DUC.

Reims, février 1575. — Paris, mars 1575.

#### ANALYSE.

Le Roi donne audience à Reims aux députés de Pologne. Il les informe des difficultés qu'il éprouve pour rétablir l'ordre en France. Dès qu'il aura apaisé les troubles, accompli son mariage, et dès que la Reine aura donné des signes de grossesse, « *e che la Regina sua moglie devenisse grossa,* » il se rendra à Varsovie. Les députés se retirent assez satisfaits. Après avoir jeté les yeux d'abord sur le jeune marquis d'Elbeuf, de la maison de Guise, pour le représenter en Pologne, le Roi donne définitivement cette mission à Bellegarde, assisté de M. de Pibrac.

---

[1] Le cardinal de Lorraine était mort à Avignon, le 26 décembre, des suites d'un refroidissement. Il est curieux de rapprocher du jugement de l'ambassadeur florentin celui de l'ambassadeur vénitien Jean Michel, qui s'exprime presque dans les mêmes termes, affirmant, comme Alamanni, que, si le cardinal de Lorraine eût encore vécu, jamais la Reine mère n'eût consenti au mariage. (*Relations des ambassadeurs vénitiens*, t. II, p. 238.)

Le Roi a été sacré à Reims; il a épousé, le 15 février, dans cette ville, Mademoiselle de Vaudemont.

La Reine veuve (de Charles IX) paraît peu satisfaite du Roi, et se plaint qu'on lui témoigne peu d'égards.

La Reine mère fait bonne contenance. Il semble que la nouvelle Reine ne se montrera pas si traitable que l'épouse du Roi défunt : *Massime che la Regina moglie non si mostra trattabile come faceva l'altra.* Aussi Catherine se tourne-t-elle du côté du duc d'Alençon, et parle-t-elle même de lui abandonner ses droits sur tous les biens qu'elle possède en Toscane.

Le Roi de Navarre s'est réconcilié avec les Guise et s'est brouillé avec d'Alençon : *Li delli Navarra e Guisa sono continui appresso la persona del Re, con qualche ombra della Regina Madre, la quale dubita che col tempo non le sia fatto una burla.*

Les négociations avec les huguenots font peu de progrès. On a appris, par suite de l'arrestation d'un courrier expédié par Condé à Damville, que le prince est prêt à marcher à la tête de six mille reîtres et de bon nombre de lansquenets; que Thoré, de son côté, peut réunir sous ses ordres jusqu'à deux mille Français; enfin, qu'à l'assemblée de Bâle on a arrêté les articles auxquels le Roi devra souscrire s'il veut conclure la paix.

On dit que la Reine d'Angleterre arme secrètement et qu'elle est disposée à soutenir le prince de Condé.

Leurs Majestés Très-Chrétiennes laissent entendre qu'elles veulent la paix à tout prix. Il se peut que le Roi y soit enclin, et par sa nature, et parce que, à l'exception des Guise, tout le monde la désire; quant à la Reine mère, on remarque que, secondée par le grand chancelier, elle met tout en œuvre pour réunir de l'argent et faire des levées d'hommes, afin de se trouver prête à tout événement.

------

## IX.

### ALAMANNI AU GRAND-DUC.

Paris, avril et mai 1575.

#### ANALYSE.

La Reine mère multiplie ses démarches pour réussir à contracter des emprunts à l'étranger; ses envoyés à Rome, à Turin, à Venise, cherchent à obtenir des prêts d'argent, même en engageant une partie des bijoux de la Couronne : *Il fratello del cardinale di Rambouillet è spedito a Roma con gioie e procura amplissima, per avere danari del Papa, e forse da qualche altro principe. Bellegarde sarà spedito presto per Pollo-*

*nia, facendo la strada di Venezia, dove per avventura farà qualche domanda di denari a quella Signoria. Giuliano del Bene ancora lui se n'andrà a Torino, mandato dalla Regina Madre per tentare quel duca in questa medesima materia.*

Les négociations se poursuivent avec les huguenots, dont les réclamations se rapportent à cinq chefs : 1° l'exercice de la religion ; 2° les garanties devant la justice ; 3° les places de sûreté ; 4° la convocation des États généraux ; 5° la punition des auteurs du massacre de la Saint-Barthélemy.

Le Roi ne veut leur accorder l'exercice de leur religion que dans les places de sûreté qui leur seront concédées, et dans deux places par chaque province.

Pour l'article de la justice, on consent à admettre six protestants dans le grand conseil, deux dans chaque parlement, et la création d'une chambre à Montpellier.

On leur concédera, outre la Rochelle, quatre places à leur choix parmi celles qu'ils occupent dans le Languedoc, et deux autres dans chaque province, sous la garantie de la Reine d'Angleterre, des princes d'Allemagne, des Suisses et de la Savoie.

Quant à la convocation des États, le Roi n'en veut pas entendre parler : *Delli Stati per ora Sua Maestà non ne vuole intendere cosa alcuna.*

En ce qui touche la Saint-Barthélemy, le Roi ne peut consentir à en châtier les auteurs. Il s'engagera seulement à annuler les sentences portées contre l'amiral et autres, et à restituer à chacun ses grades et dignités : *In somma se li accorderebbe l'editto del 1570* (Édit de Saint-Germain). Ma mostrono essi di non se ne contentare [1].

Les Cantons Suisses ont envoyé à la cour huit députés ; quatre catholiques, quatre protestants. Ils ont mission de conseiller la paix et d'insister sur la mise en liberté des deux maréchaux prisonniers.

La détresse s'étend dans toutes les provinces du royaume : *Di molte parti del regno vengono esclamazioni de' populi ; i quali affermano al Re non potere più sopportare tante spese straordinarie, e che è necessario che Sua Maestà ci provegga ; allegando che quelli che stanno sotto la protezione delli ugonotti sono meglio trattati. E mettono in considerazione che, se il principe di Condé per disgrazia venisse in Francia con gente, che non sarebbe in potestà de' governatori, nè di alcun altro, di ritenere una infinità di gentiluomini mal contenti di unirsi a lui.* .

---

[1] Dépêche du 6 mai 1575.

## X.

ALAMANNI AU GRAND-DUC.

Paris, juin et juillet 1575.

ANALYSE.

Le Roi est malade. Les astrologues ont prédit qu'il vivrait peu.

Une mésintelligence profonde règne entre Sa Majesté et son frère, le duc d'Alençon, qui se laisse gouverner par son favori Bussy d'Amboise. La Reine de Navarre prend parti pour son frère d'Alençon; elle est outrée contre le Roi, qui a consenti à laisser chasser d'auprès d'elle par son mari la plus chère de ses dames, *chiamata Perigny, la quale, si crede, tenesse mano all'amicizia che Bussy aveva con la sua padrona.* La Reine a depuis, sur l'ordre de son époux, congédié d'autres dames.

Le Roi est jaloux de sa femme et de M. de Guise : *Il quale non ha tutte le satisfazioni del mondo, ancorchè in apparenza si mostri in contrario.*

*In somma, tutto si trova in gran confusione, e con pericolo di qualche gran male.*

Les dissentiments entre Navarre et Alençon éclatent de plus en plus. Le Roi et les Guise prennent parti pour Navarre. La jalousie de Sa Majesté semble s'apaiser, car elle se montre plus bienveillante que jamais pour la maison de Guise.

Des troubles ont lieu à Paris, et des manifestations menaçantes sont dirigées contre les Italiens, auxquels on attribue les malheurs de la France. Quelques maisons ont été pillées, un écolier tué; deux misérables jugés et pendus. Cette émeute était dirigée surtout contre le duc de Nevers, le maréchal de Retz et le grand chancelier. A la faveur de ces troubles, le duc d'Alençon a, dit-on, tenté de s'évader; mais le secret a été découvert.

On a fait courir le bruit de la mort de Damville; et aussitôt on a retiré au maréchal de Montmorency ses serviteurs, et on a rendu sa captivité plus étroite. La nouvelle étant reconnue fausse, les serviteurs du maréchal lui ont été rendus.

Giuliano del Bene est de retour de Turin. Le duc de Savoie consent à prêter cent mille écus. Le Roi d'Espagne se décide à rendre à la Savoie Asti et Santhia.

L'accord avec les huguenots devient de plus en plus difficile. Le capitaine Montbrun, leur chef dans le Dauphiné, a été pris et sera décapité. Cette exécution excitera le ressentiment du parti. La paix est cependant bien nécessaire : *Sua Maestà difficilmente può ovviare con altro che con la pace, che questo regno non finisca di ruinarsi, sendo mancata assai la nobiltà; e quella che ci resta, parte è malissimo satisfatta, e parte stracca del tanto affaticarsi e spendere in vano quanto ha per servizio della Maestà Sua.*

Les affaires de Pologne vont mal. Le Roi s'obstine à garder cette couronne. Mais la Diète procédera sans doute à une nouvelle élection. Les chances les plus favorable semblent être celles de l'empereur Maximilien.

---

## XI.

### ALAMANNI AU GRAND-DUC.

#### Paris, juin et juillet 1575.

SOMMAIRE. — *Dépêche du 3 juin.* Affaire de Gênes[1]. Frégose est à Marseille avec quelque argent, ce qui porte ombrage à l'ambassadeur d'Espagne. Le Roi pense à Gênes, et il a fait valoir ce motif auprès du prince de Condé pour l'amener à faire la paix. — *Dépêche du 21 juin.* Le Roi fait savoir au Pape et au roi d'Espagne que, s'ils faisaient quelque tentative sur Gênes, il se verrait lui-même forcé d'intervenir. — *Dépêche du 1er juillet.* Projet de nommer le duc d'Alençon seigneur de Gênes, pour se débarrasser de lui. — *Dépêche du 16 juillet.* Le Roi compte sur le concours du duc de Savoie et du grand-duc de Toscane pour faire réussir ses projets sur Gênes.

3 juin.

La gita del Fregoso a Marsiglia, in questi rumori di Genova, ha dato qui molto sospetto all'ambasciatore di Spagna, al quale è venuto a notizia che il Re gli ha dato cento mila scudi contanti, sotto nome che abbino a servire per le sue galee; e non può credere che, in tempi tanto necessitosi, le Loro Maestà gli abbino voluto donare si gran somma senza qualche disegno. Egli ha preso sospetto ancora delle negoziazioni fatte qui dal Petrucci colla Regina Madre; e di già ne ha tenuto proposito il detto ambasciatore al nunzio e con Venezia. Vedesi chiaramente che Lor Maestà, quando potessino, non fuggirebbono di attendere alle cose di Genova, avendo già fatto rimostrare al principe di Condé di quanta importanza sarebbe la conclusione della pace, la

---

[1] Des troubles sérieux avaient éclaté à Gênes entre les anciens nobles et les nouveaux, qui réclamaient en vain l'exécution de la constitution d'André Doria de 1528, aux termes de laquelle toutes les personnes revêtues de magistratures devaient prendre place dans le grand conseil, et léguer cet avantage à leurs descendants. Croirait-on que Henri III et sa mère, dans la situation où ils se trouvaient, aient pu songer à exploiter ces troubles au profit de leur pauvre ambition ?

quale aprirebbe ancora la strada a questa impresa; e che perciò, sendo egli principe del sangue, dovrebbe fare ogni opera che ella avesse effetto.

21 juin.

Intendo che li ugonotti hanno fatto offerte al Cristianissimo di quattro mila soldati, ogni volta che l' accordo segua, e che abbino a servire per la impresa di Genova : e che il Re l' ha rifusato. Ma mostra bene essersi Sua Maestà lassata intendere al Papa, che quà si tiene Spagnuolissimo, e al Re Cattolico ancora, acciò ambeduoi si contentino non innovare cosa alcuna contro quella Signoria, perchè, quando se ne vorranno mescolare, ella sarà necessitata opporsegli con ogni forza, per le ragioni che ci pretende.

1" juillet.

In consiglio s' è tenuto proposito, e si manderebbe ad effetto se si fussi il commodo, che si trovi il modo di fare signore di Genova Monsignore d'Alençon ; e tutti questi maneggi di mandare uomini innanzi e in dietro, con la preparazione de' navili che si è fatta, servirebbe a questa impresa, quando gliene fusse data speranza. Il Re si risolverebbe molto volentieri, oltre all'onore e utile, a questo fatto, per levare di Francia il fratello, la presenza del quale con verità si può dire che un giorno potrebbe partorire qualche gran disordine; nè si può ritirare da molte sue opinioni, con molte arti e minaccie che li faccino queste Maestà, e particularmente la Regina Madre.

16 juillet.

Quello che ha scritto l'agente di Savoia [1] al suo padrone, è che quà si fa disegno, in caso che la pace segua, di fare la impresa di Genova

---

[1] A la date du 5 juillet, l'ambassadeur avait écrit : «Io so che l'agente di Savoia «ha scritto a suo padrone qualche particu-«lare che tocca al servizio dell' una e dell' «altra della Altezze Vostre. Quanto a me, non «posso se non darli notizia che il Re di Spa-«gna procuri d'impadronirsi di Genova, «ovvero delle provisioni che si fanno quà per il medesimo effetto. »

a favore di Monsignore d'Alençon, e che, per facilitar la esecuzione, pensa il Cristianissimo valersi dell'aiuto di Vostra Altezza e di Savoia ancora. Gliene ho voluto dar conto, acciò che se quel duca non gliene scrivessi, come n'è stato pregato dal suo agente, essa sappi quanto passa, e quanto vanamente costoro faccino i loro disegni.

## XII.

### ALAMANNI AU GRAND-DUC.

Dépêche du 2 août 1575.

SOMMAIRE. — Affaire de Gênes; étrange combinaison; placer le duc d'Alençon à la tête des Génois, opposer à la flotte espagnole la flotte turque, qui l'année précédente avait reconquis Tunis; ouvrir aux Turcs le port de Toulon; les engager à reprendre Grenade; se concilier enfin les Toscans et les Génois, en leur procurant à Constantinople de grands avantages commerciaux. Ce beau projet n'est pas pris au sérieux.

Si è risoluto che Monsignore d'Alençon scriva tre lettere : una al duca di Savoia, l'altra al granduca di Toscana, la terza alla Signoria di Genova; le quali saranno accompagnate da altre tre della Regina Madre, per fare testimonio che Monsignore non fa cosa alcuna in questo particulare senza saputa e comandamento di Loro Maestà Cristianissime. Le lettere a Toscana e Savoia saranno di credenza a chi le porterà, il quale arà comandamento di conferirli un impresa che Monsignore vuole mettere innanzi per Genova, nella quale li prega di volerli assistere di consiglio e aiuto. L'altre lettere alla Signoria di Genova conterranno che, sendo stati avvertiti da molto tempo in quà della divisione nata fra quelli cittadini, parte de'quali ne stavano oppressati, e dalle forze che il Re di Spagna aveva mandate in Italia per far loro la guerra e unirli con la sua Corona, che non poteva fare di meno, per recognizione della buona amicizia, buona volontà e obbedienza che altre volte hanno portato alla Corona di Francia, di mandargli a offerire aiuto, soccorso e assistenza sin colla propria persona, la quale sarà presta insieme con quella compagnia che la potrà torre, alla carica di nomi-

nare da sua parte. E, perchè la detta impresa non si può effettuare
che la pace di Francia non se faccia prima, e che il Re è avvisato che
il signore don Giovanni d'Austria tiene pratica col maresciallo Damville, per impedirla, il Re si è resoluto di effettuare detta pace in tutti
que' modi che potrà; e per questa occasione, sono sei giorni che Sua
Maestà ha spedito a M. Damville per sollecitare i deputati alla pace.
Frattanto si è fatto visitare M. di Montmorency da M. di Vaudemont,
padre della Regina. Si sono comandate le migliori compagnie che sieno
in Poitou e altri luoghi di Francia per condurle in Champagna sotto
colore d'impedire la venuta de' raitri del principe di Condé; ma là
si farà la massa, la quale si unirà con Damville, perchè si presuppone
di far pace come la si sia, e che sarà facile d'impiegarlo per il servizio
di Monsignore d'Alençon in si buona occasione, per indurre i Francesi
d'andar più volentieri a questa impresa. Ancora li rebelli di Sua
Maestà si risolvono di creare Montmorency luogotenente generale di
Monsignore. E, perchè le forze Spagnuole sono grandi e spaventono
per mare, hanno deliberato di chiamare cento cinquanta galee Turchesche per favorire detta impresa; e, per far venire più voglia al
Gran Turco di assisterli, si risolvono di offerirli in presto il porto di
Toulon e altri in Provenza per rinfrescare l'armata; la quale commodità li servirà ancora per passare, se vorrà, in Grenada, a favore di
quei Mori che sono ancora malcontenti del Re Cattolico, o sperando
con questo mezzo far ritornare le forze in Spagna, e levare don Giovanni d'Italia. Per indurre il Gran Duca più volentieri a questa impresa, il Re gli prometterà e si obligherà di dare privilegio a' mercanti
Fiorentini per il traffico di Constantinopoli, e il medesimo ancora a'
Genovesi, a' quali si manderà per il medesimo che sarà spedito per
incorporarli in questo modo, e per fargli cominciare a gustare dei
frutti che averanno della confederazione di Francia. Oltre di questo,
il Re vuole riconciliare tutte le inimicizie della corte, come quella
di Monsignore di Navarra con M. d'Amboise, il quale sarà richiamato
in corte; liberar di prigione l'Amboise e altri detenuti al bosco di
Vincenna.

Questo è quanto intendo essersi resoluto sin a ora con tanto poco fondamento, come Vostra Altezza vede; e io gliene do notizia particulare, acciò venga avvisata di quanto passa, senza guardare alla vanità di questa corte.

Il Fregoso e il Birago arrivarono due dì sono di Genova; e con la venuta loro si potrà forte pensare meglio al negozio, se già non mettessino la cosa più facile.

Il duca di Savoia, quando ha saputo tutto, se n'è riso; e questa sarà stata la causa forse che non arà mandato da Vostra Altezza [1].

---

## XIII.

### ALAMANNI AU GRAND-DUC.

Août et septembre 1575.

#### ANALYSE.

L'exécution de Montbrun a eu lieu à Grenoble. Les habitants de la Rochelle l'ont vengé en mettant à mort l'Allemand Besme, serviteur de M. de Guise et assassin de l'amiral. Ce misérable était tombé entre leurs mains à son retour d'Espagne, d'où il ramenait à son maître dix genets de ce pays.

Deux mille reîtres sont rassemblés à Worms, prêts à s'acheminer par la Franche-Comté vers Genève, où ils rallieront un certain nombre de Suisses; de là, ils marcheront vers le Languedoc.

Le prince de Condé en a, dit-on, enrôlé six mille.

Tous les Guise sont partis pour réunir leurs forces dans leurs gouvernements de Champagne et de Bourgogne, et faire tête aux reîtres qui viendraient d'Allemagne.

[1] A la date du 15 août, l'ambassadeur annonce que le duc de Savoie a détourné le Roi de cette entreprise. Voici les termes de la dépêche :

« Il duca di Savoia ha dissuaso le Loro « Maestà Cristianissime d'intraprendere cosa « alcuna contro Genova. È vero che hanno « resoluto, se non si muta proposito, di in- « camminare a Genova il conte di Fiesco « fra tre giorni, e che il Fregoso lo conduca « colle galee, forse per assistere là, a nome « del Re di Francia, in caso che li Genovesi « volessino domandare la protezione di Sua « Maestà, se per disgrazia fussino assaltati « dal Re Cattolico, come quà si dubita « forte. »

6.

On continue à faire toutes les levées d'argent possibles; on s'apprête à vendre des biens d'Église, le clergé ayant déclaré qu'avec ses revenus ordinaires il était hors d'état de suffire aux exigences du Roi : *Gran carestia di danaro.*

Une révolte a éclaté à Bordeaux par suite des charges extraordinaires imposées à la ville : *E in moltri altri luoghi avverrà lo stesso, se non vi si rimedia.*

Bussy d'Amboise et beaucoup d'autres gentilshommes se sont déclarés contre le Roi, et sont allés se joindre au vicomte de Turenne avec trois cents chevaux. M. de Saint-Remy, secrétaire du duc d'Alençon, est arrêté le 12 septembre. Trois jours après, le duc lui-même prend la fuite; il se rend à où Dreux, il est bientôt rejoint par huit cents gentilshommes. La Reine mère veut l'aller trouver; le Roi d'abord s'y oppose. On soupçonne la Reine d'Angleterre d'être d'accord avec d'Alençon. On ne sait encore où ce prince va se rendre; sera-ce en Angleterre par la Normandie? sera-ce auprès du vicomte de Turenne ou auprès de Damville? Le Reine de Navarre est évidemment du complot, et elle a favorisé la fuite de son frère.

Il paraît que Leurs Majestés ont été prévenues six heures avant l'évasion : *Ma la Regina Madre fu causa che non se ritenessi prigione, con dire che aveva promessa da lui del contrario; di che viene forte biasimata.*

<hr/>

## XIV.

### ALAMANNI AU GRAND-DUC.

Dépêche du 22 septembre 1575.

Sommaire. — Entretiens du Roi et de la Reine mère avec l'ambassadeur. Détails sur la fuite du duc d'Alençon et sur les suites de cet événement.

Il duca d'Alençon s'è ritirato a Dreux. Sono seco circa quattro cento cavalli. Ha scritto due lettere al Re; colla prima delle quali si scusava della partita sua, con dire che fece la risoluzione mezz'ora prima di partire; colla seconda, che n'era stato cagione l'avviso avuto che Sua Maestà voleva farlo ritener prigione. Le quali cose raccontandomi il Re, disse : « La seconda lettera ricevei ai xvii del mese, che è l'ultimo « del mio ventiquattresimo anno. » E sospirò. Poi : « Vedete se queste « sono cose credibili; perciocchè se la resoluzione sua fusse stata sì « subita, come scrive, cioè se non fosse stata consertata innanzi, come « sarebbono le truppe de' cavalli venute a riceverlo? E, quanto al rite-

« nerlo prigione, avete a sapere che, molte settimane sono, la Regina,
« mia madre, ed io fummo avvertiti non solo ch' egli si voleva partire,
« ma che la partita sua doveva essere ai xv; il che noi non potemmo
« mai credere, avendoci egli sempre dato intenzione del contrario. Ora
« se la mente nostra fussi stata di prenderlo, qual più giusta ragione
« o più colorata poteva essere che l'avvertimento preditto? » Seguitò il
Re, che, poichè la cosa era in questo termine, aveva eletto pel meglio
di procedere con lui con dolcezza, per vedere se era possibile di
ridurlo, o farlo almeno riconoscere, avanti che molti de' suoi ribelli e
di quelli che si chiamano *Malcontenti* gli fussino in maggior numero
intorno, e lo andassino, com' è agevole a un principe, subornando e
corrompendo ancora davantaggio. Che per ciò fare, voleva mandare a
lui il giorno appresso due gentiluomini, e col mezzo de' quali, e con le
lettere che egli e la Regina Madre gli scrivevano, fare ogni opera di
fargli mutar proposito. Il che non seguendo, piglierebbero poi que' partiti che fossero giudicati migliori, e più profittevoli al regno e alla
conservazione della sua Corona. Conclude Sua Maestà per ultimo,
che, essendo questo uno de' più gravi accidenti e de' più importanti
che potessero accadere nel suo regno, considerate massime le con-
giunture de' tempi, e in che termine si trovavano le cose, la sua speranza era prima nella grazia di Dio, e poi, dopo le forze sue proprie,
nell'aiuto ancora di molti principi, amici suoi e parenti, tra' quali Vostra
Altezza.

Trovai appresso la Regina Madre afflittissima, in tanto che mi fece
maravigliare grandemente, non l'avendo io mai più vista per cosa
che sia nata in Francia, così addolorata. Parlommi di questo caso con
le più brevi e con le più interrotte parole del mondo, quasi che ella
temesse d'andar ritoccando la piaga, e disse poco meno che con le
lagrime agli occhi, e quasi scordata della regia dignità sua, che non
avrebbe mai pensato questo. Mostrò pur anco d'avere qualche speranza
in sè di ridurlo, ma disse poi, che se ciò non venisse fatto, io poteva
considerare bene in che stato si ritrovavano quà le cose; e che ella
non aveva in tal caso altro refugio al mondo che Vostra Altezza; alla

quale ricorreva, come a uno del suo sangue, e fuor del quale non
conosceva persona in chi confidare.

M. di Nevers [1] se ne sta a Chartres, dove fa la massa delle sue genti
senza fare per ancora alcuno progresso; e M. de Guise ha mandato a
dire al Re, che pensava ai xx potere combattere li due mila raitri entrati di già in Lorena.

Molti gentiluomini vanno a trovare Monsignore; e ancora di quelli,
che si sono partiti di corte con buona grazia del Re per seguitare il
duca di Nevers, si sono trasferiti da lui. Il che ha fatto risolvere la Regina Madre di andare a trovarlo, e si partì ieri, avendo primo negoziato due ore col maresciallo Montmorency; il quale è facil cosa che
con questo garbuglio venga liberato più presto assai di quello si pensava. Ha fatto scrivere una lettera dal detto Montmorency a Monsignore,
e inviatala per M. de La Noue, che è molto suo servitore; ma non si
contentando poi, c'è andata lei medesima, con dar voce che esso le
vorrebbe parlare. Si discorre che in modo alcuno Monsignore sia per
ritornare; e che Loro Maestà Cristianissime potranno metterli avanti
tali partiti per la quiete del regno, che si potrebbe contentare; e ancora, messi i rispetti da banda avuti fino a ora verso Spagna, impiegarlo o contro la Fiandra col prometterli di farnelo signore, o contro
Genova, come prima s'era parlato. Nè ci sono mancati di quelli che
abbino creduto che questa partita sia stata con consentimento della
Regina Madre, per potere con maggior colore impiegare detto Monsignore dove a lei paresse, senza venirne biasimata; ma io non lo
credo.

[1] Le duc de Nevers était chargé de la mission délicate de tenir le prince en échec.

## XV.

### ALAMANNI AU GRAND-DUC.

Paris, novembre 1575.

· ANALYSE.

La Reine mère a eu une entrevue avec le duc d'Alençon à Chambord. Un nouveau rendez-vous a été pris à Blois; mais le prince, averti que Montpensier approchait avec son armée, a craint quelque piége, et s'est retiré à Romorantin. Quant à la Reine mère, elle est à Amboise, sous prétexte de voir la fille du Roi défunt. On remarque beaucoup d'allées et de venues; Montpensier a repris en main les négociations, mais il semble avoir peu de succès auprès d'Alençon, qui voit chaque jour grossir le nombre de ses partisans.

Dès le 1ᵉʳ octobre M. de Saint-Remy, secrétaire du duc, a été tiré de sa prison; et le lendemain les deux maréchaux, de Montmorency et de Cossé, ont été mis en liberté. Le Roi, après quelques jours d'hésitation, a fait venir aux Célestins Montmorency, auquel il a fait le meilleur accueil : *Il quale fu accolto dal Re con la miglior cera del mondo, esprimendogli che suo desiderio era stato sempre di liberarlo; e lo pregò a dimenticare le cose passate.*

Le lendemain, 11 octobre, le maréchal assiste à la messe à la Sainte-Chapelle, où il reçoit les plus vives félicitations de tout le clergé.

Cependant les reîtres sont entrés en France. M. de Guise ne s'est pas trouvé en mesure de s'opposer à leur passage, mais il les suit de près et espère les atteindre. Le Roi engage vivement tous ceux qui veulent le servir à se joindre à M. de Guise. Ainsi se fond la petite armée du duc de Nevers, les uns allant rejoindre M. de Guise, les autres M. de Montpensier.

Les reîtres, au nombre de deux mille, sous la conduite de Thoré (l'un des Montmorency), et accompagnés d'un bon nombre de Français, arrivent sans coup férir jusqu'à la Marne. Thoré, apprenant l'évasion du duc d'Anjou, et serré de près par M. de Guise, propose de passer la Marne la nuit, d'abandonner les bagages, de se porter à marches forcées sur la Loire et d'y faire sa jonction avec le prince. Il exécute son dessein avec autant d'habileté que d'énergie. Mais les reîtres s'étant montrés d'abord peu dociles, quatre de leurs cornettes, restées en arrière, sont attaquées et mises en fuite par Guise, deux avant d'avoir passé la rivière, les deux autres au delà. Dans cette escarmouche le duc de Guise reçoit à la joue une terrible blessure. Un soldat qu'il poursuivait décharge sur lui son arquebuse; le coup lui enlève une partie de la joue droite jusqu'à l'oreille, qui elle-même est mutilée. Le *Balafré* se fait soigner à Château-Thierry, où la fièvre le force à s'arrêter.

Sur le bon conseil de Frégose, Leurs Majestés ont pris le parti d'envoyer à Gênes Odoardo Giacchinotti, chargé de veiller, au nom du Roi, à ce que cet État conserve sa liberté.

--------

### XVI.

#### ALAMANNI AU GRAND-DUC.

Paris, 1ᵉʳ et 2 novembre 1575.

Sᴏᴍᴍᴀɪʀᴇ. — Le duc d'Alençon s'éloigne peu à peu; la Reine mère le suit. Le maréchal de Montmorency, le cardinal de Bourbon, le duc de Montpensier prennent part aux négociations; une entrevue
a lieu entre la mère et le fils près de Loches. Le prince exige qu'on remette entre ses mains quatre
places importantes. Le Roi se prépare à la guerre. Contribution d'un million de francs accordée par le
clergé. Lenteurs inévitables. Détresse du peuple. Assassinat de du Gast.

1ᵉʳ novembre.

L'intenzione che il signor duca d'Alençon aveva dato alla Regina Madre di ritrovarsi in Blois, e quivi negoziar la pace, non ha avuto effetto. Anzi ha proseguito tanto il cammino, che s'è congiunto a La Noue. La Regina Madre lo ha sempre seguitato a quattro e cinque leghe, tanto che vi è arrivato il marescial de Montmorency, il quale dopo essere stato tre giorni con Monsignore, non si vede sin qui frutto apparente d'appuntamento, e si dubita della guerra.

La voce che il principe di Condé si vada mettendo in ordine, con otto mila raitri e sei mila lanzichenecchi, va continuando; e gli ugonotti vogliono che di già abbia fatto mostra di tal numero per di là il Reno.

Anche il Re si prepara con leve di raitri e lanzichenecchi; e, se si conducono tutti nel regno, lo finiranno al certo di rovinare; poichè i poveri contadini vengono mangiati e rubbati dagli amici e dai nemici: e in molti luoghi abbandonano il paese, disperati di potervisi mantenere.

Vanno attorno certi capitoli che Monsignore, si dice, vorrebbe gli fossero accordati da Sua Maestà, mentre che la tregua durasse; e pare vorrebbe restar signore di quattro piazze, cioè Orléans, Poitiers, Angoulême e la Charité, con dar qualche ostaggio per la restituzione, spirata la tregua, e che la pace non si concludessi; ma, perchè si correrebbe troppo gran risico, credo non se ne farà altro.

Tuttavia M. di Biron porterà ogni resoluzione in breve; la quale potrebbe avere qualche buon fine : tenendosi per fermo che Sua Maestà cerchi ogni strada per la quiete del regno, e che anco *Monsignore* non s'abbi a discostare in tutto dalle offerte amorevoli che li saranno fatte.

2 novembre.

Il Gondi m'ha conferito per parte di Sua Maestà, come essa e il suo consiglio, avendo bene esaminato le cose del regno, e il sinistro procedere de' suoi ribelli, ha finalmente concluso che sia necessario di venire alle armi, mettendo insieme più forze che sia possibile, e procurando per tale strada di essere re del suo regno assolutamente, e non di averlo a dividere con altri, come pare che costoro vorrebbono.

A questo effetto ha disegnato Sua Maestà di aggiugnere alle forze sue ordinarie un buon numero di raitri che egli farà venire d'Alemagna, e con un grosso esercito uscire esso medesimo in campagna, e mostrare il viso al fratello e a tutti gli altri che le vorranno venire all' incontro; per la qual cosa espedire, dice avere ottenuto Sua Maestà dal clero di Francia, cioè da tutto il corpo degli ecclesiastici, che l'accomodino sino a un milione di franchi, somma tenuta bastante a levar detti raitri e condurli in Francia almeno con la prima paga. Ma perchè detti denari mostra che non possino esser prima contabili che fra tre mesi o quattro il più corto, giudica Sua Maestà tale intermissione di tempo non poter essere se non dannosissima, anzi la total rovina di tutta l'impresa; poichè, essendo ancora il nemico sprovisto e ambiguo di sè medesimo, se li darebbe spazio e di provvedersi e di pigliar maggior animo. Ha resoluto dunque di voler mandare in Italia un suo gentiluomo; il quale, passando da tutti i principi amici suoi, esponga loro questo suo urgente bisogno.

C'è anco nuova che la Regina Madre, alli xxvii del passato, parlamentò con *Monsignore*, suo figliuolo, a San Germano, vicino tre leghe di Loches, molto a lungo; dopo avere discorso assai, chiamarono a consiglio il cardinale di Bourbon, il duca di Montpensier, il principe Delfino, suo figliuolo, il duca di Montmorency e M. di Limoges; e in somma le domande di Sua Altezza consistono che, durante la tregua, vorrebbe avere in suo potere le quattro piazze; ma in cambio di Poitiers si nomina Bourges; che gli fussino pagati tre mila fanti e dugento mila scudi di presente per contentare i suoi raitri venutigli d'Alemagna, e per rimandarli quando non se ne' abbia a servire.

La notte passata sei benissimo armati appostorno che M. du Gast, primo favorito del Re, se ne tornassi a casa, e che licenziasse i gentiluomini e altri che ordinariamente li facevano compagnia. Di poi andati alla porta di casa sua, ammazzarono un servitore; e, andati alla camera del du Gast, ci entrarono per forza, lasciando in terra per morto un altro servitore; e a lui dettero venti pugnalate; e il povero gentiluomo visse meno d'un'ora.

Post-Scriptum. Il du Gast, avanti di morire, non parlò ad altri che a una donna, guardia di quella casa; alla quale nominò il barone di Vitteaux, fratello del prevosto, che lo aveva ferito; e si lamentava d'un vecchio, senza chiamarlo per nome. Questo du Gast faceva professione aperta d'inimicissimo a *Monsignore;* e, dove ha potuto mettere scandolo fra Sua Maestà e Vostra Altezza, lo ha fatto. Diceva male publicamente della regina di Navarra, chiamandola una volta : *Regina delle puttane;* e ancora sparlava assai della moglie del duca di Nevers. Teneva inimicizia particolare con casa Montmorency; in somma era divenuto tanto insolente, che non stimava persona fuori del Re.

Credesi che Alençon, con il quale stava il barone detto, lo abbi fatto ammazzare, e che ci abbia tenuto mano la regina di Navarra, Madama di Nevers; e forse alla Regina Madre non sarà dispiaciuto, poichè si

opponeva alla pace più che ogni altro. Il Re', intesa la sua morte, andò
subito alla camera della detta regina di Navarra, dubitando che i delinquenti non si fussino salvati quivi; e sino a ora non si vede altra dimostrazione; e, ancorchè ci sia un gran dispregio del Re, sarà facil cosa
se ne parli poco, per essere stato il du Gast privato gentiluomo, venuto
in pochissimo tempo nel credito che era.

---

## XVII.

### ALAMANNI AU GRAND-DUC.

Paris, 8 novembre-3 décembre 1575.

SOMMAIRE. — Libéralité du Saint Père; prèt de cent mille écus; don de la moitié du revenu annuel du
clergé de France. Le duc d'Alençon à Châtellerault, où sa mère vient le rejoindre. Trève conclue à
Champigny. Insubordination; révolte impunie. Une nouvelle armée de reîtres est prête à entrer en
France sous la conduite de Casimir, fils du comte palatin.

8 novembre.

Con un corriero straordinario Sua Santità ha fatto dono di cento
mila scudi al Cristianissimo, perchè se ne serva in queste sue necess-
sità, e permessogli per una bolla che possa cavar dal clero la metà
dell'entrate d'un anno; concessione che farà esclamare tutti i preti
infinitamente, poichè di buona voluntà s'erano accordati a fare sborso
d'un milione di franchi. Se Sua Maestà venisse aiutata di questa metà
dell'entrate ecclesiastiche d'un anno da tutti i religiosi di Francia,
ascenderebbe alla somma di più di due milioni d'oro; ma perchè non
stanno tutte le provincie sotto l'obbedienza del Re, e le tasse si faranno
assai grassamente, se arriverà a un milione non sarà poco; e molto
meno ne verrà in cassa del Re, rispetto alle ruberie che ci saranno
fatte.

*Monsignore* s'è avanzato col cammino verso Poitoù, dove si sono
congiunti con lui molti gentiluomini; e, quel ch'è peggio, la terra
di Châtellerault, quando detto *Monsignore* fu vicino a dieci leghe, li

7.

mandò le chiavi; e così Sua Altezza se n'è impadronita, con grandissimo dispiacere del Re; e si dubita che degli altri non facciano il simile. Il principe Delfino non parte quasi mai d'appresso *Monsignore*, che lo fa venire in sospetto a molti, e dubitare che non si risolva alla fine essere dalla sua, facendo professione d'essere nel numero dei *Malcontenti*.

Qui si fanno tutte le preparazioni, come se la guerra dovesse seguire, sendosi dato ordine che tutte le gente d'arme siano preste per alli xv o xxv di questo, e la fanteria ancora s'acceleri. A M. di Bassompierre sono stati consegnati trente mila scudi per dar principio alla leva di raitri.

La Regina Madre seguita *Monsignore* a Châtellerault, e si sforza di costrignerlo alla tregua per sei mesi. Consiglia il Re ad accordargli le quattro piazze, pagarli due mila fanti, quattro centi uomini d'arme, cento mila scudi per pagare i raitri, e anco dare al principe di Condé la terra di Mézières, sui confini d'Alemagna, per sua sicurtà : domande che, se non si viene alla conclusione della tregua, bisognerà tutte accordare.

15 novembre.

Era come conclusa la tregua ai vii del corrente per insino a San Giovanni; non s'aspettava altro che il ritorno di M. di Biron. Ci sono avvisi di poi, come agli viii erano tornati a parlamentare, e nulla aveano risoluto; perchè i protestanti vogliono avere nelle terre che si daranno loro la religione cattolica e la ugonotta. Nulladimeno si spera presto s'accomodi il tutto. E la Regina Madre lo vuole per levar le armi di mano ai figliuoli, e per non vedere pieno di armi forestiere il regno. Tra i primi articoli che si sieno per proporre, sarà la convocazione degli Stati, e parlerassi forse della esclusione de'forestieri, e di quelli massime che si mescolano del governo del regno. Il maresciallo di Montmorency fa gagliardissimi offizi in questa negoziazione della tregua, e ciascuno ne lo loda. Sperasi altresì che la tregua abbia a convertirsi in pace.

21 novembre.

Iersera il Re fu certificato, che ai XIX la Regina Madre doveva trovarsi a Champigny, in casa di M. di Montpensier, per battezzare un figlio del principe Delfino, suo figliuolo, in compagnia di *Monsignore*; e quivi si avevano a segnare le capitolazioni della tregua. E, se bene delle sei piazze da consegnarsi, cioè Angoulême, Bourges, Saumur, la Charité, Niort e Mézières, alcune hanno fatto difficoltà di voler ricevere ugonotti dentro, alla fine tutto si quieterà.

Il vedere andare questo negozio in lungo già cominciava a dare animo ai soggetti regii di fare insolenze a' loro superiori; e pure a' dì passati i popoli del ponte a Santo Spirito, piazza importantissima vicina ad Avignone, ammazzarono il loro governatore per li mali trattamenti che dicevano ricevere da lui; e il Re è forzato contro sua voglia chiudere gli occhi, per sospetto che, volendoli gastigare, non si voltino dalla parte di M. Damville. In Limousin ancora si sono persi di nuovo duoi luoghi per negligenza de'ministri di Sua Maestà; e in somma ogni cosa va di male in peggio, poichè la pena accompagna rarissimamente il delitto in qualsivoglia sorta di persone.

3 décembre.

Tornò Biron, e dopo alcuni giorni, superate molte difficoltà che erano messe innanzi per la rottura, Sua Maestà comandò la publicazione della tregua. Mi pare d'intendere che l'esercizio della religione ugonotta, nelle terre che si consegneranno a *Monsignore*, non si userà altrimenti, ma solo nelle case dei gentiluomini che hanno signoria, conforme all'ultima pace del 1570.

Pare che questa tregua sia molto sturbata dalle ultime nuove che ha il Re della venuta de'raitri d'Alemagna, capo Casimiro, figlio del conte Palatino, in numero, secondo si dice, di otto mila cavalli e sei mila lanzichenecchi; e di già la voce corre che ne sono passati il Reno più di quattro mila, non ostante li mandati. Sua Maestà, subito che ebbe questa nuova, rispedì Biron al fratello, con certificarlo che, se l'animo suo era di negoziare con buona intenzione e fede per rimettere questo povero regno nella quiete desiderata da ognuno, non permettesse che le parole sue e de'suoi aderenti restassero vane, ma impedisse la venuta di questi Alemanni.

Le terre non sono state ancora consegnate a *Monsignore* per queste nuove che corrono, ma si farà subito che il Re sia assicurato del ritorno de' raitri [1].

———

## XVIII.

### ' ALAMANNI AU GRAND-DUC.

#### Paris, janvier 1576.

##### ANALYSE.

Le duc d'Alençon se plaint d'avoir été victime, ainsi que Thoré, d'une tentative d'empoisonnement. Il demande au Roi de donner suite à cette affaire. L'ambassadeur a quelque peine à croire à l'existence du crime : *Molte persone di giudizio credono che tutto sia stato fatto ad arte, per volere imputare il cancelliere, il maresciallo di Retz, e forse il duca di Nevers, come più odiati da Sua Altezza; e forse ancora è tramato da qualcuno che sia appresso* Monsignore, *e che gli dispiacia il vedere che si tratta pace* [2]. La Reine mère est fort irritée de cet incident; et le Roi, pour donner satisfaction à son frère, consent à envoyer un président du parlement avec mission de faire une enquête : *Ma con tutto questo pochi credono che sia seguito cosa di momento, e non se ne parla quasi più.*

Des démarches incessantes ont lieu pour amener la conclusion de la paix.

———

[1] Les dernières dépêches du mois de décembre 1575 renferment les nouvelles suivante : Angoulême, Bourges, la Charité refusent d'ouvrir leurs portes au duc d'Alençon et aux huguenots; ce qui remet tout en question.

Le prince de Condé ne se croit pas lié par la trève. L'armée qui se forme sur le Rhin, composée de reîtres, de lansquenets, de Wallons, de Suisses, est évaluée à vingt mille hommes. Tout à l'entour de Paris l'ordre a été donné de réunir les vivres et les approvisionnements dans les places. Quant au Roi, il n'est occupé que de ses dévotions : *Il Re attende più che mai alle sue devozioni; ma ognuno giudicherebbe necessario ch'ei badasse un poco o al publico riposo o a far guerra.*

[2] Dépêche du 8 janvier.

Bourges insiste vivement pour ne pas être remise aux mains de *Monseigneur* et des huguenots; et le Roi a grand'peine à vaincre sa résistance. Le duc d'Alençon reçoit les députés de la Reine d'Angleterre, du prince de Condé et du comte Casimir. Ces deux derniers, à la tête des reîtres, pénètrent en Lorraine, où leurs hommes se livrent au pillage et vivent à discrétion.

Les reîtres enrôlés au nom du Roi s'avancent de leur côté dans les provinces, où ils sont défrayés, *con gran danno del paese, perchè rubano e abbrucciano ogni cosa: e, se non segua pace, sarà difficile impedire che si congiungano alle forze di Monsi-gnore.*

On pense que les conséquences de la paix seront, entre autres, le départ de la cour du maréchal de Retz et la démission de Birague comme grand chancelier.

Le Roi est mal obéi et mal servi. Sur douze mille Suisses qui ont reçu de lui à Lyon leur première paye, il ne reste plus, à leur arrivée à Châlon-sur-Saône, que sept mille hommes. Le duc d'Alençon, au contraire, voit chaque jour grossir ses troupes. Il compte sous ses ordres jusqu'à trois mille gentilshommes.

Quant à Damville, il gouverne le Languedoc avec modération et sagesse:

*Il marescial Damville ha fermo il paese di Linguadoca a sua devozione per la maggior parte; e tratta que' popoli nella maniera antica, che faceva già Luigi XII, avendo levato tutte le taglie straordinarie, e agli ecclesiastici le decime insolite; e gli altri capi ugonotti, ciascuno nel paese dove si trova, stanno lestissimi per ubbidire a ogni comandamento di* Monsignore[1].

———

## XIX.

### ALAMANNI AU GRAND-DUC.

Paris, février et mars 1576.

Sommaire. — *1er février*[2]. Évasion du roi de Navarre; sa lettre au Roi. Conjectures. — *11 février*. Le duc de Nevers reproche au Roi d'être la dupe de ses sujets rebelles; il est repris avec aigreur par la Reine mère. — *23 février*. Bourges, qui a refusé d'ouvrir ses portes au duc d'Alençon, est traitée avec rigueur par le Roi, à la grande satisfaction des huguenots, auxquels on offre d'autres places de sûreté. Condé et ses reîtres sont à la Palice, se dirigeant sur l'Auvergne. Le roi de Navarre est à la Flèche. L'armée du duc de Mayenne, qui est à Moulins, diminue de jour en jour. Nouvelles diverses. — *27 février*. On attend M. de Biron et les députés des huguenots. Le roi de Navarre se dispose à rejoindre *Monsieur*. — *10 mars*. Arrivée de huit députés des huguenots; ils soupçonnent la Reine mère de travailler uniquement à détacher d'eux le duc d'Alençon. — *24 mars*. On s'achemine vers

[1] Dépêche du 29 janvier. — [2] Lestoile place l'évasion du roi de Navarre à la date du 3 février.

la paix, le Roi paraissant résigné à faire tous les sacrifices possibles. Le duc d'Alençon a fait sa jonction avec Condé. Le roi de Navarre va se réunir à eux. Triste situation des troupes royales. Appréhensions des Espagnols; ils craignent une double attaque, l'une du roi de Navarre, vers les Pyrénées, l'autre du duc d'Alençon, vers la Flandre.

1ᵉʳ février.

Quando speravasi tutto accordato, è occorso che il re di Navarra, fingendo d'andare alla caccia com'era solito, ieri si partì con buona truppa di gentiluomini; e, avendo concertata la fuga con MM. di Lavardin, di Roquelaure, e di Fervaques, ha avuto anco commodità di condurre seco parte dei soldati che erano sotto la carica di costoro. Quando fu lontano intorno a dieci leghe, spedì al Cristianissimo un suo gentiluomo, chiamato St. Martin, con una lettera, dando conto a Sua Maestà della partita sua, e dove andava, che era, diceva lui, per ritirarsi ai suoi Stati di Béarn e Guienna, per non si volere mescolare in queste guerre fra fratelli. E, si dice, ha preso il cammino di Vendôme. Altri vogliono che si vada ad aggiungere al principe di Condé, e che poi tutti si unischino con *Monsignore*, con il quale a me è stato detto che Navarra s'è rappacificato, e che oggi sono una cosa medesima. Tuttavia questa non è la opinione universale; anzi la Regina Madre s'è lasciata intendere che ora più che mai spera la quiete del regno.

11 février.

Arriva M. di Biron che lascia *Monsignore*, e ne porta buone nuove. Il duca di Nevers ha dato avvertimenti al Re di non essere tanto corrivo co' ribelli e traditori della Corona. Cui la Regina Madre ha detto : « Dunque ci comprendite ancora *Monsignore*, mio figlio? Passate troppo « innanzi; e da questo posso congetturare che siate stato uno di quelli « che avete sempre traversata la pace. » Il duca si volle scusare, ma trovò poca udienza; e il medesimo gli avvenne col Re, al quale voleva narrare quanto era passato fra la Regina Madre e lui.

23 février.

Il Re, per levar di sospetto *Monsignore*, suo fratello, e gli altri aderenti, e assicurarli che la città di Bourges li ha disubbidito, ha fatto qualche dimostrazione contro gli abitanti, con dichiararli ribelli della Corona e trattarli da nemici; e di già n'è stato ammazzato qualcuno che inconsideratamente voleva andar per viaggio, come prima era solito; talchè sono venuti in qualche timore, con gran piacere degli ugonotti, a' quali il Re voleva mettere in mano, durante la tregua e i negoziati, Moulins e Décize, dov'era andato M. di Biron; ma loro hanno rescritto per gentiluomo espresso che si contenterebbono di Amboise e Issoudun.

S'aspettano fra poco i deputati per la pace.

Condé è con i raitri verso la Palice e la Pacaudière, strada diritta da Parigi a Lione; tengono il cammino verso Auvergne per andare da *Monsignore.*

Il re di Navarra è in Anjou, e precisamente a la Flèche, con forse dugento cavalli; e vi fa predicare all'ugonotta, dicendo essere andato per forza alla messa dal San Bartolommeo in quà. Dopo la sua fuga non ha fatto notevole progresso.

Il duca du Maine[1] è verso Moulins, e l'esercito gli va scemando, sì che non potrà impedire il progresso del Condé. — Se si fa pace partirà il gran cancelliere dalla corte. — Cresce il sospetto che questa piena francese voltisi verso la Fiandra; e la Spagna raddoppia le guardie alle frontiere, vigilando le mosse francesi. — Corre voce che il re di Navarra voglia ripudiar la moglie.

27 février.

S'aspettano sempre M. di Biron e i deputati. Pare che il re di Navarra non sappi dove ritirarsi e sta alla Flèche; pure si pensa si congiungerà con *Monsignore*. Il Re fa premure al Papa perchè il gran cancellier Birago abbia un cappello.

---

[1] C'est le duc de Mayenne, frère puîné du duc de Guise.

10 mars.

Sono arrivati a Parigi otto deputati ugonotti, ma non ci sono ancora quelli del principe di Condé e della Rochelle. M. di Biron non è ancora arrivato, e le cose vanno molto in lungo.

M. du Maine, che si trova ancora a Moulins con l'esercito, ha chiesto licenza di venire in corte. Si aspetta l'arrivo di tutti i deputati per decidere quel che avverà. Gli ugonotti sono in sospetto che i tanti negoziati di queste Maestà tirino solamente non a far la pace, ma a separar *Monsignore* dalla loro amicizia. E, se ciò è vero, si cercherà d'ingannarsi l'un l'altro, e sarà l'ultima rovina del regno.

24 mars.

Arrivò ai XXI il duca di Montpensier, partitosi da *Monsignore*, appresso al quale insieme col maresciallo Montmorency è stato sempre dopo la partita della Regina Madre. Lo medesimo che giunse, le Loro Maestà stettero in consiglio coi deputati più di sei ore, dove si dibatterono maturamente tutte le domande e pretese loro. Subito usciti, si sparse voce che la pace si farebbe ad ogni modo, e gli ugonotti si mostravano molto allegri delle risposte e buona volontà che il Re aveva fatte e mostrato loro per la conclusione della pace. Si risolverono mandare, e devono partire oggi quattro di questi deputati per riferire di voce a *Monsignore* e agli altri quanto s'è trattato sino a ora; e, al ritorno loro che dovrà essere fra otto o dieci giorni, contentandosi ciascuna delle parti, si darà fine a questo negoziato. Il Re, avanti che costoro siano partiti, ha dato conto al fratello di tutto il negoziato, per mostrarli questa amorevolezza.

Circa il particolare di *Monsignore*, il Re ha promesso consolarlo a ogni modo di quanto starà in autorità sua di poter fare; e tiensi per certo che alla fine Sua Altezza non si curerà della sovranità de' luoghi che domanda per il suo appanaggio, ma si contenterà goderli pacificamente e con buona grazia di Sua Maestà. Il re di Navarra e il principe di Condé resteranno sodisfatti comodamente. E di quanto s'è

promesso a Casimiro, che oggi pare una delle più grandi difficoltà, si
pensa che tutto s'accomoderà con danari e pensioni, e che delle promesse fatteli dal principe di Condé e dagli altri si terrà poco conto.

L' esercizio della religione ugonotta si concederà nella maggior parte
di Francia, e fra i luoghi eccettuati saranno Paris, Rouen, Toulouse
e Lyon. Della giustizia, del tener gli Stati, delle piazze per loro sicurtà,
della restituzione de'governi, dignità e beni, e altre domande loro, ci
sarà minor difficoltà che non si pensava, se non si muta proposito.

*Monsignore* s'è unito con tutte le sue forze col principe di Condé
a Villafranca in Auvergne; e, dopo essere stato con lui e con gli altri
parecchi giorni, avendo ricevuto grandissime carezze, onori e promessa
di fedeltà da tutti, s'è partito da Moulins, dove si trovava, essendo
prima passato per Decize, e impadronitosene; e oggi si tiene che il re
di Navarra o sia vicinissimo, o già si trovi con Sua Altezza. Arrivò iersera M. du Maine, e la sua cavalleria si sbanda, ritirandosi la maggior
parte de'gentiluomini alle case loro. La fanteria per ora è in piede,
divisa in molti luoghi lungo la Loire, e li Svizzeri del Re si trovano a
Auxerre.

Molte compagnie sono comandate per ritirarsi verso la Piccardia, e
si dice ancora che molti ugonotti di Linguadoca e d'altri luoghi si
ridurranno nella Guascogna. Sono comandate alcune nuove compagnie di genti d'arme con maraviglia di molti, e particolarmente
degli Spagnuoli, i quali vanno dubitando più che mai che il re di
Navarra non procuri di far qualche impresa nel suo paese, e *Monsignore* nella Fiandra, e che il Cristianissimo alla fine non sia forzato,
per cercare di liberarsi dalla guerra civile, mandare i forestieri a casa
d'altri.

## XX.

### ALAMANNI AU GRAND-DUC.

Paris, avril 1576.

SOMMAIRE. — *9 avril.* Dernières difficultés à surmonter; la Reine mère se prépare à aller de nouveau trouver les princes. Condé et le comte Casimir ont passé la Loire à'Nevers et s'approchent de Paris. Les Suisses et les reîtres du Roi sont rassemblés à Montereau. Le roi de Navarre est encore en Poitou. Soupçons du comte Casimir. Conjectures de l'ambassadeur toutes en faveur de la paix. Dans quel dessein le Roi laisse-t-il, sans s'émouvoir, les reîtres de Condé se diriger vers Paris? — *15 avril.* Dures conditions subies par le Roi. Grands avantages offerts à tous les rebelles, et surtout au duc d'Alençon. Il reste à trouver des ressources pour payer les troupes étrangères. Dans le conseil, le duc de Nemours s'emporte contre le député huguenot Beauvais La Nocle; sang-froid et sagesse de ce dernier. — *23 avril.* La Reine mère va porter elle-même les articles du traité à signer au duc d'Alençon. Démarche des cantons suisses protestants auprès du comte palatin. Dès que l'exercice de leur culte sera accordé en France à leurs coreligionnaires, ils rappelleront leurs troupes engagées par le comte Casimir.

9 avril.

Sempre nascono nuove difficoltà che impediscono questa benedetta pace. Dei quattro deputati sono tornati due; li altri s'aspettono oggi.

La Regina Madre tornerà dal figliuolo, e parlerà col principe di Condé, a Casimiro e agli altri, e seguirà questo viaggio, quando Biron e i deputati non portino le cose tanto smaltite che la presenza della Maestà Sua non sia più necessaria.

Mentre questi trattamenti si fanno, *Monsignore*, Condé e Casimiro marciano col il loro campo a questa volta; e di già hanno ripassata la riviera della Loira con un ponte di barche senza alcuno impedimento, vicino a Nevers; e oggi sono lontani di qui tredici poste, sul diritto cammino di Lione. Il Re ha dato ordine che i suoi raitri e Svizzeri si riducano insieme a Montereau.

Il re di Navarra non è ancora congiunto con *Monsignore*, e attende a mettere insieme più gente che può verso il Poitou, per venire a trovarlo. Intanto ier l'altro comparsero due suoi deputati, e sollecitano siano loro accordate le domande.

Casimiro è entrato in sospetto che questi Francesi non procurino che per il profitto proprio. N'ha tenuto proposito con *Monsignore*, e

fra loro è corsa qualche parola piccante e quasi minatoria; lasciandosi intendere che, se egli ancora non viene consolato, mostrerà al
· mondo che ha modo da potersi risentire.

Il vedere che il Re lascia marciar gli ugonotti senza impedimento; la
negligenza che si usa nelle provvisioni necessarie per la guerra; l'intendersi, ma segretamente, che l'ultima gita di Biron porta a Casimiro
dieci mila scudi di pensione per lui, e licenza di potere restare con i
suoi raitri in Francia tre mesi dopo la pubblicazione della pace, pagati dal Re; e molte altre cose simili, a me confirma la opinione, che io
ho avuto sempre, che l'accordo debba seguire; e mi accresce in questa
parte il sospetto che costoro vogliono forzare il Re a romperla con
Spagna. Tuttavia la necessità di questo Re e del regno, accompagnata
dalle disunioni che ci sono, dà con buone ragioni a credere a molti
il contrario. E vogliono pensare che il permettere agli ugonotti che
s'accostino a Parigi, sia solo per forzare questi populi all'imprestito
dei denari, che il Re domanda per il loro pagamento. Presto dovrà
scoppiare questo sacco.

                                                                    15 avril.

Si dice che il Re ha accordato agli ugonotti l'esercizio pubblico
della religione riformata per tutto il regno, eccettuato Parigi solo e
la corte, nè a due leghe di quella. Che in tutti i parlamenti, privati
consigli, camere di corti, e in ogni altro luogo di giudicatura, li ugonotti
ci avranno certo numero determinato di personaggi della loro religione,
acciò intervenghino a tutte le sentenze da pigliarsi alla giornata per il
servizio publico e privato. A *Monsignore* si darà in parte, ma non in
sovranità, li ducati di Anjou, di Berri e de la Touraine, luogotenente
generale di Sua Maestà, e trecento mila franchi di provisione per intertenere i suoi creati. Ed esso lascerà alla Corona il ducato di Alençon,
e permetterà che la Regina Vedova possa di Berri tirare venti mila
scudi l'anno, che le erano stati assegnati per parte di quello che il
Re Carlo gli ha lasciati durante la sua vita. Al re di Navarra si concederà il governo intero della Guienna, come aveva suo padre; al

principe di Condé il suo di Picardia; e al maresciallo Damville quello di Linguadoca. È ciascun altro signore e gentiluomo rimesso nelle sue cariche e dignità.

A Casimiro si daranno dieci mila scudi l'anno di pensione, e una compagnia di cento uomini d'arme. Di maniera che buona parte degli articoli che domandano, oltre agli Stati che si sono accordati, vengono compresi sotto questi.

Ci resta d'importanza il pagamento di tutti i forestieri, con il donativo che desiderano, e alcune piazze davantaggio per loro maggior sicurtà.

In consiglio, presente il Re, quattro giorni sono, M. di Nemours prese occasione di adirarsi con M. di Beauvais La Nocle, uno deputato da *Monsignore* per il negozio della pace, e il più principale di tutti gli altri, e trascorse con le parole tanto innanzi che lo chiamò *galant;* di che Beauvais s'incollerì assai, e replicò che era gentiluomo onorato, e che non meritava gli fosse detta questa parola. Si sono poi rappacificati per opera della Regina Madre; e Beauvais seguitò il caso, senza mostrare alcuna collera. Ragunati tutti i compagni in camera sua, li esortò à voler seguitare questo negozio della pace, senza fastidirsi d'alcuna cosa, perchè, oltre al servizio pubblico, questo era uno de' maggiori dispiaceri che si poteva fare a Nemours, a Guise e a tutti gli altri inimici loro, i quali non desiderano altro che garbuglio, per essere impiegati e mantenersi grandi. E per facilitare ogni difficultà il Re ha di poi mandato Beauvais a *Monsignore;* al ritorno del quale, che sarà fra otto dì, si potrebbe forse dar l'ultima mano a questo negozio.

Presto si potrà dunque sperare qualche conclusione.

23 avril.

Oggi si parla che i deputati sono banchettati dalle Loro Maestà; e domani la Regina Madre parte con essi loro con tutti i capitoli segnati dal Re, per far fare il medesimo a *Monsignore,* a Condé e a tutti gli altri; e si tiene per certo che tutto si pubblicherà avanti passi questo mese.

I cantoni Svizzeri ugonotti, che hanno aiutato quelli della loro religione, hanno spedito al conte Palatino che essi non vogliono esser
causa della ruina di Francia, ogni volta che il Re accordi nel regno
l'esercizio della loro religione; e che però facci intendere a Casimiro,
suo figliuolo, che se ne ritorni, quando del di sopra venga compiaciuto; altrimenti che richiameranno tutti quelli della loro nazione.

## XXI.

### ALAMANNI AU GRAND-DUC.

### Paris, mai 1576.

SOMMAIRE. — *2 mai.* La Reine mère est allée rejoindre le duc d'Alençon à Nemours. Visite du Roi au
parlement. Sa Majesté, et, après elle, le grand chancelier, font connaître le péril de la situation; ils
estiment qu'il faudra deux millions de francs pour satisfaire aux exigences des soldats étrangers, sans
compter le reste. Vaisselle d'argent fondue pour frapper des francs, les reîtres ne voulant pas accepter
les écus au prix du cours. Bijoux engagés au duc de Savoie en retour d'un prêt de cent mille écus.
La Reine affecte de répéter aux députés huguenots que l'on souscrira à toutes les demandes de *Mon-*
*sieur.* Injonction aux ministres protestants de prêcher l'Évangile, sans se mêler des affaires d'État;
dans quel dessein? — *6 mai.* Les soldats étrangers réclament, pour les sommes qui leur resteront
dues, et des otages et des joyaux en gage; ce qui leur sera accordé. Le bruit court que toutes ces
longues négociations couvrent un dessein secret, qui éclatera tout à coup contre l'Espagne; indices
sur lesquels on se fonde. Les huguenots soupçonnent la Reine mère de vouloir détacher d'eux le duc
d'Alençon. — *8 mai.* La paix est publiée à Paris, après avoir été proclamée au camp. Ce n'est pas
sous le titre de *paix*, mais sous celui de *déclaration d'accord*, que le nouvel édit a été promulgué.
— *17 mai.* Le 14, lecture et enregistrement de l'édit au parlement, et *Te Deum*. Abstention du
cardinal de Bourbon et des autres prélats. Le prince de Condé a supplié le Roi de rembourser les
cent mille écus que la reine d'Angleterre lui a prêtés pour faire sa dernière levée de reîtres. On parle
d'engager aux Suisses le marquisat de Saluces et la ville de Lyon pour obtenir d'eux un prêt de trois
millions de francs. — *20 mai.* Retour du duc de Montmorency; grand accueil qu'il reçoit du Roi;
son concours très-efficace dans les négociations. Le roi de Navarre à Vendôme; il réclame sa sœur et
sa femme. — *24 mai.* On s'occupe de désarmer. Les huguenots semblent peu disposés à se soumettre
à l'édit, surtout en Languedoc et en Provence. La Reine mère se prépare, dit-on, à aller trouver le
roi de Navarre, et à lui mener sa sœur, mais non sa femme. L'innocence de Montmorency solennellement proclamée en plein parlement. — *27 mai.* Difficultés à propos de l'application de l'article de
l'édit relatif à l'exercice de la religion. Les huguenots du comtat d'Avignon. La somme à payer au
comte Casimir s'élève à deux millions de francs; il faut ajouter trois autres millions pour payer les
reîtres du Roi, les Suisses et autres. Arrangements proposés aux Suisses : Saluces, Lyon, Dijon
offerts en gage. Le duc d'Alençon avec Casimir à Châlons-sur-Marne. Visite de l'ambassadeur à la
Reine mère.

La Regina, madre del Re, a dì xxv del passato partì per trovar *Monsignore*, suo figliuolo, e gli altri a Nemours vicino a Fontainebleau; dove si sono visti e parlati più volte.

Ultimamente s'intende che quasi ogni cosa, accordata prima dal Re, è stata sottoscritta da *Monsignore* e da tutti gli altri capi suoi aderenti, e che, senza qualche difficoltà messa fuori dalla Regina d'Inghilterra, che anco lei pretende qualche cosa, di già la pace sarebbe pubblicata; e per questo effetto la Regina Madre mandò ieri per l'ambasciatore straordinario d'Inghilterra che si trova qui, e credesi al sicuro che tutte le difficultà saranno superate fra pochissimi giorni, poichè si dice che la Regina sarà qui ai x, e che avanti la partita sua la pace sarà gridata al campo, e poi qui subito all'arrivo della Maestà Sua. Intanto tre giorni sono il Re personalmente andò in parlamento di Parigi; rimostrò vivamente le necessità nelle quali si trovava, la pace che era forzato accordare per non lasciare interamente ruinare il suo regno, e potere con qualche tempo sollevare i popoli dalle tante calamità nelle quali si trova di presente; e che, per venire a questa quiete tanto desiderata universalmente, bisognava che e loro e gli altri che avevano il modo lo aiutassino a trovare quella maggior somma di denari che si poteva per pagare tanti forestieri che erano in Francia e farli ritornare a loro paesi, come più amplamente sarebbe stato dichiarato dal cancelliere. Il quale, ripresa la proposizione del Re, e allargatosi quanto occorreva in questa materia per persuaderli a quest'aiuto, disse loro che prontamente era necessaria la somma di due milioni di franchi per pagare i raitri, e poi degli altri denari per andare accomodando le cose più urgenti, e quietare, se sarà possibile, una volta questo regno. S'è trovata qualche difficoltà in questa concessione, ma alla fine i denari saranno presti in breve, e li pagamenti si faranno conforme alle promesse. Troverassi poi con commodità modo da rimborsare questi che prestano, i quali per essere la maggior parte uffiziali, sapranno ben loro come si devono governare. Si farà fondere gran quantità di vassella d'argento, delle quali il Re viene accomodato da diversi, e se ne faranno franchi, rispetto al non volere i raitri pigliare gli scudi per quel prezzo che oggi corrono per tutta la Francia.

Intendo che al duca di Savoia si sono mandate gioie per cento mila scudi, i quali lui si fa prestare, dicono quà, da mercanti Genovesi.

Quando la Regina Madre partì di qui, fece promettere dal Re ai deputati ugonotti che tutte le pretensioni di *Monsignore* sarebbono accordate da Sua Maestà e da Lei, pigliandole sopra di loro, e sapevano che esso se ne contenterebbe; e che, quanto a Casimiro, Loro Maestà approverebbono quanto alla giornata fosse dichiarato da *Monsignore*; e, così sottoscrissero le capitolazioni, e se n' andarono subito dopo la Regina Madre.

La nobiltà Francese, così cattolica come ugonotta, è entrata in sospetto che gli Alemanni e gli altri forestieri non si servano dei ministri ugonotti per persuadere ai popoli la franchigia e libertà loro, e con il tempo intromettere in Francia delle terre franche, come ne sono in Allemagna; cosa che tornerebbe in pregiudizio non solo alla corona, ma a tutti i nobili del regno. Però si comanderà a tutti i ministri, così Tedeschi e d'altre nazioni, come Francesi, che predichino l'Evangelio all'usanza loro, semplicemente, e li sarà vietato l'intervenire ne' consigli e il trattare di cose di Stato, come hanno fatto sino a ora. La quale risoluzione, se sarà vera e osservata, è per essere di molto momento, poichè si fuggirà il pericolo soprascritto; e anco il numero de' ministri ugonotti, fra quali sono di molti gentiluomini, si farà minore, col privarli dell'intervenire ne' consigli, e dell'autorità che sin a ora hanno esercitata con molta loro ambizione.

6 mai.

Poco posso aggiungere, andandosi questa pubblicazione della pace mescolandosi sempre con qualche nuova difficoltà, poichè non contentandosi questi forestieri ugonotti di parte del pagamento con promesse sufficientissime per il resto, vogliono ancora ostaggi per l'osservanza, e si dice di quantità di gioie che pare venga loro accordata

da Sua Maestà; e si nominano sino a ora MM. di Luxembourg, di San
Sulpizio, che sono ricchissimi signori dipendenti dal Re, e de Laval e
La Rochefoucauld, dipendenti da *Monsignore*, da Navarra e dal principe di Condé. Si va di più cavando voce che, avanti la pubblicazione,
vogliono sentire che Tours e Angers, città capitali de la Touraine e
de l'Anjou, siano consegnate a *Monsignore*, come è stato Bourges. Così
si va trattando, e mandando ogni giorno innanzi e indietro gente per
comunicare ogni cosa col Re. Altri vogliono, e li Spagnuoli ne temono
che queste lunghezze sieno tutte artifiziose, e che alla fine, nel fare
uscire questi forestieri del regno, si rompa la guerra con il Re Cattolico; congettura e timore venuto da lunga mano, ma accresciuto di
presente, per sapersi esser venuti e mandati uomini espressi da Orange
qui e in Inghilterrra, nè scopiare per ancora alcuna cosa. E parimente
la gita dell'ambasciatore straordinario Inglese alla Regina Madre ha
fatto dubitar davantaggio, poichè per il particulare di quella Regina
non si sente quasi più alcuna pretensione, come pochi dì fa si faceva. La Regina Madre è a Sens, e qui vicino, *Monsignore*, Navarra,
Condé, Casimiro, e tutti gli altri. I raitri del Re saranno condotti
fuori del regno da M. di Guisa; quelli degli ugonotti dal principe di
Condé, così dicesi.

Ancora qualcuno mi ha detto che, dopo la pace, il Re accorda a
Casimiro che egli possa per tre mesi trattenere in Francia quattro mila
pagati da Sua Maestà; che se fussi vero si potrebbe dubitare molto più
della rottura con Spagna.

Li ugonotti sono entrati in sospetto di nuovo che la Regina Madre
non vogli separare dalla loro amicizia *Monsignore*, il che fa ancora
allungare il negozio della pace.

8 mai.

Iersera al tardi con l'arrivo di M. di Biron, il Cristianissimo resta
certificato che la pace era del tutto accordata e pubblicata in campo
di *Monsignore* sabbato passato; e questa mattina s'è fatto il medesimo
nel palazzo del Re e per la città di Parigi. Presto doverrà aversi stam-

pata, e io non lascerò di mandarla. Oggi s'incamminano gli ostaggi concessi, e all'arrivo loro, la Regina Madre se ne dovrà ritornare, se già non volessi aspettare che i raitri sieno satisfatti di pagamenti che per ora pretendono, e cavarli dal regno.

Post-Scripta. — Avendo visto la pubblicazione sopranominata, trovo aver fatto errore a chiamarla pace, ma si bene *dichiarazione d'accordo* fra Sua Maestà e il fratello; proibizione d'ogni atto d'ostilità sotto pene grandi, con la promessa dell'editto della pace universale fra brevissimi giorni.

17 mai.

Alli xiv, il Re trasferitosi nella camera di questo parlamento di Parigi, con l'assistenza di questi Guisi ed altri signori della corte e di tutto il parlamento, fece leggere pubblicamente tutti li articoli della pace resoluti e approvati da Sua Maestà e dagli altri, e registrati nella detta camera con il consenso di quelli cui s'apparteneva darlo; si pubblicò la pace universale; si tirò molta artiglieria, e l'altro giorno si cantò il *Te Deum*, dove non vollero intervenire nè il cardinale di Bourbon, nè altri prelati di nome, acciò non si possa dire che rendino grazie a Dio d'aver concesso l'esercizio della religione ugonotta in Francia; e il Re non li ha voluti forzare.

Il principe di Condé e Casimiro tornano in Alemagna con i raitri, e si facilita loro il cammino. La Regina Madre s'aspetta tra quattro giorni. *Monsignore* per ora se ne starà a Bourges. Il marescial di Montmorency aspetta la Regina Madre per venire in corte.

La regina d'Inghilterra in questa conclusione ha fatto opera d'essere rimborsata dal Condé de' denari prestatigli per far la leva de' raitri, e il principe ha supplicato il Re a pagargli questa partita, che è di più di cento mila scudi.

Si va parlando d'impegnare agli Svizzeri per tre milioni di franchi il marchesato di Saluzzo e Lione; ma, perchè la cosa è dubbia e secreta, mi basta averlo avvertito per notizia pura.

20 mai.

Il duca di Montmorency arrivò ier l'altro in corte d'ordine del Re, il quale mostra bene dalla cera che gli fa quanto si tenga sodisfatto di lui; e in verità che, senza l'opera sua, la negoziazione si rendeva molto più difficile.

Io l'ho visitato a nome di Vostra Altezza. Il re di Navarra ha mandato qui M. di Fervaques per supplicare il Re che se li mandi la moglie e la sorella, e intanto lui s'è ritirato a Vendôme. Si tien per certo che della sorella ne abbi a esser presto compiaciuto, ma della moglie per ora non se ne farà altro, per quanto intendo.

La Regina Madre è tornata questa sera con buonissima cera.

24 mai.

Si è atteso solo a fare dimostrazioni di allegrezza per conto della pace, spedizioni per tutto il regno per farla eseguire, e dar ordine a cassar molte compagnie di fanti, e si farà il medesimo della cavalleria, per scemare spesa.

Questi deputati ugonotti, dopo la pubblicazione della pace, sono intervenuti molte volte in consiglio, perchè si venga alle esecuzioni, e ci sono nate delle difficoltà, le quali si vanno smaltendo a poco a poco; se bene certi andamenti delli ugonotti, scoperti di uno de' deputati, hanno messo in sospetto il Re che loro non voglino essere così presto obbedienti ai comandamenti regii, come i cattolici, e particolarmente nella Provenza e Linguadoca, per la restituzione delle terre che hanno promesso.

Si va parlando che la Regina Madre anderà presto a trovare il re di Navarra per stabilir seco quanto bisogna per conto suo, e che con tale occasione li condurrà la principessa sua sorella, continuandosi che per ora la moglie non ci anderà altrimenti.

L'innocenza di M. di Montmorency è stata dichiarata in parlamento con tutte le solennità.

27 mai.

Mi sono venuti nelle mani i capitoli che non appariscono nell' editto della pace; i quali ancora non sono perfetti, mancandoci parte di quello che s'accorda a *Monsignore* e a Condé e a Casimiro; e parimente qualche altro particolare che sempre si va trattando per venire all'esecuzione di tutto; e fra le altre cose, ci è che Sua Maestà vorrebbe si emendassi l'editto pubblicato in quella parte dell' esercizio della religione pretesa riformata, cioè che que' signori che sono padroni di terre e di villaggi particolari e che sono cattolici, come anco la maggior parte de' suoi suggetti, non fussino tenuti a requisizione di pochi introdurre nelle sue piazze l'ugonotteria; e per ancora non s'è venuto alla conclusione di tal passo con questi deputati.

Nel contado d'Avignone sono molti ugonotti che vi hanno de' beni, e il Papa non si risolverà mai a lasciarglieli godere, come loro ne fanno istanza con il Re; ed essi non voglion rendere la piazza di Minerva che tengono a Sua Santità, senza questa concessione; anzi si varranno delle lettere patenti di Sua Maestà.

Il pagamento di Casimiro arriverà a due milioni di franchi, a conto de' quali si pagarono l'altro giorno trecento mila franchi; per altrettanti se li consegnorno gioie, e per il restante ha ostaggi appresso di sè; e questo pagamento, secondo si dice, deve finirsi per tutto il mese d'agosto prossimo. Ci resta il satisfare i raitri del Re, gli Svizzeri, e altri pagamenti, che ascendono, computando i primi, a cinque milioni di franchi. E in confermazione che si trattava del marchesato di Saluzzo e di Lione, il Re, due giorni sono, spedì un gentiluomo alli suoi ministri in terra di Svizzeri, che vedessino in qualsivoglia modo di operare con quei cantoni, acciò quanto prima Sua Maestà venisse accommodata della somma sopranominata in questo modo : Che si obbligherebbero ai prestatori le rendite del marchesato di Saluzzo, di Lione e di Dijon in Bourgogne, e ogni altra obbligazione che detti suoi ministri giudicassero a proposito per effettuare il negozio, intendendo che ne' pagamenti da farsi fusse compreso un milione di franchi che si deve loro; sborsassero un milione d'oro prontamente, e il restante si pagasse a Casimiro fra certo tempo determinato.

Il signor duca di Montmorency, due giorni sono, se ne partì per vedere la madre, e poi ritirarsi per qualche poco di tempo alla casa sua di Chantilly, donde voleva andare ai bagni di Spa nel paese di Liége.

L'avvertimento che *Monsignore* fusse entrato in Bourges fu falso; ma ci è bene un suo governatore, avendo esso voluto accompagnare Casimiro e i raitri un gran pezzo, e per ancora non ci è nuova gli abbia lasciati, essendo ultimamente insieme a Châlons in Champagne.

Fui a visitare la Regina Madre, e a rallegrarmi del suo ritorno e dell'impresa che ha condotto a fine per la quiete universale. Le fu questo officio accettissimo; e mi disse apertamente che tutto aveva fatto per riunire i suoi figli, e per non lasciar ruinare interamente il regno, che se n'andava a manifesta perdita senza la provvisione in qualsivoglia modo.

---

## XXII.

### ALAMANNI AU GRAND-DUC.

#### Paris, juin 1576.

SOMMAIRE. — *3 juin.* Murmures et menaces des Allemands de Casimir et des reîtres du Roi, qui réclament leur premier payement. Détresse financière; on songe à mettre la main sur les rentes de l'Hôtel de ville de Paris; on se propose de vendre des biens d'église jusqu'à concurrence de trois cent mille francs de revenu. La princesse de Navarre rendue à son frère; la Reine mère a renoncé à l'accompagner. Le duc du Maine épouse la fille de l'amiral de Villars, veuve de quarante ans et mère de cinq grands fils, mais fort riche. — *11 juin.* Ligue de cent cinquante gentilshommes picards, qui refusent d'ouvrir à Condé les portes de Péronne. Nouvelles diverses. — *15 juin.* Premier payement de six cent mille francs porté au camp de Casimir par M. de Bellièvre. L'évêque de Paris et d'autres prélats ont fait au Roi une avance de trois cent mille francs. — *26 juin.* Arrivée du nouvel ambassadeur de Toscane Sarracini. Le Roi à Gaillon, à Dieppe, peut-être à Fontainebleau, où la Reine mère ménagerait une entrevue entre les deux frères. Ce séjour des Allemands et des Suisses en France entretient les soupçons de l'Espagne. Modération de Condé à propos de Péronne. Les huguenots sont satisfaits. Les gouverneurs désignés par *Monsieur* sont établis en Anjou et en Touraine. Le duc de Lorraine fait une avance d'un million de francs, les Suisses ayant repoussé l'arrangement qui leur était proposé.

3 juin.

I pagamenti di Casimiro si sollecitano più che mai, dubitandosi di nuovi garbugli, in caso non seguissero; e di già s'intende che *Monsignore*, il quale si trova ancora seco a Bar-sur-Aube, in Champagne, sta di malissima voglia, vedendo procedere con tanta freddezza in questo negozio, per ogni sollicitudine che esso ne faccia; e si dubita che, quando volessi abbandonare Casimiro e i raitri, forse non sarebbe in potestà sua di poterlo fare. Gli altri raitri dal Re ancora loro fanno istanza grandissima per essere pagati avanti d'uscire del regno: e, oltre all'essersi ammuttinati, minacciano di congiungersi con Casimiro, se il Re non li osserva la promessa. Di maniera che qui si fa ogni sforzo di trovar denari, se si dovessi toccare la rendita della città di Parigi, che mai in altro bisogno, ancorchè urgentissimo, ci si è pensato; sendoci interessati i più grandi del regno, e una infinità di povera gente che griderà misericordia, quando le siano scemati quei pochi utili che li mantengono in vita.

Ancorchè il Papa non voglia acconsentire alla alienazione de' beni ecclesiastici, tuttavia se ne metterà fra pochi dì in vendita per trecento mila franchi di entrata.

La principessa di Navarra, pochi dì fa, se ne partì per trovare il Re, suo fratello, che è stato molto grato a questi ugonotti, persuadendosi che deva ritornare alla loro religione, e forse maritarsi con il principe di Condé, come si fa coniettura. La Regina Madre non si parla più che vada a trovare il detto Re, nè manco a lui se li concederà per ora la sua moglie.

Trattasi ancora il mariaggio del duca du Maine con la figliuola del marchese di Villars, oggi ammiraglio, fratello della madre di M. di Montmorency. È vedova con cinque figliuoli tutti accomodati, d'età di quaranta anni, ma ricca di sessanta in settanta mila franchi d'entrata, e forse davvantaggio.

11 juin.

Per ora uno de' maggiori travagli che ci sia è il ridurre la fortezza di Perona nelle mani del principe di Condé, perchè, dopo che il Cristianissimo aveva ovviato a certi inconvenienti che erano nati, si sono levati da cento cinquanta gentiluomini Piccardi, e fra gli altri due dipendenti dai MM. di Guise e d'Aumale, ed hanno fatto intendere al Re che e loro e tutta la nobilità di quel paese pensano di farli gratissimo servizio, quando s'opponghino che una piazza di tanta importanza non venga in mano di sua inimici, non ostante ogni comandamento della Maestà Sua; e così mostrano animo ostinatissimo di non la voler consegnare a detto principe, con tutto che il Re facci ogni opera per osservar la promessa.

A *Monsignore* con lettere patenti è stata dichiarata la parte sua; e, in conformità che dissi altra volta, ha avuto in mano la Charité.

Il Re fu, due giorni sono, in parlamento, e dette l'ordine, accettato mal volentieri, per la nuova camera di Parigi, dove saranno metà cattolici e ugonotti, per la giudicatura delle cause dove essi avranno interesse.

Il vescovo di Parigi si metterà in viaggio per Roma, per via della alienazione di questi beni del clero, acciò si trovi da venderli più facilmente con la licenza del Papa, e la somma si ridurrà a cinquanta mila scudi.

15 juin.

Qui si attende a far denari, e a mettere in esecuzione la pace, non mancando però ogni giorno sospetti nuovi e garbugli.

All' arrivo di M. di Bellièvre da Condé, il quale ha portato, si dice, intorno a secento mila franchi, doveva *Monsignore* licenziarsi da lui e da Casimiro per venirsene a Bourges, e questa separazione doveva seguire ai xv. Presto se ne avrà nuova, se già la resistenza che fa Perona non impedisce questa partita; atteso che il principe di Condé vuole, secondo la promessa fattagliene, impadronirsi di questa piazza per sua ritirata.

Il vescovo di Parigi, fra tre giorni, si mette in viaggio per Roma per la dispensa di questa alienazione de' beni. Avanti di partire, esso, insieme con altri prelati, su questa assegnazione sborserà subito trecento mila franchi, e al suo ritorno si pensa debba restare vicelegato d'Avignone, poichè lui lo procura con ogni mezzo, e che il cardinale d'Armagnac si risolverà a ritirarsi.

26 juin.

Arrivo del nuovo ambasciatore Toscano a Parigi. Il Re e la corte sono iti a Gaillon, poi a Dieppe. Queste gite del Re, se bene danno voce che siano per piacere, a me non paiono fuori di proposito, perchè intendo, oltre agli altri particolari, che la Regina Madre vuole abbocare Sua Maestà con *Monsignore* in questa sua passata à Bourges; e che questo potrebbe seguire vicino a Fontainebleau, dove si parla che Sua Maestà sia per andare poco dopo il ritorno suo da Gaillon.

Se *Monsignore* sia veramente partito o no da Châtillon-sur-Seine, dov'era con i raitri, io non so. Questi modi di fare stravagantissimi con le difficoltà che appariscono della separazione di *Monsignore* dal principe di Condé e dai raitri, e con l'intertenersi sotto varii colori in questo regno tanti Alemanni e Svizzeri, cresce il sospetto alli Spagnuoli. Presto doverà vedersi dove tendino queste matasse.

Il principe di Condé ha spedito qui un suo gentiluomo, con assicurare il Re, che non vuole che l'interesse suo particolare sia mai causa della rottura della pace; e che, se non potrà avere la piazza di Péronne per sua ritirata, si contenterà di qualche altra nel medesimo suo governo di Piccardia; e si sono nominate Chauny e Coussi; e mostra lui e tutti gli altri ugonotti insieme un desiderio grandissimo della continuazione dell'accordo, lasciandosi intendere che non possono con altro modo più facile e più onorato abbassare i loro nimici. M. di Montmorency ne sta fuori di corte alla sua casa di Chantilly, assai poco sodisfatto, e in breve se ne anderà ai bagni, se non muta proposito. I commessarii per la consegnazione de l'Anjou e de la Touraine nelle mani de' governatori di *Monsignore* sono già partiti, e in Tours resterà il visconte di Turenne, in Angers, Bussy d'Amboise.

Cavasi voce che il duca di Lorena promette fra certo tempo di pagare a' raitri un milione di franchi, e che a lui sarà data l'assegnazione per due milioni rispetto all'esser creditore degli altri per conti vecchi; e che s'è presa questa risoluzione da Sua Maestà, perchè il partito proposto alli Svizzeri del marchesato di Saluzzo, delle ricette di Lyon e Dijon, non e stato accettato da loro, e che se n'andrà in fumo.

## II.

# LÉGATION DE SINOLFO SARACINI.

### 1576-1580.

## NOTICE BIOGRAPHIQUE.

Sinolfo Saracini était chevalier de l'ordre de Malte. Il appartenait à une famille de Sienne, qui n'est pas encore éteinte. Nous n'avons à signaler que sa légation à la cour de France. Le 5 juin, il arrivait à Lyon, où il était reçu par Filippo Giacomini, conseiller de la *Nation Florentine* (corporation des marchands florentins). Le 21 juin il était à Paris, où son prédécesseur, Vincenzo Alamanni, l'attendait pour le présenter au Roi. La cour étant en tournée, son audience n'eut lieu que vers le milieu de juillet.

Il eut pour secrétaire : 1° Curzio da Picchena, et 2°, après l'expulsion de cet agent, Marco Antonio Dovizi.

### I.

#### SARACINI AU GRAND-DUC.

(*Arch. Med.* Legazioni di Francia, filza 18.)

Paris, juillet 1576.

##### ANALYSE.

Le 17 juillet, l'ambassadeur est reçu par le Roi et par les trois reines (reine mère, reine régnante et reine de Navarre), qui lui font bon accueil. Il visite ensuite le cardinal d'Este, le cardinal de Guise, les ducs de Nemours et de Nevers et le grand chancelier, René de Birague.

Le duc d'Alençon, *Monsieur*, a enfin quitté les reîtres et s'est rendu le 14 à Bourges, en compagnie du prince de Condé ; le roi de Navarre est toujours en Gascogne. Il est question du mariage de sa sœur, la princesse de Navarre, avec Condé. Biron a été expédié à Bourges par le Roi, afin de ménager une entrevue entre son frère et lui.

Les reîtres de Casimir sont près de la frontière, où ils attendent le premier

10.

payement de cinq cent mille francs qui leur est promis. *E ogni giorno fanno danno per circa venti mila scudi.*

Quant aux reîtres du Roi, ils sont aux environs de Reims; ils se préparent à opérer leur mouvement de retraite.

Le Roi a installé lui-même au parlement la chambre mixte, destinée à connaître des affaires qui concernent les huguenots. Il se propose de traiter la question de l'aliénation des biens de l'Église, qui a motivé le départ de l'évêque de Paris pour Rome. *E finalmente dicono che vi si concluse, che, se bene il Papa non lo vorrà concedere, si debba in ogni modo eseguire, atteso le urgenti necessità in che di presente si trova questo regno.*

Le 27 juillet, Saracini écrit qu'il a visité les ducs de Guise et du Maine, le maréchal de Retz et monseigneur de Foix [1].

Le prince de Condé est entré en défiance; il n'a pas voulu pénétrer dans les murs de Bourges, et il est allé rejoindre le roi de Navarre à Marennes, d'où ils se sont rendus tous deux à Périgueux.

La ville de Péronne persistant à ne pas recevoir Condé, le Roi a offert en échange au prince la place de Doullens, dont les habitants ne semblent pas beaucoup mieux disposés que ceux de Péronne.

Monseigneur de Foix est envoyé auprès du roi de Navarre; *atteso che egli insiste in volere appresso la regina, sua moglie, o di repudiarla; quanto alla mente di detta regina, si mostra del tutto aliena di tornare col marito.*

L'ambassadeur a envoyé les lettres de compliment du grand-duc à *Monsieur* et au roi de Navarre.

*Monsieur* a envoyé M. Lafin auprès des princes d'Italie, pour leur faire part officiellement, en son nom, de la conclusion de la paix; peut-être cette mission a-t-elle quelque but caché.

Montmorency est parti pour les eaux de Spa, sans répondre à l'invitation qui lui était faite de se rendre auparavant à la cour.

---

[1] Paul de Foix descendait par les femmes de l'illustre maison dont il portait le nom; il était destiné à succéder au cardinal d'Armagnac dans l'archevêché de Toulouse. C'était un des diplomates les plus éclairés de son temps.

## II.

### SARACINI AU GRAND-DUC.

Paris, 5 août 1576.

Sommaire. — Les Guise encouragent les catholiques de plusieurs provinces à s'opposer à l'exercice de la nouvelle religion. Fière attitude du duc de Guise en présence du Roi. Mécontentement des chefs du parti catholique. Les huguenots de Bourges. Le roi de Navarre et le prince de Condé à Nérac. Les fils du comte d'Egmont remis en possession de leurs biens par le roi d'Espagne, à la sollicitation du roi de France.

5 août.

Dissi già che dalla parte del principe di Condé s'era visto apertamente segno d'alterazione, mostrando diffidenza di *Monsignore*. E ora si dimostra non meno dalla parte de' Guisi; però chè è stata avvertita Sua Maestà come il duca teneva segreta intelligenza con alcune terre della Bourgogna, della Champagna, della Piccardia e della Normandia, avendo sollevato li animi di quei popoli a non consentire d'intromettere l'esercizio della nuova religione; e pareva che insieme con i suoi si fosse fatto loro capo a contravenire in tal maniera ai capitoli della pace. Il Re sentì questi andamenti con molto sdegno, e ne fece pubblica dimostrazione con un malviso, come ancora la Regina Madre verso il duca e il fratello. Il giorno seguente, per opera del cardinal da Este, cessorno tutte queste turbe; e, sotto la sua scorta, si rappresentorno i due fratelli al Re, e furno reconciliati nella prima grazia, contentandosi Sua Maestà solamente che sottoscrivessero alcuni articoli, e si astrignessero con giuramento, che per l'avvenire non farebbono lega con nessuno che potesse contravenire alle convenzioni della pace; chè altro non pare che contenessero detti articoli; de' quali potendo aver copia, gl'invierò con la prima occasione a Vostra Altezza.

Sua Maestà tentò altra volta il duca a sottoscriversi a detti articoli; ma egli lo recusò, rammentando la morte del padre, e mostrando che col proprio sangue delle sue ferite aveva abbastanza confermata e obbligata la sua fede e degli altri suoi verso questa corona; e mostrò di avere sdegno che si mostrasse di loro questa diffidenza. Ma il Re la scusò, col dire che aveva ricercato questo, perchè più facilmente con l'esempio loro si inducessero gli altri a sottoscrivere detti capitoli; e si contentò per allora che non se ne facesse altro. Intanto per segno d'intera reconciliazione queste Maestà se ne vanno a Meudon, per onorare con la presenza loro le nozze del duca du Maine e della nuova sposa. M. di Nemours, sebbene aveva già qualche disegno di ritirarsi a Montargis, nondimeno pare che questi nuovi accidenti lo facessero partire all'improvviso, e che mostrasse con tal partita poca sodisfazione, il che par che si conosca ancora in tutti gli altri che hanno seguita la parte del Re, parendo loro strano che solamente gli avversarii ne venghino remunerati.

Il re di Navara e il principe di Condé si trovano al presente a Nérac, vicino a Bordeaux. *Monsignore* per ancora se ne sta in Bourges, dove si trovorno alli giorni passati gettate per terra alcune croci e imagini di santi; di che mostrandosi *Monsignore* fortemente sdegnato contro gli ugonotti, e facendo diligenza di rinvenire l'autore, essi si scusorno, col dire che questo potevano aver fatto i cattolici per dare occasione al popolo di levarsi contro di loro, e di scacciarli o di ucciderli.

Il marchese d'Aures si è scoperto che non per suo particolare negozio è passato in Fiandra, ma per rimettere, a nome del Re Cattolico, i figliuoli del conte d'Egmont in possesso de' beni paterni; il che è stato procurato instantemente dalla Maestà Cristianissima, essendo detti figliuoli del conte cugini della Regina, sua moglie[1].

---

[1] Nicolas de Vaudemont, fils puîné du duc Antoine de Lorraine, et père de Louise de Vaudemont, reine de France, avait épousé Marguerite d'Egmont, mère de Louise.

## III.

### SARACINI AU GRAND-DUC.

Paris, août 1576.

#### ANALYSE.

(14 août.) L'ambassadeur était chargé de réclamer le remboursement d'une somme de quarante-cinq mille écus prêtée par le grand-duc.

La Reine mère lui répond à cet égard avec une extrême franchise :

*Io, come parente e come affezionata, tengo di potere e di dovere parlare con il Gran-duca liberamente. Scrivetegli per tanto che io lo consiglio a lasciare questa impresa per ora, potendogli per le nostre necessità presenti portar poca laude e nessun profitto.*

L'évêque de Paris est de retour de Rome. Le Pape ne consent à l'aliénation des biens de l'Église que jusqu'à concurrence de cinquante mille écus de revenu.

*Monsieur* se trouve avoir environ huit cent soixante mille francs de revenu.

Le duc de Lorraine s'engage à prêter au Roi un million six cent mille francs, en prenant pour garantie les biens d'Église à aliéner.

Le prince de Condé est à la Rochelle.

(18 août.) M. de Bellièvre écrit que les reîtres sont sortis de la Bourgogne, et qu'ils s'acheminent vers Metz. Ils l'ont retenu lui-même, jusqu'à ce qu'ils aient entre leurs mains tous les otages qui doivent garantir les payements à venir.

En Guyenne et en Languedoc les prêches ont lieu dans toutes les villes, à l'exception de Toulouse : *Ma queste loro prediche cominciano a essere dagli ugonotti medesimi più presto deprezzate e burlate che favorite.*

On a enfin publié à Paris la convocation des États généraux à Blois pour le 15 novembre prochain.

(25 août.) Saracini mande au grand-duc que M. de Bellièvre est délivré, et que les reîtres doivent à cette date être déjà hors de France. Vingt-deux compagnies du Roi sont licenciées. D'autres le seront encore. Le maréchal de Retz est parti pour son gouvernement de Provence.

(30 août.) Les reîtres du Roi désolent le pays; ils s'indignent qu'on ait payé les ennemis avant les amis.

Le prince de Condé a consenti à recevoir, en échange de Péronne, les deux places de Cognac et de Saint-Jean-d'Angély.

La nouvelle de la délivrance de M. de Bellièvre ne se confirme pas; il a été emmené au delà de la frontière par les reîtres de Casimir.

## IV.

### SARACINI AU GRAND-DUC.

#### Paris.

Sommaire. — Démarche conciliante du nouveau roi de Pologne. Henri III fait mauvais accueil à son
envoyé. *Monsieur* évite toute entrevue avec sa mère. Les Suisses du roi vont être licenciés. Les
Guise se réunissent à Joinville. Le Roi se dispose à faire jurer à toutes les villes l'observation de
la paix.

È venuto quà un gentiluomo del Transilvano [1], come da re di Polonia, per far complimenti e per renderlo scusato appresso questa
Maestà di-avere accettato lo scettro di quel regno; affermando che,
se i Polacchi non si fossero resoluti di fare nuova elezione, egli per
l'amicizia che tiene con questa corona, arebbe favorite e difese le
pretensioni di Sua Maestà Cristianissima; ma essendo quei popoli al
tutto disposti di provvedersi di nuovo re, egli teneva, non solo non
aver fatto ingiuria a questi con l'accettar quel regno e procurare l'interesse suo proprio; ma ancora d'avergli fatto beneficio, essendosi aggiunte quelle forze ad un suo tanto amico e amorevole, che sempre ne
potrebbe disporre nelle occorenze sue, nelle quali è per trovarlo
sempre tale. Lo pregava pertanto a contentarsi di lasciare il titolo di
quel reame a lui solamente, come a re legitimo e come a buono
amico. Ma a questa Maestà non parve che sodisfacessero molto queste
purgazioni, nè queste istanze; e lo dimostrò apertamente col non aver
voluto accettare le lettere del Transilvano, nè voler lasciarne altrimenti i titoli.

Si teneva per certo che la Regina Madre fusse per andare a trovare
*Monsignore* lunedì o martedì prossimo, sotto nome di andare ad un
suo luogo vicino; di poi si è raffreddata in un subito questa sua partita; la cagione molti dicono che sia per essersi partito *Monsignore* da
Tours e andato a Angers; molti altri, perchè detto *Monsignore* non lo

---

[1] Étienne Batthori, élu roi de Pologne,
le 15 décembre 1575, à la condition d'é-
pouser Anne, sœur de Sigismond-Auguste,
avant-dernier roi.

abbia acconsentito, per non accrescere sospetto di sè al re di Navara, al principe di Condé e agli altri seguaci.

Fra tre o quattro giorni si crede che partirà di qui tutta la casa di Guise per andare a Joinville alle nozze del duca d'Aumale, il quale, con la dispensa del Papa, piglia per moglie la sorella del marchese d'Elbeuf, sua cugina; e si pensa che vi staranno circà due mesi.

Li sei mila Svizzeri del Re che sono a Montereau si crede che fra pochi giorni se ne torneranno al lor paese licenziati e pagati; che importa circa cinque cento mila franchi.

Il Re ha mandato e manda ancora gentiluomini per le provincie del suo regno, per far giurare la pace a tutte le terre, volendo per tal via tentare gli animi loro, essendone entrato in qualche sospetto dalla scoperta che fecero i Guisi in quà, e persuadendosi in questo modo di ritrovare quali fossero aderenti a detti Guisi per contravenire alla pace.

## V.

### SARACINI AU GRAND-DUC.

Paris, 11 septembre-21 octobre 1576.

#### ANALYSE.

(11 septembre.) M. de Duras est envoyé par le roi de Navarre pour déterminer sa femme à le rejoindre, et pour vendre quelques biens, afin de couvrir les frais qu'il y aurait à faire. En cas d'insuccès, ce prince paraît déterminé à avoir recours à la répudiation.

Les assignations sur les biens du clergé qu'on doit aliéner montent à la somme de cinq millions cinq cent quatre-vingt-douze mille francs. Ce ne sont pas là les seules dettes[1].

---

[1] Dans une note secrète, l'ambassadeur informe le grand-duc de l'opinion de la Reine mère touchant la mort imprévue de sa sœur Isabelle, épouse de Paolo Giordano degli Orsini, et celle de sa belle-sœur, Éléo-nore de Tolède, tuée peut-être par Pierre de Médicis, son époux, second frère du grand-duc François. Voici cette note :

« Io non posso fare di non rendere conto a « Vostra Altezza di quanto passa e di quanto

(22 septembre.) La réunion des Guise à Joinville n'a pas seulement pour objet le mariage du duc d'Aumale avec la sœur du marquis d'Elbeuf; ils veulent sans doute en outre se concerter et préparer leurs forces en vue des prochains États généraux : *per provvedersi di gente e di armi da comparire agli Stati, da tennersi tanto più formidabili alla parte avversa.*

Le Roi tient à ce que l'ouverture des États ait lieu sans nul retard au jour indiqué.

On a vu depuis quelques jours passer par Paris plusieurs courriers de Flandre, se dirigeant vers *Monsieur* qui est encore à Tours.

Sur l'intervention du duc de Lorraine, M. de Bellièvre a été remis en liberté par les reîtres. La somme qui leur est due en plusieurs payements s'élève à quatre millions de francs.

Les Suisses sont payés et licenciés.

(28 septembre.) On tient pour certain que le prince d'Orange sollicite vivement *Monsieur* à prendre les armes et à se mettre à la tête des provinces flamandes. Celui-ci a consulté la Reine mère et le Roi, qui ont laissé partir M. de la Bourdisière, son envoyé, sans rien résoudre. Il semble qu'on se propose uniquement de gagner du temps.

(8 octobre.) On pense que la Reine mère va partir pour Tours, et qu'ensuite elle se rendra près du roi de Navarre.

Deux envoyés de *Monsieur*, M. de la Bourdisière d'abord, puis M. de la Noue, sont venus successivement à la cour; nul doute qu'il ne s'agisse des affaires de Flandre. Ces mouvements ont motivé de la part de l'ambassadeur d'Espagne de

« io vengo avvertito circa gl'interessi suoi, e come pur ora o l'invidia partorita dalla sua grandezza o l'altrui malignità va inventando falsissime calumnie contra di lei, le quali, serpendo velenosamente d'una in altra bocca, hanno ingombrato in modo l'animo e la mente della Regina Madre, che pare che ella non possa nè sappia parlare di altro con i suoi confidenti, dimostrando passione estrema e interno dolore. Mi ha referito il Giachinotti come ella più volte si è messa a discorrere a lungo con essi circa la morte di quelle signore felice memoria (Eleonora e Isabella), mostrando di credere di certa relazione che la morte loro sia stata violenta; e si è confermata tanto più in questa erronea opinione, quanto che gli vien detto essere successa ancora la morte del signor Don Cosimo, parendogli meraviglia come tanti strani accidenti si sieno cumulati insieme in tal maniera; e maggior meraviglia le pare ancora che da Vostra Altezza non gliene sia stato reso particolarmente conto. Io arei fuggito volentieri di scrivere di simili materie, atte ad accrescere il dolore infinito che io son certo essersi preso di tante disgrazie. Nondimeno, parendomi mio debito, e considerando che Vostra Altezza potrà forse con la sua somma prudenza sgannare facilmente Sua Maestà di questa falsa impressione, non mi è parso di preterirlo in modo alcuno. »

vives réclamations, *ricordando la parentela, la sincera amicizia e la fede che il Suo Re aveva conservata, in tante occasioni che gli si erano presentate d'impadronirsi facilemente di questo regno.*

M. de Montmorency est mandé à la cour.

(10 octobre.) L'ambassadeur a vu les articles de la Ligue, dont il envoie au grand-duc la traduction italienne, et il ajoute : *Essendomi pervenuti alle mani gl'inclusi articoli da proporsi nelli Stati, e parendomi degni di qualche considerazione, mi è parso ancora di mandarli quanto primo a Vostra Altezza, trasportati nella nostra lingua. Di questi articoli ne sono state stampate alcune poche copie, ma con molta segretezza e con molta custodia di un assistente continuo. Essi sono tali, che, proponendosi della maniera che stanno, non pare che voglino inferire altro che un riccorrere di nuovo all' arme; ovvero che pervenendo, come è da credersi, agli orecchi di quelli ai quali toccano, devino essere la potissima cagione che non si tenghino altrimenti questi Stati, si come si dubita da molti* [1].

Saracini ajoute que le Roi s'amuse :

*In tanto queste Maestà già sono partite da Parigi; e il Re, col dare opera a festini e a trattenimenti simili, ne dà gran speranza che non sia per prendere occasione di nuove guerre, si come ancora s'intende che faccia* Monsignore; *oltre che la carestia de' denari, e il sospetto dell' una parte e dell' altra, pare che ne assicurino in tutto che non vorrano smembrare le proprie forze per impiegarle a nuova impresa.*

M. Lafin, envoyé de *Monsieur* auprès des princes d'Italie, n'est pas encore parti pour remplir sa mission.

(21 octobre.) La Reine mère est à son château de Chenonceaux, où *Monsieur* doit avoir une entrevue avec elle. De là elle se rendra, dit-on, à Cognac, auprès du roi de Navarre.

Le duc de Montmorency s'excuse sur sa santé de se rendre à la cour.

---

## VI.

### SARACINI AU GRAND-DUC.

Paris, 30 octobre 1576.

Sommaire. — Voyage de la Reine mère. *Monsieur*, réconcilié avec le Roi, assistera aux États. Le roi de Navarre et le prince de Condé à Bordeaux. Les chefs huguenots protestent de la nullité des États; leurs motifs. Départ de M. de La Noue. Espoir de pacification en Hollande.

Sabbato, alli xxvi, tornò il Re in Parigi; e, se bene l'andata sua a

---

[1] A cette dépêche est annexée la traduction en italien des articles de la Ligue.

Blois, si va differendo, si crede che sia per seguire alli XIII di novembre. Si crede ancora che le cagioni di questa ritardanza sieno perchè la Regina Madre, andata da *Monsignore* per passare avanti al re di Navarra, non si è per ancora partita da Chenonceaux; e si dubita ch'ella non si assicuri in tutto della buona disposizione di quel re verso di lei; se bene un gentiluomo mandato da lei per certificarsene per ancora non è tornato; almeno si tien per certo che la Regina sia per condurre *Monsignore* alli Stati, e che oggi egli abbia con il Re vera e fraterna intelligenza.

Si è inteso che il re di Navara, il principe di Condé, il marescial Damville, e gli altri principali di quella fazione, abbino unitamente mandato un gentiluomo al Re a protestare della nullità degli Stati; allegando che, dovendosi tener liberi conforme a quanto è dichiarato per l'editto della pace, non è ragionevole che il Re tenga le forze de' raitri nel suo regno. Si crede ancora che questo non debba essere legittimo impedimento, atteso che non la volontà del Re, ma la necessità de' denari, ritiene per ancora questi raitri con grandissimo suo danno e dispiacere; nè si attende ad altro che a trovare quel resto de' denari che manca al pagamento e alla partita loro.

S'intende che, alli giorni passati, il re di Navara e il principe di Condé tentorno di entrare in Bordeaux; ma quelli della città non li volsero introdurre, per essere accompagnati di molte forze; a tale che il principe sdegnato li minacciò che, se un vecchio (volendo intendere del conestabile di Montmorency) altra volta gli aveva gastigati, troverebbero un giovane che non meno gli gastigherebbe.

Quel M. de la Noue, mandato quà da *Monsignore*, se n'è partito, quattro o cinque giorni sono, si dice per essere entrato in sospetto che Sua Maestà fosse per farlo ammazzare.

Circa alle cose di Fiandra si ha qualche speranza di quiete, intendendosi che il principe di Orange non ha accettato di farsi capo di quegli Stati, rispetto alla condizione che gli proponevano di lasciare la religione ugonotta, nella quale si mostra ostinatissimo.

## VII.

### SARACINI AU GRAND-DUC.

Paris, 5 novembre- 4 décembre 1576.

SOMMAIRE. — *5 novembre.* Réconciliation du Roi et de son frère. Départ prochain de la Reine mère pour aller trouver le roi de Navarre. Nouveaux articles de la Ligue; Guise semble clairement désigné comme chef; ces articles émanent de catholiques séditieux ou de huguenots mécontents. — *11 novembre.* Le duc d'Alençon à Paris; très-court séjour. Troubles à la Charité. Défiance. Départ très-prochain du Roi pour Blois. Anarchie dans les Pays-Bas. Prise de Maëstricht par les troupes espagnoles révoltées. — *13 novembre.* Passage à Paris de don Juan d'Autriche, incognito et déguisé. La Charité. Mort du comte palatin. Grande confiance du parti catholique. Le Roi et la cour sont partis pour Orléans. La Reine mère est toujours à Chenonceaux; elle renonce à son entrevue avec le roi de Navarre. — *26 novembre.* La cour est à Blois; les ambassadeurs vont se rapprocher de cette ville. Événements d'Anvers; sortie furieuse des Espagnols de la citadelle; massacres et pillage; Gand; Valenciennes. — *4 décembre.* Les États de Flandre offrent l'autorité souveraine à *Monsieur;* négociations et préparatifs; la reine de Navarre offre tous ses bijoux à son frère, pour le succès de l'entreprise. Le Roi ne semble pas éloigné de laisser agir *Monsieur.* Les Guise se rendent à Blois.

5 novembre.

Questa mattina il Re si è partito da Parigi per tornare a quello stesso luogo, dove è stato per suo diporto li giorni passati, chiamato Dolinville, cinque o sei leghe lontano di qui; e si tiene per certo che *Monsignore*, suo fratello, sia parimente per ritrovarsici e che di più sieno per tornarsene a Parigi di buona compagnia, e fermarsici fino all' andata loro agli Stati; i quali si crede ancora che sieno per differirsi. Intanto la Regina Madre s'inviò il primo del presente, giovedì, per andare a trovare il re di Navara; al che si è risoluta interamente dopo la tornata di quel gentiluomo che già scrissi avere mandato per tentare la mente del re. Piaccia a Dio che questo secondo abboccamento faccia frutto conforme alla speranza che si ha nel sommo valore di Sua Maestà, e agli effetti che si vedero del primo!

Il cardinale da Este si è trattenuto fin ora, e, in cambio di partire per Roma, questa mattina si è partito con il Re; e si crede ancora che con Sua Maestà se ne ritornerà a Parigi.

Mi sono pervenuti alle mani alcuni articoli di una nuova e segreta confederazione, i quali due giorni sono vennero agli orecchi di Sua

Maestà. Mi è parso d'inviarli a Vostra Altezza trasportati nella nostra lingua. Secondo il tenore di essi, si potrebbe facilmente credere che questa confederazione sia della parte dei Guisi, e che il capo nominato sia il duca; ma, in quanto a me, dubito così di questi come di quegli altri ch'io mandai a Vostra Altezza da proporsi alli Stati, che non sieno invenzioni degli ugonotti o di cattolici sediziosi, per generare sospetto nella parte del re di Navara e di altri di quella fazione. Intenderò quel che dagli altri ne viene giudicato, e quel che ne scoprirà il tempo; e del tutto darò avviso.

11 novembre.

Mercoledì passato, che fummo alli vii, *Monsignore* arrivò a Dolinville, dove era con molto desiderio aspettato da Sua Maestà, e appresso ricevuto con molta amorevolezza e sodisfazione dell' uno e dell' altro. Il venerdì seguente, che fu avanti ieri, *Monsignore* si partì da Sua Maestà, e se ne venne in Parigi molto confidentemente, non essendo accompagnato se non da cinquanta archibusieri a cavallo in circa; fu riscontrato da gran numero di signori e gentiluomini, e visto appreso con giubilo infinito e allegrezza universale. Per ancora non apparisce altra cagione della sua venuta, che per tenere a battesimo il figliuolo del duca di Nevers; il che fece subito giunto, e con molta cerimonia; e questa mattina si è partito insieme con la regina di Navara, per essere questa sera a Dolinville a fare il San Martino con il Re. E in effetto si conosce evidentemente in ogni cosa la buona intelligenza e la fraterna affezione che oggi è fra questi due fratelli; la quale è tanto più accetta e grata, quanto che pare una certissima speranza della quiete e del riposo di questo regno. Se bene intanto non mancano cagioni di nuovi sospetti e timore di nuova guerra, intendendosi che sia seguita qualche alterazione alla Charité, per sospetto che gli ugonotti abbiano avuto dei cattolici; e forse è nata dallo sdegno che mostrano verso *Monsignore*, comportando difficilmente questa reconciliazione che ha fatta con Sua Maestà. Al che si può credere ancora che egli sia stato indotto dalla poca sodisfazione che egli avesse prima di loro; di

che fa assai manifesto segno la diffidenza che mostrò già il principe
di Condé, col non volere entrare in Bourges. Ma di questo tumulto e
delle cagioni ne scriverò con più fondamento con la prima occasione.

Intanto non mancai di andare ieri a fare reverenza a Sua Altezza,
si come hanno fatto ancora tutti gli altri ambasciatori; ed io particolarmente mi sono ingegnato di mostrargli con le più calde ed affettuose
parole che ho saputo, la buona volontà di Vostra Altezza verso di lui,
e la molta stima che fa del valore e del merito di tanto principe; il
quale si dimostrò all'incontro affezionatissimo verso di lei con molti e
offiziosi ringraziamenti ed offerte.

Si crede che domani il Re, insieme con *Monsignore* e con tutta la
corte, sia per andare verso Blois a tenere gli Stati, e già il Re l'ha fatto
intendere qui in Parigi a tutti gentiluomini della sua camera e altri
stipenditi; e quattro o sei giorni sono, a questo medesimo effetto,
mandò il signor Camillo Fera, Mantovano, suo gentiluomo, a farne
avvisati i Guisi, e ad affrettare il ritorno loro alla corte; e si crede
che ci saranno tutti alla fine di questo mese. Agli ambasciatori per
anco non è stata intimata cosa alcuna da parte di Sua Maestà, ma tuttavia aspettano comandamento di seguire la corte.

D'Anvers [1], sotto il xxix del passato, s'intende come gli Spagnuoli
senza molto conteso s'impadronirono di Maestricht, e la saccheggia-
rono in modo che resta miserabile; e il paese di Liége, come vicino,
è tutto in arme per tale accidente. Si tiene che questo sia stato un
buon acquisto per li Spagnuoli, potendo mediante questo luogo essere
più facilmente soccorsi. Li Stati hanno buon numero di gente, la quale
vanno tuttavia provvedendo di armi. S'intende che in Anvers si sono

---

[1] Le commandeur Louis de Réquesens, mort le 5 mars de cette année, n'avait pas été remplacé; les Pays-Bas étaient dans l'anarchie. Le conseil d'État de Bruxelles était divisé. Les troupes espagnoles, qui depuis vingt-deux mois n'avaient pas reçu de paye, s'étaient révoltées et avaient pillé la ville d'Alost et le pays environnant, ce qui les avait fait déclarer par le conseil d'État ennemies de la patrie. Les troupes mutinées prirent Maestricht et se joignirent à la garnison d'Anvers pour occuper cette dernière ville et y commettre mille excès. Il était temps que le nouveau gouverneur. Don Juan d'Autriche, arrivât.

ammutinati gli Alamanni, e che minacciavano di saccheggiarla; e che per tale rispetto erano state chiuse le porte tre giorni, e intanto si trattava accordo con la citadella. Si dubitava che Ziériczée di nuovo non tornasse in mano del principe di Orange[1].

Per lettere de' xxx pure di Anvers, s'intende che li Spagnuoli della cittadella s'erano accordati con la città, con condizione che si mantenesse neutrale, e che non ricettasse gente o degli Stati o del principe di Orange; che gli Alemanni s'erano quetati con tre paghe loro assegnate, due in danari, e una in panni.

1 3 novembre.

Iersera intesi come, la vigilia d'Ognissanti prossima, Don Giovanni d'Austria arrivò in questa città, accompagnato solamente da quattro poste, e fermatosi segretamente in casa dell'ambasciatore di Spagna un giorno; seguitò il suo viaggio in Fiandra, avendo accresciuto di due altre poste il numero della sua compania; nella quale era il signor Ottavio Gonzaga e alcuni servitori più familiari, al modo di quali era ancora vestita Sua Altezza. A quest'ora si crede che di già si deva trovare a Luxembourg; dove trovandosi provvista buona somma di denari, sia per assoldare di molti Alemanni, e con forze passare avanti. Questa sua passata è stata segretissima; perchè, se bene è stato visto da alcuni che ne avevano per prima intera conoscenza, nondimeno essendo così trasfigurato d'abito, non ebbero ardire di crederlo a loro medesimi, nè di dirlo ad altri. Per maggior segretezza di questo volo, sono molti giorni che quà non sono venuti corrieri di Spagna; l'ambasciatore ora lo dice e lo confessa apertamente. La presenza di Don Giovanni si può credere che sia per apportare grande animo ai suoi e gran terrore ai nemici; e massimamente intendendosi per le ultime lettere dei vi del presente, che Anvers era molto maltrattata dagli Spagnuoli usciti della cittadella in assai maggior numero di quel che si credeva; i quali dì concerto con gli Alemanni avevano messo in mezzo

---

[1] Ziériczée, longtemps assiégée par les Espagnols, venait à peine d'être réduite.

le forze nemiche e combattutole con molto valore, e con molto danno
e morte degli inimici, e particolarmente di sei molto principali del
paese.

Il tumulto della Charité fu per controversia nata nel luogo fra i
cattolici e gli ugonotti, essendo che questi volevano predicare, e quelli
non intendevano di consentirlo; a tal che, crescendo tuttavia questa
discordia, e essendo ugonotto il governatore della terra, postovi già da
*Monsignore* per mostrare di non fare manco stima di loro che dei
cattolici, il detto governatore mandò per ajuto a Beauvais-la-Nocle,
principale ugonotto, dal quale fu soccorso con molti cavalli, e occupata improvvisamente la terra con morte di alcuni pochi principali; e
se ne impadronirono, facendosi ragione con la forza. Questa alterazione, aggiunta ad altri degni rispetti, potrebbe facilmente spegnere
la pace, e suscitare nuova guerra; essendo che il sospetto che meritamente deve apportare agli ugonotti questa molta intelligenza fra
Sua Maestà e *Monsignore*, e insieme l'ardire che se ne arrogano i
cattolici, ne potrebbe essere facilmente cagione. Al che si aggiugne
ancora la molta confidenza e il molto animo che hanno preso per la
morte del Conte Palatino, Elettore; tenendosi per certo che i figliuoli
sieno per essere occupati abbastanza nelle loro proprie controversie;
credendosi che sieno solamente conformi nel desiderio di dominare,
ma nella concordia e nella religione molto differenti e diversi: a tale
che si può credere che i cattolici, per questi prosperi avvenimenti divenuti più arditi, saranno ancora meno facili verso gli ugonotti, e conseguentemente più alti a dare occasione e a prenderla di nuove discordie.

Ieri s'intese che Sua Maestà con tutta la corte si partì da Dolinville, e che venerdì farà un'entrata solenne nella città di Orléans,
per seguire appresso il viaggio a Blois.

La Regina Madre, cosa certa è che per ancora si ritrovi a Chenonceaux, donde già si credeva per certo ch'ella fosse partita per abboccarsi col re di Navara. Molti dicono ch'ella partì il giorno statuito, e
che l'altro giorno, se ne tornasse ancora revocata per mandato a posta

di *Monsignore*, attesa la poca sodisfazione del re di Navara, ovvero per mandato dello stesso re. Come si sia, si può creder che ella non deva andare più altrimenti, ma per aspettare Sua Maestà che vada a Blois, e inviarsi poi a quella volta.

26 novembre.

Cinque o sei giorni sono, Sua Maestà e *Monsignore*, suo fratello, se ne andarono a Blois, dove ancora trovorno la Regina Madre; e da questo e dalla moltitudine grandissima che si è radunata in detto luogo si può credere che, fra pochi giorni, si sia per dare principio al tenere degli Stati. Piaccia a Dio che sia felice e che gli corrisponda il mezzo e il fine.

Già si è avviato monsignore nunzio e l'ambasciatore di Spagna: ed io, fra due o tre giorni, seguirò l'orme loro, non per andare a Blois, ma a una terra quivi vicina circa due leghe, dove, per quanto mi ha detto il Gondino, saranno alloggiati tutti gli ambasciatori; non tanto perchè Sua Maestà non si contenti di avere appresso questi testimoni (avendoli chiamati e pregati benignamente), quanto per maggior comodità loro propria, e per minore impedimento alla moltitudine che concorre a Blois.

Alli 11 del presente la gente degli Stati, condotta dal conte di Egmont e dal marchese d'Aure, comparsero a vista di Anvers, in numero di circa sei mila, fra cavalli e pedoni, e alli 1v entrorno per la porta San Jacopo, con la volontà dei borghesi e del conte di Honnestein, colonnello degli Alamanni; e andorno di subito alla cittadella, dove fecero alcune trincere e impedimenti, per vietare che li Spagnuoli non ne potessero uscire; e, parendo loro d'avere fatto abbastanza, lasciandovi da secento soldati alla guardia, si dette ognuno a provvedersi di alloggiamenti. Alli v, essendo circa mezzo il giorno, li Spagnuoli sparorno tutta l'artiglieria della cittadella verso la città, e con tanto impeto, e con tanto ardire assaltorno le trincere che costrinsero i nemici ad abbandonarle; e sì fattamente seguitorno la vittoria, che la seguente mattina si trovorno padroni della città, con oc-

cisione di circa sei mila persone, cioè da mille cinque cento Alemanni,
quattro mila degli Stati, e cinque cento borghesi. Morse il conte di
Honnestein, quale si annegò insieme con due altri Fiamminghi principali; fu preso il conte di Egmont combattendo nel claustro di San Michele; il marchese d'Aure si salvò scalando le muraglie con una picca,
e M. di Champigny con una corda. I quali si andarno insieme ad imbarcare su li vascelli del principe di Orange; ed essendosi fermati due
giorni con lui in Middelbourg, se ne ritornorno a Bruxelles. Tutte le
case di borghesi che hanno favorito gli Stati furono saccheggiate e
alcune bruciate, e le bruciate sono circa il numero trecento, fra le
quali hanno arso il palazzo principale, quello delli Hosterlini, e la
chiesa maggiore; essendo stati tutti questi tre luoghi combattuti, e
servito di ritirata agli inimici. Le altre case sono state saccheggiate con
più modestia, essendosi convenute la maggior parte; e in somma poche
ne sono andate liber e.

Delle compagnie Alemanne ne furono due solamente che combatto-
rono contro agli Stati, cioè quella di Carlo Fugger e quella del luogotenente che fu del conte Annibale Altemps; e dicono particolarmente
che il Fugger in servizio del re fece quello che si poteva desiderare
da valoroso cavaliero.

La cittadella di Gand, dopo l'aver sostenuto otto giorni la batteria,
si arrese con patti che fossero salve le vite e gli arredi.

Quella di Valenciennes s'intende che si è similmente arresa senza
batteria, e che li Spagnuoli che la guardavano erano venuti alle
frontiere di Francia verso Péronne, dove avevano abbruciato un villaggio.

4 décembre.

Intanto da un mio domestico, il quale ha qualche pratica di questo
paese e degli umori che produce, mi è stato comunicato che un tale
M. di Vandrenot, Mons. di *** e M. di Bonnivet furono già spediti dagli
Stati di Fiandra a questa corte, perchè domandassero e impetrassero
da *Monsignore* la protezione di quei paesi, offerendo per sua sicurtà di
dargli in mano le due cittadelle di Cambrai e Valenciennes, e che di

questi tre mandati ne ritornò indietro M. di Bonnivet alli xxvii del passato, accompagnato da un proprio corriere di *Monsignore*, con resoluzione che Sua Altezza si contentava, conforme ai partiti proposti, pigliare
assunto di quella impresa. Mi ha detto di più questo tale che *Monsi-*
*gnore*, nelle lettere che scrive a M. di Lisfelt, come a principale in
questa spedizione, si dichiara expressamente con questi termini : cioè
di volere liberare quei popoli dalla tirannide spagnuola, confortandoli
a perseverare costantemente, e sopra tutto a non si lasciare ingannare
e svolgere dalle melate parole di Don Giovanni d'Austria, le quali
ricoprivano in tal maniera tosco e fiele.

Già scrissi a Vostra Altezza, come M. Giannisac in questi rumori
della Fiandra era stato liberato da lunga prigionia, e appresso era
stato inviato da quelli Stati a questa corte a domandarne la protezione;
e ora questo amico mio mi dice che egli ha carica particolare da *Mon-*
*signore* di assoldare tre mila fanti; oltre a questo che questi tre ambasciatori hanno di già eletti sette capitani, particolari seguaci di *Monsi-*
*gnore;* i quali devino essere in ordine per tutto il xiv del presente
sulle frontiere di Piccardia, ciascuno con cento venti soldati eletti; e che
questi capitani troverebbono a Cambrai cento scudi per ciascuno di
donatico, perchè possino trattenersi fino alla paga che sarebbe alla
prima mostra che si facesse dentro al paese. Che *Monsignore* dall'altra
parte fa gran diligenza di cumulare denari, e che la regina di Navara
gli ha offerto per tal effetto tutte le sue proprie gioie, se bene le genti
da farsi all'impressa di Fiandra devono essere pagate dalla medesima
provincia; che la resoluzione di *Monsignore* non è stata così subita,
attendendo avvisi da M. di Fonpertuis già mandato da Sua Altezza in
Fiandra per tentare la volontà comune degli Stati e de' populi, e particolare del principe di Orange. Il qual Fonpertuis intendo essere passato di qui per seguire alla corte, quattro giorni sono. Intanto che il
detto principe di Orange aveva inviato a Bruxelles quattordici compagnie di pedoni, e che già quella città, e il consiglio degli Stati che
risiede in essa, si teneva a sua devozione. Si sono scoperti ancora
alcuni segni che il Re acconsenta in qualche parte a questo motivo del

fratello, e particolarmente per essersi visto che l'uomo di *Monsignore*
in Fiandra abbia principalmente fatto recapito dall'ambasciatore di
Sua Maestà, e che da lui per sicurtà e guida gli sia stato dato il proprio
maestro di casa, andando per trovare il principe d'Orange a Middelbourg.

Tutto questo mi è stato, come ho detto, comunicato con molta confidenza da un mio amico; e se bene non n'ho sentito ragionare da
altri, nondimeno per avere provato questo tale in molte altre cose
verace, e per sapere ch'egli è domestico e intrinseco d'uno di questi
tre ambasciatori, mi è parso in ogni modo darlene conto. Con tutto
che questa resoluzione di *Monsignore*, per le molte difficoltà che porta
seco, e per l'angustia de' tempi, apparisca appena credibile, nondimeno
il proprio di questo paese pare che sia di produrre delle stravaganze,
che altri non può comprendere facilmente col discorso e col giudizio
ordinario.

Alli xxvii del passato tornorno qui in Parigi tutti i signori Guisi,
eccetto il duca di Aumale, il quale è restato a Joinville con la moglie,
e oggi, che siamo alli iv, si sono partiti per la volta di Blois.

---

## VIII.

### SARACINI AU GRAND-DUC.

Blois, 16 décembre 1576.

SOMMAIRE. — Le Roi et la Reine mère ne paraissent pas aussi favorables qu'on l'avait cru à l'expédition
de Flandre. Ouverture des États; éloquent discours du Roi. Montmorency est encore absent. Sage et
ferme administration de Damville dans le Languedoc. Maladie de la reine de Navarre; son mari est
soupçonné de l'avoir fait empoisonner. La Reine régnante, qui par sa mère est Flamande, est toute
favorable à l'entreprise des Pays-Bas.

Questo luogo è una villetta, parlando al modo d'Italia, vicina a
Blois tre leghe, nè ci sono alloggiati altri ambasciatori oltre a me, che
il nunzio, essendo stato assegnato per alloggiamento a tutti gli altri la
villa di S. Dié, una lega più lontana dalla corte che non è questa; nel

qual luogo era stato parimente segnato l'alloggiamento e a M. nunzio e
a me, ma io, con l'esempio di sua signoria reverendissima, mi sono
riparato quà; non tanto per minore incomodità di stanze e per essere
più vicino alla corte, quanto per fuggire ogni occasione che l'angustia
di quel luogo avesse potuto portare di scoprire pretensione di precedenza con Savoia, la quale ho fuggita fin ora con ogni esquisita diligenza.

Ho inteso esser vero circa la disposizione di *Monsignore* nelle cose
di Fiandra quanto io scrissi nelle precedenti lettere, eccetto però che
il Re e la Regina Madre cercano di deviarlo da questa impresa, e si
mostrano, almeno in apparenza, di assai diversa opinione. Ho inteso
ancora che, se bene l'uomo di *Monsignore* in Fiandra aveva fatto ricapito dall'ambasciatore o agente della Maestà Cristianissima, era stato
piuttosto perchè detto ambasciatore era certificato della nuova reconciliazione, che per ordine particolare che avesse di ingerirsi in simile
negozio dal Re, suo signore.

Ieri si presentò da Sua Maestà un ambasciatore straordinario d'Inghilterra inviato al Re Cattolico; e si teme che più presto vada per
qualche pretesto apparente donde convenga a quella regina impacciarsi nelle cose di Fiandra, che per nuova o più amorevole intelligenza.

Gli Stati si convocorno per la prima volta alli vi del presente, dove il
Re recitò con molta eloquenza e con molta grazia la sua orazione; della
quale essendomi pervenuta alle mani la copia, mi è parso includerla
in questa mia. I principi che si trovorno, furono: *Monsignore*, fratello
del Re, il cardinale di Bourbon, un fratello del principe di Condé,
M. di Montpensier, il principe Dauphin, suo figliuolo, il duca di Mercœur, fratello della Regina Regnante, e tutti i signori Guisi, essendo
comparso con essi insieme ancora il duca di Aumale.

Benchè sieno segnati gli alloggiamenti in Blois per il re di Navara,
si crede nondimeno ch'egli non sia altrimenti per comparire, ma bene
che deva mandare M. de la Noue come suo deputato a questi Stati.

Per ancora non sono comparsi i deputati della Rochelle, ma si aspettano tuttavia; sì come ne mancano alcuni altri. Questi deputati non hanno per ancora presentate le loro domande, ma le devono fare fra il termine di quindici giorni dal dì che si adunorno.

Se bene intesi a Parigi che il duca di Montmorency già si credeva che fusse alla corte, non è stato vero; ma si cavò questa voce, essendosi inteso che il Re abbia nuovamente mandato a pregarlo con molta istanza. S'intende ancora ch'egli mostra bene buona intenzione d'obedire a Sua Maestà, ma che intanto non gli manchino scuse per differire la sua venuta.

Mi sono similmente certificato che non il principe di Condé passasse, come scrissi, ma bene molte delle sue genti per la volta di Fiandra o di Germania.

S'intende che il marescial Damville ha così bene uniti e confermati quei paesi di Languedoc e della Guienna, che i cattolici e gli ugonotti saranno sempre concordi alla difesa comune contro chi loro volesse muover guerra. S'intende ancora che egli promette al Re fargli pagare tutte le sue responsioni e tributi di quei paesi pacificamente, purchè del tutto faccia osservare i capitoli della pace.

La regina di Navara da qualche giorno in quà si trova assai mal disposta, e se ne fa cattivo giudizio.

S'intende che l'indisposizione della regina di Navara, per la quale si affanna infinitamente la Regina Madre, venga da veleno; e la madre stessa e altri dubitano che sia per ordine del marito.

L'ambasciatore di Spagna ha cavato voce che la Regina Regnante, per essere di nazione Fiamminga [1], cerchi con ogni studio di seminare discordie fra il marito e la Spagna, e che si abbracci l'impresa di quei Paesi Bassi.

[1] La mère de la Reine était de la famille d'Egmont.

## IX.

### SARACINI AU GRAND-DUC.

Blois, 28-31 décembre 1576.

Sommaire. — Députés envoyés au roi de Navarre, à Condé, à Damville, pour s'assurer de leur adhésion aux résolutions prises par les États. Vœux des États en faveur d'une seule religion; hésitation du Roi. Appréhensions des huguenots; affaire du Pont-Saint-Esprit. Condé à la Rochelle. Nouvelles de Flandre. Rétablissement de la reine de Navarre. Le Roi se prononce enfin pour l'exercice de la seule religion catholique; déclaration de la Reine mère. La Ligue adoptée aussitôt par cinq provinces. Les autres font des objections et délibèrent. La guerre prochaine. Les huguenots se mettent en garde et prennent les devants. Réclamations de Casimir; réponse de la Reine mère. Dessein des États de demander l'exclusion des étrangers de toutes les charges du royaume.

28 décembre.

Di nuovo da Sua Maestà è stato eletto un ambasciatore, e insieme tre altri dagli tre Ordini degli Stati, cioè Clero, Nobili e Populo, da mandarsi al re di Navara, al marescial Damville, al principe di Condé e agli altri aderenti, per assicurarsi che questi principi e signori sieno per approvare e stabilire quanto sarà determinato e ordinato dagli Stati; essendo che i deputati del re di Navara (i quali già sono comparsi) e di alcune provincie di quei paesi, pare che non abbino piena autorità come si converrebbe a tale comprobazione.

Gli Stati fanno grandissima istanza al presente, di non volere più di una sola religione in questo regno, e che non si permetta in modo alcuno l'esercizio della ugonotta o d'altra setta. E bene per ancora non hanno prodotte le loro domande, e si mostrano alieni dal volere guerra, come ancora pare che non sia lontana la mente del Re; il quale, come desideroso di compiacere a questa onesta domanda, nè lo potendo fare senza correre alle armi, se ne sta fra questi due contrarii irresoluto, ed ora si mostra inclinato da una banda e ora dall' altra. Si teme nondimeno della guerra; e questi ambasciatori eletti pare che ne sieno quasi una certa testimonianza.

S'intende d'altra parte che la fazione avversa è ridotta in gran sospetto e in gran timore; e tanto che alcuni fanno giudizio che ella acconsentirebbe di accordo che si rimovesse l'esercizio publico della religione ugonotta. Ma questo non mi pare che sia così facile a credersi.

Intanto appariscono non leggieri cagioni, per le quali gli ugonotti devino meritamente sospettare, e mostrino evidentemente di temere; come alli giorni passati fu d'improvviso occupata a nome di Sua Maestà la terra detta il Ponte Santo Spirito, luogo importantissimo, posto sopra il Rodano, e già tenuto dal marescial Damville con condizione che egli non dovesse fortificarlo; dal che è nata pur ora l'occasione di recuperarlo, essendo stato riferito a Sua Maestà che M. di Thoré, fratello del maresciallo, fortificava. Onde inviò a quella volta un tal capitano Luynes, che soleva starci come capo della guarnigione del Re di cinquanta soldati incirca obedienti al detto maresciallo e pagati da Sua Maestà. Questo capitano, avendo con l'ajuto e consentimento di quelli della terra, introdotto dissimulatamente il numero di dugento fanti, facendone entrare quando sei e quando otto il giorno, come gli parve essere in ordine, nella mezza notte pose in un subito guardie a tutte le case degli ugonotti, e principalmente di M. de Thoré, dicendo che esso non era per usare loro alcun oltraggio, ma che così richiedeva il sospetto presente di quei della terra. Con tutto questo Thoré si fuggì la notte per via molto stravagante; della qual diffidenza mostrando dispiacere detto capitano Luynes, ne mandò la mattina seguente tutti gli ugonotti fuori, senza usar loro altra violenza, facendoli accompagnare da'suoi, siccome da loro era stato istantemente domandato per maggior sicurezza.

Il detto M. di Thoré, dopo il caso seguito, ha mandato per sua giustificazione un suo uomo al Re; al quale ha fatto intendere di più il marescial che per tale rispetto era già tutta in arme la provincia di Languedoc, e che egli per molta osservanza verso Sua Maestà aveva tutto quetato.

Alli dì passati è stato intromesso il principe di Condé alla Rochelle, ma con poco numero di gente, perchè con l'autorità sua accordasse alcune differenze loro, e per tale rispetto egli fece far subito prigione il *maire* o governatore di detta terra. S'intende similmente che detto principe fa fortificare il porto di Marans.

Di Fiandra s'intende essere state rotte tre cornette di cavalli e alcune compagnie del Re Cattolico, ma che intanto il signor Don Giovanni ricercava accordo, e si trattava la pace.

Fonpertuis, già mandato in Fiandra da *Monsignore*, ebbe a dire un giorno alla Regina Madre, che avendo *Monsignore*, suo figliuolo, data la parola ai Fiamminghi, ella doveva o del tutto distorlo o ajutarlo a quell'impresa. Da Sua Maestà gli fu risposto che di questo se ne parlerebbe a suo tempo.

La regina di Navara è migliorata tanto che si tiene quasi guarita.

31 décembre.

Non ho voluto mancare di referire a Vostra Altezza quanto intendo, benchè assai confusamente.

Finalmente il Re si è dichiarato in consiglio publico di non volere nel suo regno se non la religione cattolica, essendo stato sempre parziale di essa come si conveniva; e che, sebbene per l'addietro non aveva possuto per degni rispetti mostrare così apertamente la buona disposizione dell'animo suo, al presente, vista la buona intenzione de' suoi sudditi, e promettendosi che essi con l'opere si mostreranno conformi, era resoluto, con la forza che Dio gli aveva concessa, difendere la vera legge cristiana. Alla sustanza di queste parole ne soggiunse altre conforme la Regina Madre, ma con più larghe scuse delle sue azioni passate, ricoprendosi principalmente con la minorità e poi con la disunione de'figliuoli; ma ora che, per la Dio grazia, erano tolti questi impedimenti, si mostrerebbe costantissima e ostinatissima in difendere la religione cattolica, e di non permettere in modo alcuno l'esercizio della ugonotta.

Le parole delle Loro Maestà furono ricevute con tanto affetto, che subito si concluse una Lega, per la quale già si sono sottoscritte cinque provincie, cioè: Francia, Normandia, Piccardia, Borgogna e Champagna, con condizione di esporre ogni loro forza, la vita e avere a così santa impresa; a tale che non si attende ad altro che alla disposizione della guerra, e principalmente a provvedere i denari che vi bisognerano; sperando nel resto che molte altre provincie sieno per unirsi e sottoscriversi, che per ora stanno irresolute, e sbigottite ancora dei danni ricevuti per le passate guerre, allegando il pregiudizio del regno e conseguentemente del Re; fra le quali sono il Lionese, Forez, Delfinato e alcune altre. Similmente sono stati renitenti alcuni particolari, come MM. di Montpensier, Biron e altri. Si dice essersi sottoscritto il duca di Montmorency, essendosi da qualche tempo in quà dimostro molto bene disposto all'obedienza del Re; e se veramente non fosse stato mal disposto del corpo, egli sarebbe comparso sicuramente alla corte. Con tutto questo è cosa certa che almeno abbia qualche causa di mala sodisfazione.

Circa la disposizione della guerra, s'intende che il Re ha dichiarato di volercisi trovare in persona, proponendo *Monsignore* alla vanguardia, se medesino alla battaglia, e il duca di Guisa, il duca du Maine, il duca di Nevers, il marescial di Cossé e altri principi e signori alla retroguardia; e che fanno disegno di avere in essere dieci mila cavalli e trenta mila fanti : e con queste forze andarsene verso il Poitou.

D'altra parte s'intende che gli ugonotti, prevedendo una simile resoluzione per sicuri indizii, hanno occupato molte terre in Languedoc, Guascogna, Perigord e in altre provincie, e si dice di cinque terre in Auvergne; e si può credere che essi affretteranno di conquistare quante potranno, intesa questa resoluzione e conclusione di Loro Maestà.

Casimiro, alli giorni passati, inviò un suo alla Regina Madre, querelandosi che non fossino osservati i capitoli della pace, e persuadendola a mantenerli per gli inconvenienti che facilmente ne potrieno nascere. Ora si dice che la Regina gli ha risposto con parole piene di sdegno, dicendo, che Casimiro ringraziasse Dio del passato, e che dell'avvenire era disposto altrimenti, massime per la morte del conte suo padre, il quale vivendo aveva sempre fomentate le discordie di questo regno.

Li Stati per ancora non hanno prodotte le loro domande, ma s'intende che presto se ne spediranno, e che di già sieno quasi distese quelle del Clero, e quelle de' Nobili; a suo tempo se ne darà particolarmente conto. Ho penetrato che fra gli altri particolari da proporsi, si tenta di privare tutti i forestieri delle cariche che hanno in Francia; ma perchè questo negozio ha molto del difficile e molti in contrario, non hanno ancora possuto risolvere in qual modo si deva proporre a Sua Maestà.

X.

SARACINI AU GRAND-DUC.

Blois, 3-8 janvier 1577.

SOMMAIRE. — Les dispositions de la cour semblent moins belliqueuses. Démarches tentées auprès de Damville pour le ramener dans le parti du Roi. Les ambassadeurs flamands éconduits; le Roi et *Monsieur* ont d'autres affaires plus urgentes. Députations envoyées au roi de Navarre pour l'engager à accepter l'unité de religion. Nouvelle indisposition de la reine de Navarre.

3 janvier.

I rumori della guerra, che per l'ultima mia di xxxi del passato scrissi a Vostra Altezza avere trovati alla corte ardentissimi, secondo i miracoli di questo paese, si sono in un subito raffreddati, o almeno intepiditi; tanto che altri non sappia sicuramente giudicarne, nè risolversi se siamo per avere pace o guerra. Si crede che le passate calamità e le presenti angustie da una parte, e dall'altra le offese antiche, l'odio, e il vedere la buona disposizione di questi Stati riduchino bene spesso la mente del Re or nell'uno or nell'altro contrario. Intanto s'intende che ci sia qualche pratica per unire il marescial Damville al servizio e all'obedienza di Sua Maestà; la quale abbia ancora a questo fine datogli qualche soddisfazione della presa del Ponte San Spirito, col trarne fuora quel capitano Luynes che l'aveva occupato, ma con lasciare la terra nel potere degli abitatori. Se questa unione s'effettuasse, si potrebbe sperare che Sua Maestà conseguisse senza guerra notabile vittorià, restando la parte avversa priva di un capo e di forze così importanti.

Cinque o sei giorni sono, furono licenziati da Sua Maestà gli ambasciatori Fiamminghi, e si crede con poco grata resoluzione; il che pare certa sicurezza che nè *Monsignore* nè altri di quà sieno per abbracciare per ora quell'impresa; e la cagione principale si può credere che sia il sospetto o disegno di guerra più propinqua. Intanto s'intende che in Fiandra, mentre che Don Giovanni da una banda e gli Stati dall' altra trattano d'accordo, armano ancora con molta diligenza.

8 janvier.

Gli ambasciatori ch'io già scrissi a Vostra Altezza essere stati deputati dalli Stati al re di Navara, al principe di Condé e al marescial Damville, partirono tre giorni sono insieme con M. di Biron spedito parimenti dal Re, perchè vedessino d'indurre questi principi e signori a confermare e approvare quanto venisse deliberato dagli Stati e da Sua Maestà, e massime circa la religione, facendo lor noto come intendevano ch'ella fosse una sola, e quella cattolica. Ieri partì similmente M. di Montpensier, inviato da Sua Maestà al re di Navara, perchè come parente veda di disporlo alla obedienza e al servizio di questa corona. Si crede, che dalla resoluzione che riporteranno questi mandati, sia per deliberarsi di quà quanto si conoscerà essere più servizio di Dio e di questo regno.

S'intende ancora qualche voce che l'andata di Montpensier sia per contrattar matrimonio fra *Monsignore* e la sorella del re di Navara, per assicurare tanto più quel re nella buona intelligenza di Sua Maestà Cristianissima. Ma questa cred'io che più presto sia conjettura che certezza; anzi pur poco credibile, visto che il primo parentado non abbia operato talmente che altri possa giudicar buono il secondo a tal effetto. Intanto la regina di Navara si trova di nuovo molto aggravata del suo male, per quanto mi vien detto dal Cavriana [1].

Pochi giorni sono, partì dalla corte la moglie del marescial Damville, e, per quanto ha referito la Regina Madre, ha lasciato una gran

---

[1] Il semble résulter d'un passage de la correspondance que Cavriana était au service du duc de Nevers.

buona intenzione di ridurre il marito alla devozione di Sua Maestà. Intendo ancora ch'ella all'incontro n'ha riportate parole e promesse molto amorevoli, e che per tal rispetto ella se ne sia partita ancor molto sodisfatta.

---

## XI.

### SARACINI AU GRAND-DUC.

Blois, 23 janvier 1577.

SOMMAIRE. — Assemblée des États. Séance du 17 janvier. Discours de l'archevêque de Lyon, du baron de Sénecé et de Versoris; allocution du Roi. Préparatifs des huguenots.

Giovedì passato, che fummo alli xvII, s'adunorno publicamente tutti gli Stati innanzi a loro Maestà, tenendo il Re alla destra la Regina Madre, alla sinistra la Regnante, e appresso *Monsignore*, tutti i principi, cardinali e altri signori, secondo le qualità e precedenze loro. Nel qual ordine i pari di Francia pretendevano precedere ai cardinali, e il duca di Nevers a quel di Mercœur; la concedettero nondimeno, essendo quelli convinti di non riseder come pari, e questo di dover cedere al cognato del Re, avendo prima dichiarato Sua Maestà che il duca di Mercœur intervenisse come tale. Con queste ragioni, e con alcuni loro protesti, si quetarono.

Questi Stati, se bene non avevano per ancora in ordine il loro *cahier* o domande e reforme che pretendono, piacque nondimeno a Sua Maestà liberarsi di questa publica ceremonia, e che con la viva voce significassero la loro comune intenzione. Parlò adunque prima l'arcivescovo di Lione [1] in nome del Clero, con molta arte, con molto zelo e con molto applauso; e fu la sua orazione divisa in tre parti : la prima circa la religione, la seconda circa la polizia, la terza circa le entrate della corona. Nella prima parte, compianse molto affettuosamente le

---

[1] Pierre d'Espinac.

miserie e tribolazioni passate e presenti che questo nobilissimo regno aveva patite come diviso da diverse religioni, e che come tale correva alla sua desolazione, se con ogni rigorosa diligenza non si cercava di estirpare le male semenze, e insieme tor via ogni esercizio publico o privato di altra religione che della cattolica romana. Onde esortava e supplicava il Re, che gli piacesse mostrare effetti conformi al nome Cristianissimo e al giuramento di Sua Maestà, così per servizio e onore di Dio, come per gloria, utile e interesse proprio. Appresso venne a produrre che in questo regno si publicasse e osservasse il concilio Tridentino, e che se ne facesse diligente inquisizione. Che i quattordici arcivescovadi, i vescovadi, e tutti i benefizii ecclesiastici della Francia sieno provvisti per concorrenza, proponendo i più meritevoli e di più santa vita, a fine che con l'esempio dei loro costumi e con la buona amministrazione preservassero e augumentassero tuttavia la religione cattolica. Similmente che tutti questi arcivescovadi, vescovadi e benefizii sieno discaritati delle gravi pensioni dalle quali si trovano oppressi, non essendo convenevole che le entrate della Chiesa si vadino in tal modo alienando, non mancando modo a Sua Maestà di ricompensare per altra via quelli ai quali sono state assegnate dette pensioni. Che tutti gli arcivescovi, vescovi e prelati che hanno benefizii di cura si costringhino alla residenza.

Quanto alla polizia, mostrando qual rovina minacciava alla Francia la disunione de' suoi popoli, pregava Sua Maestà che per l'avvenire tentasse ogni via di riunirli sotto l'obedienza sua, e di comporre universalmente le loro publiche e private differenze. Che Sua Maestà imponesse gravissime pene e gastighi a tutti quelli che suscitassero tumulti o discordie nel suo regno. Che si rinnovassero tutte le antiche leggi e ordini concernenti alla polizia, e che per l'avvenire si osservassero con ogni rigore. Che i forestieri non fossero più ammessi alle cariche publiche, e massime all'amministrazione della giustizia, e quelle che da qui innanzi vacheranno, piacesse a Sua Maestà provvederle di naturali Francesi; non intendendo di comprendere i principi sotto nome di forestieri. Che tutti gli offici e massime di giudicatura si riducessero elettivi come già erano, e non venali, a fine che la giustizia fosse più rettamente amministrata.

Quanto alle entrate della corona, essendo che oggi elle si trovino in buona parte alienate e indebitate per cento e un milione di franchi, era necessario per liberarla in parte da questi debiti ritirare per qualche tempo tutte le spese superflue, e particolarmente diminuire il numero degli officiali, essendo moltiplicato in modo che quasi importi la maggiore parte delle dette entrate. Supplicava pertanto Sua Maestà che le piacesse licenziare tutti i tesaurieri, ricevitori e altri offiziali di finanze, riducendogli a quel numero che era necessario e solito al tempo dei re passati. Che tutti quelli che per l'addietro avevano amministrate le entrate della corona ne rendessero fedelmente i conti, e si condannassero se fossero trovati in frodo; e che in tal maniera sperava che si avesse da vedere quanto Sua Maestà sia stata per lo passato grossamente defraudata. Che il Clero si offeriva prontissimo ad ajutare e sovvenire Sua Maestà per quanto poteva, e che con le armi sue, che sono le orazioni, non solamente avrebbe cercato di difendere la vera religione cattolica, ma di supplicare e di impetrare dalla Divina Maestà che le piaccia rendere questo regno così felice e glorioso per l'avvenire come già è stato al tempo de' suoi re passati; rimettendosi nel resto al *cahier* delle loro domande generali.

Il barone di Sénecé, figliuolo del gran prevosto, fece la sua orazione in nome di tutta la Nobiltà, ripetendo brevemente e confermando circa la religione e altri capi quanto aveva esposto l'arcivescovo di Lione; solamente che, rimosso ogni esercizio della religione ugonotta, non si ricercasse però con alcuna inquisizione della conscienza in particolare, ma che ognuno potesse credere a suo modo, purchè non fusse di mal esempio agli altri; e che nel resto la Nobiltà si offeriva prontissima ad ajutare Sua Maestà a defendere la vera religione con la roba, con l'arme e con le proprie vite, come sempre hanno fatto.

M. Versoris, avvocato nella corte del Parlamento di Parigi, in nome di tutto il Popolo, propose similmente e supplicò Sua Maestà, che si togliesse via l'esercizio della religione ugonotta; ma che, per essere stati per l'addietro i più gravati e più oppressi dalle calamità presenti, desideravano che questo si facesse senza guerra, detestandola come perniziosa a tutto il regno; e che in tal caso agli ugonotti toccherebbe a fare la guerra, e ai cattolici di difendersi. Nel resto replicò con più lungo discorso quasi le istesse cose proposte dagli altri due, rimettendosi al *cahier* generale.

Dopo queste tre orazioni, il Re soggiunse molte acconce parole, mostrando il contento e la sodisfazione che sentiva di vedere i suoi populi uniti in una istessa e laudabil sentenza; come ancora di avere intesa la buona disposizione loro di soccorrere e di obedire il Re chi Dio aveva loro proposto; ma che gli dispiaceva bene che contro sua voglia la qualità de'tempi infelici per le guerre passate desse loro occasione di dolersi come troppo aggravati, ma che sperava in Dio che presto fusse per mutare in meglio le presenti angustie. Dopo questo, commandò espressamente, e di propria bocca, che nessuno de' deputati partisse fino a tanto ch'egli non avesse dato intera risposta a tutte le domande loro, delle quali cercherebbe spedirsi quanto più presto fusse possibile. Si crede nondimeno che Sua Maestà non se ne possa spedire prima che fra un mese.

Intanto il principe di Condé si ritrova vicino alla Rochelle dodici leghe, dove attende ad ammassare più gente che può; e molti ugonotti, da pochi giorni in quà, si sono partiti di qui d'intorno e andati a trovarlo. S'intende ancora che già abbiano qualche intelligenza con i raitri, e che ne verrano circa sei mila, sempre che saran chiamati.

Si dice che Beauvais-la-Nocle, il quale si trova nella Charité, abbia cercato di disunire li Svizzeri collegati a questa corona; intendendosi che i cantoni hanno mandato a fare sapere a Sua Maestà che, non essendo sodisfatti di circa tre milioni di franchi de' quali essi sono creditori, renunzieranno alla lega; e che Sua Maestà abbia risposto con buone parole e promesse di sodisfargli ben presto.

M. di Rohan s'è partito di Normandia con buon numero di soldati, e andatosene alla Rochelle, dicendo ad alcuni servitori del Re, che quel che faceva era solo per sicurezza della persona sua. Gli ugonotti che

sono alla Charité attendono con ogni industria a fortificarsi, come
fanno ancora in tutte le altre terre che tengono; nella quale Charité dicono essere stati ritenuti i *Comici Gelosi*, venendo da Lione alla
corte.

---

## XII.

### SARACINI AU GRAND-DUC.

Blois, 30 janvier 1577.

Sommaire. — Délais; les États ont grand'peine à se mettre d'accord sur tous les points. Il importe, sur
l'article de la religion surtout, qu'ils agissent de concert. Progrès des huguenots. Paris refuse de
s'engager dans la Ligue et d'armer les deux mille cavaliers et les cinq mille fantassins que le Roi lui
demande. Maladie du maréchal de Retz.

Questi Stati non hanno per ancora presentate le loro domande
generali a Sua Maestà; l'essere state tanto differite fa credere che sia
nato dal poco accordo che questi deputati hanno avuto in alcuni particolari; poi che, per quanto s'intende, vogliono ridurre li tre *cahiers*
in uno per più facilità e minor confusione; e, se bene si doveva
secondo il costume presentarli nel medesimo tempo che si fecero le
orazioni, nondimeno questa volta piacque a Sua Maestà che si facesse la publica cerimonia, a fine che quanto prima venisse nota
all'universale l'unita resoluzione di tutti tre li Ordini degli Stati circa
l'abolire in questo regno ogni esercizio della religione ugonotta, come
cosa più importante, e che a Loro Maestà premeva sopra tutti gli altri
interessi.

Ogni giorno si sta aspettando che venga qualche avviso da quelli
che furno mandati al re di Navara e agli altri, parendo che in questo
consista quasi la resoluzione della pace o della guerra. Starò avvertito
a tutto quel che ne sarà riportato, per darne conto all'Altezza Vostra.

Intanto gli ugonotti non mancano di cercare d'impadronirsi or d'un
luogo e or d'un altro, per rendersi molto più forti; e ultimamente
hanno preso un luogo sul mare verso la Bretagna assai importante.

e alcune piccole terre in Provenza e nel Poitou; nel resto attendono a fortificarsi in quelle che tengono con ogni diligenza.

Avendo Sua Maestà, alli giorni passati, mandato in Parigi per assoldare cinque mila fanti e due mila cavalli, come si scrisse, da tenersi in ordine, caso che si dovesse presto dar principio alla guerra, e insieme perchè quelli della città dovessero sottoscriversi particolarmente alla Lega; ne ha avuta risposta non conforme all'intenzione e al desiderio : perchè quelli di Parigi hanno, due giorni sono, mandato qui a Sua Maestà, con dire, che quanto alla Lega, avendo tenuto che più presto ella deva tornare in danno che in utile di Sua Maestà, però non doverà imputare a disobedienza se non hanno volsuto approvarla nè sottoscriversi; e quanto a queste forze che Sua Maestà domanda, hanno concluso di non le volere concedere per ora con varie scuse.

S'intende che il marescial di Retz si trova oppresso da pericoloso accidente di gocciola, e per questo il vescovo di Parigi, suo fratello, se ne va fra pochi giorni in Provenza; dove ancora si pensa che sia per intromettersi a trattare col marescial Damville la restituzione delle terre del contado d'Avignone, a fine che segua conforme al desiderio di Nostro Signore.

---

## XIII.

### SARACINI AU GRAND-DUC.

#### Blois, 8 février 1577.

SOMMAIRE. — Les députés du clergé se refusent à faire un don d'argent, aimant mieux s'engager à entretenir deux mille cavaliers et quatre mille fantassins tant que durera la guerre. Le comte Martinengo destiné à assiéger la Charité. Damville semble persister dans son opposition. Les membres influents du conseil sont ceux qui veulent la guerre. Fière réponse de Condé aux ouvertures qui lui sont faites au nom des États. Le maréchal de Retz. .

I deputati del Clero, per istanza che abbia fatta Sua Maestà, non hanno acconsentito di provvederla di denari, temendo che non s'impieghino in altro uso che della guerra; per la quale offeriscono quattro

mila fanti e due mila cavalli pagati per tutto il tempo che bisognerà.
*Monsignore*, per ordine di Sua Maestà, si trovò presente alla loro congregazione, per mostrare quanto più sarebbe stato servito il Re da' denari; ma in effetto non potè ritrarne altro che l'offerta detta, la quale e stata accettata da Sua Maestà. Si crede che per tutta questa settimana saranno presentate le domande generali, ma che il Re non abbia a stabilire nuovi ordini o nuove leggi, poichè elle non hanno convenienza con l'armi.

Il conte Martinengo ha avuto carica di dieci compagnie, e si crede ch'egli sia per fare l'impresa della Charité ben presto, per essere luogo importante e infesto al cammino di Lione. Si dice ancora che il Re fra un mese è per essere in campagna armato, e già comincia a mettersi in ordine la fanteria.

Il mariscial Damville con le buone parole che tuttavia ha date a Sua Maestà mescolava effetti molto contrarii, avendo tentato di occupere Villanuova con tradimento; la qual pratica sendosi scoperta, sono stati puniti della vita i delinquenti.

Ho presentito che M. di Limoges e M. di Bellièvre, per detestare la guerra, sono stati privati di entrare in consiglio come sospetti. Quelli che oggi più governano e più si intromettono circa gli ordini della guerra sono, oltre ai Guisi, il duca di Nevers, il gran cancelliere, e M. di Chiverny, consigliere gratissimo a Sua Maestà.

Dal principe di Condé è venuto un protesto in risposta di quanto gli era stato fatto intendere dal Re e dagli Stati, del qual protesto m'è parso mandar copia in nostra lingua a Vostra Altezza.

M. di Vaudemont, padre della Regina Regnante, ritrovandosi vecchio e indisposto, si è finalmente morto, e se ne porta duolo dalla corte.

Il mariscial di Retz s'intende che vada tutta via migliorando; pel quale miglioramento si è raffredata la partita del vescovo di Parigi, suo fratello.

## XIV.

### SARACINI AU GRAND-DUC.

Blois, 13 février 1577.

SOMMAIRE. — Lenteur des préparatifs de guerre. Réponse mesurée du roi de Navarre; il veut gagner du temps, se fortifier en Guyenne et faire la récolte; le Roi devrait faire ravager cette province. Morvilliers écarté du conseil comme trop pacifique. La Reine mère veut la paix; vivacité du Roi. Les secrétaires du Roi peu fidèles.

Le spedizioni della guerra procedono o molto lentamente o molto segretamente; e si fa giudizio quasi certo che il Re non possa essere in campagna armato almeno per due mesi. Si crede nondimeno che il conte Martinengo, al quale è deputata l'impresa della Charité, sia per essere presto in campagna con le sue genti a tal effetto.

Dal re di Navara ha avuta Sua Maestà risposta assai modesta, e non conforme a quella di Condé; mostrando piuttosto avere fantasia di approvare quanto venga determinato da Sua Maestà e dagli Stati che di contradire, purchè circa la nuova religione si vada moderando il rigore con il quale viene dannata e detestata, e che in alcuni luoghi particolari possa esercitarsi. Si crede nondimeno che questa dolcezza non sia senza fiele; persuadendosi molti che egli cerchi prolungare tanto la guerra, che possa, come luogotenente generale nella Guienna, stabilirsi il possesso di tutte le terre di quel paese, e insieme vedere di fare le ricolte prossime, delle quali quel paese ha grandissima necessità. Per tal sospetto non è mancato chi abbia consigliata Sua Maestà di mandare a fare guasto in quel paese e nel Languedoc, essendo meglio sicurarsi per tal via, che preservandole lassare il paese munito in mano del nemico; potendosi massime sperare con questo che quei popoli, addotti in estrema disperazione, dovessino sollevarsi contro Navara e Damville. Ma Sua Maestà non mostra di aver fatto di questo alcuna deliberazione.

Sendomi pervenuta alle mani la copia d'una lettera scritta per il re di Navara agli Stati, mi è parso di inviarla con la presente; e perchè s'aspettano oggi o domane i deputati che furno già spediti verso di lui, cercherò di avere quella risposta, della quale fa menzione in questa sua lettera, per mandarne copia all' Altezza Vostra con altra occasione.

Si dubita che il Re non abbia privato del consiglio M. di Morvilliers, poichè egli se ne va a Parigi fra due giorni, come sospetto per consigliare la pace.

Ieri partì il vescovo di Parigi alla volta di Provenza, se bene s'intende che il marescial di Retz vada tuttavia migliorando.

Appresso domane partono di quà i deputati del re di Navara, i quali, per avere avute le commissioni tanto strette e limitate, non pare che ci sieno stati per altro effetto che per tentare e intendere giornalmente le azioni di Sua Maestà Cristianissima.

La Regina Madre usa ogni sua forza perchè non si venga all'arme, e con li suoi ha sempre detestata la guerra. Ultimamente dal Re gli fu risposto resolutamente queste parole : «Madama, questa è la terza «volta che mi avete parlato di pace; se amaste li interessi miei, non «avreste cercato di persuadermela ; ed ora vi dico apertamente che non «me ne parliate più, perchè io non ne voglio intendere altro.» E a questa risposta mostrò la Regina non poco di alterarsi; chè qui comincierà a battere lei medesima, con l'avere ammuniti dal consiglio le sue più confidenti creature, come Limoges e Bellièvre, autori della pace. Con tutto questo il Re sta indurato nel suo proposito. Per la Regina Madre non fa la guerra in modo alcuno, perchè acquistandosi per tal mezzo, vengono troppo grandi i Guisi, nemici della sua propria grandezza.

S'è scoperto ultimamente un trattato nella Rochelle per le dislealità dei propri secretarii del Re, de' quali si dubita che ne abbino dato avviso a quelli della Rochelle, e proibito per tal via che il Re non ne venga padrone, come si poteva pensare, avendo effetto.

## XV.

### SARACINI AU GRAND-DUC.

Blois, 24 février 1577.

Sommaire. — Le duc de Montpensier conseille la paix. Retour des députés envoyés au roi de Navarre. Modération de ce prince. *Monsieur*, lieutenant général destiné à commander les troupes qui assiégeront la Charité. Le Roi et les huguenots. Demandes générales des États. L'évêque de Paris en Provence ; il doit avoir à Nice une entrevue avec le duc de Savoie.
Le grand-duc est consulté sur la question de savoir s'il faut ou non faire assassiner les deux proscrits, Antonio Capponi et Francesco Alamanni. L'assassinat est résolu.

Da alcuni giorni in quà si sono molto quetati i ragionamenti e gli apparecchi della guerra; e la cagione è stata che M. di Montpensier con l'ultime lettere scritte a Sua Maestà approva la pace, dicendo che ogni volta ch'ella si vorrà accordare a condizioni ragionevoli e non rigorose, si assicura che il re di Navara condescenderà ad ogni volere di Sua Maestà per la confermazione della quiete di questo regno. Pochi giorni sono, ritornorno gli ambasciatori che gli Stati avevano inviati al re di Navara, e similmente n'hanno riportate parole piene di somessione, se bene l'hanno trovato duro in acconsentire che si abolisca l'esercizio della religione ugonotta; ne, perchè questo è più ampla-mente dichiarato per la sua risposta, la copia della quale sarà con la presente, non mi distenderò intorno a tal particolare. Ho inteso che M. di Biron ritornò iersera, il quale credo che ne riporti parole conformi; e se s'intenderà altro particolare non mancherò di dare avviso.

Il principe di Condé è uscito in campagna con circa cinquecento cavalli, e si va trattenendo intorno a Poitiers sette o otto leghe, dove attende a far gente con ogni diligenza per cercare d'impadronirsi di quei luoghi all'intorno.

S'intende che il duca du Maine fra pochi giorni se ne andrà alla volta di Poitiers, mandato da Sua Maestà per dar ordine alle cose di quel paese.

Il conte Martinengo si partì dalla corte alli xx del presente alla volta di Parigi, per mettere in ordine le sue compagnie; donde si crede che

sia per andarsene all'assedio della Charité : e di già è stato dichiarato
*Monsignore* luogotenente generale di Sua Maestà a quell' impresa; intendo di più essersi dato ordine in Parigi di condurvi venti pezzi d'artiglieria per batterla, se già in questo mentre i trattati e le speranze di
pace non seguitassero talmente che revocassero questa deliberazione.

A Sua Maestà è parso di assicurare quei della religione ugonotta
con l'alligata declarazione, con la quale, oltre al far loro nota la sua
benigna intenzione verso di loro, commette che ne facciano fede e scrittura tutti i governatori e luogotenenti delle provincie, promettendo di
non ricercare l'intrinseco delle coscienze loro, purchè se ne stieno alle
loro case, e osservino gli ordini e le leggi di Sua Maestà, promettten-
dolo parimenti a detti governatori e luogotenenti; e che non piglieranno mai l'armi contro di lei, e quelli che si sono partiti per sospetto, devino fra un mese che sarà loro significato ritornare; il che
non facendo si procederà contro di loro e loro beni.

Il Re doveva cominciare il primo giorno di quaresima a dare risposta
alle domande generali che gli Stati gli avevano finalmente presentate;
e s'intende che questi deputati hanno dichiarato e protestato di non
avere più autorità alcuna, poichè ella non si estendeva più avanti che
alla presentazione dei *cahiers*. Intanto essendomi pervenuto alle mani
un sommario della maggior parte degli articoli principali della Nobiltà,
m'è parso inviarlo all'Altezza Vostra; gli altri, per essere solamente
appartenenti a cose private e di poca importanza, non mi sono curato
di ricercarli. Con la prima occasione le invierò il sommario delle domande del Clero.

S'intende che il vescovo di Parigi, andato come si scrisse in Provenza d'ordine del Re, si deve abboccare a Nizza col duca di Savoia
per trattare di alcuni interessi di Sua Maestà. Questo medesimo s'intende che doveva fare il marescial di Retz, se non gli sopraveniva
l'impedimento della malatia; del quale marescial s'intende che sia per
passare in Italia per mare, e andare ai bagni di Lucca a curarsi.

Da che io venni in Francia, mi è stato sempre nell'animo di usare

ogni cauta diligenza perchè questi due scellerati[1] portino in qualche
parte la pena del loro enorme peccato; e con questa intenzione persuadendomi che il patrocinio del duca di Nemours gli poteva fare molto
rispettare, feci opere che ne fussino privati; il che mi successe con
vituperio loro e con vergogna dei fautori. Visto di poi le difficoltà che
portano seco come forestieri quei che vengono a tale effetto, e come
mal sodisfano all'intenzione di Vostra Altezza, al debito loro e al desiderio mio, ho pensato, più oltre che quei, o potere indurre uomini più
pratichi del paese, o paesani propri a questa impresa, e che più facilmente si condurebbe al suo debito fine, essendo che la pratica del
luogo, le amicizie e la lingua danno grandissimo ardire, massime contro forestieri.

Ho pensato ancora de' modi ch'io potrei tenere; ma prima che
io ne tenti alcuno, mi pare a proposito di far nota questa mia intenzione
a Vostra Altezza, affinchè venendo approvata, io possa con maggiore
animo effettuarla, e riprovata quietamente astenermene. Aspetto pertanto il comandamento suo con infinito desiderio di eseguirlo.

Nota. Il paraît que le grand-duc ordonna l'assassinat des deux proscrits. Pirro
da Colle fut envoyé en France pour l'exécution du crime; mais il manqua de sang-
froid et d'audace; le secrétaire Curzio da Picchena, dans une lettre adressée le
6 mars à Belisario Vinta, se plaint amèrement de cet assassin maladroit. Voici un
passage de cette inqualifiable dépêche.

« Perchè Vostra Signoria non creda a Pirro, se dirà di aver avuto gran difficultà
» nel *comprare quelle mercanzie* — (on sait quelle était cette marchandise!) — quale
» sappia che non v'era quà mai uomo per tale effetto che abbia avuto la più bella
» occasione di lui; perchè, quanto a quello *mercante* — (un des deux proscrits) —
» che lui chiamava il maggiore, io gli aveva dato quella notizia che era possibile in-
» segnare. Hogli lassata e dettogli insino l'ora che *a miglior mercato si poteva fare*
» *compra* — (conclure l'affaire au meilleur marché); — perchè, oltre l'essere la
» casa in certi borghi fuori della città, poteva *avere copia del mercante* — (avoir son
» homme à discrétion) — di notte, come tempo più a proposito per *comprar simile*
» *mercanzia*. E in somma mi sono ingegnato di metterli animo, poi chè mi parve che
» si fosse perso, e di reprovargli tutte le difficoltà che proponeva.

[1] Antonio Capponi et Francesco Alamanni.

« Mi duole che la prima volta che io aveva occasione di mostrare la mia fedele
« servitù nelle cose che premano a Sua Altezza, io abbia rincontrato in un soggetto
« tanto debole. Però Vostra Signoria si assicuri, che, sì come la mia firma vo-
« luntà non è intenta ad altro che ai servizii dei patroni, così ancora gli effetti ne
« vedranno conformi in tutte le occasioni che me ne saranno date, *rimossi tutti gli*
« *altri rispetti.* »

<hr />

## XVI.

### SABACINI AU GRAND-DUC.

#### Blois, 7 mars 1577.

Sommaire. — Assemblée projetée des huguenots à Montauban. Montpensier et Biron chargés de négocier avec le roi de Navarre. Départ de Guise et de Nevers, partisans de la guerre. Bussy d'Amboise
et Puy-Gaillard envoyés pour tenir tête au prince de Condé. Casimir, considérant la paix comme
rompue, se dispose à vendre les joyaux qui lui ont été donnés en gage. Les États sont terminés ; le
Tiers État s'oppose à l'aliénation d'une partie du domaine. La présence de Louis de la Mirandole à la
suite du cardinal d'Este donne des soupçons assez peu fondés au grand-duc. Complicité évidente de
l'ambassadeur dans l'assassinat qui est prémédité contre Capponi et Alamanni.

Gli ugonotti hanno fatta congregazione in Montauban per determinare in quella parte che tocca a loro, quanto è stato concluso da
questi Stati; e da Sua Maestà vi è stato mandato un tal di Joyeuse, acciò
che, come quasi deputato, renda conto di quanto verrà deliberato in
detta congregazione; la quale se bene non si crede che sia interamente
di comandamento di Sua Maestà, come pretende il re di Navara, almeno si tiene per certo che sia di consenso.

Cinque o sei giorni sono, tornò M. di Montpensier con si ferma
resoluzione che si dovesse concludere la pace, che Sua Maestà ha
dubitato che egli piuttosto inclini alla parte di Navara che alla sua. Con
tutto questo pare che se ne tratti gagliardemente, essendo stato rimandato M. di Biron al re di Navara per quest' effetto, e forse ancora per
ritrovarsi alla sudetta congregazione. Già si è allontanato dalla corte il
duca di Nevers, e questa mattina si parte il duca di Guise, come autori della guerra, e odiosi a quei che trattano la pace.

Quel di Guise se ne va al suo governo, e forse per dare qualche ordine alle provvisioni necessarie alla guerra; quel di Nevers si trattiene vicino a due leghe alla corte, sotto nome di pigliar aria, ma si crede che sia per seguire a suo tempo *Monsignore* alla impresa della Charité; la quale non si raffreda per questo, ma procede innanzi caldamente, marciando tuttavia molte compagnie a quella volta, e l'artiglieria cavata di Parigi già si ritrova in Montargis.

Intanto il principe di Condé si trova in campagna con circa quattro mila fanti, oltre ai cinque cento cavalli de' quali scrissi per l'altra mia; all'incontro si è levato volontariamente con buon numero di gente Bussy d'Amboise, governatore per *Monsignore* in Angers, di consenso di esso *Monsignore* e appresso di Sua Maestà, la quale visto l'animo gagliardo di costui desideroso di gloria, e interessato per odio particolare e affronti ricevuti dal re di Navara, gli è parso di aggiungerli M. di Puigaillard con circa due mila fanti, a fine che con la prudenza e esperienza di questo capitano e con queste forze possa detto Bussy più facilmente opporsi al principe di Condé; e a quest'ora doveva essere in campagna e a fronte del nemico.

È venuto alla corte un nuovo mandato di Casimiro, protestando che, rompendosi la guerra e le condizioni della pace, egli renunziava alla pensione, e venderebbe le gioie per suo rimborso, alla prima fiera di Francfort.

Sua Maestà ha licenziati i deputati degli Stati, avendo prima tentato che acconsentissero alla alienazione di trecento mila franchi di entrata di beni della corona, al che non era discrepante il Clero e la Nobiltà, ma il Terzo Stato si oppose interamente, temendo che non toccasse a lui a renderne conto ad un nuovo re, e a rifare la corona di detta alienazione. Sua Maestà ha differita la risposta alle domande generali per fino a tanto che ella si ritrovi a Parigi, o in tempo più comodo.

Cosa certa è che il signor Luigi della Mirandola andava col cardinal d'Este, e con esso è ritornato indietro; il che non dà ammirazione, poichè di continuo lo seguita. Egli è di natura così aperta e libera, che difficilmente pare che sia uomo da indurre una pratica se-

greta. Parmi anco strano che, tenendo Sua Maestà circa quattro cento
fanti in quella terra[1] e avendola per tal guardia a sua devozione, sia per
innovare cosa alcuna ad instanza di quale si voglia altro. E similmente
i travagli presenti di questo regno non pare che comportino che si
metta mano in altre paste. Starò avvertito se si scoprirà cosa alcuna di
tali andamenti, per darne conto a Vostra Altezza.

### AU SECRÉTAIRE BARTOLOMEO CONCINO.

Quel M. Pirro da Colle, non ostante che vedesse quanto prontamente egli poteva promettersi di me in ogni occorrenza sua, e che già
fusse stato ajutato di denari, di consiglio e di tutte quelle ammonizioni amorevoli che io poteva giudicare utili e profittevoli ai suoi *studi*[2],
composta non so che sua chimera, si è partito repentinamente di quà,
senza che da me sia stato possibile persuaderlo in contrario; il che m'è
dispiaciuto infinitamente, vedendo che egli abbia defraudati i suoi di
quella speranza che si promettevano delle sue fatighe, abbia speso
vanamente nel viaggio, e si sia scoperto in tal maniera per uomo vario
e leggiero; Dio gli perdoni! Quel che a me rincresce maggiormente, è
che questa sua fuga sia per dispiacere a Vostra Signoria, per il zelo
che ella ha dimostrato sempre dell'utile e onore suo. Mi conforto
nondimeno, sapendo che dal canto mio non ho pretermesso officio o dimostrazione alcuna amorevole, che potessero maggiormente assicurare M. Pirro della pronta e obligata volontà mia verso di lui; ma
in effetto è stato troppo possente l'odio che mostrava a questo paese
e l'amore del ritorno. Non mi resta a dire altro per questa, se non
che con essa insieme sarà una ricevuta di M. Pirro dei cento scudi

---

[1] La Mirandole a toujours été le point
où se formaient les armées et où se réunis-
saient les mécontents pour agir contre les
États de l'Italie centrale, toutes les fois que
la France se proposait de porter la guerre
dans la Péninsule. Il paraît que le grand-
duc redoutait surtout les démarches du cardinal d'Este qui n'était pas favorable à la
maison de Médicis.

[2] Ses *études* tendaient à assassiner les
deux proscrits Capponi et Alamanni.

rimessi e da me consegnatigli; e a Vostra Signoria molto illustre bacio con ogni reverenza la mano, pregando Dio che la preservi lungamente felice.

Di V. S. molto illustre

Obb.mo servitore,

F. Sinolfo Saracini[1].

---

## XVII.

### SARACINI AU GRAND-DUC.

Blois, mars et avril 1577.

#### ANALYSE.

(11 mars.) Le maréchal Damville se déclare contre les huguenots : *Questo caso, sì come ha portato alla parte ugonotta discordia e diffidenza, così ha recato alla cattolica molto animo e molta sicurezza.*

Des levées de reîtres ont lieu en Allemagne; un édit du Roi convoque les hommes d'armes, dans le délai d'un mois, dans divers lieux déterminés.

(20 mars.) Il est question de donner à Damville le marquisat de Saluces et une pension de cent mille francs. La négociation est conduite par le duc de Savoie et les deux Gondi.

Tout est préparé pour l'attaque de la Charité. Le duc de Montpensier a quitté la cour mal satisfait; mais, à la sollicitation de la Reine mère, il a consenti à reprendre la négociation ouverte avec le roi de Navarre.

On redoute à Lyon le retour de la peste : *I tempi di questa invernata passata sono stati così dolci fuor di ogni costume del paese, e questa primavera va così calda, che i medici temono ancora di qualche insolito effetto.*

Un nouvel assassin, Filippo Eschini, s'est offert pour frapper les deux proscrits; il semble qu'il ait dirigé contre eux une première tentative qui a échoué : *Il signore Pietropaolo Tosinghi disse l'altro ieri al secretario, come, per lettere d'un Lucchese, aveva inteso come questi due scelerati avevano corso nuovamente burrasca; essendo stati assaltati prima da uno scolare Francese, che si mostrava amico di Antonio, e che nel medesimo istante uscirono d'una casa contra di loro tre altri, cioè due Romagnoli e un Pistoiese, i quali*

---

[1] Cette déplorable lettre est tout entière de la main de l'ambassadeur.

*sparono alcune pistole; e li trovorno così forti, che non ebbero alcun effetto. E temo che questo non sia stata opera di Filippo; della quale, per essere stata vana, egli si sia vergognato a dirmene.*

(24 mars.) Le duc du Maine et Bussy d'Amboise marchent au secours de Mirambeau assiégé par Condé. Le seigneur de cette place est le frère de M. de Lansac ; c'est un ancien huguenot, très-ardent, et qui, on ne sait pourquoi [1], a embrassé tout récemment le parti du Roi.

(2 avril.) Départ de la Reine mère pour Paris, accompagnée du grand prieur, pour obtenir quelques secours d'argent.

M. du Maine a fait lever le siége de Mirambeau.

Les insolences de Condé détachent de lui un grand nombre de ses partisans.

(5 avril.) La Reine mère est de retour de Paris, où elle a obtenu une somme de trois cent mille francs. Elle part pour Chenonceaux, où le Roi doit la rejoindre.

*Monsieur* est à Gien ; M. de Guise à Paris ; tous deux se dirigent vers la Charité ; M. de Guise a enrôlé trois mille Allemands.

L'amiral de Villars est à Bordeaux, comme lieutenant général du Roi en Guienne, *pretendendosi che il re di Navarra ne sia assente, e conseguentemente la provincia vacante.*

On ne parle plus de l'assemblée projetée des huguenots à Montauban.

(10 avril.) *Monsieur* est devant la Charité, bien accompagné.

(18 avril.) Le Roi a quitté Blois le 16 ; il est à Amboise, d'où il se rendra à Chenonceaux, et de là peut-être en Guyenne et en Languedoc, *con la speranza di attrarre con la presenza sua, a guisa di sole, i vapori di quei paesi.*

Bonnes dispositions du maréchal Damville.

Les deux factions, du maire ou gouverneur, et du prince de Condé, divisent la Rochelle.

---

## XVIII.

### SARACINI AU GRAND-DUC.

Blois et Tours, mai et juin 1577.

#### ANALYSE.

(8 mai.) La Charité, attaquée de trois côtés par MM. de Guise, de Nevers et d'Aumale, sous le commandement de *Monsieur*, s'est rendue.

---

[1] Le seigneur de Mirambeau avait été dépouillé par Condé de ses terres de Marennes.

Le comte de Martinengo[1] a été tué; ses soldats exaspérés ont commis quelques cruautés.

Une fête a été donnée à Chenonceaux en l'honneur de *Monsieur* et de sa victoire.

Le duc de Nevers seul est resté à la tête de l'armée, qu'il dirige du côté de l'Auvergne.

M. du Maine, secondé par Strozzi, s'est rendu maître de Tonnay-Charente.

On espère que la paix se fera avec le roi de Navarre.

Un certain Horatio Valetta[2], assassin aux gages du grand-duc, a été jeté en prison à Paris et relâché faute de preuves, puis repris pour dettes.

L'ambassadeur craint que ce ne soit une ruse, *per cavar denari*; et il ajoute : *Io non piglierò altra cura di sovvenirlo, visto il poco frutto che ne nasceva.*

(22 mai.) Les ambassadeurs sont à Tours. Le Roi est à Chenonceaux; *Monsieur* parti pour l'Auvergne.

La conduite hautaine de Bussy d'Amboise à Angers inspire quelques soupçons, bientôt dissipés.

M. Damville persiste dans ses bonnes résolutions; un de ses secrétaires envoyé par lui a assuré le Roi qu'il pouvait compter sur sa fidélité.

M. de Montluc vient de mourir.

L'ambassadeur avant de quitter Blois a, de son autorité privée, fait détruire une inscription gravée sur le tombeau d'un proscrit florentin[3].

[1] D'une noble famille de Brescia, qui n'est pas encore éteinte.

[2] Que nous soupçonnons être le même que Filippo Eschini, dont il est question dans la dépêche du 20 mars, où l'ambassadeur dit qu'on l'appelait aussi Horatio : *altrimenti Orazio*.

[3] Voici le passage entier de la dépêche de l'ambassadeur :

« Non voglio lasciare di dare conti a Vostra Altezza come innanzi al partir mio da Blois, avendomi il secretario referito che nella chiesa di S. Nicolo appariva una gran pietra murata assai ben alta in una delle faccie, con uno epitaffio indegno di essere visto e letto, volsi io medesimo vederlo; e trovai veramente che era stato sfregiato alquanto, ma questo sfregiamento era sì poco

* Des Manelli, famille toujours existante.

apparente che non si conosceva se altri non si avvicinava molto, nè impediva che le lettere non si legessero benissimo d'appresso e di lontano; e, che sia il vero, il medesimo secretario ne tolse diligentemente copia, ed era in questa forma.

D. O. M.

LUCÆ MANNELLIO* PATRITIO FLORENTINO, QUI LIBERTATE PATRIÆ SUÆ CARENS, IN VINDICANDA INDEFESSUS, MALUIT FORTI ANIMO OMNIBUS CARERE QUAM IBI INDIGNUM SERVITUTIS JUGUM PATI, CIVES TALI ANIMO ERGA REMPUBLICAM AFFECTI MOER. POS. OBIIT VIII IDUS OCTOBRIS ANNO AETATIS SUÆ 58, ET A PARTU VIRGINIS 1571.

« Onde io non possetti comportare che apparisce più così infame monumento della malignità di questo tale Mannelli; feci per-

(31 mai.) M. de Montpensier a eu à Bergerac des conférences pour la paix avec le roi de Navarre.

M. Damville accepte le concours que lui offre le Roi pour soumettre le Languedoc.

Il assiégera Montpellier, M. de Joyeuse Castres et M. de Bellegarde Nîmes, pour réduire en même temps les trois places les plus fortes de la province.

Le manque d'argent se fait partout sentir; M. du Maine craint, pour ce motif, de voir ses troupes se débander.

*Monsieur* a mis le siége devant la ville d'Issoire.

(11 juin.) La cour doit arriver le 12 à Tours, où le Roi attendra l'issue des négociations entamées avec le roi de Navarre.

M. du Maine a tenté de s'emparer par un coup de main de Saint-Jean–d'Angely.

M. Damville s'est ouvertement déclaré pour le parti du Roi, sans conditions; il est maintenu dans le gouvernement du Languedoc. Les huguenots de la province ont publié un manifeste dirigé contre lui.

(22 juin.) Le Roi est parti pour Poitiers, où les ambassadeurs doivent le rejoindre. La Reine mère, dit-on, ne s'arrêtera pas dans cette ville, mais ira trouver le roi de Navarre. *Il che se fosse vero, si potrebbe sperare assai che il canto di questa gran Sirena fusse per addormentare l'ira e lo sdegno nell' animo di quel principe.*

Le Roi aurait dit à l'ambassadeur d'Angleterre ces propres paroles : "Le roi de "Navarre dit qu'il a le plus grand désir de me voir." On a donc lieu d'avoir bon espoir.

Issoire s'est rendue; *Monsieur* a fait brûler les maisons des huguenots, et fait pendre ceux qui ont été pris les armes à la main, après avoir juré à la Charité de ne plus combattre. Les autres ont eu la vie sauve.

On redoute une nouvelle invasion des reîtres dans l'Est; ce qui expliquerait les exigences des huguenots, qu'ils maintiennent malgré leurs échecs.

On dit que *Monsieur* se propose de prendre Périgueux, et d'opérer ensuite sa jonction avec M. du Maine, qui en ce moment se prépare à assiéger Brouage.

M. de Montluc, qu'on avait dit mort, est ressuscité.

Le Roi s'est plaint hautement à l'ambassadeur d'Angleterre du secours que sa souveraine envoie aux huguenots français rebelles.

"tanto rompere e guastare in modo quella "pietra, che al presente non apparisce pur "una delle minime lettere, non tanto che si "possa leggere; nel che sono stato servito "prontamente da Francesco Tanei, cittadino "Senese, e sviscerato servo di Vostra Altezza, "il quale già condussi meco, e tengo tuttavia "presso di me."

## XIX.

### SARACINI AU GRAND-DUC.

Poitiers, juin et juillet 1577.

#### ANALYSE.

(10 juillet.) Les demandes des huguenots semblent exorbitantes : libre exercice de leur religion par toute la France, à l'exception des siéges d'archevêchés, d'évêchés et de parlements; le gouvernement de la Guyenne pour le roi de Navarre, avec Angoulême pour résidence; le gouvernement de Picardie pour Condé avec Péronne pour résidence. Le Roi a députe Villeroy chargé de porter ses dernières volontés.

M. du Maine, secondé par M. de Lansac, assiége Brouage.

M. de Guise est retourné dans son gouvernement de Champagne à cause du bruit qui court de la prochaine entrée des reîtres.

La plupart des gentilshommes de l'armée de *Monsieur* étant retournés chez eux, pour y prendre quelque repos, le prince lui-même est attendu à la cour.

Montpellier, Nîmes et Castres sont étroitement assiégées par MM. Damville, Bellegarde et Joyeuse.

Don Juan d'Autriche a envoyé un ambassadeur flamand au Roi, qui lui a accordé plusieurs audiences. Il est question de députer en Flandre M. de Guise. *Si può credere che non sia se non cosa molto importante, intendendosi massime che le cose di Fiandra vadino di nuovo ribollendo.*

On ne retrouve plus Horatio Valetta depuis sa sortie de prison. Faire assassiner les deux proscrits est chose plus difficile qu'on ne l'avait pensé. *Queste cose pare che nella esecuzione si demostrino troppo più difficili che non se lo imagina nei disegni.*

(15 juillet.) On pense que les reîtres qui se sont rassemblés au delà du Rhin ne menacent pas la France, mais qu'ils ont une autre destination.

La compagnie de M. de la Chapelle a été portée à cent hommes d'armes, comme celles des princes et des maréchaux. MM. de Biron et de Matignon avaient déjà obtenu cette faveur.

(23 juillet.) *Monsieur* est arrivé à Poitiers, où le Roi lui a fait grand accueil.

M. de Guise est décidément parti pour son gouvernement de Champagne.

(3 août.) Le duc de Mercœur, frère de la Reine, est parti avec trois cents chevaux pour prendre part au siége de Brouage, qui se prolonge.

M. Damville écrit au Roi que Montpellier et Nîmes sont réduites aux dernières extrémités.

Le Roi ordonne, dans un édit, de faire vendre et mettre en gage tous les biens des huguenots rebelles.

Les États de Flandre s'agitent et font redouter de nouveaux troubles dans ce pays. *Dagli Spagnuoli si teme, che, conchiudendosi quà la pace, non si volghino l'armi francesi a quella impresa.*

(6 août.) M. de Lansac a obtenu un avantage naval, près de Brouage, sur les huguenots. Le gouverneur de Brouage a été tué dans une sortie.

Le Roi a donné l'ordre à M. de Nevers de se joindre à M. du Maine avec les troupes qui lui restent.

(17 août.) Les huguenots de Brouage ont demandé à parlementer avec Strozzi.

Les affaires, en Flandre, vont mal pour Don Juan d'Autriche, qui n'est plus maître que de trois places, et qui songe à enrôler huit mille soldats italiens.

L'ambassadeur d'Espagne, encore fort souffrant, demande son congé, malgré la gravité des conjonctures. Il aurait dit, en parlant des troubles de Flandre, *che sa certo la mente di Loro Maestà essere buonissima, e che non piglierebbono mai alcuna impresa che potesse tornare in pregiudizio del suo re.*

(24 août.) Brouage a capitulé à d'honorables conditions. On a trouvé dans la place pour deux cent mille écus de sel. Le Roi a distribué la plus grande partie de cette somme à MM. du Maine, Strozzi, Lansac, etc.

M. du Maine doit aller mettre le siége devant Royan.

Les Rochellois ont découvert une conspiration de Clermont d'Amboise pour livrer la ville au Roi. *E al detto Clermont avrebbono tolta la vita, se con la fuga non si fosse salvato. Si dice che, essendo egli infastidito di seguitare il principe di Condé, e per rientrare nella grazia del Re, trattava di fargli questo rilevato servizio.*

Les négociations avec le roi de Navarre, un moment rompues, ont été reprises; ce prince, se ravisant, a rappelé M. de Montpensier, qui déjà était parti.

A la requête de la Reine, le Roi a donné à son frère, qui est en Lorraine, le grand prieuré d'Auvergne qui était promis à l'abbé de Vendôme[1]. En y joignant quelques autres bénéfices, les revenus de ce grand prieur s'élèveront à cent mille écus.

Don Juan d'Autriche s'était assuré d'Anvers, en envoyant dans cette place douze mille Allemands. Mais les États de Flandre, ayant gagné trois des capitaines, et se trouvant secondés par le prince d'Orange, se rendirent maîtres de la ville et de la citadelle. Les Allemands se sont retirés après avoir capitulé. Le comte d'Egmont a été nommé gouverneur d'Anvers, et le prince d'Orange proclamé par les États PROTECTEUR DE LA LIBERTÉ FLAMANDE. Le pays presque tout entier s'est soulevé. Don

[1] L'ordre de Malte, de qui dépendait ce grand prieuré, s'opposait à la nomination de l'abbé de Vendôme.

Juan d'Autriche s'est retiré à Namur, accompagné du duc d'Arschott. Il ne possède plus que cette place, où sont réunies toutes les richesses provenant du sac d'Anvers, et la place de Luxembourg.

On écrit de Flandre que Don Juan songeait à épouser la reine d'Écosse; *ma non è certezza, e quà non si crede* [1].

[1] Nous publions ici les extraits de deux lettres de Cavriana, écrites l'une et l'autre dans les derniers jours du mois d'août :

### I.

«Si sta sul trattare la pace, bramata dalla Regina per la salute del paese, e dal Re per avere piaceri nei quali vive molto volentieri; ma certi grandi la turbano, fatti insolenti per le nostre vittorie, e perchè così vivono con autorità.

«Gli inimici sono sbattuti ma non si arrendono, sperando soccorso di Germania. Olanda e Inghilterra; e, per essere molto ostinati nelle loro domande, si teme abbino in mano qualche impresa segreta e importante. Lo Strozzi con suo artifizio ha preso Brouage, luogo molto importante; e senza lui non si pigliava mai, avendo per mezzo d'un suo creato, ingegnere di dentro, corotto i capi.

«Il Re e *Monsignore* sono benissimo insieme; non perciò è suo luogotenente generale, come vorrebbe. Ci allegriamo che Don Giovanni facci male i fatti suoi come fà, e questo mette conto a noi per Orbitello e Portercole*. Se la regina di Navara vo-

lesse, acconcieria il regno, pacificandosi col marito, ma non vuole.

«I favoriti di *Monsignore* sono a rumore, perchè Bussy è il bravo e il diletto di *Monsignore*, dorme in camera, avendo scacciato il conte di Saint-Aignan.

«Noi per certo averemo pace; e la religione ugonotta resterà in piedi. La Madre teme molto il Re; la casa di Montmorency averà buone parole dal Re, ma non sarà amata mai, se bene Damville serve bene.»

### II.

«La pace è poi conclusa, e questi deputati ritornano al re di Navara; e il Re, la Madre, *Monsignore*, la Regina Moglie, Villeroy, secretario, e li deputati soli soli hanno trattato la cosa, volendo il Re il riposo; di che Guisa e tutto il consiglio si dà al diavolo, per non essere stato chiamato; e ciò ha fatto il Re per venirne a fine. La Regina Madre menerà la regina di Navara al suo marito; e come la pace sia stabilita, qui si commincierà a sindacare i tesaurieri, che si quieteranno con denari. Ci sono mali umori nelli grandi, e non temo punto che riposatisi due anni, non rifaccino guerra, perchè un *grande* la machina.»

---

* Ports et places fortes sur le littoral de la Marenne, gardés par les Espagnols.

## XX.

### SARACINI AU GRAND-DUC.

Poitiers, septembre 1577.

1er septembre.

Vennero tre deputati dal re di Navara e dagli altri complici per trattare circa le capitolazioni della pace; tornò similmente con essi M. di Biron, e iermattina se ne tornorno indietro insieme col medessimo Biron e Villeroy. I loro maneggi sono andati segretissimi, e per lo più hanno auto audienza, non in consiglio come è solito, ma appartata, e solamente presenti il Re, la Regina Madre, Biron e Villeroy; si crede in somma che i consiglieri vi abbiano avuta poca o nessuna parte. Quel che io ho possuto penetrare, è che Sua Maestà abbia concesso quasi le più principali condizioni che dimandassero istantemente gli ugonotti, e nelle quali premessero maggiormente. Ha similmente Sua Maestà ottenuto all'incontro quasi tutto quello ch'ella domandava di maggiore importanza; a tale che da questo ne nasce quasi una certa speranza di pace. Per quel ch'io intendo, gli ugonotti non premono molto nella loro religione, ma nella sicurezza delle vite loro, per la quale fanno istanza di riservarsi alcune fortezze di quelle che tengono, e forse ne domandano delle altre; ma di questi particolari non se può avere certezza alcuna, fino a tanto che Biron e Villeroy non tornino; i quali si crede che sieno andati solamente per ultimare insieme con M. di Montpensier simile capitolazione.

Il re di Navara, dopo l'aver inviati i deputati sopradetti, per maggiore reputazione del maneggio della pace, uscì in campagna con buon numero di cavalli; uscì similmente dall' altra parte il principe di Condé, con intelligenza di abboccarsi insieme; il che s'intende che abbiano fatto, otto giorni sono, in Pons. Ma il duca du Maine, intendendo come il principe aveva passato il fiume della Charente, si mosse subito con le sue forze per affrontarsi seco e per combatterlo, intendendo che, se bene il principe di Condé et il re di Navara si trovavano circa sei o sette cento cavalli, non avevano forte alcuna di fanteria; ma questi due principi, intesa la venuta del duca, si ritirarono, cioè il re di Navara verso Bergerac, e il principe di Condé in Pons, dove fu seguitato dal duca, e postogli assedio; ma egli fatto attaccare una grossa scaramuccia da una parte, dall' altra se ne fuggì, passando a guazzo la Charente non senza pericolo. Si crede che il duca du Maine sia per tornarsene presto alla corte, poi che di quà non gli viene altra commessione, e il numero di quell'esercito è così diminuito dopo la presa di Brouage, che non restano circa quattro mila fanti ed alcuni pochi cavalli.

Della partita di *Monsignore* non si parla più, nè pare che le cose presenti lo richieghino.

Alli giorni passati si fece la donazione del marchesato di Saluzzo in persona del marescial Damville, e se ne spedirno le lettere con ogni cerimonia, riservandosene il Re la sovranità e le entrate estraordinarie. Con tutto questo si stima da molti che questa spedizione non abbia di avere loco, per interesse dei Biraghi, i quali cavano grandissimo utile di quel governo, e che il signor Carlo, governatore al presente, sia per fare difficultà in eseguirla.

Di Fiandra venne altro ieri un corriere spedito dal signor Don Giovanni con grandissima diligenza a questa Maestà; e si dice che Sua Altezza domandi ajuto, per trovarsi quasi come assediato in Namur. Si crede ancora che da Sua Maestà sia per essere facilmente sovvenuto, per non si vedere tanto grandi gli ugonotti di là, che potessero dare ajuto a questi di quà. S'intende similmente che, dopo il ritorno dell'

ambasciatore che ultimamente venne da Sua Altezza, i Fiamminghi
hanno usato insulti ai Francesi che si trovavano là quasi come a nemici, e che al presente la regina di Navara non ardisca tornarsene
per tal rispetto[1].

12 septembre.

Se bene il re di Navara aveva promesso di aspettare i deputati a
Bergerac, mutò nondimeno proposito, e se n'andò ad Agen, dove nel
medesimo tempo venne ancora il principe di Condé, la Noue e gli altri
principali ugonotti, per essere presenti alla resoluzione e conclusione
della pace; a tale che, per essere stato prolungato il viaggio ai deputati,
non è per ancora possibile che abbiano mandata novella alcuna di tale
negozio; del quale per questo medesimo rispetto quasi non si parla ne
si sa più di quello che si sapesse al partire dei deputati detti.

Il duca du Maine è tornato alla corte, accarezzato e ben visto da
Sua Maestà. Gli Svizzeri e i soldati che gli erano restati si trattengono
similmente qui d'intorno per ogni occorrenza. Il duca di Nevers è
andato a Parigi per suoi particolari interessi, e per riposarsi là, non
venendo altra occasione.

La regina di Navara è partita di Liége per tornarsene con passaporto degli Stati di Fiandra, e già s'intende che sia dentro a questo
regno.

Per un corriere che è venuto ultimamente di Languedoc, il marescial
Damville rinfresca la speranza di espugnare ben presto Montpellier,
dando conto che quella terra sia ridotta in molta necessità di vettovaglie.

Di Provenza s'intende che il marescial di Retz già si trova intorno
a Minerva, terra di Sua Santità nel contado di Avignone, con circa
quattro mila fanti, e si pensa che aria qualche difficoltà a prenderla;

---

[1] La reine de Navarre était allée à Liége,
sous prétexte de prendre les eaux de Spa,
mais en réalité pour gagner des partisans à
*Monsieur*, son frère, parmi les Flamands.
Voir le récit de son voyage dans les *Mémoires de Marguerite de Valois*, livre II, année 1577.

chè se bene ella è facile a battersi, è nondimeno difficile l'assalto, rispetto al sito, convenendo scendere e salire di poi molto all'erta.

Di Fiandra s'intende che il signor Don Giovanni si trova a Namur, e che ha fatto padrone di tutto lo stato di Luxemburg il conte di Mansfeldt, vecchio, che prima n'era governatore; che gli Alemanni e gli Spagnuoli tengono Breda e Bois-le-Duc in Brabante, intorno alle quali terre sono ora le forze degli Stati.

Il colonnello di Lalaing è stato fatto generale dell'esercito degli Stati; il colonnello di Bossu è stato fatto governatore di Fiandra; il conte d'Egmont governatore di Anvers; M. di Champigny, fratello del cardinale Granvelle, governatore di Bruxelles, etc.

Dicono che il vescovo di Cambrai sia stato preso dalla gente delli Stati, mentre che andava verso Don Giovanni con una buona somma di denari; che M. Morillon, gran vicario del cardinal Granvelle, è prigione degli Stati; che il principe di Orange è stato ricevuto nel paese di Nort-Hollande, e che se n'è impadronito; che gli Alemanni sono stati cacciati d'Anvers con un pane e sei patacchi per ciascuno; che gli Stati hanno fatto chiamare a suon di trombe il duca di Arschott, il marchese d'Havré, Basigny, Barlemont, e altri signori che erano con Don Giovanni, perchè dovessino ritornare sotto pena di essere dichiarati rebelli e di confiscazione de' loro beni; e si dice che sieno ritornati nel termine che fu loro prefisso.

Si sono intesi alcuni articoli della pace che gli Stati propongono a Sua Maestà Cattolica:

Che dentro alla Fiandra non sarà alcuna citadella; che alcun forestiere non possa avere imperio sopra alcuno dei paesi loro; che tutti i paesi nomineranno al Re tre, dei quali Sua Maestà eleggerà uno per essere governatore generale; il che si osserverà anche nei governatori particolari; e che ogni officio sarà creato nel medesimo modo; che non vi possa essere introdotta alcuna guarnigione spagnuola, italiana, alemanna o borgognona; che le leggi, sussidii e altre cose siano rimessi come erano quando l'Imperatore Carlo partì di Fiandra; che il figliuolo del principe di Orange sia restituito; che il Re approverà

giornalmente tutto quello che avranno fatto gli Stati; e in caso che
Sua Maestà manchi in alcuna delle cose sopradette, s'intendino liberi
dal giuramento.

Il signor Pietro Paolo Tosinghi è stato spedito da *Monsignore*, e conduce seco molti capitani e gentiluomini italiani; prima se ne va a
Parigi, dove per l'impresa che si ha da fare sono in pronto cinquanta
mila franchi. S'intese che dal medesimo *Monsignore*, e al medesimo
effetto, fu espedito poco prima M. di Fargis, fratello del cardinale Rambouillet, uomo di valore e molto favorito da Sua Altezza. La comune
opinione è che questi tali sieno spediti per l'impresa di Genova o di
Savona; intendendosi che un tale signore Cocconas, Piemontese, sia
principale autore di questo trattato; il che veramente a me pare miracolo come in tante turbolenze di quà si possa aspirare a impresa tanto
importante. Se già non appariscano alcuni indizii, gli ugonotti non vi
hanno parte, e che questa novità deva nascere insieme con la pace; il
che dico per verisimile, per essere stata trattata con incredibile segretezza, e perchè pare che sia giudizio comune che non sia possibile
risanare questo corpo della Francia troppo umoroso, se non viene ajutato e sfogato da qualche simile cauterio. Con tutto che paja incredibile, nondimeno mi è parso di renderne conto a Vostra Altezza, per non
trascurare in una cosa di tanta importanza quel che ne viene detto,
ancor che fusse espressamente falso.

M. di Villequier, primo gentiluomo della camera del Re e suo do-
mestichissimo, ha di sua mano ammazzata la moglie; una dama che lo
volse tenere l'ha stroppiata, che per paura saltò una finestra. Perchè
essendo ella tornata di Parigi, l'ha trovata gravida in tempo che non
poteva essere di lui, e per altri indizii evidenti. Il che è parso in
questa corte atto molto crudele, non tanto per la novità, quanto rispetto alla creatura che già era di circa otto mesi; e si pensa che l'abbia fatto con licenza e permissione di Sua Maestà, poichè la mattina
seguente si vedde in corte ben vestito come prima, e come se tal cosa
non fosse avvenuta.

17 septembre.

Finalmente si concluse la pace, e ieri con gran diligenza ne venne avviso a Sua Maestà; la quale con averne dimostrati aperti segni di allegrezza ne dà indizio che ella sia tale quale si poteva sperare, avuta considerazione alle cose presenti. Per ancora M. di Montpensier, autore di essa, non è tornato in corte, ma si aspetta fra due o tre giorni, e si crede che allora si publicheranno le capitolazioni. Intanto Sua Maestà ha fatto partecipi della lieta novella tutti gli ambasciatori, a fine che possino tanto più presto communicare l'allegrezza sua con i principi loro; onde io particolarmente le renderò le debite congratulazioni, in nome di Vostra Altezza, e la ringrazierò umilmente di sì amorevole complimento.

Quel che si va commentando circa le capitolazioni, è che l'esercizio della nuova religione si conceda in una terra di ciascun bagliaggio da eleggersi da Sua Maestà; nella quale elezione debba avere considerazione a quelle terre che se ne contenteranno; e questo esercizio s'intende permesso sino a tanto che per un concilio generale ci sia provvisto; che il Re concede per sicurezza degli ugonotti sette o otto piazze in mano loro, le quali per ancora non si sanno, da restituirsi nel termine di sei anni; che la Rochelle viva nella sua libertà; e pare che si contenti di avere un semplice governatore da eleggersi per Sua Maestà, ma però senza guardia e senza forze. Che Montpellier, Nîmes, Montauban, Castres e alcune altre terre vicine possino esercitare la nuova religione.

Questo è quanto si va dicendo per ora; ma all'arrivo di Montpensier si dovrà intendere il tutto più specificatamente, come ho detto.

Si crede che, come la regina di Navara sia tornata in corte, la Regina Madre sia per condurla a Cognac, e restituirla al marito, intendendosi che egli ne faccia istanza, e che Sua Maestà speri con la sua presenza riunirlo interamente a questa corona. Intanto si dice che il Re sia per avviarsi verso Parigi, e che sia per trattenersi a Chenonceaux fino al ritorno della Regina Madre.

Se la donazione del marchesato di Saluzzo avrà effetto, si crede che il marescial di Bellegarde resterà governatore del Languedoc. Si è verificata la morte di M. di Montluc.

Il cavaliere Cavriana fu l'altro ieri messo in prigione, per essersi trovata non so che sua lettera e ampolle nella camera di madama di Villequier, morta ultimamente dal marito; temendosi che nelle ampolle sia preparato veleno; ma dal non avere egli fatta alcuna dimostrazione di curarsi di esser fatto prigione, e dall'aver sempre reso onorato conto di se, si può credere che egli sia innocentissimo.

29 septembre.

Ritornò alle corte il duca di Montpensier, M. di Biron, e Villeroy, insieme con gli altri deputati che si trovavano appresso il re di Navara, e con la venuta loro hanno portata l'intera certezza della conclusione della pace; e, se bene dopo il loro arrivo Sua Maestà fece per publico bando intimarla, e comandare che cessassero le armi e ogni sorta di ostilità, nondimeno s'intende che il Re non ha ancora sottoscritti gli articoli; prima, perchè si trovano alla corte due ambasciatori del re di Navara mandati da lui per ultimare alcune cose appartenenti al suo governo della Guienna; di poi per essere necessario che sieno approvati e confermati dalla corte di parlamento di Parigi. Intanto Sua Maestà, circa otto giorni sono, inviò a Roma con gran diligenza un secretario per dar conto di questa pace a Nostro Signore.

I detti articoli si tengono per ancora segretissimi, nè se ne penetra se non alcuni particolari detti dal Re medesimo, cioè quanto all'esercizio della religione ugonotta concesso in una terra per ciascun bagliaggio, intendendosi nelle terre sfasciate, e in quelle che fossero murate non si possa fare detto esercizio, se non nei borghi; i gentiluomini che sono ugonotti non possino ai loro castelli esercitare la loro religione con i loro sudditi, ma solamente con le loro famiglie; e quanto a questo particolare della religione, s'intenda concessa sino a tanto che per un concilio sia altrimenti provvisto.

Di tutte le terre che gli ugonotti tengono, se ne devono riservare solamente otto a loro elezione, e tenerle per loro sicurtà per sei anni;

nelle quali.il Re si obliga pagare due mila fanti che dipendino in tutto
da loro per guardia di esse terre; e tutte le altre che tengono, le
quali possono essere circa cento in tutto, sono tenuti restituirle a Sua
Maestà. Avranno li detti ugonotti la terza parte della giustizia in tutti
li parlamenti della Francia.

Altri particolari non se ne intende; e come questi articoli si possino
avere, non mancherò di mandarne copia a Vostra Altezza.

Fra pochi giorni si crede che il Re sia per mettersi in cammino alla
volta di Parigi; e quanto alla partita della Regina Madre per andare a
trovare il re di Navara, non pare che sia ben risoluta, massime non
essendo ancora arrivata in corte la regina di Navara.

Il cavaliere Cavriana fu cavato di prigione, e confinato nel suo alloggiamento con guardia di un arciere, sino a tanto che seguisse la
sua sentenza, la quale però si aspetta assolutoria, poichè contro di lui
non è stata provata cosa alcuna di quel che era imputato; ma il Re si
è lasciato intendere che non si vuole più servire di lui, nè lo vuole
più in corte, non ostante che Sua Maestà sia stata assicurata della sua
innocenza; e la cagione pare che sia qualche dubio ch'egli portasse
alle volte avvisi ad alcuni ambasciatori.

--- --- ---

## XXI.

### SARACINI AU GRAND-DUC.

Paris, octobre-décembre 1577.

#### ANALYSE.

(4 octobre[1].) On paraît généralement satisfait de la dernière paix; — *timendosi
che gli articoli non fussero di peggiore condizione.*

*Monsieur* n'a donné congé à aucun de ceux dont il ne se sert qu'en temps de
guerre, ce qui inspire quelques soupçons. Songe-t-il à l'entreprise de Gênes? Le
Florentin Giacchinotti, qui est à son service, reste impénétrable.

[1] Cette première dépêche seule est datée de Poitiers; toutes les autres le sont de Paris.

(22 octobre.) Le Roi est à Amboise; *Monsieur* est à la Fère, auprès de la reine de Navarre; on les attend l'un et l'autre à Paris. Des députés des États de Flandre ont eu avec *Monsieur* une entrevue secrète à la Fère, et l'ont supplié de se mettre à leur tête.

Le Roi a fait tenir à Don Juan d'Autriche des lettres de Condé aux États de Flandre, lettres qui ont été interceptées; *il che parebbe quasi un certo indizio che, innovandosi cosa alcuna di quà a difesa di questi paesi, non sia di mente o di consenso del Re Cristianissimo; e tanto più quanto che il duca di Guise ha inviati molti gentiluomini, delle genti che aveva adunate per impedire i raitri, a servire Don Giovanni; e, se bene la casa di Guise è tenuta molto parziale e devota al Re Cattolico, nondimeno si può credere che egli non gli avrebbe inviati, se la mente di Sua Maestà fusse stata in contrario.*

(31 octobre.) Les ambassadeurs des États de Flandre, qui ont vu *Monsieur* à la Fère, sont à Paris où ils attendent le Roi. L'archiduc Matthias, appelé par une partie des États, est en Flandre. La confusion règne dans ce pays, où l'on compte le parti du roi d'Espagne, celui de l'archiduc, celui du prince d'Orange, enfin le parti français. Les secours arrivent à Don Juan d'Autriche; le comte Carlo Mansfeldt lui amène quatre mille hommes.

On ne parle plus de l'entreprise de Gênes.

M. de Morvilliers est mort, à l'âge de soixante et dix ans; *e si morse, otto giorni sono, con danno e dispiacere universale.*

Cavriana est mis en liberté, mais il est obligé, d'après la volonté du Roi, de quitter la cour.

(12 novembre.) La reine de Navarre est de retour, et se dispose à rejoindre son mari; *e pare che nelle condizioni segrete della pace vi sia questa condizione, con obligo di pagargli prima i debiti, che importano circa sette cento mila franchi.*

Le Roi donne audience aux ambassadeurs de Don Juan et à ceux des États de Flandre, et paraît vouloir rester neutre.

Le proscrit florentin Capponi a été assailli en Angleterre par trois hommes, qui ne l'ont pas même blessé, et dont un a été tué.

(26 novembre.) Des mouvements ont éclaté en Poitou et en Guyenne. La reine de Navarre ajourne son départ. La paix semble mal assurée.

Le duc de Montmorency, le maréchal de Cossé, le duc de Guise sont à la cour. On attend le maréchal de Retz et peut-être Damville, dès que le Roi lui permettra de quitter son gouvernement de Languedoc.

(5 décembre.) Le soir de la Saint-André, Troïlo Orsini a été assassiné d'un coup de pistolet en pleine rue. L'ambassadeur est soupçonné d'être complice de l'assassin, Stefano Caraccioli, Napolitain, chevalier de l'ordre de Saint-Étienne (ordre ins-

titué par Cosme Ier). Ceux qui ont excité ces soupçons sont M. de Lansac et le capitaine Bernardo Girolami[1].

On mande d'Angleterre que les rois de France et de Navarre sont d'accord pour déclarer la guerre à l'Espagne; *parendo che questa sia la via di dare esito ai mali umori, e di tornare Navara nel suo Stato.*

(19 décembre.) Damville est confirmé dans son gouvernement du Languedoc: M. de Méru, son frère, est bien accueilli à la cour.

M. de Viteaux, l'assassin de du Guast, sur la dénonciation de son propre frère, le prévôt de Paris, et d'après l'ordre du Roi, s'est vu cerner dans son château par des forces considérables, et est parvenu à s'échapper.

Le Roi promet à l'ambassadeur de Don Juan, *che non eschino in aiuto de' Fiamminghi o genti o danari di questo regno.*

Don Juan a fait des propositions de paix aux États qui s'en défient, *chiamando le benigne offerte e la misericordia di quel signore lacrime di crocodillo.* Le comte de Mansfeldt, s'apercevant que ses troupes n'inspirent pas à Don Juan une entière confiance, menace de les engager au service des États[2].

(31 décembre.) Don Juan a accepté le secours que lui amène le comte de Mansfeldt; son armée va grossissant, et lui permettra bientôt de prendre l'offensive. Amsterdam s'est déclarée pour lui. Alexandre Farnèse vient de le rejoindre.

L'archiduc Matthias a été déclaré par les États gouverneur général.

La reine d'Angleterre a accueilli également bien l'ambassadeur de Don Juan, et celui des États.

---

[1] Saracini, sur lequel pesèrent les soupçons les plus graves, s'excusa d'abord auprès de M. de la Suse, conseiller délégué vers lui par le Roi et la Reine mère, puis il chercha à se justifier auprès de la Reine mère elle-même, se tenant dans les généralités et usant surtout de dénégations. Voici comment il rend compte de l'assassinat :

« La sera di S. Andrea, intorno alle due «ore di notte (huit heures du soir), uscendo «il signor Troïlo dalla casa d'un tal conte, «cognato di M. de la Chapelle, uno gli se fece «incontro, e, sparandogli una pistola nello «stomaco, lo passò da banda.» (C'était le domestique et non le maître, qui avait tiré le coup, et il avait pris la fuite.)

[2] L'ambassadeur revient, à la fin de sa dépêche du 19 décembre, sur l'assassinat de Troïlo Orsini :

«Quel cavaliere di Santo Stefano per an«cora si trova prigione; e, se bene gli hanno «dato qualche tormento, per ancora non s' «intende che vi si trovi fondamento di colpa. «Nè io ardirei di cercarne o di parlarne più «che tanto, per non augumentare il sospetto «vano che è stato inventato dai maligni, e «che già fu posto in mente di Loro Maestà.»

Saracini ajoute, dans une dépêche du 8 janvier 1578 :

«L'ambasciatore di Venezia mi referì che «il duca di Guisa avesse detto, per cosa cer«tissima, che si doveva fare tagliare a pezzi «l'ambasciatore di Toscana e tutta la sua «famiglia.» — Le propos fut démenti.

Toutefois cette reine semble devenir plus Espagnole, depuis que la paix est faite entre les partis.

Le sicaire Horatio Valetta est encore en prison. Sa *mission* devient plus difficile, depuis le récent assassinat de Troïlo Orsini, *rispetto che il caso ha irritato infinitamente l'animo della Regina Madre e de' giudici*. D'autre part l'ambassadeur, déjà suspect, doit prendre garde de se compromettre. Au reste Valetta n'est en prison que pour une dette qu'il espère bientôt acquitter.

## XXII.

### SARACINI AU GRAND-DUC.

Paris, 20 janvier-6 février 1578.

SOMMAIRE. — *20 janvier.* Indisposition du Roi. Arrivée prochaine du duc de Lorraine. Affaire de Bussy d'Amboise et de Grammont. Position du nouvel envoyé d'Espagne, Vargas; on le traite en ambassadeur. Intervention du duc de Brunswick en Flandre. Succès de Don Juan d'Autriche; il fait lever le siége de Ruremonde. Accord supposé du Roi et du roi de Navarre pour attaquer le roi d'Espagne. Un Anglais offre ses services au grand-duc pour épier les démarches du proscrit Pierre Capponi en Angleterre. — *2 février.* Bussy se voit assailli par quatre mignons du Roi; agitation à la cour et troubles dans le royaume. Mariage projeté de la fille du duc de Lorraine; on désigne comme son futur époux, les uns le roi d'Écosse, les autres le prince de Savoie, d'autres enfin le frère de Condé. Don Juan est à Namur et se dispose à prendre l'offensive. Récompenses accordées en France à divers Florentins. Projets de vengeance d'Antonio Capponi contre le secrétaire de l'ambassadeur, Curzio da Picchena. Lettre secrète et très-curieuse de ce dernier. — *6 février. Monsieur*, prêt à quitter la cour, est retenu par la Reine mère. Le Roi autorise le duel entre Caylus et Bussy. Don Juan d'Autriche bat les troupes des États à Gemblours.

20 janvier.

Sono quattro o cinque giorni che la Maestà del Re, della Regina Madre, Regnante, e Navara si trovano a Dolinville; dove s'intende che il Re è stato alquanto indisposto e forzato a purgarsi fuor di stagione. Speriamo nondimeno che egli sia per confermarsi ben presto e per tornare a Parigi sabato che viene incirca.

Qui si aspetta intanto il signor duca di Lorena. Si crede che egli sia chiamato da Sua Maestà per accompagnare la regina di Navara al re, suo marito; a fine che con la sua molta autorità non solamente apporti l'unione che conviene fra marito e moglie, ma ancora confermi e assicuri il re di Navara nella grazia e nella devozione di Sua Maestà;

a tal che speriamo ancora di vedere un giorno questa corte onorata della presenza di quel principe.

A queste sere passate fra Bussy d'Amboise e il figliuolo di M. di Grammont nacque per leggerissima cagione differenza non poco importante, a tal che, essendosi divisa la nobiltà fra l'una e l'altra parte, vi è stata molta difficoltà a rappacificare queste querele, con tutto che Sua Maestà vi abbia interposto l'imperio e l'autorità sua. La cagione più occulta di queste differenze è il favore supremo nel quale si vede Bussy appresso *Monsignore,* e che egli ne vada più altiero e più invidiato che non sarebbe per l'ordinario [1].

Quel signor Vargas, del quale io scrissi essere venuto qui agente di Sua Maestà Cattolica, pare che sia diventato ambasciatore, onorandosi di questo nome, forse conosciuta la poca sodisfazione di Sua Maestà Cristianissima che quà venisse mandato un agente e non un ambasciatore. Per questa cagione è stato qui molti giorni prima che potesse ottenere l'audienza; finalmente l'ha avuta con essersi dichiarato luogotenente dell'ambasciata per fino a tanto che ritorni il signor Don Diego Zuniga, il quale, come già scrissi, si partì con la licenza di quattro mesi solamente. Intanto questo gentiluomo è stato trattato da Sua Maestà come ambasciatore, fatto coprire, e dagli altri ambasciatori stato visitato come tale; il che ho fatto anch'io con l'esempio loro, usando quei termini di complimenti che più mi sono parsi convenevoli.

Quel ambasciatore del signor Don Giovanni, se bene prese licenza da Loro Maestà, si è nondimeno trattenuto fin ora qui, e vi si trova al presente; ma si crede per negozii particolari di suo padrone. Di Fiandra s'intende ultimamente che vi sia comparso il duca di Brunswick, cognato del duca di Lorena. Alcuni sperano che da questo sia per nascere qualche maneggio di accordo; alcuni altri credono che, come pensionario di Sua Maestà Cattolica e devotissimo a quella parte, sia venuto per mostrarsi tanto più pronto a servirla; intendendosi massime che in ogni occorrenza del Re Cattolico egli sia obligato a prendere l'armi con

---

[1] Voir, sur cet incident, *Lestoile,* année 1578.

quattro mila raitri. Intanto il signor Don Giovanni ha tolto via l'assedio che gli Stati avevano posto intorno a Ruremonde su la riviera della Mosa, avendo Sua Altezza mandati quattro mila fanti a quest'effetto con alcune compagnie di cavalli; e s'intende che con queste forze abbiano non solamente liberata quella terra, ma morti circa trecento o quattro cento dell'esercito degli Stati. S'intende ancora che quelle copie che essi avevano posto insieme, l'abbiano distribuite alle piazze più forti; dal che si fa giudizio che essi non sieno per fare altra guerra che defensiva.

Il cavaliere Cavriana m'ha gia mostrata finita interamente la gloriosissima vita del gran duca Cosimo, e me ne lesse molte carte.

Di quel cavaliere che qui si faceva chiamare di casa Caraccioli[1], intendo che in Lione si dette in nota per un tal Giovan Vincenzo Elefanti, si come si è scoperto per un passaporto che gli hanno trovato; il che pare che abbia peggiorate assai le ragioni sue, e sia cagione ch'egli sia ritenuto senz'altra spedizione.

Di quanto io scrissi che fosse per parturire la reconciliazione di Navara a questa corona contro il Cattolico, mi viene affermato più che mai, ancor che non apparisca segno alcuno per ora; non mancherò di essere vigilante.

Giulio Busini mi dice di avere lettere da un Inghilese di qualche importanza, dove gli avvisa, come a persona devotissima di Vostra Altezza, che un altro Inghilese con qualche premio scoprirebbe chi sumministri provvisione e modo di vivere splendidamente in Inghilterra a Piero Capponi; e il detto Giulio va dubitando che quello che vuole scoprire sia il medesimo Inghilese che scrive, per averlo conosciuto per altri tempi uomo venale, e provvisionato dal re di Portogallo come tale; onde forse non sarebbe male obligarselo con questa occasione, potendosi sperare di averne altri servizii più rilevati in simil genere. Starò aspettando di rispondere e di eseguire quanto da Vostra Altezza mi sarà comandato.

---

[1] L'homme arrêté comme assassin de Troïlo Orsini.

2 février.

Pare che sieno così proprii e così fatali i travagli a questo regno, che ancor nella pace non abbia loco alcuno la quiete, se bene Sua Maestà pur cerchi di addolcire gli animi efferati per le guerre passate con molte feste publiche e private. Vedesi nondimeno la corte stessa ripiena di odii e di inimicizie di qualche considerazione, essendo pure iersera assaltato Bussy d'Amboise da quattro gentiluomini principali e favoriti di Sua Maestà[1], a tal che egli fu forzato a salvarsi con la fuga, ma in maniera che ancora mostrava valore, avendo primo fatto impeto quasi solo e con la spada in mano contro i quattro; i quali erano seguitati da gran numero di persone, nè in questa fazione vi restò ferito altri che un gentiluomo che era con detto Bussy; il quale per tal garbuglio si è ritirato due leghe lontano di qui, e fermatosi al ponte di Charenton. E oggi, che pure era giorno dedicato a feste, non solamente si sono tralasciate per tal caso, ma ancora se n'è uscita alla campagna quasi tutta la corte, armata parte in favore, parte contro a Bussy; per inquietudine del quale pare che sieno rinnovate e nate di nuovo tutte queste discordie; le quali hanno principalmente divisa e fatta odiosa la corte di *Monsignore* a quella del Re, suo fratello. E si teme che questo non partorisca un giorno inconveniente di maggiore importanza. S'intende similmente che, sì come in nessuna parte del regno cessano gli odii e i rancori fra i cattolici e gli ugonotti, così ancora ne seguino bene spesso effetti conformi, e di torne tuttavia maggiormente la speranza di pace e di quiete. Non per questo diffidiamo della divina providenza e della singolare prudenza di Sua Maestà Cristianissima, che non sieno per quietarsi tante tempeste.

Intanto è venuto alla corte un gentiluomo del duca di Lorena, il quale promette in breve la venuta di Sua Eccellenza, chiamata da Sua Maestà. L'opinione comune è che sia per concludere qualche paren-

---

[1] Ces quatre assaillants étaient Jacques de Lévy, comte de Caylus; François d'Espinay de Saint-Luc; Anne d'Arques, depuis duc de Joyeuse; Paul Estuer, comte de Saint-Maigrin, tous quatre mignons du Roi.

tado della principessa, sua figliuola, che si trova appresso la Regina Madre; il quale parentado, alcuni hanno cavata voce che si tratti con il re di Scozzia; alcuni altri giudicano che sia per concludersi col principe di Savoia, massime per la venuta dell'ambasciatore straordinario; nè mancano ancora di quei che dicono che ella sia per darsi al fratello del principe di Condé, potendosi in tal maniera mettere gran diffidenza nella parte avversa.

Le cose di Fiandra pare che procedino assai tiepidamente, dal che fanno argomento alcuni che vi sia qualche maneggio di pace. Con tutto questo il signor Don Giovanni si trova oggi in Namur, e la sua cavalleria, avendo passata la Mosa, ha fatto preda di sette pezzi di artiglieria; nè pare che Sua Altezza aspetti altro che quel numero di cavalli che viene d'Italia per seguire avanti, e come si crede, verso Bruxelles.

Raffaello Girolami e Roberto Venturi sono stati nuovamente provvisti da Sua Maestà di circa mille cinque cento franchi per uno di pensione. Al capitano Lorenzo Tornabuoni è stato similmente donato cinque mila franchi per ricompensa dei servizii che ha fatti a questa corona, e di più gli è stata assegnata una compagnia di Corsi, i quali si trattengono tuttavia in Provenza, e sono pagati a tempo di pace e di guerra. Al signor Pietro Paolo Tosinghi Sua Maestà ha fatto grazia del castello di Etampes per nove anni, oltre a sei mila franchi che ha avuti di donatico.

Il signor Annibale Chiaramonte disse alli dì passati al secretario, che si guardasse, sapendo di certo che si trattavano pratiche per ammazzarlo; poi venne da me, e mi disse il medesimo, ma con espressa proibizione di non volere essere nominato in simile materia; e mi raccontò il caso in questa maniera: cioè, che un tale Jacopo Albertinelli, Fiorentino, che è quà ammogliato, era stato ricerco da Ruberto Venturi, che volesse ritrovarsi seco ad ammazzare il Giachinotti, per sodisfare a un suo grande amico che si teneva fortemente ingiuriato da lui; al quale detto Ruberto non poteva mancare; e che dopo il fatto ognuno ne sarebbe contento per i mali officii che fa continuamente detto Giachinotti contro tutta la nazione. E, ricercando l'Albertinelli, chi fusse

questo tale amico, gli disse che era Antonio Capponi, il quale si trovava qui nascosto per tale fatto; al che non volendo acconsentire l'Albertinelli, referse quanto passava al Giachinotti, il quale gli fece raf-
fermare il tutto, presenti il detto signor Annibale, Galeazzo Fregoso e
Pietro Paolo Tosingo; soggiungendo di più che tutte queste pratiche
si trattavano in casa di Jacopo Corbinelli con la consulta del capitano
Bernardo Girolami, di un tale capitano Sernigi e di detto Antonio
Capponi e Ruberto Venturi. Onde il Giachinotti volendone giustificazione dal Capponi, ed essendo intromesso il signor Annibale insieme
con li altri due, che furno testimoni della relazione, a parlare al Capponi; in questa pratica scoperse come dalla medesima consulta si
trattava di ammazzare il secretario ancora, per sospetto che egli fosse
consapevole e consenziente a quelli che sono venuti per ammazzare detto
Capponi; il quale ha negato, e offertosi di provare da lui non è nato
mai disegno di ammazzare il Giachinotti; ma di quanto tocca il secretario non lo negò. Nè posso fare romore alcuno come desidererei.
essendo che il signor Annibale non vuole essere nominato, nè io ho
altro indizio nè altro fondamento da provare la sceleraggine di costoro, e farli castigare come meriterebbono; non manco per questo di
tentare strada da averne maggior lume, e da potermene risentire come
vorrei [1].

[1] C'est à cette date sans doute qu'il faut
placer la curieuse lettre de Curzio da Picchena adressée au secrétaire du grand-duc,
Belisario Vinta; cette lettre porte la date du
2 février 1577, date impossible, puisqu'il
est question du procès intenté au prétendu
meurtrier de Troïlo Orsini. Nous publions
ici cette lettre *in extenso* :

CURZIO DA PICCHENA À BELISARIO VINTA,
SECRÉTAIRE DU GRAND-DUC.

Paris, 2 février 1578.

«Poichè io so che Vostra Signoria porta
«affezione al signor ambasciatore, voglio

«confidentemente dirle che, se bene egli s'è
«dimostrato sempre poco e niente curioso
«d'intendere e di sapere le cose del mondo,
«io l'andarò attribuendo alla poca pratica
«e all'essere egli nuovo nella sua carica;
«ma ho visto poi che ogni giorno egli ci si
«fa più negligente, e sento il biasimo che
«gliene danno tutti questi altri ambascia-
«tori, parendo loro che egli non prema in
«una cosa tanto necessaria; e di questo si
«sono facilmente accorti, perchè, quando
«egli si trova in loro compagnia, lo trovano
«ignorante di tutte le cose che passano; il
«che viene dal non domandare egli mai di

6 février.

Le differenze di Bussy sono scorse tanto innanzi che hanno avuto a portare quasi una nuova divisione fra il Re e *Monsignore*, suo fratello; il quale non solamente era resoluto d'appartarsi dalla corte, ma pure questa mattina n'era in procinto insieme con tutti i suoi, essendo già stivalati, e sellati i cavalli per andarsene alla volta di Tours. Con tutto questo ha possuto tanta l'osservanza o piuttosto pietà ch'egli do-

«cosa alcuna. E, quando io ritorno la mat-
«tina di corte, e che gli dico qualche cosa,
«pare che pensi ad altro e che non se ne
«curi; e gli basta fare, quando si ha da scri-
«vere, ch'io gli dia la nota delle cose che ci
«sono, o che io faccia la lettera*. Inoltre
«non si cura di acquistarsi amicizie buone
«a quest'effetto, non conosce persona della
«corte, e in casa non ci vien mai uomo da
«chi si possa intendere niente; e prometto
«a Vostra Signoria che se non fussero al-
«cune mie pratiche, non si saprebbe quasi
«mai cosa alcuna. Ancora fa molto di rado
«le visite debite, e sempre bisogna ricor-
«dargliele molte volte. Se bene io l'ho più
«volte con occasione avvertito di questo,
«mosso e dall'affezione che io gli porto e
«dal servizio del Padrone, nondimeno per
«essere io più giovane di lui, non fa molto
«conto delle mie parole, e mi risponde che
«non bisogna essere troppo curioso. Mi è
«parso debito di buon servitore di dar conto
«di questo a Vostra Signoria, affine che la
«possa governarsene come le parrà a pro-
«posito; pregandola che io non sia mai no-
«minato, affine che fra noi non possa mai
«nascere diffidenza.
«Di più voglio dirle che quà egli si è ac-
«quistato nome di volere avanzare la metà

«della provvisione; poi che ognun vede che,
«non ostante che egli l'abbia doppia, sta molto
«meno onorato che non stava l'Alamanni;
«ed io in conscienza penso bene che ne
«avanzi almeno un terzo, perchè in vero sta
«più stretto che qualsivoglia altro amba-
«sciatore, nella casa, nei servitori e nel ves-
«tire; ed ha durato più d'un anno a accat-
«tare il cocchio ora da questo ambasciatore,
«ora da quel altro; cosa che ha fatto molte
«volte mormorare, e che pareva indegna
«della persona che porta. Potrei essere im-
«putato di non averne scritto prima; ma
«come novizio non ardiva di farlo, pen-
«sando ancora che per altre vie costà si sa-
«pessero; ma non ho voluto più tardare,
«vedendo le cose andare sempre più peg-
«giorando.
«In questo negozio di Antonio Capponi,
«del quale si scrive per le lettere pubbliche,
«l'ambasciatore ci si mostra molto freddo;
«tanto che di poi che egli si trova in Parigi,
«mi sono andati per la fantasia molti pen-
«sieri; e crederei che facilmente si potrebbe
«fare ammazzare da gente del paese con
«qualche buona somma di denari; ed ho
«pensato di tentarlo io medesimo senza sa-
«puta dell'ambasciatore, perchè, quando
«io gliel'ho messo in considerazione, non

* En effet, presque toutes les dépêches sont écrites de la main du secrétaire et signées par l'ambassadeur.

veva alla madre, afflittissima e sconsolatissima per tal accidente, che
pure si è contentato di restare, e dell'intenzione che Sua Maestà ha
data quasi certissima di permettere che Bussy e Caylus, suo principale avversario, determino le differenze loro con la spada, si come
dall'una e dall'altra parte n'è stata fatta istanza. E pare che in
questo si sia quietato assai l'animo sdegnato di *Monsignore*, parendogli
che con tale dimostrazione doveranno gli altri essere meno arditi a pigliare brighe con Bussy, ancorchè si persuadessero per odio partico-

"ci ha mai dato orecchie, e sempre me ne
"sconsiglierebbe, massime rispetto a quel
"che si è visto che hanno inventato sopra la
"morte del signor Troilo. Ma avanti che io
"tenti cosa alcuna, ho voluto dire questo
"mio concetto, affine che la possa inten-
"derne la mente di Sua Altezza, e di poi scri-
"vermi quanto Ella comanderà. Ma giudi-
"cherei a proposito in tal caso avere quà
"denari pronti; e il modo da farmeli tenere
"mi sarebbe difficile, non essendo bene di
"fidarsi di mercanti, perchè non si sapesse
"che io gli avessi, per levare i sospetti. E
"per questo metterò in considerazione che
"gli è quà un certo Enea Rinieri da Colle,
"fratello di quello che se ne ritornò costà
"ultimamente; il quale ho sempre cono-
"sciuto devoto servitore di Sua Altezza;
"uomo da bene e mio grande amico. Però,
"volendo rimettere denari, giudicherei bene
"farli venire quà per sue mani in nome de'
"suoi di costà; perchè quando io gli dirò
"che non ne parli, ne sono assicuratissimo,
"nè qui conosco altri più a proposito.

"Mi resta a dire a Vostra Signoria che
"si è cavata voce da due giorni in quà, che
"quello che si fa cavaliere de' Caraccioli
"abbia confessato qualche cosa, e che avanti
"di lui sia comparso uno Italiano per testi-
"ficargli contro; ma nè dell'uno nè dell'
"altro so la certezza. Io ho messo in consi-

"derazione al signor ambasciatore, che,
"quando la causa di questo cavaliere sarà
"finita, sarebbe bene di cercare di avere per
"qualche via la copia del processo, per ve-
"dere almeno le domande che gli sono state
"fatte; ma perchè egli non lo giudica a pro-
"posito, e parendomi pure cosa di qualche
"conseguenza, ho pensato, per mezzo di
"Giulio Busini e d'un presidente, suo amico,
"di poterne avere una copia per denari da
"qualche coadjutore del giudice che l'ha
"esaminato, perchè io non mi voglio sco-
"prire di ricercarlo; e credo che per questa
"via mi sarà assai facile l'averlo. Intanto
"prego Vostra Signoria che mi avvisi, se le
"pare a proposito, perchè facilmente sarò a
"tempo ad aspettarne la commissione; e mi
"muovo a farlo da me, perchè, quando io
"ne parlo all'ambasciatore, non ne vuole
"intendere niente, nè la tiene cosa d'im-
"portanza.

"Quando Vostra Signoria mi vorrà scri-
"vere o comandare qualche cosa che non
"vorrà che lo sappia l'ambasciatore, la
"prego che faccia venire le sue lettere nel
"piego di Gemignano, mio zio; perchè le
"lettere che mi sono scritte da lei per via
"ordinaria, io piglio occasione di mostrarle
"all'ambasciatore, per levargli i sospetti
"che potesse avere."

lare di Sua Maestà verso di lui, potere acquistare molto di grazia e di
favore, col provocarlo nemico e col cercare per ogni via di farlo mal
capitare; a tal che si spera, mediante la prudenza della Regina Madre,
che non solamente questi due fratelli resteranno uniti, ma che sieno
tuttavia per augumentare nella grazia e benevolenza che conviene frà
di loro.

Si è inteso per bocca di Sua Maestà che le genti del signor Don
Giovanni, le quali avevano passato la Mosa a Namur, abbiano rotti otto
o dieci mila fanti degli Stati, e fatti molti prigioni, fra i quali sia stato
preso il luogotenente del colonnello di Lalaing. Altri particolari non
si sono intesi per ancora, non ne essendo venuto corriere dal signor
Don Giovanni; a tal che, se l'autore non fusse di tanta autorità, sarebbe novella da prestargli poca fede; dovremo nondimeno averne
presto la certezza e più minuto ragguaglio dei particolari di tal fazione [1].

[1] Quelques jours après, Saracini rece-
vait communication de la dépêche adressée
par Don Juan lui-même à l'ambassadeur
d'Espagne à la cour de France, et contenant le récit de la bataille de Gemblours.
Voici la traduction italienne de ce document :

«MOLTO MAGNIFICO SIGNORE,

«Ho ricevuta la sua lettera, con quelle
«che mi ha inviate di Spagna, alle quali
«non posso rispondere per avere lasciato il
«pachetto in Namur; ma questa servirà solo
«per dirle, che all'ultimo del passato, piac-
«que a Dio che rompessimo con poco più
«di secento cavalli e alcuni fanti il campo del
«nemico, che si andava ritirando, con tanto
«suo danno, che si giudica che nella rotta
«e nel ritirarsi, che durò un'ora appresso
«mezzo giorno fino a notte scura, moris-
«sero più di cinque mila uomini, senza
«molti Scozzesi che si resero. Delli nostri

«morirono due soli e ne restorno sette o otto
«feriti. Più di mille uomini della vanguar-
«dia si salvarono in Gemblours, dove io
«andai subito; e benchè nel principio mos-
«trassero di non si volere rendere, nondi-
«meno poco da poi domandarono accordo,
«che fu di dar loro libertà, riservando si-
«curtà della vita a dodici capi principali, li
«quali io specificai, e agli altri che uscissero
«senz'arme e senza roba se non quello che
«avessero indosso. E con questo si sono par-
«titi avanti ieri, lassandoci il luogo con la
«sua artiglieria, molte vettovaglie, munizioni
«e alcuni cavalli.

«Parmi di usare questo modo clemente
«con costoro, per mostrare a tutti qual sia
«l'intenzione di Sua Maestà, e il fine con
«che ci muoviamo, che è che tutti quelli del
«paese sieno bene trattati e assicurati. M. di
«Gony (?) fu preso nella retroguardia con tutte
«le sue bandiere o almeno la maggior parte.
«Tre stendardi del visconte di Gand, del

Avendosi, si come scrissi, detto Antonio Capponi al signor Pietro Paolo Tosinghi di non avere a trattare col Giachinotti, e datogli la parola di non offenderlo, gli ha scritto finalmente una lettera, disobbligandosi a quanto aveva promesso per sicurezza del Giachinotti, concludendo di essere in procinto di montare a cavallo per andarsene; il che non si crede, essendoci massime indizio ch'egli sia non solo trattenuto ma chiamato a questo effetto per opera dell'abate Guadagni, nemico capitalissimo del Giachinotto e poco devoto servitore di Vostra Altezza, per quanto mi viene referto che egli abbia parlato all'occasione con poco rispetto. Ma circa quanto intesi prepararsi contro il secretario, non ci trovo fondamento alcuno; a tal che io temo che non sieno state invenzioni del Giachinotti, per farmi migliori le sue ragioni.

---

## XXIII.

### SARACINI AU GRAND-DUC.

#### Paris, 12-19 février 1578.

SOMMAIRE. — *12 février*. Affront fait à *Monsieur*, au Louvre. Apparente réconciliation. Arrivée du duc de Lorraine. Louvain et Malines se sont rendues à Don Juan. L'archiduc Matthias et le prince d'Orange ont quitté Bruxelles. — *15 février*. Fuite de *Monsieur*. La Reine mère se prépare à le rejoindre pour tenter de le ramener. La reine d'Angleterre craint un soulèvement et un coup de main en Irlande. Nouvelles diverses. — *19 février*. Protestations de fidélité de *Monsieur*; sa lettre au Roi, respectueuse et soumise. On espère que sa dernière démarche n'entraînera pas de funestes conséquences.

La sera del lunedì passato, ritrovandosi Sua Maestà e *Monsignore*, suo

«conte di Lalaing e di Egmont vennero in «nostro potere. Così Dio opera dal cielo, e «così lo riconosco e ne rendo infinite grazie «a Sua Divina Maestà, sperando che ella ci «abbia a concedere altre vittorie.

«Ho inviato Don Ottavio con mille cavalli «ad esortare quelli di Louvain e di Malines «che si dichiarino per Sua Maestà, mostrando avere molta confidenza in loro, e «assicurandoli che non patiranno danno, «anzi avranno ogni grazia e favore. Io mi «affatico di fare marciare l'artiglieria per «passare a Bruxelles, o dove parrà meglio «convenirsi, nè si perderà un'oncia di tempo «d'incalciare il nemico, e non gli darò modo «di rimettersi. Io finisco di scrivere, essendo «occupato di spedire un corriere a Sua «Maestà. Con tutto questo io non ho voluto «restare di fare queste poche righe. Nostro «Signore la guardi. Dato dall'Abadia di Argenton alli 5 febb. 1578.»

fratello, insieme a danzare, come è il costume della corte, e per le differenze delle quali scrissi stando il detto *Monsignore* molto sospeso, e in ultimo partendosi d'improvviso come sdegnato che quei principali del Re non gli rendessero tutta quella debita reverenza che se gli conveniva; fu cagione che Sua Maestà entrasse in maggiore sospetto, intendendo massime che Bussy d'Amboise s'era ritirato segretamente in palazzo nelle stanze di *Monsignore*, del quale intendeva similmente che egli aveva fatto intendere a tutti i suoi gentiluomini che la mattina seguente si trovassero a cavallo per partirsene seco. Essendo adunque già passata la mezza notte, Sua Maestà fece fare diligente inquisizione dentro al palazzo, e si fece condurre avanti Bussy, e appresso fece condurre e guardare in una stanza M. di Simier, principalissimo parimente appresso *Monsignore*, e per consiglio e condotta del quale si crede che Sua Altezza si fuggisse l'altra volta dalla corte. Di più fece Sua Maestà raddoppiare le guardie armate intorno al palazzo, e la mattina seguente tenere le porte chiuse senza dar adito ad altri che ad alcuni principali consiglieri. Fu similmente fatto prigione M. de la Châtre in casa sua, e condotto alla fortezza della Bastiglia; a tale che da queste così severe dimostrazioni non era alcuno che non credesse ancora che *Monsignore* fusse in tal maniera ritenuto in palazzo, e che non restasse ammirato e intento a vedere quali effetti dovessero partorire queste stravaganze; quando in un subito se ne vidde un'altra più stravagante e meno credibile, cioè quietato e rasserenato il tutto, aperte le porte del palazzo nel mezzo giorno, liberati i prigioni, reconciliati i fratelli, rappacificati i nemici, tolte via le guardie, e ridotto ogni cosa ne'primi termini per opera e intercessione della Regina Madre, della regina di Navara e di quei consiglieri che furno intromessi iermattina[1]. Bussy si contentò di far pace con M. di Caylus : e gli disse alla presenza di Loro Maestà, che per sospetto trasse mano alla spada contro Bussy; e, poi che egli si trovava accompagnato da molti e Bussy quasi solo, confessava di averlo assalito con supercheria. A tale che per ora le cose si di-

---

[1] Voir les *Mémoires de Marguerite de Valois*, livre II.

mostrano tutte tranquille; se bene *Monsignore* tuttavia persiste nella resoluzione di partirsi per qualche poco tempo, promettendo e assicurando Sua Maestà di tornare in breve. Come nel segreto si ritrovino questi umori è difficile a giudicarsi.

Il duca di Lorena arrivò avanti ieri alla corte, essendo gratamente accolto e visto da Sua Maestà, e rincontrato da *Monsignore* e da tutta la casa de' Guisi fin fuor di Parigi. Dei negozii che egli sia per trattare non saprei che soggiugnere, oltre a quanto ne scrissi a Vostra Altezza.

S'intende bene che Sua Eccellenza è costretta al presente, come promessa di Casimiro, di pagare circa secento mila franchi, e che doverà cercarne qualche assegnamento da Sua Maestà, avendo massime restituite le gioie che per sua sicurezza gli erano state consegnate.

Quel cavaliere che si diceva de' Caraccioli, avendo giustificata la sua innocenza, è stato liberato, con bando dal regno.

Si è inteso che Louvain e Malines s'erano resi alla devozione di Sua Maestà Cattolica. S'intende ancora, per via dell'ambasciatore di Spagna, che il principe di Orange, e l'arciduca Mattia si sono fuggiti di Bruxelles e ritirati in Anvers; e che Tirlemont s'è parimenti reso.

15 février.

Questa notte passata, intorno alle sette ore, *Monsignore* si partì d'improvviso dalla corte insieme con alcuni suoi principali : cioè Bussy, La Châtre, Simier e Chanvallon. Venuto poi il giorno, fu seguitato da tutti gli altri suoi servitori e carriaggi. Si crede che Sua Altezza sia per starsene qualche tempo in Angers o quivi d'intorno.

Sua Maestà, vista la resoluzione del fratello, aveva già deliberato di dargli licenza, se gli fusse piaciuto di averla, e mostra che tal partita gli dia poca noia. Con tutto questo la Regina Madre aveva deliberato fino questa mattina di seguitare *Monsignore*, per assicurarlo della buona mente del Re; ha nondimeno differita tale andata per fino a domani, e condurrà seco, oltre alla guardia ordinaria del Re, molti signori, fra i quali sarà anco M. de la Chapelle.

S'intende che in Inghilterra si è fatto e si fa tuttavia gran romore, intendendosi che a Roma, ad istanza di un tale Eduardo milord d'Acris(?), e di un altro, chiamato Stanley, si faccino alcuni fanti, sotto nome di avere a servire il re di Portogallo; e s'intende che quella regina sta con molto sospetto che questi soldati non abbiano intelligenza in Irlanda, e sieno condotti per sollevare quei populi selvatichi contro di lei; e per tal dubio ha fatti incarcerare molti che sono stati sospetti di essere consapevoli e partecipi del trattato.

In Bretagna si armano sei vascelli per ordine di Filippo Strozzi e di M. de la Roche; leveranno circa mille cinque cento fanti; la voce comune è che vadino verso l'Indie del re del Portogallo per redintegrarsi di alcune mercanzie tolte da' Portughesi.

M. di Montmorency, molto travagliato dalla gotta, se n'è ritornato a Chantilly fino a tanto che si trovi in miglior termine, con animo di eseguire poi la mente di Sua Maestà, come già scrissi.

Ho inteso di poi che la Regina Madre si è resoluta di partire oggi dopo mezzo giorno; e quanto ai romori d'Inghilterra, si dice di più che quella regina ha già dato ordine di mettere insieme venti sei mila fanti, da potersene valere all'occasione.

*Monsignore*, molto sdegnato dell'affronto ricevute martedì passato, così per essere state ricerche tutte le sue scritture, se n'è fuggito, ed ha scalate le mura con quei suoi; ed è credibile che non bisognasse minore resoluzione, stando il Re vigilantissimo per tal sospetto di fuga, e della quale si crede che Sua Maestà ne senta al presente molto travaglio, sì come ancora mostra in viso, non potendosi giudicare altro che cattivo effetto per tal divisione.

Ho inteso che Antonio Capponi si trova ancora in Parigi nascosto, se bene disse di partirsene; e che di più ieri fu visto qui Francesco Alamanni. Ho inteso che si sono trattenuti l'uno e l'altro per qualche tempo presso M. di Montluc il giovane in Guascogna.

19 février.

Dopo l'essersi partito *Monsignore* e l'essere seguitato dalla Regina, sua madre, sono comparse lettere di Sua Altezza alla Maestà Cristianissima tutte piene di umiltà, di umanità e di fraterna benevolenza, concludendo che non pure egli non sia mai per innovare cosa alcuna in pregiudizio della corona, ma di essere pronto a difenderla sempre con la vita propria; e che non per altra cagione aveva resoluto di appartarsi e di stare alquanto lontano dalla corte, che per tor via l'occasione ai maligni di seminar zizzanie, e vivere più sicuramente in quella affezionata obedienza ch'egli deve al Re, suo fratello e signore. Intanto essendo Sua Altezza sopragiunta da Villeroy, e intendendo da lui come la madre le veniva appresso, mandò a scusarsi con Sua Maestà, che non per altro non si fermava per aspettarla che per riceverla in qualcuna delle sue terre, e goderla più comodamente, dove ella sarebbe sempre la ben venuta.

Da queste amorevoli e pacifiche dimostrazioni si fa argomento che la mente di *Monsignore* non sia maligna, e che la somma autorità della Regina Madre, e la presenza e preghi di tanti signori che ella conduce seco, abbiano ad addolcire e riunire l'animo di Sua Maestà, se punto si trovasse esasperato e alienato per le cose passate; onde giudicano alcuni, che bene conoscono la natura di quel principe, che, essendo egli molto dedito alla conversazione della corte e delle dame, non sia per starne molti mesi lontano, e questo circa il volere. Circa il potere, ancora si giudica che difficilmente egli possa innovare cosa alcuna, non avendo molto credito nella parte ugonotta per le azioni passate, e non essendo verisimile che il re di Navara comporti compagnia non che maggioranza; senza che quel re, per l'estrema necessità nella quale si trova al presente, non pare che abbia volto l'animo ad altro che a ratificare e stabilire la pace, la quale a Dio piaccia di preservare lungamente per salute e restauramento di questo regno.

## XXIV.

SARACINI AU GRAND-DUC.

Paris, mars 1578.

ANALYSE.

(3 mars.) M. de Rochepot, envoyé par *Monsieur*, réclame l'exécution des articles de la paix en ce qui le concerne : l'entretien de six cents hommes pour la défense de ses places, et de trois cents hommes d'armes de plus qu'il n'était convenu pour la garde de sa personne; et l'autorisation de changer quelques-uns des gouverneurs. *Monsieur* a déjà fait quelques mutations; ainsi, M. de la Châtre remplace à Bourges M. de Saint-Aignan; M. de Bussy est premier gentilhomme de la chambre en place de M. de la Bourdisière, soupçonné, ainsi que M. de Saint-Aignan, d'avoir manqué de discrétion à l'égard du Roi.

*Monsieur* a refusé les offres de beaucoup de gentilshommes qui lui avaient proposé leurs services.

La Reine mère a parlé au prince, son fils, avec une grande autorité; elle trouve étrange sa conduite : — *E come, per sospetto falso d' un Re e di un fratello benignissimo, si fusse costituito prigione di Bussy, suo servitore, e conseguentemente di un uomo sedizioso e desideroso della rovina di questo regno.*

Le conseil s'occupe activement de répondre aux demandes des États de Blois.

Dans les Pays-Bas, le prince d'Orange s'est rendu maître d'Amsterdam, et Don Juan, de Vilvorde.

L'ambassadeur a donné à l'Anglais qui s'est offert pour épier Piero Capponi la somme qu'il demandait; et il lui a adjoint Enea Rinieri da Colle. Il faut espérer qu'on découvrira ainsi quels sont les protecteurs de ces proscrits; et peut-être fera-t-on mieux encore. — *Se da questo potrò comprendere che questi tali sieno persone da* SPERARNE MAGGIORE EFFETTO, *non mancherò di usare ogni mio ingegno per indurveli, con ogni cauzione e ogni sollicita segretezza* [1].

---

[1] A cette dépêche est jointe la lettre suivante du secrétaire Curzio à Belizario Vinta, secrétaire du grand-duc :

"Iermattina io ragionai a lungo con il si-

"gnor ambasciatore sopra quello che comanda Sua Altezza di Antonio Capponi[*], e "gli proposi alcuni modi come facilmente si "sarà possuto eseguire. In sul principio mi

[*] Il faut se rappeler que deux Capponi étaient alors proscrits : l'un, Piero, était en Angleterre; l'autre, Antonio, était en France.

(15 mars.) La Reine mère est de retour. Toute inquiétude n'est pas dissipée; on a remarqué les rapports récents de *Monsieur* avec Montmorency et Damville.

La fille du roi Charles IX se meurt; la pauvre enfant est phthisique.

Dans les Pays-Bas, Don Juan s'apprête à mettre le siége devant Maestricht. Les États consentent à remettre entre les mains de la reine d'Angleterre les trois places de Dunkerque, Bourbourg et Gravelines : — *Il che se fosse vero, sarebbe non poco da dubitare che, col tempo e con tale occasione, quella regina non innovasse qualche cosa per le antiche pretensioni di Calais.*

Le proscrit Francesco Alamanni n'est pas à Paris mais en Gascogne, où le retient la maladie. On ne voit plus Antonio Capponi.

L'épitaphe de Manelli, que l'ambassadeur a fait détruire à Blois, est l'œuvre du capitaine Bernardo Girolami [1].

«rispose di una maniera, che pareva che io «gli avessi fatto una grande ingiuria di te-«nergli questi propositi; e mi disse che non «voleva entrare in queste materie, nè gli pa-«reva cosa da essere commessa a lui, e che «voleva scrivere a Sua Altezza che non lo «voleva fare. Ma, rimostrandogli io le ra-«gioni per le quali doveva, non solo eseguire «la mente di Sua Altezza, ma, senza aspettare «queste commissioni, avrebbe auto a tentare «da se medesimo di fare capitare male cos-«tui, e vedendo egli che io me ne riscal-«dava, si mutò al quanto di opinione, ma «ci procede così freddamente che io me ne «dispero. E alla fine concluse di volere per-«suadere al Giachinotti, che, per l'affronto «che egli ha ricevuto, dovrebbe cercare di «farlo ammazzare; e replicandogli io che mi «assicuro che il Giachinotti non vorrà entrare «in questo, e che si terrà a ingiuria che «gliene sia parlato, massime che egli mi «disse ultimamente che avrebbe ben cercato «di farlo ammazzare, se non fosse stato il «rispetto che non si avesse a dire che egli «l'avesse fatto per guadagnare la taglia; mi «disse l'ambasciatore che io lasciassi par-

«largliene a lui; e che intanto, se io voleva «da per me tentare alcuno di quei modi «ch'io proponeva, che non sarebbe male. «Dal canto mio Vostra Signoria si può pro-«mettere che io ci sia per usare ogni arte; «ma, poichè questo deve essere trattato da «tutti due [*], mi dispiace che egli non ci «venga di buone gambe, come saria il do-«vere, e che egli si mostri sì freddo. E credo «che egli non vorrà spendere un soldo in «fare queste pratiche, e in far tenere gli «occhi addosso a colui per sapere dove si «ritira, stando egli qui secretamente; per-«chè io conosco la natura dell' ambascia-«tore, che è di non volere spendere mai un «testone, quando pensasse di poter saper «tutti li avvisi del mondo. Mi è parso mio de-«bito dar conto di questo a Vostra Signoria, «acciò che ella intenda quanto possa, e che «le sia nota la mia buona e fedel voluntà, «la quale piacesse a Dio che fosse accompa-«gnata dalla esperienza, acciò ch'io potessi «servire al Patrone conforme al mio arden-«tissimo desiderio.»

[1] A cette dépêche est jointe la lettre se-«crète de Curzio à Vinta :

[*] L'ambassadeur et le secrétaire.

(26 mars.) *Monsieur* a envoyé M. de Fonpertuis, avec mission de porter plainte au Roi contre quatre de ses favoris qui l'ont offensé ; il demande une réparation :
— *Onde prega che se ne faccia demostrazione.*

Troubles en Languedoc et en Dauphiné : — *E di tanto peggior natura, quanto pare che si muova col pretesto di libertà e non di religione.*

La reine d'Angleterre redoute une descente d'aventuriers catholiques en Irlande. Un évêque irlandais, qui avait reçu un grand accueil auprès des cours d'Espagne et de Portugal, a été abandonné à son retour par la marine de l'équipage sur les côtes de Bretagne ; il a emporté sans doute ses papiers les plus précieux ; mais il en a laissé d'autres à bord, d'une nature compromettante, que l'ambassadeur d'Angleterre a pu se procurer et qu'il a envoyés à la reine. Il en résulterait que Don Juan d'Autriche devait être mis en possession du gouvernement de l'Irlande. Enfin on s'inquiète de la présence de trois ou quatre mille Allemands à Dunkerque et dans les places voisines. Un certain nombre de pièces d'artillerie ont été envoyées à Rouen.

Don Juan a reçu un secours de trois mille cinq cents Espagnols, ce qui porte ses

«Secondo ordine che è venuto con l'ultima della Signoria Vostra, io ho ricevuto da messer Enea Rinieri li scudi trecento d'oro, de' quali terrò diligente conto. Intanto io non perdo tempo di trattare quello negozio ; e, secondo che si andrà incamminando, ne darò avviso.

«Sono molti giorni che Raffaello Girolami fece una supplica al Re ; la sustanza della quale diceva come Giuliano, suo padre, per servizii fatti alla buona memoria del re Henri II e a questa corona, fu stroppiato e perse tutti i beni ; e che detto Raffaello è venuto quà, chiamato dal capitano Bernardo, suo zio, dove ha fatto servizio a Sua Maestà : onde la supplicava di volergli dare qualche ricompensa, acciò che egli si potesse trattenere ; e, come già si scrisse per lettere pubbliche, egli ebbe mille cinquecento franchi di pensione. Io non mancai di riferire questo all'ambasciatore, e di più il Busini gli disse aver vista la copia della supplica in mano a Piero Soderini. Con

tutto non gli è parsa cosa degna di scriversi ; ma considerando io il caso, e avendo inteso che il padre di Raffaello non fu mai in Francia, mi pare di vederci conseguenze molto importanti. Però non ho voluto mancare di darne conto a Vostra Signoria, e la prego, se gli pare, di scrivergli una lettera, per la quale, fingendo di avere inteso questo per altra via, si meravigli che noi non ne abbiano dato avviso ; acciò che, mostrandola io all'ambasciatore, egli possa per l'avvenire fare conto di molte cose che passano, alle quali egli non porge mai gli orecchi.

«Mentre che scriveva ho inteso che Antonio Capponi è partito di subito, il che quando sia vero, mi accerterò se egli si è ritirato in Guascogna con M. di Montluc ; e in tal caso, credo che avrò qualche modo di farlo perseguitare fino là da uno soldato Guascone, che già mi era stato dato intenzione di farmi conoscere qui ; e di tutto darò avviso.»

forces à vingt mille fantassins et à cinq mille chevaux ; il attend en outre le duc de Brunswick avec trois mille reitres et le comte de Mansfeldt avec ses troupes françaises. Don Juan vient de s'emparer de Nivelles ; Mons est sur le point de se rendre. Les États ont envoyé un député à *Monsieur*. Le Roi a fait savoir à l'ambassadeur d'Espagne par M. de Guise qu'il n'entreprendrait rien contre le Roi Catholique[1].

( 28 mars. ) *Si dice che la Regina Madre, poco sodisfatta di vedere che il Re concedesse ai suoi favoriti, e insieme togliesse a lei l' autorità, abbia operato che Monsignore si sia fuggito, e che il tutto si sia trattato con arte di mettere questo freno al Re ; per il quale temendo, abbi a fare più ricapito e stima della madre.*

Antonio Capponi est en Gascogne.

( 31 mars. ) Le cardinal de Guise est mort le 29 ; on a caché cet événement, pour être plus libre de distribuer ses bénéfices.

---

[1] Nous donnons la lettre secrète de Curzio au secrétaire Vinta, annexée à la dépêche du 26 mars :

«Quando fu quà quello gentiluomo dal «duca di Savoia, venne a visitare il signor «ambasciatore ; ed egli, se bene scrisse di «volerlo fare, non gli rese la visita altri- «menti, sotto pretesto di essere malato ; la «quale scusa non gli sarà stata approvata, «poichè fu visto ogni giorno, mentre che «quello gentiluomo stette qui, andare fuora «di casa a' suoi passatempi ; e quando io «ricordava questa visita, la differiva di oggi «in domani ; tanto che lo lasciò partire, «bastandogli essere stato una volta per visi- «tarlo e non averlo trovato. Ora, perchè da «alcuni giorni in quà mi sono accorto che «questo errore fu notato, e perchè in Savoia «se ne potria parlare, e costà venire qual- «che romore, ho voluto che la Signoria «Vostra sappia come la cosa è passata.

«Quanto al negozio del Capponi, poi che «egli e partito come io scrissi, aspetto «risposta da uno che mi ha promesso di «farmi conoscere un capitano Guascone, il «quale si trova ora in Angers ; e io altre «volte di vista l'ho conosciuto, e mi è stato

«dipinto per uomo più da fatti che da pa- «role. Quando egli voglia venire quà, che «fra pochi dì lo saprò, e che egli mi riesca «secondo l' aspettazione, tratterò di farlo «andare in Guascogna, dove sta Antonio «Capponi, dandogli per questo viaggio quei «denari che giudicherò bastanti ; e gli farò «le promesse, secondo la commessione, per «quello che mi farà conoscere costui o altri. «Il quale è un tale Agostino Mucci, Sanese, «uomo pratico di questo paese, e solito a «pigliare simili imprese ; ma, come Italiano «e che non ha la lingua buona, non ho vo- «luto che s' ingerisca in altro che in farmi «conoscere uomini del paese ; e mi si dimos- «tra prontissimo. Per il che io gli ho pro- «messo, che, seguendo l' effeto, sarà ricono- «sciuto anch' egli d' una parte ; e perchè egli «è povero, credo che mi sarà approvato se «alle volte io gli donerò qualche par di scudi «per trattenermelo. Intanto vorrei che Vos- «tra Signoria mi avvisasse se io devo fare «tentare il medesimo contro Francesco «Alamanni, poi che si trovano insieme ; e se «io devo allargarmi con le promesse di al- «trettanta somma. •

L'évêché de Metz a été donné au fils du duc de Lorraine; presque tout le reste, au cardinal, neveu du défunt.

*Monsieur* a disposé de l'abbaye de Bourgueil, située dans son apanage, en faveur de Bussy, au grand déplaisir du Roi, qui la lui avait demandée pour le fils du duc de Lorraine.

Le roi d'Écosse est déclaré majeur, ce qui fait cesser l'autorité du régent; — *Questa innovazione si tiene di molta importanza, e che sia per accrescere non poco il sospetto della regina d'Inghilterra* [1].

---

[1] Nous publions *in extenso*, à la suite des dépêches du mois de mars, la longue lettre du Florentin Giacchinotti, impliqué dans les détestables tentatives d'assassinat dont la trace se retrouve si souvent dans la correspondance de l'ambassadeur. C'est une triste mais curieuse étude de mœurs à faire.

LETTRE D'ADOVARDO GIACHINOTTI.

«Da poi che mi si sono scoperte le pratiche «di ammazzarmi, io ho ritirato appresso «tre uomini, e fra li altri uno capitano «Agostino da Castelvecchio di Pescia, uomo «tenuto di cuore, bandito dagli Stati di «Vostra Altezza per omicidii. Molti giorni «che lui fu stato da me, mi scoperse quello «che lui era venuto a fare qui : che stava «in Avignone; che era per ammazzare An- «tonio Capponi; e che un cavaliere che è «morto aveva fatto lui questa pratica, e «mandato un uomo in Avignone a parlare «ad Agostino, e mandatogli un cornetto di «veleno per l'arme; e che quanto a lui lo «voleva; e che, poichè io ero servitore di «Vostra Altezza, gli mostrassi Antonio Cap- «poni, perchè, da poi che era in Parigi, non «aveva mai potuto conoscerlo. Io gli dissi che «il Capponi era in una casa di certi borghi «della terra, dove alloggiavano le gardie del «Re, e che non usciva mai di una casa, e che «io lo sapeva da poi che mi era stato detto «che lui era qui per ammazzarmi; e che gli «era un anno che non aveva mai passeggiato

«nè lasciatosi vedere che ai suoi amici; che, «quando sarà il tempo, gli daria il modo.

«Il Capponi era venuto di Guascogna, «dicono ora i suoi amici, non per ammaz- «zarmi nel modo che mi fu rapportato, ma «bene fare questione meco, e che mi era «stato rapportato il falso. La ricoprono così, «e in apparenza del mondo bisogna che lo «pigli così. In questo tempo che è stato «quà, ha cercato di far morire un uomo degli «Stati di Vostra Altezza, che, un anno fa, lo «messono prigione, per dire che egli era qui «per ammazzarlo; però la giustizia non vi «ha trovato che dire, e costoro tutto quello «che s'imaginano credono; ma a suo luogo «di questo dirò. Ora lui se n'è tornato di- «cono in Guascogna dal cavaliere Montluc, «con chi sta ancora l'Alamanni, messici da «madama Del Bene. Apparisce una sua pro- «cura nel capitano Bernardo Girolami per «accomodare con meco la querela; nè io «posso recusare la pace, poi che hanno «mosso infiniti a parlarmene, e a darmi «quelle giustificazioni che si convengono a «chi ha volsuto fare questione con uno altro; «perchè tutto il resto negano, e danno men- «tite a chi me l'ha apportato; ma io so bene «quello ne voglio credere, e la cura che bi- «sogna che io abbia. Ma alle cose apparenti «bisogna mi contenti di quello che appa- «rentemente è giusto; perchè mi cariche- «riano che fosse per altro fine, e con questi

## XXV.

### SARACINI AU GRAND-DUC.

Paris, 8-16 avril 1578.

SOMMAIRE. — *8 avril. Monsieur* a repoussé les avances du député des États de Flandre. Indisposition du Roi. Mort de la fille de Charles IX. Bussy et Viteaux secrètement à Paris. Mansfeldt ramène ses mercenaires français des Pays-Bas. Affaires de Flandre. L'Angleterre et le Portugal. Aventures d'un évêque irlandais. Le gouvernement de l'Écosse échappe à l'influence anglaise. La reine d'Angleterre, irritée contre le Roi Catholique, envoie des subsides aux États de Flandre. Disgrâce du chevalier Cavriana. — *14 avril.* On arme au nom de *Monsieur*, auquel les États de Flandre font des offres considérables. Situation critique de la reine d'Écosse; intercession du Roi, son beau-frère. Gravelines, craignant d'être livrée aux Anglais par les États, se déclare en faveur de Don Juan. — *16 avril.* Obsèques de la fille de Charles IX. Indisposition du Roi. La reine d'Angleterre et l'Écosse.

L'ambasciatore che passò di qui ultimamente, inviato dagli Stati di Fiandra a *Monsignore,* pare che da Sua Altezza non gli sia stato dato orecchie e che se ne ritorni senza effetto.

Oggi Sua Maestà va per qualche giorno a Dolinville, e particolar-

«ragionamenti mi fariano la guerra, che nel «sospetto de' Francesi mi faria gran danno.

«Chi non conosce questi cervelli, non si «imagineria; ma io li conosco, e io parlerò «liberamente a Vostra Altezza. E dico, che il «mandar uomini nuovi, che non sieno pra- «tichi del paese, della lingua, è per fare che «nulla non riesca a proposito. Le difficoltà «sono prima à Lione. Niccolo Arrighi ha «avviso dalla guardia della porta del Ro- «dano, dove per forza passa chi viene d'Ita- «lia, e ciascuno dà il nome, e lo allogia- «mento dove va. Se quel giorno è entrato «Italiano, e non lo conoscendo o sapendo «quello vadia facendo, l'osservano se ri- «mane a Lione, o dove va; e avvisano quà a «Bernardo Girolami o Batista Sernigi, per- «chè questi sono i capi di tutte queste pra- «tiche. Ci è Jacopo Corbinelli e Piero Sode- «rini che se ne mescolano alla scoperta; ci

«sono poi due o tre altri che in secreto «fanno. E chi, informato delli umori e delle «opere di questi tali, guarderà bene, cono- «scerà che per il servizio di Vostra Altezza «non sono. Per il mantenimento de' rebelli, «ma in generale per il suo servizio bisogna «provvederci; e quando pure quel tale si «conducesse quà, se una volta passeggia in «corte, che lo vegghino ancor che non fosse «per questo, lo faranno mal capitare. Poi «non sa le pratiche. Sarei lungo a dire le «difficoltà che si sono; il far fare a' Italiani «non è che bene, ma che abbino appoggio, «e seguitino la corte sotto qualche pre- «testo; e, venendo per il diritto camino, «per quel che è detto, saranno scoperti. Il «signor Troïlo fu avvisato per via di cos- «toro, non perchè gli volessino bene, ma «per avere materia da dire; sul quale avviso «prese un alloggiamento vicino a loro per

mente per purgarsi, trovandosi un poco molestato dalla rogna. Parte similmente la Regina Madre per andare a Meaux, e con essa il duca di Lorena, il quale seguiterà di là il viaggio per tornarsene al suo Stato. Intanto si preparano le esequie della figlia del re Carlo, la quale morse, quattro giorni sono, del male che già scrissi, avendo apportato alla Regina Madre particolarmente molto dolore e fastidio; onde essendomi occorso

»essere in compagnia, ma a poco a poco »lo lasciò.

»Ma volendo mandar uomini quà, la »strada sicura è di Genova in Provenza, »Avignone; pigliando il cammino di lì in »Vienna, due poste presto Lione passare il »Rodano, e alla Torre, prima posta di quà »da Lione, ritornare in sul gran cammino, »lasciando Lione due leghe alla mano dritta. »Il Girolami e costoro sono quelli che mantengono questi rebelli, trovano loro patrone, e fanno in conclusione tutte queste »pratiche; parlano alla Regina, e si servono »di un Lansac, suo cavaliere d'onore, uomo »ricco, ma tenuto dai Francesi medesimi per »uno omaccio. Lui parla tutto quello che »può contro il servizio di Vostra Altezza; e »fu prigione del gran duca, suo padre, per »la guerra di Siena, non come soldato, perchè non fu mai alla guerra. Si vagliono di »costui e di qualche altro che serve la Regina, ma tutti uomini di nulla stima, e »parte di loro in mala grazia del Re, perchè »li ha a sospetto come spioni della Regina, e per il medesimo sono odiosi al generale. E, perchè li Francesi come pensano »a una cosa e nulla esecutano, e lasciano »vivere qualcheduno di costoro a loro sì »odiosi, il Re di questi maneggi attenenti a »Vostra Altezza non ne sa cosa alcuna, e »costoro non gliene parlerieno, perchè è »publica la buona volontà che lui porta a »Vostra Altezza; io lo so in particolare, per-

chè me ne ha ragionato a lungo. Con la Regina costoro hanno audienza, perchè s'è »alterata per amore dei beni, dice non tanto »per l'utile quanto le pare che la si voglia »giudicare bastarda. Io voglio di questo e di »tutto parlare liberamente a Vostra Altezza, »perchè io non saprei servire nè con fatti »nè con parole, avendo rimorso in mia coscienza di non dire quello che alla verità »passa; appresso aver detto una volta una »cosa, servirò poi come il Patrone vorrà. E »spero un giorno avere a vedere la Regina »priva di questa poca alterazione, e questi »tali da lei odiati. E di già quando io gli ho »rimostro i deboli capricci di questi tali, »non me li ha saputi scusare.

»A proposito dico che per effettuare di »levare costoro, bisogna un uomo che stia »alla corte, e conosciuto, e non sospetto, »faccia fare la cosa quando l'occasione si presenta. In Guascogna, dove costoro stanno, »saria cosa facile per la strada che penso del »marescial di Bellegarde, Guascone, ma poi »adorato in quel paese. Io so quello possa »promettermi di lui, so la devozione che egli »ha a Vostra Altezza per una particolare cortezia ricevuta dalla felice memoria del »gran duca; ma metterei la cosa a poco a »poco in ragionamento seco; e, quando trovassi la materia disposta, chiarirei il fatto; »e, pigliando la cosa lui, la riuscirà sicura »e con quella reputazione che si conviene, »dando ad intendere che li gran principi

per comandamento e per giustificazione del cardinale, mio signore [1], leggere a Sua Maestà alcune sue lettere, non mi parve inconveniente di soggiungere quattro parole di condoglienza.

Non so se per cagione di *Monsignore* si tenga Guisa offeso da alcuni più principali della corte o per altro. Bussy d'Amboise, pietra di scandalo, e il barone di Viteaux sono stati qui in Parigi questa settimana santa segretissimamente con dodici cavalli armati e pronti ad ogni impresa per ardita e temeraria che fosse, e si fuggirono poi il venerdì santo per essere stati scoperti.

Di Fiandra tornò il conte Carlo Mansfeldt con tutti Francesi che erano rimasti al servizio di Don Giovanni, licenziati volentieri per il

«hanno per tutto quello vogliono, e molti «penserieno a non si mescolare inconsidera-«tamente di molte cose. Quando sieno in «altra parte, dico in questo regno, non «mancheranno degli altri; e oggi a questa «nazione, pigliando la strada per denari, si «fa fare loro tutto.

«Io discorro liberamente e senza cerimo-«nie quello che questo negozio ricerca. Sta «a Vostra Altezza a crederne e pigliarne «quello le piace. Io ho fatto stretta amicizia «con il signor Annibale Chiaramonte, figlio «del già colonello Chiaramonte, e maritato «in una Francese e stimato generalmente «soldato e uomo di valore; e sono pochi «giorni che fu chiamato in un' isola da un «Francese con una spada e in camicia, dove «resto vincitore, con avere usato atti cava-«liereschi contro il nemico. Voglio dire che «è uomo di qualità e cavaliere dell' Ordine. «Costui in questa mia querela ha fatto per «me assai, e me ne confiderei in ogni cosa. «Lui è molto affezionatissimo al servizio di «Vostra Altezza, e io ce l' ho tenuto inci-«tato, perchè so quanto può in ogni occa-«sione farle servizio, avendo del valore e in «questo paese del credito.

«Ora a me bisogna avermi una buona «cura con le pratiche di costoro; supplico «a Vostra Altezza a concedermene qualche «modo; io non ho fatto il suo servizio, se «non quanto era obligato di fare, ma senza «il suo ajuto e liberalità. Avendo queste «querele io, non mi posso mantenere qui «in questo servizio, e mi pare strano las-«ciarlo, perchè spero dalla buona volontà «di Sua Maestà; e poi l' onor mio mi co-«manda a non mi ritirare, ora che sono in «questi intrighi, ma sì bene che me ne sbri-«ghi. Pero tutto dipende dall' avere de'modi; «e quelli se non mi sono dati da Vostra Al-«tezza, io ne sono del tutto privo. Io parlo li-«beramente nè con artificio di parole; io le «sono vassallo e servitore, se le piace, e con «le mie azioni ne ho fatto professione. Ora «se per tale le piacerà tenermi, a lei sta; «se per tale ella non mi trova, come a «gran principe nelle mani di chi Iddio ha «messo la giustizia, me ne faccia dare quel «degno castigo, che a scelerati uomini si «conviene.»

[1] Le cardinal Ferdinand de Médicis, frère du grand-duc, et qui sera son succes-seur.

danno incredibile che facevano al paese, pretendendo di vivere con la discrezione che si vive in questo.

S'intende che il signor Don Giovanni si trova a Hesdin, e che s'incaminava per assediare Filippeville, luogo fortissimo, e d'impedimento alle vettovaglie che di quà passano al campo di Sua Altezza.

In Mons, del quale scrissi ultimamente che trattava di arrendersi, si è scoperto un trattato in favore di Don Giovanni, e per tal conto sono stati incarcerati molti.

È passato di quà il signor Don Pietro di Toledo per la volta di Fiandra, e si è fermo segretamente circa sei giorni in casa del signor Vargas; non ha fatto reverenza al Re, nè ha volsuto visita di alcuno, nè io l'ho saputo prima che partisse.

Si dice che sia passato di quà segretamente un gentiluomo mandato dal re di Portogallo in Inghilterra, per levare a quella regina i sospetti che le sono nati dall'armare di detto re. S'intende similmente che quella regina abbia differito di dare audienza a Don Bernardino di Mendoza, ambasciatore Cattolico, fino a tanto che arrivasse il maresciallo di Havré, inviato dagli Stati di Fiandra per loro ambasciatore.

Essendomi pervenuto agli orecchi più distintamente il caso di quel vescovo Irlandese, e di alcuni successi nel regno di Scozzia e d'Inghilterra, mi è parso a proposito scriverlo di nuovo a Vostra Altezza. Alli mesi passati capitò in Lisbona un tale Don Jacopo Girallino, gentiluomo Irlandese, dove trattò con un altro tal Patrizio Girallino, vescovo e frate dell'ordine francescano, nè forse senza segreta intelligenza del re di Portogallo e del Cattolico, sopra quanto aveva passato in Roma, e ottenuto, così del titulo di capitano generale apostolico in persona propria, come dell'investitura d'Irlanda in quella del signore Don Giovanni. Appresso, avendo lasciato quell'ordine alle cose che gli parve opportuno, se ne tornò in Irlanda per eseguire conforme al disegno; donde avendo il detto vescovo avviso, si mosse da Lisbona con la sua espedizione, in compagnia di un altro gentiluomo pure Irlandese, Fysmures, stato alcun tempo in questo regno, e da Sua Maestà Cristianissima fatto cavaliere. Questi adunque noleggiorno una nave brettona, con patto che li conducesse ad un porto d'Irlanda; e sopra vi caricorno alcuni pezzi di artiglieria, polvere e altre munizioni con circa quaranta soldati; e così messisi in viaggio, furno costretti da' tempi contrarii dare nelle ultime parti di Biscaglia, dove seguendo pure la fortuna di travagliarli molto, questi due Irlandesi montorno in terra con la loro gente per rinfrescarsi, e aspettare più quietamente il tempo tranquillo e favorevole al cammino loro.

Intanto lo scelerato patrone della nave, come prima potè, fece vela senza far motto, e, senza pigliare altrimenti la via d'Irlanda, se ne tornò in Bretagna a casa sua con tutte le robe del vescovo e de' compagni. Il quale trovandosi in tal maniera abbandonato e assassinato, senza che altro gli restasse di quel che egli e i suoi portavano indosso, se ne venne miglio che potè sopra un legno di passagio à Nantes, sperando quivi di aver lume, donde potesse investigare quel patrone che l'aveva tradito, come avvenne; ancorchè nè per averlo trovato nè per averlo chiamato in giustizia abbia potuto recuperare cosa alcuna di suo; onde è stato necessitato venirsene a questa corte, e, con il processo che aveva formato in Bretagna, domandare giustizia al Re, e insieme la restituzione delle sue robe, ma in particulare di alcune indulgenze, brevi e patenti ottenute in Roma. Si presentò adunque il mercoledì santo a Sua Maestà, e ne riportò gran buona intenzione a suo favore, per l'effetto della quale egli si trattiene tuttavia qui in Parigi.

Queste indulgenze, brevi e patenti intendo che erano in stampa e in gran copia, perchè si potessero distribuire fra quei popoli Irlandesi, come forse conveniva per eseguire i loro disegni.

Intendo di più, che, avendone avuto sentore questo ambasciatore d'Inghilterra, ne ha avute ancora le copie per denari, e che già sono capitate in mano della sua regina e di quel consiglio; e che per esse appare la nominazione di detto capitano Jacopo, e l'investitura del signor Don Giovanni. Il che sì come può facilmente portar gran sospetto alla parte avversa, così si può temere che sia per produrne qualche stravagante e crudele dimostrazione contra i cattolici che le sono soggetti. Si accresce a queste cagioni il motivo di Scozzia, dove quei principali hanno tolto il governo al conte Morton, il quale dipendeva interamente dalla regina d'Inghilterra, e, sotto nome di reggente o di tutore di quel re, ha amministrato con molta tirannide e con poca dignità di quei nobili cinque o sei anni.

Questi tali essendosi un giorno congregati da venti o venti cinque così dell'una come dell'altra fazione alla presenza del re, proposero che, essendo Sua Maestà ormai di anni dodici, conveniva che uscisse di tutela, richiedendo così gli ordini e statuti di quel paese. A questa proposta trovandosi presente l'ambasciatore d'Inghilterra, non fu bastante di divertire che non fosse approvata comunemente da tutti, ancorchè proponesse molti pericoli di quel regno per rimuoverli con la paura, e molte offerte per addolcirli con le lusinghe. Creorono adunque quattro consiglieri perchè assistessero continuamente alla persona del re, e ordinorno un parlamento generale, alli xv di questo mese, per crearne altri ventiquatro con l'ajuto de' quali Sua Maestà prendesse interamente quel governo, che dal reggente, facendo della necessità cortesia, era già stato volontariamente deposto, sapendo molto bene quanto veniva ordinato. Con tutto questo s'intende che egli sia stato di poi citato, e che si sia ritirato e fortificato in uno castello; per il che siano stati messi in prigione tre o quattro suoi dependenti.

Tutto questo è avvenuto in Sterling, dove quel re è stato allevato e educato cattolicamente[1]. Intanto la regina d'Inghilterra, per ovviare alle trame d'Irlanda, ha ordinato di inviarci certo numero di fanterie e venti vascelli; e intendendo appresso con tanta confusione la novità di Scozzia, ha preso espediente d'intimare anche essa una dieta generale al maggio prossimo; per la quale si va conjetturando che abbia a produrre qualche stravagante mostro. Nè voglio lasciare di dire che quella regina e il suo consiglio hanno opinione che le genti d'Italia inviate a Portogallo abbino intelligenza con Irlanda, sapendo massime che l'eccellentissimo signore Paolo Giordano è stato quello che più di ogni altro ha favorito quel marchese Stanley, Inglese.

[1] C'est une erreur.

Pare che la regina d'Inghilterra si mostri poco sodisfatta del Re Cattolico, e si dubita che in questo parlamento ella non sia per fare delle deliberazioni contro di lui; e già s'intende che ella abbia prestato agli Stati di Fiandra quattrocento mila scudi. S'intende che nell'intrinseco *Monsignore* abbia applicato l'animo alle cose di Fiandra, e di già abbia inviato in Piccardia M. de la Rochepot per dar ordine di levare soldati; ma si crede anco che questo non avrà effetto, per essere ritenuto e sconsigliato dal Re, suo fratello, e dalla Regina, sua madre.

Il duca di Nevers ha referito di bocca di Villequier al Cavriana[1] come l'impedimento di non essere redintegrato nella prima grazia della corte avviene per essere stato accusato già dal signore Troïlo[2], che abbia referito agli ministri di Vostra Altezza e scritto a lei medesima le cose più reposte che passano di qua; il che sì come è stato inteso sinistramente, così a lui porta la tempesta della sua fortuna; nella quale però si consola non poco, vedendo che questo procede per servizio di lei, e si può credere che sia così; poichè in quanto al fatto del veleno, ha pienamente giustificata l'innocenza sua e l'invidia di altrui.

Si comincia a dubitare che le dimostrazioni passate contro *Monsignore* sieno state di concerto; o almeno che Sua Maestà consenta tacitamente e non apparentemente che *Monsignore* accetti l'impresa di Fiandra, vedendosi massime che armando Sua Altezza in tal maniera, il Re si assicura, tanto che non si provvegga in altro modo.

14 avril.

Per ancora la corte si trova assente, e si crede che sia per tratte-

---

[1] Le chevalier Cavriana, un instant compromis à la suite de l'assassinat de M^me de Villequier, avait été reconnu innocent, mais il avait été disgracié. On voit quel est le motif de sa disgrâce; ce motif était fondé; car nous avons publié dans ce recueil plusieurs dépêches de lui, qui démontrent qu'il tenait le grand-duc au courant des affaires de France.

[2] A la dépêche de l'ambassadeur est annexé un billet du secrétaire Curzio. Il ne peut croire que Cavriana ait été desservi par Troïlo Orsini, qui, pendant son procès, a fait en sa faveur des démarches auprès de M. de Villequier. C'est, ajoute-t-il, une invention de Cavriana, qui veut se faire valoir auprès du grand-duc.

nersi qualche giorno, essendo pur ieri andata a Dolinvilla la Regina
Madre, dove il Re aveva statuito di finire la sua purga.

S'intende intanto che *Monsignore* arma in copia e in diligenza, e
forse non senza sospetto del Re, avendo resoluto di nuovo di mandargli
M. de la Chapelle per scoprire qual sia l'intenzione di Sua Altezza; se
bene la voce comune è che queste genti si assoldino per l'impresa di
Fiandra, e di tanto pare che M. de la Rochepot assicurassi Sua Maestà,
al passare che ultimamente fece di qui per andare in Fiandra, e per
intendere se il paese d'Artois, offerto dagli Stati a *Monsignore*, si contentava di riceverlo per suo principe e signore. Oltre a questa provincia,
s'intende che quelli Stati abbiano offerto a Sua Altezza Mons e Bruxelles,
e insieme titolo di conte di Fiandra, con i medesimi privilegi che avevano i conti antichi di quei paesi.

I sospetti e i romori d'Inghilterra s'intende che abbiano posta la
regina di Scozzia in estrema angustia e in dubio della vita, massime
poi che il figlio ha preso il libero governo di quel regno. Onde Sua
Maestà Cristianissima, come cognato amorevole, sia resoluto d'inviare
oggi il Gondino alla regina d'Inghilterra, perchè faccia ogni opera a
salute di quella di Scozzia. Si crede ancora che questa legazione sia
per essere non poco d'utile a tor via i sospetti che là erano generati dagli
andamenti di quà.

Post-Scriptum. — Si è inteso che quelli di Gravelines, dubitando
che gli Stati non volessino dare la terra in mano degli Inghilesi, si sono
volti a devozione del signor Don Giovanni, e che il governatore di
Calais abbia ajutato questo trattato a favore di Sua Altezza, la quale
si trova all'assedio di Filippeville.

16 avril.

Oltre a quanto scrissi, mi occorre dire a Vostra Altezza che si fecero
l'essequie solenni della figlia del re Carlo, dove intervenne M. nunzio
e gli ambasciatori di Scozzia, Venezia e Savoia, chiamati a nome di Sua
Maestà. Ieri tornò la Regina Madre, avendo lasciato il Re a finire la
sua purga a Dolinvilla.

Dall'ambasciatore di Scozzia intesi, dopo l'avere scritto, che il principe di quel regno non era vero che fosse allevato cattolicamente, ma secondo il costume inglese. Mi disse ancora che la regina d'Inghilterra non si era punto sdegnata del motivo fatto contro il reggente, e contro la tutela, anzi che l'aveva chiamato giuoco di fanciulli, e che aveva mandato a quel principe alcuni presenti; il che non so quanto sia da credere.

Ieri partì il Gondi per Inghilterra, inviato da Sua Maestà come protettrice del regno di Scozzia, per trattare qualche negozio concernente a quello Stato.

---

## XXVI.

### SARACINI AU GRAND-DUC.

#### Paris, 25-29 avril 1578.

SOMMAIRE. — 25 avril. Indisposition de la Reine mère. Réforme du conseil. Prolongation du séjour du duc de Lorraine. Armements en Picardie; opposition de ceux de la Ligue, toujours favorables à l'Espagne. Tentative de M. de Nemours contre Genève. La reine d'Angleterre se déclare pour les États contre le roi Catholique. Réunion prochaine du parlement anglais; Marie Stuart et Don Juan d'Autriche; l'Irlande. Le roi d'Écosse à Édimbourg. — 29 avril. *Monsieur* disposé à accepter l'offre des États de Flandre. Duel d'Entragues et de Caylus.

25 avril.

Tornò il Re da Dolinville non interamente confermato. La Regina Madre, a queste mattine passate, desinando sentì uno stravagante accidente di svenimento, onde se n'è stata ritirata alcuni giorni ad una sua casa particolare qui in Parigi, per curarsi più quietamente.

Intanto il Re ha riformato il suo privato consiglio, avendolo ridotto a venti quattro personaggi fuori de' principi, dodici di toga lunga, e dodici di spada; fra questi è restato M. de la Chappelle, il quale, oltre all'acquistare tuttavia di credito e di favore, pare che sia stato riconosciuto ultimamente da Sua Maestà di dieci mila franchi di pensione.

Il signor duca di Lorena, dopo l'avere avviata parte della sua famiglia, e egli stesso messoci in viaggio e partitosi con la Regina Madre, pare che si sia resoluto ultimamente di aspettare che esito avranno i motivi e i romori che s'intendono dalla parte di *Monsignore*, e si trova tuttavia qui alla corte.

S'intende che per *Monsignore* si trovano in Piccardia dodici compagnie di fanti con alcuni cavalli de' quali è capo M. de la Rochepot; e che il Re ha scritto e comandato a tutte le terre di frontiera che non lascino passare soldati in Fiandra di questo regno; e a questo effetto pare che si sieno sollevate tutte le terre collegate, le capitolazioni delle quali si pubblicono, e ne mandai copia a Vostra Altezza fino l'anno passato, con alcuni indizii che ne fosse capo M. di Guise; e queste si crede che si risentino non tanto per sodisfare ai comandamenti di Sua Maestà, quanto per inclinazione particolare verso Spagna.

Non si crede che *Monsignore* sia per andare personalmente in Fiandra, ma per mandare Bussy d'Amboise o qualche altro personaggio a suo nome; e l'opinione più comune è che questa pratica sia per risolversi in fumo, poichè le promesse degli Stati patiscono molte difficoltà.

È stato scoperto un trattato che faceva il duca di Nemours per pigliare Ginevra; per il quale effetto il duca di Guise gli aveva inviati secento archibusieri, e si dice che il signor duca di Savoia l'abbia impedito, avendo il suo luogotenente rotto un ponte vicino a Ginevra cinque o sei leghe, perchè questi soldati non potessero passare. S'intende di più che in quella città sieno Itali incarcerati alcuni per sospetto che fossero consapevoli del trattato.

Oltre a questo, s'intende che la regina d'Inghilterra continua più caldamente che mai di favorire gli Stati di Fiandra, irritata contro il Cattolico, e contro il signor Don Giovanni, usando ogni industria di concitare l'odio del populo contro di loro, e particolarmente con Don Bernardino Mendoza, ambasciatore Cattolico; s'intende che ella si sia mostrata in parole e in fatti malissimo sodisfatta, tanto che si crede che egli se ne sia per partire in breve.

È intimato per li xxv del mese prossimo il parlamento generale d'Inghilterra; nel quale si crede che faranno ogni opera di tor via ogni pretensione o dritto che la regina di Scozzia potesse avere nella corona d'Inghilterra; e a quest'effetto addurranno non solamente le colpe passate, ma ancora molte altre finte e commentate; e particolarmente che quella regina abbia tentato di maritarsi col signore Don Giovanni, e che Sua Altezza non sia venuta in Fiandra ad altro effetto che per conclusione di tal matrimonio e per esclusione della regina d'Inghilterra di quel regno; e con tale proponimento concludesse la pace con i popoli dei Paesi Bassi, e cercasse di aggratiarsegli, concedendo che si mandassero via gli Spagnuoli tanto odiosi a loro, e che forse sarebbe riuscito il disegno, se da lei non fosse stato impedito col disturbare la pace.

Intanto si crede che ella sia per mutare il custode di quella povera regina, per essere questo cattolico, e per mostrarsele ossequente e servidore. Di più che sia per provvedere Irlanda di nuovo vicerè, per essere il presente troppo favorevole della parte cattolica, ancorchè sia cognato di milord Robert, supremo appresso di lei, è che in suo scambio manderà persona della sua religione, e atta a provvedere e a ovviare ai pericoli di quell'isola.

In Scozzia quel principe e suo consiglio era venuto a Edimbourg per tenervi il parlamento intimato, alli xv del presente; e era stato ricevuto dalla nobiltà e dal populo con molto applauso e allegrezza. Era stata tagliata la testa al gran cancelliere di quel reggente, ed egli si era ritirato nella rocca di detta città, fortissima e quasi inespugnabile per altra via che per assedio; e si crede che, per non provocare maggiormente la regina d'Inghilterra, non si procederà più oltre contra il detto reggente. Con tutto questo, si aspetta di vedere quanto nel detto parlamento ne verrà statuito[1].

---

[1] Nous ajoutons à cette dépêche la lettre secrète du secrétaire Curzio :

«Escluso dalla conoscenza di quello Guascone, tuttavia trattando di fare altre pratiche; ma perchè in queste cose bisogna andar molto cauto, è necessario qualche poco di tempo, massime essendo il Capponi lontano di qui; basta che io ci starò vigilantissimo. Quello Agostino Sanese, del quale ci scrissi a Vostra Signoria, mi pare di vedere che egli andrebbe volentieri in Guascogna per questo effetto, dicendomi

29 avril.

L'altro ieri tornò da *Monsignore* M. de la Chappelle; e circa la mente di Sua Altezza porta buonissima intenzione di accettare quanto le viene offerto dagli Stati di Fiandra, di andarci e di prendere la protezione loro, adducendo che questa Maestà non doverà trovare strano s'egli con la grandezza propria cerca di recuperare quanto è dovuto alla corona di Francia. Questa voce che *Monsignore* si muova a favore degli Stati si crede che possa facilmente partorire la pace di quei paesi, parendo verisimile che il signor Don Giovanni per tale sospetto deva concedere qualche cosa di più che non avrebbe fatto, e tanto più se Sua Altezza avesse qualche disegno in Inghilterra.

Sei dei più favoriti e più stimati giovani di corte convennero di trovarsi, con una spada e con uno pugnale per uno, in camicia, in una piazza dove suol farsi il mercato de' cavalli; e domenica mattina pros-

« averci molte pratiche; ma perchè egli è « Italiano, non ardisco di consigliarlo, sa- « pendo che gli sarebbe posto cura dove egli « andasse, e mi pare che un Francese fosse « più a proposito; ma quando io ci trovi dif- « ficoltà, opererò che vada costui medesimo, « purchè egli faccia far l'effetto da un Fran- « cese. Intanto io sto con speranza che alla « fine di maggio venga quà M. di Montluc, « col quale verrà ancora il Capponi, e allora « l'effetto si potrà tenere fatto. Perchè quello « Sanese praticò alle volte con Piero Sode- « rini, io l'ho esortato a penetrare gli an- « damenti di questi rebelli, fingendosi anche « egli poco servitore di costà, e a dirmi quello « che potrà cavare di buoni avvisi alla gior- « nata, per sapere quello che trattino e come « partano. Mi disse ieri che quello Soderini, « ragionando della peste d'Italia, gli disse « che, per fare buono effetto, bisognava che « ella desse adosso a Principe e non a « poveri, il che da indizio della maligna

« intenzione di costui. Nel particolare di « questo Sanese, giudicherei che fosse bene, « che Vostra Signoria in una sua lettera me « ne toccasse un motto da poterglielo mos- « trare, dove gli si facesse qualche promessa « da parte di Sua Altezza, che facendogli « qualche buon servizio ne sarà rimunerato, « acciò che egli possa camminare di migliore « piede a qualche buona opera.

« Quà si trova un certo de' Riccardi, Fio- « rentino rebelle.

« Quanto al processo di quel cavaliere, non « l'ho possuto avere ancora, per la malattia « d'un presidente, il quale mi aveva pro- « messo fare ogni opera, se bene gli fu detto « che il Re e la Regina Madre comandorno « che non se ne desse copia ad alcuno. Con « tutto questo spero di averlo in ogni modo, « e non fo fondamento in questa proibizione, « perchè credo che la sia generale di tutti i « processi criminali, e pure per denari si sia « copia de' più importanti. »

sima passata vi si trovorno di grand'ora divisi tre per banda, dove si assalirno con tanto odio e con tanto cuore, che in pochissimo spazio di tempo ne restorno li morti quattro, un altro ferito talmente che i medici l'hanno disperato della vita, e un altro si fuggì ferito, ma leggermente. I nomi di questi sono, da una parte, il minor fratello di M. d'Entragues, M. di Ribérac, e il fratello di M. di Schomberg; dall' altra, M. di Caylus, Maugiron e Livarot; quel che si salvò fu Entragues, il quale 'ero capo della querela con Caylus, nata fra di loro per cause leggerissime di burle e di parole, ma fomentate dall'ambizione.

Gli altri quattro si andarno ad ammazzare senz'altra cagione che per compagnia di questi due.

---

## XXVII.

### SARACINI AU GRAND-DUC.

### Paris, 12-25 mai 1578.

SOMMAIRE. — *12 mai.* Préparatifs militaires de *Monsieur.* Tentative pacifique relativement aux États de Flandre. Départs des ducs de Lorraine, de Guise et du Maine pour leurs provinces. La reine d'Angleterre et son héritier. L'empereur Rodolphe et le duc de Savoie; demandes ambitieuses. La reine Élisabeth, veuve de Charles IX; deux princes sollicitent sa main. — *25 mai.* La Reine mère cherche en vain à détourner *Monsieur* de l'expédition de Flandre. Le Roi envoie auprès de son frère MM. de Cossé et Villeroy, pour le dissuader, s'il se peut, ou sinon pour le bien conseiller. Philippeville se rend à Don Juan. Léger échec des premières troupes françaises. L'Espagne et la Savoie agissent auprès du Roi pour qu'il empêche l'entreprise. M. de Guise déclare au Roi qu'il ne prendra plus les armes pour Sa Majesté contre *Monsieur.* Mécontentement du duc, irrité de la faveur accordée aux mignons. La reine d'Angleterre menace de se joindre à Don Juan, si *Monsieur* persiste à intervenir en Flandre. Démarches tentées par l'ambassadeur pour faire assassiner Piero Capponi.

12 mai.

Non si sa per ancora quel che avrà operato la Regina Madre con *Monsignore*, se bene la voce comune è che abbia divertita tale andata. Con tutto questo il reggimento di Combelle, di circa mille cinque cento, è già arrivato nel paese di Hainaut, e tuttavia si ammassono genti in Piccardia per quest'effetto; e si tiene per certo che *Monsignore* abbia già pronti più di dieci mila fanti. Sua Maestà ha mandato in quella provincia, con ordine ai governatori delle terre che impedischino il passo alle genti di *Monsignore*. Questi motivi di quà si crede che sieno gran cagione di praticar la pace in Fiandra, dove per tale effetto sono appresso quelli Stati un uomo per l'Imperatore, uno per la regina d'Inghilterra, e un altro per il signore Don Giovanni; piaccia a Dio che i due primi voglino veramente la pace!

Intanto s'intende che il signor Don Giovanni s'era ritirato in Namur con la maggior parte del suo esercito, attendendo il fine di queste pratiche.

In Languedoc s'intende che i cattolici si sono accordati con gli ugonotti pel mantenimento della pace.

Oggi è partito il signor duca di Lorena per ritornarsene al suo Stato, accompagnato dagli signori duchi di Guisa e du Maine, i quali se ne vanno al lor governo. Sua Eccellenza ha affrettata la partita ancora contra il desiderio di Sua Maestà, perchè Casimiro passa con sei mila raitri per i suoi Stati, e per ogni rispetto si vuol trovar presente; ancorchè per convenzioni non possa negargli passo e vettovaglia; gli altri due vanno ai loro governi, l'uno della Champagna, l'altro della Borgogna, per tener preparate quelle frontiere, a fine che, concludendosi la pace in Fiandra, Casimiro non si risolvesse con quelle forze, e forse con qualche altra intelligenza, di tornare in questo regno, per rimborsarsi di quanto pretende da Sua Maestà.

Il signor duca di Montmorency fece avant'ieri un banchetto in casa sua al signor duca di Lorena, e a tutti questi altri signori Guisi.

S'intende che Sua Maestà ha donato trenta sei mila franchi alla regina di Navara per il viaggio; nè per questo si tiene per certo.

Nel parlamento che si deve fare in Inghilterra, si crede che quella regina sia per dichiarare successore del regno il primo genito del conte di Herford, il quale è del suo sangue [1]. Si crede che vi si tratterà ancora circa la confederazione e capitolazione con gli Stati di Fiandra

---

[1] Édouard Seymour, comte de Herford, avait épousé Catherine Grey, seconde fille de Henri Grey et de Françoise Brandon, qui elle-même, par la princesse Marie, sa mère, descendait de Henri VII, le premier des Tudor.

contro il Cattolico. In tanto ella ha fatti cavalieri della Jarretiera l'Imperatore, il re di Danemarck e Casimiro; e si tiene per cosa certa ch'ella si intenda con l'Imperatore nelle cose di Fiandra.

L'ambasciatore di Savoia si trova in Vienna (d'Austria), e cerca che gli sieno accordate tre cose insieme : prima domanda, in nome del signor duca, la regina Elisabetta [1] per moglie; di poi, in favor di questo parentado, essere creato re per precedere al gran duca di Toscana; e a fine di aver meglio modo di tenere un grado conforme alla dignità regia, domanda il marchesato di Monferrato, secondo le sue antiche pretensioni. Si crede che questo parentado potrebbe avere effetto, s'egli consentissi che il principe di Piemonte, suo figliuolo, sposasse una delle più giovani sorelle dell'Imperatore, al che pare che egli non voglia condescendere; quanto al titolo di re, gli potrebbe venir fatto per via di denari; ma circa al marchesato di Monferrato è negozio troppo difficile, per rispetto del duca di Mantova. E queste cose si trattano sotto mano dall'ambasciatore di Spagna. Si trova similmente in Vienna l'ambasciatore di Portogallo, che domanda per il suo re la detta regina Elisabetta per moglie.

25 mai.

Tornò la Regina Madre da *Monsignore*, otto giorni sono, e mi fu concessa l'audienza.

Ancorchè Sua Maestà facesse ogni sforzo per divertire *Monsignore* dall'andata di Fiandra, e che da Sua Altezza fosse con maggior segni di amorevolezza e di riverenza ricevuta che non fece l'altra volta, non potè per questo ritrarne altra resoluzione, se non che, se altri non gli mancava di quanto gli era stato promesso, non era conveniente all'incontro ch'egli mancasse della sua parola; con tutto questo che, se il consiglio suo avesse giudicata dannosa l'andata in Fiandra, l'avrebbe dimessa. Onde Sua Maestà prese anco speranza da questo di dissuadere a quei consiglieri questa impresa, ma Bussy d'Amboise

---

[1] La reine Élisabeth, sœur de l'empereur Rodolphe II et veuve de Charles IX.

e M. de la Châtre, loro capi, già se n'erano allontanati per tal sospetto. L'altr'ieri arrivorno a questa corte MM. de Rosne e de la Ferté, mandati da *Monsignore* per impetrare da Sua Maestà il passo alle genti inviate in Fiandra, e di più che gli piaccia socorrerlo di uomini e di denari; e inoltre cerchino che il consiglio di Sua Maestà approvi la resoluzione di Sua Altezza.

Qui si assoldano continuamente genti per questa impresa, e particolarmente vi si trovano alcuni gentiluomini di *Monsignore*, con carica di fare una compagnia di cavalli per ciascuno; si trattengono continuamente in corte, e hanno parlato più volte a Sua Maestà. S'intende parimente che il capitano Stefano da Urbino sia per avere un reggimento di fanteria da *Monsignore*, il quale di già si va avvicinando per dar ordine al suo esercito.

Si dice all'incontro che Sua Maestà mandi a *Monsignore* il maresciallo di Cossé e M. di Villeroy, prima perchè cerchino di distorlo, e non potendo, perchè gli sieno di più maturo consiglio che Sua Altezza non si trova appresso.

Quelle genti, ch'io scrissi essere condotte da M. di Combelle nel paese di Hainaut, furono dagli Stati ricevute ed alloggiate, se bene per ancora non hanno avuto in mano terra di momento. Alli giorni passati, andando alcune di queste compagnie per soccorrere di vettovaglie Filippevilla, assediata già molto tempo dal signor Don Giovanni, e avendolo presentito Sua Altezza, mandò segretamente il signor Ottavio Gonzaga con buon numero di cavalli ad incontrarle; il quale vicino a Barlemont le mise in rotta, e ammazzò circa dugento di loro. Intanto Filippevilla si è resa a patti al signor Don Giovanni, non tanto per mancamento di vettovaglia, quanto per disunione di quelli di dentro, i quali dicono che ascendessero al numero di mille cinque cento fanti.

Quattro o sei giorni sono, venne un corriere dal signor duca di Savoia all'ambasciatore suo, il quale domandò subito l'audienza; ma perchè già si sapeva che veniva per le cose di Fiandra, gli fu differita tre o quattro volte; tenendo intanto Sua Maestà ogni giorno consiglio per tal rispetto; e, perchè Montmorency, impedito dalle sue gotte, non poteva trovarsici, piacque al Re di tenerlo un giorno in casa di Sua Eccellenza. Appresso data l'audienza all'ambasciatore di Savoia, pure ieri spedì un corriere in Spagna; nè si crede che sia per altro che per i medesimi interessi della Fiandra.

Partirno i signori Guisi; e, dopo la partita loro, si pubblicò che il signor duca di Guise, nel licensiarsi da Sua Maestà, le ricordò, che bene per il passato aveva esposto la propria vita senz'altra considerazione che il servizio di lei; ma che da qui innanzi intendeva essere scusato, se venendo l'occasione, non voleva più prendere l'armi contra *Monsignore*, suo fratello; poichè, per essere sì congiunto e sì propinquo alla corona, non poteva tornargliene se non molto detrimento.

Sua Maestà mostrò di maravigliarsene assai di tal protesto; dal quale alcuni giudicano che Sua Eccellenza abbia qualche intendimento con *Monsignore* nelle cose di Fiandra, potendosi con tale occasione impadronire di alcune terre vicine al suo Stato. Alcuni altri giudicano che resti poco sodisfatto, e sdegnato di vedere favoriti alcuni di manco merito; e che nella malattia di Caylus, Sua Maestà l'abbia continuamente visitato, e in quella del cardinale di Guise, suo zio, non lo favorisse mai pure d'una visita. S'intende similmente che Sua Maestà abbia tentato che il duca resignasse l'officio di gran majordomo al medesimo Caylus, al che non pure egli non ha voluto acconsentire; ma rispose che non conosceva nessun altro che ne fussi più meritevole, e che Sua Maestà poteva sforzarlo, ma non persuaderlo a questo.

Tornò il Gondi d'Inghilterra, dove s'intende che fu da quella regina con molta cortesia ricevuto, e, fuor che negli interessi della regina di Scozzia, per i quali si crede che fusse principalmente spedito, n'ha riportata molta sodisfazione.

Si trovano qui due ambasciatori mandati dagli Stati di Fiandra e dal principe di Orange, alli quali pare che da Sua Maestà sia negata l'audienza.

Si trova qui parimenti un ambasciatore della regina d'Inghilterra; e si è sparsa voce, dopo l'essergli stata molte volte differita la audienza, ch'egli sia per protestare a Sua Maestà, che travagliandosi *Monsignore* delle cose di Fiandra, la sua regina unirebbe le forze sue a quelle del signor Don Giovanni.

Il vedere che Sua Maestà permette che qui si assoldino gente per *Monsignore* fa dubitare che ella consenta tacitamente alla impresa di Fiandra, e che sia anche per favorirla con denari; e che le proibizioni di non concedere il passo ai soldati di *Monsignore* sieno solo per non provocare apertamente il re di Spagna.

D'Inghilterra quello amico del Busini avvisa che i due fratelli Giacomini, andati là con il Gondi, si astennero dalla pratica con Piero Capponi; ma che Raffaello Girolami si trattenne quasi sempre seco. Il Busini giudica, che quando questo suo amico fosse riconosciuto di qualche cortesia, potrebbe giovar molto a fare che Piero avesse la sua debita punizione, avendo massime col mezzo di uno altro intelligenza con uno servitore di Piero; dal quale servitore si è cavato anche tutta la relazione che si mandò di chi gli somministrava de'denari; e potrebbe anche facilmente indursi ad ammazzarlo, perchè procederà tanto innanzi.

---

## XXVIII.

### SARACINI AU GRAND-DUC.

Paris, 9 juin 1578.

Sommaire. — Audience du Roi et de la Reine mère; l'ambassadeur se plaint de la faveur dont jouissent en France les Florentins bannis; discussion. Réception du Roi et des Reines à Chantilly, chez le duc de Montmorency. Courte absence du Roi. Entrevue possible de Sa Majesté et de *Monsieur*, qui se montre plus décidé que jamais à entrer en Flandre. Double langage de l'ambassadeur d'Angleterre, au Roi et à *Monsieur*. Mécontentement de l'ambassadeur d'Espagne. Dispositions pacifiques de Don Juan. Nouvelles diverses.

Dopo l'essermi stata differita l'audienza dal lunedì alla domenica venente, rispetto alla purga del Re, e di un intenso cordoglio che ha sentito per la morte di Caylus, mi fu data finalmente dall'una e l'altra Maestà in un istante medesimo, dove io fui ascoltato referire con vivo affetto quanto mi comandava Vostra Altezza per le sue lettere degli xxiii aprile.

Mi dolsi principalmente di quanto bugiardamente e ingratamente era stato esposto dal Girolami, e che per mezzi così falsi avessi meritato mille cinque cento franchi di pensione; e narrai come esso con un suo fratello possedeva pure oggi in Fiorenza beni per dodici mila scudi, dei quali veniva ragionevolmente punito il padre[1] insieme con la vita, se da quella clemenza non avesse impetrato perdono; che ora il figliuolo cercava velenosamente di ricoprire, e di occultare.

Appresso mi dolsi che solo in questo regno trovassero sicuro ricetto quelli che hanno cospirato contro la vita e contro gli Stati di Vostra Altezza; di più che ricevessero tanto di caldo e di ardire, che, oltre al parlare in pubblico malignamente e calunniosamente di lei, facessero conventicole, e avessero possanza di perseguitare e straziare gli altri sudditi che capitavano in queste bande, sotto pretesto di loro vani sospetti. Onde io supplicava Loro Maestà che non si maravigliassero, se a questi tali da qui innanzi ne risulterebbe quel castigo che essi con ogni industria si procacciavano, e che Vostra Altezza non aveva lasciato seguire per reverente rispetto delle Maestà Loro; persuadendosi finalmente, ch'elle pure sieno per avere sempre in maggiore stima la devota affezionatissima servitù sua e di cotesta serenissima casa, che questi tristi sediziosi, dalli quali non poteva risultare alle Maestà Loro che vergogna e danno.

Ora, perchè sarebbe lunga istoria referendo le molte parole che si fecero in tal proposito, dirò succintamente, che, intorno al Girolami, il Re concluse che non pure non sapeva quel che l'avesse supplicato, ma che nè anche conosceva l'uomo, e mi domandò di che forma fosse; nè, perchè la Regina mi ci ajutasse, fu possibile ridurglielo a memoria; solo intese che fosse nipote del capitano Bernardo Girolami; e in ultimo disse che assicurava l'Altezza Vostra, che se pure era stato riconosciuto, doveva essere per altri meriti che dei narrati nella supplica; della

---

[1] Raffaello Girolami, dernier gonfalonier de la République.

quale la Regina mi domandò se io sapeva di certo ch'ella fusse del tenore ch'io diceva. Risposi che ero certissimo che Vostra Altezza ne fusse stata avvisata da persona bene informata.

Dei rebelli, la Regina mi rispose che Sua Maestà già fece loro intendere che uscissero del suo regno, e che si maravigliava come ci fussero ritornati.

Dello sparlare, che la libertà del paese era tale, che Loro Maestà medesime non potevano ripararsene. Al che soggiunsi che io le supplicava bene umilmente, che provedessero almeno, che, siccome questa tanta libertà derogava molto al loro imperio, così non le alienasse insieme la devozione dei loro più fedeli servitori; il che però non poteva accadere in Vostra Altezza. Disse il Re che le turbolenze di questo regno avevano portato di questi e di molti altri inconvenienti, i quali dovevano essere considerati, non come causati da lui, ma solo dalla necessità dei tempi.

Circa la persecuzione dei sudditi di Vostra Altezza, la Regina mi rispose che non intendeva perchè si dicesse questo; e che bene era in prigione uno per manifesti indizii che fusse venuto per fare qualche omicidio; e mi domandò se io lo conoscessi. Risposi che io non ne aveva alcuna notizia, ma che avvertisse Sua Maestà che questo tale non fusse di questi perseguitati innocentemente.

Intorno al gastigo che questi tristi si procacciavano, risposero Loro Maestà che esse medesime erano disposte a punirli, sempre che fussero certificate dell'errore di essi; ma che nel resto riceverebbono per affronto, se fussero gastigati per altra via che per giustizia; e che Vostra Altezza farebbe gran torto alla pronta volontà che tengono di gratificarsela, se ella ne prendesse altro espediente, che dell'autorità e braccio loro medesimo.

In ultimo, il Re con molte parole si distese in dichiarare il molto affetto dell'animo suo verso l'Altezza Vostra, e che delle ingiurie e delle avversità di lei ne partecipava esso medesimo; onde non pure sarebbe sempre pronto a risentirsene, ma che ancora per testimonio più certo della sua ottima disposizione, era resoluto mandare espressamente il vescovo di Béziers [1], perchè si condolesse con Vostra Altezza della morte della Granduchessa, felice memoria. Di che io ringraziai affettuosamente Sua Maestà.

Io, secondo che le parole di Loro Maestà mi davano animo, avrei potuto forse cavare qualche dimostrazione contro li due scelerati Antonio e Francesco; ma, considerando che essi potevano trovare più facilmente in questo regno che altrove il loro gastigo, non mi curai di scacciarneli, massime non ne avendo espresso comandamento da Vostra Altezza.

Quattro dì sono, partì di Parigi il Re, la Regina Madre, e Regnante, per andare a Chantilly, dove poco prima s'era inviato il duca di Montmorency, per riceverli suntuosamente e splendidamente. Di là si crede che anderanno a San Germano, e prima al Gaillon, e che sieno per trattenersi qualche giorno fuori di Parigi. Il Re ha mandato per il Gondi li suoi saluti a tutti gli ambasciatori, e fatto loro intendere che non si muovino, poichè Sua Maestà non intende di allontanarsi nè per lungo spazio nè per lungo tempo. Di questo viaggio s'intende che ne sia stato principalmente cagione qualche disegno della Regina di abboccare insieme il Re e *Monsignore;* e tanto più quanto che Sua Maestà ha fatto intendere all'ambasciatore del signor Don Giovanni, che era in procinto di partire, licenziato e presentato nobilmente, che aspetti fino a suo mandato, il che dà indizio di un tale abboccamento. Intanto intendendo *Monsignore* la venuta del Re, e temendo che non fusse per dissuaderlo più con le forze che con le ragioni, occupò con ogni sollecitudine il Pont-de-l'Arche, perchè non gli venisse impedito il passo della Seine; e pare che già si mostri, non meno in fatti che in parole, resoluto di accettare la protezione della Fiandra.

Quell'ambasciatore straordinario d'Inghilterra, conforme a quanto ne scrissi per l'altra mia, protestò al Re che, travagliandosi i Francesi de'Paesi Bassi, ella era forzata, secondo il costume de'suoi antecessori, prendere l'armi a difesa del Cattolico. Dopo questo, passò innanzi a

---

[1] Le Florentin Bonsi.

trovare *Monsignore*, dove fu ricevuto con modi e carezze più che ordinarie; e si crede che là abbia cantato, almeno in segreto, d'un altro
tono, essendo opinione comune che quella regina desideri ragionevolmente di indurre gli altri nelle sue medesime turbe e colpe verso Spagna; e che non pure acconsenta ai disegni di *Monsignore*, ma ancora
lo faccia forte di denari. Dall'altra parte l'avere Sua Maestà negata
l'audienza all'ambasciatore di Spagna innanzi che partisse, e avendolo lasciato per tal rispetto in molta confusione, dà molto da dire
intorno al segreto della sua mente; e tanto più quanto s'intende che
sia qualche buona intelligenza fra lei e Inghilterra, dove ha spedito
ultimamente un ambasciatore o mandato dopo il ritorno del Gondi.

Negli officii che ha passati l'ambasciatore di Spagna con Sua
Maestà per divertire l'andata di *Monsignore*, pare che le ricordasse a
non so che proposito, ch'ella non aveva da trattare con un privato
cavaliere. Rispose il Re, che conosceva molto bene il Re Filippo; nondimeno che quando egli intendesse altrimenti la cosa che non era in
effetto, piuttosto voleva guerra seco che con suo fratello, del quale non
poteva però disporre più di quello che notificassero le azioni passate.

Si crede che *Monsignore* abbia già in essere cento insegne, e trenta
cinque cornette di cavalli, e che Casimiro stia presto con sei mila
raitri per servire Sua Altezza a questa impresa.

Di Fiandra s'intende che il signor Don Giovanni si tratteneva tuttavia a Namur; e, per sospetto di *Monsignore*, rinnovava le pratiche
della pace, alla quale dicono che si mostri ancora fautore il Re Cristianissimo. Intanto dicono che il principe di Orange aveva accordato per
tre mesi un dazio con quei paesi così ingordo, che in sì poco tempo
ne caverebbe un milione d'oro.

D'Inghilterra si dice, che quella regina manderebbe presto l'ordine
della Jarretiera alla Maestà Cristianissima; che un personaggio di toga
lunga si scopriva là uomo della Maestà Cesarea.

S'intende che il Re fa qualche provvisione a difesa del marchesato
di Saluzzo, e particolarmente perchè sieno più sicuri trecento pezzi di
artiglieria che Sua Maestà trova in quello Stato.

## XXIX.

### SABACINI AU GRAND-DUC.

Paris, 19 juin-7 juillet 1578.

#### ANALYSE.

(19 juin.) Les États de Flandre ne sont pas d'accord. *Monsieur* est appelé par le parti du comte de Lalaing. Don Juan a pris Limbourg; Alexandre Farnèse est sur la Meuse, pour empêcher le passage de Casimir et de ses reîtres. Les Guise veillent sur les frontières de leurs gouvernements.

Il semble que le Roi soit secrètement favorable à l'entreprise de son frère.

(25 juin.) La cour est à Dieppe. Les États de Flandre ont conclu, dit-on, une ligue avec Casimir et la reine d'Angleterre; si le fait est vrai, il fera réfléchir *Monsieur*. La Reine mère et la reine de Navarre sont allées le trouver pour le dissuader, et peut-être aussi pour lui proposer d'épouser la sœur du roi de Navarre. *Monsieur* a fait savoir au Roi, par leur sœur, que, si Sa Majesté congédiait ses mignons et s'entourait de conseillers sages, il retournerait à la cour sans autres conditions. Tous, jusqu'aux pensionnaires du Roi, se montrent empressés à accompagner *Monsieur* en Flandre.

Les États de Bourgogne ont envoyé des députés au Roi, pour lui exposer leurs doléances, et pour demander d'être soumis aux mêmes conditions qu'au temps du roi Louis XII. D'autres provinces vont suivre cet exemple.

La reine d'Angleterre n'a d'autre intention que d'entretenir et de fomenter la guerre de Flandre, et de consumer les forces de Don Juan. Elle a envoyé quatre docteurs chargés de rétablir la bonne harmonie entre le comte Palatin et son frère Casimir, dont l'un est bon luthérien et l'autre ardent calviniste. La reine pense en outre à resserrer son alliance avec une partie de l'Allemagne.

Les Guise sont mécontents de la visite récente faite par le Roi au duc de Montmorency.

(7 juillet.) La cour est de retour à Paris. Le Roi tente un dernier effort pour détourner *Monsieur* de son entreprise de Flandre; il lui députe Villeroy. Le prince a répondu : *Che si maravigliava assai che il Re, suo fratello e signore, si persuadesse ch'egli più tosto fosse per cedere alle persuasioni e alle minaccie di altri, che ai preghi e alla autorità della propria madre.* Il a ajouté qu'il braverait tout pour tenir sa promesse. Le Roi a donné alors des ordres formels pour que les garnisons de la frontière fussent doublées. *Monsieur*, de son côté, redouble d'ardeur; il sera bientôt prêt à entrer en campagne; le 5, il était à Dreux; dans peu de jours il sera à Montereau.

La reine de Navarre doit rejoindre son époux, qui a envoyé pour l'accompagner M. de Miossens, premier gentilhomme de sa chambre.

Les députés des États de Bourgogne ont montré d'abord une grande hardiesse : *Nel principio si mostrorno tanto ostinati, che ebbero ordine di allegare al Re l' istoria di Roboam.* Mais ils se sont fort radoucis.

Les Guise sont devenus odieux au Roi, et pour de graves motifs :

*Avendo i Guisi considerato quanto resti impendente la successione a questa corona, non avendo figliuoli il Re, nè si vedendo che Monsignore sia per la via di averne, e che facilmente potrebbe cadere in persona di Navarra, hanno cercato insieme di acquistarsi tutti quei mezzi, con i quali potrebbono venire in una tale competenza : si come con le leghe delle provincie, delle quali si sono fatti capi; e con le intelligenze dei più grandi, come della regina di Navarra, per rispetto della quale pare che similmente abbiano quella di Monsignore. Questi andamenti essendo noti ed odiosi al Re, ha cercato di tenerli bassi e di opprimerli; onde è nato insieme lo sdegno loro, e, per opera loro, che li deputati di Borgogna si trovino alla corte, e che forse ne verrano da altre provincie; poi che con questa arte e invenzione per loro si acquistano la benivolenza de' popoli, e per Sua Maestà il sollevamento e la ribellione.*

---

## XXX.

### SARACINI AU GRAND-DUC.

#### Paris, 19-23 juillet 1578.

*Monsignore,* dopo la partita sua, e dopo l' essere passato la riviera, e averne dato conto a Sua Maestà, scrisse una lettera alla regina di Navarra, e la data era di Arras; nella quale mostrava di essere stato ricevuto in quella terra con pubblica allegrezza, e particolare sua sodis-

fazione, e che era parimente per passare a Mons. Con tutto questo Sua
Maestà certificò ieri il signor Vargas, che non si sapeva dove *Monsignore*
si trovasse precisamente, e che, per non dare certezza o indizio di sè,
aveva finto di scrivere d'Arras. Credeva bene che egli si trattenesse
intorno a la Fère, aspettando il seguito delle sue genti, e dove già ne
poteva avere ammassate intorno al numero di cinque o sei mila; le
altre sue compagnie si vanno tuttavia apprestando, ma lentamente,
rispetto al mancamento di denari.

Si è inteso come, il giorno avanti alla partita di *Monsignore*, arrivò
alla sua corte M. de la Noue, uno de' principali capi degli ugonotti, il
quale si pensa che da Sua Altezza sarà impiegato in questa impresa,
e che sia per condurci molte delle sue forze.

M. di Nazareth [1] se n'è ritornato quà senza essersi abboccato con
*Monsignore*, avendo trovato che Sua Altezza era partita la notte avanti.

Il signor Vargas ha inteso dal segretario Villeroy, come, per lettere
scritte dal signor duca di Lorena a Sua Maestà, c'è nuova come di
mille cinque cento cavalli di Casimiro n'erano stati ammazzati e fatti
prigioni intorno al numero di otto cento, e gli altri posti in fuga dalla
cavalleria del signor Don Giovanni, la quale gli aveva sopraggiunti
improvvisamente nel passare la Mosa sotto Nimègue, e che Casimiro
restava di là della riviera solamente con circa tre mila de' raitri; onde
era forzato, volendo seguire avanti, passare molto più a basso nelle
parti della Frisa, dove a Sua Altezza non era possibile l'impedirlo. A
questa novella soggiunse il detto segretario, che Sua Maestà ne aveva
sentito e dimostrato piacere, come del danno di un comune nemico.

Il motivo di Borgogna ha causata una poca satisfazione del Re verso
il duca du Maine, e per contrario Sua Maestà dimostra molta confidenza verso Montmorency, la bontà e il consiglio del quale è stato più
volte celebrato da lei con favorite parole.

Con tutto questo non pare che si vegga molta confidenza nella parte
di Damville; anzi alli giorni passati occorse un tal caso : ritrovandosi
il marescial di Bellegarde in Languedoc, governatore particolare di

[1] Le nonce du Pape.

Beaucaire, terra forte in quelle frontiere, e parendo a Damville che per tale carica si scemasse assai della riputazione e della autorità sua nel generalato di quella provincia, e che si mostrasse qualche diffidenza verso di lui, mandò un suo gentiluomo alla corte, supplicando Sua Maestà che le piacesse levargli tale affronto; la quale per compiacerlo scrisse subito a Bellegarde, che se ne andasse nel Delfinato per alcuni suoi affari, e lasciasse il governo della terra libero in mano di Damville. Ma prima che giugnesse tale commissione, irritato Damville da certe parole di Bellegarde, che inferivano come per se stesso non aveva tanto credito nè tanto seguito, che bisognando potesse difendere quella provincia dagli ugonotti, senza altra considerazione, messe subito insieme buon numero di gente e di cavalli, e con essi insieme si mosse contro Bellegarde; e lo colse così alla sprovvista, ch'egli, senza aspettare altrimenti l'impeto di Damville, gli lasciò la terra in potere, e se ne ritirò nel Delfinato. Impadronitosi dunque in tal maniera Damville della terra, vi lasciò dentro per governatore un tal Parabel, sua particolar creatura. Questo Parabel, pretendendo molti termini di pensione decorsi, mandò alla corte un suo fratello, perchè vedesse di risquoterle; e insieme dette conto a Sua Maestà di quanto era seguito in Languedoc, e come egli restava governatore di Beaucaire.

Questo motivo di Damville non piacque punto al Re, parendogli ch'egli si arrogasse molto, e che piuttosto volesse acquistarsi autorità con le proprie forze che con la benignità e grazia della Maestà Sua. Con tutto questo giudicò che fusse piuttosto da rimediare a un tale inconveniente con la umanità che con l'asprezza; onde non solamente volse che Parabel fosse sodisfatto delle sue pensioni, ma di più gli fece un donativo di qualche importanza, accarezzò il fratello, e, mostrando in ultimo di avere in molta considerazione il valore e merito di Parabel, gli mandò la confermazione del governo di Beaucaire per il medesimo suo fratello.

Questi favori e queste grazie intese da Damville, gli ridussero in dubio quale dovesse essere la mente di Parabel verso di lui; e, tentandola poco appresso, col domandare quel suo fratello che era stato

alle corte, gli fu risposto che Parabel lo terrebbe sempre e riconoscerebbe come suo maggiore e signore, e che similmente lo riceverebbe
in Beaucaire, ma con onesta compagnia e non mai con forze, non
essendo conveniente che altri potesse levargli quello che Sua Maestà
gli aveva commesso in guardia, e concesso con molta confidenza e
grazia. Da questa risposta commosso Damville, e forse pentito dei
primi motivi, rimandò subito alla corte un suo gentiluomo, supplicando
Sua Maestà che le piacesse torgli dinanzi questo secondo ostacolo, poichè quanto aveva operato, era avvenuto solamente per difesa dell'
onore suo, e non per disobbedienza o poco rispetto che avesse verso
la Maestà Sua. Queste scuse, insieme con i mezzi potenti che il marescial
ha in questa corte, furono cagione che il Re, placato, abbia mandato
ordine di nuovo a Parabel, che riconosca interamente Damville, e che
Sua Eccellenza disponga della terra e del governo a suo beneplacito.
Quello che sia seguito dopo tale commissione non si sa per ancora, e pare
che si dubiti che non per questo Parabel sia per cedere quel governo.
Il marescial di Bellegarde, avendo intanto ricevuta la commissione di
Sua Maestà, se ne sta secondo l'ordine di essa nel Delfinato.

È voce comune che il signor Don Giovanni abbia inviato il conte di
Mansfeld vecchio, con tre mila archibusieri e mille raitri del duca di
Brunswick, a dare il guasto al paese di Casimiro con consenso della
Camera Imperiale.

Da Sua Maestà è stata intercetta una lettera, che *Monsignore* avanti
la sua partita scriveva al duca di Guisa; per la quale gli diceva in
sustanza, come egli poteva sapere l'intelligenza che era tra lui e suo
fratello il Re, circa le cose di Fiandra, e conoscendolo disposto a fare
servizio a Sua Maestà e piacere a lui medesimo, lo pregava a ajutarlo
in questa impresa.

23 juillet.

Alli xviii del presente venne il clarissimo Micheli[1], mandato dalla
sua signoria a *Monsignore* per divertirlo dall'impresa di Fiandra. Per
il quale effetto si partì di quà alli xix M. di Nazareth, dopo avere avuta

[1] L'ambassadeur Vénitien.

lunga audienza dal Re e dalla Regina Madre; dalla quale Maestà fu
spedito il medesimo giorno l'abate Guadagni a Sua Altezza, perchè
forse vedesse di disporla alle persuasioni di questi ambasciatori; alli
quali si aggiunge quel di Savoia per comandamento del Re, presuppo-
nendo che i preghi e le esortazioni di quel duca, loro zio[1], dovino poter
molto appresso Sua Altezza, e maravigliandosi che non abbia spedito
un ambasciatore espresso per tale effetto. È partito dunque oggi per la
posta, nè con minor diligenza partì ieri il Micheli dopo le sue audienze.

Da me è stato prima visitato, e me gli sono offerto per comandamento di Vostra Altezza, non pure come obligato in ogni occorrenza
della sua signoria, ma prontissimo nella sua particolare espedizione,
venendo mossa da tanto zelo della quiete e benefizio della Cristianità;
e da sua signoria ne fu ringraziata e comendata l'ottima volontà di
Vostra Altezza.

Questa mattina si è partito similmente M. di Bellièvre, mandato
da Loro Maestà a *Monsignore* come persona confidentissima; e par maraviglia, per essere continuamente occupata in molti negozii, come super-
intendente delle finanze, e come presidente della corte di parlamento.

Alli xix tornò un tal M*** di Mons, dove era andato a trovare *Monsignore*. Fu dalla Regina Madre domandato dell'essere, e fin dell'abito
di *Monsignore*. Rispose che era in somma estimazione e reputazione;
che stava in continue feste e banchetti con publico giubilo di quei
popoli, e che aveva onoratissima corte, e indosso abiti superbi, di
molto oro e di molte gioie. Soggiunse Sua Maestà quasi ridendo :
« Manco male, poichè là v'è andato come mendico, non senza nostra
« e sua vergogna, se ora è trattato e si dimostra come principe. »

Oltre a queste relazioni qui s'intende, che egli riceva tuttavia am-
bascerie dalle terre particolari di quei paesi, in segno di aggradire la
protezione che ricevono da Sua Altezza, e di significarle il molto affetto
della loro devozione verso di lei; la quale dicono che sia andata là
così privatamente, per non aggravare e straniare quei popoli con le
insolenze de' soldati, prima che bisogni; dalli quali, oltre a tre o quattro

_____

[1] Emmanuel-Philibert avait épousé madame Marguerite de France, sœur de Henri II.

mila che si trova vicino, dicono che sia seguita da gran numero, e da pari nobiltà che continuamente passa a quella volta alla sfilata, avendo così ordinato Sua Altezza, per fare manco strepito che sia possibile in questo regno; nè per questo trovano impedimento alcuno, non essendo, con tutto il rigore dell'editto regio, chi ardisca attraversarli, tanto è temuto e venerato il nome di *Monsignore*.

Da Sua Altezza è stato spedito M. de Lafin al signor duca di Savoia, e s'intende che di là passerà a Genova; nè si sa quel che porti. Si dice che il principe d'Orange s'intitola luogotenente di *Monsignore*, senza altra specificazione.

Tre giorni sono, passò di qui M. di Bacqueville, mandato da *Monsignore* suo ambasciatore alla regina d'Inghilterra, con sedici poste e molta cerimonia; avendo avuto per tal viaggio venti mila franchi, e per quattro mila di drappi ricchissimi. Conduce seco molti gentiluomini, musici e un saltatore, tutti deputatigli da Sua Altezza medesima, perchè sia tanto più grato a quella regina virtuosissima. Questa Maestà gli ha dato in compagnia un secretario, che tiene appresso l'ambasciatore suo residente in Inghilterra.

Iersera arrivò qui, a Saint-Denis, la corte e traino di *Monsignore*, per seguire il viaggio in Fiandra a trovare sua Altezza.

Del signor Don Giovanni s'intende che si trovi a Louvain, e che mostri molto desiderio di venire a giornata con *Monsignore*. La rotta dei raitri di Casimiro riuscì cosa di pochissimo momento, essendo stato il numero de' morti e fugati piccolissimo; nè fu vero che fossero soprapresi dal signore Gabrio Serbelloni, ma dalla cavalleria del signor Don Giovanni.

Alla fine di questa settimana partirà la corte a Dolinvilla; e di là si crede che la Regina Madre e la figlia seguiranno per andare a trovare il re di Navara, e che, dopo la partita di esse, il Re tornerà a Parigi.

Iersera poco lontano dalla corte furono sparate molte pistole nel petto di M. di Saint-Maigrin, giovane nobilissimo e favoritissimo; e oggi intendo che stava per morire; e questa mattina Sua Maestà l'ha favorito di una visita di due ore.

Tre o quattro giorni sono, tornò alla corte il duca di Montmorency; il quale essendo da me visitato, mi disse che era venuto solamente per baciare le mani alle Regina Madre prima che partisse. Sua
Eccellenza era nondimeno travagliata dalla gotta.

L'andata della Regina Madre al re di Navarra è interpretata sinistramente dalli ministri di Spagna; l'andata di M. de Lafin fa temere
di grandi stratagemmi. Queste dimostrazioni di *Monsignore*, e più le
parole dell'ambasciatore d'Inghilterra, fanno credere che sia intelligenza fra Sua Altezza e quella regina, e con intendimento di questo
Re.

Venne ultimamente dalla corte di Spagna Tommaso Coppola, gentiluomo Inglese, il quale insieme con un altro nobilissimo, che con la
medesima intelligenza era venuto d'Inghilterra, ebbero segretamente
audienza da questo Re, e proposono d'impadronirlo di quel regno,
se ci avesse voltate le forze di *Monsignore* suo fratello, con il seguito
che essi ci avevano di molti cattolici; e parve che il Re mostrasse di
aggradire tale offerta; ma che, per potersi così poco promettere del
fratello, era necessitato a riservarla in tempo migliore. Ora, perchè
questo Coppola viene di Spagna, ed è servitore particolare e provvisionato da quella Maestà, si può credere che questa offerta fusse principalmente procurata per divertire le forze di *Monsignore* dalla Fiandra.

Della morte di Saint-Maigrin si crede che sia stato autore il duca di
Guise, per indizii di innamoramenti con sua moglie, la quale, alcuni
mesi sono, fu soprapresa dal duca che scriveva una lettera amorosa al
detto Saint-Maigrin.

### CURZIO DE PICCHENA AU SECRÉTAIRE DU GRAND-DUC.

Per quanto ho potuto ritrarre di questi maneggi del Giachinotto,
sono tutte trame di Giangaleazzo Fregoso, il quale vorrebbe fare attaccare la guerra a Genova in nome di *Monsignore*, mentre che Sua Altezza sarà in Fiandra, o almeno disposta la materia per il suo ritorno;
e l'andata di questo M. de Lafin fa temere che *Monsignore* ci abbi applicato l'animo.

Per questo medesimo effetto è opinione che il Giachinotti sia per passare a Genova. Similmente ho ritratto che la sua andata al re di Navarra fu con ordine del Fregoso, trattandosi che quello re muova guerra contro Spagna nel medesimo tempo che *Monsignore* sarà in Fiandra; e per questo effetto si crede che La Noue fosse a trovare *Monsignore* avanti la sua partita.

Parte di queste trame ha ritratte il signor Chiaramonte dal Giachinotti che alloggiava quà in casa sua, e, per quanto mi dice, pare che questo Fregoso metta molta carne al fuoco senza fondamento.

---

## XXXI.

### SARACINI AU GRAND-DUC.

#### Paris, août 1578.

SOMMAIRE. — *3 août*. Réponses évasives de *Monsieur* à l'ambassadeur de Savoie. Les provinces de Hainaut et d'Artois sont les seules qui se soient ouvertement déclarées. Rapport de l'abbé Guadagni, plus favorable que celui de l'ambassadeur de Savoie. Conduite modérée de *Monsieur*; la Champagne est pleine de gens qui vont le rejoindre. M. de Bellièvre envoyé aux États de Flandre. Armements du roi de Navarre. — *10 août*. Affaires de Flandre. Bussy et La Noue envoyés au prince d'Orange. Prétendue indulgence accordée par le Pape à quiconque offrira ses services à Don Juan. Représentations du nonce à M. de Lalaing; réponse. Réclamations de l'ambassadeur d'Espagne à propos de la mission de M. de Bacqueville en Angleterre. Envoyés du Roi à Rome et à Venise. Les deux reines sont à Chenonceaux. Proposition du nonce de marier *Monsieur* avec une princesse d'Espagne. — *14 août*. *Monsieur* fait peu de progrès; affluence des volontaires français; désordres qu'ils commettent. Arbitrage de l'Empereur proposé par le Roi Catholique. Gondi envoyé par le Roi en Italie; démarche pour qu'il rende visite au grand-duc. Assassinat de Francesco Alamanni. Les créatures des Guise écartées de la maison du Roi. Le cardinal de Birague s'obstine à garder les sceaux. — *21 août*. Dans les Pays-Bas tout semble incliner à la paix; les États n'auraient appelé *Monsieur* que pour tenir Don Juan en échec jusqu'au retour de la mauvaise saison, et pour épuiser ses ressources. Maubeuge reprise par Don Juan. Retour prochain de M. de Bellièvre. La Reine mère et sa fille sont à Poitiers. — *31 août*. M. de Bellièvre auprès de Don Juan. Départ du Roi pour Fontainebleau. On parle du mariage de *Monsieur* avec la reine d'Angleterre, union peu probable, peu souhaitable. Les reines sont à Cognac. Le séminaire anglais, chassé de Douai, se retire à Reims, où il est mal accueilli, et bientôt expulsé à la requête de l'Angleterre. Guerre civile en Écosse.

5 août.

Alli xxvi del passato Sua Maestà andò a Dolinvilla, e alli xxvii fu seguita dalla Regina Madre e Navarra, le quali dovranno seguire il viaggio loro al re di Navarra; ma, per essere stata alquanto indisposta di catarro la Regina Madre, si sono trattenute fin ora a Dolinvilla; e si crede, poichè sono state tantò, che aspetteranno ancora d'intendere quel che riportino questi ambasciatori da *Monsignore;* delli quali intendo che questa notte è tornato M. di Nazareth, e avant'ieri tornò Savoia, il quale fu da me subito visitato per intendere che speranze o che resoluzione portasse; ma dal suo ragionamento mi parve di restare assai più confuso che io non era primo, dicendomi: « Le parole di « *Monsignore* mostravano molto desiderio di compiacere a questi prin- « cipi che lo pregavano e lo persuadevano a lasciare quell'impresa; « dall'altra parte la dipingeva giustissima e degna del patrocinio di tanto « principe, e che per questo egli era resoluto di abbracciarla e di favo- « rirla con tutte quelle forze che Dio gli aveva date. » Se questa confu- sione non nasce che l'ambasciatore di Savoia abbia voluto in tal maniera celarmi la mente di *Monsignore,* che veramente non credo, io giudi- cherei che nè anco *Monsignore* medesimo ne sia interamente resoluto; poichè fin ora non si vede che alle offerte e caresse esteriori dei Fiam- minghi corrispondino gli effetti, per quanto mi referisce il medesimo ambasciatore, affermando che *Monsignore* non sia chiamato da altri che dalle tre provincie di Cambresis[1], di Hainaut e di Artois. Nel resto gli ambasciatori sono stati da Sua Altezza gratamente ricevuti e ascoltati prima in publico e poi in privato; in publico, oltre a molti signori, fu presente il conte di Lalaing, e il duca di Arschot, che si trovava là man- dato dagli Stati a Sua Altezza; il quale, per quanto ha referto l'abate Guadagni, che ne tornò alli xxiv del passato, oltre al mostrare molto affetto e sodisfazione universale di quei signori per la venuta di Sua Altezza nei paesi loro, in segno della loro molta osservanza, la sup- plicavano che dichiarasse, se le piaceva che si trattassero le cose appar- tenenti al governo di quei paesi, o davanti a Sua Altezza o pure da- vanti a loro; e in risposta, che *Monsignore,* oltre all'aggradire il buon animo loro, aveva resoluto che non era andato là per trattare di pre-

---

[1] Le Cambrésis ne faisait pas partie des provinces soumises à l'Espagne.

cedenza, ma come principe venturiere mosso solamente dal giusto e dall'onesto della causa loro, e senza alcuna considerazione d'interesse proprio, si come gli effetti dimostrerebbono più chiaramente l'intenzione sua; onde non intendeva che gli istituti loro per suo conto patissero alcuna sorta di alterazione.

Il medesimo abate Guadagni ha referito le cose di *Monsignore* molto più magnifiche che non fa l'ambasciatore di Savoia; dicendo che là si trovasse ancora un tale mandato dal principe di Orange, acciocchè, come particolare oratore, facesse il medesimo complimento che doveva fare il duca d'Arschot.

Racconta similmente che, essendosi *Monsignore* impadronito di Maubeuge e di Thuin, luoghi tenuti dagli Spagnuoli, molto vicini a *Monsignore*, l'uno abbandonato da loro, e l'altro preso da Bussy, non aveva voluto mettervi dentro guarnigione Francese, ma solo di quelli del conte di Lalaing; e che, con questo modo di facilità e di liberalità, Sua Altezza poteva sperare d'impadronirsi ben presto della maggior parte di quei paesi, soggiugnendo che quei popoli si potevano più facilmente dominare con l'amore che con la forza. E veramente s'intende che Sua Altezza sia seguita da un gran numero di nobiltà e di gente, e che la provincia di Champagna ne sia tutta piena; nè per questo si crede che *Monsignore* sia per servirsi di tanta moltitudine, ma che nei confini sia per farne una scelta de' migliori, e di quel numero che giudicherà proporzionato ai suoi disegni.

La Regina Madre mandò a *Monsignore* per l'abate Guadagni venti mila scudi; di che facendo romore ultimamente l'ambasciatore Cattolico, gli fu risposto: che questa era cosa di pochissimo momento, e che gliela concedevano come necessaria al vitto di Sua Altezza, e che non poteva fare rilievo sì piccola somma.

S'intende che M. di Bellièvre, mandato da questa Maestà a *Monsignore*, passerebbe avanti alli Stati di Fiandra, alli quali, ma principalmente al principe d'Orange, Sua Altezza aveva inviati Bussy e La Noue.

Dicono che la persona di Casimiro non sia passata altrimenti in

Fiandra, ma un suo luogotenente, e che egli intanto abbia pubblicato un manifesto per difendersi contra le calunnie che gli vengono date alla Camera Imperiale per questi suoi motivi.

S'intende che il re di Navarra armi, ma dicono alcuni che avvenga per poca sodisfazione che abbia delle cose di quà; alcuni altri interpretano che egli tenga intelligenza con *Monsignore*, e sia per tentare di recuperare, se non tutto, parte del suo regno, quella cioè che si trova di quà dai monti.

Questa sera è tornato il Re, e s'intende che le Regine abbino seguito il viaggio a quel di Navara.

10 août.

Alli v venne nuova, come il signor Don Giovanni con tutte le forze di genti e di artiglieria se ne era andato sopra l'esercito nemico, e già si trovavano a fronte tra Louvain e Malines, solo con due leghe di distanza. S'intese parimenti che i Fiamminghi si erano muniti di triplicate trincese, con disegno di differire la battaglia fino a tanto che avessero congiunte insieme le forze di Casimiro, e forse quelle di *Monsignore*, le quali si vanno tuttavia con molta sollecitudine apprestando; e pare che si possa tenere per certa questa dilazione, poichè sino a ora non si sente lo scoppio di qualche terribile giornata.

Si è inteso di poi che Casimiro era già arrivato in Anvers, se bene li giorni passati si era sparso romore che non venisse in persona. Similmente essendo La Noue arrivato poco dopo l'espedizione di Bussy da *Monsignore*, fu da Sua Altezza spedito parimente, e per quanto ha referto un gentiluomo di *Monsignore* mandato a questa Maestà, sono stati gratamente visitati la mattina sequente all'arrivo loro dal principe di Orange con molta cortesia.

Le provincie di quei paesi hanno supplicato unitamente agli Stati e consiglio loro per l'esercizio libero della loro religione, da Hainault, Cambresis e Artois in poi; le quali non pure discordano in questo, ma, col favore e autorità di *Monsignore*, hanno fatto istanza perchè le altre non ottenghino grazia così importante.

Ho inteso da questi signori ambasciatori, che il conte di Lalaing aveva fatta gran querela con M. di Nazareth di una indulgenza plenaria concessa da Nostro Signore a quelli che muoiono per servizio del signor Don Giovanni nell'impresa di Fiandra, parendo che tacitamente dichiarasse li altri pagani o ugonotti almeno; ma di tale indulgenza non solamente M. di Nazareth mostrò di non sapere cosa alcuna, ma s'ingegnò di persuadere con molte ragioni che non potesse essere in alcun modo.

Appresso il medesimo M. di Nazareth, sforzandosi di rimostrare quanto stesse male ribellarsi al suo principe, rispose il conte che gli concedeva tutto questo, e che in quanto a sè non sarebbe mai altro che devoto servitore alla Maestà Cattolica, ma che contro gli Spagnuoli era in procinto di dare buono esempio a lui e agli altri Napoletani di come dovevano governarsi. E disse tutto questo con le proprie parole di Cristo: *Exemplum meum dedi vobis, ut, quemadmodum ego feci, ita et vos faciatis.*

Questo ambasciatore Cattolico ha trovato molto strano che Bacqueville, mandato già da *Monsignore* in Inghilterra, non solamente sia stato là ricevuto dall'ambasciatore del Cristianissimo, ma ancora dal medesimo appresentato a quella regina; nè gli piacque ancora che di quà fosse accompagnato da un secretario che già si tratteneva appresso il medesimo ambasciatore in Inghilterra, sì come scrissi.

Partì alli vii l'abate Birago, mandato da questa Maestà a Nostro Signore, per rendere conto di quanto l'andata di *Monsignore* sia stata contraria alla sua buona e pacifica intenzione. A Venezia andrà il signore Girolamo Gondi per il medesimo effetto, e partirà fra due o tre giorni per la posta.

Della Regina Madre e Navarra s'intende che per ancora si trattenghino a Chenonceaux, e che la Regina Madre particolarmente abbia inviato un gentiluomo al re di Navarra, pregandolo che le piaccia avvicinarsi fino a Périgueux; del qual re s'intende che sia quietato, avendo avuto poco prima qualche disparere con M. di Biron, governatore della Guienna.

Intendo che M. di Nazareth propone a Sua Maestà di dare per moglie una figliuola del re di Spagna a *Monsignore;* e che Sua Santità si contenterebbe molto, per distorlo con tal matrimonio e con tale occasione dall'impresa di Fiandra, di dargli il contado di Avignone in dote, purchè da questo Re si avesse qualche ricompensa; per la quale domanda parimenti al re di Spagna l'Aquila, col mezzo di questo suo ambasciatore. Nel resto pare che questo Re gli dia mal volentieri orecchie.

14 août.

Per ancora pendono in dubio le cose di *Monsignore,* non s'intendendo che abbia conseguita nè carica nè titolo, nè altra giurisdizione che delle tre provincie che si ritrorono sotto il conte di Lalaing; nè per questo cessano di marciare tuttavia a quella volta molte genti assoldate da Sua Altezza, non senza molte esclamazioni dei popoli mal trattati dalle loro insolenze, dico ancora dei Fiamminghi medesimi[1].

Del Delfinato s'intende che M. di Balagny conduca circa due mila cinque cento fanti, e che la Piccardia sia ripiena di soldati, onde sia mal sicuro quel cammino.

Di quà sono andati quattro some di denari, che importano circa il numero di dugenta mila franchi; delli quali già molti giorni i ministri di *Monsignore* avevan dato nome di avere provvisti, con l'impegnare molti beni di Sua Altezza.

S'intende similmente che vi sia qualche speranza di pace, venendo scritto che, per commissione del Cattolico, il duca di Terranuova era andato dall'Imperatore, e rimetteva le condizioni de'capitoli interamente al giudizio di Sua Maestà Cesarea.

Credo che domani partirà il Gondi per Venezia, il quale ha com-

---

[1] Voyez Claude Haton, t. II, p. 937. «Soubz le nom et prétexte d'aller en Flandre, «tous banis, vacabons, volleurs, meurtriers, «renieurs de Dieu, remenans de guerre, «restes de gibet, massacreurs, vérollez, gens «mourans de faim, se meirent aux champs, «pour aller piller, battre et ruyner les hommes «des villes et villages qui tomboient en leurs «mains ès lieux où ils logeoient, et par les «chemins sans crainte aulcune.»

missione di passare complimento ancora con Savoia; e ricercando se
egli aveva ordine di venire ancora a Fiorenza, intesi di no, ma che
bene aveva lettere di credenza per il signor duca di Ferrara e di Mantova, da valersene, se però gli fusse occorso di passare di là. Mi parve
strano che non venisse ancora all'Altezza Vostra; e, poichè non si
trova qui M. di Montmorency, me ne andai a trovare M. di Lenoncourt [1]; e con esso mostrando di avere ogni altro negozio, quasi inci-
dentemente gli posi in considerazione quanto mi era nato nell'animo,
soggiungendo che, se Vostra Altezza non fusse per la Dio grazia così
grande che non avesse bisogno che le fussero mendicati i favori e i
complimenti, io avrei pregato sua signoria che avesse posta questa
nostra considerazione nella mente di Sua Maestà. Dopo questo mi par-
tii. Ier sera poi di notte sua signoria mi mandò un suo gentiluomo,
e mi fece sapere che aveva tenuti i medesimi nostri propositi col Re;
e che Sua Maestà aveva avuto molto caro un tale avvertimento, e che
avrebbe dato ordine al Gondi che venisse parimenti a Fiorenza, essendo
ottimamente disposta e animata verso l'Altezza Vostra. Sto aspettando
l'effetto che partorirà l'officio. Il Gondi è venuto da me, dicendomi
che era in procinto di partire; e, trovato che non aveva avuto nuovo ordine, ho fatto intendere il medesimo a M. di Lenoncourt. Sto aspettando [2].

Delli denari mandati a *Monsignore* so che una parte ne sono usciti
dal Diaceto [3], prestati a Sua Maestà.

In una nuova riforma che si è fatta del consiglio e officiali di corte,
sono stati cassati quasi tutti quelli che dipendevano dal duca di Guise,
il quale, come gran maggiordomo, ve ne aveva molti. Sua Maestà cerca
ogni via di poter levare onestamente il sigillo al cardinale Birago, e
darlo a M. di Chiverny, mostrando che questo sia molto atto, e quello
inabile per l'età. Con tutto questo il cardinale fino a ora fa gran resis-
tanza con i meriti di così lunga e antica servitù.

---

[1] Philippe de Lenoncourt devint cardinal
en 1586, et peu de temps après archevêque
de Reims. Sa bienveillance et sa douceur lui
avaient acquis l'estime générale.

[2] Le 16, Gondi avait reçu l'ordre de
passer par Florence.

[3] Banquier Florentin.

21 août.

Per una lettera che ha ricevuta quella donna che già teneva qui in casa quei ribelli, si è inteso come Francesco Alamanni è stato ammazzato, e che la causa veniva attribuita a me. Per altra via ho inteso poi più particolarmente il fatto; ed è che, tornando Francesco alli XIX del passato con un Francese da un luogo di M. di Montluc, furono assaltati da un tale capitano della Chapelle e un altro Montgiron, sergente della sua compagnia. Questi due erano armati di corsaletto, e finalmente, facendo gli assaltati gagliarda difesa, si scopersono sei altri, de' quali era capo un fratello di detto capitano; dalli quali ebbono tante ferite che restorno per morti; e gli altri si fuggirono. Di questi fu il primo a morire Francesco; ma prima usò parole molto impertinenti, e referendo che questo veniva dalla mano di Vostra Altezza. Onde quei Francesi hanno poi inventato che fra quei sei fusse uno Italiano, il quale avesse preso qui in Parigi da me denari per questo effetto. Nondimeno si può credere che essi si chiariranno ben presto, che questo non può essere avvenuto che per inimicizie particulari, o di Francesco, o del Francese che era in sua compagnia[1].

---

' A cette dépêche est annexée une lettre du secrétaire Curzio. relative à l'assassinat de Francesco Alamanni; la voici :

«Non posso credere, nè che per opera dell' «amico. nè di quello Agostino da Pescia, sia «seguita la morte di Francesco Alamanni. «perchè credo che sapessero quanto poco «Sua Altezza se ne curava; e questo sarà «causa che Antonio Capponi si guarderà «molto più. onde si renderà più difficile la «persecuzione contro di lui.

«Il Valletta cerca di fare uscire di prigione «quel Guascone; e di quello che seguirà ne «avviserò subito.

«Ultimamente è tornato d'Inghilterra un «certo Napoletano, che fa professione di me-«dico e di uomo di molti segreti. Ho presa «amicizia seco; e, ragionando, ho trovato «che egli aveva qualche familiarità con Piero «Capponi; onde mi entrò nell' animo che «potesse essere proprio, se si poteva indurre «a ritornarvi, per avvelenarlo; e, perchè egli «è amico di quello Agostino Senese, ho fatto «per mezzo suo tentare quello che se ne «poteva sperare; e senza entrargli in parti-«culare alcuno, gli mostrò che, se egli vo-«leva ritornare in Inghilterra, se gli presen-«tava una occasione da non avere più biso-«gno di nessuno in vita sua. Dalla risposta «potette ritrarre, che costui avrebbe volen-«tieri accettato il partito; ma gli racconto «un caso che gli era intervenuto in Inghil-«terra. per il quale non poteva senza peri-«colo della vita ritornarvi. Mi è di poi sov-

S'intende che li Stati abbiano prorogato di risolvere intorno alle
cose di *Monsignore* per tutto questo mese, e che intanto si trattasse
instantemente la pace, per la quale era comparso in Anvers un ambasciatore dell'Imperatore e un altro del Cattolico; e pareva che da tutte
le parti si vedesse molta inclinazione. In quei paesi si era pubblicato
similmente che con questo accordo dovesse concludersi matrimonio fra
*Monsignore* e una figliuola della Maestà Cattolica; ma si crede ancora
che questo sia artifizio per renderlo sospetto agli Stati. Delli quali con
più ragioni pare che si torna, che, con questa dilazione di risolvere le
condizioni con *Monsignore*, abbiano per fine di valersi del nome e della
presenza di Sua Altezza, per tenere sospeso il signor Don Giovanni
tutto questo tempo opportuno al guerreggiare, e che di poi per l'asprezza della stagione, per la carestia delle vettovaglie e per la spesa
immensa, non sia per mantenere lungamente così numeroso esercito,
e massime in paese così nemico che, fra molte altre difficoltà, egli trova
grandissima l'aver notizia dei disegni e delle azioni della parte avversa,
tanta penuria si trova di spie per l'odio universalissimo di quei paesani contro li Spagnuoli.

Di Sua Altezza s'intende che, dopo l'essersi invano appresentata al
nemico per combattere, e dopo l'aver ricevuto qualche danno, segui-
tata da alcuni archibusieri Francesi, Inglesi e Scotti, si sia ritirata verso
Namur; e che di nuovo si sia impadronita di Maubeuge; appresso abbia
tripartito l'esercito, e munitolo di trincere; nè si scopre con quali
disegni, poichè non è verisimile che aspetti la resoluzione della pace,
potendosi concludere sempre con maggior vantaggio guerreggiando
che ritirandosi.

---

"venuto che là si trova un tale Cesare Ro-
"mano, che similmente fa professione di
"medico; con il quale già tre anni io aveva
"qui in Francia intrinseca amicizia; e se ci
"fosse modo di fare trattar seco, io mi assi-
"curo che s'indurrebbe a fare questo effetto.
"E perchè il detto Agostino ha ancora lui là
"amicizia seco, gli ho detto che, se può tro-

"vare qualche causa apparente di andare
"fino là, io gli darò denari; e veramente io
"ci spererei assai, parendomi che in altro
"modo sia impossibile di fare perseguitare
"detto Piero.
"Il Busini in otto giorni si è ginocato scudi
"quattrocento; di modo che si vede dove
"sono andati i denari di Sua Altezza."

Qui si aspetta oggi il ritorno di M. di Bellièvre dagli Stati, nè si sa per qual cagione egli abbia spediti, come suoi precursori, due corrieri in due giorni; si crede che non portino buone novelle, poichè non s'intende cosa alcuna.

La Regina Madre si trovava a Poitiers, ed era per seguire il suo viaggio, dopo il quale doveva ritornarsene con ogni sollecitudine.

S'intende che al Ponte Santo Spirito, in Languedoc, gli ugonotti abbiano tumultuato contro i cattolici; di che però non si tiene molto conto, avendo poco fa tumultuato similmente i cattolici contro gli ugonotti, e soprapresa una piccola terra nella Guienna.

31 aoùt.

Sua Maestà ha fatto intendere a tutti gli ambasciatori, che martedì prossimo disegnava andare a Fontainebleau, dove non intendeva che essi andassero altrimenti, se l'occasione di qualche negozio particolare non lo richiedesse; poichè ella era per fermarsi alcuni pochi giorni per suo piacere, e tornare questo San Michele a Parigi.

Non tornò Bellièvre come si aspettava, ma fu inviato al signor Don Giovanni rispetto alle pratiche della pace.

Le altre cose di quà passano senza alcuna novità, essendo volto ogni uno a vedere l'esito di quelle di Fiandra; delle quali pare che più comunemente s'aspetti d'intendere qualche accordo o pace, per urgente necessità; nonostante che le condizioni proposte dalli Stati al signor Don Giovanni paiono molto esorbitanti.

Intanto, oltre alla lega proposta nelle capitolazioni, s'intende che si tratti matrimonio fra la regina d'Inghilterra e *Monsignore*, e che le pratiche sieno molto strette; si crede nondimeno che con tale esca quella regina tenda ai suoi fini, non essendo verisimile che gli Inghilesi sieno per coronare *Monsignore*, poichè ne' tempi passati questo non successe al re Filippo, di nazione non così odiosa in quel regno come la Francese.

La Regina Madre aspettava tuttavia a Cognac che il re di Navarra mandasse un gentiluomo, secondo l'instruzione data, per sapere dove inviarsi; e si credeva che fussi per indirizzarsi verso Bergerac.

Il seminario degli Inglesi cattolici, che ultimamente fu scacciato da Douai in Fiandra, venne a Reims, dove per ordine di questa Maestà, e per intercessione di Nostro Signore, fu gratamente ricevuto. Ora la terra medesima lo scaccia di nuovo, onde questi signori nunzii fanno opera che sia ricevuto in Lorena da quel duca.

S'intende che la Scozzia è tutta sollevata in arme, essendo divisa tutta la nobiltà, parte per il principe e parte per la regina d'Inghilterra, ancora che questa pare che sia la più numerosa e la più forte. Capo di essa è un tale signor di Morton, stato molti anni reggente in quel regno per la detta regina.

Post-scriptum. Gli Inglesi sono stati cacciati da Reims per ordine del Re, per istanza della regina d'Inghilterra.

Quello Orazio Valetta uscì di prigione già molti giorni, e se ne sta qui in Parigi, dove è stato visto più volte con comitiva di gente, non senza terrore di chi ha sospetto.

---

## XXXII.

### SARACINI AU GRAND-DUC.

#### Paris, septembre 1578.

Sommaire. — *11 septembre*. Adroite leçon donnée à *Monsieur* par M. de Bellièvre, qui a reçu le meilleur accueil de Don Juan. *Monsieur*, proclamé par les États *Défenseur de la liberté des Pays-Bas*. L'entrevue des reines et du roi de Navarre retardée par quelques obstacles. Le séminaire anglais de Douai toléré à Reims. — *17 septembre*. Le pays pillé par les bandes de volontaires ou les troupes régulières. Maladie contagieuse en Flandre. — *26 septembre*. La Reine mère à Bordeaux; bon accueil que lui font les huguenots. Fin de l'affaire de Parabel, gouverneur de Beaucaire; sa mort tragique.

Otto giorni sono, partì Sua Maestà per Fontainebleau.

Sabato passato, tornò M. di Bellièvre da *Monsignore*, dagli Stati, e dal signor Don Giovanni, e seguitò il viaggio suo alla corte così presto, che non ne lasciò nuova alcuna di quei paesi; se non che, al ritorno

che ultimamente fece da *Monsignore*, essendogli domandato da Sua
Altezza, che cosa avesse riportato di notabile dalla corte di Don Giovanni, rispose : che principalmente due cose gli erano in un tempo
medesimo piaciute e dispiaciute; l' una che all' arrivare che fece in
una grande anticamera, dove erano molti signori Spagnuoli e principi,
che con vari spassi di giuochi si trattenevano, gli parve gran maraviglia, come, al comandamento d' un semplice portiere, subito sgombrassero quella stanza, e la cedessero a quei gentiluomini Francesi
ch' egli conduceva seco; similmente che, essendo introdotto nel consiglio del signor Don Giovanni, gli parve molto commendabile che quei
consiglieri fussero di età così provetta, che il più giovane passasse quaranta anni. Queste due cose, disse a Sua Altezza essergli ben piaciute
per loro medesime, ma dispiaciute insieme, per non riconoscere quelli
stessi segni di molta esperienza nel suo consiglio, nè di somma reverenza nella sua corte.

Il detto Bellièvre s'intende che dal signor Don Giovanni sia stato
accarezzato con quelli onori che si potevano desiderare maggiori; essendo uscito fuor dell' esercito ad una abadia, solo per riceverlo più
comodamente, ed avendogli mandati incontro cinque cento cavalli de'
principali signori dalla sua corte.

Intanto il vedere che già sia spirato il termine prefisso alla composizione della pace fra gli Spagnuoli e Fiamminghi, nè s'intenda alcun
effetto, fa che si disperi interamente, non dovendo, secondo le convenzioni con *Monsignore*, trattarsene da qui avanti senza la partecipazione di Sua Altezza; della quale, per relazione di un segretario che ultimamente ha inviato alla corte, s'intende che ella sia stata dichiarata
publicamente DIFENSORE DELLA LIBERTÀ di quei paesi, e che gli Stati le
avevano di nuovo mandato il duca di Arschot con alcuni altri personaggi
a riconoscerla come tale, e a consegnargli le piazze promesse, pregandola ad andare quanto prima agli eserciti loro con le sue forze proprie;
a fine che, sotto il suo nome e auspicio, fussero le fazioni e gli eventi
più fortunati. Alla quale istanza Sua Altezza aveva risposto che fra dieci
giorni vedrebbe di essere in punto per compiacerli.

S'intende che il signor Don Giovanni abbia ricevuti tre mila cavalli di Germania, condotti da Francesco, ultimo della casa di Sassonia.

Della Regina Madre s'intende che si tratteneva tuttavia a Cognac; perchè avendo fatto querela il re di Navara di alcune terre che gli erano state usurpate del suo governo da Biron, s'era lasciato intendere che non riceverebbe nè la Regina Madre nè la moglie, se prima non gli fussero restituite; ma che restituendosi come conveniva, oltre al riceverle, sarebbe andato insieme con la Regina Madre per quelle provincie, a fine che si publicasse e ratificasse la pace. Onde prima la Regina Madre, e poi questa Maestà in confermazione, avevano fatto intendere a Biron che le restituisse; e per tale effetto le regine si trattenevano a Cognac, aspettando l'esecuzione di quest'ordine. Intendo similmente che il re di Navara sia adombrato da una gran moltitudine di gentiluomini che seguitano la Regina Madre.

Questa mattina s'intende che le regine si trovino a Libourne vicino cinque leghe a Bordeaux, dove è andato il re di Navara per ricevere la sua moglie, e si crede che ancora sia per vedersi fra poco tempo alla corte.

Essendo stato rimostro a Sua Maestà da M. nunzio e dall'ambasciatore di Scozzia, l'uno per interesse della Chiesa, e l'altro della sua regina, quanto a gran torto veniva scacciato il seminario inglese da Reims, ella mostrò che il governatore li scacciasse senza sua saputa; e si è contentata che egli vi resti, essendo già in procinto di andarsene in Lorena, dove quel duca lo riceveva gratamente, e con liberalissime comodità, per essere cugino della regina di Scozzia, alla quale aderiscono tutti i cattolici d'Inghilterra [1].

---

[1] A cette dépêche est jointe une lettre secrète du secrétaire Curzio; nous la publions en entier :

«Venne il servitore del Valletta a portarmi una sua lettera, per la quale mi diceva che era stato messo in prigione per debito di venti otto scudi; e, che non avendo per allora comodità di mandare dove ne poteva avere, mi pregava che io ne lo volessi accomodare.

«Per quella lettera si vedeva che erano almeno tre o quattro giorni che era stato messo in prigione.

«Due giorni dopo, uno Savoiano mi venne a trovare, e mi disse che il servitore del Valletta era stato preso e messo in segreto in un

1 7 septembre.

La corte si trattiene tuttavia a Fontainebleau.

Di *Monsignore* s'intende che era inviato alla volta di Cambresis, dove
adunerebbe e rassegnerebbe la massa delle sue genti; le quali s'intende che abbiano fatto in questo regno grandissimo danno, o piuttosto altri ribaldi sotto il nome loro, dicendosi che ne siano in campagna fra il numero degli uni e degli altri più di quaranta mila persone.
Onde Sua Maesta ha dato ordine che gl'insolenti siano gastigati; contro i quali s'intende ancora che i contadini abbino prese le armi per
difendere i villaggi e le case loro, e che ne ammazzano ogni giorno
gran quantità; particolarmente è stato ammazzato Ceccotto Tornabuoni, luogotenente di un reggimento, volendo entrare per forza in un
villaggio per comprare delle vettovaglie per i soldati.

S'intende che, non solamente nel campo del signor Don Giovanni
corra un flusso terribile che fa effetto di pestifera contagione, ma ancora
nel campo degli Stati e per molte terre della Fiandra; e particolarmente che di essa sia morto il primo segretario di *Monsignore*, un suo
valetto di camera, e ammalato uno di quei principali cavalieri che da
Sua Altezza furono mandati insieme con Bussy agli Stati; con tutto

«altra prigione; tanto ch'io mi dubito, se
«l'una e l'altra è vera, che ci sia altro che
«debito. Intanto io cercherò qualche mezzo
«da chiarirmi di tutto, e se veramente io
«trovassi che egli vi fusse ritenuto per
«questa poca somma, e che io vedessi ancora che il principale negozio con quello
«Guascone avesse qualche apparenza, in
«tal caso io arrischierei questi danari.

«Del Giachinotti non s'è intesa mai altra
«nuova, tanto che si comincia ad avere
«buona opinione della vita sua; massime
«che ci sono lettere fresche di Avignone di
«persone che ne arebbono avvisato, e non
«ne parlano niente.

«Io aveva pregato un mio fedele amico
«d'intendere alle prigioni se vi si trovava il
«Valetta, e la causa per la quale vi fosse
«ritenuto; e questa mattina mi ha referto,
«che veramente egli vi si trova, e avendogli
«parlato, gli ha detto che, se avesse quei
«venti otto scudi, uscirebbe subito; e che
«avendone di già provvista la metà, mi pregava solo di provvedergli il resto. Egli ha
«detto a questo mio amico che vorrebbe
«parlarmi; e avendo inteso che egli è in
«certe prigioni molto solitarie, mi risolvo ad
«andarvi, per vedere quanto se ne può sperare.»

questo un suo mandato ultimamente dice che non vi sia pericolo, e
che questi morsero d'altro male.

M. di Nazareth, e il clarissimo Micheli anderanno sabato alla corte,
avendo avuta audienza per domenica prossima, la quale hanno domandata per licenziarsi. Della Regina Madre, intendo che per ancora s'in-
tratteneva d'intorno a Cognac, aspettando tuttavia il re di Navarra,
del quale non si verificò che, come scrissi, si fosse abboccato, ma non
per questo si crede che sia per diferirsi lungamente, se pure non è
seguito fin'ora.

26 septembre.

Della Regina Madre gli ultimi avvisi sono, che ella aspettasse pur
tuttavia intorno a Bordeaux, fino a tanto che, restituite le terre, come
scrissi, restituisse la moglie al re di Navara, il quale le preparava intanto solenne entrata in Nérac. S'intende che la Regina sia stata con
molta reverenza e osservanza onorata e reverita dagli ugonotti di
quelle provincie, essendo infiniti andati ad incontrarla, e avendo particolarmente i Roschellesi per loro ambasciatori, oltre a molta cerimonia e dimostrazione di buona volontà, supplicato Sua Maestà che le
piacesse onorare quella terra della sua presenza; si crede che, come la
Regina si sia abboccata con Navara, se ne anderà verso Tolosa, perchè
si publichino e si eseguischino i capitoli della pace.

Per la mia degli xvii luglio scrissi a Vostra Altezza di Parabel. Ora
mi occorre di soggiungere il fine tragico. Il detto Parabel non volse
obedire in alcun modo, nè alli comandamenti del Re, nè alle minaccie
di Damville; anzi era divenuto così insolente, che con molte rapine et
estorsioni di quell'infelice populo e villaggi che erano sottoposti alla sua
giurisdizione, manteneva tre mila fanti, dei quali erano capi molti
nobili che seguivano la sua fortuna, onde quel paese ne viveva in
estrema necessità; alla quale si aggiungeva, che una tal madama della
Torretta, gentildonna nobile, bella di corpo, ma difforme d'animo,
avendo allacciato fieramente d'amore Parabel, tiranneggiava ancora
più crudelmente quei populi. I quali, fatti in ultimo dalla necessità

industriosi, trovorno modo da liberarsi da così grave giogo. Offer-
sono a Parabel di contribuire ogni mese trenta mila franchi per le
paghe de' suoi soldati, purchè, mandandosi in un villaggio destinato da
loro, essi si assicurassino delle insolenze che questi usavano nella terra.
Tal condizione parve onesta e utile a Parabel; onde l'accettò insieme
con i trenta mila franchi, che gli presentavano in quell'istante; e
poco appresso fece sgombrare i soldati, e inviare al luogo deputato.
Ma poi che egli con tal arte e in tal maniera restò disarmato, se gli
levò contro il populo con tanto furore, che non sazio del sangue e della
morte di esso e di molti principali che egli si trovava accanto, ammazzarono ancora madama della Torretta, congiunsero l'uno sopra l'altro
corpo, e in tal guisa li trascinorno obbrobriosamente per tutta la terra.

Solamente dei seguaci di Parabel serbono vivo un tale Spiart,
perchè si persuadevano che costui potesse essere consapevole di un
trattato che poco prima si era scoperto in Avignone, tentato dal
suddetto Parabel, e per quanto si dice, con più alte intelligenze di
qualche principe ugonotto. Questo Spiart, adunque serbato forse a
maggior supplizio, è stato mandato prigione in Avignone, e si crede
che egli sia per manifestare cose di molto momento. Intanto la rocca
di Beaucaire è ritenuta ancora da un gentiluomo Guascone che depen-
deva da Parabel, ma la terra resta sotto il governo del marescial Damville, conforme all'intenzione di Sua Maestà.

Di modo che, con il caso seguito poco avanti del Ponte San Spirito,
e con quest'ultimo di Beaucaire, agli ugonotti di quelle provincie non
resta più scusa legittima di non publicare ed eseguire la pace, e, secondo le condizioni di essa, restituire molte piazze promesse e obligate
al Re.

Fussero pure gastigati tutti quei tristi e scelerati che hanno demeritato appresso l'Altezza Vostra Serenissima, come Francesco Alamanni,
come io non mi curo punto che altri me l'imputi[1]!

---

[1] Ce dernier alinéa est de la main même de l'ambassadeur.

## XXXIII.

### SARACINI AU GRAND-DUC.

#### Paris, octobre 1578.

SOMMAIRE. — *6 octobre*. Peu d'empressement du roi de Navarre; l'entrevue toujours retardée. Maladie et mort de Don Juan d'Autriche. La position de *Monsieur* n'en deviendra pas meilleure. Binch assiégée par Bussy. Prise de Lons-le-Saulnier par des troupes de *Monsieur*. Arrestation, à Bayonne, d'un ancien secrétaire de M. de Montmorency. Menaces de révolte en Bourgogne et en Picardie. Résistance du parlement à la levée de nouveaux impôts. Les sceaux donnés à M. de Chiverny. Envoyé du Roi en Portugal. Arrestation du capitaine de la Chapelle, assassin de Francesco Alamanni. Les évêchés de Carcassonne et d'Agde donnés à M. Damville. — *12 octobre*. L'entrevue des reines et du roi de Navarre doit avoir lieu à la Réole. Agitation dans les provinces. La place de Binch s'est rendue. *Monsieur* refuse d'entrer dans la ligue protestante. Le duc de Parme commande les Espagnols depuis la mort de Don Juan. Progrès des troupes de *Monsieur* en Franche-Comté; mécontentement des Suisses. Heureux effets du voyage de la Reine mère. — *15 octobre*. Accession de *Monsieur* à la ligue protestante, à la prière de la reine d'Angleterre, qui lui fait espérer sa main. Offres et démarches du Roi Catholique pour empêcher ce mariage. — *21 octobre*. Contagion en Flandre; prochain retour de *Monsieur*; son voyage projeté en Angleterre malgré les remontrances du Roi. Soulèvement des catholiques de Flandre contre les huguenots. Envoi de M. de L'Aubespine à Rome, pour faire approuver au Pape la création d'un nouvel Ordre (celui du Saint-Esprit). Nouvelles diverses. — *25 octobre*. Envoyé de Pologne, chargé d'offrir au Roi, au nom des nobles mécontents, de reprendre la couronne de ce pays. Les troupes de Flandre se débandent. Envoi de M. de Simier en Angleterre. Bon accueil fait par le roi de Navarre aux deux reines, qui en ce moment sont à Toulouse.

6 octobre.

Pare che la corte si vada tuttavia confermando a Fontainebleau. avendo Sua Maestà di nuovo comandato che tutti gli ambasciatori vadino a stare là vicino, e che sieno provvisti di alloggiamenti a Moret, poichè in Melun, dove prima erano stati segnati, vi ammala e vi muore di molta gente.

Intanto non s'intende che le regine si sieno abboccate col re di Navara, e pare strano che tanto si vada differendo; temendosi ormai che quel re, persuadendosi che gli fusse negata la moglie, piuttosto si movesse a domandarla per avere occasione a nuove querele, che per desiderio che ne avesse; poichè ora non solo si mostra tiepido e lento a riceverla, ma quasi interamente renitente sotto vari pretesti.

Qui s'intende per certo una strana novella, che porta quasi in un istesso tempo la malattia e la morte del signor Don Giovanni d'Austria, e come, ammalando intorno alli xvi del passato di febbre pestilente, il dì primo del presente, già disperata la salute del corpo, fosse provvisto con la sagrata ultima unzione a quella dell'anima, e che poco appresso egli la rendessi a Dio. Questa morte pare che qui sia sentita con molta pietà, facendo forza la virtù e il valore di tanto cavaliere all'invidia e all'odio naturale di questa nazione, massime non si sperando che da questo accidente sieno per essere di miglior condizione l'interessi di *Monsignore;* stimandosi che quella gente sfrenata e licenziosa non meno sia per insuperbire contro l'Altezza Sua che contro la Maestà Cattolica; di che ne può essere ancora non leggiero indizio l'intendersi che ultimamente in Gand sia incrudelita contra Dio, con orribile strage di tutti o della maggior parte dei religiosi che vi si trovavano.

Per una lettera de La Noue s'intende, che *Monsignore* medesimo era andato sotto Binch per riconoscere il sito, e che poco appresso, essendosene ritornato a Mons, aveva inviati all'espugnazione di quella terra molti pezzi di cannone, avendo lasciata la carica di tale impresa a Bussy d'Amboise. Dentro allo terra vi si trovavano circa il numero di dugento Spagnuoli, e quattro compagnie di Valloni; e perchè l'esercito del Cattolico non potesse soccorrerla, quello degli Itali si era accampato fra Namur e detto Binch; il quale espugnato che fosse, *Monsignore* si unirebbe con le sue forze a quelle degli Stati, e così congiunti anderebbono per combattere l'esercito nemico.

Le pratiche della pace continuavano tuttavia, ma si rendevano difficili per le dissenzioni particolari degli Stati, avversando il principe di Orange per interesse proprio, e il conte di Lalaing per obbligazione e fede data a *Monsignore;* ed è credibile che queste difficoltà s'accresceranno per la morte del signor Don Giovanni. Intanto è tornato il secretario Villeroy da *Monsignore;* e, se bene non si sa che negozii siano 'i suoi, si crede nondimeno che non senza gran mistero vadino innanzi e indietro uomini di tal qualità.

Alli giorni passati, s'intese che nella Franche-Comté le genti di

*Monsignore* avevano occupato Lons-le-Saulnier, terra di qualche importanza, e la quale, con molte altre insieme, essendo del principe di Orange, era poi stata confiscata della Maestà Cattolica; onde per la recuperazione di essa si dice che il signor Don Giovanni aveva spedito il conte Annibale Altemps con buon numero di gente.

S'intende che, per ordine del Re e della Regina Madre, sia stato preso in Bayona un secretario già del conestabile, e poi del duca di Montmorency, chiamato M. di Ardoise, stato prigione ancora altre volte nella Bastiglia, nel tempo che Sua Eccellenza vi era ritenuta. La cagione di questa ultima prigionia è stata l'intelligenza ch'egli teneva con Spagna; e pare che, essendo caldamente raccomandato da madama di Montmorency, Sua Maestà le mandasse all'incontro le proprie lettere che gli si erano trovate di Spagna; onde madama rispose che, essendo incorso in tale errore, non solo non pregava per la sua liberazione, ma per contrario che fusse gastigato.

Si dice che il duca du Maine sia passato in Savoia per sue particolari pretensioni; e che la Piccardia e la Borgogna restino tutte sollevate in arme, per fare resistenza alle nuove imposte, e per mantenere le antiche loro' esenzioni. Similmente qui in Parigi, il parlamento si mostra molto renitente ad accordare molti altri dazii e gabelle che di nuovo si propongono, e che accrescerebbono infinitamente le entrate di Sua Maestà. Finalmente, dopo lunga difesa, è stato levato il sigillo al cardinale Birago, e dato a Chiverny.

Sua Maestà ha mandato in Portogallo M. di Beauvais, si crede per complimento di condoglienza per la perdita miserabile di quel re, e di congratulazione per la nuova assunzione dell'altro[1].

Intendo che quel capitano de la Chappelle che ammazzò l'Alamanni, è stato preso per opera del Capponi; alla qual presa egli si è trovato in persona con le genti del signor di Montluc.

M. Ruccellai, vescovo di Carcassona, ha litigato già più d'un anno prima in Tolosa, e poi in Parigi, contra molti prelati sottoposti al suo

---

[1] Le roi Sébastien avait été tué dans son expédition contre les Maures, le 4 août, à la bataille d'Alcaçar Quivir. Le cardinal Henri, son grand-oncle, lui avait succédé.

vescovado; i quali l'hanno incolpato del vizio di sodomia; e, sotto
questo pretesto, e di un odio universale che egli si è acquistato in quel
paese, cercato di farnelo privare per via di giustizia; onde s'intende
che Sua Maesta, vedendo che quei popoli non lo volevano più ricevere
in modo alcuno, abbia donato il vescovado al marescial Damville, il
quale similmente poco prima era stato gratificato del vescovado di
Agde, vacato per la morte di M. Sanseverino.

12 octobre.

Gli ultimi avvisi che ci sono da Bordeaux mostrano che la marescialla di Damville si trovasse appresso la Regina Madre, e s'intende
che ella le dava ferma speranza che presto vi sarebbe il marescial ancora per servire alla Maestà Sua nella publicazione e ratificazione della
pace. Nè per ancora s'intende che le regine si siano abboccate col re
di Navara, ma bene che erano tuttavia per abboccarsi, essendosi tolto
dalla mente di quel re il sospetto che la Regina Madre avesse seco
due mila cavalli per farlo prigione con queste forze, sotto pretesto di
rendergli la moglie; pure ora assicurato, era per riceverle a la Réole,
nove leghe di là da Bordeaux.

Intanto molte provincie di questo regno si vanno sollevando e recal-
citrando agli editti regii, come già scrissi aver fatto la Borgogna; e
pure ultimamente sono comparsi gli ambasciatori di Auvergna, per
rimostrare l'aggravio che ricevono, e insieme le loro immunità; e già
sono stati intesi da Sua Maestà e rimessi qui a Parigi; e pare che vi
sia qualche opinione che la Normandia ancora sia per fare il medesimo motivo. Nella Provenza si ode similmente rumore, non volendo
accettare M. di Susa per nuovo governatore, mostrando quei nobili di
non volere obbedire se non comanda loro qualche principe, essendo
stato già lungo tempo costume di quella provincia non avere governatori di altra qualità; e pare che il Gran Priore, per mostrare di non essere partecipe di questi tumulti, se ne stia con le galere alle isole di
Hyères.

Il governo di Beaucaire, già tenuto forzatamente da Parabel, l'ha
di poi ottenuto il barone di Vers, genero di madama del Bene.

Di Fiandra si dice, che *Monsignore* abbia finalmente ottenuto Binch per accordo, nè per questo si trovava interamente sodisfatto, vedendo che gli Stati andavano così lenti in eseguire le capitolazioni a suo favore. Intendo similmente che Sua Altezza non ha voluto sottoscriversi alla lega, come ha già fatto il re di Navara, con la regina d'Inghilterra, con li Stati, con il re di Danimarca, Casimiro e gli altri confederati; perchè non venendo approvata questa tale confederazione da Sua Maestà, mandò Villeroy a *Monsignore* per distorlo, col mostrargli come, essendo questi principi quasi tutti nemici della corona di Francia, potrebbe facilmente nascerne l'intera distruzione di questo regno, del quale egli pure aveva gran parte, e potrebbe facilmente avvenire che ben presto ne fusse interamente possessore; nel qual caso si troverebbe avere favoriti i suoi propri e principali nemici. Queste persuasioni di Sua Maestà sono state adunque cagione, che *Monsignore* non si sia sottoscritto conforme all'intenzione che ne aveva data in principio, e alla buona intelligenza che pure tuttavia tiene con la regina d'Inghilterra; con la quale pare che sieno più che mai vive le pratiche del parentado, forse sperando una delle parti cavar denari per questa via, e l'altra assicurarsi di quà maggiormente con simili intelligenze, e rendersi in un tempo medesimo più formidabile, o almeno più difficile a Spagna; dalla qual banda apparisce non leggiera cagione di ragionevole sospetto, massime nascendo qualche accordo nella Fiandra, come si crede. Donde l'esercito Cattolico, aspettando o una simile resoluzione o nuovo ordine di Spagna per la morte del signor Don Giovanni, se ne sta ozioso e senza alcun motivo; se bene pare che in questo mentre ne resti capo, come luogotenente già di Sua Altezza, il signor principe di Parma, riconoscendosi nondimeno ancora molta autorità nel conte di Mansfeld il vecchio.

Intanto s'intende che quei soldati di *Monsignore*, che si trovano nella Franche-Comté, abbino occupate e tuttavia vadino occupando molte piazze di quella provincia.

S'intende ancora che *Monsignore* aveva mandato un personaggio in terra de' Svizzeri, forse a mostrare, come ai confederati di quella provincia, le ragioni con le quali si moveva; intendesi nondimeno che quei cantoni, non l'approvando, armavano con molta sollecitudine.

In questo punto ci è nuova, che le regine si sono abboccate con Navara in la Réole alli ıv del presente, dove furno da quel re caramente ricevute, avendole incontrate due leghe lontano, con molti altri segni di gratitudine e di osservanza. S'intende similmente che di poi anderebbero a Tolosa, dove si preparava una solenne entrata alla regina di Navara. Appresso la Regina Madre se ne verrebbe a fare l'Ognissanti a Chenonceaux, e di là a Parigi. In questo viaggio Sua Maestà ha quietate con la presenza sua molte discordie di quei populi, e confermatili nella devozione del Re e nella religione cattolica.

15 octobre.

Mi viene affermato che *Monsignore*, per cedola a parte, si sia obligato alla lega con gli Stati e con gli altri confederati, a persuasione della regina d'Inghilterra; la quale si è acquistata molta autorità sopra l'Altezza Sua, con quasi certe speranze di matrimonio e con segni di singularissima affezione, avendo più volte detto all'ambasciatore Bacqueville, che di nessun altro principe si era mai così sentita commossa, o se era lecito dirsi, accesa come del valore e del merito infinito di *Monsignore*. Queste dimostrazioni di parole amorevoli, ella l'ha comprovate ancora con preziosi presenti, avendogli mandato un suo ritratto con ornamenti d'oro di gran valuta. Similmente essendole mandato all'incontro da *Monsignore* un diamante di eccessiva bellezza, ella gl'inviò appresso una fenice d'oro adorna di bellissime gioie. Con tutto questo, venendosi alla conclusione del matrimonio, pare che ella mostri che non dependa interamente dalla libera volontà sua, ma che sia necessaria l'approvazione e consenso del parlamento generale già appuntato per questo tempo, e differito poi al marzo venente; adducendo insieme che, essendo suo sommo desiderio di fare *Monsignore* padrone non solo di se stessa, ma liberamente di quel regno, le era necessario disporre molti di quei principali all'intento

suo; il che era per venirle facilmente fatto, purchè se le concedesse
questo piccolo spazio di tempo che l'era necessario.

Intanto essendosi di già certificata la Maestà Cattolica di queste
trame, con le quali cerca quella regina la sua sicurezza in un accordo
o disperazione delle cose di Fiandra, e conoscendo quanto l'appoggio
di quà potrebbe esserle di giovamento alla recuperazione di esse, e
forse del proprio regno d'Inghilterra, diviso e sollevato per le differenze della Scozzia, ha offerto alla Regina Madre di maritare la seconda figliuola a *Monsignore* con gran dote, e con promessa di dargli al
primo figliuolo maschio quella parte della Fiandra che è pretesa da
questa corona. Alle quali condizioni si dice che *Monsignore* non inclini
punto, anzi che con la Regina, sua madre, abbia esclusa interamente
la pratica, tanto si mostra invescato dalle speranze e dalle lusinghe
d'Inghilterra; a tale che è uscita voce ancora che Sua Altezza fusse per
andarvi ben presto, e che non fusse per differirsi molto la conclusione
di tal matrimonio.

La corte si crede che domane o l'altro se ne andrà a Dolinville,
donde al ritorno della Regina Madre sia per tornarsene a Parigi.

Essendo comparsi nuovamente gli ambasciatori del Poitou, per le
medesime protestazioni che hanno fatto quelli di Borgogna, d'Auvergna e di Piccardia, pare che Sua Maestà chiami alla corte i duchi di
Montmorency e il maresciallo di Bellegarde, per le cose di Languedoc
e di Provenza.

21 octobre.

L'altro ieri Sua Maestà fu qui in Parigi dove, si fermò una sera in
casa del Diaceto[1], senz' essere palesata; e il dì seguente se ne andò a
Dolinville, con animo di starvi sino a Ognissanti, e tornare poi a Fontainebleau; al qual ritorno gli ambasciatori hanno ordine di andare a
Melun, dove già erano stati segnati gli alloggiamenti.

Il matrimonio di *Monsignore* con la regina d'Inghilterra tuttavia si

---

[1] Banquier Florentin.

va maggiormente verificando, intendendosi che ella abbia proposto le medesime condizioni che già offerse al duca di Anjou, oggì Re; rimettendosi inoltre assai liberamente a quel più e meno che da Sua Altezza verrà determinato; della quale si crede che presto sia per tornare in Francia, acquistando tuttavia forza il mal contagioso nella Fiandra; onde non solamente l'esercito Cattolico ne venga distrutto e sbandato, ma ancora non sia sicuro di stare quasi in nessuna parte di quei paesi. Si crede similmente che *Monsignore* sia per andare presto in Inghilterra, essendovi chiamato da quella regina, per la quale andata egli fa grande apparato di livree e di altre pompose apparenze.

Sua Maestà fece intendere a *Monsignore*, per il secretario Villeroy, quanto poco le paresse commendabile tal matrimonio, non possendo Sua Altezza per esso migliorare di condizione, nè sperare figliuoli da una donna assai provetta; il che doveva essere principale oggetto per la successione di questo regno; e sopratutto le ricordava, che volesse considerare maturamente in quali parti e in quali mani commettesse la persona e vita sua propria. Al che Sua Altezza pare che rispondesse, che il Re, suo fratello e signore, si quietasse; che tutto tornerebbe in servizio della Maestà Sua, e in utile e onore proprio, avendo molto bene considerato a quanto bisognava.

Intanto per lettere di Douai e di Arras s'intende, come il conte di Egmont, di Lalaing, M. de Montigny, principalissimi signori della Fiandra, s'erano collegati contro gli eretici di quei paesi, avendo fatto pubblicare un editto in tutte le terre d'Artois et di Hainaut, che a pena della vita nessuno ardisse innovare cosa alcuna contro la religione cattolica; e di più che M. di Montigny, fratello del conte di Lalaing, si era inviato con venti quattro insegne di Valloni contra Gand, sì per procedere contro detti eretici, come per liberare molti prigioni cattolici che ivi erano ritenuti per commissione del principe d'Orange, e particolarmente una contessa, zia del detto Montigny e del conte di Lalaing; oltre a questo che quei popoli erano in modo sollevati per tale editto, che già avevano scacciatti gli eretici di molti villaggi, e specialmente della città d'Ypres. Onde confuso il principe d'Orange

DE LA FRANCE AVEC LA TOSCANE.

per tal novità, ne aveva reso conto alla regina d'Inghilterra per un segretario di M. d'Aldegonda, suo principalissimo e favoritissimo consigliere; per il quale mandato domandava ancora ajuto, come in causa
di comune interesse; ma pare che la detta regina si mostri del tutto
aliena d'impiegare le forze e favore suo nelle guerre civili e discordi
particolari di quelli Stati.

S'intende che il segretario L'Aubespine torna spedito da Sua Maestà
a Nostro Signore, per ottenere amplissimi privilegi d'erigere una nuova
religione o cavalleria, della quale un numero prefisso sia obligato a
seguire continuamente la corte; e, per trattenimento di essa, passino
in commenda molti priorati che si trovano in questo regno.

Il Diaceto, dopo molte difficoltà, ha conclusa la compra e il contratto della contea di Châteauvillain, nobile per molta antichità e su-
periorità di altri luoghi vicini; e, per quanto egli medesimo mi ha
detto, ha speso intorno a quattro cento mila franchi; ne caverà per dieci
mila l'anno di miniere di ferro, e da vivere comodamente con cento
cavalli da sale e olio in poi.

Sono già molte settimane che s'intese la morte del povero Adovardo
Giachinotti in Tarascon. La sua pensione era di già stata data a un
Provenzale, siccome è costume di farsi in ogni minimo dubio che venga
dell'altrui vita.

25 octobre.

Sua Maestà si trattiene tuttavia a Dolinville, togliendosi in tal maniera ai negozii, ai quali ha dato interamente bando per fino al ritorno
suo a Fontainebleau o a Parigi, che ancora non se ne intende certa
resoluzione. Questo recesso è cagione che non abbia ancora avuta audienza un nobile Pollacco, venuto per occasioni particolari del referendario di quel regno, e con lettere e con commissioni di mostrare al
Re, e alla Regina Madre, come la Polonia si trova piena di tumulti e
di poca sodisfazione verso il Transilvano, essendosi accorti quei principali che egli non cammina ad altro fine che di sottoporla interamente
al Turco. Onde essendo ancora e fresca e grata la memoria che Sua
Maestà ha lasciata di sè in quelle parti, potesse facilmente sperare di

recuperare quel regno, del quale pure riserbava il titolo, insieme con molta grazia e favore della nobiltà e del popolo. Ma per qual via e con quali condizioni così difficile impresa debba essere proposta, io non l'ho saputo penetrare; solamente fino qui ho ritratto da tale che dice avere viste le proprie littere dirette da questo referendario a M. Pasquale, al quale questo Pollacco era indirizzato in assenza di M. di Pibrac, che al presente si ritrova presso la Regina Madre. Questo M. Pasquale è un gentiluomo Piemontese molto grato al Re; il quale con la sua destrezza già trasse di Polonia tutti i mobili che Sua Maestà vi aveva lasciati; e ancora riserba molte amicizie e molta intelligenza in quelle bande.

Di Fiandra non ho che soggiunger altro, se non che le genti di *Monsignore* pativano e si sbandavano, non meno che quelle del Re Cattolico, patendo la medesima necessità per la carestia e male contagioso di quei paesi: Di più che quei di Gand, ostinati nella nuova religione, avevano chiamato in loro protettore Casimiro. Intendo similmente che *Monsignore* inviava nuove truppe di genti nella Franche-Comté.

Si trova qui M. di Simier per andare in Inghilterra, avendo già parlato al Re, ed espostogli la quasi resoluta intenzione di *Monsignore* intorno al matrimonio con quella regina, insieme con molte ragioni apparenti di comodo, d'utile e di servizio della corona. Alle quali Sua Maestà ha risposto che, non volendo *Monsignore*, suo fratello, conformarsi seco, ella era resoluta conformarsi con la mente di lui, e di pigliare non solamente in buona parte quanto determinasse, ma ancora d'ajutarcelo per quanto potesse.

La Regina Madre s'intende che si tratteneva tuttavia intorno a Tolosa, e che aveva gran concorso di moltitudine per la publicazione e ratificazione della pace in quei paesi. Aveva seco la regina di Navara, con disegno di restituirla interamente al re, suo marito, al ritorno che facesse di Tolosa; dal qual re l'una e l'altra regina avevano ricevute cortesi e reverenti accoglienze; ma dal principe di Condé non vi apparse mai nè lettera, nè mandato, nè altro segno di quieta e pacifica intenzione.

## XXXIV.

### SARACINI AU GRAND-DUC.

Paris, novembre 1578.

SOMMAIRE. — *4 novembre.* Assemblée réunie près de Toulouse pour proclamer la paix. Attitude menaçante de plusieurs provinces. Les troupes de *Monsieur* le quittent peu à peu, et sont maltraitées à leur
retour. Le duc de Parme gouverneur général; ses forces augmentent de jour en jour. — *10 novembre.*
Mécontentement en Bretagne. M. de Simier; son prochain départ pour l'Angleterre. Troubles à
Arras; politique du prince d'Orange. Saint-Omer se déclare en faveur du Roi Catholique. — *24 novembre.* Progrès de la Reine mère en Languedoc. Sa présence nécessaire en Provence. La Bourgogne
et la Normandie s'apaisent; la Champagne est toujours agitée. Nouvel ambassadeur de Pologne.
*Monsieur* est retenu en Flandre par le parti du comte de Lalaing; propositions qui lui sont faites.
Supplice de l'assassin de Bernardo Girolami. — *30 novembre.* La Reine mère à Agen; réconciliation
complète du roi et de la reine de Navarre. M. de Simier attend à Paris la réponse de la Reine mère;
*Monsieur* n'a pas quitté Mons. Projet de massacrer les Italiens qui se trouvent à Paris. La pension de
Raffaello Girolami est portée de quinze cents francs à quatre mille.

4 novembre.

Per publicazione e stabilimento della pace in Guienna, in Languedoc e negli altri luoghi vicini, si è publicata un assemblea da tenersi
a l'Isle Jourdain, vicino a Tolosa, dove dicono che sieno per intervenire alla presenza della Regina Madre, il re di Navara, il cardinale di
Bourbon, il duca di Montpensier, i marescialli Damville e Bellegarde,
Biron, e i deputati particolari delle terrè di quelle provincie. Questa
assemblea non si è fatta in Tolosa, perchè Navara non si è fidato di
entrarvi; e si crede che la Regina Madre se ne tornerà poi per la Provenza, Delfinato e Lione.

Essendosi tenuti in Borgogna li Stati particolari, con l'intervento
delli mandati del Re, secondo l'ordine che già i deputati loro riportorno da Sua Maestà, per determinare intorno a quanto domandavano,
ovviando in tal maniera allo scandolo che, con l'esempio loro, som-
ministravano alle altre provincie, par che nondimeno quei popoli
facciano tuttavia maggiore istanza; e particolarmente che il Clero abbia non solamente interdette le riscossioni delle decime alli ministri
regii, ma ancora dimandi la restituzione delle riscosse fin'ora. Inten-

desi similmente che in Bretagna siano tumulti nuovi per la medesima
cagione.

Di *Monsignore* s'intende che per ancora si trovi a Mons, e che Sua
Altezza si era già voluta ritirare a Soissons, terra forte nelle frontiere
di Piccardia; ma che quel governatore s'era scusato di non la volere
ricevere senza ordine espresso del Re; onde ella ne avesse fatto instanza
per il medesimo Simier appresso Sua Maestà. Intanto attendeva alla
fortificazione di Binch e di quelle altre terre assegnate dalli Stati.
dentro alle quali aveva messo guarnigione circa tre mila fanti e cinque
cento cavalli che l'erano restati, essendosi tutto il resto dell'esercito
sbandato così per la fame come per la peste, come ancora per essere
già spirato il termine che Sua Altezza era obligata di mantenervi maggior numero. Queste genti, secondo che si sbandavano e se ne tornavano alla sfilata, sono state molto mal trattate nella Piccardia da quei
popoli, irritati ed esasperati per le insolenze che usorno passando già
per quella provincia, la quale per tal rispetto non aveva possuto fare
le ricolte de' grani.

Dall'altra parte s'intende, che il signor principe di Parma sia stato
con molto onore assunto al generalato dell'esercito Cattolico, nel medesimo luogo e nella medesima autorità che già teneva il signor Don
Giovanni, felice memoria; e che quell'esercito, se bene aveva perso e
patito molto per la fame e per la malattia contagiosa, nondimeno andava tuttavia ingrossando, aspettando il signore Annibale Altemps con
un reggimento d'Italiani, e Francesco di Sassonia con cinque mila Alemanni. Per il signor L'Aubespine questa Maestà ha inviati due diamanti
di valuta intorno a dodici e quattordici mila scudi l'uno, per onorare
con essi il nunzio Nazareth e l'ambasciatore Micheli.

10 novembre.

Sua Maestà si trattiene a Dolinville, lasciando in dubio se di là deva
tornarsene a Parigi o Fontainebleau. Intanto ragionando ella col signor Filippo Strozzi, gli conferì come aveva dato ordine alla Regina
Madre, che, sbrigatasi quanto prima dalla assemblea di l'Isle-Jourdain,

s'inviasse verso la Provenza a quietar li tumulti di essa, e a persuaderla a ricevere M. di Susa per suo governatore.

Il governatore di Brettagna, per raffrenare quei popoli, fu forzato di promulgare un editto, in nome di Sua Maestà, contra quelli esecutori delle gabelle, imponendo che non procedessero più avanti fino a nuova commissione.

M. di Simier si trattiene ancora qui, aspettando forse non meno qualche comodità di denari, che resoluzione della Regina Madre intorno al maritaggio da concludersi in Inghilterra; per la quale andata si mette suntuosamente in ordine, e già ha provvisto un carcante e altre gioie di molta valuta per gratificarne quella regina.

Di Fiandra s'intende, che *Monsignore* si tratteneva tuttavia a Mons, dando ordine alle cose sue di là, e aspettando quanto venisse concluso dalle pratiche d'Inghilterra. In Arras tumultuando la parte ugonotta, sotto colore che quel magistrato volesse sottomettere la terra alle forze Francesi, sollevò in modo il popolo, che il detto magistrato fu fatto prigione; appresso conoscendosi lo strattagemma, e prevalendo la parte cattolica, non solamente fu liberato il magistrato, ma furno decapitati quattro principali ugonotti, e gli altri seguaci posti in fuga. È opinione comune, che il principe di Orange nutrisca con sommo studio le discordie fra i cattolici e gli ugonotti, a fine che, essendo uniti quelli Stati, non acconsentino alla conclusione della pace con il Cattolico. Per opera del governatore di Gravelines dicono che Saint-Omer, luogo importante nelle frontiere di Fiandra verso la Piccardia, sia tornato nuovamente alla devozione della Maestà Cattolica, e che il medesimo governatore, con l'intelligenza di molti nobili del paese, tenti di ridurvi similmente il paese di Hainaut e di Artois.

Del principe di Parma s'intende che, animato dal nuovo soccorso di Alamagna, se ne andava verso Bruxelles, per affrontare con molta resoluzione l'esercito de' nemici.

D'Inghilterra s'intendono molti particolari rispetto all'impedimento della peste. Quella regina si trovava a Richemond, quattro leghe lontano di Londra.

2 4 novembre.

L'altro ieri Sua Maestà si partì da Dolinville, e se ne andò a Fontainebleau, con disegno di tornare a Parigi per tutta questa settimana, e di già si fanno le provvisioni necessarie per tal venuta.

La Regina Madre si trova ancora a Tolosa, e s'intende che ella faccia tuttavia nuovo frutto con la sua presenza e con l'ajuto del cardinale di Bourbon, del duca di Montpensier, di Damville e di molti altri principali signori che ella si trova appresso, riducendo quei popoli in pace, ed uniti alla devozione e obedienza della corona. Apparisce ancora una buona intelligenza col re di Navara, il quale, per essere più vicino alla Maestà Sua, si era ridotto a l'Isle-Jourdain, lontano cinque leghe da Tolosa, e quivi era bene spesso visitato dalla regina, sua moglie.

Intanto i romori della Provenza bollino ardenti più che mai, intendendosi che la parte di M. di Susa, proposto nuovamente a quel governo, e quella di M. des Cars già sono alle armi e alle mani; e in tal maniera pare che quella provincia ricerchi instantemente la presenza della Regina Madre.

La Borgogna con l'editto del suo governatore, il quale è stato quà interamente approvato, si è del tutto quietata, dando ancora speranza di compiacere in qualche parte al Re, suo signore. Il medesimo si spera della Normandia, con ogni poca sodisfazione che sia data loro da Sua Maestà; ma gli umori della Champagna appariscono per ora di più maligna natura, come quelli che si credono fomentati e mossi da più alte cagioni.

È tornato da Roma il secretario L'Aubespine, nè sappiamo per ancora che resoluzione porti intorno all'erezione del nuovo ordine di cavalleria.

È venuto similmente a questa corte un nuovo personaggio di Polonia, detto l'abate di Oliva, stimato assai in quel regno per nobiltà e per ricchezza; e dicono che porti titolo di ambasciatore; ma da chi o perchè venga mandato non sappiamo ancora.

Sua Maestà fa diligente e industriosa inquisizione di denari, facendo, oltre a molte straordinarie imposte, ricercarne in presto da tutti i prelati ricchi e commodi religiosi.

Di Fiandra non s'intende altro, se non che *Monsignore* era già in procinto di partirsene, poichè la stanza e la presenza sua là pareva indarno; ma il conte de Lalaing e gli altri principali dell'Hainaut e di Artois, i quali non vogliono Spagnuoli, nè s'intendono col principe di Orange, nè con gli altri della nuova religione, l'hanno instantemente e supplichevolmente ritenuto; e si crede che questi medesimi gli darebbono volentieri il titolo di conte e il dominio di queste due provincie, se questa Maestà si contentasse di dichiararlo e di riconoscerlo come suo suddito per la parte di quei paesi dovuta alla corona; e a questa condizione aggiungono che, morendo *Monsignore* senza figliuoli, queste due provincie ricadino alla corona di Francia.

Dell'esercito Cattolico, impedito dai cattivi tempi e dal mal contagioso, non s'intende cosa alcuna di nuovo.

Venerdì passato, il Valletta[1], convinto e condennato, fu posto vivo sopra la ruota nel ponte di San Michele; dove, essendo rotto in più parti, fu appresso esaminato dalle quattro ore dopo il mezzo giorno fino all'un'ora di notte. Egli parlò sempre; ma di quel che fusse domandato o quel che rispondesse dicono che non poteva intendersi, se non da quelli che lo esaminavano. In ultimo lo liberorno con la morte da così orribile tormento. Questa improvvisa, subita e atroce esecuzione dicono che fusse comandata con le proprie littere del Re, forse per dare questa sodisfazione al capitano Bernardo Girolami[2], già disperato dai medici, avanti che morissi. Restono ancora in prigione la femmina e il servitore di quello sgraziato; nè sappiamo che debba essere di loro, sebbene Raffaello, per ammonizioni del capitano Masino del Bene, si mostra alieno di volere spignere più avanti questa causa.

Sabato, nel mezzo giorno, morì poi il detto capitano Bernardo; e, per

---

[1] Voyez, pour cette odieuse affaire, les dépêches suivantes, réunies toutes sous le n° xxxv. — [2] Assassiné par ce Valletta.

quanto mi è referto, con molta quiete di animo, avendo dato ordine alle cose sue, senza alcun segno di alterazione o di odio o di vendetta. Domani si faranno le sue esequie con molta cerimonia; alle quali interverrà M. nunzio, il signor ambasciatore di Venezia, e il signor marescial di Retz, oltre a molti altri signori, che per due gentiluomini a posta vi sono stati invitati da Raffaello Girolami; per ordine del quale sono stato invitato anch'io, ma non vi interverrò, travagliato più del solito da una mia lunga e domestica infermità.

3o novembre.

Mercoledì tornò in Parigi Sua Maestà.

S'intende che la Regina Madre si era ritirata in Agen, affine che il re di Navara, assicurato come in terra di suo governo, intervenisse alla dieta da tenersi per li interessi scritti più volte. Viene ancora voce da quelle bande, che, oltre ad un vero e reciproco amore, che si vede tra la regina di Navara e il re, suo marito, ella possa facilmente essere gravida, se i molti indizii per molto desiderio non mentono.

Intendo essere tornato quel mandato, che con la resoluzione della Regina Madre doveva dare le mosse o arrestare del tutto M. di Simier; nè per anco si può giudicare l'ordine che egli porti, così variamente e confusamente se ne parla; ma fra pochi giorni doverà discernersi il vero.

*Monsignore* se ne sta tuttavia a Mons, aspettando risoluzione da ogni banda; dove dicono che scorre fino sulle porte con molto ardire la cavalleria Spagnuola, sotto la scorta del signor Ottavio Gonzaga.

Quell'ambasciatore o mandato di Polonia dà nome di non avere altro negozio che di riscuotere molti crediti di particolari pretesi da quella Maestà.

Il capitano Perze, uomo di seguito, e principale in questa città, avendo sollevati molti contra gli Italiani, era già in procinto di rinnovare la festa contro di essi, come già fu solennemente fatta il dì di San Bartolomeo contra gli ugonotti; ma perchè doveva incominciarsi di notte, e temeva del capitano della guardia che va attorno con gran numero di cavalli e di uomini armati, si risolve a conferirgli la sua intenzione, oltre la quale lo pregò che gli piacesse essere seco a sì degna impresa. Ma questo capitano della guardia, non solo non volse acconsentire, ma revelò il tutto a Sua Maestà; onde egli ha fatto incarcerare il detto capitano Perze e alcuni principali seguaci, e comandato che si proceda contro di essi rigorosissimamente.

Raffaello Girolami, oltre ai mille cinquecento franchi che si trovava di pensione, ha ottenuto ultimamente da Sua Maestà la metà di quella di suo zio, che era di cinque mila.

---

## XXXV.

### LETTRES SECRÈTES DE SARACINI ET DU SECRÉTAIRE CURZIO DA PICCHENA.

#### Paris, 21 octobre-29 décembre 1578.

Sommaire. — Affaire de l'assassinat de Bernardo Girolami, frappé par un sicaire aux gages de l'ambassadeur et de son secrétaire, Curzio da Picchena. Le secrétaire, compromis et arrêté, n'est condamné, par grande faveur, qu'au bannissement perpétuel. Tristes et odieux détails. Démarches et frayeurs de l'ambassadeur. Nouvelles diverses.

#### LE SECRÉTAIRE CURZIO AU SECRÉTAIRE BELISARIO VINTA.

21 octobre.

.... Quando noi cominciammo insieme circa il negozio di Antonio Capponi, e che io gli[1] mostrai li modi che avevo di farlo perseguitare, dissi ancora dei denari ch'io avevo in mano per questo effetto. Alla partita poi che egli fece di qui, mi disse che i cinquecento scudi che Sua Altezza gli aveva mandato, avevano servito la maggior parte a pagare molti suoi debiti; e che, se io non gli prestavo cento scudi, non si rincorava di fare questo viaggio con mille promesse.

25 octobre.

L'ultima e la migliore invenzione che io abbia possuto trovare per

---

[1] Il s'agit de ce misérable Valletta. Un certain Gascon devait agir, de concert avec lui, pour assassiner Antonio Capponi.

il Valletta, è stata di fargli pigliare una camera a pigione, che risponde
nel giardino del Girolami [1], dove egli suole consumare buona parte del
giorno per passa tempo ; e questa mattina mi ha detto averla vista e
fermata, e che non gli poteva venir modo migliore di questo.

*Même date.*

Subito conto alla signoria vostra, affinchè ella possa fare dare l'ordine
per i denari, se non le paresse a proposito l'anticipare, poichè
il Valletta lo tiene già per fatto ; e, perchè io credo che M. Enea Rinieri non avrà modo di sborsare denari di suo, parendo a vostra signoria, potrà fargli venire quà in sua mano sotto nome di M. Bernardino,
suo fratello ; nè io gli farò risquotere, se prima non veggo il nimico atterrato.

*9 novembre.*

Poichè per i tempi piovosi il Valletta non potè mai vedere Bernardo Girolami nel suo giardino, ci risolvemmo di tentare altra via ;
cioè che io lo facevo ogni giorno avvisato dove costui si andava a trattenere, ed egli, montato a cavallo, lo stavo aspettando quando la sera se
ne tornava casa. E, avendolo seguitato circa otto giorni sempre con
qualche impedimento, alla fine essendo stato ieri da me avvertito che
egli si trovava in casa di M. Ruccellai, l'aspettò al ritorno, e trovatolo con comodità, gli tirò un colpo di pistola ne'reni ; il quale intendo
che non gli tocca l'interiori, e il pericolo consiste solo in una costola
rotta ; e ha versato dentro, di modo che incerta la sicurezza della vita
sua. Per disgrazia del Valletta, si trovò sopra una cantonata della
strada, verso dove egli se ne fuggiva, Raffaello Girolami ; il quale avendo
conosciuto il zio, e visto tirare il colpo, corse alla volta del Valletta, e
attraversatogli la strada, gli tirò una staccata nel corpo, di tal sorte
che non ne potè ritrarre la spada ; il che per quanto intendo averia

[1] La confusion est possible au milieu de
ces exécrables complots. Curzio en voulait
en même temps à la vie de quatre proscrits : Francesco Alamanni, déjà frappé, Bernardo Girolami, qui va l'être, Piero et Antonio Capponi.

potuto sfuggire, se non fosse stato ch'egli volse fare paura a Raffaello con la pistola scarica, pensando in questo modo di farsi la strada, e arrivare a quello canto, dove egli mi diceva che era solito di tenere altri Francesi per sua scorta. Di questa maniera fuggito se ne fuggì, e altro non si è saputo di lui, se non che a uno alloggiamento, dove soleva stare, si è trovato il suo cavallo tutto insanguinato; dal che si fa giudizio, che egli sia mortalmente ferito. Con tutto questo intendo, che hanno mandato la giustizia a cercarlo, e alla fine si crede che lo troveranno, se da quei suoi amici non è stato bene nascosto. Io penso di averne presto nuove per via del suo servitore, che doveva venirmi a trovare, e in questo mentre non gli devono mancare denari, avendosi sino a ora avuto da me circa cento scudi.

Quanto ai sospetti che costoro possino avere donde la cosa venga, il signor Chiaramonte, che è andato oggi a vedere il Girolami, mi ha detto che quasi tutti tengono che costui l'abbia fatto per vendetta particulare della sua prigionia, fomentato sempre da Bernardo, e che ancora pensasse che la sua morte dovesse essere grata al Granduca; e non vi è che Piero Soderini, che scioccamente esclama, e vuole persuadere a tutti che Sua Altezza medesima l'abbia fatto fare. Ma siccome costui è uno insensato, così non è chi tenga conto delle sue parole, le quali per un bicchiere di vino si voltano come la foglia al vento.

Quel Guascone finalmente uscì[1], ed io gli ho di già parlato tre volte; e, se prima, sulla relazione del Valletta, ne avevo buona opinione, adesso l'ho buonissima, chè io ho sentito dalla bocca sua quanto caldamente egli abbracci l'impresa contro Antonio Capponi, e quanto egli la reputi facile; perchè mi ha detto avere domestica entratura in casa di M. di Montluc che è suo vicino; e veramente si conosce che egli è persona di condizione, e da far conto delle sue parole, massime sendo uomo di età circa quarantacinque anni. Mi ha discorso ancora de' modi ch'egli vuol tenere in eseguirlo, e mi ha fatto conoscere un soldato del suo paese di buonissima presenza, che egli riserbò quì per con-

---

[1] Le Gascon était en prison.

dur seco a questo effetto. Per quanto io ho possuto ritrarre dalle sue parole, desidererebbe in su questo principio di essere ajutato di due o trecento scudi, perchè non può partirsi di quà, che prima non abbi satisfatto quel debito che lo teneva prigione, essendo uscito con sicurtà di pagarlo avanti che parta di Parigi. E ancora gli bisogna comprare due cavalli e arme, per fare il viaggio con quel soldato. Se parrà a vostra signoria di metterlo in considerazione a Sua Altezza, veramente mi parrebbe bene collocato, perchè io ho una speranza quasi certa che abbia da fare qualche opera buona. Nel resto io gli ho dato intenzione che, dopo il fatto, avrà tre o quattro mila scudi[1]; e credo che egli disegni di poi passare in Italia, e venire a fare reverenza a Sua Altezza.

Ci restano quei Francesi, che il Valletta si tratteneva, che credo sieno tre o quattro; ai quali, succedendo, mi disse che aveva promesso cento scudi per uno, sebbene mi pare che l'abbino servito di poco, perchè fussero più sicuri; ma aveva fatto parlare tre dì innanzi a uno di loro di chi egli si fidava molto, a fine che io l'assicurassi, che, seguendo l'effetto, sarebbe mantenuto loro quanto il Valletta prometteva; di modo che, se il Girolamo si muore, sarà necessario contentarli, quanto che ne bisognerà darne ancora loro qualche parte, affine che abbino a starsene cheti, massime se avranno porto qualche ajuto al Valletta per la sua salvazione.

Io credo che vostra signoria sappia come quello Scipione Casanuova, Ferrarese, è venuto quà per passare in Inghilterra, con disegno di levare dal mondo quello Pier Capponi; e, sebbene costà egli si fece introdurre a Sua Altezza dal cavaliero Serguidi, il quale ne ha scritto a me, penso nondimeno che vostra signoria ne sia consapevole; ma, per non sapere io in chi stia la distribuzione de' negozii, la prego che l'avernele io tocco un motto non mi possa pregiudicare; basta che io l'ho detto a proposito di quello Agostino Senese, che non mi pare che sia da mandarlo in Inghilterra, sino che non si vede che effetto faccia

---

[1] Le scudo valait un florin d'or, ou un sequin de Venise, soit environ onze francs cinquante centimes de notre monnaie.

questo Scipione, il quale fra pochi giorni partirà per quella volta; perchè il detto Agostino ha avuta amicizia seco quì in Parigi, ed egli gli
ha dato ad intendere di volere andare in ogni altro luogo che in Inghilterra; di modo che, se si riscontra tutti due, dubito che l'uno impedirebbe l'altro, cioè che Agostino, sapendo che io ho conosciuto quà
Scipione, sospetterebbe del negozio, e si sdegnerebbe che io non
gliene avessi comunicato, onde si potrebbe temere che, per questo
sdegno, egli avvertisse il Capponi. Oltre che per i modi che Scipione
mi ha comunicato per eseguire l'effetto, io ne ho buonissima speranza. Nondimeno farò quanto mi sarà comandato da vostra signoria.
Il signor Chiaramonte mi ha detto, che il Giachinotti gli lassò in mano
un cornetto, dove è una certa materia che avvelenerebbe arme che
Agostino da Pescia aveva portato di costà, e che me lo consignerebbe
ogni volta che io volessi; ma io ho volsuto prima scriverne a vostra
signoria, affine che ella comandi quello che se ne deva fare; e forse
potria essere cosa buona per quello Guascone.

10 novembre.

Questa sera, alle due ore di notte, il Valletta ha mandato da me il
suo servitore con una lettera, per la quale mi dava conto, come del
male stava in buono essere, e che si trovava quì in Parigi, nascosto in
casa di un barbiere che lo medicava, dove desiderava di parlarmi. Onde
io subito ci sono andato; e, avendo inteso che la sua ferita, se bene è
grande, non è mortale, mi sono fatto ragguagliare di tutto il seguito.
E, oltre a quello che io ne scrissi ieri a vostra signoria, mi dice che
riconosce la vita e la sua salvazione da quei Francesi, suoi amici, i
quali la sera medesima fattolo medicare, lo condussono fuor di Parigi,
e per il sospetto grande che avevano della giustizia, se ne stettero tutta
la notte e il dì seguente alla campagna in una caverna, lontano una
lega da Parigi; e, la notte passata, ritornatisene quì, fu messo da
quello Guascone in casa di questo barbiere, dove, se bene mi dice
che pensa di essere sicurissimo, nondimeno io l'ho consigliato a partirsene quanto prima; perchè io so che il Girolami fa ogni isquisita

diligenza che sia preso, e non risparmierà denari per averlo nelle mani; oltre che, come io gli ho detto, è cosa pericolosa che non sia scoperto da quelli uomini che l'hanno ajutato a portare; i quali per questa causa non vuole lasciar partire di quella casa.

Tutti quelli ajuti che io gli potrò dare non ne mancherò, e questa sera gli ho dati nuovi denari per potersi curare, e ancora gli ho provvisto di quel raro balsamo per la sua ferita; e domattina verrà da me quello Guascone, affinchè pensiamo insieme circa la sua salvazione e sicurezza. Nel resto egli sta di buonissima voglia, sperando presto di essere guarito; e mi dice che, se bene l'archibusata del Girolami non tocca l'interiori, che si assicura che non ne camperà, rispetto alla qualità delle palle. Desidera che quanto prima ci sia l'ordine de' denari, affinchè possa sodisfare a quanto ha promesso, massime confessando che, senza questi ajuti, non si sarebbe possuto salvare in modo alcuno; e per quello ch'egli deve distribuire a questi Francesi, barbieri, medici e altre sorte di uomini, dice che gli faranno di bisogno di circa cinquecento scudi, oltre a quelli che vorrebbe avere in borsa per lui, come di già ho scritto. Quello Guascone si è portato e si porta verso di lui tanto generosamente, che mi accresce ogni giorno più la buona opinione che io ho di lui; e ardisco di dire, che, andando egli in Guascogna, io tengo quello Antonio Capponi per morto; ed ho speranza che, se da Sua Altezza sarà avanzato su questo principio di quella somma che io scrissi, che i denari non saranno buttati via. Di quella che si dice moglie del Valletta, egli non me lo confessa, ed io non credo che sia se non qualche sua puttana.

12 novembre.

Perchè il Valletta non poteva più ritenere in casa due uomini che l'ajutorno a portare, si risolvè ieri sera di dare loro quindici scudi per uno, e licenziarli, con promessa che fra pochi giorni ne avrebbero altrettanti, e con giuramento che lo terrebbono segreto; e, per assicurarsi che questi tali non lo scoprissino, voleva oggi farsi trasportare in un'altra stanza, trovatagli da quello Guascone, dove il medesimo bar-

biere, del quale si assicurano, lo andrà segretamente a medicare; e
credo che l'avrà fatto. Intanto, per mezzo de' miei amici, io ho fatto
oggi seminare per la città una voce, che egli sia stato trovato morto per
la strada di Borgogna, e che certi mercanti di vino l'abbino referto,
per assicurarmi che non faccino diligenza di cercarlo quì; e questo
sarà facile a darlo ad intendere, poichè quello primo barbiere che lo
medicò da sera, disse che la ferita era mortale, e alla quantità del
sangue che si vedde sul cavallo ogni uno si persuadeva che non potesse
vivere; e, perchè egli si possa trattenere tanto che di costà venga l'ordine de'denari, io gli ho dati tanti quanti ne avevo, come vostra signoria potrà vedere per le incluse cedole di sua mano, avendo io speso
quello che ci resta in quello Agostino Senese, nel pecorino, e nel processo di quello cavaliere, oltre ai cento scudi che ebbe il Giachinotti;
e se intanto gliene bisognessero delli altri, cercherò di provvedergli,
affinchè non si guardi a spesa alcuna per salvarlo.

Del Girolami per ancora è incerta la sicurezza della vita; e, se bene
intesi ieri che i medici ne avevano buona opinione, nondimeno un barbiere, che è stato da lui questa notte, ha detto che ne fa cattivo giudizio, e che ha dei segni mortali; oltre a che il Valletta mi dice, che
giuocherebbe la vita sua che non camperà. Con questa sarà ancora
una lettera che egli scrive a suo padre, e prega vostra signoria che si
degni di mandargliela. Mi ha tenuto proposito, che per l'impresa di
Guascogna vorrebbe avere del veleno, per potere tentare diverse vie
da fare morire quello Capponi.

18 novembre.

Per non avere voluto il Valletta uscirsene di Parigi, come continuamente io gli predicavo, gl'interverrà il servire di spettacolo al popolo,
perchè finalmente, essendo stato scoperto, per via della moglie di uno
di quelli che lo ajutorno portare, fu preso giovedì sera, alli tredici del
presente, insieme con suo servitore, del quale m'incresce più, perchè sarà uomo per via di tormenti di confessare almeno che io gli parlava spesso e dava continuamente denari al Valletta; il quale intendo

che sino a ora nega arditamente, e si crede che lo lasceranno guarire, per potere procedere con tormenti. Alla fine della sua causa, io farò ogni diligenza di avere il suo processo, per poterne mandare copia.

Il Girolami s'intende che stia male, e che non sia sicuro della vita. Quello Guascone, se bene è avvenuta questa disgrazia, non si perde d'animo, ed è resolutissimo di volere abbracciare l'impresa contro Antonio Capponi; ed io non manco di mantenerlo in questo buon proposito, con promessa ancora, che sul principio sarà ajutato da potere spedirsi di quà fare il viaggio. Intanto io mantengo in viva speranza quei Francesi che ajutorno il Valletta, che saranno presto contentati; uno dei quali che mi conosce, è venuto due volte a parlarmi per questo effetto, e ancora mi si è offerto, che, venendo occasione, s'impiegherà sempre volentieri per servizio di Sua Altezza, e mi dice che li altri suoi compagni non conoscono il Girolami, e che il Valletta non conferì il caso se non a lui, assicurandomi che da loro non se ne sarà mai parlato.

---

SARACINI AU GRAND-DUC.

24 novembre.

L'ambasciatore di Venezia mi ha fatto intendere che il Valletta, nelle ultime esamine, ha rivelato di essere venuto in Francia di comandamento di Vostra Altezza, e perchè ammazzasse il signor Troilo Ursino con premio di sei mila scudi. E che di poi ci era stato raffermato per ammazare costui Girolami; similmente di avere ricevuto denari quì dal segretario ultimamente, e da me prima. Ed in somma quello che sapeva e non sapeva; e che egli aveva medicato la ferita col balsamo.

1ᵉʳ décembre[1].

Dopo l'avere questa mattina avuto nuova che M. Curzio, secretario, era stato messo in prigione per comandamento del Re, onde così atter-

---

[1] Cette dépêche est écrite tout entière de la main de l'ambassadeur.

rito, me ne andai subito alla corte, per intenderne la cagione dalla
Maestà Sua, e seco far querela di tanto affronto, secondo che Dio mi
avesse spirato per interesse della dignità di Vostra Altezza, e per beneficio dell'uomo. Quivi adunque trovato e parlato al signor Gondi,
andò subito per introdurmi al Re, già ritiratissimo, ma in cambio ne
riportò questa risposta, dicendo che non accadeva, essendo certo di
quello che io desideravo, ma che io non mi dessi pena; che tutto quello
che concernesse l'onore di Vostra Altezza o l'interesse mio particolare,
voleva egli medesimo esserne protettore; ma che contro il secretario
era stato tirato per i capelli a procedere in tal maniera, per non rompere gli ordini della giustizia, e causare scandali grandissimi; di che mi
parlerebbe dopo domani, essendo il giorno seguente ancora occupato
in un battesimo solenne d'un figlio di M. di Saint-Luc, per la qual
causa aveva denegata l'audienza a molti altri ambasciatori che le ne
facevano caldissima istanza. Non ostante questa risposta, il signor
Gondi tornò a supplicare Sua Maestà, che, dovendo andare al vespero,
le piacesse darmi questa satisfazione di ascoltare quattro parole per la
strada. Replicò che queste non erano materie da trattarsi per le vie,
ma che io avessi un poco di pazienza, e confidassi che mi darebbe
tutte le satisfazioni che io sapessi desiderare; e intanto me ne fussi argomento, che avendo comandato che il secretario si pigliasse, proibì
espressamente che non si eseguisse nella mia casa, intendendo che ella
sia riguardata come conviene. Con questa risoluzione adunque, e con
lunghi ed amorevoli discorsi del signor Gondi, me ne tornai, assai
mal contento di non avere potuto almeno sfogare in qualche parte
l'animo mio.

Il medesimo signor Gondi mi disse, che la cagione degli scandali
che potevano nascere dal non permettere il Re che il secretario fussi
preso, era per avere Sua Maestà poco prima comandato, che con ogni
rigore si procedesse contro quei che avevano tumultuato per ammazzare
gli Italiani; onde il luogotenente del criminale, tornando iermattina a
Sua Maestà, renitente a lasciare che si procedesse contro M. Curzio,
disse con molta confidenza, che, se ella voleva che si gastigassero se-

veramente quelli che con qualche ragione si movevano contro l'Italiani, e agli Italiani consentiva si grandi eccessi, allora deponeva il
suo magistrato, non intendendo amministrarlo in sì alterata e corrotta
giustizia, e protestava di quanto potesse avvenire di tale inconveniente.
A queste parole Sua Maestà non rispose altro, se non che le portasse
il processo di quell'Orazio Rasponi o Filippo Eschini[1], dal quale dependono le cagioni di tal cattura; il che fece subito. E il Re volse leggerlo
tutto con molta considerazione, presenti alcuni più intimi; e appresso
dette ordine che questa mattina, ragunato il consiglio, si vedesse e si
determinasse; e quivi fu resoluto che il segretario venisse incarcerato,
come avvenne quasi nel medesimo istante, trovandosi nel Louvre
senza sospetto alcuno.

Io da questa così strana rezoluzione parmi avere giusta causa di
temere, che restino gagliardi indizii contro M. Curzio; al che m'induce
ancora l'atrocità del tormento di quello sgraziato, per la quale potesse avere detto tutto quello che gli nasceva nella mente, e traviare
in tal maniera. Ma poi che questa mala ventura di M. Curzio non è
accompagnata dalla colpa, spero presto se ne verria alla giustificazione, ritrovandosi ancora prigione quel compagno e non servitore del
Rasponi, per quanto dicono, con il quale a quest'ora sarà forse stato
confrontato, intendendo massime che oggi, non ostante la festa, è stato
esaminato, e si vede che sollecita.

Dall'altra parte, mi assicuro tanto più della sua innocenza, perchè,
oltre al credere fermamente che non avesse causa di trattare simili
materie, sono già quattro giorni che da più persone sono stato avvertito, come quello sciaurato aveva parlato del secretario e calunnia-
tolo gravemente; ond'io gliene dissi e avvertii più volte, pregandolo
caldamente che pensasse bene al suo pericolo, e all'aggravio che insieme ne riceverebbe l'Altezza Vostra. Egli all'incontro si mostrò sempre così meravigliato e alterato che io dessi orecchie a simili ciancie,
e di esserme tanto alieno, che io ne restai sempre quieto; non potendo

---

[1] Le véritable nom du misérable assassin
de Girolami était Filippo Eschini. Orazio
Rasponi et Valletta étaient des noms sup-
posés.

credere, che, essendo altrimenti, non avesse almeno per se stesso preso qualche espediente; se pure per suo capricio gli tornava commodo di diffidare del mio consiglio, fedele almeno, siccome al presente ne apparivano gli effetti a suo beneficio, se saprò o potrò tanto.

Ma principalmente mi è parso di ricorrere in questo frangente al sicuro patrocinio di M. di Montmorency; onde inviato domattina il mio maestro di casa a sua eccellenza con le mie lettere caldissime, supplicandola che, se pure non può con la presenza, le piaccia almeno di intromettere la somma autorità sua a favore d'un ministro innocente di Vostra Altezza, e con quei più efficaci e potenti mezzi che sia possibile, essendone ora il tempo. E poi che qui non vedo altri amici alla corte, farò recapito del maturo consiglio e pronto favore di M. di Lenoncourt. nel quale confido assai. Mi varrò anche dell'ajuto di tutti gli ambasciatori, perchè si risentino come di offesa comune in persona publica; e in somma, non lascerò indietro cosa che mi sovvenga, o giudichi atta ed espediente in tanta fortuna. Nella quale ne nuoce non poco, che M. Curzio fusse preso con li stivali e con li speroni, passeggiando con essi alla corte, di che io non so meravigliarmi a bastanza; essendo che, dopo il caso del Girolami, andò fra gli altri un bando capitale contra chi portasse stivali e speròni per la terra, provvedendo in tal maniera, che dopo qualche eccesso non si trovassero i delinquenti così presti a fuggirsene, come più volte era avvenuto. Può essere che a questo bando il segretario abbia contravvenuto per ignoranza, che a pena è credibile; ma molto meno si fa verisimile, che egli si mettesse a tanto risico per arroganza, o per fuggirsene secondo la comune opinione; non essendo però egli così grande che si potesse promettere tanto di se stesso, nè manco sì goffo, che non sapesse quanto fusse direttamente contraria la via del Louvre alla sua fuga.

La spesa del corriere è pattuita sessanta scudi fino a Lione, e cento da Lione in là, che in tutto sono centosessanta sei scudi d'oro d'Italia[1].

---

[1] Le florin ou écu d'or valant 20 paoli ou 11 francs, la somme à payer au courrier était de 1,826 francs.

3 décembre.

Mi parve acerbo caso la cattura del segretario, e veramente degno
di essere significato all'Altezza Vostra per espresso corriere, e mi trafisse
grandemente, considerato il poco rispetto avuto alla degnità di lei;
chè in quanto al pericolo dell'uomo, nocente meritava poca compassione per la sua temerità, e innocente era per liberarsi presto dalle
false calumnie; nelle quali se bene io gli ho somministrato tutti quei
fideli ajuti che potevano dal mezzo mio desiderarsi, non perdonando a
spesa o a fatica alcuna in causa così dubia, spaventevole e di tanta conseguenza all'Altezza Vostra; mi dicono nondimeno questi più esperti
o conoscenti in simili fortune, che ogni altro offizio è vano fuor di quello
che se ricercherebbe da una prudente e salda costanza del segretario. Questo travaglio dico parevami che fosse assai potente per affli-
germi internamente l'anima; ma bene di poi mi accorsi che era la minor parte dei miei mali; però che, scoprendo più avanti il vivo e il più
profondo di questa piaga, ho penetrato, che non tanto si agitava della
causa o del pericolo di esso segretario, ma dell'onore e della mia vita
stessa. Di che iermattina mi avvertì prima il signor Diacceto, e dipoi
me lo confermò più rigorosamente M. di Lénoncourt, informati destramente, e per mia istanza, delle condizioni della causa dai principali officiali che la maneggiavano, e da quei più intimi nella camera
del Re; i quali con molto sdegno avevano scoperta a questi l'irritata
mente di Sua Maestà, anzi oltre modo incrudelita contro di me, per ciò
che quello sciagurato, ultimamente rotto sopra la rota, nell'estremo
depose, che del suo eccesso ne aveva da Vostra Altezza commissione,
e da me particolare istigazione per mezzo del segretario, avendogli per
esso mandato danari, lettere e ambasciate; e di più che egli disegnava
di ammazzare alcuni altri, che da lui furno nominati. Onde il Re ne ar-
deva di sdegno, in modo che questi tali tenevano per certo, che, se il
segretario fusse trovato colpevole, non per vie ordinarie o di giustizia o di altra considerazione, ma tumultuariamente sarebbe vendicata
col mio sangue e di questi altri miei, la morte già del signor Troilo, e

ora questa del Girolami, l'una e l'altra pretesa dalle medesime cause; nè stimano irragionevole che si satisfaccia con la morte di un ambasciatore di Vostra Altezza, ancorchè innocente, alla indegnazione di Sua Maestà e degli altri principali, giudicando che con poco riguardo e con molta vergogna loro, quasi sfregi nel viso, naschino questi fieri accidenti. Con tutto questo ha tanta forza la verità e l'innocenza, e il conoscere io che vale assai meno l'infelice mia vita dello scorno che in un certo modo mi parebbe di portare all'Altezza Vostra o con la fuga o con altro atto indegno e vile, che non. punto mi rimuovono tali spaventi; oltre a che mi conforta assai che in tale caso l'ignominia, odiosa a me più che la morte, e che con essa insieme necessariamente me ne conseguirebbe in questa corte, fusse per essere dispersa in qualche modo dal chiaro testimonio di Vostra Altezza a favore della mia innocenza, e della riputazione della mia casa. Nel restante sia pure certa, che io non stimerò mai di perdere, se non quello che già devotamente era offerto e debito a lei.

Ma tornando al fatto, conosco bene che sono pur troppo dure le parti che mi si appresentano; però che non è dubbio alcuno che, se M. Curzio ha travagliato punto in queste pratiche, può facilmente avere speso il mio nome, perchè quel tale sgraziato più volentieri e con più ardire s'inducesse alle sue persuasioni; e se per cagione così leggiera, egli non ebbe rispetto d'intrigarmi in questo rischio, che doverà fare ora incarcerato, aggirato e timido in tanto pericolo? Però che si ritrovano anche incarcerati la femina, il servitore, e due altri Guasconi, amici o complici di quell' Orazio; senza che se è dolce cosa nelle miserie avere compagni, è da credere che M. Curzio cercherà tanto più volentieri di tirarmi nella sua medesima fortuna, quanto che, oltre lo sperarne qualche maggiore riguardo, è già gran tempo che, per sua o per mia colpa, egli mi odia a morte. Il che però non può causare all'incontro alcuna tepidezza in me a suo beneficio, poi che la mia viene congiunta con la sua causa; oltre al servizio che con ogni pericolo della vita e dell'onore io devo a Vostra Altezza, non ostante che l'istessa mia calda operazione potesse in qualche parte aggravare il sospetto, che,

come ho detto, si ha del fatto mio. Parmi nondimeno di avere in quello
come nelle altre circostanze gran violenza di fortuna; poichè fin ora
non mi è stato concesso, nè possibile di sfogare l'animo mio con il Re,
perchè, dopo l'avermi negata l'audienza, non solo a me, ma ancora a
molti altri ambasciatori, e forse per causa mia, si partì di quà, innanzi
al giorno, per San Germano, con l'avere fatto differire tutte le audienze al suo ritorno; il quale non solo nè è stato oggi, secondo l'intenzione datane, ma non siamo certi che sia per essere domani. Questa
dilazione o artificiosa o casuale non è dubbio alcuno che renderà più
rigorosa l'inquisizione intorno ai conti di M. Curzio, sebbene io non ho
mancato di addolcire l'asprezza dei suoi giudici con tutti quei mezzi
che mi sono stati possibili.

Questa sera è tornato l'uomo mio da M. di Montmorency; e
perchè tutte le cose procedino con la medesima fortuna, ha trovato
quel povero signore posto in una estrema angoscia di gotte e di mal
di pietra. Con tutto questo non cessava di mostrarsi bene disposto a
favorire gl'interessi della Altezza Vostra; e, dolendosi di non potere
egli medesimo venire in persona, o almeno poter scrivere di sua propria mano, ha inviato un suo segretario con lettere caldissime di madama, sua moglie, scritte a suo nome al luogotenente del criminale,
il quale ha in mano il tutto, e solo può veramente favorirne dopo il
Re. Ed io ho speranza che elle ci siano per essere di molto giovamento,
siccome le reputo di molta autorità, poi che la carica del primo giudice criminale è dello stesso duca di Montmorency[1], e conseguentemente il luogotenente viene ad essere obligato e sottoposto alli comandamenti di sua eccellenza. Altro non mi occorre che di pregare
Iddio, che di questa, come di ogni altra meno trista ventura, gli piaccia
concedere l'intera sodisfazione all'Altezza Vostra.

Post-Scriptum. — Ritenuta la lettera fino al giorno seguente. Il segretario di Montmorency parlò al luogotenente; ne riportò assai buone

---

[1] Le duc de Montmorency était gouverneur de l'Ile de France.

,arole, e che fin'allora da M. Curzio non si era cavata cosa di momento; ma che in quanto a lui procederebbe con ogni dolcezza per
amore di sua eccellenza. Il Re non è tornato ancora, e si aspetta domane.

7 décembre.

Io mi credevo che le cose nostre fussero già in tranquillo, quando
scrissi a Vostra Altezza la mia delli IV; e, per quanto egli[1] medesimo
aveva referto all'uomo mio, mostrava che quei che testificavano contro di lui, secondo alcuni segnali che producevano, non l'avevano conosciuto per quel tale che essi volevano inferire; onde io con sì certo
argomento dell'innocenza sua, ne resi grazie a Dio e conto alla Altezza
Vostra. Ma, la mattina seguente, avendo io mandato parimenti a visitarlo, trovai che di nuovo l'avevano ristretto, mostrando che ancora
non fussero interamente purgati gli indizii contro di lui; e in effetto mi
sono certificato che si procede nella causa con ogni rigore.

Io finalmente ho avuta l'audienza dal Re, dopo l'essermi stata differita dalla domenica passata fino a questa; nè però posso ragionevolmente lamentarmi per molta istanza che io ne abbia fatta, poi che è
stata differita parimenti l'audienza ancora di qualche giorno innanzi a
M. nunzio e allo ambasciatore di Venezia.

Ora perchè, in tanto pericolo di M. Curzio e in tanto sdegno di Sua
Maestà, pareva che si convenisse procedere con tutta la modestia che
fusse possibile, mostrai principalmente di credere che l'affronto ricevuto dall'Altezza Vostra in un suo ministro non potesse procedere se
non da urgentissime cagioni di rigorosa giustizia; non essendo verisimile che Sua Maestà, consapevole di tanti beneficii e servizii che con
vera devozione questa corona aveva ricevuti dalla serenissima casa
de' Medici, fussero stati contracambiati di così mala moneta; che,
quando ancora questi rispetti non v'intervenissero, la parentela, la
dignità e grandezza di Vostra Altezza non pareva che in alcun modo

---

[1] Le secrétaire Curzio.

comportasse tale affronto; ma poi che la Maestà Sua aveva fin'ora
assai rigidamente sodisfatto alla osservanza di una somma giustizia,
acciò che ella non divenisse somma ingiuria, io la supplicava umilissi-
mamente che le piacesse mostrare giustamente pietade, poi che Dio,
del quale Sua Maestà è vera imagine in terra, l'usa non pure verso
gli innocenti, come già M. Curzio apparisce giustificato, ma bene spesso
verso i delinquenti. Mostrai appresso che l'innocenza nel segretario
già fussi chiara per le prove che gli erano state addotte innanzi, e che
non l'avevano conosciuto per quel tale che pretendevano; e quando
ancora non si contentasse di questa prova, le piacesse di sodisfarsi
delle vive ragioni che militavano per la parte di esso. Cosa certa è, che
i demeriti del capitano Bernardo Girolami verso l'Altezza Vostra erano
così inveterati, che non ricercavano più nuova punizione; e quando
pure se la fusse andato industriosamente procacciando, Vostra Altezza
non si sarebbe facilmente indotta a dargliela, per essere stato se non
altro antico e provvisionato servitore di questa corona, e conseguentemente nessuna cagione poteva indurre M. Curzio ad instigare o fomentare simile eccesso.

Dall'altra banda non è nessuno che non sappia con quante ingiurie
e persecuzioni il capitano Bernardo, non solo si avesse esasperato e
provocato quell'infelice Orazio, ma ridottolo finalmente in estrema
disperazione, avendolo prima ritenuto sì lungamente prigione, e dipoi
impeditogli il soccorso di denari che gli venivano di casa, e in ultimo
privatolo della servitù del duca di Mercœur, senza mai volere ascoltare le sue giustificazioni, come più volte l'aveva fatto pregare, anzi
rendendogli in contracambio quelle ingiuriose parole, che quando non
fossero state accompagnate da così ingiuriosi fatti, sarebbero state
quasi potenti, ancorchè in un animo ben disposto, a fargli fare una
simile disperata resoluzione. Onde io non vedevo come dovessero ricer-
carsi altri istigatori o altre cagioni che la propria ingiuria e il proprio
sdegno. E sebbene, per quanto mi veniva referto, egli nell'estremo
della vita, aveva incolpato il secretario, non mi pareva meraviglia alcuna, se il tormento crudele e inusitato, lo spavento della morte e il

molto vino che gli dettero in quell'istante, lo facessero deviare dal vero in tal maniera farneticando. Per le quali ragioni io tornava a supplicare la Maestà Sua, che le piacesse commettere la liberazione di M. Curzio, già che innocentemente veniva ritenuto, levandoci così dal viso questa vergogna, afferendole ancora che io promettevo di rappresentarlo (concedendomelo) ad ogni richiesta e comandamento della Maestà Sua.

La quale, avendo più volte interrotto le ragione e i preghi esposti di sopra, mi rispose diffusamente, ma in sostanza : che, siccome conosceva molto bene i meriti infiniti dell'Altezza Vostra aggiunti all'obligo della parentela, così desiderava occasione di riconoscerli con i suoi propri benefici, non tanto che fusse mai per sperare in oltraggio di lei. ma che per due rispetti aveva concesso che si provedesse contro il secretario : l'uno per non alterare gli ordini antichi di una inviolabile giustizia, alla quale contravvenendo egli si sarebbe reputato indegno del nome e della corona che portava ; l'altro perchè, conoscendo di quanta vera bontà fusse l'Altezza Vostra, giudicava tanto più degni di punizione quei ministri che si mostrassero cattivi, e in nessuna parte conformi alle ottime qualità di lei ; e che, in quanto i meriti particolari della causa, Sua Maestà non era informata, però non poteva per allora darmene alcuna certa resoluzione, ma che ne intenderebbe e a me farebbe sapere il tutto ; e in tanto io mi promettessi da lei, e in questo e in ogni altro affare concernente al servizio dell'Altezza Vostra. tutte quelle sodisfazioni che ella potesse onestamente concederne.

A simili parole replicai che M. Curzio era in luogo di giustificazione, e che io sperava che apparirebbe ben presto, insieme con la sua innocenza, la nequizia di quelli, che nemici di Vostra Altezza e non punto amorevoli servitori della Maestà Sua, la persuadevano in contrario, e a procedere con tanto rigore contro di esso, non per ritrarne altro che scandalo. Onde io di nuovo la pregavo umilmente di commettere al luogotenente del criminale di usare in questa causa più tosto termini di equità che di rigorosa giustizia ; a fine che, abusandosi l'inesperienza di M. Curzio, non venissi a prodursi più in lungo, con maggiore nostro scorno. Della quale dimanda si scusò parimenti non potermi risolvere, fino a tanto che fussi meglio informato delli meriti della causa. La quale dopo l'averle io caldamente raccomandata per gli interessi di Vostra Altezza, mi licenziai dalla Maestà Sua. La cagione che io domandai a Sua Maestà che commettesse al luogotenente del criminale (come ho detto), fu perchè il secretario di M. di Montmorency me ne aveva avvertito da parte del medesimo luogotenente, rispetto agli ordini rigorosi che egli aveva di agitare questa causa; assicurandomi ancora, che per quanto comportasse la carica dell'officio e dell'onor suo, procederebbe con ogni dolcezza.

Io non ho mancato di ajutarmi per tutte quelle vie, per le quali ho possuto sperare giovamento o di ovviare al nocumento della causa; e sopratutto mi sono valso continuamente della prudenza e molta autorità di M. di Lenoncourt, il quale ha fatto officii caldissimi con il detto luogotenente del criminale, con il procuratore del Re, e con il primo presidente, che sono quelli che governano il tutto in questi affari. Mi sono parimenti ajutato con M. di Bellièvre, con il cardinale Birago e col marescial di Retz, e in somma con tutti quelli che potevano ajutare e favorire gli interessi nostri; nelli quali ho trovato officiosi e amorevoli, il signor Orazio Ruccellai, il signor Geronimo Gondi e il signor Diacceto, e M. Nofri Mellini, che mi ha giovato non poco con i termini delle sue leggi. Il signor Orazio ha fatto gagliardo offizio con M. d'O, potentissimo a placare l'ira del Re, come suo più favorito mignone. Similmente M. nunzio, nella sua audienza, fece istanza con Sua Maestà per la liberazione di M. Curzio, risentendosene come d'interesse comune a tutti gli uomini publici. Non potei già indurre al medesimo l'ambasciatore di Venezia, come io mi promettevo più che di ogni altro, temendo egli degli ordini rigorosi della Sua Repubblica.

Quei di Borgogna e di Brettagna di nuovo fanno istanza di non essere molestati d'altre imposte, e renitenza particulare che i prelat loro prestino danari alla Maestà Sua.

Intendo che, nel numero dei trenta uno cavalieri di San Spirito nominati da Sua Maestà, venghino particolarmente compresi, il signoi

Filippo Strozzi, il marescial di Retz, e il conte di Fiesco. Temesi nondimeno che, concedendosi o publicandosi l'erezione di queste nuove
commende, possa facilmente nascere garbuglio per interesse del clero.

Sua Maestà ha spedito ultimamente M. di Maintenon alla Regina
Madre, perchè, essendo molto travagliate le cose di Guienna, per
avere i cattolici occupato Royan, e gli ugonotti Taillebourg, non si
potendo facilmente pacificare, persuada a Sua Maestà di ritornarsene
quanto prima. Queste nuove turbolenze fanno credere che ancora la
regina di Navara sia per tornarsene insieme con la madre.

Di Fiandra s'intende che Casimiro si tratteneva con le sue genti intorno alla Mosa, e che aveva preso a patti la terra di Deventer in
Gueldria a nome degli Stati, e che era per assediare Ruremonde, vicina
a Maestricht; per la qual causa il principe di Parma si era mosso a
quella volta, per soccorrerla come terra di molta importanza.

*Monsignore* si tratteneva tuttavia a Mons con poca sodisfazione, vedendo che quelle poche genti, che gli erano rimaste, venivano tuttavia
disperdendosi dalla peste o dalla fame più che dalla guerra.

La regina d'Inghilterra faceva ogni suo sforzo per riunire li Stati, e
si credeva che per tal causa passasse in quel regno il duca d'Arschot,
o il principe, suo figlio, e che per il medesimo rispetto invierebbe quà
il marchese d'Havré.                          •

Oggi è venuta nuova che il marescial di Cossé sia passato a miglior
vita.

La femina di quello sgraziato, già uscita di prigione, era di nuovo
cerca, per rimetterla e confrontarla con il segretario; il che avendo io
presentito, l'ho provvista di danari e fattala fuggire. Il medesimo ho
operato con un tal M. di Montpesat, per essere stati l'uno e l'altro consapevoli del tutto. È già in notizia della corte quella donna, della
quale io scrissi essere stata confrontata col segretario, fu una cugina di
quella altra, che già si era ritirata per sospetto che non si procedesse
con maggiore rigore, sendo verisimile che più facilmente ella ne potesse essere consapevole di questa medesima. Ora per quanto ella ha
detto, sono stati offerti quattro cento scudi, se voleva testificare per la

verità contro il segretario; il quale ha veramente avuto più ventura che prudenza; poichè a me sono pervenute alle orecchie queste istorie in tempo che ho possuto rimediare alle mine del suo pericolo; ancorchè mi vien referto che il segretario, col mostrarsi di poco animo e mezzo perso, dà grande indizio delle sue colpe a' giudici, e occasione di ricevere tormento, che a Dio non piaccia. Ho similmente inteso che Sua Maestà, subito dopo la cattura del segretario, aveva spedito un corriere all'ambasciatore suo in Roma, perchè avvertisse tutti quelli della nazione francese a non toccare del Stato di Vostra Altezza. Il che fu giudicato cattivo segno per noi altri. Ma in quanto a me, sono risoluto di star saldo, confidando in Dio e nella mia innocenza, ancorchè M. di Lenoncourt et il Diacceto cerchino con la furia francese [1]...

19 décembre.

La causa di M. Curzio, per quanto ho inteso dal luogotenente criminale, doverà essere ormai vicina alla sua espedizione; nella quale, più che l'opera mia e degli altri officiosi e amorevoli che hanno prontamente affaticato in suo benefizio, doverà giovargli la propria innocenza, e una ferma costanza; intendendo massime che, mercoledì passato, gli fu presentata nell'esamine la tortura, ma non già data; il che mi dà speranza che egli in tal maniera abbia purgati quelli indizii che acevano contro di lui, se bene non ho possuto ottenere di poi che egli fusse allargato; il che mi persuado che avvenga per l'assenza del Re, senza partecipazione del quale questi ministri non vogliono arrogarsi questa autorità. Tornerà domani M. de la Chapelle, dispostissimo sempre al servizio di Vostra Altezza. Mi ha promesso di passare subito con la Maestà Sua caldissimo offizio a favore del segretario, come l'ha già passato con questi ministri della giustizia; appresso ai quali sono state parimenti di molta autorità le preghiere di M. di Lenoncourt, il quale pur ora mi accerta, per bocca del procuratore fiscale, che contro M. Curzio non vi sia indizio così gagliardo che ricerchi la tortura, e che domani era per decidere e sentenziare sopra la causa sua.

[1] La phrase est inachevée; mais le sens en est parfaitement clair.

Il Re dà ordine per publicare con molto apparato la nuova milizia di San Spirito.

La Regina Madre si ritrova a Condom con qualche travaglio, parendo che le cose di là si rendino tuttavia più difficili, e che il re di Navara si sia partito da lei senza licenza, e con poca sodisfazione.

S'intende che l'eccellentissimo signor Don Pietro de' Medici alli vi di questo si trovava a Bordeaux, dove era ricevuto da due personaggi mandati dalla Regina Madre per onorarlo, e che quivi aspettava scorta per andare a fare riverenza alla Maestà Sua.

Di Fiandra s'intende, che in Arras, dove si teneva una generale assemblea, v'era stato ricevuto con molto onore il vescovo di quella città, come ambasciatore del signor principe di Parma; onde si sperava che dovesse nascere qualche accordo nelli paesi di Hainaut e di Artois, poichè sua eccellenza proponeva più larghe condizioni che non erano state proposte per il passato dal signor Don Giovanni, beata memoria, annullando in quei paesi quanto era stato ordinato dopo la morte di Carlo V dalli governatori del Re Cattolico, e che solo dovesse osservarsi le constituzioni fatte in vita di esso imperatore.

Non si verificò la morte del marescial di Cossé.

25 et 26 décembre.

Ieri, per la grazia di Dio, uscì il segretario di prigione, dopo l'essergli stata pronunziata il giorno avanti la sentenza di bando perpetuo di questo regno, da partirsene dentro al termine delle venti quattro ore, sotto pena della vita facendo in contrario. Onde, secondo il costume, fu da due' sergenti condotto fuor della porta, dove lasciato se ne tornò per allora quì in casa più copertamente che seppe, e vi si trova ancora. Io, il giorno medesimo della sua sentenza, ero in procinto di parlare al Re, e di supplicarlo a farne grazia del bando; ma Sua Maestà, imaginandosi forse quel che io volevo, mi disdisse l'audienza, e insieme all'ambasciatore di Scozzia e a quel di Ferrara, per fino a sabato, scusandosi di essere occupato per le feste soprastanti; onde conoscendo che questa dilazione mi toglieva di potere domandare più tal grazia, senza

mostrare insieme che già si fusse trasgredito al comandamento della
Maestà Sua, per rimediare a tale inconveniente, pregai il Gondi che
impetrasse dal Re tempo alla esecuzione del bando, almeno per tutte
queste feste; il che egli non solamente mi promesse di fare, ma prometteva ancora a se stesso di ottenerlo; del che restò poi meco ingannato, avendogli Sua Maestà risposto, che non intendeva d'impedire o
alterare in alcun modo la giustizia; anzi mi pregava ad operare che
fusse quanto prima eseguita la sentenza, a fine che i ministri suoi non
avessero a tornare a lei con nuove querele, e che era certo questa
sua resoluzione dover essere approvata da Vostra Altezza, poi che ella
medesima era così severa conservatrice e defensitrice della giustizia.
Questa risposta così a traverso e fuor della mia opinione mi ha fatto
poi risolvere di non tentare più cosa alcuna, finchè mi venga qualche
commissione di Vostra Altezza. In tanto era mio disegno di domandare
la grazia del bando solamente per maggiore reputazione della causa, e
perchè con tal segno apparisse maggiormente giustificata l'innocenza
del segretario; che per altro io lo giudicavo superfluo, ma non mi parendo conveniente che egli si fermasse più lungamente, odioso al Re,
alla corte, e sopratutto alla Nazione; la quale, oltre ai particolari interessi, ha molte volte temuto d'una publica vergogna nella persona
sua. A tal che nè per servizio di Vostra Altezza nè per onore suo proprio poteva onestamente starvi; al che si aggiugne il pericolo immi-
nentissimo della sua vita per le inimicizie particulari, e che questo fuoco,
che ora si mostra sopito, potrebbe col tempo suscitarsi più pericolosa-
mente da qualche maligna instigazione, restandone ancora molte fa-
ville, alquanto ricoperte, ma non del tutto spente. Queste ragioni con
tutto che da me e da altri amorevoli siano state rimostre al segretario,
e animatolo a sgombrare quanto prima il paese, parmi nondimeno che
egli sia risoluto, partendosi dopo domane, trattenersi quì d'intorno
segretamente, finchè gli venghino i comandamenti di Vostra Altezza. Nè
io saprei contradirgli, contentandomi di avere fatto nella sua prigionia
quel che io non avrei potuto operare maggiormente per me medesimo;
e che ora nella sua libertà, non avendo mancato di dirgli il mio pa-

rere, si risolva secondo il suo; che a Dio piaccia sia il migliore! M. di
Lenoncourt mi si è mandato ad offerire di essere egli medesimo inter-
cessore del bando, passato il termine di tre o quattro mesi, ma che
intanto gli pareva necessario che il segretario quanto prima facesse
l'obedienza.

La Regina Madre si era inviata a Nérac per trovare il re di Navara,
e, per quanto scrivono di là, con poca speranza di buon fatto.

Di Fiandra s'intende che la peste faceva nel campo Cattolico nota-
bilissimi progressi, morendo dei principali con grande spavento di tutto
l'esercito. Di *Monsignore* non s'intende più nulla.

Quì fra tre o quattro giorni si aspetta M. di Montmorency, liberato
da una gravissima infermità. È scampato similmente dalla sua il cardinale Birago con maraviglia di ciascuno.

Ritenuto fino alli xxvi.

*Monsignore* s'aspetta quì fra tre o quattro giorni. Questo ritorno
così inaspettato porta bene universalmente molto contento, ma mescolato di qualche sospetto di nuove tempeste, temendosi che il Re n'abbia fatta ogni istanza per commettere a Sua Altezza qualche espedizione
di guerra, rispetto ai tumulti di Normandia, di Languedoc e di Provenza.

.

29 décembre.

La leggerezza del segretario è stata veramente tale, che fra la Nazione si dice che egli si è del tutto vituperato appresso i buoni come
cattivo, appresso i cattivi come dappoco. Ma è stata più che senno
grandissima ventura, se pure ha giustificato la sua negativa, e ne rin-
grazì pure l'opera degli amici, i giudici corrotti dall'altrui autorità e
calde raccomandazioni; e a me pare miracolo che la cosa sia passata
così fra tanti testimoni delle sue azioni; dalli quali parte si sono assen-
tati, e parte nè per minacce nè per tormenti hanno confessato di conoscerlo, per non fargli danno, ma più per la speranza di mercede,
come dimandano ora instantemente. Per la quale cagione me ritiene
tanto più sospetto questo indugio che il segretario mette al partire

senza molto proposito; il quale già due giorni si è ritirato in casa di
M. de la Chappelle, per essere qui già troppo divulgato; e parmi intendere che dopo domani sia per partire, avendo ancora risoluto di
partire per la posta, almeno fino passato Lione[1].

Alla Regina Madre non mandai, perchè il signor Orazio Rucellai mi
fece avvertito che ella più di ogni altro avrebbe trovato strano questo
fatto, sapendo con quanto sdegno sentisse il caso del signor Troilo; e
conforme a questo avvertimento vennero dipoi lettere fulminanti contra il segretario dalla Sua Maestà. Similmente non ricordai al Re i demeriti del capitano Bernardo Girolami, per non dare maggiore indizio
contro quello che negava il segretario; del quale proposito mi sarei
valsuto quando egli avessi confessato. Il Gondi, mostrandosi sviscerato
e parziale di Vostra Altezza, prima che si avvertisse e senza mia saputa,
chiese per me l'audienza, come per alcuni altri ambasciatori che la ricercavano.

<hr>

### XXXVI.

#### SARACINI AU GRAND-DUC.

Paris, janvier 1579.

##### ANALYSE.

(4 janvier.) Le frère du grand-duc, Pierre de Médicis, est à Bordeaux. La Reine
mère ne l'engage pas à venir la visiter, parce qu'il revient d'Espagne, et qu'elle
veut éviter tout soupçon. Son œuvre de pacification fait peu de progrès. Elle par-
court le pays, et cherche à combattre la défiance du roi de Navarre.

*Monsieur* est à Mons, où le retiennent les prières et les promesses de M. de Lalaing et de son parti.

Les Guise, retenus par la fin de la grossesse de madame du Maine, annoncent
leur prochaine arrivée et celle des ducs de Lorraine et de Nemours.

Le Roi a pris dans l'église des Augustins l'habit du nouvel ordre du Saint-Esprit :
*Questa cerimonia è durata tre giorni.*

---

[1] L'ambassadeur avait distribué de l'argent aux complices. et en avait fait évader plusieurs.

Le Pape n'a pas approuvé les demandes qui lui ont été faites de disposer, pour le nouvel Ordre, de quelques-uns des biens du clergé : *Per la quale disputa sono stati messi in prigione due predicatori, i quali più liberamente che forse non conveniva parlavano contro tale Ordine*[1].

(7 janvier.) Les choses vont mal en Gascogne : *Non cessando l'arme, mentre che si parla d'accordo*[2].

(27 janvier.) On a créé, d'après les articles de la dernière paix, une chambre (*detta dell' Editto*) au parlement; mais les membres élus *fanno difficultà di accettare la carica*.

Les députés de Bourgogne, de Normandie, de Bretagne, seront bientôt suivis de ceux des autres provinces.

Les provinces de Hainaut et d'Artois déclarent aux États de Flandre, que s'ils n'ont pas conclu d'accord avec le Roi Catholique avant la fin de février, elles feront une convention particulière avec Sa Majesté. Le prince d'Orange a fait savoir à *Monsieur* qu'il est pour lui un serviteur plus utile et plus fidèle que le comte de Lalaing, qui s'est offert, lui et les siens, au prince de Parme. *Monsieur* a envoyé M. de La Noue auprès des États, pour les mettre en demeure de se prononcer.

Une sorte de conférence est réunie à Cologne. Le roi d'Espagne semble s'en remettre à l'arbitrage de l'Empereur.

En Provence, M. de la Suze a pour puissant antagoniste M. de Vins, neveu de M. des Cars.

(29 janvier.) Le Roi, pour apaiser le ressentiment général, opère des réformes dans sa maison; de douze cents Suisses il ne garde que huit cents; de cent pages, cinquante; de quatre-vingts laquais, vingt-quatre : *Nè solamente sminuisce le bocche di casa, ma ancora riforma la tavola e molte spese ordinarie*. Bon nombre de pensions sont supprimées, ainsi que vingt-cinq compagnies d'hommes d'armes et quarante de fantassins. Le Roi se montre disposé à faire droit aux réclamations des députés de Bourgogne.

*Monsieur* est à Condé.

---

[1] Après le départ de Curzio da Picchena, l'ambassadeur avait demandé et obtenu que Marc-Antonio Dovizi, qui se trouvait à Paris, lui fût donné pour secrétaire.

[2] L'ambassadeur réclame le payement de quelques sommes qu'il a déboursées, et dont le misérable Eschini lui a donné quittance.

## XXXVII.

### SARACINI AU GRAND-DUC.

Paris, février 1579.

3 février.

La Regina regnante se ne andò, tre dì sono, per ordine del Re
a trovarlo in Dolinvilla, e il giorno seguente partirno insieme per
Chartres; nella qual terra, per impetrar grazia di prole, visitorno
una imagine di Nostra Donna di molta devozione e celebre per molti
miracoli; di là si aspettano quì in Parigi domane, dove con maggior
desiderio l'attendono già otto giorni i mandati di Normandia; nella
quale provincia ricusano ancora con i proprii effetti le nuove imposizioni, avendo non solamente proibito che non si risentino, ma strac-
ciati gli editti regii, e creati nuovi questori; e a questo sono uniti e
armati i cattolici e gli ugonotti indifferentemente, fino al numero
di sette o otto cento cavalli. Onde sarà forza che il Re, ancora con gli
effetti conformi alle promesse e speranze, conceda loro qualche satisfazione per ovviare a maggiori inconvenienti.

Della Regina Madre non abbiamo altro di nuovo, se non che procu-
rava tuttavia la conferenza, e aveva inviata fino alli XIX del passato la
regina, sua figlia, al re di Navarra, per disporlo a tale effetto. Di Provenza s'intende che M. di Susa, nuovo governatore, essendo stato fi-

nalmente ricevuto in Aix, terra di parlamento, e principale di quella provincia, vi comparse poco appresso M. di Vins con il numero di cinque o sei persone; ed avendo protestato a quelli della terra, che egli era bene amico loro, ma non scacciando Susa, suo inimico, egli procederebbe ancora con essi come nemico, si risolverno a mandarnelo fuora. Ed egli, non avendo seguito che di setto o otto cento persone, fu dal detto Vins combattuto e rotto in modo che, tagliati a pezzi i seguaci, egli a gran pena si salvò, fuggendo mercè di un buon cavallo turco; e oggi si ritrova in Avignone.

Sua Maestà aveva già mandato due suoi gentiluomini a M. des Cars, per significargli l'ultima sua volontà. Intendesi parimenti che M. di Châtillon, figlio del già ammiraglio Coligny, abbia soprapreso Beaucaire, e fattosene padrone.

Casimiro, del quale si diceva essere tornato a casa, se ne andò in Inghilterra, dove fu ricevuto con sommi onori; la cagione di questa sua andata è ricoperta sotto pretesto di crediti con quella regina, la quale dicono che mandò due milordi o baroni principali a *Monsignore*, per indurre Sua Altezza in quel regno, avendo ultimato, che non manchi altro alla conclusione delle nozze che il vedersi di presenza; dal che non si mostra punto alieno *Monsignore,* per quanto dicono i suoi medesimi servitori, delli quali per esserne quì comparsi molti, si è fatto giudizio da alcuni che Sua Altezza fusse più vicina, e forse con appuntamento di abboccarsi con il Re a Chartres, dove Sua Maestà fusse andata a quest'effetto; del che non trovo però riscontro degno di fede fin'ora.

Il signor duca du Maine ebbe un figlio maschio, e ha inviato con suo gentiluomo a Sua Maestà, per rendernele conto e supplicarla di tenerlo a battesimo.

Il cavaliere Cavriano mi mostrò ieri condotta al fine l'istoria della vita del granduca Cosimo, felicissima memoria.

Il medesimo Cavriano mi ha certificato, che Raffaello Girolami non parla a Girolamo Gondi, pretendendo che egli sia stato troppo mostro parziale nel caso del segretario.

Dopo il ritorno del Re a Parigi, i deputati di Normandia esposero bene con ogni rispetto, ma con molta veemenza, le dimande loro intorno l'abolizione delle nuove imposte; in confutazione delle quali hanno offerto a Sua Maestà di pagarle tutti i debiti fra poco tempo, e di somministrarle intanto rendite convenienti allo splendore regio, pure che sia loro lecito rivedere i conti ai finanzieri, e approvare solo quelli debiti che sono debitamente dovuti. In simile forma hanno di nuovo reiterati i preghi e le domande loro quei di Borgogna, i quali sono stati intromessi all'audienza del gabinetto; e oltre all'avere riportate dal Re parole e speranze di una ottima intenzione, come ancora riportorno quelli di Normandia, Sua Maestà disse a questi particolarmente, che da lei erano reputati suoi fidelissimi sudditi, e come tali sarebbono sempre riconosciuti, poichè, non essendo mancato da alcuni perfidi d'indurre quella provincia a più scandalosi e perniziosi movimenti, essi fussero stati costanti nella debita obbedienza e devozione verso il Re e signore loro.

Ieri ebbe similmente audienza lunga e ritirata M. di Geneva, appresentato da M. nunzio, e si può credere ch'abbia predicato con ogni istanza a difesa, che i beni della Chiesa non passino in commenda del nuovo Ordine di Santo Spirito; e che Sua Maestà non abbia resoluto cosa alcuna intorno a questo; poi che, quando le fu fatto istanza dell'audienza ritirata, disse che in ogni modo era necessario che le proposte di M. di Geneva andassero in pieno consiglio; concessela nondimeno, come ho detto.

Venerdì passato, venne alla corte M. il duca di Montmorency, richiamato con molta istanza di Sua Maestà; per la quale istanza tornò sabato ancora M. il duca de Nemours e madama, sua moglie; e l'uno e l'altro appena giunti sono stati visitati dal Re con molta amorevolezza. Ma M. di Montmorency si trova soprapreso da febbre molto violenta, il che mi ha impedito di non averlo potuto visitare fin'ora per istanza che io abbia fatta. Il ritorno di M. di Nemours ne da speranza che an-

cora i signori Guisi sieno per fare il medesimo, essendo essi ancora richiamati.

Della Regina Madre s'intende che, quasi desperata della conferenza,
era per tornarsene alla corte; ma che di poi è stata ritenuta dalle
buone parole e speranze datele ultimamente dal re di Navara; ma i
fatti si mostrano così contrarii, che difficilmente può giudicarsene
effetto buono.

*Monsignore* seguitò il suo viaggio ad Alençon, donde dicono che dopo
qualche giorno se ne andrà in Angers. Intanto Sua Maestà pare che
sia resoluta d'inviargli M. de la Chapelle.

La pratica del matrimonio con Inghilterra si mostra più che mai
calda. In Fiandra è raffredato il tutto col gelo della stagione.

17 février.

Quattro dì sono, Sua Maesta inviò M. de la Chapelle a *Monsignore*,
suo fratello, perchè gli testificasse il contento che aveva sentito del suo
ritorno in Francia, e per maggiore segno di fraterna amorevolezza,
gli mandò ancora con tal occasione di molte belle gioie per mancia;
come fece ancora la Regina regnante, si come mi referse il medesimo
M. de la Chapelle la sera precedente alla sua partita.

Credesi oltre a questo, che egli sia per fare ogni opera di ridurne
Sua Altezza alla corte; e che forse abbia da trattare ancora qualche
particolare intorno al matrimonio con Inghilterra, la pratica del quale
si mantiene più che mai verde; e che *Monsignore* sia per andare ben
presto in quel regno; il che però non sia per seguire prima che venga
di quà, e mostri un intera reconciliazione col Re, suo fratello; essendo
così la mente della regina d'Inghilterra, per quanto l'altro ieri mi
disse il suo proprio ambasciatore. Intanto dicono che *Monsignore* era
per andare presto in Angers.

Dalla Regina Madre vengono tuttavia mandati, e in ultimo s'intende, che ella, posto da banda ogni altro rispetto della sua dignità
e della sua sicurezza, se ne era andata a Nérac nelle proprie forze del
re di Navara, il quale è restato così vinto per tal atto di cortesia, che,

convocata la conferenza, si mostra così ossequente, che la Regina ha scritto a Sua Maestà, che se è possibile in questo mondo di trovar pace, ella spera di conseguirla, e di confermarla in quelle parti, e così presto, che al principio di quaresima disegnava di essere in Avignone per rappacificare parimente i tumulti della Provenza, e di là venirsene alla corte; dove pare che Sua Maestà l'attendrà con incredibile desiderio.

Scrivono di Fiandra che le altre quindici provincie, oltre all'Hainaut e Artois convenute con il Cattolico, chiamano gli Stati Generali, più resolute e ostinate che mai di far resistenza e insulto al principe di Parma, col dar ordine fermo di danari e di gente; e intanto sua eccellenza disegnava di assediare Maestricht.

Visitai M. di Montmorency, già risanato del tutto, e oltre al rendergli infinite grazie di quanto aveva operato a benefìcio del segretario, gli mostrai l'amorevole attestazione di molta gratitudine che a Vostra Altezza piacque di farne nelle sue lettere; il quale officio fu da sua eccellenza gratissimamente ricevuto. Mi parve di passare il medesimo complimento ancora con madama, sua moglie.

A M. di Lenoncourt mostrerò quanto benignamente Vostra Altezza scrive, e sono certo che sarà potissima cagione d'obligarlo per sempre, parendomi così inclinato per se stesso, e per gli interessi della casa di Montmorency.

M. di Geneva, avendomi l'altro ieri reso la visita, mi accertò di aver trovato nel Re un'ottima disposizione di quietarsi nella sodisfazione e volontà di Sua Beatitudine.

Non mi sono potuto certificare, se negli atti della corte il segretario fussi convinto o no, essendo la sentenza molto perplessa, come l'Altezza Vostra avrà possuto vedere. Sono bene assicurato che nella mente dei giudici, e particolarmente di Sua Maestà, è tenuto interamente colpevole, e che par loro di avere piuttosto secondato il rispetto che la giustizia, e di non avere usato quel rigore che in altri avrebbono dimostrato [1].

---

[1] Voici la copie de l'arrêt prononcé contre le secrétaire Curzio :

« Il sera dict par iugement dernier, que « pour réparation des cas a plain mentionnés

2 1 février.

*Monsignore* richiama appresso di sè tutti i suoi capitani che lo seguitorno in Fiandra, non senza darne sospetto.

Del maritaggio d'Inghilterra si parla più che mai, e per tal cagione
*Monsignore* sia per andarvi presto; offerendo quella regina dare in
mano del Re alcuni principali ostaggi, e dimandando *Monsignore* cinque cento mila scudi ai suoi popoli, e altrettanti a questa Maestà per
tale andata.

La Regina Madre trova così esorbitanti le proposte degli ugonotti,
che senza alcuna conclusione, si crede che sia presto per tornarsene.

Il Re si trova a Fontainebleau, dove andò ieri per suo diporto. La
Regina regnante per ancora è quì.

24 février.

La conferenza di Nérac persevera tuttavia non senza qualche speranza d'effetto buono; parendo che, come si suole in simili casi, gli
ugonotti dimandassero in principio cose molto irragionevoli, per ottenere poi le ragionevoli con più vantaggio. Di che non possiamo per
questo assicurarci fino al ritorno di Camillo della Fera, inviato là da
Sua Maestà, non per altro effetto che di reportarne quanto prima la
conclusione o l'esclusione che ne nascesse; dopo la quale credesi che
la Regina Madre se ne tornerà alla corte, e lascerà quella di Navara al marito, già che mostrano intera reconciliazione.

Le cose di Provenza pare che si vadino tranquillando, poi che Sua
Maestà si mostra inclinata a concedere ai preghi loro un governatore di
maggiore qualità che non tengono M. di Susa; e si dice che sia per

« au procès, le dict Curse de Pichenne est
« banni du Royaulme de France à perpé-
« tuité; le quel ban luy enioignons garder,
« sur peine ou il sera trouvé au pardessus
« icelluy en ce dict Royaulme, d'estre repris
« prisonnier, pendu et estranglé, sans forme
« ni figure de procès. Et à ceste fin sera le dict
« de Pichenne mené et conduit par deux sar-
« gens du dict Chastellet jusques hors de
« ceste ville et faulxbourgs de Parys.

mandarvi di nuovo il signor marescial di Retz, il quale già si trova quì richiamato.

Non si crede che *Monsignore* abbia nè mala volontà nè forze di voltarsi contro il Re, sebbene alcuni hanno messo in considerazione, che Sua Altezza disegnasse e tentasse farsi procuratore e capo delli malcontenti in Borgogna e in Normandia, e che in tal modo fusse per eccitare qualche tumulto; onde Sua Maestà gli abbia inviato per tal effetto M. de la Chappelle. Si crede bene che Sua Altezza troverà alquanto strano il ritenimento di quel M. del Burgh, inviato da lei al Turco [1]; il quale dicono, che di Venezia sia stato trasportato alla Mirandola, dove sia per essere bene alloggiato e custodito.

I mandati di Borgogna e di Normandia furno spediti, con avere riportate molte ragioni di Sua Maestà, aggiunte a qualche abilità da proporsi e accettarsi negli Stati di quelle provincie.

Per li ultimi avvisi, li Stati di Fiandra si mostrano disuniti e molto esausti di danari, non senza accrescer animo e speranza all'esercito Cattolico; il quale, non ostante la stagione forte, potrebb'essere che a questa ora si trovasse intorno a Maestricht.

Non s'intende per ancora che Casimiro si sia partito d'Inghilterra, per la strettezza e difficoltà che trova in cavar denari da quella regina a beneficio degli Stati di Fiandra; i quali ne la ricercano quasi come per comune interesse, sapendosi molto bene quel che a lei importi la vicinanza degli Spagnuoli, tanto provocati e animati contro quel regno.

Domani aspettiamo Sua Maestà da Dolinville, dove è andata dopo l'essere stata a Fontainebleau.

A M. di Lenoncourt mostrai quanto benignamente piacesse a Vostra Altezza di favorirlo; di che prese infinito contento, e mi rese umilissime grazie verso di lei. Mostrommi, come a suo confidentissimo, avere Sua Maestà scritto a Nostro Signore molto caldamente a suo favore per la promozione de' cardinali che si aspetta alle ceneri; dicendomi, che ella aveva proposti quattro insieme con esso; cioè M. di Foix.

---

[1] Le Roi l'avait fait arrêter à Venise.

l'abate di Vendome e il vescovo di Parigi; concludendo in ultimo,
che, se di questi quattro non poteva ottenerne nè tre nè due, fusse
almeno un solo, e quello M. di Lenoncourt.

## XXXVIII.

### SARACINI AU GRAND-DUC.

Paris, mars 1579.

2 mars.

Tornò M. de la Chappelle da *Monsignore* con poca satisfazione; parendogli aver trovata Sua Altezza molto disgustata e alienata dalla
corte, dove egli pure tentava di condurla; ma questo che non è successo a lui, sarà facil causa che si riserbi alla Regina Madre, la quale
pure si aspetta dopo la conferenza di Nérac, dove Sua Maèstà si affa-
ticava tuttavia di pervenire a qualche conclusione di confermare la
pace secondo le capitulazioni. Nè per gli ultimi avvisi si mostra di
esserne in tutto disperata; se bene le dimande degli ugonotti sono esorbitanti, proponendo per ultimo di volere il re di Navara libero governatore della Guienna, senza l'intervento di Biron; e di più che, dovendo essi restituire tante piazze, e conseguentemente debilitarsi in
modo con la pace, che difficilmente potrebbono sostenere nuova guerra,

se di poi venisse loro mossa, dimandano al Re un deposito di trecento mila scudi in Germania, e in mano di mercanti sicurissimi, con obligazione e commessione che s'intendino essere degli ugonotti, e che se ne possino liberamente servire tuttavolta che o da Sua Maestà o da altri venghino molestati di nuova guerra. Dimandano similmente molte altre cauzioni, producendo in lungo l'accordo, e dando tempo al tempo.

Per le sollevazioni di Normandia Sua Maestà ha inviato M. di Montmorency in quella provincia, perchè a suo nome intervenga e acqueti e accordi le dimande di quei popoli, nelli stati che ve si terranno a questo effetto.

Le tumultuazioni di Provenza pare che si vadino tranquillando; ma nel Delfinato s'intende che ne siano suscitate delle altre con maggiore crudeltà e violenza, essendo per esse già morti molti principali; nè si ha che la rissa penda distintamente fra i cattolici e gli ugonotti, ma che sia nata indifferentemente per altri interessi e odii particulari.

La pratica del maritaggio in Inghilterra pare più tosto intiepidita che altrimenti; dicesi nondimeno, che per la conclusione di essa non manca altro che il vedersi insieme quella regina e *Monsignore*, e che per tale effetto avevano disegno di rincontrarsi in mezzo al mare che divide questo da quel regno, e vedersi sopra due navi; giudicandosi così più dignità e più sicurezza dell'uno e dell'altro personaggio.

Casimiro se ne tornò in Fiandra; e si crede che egli abbia riportato d'Inghilterra più capitulazioni e confederazioni che sussidii di denari.

Il principe di Parma aspettava il numero di tre mila Spagnuoli in circa dallo Stato di Milano, provvisto in cambio di bisogni. Intanto dicono che abbia assediato Maestricht, avendo lasciato di quà della Mosa il signor Ottavio Gonzaga, ed egli essendo passato di là con una parte dell'esercito. Di più che abbia rotte cinque insegne di Valloni, con averne ammazzate gran parte, non senza perdita di alcuni suoi di qualche importanza. Questi Valloni erano inviati dal principe di Orange

al soccorso di Maestricht, avendo avuta più matura considerazione all'
importanza del luogo che alla salute di essi.

M. de La Noue si trova tuttavia al servizio di quelli Stati, trattenuto
con provvisione di mille scudi il mese, e tenuto in molta estimazione:
e pare che, per difesa di quei paesi, disegni formare un campo volante,
nel modo che già mostrò in una sua lettera scritta due anni fa ai detti
Stati, nella quale, oltre ai molti altri prudenti discorsi, proponeva
questo per ottimo espediente alli frangenti di quei paesi.

*Monsignore* cerca veramente di farsi capo di quei sediziosi di Normandia, avendovi mandato M. di Fervacques per subornarli; di che essendosi M. de la Chapelle querelato, che in tal maniera cercasse muoversi contra il Re, rispose sorridendo che altri non di miglior caso di
lui, nè con miglior ragione, l'avevano fatto. Nel resto pare che *Monsignore* sia sospetto al Re, alli ugonotti e ai suoi medesimi, poi che prima
al partire suo di Fiandra, lo costrinsero con le loro querele a giurare
solennemente di non tornare alla corte, come essi temevano; e pare
che Sua Altezza abbia perso e perda tuttavia grandemente della sua
reputazione, così per la sua scappata in Fiandra, come per mostrare
ora tanto malo animo, e sì poche forze, di nuocere al Re; aggiunto
che ogni suo motivo non possa altro che fare migliore la causa delli
inimici comuni col suo proprio danno.

9 mars.

Si è inteso finalmente con allegrezza comune, che la Regina Madre,
parte con le lusinghe e parte con le minaccie, abbia nella conferenza
conclusa l'esecuzione della pace fino il dì delli xxv del passato; ma
per ancora non si sa con quali condizioni, attendendosi tuttavia che ne
ritorni Cammillo Fera con esse; l'indugio del quale insieme col molto
desiderio fa temere di qualche disturbo che potesse esservi di nuovo
intervento, che a Dio ne piaccia!

Si conferma tuttavia che la Regina Madre, quanto prima possa sbrigarsi, se ne andrà da Nérac a trovare *Monsignore* a Alençon, e si spera
che, se pure non potrà indurlo a tornare alla corte, almeno sia per

confermarlo nella quiete e nella buona intelligenza del Re, per lo quale effetto Sua Maestà inviò, due giorni sono, ancora M. di Bellièvre a Sua Altezza.

Alli xv di questo, M. di Montmorency doveva ritrovarsi a Rouen, per intervenire alli stati generali di quella provincia di Normandia, nè per ancora si è partito da Chantilly, sua casa, facilmente ritenuto dalla sua domestica malattia delle gotte. Intanto quei principali hanno assicurato Sua Maestà, che non siano per accettare mai altro patrocinio che quello della sua propria clemenza, convenendo così ai buoni sudditi e vassalli, di che essi fanno principalissima professione,

Il procuratore fiscale partì ieri per la Borgogna, mandato parimenti da Sua Maestà per sopire le sollevazioni di quella provincia; la quale pareva che richiedesse personaggio di maggiore autorità, se là non vi restassi tuttavia il signor duca du Maine; ancorchè il duca di Guisa, il cardinale e il marchese d'Elbeuf, loro cugino, tornino alla corte, dove si aspettano fra quattro giorni.

L'altro ieri mi disse M. di Lenoncourt, che Sua Maestà disegnava inviare nella Champagna e nella Picardia, pure per comporre le sediziose pretensioni di quei popoli.

Nel Delfinato non si è sentito poi che segua altro romore, come ancora nella Provenza, dove con le promesse che ella debba essere provvista di altro governatore, e di altre qualità che M. di Susa, pare che le cose siano quasi interamente tranquillate; e si crede che sia per andarvi il signor marescial di Retz, dimandato dal proprio des Cars, già suo luogotenente, governando intanto il cardinale di Armagnac.

Di Fiandra s'intende, che l'assedio di Maestricht non era se non con avere occupati e tenere bene guardati molti passi, donde poteva ricevere vettovaglie; e che nel resto il signor principe di Parma, avendo passato la Mosa, faceva molte scorrerie, essendo le sue genti entrate fin dentro i borghi di Anvers, non senza grande spavento di quella città, sospettando di qualche tradimento, onde aveva con grandissima vigilanza raddoppiate le guardie; e da tanto ardire che mostrano nuo-

vamente gli Spagnuoli, accortosi forse il principe di Orange di quanto
freno già fusse la presenza di *Monsignore* in quei paesi, pare che di
nuovo abbia mandato un suo gentiluomo a trovare Sua Altezza in
Alençon, con molte scuse dei portamenti passati, e preghi a tenere la
protezione di quella provincia per l'avvenire; ma non si crede che
*Monsignore* sia più per dare orecchi a simili pratiche, se bene del principe d'Orange parla con ogni modestia, laudandosi e non dolendosi di
lui, come a molti parebbe più convenevole.

Del matrimonio con Inghilterra si parla tuttavia meno, se bene
l'ambasciatore di *Monsignore* si trova pure là accarezzato e onorato
molto; e si fa giudizio che quella regina artifiziosa, e tante volte sti-
mulata dai suoi sudditi a dichiarare un successore nel regno, sia per
valersi dell'occasione di questa pratica per cavare danari, dimandando
per tal effetto ajuti straordinari nelli stati prossimi ch'ella sollecita
di convocare, e che di poi sia per risolversi in fumo, come sempre si
è dubitato.

20 mars.

*Monsignore* lunedì sera all'improvviso comparse quì alla corte, accompagnato solamente da M. di Chanvallon il giovane, da M. de Lafin, e da un valetto di camera. Da Alençon partì così tacito e segreto,
che questi medesimi che l'hanno accompagnato non sapevano per dove
Sua Altezza prendesse il cammino, essendo montata nella carrozza ordinaria e andatosene fino a un villaggio che termina la prima posta,
dando ad intendere alla compagnia, che egli intendeva andarvi segretamente per qualche suo diporto; ma giunto quivi, montò sopra la
posta, e quella sera arrivò assai tardi, gratissimo e desideratissimo da
tutti, ma dal Re particolarmente. La Maestà del quale, in segno di maggiore gratitudine e d'intera reconciliazione, volse che *Monsignore* dor-
misse seco quella notte nel suo proprio letto, e la mattina seguente
poi si publicò questo ritorno con quella allegrezza comune che importa
tanta conseguenza.

Soggiungo di più che questa venuta di *Monsignore* è stata per opera

3₂.

del suddetto M. de Lafin, il quale per tale rispetto è stato benissimo visto dal Re, e onorato di grado di consigliere privato, con molte speranze che così grato servizio debba essere ricompensato di maggior guiderdone.

Sua Altezza questa mattina si è partita per tornare ad Alençon, e dar ordine alle cose di là, mediante il quale possa poi riposatamente venirsene alla corte, che sarà, secondo il suo disegno, avanti la Pasqua prossima. Questa sera se ne andrà a Noisy, dal signore marescial di Retz, e Sua Maestà l'ha accompagnata con animo di andare a San Germano.

Da me è stata visitata in nome dell'Altezza Vostra, e portò quelle affettuose congratulazioni che parevano convenienti a tanti rispetti publici e privati; il qual complimento, siccome da tutti gli altri ambasciatori gli è stato presentato, così dall'Altezza Vostra l'ha gratamente ricevuto.

Questo medesimo officio ho passato col duca di Guisa, col cardinale, e col signor marchese d'Elbeuf, non avendo lasciato indietro col signor duca di ringraziarlo affettuosamente di essersi già mostro così acre difensore del vero e dell'onesto, allora che i maligni dalla morte del signor Troilo inventarono contro i ministri dell'Altezza Vostra quello che a loro parve, senza riguardo di offendere insieme l'animo generoso e abusare la pazienza di sua eccellenza illustrissima.

Della Regina Madre persevera tuttavia la voce che sia per andarsene in Languedoc e in Provenza; ma, secondo che il signor marescial di Retz mi disse, potrebbe rimuoversi da questa opinione con la resoluzione ch'egli aveva fatta di accettare il governo di Provenza.

M. di Montmorency, contuttochè non si tiene bene disposto, era per partire domani ad ogni modo per la Normandia, intendendosi che quei principali tumultuavano più che mai, e che già si ritrovavano dentro a Rouen. Sperasi nondimeno che questa nuova unione di *Monsignore* col Re, intesa che sia, farà cessare in gran parte i rumori del regno, e tanto più quanto che Sua Altezza si mostra bene inclinata a questa pacificazione.

Gli ultimi avvisi di Anvers sono, che scorrendo gli Spagnuoli con molta audacia fin dentro ai borghi, che però sono lontani un mezzo miglio, quelli della città sdegnati di tanto scorno, si risolverno ad uscir fuori in numero d'intorno a mile cinque cento, mille de' quali n'erano Guasconi. Questi avendo d'improvviso assaltati i cattolici, ne ammazzarono circa sette cento, quasi tutti Spagnuoli, e gli altri furono costretti a ritirarsi, con avere però prima posto fuoco in alcuni luoghi di quei borghi. Scrivono che, se i Fiamminghi seguitavano la vittoria, mandavano in ruina una gran parte della fanteria nemica, ma ne fu cagione l'aver persi nel primo assalto i migliori capitani.

Il principe di Parma strigneva quanto più poteva Maestricht; e avendo presentito che M. de La Noue era venuto incognito con due o tre ad un luogo assai vicino, con disegno di fortificarlo a difesa di Maestricht, fece incontinente assediare detto luogo non punto forte nè atto a sostenere alcuno sforzo. Onde vedendosi La Noue a mal partito, si salvò insieme con i compagni di notte già per un fiume che gli passava accanto, dove se ne andò maravigliosamente, parte natando e parte con l'acqua fino alla gola.

Con la perdita delle navi che venivano di Spagna, si crede che siano annegati molti Spagnuoli, e insieme buona provvisione di danari.

La regina d'Inghilterra persiste tuttavia nella pratica del maritaggio, ma non intende che si concluda senza l'intero consenso del Re, desiderando che questo matrimonio debba essere una catena saldissima da tenere sempre uniti questi due regni in buona e pacifica intelligenza. Intanto questi scrupoli di coscienza pare che dieno già qualche indizio, che ella abbia piuttosto volere di nutrire *Monsignore* di una falsa speranza che di effetto alcuno.

Dicono ancora, che in Inghilterra segretamente si sia conclusa una lega molto perniziosa con quella regina da Casimiro e dai deputati di Navara, di Sassonia, d'Orange, della Rochella, e di Hambourg e Dantzig, terre franche d'Alemagna; nella quale viene dichiarata la regina capo di tutta la setta calvinista, e rinnovate le antiche convenzioni, che già erano fra il conte Palatino e gli aderenti di Germania [1].

25 mars.

*Duel entre le vicomte de Turenne, gentilhomme du roi de Navarre, et M. de Duras* [2]. *L'ambassadeur ajoute :*

Questo può ritardare alquanto l'esecuzione delle nuove convenzioni, per essere il visconte di Turenne di tanta conseguenza, per l'autorità sua appresso del re di Navarra e di quei popoli, che difficilmente in tanto suo impedimento se ne può sperare effetto buono. Dopo il quale credesi che la Regina sarà per ogni modo necessitata a fare il viaggio della Provenza, non bastando, come si teme, il marescial di Retz a quietare e purgare interamente quei mali umori.

Di quà pare, che *Monsignore* mostra molta sodisfazione, avendo riportato dal Re, oltre infinite carezze, promessa di secento mila franchi da provvedersegli fra pochi giorni, a fine che possa pagare con essi parte de' suoi debiti. Si parla più che mai del maritaggio con la regina d'Inghilterra, e pure questa mattine mi è stata mostra una lettera propria dell'ambasciatore di Francia in quel regno, nella quale dice essere la pratica tanto avanti, che solo Dio poteva impedirne la conclusione.

L'ambasciatore di Spagna indugiò fino all'ultimo procinto della partita di *Monsignore* ad andare a fargli reverenza.

Intendo che M. di Montmorency, se bene non del tutto convalidato, andò in Normandia, e si trova a Rouen.

Di Fiandra non abbiamo altro, se non che il principe di Parma attendeva tuttavia a stringere maggiormente Maestricht, come luogo di grandissimo adito ai suoi progressi. Similmente che in Gand quelli

---

[1] A cette dépêche est jointe la note secrète que voici :

« Al Busini è stato risposto d'Inghilterra « da quei mezzani, che, con le condizioni pro- « poste, non ardiscono tentare il negozio, a « fine che insospettito l'esecutore (di Piero « Capponi) non scuopra piuttosto il fatto, « con speranza di premio e rovina delli « mezzani che conducono a fine la pratica con « pericolo e certezza dallo effetto. »

[2] Voir les mémoires de Bouillon.

ugonotti, non ostante le ultime convenzioni, di nuovo si levavano contro i cattolici con impie e profane dimostrazioni verso i religiosi, e verso le proprie chiese di Dio.

È opinione che la differenza tra il visconte di Turenne e Duras sia stata non solo fomentata dalla regina di Navara, ma che ancora la supercheria[1] non sia seguita senza sua participazione, essendole odiosissimo il visconte, come troppo favorito e potente appresso il re, suo marito.

<hr />

## XXXIX.

### SARACINI AU GRAND-DUC.

Paris, avril-mai 1579.

#### ANALYSE.

(18 avril.) Les états de Languedoc sont convoqués à Castelnaudary pour ratifier la paix. Le prince de Condé semble disposé à accepter la main de la fille du duc de Lorraine, sœur de la Reine.

*Monsieur* est attendu à la cour. Le Roi se propose, dit-on, de l'accompagner en Angleterre.

Maestricht fait une héroïque résistance.

(26 avril.) Bussy a quitté *Monsieur*, et s'est retiré à Angers; il n'a plus le même crédit.

Le roi de Navarre est dans de bonnes dispositions; on lui donne pour conseils MM. de Biron, de La Vauguyon et des Cars : *A fine che questi con la prudenza loro lo difendino dalla seduzione dei maligni e inquieti.*

Le maréchal de Bellegarde a fait une tentative pour s'emparer de Saluces. Le duc de Savoie le désavoue; on parle du prochain départ du Roi pour Lyon.

M. de Montmorency, à peine de retour à Écouen, est repris de son mal.

(2 mai.) *Monsieur* est dans les meilleurs termes avec le Roi; il consent à prendre l'habit de l'ordre du Saint-Esprit, ainsi que M. de Guise. On espère que le roi de Navarre viendra bientôt à la cour.

Le Roi envoie M. de Beauvais-Nangis en Portugal, pour engager les grands de ce

<hr />

[1] La *supercherie* était un odieux guet-apens : six hommes armés et cachés s'étaient tout à coup précipités sur Turenne, qui avait blessé très-grièvement son adversaire.

royaume à ne pas se laisser intimider, dans le choix qu'ils ont à faire d'un futur souverain, par l'influence ou les menaces d'un souverain étranger[1], et à compter sur son appui; Sa Majesté met à leur disposition cinquante vaisseaux chargés de bonnes troupes : *Tutto questo ha detto assai liberamente il signor Filippo Strozzi.*

*Monsieur* ayant appris que Pierre-Paul Tosinghi devait, par ordre du Roi, faire assassiner Bussy, se montre fort irrité. Sa Majesté prévient Tosinghi, et l'engage à se réfugier pour quelque temps auprès de M. de Guise. Tosinghi répond avec dignité, que le Roi peut se porter garant de sa parfaite innocence; qu'il ne fuira pas et saura se défendre.

Le chevalier Giraldi, nouvel ambassadeur de Portugal, est arrivé.

L'ambassadeur d'Angleterre affirme que le mariage de la reine avec *Monsieur* se conclura.

M. de La Noue fait élever un fort entre Gravelines et Saint-Omer.

*Si dice per certo che le cose di Normandia e di Borgogna venghino fomentate e nutrite dalla* Lega Segreta.

(9 mai.) La Reine mère, ayant heureusement terminé les affaires de la Guyenne et du Languedoc, passe en Provence.

Le Roi envoie M. de Sainte-Marie au duc de Savoie et à M. de Bellegarde pour l'affaire de Saluces : *E si teme che quel fuoco non sia del tutto spento.*

M. de Montmorency est mort à son château d'Écouen. Son bâton de maréchal est destiné à M. de Matignon; son gouvernement de l'Ile de France mis à la disposition de la Reine mère.

(16 mai.) M. le grand prieur[2] est nommé gouverneur de Provence. M. des Cars se soumet. Le gouvernement de l'Ile de France paraît réservé à M. Damville, nouveau duc de Montmorency.

Le 12 mars, l'ordonnance de Blois est terminée et adoptée en conseil.

La Reine mère a envoyé l'évêque de Commines en Portugal, pour faire valoir les droits qu'elle tient de la maison de Boulogne sur ce royaume[3].

La reine d'Angleterre envoie également un ambassadeur en Portugal, pour engager les grands de ce pays à se soustraire à toute pression étrangère.

Pierre Capponi, le proscrit Florentin, doit accompagner l'ambassadeur.

---

[1] Il s'agit ici des prétentions de Philippe II, fils de la princesse Élisabeth, l'aînée des sœurs du vieux roi-cardinal Henri, dont la succession allait s'ouvrir.

[2] Henri, fils naturel du roi Henri II.

[3] Les prétentions de Catherine à la succession de Portugal étaient au moins étranges; elle appartenait par sa mère, Madeleine de la Tour, à la maison de Boulogne. Or, au XIIIe siècle, Alphonse III de Portugal avait épousé, puis répudié Mahaut, veuve de Philippe le Hurepel, et héritière du comté de Boulogne, et l'on ne pourrait affirmer qu'elle ait eu des enfants de ce second mariage.

La convention, par laquelle les deux provinces de Hainaut et d'Artois recon-
naissent le duc de Parme pour gouverneur général, est publiée à Mons.

(23 mai.) La Reine régnante fait un pèlerinage à Notre-Dame-de-Liesse.

Le Roi s'apprête à soutenir le Portugal contre les Espagnols.

(31 mai.) Le mariage d'Angleterre semble décidé. Paroles de *Monsieur : Che*
*era, per la Dio grazia, maritato; e che ne restava molto contento, poichè questo gli avve-*
*niva con satisfazione della Maestà del Re e della Regina, sua madre.* Telles sont les conventions :

*Le capitulazioni s' intende che contenghino in sostanza : principalmente che subito*
*all' arrivo di Monsignore, egli non solo sia intitolato, ma ancora coronato re d' Inghilterra,*
*il che pare gran cosa, non avendo mai potuto per l' addietro conseguire tanto il re Filippo ;*
*appresso, che al nuovo re sia consegnato per dote il ducato di Norfolck ; che gli sia lecito in-*
*tervenire, insieme con la regina, nelli consigli, parlamenti, e in ogni altra publica de-*
*terminazione, ma che senza il consenso di lei non possa risolversi o determinarsi cosa alcuna ;*
*che li bandi e editti publici vadino in nome del re e della regina ; che il re non deva far*
*celebrare la messa o altre cerimonie cattoliche nelle chiese publiche, ma solo privatamente*
*nelle capelle della sua abitazione ; a fine che gl' Inglesi cattolici non v' intervenissero,*
*sotto pretesto di audienza o di comitiva, e gli altri della nuova religione non ne ricevessero*
*scandalo.*

L'ambassadeur ajoute :

*Intendo che la regina d' Inghilterra abbia fermato le capitolazioni del matrimonio con*
*questa condizione aggiunta : che per ricompensa di tanti privilegi, titoli e corona regia,*
*sia restituito e unito Calais a quello regno, e che il Re sia per acconsentire a tale di-*
*manda, se la Regina Madre tornando non l' impedisce.*

Progrès du duc de Parme contre Maestricht. Lourds et ruineux impôts exigés
par les États de Flandre.

On tient pour certain que le duc de Savoie soutient secrètement Bellegarde dans
son entreprise, dans l'intention de s'emparer lui-même du marquisat de Saluces. Le
même duc demande, dit-on, pour lui-même, la main de la princesse de Lorraine,
sœur de la reine de France.

## XL.

### SARACINI AU GRAND-DUC.

Paris, juin-juillet 1579.

#### ANALYSE.

(7 juin.) Départ prochain de *Monsieur* pour l'Angleterre : *Non senza rammarico di molti mercanti, alli quali vengono tuttavia ritenute le navi per questo effetto, secondo che si dice.*

La présence de la Reine mère est surtout nécessaire dans le Dauphiné. La Normandie s'apaise ; la Bretagne a été contenue par l'habileté du maréchal de Retz.

Maestricht se défend avec un courage héroïque.

L'armée du prince de Parme est fort affaiblie.

A propos d'une procession catholique, des troubles graves ont éclaté à Anvers. L'archiduc Matthias s'est vu obligé de s'enfermer dans une église ; le prince d'Orange l'a délivré.

(21 juin.) La Reine mère est à Marseille ; elle a mis le grand prieur en possession du gouvernement de Provence, et a nommé M. des Cars son lieutenant.

Les affaires de Piémont (Saluces) vont de mal en pis. Le duc de Savoie cherche à s'excuser, en déclarant qu'il ne peut provoquer un maréchal de France, sans savoir quelles sont les intentions formelles du Roi.

Sa Majesté a donné l'ordre à M. de Mandelot, gouverneur de Lyon, de réunir le plus de monde qu'il pourra pour tenir tête à M. de Bellegarde, qui assiége Saluces.

(21 juin.) Le duc de Savoie écrit que Bellegarde obéit aux instigations de l'Espagne, et qu'il a reçu de l'argent de Milan. Mais ce duc semble jouer un jeu double, cherchant à mettre aux prises l'Espagne avec la France : *E per fare, come terzo, tanto meglio i fatti suoi, fra questi due gran litiganti.*

(28 juin.) M. de Bellegarde est maître de la ville de Saluces ; le capitaine Rosan s'est retiré dans la citadelle.

L'affaire de la succession de Portugal appelle dans ce royaume les représentants de toutes les puissances ; M. Beauvais-Nangis pour le Roi, et l'évêque de Commines pour la Reine mère, ont été bien accueillis.

(6 juillet.) La Reine mère est résolue à passer, s'il le faut, en Piémont : *E fare ella medesima o la guerra o la pace con Bellegarde.* M. de Rosan a été forcé de quitter la forteresse de Saluces. Bellegarde donne des assurances de soumission, ce qui décide le Roi à ne pas faire le voyage de Lyon.

M. de Méru a pris le nom de Damville.

Un certain Petruccio Ubaldini offre de mettre le Grand-Duc au courant des nouvelles de la cour d'Angleterre; il faut songer que tous les huguenots de France et d'Allemagne correspondent avec cette cour.

La Diète de Portugal a élu quinze membres, qui doivent désigner cinq d'entre eux, chargés d'élire le roi futur, ce qui est favorable à l'Espagne.

(12 juillet.) Le cardinal Granvelle a passé à deux lieues de la Reine mère, sans vouloir la visiter. Le Dauphiné est fort troublé. M. de Bellegarde a été confirmé dans le gouvernement du marquisat de Saluces.

Maestricht a succombé. L'anarchie est au sein du parti des États de Flandre.

M. de La Noue est, dit-on, envoyé par les États, pour faire les plus belles promesses à *Monsieur*, qui n'est pas éloigné de les accepter, comptant sur le concours de sa sœur, la reine de Navarre, pour gagner à sa cause les huguenots de France.

En rendant compte au Roi et à la Reine mère du mariage du Grand-Duc avec Bianca Capella, l'ambassadeur n'a pas jugé à propos de faire mention du fils né avant l'alliance. Il ajoute : *M. il marescial di Retz mi avvertì ch'io non parlassi di figliuolo, essendo che, per il costume di Francia, passerebbe l'ottima resoluzione di Vostra Altezza con più dignità, mostrando di essersi mossa a questo solo per una ragguardevole e singolare virtù di quella signora, senza altra consuetudine. Del medesimo parere è stato M. di Lenoncourt, adducendo che già molti re avevano bene preso moglie di diseguale condizione, ma non mai per consuetudine avuta prima con esse.*

(19 juillet.) Le Roi et *Monsieur* sont à Saint-Germain : *passando allegramente questi giorni caniculari.* La Reine mère est à Aix; elle se dirige vers Grenoble. M. le maréchal de Matignon a reçu quarante mille francs, pour avoir cédé à M. d'O sa part du gouvernement de la Normandie.

Après la prise de Maestricht, les deux provinces de Frise et de Gueldre presque en entier ont demandé à faire leur soumission.

Le prince d'Orange est à Anvers; M. de La Noue à Bruges.

(26 juillet.) Le Roi songe à parcourir les provinces.

La reine d'Angleterre presse *Monsieur* de se rendre auprès d'elle et lui fait don, dit-on, de cent mille écus. Les lettres patentes destinées à Bellegarde sont entre les mains de la Reine mère.

Le duc de Parme s'apprête à mettre le siége devant Nimègue.

## XLI.

### SARACINI AU GRAND-DUC.

Paris, août 1579.

SOMMAIRE. — *4 août.* Départ de *Monsieur* à minuit, et sans sa suite. Le Roi à la chasse à Saint-Germain. La Reine mère à Grenoble, où elle attend le duc de Savoie. M. de Bellegarde. — *10 août.*
Traité du Roi avec les cantons de Berne et Soleure, et avec Genève, malgré les réclamations du duc
de Savoie. Ce prince est auprès de la Reine mère. *Monsieur;* ses desseins présumés; d'Angleterre il
passerait dans les Pays-Bas, avec le concours du prince de Condé; conjectures. Conférences de
Cologne; propositions de l'Espagne. — *16 août.* Les États de Flandre rejettent les propositions de
l'Espagne. Assemblée des huguenots à Montauban. — *24 août.* Prétendu complot ourdi contre le Roi.
Mort tragique de Bussy d'Amboise. Projet du Roi de passer un mois à Rouen. La Reine mère;
affaire de Bellegarde. Descente des Espagnols en Irlande. Réclamations du clergé; l'archevêque de
Lyon. — *31 août.* Le Roi renonce sagement à son voyage de Rouen. Retour de *Monsieur* d'Angleterre; détails sur son séjour. Demandes des députés du roi de Navarre. Affaires des Pays-Bas; le prince
de Parme et le prince d'Orange.

4 août.

Questa notte passata, intorno alle sei ore secondo l'usanza nostra,
si partì *Monsignore* con cinque poste, senza che il Re nè altri, fuori
de'seguaci, ne fussi consapevole; sebbene l'avere usate alcune cerimonie straordinarie con la Regina regnante, e volutole per ogni modo
baciar le mani avanti che si ritirasse, dette al Re qualche indizio di
una simile resoluzione. Ora la voce è varia; chi dice che sia ritirato
in Angers, e chi dice che egli se ne sia andato a trovar la Regina Madre; ma per quanto io vengo assicurato da persone che l'hanno di
bocca propria di Sua Maestà, e con le quali ella medesima ha dimostrato grandissimo dispiacere di tal partita, egli se ne è andato in Inghilterra; e piaccia a Dio che, siccome l'Altezza Sua ha mostrato con
questo soverchio desiderio, così non le nuoca circa le convenzioni sta-
bilite e da stabilirsi in quel regno a suo vantaggio e sicurezza!

In tanto Sua Maestà, dopo l'essere stata alquanto dubbia e sospesa,
ha deliberato di andarsene per ogni modo questa sera a Saint-Germain, dove il piacere della caccia, e della nuova fabbrica d'una casa
già cominciata in mezzo al bosco, potrà mitigare in qualche parte le
molestie presenti. Dell'andata a Lione si parla tanto meno, quanto

più s' intende che alla Regina Madre succeda felicemente l' accomodare
quei tumulti del Delfinato, dandone insieme speranza di presto ritorno.
La Maestà Sua si trovava tuttavia a Grenoble, dove si aspettava il
signor duca di Savoia, sotto l' ombra del quale si è fatto parimente
instanza di condurvi il marescial Bellegarde; ma non si è altrimenti
assicurato. Onde si tien per certo che, se non fusse seguita così repentina l' andata di *Monsignore* in Inghilterra, fusse per farsi notabile dimostrazione contra Bellegarde, atteso lo sdegno ardentissimo del Re, e la
natura di *Monsignore* così bellicosa e inquieta, che non era se non bene
di tenerlo in tal maniera occupato.

10 août.

S' intende che la Regina Madre si trattiene a Grenoble, ed ha ricevuto
il signor duca di Savoia con disegno di guadagnarlo per via di parentadi; ma Sua Altezza non si mostra inclinata a maritare il principe, suo
figliuolo, e pare che il Re Cattolico gli abbia dato speranza di farlo un
dì suo genero.

Intanto, perchè l' ambasciatore di Savoia si sia gagliardemente opposto alla lega proposta delli due cantoni de Berne e di Soleure, e
conseguentemente di Genève, non solo non l' ha ovviata, ma pare che
per tal rispetto si sia più facilmente e più volontieri conclusa; così
resta poco satisfatta la Maestà del Re, in questi progressi di Bellegarde,
del procedere di quel principe; ma a tutti questi disgusti rimedierà
facilmente l' invecchiata prudenza della Regina Madre.

*Monsignore*, nella partita sua per Calais, fu sopraggiunto da Bussy
d' Amboise con quaranta cavalli [1].

Si discorre variamente, e i giudizii migliori pare che tutti risolvino,
che Sua Altezza se ne sia andata là con animo di passare in Fiandra
un'altra volta, e a questo effetto sia chiamato e provvisto da quella regina. In conformità di questo, ho penetrato per avvisi venuti dalla Rochelle, che il principe di Condé si metteva in ordine per passare con

---

[1] Cette nouvelle est rectifiée dans une dépêche suivante. Bussy n'était pas du voyage.

*Monsignore* in Fiandra, e aveva già in essere intorno al numero di venti compagnie.

D'Inghilterra mi scrive quel Petruccio Ubaldini, e mostra che là si aspettasse *Monsignore* con disegno di passare pure in Fiandra.

È credibile che dopo la perdita di Maestricht, quelli Stati, sì come si veggono ridotti in molta necessità e pericolo, così dimandino con ogni condizione soccorso e ajuto, e che la regina d'Inghilterra, con l'autorità e grazia acquistatasi nuovamente per le pratiche di matrimonio e con i suoi danari, sia stata potentissimo mezzo a smuovere l'umore alterato di *Monsignore* e le forze degli ugonotti di quà. Al che si può essere aggiunta l'istanza e l'autorità di M. de La Noue, potendo egli assicurarsi molto, con avere già in mano Bruges, e qualche altra piazza di momento.

Intanto pare che in Colonia si trattasse molto strettamente la reconciliazione de' Paesi Bassi con il Re Cattolico, il quale offerisce le infrascritte condizioni :

Che quelli Stati si elegghino un governatore tale quale vorranno, pure che sia della Casa d'Austria.

La Maestà Cattolica farà uscire di paese tutte le forze forestiere.

Il figlio del principe di Orange [1] sarà liberato; e avrà in detti paesi il governo di Zelanda, Olanda e Utrecht.

Il detto principe si ritirerà negli suoi Stati, delli quali goda pacificamente, e senza alcuno impedimento.

Gli ugonotti e altri eretici avranno quattro anni di tempo a risolversi, o di tornare alla religione cattolica, o di ritirarsi fuori de' paesi: pendente il qual tempo viveranno in libertà di coscienza, senza però dare scandalo, e potranno disporre intanto de' loro beni.

Che tutte le cose passate si mettino a oblivione.

Del principe di Parma s'intende che abbia preso l'abadia di San Bernardo e Passareda, luoghi assai forti, e, per essere vicini sei leghe ad Anvers, scorrà di là fino alle mura della città, la quale per tal rispetto è posta in qualche terrore.

[1] Le jeune comte de Buren, prisonnier en Espagne.

Si è divulgata voce che il principe di Bragance sia stato eletto nuovo re di Portogallo.

1ᵉ août.

Di Fiandra non s'intende, se non che li Stati non si accordavano ad accettare le capitulazioni proposte dal Cattolico, ancorchè mostrino di essere a loro vantaggio, considerata oggi la loro condizione.

Dell' esercito dicono che tuttavia si trattiene fra Bruxelles e Anvers, con i medesimi disegni di andare all' espugnazione di Nimègue, sperando così di serrare interamente il passo di Germania.

L'assemblea di Montauban fu terminata; nè si sa precisamente con quali resoluzioni. In generale si dice, che quei capi ugonotti mostrino gran volontà di conservare pace e ossequio verso il Re Cristianissimo; ma non per questo sanno risolversi a restituire le quattordici o quindici fortezze che si erano obligati, secondo la conferenza di Nérac. Dicono che i loro ministri o predicatori li abbiano dissuasi, adducendo che era pessimo segno nell'infermo, quando non mostrava vista di ritenere quel cibo che doveva sostentarlo.

24 août.

Sua Maestà tornò l'altra sera da Saint-Germain; dove essendo comparso insolitamente un tal capitano Bois, uomo di M. de la Rocheguion, che è uno delli capi principali delli stati di Normandia, fu preso, come sospetto di essere inviato a spiare gli andamenti del Re. Appresso s'intende, che per tormenti abbia confessato una terribile cospirazione contro la persona di Sua Maestà, con disegno di eseguirla, mentre ella se ne andava alla caccia del cervo, secondo l'uso di quà; e che abbia nominati molti congiurati, delli quali si sa particolarmente del detto signor de la Rocheguion, del barone di Viteaux, e di Bussy d'Amboise, contra li quali e altri complici pare che Sua Maestà abbia dato commissione che sieno presi e gastigati. Ma intorno a Bussy non accadrà farne altro; poichè non essendo andato con *Monsignore*, come si disse, si trova intanto morto di pistola con alcuni altri suoi, da

M. di Montsoreau; il quale avendo inteso dalla moglie propria, come egli le era molesto, e che, non contento della pratica di casa, cercava istantemente ancora quella del letto, operò che ella lo chiamasse con le sue lettere; e venendo, lo riceve poi in maniera che tolse la vita a lui e ai compagni. Dicono alcuni che il detto Montsoreau abbia ancora ammazzato la moglie, e due suoi servitori; ma di questo si parla variamente, e solo è certa la morte di Bussy; la virtù e valore del quale ha avuta tanta forza, che egli è stato fino dai propri nemici compianto, attribuendogli, oltre all'eccellenza dell'armi, lettere, grazia e cortesia singularissima.

Per questi sospetti di congiura, e per ovviare ai tumulti che potrebbono facilmente concitarsi in Normandia dalla autorità e seguito de la Rocheguion, Sua Maestà disegna di andare fra quindici giorni a Rouen, per quanto mi ha detto M. di Lenoncourt; dove anderà tutta la corte, con pensiero di starvi un mese.

Della Regina s'intende, che si tratterrebbe qualche giorni nel Delfinato, e che Bellegarde si aspettava in Grenoble dalla Maestà Sua, la quale mostrava desiderio di spedire, e venirsene quanto prima. Si dice parimenti che il signor duca di Savoia l'abbia riccamente presentata, come ancora la principessa di Lorena, e alcune altre dame più principali.

I deputati del re di Navara e dell'assemblea di Montauban arrivorno quà tre dì sono, per rendere conto a Sua Maestà di detta assemblea, e insieme scusarla se non restituiva le piazze promesse al settembre prossimo.

Di Fiandra s'intende, che il signor principe di Parma andasse tuttavia scorrendo la campagna; e che l'arciduca Matthias mal satisfatto voleva deporre il governo, al che non acconsentivano gli Stati.

Si va certificando che in Irlanda non solo sieno scesi gli Spagnuoli, ma ancora che vi facciano progresso, e che la regina d'Inghilterra mandi navilii e genti per soccorrere quell'isola.

L'arcivescovo di Lione [1] si trova quà, più giorni sono, come deputato

_____
[1] Pierre d'Épinac.

del Clero, il quale domanda di essere alleggerito di molte imposte
concesse in tempo di guerra; alle quali richieste pare che Sua Maestà
si mostri poco inclinata di satisfare, ma bene di guadagnare il detto
arcivescovo, non ostante il mal gusto delle promesse passate, con il
sostituirlo in luogo di M. di Valenza morto[1], nel suo privato consiglio.

31 août.

Quel capitano Bois fu l'altro ieri liberato della prigione, poi che il
trattato non si è scoperto di quella natura maligna che si temeva e si
diceva da principio; e solo pare che la Rocheguyon, come capo principale delli stati di Normandia, si affezionasse un poco troppo a quella
parte, ma non già che avesse intelligenza col barone di Vitteaux o con
Bussy, come si disse, per conspirare contro la vita propria di Sua
Maestà. E pur ora ha non solamente scritte lettere al Re di molta
giustificazione e sommessa devozione, ma ancora egli medesimo ha se-
dati i tumulti, che dopo la cattura di quel Bois erano concitati in Normandia. Onde Sua Maestà non si mostra più nè sdegnata nè di animo
di passare per ora in quella provincia, massime non essendo conveniente che vi andasse disarmata; e armata, oltre alle difficoltà che in
tal caso avrebbe di pagare la gente d'arme, potrebbe per lo spavento
sollevare maggiore garbuglio e confusione in quelle parti.

Non sono già cessati interamente i rumori del Delfinato, i quali
vanno tuttavia prolungando la stanza della Regina Madre a Grenoble;
donde pare che Sua Maestà abbia disegno di passare fino a Chambéry,
quando il maresciallo di Bellegarde si mostri così poco confidente, che
non voglia parlarle dentro al regno, come ha negato fin ora sotto
pretesto di malattia.

Si aspetta *Monsignore* con molto desiderio di Sua Maestà; il quale
doveva partire sabato d'Inghilterra, donde ritorna tutto satisfatto delle
carezze ricevute. Sua Altezza fu gratissimamente accolta in Greenwich,

---

[1] Jean de Montluc.

due miglia lontano da Londres, con amorevolezza e cortesia singulare, ma privatissimamente; il suo alloggiamento era accanto al palazzo reale, accomodato in modo che dalle sue stanze passava a posta sua alle più recondite e penetrali della regina, con la quale ha avuto di continuo lunghi e frequenti abboccamenti; che si sia concluso parentado o altro, non abbiamo per questo sicurezza maggiore di prima. Fu donato dalla regina d'una pistola ricchissima di gioie, e di stima oltre a venti mila scudi.

I deputati di Navara dimandano : dilazione a restituire le piazze; esecuzione della parte del Re, secondo i capitoli della conferenza di Nérac; e di poter inviare gente a soccorso degli Stati di Fiandra. Il che può essere facilmente concetto del principe di Condé, avendo dimostrato già molti giorni desiderio e disegno di andare in quei paesi. Ma li detti deputati non sono per ancora spediti nè resoluti da Sua Maestà.

Di Fiandra s'intende che il principe di Parma si trovava per ancora vicino a Louvain con una parte dell'esercito, e con l'altra a Vanloo nel cammin dritto di Nimègue. In Bruxelles erano entrate venti otto compagnie per la parte degli Stati; e il conte d'Egmont, che insieme con il conte di Lalaing, M. di Montigny, il visconte di Gand e molti altri, si tiene poco d'accordo con il principe di Orange, e mal satisfatto degli Stati, si trovava con le sue compagnie pure negli contorni di Bruxelles. Le capitolazioni o condizioni proposte dalli deputati della pace erano reprobate dagli Stati per istigazione del principe d'Orange, il quale, in giustificazione dell'amministrazione passata, ha prodotte lunghissime scritture. Ha di più licenziati molti indifferentemente cattolici e ugonotti, come sospetti agli Stati, con comandamento che sgombrassero di Anvers nel termine di venti quattro ore

## XLII.

### SARACINI AU GRAND-DUC.

Paris, septembre 1579.

#### ANALYSE.

(19 septembre.) Le Roi est à Dampierre, *Monsieur* à Alençon, attendant pour la conclusion de son mariage l'approbation du parlement anglais. Le maréchal de Matignon est chargé de réunir des forces vers la Champagne [1].

*(22 septembre.) L'ambassadeur d'Angleterre annonce la défaite des Espagnols, qui avaient fait une descente en Irlande. En Flandre, les villes de Valenciennes, Avesnes, Landrecies, le Quesnoy ne souscrivent pas à l'acte de soumission publié à Mons au nom des provinces d'Artois et de Hainaut.

L'élection du roi futur de Portugal est en suspens. Les chances sont égales entre Dom Antonio et la duchesse de Bragance [2]. Le premier serait élu, s'il parvenait, comme il s'y engage, à prouver sa légitimité.

(28 septembre.) La Reine mère est encore retenue en Dauphiné. Les forces réunies du côté de la Champagne ont pour objet de surveiller les mouvements des reîtres de Casimir.

Situation des Pays-Bas : *Di Fiandra scrivono, che l'esercito Cattolico ha non poco da pensare a se medesimo, poichè la carestia de' danari, la fame e la peste tuttavia lo travaglia, dissipa e consuma miserabilmente. Nè però si trovano in migliori termini gli avversarii, stanchi di sì lunga guerra, e esausti dalle gravezze insopportabili; per le quali il principe d'Orange resta odiosissimo, e dubio con qual aiuto possa mantenere ormai più lungamente l'imperio e la grandezza sua, vedendo massime gli altri capi divisi dalla religione diversa e dallo sdegno e particolare ambizione. A talchè non pare maraviglia, se con sì bella occasione la regina d'Inghilterra e altri cercheranno di tentare quella impresa, vindicando insieme l'insulto ricevuto in Irlanda e forse altrove.*

---

[1] Dans une dépêche secrète du 14 septembre, l'ambassadeur annonce la mort de Piero Sodérini, tué en duel par un certain Vincenzo, qui appartient à la maison de Pietro Paolo Tosinghi.

[2] Le prince Antoine, grand prieur de Crato, était fils naturel de l'infant Louis, frère du roi-cardinal Henri.

Catherine, fille de l'infant Édouard, autre frère du même roi, femme de Jean de Bragance.

## XLIII.

### SARACINI AU GRAND-DUC.

Paris, 29 septembre 1579.

Sommaire. — Refroidissement apparent entre le Roi et *Monsieur*. Nouveaux projets d'expédition en Flandre. Bellegarde et les huguenots.

Il sdegno di *Monsignore* con il Re è una finzione, e questi tali artifizii sono ormai assai bene nati. E pur ieri il Diacceto mi conferì, che, essendo stato il giorno avanti Sua Maestà a desinare in casa sua, e ragionandole come era voce di fuorà, che tra *Monsignore* e lei fusse qualche disgusto, se ne rise, e disse che egli aveva mandato un suo gentiluomo a scusarsi della partita, poi che lo stato delle sue cose lo richiedeva instantemente. Ma in quanto a me, mi confermo tuttavia maggiormente, che egli sia in pratica di tornare un' altra volta in Fiandra, al che ancora acconsenta tacitamente Sua Maestà. Già qui si fa molta gente; la regina d' Inghilterra fa levata di raitri, e il principe di Condé e altri ugonotti fremono tutti in arme, pur con disegno di passare in Fiandra, come già scrissi, argumentando fra *Monsignore* e la regina d' Inghilterra.

Si aggiunge, che il signor Annibale Chiaramonte mi ha conferito con molta secretezza essere stato ricerco da *Monsignore* proprio di andare a trovare Bellegarde, e di vedere di disporlo ad essere con Sua Altezza in una impresa onesta e laudabile, e alla quale Sua Altezza farebbe che la Regina Madre acconsentirebbe; il che pare che sia detto solo per sicurezza che egli non sia per muoversi contro il Re, suo fratello. Nel resto, che al suo tempo farebbe intendere al detto signor Annibale più particularmente il tutto; e quando dovesse andare ad eseguire questo effetto, il quale importava doppio beneficio, così al Re, suo fratello, come a lui medesimo. Nè mi maraviglio che Bellegarde, intanta controversia col Re, sia ricorso da *Monsignore*, potendo questa essere recompensata con la molta intelligenza che egli tiene con tutti gli ugonotti, in conformità della quale ho visto lettere ultimamente scritte dalla propria confidenza di Montauban; le quali avvisano, che in essa era M. di Bellegarde non solamente dichiarato luogotenente del re di Navara e del principe di Condé, ma ancora intitolato difensore e protettore di quelli della nuova religione, tanto di Francia come di Piemonte; il quale titolo si può credere che sia per dispiacere non mediocramente a Savoia, e che da questo abbia a nascere intera esclusione dell'abboccamento di Bellegarde con la Regina Madre, poichè doveva pur essere sotto l'ombra e sicurezza di Savoia.

---

## XLIV.

### SARACINI AU GRAND-DUC.

Paris, octobre 1579.

#### ANALYSE.

( 5 octobre.) Les troupes de M. de Matignon sont dirigées en Champagne contre M. de la Rocheguyon et les rebelles de son parti, ainsi que contre les volontaires huguenots : *adunati sotto pretesto di volere passare in Fiandra, e pronti ad ogni sceleraggine* [1].

M. de la Petite-Pierre, huguenot, fait une tentative qui échoue, pour surprendre Strasbourg.

Le clergé de toutes les provinces a envoyé ses députés à Melun. Trois d'entre eux ont été délégués à la cour pour faire trois demandes : *1° Di essere scaricati di molte imposizioni; 2° che sieno ammessi e publicati gli ordini del concilio Tridentino; 3° che i beneficii sieno provvisti per libera elezione, come già si costumava avanti il re Francesco I°* [2].

( 12 octobre.) Les troupes de M. de Matignon, n'étant plus nécessaires, seront, dit-on, licenciées.

Le duc de Parme, désespéré d'être absolument dénué d'argent, demande instamment son rappel.

---

[1] Voyez *Claude Haton*, t. II, p. 961 : « On voit quel prouffit a apporté à la France le voyage et entreprinse de M<sup>gr</sup> le Duc d'aller en Flandre, lequel n'auroit jamais, s'il vi- voit cent ans, aultant de bons jours, qu'il a eu de malédictions du peuple de France. »

[2] Au nombre des délégués est le Florentin Canigiani, archevêque d'Aix.

Le prince Antoine de Portugal ayant été déclaré fils illégitime, les droits de madame Catherine, femme du duc de Bragance, à la succession de la couronne, ont été reconnus [1].

(25 octobre.) M. de Bellegarde a eu le 16, à Montluel, une entrevue avec la Reine mère, qui s'est retirée satisfaite : *Avendo il detto marescial usata una notabile sommissione di parole e lacrime caldissime, con le quali domandava perdono al Suo Re e alla Maestà Sua, se si era lasciato trasportare dove non doveva dallo sdegno delle sue private ingiurie.*

Le Roi est irrité autant qu'embarrassé des demandes du clergé, auxquelles il doit répondre dans quatre jours.

M. de Matignon conserve ses forces en Champagne; on ne sait encore dans quel dessein.

On parle toujours d'une prochaine levée de reîtres par Casimir.

La place de Figeac, enlevée aux huguenots, leur a été rendue sur l'ordre du Roi; presque toute la population, qui est catholique, a aussitôt quitté la ville.

Le prince Antoine de Portugal proteste contre la sentence qui le déclare illégitime.

(2 novembre.) Le Roi est allé jusqu'à Orléans à la rencontre de la Reine mère : *Veramente gloriosa di avere con la presenza sua serenate quasi tutte le tempeste di questo regno.* Elle rapporte l'espoir de voir venir bientôt à la cour et le roi de Navarre et le prince de Condé. Elle se rend à Paris, pour terminer la difficile affaire du clergé.

M. de Bellegarde a été confirmé dans son gouvernement de Saluces. Ses démonstrations de repentir : *Chiedendo in publico perdono a Dio e alla Maestà del Re e della Regina, in mano della quale renunziava non solo quello Stato, ma deponeva ancora la propria vita. Essendogli perdonata l'una e confirmato l'altro, giurando egli fedeltà a Suo Re, mostrò la Regina di non essere bene sicura di qual re Bellegarde intendesse; onde fece portargli innanzi un ritratto del Cristianissimo, suo figliuolo, e dimandandogli se quella era l'imagine di quel re che egli diceva, siccome era di quello, alla Maestà del quale egli non solamente era nato soggetto, ma particolarmente obbligato per singolari beneficii; fece che di nuovo confermasse il giuramento [2].*

Il est vraisemblable que la mission de M. de Matignon se borne à surveiller les mouvements des reîtres.

----

[1] Piero Capponi est revenu en Angleterre, à la suite de l'ambassadeur envoyé naguère en Portugal.

[2] C'est un trait d'esprit et de caractère de Catherine de Médicis. Bellegarde était fort suspect de s'être placé dans la clientèle du Roi Catholique.

(9 novembre.) Malgré l'assertion contraire de l'ambassadeur d'Angleterre, il semble que les Espagnols font des progrès en Irlande.

*Monsieur* a prétexté une indisposition, pour ne pas venir trouver le Roi à Orléans; la véritable cause de son absence est le mécontentement qu'il éprouve de ne pouvoir décider Sa Majesté à déclarer la guerre à l'Espagne.

La reine d'Angleterre rappelle *Monsieur* auprès d'elle : *E Dio voglia che la Regina Madre, della quale si crede certissimo che non approvi questo parentado, non dovendo apportare che pericolo o danno evidente, sia bastante a ritenerlo, e disturbare che non segua!*

(16 novembre.) La Reine mère est à Paris pour traiter l'affaire du clergé.

M. de Matignon est rappelé, les bandes indisciplinées qui menaçaient de piller les provinces étant passées en Flandre au service des États.

L'évêque de Comminges, de retour de Portugal, annonce que la Reine mère a été admise au nombre des compétiteurs à la succession de ce royaume.

Cambrai s'est déclaré en faveur des États et du prince d'Orange.

*Monsieur* a plusieurs sujets de mécontentement : le Roi l'a vivement repris, pour avoir tiré de prison, de son autorité privée, un capitaine qui est à son service;

On ne lui a pas tenu la promesse qui lui était faite, de le nommer lieutenant général du royaume;

Le Roi n'a pas consenti à déclarer la guerre au Roi Catholique, conformément aux plans concertés par *Monsieur* avec la reine d'Angleterre.

Les bandes qui viennent de passer en Flandre sont aux ordres de *Monsieur*. Un capitaine qui faisait des levées, ayant été arrêté, a donné pour excuse à M. de Matignon qu'il agissait par l'ordre du prince : *Nè per questo scamperà la forca, alla quale si dice che per comandamento di Sua Maestà sia stato condannato, non ostante l'autorità e commissione di* Monsignore.

(23 novembre.) La Reine mère, ajournant la solution de l'affaire du clergé, est partie pour avoir une entrevue avec *Monsieur* à Dreux.

---

## XLV.

### SARACINI AU GRAND-DUC.

Paris, décembre 1579.

#### ANALYSE.

(1er décembre.) Le prince de Condé compte s'établir à tout prix dans son gouvernement de Picardie : *Questa bravata è forza che si muova da cause potenti e da altri intendimenti; donde si fa conjettura di nuove tempeste.*

L'abbé del Bene quitte le roi de Navarre : *riporta buone speranze e belle parole;* l'abbé Guadagni est encore près de lui [1].

(7 décembre.) Condé a traversé Paris incognito et s'est emparé de la Fère, d'où il renvoie à Paris un de ses gentilshommes, chargé d'assurer Sa Majesté de tout son dévouement. Le Roi, dans sa réponse, fait sentir au prince ce qu'il y a d'étrange dans son procédé. On suppose que Condé est passé en Picardie du consentement du Roi et à l'instigation de la Reine mère, dans le dessein de mettre un frein à la puissance des Guise. On remarque en outre que le prince d'Orange a député vers *Monsieur*, vers Navarre et vers Condé; que la Fère est à douze lieues de Cambrai, où l'on attend M. de La Noue. On croit découvrir dans tous ces mouvements la main de la reine d'Angleterre.

(14 décembre.) La Reine mère est partie le 9, pour s'aboucher à Noyon avec Condé; elle doit lui proposer la main de la princesse de Lorraine, sœur de la Reine.

M. de Simier est de retour d'Angleterre, où il a été comblé de faveurs et de présents.

(22 décembre.) L'entrevue de la Reine mère et de Condé a eu lieu à deux lieues de la Fère, en présence de M. de La Noue : *venuto a posta con tre delle sue compagnie per maggiore sicurezza del principe.* Condé réclame, dit-on, Péronne et Saint-Quentin, et fait des préparatifs de guerre.

On annonce la mort du maréchal de Bellegarde.

L'affaire du clergé est terminée : il s'engage à payer treize cent mille francs par an, pendant six ans; dans ce délai les États généraux seront réunis. Sur les redevances échues, qui montent à deux millions, il payera un million et demi. Il ne répond pas des taxes à payer par les églises qui sont au pouvoir des huguenots.

M. de La Noue a visité la forteresse de Cambrai.

(30 décembre.) Le Roi et la Reine mère donnent audience à lord Strafford, envoyé par la reine d'Angleterre pour demander quel est le bon plaisir de Leurs Majestés touchant son mariage avec *Monsieur*. Bon accueil et réponse gracieuse. Telles seraient les conditions :

*Monsieur* gouvernera avec une autorité égale à celle de la reine;

Il sera chef du conseil;

---

[1] L'ambassadeur annonce l'arrivée secrète à Paris d'un certain Marco, ancien estafier de Troïlo Orsini, qui serait venu pour venger la mort de son maître; Saracini se croit menacé, et il craint pour sa vie.

Il aura, de provision, vingt mille écus par mois, outre cent gentilshommes payés;

S'il survit à la reine, il aura, sa vie durant, un revenu de cent mille écus.

Le gouvernement de Saluces est donné à M. de la Valette, au grand déplaisir de Charles de Birague.

Condé est pacifique; il s'est excusé de ne pas contracter le mariage de Lorraine. Il songe, dit-on, à épouser une fille du prince d'Orange, avec une dot de cent mille écus : *il che non crede per ancora M. di Lenoncourt, come nè anco quello d' Inghilterra.*

---

## XLVI.

### SARACINI AU GRAND-DUC.

Paris, 3 janvier 1580.

SOMMAIRE. — Affaire de la préséance. Le Roi, sur l'avis de son conseil, décide que les ambassadeurs de Savoie et de Ferrare auront le pas, dans les cérémonies publiques, sur celui de Toscane, quoique ce dernier État soit érigé en grand-duché. Démarches et protestations de l'ambassadeur [1].

Scrivo per corriere espresso, come, passato il mezzo giorno dell' ultimo di dicembre, venne quì da me il signor Jeromino Gondi, mandato da Sua Maestà a notificarmi, come poco avanti avendo il Re convocato il suo privato consiglio, dopo lungo contrasto, aveva pronunziata solennemente una tale sentenza in causa di precedenza : cioè che, conforme agli ordini antichi di Francia, quel principe che signoreggiasse Stato o ducato per anzianità più nobile, precedesse all' altro, non intendendo

---

[1] Nous donnons *in extenso* cette longue dépêche, la seule que nous conservions relativement à cette affaire, depuis longtemps pendante, et qui occupe une place énorme dans la correspondance. Le pape Pie V, par une bulle datée du 27 août 1569, avait conféré à Cosme Ier le titre de grand-duc. Cosme mourut avant que l'Empereur eût reconnu ce titre nouveau. Mais, le 16 janvier 1576, son successeur, François Ier, obtint la confirmation de l'Empereur. Il y eut dès lors une ardente rivalité entre les deux petites cours de Florence et de Ferrare. Celle-ci l'emporta, grâce à l'appui de madame de Nemours et des Guise, et aussi à cause des sujets de mécontentement que le grand-duc avait donnés à la Reine mère.

per questo di giudicare circa la nobiltà e precedenza delle famiglie o
case; e che questo aveva giudicato ottimo espediente per tor via tutte
le contese, che in questa sua corte potessero nascere per tal cagione.
Onde desiderava, che non fusse trovato strano da Vostra Altezza, se si
procederebbe per l'avvenire secondo questo ordine, e se, in virtù di
esso, sarebbe ammesso Ferrara alle publiche cerimonie.

Risolvei di parlare alla Regina Madre, sendo già l'ora di andare al
vespero in publica ceremonia; e, introdotto da mademoiselle d'Atri,
cominciai ad esclamare di tanta ingiustizia, dolendomi principalmente
che la Maestà Cristianissima, contro le sue parole dettemi più volte,
si fosse fatto arbitro e giudice di precedenze fra li principi soprani;
appresso, che ne avesse pronunziata la sentenza *inaudita parte;* che
a questo avesse eletto giudici sospetti e interessati, e quasi l'istessa
parte avversa; oltre a questo, che fosse con tanta ingiuria di Vostra Altezza Serenissima, della nazione tutta Fiorentina, e della istessa patria
della Regina, sua madre, per dichiarare tacitamente più nobile il ducato feudatario di Ferrara, che il regno antichissimo e nobilissimo di
Toscana, introducendo, senza l'intervento e precedenza mia, l'ambasciatore di Ferrara, e, quel che era peggio, senza darne tempo di produrre le nostre ragioni, e senza volerle udire. Onde, in caso tanto esor-
bitante, io non adducevo più nè queste ragioni, nè i meriti di Vostra
Altezza, o di parentado o di servitù; ma bene ricordavo, che ella non
aveva mai demeritato appresso questa corona, donde le si dovesse
rendere così grave e così segnalata ingiuria, con tanto torto di quella
giustizia, che è scessa dal cielo per essere preservata, anzi per comandare a tutti i monarchi della terra. Le ricordavo appresso, che insieme
provocavano bene il maggior principe d'Italia, ma non per questo punto
gli nocevano; che, siccome il sole non riceve danno per nebbia, così non
poteva offuscarsi il suo splendore per offesa e torto fatto ad un infelice
suo ministro, per ricompensa e gratitudine dell'ossequio e della devozione ch'egli rappresenta del suo principe alle Maestà Loro; alla protezione delle quali veniva puramente commesso; sapendo molto bene
Vostra Altezza Serenissima, che, senza questa confidenza, gli avversarii

suoi avevano quì tanta autorità e parte, che il suo ambasciatore, abbandonato e destituto di ogni altro patrocinio quà, non poteva che ricevere
così fatti affronti. Onde io protestava, dinanzi a Dio e al mondo, la violenza ingiustissima e ingratissima che mi veniva fatta, quando la Maestà
Sua non si opponesse, e, riconoscendo la propria ingiuria dalla ambiziosa arroganza de' suoi sudditi, non illuminasse al Re l'intelletto; sì
che, per perdere un servitore tanto congiunto, non si curasse di violare
la giustizia, offendendo insieme la nobiltà sua medesima, poi che Sua
Maestà veniva pure prodotta di quel sangue, che a sì gran torto cercava ora di denigrare nell' Altezza Vostra Serenissima, negando le
quelle prerogative di onori, che sì ragionevolmente aveva con il proprio
valore meritati, e dalli due Maggiori Luminari [1] l'erano stati concessi,
e tuttavia le venivano mantenuti.

Sua Maestà mi rispose sempre, che ella non sapeva cosa alcuna di tali
deliberazioni fatte bene con sua maraviglia, ma senza alcuna sua participazione; e vinta finalmente dalli miei prieghi, o più tosto stordita
dalle mie esclamazioni, mi promesse di opporsi con ogni suo potere.

Andai dal Re; lo trovai che scendeva le scale; dove avendolo fermato, esplicando le medesime ragioni con molto affetto, mi rispose
principalmente : che egli non aveva se non rinnovato un ordine antico di questo regno. E replicando io, che alli statuti particolari non
erano soggetti i principi soprani, nè si doveva secondo quelli giudicare delle cause loro, soggiunse : che il tutto aveva fatto per il meglio;
ma che, circa i giudici sospetti e interessati che io allegava, esso non
aveva i suoi consiglieri per così tristi e scelerati, che fussero per proporre il proprio interesse alla giustizia.

Risposi : che appariva molto bene qual potesse essere questa loro
giustizia, *inaudita parte;* ma presupposto ancora ch' ella fusse tale quale
dovrebbe essere, sì che per anzianità di Stati dovessero diffinirsi le
precedenze, io domandava tempo di poter produrre le ragioni della
anzianità nostra. Disse all' incontro : che erano note a bastanza, e che

---

[1] Le Pape et l'Empereur.

non accadeva. Alla fine, querelandomi che li suoi vassalli potessero tanto, poichè, non essendo più interessati con la casa da Este, che egli si fusse con la casa de'Medici, avessero potuto indurlo contra il giusto, contra l'onesto, contra la dignità della Regina, sua madre, e conseguentemente di lui medesimo, a pronunziare così stravagante sentenza, e a fare così segnalato torto alla Altezza Vostra Serenissima, mi rispose : che non gli era meno parente il duca di Ferrara che se gli fusse l'Altezza Vostra Serenissima. Replicai : che dal parentado ch'ella teneva con la casa di Ferrara e di Savoia, ne veniva beneficio e onore a quelle famiglie; ma il parentado che Sua Maestà teneva con la casa de'Medici, resultava nell'essenza della sua propria dignità. Volse che io gli dichiarassi meglio questo passo. Ond'io le dissi : che, se si ricordava quali fussero gli ordini di provare la nobiltà dei cavalieri che aveva nuovamente eretti di Santo Spirito, siccome io mi ricordava quali fussero quelli nel provare la nobiltà de'cavalieri di Malta, presupposto che a Sua Maestà convenisse di provare la sua, troverebbe che de'quattro quarti o famiglie, le toccherebbe, dopo la casa di Valois, testificare la nobiltà di quella de'Medici; ma non troverebbe già, che in tal caso si ricercasse provanze di famiglie alle quali fussero maritate ave o zie, come li suoi antecessori avevano fatto con Ferrara e con Savoia; a tal che da questo poteva facilmente comprendere, quanto più di presso le toccasse ogni splendore ed ogni denigramento della casa de'Medici, che di qualsivoglia altra, dalla sua medesima in poi. Onde io la supplicava, che, avuta più matura considerazione alla propria dignità e alla giustizia che egli era tenuto a mantenere, gli piacesse darne tempo di produrre le nostre ragioni. Rispose di nuovo : che erano note assai, ma che egli non diffiniva già circa la nobiltà delle famiglie, ma circa la qualità degli Stati, e che farebbe contra se stesso, quando dichiarasse la casa de'Medici di nobiltà inferiore a nessuna altra. E a questo, esclamando io, che con tal falsa distinzione gli avversarii gli avessero posto innanzi agli occhi un velo, per lo quale non vedeva il suo proprio pregiudizio, replicò di nuovo, che non aveva i suoi servitori per così scelerati; e persistendo, che quello che già aveva fatto non poteva più revocarsi, disse, che io non mi affaticassi più in vano. Onde io, protestando la violenza ingiustissima che si faceva alle vive ragioni di Vostra Altezza Serenissima, e quanto immeritamente se le togliesse quello che dalli due Maggiori Luminari le veniva concesso o tuttavia mantenuto, soggiunsi trasportato dalla passione : che in quanto a me ero risoluto di andarmene dentro a quella cappella, e poichè l'Altezza Vostra Serenissima perdeva tanto, perdere anch'io la vita, piuttosto che quel luogo che si perveniva alla somma dignità sua. Allora il Re, molto turbato in cera, mi si voltò, minacciando con la testa e con le mani, e dicendo : « Guardatevi bene di fare simili badinerie, « perchè, oltre al vostro danno, non farete onore alcuno al Vostro « Principe. » E con tal risoluzione mi si tolse davanti.

Onde io restando confuso e disperato, me ne tornai così furibondo dalla Regina Madre; e con la Maestà Sua esclamato di nuovo per la durezza ch'io avevo trovato nel Re, la supplicai quanto più caldamente seppi, che le piacesse supplire con la sua più matura prudenza, togliendo o moderando così acerba e inconsiderata deliberazione, facendo specificare almeno, che già che l'Altezza Vostra Serenissima aveva titoli, corone e stato regio, che ella non dovesse in alcun modo comprendersi sotto questa sentenza. Sua Maestà di nuovo confortandomi, mi promesse di fare ogni sua prova; e con questo, accompagnandosi con la Regina regnante e con il Re, se ne andarono alla cerimonia; la quale durando fino all'un'ora di notte, e intervenendovi tutti i principali di corte, fu cagione ch'io non potessi reiterare di quelli offici, ch'io aveva già fatti con molti prima che la sentenza fusse pronunziata, e particolarmente con il marescial di Retz, con M. di Lenoncourt e con M. de la Chapelle; i quali, insieme con il signor conte di Fiesco, si opposero poi gagliardamente alla parte dei Guisi, della quale era capo il cardinale, parlando con tanta veemenza delli meriti di Ferrara e delli loro medesimi, e con tanta autorità, che la nostra parte, troppo debile a tanto sforzo, non potè resistere che non seguisse così ingiusta deliberazione.

Ma le mie parole e proteste appresso il Re e appresso la Regina

Madre operorno pur tanto, che per quel giorno non fu chiamato Ferrara. Onde il duca di Guise, visto questo in mezzo della cerimonia, ne fece di nuovo così calda istanza, che all'ora all'ora fu chiamato il Gondi, e comandatogli dal Re medesimo che invitasse Ferrara per la mattina seguente. La sera innanzi alla quale, io fui con M. d'O, principalissimo mignone, e passai seco tale officio, che, o fusse la sua autorità o pur quella della Regina Madre, egli medesimo mandò al Gondi, revocando, da parte del Re, l'ordine già dato d'invitare Ferrara. Ma non bastò nè questo, nè che io la mattina seguente passassi lunga querela con il cardinale Birago, come con quello il quale, per età, per sapere, per dignità, e autorità di cancelliere, era per ascriversi particolarmente tanta ingiustizia. Però che madama di Nemours, fatto venire intanto l'ambasciatore in casa sua vicinissima agli Augustini, dove si celebrava la cerimonia, e appresentatasi la medesima e il duca di Guise di nuovo al Re con più calda e violenta istanza, operarono che un altra volta fusse chiamato il Gondi, e dal Re medesimo inviato a condurre Ferrara; il quale venuto fu posto a lato a Savoia. Il Gondi medesimo, nel ricevere questa commissione, replicò non so che parola, a tal che il Re turbato gli rispose, che tanti sì e no guastavano gli affari di questo regno. Con tutto questo, pregando egli a mia istanza, che almeno gli desse ordine d'invitare me ancora, promettendogli che io non vi anderei sotto pretesto di malattia, non volse, dicendo che attendesse a fare quanto gli comandava. Intervenne adunque Ferrara; ed io, ritrovandomi ivi vicino, per intendere tanto più presto i progetti del tutto, udendo questo, ed acciecato dalla passione, in un medesimo tempo, sarei (non ostanti le minaccie del Re) prontamente andato a fare questo ultimo sforzo che per me si fusse potuto maggiore, per intervenirvi anche io. E chiamo in testimonio Dio, se volentieri avrei sparso il proprio sangue, purchè con esso io avessi sperato di potere lavare quelle macchie di vergogna e di dispetto, ch'io sentivo fin dentro all'anima. Nondimeno avuta più matura considerazione all'importanza del fatto, e conosciuto che, andando, o vero sarei stato bruttamente ributtato, o vero forzatamente ritenuto a sedere sotto Ferrara, sì che io veniva a mettere in atto publico quello affronto che solamente ho ricevuto in parole, e insieme a dichiarare evidentemente e particolarmente contro l'Altezza Vostra Serenissima quella sentenza data in generale e confusa, me ne astenni.

Quì sono venuti molti amici per consolarmi.

Un tal Cosimo Ruggieri, il quale per altri tempi ha corse in questo paese molte burrasche per una devota servitù che sempre ha portato a *Monsignore*, oggi si trova assai favorito da Sua Altezza, trattenendosi tuttavia appresso M. di Mende [1]; il quale è un prelato ricco di cento mila franchi di entrata, uomo di età, di lettere, di prudenza, e sopra tutto di una singolare ambizione al cardinalato, al quale aspira e tende per ogni via. Oltre a questo, è quello che governa *Monsignore* e tutte le entrate sue con tanta autorità, che più tosto si può chiamar padrone che servitore di suo signore.

Di questo signore è già gran pezzo che io ne avevo piena notizia, ma non ho giammai avuta occasione di sua dimestichezza, come al presente per mezzo di questo Cosimo, detto di sopra, uomo svegliato e di acuto ingegno. Con costui discorrendo io del torto che Vostra Altezza aveva nuovamente ricevuto a questa corte, risolvemmo che solamente *Monsignore* potesse e facilmente volesse rimediarlo per molti rispetti, e che per disporlo a questo non poteva essere instrumento più atto nè potente di M. di Mende, il quale fusse ancora per muoversi con ogni calda instanza, nutrendo la sua ambizione con la speranza del favore di Vostra Altezza. Onde essendo già stato non solamente tentato da Cosimo, ma trovato ancora così disposto che reputava sua particolare ventura il poter fare così rilevato servizio a Vostra Altezza, consentì abboccarsi meco; e perchè la cosa andasse segretissimamente, questa sera sono andato io medesimo a casa sua sconosciuto, e accompagnato solamente dal detto Cosimo, e dal Dovizi [2]; e mentre che io esageravo con ogni affetto il torto che si faceva dalla ambiziosa

---

[1] Regnaud de Beaune, fils de Guillaume de Beaune, sieur de Semblançay, vicomte de Tours.

[2] Le nouveau secrétaire de l'ambassadeur.

violenza di Ferrara e dei Guisi a Vostra Altezza, al Re, alla Regina, e supratutto a *Monsignore*, essendosi trattato e risoluto in cosa tanto importante alla dignità loro e sua medesima, senza alcuna participazione di esso, il detto Mende mostrava di commoversi infinitamente; a tale che in ultimo risolvemmo, che egli domattina inviasse espressamente a *Monsignore*, non lasciando ancora di scrivere alli più principali di quella corte e del consiglio di *Monsignore*, che quasi tutti dependono da lui, e si promette tanto della autorità sua, e che *Monsignore*, così per buona inclinazione verso Vostra Altezza, come per odio ardentissimo contra i Guisi e Ferrara, sia per opporsi con ogni efficacia a tanto inconveniente; che egli manderà a Sua Altezza la forma delle istesse lettere che doverà scrivere al Re e alla Regina, con tutti quei termini imperiosi che *Monsignore* suole usare alle volte con le Maestà Loro; minacciando, che, quando pure sieno ostinati e risoluti in questo, *Monsignore* sarà forzato a pigliarne vendetta e a gastigare gli autori di tanta ingiustizia. Ma, per rimedio di quanto è passato, io ho detto a M. di Mende. che l'instanza da farsi mi parebbe necessaria in questa maniera, cioè : che il Re dichiari la sentenza data in generale, che non complecta i duchi che hanno titolo di grande, corona regia e regno, come ha Vostra Altezza Serenissima; per le quali cagioni è stata già preferita dalli due Maggiori Luminari agli altri duchi; oltre a questo, che dichiari non avere chiamato me alla publica cerimonia come Ferrara, per sospetto di qualche competenza con Savoia, nella quale non sieno per ancora resoluti. Di tutto questo si farà domani la spedizione, e facilmente sarà il medesimo Cosimo apportatore di essa come vorrei; e fra otto giorni si vedrà quello che abbia partorito. Non lascierò di dire. che *Monsignore*, non so per quali suoi particolari interessi, sono già molti mesi che disegnava mandare uno ambasciatore suo espresso a Vostra Altezza; il che mi dà tanto maggiore speranza di qualche effetto buono in tal caso.

## XLVII.

### SARACINI AU GRAND-DUC.

Paris, 10 janvier-1er février 1580.

Sommaire. — *10 janvier.* Motifs de la décision du Roi en faveur du duc de Ferrare contre le grand-duc. Prise de Mende par M. de Châtillon, malgré la paix. Recours de Saracini à *Monsieur*, pour l'affaire de la préséance. Nécessité d'apaiser la Reine mère. Intervention utile du Pape et de l'Empereur. Principaux adversaires du grand-duc. — *18 janvier.* Singulier projet de mariage de *Monsieur* avec mademoiselle de Pons, dame d'honneur de la Reine régnante. Les mignons écartés de la cour. Le fils de M. de Bellegarde refuse de céder à M. de la Valette le gouvernement de Saluces. Affaires diverses. — *23 janvier.* Le mariage d'Angleterre est de nouveau mis en avant. Prétentions de M. de Châtillon ; avant de rendre Mende, il réclame la stricte exécution de l'édit de paix, en ce qui le concerne. M. de La Noue est à Cambrai, bien accompagné. — *1er février.* Monsieur se prononce en faveur du grand-duc. M. de Thoré, à l'exemple de ses deux frères, est rentré au service du Roi. Agitation dans le Languedoc et dans la Guyenne. Déclaration hardie des États de Flandre, qui s'affranchissent de la domination espagnole.

10 janvier.

Le cagioni per essere molto alienato il Re dal favor nostro erano queste :

Che, quando la Maestà Sua passò per Italia, fusse visitata da ogni altro principe, benchè meno interessato di parentela, e più soggetto a Spagna, fuor che dall' Altezza Vostra Serenissima;

Che nelle sue molte necessità e ruine imminenti di questo regno, non abbia trovato alcun ajuto nell' Altezza Vostra, sapendo massime di quanto fusse liberale alle Maestà Cesarèa e Cattolica nell' istesso tempo;

Che, passando l' eccellentissimo signor Don Pietro[1] per questo regno, facesse così poco conto della Maestà Sua, che non pure non venisse, ma nè anco mandasse un gentiluomo a visitarla;

Che alla Regina Madre medesima non inviasse almeno un gentiluomo di qualche portata;

Che Sua Eccellenza sia andata a servire il re di Spagna in questa impresa quale si sia.

---

[1] Frère du grand-duc.

In ultimo si dice, che, voltandosi alla Regina, non poco alterato, disse : «Madama, per argumento più certo di qual sia la mente del «gran-duca di Toscana verso di noi, considerate come tratta voi mede- «sima, che più di me le siete congiunta, e avete così favorevolmente «tenuta la sua protezione!»

Queste medesime querele riferitemi, prima dal signor abate del Bene di bocca propria della Regina, furono poi della Maestà Sua rei- terate ancora a M. de la Chapelle, e appresso a M. di Lenoncourt, il quale me le ha parimenti raccontate pur oggi.

In Languedoc sono suscitati nuovi e più importanti rumori, avendo M. di Châtillon, figlio già dell'ammiraglio, soprapresa Mende, terra forte, ricca e principale; sono stati uccisi molti di quei di dentro con preda di dugento mila scudi in circa, oltre alle taglie che andavano mettendo ai prigioni. Il caso seguì la notte stessa di Natale; il quale subito che fu inteso dalla Maestà Cristianissima, spedì un gentiluomo al re di Navarra e al signor marescial di Montmorency, per la recupe- razione di detta terra e per la punizione delli turbatori della pace.

Il duca di Lorena ha fatto intendere a Sua Maestà per corriere es- presso, come Casimiro gli domandava il passo per il suo dominio, facendo levata di sei mila raitri in circa.

M. di Simier non ritornò in Inghilterra come si credeva, ma bene accompagnò lontano il conte di Strafford.

Non ostante che io sappia quanto potesse pregiudicare a me stesso ricorrendo e scrivendo a *Monsignore*, per la gelosia di chi governa, e quanto poco io possa assicurarmi che non sieno rimandate di qua le mie lettere da *Monsignore* medesimo, nondimeno, persuadendomi non poter ricevere peggio di quello che io abbia ricevuto fino a ora in questo paese, mi risolvei di scrivere a Sua Altezza nella forma che potrà vedersi inclusa, dove ho pretermessa la narrazione del fatto, come tediosa e nota dalle mie lettere precedenti. Seguano ora quello che vuole! Nel resto M. di Mende me ne promette frutto notabile, ma M. di Lenoncourt è d'avviso che di singolare remedio sia necessario tor via la cagione di questo effetto, con placare e guadagnare in qualche modo la Regina Madre, la quale, con tutta la sua simulazione, sono certificato per più vie essere autrice e esecutrice di tutto, non senza averlo concertato con il duca di Savoia, sdegnata per le cause che ella medesima allega avere mosso il Re, e forse non senza speranza di cavare dell'Altezza Vostra qualche cosa per tal via, e gratificarsi insieme Savoia; e veramente bisogna ·che· non fusse minor forza a muovere il Re, dolce per sua natura, contro le sue proprie promesse che più volte mi ha fatte in simili occorrenze; ricordandomi di più, che a Fontainebleau in un'altra così fatta istanza, mi lo significò per corriero espresso con le sue proprie lettere, a talchè non senza ragione M. di Lenoncourt ne dà questo consiglio; oltre al quale gli parebbe, giudicando di grande importanza per Vostra Altezza il perdere questa causa appresso il migliore re de' cristiani, che ella procurasse che da Sua Santità e dall'Imperatore si mandassero gentiluomini particulari per farne risentimento, come di cosa che deroga alla autorità loro, non approvando Sua Maestà Cristianissima quelli titoli e quelle prerogative che da questi due Maggiori Luminari sono state concesse a Vostra Altezza. I maggiori avversari che Vostra Altezza abbia avuti, oltre la Regina Madre, sono stati : Madama di Nemours, e tutti i Guisi, fra i quali il cardinale si è stravamente risentito. Il cardinale Birago ne è stato parimenti avversario apertissimo, per quanto mi ha detto M. di Lenoncourt medesimo; oltre a questo M. di Lansac; ma questi due si può credere che non si sarebbono mossi, se non fussero stati istigati dalla Regina. Oltre a questi, Villequier, maestro della camera del Re, e omnipotente, guadagnato da Savoia con ricchissimi presenti, avendogli pure mandato ultimamente una carrozza ripiena d'una argenteria da campagna di valore di dodici mila scudi in circa.

18 janvier.

Di *Monsignore* s'intende che ella sia del tutto risoluta di tornarsene alla corte, non senza rumore, che, attraversato ogni maneggio di mariaggio con Inghilterra, a persuasione della Regina Madre e a sua particolare inclinazione, sia per accasarsi con mademoiselle de Pons, dama della Regina regnante, e privata gentildonna, ma per altro tenuta bellissima giovane, e dalla quale si possa sperare prole conforme al bisogno.

Intanto Sua Maestà, per gratificarsi maggiormente a *Monsignore*, ha inviati dalla corte tutti i mignoni, come odiosi a Sua Altezza, delli quali M. d'O si partì ieri per il suo governo di Caen in Normandia. Due giorni avanti, si era già partito M. d'Arcques, per andarsene a casa di una sua ava; e M. di Saint-Luc doveva partirsi domani o l'altro per il suo governo di Brouage.

Della Valletta, partito per Saluzzo, pare che abbia trovato le cose molto difficili, avendogli risposto il figlio di Bellegarde, non volere cedere quel governo a chi manco di lui l'abbia meritato. Onde fermatosi a Turino, pare che aspetti qual resoluzione Sua Maestà sia per pigliarne.

Sua Maestà non si mostra interamente quieta di questo governo di Piccardia, così d'improvviso occupato da Condé, proponendogli pure ultimamente che egli lo venda a M. di Pierres, governatore al presente di Metz, con disegno di sostituire poi in quella fortezza M. di Rambouillet.

Della invasione di Mende il re di Navarra ha mostrato dispiacere, e promette alla Maestà del Re di fare ogni prova per la recuperazione di essa, e per gastigo delli turbatori della pace.

23 janvier.

Cessato alquanto il rumore che *Monsignore* dovesse maritarsi con mademoiselle de Pons, nato da presenti e ambasciate straordinarie che per M. di Chanvallon le aveva inviate poco avanti, si torna di nuovo a discorrere sopra le antiche pratiche d'Inghilterra; donde tornò tre giorni sono quel M. di Strafford, e, senza fermarsi qui punto, se ne andò a trovare *Monsignore*. Per quanto ha divulgato l'ambasciatore medesimo d'Inghilterra, egli va per invitare Sua Altezza in quel regno alle feste di carnovale. Ha detto di più, che il parlamento, il quale pur dimane delli xxiv doveva tenersi, era differito fino al ritorno del medesimo Strafford. Nel resto, che *Monsignore* poteva assicurarsi di ottenere in esso ogni onesto partito, essendosi inteso dalla sua propria regina, che stimava poco confidare il regno e ogni altra sua fortuna in quella mano, alla quale era risolutissima di commettere la propria vita.

E in effetto da queste parole e da molti altri rispetti, si giudica che necessità molto urgente la stringa ad unirsi e munirsi in qual si voglia modo con le forze e patrocinio di Francia.

La città di Mende, soprapresa li dì passati, è tenuta tuttavia dal medesimo M. di Châtillon, il quale ha mandato ora a pattuire con Sua Maestà, offerendole di renderla, sempre che si paghino ai raitri cento e tante mila scudi delli quali era obbligato suo padre, alla memoria del quale vuole ancora che si restituisca prima i debiti onori con le cerimonie consuete, e a lui proprio si rifaciano molti danni, mostrando che tutto questo gli sia dovuto per l'editto della pace, del quale intende che non meno dalla Maestà Sua che dagli altri deva rigorosamente e inviolabilmente osservarsi.

Di Fiandra s'intende, che M. de La Noue sia di nuovo entrato in Cambrai con tutte le sue genti, chiamato dal governatore della fortezza. sospettando per la vicinanza dell'esercito Cattolico.

1<sup>er</sup> février.

M. di Mende mi fece intendere, che quell'Altezza accettava e abbracciava come suoi proprii gli interessi della Vostra Altezza Serenissima, ancorchè nel suo consiglio alcuni si fossero gagliardemente opposti a favore della parte avversa.

Si è sparsa voce, che la Maestà del Re vada a Compiègne con disegno di abboccarsi con il principe di Condé; e a questo effetto pare che qui d'intorno si trovino molti soldati, aspettando di accompagnarla.

Si è inteso con molto contento, che M. di Thoré, imitando l'esempio di M. di Damville, suo fratello, sia del tutto ritornato alla devozione del Re, volgendo l'armi contra la parte ugonotta. Nel Languedoc, come ancora nella Guienna, seguitano tuttavia fazioni e termini di manifesta guerra, sforzandosi bene spesso ora dagli ugonotti e ora dai cattolici qualche terra, con strage, prede, e prigione; a tal che, sfavillando in tal maniera l'odio inestinguibile intestino, si teme che non risurga nuovo incendio di crudelissima guerra.

Il signor abate del Bene mi ha confermato avere visto in mano del segretario Pinart una dichiarazione degli Stati di Fiandra nuovamente prodotta, per la quale dolendosi che la Maestà Cattolica non abbia per tanto tempo volto gli occhi di pietade alle miserie di quelli infelici sudditi, nè possendo essi più durare a così calamitosi accidenti, protestano innanzi a Dio e innanzi al mondo dovere essere assoluti del sacro giuramento, al quale erano astretti, di obedienza alla dettaMaestà, e insieme di potersi eleggere un nuovo principe, che possa e voglia apportare e procurare la pace, il riposo e tranquillità publica. Questa nuova maniera di aperta rebellione è trovata così strana, che per l'esempio suo apporta timore fin qui in Francia [1].

---

[1] L'ambassadeur, rappelé par le grand-duc, prend congé, et n'est pas remplacé. M. Enea Renieri da Colle, dit *le Bellarmato,* ingénieur distingué, établi en France, accepte la mission de correspondre avec le gouvernement de Toscane. Le chiffre lui est confié, ainsi qu'au négociant Florentin Giulio Busini.

## III.

# CORRESPONDANCE DE RENIERI DA COLLE

## ET DE GIULIO BUSINI

### AVEC LES SECRÉTAIRES DU GRAND-DUC.

1580-1582.

### I.

RENIERI[1] À ANDREA ALBERTANO, SECRÉTAIRE DU GRAND-DUC.

(*Arch. Med.* Legazioni di Francia, filza 20.)

Paris, février 1580.

SOMMAIRE. — *8 février.* Condé à la Fère. Escarmouches autour de Cambrai. Conduite agressive de Biron en Guyenne. Le roi de Navarre échappe à une embuscade. Rébellion de Saint-Luc, gouverneur de Brouage. *Monsieur* à Angers; M. de Montpensier. Levée de reîtres en Allemagne. — *15 février.* Angers et Saumur délivrées des créatures de Bussy. Le mariage d'Angleterre toujours retardé. Révolte toute populaire en Dauphiné. L'affaire du clergé décidée. Les assassinats se multiplient. Propositions un peu vagues soumises par le Roi aux délibérations du conseil. — *22 février.* Offres faites par les catholiques d'Auvergne de reprendre Mende; à quelles conditions. Mission de M. de Villequier auprès du prince de Condé. Les Flamands et *Monsieur;* nécessité pour lui d'exiger d'eux à l'avenir de sérieuses garanties. Troubles du Dauphiné. Propositions de M. de la Vauguyon dans le conseil. — *28 février.* M. de Crèvecœur et le prince de Condé. De la conduite publique du Roi et de ses vues secrètes. Requête du Tiers État de la province d'Agénois; il supplie le Roi de réduire d'un tiers sa dette envers le clergé et la noblesse. Calomnies du prédicateur Rose dirigées, en présence du Roi, contre les princes du sang huguenots.

8 février.

Il signor cavaliere Saracino, ambasciatore di Sua Altezza, al suo partire di quà, mi ha fatto intendere l'ordine che aveva da lei di lasciarmi la sua cifra, come ha fatto, e di dirmi ch'io la debba avvertire secretissimamente di quel che saprò passarsi di quà degno di sua notizia.

Il principe di Condé è alla Fera, visitato sempre più dalla nobiltà di quel paese. Si dice che il Re mostra desiderare che lassi la Piccardia,

_____
[1] Enea Renieri da Colle, dit *le Bellarmato*, était au service du roi de France, en qualité d'ingénieur militaire. Il était donc bien informé.

e che egli non ne vuol far nulla, continuando nondimeno le solite sicurtà di desiderio di essere fedelissimo suggetto.

La Motte, governatore di Gravelines, corse sino a Dunkerque, a quattro leghe di là, mettendo il fuoco per tutto, e la guarnigione di Cambrai ne ha fatto altrettanto sino alle porte di Arras, ma con maggiore danno, per essere questo paese uno de' più abbondanti di grani, e l'altro molto sterile, e perciò molto manco abitato. Il che fu causa, che, le forze del re di Spagna si rappressorno, e a dì II di questo si presentorno presso di Cambrai con mille cavalli, sopra de' quali La Noue, Clermont d'Amboise e altri escirno a scaramucciare, donde si separorno con morte di molti dall'una e l'altra parte. Il signor de Villers-le-Verd, che era al castello di Oisy con qualche fanti Francesi, si ritirò a Cambrai, non si trovando sicuro in quel luogo; per aspettar l'assedio del quale si dubitò.

In Guienna sono in arme, e il signor di Biron fa sempre più conoscere quanto la pace gli dispiace. Contra gli editti del Re, e in dispetto del re di Navarra, ha messo guarnigioni dentro a Agen e Villeneuve d'Agen, che sono a quattro leghe di Nerac, dove si trovano Loro Maestà di Navarra, e fa pratiche per metterne ancora dentro a Bordeaux; dove, per guadagnar parte, non solo ha rimessa la confreria del sacramento, che la Regina Madre con pena fece rompere quando passò per là, ma ancora n'ha voluto essere dei primi. Sua Maestà mandò là, sono qualche dì, il giovane Lansac, governatore di Bordeaux; davantieri spedì Vérac, gentiluomo della Regina Madre, e oggi deve partire il colonello Strozzi, tutti per raffrenare la furiosa ambizione e avarizia di Biron. Il qual Sua Maestà manda di venire di quà (il che molti credono che non farà), e desidera mettere in suo luogo La Vauguyon, stimato signore molto pacifico, il quale fa difficoltà ad accettare la carica se non è marescial di Francia, per essere con tal dignità eguale all'altro.

Ultimamente il re e regina di Navarra, essendo al loro contado di Foix, aspettandovi il marescial di Montmorency che andava là per comandamento del Re, ed essendo andato alla caccia, accompagnato, fra li altri, dal visconte di Turenne, si trovò in un'imboscata, dove i buoni cavalli e gli sproni gli servirono al bisogno. Si dice i capi di essa erano Duras e Grammont per l'esecuzione; e Biron non ne sapeva più di loro, del che Loro Maestà di Navarra hanno mandato a lamentarsi al Re.

Il viaggio di Loro Maestà a Compiegne è molto raffredato. E si presentano troppo spesso accidenti poco piacevoli agli uomini da bene, e che desiderano il riposo del Re e de' suoi suggetti; e fra li altri quel di Saint-Luc, del quale, per essere fresco, vi farò il conto un poco lungo. Che è, che quando Saint-Luc si maritò, la demoiselle di Brissac, sua moglie, non ci si voleva accordare senza il favore e comandamento del Re; e Sua Maestà, per farlo grato alla dama, oltre agli altri beni, lo vestì della promessa della carica di gran scudiere. Il conte di Chabot-Charny, che l'ha dopo la morte del conte di Boisy, suo suocero, essendo richiesto di dimettersene, si lasciò intendere che se ne sentiva offeso, ed era deliberato di fare l'ultimo peto, non di abate, come disse l'altro al gran re Francesco, ma di grande scudiere. Queste risposte, nel tempo, non avevano fatto perdere la speranza a Saint-Luc, sin tanto che, da poi poco tempo in quà, il signor d'Arcques ha fatto l'amore a una figliuola del detto grande scudiere con si buon successo, che si dice essere d'accordo di dare la detta figliuola, e con la buona grazia di Sua Maestà, la detta carica al suo futuro genero. Saint-Luc, avvertito di questo, si lamenta con Sua Maestà, che egli non gli tenga promessa; la quale piacevolmente gli disse, che la detta promessa era stata per ajutarlo a sposar sua moglie, e che ella gli aveva fatti tanti altri beni che se ne doveva contentare.

Al che questo uomo, più ricco di superbia o di pazzia che di ragione, rispose a un re si grande, che l'ha levato come dal fango, che la detta carica gli era promessa, e che impedirebbe bene d'Arcques di goderla. Sua Maestà, non manco prudente che buona, si contentò di qualche dolce reprensione, non lasciando per ciò di conoscere che la finezza che ella aveva marcata in Saint-Luc era accompagnata da una grande temerità; non gli mostrando dipoi si buon viso che aveva accostumato.

Si dice ancora un dì, ragionandosi in presenza di Sua Maestà del tristo tratto di Bellegarde, che Saint-Luc disse : «Ecco là che cosa è «di fare gli uomini grandi, e poi volerli disfare!» E che poco da poi ella disse, che queste parole gli facevan pensare che esso ne farebbe altrettanto, se ne avesse il modo. E per assicurarsene, togliendogli il governo di Brouage, sabato xxx del passato, spedì circa le sei ore dopo mezzodì Lancosme, nipote del signor de Villequier, che ci aveva un reggimento di cinque compagnie di fanti, con comandamento d'impadronirsi di quella piazza. Sua Maestà scrisse l'istruzione di sua mano in presenza di M. di Chiverny e Villeroy, che fece il resto delle espedizioni; nondimeno Lancosme tardò a partirsi a otto ore della mattina seguente. Saint-Luc sospettando, come si è visto da poi, della mala misura, quattro dì prima aveva mandato lo suo argentiere a avvertire suo luogotenente, gentiluomo Piccardo de'più faziosi delle leghe, che si guardasse e non lasciasse entrare persona di qualità dentro la piazza. E domenica, essendo avvertito della partita di Lancosme, subito circa le quattro ore dopo mezzodì, accompagnato di cinque uomini armati di archibusi corti, montati sopra di buon cortaldi, e lui sopra una cavalla, se ne andò d'una tirata sino a sei leghe di Orléans, riguadagnando gran parte del vantaggio che Lancosme aveva innanzi a lui. E Sua Maestà, avvertita di questa partita di Saint-Luc, spedì un de' migliori corrieri per passar Saint-Luc e avvertire Lancosme.

Questa mattina Sua Maestà ha fatto metter guardia alla moglie e beni di Saint-Luc, e metter prigione Lignery, parente di Saint-Luc.

*Monsignore* è ancora a Angers, dove è accompagnato di molta nobiltà e de' grandi, e di nuovo dal duca di Montpensier, il quale pregato da Sua Altezza di andare là per tentare qualche forma di Stati del paese d'Anjou, mandò qui per sapere da Sua Maestà, se ella trovava buono che ci andasse. Il che ella non solo ha trovato buono, ma ancora ha pregato di fare, assicurandosi che, oltre la buona volontà di Sua Altezza, la presenza di esso Montpensier impedirà se alcuno avessi voglia di proporre cosa contro il servizio di Sua Maestà.

Le nuove delle levate di Alemagna continuano, ancorchè non si accordi del numero. Il Casimiro, il duca Francesco di Lovembourg, della casa di Sassonia, e uno della casa di Baviera, ne sono capi, ma Casimiro generale. Il che basta per far credere che la regina d'Inghilterra è del partito.

15 février.

*Monsignore* ha dato grande allegrezza al popolo di quella città d'Angers e paese di Anjou, avendo messi fuori del castello di Angers e di Saumur i capitani che Bussy aveva messi, e i loro soldati; i quali facevano molti atti villani, pigliando fanciulli per forza e i beni del povero popolo. Furono trovati là dentro molti istrumenti per fare la falsa moneta; il che col resto è causa che i capitani sono detenuti, sino a tanto che avranno rappresentato il capitano Lacoste e alcuni altri de' più carichi.

Dicesi che il parentado con Inghilterra, che si teneva per concluso, è ancora in qualche difficoltà assai sufficiente per romper tutto, se è vero quel che se ne dice. Perchè gli articoli d'esso prima accordati entro il Re, *Monsignore* e loro consigli, tutti furno trovati buoni, fuorchè quello che concerne la libertà dell'esercizio della religione cattolica per Sua Altezza e corte; il che hanno trovato troppo ampio, e perciò avevano spedito il detto Strafford verso Sua Altezza con l'accordo del resto, pregandola di limitarsi della limitazione tale che la domandano; al che ella ha risposto non poter condiscendere senza far torto alla sua conscienza, ed ha pregato il Re d'impiegare suo credito, a fine che il matrimonio si facci senza cambiar nulla degli articoli accordati fra contrattanti. Se Sua Maestà vuol tener buono dal canto suo, saranno tutti due ben vecchi innanzi che s'accordino.

Mi assicuro che vi ricorda, che alla fine dell'anno 1573, le provincie del Delfinato, Provenza e Languedoc domandorno di essere sgravate de' denari che il Re levava sopra di loro; che Sua Maestà promesse di tenerci la mano e rimediare ai loro mali, per la tenuta degli Stati generali, della quale le malattie e morte di Sua Maestà col resto de' mali che ne seguiro, ritardorno l'impresa sino al 1577, che furno tenuti a

37.

Blois col frutto che avete inteso. Là sopra nel Delfinato cominciorno a ingarbugliarsi copertamente, sino tanto che, l'anno passato, il popolo scoperse il veleno, pigliando l'armi contro il Re e la nobiltà. Il viaggio che la Regina Madre fece là, ha fatto credere a molti che ella avesse pacificate le cose; sin ora si vede che ella non guarì le piaghe, ma impedì l'uscita ai cattivi umori che le causavano con la promessa di purgarli dolcemente, e che per mancamento della detta o altra purgazione si mostrano di nuovo più velenose che mai.

I popoli, tanto della città e terre murate che della campagna delle due religioni, si sono uniti, con promesse di mantenere l'uno l'altro; il Clero bisogna che affoghi o che nuoti con loro, per paura se non di più grande, almanco di più vicino male. Hanno stabiliti capitani de' loro partigiani per tutto il paese, spogliando i governatori e altri officiali del Re dell'autorità dovuta e accostumata. E, quanto alla nobiltà, quelli che non tengono la parte loro sono dichiarati loro nemici; loro è proibito di entrare nelle dette piazze murate e di tirarne alcuna comodità, e agli artigiani ancora della campagna di accomodargli e servirgli di alcuna causa. I loro fini sono di ripigliarsi le esenzioni di tutte le taglie o altri sossidii che il Re leva sopra di loro, senza che Sua Maestà pigli altra cosa che il *Domaine*, come faceva Humbert Dauphin quando vendè quel paese a questa corona, e a tali condizioni. E, per coprire loro rebellione di qualche scusa, si lamentano che, in luogo di sentire qualche effetto delle promesse che la Regina Madre fece loro di fargli sgravare, si trovano burlati e carichi quasi di altrettanto di quel che erano prima. Questi movimenti danno con ragione fastidio al Re, che desidera la quiete de' suoi sudditi; e si stimano tanto più pericolosi, per il dubio che quei popoli siano fomentati da alcuni nobili e potenti, i quali, sotto colore di procacciare il bene del popolo, cercano il proprio utile con l'altrui rovina.

Il principe di Condé è à la Fère, dove M. di Villequier doveva visitarlo, per negoziare con molte e grandi offerte di fargli lassare la Piccardia libera.

Condé, Guisa e Nevers, che hanno qualche liti insieme a causa delle parti delle loro mogli, sono sul punto di accordarsi per via di arbitri, e riunirsi come buoni cognati.

Il Clero segnò, sono tre dì, il contratto col Re sotto le condizioni del milione e trecento mila franchi per sei anni, e del milione e otto mila franchi per gli arrieraggi : il terzo quest'anno, e gli altri due terzi in quattro anni.

Quì si comincia a dar de' colpi di archibuso e di pistola a buon mercato, come è ben ragionevole, da poi che quelli che gli danno non ci guadagnano, e quelli a chi si vogliono dare non perdono nulla. È poco tempo che ne fu tirato qualche colpo a Balagny senza offesa. Sabato passato, il gran prevosto di l'Hôtel, venendo dalle Tuileries per entrare alla porta nuova, una palla di archibuso tiratagli dalle muraglie della città gli dette nel capello. Vi lascio pensare se fu lontano dalla testa, e se quel che la tirò voleva stroppiarlo delle gambe! E venerdì ultimo, poco dopo mezzodì, Maurevel, che ferì l'ammiraglio, passando sul ponte di Nostra Donna, ancorchè accompagnato, sentì un colpo di pistola ben presso gli orecchi; in che vede quanto sia amato, perchè in tal luogo, che conoscete, non si mosse mai persona per impedire quel che tirò di salvarsi. Dicesi che fu La Forest, suo cugino, il quale qualche tempo fa, gliene dette una, per la quale bisognò tagliargli il braccio diritto.

Il Re è appresso a pigliare l'opinioni di tutti i suoi consiglieri di Stato sopra certi punti che ha proposti loro, cioè fra gli altri : il modo che deve tenere per rimettere la Chiesa nel suo splendore ; quel che deve fare per tenere i suoi sudditi in pace sotto l'obedienza dei suoi editti; e quel che deve fare per trovar modo di ben trattare i detti sudditi, facendosi amare e temere.

Alcuni dei consiglieri hanno già detto loro·opinioni, e passate queste feste, gli altri continueranno. Il che può essere causa che Sua Maestà ha mandato a M. di Villequier di venirsene in diligenza.

È tornato ancora oggi un corriere di Languedoc, che porta nuove che in quel paese hanno l'armi in mano, e quasi cominciano ad adoperarle l'uno contro l'altro.

Quanto alla Guienna, si aspetta nuove dell' arrivo dello Strozzi e dello stato in che arà trovato le cose di là, e chi arà occasione di lamentarsi.

23 février.

Il signor di Lignerac, bailli dell'alta Auvergna, e alcuni altri gentiluomini di quel paese, sonó quì che gridano a più loro potere la guerra contro gli ugonotti; dicendo che, se Loro Maestà gli lascian fare, ben tosto perderanno tutto; che per rimediare alla perdita è necessario di ripigliare Mende, per il che fare domandano al Re tutte le taglie che Sua Maestà leva in quel paese, e permissione di levare sopra il paese d'Auvergna, oltre le dette taglie, la somma di cinquanta mila franchi. Al che si dice che Loro Maestà non vogliano intendere, conoscendo che questi loro gridi procedono piuttosto da venti di avarizia, ambizione, e desiderio di fare loro particolari vendette, che per zelo che portino al bene e servizio di Loro Maestà; o che i modi che domandano non siano bastanti per fare quel che promettono, ancor quando loro volontà sarebbe la migliore del mondo. E, ancorachè Loro Maestà desiderino che Mende e le altre piazze rebelli loro rendino la debita obedienza, nondimeno si tiene per certo che sieno per servirsi della guerra per estremo rimedio. Il duca di Mercœur procaccia sotto mano, per le richieste di questi gridatori, di essere mandato a questa espedizione, per potere con essa andare a vedere il suo ducato che è in quel paese con più riputazione; ma Loro Maestà cercano di pacificare con l'assicurare la pace.

M. di Villequier fu di ritorno quì.

Il principe di Condé lascia intendere sua volontà di volere morire governatore di Piccardia; di che non dubito punto per molti rispetti. Fra gli altri gentiluomini che erano col signor di Villequier, c'era il signor d'Argence, al quale si rese prigione il *feu* principe di Condé quando fu ammazzato alla battaglia di Jarnac, ancorchè contro l'intenzione del detto d'Argence. Al quale nondimeno il principe fece buon viso, e impedì che il signor de La Noue non tenesse parole fastidiose al detto, come aveva pensato, per avere egli saccheggiati i mobili e gioie di madama di Seligny, sua cognata, alla festa di San Bartolomeo; non volendo che nè il signor di Villequier nè alcuno di sua compagnia avesse di che lamentarsi di lui.

Il principe d'Orange ingrossò gli Stati, con la sua rimostranza de' ix del passato, degli articoli concetti per trattare con *Monsignore*. I Fiamminghi vogliono vendere il loro burro, ancorchè si guastò, come se fusse in sua pristina bontà; che póssino guardarsi molto tempo di venderlo o donarlo, o che abbino molti mercanti che possino comprandolo pagar loro il prezzo che loro è necessario di essere liberati dalle guerre cominciate. Ma a fine che questi loro concetti non si convertischino in uno falso germe, come dicono di quà, penso che bisognerà che s'allarghino da una banda e restringhino dall'altra, compensando li stretti partiti e legami che presentano a *Monsignore* per la conservazione delle loro ragioni della libertà, con qualche sicurtà per lui che non gli possino far torto e sbalzarlo senza causa quando se ne saranno serviti; del che non ha poca causa di dubitare, e per la natura di quei popoli, e per il tristo trattamento che ne ricevette a suo viaggio; al che la necessità sola li può menare.

Questi articoli così concetti furno mandati a *Monsignore* per il signor di Pruneaux, suo agente in Fiandra; e per farli nascere e mandargli con solennità a Sua Altezza si aspettava il ritorno di Orange di suo viaggio, il quale doveva essere ad Anvers ai xviii di questo.

Un gentiluomo, mio amico, servitore di M. di Montmorency, venne quattro dì sono di Languedoc, dove alla costumata ha lasciati gli affari in grande combustione, e fuoco molto attizzato per ardere; e ha avuta molta pena e pericolo a passare il Delfinato, per l'emozioni che vi sono delle leghe del popolo contro il Re e la nobiltà fedele a Sua Maestà. Mi ha detto che, passando Romans, alloggiò in casa di un oste, il quale diceva che le città e terre di Grenoble, Valence, Montelimars e altre erano per loro. Che a Romans era capitano un certo cordaio (può essere che farà qualche corda per essere impiccato) sì pazzo e scellerato, che, pochi dì innanzi, aveva bravati tre consiglieri del parlamento

mandati là per riformare le genti di giustizia, dicendo loro in somma
che il parlamento di Grenoble mandava là dei ladri per correggere de'
ladri, i quali facilmente si accorderebbono insieme; e con tali parole
che i consiglieri furno molto contenti di poterne partire in vita.

Nel medesimo tempo il signor de Chaumont s'era accompagnato per
vendicarsi del torto che le dette leghe gli avevan fatto, ammazzando il
capitano d'un suo castello, e perchè gli bisognava passare il fiume
del Rodano, le leghe vi messero tali guardie che gl' impedirno il
passo, e vedendolo ritirato, saccheggiorno e rovinorno detto castello.
Il signor di Tournon fa ancora suo dovere di tenere la parte di Sua
Maestà. In Vivarais i tre Stati hanno fatta lega per tener lor paese in
pace sotto gli editti del Re. Il che parebbe una bella copertura per
chi non sapesse quanto questo nome di lega sia contrario al dovere
che i sudditi devono al lor padrone, dal quale devono pigliare la pace.

Il nostro Bellegarde mostra sempre che ce l'ha guardata e guarda
bella, talchè si può sperare dal figliuolo di suo padre.

Il signor de la Vauguyon, uno de' consiglieri, ha detto a un de'miei
amici, che suo parere è stato che il Re, per levare agli ugonotti l'occasione di dire che non gli è fatta giustizia, e che la peggior pena che
possino avere alle loro liti è di essere ugonotti, dia la carica al re di
Navarra e principe di Conde di far obedire Sua Maestà, i quali per ciò
aranno le forze necessarie per il consiglio in quel che concernerà la
guerra; abbino con loro alcuni signori di qualità, cattolici affezionati
alla corona e riposo de' suggetti, e, quanto alla giustizia, Sua Maestà
scelga da' suoi parlamenti un numero di consiglieri di più uomini da
bene e manco parziali per far ragione a ciascuno di qual religione che
sia. Questo suo parere è stato approvato da alcuni, ma altri hanno
opinato molto al contrario. Può essere che fra qualche tempo intende-
remo la resoluzione; e se ella è tale che conosca potervi piacere, vi
giuro al certo che, se posso, ve ne farò parte.

La causa per cui Lignery è stato menato alla Bastilla è che, essendo
guardato alla casa di Saint-Luc, si mostrò si savio e fedel suggetto al Re
che scrisse al suo cugino, che, ancorchè fusse prigione, non era però

si serrato, che non si assicurasse di scampare, e menargli quattro o cinque cento archibusieri, se Saint-Luc ne aveva bisogno; e sua lettera fu presa dalle guardie.

Il xxii del presente, il principe di Condé andò a Cambrai, dove fu ricevuto con molto onore, e ai xxv se ne tornò a la Fère. M. di Crevecœur[1] ha scritto al Re di detto viaggio di Cambrai, e che i signori di Lencourt e Orival, ugonotti di Piccardia, levano qualche compagnia di fanti, con commissione di esso principe, per menarle a Cambrai. E, ancorchè tutte levate di uomini, senza espresso comandamento del Re, siano degne di morte, nondimeno, avvertendone Sua Maestà, domanda potere di castigarli sino col far sonare le campane contro, che di quà chiamano il *tocsin*. Oltre a quel che il detto signor di Crevecœur n'ha scritto a Sua Maestà, n'ha ancor dato avviso a uno che gli è affezionato servitore e vostro amico, che con certe scuse di suo ardire e solite protestazioni di sue affezioni verso lui, l'ha consigliato di non impacciarsi di tali affari che il manco che potrà, e di tal sorte che possa sempre mostrare di non avere fatto nulla che per comandamento del Re, non procacciato, e senza alcuna particolar affezione o animosità; che si ricordi quanto i comandamenti publici fussero differenti dai secreti, quando dell'anno 78 *Monsignore* andò ai Paesi Bassi. Che, se l'intenzione del Re è altra nel cuore che ella non mostra apparenza, non la dichiarerà che il più tardi che potrà, al che non deve costringere Sua Maestà che all'estremo bisogno. Che, ancorchè si tenga comunemente che il signor di Villequier sia stato a la Fère per continuare le pratiche di far lassare la Piccardia a esso principe e ritornarsene in Saintonge, nondimeno non è a presumere che Sua Maestà, dopo avere mandato là il signor di Maintenon, la Regina Madre, e tanti altri, l'un dopo l'altro, per il medesimo fatto, e trovandolo sempre più ostinato, se non c'è altra cosa, che ella non dovesse piuttosto mandarlo a

[1] Gouverneur de Picardie.

sfidare per un araldo, che spedir verso lui un signore di tale qualità e di chi si fida tanto, per portargli lettere di credenza. Che il Re ha molte occasioni di desiderare che il Re Cattolico abbi degli affari e delle traverse ai suoi gran disegni, di chi che sia che gli venghino, non avendo che troppo conosciuto per il fatto di Saluzzo quel che può sperare da Sua Maestà Cattolica, quando con più grandi effetti potrà mostrare l'amor che porta a questa corona; con molti altri discorsi tendenti a questo fine.

Lignerac, bailli dell'alta Auvergna, dopo aver lungo tempo fatta istanza a Sua Maestà per la guerra contro gli ugonotti di quelle bande, se ne andò con resoluzione contraria alle sue intenzioni, che è che ella vuol la pace e che i ribelli e altri malfattori siano castigati per giustizia, per esercitare la quale, oltre i suoi officiali che vi sono ordinarii, ella ve ne manderà d'altri.

Il popolo, o Terzo Stato del paese di Agenois, hanno mandato quì un lor sindico con una richiesta al Re, per la quale domandano a Sua Maestà, ch'ella voglia ordinare che il detto Terzo Stato non paghi alla Chiesa e Nobiltà che i due terzi delle rendite che gli devono. La domanda è tale che Sua Maestà non può accordare, non più che di donare il bene d'altri; e la conseguenza ne sarebbe cattivissima per il Clero e Nobiltà degli altri paesi di questo regno. Nè se ne può tirar cosa buona. ancor che sia rifiutata, conoscendosi per là che non è solo nel Delfinato che la plebe voglia mostrare i denti a più grandi che ella.

M. Rose, predicatore del Re al Louvre, disse a questi dì a una sua predica, che i principi del sangue (questi buoni cugini) avevano uomini appostati per ammazzare Sua Maestà; alla quale il signor di Chassincourt fece intendere, che essendo quì agente del re di Navarra, e avvertito di questi proposti, non poteva manco fare che di lamentarsene a ella, e pregarla di volere far dire a esso predicatore da chi egli sapeva queste congiure in tutto calunniose e false, e farne giustizia. Del che Sua Maestà non fece altro caso che di rispondere a Chassincourt, che non ne aveva sentito parlare; nondimeno le prediche di detto predicatore sono state dipoi un poco più modeste.

Sono qualche dì che vennero nuove, che nel Delfinato alcuni nobili e principali del Terzo Stato avevano combattuto felicemente contra le leghe della plebe di verso Romans, essendovi fra gli altri ammazzato il capo della detta plebe.

----

## II.

### RENIERI À ALBERTANO.

Paris, mars 1580.

Sommaire. — 7 *mars*. Saint-Luc à Brouage. *Monsieur* attendu à Cambrai. La Fère concédée au prince de Condé. D'après la *Gazette de Rome*, le grand-duché de Toscane serait érigé en royaume. — 21 *mars*. Nouvelle excommunication lancée contre la reine d'Angleterre; fanatisme d'un catholique anglais. *Monsieur* est à Angers; démarches pour le détourner de l'entreprise des Pays-Bas. Exigences de Condé. Dispositions belliqueuses des seigneurs catholiques du Quercy. Le Roi nomme une commission chargée d'aviser au moyen de lui procurer cinq millions de francs. Nouvelles diverses. Les troubles du Dauphiné. Démarches et préparatifs de *Monsieur*. Dernière aventure de l'ambassadeur Saracini. — 28 *mars*. Affaire de Flandre: ambition funeste de quelques grands. Situation de Cambrai. Toutes les embarcations des côtes de Normandie mises à la disposition du Roi. Le gouverneur de la Réole et le roi de Navarre. Expédient financier.

7 mars.

Sopra il rifiuto fatto da Saint-Luc di obbedire al Re, lassando Brouage, il parlamento di questà città ordinò a 11 del presente presa di corpo contro di lui, che fusse citato a comparire fra tre dì per purgarsi degli indizi di sua ribellione, ed essendo contumace, si farà morire per effigie, con confiscazione di tutti i suoi beni. Sua moglie è più serrata in sua camera che sia ancora stata, e Lignery, suo cugino, alla Bastilla. Oltre Brouage tiene ancora il castello di Royan, discosto sette leghe di là sul mare. In questo mezzo Saint-Luc fortifica Brouage e vi attira nuovi soldati; e i signori di Belleville, governatori di Saintonge, e Lancosme sono a Saintes, dove fanno qualche massa di soldati, ma freddamente.

A Cambrai fanno conto di avere tosto in quei paesi *Monsignore*, al quale hanno marcato alloggiamento alla casa del prevosto, e per il principe di Condé, suo luogotenente, quella dell' arcivescovo, avendo

38.

ancora messe l'armi di Sua Altezza sopra le porte della città e del palazzo della signoria.

Finalmente il Re accordò al principe di Condé la terra e il castello de la Fère, col pagamento di dugento fanti e di venti cavalli per la guardia della piazza e di sua persona.

Gli affari del Delfinato, Languedoc, Guienna, Périgord e Auvergna sono nei garbugli costumati da poi qualche tempo.

La gazetta di Roma ha mandato nuove, che il titolo di Sua Altezza Serenissima era chiamato in Maestà, e che si dovevano cambiare le guardie di Port' Ercole e Orbitello. Potete pensare quanto mi piacino, e mi piacerebbon più, se voi me la dicesse.

21 mars.

La regina d'Inghilterra arma; ma si dice che la buona dama non vuol assalire altri, anzi teme per se medesima, e che da poi poco tempo in quà, un Inglese, mandato dal Papa, si è mostro di sì buon zelo verso la fede cattolica, che di giorno ha ardito attaccare al palazzo della detta regina la nuova scomunica che Sua Santità ha gettata contro ella. Il qual Inglese subito fu preso, e fatto tirar a quattro cavalli, morendo con gran costanza.

*Monsignore* è a Angers, accompagnato da molti signori, e fra gli altri dal marchese d'Elbeuf, marescial di Cossé e de Laval. A quel che ho inteso dal suo segretario, fu vero che Sua Altezza levò i sigilli al vescovo di Mende, suo cancelliere, e cassò tutti i servidori ch' egli aveva messi al servizio d'ella, e massime i segretari e tesorieri; ai quali vuol far render conto, di che ha grandissime ragioni.

La Brosse incontrò il signor Lafin e l'abate Guadagni, che andavano a trovare Sua Altezza da parte del Re; e a quel che si dice per due fini : cioè per farlo venire alla corte, e per rompere i suoi disegni di andare ai Paesi Bassi; per la quale, ancorchè si sia detto e dica che ella leva genti in Anjou et Brettagna, nondimeno i suoi che vengono di là dicono non esser nulla.

Il principe di Condé è a la Fère, la qual terra il Re gli ha accor-

data, poi che non ha potuto cavarnelo con molti belli offeri; ancor non
si contenta egli, ma vuol che Sua Maestà lo facci godere del governo
di quel paese in effetto, come ne ha il titolo. Ma il Re non glielo darà
che il più tardi che potrà, per non dispiacere ai cattolici, e sapendo
che il detto principe farà il peggio che potrà contro il Re di Spagna
che non ama punto.

Il barone di Burnesel, che è stato quì qualche tempo a sollecitare il
Re per far la guerra agli ugonotti in Quercy, se ne ritorna, con comandamento di Sua Maestà di fare intendere che ciascuno si tenga su le
sue gardie senza innovare cosa alcuna, perchè ella aspetta il ritorno
del colonnello Strozzi; e, secondo le nuove che porterà, Sua Maestà
comanderà a ciascuno quel che doverà fare. Il detto barone, Lignerac,
Hautefort e altri signori di quei paesi di là che sono cattolici, e al più
servitori affezionatissimi del duca di Guisa, con loro ragioni non possono contentarsi che il Re voglia stare sì lungo tempo senza far
guerra; ma le ragioni che dicono non si credono, e quelle che tac-
ciono s'intendono.

Questi dì passati, il Re ha fatti consiglieri di suo privato consiglio
alcuni che sono stati, e altri che sono officiali delle sue finanze; M. Miron, suo primo medico, afine di avervene di tutte le sorte. E ha Sua
Maestà deputati alcuni di tutti gli ordini di questa città, con carico di
cercare qualche buono espediente per trovare cinque milioni di franchi,
per impiegarli al pagamento di quel che ella deve a' raitri e agli
Svizzeri.

Per lettere de' xiii di questo da Bordeaux si è inteso, che ancorchè
le cose in quei paesi siano sollevate, nondimeno si passano, grazie a
Dio, con più paura che danno.

Io non vi ho mai detto nulla del successo degli affari tra l'ambasciatore del Re e quel di Spagna a Costantinopoli, assicurandomi che
l'avete inteso. Adesso dirò solamente, che Sua Maestà ha comandato
a Germigny (che io ho conosciuto per uomo molto da poco, salvo per
far la corte) di tornarsene di quà; il che si crede non farà, sapendo
come Sua Maestà è sdegnata seco, e temendo, non ostante il favore di

M. di Chiverny, suo promotore, di cambiare l'insegna della sua osteria
del *Falcone* a quella della *Forca*. S'era parlato che Sua Maestà mandava in sua piazza il giovane Lansac, ma adesso si dice d'un certo
Bogniti, stato altre volte secretario di madama di Savoia, e adesso maestro
di casa della Regina, che altre volte è stato alla corte del Gran Signore.

Credo che vostra signoria ha visto un certo accordo fatto a Lione,
l'ultimo del mese passato, da certi capi delle leghe del Delfinato, il
quale o vero o trovato, non ha fatto nè bel nè buon effetto fin'ora,
perchè vi sono ancora in garbuglio; e penso che quelli che fecero detto
accordo non erano deputati dalle leghe in generale, ma da' principali
abitanti o cittadini delle terre; perchè questa mattina parlandone con
Santa Maria, governatore di Orléans, che è di quel paese, mi ha detto
che tutto vi va bene; che Romans fu preso, con morte almeno di cento
venti uomini della plebe, ammazzati di pugnalate, e gettati nel Rodano [1] da S. Giuliano, luogotenente di M. di Montgeron, che fu chiamato là e favorito dai principali della terra; i quali, come ancora nelle
altre terre e città, hanno cominciato a conoscere che la plebe non domanda la rovina dei nobili per la nobiltà, ma per le ricchezze; e che
M. di Mandelot, dopo di avere disarmato il popolo del Lionese, Beau-
jolais et Forez, se ne va nel Delfinato con quattro mila fanti e qualche
cavalleria, per ajutare la nobiltà e i buoni a ridurre la detta plebe alla
ragione. Si è detto che ella teneva assediato il signor di Tournon, ma
egli mi dice di no.

Un segretario è stato mandato quì da *Monsignore*, per fare istanza a
Sua Maestà di avere ajuti per la guerra di Fiandra; della quale parla
molto publicamente; che Condé deve essere luogotenente generale, il
marchese d'Elbeuf colonnello di fanti, la vanguardia menata dal
marescial di Cossé, il quale diceva che non vuol morire, che si
non veda, e ben tosto, alla testa di una battaglia di quaranta mila
uomini.

Qualcuno mi ha detto saper bene che il Re danna il Re di Spagna

---

[1] Romans n'est pas sur le Rhône, mais sur l'Isère.

di quello che soprapone contro di lui, e che per tali spedizioni non ha altro secretario che d'O e Miron, suo primo medico.

Lafin rispose a la Brosse, il quale lui disse che a Angers si parlava molto, e si dava ordine alla guerra di Fiandra, che ben tosto arebbe altre nuove. Il detto La Brosse pensa che alla fiera di Francfort sia per parlarsi di qualche levata di raitri per *Monsignore*, e si dice che il segretario non ha buone risposte alle dimande per *Monsignore*, suo padrone, e che qui si burlano di lui.

Non mi saprei dire quanto mi dispiace di essere costretto a farvi sapere l'inconveniente accaduto di quà all'ambasciatore Saracino, dipoi sua partita, perchè di poi aveva trattenuta, a quello che si dice in pubblico, la figliuola del medico, maritata a un secretario del principe di Condé; aveva lasciati qui un Giannin, suo servitore, e uno Nettoli, e dovevan condurla in Italia; ma essendo in cammino ella con otto cento scudi di suo marito, fu seguita e presa con le sue genti.

28 mars.

Si aspetta l'abate Guadagni di ritorno da *Monsignore*, mandato per farlo venire alla corte, e per rompere i suoi disegni di far la guerra ai Paesi Bassi, contro al Re Cattolico, cioè dando favore a quelli che gli sono rubelli. Del primo dicono che Sua Altezza non ha voglia, e che il secondo vorrebbe molto bene, se potesse averlo come desidera.

I cattolici di Courtray, fautori della presa di loro città, sono stati sì mal trattati da' pigliatori all'Italiana e alla Francese, in luogo del bene che speravano delle loro pene e pericoli per rimetterla all'obbedienza del Re. Cattolico, loro signore, che a Oudenarde e altre terre che trillavano molto nel manico per rendersi, sono più deliberati che mai di conservarsi alla parte che tengono. E, ancorchè ogni dì si veggano là e altrove che tali sacchi e rubamenti causano di gran perdite al generale, nondimeno i particolari più grandi, che dovrebbero rimediarvi, si lasciano tanto menar dal loro proprio commodo presente, spesso ben piccolo, che non veggono in qual pericolo si mettino di perdere col generale il loro particolare vecchio e il nuovo, rubato o presto o tardi.

Il signor de Villers, venendo da Angers, portò nuove che, a causa del trattato di Cambrai, gran numero di cattolici tanto preti che secolari erano prigioni, e i più savii fuggiti; che di già avevano impiccato un prete, e dovevano far morire certi canonici, fra i quali era un parente del detto Villers; e l'altro ieri mi fu detto che oggi sono otto dì, ne giustiziorno alcuni; e che parlano di già di pigliare le sante reliquie d'oro e d'argento che vi sono in gran numero per pagare i soldati che vi sono in guardia, che sono, oltre le guardie della cittadella, circa seicento cavalli, e quattro compagnie di fanti tanto Francesi che Valloni, i quali fanno la guerra ai loro vicini di Artois e di Hainaut.

I popoli di Frisa, dopo avere patiti molti danni da circa mille raitri che hanno svernato in qual paese, si deliberorno di liberarsene, come hanno fatto, mettendo tali forze in campagna che ne sono restati padroni, e i detti raitri passati verso il Brabante, donde si stima che passeranno in Fiandra.

Il duca di Guisa fu di ritorno quì ai xxii di questo con buona disposizione.

Dicono bene, ed è cosa certa o certificata da quelli che vengono di là e di altri luoghi marittimi della Normandia, che il Re ha fatti arrestare tutti i navilii, sino ai più piccoli che vanno a pescare le ostriche; nè si sa la causa. Alcuni dicono affine che non vadino a caricare il sale a Brouage, altri che ella se ne vuol servire senza dire dove nè a che; nè si sente nuova alcuna che si facci una minima provvisione per potere impiegare i detti navilii per negozii di guerra.

Mentre che la Regina Madre era in Guascogna, la terra de la Réole a circa sette leghé di Bordeaux, tenuta dagli ugonotti, e poi accordata loro per la conferenza di Nérac, fu presa dai cattolici. Alla restituzione della quale Sua Maestà dette ordine, e con consenso del re di Navarra, vi mise per governatore il signor di Dusac, gentiluomo ugonotto di quel paese, parente ma non molto amico del signor di Biron. È accaduto di poi qualche tempo, che il re di Navarra, avendo qualche sospetto del detto governatore, il quale alla parentela con Biron aveva aggiunta più di amicizia che il re di Navarra non aveva pensato, fece disegno di cavarlo dalla Reola per mettervi qualche suo più confidente; e perciò vi mandò il visconte di Turenne, il quale passando per là, sotto colore di altri affari, entrò dentro la terra; ma volendo entrare dentro il castello di essa, il detto governatore non gliclo volse permettere; anzi in termini chiari o altrimenti si lasciò intendere che, quando esso .re di Navarra fusse stato là presente, non arebbe fatto tutto suo volere. Il che inteso dal re di Navarra, n'ha scritto qui a Loro Maestà, le quali prega di voler levare il detto governo a detto Dusac, e darlo a uno dei tre gentiluomini ugonotti che propone loro, che sono: il barone di Salignac, e i signori di Campagnac e di Villemarie. Non si dice come Loro Maestà l'intendino.

Il Re deputò certo numero di uomini di ciascun ordine per trovargli cinque milioni di franchi; del che adesso non si parla molto; ma in questo mezzo Sua Maestà ha resoluto di riunire alla sua corona e *domaine* i paesi che la Regina Madre, di Navarra, e altri principi tengono o in dote, o quel che di quà chiamano *douaire*, o per altra ragione, mutando l'usufrutto che hanno de' detti paesi in denari contanti, che loro saranno pagati delle entrate medesime de' detti paesi, dalli ricevitori del *domaine* di Sua Maestà, e di fare il simile con moltissimi altri, che hanno compro o in pegno a vilissimi prezzi le terre e offici che appartengono al detto *domaine;* nel che Sua Maestà farà grandissimo avanzo.

---

### III.

### RENIERI AU SECRÉTAIRE DU GRAND-DUC.

Paris, avril 1580.

#### ANALYSE.

(5 avril, à l'Albertani.) La ville de Montpellier se gouverne par elle-même. Dans le Dauphiné les rebelles sont assiégés à la Mure par M. de Mandelot.

L'insurrection, qui s'étendait jusqu'à Pezénas, est peu à peu circonscrite. La Mure ne tardera pas à se rendre.

Dans les Pays-Bas, le prince d'Orange fait de grands armements maritimes. En Frise, la ville de Groningue se soumet au Roi Catholique.

Les huguenots restent maîtres d'Utrecht : *Di sorte che mi pare che d'ora innanzi, lasciando la differenza di Stati e malcontenti, si potranno chiamar cattolici e ugonotti.*

La liste des pensionnaires italiens est réduite par le Roi au nombre de huit.

*Monsieur* demande au Roi l'autorisation de faire le procès à l'évêque de Mende et aux complices de ses malversations; l'évêque a de puissants appuis près de la Reine mère.

(11 avril, à Dini[1].) La Noue surprend la ville de Ninove, et emmène le comte d'Egmont et sa famille comme prisonniers à Gand.

Le prince de Condé se fortifie à la Fère. L'ordre est donné à Du Glas, gouverneur de Soissons, de se tenir sur ses gardes. Les catholiques sont maltraités à Cambrai.

Le Roi a fait savoir à son vice-amiral en Normandie qu'il prétend rester en paix avec le Roi Catholique, et il lui donne l'ordre d'arrêter les corsaires qui s'attaqueraient aux navires espagnols.

En France, le vent est à la guerre : *E ciò non si può fare senza apoggio di Monsignore, perchè gli ugonotti non hanno tal polso.*

*Monsieur* est malade; on a fait courir le bruit de sa mort : *Dopo essere guarito, ha fatto qualche disordine, che lo ha fatto ricadere malato d'una febbre continua[2].*

Une conspiration, découverte à temps, avait pour objet la prise de la citadelle de Lyon. Des conjurés catholiques et protestants ont été pendus. On croit voir dans cette fâcheuse affaire la main du duc de Savoie : *E certo mi dispiace,* ajoute Renieri, *che si parli così d'un tal principe e che è zio del Re.*

(28 avril, à Dini.) Le prince de Condé fait un appel à tous ses amis, et les prie de le rejoindre en armes.

Le roi de Navarre, toujours en butte aux coups des assassins, et supplié de se

---

[1] Jacopo Dini était un des secrétaires en sous-ordre du grand-duc. La plupart des lettres de Renieri et de Busini lui sont adressées à Viterbe; il les transmettait à Belisario Vinta, qui était le véritable correspondant. Aussi est-ce à lui que nous adressons dorénavant les lettres en tête desquelles se trouve le nom de Dini.

[2] Renieri écrit, à ce sujet, la note suivante en chiffres. «Si dice a questi dì, che «*Monsignore* era molto malato delle scro-«fole; le quali e il mal francese l'avevano «guadagnato sino al palato; e che uno Spa-«gnuolo, del quale si era servito per me-«dico, se ne era fuggito. »

tenir sur ses gardes, aurait répondu : *Che lo sapeva bene, ma che sua vita era nelle mani di Dio, il quale sperava gli farà grazia di vedere confusi e per terra quelli che pensano di rovinarlo* [1].

Ceux de la Ligue, en Picardie, soutenus par les Guise, parlent d'entrer en campagne contre Condé. Cette campagne pourrait tourner contre eux : *perchè dalle città e terre, che non domandano che conservarsi in riposo, non possono aspettare alcun aiuto.*

Condé, à la Fère, marche bien accompagné et armé d'une cuirasse, parce qu'il est averti que dix ou douze *Gueux* se sont conjurés pour l'assassiner.

Dans le Dauphiné, M. de Mandelot a essuyé un échec devant la petite place de Saint-Quentin, et est revenu à Lyon. Ce qui aggrave la situation, c'est que : *i cattolici e ugonotti cominciano a unirsi contro lo Stato.*

Les rebelles du Dauphiné se sont emparés de Briançon.

Après avoir pris Ninove, M. de La Noue s'est emparé de Malines. La Reine régnante a intercédé auprès de La Noue en faveur du comte d'Egmont, son parent, qui a été transféré de Gand à Anvers.

Le Poitou est en armes. La guerre civile est imminente. Le Roi se verra forcé de prendre un parti pour ou contre son frère : *Alcuni hanno detto, qualche tempo fa, che Monsignore aveva cari questi tumulti, come mezzi per fare venire Sua Maestà a questo punto* (la lieutenance générale du royaume); *me le piaghe in questo mezzo potranno tanto incancherirsi, che difficilmente potrà, quando ne sarebbe medico, guardare il corpo insieme.*

(25 avril, à Belisario Vinta.) La Reine mère est à Chenonceaux; les mécontents, et plusieurs des seigneurs condamnés aux *grands jours* de Poitiers [2], ont pris les armes et se sont emparés du château de Montaigu, près de Nantes. Retz s'approche d'eux.

La Guyenne se soulève. L'affaire de la Réole et la désobéissance du gouverneur excitent les ressentiments du roi de Navarre.

Les Rochellois ont découvert une conspiration dans leur ville, et cette découverte

---

[1] Renieri, après avoir parlé de bruits d'empoisonnement, raconte que le roi de Navarre, sur le point de se mettre à table chez un gentilhomme Gascon, reçut de la reine, sa femme, un avis secret, qui le décida à chercher une excuse et à se rendre aussitôt à Nérac. Sur les énergiques réclamations du gentilhomme, informé du soupçon dont il était l'objet, le roi se contenta de répondre qu'il le tenait pour un homme d'honneur et attaché à sa personne.

[2] Renieri définit ainsi les GRANDS JOURS : «Che è una giustizia estraordinaria, che il «Re manda qualche volta per le provincie «che dipendono dal parlamento, affine di «schifare la lunghezza delle liti a causa «delle appellazioni, e massime contro i po-«tenti criminali e rebelli a giustizia.»

a coûté la tête à M. de La Popelinière; ils se sont emparés de Melle. La guerre est donc déclarée de ce côté.

La prise de Malines a été suivie du sac et du pillage de cette ville. On annonce que Louvain a chassé sa faible garnison et est rentré dans le parti des États.

En Dauphiné les affaires vont de mal en pis.

---

## IV.

### RENIERI À BELISARIO VINTA.

Paris, mai 1580.

SOMMAIRE. — *9 mai.* Succession de Portugal. La Reine mère auprès de *Monsieur*. La lieutenance générale est offerte à ce prince; à quelles conditions. Condé et la Ligue en Picardie; la forteresse de Boulogne; M. d'Estrées et le duc de Guise. Affaire de la Réole; la guerre imminente en Guyenne. Progrès de la rébellion dans le Dauphiné. Situation des partis en Flandre. Rôle probable de *Monsieur* dans ces nouveaux troubles; inaction du Roi. — *16 mai.* Escarmouches en Auvergne. Assassinats aux environs de Bordeaux. Le château de Fronsac. *Monsieur;* ses demandes; sa mission de pacificateur du royaume. — *23 mai.* La Noue prisonnier du duc de Parme, qui ne consentira à aucun échange. Querelle de M. de Nevers et de M. de Montpensier; fières paroles du roi de Navarre. La Ligue de Picardie, sous la conduite du duc d'Aumale, s'apprête à attaquer Condé; elle est peu populaire; vives réclamations du prince. Accord de *Monsieur* et du Roi; à quelles conditions. Les députés des États de Flandre auprès de *Monsieur*. Intrigues et confusion. — *30 mai.* Condé, sur le reçu d'une lettre du Roi, quitte secrètement la Fère et se rend à Sedan, et de là en Allemagne. Le siège de la Fère par les troupes du Roi paraît résolu. *Monsieur* chargé de pacifier le royaume. Les députés des États de Flandre et leurs propositions tenues secrètes. Armements du roi de Navarre; son manifeste. Le duc du Maine chargé, dit-on, de réprimer les troubles du Dauphiné. M. de Laval, parti incognito pour l'Allemagne, a vu en passant M. de Montmorency. Les mouvements du parti de la Ligue en Picardie n'ont pas l'approbation du Roi; M. de Matignon. Fâcheuses appréhensions; irritation de la reine de Navarre contre le Roi, qui a lâchement excité les soupçons de son époux.

9 mai.

In Portogallo hanno resoluto di non procedere all'elezione del nuovo re, sino a tanto che Sua Maestà Cattolica arà ritirato suo esercito, con provvisione di capi e forze per opporsi ai suoi disegni.

La Regina Madre tornò da *Monsignore* a dì vii; dal quale ancorchè a prima vista avesse avuta magna accoglienza a Bourgueil, nondimeno andò ancor di poi a vederlo a Tours, e si dice che egli si mostra un poco difficile a governare.

Di poi l'arrivo di Sua Maestà, il Re spedì verso Sua Altezza M. di

Villeroy, il quale dapoi due dì si aspetta d'ora in ora, e si dice che gli
ha portata la luogotenenza generale, alcuni dicono libera, altri con
molte restrizioni : fra le quali si parla, che il duca di Guisa sarà suo
sottoluogotenente; che non potrà levare danari sul popolo, nè aprire
lettere a Sua Maestà, nè deliberare cosa alcuna senza il parere di
alcuni consiglieri che Sua Maestà commetterà presso di Sua Altezza. Se
le dette condizioni sono vere, vi lascio pensare se egli sia per accettare
la luogotenenza con esse. Ha mandato quì il giovane Marcello, suo
tesoriere generale, a dimandare al Re venti mila scudi; e Sua Maestà
cerca il modo di accomodare Sua Altezza della metà.

Il principe di Condé è ancora a la Fère; e, a quel che si dice in Normandia e quì, tiene la campagna; cioè che avendo più gran forze che
non aveva accostumato, l'ha allargate per vivere sulle terre del re di
Navarra. Si era detto che in Piccardia e Normandia le leghe erano a
cavallo contro il detto principe; e si nominava per capo de' Normandi
il signor de la Meilleraie, e de' Piccardi M. de la Brosse. Ma si dice Meilleraie fu visto a sua casa si mal trattato della gotta che non si può
tenere in piedi. E il signor de la Brosse ha bene avuto qualche compagnia estraordinaria per cominciare la guerra, ma non ha passato oltre.

M. di Jordan, governatore di Calais, affezionatissimo servitore del
duca di Guisa e del Re, avendo avuto qualche avviso che il luogotenente del signor d'Estrées al governo di Bologna aveva qualche intelligenza col detto principe, andò là, e sotto colore di andare come amico
a vedere il castello, essendovi dentro il più forte, ne messe fuora il
detto luogotenente, il quale bravo gentiluomo e di buona casa di Piccardia non pensava a un tale inganno. Il colonello delle fanterie che
sono in Piccardia, che è in guarnigione in quella città, col quale il
detto luogotenente aveva avuta quistione, menava l'impresa. Il detto
signor di Jordan dopo l'esecuzione ne avvertì il signor di Crèvecœur.
che ne avvisò il Re ai vi di questo, e se ne andava a Bologna per vedere che cosa v'è; dove ancora Sua Maestà mandò, ai vii di questo, in
diligenza il detto signor d'Estrées, governatore, al quale il fatto tocca
quanto potrete pensare, avendo egli, stimato fedelissimo suddito e ser-

vitore del Re, stabilito il detto luogotenente come conforme a sua intenzione. E che adesso, essendo accusato d'un atto che altre volte sarebbe stato chiamato tradimento, bisogna ch'egli procacci di fare trovare
la verità del fatto; e che, se il detto suo luogotenente si trova colpa-
bile, ne perda la vita, o che trovato innocente, quelli che hanno impreso contro di lui, gliene faccino ragione; la quale, si dice di quà,
spesso bisogna cercare al mulino dove si rade il grano, come potrà accadere al detto luogotenente e a suo capitano e governatore; perchè
il detto signor di Jordan, col favore del duca di Guisa, farà trovare in
effetto di avere ragione, ancorchè avesse torto; e gli altri saranno battuti e pagheranno la pena.

Gli affari di Guienna sono in gran garbuglio, avendo le due parti
l'armi in mano, e gli ugonotti avuta una botta, perchè, dopo molte dispute del re di Navarra col signor di Dusac, governatore de la Réole, il
detto Dusac, come ugonotto, col favore dei cattolici condotti dal signor di Duras, ne cacciò gli ugonotti, dopo avere combattuto con oc-
cisione di molti. Dall'altro canto esso re di Navarra continua a mettere
forze insieme, per vendicarsene e pigliare il suo castello di Montignac-
le-Comte; di sorte che publicamente si dice che noi siamo alla guerra,
la quale alcuni non credono per alcune ragioni che allegano, dicendo
che tutti questi romori anderanno in fumo. Ma per la resoluzione si
aspetta il ritorno del detto signor di Villeroy da *Monsignore*.

La regina di Navarra ha scritto a Loro Maestà lungamente le ragioni che hanno costretto suo marito a pigliare le armi. Si è sempre
stimato che Loro Maestà e *Monsignore* amino molto la detta regina di
Navarra, la rovina della quale essendo congiunta con quella del re,
suo marito, pare che sia per essere di qualche momento per rompere i
disegni della guerra.

Sua Altezza si è lasciata intendere che non vuole impacciarsi di
questa guerra, proibendo ai suoi suditi di andarci; ai quali, e altri delle
due religioni che vorranno mantenersi in pace, ella promette sicurtà nei
suoi Stati.

Dapoi pochi dì in quà, il re di Navarra prese la terra d'Ovilans, la quale, per essere di suo dominio e avere tenuto contro di lui, fu mal trattata, avendo fatto impiccare circa quaranta de' principali abitatori di essa; e ha preso ancora qualche altre terre, ma di poca importanza. Il visconte di Turenne è con le sue genti verso il Languedoc.

Nel Delfinato le cose vanno di male in peggio. La Chiesa, la Nobiltà e parte del popolo hanno mandato un gentiluomo verso il Re, per fargli intendere le loro estremità, e che senza pronto soccorso bisognerà che piglino partito. Il signor di Livarot, che doveva andare in quel paese maestro di campo di dieci compagnie di fanti, è ancora quì.

Il principe di Parma, conte di Mansfeld e altri cattolici erano ai xxiv a Mons in Hainaut; Orange a Anvers; l'armata di mare apparecchiata in Zelanda e Olanda, ma non si muove. Malines, che prima era una provincia a parte, è stata unita col Brabante.

Poichè si aspetta il ritorno di Villeroy per saper nuove della pace o della guerra, pare da credere e molti non dubitano, che Sua Altezza sia dal canto di quelli che mescolano le carte, delle quali si vuole servire per suo commodo, come ha fatto altre volte; e che Sua Altezza quietata, saremo alla pace. Altri pensano che vi è intelligenza fra il Re, la Madre, *Monsignore*, Navarra e Condé; perchè Sua Maestà, uso a mostrare spavento quando ha male nuove, non la commovono per avvisi che si hanno di tutte le parti di tanti movimenti, non dando alcun ordine che di parole. Del resto Sua Maestà si lascia intendere, che alla guerra civile ella perde sempre, nè credo che vi venga che per forza di nemici che ha appresso d'ella, cioè Guisa e sua parte.

Temo che il Re non mi comandi ancora un viaggio in Normandia.

16 mai.

Il signor di Randan, governatore d'Auvergna, arrivò quì alli xi di questo, mentre che il signor di Lignerac, bailli dell'alto paese di quella provincia, è in campagna con qualche forze di uomini e di artiglierie da mitraglia tirata fuora di Clermont, per pigliare certe piccole castella e case forti che gli ugonotti tengono là, donde corrono, e pigliano danari per tutto; nè si vede che sia per avere alcuna resistenza in cam-

pagna che del baron di Salignac, capo degli ugonotti di quelle bande,
ma molto inferiore, se la situazione del paese non l'ajuta.

A otto leghe di Bordeaux, sul fiume della Dordogne, è un fortissimo
castello, chiamato Fronsac, che appartiene alla marescialla di S.-André,
che vale almanco cinque mila scudi d'entrata; sul quale il Re pretende
qualche ragione; e perchè con l'entrata e la forza è congiunta la bellezza del paese con molte altre commodità, la Regina Madre altre volte
lo volse avere, ma non gli venne fatto. E dapoi pochi dì in quà la
regina di Navarra, il marito della quale ha Coutras e molte altre terre
presso di là, ha pregato il Re di volergli fare avere il detto castello,
dandone ricompensa alla detta marescialla; un agente della quale mi
dice ancor ieri ch'ella non lo consentirà mai, e per forza a pena lo
potrà avere, perchè, ancorchè la detta marescialla sia ugonotta, in
questo non gli mancheranno ajuti cattolici, e massime di Bordeaux, ai
quali col detto castello il re di Navarra metterebbe la briglia presso
della bocca.

Ho visto lettere di Bordeaux degli viii del presente, per le quali si
dice che in quella città sono in gran pena e tanto serrati, che persona
può discostarsene d'una lega, massime fra i due mari, cioè fra la Ga-
ronne e la Dordogne, che non sia ammazzato o preso, senza però far
menzione da chi; e a causa della guerra la camera dell'editto, stabilita
a Agen dapoi un mese in quà, s'è ritirata a Bordeaux.

Le compagnie di uomini d'arme dei duchi di Lorena e di Guisa,
di Villequier, d'O, e Crèvecœur, faranno mostra, ma non si dice dove.

In questo mezzo il principe di Condé continuamente fortifica la
Fera con opere comandate dei contadini vicini, e vi raduna molte vettovaglie.

Quì si continuano le speranze della pace, e si tiene per sicuro l'accordo tra il Re e Sua Altezza, senza però dirsi quale sia. Alcuni hanno
voluto dire che Sua Altezza domanda il nome solo di duca d'Orléans,
il che si tien per certo, nè si sa la risposta che n'ha avuta; altri, che
domanda la Brettagna per se, e il Berri per la regina di Navarra, il
quale adesso appartiene a Sua Attezza. Il che stimo baie.

Si aspetta di dì in dì che il Re mandi a Sua Altezza, non la luogotenenza generale, ma un potere per andare per tutto il regno con tali
forze che conoscerà bisognare per stabilire e fare continuare la pace,
componendo tutte le differenze coi sudditi di Sua Maestà.

Degli affari del Delfinato si parla poco; il che alcuni non pigliano per
buon segno; il signor di Livarot, che doveva andarvi con dieci compagnie di fanti è ancora qui, nè pare che si affretti di partire. Può essere che c'è qualche speranza segreta.

23 mai.

Fatto d'arme e presa de La Noue.

Gli ugonotti tengono prigioni Egmont, il vescovo d'Ypres, il signor
di Champigny, fratello del cardinal Granvelle, e molti altri, ai quali tutti
minacciano strani tormenti, se La Noue riceve torto in sua persona.

Si stima che, se il fatto dello scambio si rimette al giudizio del consiglio di Spagna, non si farà alcun cambio, nè gioveranno le minaccie;
anzi La Noue sarà mal trattato dalli cattolici, a fine che gli ugonotti
faccino ancor peggio ai cattolici presi e a pigliare, poi che Sua Maestà
Cattolica non ha che troppo di ragione di desiderare la perdita degli
uni e degli altri, per la poca fedeltà che ha conosciuta e conosce in
loro al suo servizio.

M. di Puygaillard, che il Re aveva mandato verso il duca di Montpensier con preghi di mitigare sua collera contro il duca di Nevers [1], rivenne sono tre o quattro dì con assai magra risposta. È qui ancora Rochefort, maestro di casa di detto Montpensier, ch'egli aveva mandato
verso il re di Navarra per il fatto di detta differenza; il quale dice, che
il re di Navarra ha risposto : che non a Montpensier a causa di sua vec-
chiezza, nè ancora al principe Delfino, suo figliuolo, tocca la querela,
ma a lui come capo della casa di Bourbon, la rovina della quale Nevers
ha giurata con alcuni altri, ai quali spera rompere la testa, se se ne vo-

---

[1] L'irritation de M. de Montpensier avait pour cause un démenti que M. de Nevers lui
avait donné.

gliono impacciare per lui, e che ha piacere che se gli porga occasione di fargli conoscere chi sono i buoni parenti e veri amici.

Ancorchè da poi qualche tempo in quà abbia avuti ogni dì nuovi avvisi, che le leghe di Piccardia s'apparecchiavano per mettersi in campo contro il principe di Condé, non però potevo credere di viderne gli effetti, sino a tanto che me ne hanno chiarito le lettere scritte dal signor di Crèvecœur a un mio amico; il quale dice, che in Piccardia levano un esercito per servizio del Re, e che l'altro ieri un uomo del signor d'Arsi, che era governatore de la Fère quando Condé se ne impadronì, essendo venuto quì per portare delle armi al suo padrone, disse che le leghe erano in arme e andavano ad assediare la Fère, la quale si assicuravano di pigliare ben tosto. Io vorrei bene sapere su che fondano questa loro sicurtà. Capo delle dette leghe publicamente è il duca di Aumale, ma colui a chi Crèvecœur scrive mi diceva, e io lo credo fermamente per molte cause, che copertamente sia il duca di Guise, dal quale esso Crèvecœur ha ogni dì lettere.

Fra le altre incomodità che mi pare vedere per le dette leghe, è che le città e terre di quel paese non le hanno mai approvate, anzi le tengono in sospetto, che non ne ricevono che ben pochi alla volta dentro loro muraglie; e pare a credere che i danni che il popolo ne riceverà alla campagna sia per crescere ancora la cattiva volontà; di sorte che, se venisse loro addosso qualche forza, arebbono mancamento di ritirata, se non fosse che potranno ajutarsi di Guise[1] e di Doulens, perchè la volontà de' popoli di quelle due terre dipende dai governatori che tengono i castelli di esse, molto affezionati alle dette leghe.

L'altro ieri a mezzo giorno arrivò quì il signor di Suzanna, mandato da Condé per avvertire Sua Maestà dei preparativi che si fanno contro di lui; il quale per obbedirla, e fidandosi sulle sue promesse e sicurtà, si è contenuto a la Fère senza intraprendere cosa alcuna, licenziando le forze ch'erano ite a trovarlo, e faciendo intendere a'suoi amici di non avere bisogno di loro soccorso, poi che Sua Maestà lo teneva nella

[1] Il s'agit ici de la petite ville de ce nom.

sua guardia; del che la supplica di fare posare le armi a quelli che senza causa s'attaccano a lui, che ha l'onore di appartenergli di sì presso, per levargli non solo il governo di Piccardia, ma la vita ancora; che non ostante le dette forze de' suoi nemici è resoluto di non partirsi di là, il che già s'era detto che aveva fatto, dove, oltre l'ordine che spera ch'ella darà per conservarlo, aspetterà il soccorso che si assicura non gli mancherà, e ben tosto di dentro e di fuora, per avere la ragione de' suoi nemici.

Egli mandò, col signor di Bellefontaine, un de' suoi gentiluomini in Allemagna, per crescere la credenza della pace di quà; ma crederei facilmente che la continuazione di questi movimenti arà causata qualche nuova spedizione.

Il signor de la Chapelle e qualche altri ch'erano con lui, concorrevano in una medesima opinione, che le cose essendo sì innanzi, a gran pena il Re nè Sua Altezza le potranno pacificare, e che tireranno alla guerra generale. E, quanto a me, vi trovo grande difficoltà, perchè, come mi pare a credere che le dette leghe, senza l'ajuto e autorità del Re, sono piuttosto per tirare una rovina su quel paese che cacciarne Condé, così stimo che troveranno molto strano, se, dopo avere dichiarato loro tristo animo contro di lui, debbano ora posar le armi e ritirarsi ciascuno a casa sua, dove saranno in continua paura, non senza causa, d'essere male trattati da esso Condé che resterà armato.

*Monsignore* è arrivato a Plessis-lès-Tours, e continua sempre la buona opinione dell'accordo tra Sua Maestà e lui, non si vedendo massime alcun apparecchio di guerra fra loro. Quanto alle condizioni dell'accordo, ancorchè non se ne dica cosa certa, tuttavia uno che dice saperlo bene m'ha detto, che Sua Altezza si contenta del potere che Sua Maestà gli dà di stabilire la pace per tutto il regno, e per questo effetto servirsi di tutte le sue forze. Il che non è punto la luogotenenza generale, ma in effetto la generale luogotenenza; il qual titolo si è contentato di lasciare sulle rimostranze che la Regina, sua madre, gli ha fatte per distornarnela; e, fra le altre, il danno che gli verrebbe, caso che Sua Maestà gliela concedesse, attesa l'apparente speranza,

40.

secondo il corso di natura, di venire alla corona, non avendo il Re
alcun figliuolo; il che avvenendo, l'istanza di Sua Altezza servirebbe
di cammino per il più stretto parente a domandargliene altrettanto;
oltre di questo che Sua Maestà gli accorda il ducato d'Orléans, accostumato a darsi al primo fratello del Re, lassando il ducato di Berri
per la dote della regina di Navarra.

Il signor di Fervacques non era ancora tornato dal re di Navarra;
del quale in questo mezzo si hanno nuove che leva il più di forze che
può in quei paesi di Guienna.

L'altro ieri arrivorno quì certi deputati de' Paesi Bassi delle provincie contrarie al Re Cattolico, in numero di sedici cavalli, i quali portano a Sua Altezza gli articoli altra volta concetti; ma perchè quelli
che li portano non li hanno mostrato di quà, non saprei dire come sono.
Se la conclusione presa a Anvers de' detti articoli fusse tardata solamente due dì, si arebbe causa di pensare che fusse proceduta dalla
presa e rotta de La Noue, perchè la detta conclusione è dei xi; La Noue
fu preso ai x, ancora sarebbe bisognato un dì per pensarvi. Se i detti articoli si accettano da Sua Altezza, le dette leghe di Piccardia si troveranno ancora in più gran pena, ricordandosi come furno trattati peggio degli altri al viaggio che ella fece due anni sono ai detti Paesi Bassi.

Pare che il viaggio del signor di Livarot nel Delfinato vada molto
freddamente, essendo egli ancora quì, e dicendosi che qualche truppe,
che si erano incamminate innanzi, si separano; e tuttavia pare che gli
affari di là siano in gran garbuglio.

Iersera veddi il tesoriere del spargno, al quale dissi quello che
avevo inteso di Piccardia; perchè chi vuole avere, bisogna che dia. Al
che mi rispose che ai dì passati, quando si parlava della guerra, il Re
accordò a Aumale di fare guerra a Condé, ma che poi avendo la pace,
l'altro ieri, dopo l'arrivo di Suzanna, spedì La Motte, suo cameriere, a
Aumale con comandamento di posare l'arme; Dio sa come Sua Maestà
sarà menata dalle lingue piccarde! I grandi intrighi sono causa che
ancora quelli che vedono il più chiaro, vi conoscono quasi nulla. Il Re
e Sua Altezza sono d'accordo, Navarra e Condé sono legati insieme.

Quello che ha fatto Condé è per ordine di *Monsignore*, e Condé è suo luogotenente generale a' Paesi Bassi; chi vorrà l'uno toccherà l'altro. Il marchese d'Elbeuf è de' più favoriti di Sua Altezza. Aumale è stato più volte a vedere Sua Altezza, e bene visto; il quale al partire di là. va a fare guerra a Condé, alla quale si dubita Sua Maestà tener la mano; il fatto di Piccardia bisognerà che dia qualche indizio della postema.

3o mai.

Il principe di Condé mandò quì il signor di Suzanna, per fare intendere al Re gli avvisi che aveva delle imprese che si facevano contro di lui, e massime delle leghe di Piccardia e altre, e sua deliberazione di non partire di la Fère, atteso le molte sicurtà e promesse di Sua Maestà di conservarlo.

La mattina seguente Suzanna se ne tornò, accompagnato de La Bussière, cameriere di Sua Maestà, con lettere che ella di sua mano scrisse a Condé, del tenore delle quali *plus divinatur quam scribitur*, per parlare latino. Il quale avendole ricevute il dì medesimo, e comandata la risposta, la notte seguente circa le undici ore partì con quattro cavalli verso Sedan, avendo dato ordine di trovare sul cammino, ancorchè non ci siano che circa quaranta leghe, in tredici luoghi cavalli freschi. Dicesi che per la risposta che fece a Sua Maestà ben breve, l'avvisò che se ne andava in Alamagna. Ma La Bussière, che pensava, visto il comandamento di detta sua risposta, di venirsene la sera medesima, non potè partire che il dì seguente ben tardi, perchè quelli che erano restati a la Fère gli fecero difficoltà di dargliela, sino che esso volse partire senza. Egli vidde entrar a la Fère le forze che sino allora erano state a Nisi-le-Château e altri luoghi vicini, e gli fu detto che facevano conto di circa mille dugento fanti e dugento cavalli. la più parte gentiluomini di quel paese.

Mercoledì xxiv uscirno dalla Fère qualche forze, e, scorrendo sino alle porte di Chauny, ne menorno gran quantità di bestiame; e qualche soldati, che uscirno di Chauny contro di loro, furono sforzati a ritirarsi al coperto, dopo di avere persi sette di loro, cinque morti e due presi. A causa di che gli ugonotti di quella terra furno messi prigioni. Vostra signoria giudicherà se questi sono principii di stabilire la pace, i quali fanno risolvere Sua Maestà ad assediare la Fère; e a questo fine (a quel che intesi ieri di buon luogo) oggi si doveva dar ordine alla augmentazione delle compagnie di fanti, crescendole di cinquanta soldati per ciascuna, a dugento; il che da poco tempo in quà più volte è stato resoluto, e poi revocato.

Nel medesimo tempo che Sua Maestà spedì La Bussière verso Condé, ella mandò un La Motte, servitore alla guardarobba, verso il duca di Aumale, e qualche signori di Piccardia, per farli separare e ritirare alle case loro, come hanno fatto, visto che l'uccello è fuor della gabbia; il che sarebbe loro molto più grato, se non dovessero temere il ritorno.

*Monsignore* è ancora a Tours, dove M. di Rambouillet l'andò finalmente a trovare, portandogli il potere di stabilire la pace per tutto questo regno, e trenta cinque mila scudi per cominciare a fornire alle spese che per ciò gli converrà fare, per le quali Sua Maestà gli accorda dodici mila scudi per ciascun mese.

Ai xxiii di questo partirno di quì Langhette (di nazione Francese, ma nutrito in Allemagna, e consigliere del duca di Saxe, uomo molto pratico delle cose del mondo, e massime degli affari di Stato; e come tale, ancora che ugonotto, scampato quì al Santo Bartolomeo, Loro Maestà fecero cercare per tutto da M. di Bellièvre per salvarlo, e servirsene, del che ancora egli dipoi si è scusato), e due gentiluomini deputati verso Sua Altezza, delle provincie dei Paesi Bassi rebelli a Sua Maestà Cattolica; e con desiderio si aspetta qualche nuova delle Loro proposizioni, poi che nè esso Bellièvre e Pinart che gli spedì il passaporto di Sua Maestà, nè un Tedesco, molto amico d'esso Langhette a quel che mi ha detto, non ne potè onestamente intender nulla.

Non si parla punto del ritorno del signor di Fervacques dal re di Navarra, ma bene che in questo mezzo il re di Navarra mette sempre forze insieme con grandissimo danno di quelli della Guienna e loro vicini, perchè a Bordeaux sono molto male trattati da qualche forze ugonotte che tengono la campagna; e a Toulouse sono ancor peggio, essendo come assediati dalle genti che il re di Navarra ha dentro l'Ile-Jourdain che fortifica, dentro Lectoure, fortissima piazza di suo patrimonio, e altri luoghi che tiene all'intorno di là; e si dice per cosa certa, che il visconte di Turenne ha per sua parte sei mila fanti e mille dugento cavalli, e che abbia disfatta la compagnia di uomini d'arme di M. de Montmorency, suo zio.

C'è una dichiarazione di esso re di Navarra delle cause che l'hanno mosso a pigliare le armi, ancorchè io stimi poco tutte queste dichiarazioni, le quali *neque amicos parant neque inimicos tollunt*, ma il punto sta a farsene credere per la forza.

La Noue è ancora prigione a Mons.

I capitani delle fanterie per il Delfinato sono tutti incamminati; ma il signor di Livarot è ancora quì mal disposto. Questa mattina si è detto che Sua Maestà dà il carico di quella guerra al duca du Maine; il che non potrebbe essere senza sdegno del principe Delfino, governatore di quel paese; se per sorte non conosce che tal carico è più tosto a desiderare a un nemico che a se medesimo, essendo le cose sgangherate.

Il signor de Laval, che è uno de' più ricchi signori di questo regno, è passato con venti gentiluomini in abito di mercanti per andare in Alamagna; il che mi pare dia causa di pensare che, oltre le cause apparenti di fare partire Condé, ci sia qualche altra intelligenza che *altiorem habeat originem*, e tiri più innanzi; e si dice che Bellefontaine, sotto colore di andare a rompere le levate di Alamagna, fusse ito piuttosto per affrettarle.

Esso Laval desinò a' xxvii di questo a Chantilly, a casa del duca di Montmorency; e considerato donde è partito, si può facilmente congetturare che passerà presso de la Fère, tirando il medesimo cammino che Condé.

Arrivò quì iersera un gentiluomo da parte del signor di Crèvecœur, i discorsi del quale mi hanno fatto crescere qualche opinione che

avevo, che i garbugli di Piccardia non procedino dal proprio moto del
Re, ma dalle importunità di là, facilmente sollecitate da qualcuno di
quà; perchè costui mi ha detto : che, non ostante tutte le rimostranze
delle occasioni e modi di assalire Condé proposti a Sua Maestà, ella ne
ha scritto sempre molto confusamente, e revocando quasi subito gli
accordi di pigliare l'armi, ancorchè fussero con molte condizioni; che
ieri sera ella gli disse, che intendeva che esso Crèvecœur si appres-
sasse de la Fère con quattro compagnie di uomini d'arme, che ordinerà solo per impedire le corse di quelli de la Fère; che Sua Maestà
si lasciò intendere pochi dì fa a un genero d'esso Crèvecœur, ch'ella
aveva trovata molto strana la radunanza fatta del duca di Aumale,
esso Crèvecœur, e altri delle leghe; e quanto al far la guerra, bisogna
che esso Crèvecœur trovi denari e modi di farla in Piccardia; il che
Dio sa come facilmente otterrà da quel popolo! e se non se ne trovano
d'altronde, credo che si aspetterà ancora qualche settimana.

M. di Matignon è stato mandato a chiamare per andare a comandare in quel paese; il che non sarà senza grande sdegno di alcuni signori, e massime di esso Crèvecœur, nè senza gran pregiudicio alla
causa.

Il Re è partito oggi per Saint-Germain; e la Regina Madre a Saint-
Maur-des-Fossés, donde si aspetta di ritorno mercoledì; nondimeno
mi pare che la Regina Madre sia seguita da troppe bagaglie per un sì
piccol cammino.

Con tutto quello che Sua Maestà dà a Sua Altezza, non però se ne
spera nulla di buono. Si parla molto della Brettagna; che gli Stati di
Normandia si risvegliano; e ancora che la regina di Navarra fa mal
opera con Sua Altezza contro del Re; al quale vuole male, perchè, per
mettere discordia fra il re di Navarra e il visconte di Turenne, ha
scritto al re di Navarra che Turenne chiava sua moglie.

Quì non si aspetta che gran discordie; e tutto contro Sua Maestà,
i mignoni e il governo.

## V.

### GIULIANO BUSINI [1] ET RENIERI À BELISARIO VINTA.

Paris, juin 1580.

#### ANALYSE.

(7 juin.) *Monsieur* est chargé de négocier la paix entre le roi de Navarre et le Roi : *Il quale per non venire alla guerra sopporterà e farà ogni cosa.*

Condé est passé en Allemagne, où il a été rejoint par M. de Laval, fort riche seigneur, fils de M. d'Andelot. Le Roi, toujours indécis, semble vouloir faire mettre le siége devant la Fère. En tout cas, il ne veut pas que les ligueurs picards, *che sono cattolicissimi,* se mêlent de cette affaire. De part et d'autre on parle beaucoup de faire des levées de reîtres.

Le Dauphiné ne s'apaise pas; le prince Dauphin s'étant récusé, M. du Maine est chargé de réduire les rebelles.

Les huguenots de Saint-Jean-d'Angely, dans une embuscade, ont fait une quarantaine de prisonniers, et tué M. La Bussière, écuyer de la reine de Navarre.

Le Roi s'est efforcé de ménager une réconciliation entre M. de Nevers et M. de Montpensier; *ma il duca di Montpensier fa la bestia,* et ne veut entendre à rien.

Le capitaine Masino del Bene est à Anvers, pour intercéder, au nom du Roi et de la Reine, en faveur du comte d'Egmont, prisonnier du prince d'Orange. M. de La Noue est à Mons, au pouvoir du comte de Mansfeld.

Les députés des États de Flandre sont à Tours, auprès de *Monsieur.* Cambrai a juré obéissance et fidélité à ce prince.

(21 juin.) Le maréchal de Matignon reçoit décidément l'ordre de mettre le siége devant la Fère.

Le roi de Navarre s'est rendu maître de Cahors; on estime le dommage subi par cette ville à la somme de six cent mille écus.

Dans un congrès tenu sur le Rhin, entre Worms et Spire, en présence de trentequatre princes ou seigneurs allemands, Condé pour son parti, et Schomberg pour le Roi, ont réclamé les secours de ce pays : *E pare che la maggior parte fussi a favore del Re, come quello che aveva migliore comodità di pagarli.*

---

[1] Comme Enea Renieri, ingénieur militaire au service du Roi, était souvent envoyé en mission en Normandie, à la Fère, à Brouage, Saracini, avant son départ, avait eu la précaution de laisser le chiffre à lui, et aussi à Giuliano Busini, qui appartenait à une famille de négociants ou de banquiers, et que les intérêts de sa maison retenaient en France. Les lettres du 7 et du 21 juin sont de Busini, celle du 25, de Renieri.

L'envoyé du Roi, accrédité depuis assez longtemps déjà auprès du duc de Savoie, a dit à son retour : *La maggiore sodisfazione che tengo è di vedermi quà, e non là dove ogni ministro bisognerà perda pazienza, volendo fare il servizio del Re.*

M. Lafin est député par *Monsieur* auprès des États de Flandre, qui ont rejeté le nom et l'autorité du Roi Catholique, et paraissent déterminés à prendre le frère du Roi pour seigneur.

Paris est affligé par une maladie contagieuse; le Roi s'est retiré à Saint-Germain et les reines à Saint-Maur.

(25 juin.) Les agents et les partisans de l'Espagne croient que le siége de la Fère n'est qu'un prétexte pour faire passer des troupes du côté de la frontière de Flandre. Cependant M. de Matignon réunit ses forces à Pont-Sainte-Maxence. On semble compter sur les intelligences qu'on croit avoir dans la place de la Fère.

Les hostilités sont ouvertes en Guyenne entre le roi de Navarre et Biron, qui paraît avoir sous ses ordres les troupes les meilleures et les plus nombreuses.

*Monsieur* fait des instances réitérées pour que le siége de la Fère soit ajourné; il a l'espoir de ramener la paix; *ma quelli che possono, non la vogliono.*

Saint-Luc promet toujours de remettre Brouage entre les mains de M. de Belleville; il est entré au service de *Monsieur* avec une pension de quatre mille écus, grâce au vieux maréchal de Cossé, oncle de sa femme.

Renieri ajoute à sa lettre cette note en chiffres:

*Il dì che io vi scrissi, vidi il duca di Guise, il quale aveva pregato M. de la Chapelle di farmi parlare a lui. Tutti due trovano questa impresa mal presa per il poco numero e trista qualità dei soldati per assaltare la Fère; dei quali il detto duca disse che aveva mandato offerta d'un rinforzo di mille cinque cento al marescial di Matignon, che sarebbero stati insieme molto presto; di che il detto marescial non aveva fatto conto. Questo mi fa credere qualche cosa di quello che mi fu detto qualche tempo fa, che il detto duca dia una ritenuta di dieci mila fanti, che metterà insieme quando vorrà. Se questo è consenso di Sua Maestà, mi maraviglio come non se ne ajuta in sì grande necessità; e se senza, come faccia tale offerta odiosa del servitore a signore. Il padre di Condé, l'anno 67, fu in pericolo d'essere amazzato dal re presente, per avere offerto trenta mila soldati per fare guerra a Spagna. Il detto duca si assicura che gli ugonotti non aranno raitri prima che settembre. Esso duca non si vede al consiglio.*

## VI.

### BENIERI À BELISARIO VINTA.

Paris, 4-11 juillet 1580.

4 juillet.

*Monsignore* è ancora a Tours, donde, senza aspettare il ritorno di Chinsé, che se ne andò da Saint-Maur ai xxvIII del passato, il dì medesimo n'arrivò un suo maestro di casa con i soliti preghi di differire l'impresa de la Fère, e promesse in tal caso di pacificare tutto; tenendosi sicuro che il re di Navarra, il principe di Condé, e altri loro partigiani si atterranno a quel che ordinerà per le loro differenze; delle quali e altre Sua Maestà l'ha ordinato arbitro. E ancora l'ultimo del passato, arrivò La Roche, agente di esso re di Navarra, il quale conferma la medesima credenza e autorità di Sua Altezza verso suo padrone. Nondimeno sollecita la detta impresa Sua Maestà, non volendo essere più burlata, come pare a alcuni che ella sia stata fino ora. E a questo fine venne quì al primo del presente con l'intendente delle sue finanze per trovare i danari necessari per continuare la guerra. Il che a quelli che non veggono il fondo pare molto difficile, ancora che ella abbi rivocati tutti gli assegnamenti dati sulle ricette generali, e staggiti i salarii de'suoi officiali, e ancora voglia far rivivere li offici, i quali, dopo la publicazione degli ordini degli Stati di Blois, sono stati soppressi e tenuti morti, con farne ancora alcuni nuovi.

L'amico della signoria vostra diceva pochi dì fa, che gli pareva a dubitare che il rifiuto a Sua Altezza di tanti preghi per una cosa che ella si fa credere essergli dovuta per più rispetti, e massime a causa della promessa, e il quale ella piglia a punto di onore, potrebbe essere causa di finalmente fargli cambiare *dulcia in amara*, e però con parole e fatti rompere l'impresa della Fère, cambiandola in qualche altra migliore o peggiore. Il qual parere molti non trovan fuor di ragione. Un segretario di Sua Altezza, che s'impaccia *de inventione pecuniæ*, ha detto che, se le cose del regno staranno in pace, tirerebbe qualche somma di denari per satisfare a chi ella gli aveva ordinato; il che non poteva sperare se si rientrava alle guerre civili. Sua Altezza gli rispose, e replicò ancora sul medesimo proposito, che non aremo punto di guerra civile. Alcuni de'suoi servitori tengono per certo ch'ella sia per andare a Poitiers, e di là passare in Guascogna a communicare de'loro affari col cognato e la sorella; alcuni dicono a Cognac, e altri che passerà più innanzi.

Saint-Luc è resoluto a lasciare Brouage, a quel che ho inteso da uno de'suoi, ma, perchè è sì presso del sale, egli lo vuole ben salare. Esso ne pagò al Lansac ottanta mila franchi; ed è d'accordo con Belleville a cento sessanta mila; nè escirà di là ancora di due mesi al più tosto, perchè esso Belleville non ne ha consegnati che sessanta mila, non può trovare il resto che al detto termine, e Saint-Luc vuole, prima che escirne, avere sino all'ultimo quattrino del prezzo sopradetto. Sua Altezza ritira Saint-Luc a suo servizio, con mille franchi il mese di piatto, intrattenimento di dodici capitani, primo gentiluomo della camera; e, facendo guerra, sarà colonnello della sua fanteria; che tanto è a dire che entra in luogo di *feu* Bussy.

Il capitano Masin del Bene tornò di Fiandra l'ultimo del passato, senza altra resoluzione della libertà del conte d'Egmont e de La Noue.

Il del Bene mi ha detto, che il principe di Parma, ragionando seco, si lasciò scappare di dire, che per la poca stabilità che conosce in quelle genti, si guarderà bene di mettersi alla campagna, se non ha forze forestière delle quali si possa fidare più che di loro.

Si pensava qualche dì sono, che il signor Giovanni Vargas, viceambasciatore di Spagna, non dovesse a quest' ora essere in vita; la quale benchè, cioè lo spirito, gli duri ancora, tuttavia è fuori di speranza di farla lunga, essendo tisico tutt'oltre, di sorte che d'ora in ora se ne aspetta il fine, a quel che disse ancora il segretario a quell'amico della signoria vostra; col quale cominciò al primo incontro a fare di grandi meraviglie di vederlo quì, non perchè lo pensasse all'assedio de la Fère, ma di Mons, Arras e altre piazze che il re di Spagna, suo patrone, tiene ne' Paesi Bassi; facendogli conoscere scopertamente che non possano credere, che, sotto questi preparativi di guerra civile, non ci sia qualche impresa contro di loro; ancora che esso Maldonato confessò sapere, che, non ostante tutte le rimostranze di alcuni di autorità fatte al Re per fargli consentire all'intenzione di *Monsignore*, suo fratello, contro Sua Maestà Cattolica, come necessaria per la conservazione di questa corona, non si potendo con altra guerra guarire la malattia di questo regno, nondimeno Sua Maestà non ci si vuol accomodare.

Per lettere dei xxii del passato da Bordeaux, s'intese che il signor di Biron è ancora là, ma aveva messo su la Garona undici cannoni per montare sino a Langon, che è a sette leghe di là e a quattro di Bazas. dove faceva fare la massa del suo esercito, che stimava di sei mila fanti, e almanco mille cavalli, per assalire la detta terra di Bazas. Il re di Navarra, avendo lasciati circa due mila fanti sul fiume del Lot, per impedire il passo al signor di Saint-Vital, il quale era in cammino per andare a unirsi a Biron con le forze che aveva messe insieme per l'assedio di Mende non seguito, se ne andava a Castel-Geloso che è fortissimo, avendo mandato a chiamare tutta la nobiltà sua amica della Guienna sino a Poitiers. Il visconte di Turenne era presso di Castres, donde andava a giugnersi con le dette forze sul fiume del Lot. Dentro Bazas si dice che, oltre la guarnigione ordinaria, n'era

entrato il signor di Favas, bravo e vecchio capitano, e ancora si parla
di Lavardin. Oggi si è detto, ma incerto autore secondo me, che il detto
signor di Biron non ha trovato a Langon la massa si grossa che pensava, il che se è vero, atteso ch'egli è molto iracundo, sarebbe atto a
farlo disperare, di restare si basso al primo colpo che gl'importa
tanto per molti rispetti, e fra gli altri per avere spregiata la treva pro-
postagli da parte da Sua Altezza sopra le gran forze che si assicurava
d'avere.

Quelli di Poitiers hanno mandato verso il Re, per sapere qual risposta devono fare a Sua Altezza, la quale domanda passo per quella
città, nè si dice ancor nulla della resoluzione di Sua Maestà. Tuttavia il passo per Poitiers, se Sua Maestà e Sua Altezza non fussero
buoni fratelli come sono, potrebbe essere sospetto, come non necessario per il viaggio che Sua Altezza vuol fare in Guienna; la quale
Altezza è malissimo contenta del detto Biron per il detto rifiuto della
tregua.

Si disse a questi dì, che il principe di Condé era di ritorno a Anvers, il che non continua.

Quì si parla del parentado d'Inghilterra più che mai, e che si deve
publicare innanzi il fine di questo mese.

Questo dì si è detto, che il principe di Parma ha fatto mettere prigione il visconte di Gand, sospetto di tradimento; il che non posso
credere che esso principe volesse fare, ancorchè il peccato fusse ben
chiaro, per dubio di non affrettare una rivolta di quel che tiene ancor
meglio che il resto. Dicesi che il detto visconte voleva fare riunire agli
Stati ugonotti il paese di Artois, suo governo; il che non dipende dal
suo volere, ma dal populo che v'è il padrone.

Si dice che a Sua Altezza gli Stati di tutti i Paesi Bassi, rebelli al Re
Cattolico, dovevano mandare uomini per trattare.

M. di Crèvecœur spedì il suo figliuolo verso il Re, per fargli intendere sua resoluzione di non trovarsi a quella guerra che per comandare, se Sua Maestà non vi manda uomo di più gran qualità e meriti
di Matignon.

Mi fu detto il primo di questo, che un principale di Bourges, e servitore di *Monsignore*, era ito di qui là in poste, il quale disse che Sua Altezza fra otto dì doveva sicurarsi di quella città, come ha fatto d'Angers e di Tours, e poi mettersi in campagna con dieci mila uomini, delli quali saranno parte delle forze che Montpensier aveva raunate contro Nevers, senza avere potuto sapere quale dubio Sua Altezza abbi di detta città; può essere che si sfida di *Druè*(?), per essersi scoperto malcontento del comandamento che ha su lui il signor de la Châtre, suo nemico, alla grossa torre o fortezza di quella città. Qualche tempo fa, il Re era quasi volto alla guerra contro Spagna, alla quale la Regina Madre contrariava; dipoi pochi dì la Madre la vuole, e il figliuolo no, sino con avere disputa e stizza il Re, lasciandosi intendere non volere guerra, che contro quei che hanno preso e tengono contro sua voglia le sue piazze, e principale la Fère; la quale vuole in tutti i modi. Questo si dice e crede comunemente; quanto a me, stimo che la impresa restera invano.

La Regina Madre non vuole andare a Saint-Germain, persino che il mondo grida che il Re ha sviato più monache di Poissy e altri conventi vicini di qui.

5 juillet.

Il duca d'Anjou fa grandissima istanza perchè l'assedio della Fera non vadi avanti, perciò ha inviato quà il suo segretario, quale, insieme con Lafin, sono del continuo con il Re e Regina Madre. Portò il ritorno di Fervacques dal re di Navarra, e come è pronto per fare quanto Anjou vorrà, domandando tre mesi di sospensione d'arme, rimostrando non essere possibile manco tempo per mettere in acconcio tutto, massime avendo ciascheduno l'arme, volendo poi che il marescial di Biron sia il primo a disarmare. Ma Sua Maestà non pare vogli acconsentire a nulla, se prima non gli è fatta la restituzione di Mende, Cahors e la Fère. Con tutte le larghe promesse che dicono facci il prefato Anjou al Re, non si piega.

Non credo sia per ritirarsi senza la restituzione de la Fère, la

quale non daranno mai l'inimici. È ben vero che il Re è molto inclinato alla pace, e non ha un soldo nè modo di averne.

In Guienna il marescial di Biron è ito per assedire Bazas; il re di
Navarra pare, secondo scrivono di Bordeaux, sta lì vicino a sei leghe,
ma assai inferiore di gente.

Il duca du Maine si va tuttavia mettendo a ordine in Borgogna, per
ire nel Delfinato; e a quest'ora si crede sia a Lione, laddove concorrono molti gentiluomini. Avrà l'assegnazione delle paghe sui danari
del Clero, e, per quanto sento, gli manderanno commessione, che,
quetando quelle cose, come facilmente si stima gli sia per riuscire, per
essere popolaccio sollevato dalle angherie, stante le forze che arà, che
debbi passare con esse nel marchesato di Saluzzo, per ridurne tutto
all'obbedienza di Sua Maestà.

Ma a questo ambasciatore di Savoia non piace punto tale commessione, rimostrando che non sarà punto di mestieri di fare tali diligenze, offerendo che il duca, suo signore, ridurrà tutto come Sua
Maestà vorrà.

Il principe di Condé è stato in Inghilterra; dipoi c'è avviso che è
ripartito, e a me viene scritto di Londra da un gentiluomo Inglese,
con lettere dei xxiv del passato, l'appresso capitolo : Non ostante le
diligenze che hanno fatto li ministri di cotesta Maestà, questa gente ha
servito Condé di trenta mila lire di sterlini, le quali devono essere
sborsate in Anvers e Cologne ai suoi commessi presentemente, e promessogli altrettanta somma fra due mesi in Lione. Questi che hanno
preso l'assunto di far fare simile sborso, sono quattro mercanti Inglesi,
stati deputati dal segretario Walsingham; il quale d'altra banda disegna di cavarli dalle arti o parocchie di questa villa, contadi e chiese
del regno, ma in una maniera tale che non apparisce sia per questo
effetto; dove sento che ne caveranno davantaggio, per esserci molti capi
della religione calvinista e puritana, quali asseriscono sborsare volun-
tariamente somme. Per lui è restato quà un ministro Francese, che nel
medesimo tempo inviò il re di Navarra con certe gioie. Sicchè vedete
come là va. Vogliano sia passato in Anvers. La regina e questi che

governano hanno fatto quelle loro solite mine in dimostrazione di avere
auto a male la sua venuta, ma la notte supplivano a quello che di
giorno non potevano fare.

 Sua Maestà che d'Inghilterra dovette essere avvertita, a' due mandò
per l'ambasciatore della regina, e si presume sia per la cagione di
sopra; perchè l'ambasciatore di Portogallo, che la sera medesima fu
con il prefato d'Inghilterra per dirle questo, le disse : Il Re ha questa
opinione, ma è falso certamente, acconsentendo che potrà bene essere
che Condé avesse auto qualche danaro in presto da mercanti su certe
gioie che udì l'avea portate un ministro di questo regno. Così la sera
medesima comparse il barone di Staffort, che invia quella regina al
duca d'Anjou, e il giorno sequente, insieme con l'ambasciatore residente, fu dal Re e Regina Madre, e subito sene andò a d'Anjou, che si
tiene a Tours, dove usa molto l'esercizio del maglio, e correre armato
alle baghe, portando la barba del mento straordinariamente lunga,
che in Francia non si costuma per nessuno, si bene in Inghilterra; laddove il vulgo vuole pure che queste pratiche di mariaggio sieno per
concludersi; e che il prefato Staffort, che tante volte è ito indietro e innanzi, porti addesso la resoluzione; ma sono uno di quelli che prima
lo vo' vedere e poi credere, sebbene si dice questa mattina che Anjou
invierà avanti due principi, fra quali si nomina Montpensier e il marchese d'Elbeuf.

 Li deputati delle provincie di Fiandra, ch' erano da *Monsignore*, furno
licenziati, si dice, con questa risposta : di volere contentarsi di stare a
vedere l'esito delle cose di questo regno, senza la quiete del quale
malamente Sua Altezza ha rimostro che potria fare cosa che fusse a sodisfazione loro e gusto suo; avendo presentato una catena di cinque
cento scudi al principale, che era un dottore.

 Sua Maestà inviò M. di Rambouillet al duca di Montpensier,
che già era venuto insino a Orléans con forse mille cavalli, per fare
intendere, che se vuole venire in corte, venisse col suo traino ordinario e non d'altra maniera. Così prese per resoluzione di ritornare
indietro.

Il Re pare che ricerchi danaro al duca di Ferrara. Al Ruccellai, Diaceto e Girolamo Gondi pare voglia fare il medesimo.

In questa terra ci sono di quaranta case appestate; nei borghi ne sono alcune altre, e il sospetto tuttavia va crescendo; hanno inibito il suonare delle campane, e il parare le porte a bruno come è di costume fare alle case dove muoiono le persone; e ordinato che non possino medicare simile male che tre barbieri. Questo per non isbigottire la gente; ne è già sortito fuori più di quaranta mila persone; la giustizia, parlamento e consiglieri civili fanno istanza di volere sospendere le cause per infino a San Martino. Ma la corte non pare vuoli permettere; la quale tuttavia si tiene quà vicino, a Saint-Maur. Ieri si ragionava che si rimoveria, per discostarsi ancora un po' più.

Questo ambasciatore di Portogallo ha grande intelligenza con il duca d'Anjou, e si è travagliato pure assai con esso per lettere e messi, affine tenesse mano che non si venisse all'arme in questo regno; e ultimamente ha scritto e inviato un gentiluomo del suo regno anco a Navarra; e fatto fare con tutti e due il medesimo officio della regina d'Inghilterra. Però se questo gentiluomo, che n'è venuto iersera in corte da Navarra, non porta qual cosa di meglio, secondo me, avrà perso il tempo; sebbene in Anjou e regina d'Inghilterra si vede una volontà grande di fare servizio a Portogallo. Il cui ambasciatore è molto tempo che ha quà appuntato di avere quattro o sei mila fanti e Strozzi per capo, e c'è il consenso della Regina Madre; dico, sempre che l'armata del re di Spagna entrasse in quel regno. Di questo arsenale caveranno di nuovo fra otto o dieci dì gran numero di archibusi e corsaletti, che li ha fatti acconciare uno di Portogallo che quà è venuto a tale effetto, ed avrà licenzia per non so quanti pezzi di artiglieria.

Questa mattina scrissi, come il signor Filippo Strozzi andava per questa Maestà al duca d'Anjou, e la causa si diceva fusse inviato; dipoi ho da soggiungerle la partita; e poco appresso il segretario di questo ambasciatore di Portogallo, con uno spaccio per l'altro che va a Nantes, gli ordinano che non passi più oltre, fino a tanto che Strozzi non si abbocchi con lui, quale deve farlo subito che sia stato con Anjou. Credo, per quanto posso comprendere, che l'attenderà a Chenonceaux, casa della Regina Madre assai vicina a dove è *Monsignore;* l'Altezza del quale pigliando le cose bene, come si crede, visto questa dimostrazione che ne ha fatta il Re, detto Strozzi leva commissione e alturità di Re con lui a Nantes, per fare arrestare tutti li vascelli che si troveranno per la costa di Bretagna e Guascogna, e procurare che vadino con questo ambasciatore cinque o sei cento fanti; e perchè possi fare queste dimostrazioni e romori d'armare, hanno fatto sborsare in questo punto otto mila scudi, e cinque altri ne deve avere a Nantes. Ma la Sua Altezza accerta che Filippo Strozzi nè l'armata non saranno per muovere di quella costa, fin tanto che non venghi la risposta di questo gentiluomo con il quale passerà il Tosinghi co li altri significatole. Avvertendola di più, come lo ambasciatore d'Inghilterra venuto ultimamente partì questa notte in diligenza, per fare la medesima dimostrazione di armare in Inghilterra a favore di Portogallo; così doverà essere fatto in Olanda e Zelanda dal principe di Orange, poi che l'ambasciatore di Portogallo spedisse a Anvers domattina a uno di Portogallo, servitore del nuovo re.

11 juillet.

Non posso quasi dirgli altro, se non che da un canto abbiamo la peste, che si mostra ogni dì più pericolosa; e dall'altro la guerra civile, spiacevole a tutti uomini da bene, si vede rallumarsi da molte parti.

Villers vidde Crèvecœur a Roye; al quale disse del passaporto che avrà, non dal Re ma dallo Strozzi, affinchè non impedisse il passo ai soldati e armi per Cambrai; donde Crèvecœur spedì il figliuolo al Re, per sapere se le forze per la Fère devano passare oltre contro Spagna; al quale figliuolo Sua Maestà disse con qualche collera, che il detto Crèvecœur sa bene quello ch'ella gliene avea di già comandato. Nondimeno, quando il detto figliuolo fu spedito, lui fu comandato di parlare a Bellièvre, dal quale non si sa quello gli fu detto.

42.

Giulio Busini mi ha detto che, se il re di Spagna entra nel Portogallo, lo Strozzi n'andrà con sei mila fanti.

Pralion, turcimanno, mi disse che era vero che egli aveva assicurate
Loro Maestà, che in Alamagna al presente non c'è alcuna levata di
raitri, ma non già che non ce ne siano per essere fra qualche tempo;
e che il Casimiro, mal contento del poco conto che Loro Maestà fanno
di ritirare gli statichi, datigli come pegno per un milione e dugento
mila ducati che gli devono per resto de' suoi buoni servizi, si troverà
molto pronto a muovere per tornare in questo regno a dimandarne il
pagamento.

Vostra signoria piglierebbe piacere a sentire i discorsi di alcuni,
non ugonotti nè loro fautori, ma che o sanno più di nuove degli altri,
o almeno vorrebbono farlo credere? Questi tali dicono avere certi
avvisi, che il principe di Condé ha assicurati quelli de la Fère di soccorrerli ben tosto dopo che saranno assediati, e che però, secondo che
i loro affari si porteranno, egli si affretterà di entrare nel regno con
quattro mila cavalli, e buon numero di fanti Francesi e altri che si
accompagneranno seco, aspettando le gran forze che marceranno tosto
dopo; le quali gran forze chiamano sino a quindici mila cavalli in
tutto, sei mila Svizzeri e altrettanti lanzechenecchi. Alcuni hanno voluto dire che esso Condé era di ritorno in Alemagna; ma da lettere si
sa che era in Inghilterra, dove non era stato si ben visto e raccolto
che può essere sperava e desiderava da quella regina; la quale aveva
assicurato l'ambasciatore del Re in Inghilterra, che non vuole non solo
favorire esso Condé contro il Re, suo padrone, ma nè ancora parlare
a lui senza la presenza del detto ambasciatore. Nondimeno per altri
avvisi del XXIX s'intende, che non la regina ma alcuni suoi milordi
hanno accomodato il detto Condé di dugento mila scudi. Il detto ambasciatore scriveva, che Condé si lamentava molto con minaccie del
duca di Aumale e di lui; il che, oltre il comandamento del Re, può
bene avere affrettata la resoluzione di esso Crèvecœur di andare a
trovare il marescial di Matignon, con la condizione che Sua Maestà ha
ordinato; la quale è, che esso Crèvecœur menerà l'avanguardia e Ma-

tignon la battaglia dell'esercito. Il duca di Aumale ha mandati a chiamare i suoi amici, e massime delle leghe di Normandia e Piccardia, delle quali è capo; credesi per il più che non avrà gran seguito, per essere la più parte delle dette leghe di ordinanze degli uomini d'arme, le quali sono comandate di andare a quel campo; e quanto ai volontarii, non sono troppo caldi.

Finalmente a VII del presente il signor Vargas, viceambasciatore del re di Spagna, si lasciò morire.

Gli ugonotti di Languedoc mandarono verso il Re, per fare intendere a Sua Maestà loro resoluzione di stare in pace sotto gli editti suoi, caso che ella li voglia conservare; il che è stato accordato, e potrà durare sino a tanto che le ricolte saranno fatte. E quelli della Rochelle hanno mandato verso Sua Maestà a lamentarsi del signor di Belleville, il quale, fra gli altri titoli, piglia *il governo del paese d'Aunis;* il che è contro i loro privilegi, essendone essi governatori; inoltre che ha messo guarnigione dentro al castel di Marans, che è a quattro leghe di là, contro le convenzioni della pace, e caso che esso non cavi detta guarnigione, essi saranno sforzati a dare ordine ai fatti loro. Quanto a cinque mila scudi che il Re domanda loro, se ne scusano sulla loro povertà: la quale non ostante, pagheranno a Sua Maestà le gravezze generali ed ordinarie.

*Monsignore* è ancora a Tours, donde non spargna le lettere per rompere l'impresa de la Fère, e altre della guerra civile, facendo assai conoscere la voglia che ha di andare a' Paesi-Bassi; e che, se Sua Maestà gli rompe a suoi disegni con la detta guerra civile, Sua Altezza sarà forzata a far cosa che gli dispiacerà per venire a' suoi fini. Nondimeno Sua Maestà non lassa di passare oltre, deliberata sopra tutto di avere la detta piazza di la Fère.

## VII.

### GIULIO BUSINI À BELISARIO VINTA.

Paris, 27 juillet-14 septembre 1580.

#### ANALYSE.

( 27 juillet.) M. de Matignon a mis le siége devant la Fère. Sommée de se rendre, la garnison a répondu qu'elle avait été chargée par le Roi, dont les ordres n'avaient pas été révoqués, de garder la place sous le commandement de Condé. On s'occupe des premiers travaux du siége.

Le Roi est tout pacifique, mais certaines gens l'excitent contre son frère : *La mente del Re è alla pace, ma alcuni maligni, che desiderano per comodo loro la disunione fra di loro e rovina del regno, lo vanno aggirando.* Il est difficile de prévoir ce que fera *Monsieur;* il est probable qu'il se dirigera vers la Guyenne.

Le mariage d'Angleterre servait à dissimuler les négociations relatives aux Pays-Bas; la reine doit fournir à *Monsieur* de l'argent et des hommes.

Les Portugais ont élu roi don Antonio; Strozzi sollicite en vain l'autorisation de partir. Le Roi craint de se brouiller avec l'Espagne[1].

( 3 août.) En Guyenne, le roi de Navarre ne dispose pas d'autant de forces que M. de Biron. *Monsieur* se porte garant des bonnes dispositions des huguenots.

Les nobles du Dauphiné offrent à M. du Maine de servir à leurs frais sous ses ordres pendant six mois, pour réduire les rebelles de cette province. Lesdiguières et les révoltés se retirent dans les hautes montagnes.

La peste étend ses ravages. Les ambassadeurs sont à Lagny.

( 16 août.) L'ultimatum du Roi est : la restitution par les huguenots de Mende, de Cahors et de la Fère; il ne traitera qu'à ce prix.

On fait courir le bruit que le Roi Catholique donnerait à l'Empereur la main de sa fille, et pour dot les Pays-Bas.

Le Dauphiné une fois réduit, le Roi enverra M. du Maine dans le marquisat de Saluces, au grand déplaisir du duc de Savoie.

Le Roi compte retirer de la création des nouveaux offices jusqu'à deux millions d'or.

Jacques Corbinelli[2] est fort en faveur auprès du Roi, auquel il fait traduire des

---

[1] Agostino da Pescia et un Milanais, soupçonnés d'être venus pour assassiner Antonio Capponi, ont été arrêtés par ordre du Roi et de la Reine mère.

[2] C'est un Florentin, auteur de l'histoire de la famille Gondi, et très-versé dans l'étude des lettres.

sonnets de Pétrarque : *E sarà buon cosa per lui se dura, ma gli doverà passare presto,
siccome fa nelle altre cose.*

Le fléau fait de grands ravages; Paris se dépeuple; on n'y rencontre plus guère
que des artisans[1].

(30 août.) Les assaillants de la Fère ont tenté une escalade et ont été repous-
sés avec perte. Strozzi est à Nantes, où il prépare son expédition de Portugal.

Le prince d'Orange a été déclaré rebelle à Mons, sa tête mise à prix (vingt-
cinq mille ducats) et ses biens confisqués.

(3 septembre.) Antonio Capponi a reçu de la Reine mère la somme de trois
cents écus; il doit se rendre en Angleterre.

La Reine seconde Strozzi de tous ses efforts. Elle espère le mettre bientôt en
état d'embarquer quatre mille hommes pour le Portugal.

La cour est à Fontainebleau.

(6 septembre.) *Monsieur* a obtenu que la garnison de la Fère sortirait avec armes
et bagages, mais les mèches éteintes, et qu'elle serait accompagnée jusqu'à Cambrai.

La place doit être rendue au Roi.

(14 septembre.) *Monsieur*, en congédiant les députés flamands, leur a promis de
se rendre en personne dans les Pays-Bas avant le mois d'avril; il fait marcher vers
Cambrai vingt enseignes de cavalerie.

---

[1] Nous publions ici la note en chiffres où il
est question de cet Agostino da Pescia, suspect
d'être un assassin aux gages du grand-duc.

«Il Sernigi è quello, che è stato cagione
«che l'ambasciatore di Portogallo non ha
«fatto officio alcuno per questi due pri-
«gioni* ; dicendogli che la Regina Madre sa
«che il capitano Agostino è stato a Fiorenza
«quattro mesi con iscusa di salvocondotto di
«Sua Altezza; e che di notte andava in casa
«del Melino a parlare, e col signor Don
«Pietro**, e a un segretario del Granduca;
«e come lui ancora è stato avvertito di Lione
«da due gentiluomini di Fiorenza onorati,
«che gli è stato tenuto proposito in detta
«casa da un segretario di Sua Altezza di
«ammazzare il Capponi, Girolami e lui; e
«che il Re è sdegnato assai con il Granduca,
«che gli portì sì poco rispetto di far fare si-

«mili assassinamenti nel suo regno; addu-
«cendo quel del Corbinelli, Orsino, Ala-
«manni e Girolami; e che la Regina Madre
«non vuole gliene sia parlato, mostrando di
«sapere molte altre cose che ne ha fatto in
«Piemonte.

«Il qual Sernigi, come le ho già detto, fa
«quà gli affari del Capponi d'Inghilterra, a
«preghiera del quale non è volsuto altri-
«menti ire in Portogallo, e di poi la venuta
«qui di Lione di Niccolo Capponi, che già un
«mese ha provvisto grossa somma di de-
«nari a Londra; là dove, come più volte ho
«rimostro al signore Sinolfo Saracino, sariano
«tolte tutte le lettere che dette Capponi e
«scrive in Italia e questo regno, se Sua
«Altezza volesse sborsare avanti dugento
«lire di Inghilterra; de' quali denari ne vo-
«glio essere tenuto io.»

---

* Agostino da Pescia et le Milanais. — ** Le frère du grand-duc.

## VIII.

### ENEA RENIERI À BELISARIO VINTA.

Paris, octobre-novembre 1580.

#### ANALYSE.

(4 octobre.) La peste ne diminue pas; la bise ne l'a pas fait disparaître. Le président Brisson est le seul qui soit resté à Paris : *Il quale tiene la mano a spedire i criminali, perchè per i debiti, più mesi sono, non si imprigiona nessuno* [1].

Malgré la surveillance du chevalier du guet, les vols de nuit se multiplient, surtout dans les maisons abandonnées. La misère est extrême : *e il povero popolo non trova a guadagnare sua vita* [2].

*Monsieur* est à Brantôme, et bientôt il aura rejoint le roi et la reine de Navarre. MM. de Bellièvre et de Villeroy sont envoyés vers lui.

En Bourgogne, dans le Perche, aux environs de Paris, on fait des levées pour la Flandre.

M. de Biron, en passant devant Nérac, où se trouvaient le roi et la reine de Navarre, envoie contre cette ville quelques volées de coups de canon, ce qui met la reine dans une grande colère.

(9 octobre.) Le Roi est à Dolinville, malade d'un flux de ventre.

Les grands froids prématurés ont amené une recrudescence de la peste.

A la requête du nonce, un frère Bernardino de Sienne, jésuite, a fait imprimer la bulle *In cœna Domini*. Le jésuite et son imprimeur ont été mis en prison. Cette mesure a été prise sur les remontrances du président Brisson.

Si le Roi a besoin de reîtres, il en aura beaucoup et de bons, ce qui prouve que Schomberg a bien rempli sa mission en Allemagne. Le prince de Condé se dirige, dit-on, vers Saint-Jean-d'Angely.

En Dauphiné, M. du Maine fait tout ce qu'il veut, au dire de ses amis; il devrait donc vouloir prendre la Mure, dont le siége le retient encore.

---

[1] Mais on emprisonne ceux qu'on soupçonne d'être des sicaires, tels que Agostino da Pescia et deux Italiens réputés ses complices. Cet Agostino avait été dénoncé par les proscrits florentins : *Il che fa credere,* dit Renieri, *che i detti ribelli non hanno poco credito con i loro gridi.* Agostino fut absous.

[2] Une note de Busini nous apprend que le 1er et le 2 octobre la peste a fait deux mille huit cents victimes. De la Saint-Jean au mois d'octobre, soixante-six mille personnes ont succombé; et si la ville n'avait pas été désertée, on en aurait compté un bien plus grand nombre.

Le Roi demande au clergé deux décimes extraordinaires, ce qui représente environ huit cent mille écus.

(8 novembre.) Le roi et la reine de Navarre, *Monsieur*, Bellièvre et Villeroy sont réunis à Coutras. Les huguenots se sont emparés de Saint-Émilion par surprise; ils ont dévalisé le courrier ordinaire d'Espagne.

Dans les Pays-Bas, Anvers est divisé en deux factions. Le Roi Catholique s'est allié au comte d'Emden, ce qui lui assure un port pour ses flottes, et ce qui lui permet d'agir plus efficacement dans la Frise et contre la Hollande. Les États se disposent à renvoyer l'archiduc Matthias, en lui donnant cinquante mille ducats.

Le jésuite siennois et son imprimeur en sont quittes pour une amende, que payera le nonce du Pape.

(18 novembre.) La cour a quitté Fontainebleau; elle sera à Blois le 25. Paris se repeuple; toutefois, sur les deux cents membres environ qui composent le parlement, on ne compte encore que cinq présidents et trente-trois conseillers.

A Anvers on a mis en prison quelques capitaines, qui protestaient contre l'élection de *Monsieur* comme duc de Brabant. L'armée du Roi Catholique est au siége de Menin; la cavalerie italienne et albanaise fait le ravage aux environs de Cambrai, où les vivres deviennent rares. Le duc de Parme est à Mons, et il sollicite son rappel en Italie.

L'empereur d'Allemagne est attendu à la diète de Nuremberg.

La reine d'Espagne est morte par suite des fatigues et des inquiétudes que lui a causées la maladie du roi, son époux. Si ses soins ont contribué à la guérison du Roi Catholique, il est bien des gens qui en sauront peu de gré à la reine défunte.

Jean Galéas Frégose, si longtemps en faveur, a fait un mauvais usage de sa fortune. Mêlé à beaucoup d'intrigues, sans cesse en route pour aller de *Monsieur* à Condé, du roi de Navarre au prince d'Orange ou à Casimir, il a reçu tout récemment le plus froid accueil à Fontainebleau, puis il a été arrêté à Dolinville et jeté à la Bastille. On suppose qu'il a desservi le Roi auprès de *Monsieur*. Du moment qu'il est pris, il est en péril : *Perchè di quà si dice, che sopra il più uomo da bene del mondo che sia stato impiegato al servizio del Re, si troverà sempre più che non bisogna per farlo morire, massime in affari di Stato, dove l' omissione* computatur in numero criminum.

(21 novembre.) *Monsieur* est à Coutras; son secrétaire Du May, *il quale io non metto al paragone con san Giovanni evangelista*, affirme que la paix est indubitable. Le seigneur de Sainte-Aldégonde, *mezz' anima del principe d' Orange*, a suivi *Monsieur* en Gascogne.

L'évêché d'Utrecht a été offert à l'archiduc Matthias. Le nombre des protestants augmente de jour en jour dans les Pays-Bas.

Des processions.ont eu lieu à Paris *per tre fini : per pregare Dio che dia generazione al Re; per la pace; per la sanità.*

En Dauphiné, la Mure s'est rendue au duc du Maine.

La Fère a été démantelée.

---

## IX.

### ENEA RENIERI À BELISARIO VINTA.

Paris, décembre 1580.

SOMMAIRE. — *6 décembre.* Cambrai menacé de la famine. Mauvaise conduite des affaires de *Monsieur*. La Noue transféré à Limbourg; pourquoi. La paix très-prochaine. M. de Biron. Le roi de Navarre fera-t-il avec *Monsieur* la campagne de Flandre? La chose est peu probable. — *18 décembre.* La paix est faite; ses conditions. Don Antonio de Portugal et Strozzi. Nouvelles diverses. — *25 et 26 décembre.* Maladie du Roi; sa volonté de ménager l'Espagne. Les proscrits florentins protégés en France, surtout par la Reine mère. Audience donnée au nonce par le Roi; explications à propos de la bulle *In cœna Domini*; plaintes du Pape à l'occasion de la nouvelle paix. Les députés des huguenots attendent à la cour. La Ligue en Picardie et M. de Fervacques; les amis de l'Espagne.

6 décembre.

Le genti raunate per *Monsignore* all'intorno di Saint-Quentin e Bohain aspettano nuove e più grandi forze, necessarie per passare a Cambrai; la qual città è in gran pericolo di perdersi, a causa della fame che vi' è molto grande. Il che se avvenisse, siccome assicurerebbe molto gli affari del Re Cattolico, così sarebbe a Sua Altezza di grandissimo pregiudizio, non solo per la perdita di quella città sì importante, ma ancora del suo credito dentro e fuora. Quel che me ne fa poco sperare è il vedere Sua Altezza mal servita, essendosi raunate tante forze in Piccardia .prima che potersi unire con l'altre, senza le quali sapevano non poter escire dal regno; e pare che loro disegno sia piuttosto di avere voluto rovinare quella provincia amica che di volere fare imprese fuora; e che, quando le forze levate nelle altre provincie v'arriveranno, le prime per mancamento di viveri, avendo mangiato e spaventato tutto, nè avendo danari, nè ancora seguito di vivandieri, si saranno sbandate, come hanno già cominciato a fare. Se si vedesse che le cose fussero in termine che *Monsignore* potesse soccorrere quella città quando Sua Altezza vorrebbe, si potrebbe dubitare ch'ella volesse lasciare sentire a quella città tal calamità, per farla condescendere a più giusti accordi che non gli hanno proposti sin'ora; ma temo il peggio.

La Noue fu menato a Limbourg, terra presso il ducato di Juliers. Un suo amico mi disse, che questo cambiamento di prigione è causato da una dieta che si deve tenere in Allamagna per la pace de' Paesi Bassi, al trattar della quale egli può servir molto, e però l'hanno fatto appressare. Io non voglio nè negare nè disputare la prima; ma quanto alla seconda, non credo; ma benchè tale interpretazione di questo cambiamento sia stata per consolare sua moglie, penso bene che madama di Parma l'abbi fatto menar là, non per farlo appressare della dieta, della quale non è nulla, ma per discostarlo dalle frontiere della Francia, e dalle imprese che di quà si potrebbono fare per liberarlo, secrete o scoperte.

Quanto alla nostra pace di quà, le nuove continuano, e si tien per fatta, con le condizioni : confermazione della conferenza di Nérac, e restituzione dall'un canto e dall'altro delle piazze prese dopo queste ultime emozioni. Il che non piace a quelli di Bordeaux, quanto alla Réole, la quale deve essere resa agli ugonotti in cambio di Cahors. Parlasi ancora, che il signor de la Vauguyon entrerà in luogo del marescial di Biron quanto alla luogotenenza generale di Guienna; del che si disse più mesi fa che Loro Maestà avevano volontà; la quale se fosse stata eseguita, può essere e si stima che quel paese non arebbe sentito i danni di queste ultime guerre. Così Loro Maestà non potevano levar Biron di là allora con sì apparenti ragioni, e quei popoli l'arebbono trovato più strano, che non doveranno fare, dopo avere visto che con tanti denari tirati dalle loro borse e altri gran danni patiti, le sue gran bravate e vanterie sono riuscite a sì poco effetto, che quelli medesimi che più gli desideravano quel carico, adesso è a dubitare se l'abbiano in più gran odio o dispreggio.

Continuano le nuove, che il re di Navarra sia per tenere compagnia a *Monsignore* nella guerra da Fiandra, che non credo; parendomi a

43.

pensare, che, se gli affari del Portogallo sono in sì buoni termini che si
dice per il re di Spagna, che se Sua Altezza dà a' Paesi Bassi, egli sia
per dare altrove per divertire; il che avvenendo, esso re di Navarra
può credere che non sarebbe risparmiato; e che però non vorrà andare a cercare la guerra discosto, la quale sarebbe in pericolo di non
avere che troppo in casa.

Ancorchè può essere che lascierebbe il carico di quelle bande al detto
duca di Vauguyon, suo parente, il quale uomo di dolce natura e pacifico sarebbe seguitato più facilmente da' cattolici e ugonotti insieme,
che non esso re di Navarra, per far testa allo Spagnuolo.

18 décembre.

Poi che la pace è fatta non si doverà più parlare che di feste e giuochi; e si vedrà può essere qual debbe essere il parentado tanto gridato, se tutto il mondo sarà contento, e di qual zucchero saranno i
confetti.

Don Antonio, stato tenuto quà prigione dagli Spagnuoli, sin che la
verità del contrario troppo scoperta e la loro solita cortesia l'hanno
liberato, era a qualche poche piazze che gli sono restate in Portogallo;
per dove un capitano Bruière, pochi dì fa, s'imbarcò a la Roche-Ber-
nard con circa ottocento fanti, aspettando più gran seguito. Il signor
Filippo Strozzi è ancora a Nantes per il medesimo negozio.

Quanto agli articoli della pace, un mio amico mi disse che sono in
gran numero, e la più parte non servino che di dichiarazione degli articoli dell'ultimo editto e conferenza di Nérac. Quel che v'è di più
degno, e per il servizio del Re, è che gli ugonotti debbano, fra due
mesi prossimi, lasciare libere le città che hanno prese in Guienna
dopo queste ultime emozioni, e fra tre mesi quelle di Languedoc; e
quanto al Delfinato non se ne parla. Il castello di Montaigu, molto
molesto al paese vicino per i gran danni che più anni sono gli ha causati, sarà reso e spianato; ma, quanto alle altre piazze smantellate dopo
il principio delle guerre civili, potranno fortificarsi per permissione
del Re, della quale hanno già cominciato a godere quelli de la Fère,

impiegando a rifare le fortezze quelli medesimi che hanno avuta la pena di rovinarle. Quanto alla camera mipartita che era stabilita a Agen per essi ugonotti, non l'aranno più; ma il Re scerrà de' suoi parlamenti, fuorchè di Toulouse e Bordeaux, certo numero di consiglieri non sospetti, i quali non aranno certa residenza, ma anderanno per le provincie della Guienna a rendere giustizia secondo la forma de' gran giorni. E quanto alla camera di Parigi che deve servir per questi paesi di quà, i giudici che saranno eletti una volta, continueranno senza scambiarsi di sei mesi in sei mesi, come era stato accordato per l'ultimo editto. Sua Altezza deve licenziare e fare uscire il piuttosto di Guienna tutti i soldati tanto Francesi che forestieri, non vi restando che le guarnigioni ordinarie. E di già il Re ha dato ordine per far tornare di quà i Tedeschi d'Hans Frederic, ch' era in quel paese.

Era stato accordato fra Sua Altezza e il re di Navarra, che in cambio delle piazze che i detti ugonotti lasciano, Sua Altezza rimetterebbe loro la Réole; ma perchè ciò si trovava di difficile esecuzione per l'impedimento che quelli di Bordeaux mostravano di volerci mettere, a fine che ciò non ritardasse il bene della pace, esso re di Navarra si è lasciato addolcire, contentandosi di avere in cambio de la Réole Montségur e Domereuil, piazze d'Agenois, le quali ha prese dopo le ultime emozioni, e però doveva lassare. E si aspettano quì fra pochi dì i deputati di essi ugonotti, che sono stati alla detta conferenza e conclusione della pace; i quali Sua Maestà ha mandato a dimandare, senza che si dica il perchè, e pare a credere che sia per fare loro intendere di bocca sua volontà di continuare la detta pace.

Le nuove, che Balagny era entrato dentro a Cambrai con qualche forze, continuano, e si parla che passò con seicento fanti, mentre che da altra banda il signor di Chamoye e suo reggimento furono battuti dagli Spagnuoli, e ritirandosi dentro una chiesa col resto de' suoi, dopo avere combattuto, si rese, restando esso e alcuni de' principali prigioni, e il resto con licenza di ritornare in Francia.

Il capitano Giovanni, il quale si era detto era stato preso insieme col Fregoso, e essere alla Bastiglia di Parigi, fu impiccato ieri innanzi alla porta del castello, lamentandosi dello Strozzi, il quale lo aveva mandato alla corte con lettere, pensando farlo impiegare, ma non impiccare, in quel viaggio di Portugallo; ma può essere aveva pensato che il Re avessi dimenticato i tristi torni che più d'una volta ha fatti a Sua Maestà, e massime che, essendo stato preso quando ella venne di Pologna, e essendo liberato e datogli denari sotto le grandi promesse che disse di fare qualche buon servizio a Sua Maestà, poi che fu condotto in sicuro, se ne burlò. Dicesi che M. d'O s'impiegò molto per salvargli la vita, ma M. di Guise ha potuto più di lui per fargliela perdere. Questa esecuzione potrebbe ben fare paura al detto Fregoso, se non fosse che, oltre i servizii fatti e la nobiltà della casa, può essere ancora che non ha tanti nemici.

Il signor di Sanci, ambasciatore di Sua Maestà agli Svizzeri, è quì, e dicesi se ne ritornerà ben tosto, avendo ella dato ordine di trovare cinque cento mila scudi per pacificare loro collera.

25 décembre.

Il Re fece la dieta a causa del mal francese, quale non sanò, e bisogna rifare per essergli usciti molti bottoni al viso, il quale ha molto cattivo, magro e mal concio[1]. Si è detto che avea un lupo alla gamba, il quale s'era chiuso, e però il male salito al viso, con gran fastidio di fedeli servitori, che dubitano di sua vita.

Alcuni dicono che Sua Maestà, non amica della guerra contro Spagna, impedirà il fatto della pace, per fare in questo mezzo perdere Cambrai e rompere gli altri disegni del fratello, e con questo e altri segni di amicizia soddisfare a Spagna; il che se avviene potrà causare gran guerra tra loro.

Il capitano Lorenzo Tornabuoni mi disse, pochi dì fa, che voleva andarsene di quà pel dispiacere che ha di udire dire male del Granduca ai banditi e altri poco amici di Sua Altezza, senza ardire mostrar

---

[1] « Il Re ha la punta della verga torta in « giù, in modo che non può gettare il seme « nella matrice, e per questo i medici hanno « deliberato di fendere più alto. »

loro, a causa del poco bene che quà vogliono a Sua Altezza, e che i
detti banditi mi hanno molto a sospetto, il che non mi è nuovo; non
penso che senza altro siano per aver credito di farmi come al capitano
Michele da Pescia; dagli altri loro tradimenti spero mi guarderò, bastandomi che non scuoprino il mio scrivere alla signoria vostra. Gli prati-
canti però non so quello che dicono; nè parmi a trovar strano se quà
alcuno dicessi male del Granduca, poichè nella corte del palazzo del
Re si ardisce dire tanto male di Sua Maestà medesima. In questo mezzo
hanno gran pena a avere del pane, il quale mancherà loro al più
tardi alla morte della Regina Madre.

Antonio Capponi fu quì, dipoi pochi dì fa, male in concio, e di già
ho visto che mi conosce e guarda spesso; non so se va in Portogallo
con gli altri.

L'altro degli Capponi è in Inghilterra.

26 décembre.

M. nunzio ebbe audienza da Loro Maestà ai XVIII del presente, facendo intendere molto a lungo, non so se le sue scuse o quelle di Sua
Santità, quanto al fare stampare la bolla; donde fra Bernardino da
Siena, gesuita, e un libraio di Parigi furno messi e tenuti qualche tempo
prigioni; per la quale direttamente o oblique il Re veniva scomunicato,
per la collazione dei beneficii a uomini incapaci o altre particolarità
ch'io non so. Il Re, dopo lunga e paziente audienza, riprese tutti i
capi, e gli rispose non come un re solamente, ma ancora come un
oratore, e la somma fu : che, se Sua Santità aveva giuste cause di suo
fatto, Sua Maestà non aveva torto del suo; ch'ella è stata e vuol essere buon figliuolo della Chiesa, e che come tale aveva lasciato colare
quel fatto dolcemente, del quale arebbe mostrato il suo giusto sdegno
contra qualunque altro che l'avesse impreso, e tanto più che pare che
Sua Santità vi fosse stata spinta da alcuni suoi tristi vassalli.

Dipoi a' XXII del presente fece lunghi discorsi a Loro Maestà, per i
quali mostrò il poco contento che ha Sua Santità, come deve, di
questa pace fatta da loro, per molte cause; ma, fra le altre, è la prima

per vedersi che ella si fa per fare guerra contro Spagna, e con essa
non solo dar agio agli ugonotti di ripigliare forze in questo regno, ma
ancora per impedire di abbassarli altrove. Al che si dice che il Re rispose con tali e simili parole : che Sua Santità gli dava a pensare che
ella non amava il riposo di Sua Maestà nè de'suoi sudditi.

Si aspettano di dì in dì i deputati ugonotti, i quali ancora l'altro
ieri Sua Maestà mandò ad affrettare. Tra essi è il signor di Gratteins,
cancelliere del re di Navarra, fratello di M. di Pibrac. Sono di due
sorte; alcuni vengono solo per quel che tocca al trattato e conclusione
della detta pace, ed altri per stare in corte per far sapere a Sua
Maestà quel che si presenterà che possi alterarla, per rimediarvi. Si stimava che M. di Villeroy non dovessi partire per la Guienna innanzi
loro amico; tuttavia è partito oggi dopo desinare.

Arrivò quì, due dì fa, il bargello di campagna di Piccardia, affezionato servitore della casa di Guise, con lettere del signor Crèvecœur al
Re, per le quali manda a Sua Maestà, che i Piccardi sono stati bene
avvisati che il detto signor di Fervacques si è vantato, che a questa
volta, passando per quel paese, li gastigherà, e arà la ragione di quelli
che trattorno si male al ritorno de'detti Paesi Bassi le genti che
v'erano andate due anni fa per Sua Altezza, e che perciò, se esso Fervacques vorrà passare per là, essi sono risoluti d'impedirnelo. Molti
stimano che questo timore che mostrano sia trovato e messo innanzi da
coloro che tengono più la parte di Spagna che di Francia, per avere
qualche colore di opporsi ai disegni di Sua Altezza, in favore di Sua
Maestà Cattolica. Costui medesimo porta nuova che i detti Piccardi
murmurano contro la permissione libera della tratta de'grani; e che
alcuni di essi Piccardi hanno fatto prigioni e messi alla taglia alcuni
vassalli del Re Cattolico del paese di Artois. Se questa sia una sorta di
seme, fiore, o frutto di guerra, lo lascierò a giudicare a ella [1].

---

[1] Nous publions la note suivante en chiffres; écrite à la date du 20 décembre, elle
traite d'affaires particulières qui ne sont
pas sans intérêt.

« Il Re, a istigazione del duca di Guise e
«madama di Nemours, ha fatto gran dili-
«genza, perchè madama di Rohan si dovesse
«maritare con M. di Boulainvilliers, del

## X.

Blois, janvier 1581.

ANALYSE.

( 2 janvier.) On annonce que *Monsieur*, le roi de Navarre et le prince de Condé ont résolu de passer le carême à Cambrai; que des levées se font de toutes parts à cet effet. Ces nouvelles rencontrent des incrédules; pour attaquer le roi d'Espagne dans les Pays-Bas, serait-il sensé de dégarnir les provinces situées au pied des Pyrénées?

Les députés des huguenots sont arrivés et ont reçu un gracieux accueil.

Le comte de Lalaing, qui a si mal servi *Monsieur*, a perdu tout crédit.

Le maréchal de Cossé, envoyé en Angleterre, a demandé à être accompagné d'un prince; le comte de Soissons, le plus jeune frère de Condé, âgé de douze à treize ans, a été désigné par le Roi.

Les soldats, envoyés en Irlande par le Pape ou le Roi Catholique, ont essuyé une défaite; cette nouvelle, d'abord contestée, est confirmée par l'ambassadeur de France.

( 9 janvier.) La Reine mère et le cardinal de Bourbon doivent se rendre à Champigny, auprès de M. de Montpensier, pour tenter d'apaiser son courroux contre M. de Nevers. Le roi de Navarre est disposé à montrer les dents à Nevers, qui a en outre contre lui le prince de Lorraine, et surtout M. d'Aumale.

La paix est publiée; il serait temps de l'exécuter.

( 17 janvier.) Le Roi s'est retiré à Saint-Germain pour se soigner : *E Sua Maestà ha dato il carico alla Regina Madre di spedire, comandare e segnare tutto per il spazio di sei settimane.*

En Portugal, les affaires prennent la tournure la plus favorable pour l'Espagne : *e di quà le cose sono non fredde ma quasi gelate.*

Le maréchal de Cossé est à Chenonceaux, auprès des reines.

«quale lei è gran tempo che è innamorata; «e, perchè la lo possi fare, offeriva di darle «titoli e entrate, e tutto quello che la potessi desiderare. Non ha volsuto farlo; ma «ha risposto non si volere maritare due «volte. Il figlio che la ebbe del duca di «Nemours, dipoi la morte di Savoia, ha re-

«nunziato badie e cose di chiesa per cin- «quanta mila franchi, e si è vestito alla se- «colare.

«Quella monaca di Monbuisson, a cui il «Re andava, è venuta quì a medicarsi del « *mal francese;* e, per quanto dice, mostra «di averlo preso da lui. »

M. de Nevers a levé quatre mille hommes parmi ses vassaux, d'abord pour se défendre, ensuite pour les mettre au service du Roi.

Sa Majesté envoie cinq cent mille écus aux Suisses sur les quatorze cent mille qu'elle leur doit.

(22 janvier.) *Monsieur* et la reine de Navarre sont à Bordeaux, où ils ont fait publier la paix.

Le maréchal de Cossé sera accompagné en Angleterre par le duc de Longueville, âgé de quatorze ans, en place du comte de Soissons, retenu par une indisposition.

(30 janvier.) On soupçonne *Monsieur* d'avoir de fâcheuses intentions et de vouloir ranimer la rébellion dans le Dauphiné : *il che saria volere fare guerra del* BEN PUBLICO; car le Dauphiné n'agirait pas seul. Les grands ne prendraient pas parti contre *Monsieur*. Les Guise ne se déclareraient pas contre le peuple : *nel favore del quale fondano le principali speranze a questa corona.*

Condé n'a pas voulu être compris dans le traité de paix; il doit passer en Allemagne, et y enrôler des reîtres qu'il conduira en Dauphiné.

*Monsieur* lève en Guyenne vingt compagnies de chevau-légers, dont douze sont levées par le vicomte de Turenne[1].

---

## XI.

### ENEA RENIERI À BELISARIO VINTA.

Blois, février 1581.

SOMMAIRE. — *7 février.* Maladie du Roi. Extrême lenteur dans l'exécution de la paix. M. de Biron et la reine de Navarre; mauvais procédés. Le prince de Condé et l'assemblée des huguenots à Montauban; symptômes peu pacifiques. La reine d'Angleterre désire qu'un prince du sang fasse partie de l'ambassade qu'on lui envoie; ce sera le jeune comte de Soissons. Mesures financières prises par le Roi; un nouvel impôt; suppression d'un certain nombre de pensionnaires. Le maréchal de Retz et ses progrès dans le marquisat de Saluces. — *20 février.* Le gouverneur huguenot de Mende refuse de rendre la place. Expédition de Flandre; les forces de *Monsieur* peu considérables. L'ambassade en Angleterre, sa composition définitive. Affaires diverses : Strozzi, La Rochefoucauld, etc. — *28 février.* Arrivée de M. de Villeroy à Blois, ce qui fait craindre quelque difficulté dans l'exécution de l'édit de paix. *Les pensionnaires du roi d'Espagne :* les Guise, Biron, et même des huguenots. Le

[1] La lettre du 30 janvier renferme sur la santé du Roi les détails suivants, en chiffres :

«Il Re è a letto con tre fignoli (*furon-cles*) tornati in cancrena; e si dubita della «sua sanità, perchè con remedii facili non «può sanarsi, nè sua debilità è per patirli «tali che sono necessarii per guarire.»

prince Dauphin à Mézières avec les jeunes seigneurs de Bouillon. Les troupes de *Monsieur* se rassemblent lentement, loin des provinces frontières; pourquoi. M. du Maine et le Dauphiné. Le marquisat de Saluces reste français. Retraite du maréchal de Matignon dans sa terre de Bretagne, pour éviter de prendre part à l'expédition de Flandre. Danger de faire des levées pour le service de *Monsieur*.

7 février.

Il Re è ancora a Saint-Germain-en-Laye, dove continua la sua dieta; e io penserei più presto che la corte si appresserà del Re che il Re della corte; massime poi che il lungo tratto che piglia l'esecuzione della pace raffredda l'opinione che si aveva, che il Re dovesse tornare di quà per abboccarsi ben tosto con *Monsignore* e col re e regina di Navarra. Alcuni han detto che i signori di Biron e Villeroy erano qualche dì prima a Bordeaux, e che il dì che Sua Altezza e la detta regina di Navarra vi andorno, esso Villeroy, andando a incontrarli, pregò la detta regina da parte di esso Biron, ch'ella trovasse buono ch'egli gli facesse la riverenza, e che ella non volse vederlo. Che poi, essendo a Bordeaux, essa regina comandò ai suoi di essere in una sala per la quale esso Biron doveva passare, e non gli facessero alcuno onore; del che esso accortosi, disse alto e bestemmiando un *cap de Diou* a la guascona, che bene serviva loro d'essere servitori d'una sorella di suo padrone, senza il rispetto del quale esso li arebbe fatti escire per le finestre; e che a qualcuno che gli disse parergli che doveva visitare più spesso Sua Altezza, egli rispose, che i buoni servitori del Re non vi avevano entrata. Ma il peggio fu che, la notte seguente, esso Biron, senza avvertire Sua Altezza, fece fare un corpo di guardia innanzi la porta del suo alloggiamento; del che il dì seguente ella lamentandosene con lui, gli rispose che l'aveva fatto per buon rispetto e più gran sicurezza ch'ella non fusse offesa da qualche moto del popolo; del qual pagamento ella non si contentò molto, e s'era andata di là sbuffando.

Le ultime nuove, che sono corse e corrono ancora del principe di Condé, sono che egli era a Montauban, dove era stata tenuta una congregazione di deputati che gli ugonotti chiamano delle chiese di questo regno; la quale non può essere senza grandissimo sospetto di ritar-

44.

dare l'esecuzione della pace (può essere molto più che molti non pensano, nè bisognerebbe per il povero popolo di già troppo scorticato dalle guerre civili!) perchè ella è stata fatta senza licenza del Re o di Sua Altezza (almanco che si sappi o dica); e che inoltre si tiene ed è credibile, che esso principe non ha voluto essere presente alla publicazione, nè accorda la detta pace, la quale in pergameno gli fa godere de'suoi beni e del governo delle Piccardie, e vedendo per gli effetti la contraria volontà di quelli che possono il più pro e contra di lui. Ma quel che deve dare il più certo giudicio del frutto che porterà l'albero della detta congregazione, è la presenza di Butry, consigliere del principe Casimiro, ugonotto, turbolento, lusco, e che, come il cane è nemico della luna, egli è del Re e della nazione francese; come indiscretamente fece conoscere, quando dell'anno 77 essendo a Blois, quasi bravando Sua Maestà, gli lasciò sulla tavola le patenti, doni e pensioni ch'ella aveva fatte a suo padrone in ricompensa de'buoni servizii ch'egli gli aveva fatti; e sarebbe ben più gran miracolo se esso Butry avesse all'ora fatta la detta restituzione per provvedere alla salute dell'anima del suo padrone. Ma in somma l'uomo dice che il detto principe di Condé ha seco Butry, come assicuratore degli aiuti che il Casimiro promette agli ugonotti di questo regno, per dare loro animo di tener buono, nè rendere le piazze che tengono del Re, come è portato per l'editto dell'ultima pace; il che, se non è *calcaria adhibere currenti*, almanco è aggiungere un cavezzone alle redini d'un cavallo, che di se medesimo non è che troppo restio. Così Sua Maestà, avvisata della detta conventicula, e, come è a credere, di quello che è stato proposto e resoluto, ne ha scritto in Alamagna; il che so di buon luogo.

Il viaggio d'Inghilterra continua, ma non con molta fretta. Era stato resoluto di mandare il duca di Longueville in luogo dal conte di Soissons malato; ma uno secretario dell'ambasciadore di Francia m'ha detto che la regina d'Inghilterra dimanda che con i commissari del Re, per trattare o del parentado o d'una più stretta lega, vi sia un principe del Sangue; di sorte che bisogna aspettare la sanità del conte.

In questo mezzo M. di Bellièvre, il quale dove essere della compagnia.
potrà appressarsi. M. Pinart similmente è del numero.

Al principio di questo anno il Re ha fatto molti belli ordini per il
maneggio de' suoi denari, e dichiaratoli (con comandamento di osser-
vargli) ai suoi officiali, prima di partire di quì. E, fra gli altri, per tagliare il cammino agli importuni e indegni di chiedergli doni, ha proibito al tesoriere di *l'Epargne,* di pagarne alcuno che passi la somma
di cento scudi, se prima non è verificato alla camera dei conti di Parigi; nella quale gli uomini indegni, o bene spesso di paglia, non ardi-
ranno o potranno presentarsi. E, per avere modo di fornire alle spese
che gli bisogna fare, ella ha ordinato per un editto (il quale è stato
suggellato e mandato ai parlamenti per verificarlo), di levare generalmente sopra tutti i suoi sudditi e sopra tutte sorte di denari che si
levano nel regno, sul sale, vino e altre derrate, il *parigino,* che vuol
dire di quattro a cinque; cioè che quelli che sino a ora pagavano quattro pagheranno cinque; e il Clero, la Nobiltà e un mondo di ufficiali,
che sino a ora erano esenti, pagheranno questo parigino, cioè uno in
luogo di cinque pagabili dagli altri. Il che monterà a gran somma di
denaro.

Ha ancora ridotto il gran numero di pensionari Napoletani e altri
Italiani; non che ne abbi cassi, ma n'ha fatta una piccola lista a parte
di circa venti, i quali Sua Maestà vuole che siano pagati ogni quartiere;
almanco se lo fanno credere, *nec mirum,* poichè non è da dubitare che
lo desiderano. Fra questi venti dicono essercene con la metà Napoletani, otto i Fiorentini : Pietropaolo Tosinghi, il capitano Giovanni Alamanni, il capitano Batistà Sernigi, i capitani Giovanni e Lorenzo Tornabuoni, Raffaello Girolami, e parmi uno dei Corbinelli, un certo
signor dal Carreto, e due o tre gentiluomini Ferraresi. Ma questa lista
si tiene secreta, a fine di levare l'occasione agli altri di rompere la
testa al Re con le loro solite ingorde importunità.

M. il marescial di Retz mostra ch'egli è maestro *in genere negotiandi,*
poichè, dopo le recuperazione di Carmagnuola, ha ancora ridotto *ad
sanitatem* Anselmo, e per conseguenza Cental e Revel. Bene è vero che

quel scelerato di Anselmo non esce che con cinquanta mila scudi; ancora qualcuno mi assicura che Revel non è nel mercato, e che resta ancora a Bellegarde.

Ci sono nuove che il principe di Condé è di già nel Delfinato.

20 février.

Il Re è ancora a Saint-Germain a continuare la sua dieta.

Ieri al desinare della Regina, arrivò dal re di Navarra il signor di Miossens, il quale parlò lungo tempo con ella. Io intesi bene che esso re di Navarra e *Monsignore* erano insieme, ma non già il luogo. E esso Miossens questa mattina è ito verso il Re, e di là a Parigi a vedere sua moglie. Il Merle trova la gabbia di Mende tanto migliore che la campagna, che non ne vuol escire, qualche comandamento che, da parte del Re, gliene faccino Sua Altezza e il re di Navarra.

I deputati de' Paesi Bassi, che sono stati sì lungo tempo presso di Sua Altezza, se ne ritornorno con promesse ch'ella sarà sul confine di questo regno verso loro a marzo prossimo.

Quanto alle forze levate per Sua Altezza, dicesi che sono a Bonneval, terra a sette leghe di Chartres, presa per scalata; e si stimano circa quattro mila fanti e secento cavalli, che saria ben piccol numero per affrontarsi con le forze Cattoliche, cioè Spagnuole; le quali si rauneranno in molto gran numero presso di Cambrai, ma che intendino che queste, per non dir le nostre, si appressino di là.

Gli ambasciatori che erano quì per Inghilterra, cioè i signori di Lansac, la Mothe-Fénelon, Pinart, sono partiti oggi; Lafin, La Nocle e il primo secretario di Sua Altezza li seguiteranno in Parigi; d'onde col conte di Soissons, finalmente guarito, il maresciallo di Cossé, il presidente Brisson, s'avvieranno a Calais, dove si troverà ancora M. de Carouges, uno dei governatori di Normandia, per tutti insieme passare in Inghilterra.

Il signor Filippo Strozzi è in questa terra, e fu incontrato come sconosciuto, non tanto per essere mal accompagnato, il che è suo ordinario, ma col cappello senza cordone, il che di quà si piglia per segnale de' malcontenti; alcuni stimano può essere tale, e per il poco contento che Loro Maestà hanno delle sue infelici o almanco inutili imprese per il Portogallo.

Mi è stato detto che Là Rochefoucauld ha lasciato il re di Navarra, come ancora il visconte di Turenne, ritiratosi nelle sue terre, senza però aver potuto sapere nè imaginare alcuna cosa di questa separazione. Ma mi è stato assicurato da un gentiluomo di conto, di avere udito dire a esso La Rochefoucauld, che non monterà a cavallo che per servire Sua Altezza in persona.

I due figliuoli del duca di Bouillon passorno, pochi dì fa, per quì, imbarcatisi a Orléans, senza fare la riverenza alle Maestà che sono quì; del che la Regina Madre si lamentò con uno che arrivò quì per i loro affari; il quale mi ha detto che li scusò, dicendo a Sua Maestà, che erano giovani, non facevano che venir di Alamagna, e non essendo mai stati in questa corte, se ne andavano a trovare il duca di Montpensier, loro nonno, il quale li presentasse a Loro Maestà.

28 février.

Il Re è ancora a Saint-Germain, dove cominciò la dieta sono otto dì.

Ai xxiv del passato, arrivò qui di Guienna M. di Villeroy, il quale al suo arrivo salutai e trovai allegro e gagliardo come di costume; e nondimeno, perchè non si publicano le cause di sua venuta, che non possono essere che grandi, *attenta qualitate personæ*, e che, se l'esecuzione della pace continuasse senza disturbo, egli non aveva a fare di venire di quà, ma bene di stare là; molti fanno giudizio che egli non abbi portata cosa buona, massime che alcuni de' suoi pare che assicurino troppo che tutto va bene, e che gli ugonotti rendono a gara tutto quel che tenevano, e fra le altre la città di Cahors, la quale è stata restituita; e in segno di ciò, ancorchè le guarnigioni ugonotte vi siano ancora, *Monsignore* vi ha mandato per comandarvi il signor de La Vergne, uno de' capitani delle sue guardie, con qualche numero di esse; il che qualche svogliati non gustano.

Si dice che alla corte di Sua Altezza si parla molto liberamente dei pensionarii del re di Spagna in questo regno, senza dimenticarsi la casa di Guise, *et in minoribus* il marescial di Biron e il signor di Gourdon, tutti due Guasconi, ma che, se fusse vero, possono molto servire agli Spagnuoli, l'uno nella Guienna, e l'altro dalle bande di quà. Ancora, dicono che Sua Maestà Cattolica non si contenta di praticare i cattolici, ma ancora abbi intelligenza con alcuni ugonotti, e di conto, per impedire lo stabilimento della pace. Chi non sa fare i conti suoi, suo danno.

Uno che arrivò due dì fa di verso Champigny, casa del duca di Montpensier, mi disse che là si aspettavano al mezzo quaresima *Monsignore* e il re di Navarra. I signori di Bouillon, dopo avere visto il nonno, erano a Mézières col principe Delfino, il quale ha pregato i suoi amici di stare apparecchiati per marciare, senza però dire nè dove nè perchè.

La massa delle forze di Sua Altezza è ancora a Verneuil in Perche, dove dicono essere fin'ora almanco quaranta compagnie di fanti. Quanto alla cavalleria, oltre la compagnia di Sua Altezza, vi sono le compagnie di uomini d'armi dei signori di Saint-Léger e de Fargis, fratello di Rambouillet, e quello che il conte di Montgomery e alcuni altri vi hanno menato. Quanto a Fervacques, un suo vicino mi ha detto, che, ancora che abbi usato e preghi e minaccie per raunar uomini, tuttavia non ha gran seguito, e che ha cavati denari dalle terre e borghi all'intorno, col proporgli condizioni, o di pagare quello che egli mandava, o di avere guarnigioni a vivere a discrezione.

Il vedersi che il Re, dal canto suo, si tiene sulle sue guardie, e che Sua Altezza, in luogo di incamminare le sue forze verso i Paesi Bassi, le ha fatte entrare nel cuore della Francia, con apparente dimostrazione di dispiacere a Sua Maestà, fa dubitare a qualcuni che non ci sia qualche cosa che non sia molto buona. Il che io non dico che per cenni. Questi tali non sanno, può essere, che i confini verso i detti Paesi

Bassi non sono che di già troppo rovinati dai soldati, i quali al lungo andare e niente fare si sono sbandati; e, per ritirarli e raunarne degli altri, queste gran giravolte sono buone per dar occasione di seguitare, atteso il gran modo che dà loro di buscare il lungo cammino; poichè, dopo essere stati bene trattati, bisogna accompagnare loro partita con la croce, ma non di legno.

Il duca di Maine era montato a Lione; ma, a quel che mi dice suo secretario e agente quì, è ritornato nel Delfinato, richiamato dal popolo di quel paese, dove gli ugonotti tengono la campagna; hanno preso il castello di S. Crespin, e assediavano Briançon. Egli mi dice avere avvisata la Regina, che i detti ugonotti sono in numero di mille o mille e dugento archibusieri; ma si dice che sono almanco mille secento, e che non ha finito chi comincia.

Liétard, secretario del marescial di Retz, arrivò quì a'xxii del presente, e portò nuove che il marchesato di Saluzzo, al dispetto degli invidiosi, resterà francese; ben è vero che costerà al Re cento mila scudi, senza contare le spese di molti viaggi, perchè i detti cento mila scudi sono per ricompensare i servizii dei capitani di Anselmo, senza dimenticarsi M. di Bellegarde; il quale, oltre i danari, ha ancora i beneficii e pensioni che aveva suo padre. Il detto marescial di Retz, per assicurare davantaggio il servizio del Re, ha fatto commettere al signor di Palmiers, suo nipote, come mi pare, la luogotenenza generale in assenza de la Valette, governatore, e al capitano Antonio Gondi, suo parente, ha fatto dare una compagnia di fanti alla guardia di Carmagnuola.

Un secretario di M. marescial di Matignon mi disse, che suo padrone se ne va in Brettagna, in una sua casa donde porta il nome, per discortarsi da Alençon, e ancora da Verneuil, Laigle e altri luoghi della Normandia, dove sono e si raunano ogni dì le forze di *Monsignore;* e la causa di discostarsene, a quel che mi pare, è ch'egli è stato ricerco di giugnersi. Il che non ha voluto nè può fare, atteso che il conte di Montgomery e altri con grandi ragioni particolari poco amici suoi, e tuttavia per servizio del Re, sono in quella compagnia, e con forze; di sorte che, se il Re non monta a cavallo, egli si riposerà; e, perchè ancor egli abbi intesi li umori di alcuni dei principali capi, e fra gli altri di Fervacques e Renti, che stimi piuttosto che il Re sia di tutto contrario alle levate di queste forze, come contrarie a Sua Mæstà, che per accompagnarlo e favorirlo. Da un' altra banda la grande ambasciata che Sua Maestà manda in Inghilterra a istanza di Sua Altezza, la proibizione di cavare viveri dalla Francia verso i Paesi Bassi spedita da poco in quà, e la inegualità delle forze armate, cioè tra Sua Maestà e Sua Altezza, fanno credere a quelli che bene desiderano, che il tutto passi di comune accordo; ma prima che siamo a piantare i maggi, il tempo si aprirà.

Il Re fece pigliare, qualche dì fa, presso Saint-Germain, un capitano Courcelles, che levava gente per Sua Altezza, e lo mandò alla conciergeria di Parigi con lettere di raccomandazione al primo presidente e parlamento; e le prime nuove che Sua Maestà arebbe da loro, fussero d' averlo fatto morire; il che non posso credere.

Il detto signor di Renti, inteso il volere di Sua Maestà e le minaccie di confiscargli i suoi beni, ha lasciato il carico che aveva preso di levar genti per Sua Altezza.

------

## XII.

### BUSINI ET RENIERI À BELISARIO VINTA [1].

#### Paris et Blois, 7 février-14 avril 1581.

Sommaire. — 27 février. Promesse secrète faite par le Roi à *Monsieur* de ne pas entraver son expédition de Flandre. Dessein de ce prince de s'emparer d'Anvers, par un stratagème que Busini s'empresse de faire connaître à l'agent d'Espagne.— 1er mars. L'abbé del Bene, envoyé par le Roi au Saint-Père. Les alliances avec l'Angleterre et les Pays-Bas commencent à inspirer des scrupules à Sa Majesté. — 7 mars. *Monsieur* est bien résolu à entreprendre l'expédition de Flandre. Plaisanteries des mignons du Roi sur certains officiers de son armée. Le duc du Maine demande de nouvelles troupes pour combattre les rebelles du Dauphiné. Mademoiselle de Vaudemont, sœur de la Reine, et son mariage

[1] Toutes les lettres sont de Busini et datées de Paris, sauf la lettre du 7 mars, datée de Blois, qui est de Renieri.

projeté avec le duc Alfonse d'Este. — *13 mars*. Affaires d'Écosse; réclamations impérieuses de la reine d'Angleterre; la guerre imminente entre les deux royaumes. Le Roi assiste masqué à plusieurs fêtes, et retourne à Saint-Germain. Le duc du Maine va continuer la guerre en Dauphiné. Frégose est mort étranglé dans sa prison. — *28 mars*. Ruccellai et la ferme des sels. C'est le prince Dauphin, et non le comte de Soissons, qui doit aller en Angleterre. Lettre du prince d'Orange communiquée à la Reine mère. Le Portugal et don Antonio. — *24 avril*. L'abbé del Bene. Pamphlets contre le roi d'Espagne imprimés et distribués par ordre du prince d'Orange. *Monsieur* est encore à Coutras. Sa petite armée a quitté la frontière et s'est retirée vers Beauvais. L'impulsion viendra de l'Angleterre. La reine Élisabeth et l'amiral Drake. Préparatifs pour bien recevoir la grande ambassade française. Livres contre le Pape, contre le gouvernement d'Écosse. L'envoyé d'Espagne en France; ses représentations; protestations du Roi.

27 février.

Il conte di Maulevrier mi afferma, che il Re, a istigazione della Regina Madre, abbia promesso a Anjou, sempre che farà mettere a effetto la pace, che non gli impedirà giammai il suo desiderio che n'ha delle cose di Fiandra, ma gli darà tutto quello ajuto che potrà; servendosi poi della coperta, quando li ministri del re di Spagna faranno romore, di non essere bastante a redimerlo con la dimostrazione di quello fa a lui, e simili cose.

Anjou ha la mira di volere Anvers; nel quale proposito Orange per il passato ha sempre rimostro di essere impossibile, e cosa molto difficile a riuscire. E, per quanto odo, tratta di fare inviare diverse navi con vini e altre mercanzie, fra le quali devono essere armi, munizioni e vettovaglie per due mila fanti, e in ciascuna di esse si imbarcheranno fanti, per inviarle a un Giles Hosteman, mercante lì molto ricco, che ogni anno, secondo intendo, ne riceve più di cento navi. Quali fanti delle navi useranno poi a uso di marinari, ritirandosi in due o tre luoghi ordinati per simile negozio. E quà di già vanno mettendo insieme da quaranta mila scudi per inviare al detto Giles. La persona, ch'è ita innanzi e indietro per questo affare già due volte, me l'ha comunicato, e ci deve ancora ritornare, assicurandomi che fino a fatto Pasqua non si può mettere ad eseguire. Onde considerato all'importanza e conseguenza, ne detti subito conto a Isnardo Cappello, che è intimo dello agente del re di Spagna, ne avvertisse, siccome fece subito. Ora, signor mio, per non fare errore, aria caro di sapere dalla signoria vostra,

altra volta, quando venghino a mia notizia cose simili, come devo governarmi; perchè la dilazione può causare effetti, e per contro col farlo
intendere rimediare [1].

1" mars.

S' intende come l'abate del Bene è mandato dal Re a Roma, per dare
conto al Pontefice del negozio d'Inghilterra e di Fiandra; de' quali il
nunzio ha più volte parlato alla Regina Madre; mettendosi in considerazione le conseguenze dietro amistà simile; a cui il Re pare che
cominci a prestare orecchio. E lo sborso che si è fatto a questi che vanno
in Inghilterra sono de' suoi denari. E ieri fu con lui occultamente a
Saint-Germain l'ambasciatore di Orange, detto Sainte-Aldegonde.

7 mars.

M. di Villeroy partì di quì ieri verso il Re, e dicesi che porta a Sua
Maestà l'ultima resoluzione di *Monsignore* per il viaggio de'Paesi
Bassi. S'egli n'è sì resoluto, non è per domandar consiglio o licenza,
ma ajuti tali o più grandi, che alcuni dicono essergli stati promessi.

M. di Fervacques è in grandissima collera verso i signori d'O,
d'Arcques et la Valette, perchè, qualche dì fa, parlandosi di detto
viaggio de' Paesi Bassi, dissero al Re, che pareva loro che Sua Maestà
farebbe bene di levare un esercito per secondare quello di Sua Altezza,
menato da Fervacques; e dimandando Sua Maestà che capo doveva
dare al detto esercito, gli risposero che con Fervacques sarebbe bene
Sibilot, che è il pazzo di Sua Maestà. Di che esso Fervacques avvisato,
giurava come un carrettiere che farebbe scorticare d'O fra gli altri, e
gli terrebbe i piedi, e ben tosto, perchè il Re era morto o per viver
poco. Forriere general o marescial di campo delle dette forze di Sua
Altezza è il signor di Suresnes, stato altre volte maestro di casa del

---

[1] Busini ajoute que Tosinghi a fait auprès de la Reine mère une démarche en faveur d'Agostino da Pescia, qui n'est pas mis
encore en liberté. A ce propos il parle des
deux proscrits Florentins, Capponi et Sernigi, qui ont reçu du Roi chacun un don de
deux mille écus.

marescial di Matignon e poi di Sua Altezza. Hanno stimato valer più a metter piatti su tavola che a loggiare un esercito. Queste e molte altre cose fanno fare tristo giudizio di quell' impresa.

Il duca du Maine ha mandato quì, tre dì fa, un secretario, con nuove ch'egli non ha forze bastanti per impedire gli ugonotti di tener la campagna; e che, avendo preso Saint-Crespin, erano sull'assediare Briançon.

Il parentado fra mademoisella di Vaudemont e il signor Alfonso d'Este non si conchiuse, non ci restando però altra difficultà se non che la Regina e il duca di Mercœur, suoi sorella e fratello, dimandano che la detta damoisella, rinunziando alle ragioni dell'eredità paterna e materna, si contenti di cinquanta mila scudi che il Re dona a ella in loro favore; al che ella non può consentire senza il consenso del suo futuro marito. Il Corbinello in questo mezzo insegna alla detta damoisella la lingua italiana.

13 mars.

L'ambasciatore di Scozzia ha lettere di quel regno de' xvi di febbraio, con avviso che l'ambasciatore d'Inghilterra avea domandato a quel principe tre cose : la prima, che dovesse liberare il conte di Morton; la seconda, levar via i Francesi che tiene appresso di lui; e l'altra, mettere nel suo consiglio un gentiluomo Inglese; con rimostranza che si verrà a disunire l'alleanza e amistà che n'è stata tanto tempo infra que' due regni, e di venire all'arme. E come gli ha risposto essere necessario che il prefato conte si giustifichi avanti esca dove è; così che non sapeva d'avere Francesi, e quando pure ne avessi, che era principe libero, come era la sua regina, alla quale non toccava darle precetto; che volentieri comporteria nel suo consiglio un Inglese, sempre mai che la sua regina reciprocamente facesse il medesimo nel suo, accettando uno Scozzese; e che facesse quello che trovava meglio, che a tutti i versi le risponderia. Non molto dipoi che il prefato ambasciatore si partissi, succede la morte del detto conte di suo male, per quanto scrivono, ma li Inglesi dicono che quel d'Aubigny, che oggi governa tutto, l'abbi fatto morire. Questo gentiluomo è nato in Francia d'un fratello di Jacopo, re di Scozzia, e maritato in una sorella di questi Entragues, già tanto favoriti del Re Carlo; ito in quel regno, dieciotto mesi fa, e molto cattolico; e, nell'ultimo parlamento che hanno fatto in quel regno, è stato nominato alla successione, mancando questo principe. Come quelli di Berwick, castello degli Inglesi sulla frontiera, ove ordinariamente sta mille fanti e dugento cavalli, sentirno la morte del conte, scorsono da secento di loro a predare venti miglia dentro; ma gli Scozzesi gli hanno battuti assai bene, e quà è venuto un gentiluomo Scozzese, mandato dal principe a dar conto di tutto a Sua Maestà, e fatto fare comandamento a tutto il regno che ciascuno devi stare in arme, e pronto a ire dove saranno chiamati, stimandosi che ebbino a rompere insieme da vero; il che sarebbe molto a proposito per la chiesa e per li buoni.

Il Re fu quì ai iv, e la sera dei v andò in maschera, dipoi a cena con li suoi favoriti in casa il Diaceto, dove erano da sessanta dame; e mentre stette lì giammai si cavò la maschera; ai vii se ne ritornò a Saint-Germain, dove non ha volsuto dare audienza a uno gentiluomo inviatogli Anjou nè all'abate del Bene, nè a M. di Pomières, inviato il duca di Savoia. Udì bene lo ambasciatore di Orange, che fu guidato dal capitano Masino del Bene una notte; il quale subito che ritornò, riprese la posta, e se ne andò a Calais, per ire in Olanda da Orange, e di lì andarsene in Inghilterra.

Alli viii, si fece il battesimo di Ruccellai, che fu suntuosissimo, e Sua Maestà non ci si trovò altrimenti come si credeva; fu porto nome alla figlia Anna, per madama di Nemours, per la quale battezzò la nipote, figlia del duca di Guise; la notte fece gran banchetto a Guise, a d'O e altri signori Francesi, giuocando, e Orazio guadagnò tre mila cinque cento ducati. Il giorno seguente, ritornò il Re, e la sera fu pure in maschera a un festino fatto il signore Villeroy. Questa purga e dieta l'ha fatto venire magro e non molto gagliardo.

Il duca du Maine ritornerà nel Delfinato a espugnare per forza d'arme que' luoghi che tiene Lesdiguières, quale si ode si prepara gagliardemente alla guerra, ragionandosi che vi andranno quaranta insegne, e molta nobiltà, quale si averia subito che udiranno che il duca sia venuto a Lione, come scrivono viene.

La gente d'Anjou, fatta per vie in Fiandra, pare che sia quasi ridotta tutta alli confini; per quanto ritraggo non dovranno fare motivo alcuno di ostilità, fino che non sia resoluto il negozio in Inghilterra, massime dovendo seguire lo sborso de'denari da quella regina.

Il Fregoso non morì di male, ma fu strangolato; e avanti fu esaminato; e, intra le altre, interrogato dì ciò che avea avuto a fare con il Granduca e suoi ministri, e con quelli del re di Spagna, e molte altre cose; annunziandogli questo cancelliere, che il Re lo faceva morire per avere persuaso suo fratello a pigliare le armi contro di Sua Maestà, sendo stato inviato dalla Regina a fare l'ufficio che sapea il prefato cancelliere, che si ritrovò sempre a tutto presente. L'ha detto al conte di Maulevrier, che me l'ha detto divisando con lui.

28 mars.

Il Re ha deputato sette uomini a rivedere il negozio de' sali del Ruccellai, cui per venire al suo fine mostra di avere gran perdita in tre o quattro magazzini per la frode che n'è fatto, domandando cento mila scudi di ribasso; così che in avvenire le terre abbino a pigliarlo secondo la numerazione de'fuochi; e, per quanto intendo, doverà ottenere l'uno e l'altro, poichè c'interviene il favore di d'O e Chiverny, che sono alla parte di negozio; inoltre che questi che hanno a rivedere li conti, sono stati nominati da loro. Tra quì e San Giovanni si risolverà tutto[1].

---

[1] Busini ajoute le passage suivant, en chiffres, où il s'agit des Florentins réfugiés et du banquier Diaceto :

« Il cavaliere da Diaceto, passato le feste, « se ne va a stare alla contea di Lodovico, « suo cugino, il quale pare che abbi avuto « indizio, che un certo capitano Stefano da « Urbino e un capitano Malatesta da Gobbio, « che servono il duca di Guise, facessino pratiche di farlo ammazare, e che une da « Urbino che gran tempo è quà, e si trattiene con Lodovico, n' abbi avvertito per relazione avuta da uno di questi che è stato « ricerco dal capitano Stefano. Il Girolami « ha lettere di Lione del Sassetto, come Filippo Peruzzi ha auto bando di rubello.

Sua Maestà, la mattina dei xx di questo, fu in parlamento, per fare passare un nuovo presidente e consiglieri che volle creare sopra li tesorieri del regno; del quale officio dicono caverà dugento mila franchi.

Il principe Delfino è qui, e passato le feste si metterà in cammino per Inghilterra in cambio del conte de Soissons, che molto è indisposto. Gli altri signori sono a Calais per passare, sempre che il detto principe arriverà. Corre voce del matrimonio; ma non è per altro che per qualche trattato; e già odo che disegnano includerci il re di Danemark, e quello di Scozzia ancora.

Il principe d'Orange scrive d'Olanda al capitano Masino del Bene, pregandolo a raccomandarlo al Re e Regina Madre particularmente, rallegrandosi di udire che con la alturità sua la pratica di Inghilterra cominci a pigliare la forma che lui desidera; il quale capitano Masino ha mandato la copia di tal capitolo all'abate del Bene, perchè lo mostri, come ha fatto, a essa Regina. Il fratello di detto abate, quattro sere fa, mi mostrò una lettera che gli scrive di Blois, in la quale dice di udire per cosa certa che don Antonio è in questo regno; e per li motivi che fa il suo ambasciatore, per lettere che scrive quà a un gentiluomo di Portogallo, tengo per fermo che dalla Regina Madre era stato due volte quello Scozzese che andò in Inghilterra e dal principe di Orange per lui, e se ne era passato a Nantes il detto suo ambasciatore; e odo che si tratta molto differentemente di quello che facea sei settimane fa. Il segretario di Filippo Strozzi è qua dietro a comperare due navi che sono in Normandia; e un capitano Pardino da Lucca, che fu inviato da principio dal Giraldi in Portogallo, che si trovò con don Antonio nella disfatta di Lisbona, è stato a Rouen con l'alturità della Regina a

"per essere stato origine a fare fuggire "delle stinche il cavaliere de' Nobili. La moglie del Diaceto mi dice, che il prefato Girolami, quando lo disse a tavola, che al marito pareva crudeltà confiscare li beni per simile cosa fatta per liberare un suo "cognato di prigione per debito; e che il "detto Girolami gli soggiungessi, che questa "accompagnata con l'amistà che sapea avere "con Antonio Capponi, con lo sparlare che "faceva a Roma, era la cagione."

rècuperare denari e mercanzie per cinque mila scudi d'una nave portughese che ultimamente hanno presa i Francesi di Normandia.

24 avril.

L'abate del Bene è ancora quì; e domani mi dice ritornerà in corte per seguire il suo viaggio; con il quale andrà Jacopo Strozzi fino a Roma, poi disegna venire a stare costà due o tre mesi. Io mi persuado che la signoria vostra sia assai bene informata di quel che lui fece contro a Curzio e a quell'altro che fu rotato, per compiacere al Girolami, di che lui al presente non è punto amico.

Il capitano Masino del Bene ha avuto dal principe d'Orange molti di quei libri che ha fatto dare fuori contro alla Maestà Cattolica, quali distribuì subito per il regno; ed ora odo che ne fa tradurre in italiano per mandare in Italia; n'ha inviato uno a Roma, di quelli fatti in Fiandra, a un gentiluomo Napoletano, che è stato quà lungo tempo, di casa Brancacci.

Il Re dovea partire oggi di Blois per Chenonceaux, per passare più oltre, per abboccarsi con Anjou; quale dovea partire di Coutras per venire in quà e passare in Fiandra, continuando di scrivere che sarà in ogni modo al confine ai III o IV del prossimo, sollecitando diversi gentiluomini a trovarsi a quel tempo. La sua gente, che era alla frontiera, s'è ritirata in quà verso Beauvais per causa de'viveri, e con tale disordine, secondo che io odo, che, se non hanno altra provvisione, è impossibile possino durarla.

In Guascogna, secondo referisce un gentiluomo del re di Navarra, quelle espedizioni, per mancamento di danari, andavano lentamente, di maniera che si vede che tutta la speranza e moto deve venire d'Inghilterra, dove già erano arrivati quei signori Francesi; e, secondo scrivono di Londra per lettere de'XIII, quella regina li voleva ricevere in una gran galleria che ha fatta fare di nuovo, con molta pompa e apparato, il giorno di san Giorgio, ragionandosi che faria cavaliere della Giarretiera il duca di Savoia. Avea fatta dare fuori un bando, che nessuno Inglese dovesse sparlare nè molestare Francesi, sì come è costume

di quella nazione fare anticamente, ma accarezzare. Così che detta
Maestà era stata a un banchetto, che avea fatto nella Tamisia su una
delle sue navi d'armata quello Drak, Inglese, che l'anno passato tornò
da quella gran navigazione con tante ricchezze rubate nei mari del Pérou; il quale Drak, dopo il banchetto, scrivono, le presentasse una
nave d'oro piena di perle e gioie di gran valore; e che detta regina,
nel partire, lo facessi cavaliere, e presidente della nave ove aveva banchettato; sendosi trovato a tutte queste cose presente l'ambasciatore
di Francia e d'Anjou. Che la detta Maestà faceva lavorare argenterie
dorate per quaranta mila scudi, da donare a questi Francesi. Che era
uscito fuora un libro perniziosissimo contro al Sommo Pontefice e
Chiesa Romana, quale mi è stato mandato; e, così diabolico come è,
lo farò tradurre per inviarlo alla signoria vostra, ancora che sono cose
da essere solamente viste da' teologhi. Ho fatto tradurre una stampa
che hanno data fuori in Londra il mese passato, che dicono essere quello
che hanno stabilito in Scozzia nell'ultimo parlamento fatto; che a me
pare impossibile che quel principe o li ministri che li sono appresso,
quale so ce ne sono pure di quelli che hanno buona intenzione, abbino
acconsentito a tanti scellerati atti.

   L'agente Cattolico ebbe audienza dal Re, facendo, secondo scrivono,
il medesimo officio che già avea fatto con la Regina Madre, ma con più
dolcezza; e Sua Maestà le rimostrò di non avere altro intento che di
conservare l'amistà del suo re, promettendogli di voler fare tutto
quello che fussi possibile per istorre il fratello da questa impresa; ma
che vedea le perturbazioni e sedizioni grandi che erano nel suo regno.

## XIII.

### ENEA RENIERI À BELISARIO VINTA.

Blois, mai 1581.

SOMMAIRE. — *9 mai*. Réconciliation de Montpensier et de Nevers en présence du Roi. Voyage du duc du Maine à la cour. Le Portugal, le connétable de don Antonio et ses trop magnifiques promesses. *Monsieur* et ses derniers préparatifs; échec de M. de Fervacques. — *16 mai*. Mauvais vouloir du Roi à l'égard de son frère et de l'expédition de Flandre. Forces sur lesquelles *Monsieur* croit pouvoir compter. Assemblée de Montauban. Retour du duc du Maine en Dauphiné. Conversation du Roi et de l'envoyé de Navarre.

9 mai.

La Regina Madre partì di quì sabato verso *Monsignore;* il quale doveva trovare ieri ad Alençon; e si spera ch'ella sia ben tosto quì, dove il Re l'aspetterà. Il Re aspetta quì il duca di Montpensier, per effettuare, per abbracciamento d'esso e del duca di Nevers, il quale è quì, l'accordo che di già Sua Maestà ha fatto e publicato delle loro differenze per lettere patenti; per le quali ella, del parere di Sua Altezza, del re di Navarra, e del suo consiglio, dichiara che la mentita data da esso Nevers per messo del suo luogotenente, e quel che n'è seguito, non può toccare a esso duca di Montpensier, della fedeltà e servizii del quale, che pareva che esso Nevers mettessi in qualche dubio o competenza, Sua Maestà fa una molto ampia dichiarazione; ma, quanto a quelli di esso duca di Nevers, passano assai leggermente.

È ancora quì il duca du Maine, arrivato l'altro ieri in poste per dar ragguaglio a Sua Maestà degli affari del Delfinato, dove in questo mezzo gli ugonotti spasseggiano.

Il conestabile di Portogallo, dopo essere stato quì qualche dì ben visto e trattato, alle spese e dagli officiali del Re, se ne andò a Tours dove fa residenza l'ambasciatore di don Antonio, e il signor Filippo Strozzi lo seguitò poco dipoi. Il re di Spagna è bene avventurato di avere dei nemici, i quali fuorusciti tramando mezzi per fargli la guerra, hanno l'animo all'amore; o male avventurato, se sono tali che in un medesimo tempo possino attendere all'uno e all'altro. Qualche tempo

46.

fa esso conestabile, essendo presso di Sua Altezza, si faceva forte di fare
tenere di quà fra poco tempo un milione e ottocento mila scudi, e fece
dono al giovane Lansac dell'isola di Madère, che è un bel presente.
Là sopra fu fatto conto di mandare in Portogallo cinquanta compagnie
di fanti di dugento ciascuna, di quattro mila de'quali io viddi la lista,
del colonello, maestro di campo e capitani, i quali dovevano avere
d'avanzo ciascuno mille scudi.

Della causa o cause del viaggio della Regina verso Sua Altezza, dicesi essere per divertirla dal viaggio di Cambrai, al quale è resoluta:
e a quel che ho inteso, il signor di Richelieu, e il Bellarmato[1], che
arrivorno quì il vi del presente da Brouage, dicono avere visto Sua
Altezza il primo di questo a Niort, donde se ne andava; e passando per il
Poitou, ha pregati molti signori di accompagnarlo a quel viaggio, e da
molti gli è stato promesso; e fra li altri il signor di Saint-Luc molto
suo affezionato, l'accompagnerà. Chinsé, che è molto intrinseco negli
affari di Sua Altezza, disse loro che il re di Navarra, il principe di
Condé, pigliando il dì prima licenza d'ella, gli promisero di essere
con ella innanzi la fine di questo mese. Pare che si assicuri ancora del
marchese d'Elbeuf e del duca d'Aumale. Ma in questo mezzo gli
viene male a proposito, che Fervacques, dopo avere rovinato tanto
paese per passare sino a Bray sulla Somma, e avere rovinato il paese
all'intorno d'essa, cioè della Piccardia, per il primo colpo che corse
nel paese di Artois, ne rilevò de'colpi tali, che la notte seguente xxi del
passato le sue forze si sbandorno, ritirandosi ben dentro al cuor del
regno; e lui se ne ritornò verso Alençon. Sua Altezza ha dato il *rendez-vous* alle sue genti di queste bande a' xxv del presente nel ducato
di Vendosme; il che potrà affrettare la partita, perchè i viveri vi saranno più cari; e al resto delle sue genti pel medesimo tempo a Château-Thierry. Dio voglia che le cose passino meglio che alcuni, e con
ragione, non sperano! Gli ugonotti, o altri che hanno causata la lunghezza dell'esecuzione della pace, non hanno fatto punto di bene per

---

[1] C'est l'auteur de la lettre lui-même.

Sua Altezza, almanco quanto ai detti affari di Cambrai e di quei paesi. Qualcuno diceva pochi dì fa, che una volta Sua Altezza abbi forze insieme, allora pregherà Sua Maestà di tenergli promessa di soccorso per quell'impresa, *sine quo*, etc.; e in caso di rifiuto, guerra aremo.

16 mai.

Si tiene che il Re doverà impedire l'impresa del fratello quanto potrà, se la Regina Madre non lo fa cambiar, come alcuni credono ella farà per evitare il principio d'una guerra fra loro, della quale il fine fia pericoloso per tutti loro. Le forze di *Monsignore* sono sospette ai Parigini, dove per questo conto intrattengono il duca di Guise. Alli XII di questo Sua Maestà, in essere alla caccia, disse che desiderava che le forze di *Monsignore* siano rotte dalli suoi sudditi, ma non dagli Spagnuoli, a causa dell'onore di Francia.

Alcuni stimano che la madre, vista la resoluzione immobile del figliuolo, sia per mettersi in dovere di conservarlo. Se Sua Altezza ha gli ajuti che spera, ella potrà dare a pensare al principe di Parma. Quanto alle forze francesi che potrà avere Sua Altezza, non se ne potrà giudicare che col tempo, e a misura che si rauneranno.

Il marchese d'Elbeuf rauna genti in Normandia e in Champagna. Il visconte di Turenne, Lavardin, visconte di la Guiche, Saint-Luc, la Châtre, visconte di Tavannes e alcuni parlano del duca d'Aumale. Tiensi per certo che di già il signor di Laval gli ha menati almanco dugento bravi gentiluomini Brettoni, e circa quattro cento altri uomini di servizio. Parlasi inoltre di quattro mila Svizzeri, e alcuni dicono di tre mila raitri. La Rochepôt con la fanteria l'aspetta in Piccardia. dove ancora alcuni gentiluomini non legati tengono fanti presti a mettere alla campagna.

Il re di Navarra e il principe di Condé andarono alla raunanza di Montauban, dove doveano trovarsi deputati di tutte le terre ugonotte; nè s'è inteso ancora quel che vi sià seguito. Ben so che tre dì fa arrivò quì un secretario d'esso principe con lettere al Re e altri, e a M. di Chiverny.

Il duca du Maine deve fra pochi dì partire per il Delfinato, con li assegnamenti e ordini dimandati da esso per far la guerra agli ugonotti, e massime per l'assedio di Livron.

Ai xiii del presente, Chassincourt, agente del re di Navarra, essendo al desinare del Re, disse a Sua Maestà, che tutto il mondo diceva che ella voleva ricominciare la guerra contro gli ugonotti; al che la supplicava di volere bene pensare per più cause, e fra le altre per la gran rovina ch'ella menerà ai suoi sudditi in generale; e che gli pareva ch'ella arebbe fatto meglio a volere guadagnare col tempo e pazienza l'obedienza che i suoi sudditi desideravano poter rendergli, che con la guerra. Sua Maestà gli rispose, ch'ella aveva assai aspettato e patito, ma che, vedendo che quelli che tengono le sue piazze la pascono di baie, ella è resoluta di vedere per la forza quel che n'ha da essere. Al che esso Chassincourt soggiunse a Sua Maestà, che i suoi sudditi, conoscendo il naturale d'ella dolce e benigno, si assicurano che tal resoluzione non procede d'ella, ma da alcuni nemici della pace e riposo di suo regno. Al che avendo Sua Maestà dimandato a esso Chassincourt chi sono questi tali, esso rispose che la supplicava di dispensarlo di nominarli, non essendo massime di bisogno di dirli a ella, che sa bene chi sono quelli che la consigliano alla detta guerra, e che la supplicava di volergli permettere di andarne avvertire il suo padrone. Il che Sua Maestà non volse accordare, dicendogli che gliene scriverebbe. Nè mancano di quelli che la caricano sopra il duca di Nevers.

---

## XIV.

### ENEA RENIERI À BELISARIO VINTA.

#### Paris, juin 1581.

demande que le Roi se déclare en faveur de l'entreprise de Flandre. Condé à Saint-Jean-d'Angely : rejoindra-t-il *Monsieur?* — 27 *juin*. L'armée de M. du Maine dans le Dauphiné, destinée peut-être à combattre les Espagnols dans le Milanais. *Monsieur* déterminé à tenter l'entreprise ; nombreux retardataires. Le Roi concentre des troupes dans le Laonnois. Nouvelles diverses.

*14 juin.*

L'ambasciatore di Spagna disse, che, al partire di Blois, si assicurò in tutto che il Re impedirà quanto potrà l'impresa di *Monsignore;* tuttavia qui si vedono tutto dì cavar armi in gran quantità per Sua Altezza senza impaccio. Noi aviamo avuti qualche dì fa il tempo più comodo che si possa desiderare per i beni della terra, i quali danno grandissima speranza d'una buona annata, il che sarebbe ancora più grato al povero popolo se con ciò sperasse di poterne godere; ma temono di qualche trista guerra, nè senza causa, poichè si veggono molte volte uomini che la mattina si levano ricchi e la sera appressano della mendicità.

Il Re e la Regina, sua moglie, sono qui in buona sanità, e si è detto ch'ella era grossa, ma io non credo. La Regina Madre è ancora a Mantes, donde si aspetta questa sera, e si dirà, può essere, quello che ella ha fatto con *Monsignore;* il quale fece una trista accoglienza al marescial Matignon, ch'ella avea menato seco, avendolo minacciato, senza il rispetto della madre, che lo arebbe fatto ammazzare a colpi di bastone e gettare per le finestre; e ciò per causa, si disse, che esso marescial era stato motivo dell'impresa di mandare le guardie del Re contro le forze di Sua Altezza, quando alcuni ne furno ammazzati e altri presi, poco tempo fa; dicendogli che era un maréscial *Mignon*, e senza merito nè di nobiltà nè di valore; e che di tanti non ne conosce che due marescialli di Francia. Cossé deve essere il primo; quanto al secondo, si può pensare di Montmorency, ancorchè Biron ne sia stimato ben degno, e gli altri ancora però.

Ella (Altezza) mandò qualche dì fa Lavardin, capitano delle sue guardie, a Montereau-Fault-Yonne, dove si è reso il più forte, e dicesi ch'ella fa guardar le porte a Mantes dove è ancora.

Il signor di Vitermont, governatore di Saint-Quentin, ch'era a sua

casa a due leghe di Dieppe, quando ultimamente *Monsignore* fu là, me
ne ha fatto il conto in questo modo. Che Sua Altezza arrivò a Dieppe, ai
xxvii del passato, con Cange e Berville, che gli servono alla camera, e
un cuciniero; e scendendo a un'osteria con un moccichino sotto il cappello, che gli copriva una parte del viso, fece pigliare dal garçon di stalla
il cavallo del detto Berville, ma essendo sceso e entrato in una camera,
non fu più visto, mentre che gli altri detter ordine a quel che bisognava,
e fecero cuocere vivande per portare sul mare, avendo convenuto con
un naviglio inglese passaggiero che era alla radda, di passargli in Inghilterra alla marea seguente, che veniva circa alle ore nove della mattina.
Suo oste, parendogli bene che fra questi passaggieri fusse qualche uomo
di conto, ne avvisò il signor di Cicogna, governatore di Dieppe, ma
circa le nove ore della sera, che Sua Altezza era di già a letto; perchè
era partito dopo cena dalla casa del detto governatore di Saint-Quentin, suo compare. Il quale comandò a detto oste che d'ora in ora lo
avvisasse di quello che i detti passaggieri facevano. E finalmente,
avendo saputo ch'erano levati, e si mettevano in ordine per partire,
si trovò sul porto; e vedendo che andavano per entrare in uno schifo,
si accostò di Sua Altezza, la quale travestita e col cappello sugli occhi
cercava di non essere conosciuta; e tiratolo per una manica gli domandò chi era. Al che Sua Altezza, alzando il cappello, gli disse che
non impedisse sua impresa, e che quel che faceva era di consenso del
suo fratello. Cicogna gli rispose, che gli era umilissimo servitore, nè
voleva saperne più; solo la pregava di vedere in quello che esso la poteva servire, dicendogli l'impossibilità di fare viaggio per Inghilterra
all'ora, a causa del vento contrario. Tuttavia ella disse che era resoluta di passare in ogni modo, pregando Cicogna di accompagnarlo sino
al detto navilio. Il che venne bene a proposito per il signor de la
Meilleraie, perchè Sua Altezza, pochi dì prima, gli aveva scritto lettere
piene di minaccie, dicendogli che quasi per forza aveva tirate lettere
di comandamento dal Re, di opporsi alle sue forze, e che, se elle avevano qualche male nel suo governo, egli ne risponderebbe di sua vita;
ma avendo esso Cicogna fatto intendere a Sua Altezza le qualità del

detto signor de la Meilleraie, e la poca apparenza che egli avesse pro-
cacciata tal cosa, ella gli dette carico di scrivere al detto signor de la
Meilleraie, e lo pregava di dimenticare quello che era passato, con molte
offerte di fargli piacere. Ma, poichè ella ebbe girato sul mare per circa
tre ore, tornò a Dieppe molto travagliata del mare, e loggiò in casa
dell'abate di Valmont; e dopo suo ritorno, esso Cicogna pregò esso
Vitermont di andare sino a Dieppe, dove vedrebbe cosa che non voleva scrivergli; e essendo là servì Sua Altezza di gentiluomo di camera
e di tavola; e il dì seguente ella se ne ritornò. Si disse che ella aveva
visto il principe di Orange; tuttavia esso Vitermont non lo crede. Nondimeno lo stare alla radda d'un navilio passaggiero, per essere cosa
inusitata, dà qualche sospetto; e dall'altro canto, se esso Orange fusse
venuto là per abboccarsi con ella, pare dovesse venire meglio accompagnato, e alla scoperta, poi che l'amicizia e conferenza fra loro sono
sì manifeste.

Si è scoperto un trattato nella città di Lille di Fiandra, che gran
numero degli abitanti di essa e dei principali avevano con gli Stati
ugonotti; dei quali abitanti quattro sono stati fatti morire; e circa ottanta ne sono prigioni. Io so bene che undici anni fa quella città era
male affezionata agli Spagnuoli, e per questo fatto se ne vede la continuazione.

20 juin.

Il Re mostrasi tuttavia più contrario all'impresa del fratello; tuttavia Sua Altezza tutto dì cresce sue forze, e un cameriere della Regina
Madre mi disse sa per bene che ella fa quanto può per *Monsignore*, e
che è a sperare così che non si batte.

Fu vero che il signor di Montigny, mandato dal principe di Parma
verso Dixmude, terra presso d'Ypres, per impedire una levata di sei
mila fanti che il principe d'Orange fa raunare là, trovando altro riscontro che non aveva pensato, se ne ritirò ferito e in disordine con perdita di circa cento cinquanta cavalli. Con questa levata e altra fanteria che il detto Orange potrà cavare dalle guarnigioni, e dieci otto

cornette di cavalleria, si tiene che esso sia per mettersi in dovere di soccorrere Cambrai dal canto di Tournai, nel medesimo tempo che *Monsignore* farà sforzo dal canto di quà.

S'era detto che i Tedeschi, che molto tempo fa mutinati mangiano il Luxemburgo, essendo pacificati col pagamento del dovuto loro, andavano a giugnere il principe di Parma; ma ieri mi fu detto di buon luogo, che ce n'era speranza la quale è persa, essendo resoluti di essere pagati prima del dovuto loro che di lasciar quel paese; ma però senza servire più il Re Cattolico, dubitando, all'esempio di altri di loro nazione, di essere gastigati del' mutinamento.

Sono quì il signor di Clervaux e due altri ugonotti, i quali, si dice, hanno portata la risoluzione della raunanza fatta ultimamente a Montauban; la quale tende in tutto a continuare la pace, nella quale il Delfinato ancora doveria essere compreso, cessando per tanto l'espedizione del duca du Maine; tuttavia se ne parla. E quanto agli effetti, le compagnie vecchie destinate per quell'impresa hanno avuto qualche pochi denari per crescerle.

Si tiene che Anselmo sia nel contado d'Avignone con otto o nove cento uomini; e perchè egli è sospetto di essere alla devozione del re di Spagna, il quale non sia per attaccarsi a Sua Santità, pare a dubitare, che acennando là, non dia, se potrà, scacco a qualche piazza di Provenza.

*Monsignore* è ancora a Mantes, dove ogni dì si raunano le sue forze; e tiensi che sin'ora abbi ottocento gentiluomini.

Il Re ha publicato le mostre di venti due compagnie di uomini d'arme per i xxv del presente, e debbono trovarsi a Compiègne; fra le dette compagnie vi sono quelle del principe Delfino, marescial Cossé, e Carrouges, i quali ai xv del presente dovevano scendere a Boulogne. Dicesi che tutte le loro domande sono accordate, con condizione che il Re scopertamente o ancora a coperto favorisca l'impresa di Sua Altezza; della quale tuttavia pare che ragionevolmente quella regina non possa desiderare buon fine, se prima il matrimonio non si consuma, per il medesimo argumento che Sua Altezza fa per mostrare.

fra le altre, la ragione d'impedire la grandezza spagnuola. Quella regina ha sino al partire fatte le spese molto magnifiche a tutti gli ambasciatori e loro seguito, ch'erano circa settecento bocche.

Il principe di Condé è a Saint-Jean-d'Angely; e si dice, che mandò verso il Re, supplicando di volergli fare pagare novanta mila scudi che gli sono dovuti delle sue pensioni, Sua Maestà ha assicurati trenta mila, pregandolo di avere pazienza pel resto. Qualcuno mi ha detto questa mattina, che il detto principe ha una levata di quattro mila raitri, e che saremo meravigliati, quando udiremo che sarà con Sua Altezza; potrebbe farsi che la detta levata fosse stata resoluta alla dieta di Montauban.

27 juin.

Questo dì io dissi a uno, che va intendente de'denari del Re col duca du Maine, mia opinione quanto a quella impresa; è che il Re non abbia accettato l'offerta degli ugonotti del Delfinato, per avere quella occasione di mandarvi quelle forze per servire contro a'Spagnuoli. Egli me lo ha concesso, e detto che ha inteso, che il detto duca potrà andare in Saluzzo a causa delle forze che di Spagnuoli levano nel Milanese. Si è detto che il Re e il fratello dovevano vedersi; il che non mi pare a credere per alcuna causa, non più che siano per fare guerra insieme. Le compagnie del signor di Villequier e d'O, i quali di ragione devano saper più, e compire i disegni del Re, dopo avere fatto mostra da pochi dì in quà, sono andati tutti alle case loro.

Loro Maestà sono a Saint-Maur con buona sanità, donde quasi ogni dì, per essere tanto vicini, sono in questa città; dove, grazie a Dio! la peste pare di tutto spenta, almanco se ne parla pochissimo e con poco fondamento. S'era detto, che la Regina Madre doveva andare a trovare *Monsignore*, suo figlio, cioè per ingegnarsi al solito di divertirlo dalla sua impresa dei Paesi Bassi, ma non è stato vero, e non ne sarà nulla per adesso, secondo l'opinione di alcun domestico servitore di Sua Maestà; così par egli ad alcuno, che queste tante gite faccino piuttosto credere alla sfiduciaggine spagnuola, che ella vada piuttosto

47.

per ajutarla alla maturità del frutto che per abbattere il fiore. Perchè
Sua Altezza è in tutto resoluta di passar oltre, ancorchè vulgo si dica
che le dieciotto o venti compagnie di uomini d'arme, che il Re aveva
chiamate per essere ai xxv del presente a Compiègne, ma adesso a
Pierrepont, che è nel paese di Laonnois, siano per impedire quell'impresa con le armi, poi che Sua Maestà non la può rompere con tanti
bandi e tanto severi contra quelli che pigliano l'arme per Sua Altezza.

*Monsignor* è a Mantes, e di poi i xv del presenti fa passare sue genti
il fiume della Seine, le quali ogni dì crescono.

Saint-Luc, Laverdin, Beaupré, Pompadour, Génissac, baron de
Biron, Langoran, le Merle e molti altri non sono ancora arrivati; in
somma uno degli intrinsechi di Sua Altezza mi vuol far credere, che,
quando ancora ella non arà che il quarto di quel che gli è stato promesso, saranno almanco due mila cinque cento cavalli buoni. Quanto
alla fanteria, atteso il gran numero che levano, ancorchè le compagnie
fusser piccole, nondimeno messe insieme non saprebbono fare che
gran numero.

Il re di Navarra, dopo la sua conferenza di Montauban, era a Nérac con la regina, sua moglie, la quale parla di venire di quà.

Il duca du Maine partì di quì, due dì fa, per l'espedizione del Delfinato. Dicesi che abbia affrettata la sua partenza, a causa di prevenire
il ritorno del principe Delfino, il quale dimanda quel carico, come dovuto a lui, governatore di quel paese.

Gli ambasciatori tornati d'Inghilterra, e tutti quelli che sono stati
con loro, si lodano molto delle cortesie che hanno ricevute; e i detti
ambasciatori sono stati presentati di buffetti d'argenterie molto ricche.

## XV.

### ENEA RENIERI À BELISARIO VINTA.

Paris, juillet 1581.

3 juillet.

Il poco ordine che il Re dà di fare forze, e l'andare quasi ogni dì di quì senza alcuna guardia, mi fa credere che questi dubbii tra loro siano finiti. Qualcuno di conto mi disse, che, il primo di questo la sera, vidde discendere sulla Seine, cioè verso Mantes, un battello carico di pezzi di artiglieria, e di gran fardelli coperti di tela, che si può imaginare fosse polvere.

L'ultimo dì del passato, Loro Maestà dovevano parlare a *Monsignore* presso di Saint-Germain-en-Laye, dove Sua Altezza gli aspettava presso del porto di Chatou, accompagnato dai signori di Laval, Saint-Léger, da poco in quà liberato da prigione, il cavaliere Breton, Buy, gentiluomo Normano ugonotto, Cange e pochissimi altri, come si dice che era stato convenuto fra loro ; dove l'andò a trovare qualcuno che non si nomina punto, il quale disse che il Re aveva presso di là almanco cento venti cavalli, e che si guardasse di non essere inviluppata. Il che fu causa ch'ella montò subito a cavallo, ma per tornare a Mantes in gran diligenza; e spedì il signor Buy verso Loro Maestà, per fargli intendere la causa di tal sua partita. Per il qual Buy Sua Maestà scrisse di sua mano dentro sua carrozza, mostrando la poca occasione che il fratello ha di temer d'ella. Tuttavia domenica mattina uno che è del consiglio mi disse, che fra pochi dì *Monsignore* doveva partire di Mantes per suo viaggio, nel quale il Re lo vedrà.

Il primo presidente, cancelliere di Sua Altezza, il quale sino dal xxviii del passato era ito verso ella, alcuni dicono per negoziare quel abboccamento, ne rivenne a' ii di questo, andando subito a trovare Loro Maestà a Saint-Maur, e il dì medesimo, ma più tardi, ne ritornò il marescial di Cossé.

Gli ambasciatori venuti d'Inghilterra ebbero udienza ai xxix, e ancorchè comuniter si parli degli articoli del matrimonio accordato fra *Monsignore* e quella regina, tuttavia non si veggono. Ma tutti li accordi sono nulli senza il consenso del Re; perchè, a quel che mi ha detto il secretario d'uno dei principali ambasciatori, quella regina dice, che sarebbe pazzamente fatto a ella di sposare il duca d'Anjou, che non ha grande possanza, e nemico dichiarato del re di Spagna, contro la volontà del Re, suo fratello; mettendosi con ciò in pericolo di tirare sopra di se la guerra di Spagna e di Francia; onde per sua sicurtà domandava non solo il suo consenso, ma che ancora Sua Maestà si leghi con Inghilterra verso e contro tutti, cioè Spagna, come parmi che facile *potest colligi* dal testo senza cercare nella pentola. Il che molti pensano che Sua Maestà sia per accordare a gran pena. Ma in questo mezzo con tali proposizioni quella regina fa assai conoscere al re di Spagna, che non è per suo rispetto nè per bene ch'ella gli voglia che ella non passa oltre. E quanto al Re, credesi da molti, che il re di Spagna non si contenterà di tutti i buoni offici che Sua Maestà fa publicamente per impedire le imprese del fratello contro di lui; e che, se adesso non se ne risente, sia per non la vedere bella; e vogliono che Sua Maestà Cattolica, il che non si può credere senza offendere il suo bel titolo, abbia intelligenza con Lesdiguières e altri ugonotti del Delfinato, ai quali fornisca denari; e conchiudono di là, che il Re farebbe

bene a prevenire con la forza publica i danni che Spagna pretende fare
al suo Stato con intelligenze secrete. Altri dicono, che il Re non vuol
essere il primo a rompere. Eccogli delle erbe assai, delle quali ella
farà una buona salata, se le trova a suo gusto.

Continuano le nuove che don Antonio sia in questo regno; alcuni
dicono in Normandia; e si aspetta quà, *id est* alla corte, il suo conestabile. Alcuni dicono che i preparativi del viaggio del signor Filippo
Strozzi in Portogallo siano grandi, che ci sono denari; ma due capitani
di navili Normandi, venuti pochi dì fa da Tours, mi dicono che il
detto Strozzi s'infastidiva di tanti termini presi dal detto conestabile
per fornire denari, e che l'ultimo era ai xxv del passato, senza sapersi
il seguito.

Il principe di Orange non verrà per giugnere *Monsignore;* ma sì
bene il principe d'Espinoy con le forze che potranno mettere insieme,
tanto della nuóva levata che hanno fatta in Fiandra che delle guarnigioni; ma esso Orange pare che per ora non sia per lasciare l'Olanda
e la Zelanda.

Il nuovo vescovo di Liége fece da poco tempo in quà sua entrata,
accompagnato da dieci mila raitri; i quali, dopo le dette cerimonie, si
dice sono restati al servizio del re di Spagna.

Il Re aveva mandato verso Saint-Luc a offerirgli, con comandamento tuttavia come padrone, due condizioni; cioè o di cassar un terzo
di soldati che tiene per la guarnigione di Brouage, come altre volte
gli era stato comandato, o di lasciare quel governo a Sua Maestà, con
pagargli certe somme di denari, ma non contanti però. Egli è contento
lasciarlo, ma con più sicurtà di pagamento. Il signor di Bellièvre dice,
che in Guienna Pompadour, Vantadour, Langouran e Génissac hanno
belle truppe per Sua Altezza, la quale si dice partirà presto per suo
viaggio. Ieri il Re fu al parlamento accompagnato da' principi e gran
signori del suo consiglio, dove publicò alcuni editti di gabelle per cavar di molti denari.

Un servitore della Regina Madre mi ha detto sapere, che col conestabile di Portogallo verrà in corte don Antonio, e sposerà la principessa di Lorena con aiuti e le ragioni della Regina Madre per il Portogallo.

La Regina Madre partì di quì alli quattro del presente per Poissy, seguita dal principe Delfino, marescial di Cossé, e altri ambasciatori venuti d'Inghilterra; tuttavia pare che *Monsignore* non si trovò là, come si diceva che era stato conchiuso tra loro. Sua Maestà col seguito passò innanzi sino a Mantes, donde tornorno agli otto del presente, senza che si dica altro del loro viaggio, se non che hanno rapportato a Sua Altezza quel che hanno fatto nel negozio d'Inghilterra; come ancora non si intende se il Re darà il necessario consenso alle condizioni, con le quali il matrimonio tra Sua Altezza e quella regina è conchiuso; il che l'amico pensa che sia per stare in bilancia, sino a tanto che l'esito del presente viaggio al soccorso di Cambrai darà il crollo dal canto del sì o del no.

Il povero marescial di Cossé si è trovato sì stracco al ritorno di Mantes, che si fermò quì, ancorchè avesse comandamento di andare a Saint-Maur, e bisognerà finalmente che confessi essere vecchio. Nondimeno quelli che desiderano che gli affari di Sua Altezza andassero bene, desiderano ancora, visto la gran carestia che ella ha di uomini che abbiano valore, esperienza e reputazione insieme, necessarie per comandare senza invidia e difficultà, che il detto marescial l'accompagnasse sino a Cambrai; ma ancora che egli desideri di fare servizio a Sua Altezza, nondimeno non vi anderà senza comandamento del Re, come non può a causa del carico che ha in questo regno.

Sua Altezza aveva publicata sua partita da Mantes con forma di esercito, alli dieci, cioè ieri, ma è rimessa a domane. Quanto alle forze francesi che Sua Altezza deve menare, senza pagamento per adesso, persona ne parla al certo. Molti si assicurano che ella sia per avere gran numero di soldati, ma che fra i capi, per essere quasi tutti

eguali in molte cose, vi sarebbe della confusione, se la presenza sua
non vi rimedia. Le pratiche del parentado fra uno della casa d'Este e
mademoiselle di Vaudemont, sorella della Regina di Francia, hanno
tirato sì in lungo, che di quà hanno preso altro partito, essendo ella
accordata al signor d'Arcques, giovane di buona casa, e che ha di
buone parti, e fra l'altre il favore del Re.

S'era detto che il signor de la Valette, governatore di Saluzzo, doveva sposare la figliuola del cardinal di Birago.

Ai sette del presente, precedente il dì che la Regina Madre partì da
Mantes, Sua Maestà disse a alta voce alla nobiltà che era con *Monsignore*, quando gli disse addio : « Che il Re e ella avevano fatto quanto
« potevano per divertire Sua Altezza dalla sua impresa, il che non avendo
« potuto ottenere, per essere ella troppo obligata di parola, pregava Dio
« che gli desse buona ventura; e loro, che lo accompagnavano, di risol-
« versi a bene combattere, e ricondurla sana, tenendosi sicuri, che se
« ne avviene qualche male, che ella non sarà mai contenta sino a tanto
« che arà fatto costare loro la vita. » Al che nessuno dei circostanti ardì
rispondere, ancorchè s'era detto che Bruy aveva risposto con molte
protestazioni di loro deliberazioni di porre la vita per servizio di Sua
Altezza.

25 juillet.

Il signor di Crèvecœur fu in corte, per sapere di bocca del Re quanto
all'impresa di *Monsignore;* al che Sua Maestà gli disse, che non è di
suo consenso; *nec mirum*, per più cause. Mi disse che la Regina Madre
gli dimandò se il Re può impedire la detta impresa. Egli disse che sì.
Onde essa si mostrò malcontenta.

D'Inghilterra non si dice altro, se non che quella regina manda
verso queste Maestà certi gran signori; e in questo mezzo ha mandati
in Fiandra quattro mila fanti, dove il dispiacere della perdita di Breda
fa trattare i cattolici peggio che prima; ancorchè, sopra la deliberazione
che avevano presa, e massime a Anvers, di mettere i cattolici fuori
della città, aspettino l'ordine di *Monsignore*.

Il signor agente della Maestà Cattolica fu ancora a XIX del presente
a Saint-Maur, dove ebbe lunga udienza; ma non molto a suo contento,
e tale che con ragione doveva aspettare, perchè alla continuazione della
sua importunità spagnuola, il Re rispose : « Che egli e la Regina, sua
« madre, avevano fatto ogni dovere di divertire *Monsignore* dalla im-
« presa; e che, non avendo potuto guadagnarlo, era forzato a lasciarlo
« fare, non essendo deliberata Sua Maestà di entrare in guerra con suo
« fratello. » Qualcuno mi ha detto che l'agente di Spagna si sente offeso,
*inter alia*, del rifiuto fattogli d'un passaporto per cavare di Lione per
i Paesi Bassi seicento mila scudi che Sua Maestà Cattolica vi ha raunati; e che alla prima richiesta che ne fece a Sua Maestà, quasi
ch'ella glielo accordò; poi gli disse che ne voleva parere dal suo consiglio; e finalmente ch'ella l'accorderebbe, caso che simil somma si
cavasse di Spagna per questo regno. Il che l'agente trovò ben ragionevole, pensando tenere di già i denari di Lione in Luxemburgo, e
che del resto si vedrebbe poi. Ma se n'è trovato ingannato, perchè,
nonostante sue rimostranze *de periculo moræ quantum ad suam par-
tem*, è stato assicurato che non arà detto passaporto, prima che simil
somma sia passata di Spagna quà. Talchè dovrà avere pensato a altro
mezzo.

Finalmente il mariscial di Matignon anderà, e il signore di Bellièvre
con lui, in Guienna in luogo del marescial Biron; dove alcuni stimano
arà più impaccio che a governare Normandi.

*Monsignore* partì ai XXIII del presente da Montereau verso Château-
Thierry, e pare che il termine preso, di trovarsi sul confino verso Cambrai alli IV o V di agosto, sia per prolungarsi qualche dì. A quelli che
non sanno le cause pare male a proposito, atteso massime che, se egli
arrivasse al detto termine o almanco prima dei dieci d'agosto, troverebbe il principe di Parma manco forte di quattro mila cavalli e altrettanti fanti Tedeschi, i quali conta debbano arrivare al suo campo
il detto dì X.

In questo mezzo il principe di Parma fa spianare le trincee che aveva
fatto fare al villaggio di Marquion; il che non so pensare a che fine;

perchè se volesse, lasciando Marquion per essere discosto, fare nuove
trincee e forti più presso di Cambrai, per in un medesimo tempo stri-
gnere l'assedio, e mettere il nemico, se la vuol soccorrere, in necessità di combattere con disavvantaggio, parmi che bisognerebbe molto
più gran forze che non ha, atteso il sito e grandezza di quella città, e
massime per la separazione delle sue fortezze a causa del fiume de
l'Escault. Oltre di che, se deliberasse di continuare l'assedio per tal
mezzo, gli bisognerebbe tal provisione di vettovaglie, che fusse bastante
per aspettarvi che la città si rendesse; altrimentì Sua Altezza, toglian-
dogli i viveri, la metterebbe nella medesima necessità ch'egli sin'ora
tiene gli altri.

Ben può essere che lasci Marquion, vedendo che, se Sua Altezza si
campasse a Honnecourt o altro luogo vicino e sul medesimo fiume, a
gran pena esso principe potrebbe impedirla di passare a Cambrai da
una banda o dall'altra di detto fiume.

Dicesi che pochi dì fa Loro Maestà dimandarono al duca di Guise
l'opinione che egli aveva di questa impresa di Sua Altezza; e che egli
rispose, che se ne poteva sperar bene, caso che le forze ch'ella mena
abbino qualche buon capo. E che dimandato dalla Regina Madre, chi
pareva a lui che se gli potesse dare? rispose, che non conosceva uomo
più atto del marescial di Cossé.

Fuori dell'arsenale di questa città sono stati cavati da pochi dì in
quà sette cannoni e qualche pezzo da campagna, senza sapersi per
dove.

Ho inteso che la causa per la quale il Re ha mandato a chiamare
il suo ambasciatore ch'è in Spagna, è perchè da poi un anno in quà
non gli è stato concesso di vedere Sua Maestà Cattolica, nè solo ap-
pressarla.

## XVI.

### ENEA RENIERI À BELISARIO VINTA.

Paris, août 1581.

1er août.

Il Re ebbe ieri avviso del gran priore di qualche disegno e intelligenze del re di Spagna su la Provenza, a quello che mi ha detto un suo secretario.

Alli xv di settembre M. d'Arcques darà l'anello, e alli xviii sposerà mademoiselle di Vaudemont. In questo mezzo si fanno preparativi di grandissimi trionfi, balletti, giostre, mascherate, e di molti ricchisimi vestiti, i quali i più saranno arricchiti di perle. Il Re ne donerà due a *Monsignore*, suo fratello, uno a causa delle nozze, e un altro che non disse perchè, che varranno ciascuno almanco due mila scudi; e nondimeno si stima che questo parentado, ancorchè di tanta fama, e che il Re gli compri il principato di Château-Porcien e una bella casa che era al conte di Maulevrier, e tutte altre spese, non costerà al Re che un milione di scudi.

Il visconte di Turenne venne a trovare Sua Altezza, ma senza seguito, seguendo il comandamento che si dice avere avuto da Sua Maestà; solo fa fare quì trenta casacche di veluto aranciato con passamani d'argento, che sono i colori di Sua Altezza, e il quale portano molti altri signori che si metteranno sotto la cornetta o insegna d'ella senza altro carico.

Il marchese d'Elbeuf, stato molto malato, se ne va a trovare Sua Altezza; la quale desideriamo facci qualche cosa di buono extra, a fine che *gaudium nostrum non vertatur in tristitiam interiorem*, massime che alcuni vogliono dire che Sua Altezza dia la colpa di questa sua lunghezza *ad dominum fratrem*.

L'espedizione del marescial di Matignon in Guienna continua; ma l'esecuzione n'è lenta. Il marescial di Cossé tornò quì, donde partirà fra due dì per andare a dissuadere Sua Altezza dall'impresa dei Paesi Bassi, e impedirla, come ha fatto finora.

Gli affari del Delfinato si tengono per pacificati; tuttavia il duca du Maine potrà passare la state in quel paese.

Alcuni dicono che la regina d'Inghilterra fa tener quà dugento mila angelotti per ajutare l'impresa di Sua Altezza, ma che bisogna che il Re dica non so che parola, dopo la quale alcuni mercanti Inglesi di Rouen hanno carico di fornire detti danari. E ella dona o presta quaranta mila scudi a don Antonio, il quale è ancora là (in Inghilterra), mentre i signori Filippo Strozzi, Lansac, La Rochefoucauld e altri si preparano per ajutarlo a rientrare nel regno di Portogallo.

7 août.

La Regina Madre partì alli tre del presente, per andare a trovare *Monsignore* a la Fère-en-Tardenois, castello del marchese di Montmorency, non avendo Sua Altezza potuto stare a Château-Thierry a causa della peste. Con ella andò ancora il marescial di Cossé, il quale alcuni pensano sia per tornare con ella; ma io penso che egli passerà oltre, per avere mandati a chiamare tutti i suoi amici che restano ancora nei paesi di Tours, d'Anjou e Poitou. Il dì che partì di qui, Beauvais-la-Nocle gli donò due suoi figliuoli per accompagnarlo; è ito ancora insieme il giovane signor di Jarnac e altri, che ha potuto raunare sino a cinquanta cavalli di tutte sorti.

Della partita di Sua Altezza *nihil certi;* delle sue forze ne sono ancora nella Beauce e verso il paese di Cahors, di sorte che, se ella avesse a aspettare che tutto fussi insieme, sarebbe pericolo che, innanzi l'arrivo degli ultimi, i primi pensassero a partire.

In questo mezzo M. di Puygaillard rauna per il Re a Pierrepont (che è quasi sul diritto cammino di Sua Altezza per suo viaggio) almanco venti cinque compagnie di uomini d'arme, dico almanco, perchè ogni dì si sente dire di qualche una di nuovo comandata di andar là; e ha comandamento di non combattere nè Sua Altezza nè il principe di Parma, ma sì bene di seguire Sua Altezza di sì presso che non la perda di vista, e caso che gli andasse male, d'impedire il principe di Parma di non venire quà a guastare le vigne adesso che cominciano a maturare le uve, come esso principe ha minacciato di fare ancora per lettere scritte al Re, caso che Sua Altezza continui sua impresa, per la grande speranza che ha di vincere. Dicesi ancora che l'agente di Spagna non avesse potuto ottenere salvocondotto dal Re per tirare di questo regno i denari che Sua Maestà Cattolica aveva trovati per mezzo di mercanti di Lione; tuttavia ha trovato modo di cavarne trecento mila, che sono passati per Guise, e di là nel paese di Hainaut, dal confine del quale non è più discosto che di due buone leghe.

Il governatore du Catelet non si mostra tanto favorevole a mantenere le ragioni di Sua Maestà Cattolica su Cambrai, come alcuni altri governatori delle piazze di Piccardia, avendo egli, con poca grazia degli altri, fatti prigioni qualche fanti e cavalli, che del campo di esso principe di Parma facevano scorta sul governo del detto Catelet ad alcuni che erano venuti per pigliarvi delle vettovaglie.

Il principe d'Orange è in Zelanda, dove ha compro dagli Stati Fles-

singue e Goës, l'uno settanta quattro e l'altro sessanta mila fiorini; e
pare che in Olanda egli non abbi sì gran credito che ne ha avuto altre
volte, anzi che quei popoli siano inclinati accomodarsi alla pacificazione di Gand.

L'arciduca Mattias è ancora a Anvers molto mal trattato, nè può
uscire di là per i gran debiti i quali non poteva pagare. Il che essendo
divulgato, fu causa che i creditori di esso arciduca, di paura che non
se ne andasse senza pagare, hanno sempre dipoi fatto guardia intorno
di sua casa, nella quale è privatissimo e quasi prigione. Hanno levato
l'esercizio della religione cattolica, con riservo solamente delle cere-
monie de' battesimi, matrimonii e consolazioni di malati; per il che vi
sono sei preti, e il resto fuora. E non si contentando di avere messo
fuora la religione cattolica, vogliono ancora fare altrettanto della lute-
rana, e lasciarvi l'ugonotta sola. Il che pare a alcuni, che conoscono
quella città e umori di essa, non si passerà senza qualche gran burrasca
fra loro e rovina di essa.

Ai xxvi del passato, la città di Perigueux, la quale dipoi l'anno 75
era stata nelle mani degli ugonotti, e lasciata loro ancor per l'ultimo
editto di pace, fu presa dai cattolici. S'intende che i capi dell'esecuzione della detta impresa sono stati due gentiluomini di quel paese,
con intelligenza d'un caporale che era in guardia nella citadella con
dodici soldati degli ottanta che dovevano essere. Il che mi fa credere
che tal fatto sia seguito di consenso della miglior parte del popolo.
come mi dice un amico, che avea visto in quella città che gli ugonotti
praticavano di riconciliarsi con i cattolici, ricevendo ancora quelli che
dopo la presa n'erano stati fuora, e per tal mezzo sgravarsi della detta
guarnigione che non potevano più sopportare; avendo a causa d'essa
perso il traffico della mercanzia, e l'esercizio della giustizia che prima
la rendeva una delle più riche città di questo regno; e che avevano
di già fatto offerta al re di Navarra di cento mila franchi, e alla regina, sua moglie, d'una collana d'oro molto grossa e lunga. Tuttavia
Chassincourt, suo agente in corte, se ne è lamentato al Re, il quale
assicura di farne ragione, come Sua Maestà ha ancora scritto a Sua

Altezza. E questo dì è ancora arrivato Marsilière, secretario di esso
re di Navarra, con lettere di suo padrone piene di lamenti. Questo fatto
potrebbe ajutare al Re Cattolico per indebolire le forze di Sua Altezza,
se non fusse che ella è sì presso di suo viaggio, e che potrà ritenere il
visconte di Turenne, Laval e molti altri signori ugonotti o fautori, con
promessi di risentirsene.

Gli ugonotti sfiduciati, e che non hanno che la lingua e mala, dicono quì, che tale presa non può essere stata impresa senza il consenzo
di Sua Maestà, ancorchè ella ne mostri gran fastidio; ma poco tempo
potrà chiarire loro e altri.

8 août.

Questo dì il Re ha avute nuove da *Monsignore*, suo fratello, il quale
ieri arrivò a Cambrai col suo esercito senza combattere, avendo il
principe di Parma fatto largo, e ritirato suo esercito a Valenciennes,
città sette leghe dentro il paese. Ma l'altro ieri il visconte di Turenne,
Beaupré, Ventadour e altri, in numero di circa cinquanta cavalli, essendo,
con aver rotto un corpo di cavalleria Albanese, passati sino a Cambrai, per assicurare quella città dal prossimo soccorso, non se ne contentò; anzi, contro il consiglio di molti, essendo tornato addietro per
tornare verso Sua Altezza, trovò tale incontro, che lui e gli altri circon-
dati vi rimasero morti e feriti. Fra i quali la perdita di esso visconte,
ancorchè ugonotto, generalmente dispiace, essendo a pensare che potrà tener compagnia a La Noue. Adesso s'intenderà ogni dì il progresso
di quelli affari, essendo di bisogno di affrettarsi, se è vero quel che
si dice, che al principe venghino tre mila raitri. Perchè quanto a quelli
di Sua Altezza, ancorchè erano levati, cambiorno di partito per un
tristo atto fatto da qualcuno che aveva pagati loro dodici mila scudi,
dei quali ce ne erano la metà scudi pistoletti falsi; al che un nostro
amico diceva in buona compagnia, che se tal uomo avesse a fare al
granduca di Toscana morto, ne potrebbe riportare il premio tale, che
dette altre volte a un certo Giuliano del Tovaglia, Fiorentino.

Ci sono lettere d'Inghilterra, non voglio già dire dell'ambasciatore di Sua Maestà presso di quella regina, che ella ha fatto mettere don Antonio in luogo donde non uscirà senza suo comandamento, ancorchè un secretario d'ella che è qui non lo confessa, nè ancor lo nega del tutto; dicendo quasi che ella potrebbe aver fatto ciò mossa dal lento procedere di quà per gli affari che si passano; in che non so quel che voglia dire. S'ella fa da vero, pare che ciò dia causa di pensare ch'ella non ci favorirà lungo tempo nei nostri acquisti dei Paesi Bassi; e se è altrimenti, ella potrebbe fare sembiante di volere tenere prigione il detto don Antonio, a fine che il re di Spagna, sotto questa speranza, rallenti le sue provisioni per opporsi ai disegni di detto don Antonio; per il quale si dice essere arrivata a Nantes una nave carica di cocciniglia, che vale più di dugento mila scudi.

Il barone di Brogliard, gentiluomo di Borgogna, è arrivato questo dì dal duca du Maine; il quale porta nuove che il Delfinato è tutto pacifico, essendo esso duca stato bene ricevuto nelle piazze che tenevano gli ugonotti; i capi e molti soldati dei quali sono al seguito e corte di esso duca, con promesse di desiderio di obbedirgli per servizio del Re, e che Livron e Gap saranno bentosto smantellate. *Monsignore* ha buona provisione e comodità di grani, vini e bosco per mettere dentro Cambrai, purchè abbi assai carette, ajutandosi di quelle di suo campo; ma quanto al sale e candele, per averne quantità in poco spazio, gli bisogna il favore del fratello, o almanco quello della madre; il quale non è a pensare che gli manchi.

Il marescial di Cossé, ma con pochissima reputazione, andandosene a casa sua in Anjou, è rimasto malato a Janvilla in Beauce; *cui nullus amicus erit*, cioè *de grandibus*.

15 août.

Un Fiorentino, il quale è al campo del duca du Maine, avvisa che, per essere il Delfinato in pace, doveva andare nella Bressa, e di là nella Franca Contea con le forze che ha; le quali quì si dice, che il cresce di trenta compagnie di fanti.

Bellièvre, Chiverny e La Motte-Fénelon, come si ha a fare con l'ambasciatore Walsingham, tutti dì vanno a lui; del matrimonio nulla, ma della lega contro Spagna, la quale il Re consente, ma che Inghilterra copra prima quella che ha con Spagna. Inghilterra accorda qualche denari a *Monsignore* per la guerra impresa, se il Re vuole essere mallevadore che in fine..... Ma in questo mezzo, quattro dì fa, fu mandato a *Monsignore* ottanta mila scudi, si dice del Re e della madre; e che fra due dì gliene sarà mandati altrettanti. Il Re mandò ieri commissione con il sigillo del gran cancelliere al marescial di Cossé, per andare a servire *Monsignore*.

Se vostra signoria ha voglia di sapere spesso le nuove, poi che ella è presso di Roma, trovi modo di avere la gazzetta che nuovamente risponde di Roma a qui e di qui a Roma, per mezzo d'un certo de' Nettoli, Fiorentino; al quale ne vidi io una, pochi dì fa, ch' egli aveva avuta di Roma[1], la quale dava avviso : della morte del cardinal Orsino; dei banditi della Marca; della malattia della duchesa d'Urbino; che se ella muore, il granduca di Toscana gli darà per moglie la sua sorella maggiore; che le galere turchesche hanno fatto paura al regno di Napoli; che, caso che la guerra si rompa tra Francia e Spagna, il detto granduca s'impiegherà per Spagna, ancorchè dovesse metterci del suo; con tanti altri avvisi, che se il detto Nettoli ne sa tanti di qua, quelli che desiderano saperne nuove, non hanno a fare che adoperare la detta sua gazzetta.

Il Re e la Regina regnante con tutta la corte se ne vennero a desinare in questa città, a' ix del presente, alla casa della Regina Madre, e alli xi si loggiorno al Louvre. E la sera ben tardi tornò da Crémaille, terra di M. Pinart, secretario, che è verso Reims, la Regina Madre, dove vide Sua Altezza e parte delle sue forze, che la contentorno molto. Il marescial di Cossé, partì di qui il dì medesimo che la Regina per andare a trovare Sua Altezza; tuttavia egli è a sua casa, malato, e dicesi non anderà, essendo stato resoluto al consiglio del Re, che, atteso

---

[1] Ces gazettes étaient manuscrites; on peut en voir au dépôt des manuscrits italiens, à la Bibliothèque nationale de Paris.

il carico ch'egli ha in questo regno, sarebbe dichiarare la guerra *Reale*, non *Monsignoriale;* e che essendo egli a Meaux, ebbe lettere di Sua Maestà proibitorie di andare con Sua Altezza, sotto grandissime pene. Tuttavia questa proibizione fatta per lettere a uno che, due dì prima, era partito dalla corte, potrebbe essere sospetta, se non fosse che le cose sono sì innanzi, che quelli che vogliono recitare alla comedia, bisogna si affrettino di montare nella scena. Altri dicono che Sua Altezza, avendo trovato strano che il detto marescial, atteso il passato, facesse difficultà di accompagnarla senza comandamento del Re, gli ha fatto intendere che non se ne curava.

Don Antonio è ancora in Inghilterra, dove ha ottenuto da quella regina otto grandi navi da guerra con tutto l'equipaggio e soldati, e egli ve ne ha compre sei. A Flessinghe se ne mettono in ordine; al porto du Havre-de-Grâce se ne fanno tre, due di cinque e l'altro di sei cento tonelli, con tal diligenza, non mancando denari e legnami che si pigliano per tutte le più vicine selve del Re, che saranno in ordine per mettere in mare prima che venga il primo flusso di settembre; come ancora altri che se ne fanno a Dieppe e altri luoghi di Normandia, Brettagna e Guienna. In somma si dice, che, fra li altri, avrà trenta due gran navi, e che si farà da dovero, *id est* in Portogallo. Tuttavia alcuni stimano, che i detti otto navili, per essere dati in carico dalla regina d'Inghilterra a un certo Drake, che è un gran ladro, non sia per servire all'impresa, se egli trova di fare tal mano che meriti di ritirarsi, di modo che *non agitur de certis viribus.*

Il segretario Walsingham, dopo essere stato a Sua Altezza, arrivò quì ai x del presente, dove è ancora ben visto e trattato; ancorchè alcuni, non so se inimici del bene di questo regno o ignoranti, dicano che M. Pinart, che partì di quì alli xii, se ne va verso Sua Altezza per parlargli di maritarla con la principessa di Lorena, con dote di un milione e dugento mila scudi, e ancora qualche paese di questo regno, con la luogotenenza generale; e di là in Inghilterra, per fare intendere tale resoluzione; ma di ciò può essere che vostra signoria arià più ampie nuove per la detta gazzetta.

Uno, chiamato Neveu, secretario di Sua Altezza, venendo de La Haye in Olanda, si sbarcò a tre del presente a Calais, donde andò per portar nuove a Sua Altezza, che al detto luogo de La Haye s'erano raunati il principe di Orange e i deputati di quei paesi; dopo la deliberazione dei quali, e in loro presenza, i sigilli del Re Cattolico e sue armi furono messe in pezzi e gettate a terra, e Sua Altezza dichiarata loro Supremo Signore; la quale pregano di non volere mettere sua persona al rischio d'una battaglia, perchè Sua Altezza salva, i loro nemici non possono fare tale acquisto che possino cantare la vittoria; e hanno dato ordine che non mancheranno denari. Tuttavia alcuni, che fanno professione di sapere gli affari dei Paesi Bassi, mi dicono, che è molto tempo che il principe di Orange si affatica di far condescendere gli Olandesi a tal dichiarazione, alla quale non hanno mai voluto intendere; nè credono l'abbino ancora fatta, per la poca affezione che portano ai Francesi, e per non volere privarsi della libertà del commercio, che è loro permesso senza alcuna ricerca o difficultà in Spagna.

Sua Altezza deve pregare il Re, che permetta di tenere a Calais una barca di passaggio per Dunkerque, e loro ne terranno là un' altra per Calais; le quali ogni dì, cioè *tempore commodo,* a forza di remi e vele si rincontrino in cammino, per più grande facilità di avere nuove da una banda all'altra.

M. di Bellièvre partì di quì alli xi verso la duchessa e principe di Parma, senza che si sappi l'occasione di suo viaggio; del quale molti *male sentiunt;* e pare che un'altra festa di San Bartolomeo si appressi; ma altri, che non hanno sì tristi anime, dicono, che esso Bellièvre è ito là per fare intendere a quelli duchessa e principe, che Loro Maestà hanno fatto quanto hanno potuto per divertire Sua Altezza dalla sua impresa; nel che non hanno potuto guadagnar nulla, per essere ella tanto obbligata di parola a soccorrere Cambrai; la quale città non essendo del Re Cattolico ma dell'Impero, Loro Maestà desiderano che si lasci vettovagliare, promettendo, che, ciò fatto, Sua Altezza non passerà più oltre nei detti Paesi Bassi; la qual domanda come ragionevole non si può rifiutare.

Vostra signoria intese, che Périgueux fu preso dalli cattolici; del che il Re mostra gran collera; tuttavia i sospettosi dubitano che ella non dica da vero, ancorchè n'abbi assai cause, essendo la cosa seguita con sì poco disordine, a causa del consenso degli ugonotti medesimi che la tenevano; e che si stima che il re di Navarra n'ha avuta della moneta o dell'oro; il che non confesserà, per essere tal atto molto odioso a quelli che chiamano *le Chiese*: oltre di che, pare che Sua Maestà non può mettersi in dovere di rimetterla nelle mani degli ugonotti che con gran forze, atteso che i popoli vicini di essa si metterebbono dentro in gran numero per difenderla.

Gli ugonotti hanno voluto pigliare di notte Aurillac, forte terra di Auvergne, donde furono sforzati a ritirarsi con perdita; e perchè i cattolici dicono, che l'impresa fu fatta alla casa d'un signor di Roquelaure, Guascone, il quale, ancorchè che sia cattolico, è servitore del re di Navarra, parlano di andare ad ammazzarlo dentro suo castello, a due leghe di là, e spianarlo, come hanno fatto di quasi tutti loro vicini.

Il principe Delfino doveva, a quel che intesi, di già essere con Sua Altezza, e ancora il signor di Lavardin. Sabato arrivò a Crèvecœur un corriere di Sua Altezza, per affrettare il signor di Bonivet di andare a trovarla con la sua compagnia di uomini d'arme; e di là andare verso il Bolognese, per fare affrettare il signor di Fargis. Ma al principe di Parma sono arrivate sette compagnie di cavalleria Borgognona, sotto il carico dei signori du Verger e conte Mansfeld, bene armate e complete; il che è causa che Sua Altezza prega il Re, che comandi al signor di Puygaillard di giungere sue forze seco.

Sono stati verso Loro Maestà alcuni deputati delle terre vicine al viaggio di Sua Altezza, per sapere come si dovevano governare seco, caso che ella si presentasse alle loro porte; alli quali il Re ha risposto, che vuole che si guardino gli ordini che Sua Maestà ha publicati sopra di ciò, tuttavia senza far male a Sua Altezza o a quelli che la seguitano; che la lascino entrare con venti cinque o trenta cavalli. E la Regina Madre ha detto loro, che il Re e ella hanno fatto quanto hanno potuto per divertire Sua Altezza dalla sua impresa, ma che, non l'avendo potuto ottenere, il Re non· vuol perdere il suo fratello, nè ella suo figliuolo. *Qui habet aures audiendi audiat.*

28 août.

Alli xviii del presente, *Monsignore* il duca d'Anjou entrò in Cambrai a tre ore dopo mezzodì, senza combattere, ancorchè il principe di Parma non ne fosse discosto che una lega, ma essendo però fra i due eserciti il fiume de l'Escault. Escirno a incontrare Sua Altezza grande affluenza di popolo minuto; e presso della porta fu ricevuto dal clero e magistrati sotto un baldacchino di broccato d'argento e di panni di seta dei colori di Sua Altezza, e menata al Duomo, dove fu cantato il *Te Deum* a alta voce. Ella gettò per la città medaglie d'oro e d'argento fatte in triangolo, nelle quali da una banda era scritto : FRANCISCO LIBER.; e dall'altra : OBSESS. CAMER. Nondimeno, siccome quel popolo gridò allora *Viva il Re*, così dipoi, avendo scancellate le armi non solo del Re Cattolico, ma ancora una grand'aquila che era alla casa del comune, vi messero le armi, non di Sua Altezza, ma della Francia, intere. Sua Altezza ha stabilito il signor di Balagny al governo della città, cittadella e paese di Cambrai, con guardia per la detta cittadella di quattro cento fanti Francesi; e quanto alla guarnigione della città, Sua Altezza provederà, ma che ella se ne discosti. Vi arriva tale abbondanza di viveri, che già, qualche dì fa, cominciavano a tornare al prezzo solito di vendersi innanzi l'assedio. Quanto al signor di Einsi[1], si dice che Sua Altezza lo fa governatore di Angers, con quattro mila franchi d'entrata in fondo di terra e sei mila franchi di pensione.

Sua Altezza uscì di Cambrai alli xxi del presente, e con l'esercito si avviò verso Douai e Arras; e alli xxv del presente vennero nuove, che aveva presi con qualche resistenza e perdita i forti di Arleux e di l'Ecluse, che sono a due leghe di Douai e a cinque d'Arras, atti, se non

---

[1] Ancien gouverneur de Cambrai.

ad altro, almanco a dar pena al paese all'intorno, senza che vi sia inteso di poi cosa alcuna. Si era detto, che Valenciennes aveva preso il partito di Sua Altezza; il che non si verificò; tuttavia ci sono assai cause per credere che non sarà dell'ultime, se quel populo si può assicurare di qualche trattamento mediocremente buono, essendo una delle peggio trattate da poi quindici anni, ancorchè non sì mal che hanno meritato. Ella arà adesso due tristi vicini, Cambrai e Tournai, povera dentro, rovinata fuora, poca devozione, poca speranza, nessuna guarnigione per contenerla in officio. Sua Altezza ha scritto al primo presidente, suo cancelliere, che spera di averla senza combattere, ma dimanda denari, e che per averne s'impegni e venda tutto, cioè *si non aliter vel alio modo*. Si disse ancora che il marchese di Richebourg, il quale comprò dal soldato che prese il visconte di Turenne tre mila scudi, lo aveva messo alla taglia di quaranta mila, il che non seguita. Loro Maestà, la duchessa di Châtellerault, M. d'Arcques e altri hanno scritto in suo favore; il che potrà servire più per farlo ben guardare che per altro.

Si dice, che il principe di Parma è ancora col suo esercito a Aspre, verso Valenciennes, luogo forte di sito a causa de'fiumi e pantani; e tuttavia il signor di Saint-Luc ha scritto, che Sua Altezza aveva mandato qualche compagnie per pigliar lingua, e rapportargli del luogo dove era il principe di Parma.

Il marescial di Matignon è spedito, e partirà fra due o tre dì per la Guienna; e ancora che sia accorto, ingannerà molti se ne esce a suo onore, avendo a fare a terribile umore di uomini in generale, e a combattere non piccole difficoltà particolari.

Il marescial di Biron ebbe credito di fare consentire al re di Navarra la revocazione del carico dato al signor de la Vauguyon, ancorchè gli fosse dato per gli articoli segreti dell'ultimo editto della pace; facendo intendere che arebbe portata la sua privazione con più di pazienza, purchè il detto signor de la Vauguyon non entrasse in suo luogo, e che il Re vi commettesse qualcun altro, e che non gli fusse inferiore di grado. Ma alcuni vogliono che l'intenzione di esso mare-

scial di Biron sia stata per impedire il detto de la Vauguyon di non
avere quel carico, per essergli poco amico, e ancora perchè ha caro
che vada là un altro manco accetto che lui, che è gran signore e del
paese, al quale possa fare qualche buon officio.

Credo che la signoria vostra arà inteso, che il marescial di Cossé,
dopo tante promesse e apparecchi per accompagnare Sua Altezza alla
sua impresa, s'avviò verso sua casa in Anjou, lasciando di quà una cattivissima opinione del fatto suo, e portandone grande odio di Loro
Maestà. Uno de' suòi molto affezionati servitori mi disse la causa essere
stata, che all'ultimo viaggio che la Regina Madre fece verso *Monsignore*, ancora che esso marescial fosse partito di quì con intenzione di
accompagnarla, tuttavia Sua Maestà gli comandò di aspettarla al suo
ritorno a Meaux, al quale ella gli disse che non l'arebbe mai stimato
sì infedel al Re, che di avere consigliato a Sua Altezza, non solo di
eseguire l'impresa dei Paesi Bassi contro il volere di Loro Maestà, ma
ancora di voltargli le armi contra; il che ella avea saputo essendo con
Sua Altezza, allegando, per provare suo dire, l'averlo inteso dal signor
di Fervacques. Di che esso marescial si volse purgare, ma invano, la-
sciandolo Sua Maestà carico di molti rabuffi e minaccie; per il che si
risolse di ritirarsi a sua casa di discosto; e che il Re avea dimandato
qualche dì poi al duca di Guise, se il detto marescial non era un gran
poltrone, di aver lasciata, dopo tante promesse, Sua Altezza al bisogno! Che il detto marescial ne scrisse a Saint-Luc, il quale avesse
dato mentita al detto Fervacques; il quale non disse che la Regina
non avesse detto il vero, ma bene che esso non ne avea parlato. Nondimeno e con tutto questo costui mi disse, che il Re aveva accordato
buon assegnamento di tutto quello che è dovuto al detto maresciallo;
cose in apparenza molto contrarie, e che il futuro accorderà, mostrando
le cause per gli effetti.

Della cavalleria che accompagnò Sua Altezza, alcuni avendo soddis-
fatto a loro promessa, se ne tornarono a fare le vendemmie a casa, ma
altri la vanno a trovare. Il marchese d'Elbeuf, partendo da ella per
andare a sanare sua malattia, a Joinville, dove sta la sua nonna, pregò

la nobiltà che lo aveva seguito di non volere sbandarsi così tosto; del che ebbe più di promesse che non seguono li effetti, essendone di già alcuni arrivati quì.

M. di Puygaillard era, pochi dì fa, presso di Guise, verso i confini, ma non molto accompagnato, per non avere potuto impedire la più parte de' fanti e cavalli di passar oltre verso Sua Altezza, la quale gli ha mandato che debba far passare i detti soldati alle mostre, ancorchè assenti, come se fussero presenti; del che gli officiali commessi a fare le dette mostre hanno dato avviso di quà, come di cosa che non possono fare senza ordine del Re; al quale si dice, che Sua Altezza dimanda che gli tenga promessa, ma non so di che.

Il signor Filippo Strozzi è arrivato quì questo dì; e si tiene, prima che ne parta, cederà suo carico di colonello in favore di la Vallette, ed egli andrà sul mare in Portogallo e Indie; per il qual viaggio si tiene che si apparecchino molte navi in più luoghi.

Quanto a don Antonio, egli è ancora in Inghilterra; e, ancora che l'ambasciatore Mauvissière scrisse, che quella regina lo aveva serrato, tuttavia altri dicono di no, e che ella favorirà l'impresa; ma se ella continua a essere sì prodiga di ajuti senza profitto, cioè con effetti, perchè, come vostra signoria sa, il dare parole non vuota la borsa, bisognerà dargli un curatore.

Il principe Delfino è in cammino per andare a trovare Sua Altezza con buon numero di cavalli, avendo le compagnie di uomini d'arme sue e del padre, ciascuna di settanta uomini d'arme, e quella di suo figlio, che è di trenta, con il più di amici che ha potuti tirare di Brettagna e Poitou. Alcuni dicono, che Sua Altezza se ne verrà di quà ben presto; credo che prima vorrà avere qualche luogotenenza per lasciare là.

## XVII.

### ENEA RENIERI À BELISARIO VINTA.

Paris, septembre 1581.

7 septembre.

S'aspetta fra pochi dì il duca di Lorena, e si apparecchiano le feste delle nozze di M. d'Arques, per cominciarsi alli xviii del presente; e questa mattina egli è stato, accompagnato dai duchi di Guise e d'Aumale e altra nobiltà, al parlamento, dove ha fatto giuramento delle sue nuove dignità di duca di Joyeuse e primo pari di Francia, dopo i principi; il che non può essere senza un qualche poco di offesa dei duchi di Montmorency e d'Uzès.

Quanto a *Monsignore*, fratello del Re, se n'è parlato fin'ora molto diversamente; ma in fine fu vero che il suo esercito si è separato, tornandosene ciascuno *in regionem suam*, almanco quasi tutti. Il che credo tanto più, avendo visti quì il signor de la Châtre, che arrivò quì ieri con la più parte della compagnia che aveva menata a Sua Altezza, e molti altri signori; e fra gli altri il barone di Salignac, che, si disse, era stato ammazzato alla presa del visconte di Turenne; dal quale e da altri gentiluomini di conto ho inteso, che il detto visconte non solo non fu messo alla taglia di quaranta mila fiorini, come si disse, ma ancora non è stato accettato suo offero delle sue entrate di un anno, che ne vagliono almanco sessanta mila, aspettandosene risposto di Spagna. Dove ancora madama di Dampierre e la marescialla di Retz scrivono a M. di Saint-Goar, ambasciatore, per il signor de La Noue. Il cammino, che *Monsignore* prese a Arleux e l'Ecluse, fu con disegno di andare in Fiandra; e i prieghi d'ella, non solo alli capitani ma ancora alli gentiluomini privati, furono causa che molti gli promessono di accompagnarla; ma avendo qualche tristi istrumenti messo voce fuora, che Sua Altezza, avendo passato il suo esercito di là del fiume de la Scarpe, voleva fare rompere i ponti, afine che persona potesse tornare addietro, la notte precedente al dì che ella dovea passare, fu abbandonata da circa cinque cento cavalli; e tuttavia ella era resoluta di eseguire suo disegno con quello che gli restava, quando ebbe nuove che quelli di Cateau-Cambrésis avevano prese qualche vettovaglie ch'erano menate a Cambrai. Il che, come fu grato ad alcuni de'suoi più domestici, i quali, non volendo passare in Fiandra, gli proponevano molto più grandi difficultà che non v'erano in effetto, così servì loro per rompere o rinculare suo disegno. L'assedio di Cateau-Cambrésis fu impresa di Sua Altezza contro l'opinione quasi di tutto il suo consiglio; è buono per lui che quelli di dentro fecero male il loro dovere. Ella avea accordato, che quella terra non sarebbe saccheggiata; ma l'insolenza dei soldati fu tale, che la diligenza di Sua Altezza, nè la peste che v'era in molte case, non furono bastanti a conservarla d'un intero sacco. Per comandare là dentro ella ha ordinato un fratello del signor d'Ainsi, con qualche fanti Valloni e Francesi; i quali può essere si riposano più sul buon trattamento fatto da Sua Altezza alli nemici arresi, che ne facci sperare altrettanto in simil caso, che alle forze di quella debole piazza e delle loro braccia; essendo a credere che il principe di Parma, restato padrone della campagna, se altro non accade in quella parte, sia per visitarla ben tosto.

Oggi è stato detto, che questa mattina il duca di Montpensier ha mandato a affrettare il principe Delfino, suo figliuolo, di andare a trovare Sua Altezza; e si dice, che il duca, dando licenza al figliuolo per quel viaggio, lo stimolò molto a pigliare partito e farsi valere, atteso il poco conto che di quà si fa di lui, e che egli conosce troppo tardi *de quo agitur*.

Io avevo stimato vero quel che s'era detto quì, che il marchese d'Elbeuf era partito da *Monsignore* a causa della sua malattia; il che mi ha fatto trovare tanto più strano quel che mi vien detto da costoro presenti e audienti, cioè, che il detto marchese ne partì molto sdegnato, e di tal sorte, che, dopo aver preso licenza, uscendo della camera di Sua Altezza, disse sì alto che tutto il mondo presente l'intese, e ella ancora la potè udire : che egli aveva otto mila uomini a sua devozione, i quali menerebbe al servizio del re di Spagna; e che, se avesse saputo, quando partì dal Chatelet per andare a Cambrai, quello che aveva saputo dipoi, sarebbe ito a trovare il principe di Parma, dove si assicurava che la metà delle forze di Sua Altezza lo arebbono seguito. E, oltre di lui, molti altri ne sono partiti con poca volontà di tornarlo a servire di un anno; di sorte che bene gli servirà di avere di quelli che fanno cantare i ciechi.

Fu vero che la regina d'Inghilterra gliene ha mandato una buona somma, ma non si sa ancora quale. Quanto alla causa dello sdegno del detto marchese, non si sa certa; ma si dice essere, per avere Sua Altezza dato il governo del ducato d'Anjou al signor di Fervacques, poco amico di esso marchese; ancorchè si tenga che Sua Altezza abbi dato il detto governo al conte di Saint-Aignan.

Si continua, che il Re mandò commissione al marescial di Cossé di andare a servire *Monsignore*, ma senza sigillo del segretario. Tiensi, che Sua Altezza è malcontenta del Re a causa di mancamento di promessa, e massime di denari, benchè ne ha avuti di pochi dì in quà, oltre i dati dal Re o dalla Regina Madre; la quale non può tutto quello che vuole, e fa quanto può per compiacere i *Mignoni*.

Non è sine dubio, che i favori di Arques siano per fare grande danno al marescial di Montmorency, e che le forze che ha il duca du Maine sieno per andare nel Languedoc, per levare quello governo al detto Montmorency, il quale dicono essere divoto del re di Spagna. Si dice, che il Re lui ha mandato di venire quì, dove ha a fare di lui; tuttavia che non verrà. Egli è ben con il re di Navarra, il quale non-dimeno *non fidit* di lui, non più che cattolici e ugonotti di quello suo governo, e non ha più Filiberto di Savoia.

M'era detto, che il Gran Priore ha mandato al Re qualche lettera del re di Navarra, per la quale lui dice, *inter alia*, volere impiegarsi per la riforma del fatto del regno; il che non ho creduto, sino che un suo secretario m'ha detto, che è vero che suo patrone ha mandato al Re lettere del detto re di Navarra; di quale, oltre al pregare di essere amici, erano di credito, il quale dicono essere per la detta riforma; e che suo padrone ha fatto male, dubitando che il detto re di Navarra ne avessi fatto altanto col marescial Montmorency, come si dice, col signore des Cars e altri, non volendo essere in questo prevenuto dagli altri. Col che detto suo segretario pensa, che suo padrone non ha fatto così, se non con poco grado *undique*. Sua Maestà ha avviso che in Languedoc, Provenza e altre provincie di questo regno si fanno leghe per la detta riforma, della quale vogliono fare capo Inghilterra, e, a suo rifiuto, ne aranno un altro.

9 septembre.

Ella mi dimanda nuove di queste parti; del che più cause m'impediscono; e, fra le altre, e il più, *paucitas et incertitudo, unde inconstantia maxima*, perchè quelle ancora che escono da quelli che ne debbono sapere il più, si trovano *sæpius vanæ quam certæ;* facendosene in questo mondo, *ut plurimum*, secondo non dirò le opinioni ma passioni degli uomini. I passionati sono molti, *neutri autem pauci;* e gli dirò una cosa stimata, e che si vede vera, che le dette passioni sono sì veementi, che, quanto agli affari che corrono, massime di *Monsignore*, fratello del Re, molti fanno conoscere il dolore che hanno, che Sua Altezza abbi fatto meglio i fatti suoi che non desideravano nè pensavano; non temendo con ciò dichiararsi Spagnuoli più *quam honestum decet;* del che tuttavia alcuni dicono non essere da maravigliarsi, per essere il numero di essi

sì grande, e esserne de' grandi; e oltre di ciò, poi che *in hoc mundo* chi
fa bene *sæpissime* non può avere un uovo, e chi fa male n' ha ancor
più di nove; ma non ride sempre la moglie del ladro; manco ride che
non ride mai.

Loro Maestà sono qui, dove si lavora con diligenza a quanto è stato
ordinato dal Re per le nozze di M. d'Arques. *Monsignore* mentre era a
pigliare Arleux, l'Écluse e altri castelli verso Douai e Arras, la guarnigione di Cateau-Cambrésis pigliò circa quaranta grandi carrette di
vettovaglie che andavano a Cambrai, il che fu causa di far risolvere
Sua Altezza di andare ad assediare quella terra; il che di ragione doveva essere fatto prima, per assicurare la strada du Chatelet a Cambrai dalla man diritta, essendo assai sicura dalla man manca e banda
d'Arras e Bapaume per il fiume de l'Escault. E, dopo essere stato a
quell'assedio cinque o sei dì, avendo l'ultimo dì del passato con circa
dugento colpi di cannone fatta tal breccia a una torre, che il signor
di Balagny, stato ferito d'un archibusata in una coscia, ma senza pericolo della vita, ebbe modo di loggiarvisi, quelli della terra si arresero,
escendone il dì di poi i soldati, che si dice erano circa seicento fanti e
dugento cavalli, con le loro armi, cavalli, bagaglie, la corda (*mèche*)
spenta, e lasciando a Sua Altezza quattro bandiere; le quali, a quel
che ho visto scritto da quel campo, l'abate del Bene doveva portar quà,
per essere presentate a Loro Maestà, e farle portare a Angers. Tuttavia detto abate non è ancora comparso, ch'io sappia.

La fanteria di Sua Altezza fece mostra, e toccò danari mentre
ch'ella era a detto assedio, cosa molto necessaria *omnibus* per avere
de' viveri per mezzo dei vivandieri; perchè trovano bene delle biade
alle campagne e capanni, ma non trovano persona, avendo i contadini abbandonato le case loro, salvando il bestiame e quel che hanno
potuto tirare con loro.

Quanto a quel che Sua Altezza sia per fare, non si sa ancora, par-
landosene molto diversamente; perchè molti vogliono far credere
ch'ella sia per tornarsene tosto di quà, avendo la nobiltà che l'ha accompagnata dimandato licenza. Altri dicono, che ciò fu vero, ma che

poi hanno promesso di servirla ancora sino ai xv del presente; il qual
termine è ben corto per eseguire grandi e difficili imprese. E con tutto
ciò il principe Delfino, da poi tre dì in quà, deve essere arrivato a Sua
Altezza con circa seicento cavalli, la quale levata pare a credere non
arebbe fatta sì mal a proposito. Qualcuno mi dice, ch'ella deliberava,
partendo da Cateau-Cambresis, di passare il fiume di Sambra, e andare
a pigliare Glageon, Trélon e altri castelli forti tra Avesnes, piazza
forte d'Hainaut, e la Capelle in Thierrache, la quale è al Re, per impedire con ciò le vettovaglie che di Francia passano per là a' Paesi
Bassi. E le nuove di questo dì sono, ch'ella va ad assediare Bouchain;
il che se sarà vero, chiarirà il mondo delle forze e intenzione del principe di Parma, il quale ha fortificato suo campo molto presso di Valenciennes, verso la detta fortezza di Bouchain, per la importanza di
quella piazza, con la quale Sua Altezza assicurerebbe Cambrai, guada-
gnerebbe il passo di là a Tournai, e arebbe modo di tormentare d'appresso le città di Valenciennes e Douai.

Il mancamento di denari non doverà essere causa che Sua Altezza
rompa il suo campo, perchè si dice che, poi ch'ella è in quelle bande,
ha avuti di quà almanco cento e venti mila scudi; sono creati per ella
quattro maestri di conti e sei auditori, donde caverà almanco cinquanta mila scudi; fa vendere, con licenza del Re però, molte legna
nelle sue selve; e alcuni dicono che la Regina Madre ha permissione
di vendere cinquanta mila scudi di entrata del suo *douaire*. Il qual
articolo se fosse vero, e si trovassero compratori, varrebbe ragionevolmente e a buon conto o mercato seicento mila scudi. Un mio amico
tornò il primo di questo mese da Amiens, dove dice aver visto alcuni
Francesi e Inglesi che conducevano a Sua Altezza quattro ballotti di
denari mandatigli dalla regina d'Inghilterra, dei quali non vide la
quantità nè qualità; ma si diceva essere oro, e che i detti ballotti
erano sì pesanti, che bisognava sei uomini per caricarne ciascuno
d'essi; i quali vide caricare su qualche carrette e un cocchio verso
Saint-Quentin; stimano ciascun ballotto quaranta mila scudi almanco.
E poi dite che gli Inglesi non amano i Francesi? massime se quella re-

gina, la quale da poi sì lungo tempo ha imparato a non prestare senza buono interesse, si troverà al fine avere donato o prestato tal somma *gratis*. Alcuno che vuol fare del fantastico dice, che quella regina con questa cortesia vuole cantare, senza parlare, un bell'argomento, o serviziale, per servirmi, come si dice, *de minori ad majus. Si alienus amat, pater et proximiores amare debent; ergo,* dunque se non amano *cum affectu et effectu, quid?*

In questo mezzo Walsingham, ambasciatore d'essa, fa buona cera quì, dove si crede starà ancor tutto questo mese; e qualcuno che lo vede spesso, dice che, da qualche dì in quà, egli si mostra più allegro, e ride più dell'usato; e nondimeno si tiene, che, se i nodi delle stringhe legate *in impedimentum executionis operum matrimonii sive nuptiarum* non fossero meglio nodati che i nodi che cerca di nodare quì, non si troverebbono tanti sdegni *inter novos maritos et designatas uxores.*

Credo che la signoria vostra intese, che le imprese fatte di pigliare Bourbourg e Renty furono sconcie sul punto del parto; il che è accaduto d'un'altra stata fatta sulla fortezza di Filippeville.

Il Re donò in ricompensa al signor Filippo Strozzi cinquanta mila scudi, e venti mila franchi d'entrata in beneficii.

19 septembre.

Per le nozze di M. d'Arques, al castello del Louvre e all'intorno sono grandissimi apparati, de' quali gli manderò il tutto, quando sarà messo in stampa, come il Re ha ordinato si facci.

*Monsignore,* fratello del Re, continuando suo cammino verso Calais, arrivò ai XIV del presente al Pont-Dormy sul fiume di Somma, a tre leghe di Abbeville, dove si dice aspetta le forze che gli vanno ogni dì alla fila. Ella passò alle porte di Amiens con grandissimo sdegno contro il signor di Crèvecœur, il quale essendo in quella città, non solo non vide Sua Altezza, ma nè ancora mandò a salutarla. Del che esso Crèvecœur avvertito, ne avvisò il Re; il quale gli ha risposto che ha fatto molto bene a mostrare, come esso dice, che non vuol riconoscere altri che Sua Maestà.

Il marescial di Cossé arrivò a sua casa d'Anjou, donde pare che bisognerà di forti organi per levarlo, ancorchè *verbis tantum* mostrasi *filium obedientiæ*. E il signor di Fervacques si tiene nel numero degli sferrati, essendo rientrato nella grazia di Sua Altezza il conte di Saint-Aignan più che mai. Di che dicesi esser causa la sua costanza; perchè, ancorchè si sia visto sgraziato d'ella, nondimeno non ha voluto pigliare altro partito.

Il visconte di Turenne fu menato al forte du Mesnil, e nel castello di quella fortezza gli hanno fatto accomodare qualche camera, nè s'intende ancora che il principe di Parma, o il marchese di Richebourg, abbia risposta di Spagna per il fatto suo. Sono circa dieci dì, che il principe d'Orange, essendosi appressato della città de Lille in Fiandra, e trovato modo di entrare in pratiche con quelli di quella città, col fargli intendere come le cose sono passate a Cambrai, e la conseguenza che se ne poteva tirare di loro poco utile, gli aveva cominciato a fare trillare nel manico; di che avvisato il principe di Parma, si avviò col più di forze che potè raunare per trovare il detto d'Orange; il quale può essere voleva fare d'una pietra due colpi; ma quando fu presso, esso Orange si ritirò, e in un medesimo tempo mandò al principe d'Espinoy, governatore di Tournai, di eseguire l'impresa che aveva sulla terra e badia di Saint-Ghislain, la quale è a due piccole leghe di Mons, come fece; e avendo preso l'abate, monachi, reliquie e denari, si ritirò in Tournai, lasciando nella detta terra piccola dugento fanti. Di che il principe di Parma avvisato, conoscendo che quel nidio col tempo potrebbe avere nutriti cattivi uccelli, subito se ne tornò ad assediarlo; e avendolo trovato sprovveduto per sostenere un grande assedio, con qualche perdita de'suoi nuovi fanti Tedeschi che volevano volare sopra le mura, compose e lasciò uscire quelli che v'erano dentro con armi, cavalli e bagaglie; i quali si ritornorno a Tournai. Qualcuno affezionato servitore del principe di Parma mi dice, ch'egli non ha punto gran dispiacere di quella presa, perchè poco tempo prima, avendo chiesti all'abate e monachi di quella badia qualche denari, avevano rifiutato.

Il re don Antonio sbarcò a Dieppe qualche dì fa; e a' xvi del presente suo conestabile, il signor Filippo Strozzi, Santa-Sulena e altri
delle guardie di Sua Altezza andarono a incontrarlo. Si parla che ha menate qualche navi d'Inghilterra, ma non si dice quante.

M. di Bellièvre è ancora con Sua Altezza, e si aspetta di dì in dì.

26 septembre.

Ai xxiv del presente, cioè domenica passata, il duca di Joyeuse
prese possessione della sposa con grandissime pompe e splendidezza,
tali che i più vecchi dicono non si essere vista per l'addietro cosa simile, mostrando il Re la grandezza dell'animo suo, quanto può e
quanto voglia, per la duchessa di Joyeuse, sua cognata, o per suo marito. Il quale ieri fece suo banchetto al palazzo di Guise; e si tiene che
le dette feste dureranno sino alli x del mese prossimo; e nondimeno
dicono, che non costeranno, ancora compresa la dote, due milioni d'oro,
quel che si sia che altri voglia dire di più; contando cento e venti mila
scudi che Sua Maestà dona al duca di Lorena, cioè in sessanta officii
di segretari, di due mila scudi la pezza. Ma una parte di questi ricchissimi vestiti e apparecchi potranno servire ancora all'entrata, che
Sua Maestà vuol fare in questa città al principio dell'anno prossimo, e
ancora alle nozze di M. de la Valette, il parentado del quale pure si
accordò con l'altra sorella della Regina, cioè di padre, e della sorella
del duca d'Aumale.

Il Re ha fatto arrestare tutte le navi delle coste di qua di più gran
porto che di cento tonnelli, senza dirsi perchè, e il Re Cattolico ne ha
arrestate alcune normande, ma sotto colore dell'Inquisizione, a quel
che mi dice il governatore du Havre-de-Grâce; e alcuni, che sollecitano qui per tal conto, ne hanno ottenute lettere da Loro Maestà, del
duca di Guise ed altri.

Sua Altezza diceva a questi dì, ch'ella aveva avviso, che il Re Cattolico ha deliberato di far ricevere suo primo figliuolo re di Spagna, e
poi venire a finire sua vita a' Paesi Bassi; e che se questo avviene, ella
è resoluta d'impiegare sino all'ultimo quattrino del valsente de' suoi

beni e la vita istessa per fargli la guerra: ma che, se Sua Maestà Cattolica non viene, ella farà la guerra più all'agio, e con le sue entrate, e modi che quelli de'Paesi Bassi gli promettono, cioè di due milioni d'oro l'anno per le spese della guerra, i quali i deputati dei detti Paesi maneggieranno, e dugento mila scudi per suo piatto.

Il signor di Fervacques finalmente fu sferrato della grazia di Sua Altezza, perchè, dopo essere stato sfidato più volte e da diverse persone in pochi dì senza aver voluto venire alle mani, la sua mala fortuna volse, ch'egli aveva supplicato Sua Altezza, che, se il principe di Parma mostrava di volere assaltare Cateau-Cambrésis, ella gli facesse onore di dargliene il carico; pensando, come è a credere, che tal occasione non fusse così vicina che era; perchè quelli di Cambrai, avendo avviso, che il principe di Parma, dopo avere ripreso Saint-Ghislain, disegnava assalire detto castello, avendo per tale effetto meso in campagna dodici cannoni, deliberorno nel loro consiglio di mandare a quelli del detto castello, che facessero buon sembiante di essere resoluti di tenere, ma, se vedevano che fosse da dovero, mettessero fuoco al detto castello e si ritirassino in Francia. E di questa loro deliberazione avvisorno Sua Altezza; la quale la trovò molto cattiva, e deliberata di guardare il detto castello, continuando esso Fervacques sua richiesta, ancorchè fusse ben tardi quando ella ebbe tale avviso, tuttavia fece subito spedire il potere d'esso Fervacques, dette ordine di far marciare seicento fanti con quattro pezzi di campagna, cinque mila libre di polvere, essendone di già nel detto castello dugento fanti Francesi e cinque cento Valloni. Ma la mattina seguente, Sua Altezza, ancorchè meravigliata di vederlo senza stivali, gli disse che tutto suo caso è in ordine. Al che egli cominciò al rimostrare la debolezza del luogo, mancamento di vino e di sale. Onde ella sdegnata gli disse, che vedeva bene che non aveva voglia d'andarvi, ma che vi manderebbe un altro; facendo però spedirne il potere al signor di Rochebrune, che glielo dimandò. E la nobiltà avvertita della risposta di esso Fervacques, a mesura che entrava in camera di Sua Altezza, dicevano in presenza di esso, che era gran pietà che in Cateau-Cambrésis non era vino nè sale. Per il che finalmente, costretto dalla vergogna, dimandò licenza a Sua Altezza di ritirarsi a sua casa; la qual cosa gli fu facilmente accordata; se non che si è detto poi che è andato a mettersi dentro detto castello, come soldato privato.

Da poi xv dì in quà, Sua Maestà ha mandato al marescial di Biron lettere patenti, per le quali lo dichiara scarico della sua amministrazione della luogotenenza generale di Guienna; dove M. de Bellièvre dovrà avviarsi ben tosto, essendo ieri a mattina tornato di Sua Altezza; la quale alcuni dicono non passerà in Fiandra, ma vi manderà il principe Delfino, il quale di già ne ha accordo dal duca di Montpensier, suo padre.

## XVIII.

### ENEA RENIERI À BELISARIO VINTA.

#### Paris, octobre 1581.

SOMMAIRE. — *3 octobre.* Fêtes plus coûteuses que splendides à la cour. *Monsieur* est à Saint-Valery, se dirigeant sur Dieppe. Plaintes et menaces du gouverneur espagnol de l'Artois. Projet d'un mariage espagnol pour *Monsieur.* Rixes entre les pages et les laquais de la cour et les clercs de la basoche. Condé demandé par les Flamands comme lieutenant de *Monsieur.* Bruit de la mort du marquis d'Elbeuf. — *16 octobre.* Les éternelles fêtes. M. d'O éloigné de la cour. Autres changements annoncés ou accomplis. — *31 octobre.* Plaintes de *Monsieur;* ses reproches au Roi. Armements pour l'expédition de Portugal. Don Antonio, ce roi de fantaisie, se fait servir à genoux. Siége de Tournai par le prince de Parme; il est dégoûté de son commandement. *Monsieur* passe en Angleterre pour se rendre ensuite en Flandre, où les États ont souscrit aux conditions qu'il leur a faites.

3 octobre.

Oggi, dopo desinare, la Regina Madre s'è messa a letto, non per altra malattia che di stracchezza, perchè la notte passata se ne andò a letto molto tardi, avendo vegliato molto tardi a causa di certe mascherate, musiche e balletti fatti nella sala del Louvre. Nel che quel che contentò più il Re fu un eccellentissima musica, perchè quanto al resto, Sua Maestà diceva oggi a suo desinare, che gli dispiaceva avere fatte sì grandi spese per cosa riuscita sì male. Si lavora in grandissima diligenza per finire un teatro che il Re fa dietro al Louvre, e a una

grande e bellissima sala che la Regina Madre fa fare a sua casa delle
Ripentite; e nondimeno pare che le cose non possino essere acconcie
ancora di quindici dì. In questo mezzo M. il cardinale di Bourbon farà
una bellissima battaglia sul fiume della Seine innanzi al detto castello
del Louvre, e poi darà a cena al Re e alla compagnia.

Quanto a *Monsignore*, egli era, pochi dì fa, a Saint-Valery, sul fiume
de la Somme, e si dice che passa oltre verso Dieppe; credo più per fare
vivere le genti che ha, ancorchè non siano in gran numero, che per
altro disegno.

Si dice, che il principe di Parma è verso Saint-Omer, e minaccia
Dunkerque; il che non mi pare molto credibile, per esser là le forze
del principe di Orange, e per l'incommodità delle vettovaglie.

Da pochi dì in quà, M. di Crèvecœur scrisse al Re, dando ancora
carico a un suo figliuolo, che è in corte, di parlarne a Sua Maestà, che
il marchese di Richebourg aveva scritto al signor di Santa-Maria, governatore di Doulens, ch'egli non poteva più patire che le genti di
Sua Altezza corressino sul suo governo d'Artois, menando le prede e
prigioni in Francia; e che, se le dette genti di Sua Altezza vi tornavano
ancora, ch'egli sarebbe sforzato a usare di vendetta e rappresaglie
contro i sudditi del Re, suoi vicini. Al che Sua Maestà rispose, che ella
non comanda all'esercito del suo fratello nè altri per ella, e gli dis-
piacciono tali modi e disordini; che volentieri impedirebbe tali inconvenienti; ma che, se il detto signor di Richebourg faceva cosa alcuna
a'danni de'suoi sudditi, Sua Maestà gli farebbe conoscere che ella ha
il modo di averne ragione.

M. di Bellièvre è ancora quì, donde si partirà fra pochi dì verso la
Guienna; donde alcuni vogliono sempre dire che passerà in Spagna;
e pare voglia pensare che Loro Maesta cerchino di tramare qualche
parentado per stabilire la pace, e in questo mezzo che le cose stieno in
sospeso, senza che da una banda nè dall'altra si facci gran guerra; e su
questo vogliono che siano fondati gli ultimi viaggi dell'abate Guadagni verso Sua Altezza, e da poi, pochi dì in quà, verso il principe di
Parma.

Perchè in questi giorni i paggi e lacchè cominciorno a maltrattare
i clerici di palazzo, cioè sustituti degli avvocati e procuratori del
parlamento, essi volsono avere ragione; e trovando qualche paggio a
lor vantaggio, li trattorno molto male; di modo che, cominciando a
mettersi in squadriglie gli uni contro li altri, il Re per ovviare ai disordini che ne potevano venire, sabato passato fece piantare delle forche in più luoghi di questa città, e mandare bando sotto pena della
vita, che nessuno dei detti paggi, lacchè e clerici non portasse spada,
pugnale nè bastone; e fra le altre ne fece piantare una nella corte del
palazzo del parlamento, la quale non fu piuttosto piantata che detti
clerici in gran numero la spiantorno, minacciando le guardie, che volevano impedirli, d'ammazzarle se non si ritiravano, e la trascinorno
al fiume della Seine alla vista del Louvre, mandandola al mare; nondimeno ieri ve ne fu piantata un altra.

L'arresto delle navi per tutti i porti di questi mari francesi continua, di che i padroni di esse non si danno pena per non ci sentire
danno, avendo tocchi denari.

Da poi due dì in quà, si è detto che i Fiamminghi, visto che Sua
Altezza non si risolve di passare verso loro, la pregano di mandarvi
per suo luogotenente il principe di Condé; e di già Sua Altezza e i
Fiamminghi hanno mandato verso lui.

Il marchese d'Elbeuf è stato tenuto publicamente per morto, e ancora adesso molti lo tengono per tale, ancorchè madama d'Aumale, sua
sorella e erede, non ne facci sembiante. Il che si dice fare per comandamento del Re, a fine di non sturbare le feste.

16 octobre.

Loro Maestà sono in questa città continuando le feste delle nozze
del duca di Joyeuse. Giovedì passato, il cardinale di Bourbon fece un
bellissimo festino la sera alla badia di Saint-Germain; e innanzi cena,
a forza d'un canapé lunghissimo o di molti messi insieme, fece montare
sulla Seine molti fantocci, cioè dei marini e pesci, cosa di grande
spesa e di pochissima e poco grata mostra. Ier sera, la Regina fece un

bellissimo balletto alla sala di Bourbon con la rappresentazione degli incanti di Circé. Questa sera, il Re fa un balletto a cavallo, o carrozzelli in un teatro, che ha fatto fare per questo effetto dietro al Louvre, che è di grande spesa e magnificenza; e giovedì prossimo, si combatterà a tutte sorte d'armi; il qual dicesi sarà il termine delle feste per questa fornata; perchè dicesi la Regina Madre aspetterà a far finire una grandissima sala, che aveva molto avanzata, per un festino che doveva fare a altra occasione.

M. d'O se ne andò con tutti i suoi fratelli, dopo avere ancora parlato buono spazio di tempo al Re; è ito a casa sua, e di là irà nel suo governo della Bassa Normandia. Qualche suo affezionato mi ha detto, che il Re gli disse, che lo amava quanto l'abbi mai fatto, ma che come forzato lo allontanava da se. Ella lo ha scarico di tutto quello che ha maneggiato de' denari d'ella, e delle somme delle quali egli si era obligato per ella. Gli ha donati quaranta mila scudi, metà contanti, e il resto buon assegnamento. E pare che esso signor d'O non sarà solo a far piazza a qualche altro; che M. di Chiverny trilli nel manico; che M. di Puygaillard, il quale è ancora verso Saint-Riquier con qualche forze del Re, sia per avere il carico di gran maestro dell'artiglieria, che sin ora ha il signor de la Guiche; che il signor di Liancourt si ritirerà a sua casa, lasciando il carico di primo scudiere senza ricompensa.

Il signor de la Rocheguyon finalmente fece sua pace per mezzo del duca di Lorena; il quale e M. de la Chapelle delli Orsini, alli xiv del presente, lo presentarno al Re, al quale gli fece, e gli fa dipoi buon viso, come ancora i favoriti. E M. di Saint-Luc, maestro della guardaroba di *Monsignore*, e suo gran marescalco, nemico del detto la Rocheguyon, governerà Sua Altezza; la quale si dice che verrà a Mantes, e di là a Alençon. Il principe Delfino è ancora con Sua Altezza.

31 octobre.

*Monsignore* ha rimandato dieci mila scudi e gli erano stati mandati di quà per il secretario Pinart, al quale disse: che il Re lo tratta come straniero, che a lui ha mandati sì pocchi danari con tanta pena:

e con altri ha speso almanco un milione con seicento mila scudi in
spese inutili con persone che non meritano nè meriteranno mai, e che
vuol fare sapere e vedere per lettere a tutto il mondo, che Sua Maestà
è causa della sua impresa, e ora lo abbandona al bisogno. Il governatore di Perona mi ha detto questo dì, che *Monsignore* ha mandato a
Saint-Luc un suo cognato, che per nulla non lasci Brouage; in che
sarà obbedita. Il detto governatore mi ha ancora detto, che per il
suo governo passorno venti cinque mila barili di polvere, che il Re
mandò a *Monsignore* per l'impresa di Cambrai, e che egli ne forni
ancora poi, per comandamento del Re, per l'impresa di Cateau-Cambrésis.

Per l'impresa di Portogallo Sua Maestà dà venti otto pezzi di artiglieria, che hanno servito in Guienna al marescial di Biron ; e questo dì,
lo Strozzi è andato all'arsenale quì per vedere di quello si possa accomodare. Di poi che Walsingham si partì di quì, si disse che il Re con
Inghilterra non va d'accordo; e pare che questo andare di *Monsignore*
sia contro il volere del Re e della Madre, e che se ne teme tuttavia
quì; e Inghilterra pare che tenga meno all'impresa di Portogallo; di
tal modo che sia per rompersi con Spagna, non solo *Monsignore* e la
Madre, ma il Re.

Molti, che hanno visto don Antonio, dicono, che non è uomo di
grande apparenza; mangia solo, e si fa dare a bere a ginocchione;
non essendo re che per fantasia, la signoria vostra pensi quel che
farà.

Si tiene per certissima cosa, che l'impresa di Portogallo sia resoluta, e fanno conto di menare dieci mila fanti Francesi, la metà dei
quali fornisce la Regina Madre a sue spese, e quattro mila Tedeschi.
I capi di dette forze francesi dicesi essere Filippo Strozzi, Lansac, La
Rochefoucault, Sainte-Sulène, Brissac e Combelle.

Il principe di Parma assediò Tournai, ma contro sua opinione, tira-
tovi dalla resoluzione dei deputati della città che erano presso di lui, a
causa delle genti da guerra che n'erano uscite col principe d'Espinoy;
e ne prese tal fastidio, che, il dì medesimo che pose quell'assedio, scrisse

al Re Cattolico, pregandolo di dargli licenza di ritirarsi, non potendo più comportare quelle testaccie; le quali lettere non hanno passato sino in Spagna.

*Monsignore* finalmente, partendo da Saint-Valery, andò a Boulogne, dove, o presso di là, s'imbarcò ai xxiv del presente per Inghilterra con pochissima compagnia, e fra gli altri il principe Delfino, i signori de Laval, conte di Saint-Aignan, Fervacques e Bellegarde.

Dicesi che di là sia per passare in Fiandra, atteso che gli Stati ugonotti mandorno a Sua Altezza, prima che ella partisse di Saint-Valery, cento mila fiorini, e l'accordo di tre articoli ch'ella aveva dimandati loro, cioè : che ella non sia obligata a fare dichiarare il Re contro Spagna; ch'ella starà a' Paesi Bassi quanto la sua comodità potrà portare; e che la religione cattolica sarà ristabilita nelle città e altri luoghi donde è stata levata dapoi qualche anno in quà. E dicesi che a Gand fanno grandissimi apparecchi per ricevere Sua Altezza; le forze della quale sono quasi per il più ritirate.

---

## XIX.

### ENEA RENIERI À BELISARIO VINTA.

Paris, novembre et décembre 1581.

Sommaire. — *7 novembre*. La peste diminue. Les vents ont empêché *Monsieur* de passer en Angleterre. En Flandre, bonnes dispositions de Gand, défiance d'Anvers. — *14 novembre*. *Monsieur* est auprès de la reine d'Angleterre; curieuses réflexions sur le mariage anglais. Le Dauphiné est soumis, l'armée de M. du Maine licenciée. Désordres commis par les débris de l'armée de *Monsieur*. Siége de Tournai; traîtres parmi les assiégés. Le clergé de Flandre, qui tient pour l'Espagne, sollicite le retour de forces étrangères. — *26 novembre*. Nouvelles du mariage de *Monsieur*; le Roi déclare publiquement que son frère est roi d'Angleterre; détails; conséquences probables. Le prince de Condé. M. de Bellièvre. Don Antonio de Portugal. — *4 décembre*. Rien d'officiel encore sur le mariage anglais; présents du Roi et de la Reine mère. Affaires de Flandre. — *28 décembre*. Rien n'est conclu en Angleterre quant au mariage; les États du royaume sont rassemblés. Voyages mystérieux du prince de Condé; inquiétudes. Tournai s'est rendu. Prétendue grossesse de la reine de Navarre. Don Antonio.

7 novembre.

Grazie a Dio, sebbene la peste in questa città non è di tutto spenta, tuttavia non se ne veggono grandi esecuzioni, e si spera che la visita del freddo venuto di già sia per servire di buona medicina.

Quanto a *Monsignore*, bene s'imbarcò per Inghilterra, quindici dì fa; ma per contrario vento fu forzato a tornare indietro.

S'era tenuto per certo che gli Stati de' Paesi Bassi avevano accordato a Sua Altezza tre articoli.

Tuttavia per lettere di Anvers dei xxviii del passato si è inteso, che in quella città era stato proposto di mettere in apparato una chiesa per Sua Altezza; al che alcuni capitani di quella città si erano opposti, dicendo che, se ella voleva udire messa, la farebbe dire dentro sua casa; e pare che sieno resoluti di non lasciarlo entrare con grandi forze. Ma quanto a Gand, mostrano più gran desiderio di vederla, ed hanno fatto grandi apparecchi per riceverla.

14 novembre.

M. di Chanvallon, il quale agli otto del presente portò nuove, che *Monsignore*, dopo molta burrasca, prese il lito d'Inghilterra, portò ancor lettere di lui al Re e alla Regina Madre, stategli mandate a Londres da Sua Altezza; il quale era a un castello della regina d'Inghilterra a sette o otto leghe di Londres, dove Sua Altezza era ita a trovare quella regina con due camerieri soli, essendo il resto di sua compagnia a Londres. Questa gran sicurtà e dimestichezza è trovata da molti molto strana. Altri, che misurano il nono cielo a un dito presso, conchiudono che il detto parentado non è credibile per alcuna ragione; e, fra le altre cose, allegano che la grande differenza dell'età, *quantum ad fœminam* di già senile *usque ad sterilitatem*, leva la speranza de' figliuoli; ella sa che *fama volavit*, e che Sua Altezza lo sa o deve sapere; e sa, che il Re non avendo figliuoli, se venisse a morire, Sua Altezza la lascierebbe dormir sola, se di già la femina non volesse seguire il maschio in Francia. Che se ciò avvenisse, per una radunanza degli Stati di questo regno, Sua Altezza arebbe dispensa di repudiarla, per pigliarne un'altra *causa prolis*. Se dal canto d'ella ci si trovano delle difficoltà, non ne mancano dal canto di Sua Altezza; alle quali mettono un sol punto in

testa, che è, che Sua Altezza ha per le mani grandi imprese, poco
modo del suo, e poco favore ed ajuto dal Re, e poca speranza di meglio; e che perciò passerà oltre al detto parentado, *non obstantibus quibuscumque*, per la speranza di averne grandi ajuti, massime di denari. E se
il detto parentado ha effetto, ce ne saranno molti ingannati, se prima
che siano sei mesi Sua Altezza non dimanda Calais e la Guienna. Si
dice, che la regina d'Inghilterra ha publicata la radunanza del pàrla-
mento del suo regno per il fatto del detto parentado; e nondimeno
questo dì il presidente Combelle e il signor di Fontpertuis, che sono a
Sua Altezza, dicevano che per le prime nuove che verranno di là,
s'intenderà il compimento o rompimento di detto parentado.

Delle nuove di Guienna non si dice altro, se non che il marescial di
Matignon e Bellièvre erano iti a trovare il re di Navarra a Nérac.

Il duca de Maine cassò il suo esercito lassando solamente due compagnie di fanti per ciascuno de' vecchi reggimenti, senza dar paga alli
capitani e soldati cassi; il che, a quel che dice il signor d'Oraison, ha
molto scemata l'affezione che i soldati portavano al detto duca; nè
quei popoli l'amano come facevano, per conto delle citadelle che fa
fare a Grenoble, Valence e Romans.

Le genti di guerra di *Monsignore* sono ancora alla badia di Dammartin; la quale, cioè la chiesa, hanno scoperta, perchè era coperta di
piombo, e scorrono e predano sino alle porte di Hesdin e d'Arras, sapendo che tutte le forze dei nemici sono all'assedio di Tournai, senza
che i sudditi del Re Cattolico ardiscano vendicarsene con i Francesi;
e la camera di Artois proibì, sotto pena della vita, di fare atto alcuno
di guerra contro i Francesi.

Un messagero d'Anvers porta, che dentro Tournai avevano fatta
tagliar la testa a un canonico, per trattato che aveva coi nemici, e che
a tutti i preti e altri che hanno conosciuti male affezionati alla parte,
hanno levate le armi, e li fanno stranamente lavorare alle fortificazioni.

Il clero dei paesi, che tengono per il re di Spagna, si raunorno ultimamente a Arras, dove conchiusero di richiamare le forze forestiere

per loro conservazione; e il marchese di Richebourg, incontrando un
abate che veniva da quella raunanza, che gli confermò la detta resoluzione della quale egli aveva udito parlare, gli disse : « Voi altri
« l'avete resoluto; ma noi vedremo quel che sarà da fare. » Il detto
marchese non è più in sì gran conto presso i suoi, che è stato fino
adesso.

26 novembre.

Loro Maestà hanno avute nuove questa mattina, che Sua Altezza sia
cambiata in *Maestà*, avendo sposata la regina; la quale ai xxii del
presente ebbe l'anello in presenza di tutto il suo consiglio e molta
altra gente; e pare a credere, che l'esecuzione del matrimonio sia seguita con sì poche cerimonie che il resto. Il Re, avendo lette le lettere
che portano queste nuove, ha detto ad alta voce, ch'egli è il re di Francia e suo fratello re d'Inghilterra; il che è una cattiva spina alle
gambe del re di Spagna. Se ne fanno diversi giudicii pensati e proposti prima, e la più gran parte con tristi auguri; parendo di già che
esso nuovo re sia sul dimandare Calais, e la Normandia, Brettagna, o
Guienna; e che bisogna pensare che ben presto si dichiarerà la guerra
al Re Cattolico, o si sia per rientrare nelle guerre civili. E nell'uno e
nell'altro genere non mancano grandissimi impacci; e pare che, in
conseguenza della religione cattolica, la conservazione della quale
non piglia poco peso dagli affari del re di Spagna, che molti cattolici,
e per la religione e a causa della parte, siano per amar meglio l'ultimo che il primo.

All'arrivo di *Monsignore* alla regina d'Inghilterra, ella gli disse,
che era il ben venuto, e che aveva caro di avere un tal pegno per
farsi pagare quattro cento mila scudi, che il Re gli deve con li interessi di molti anni; ma poi, desinando insieme, bevesse a Sua Altezza,
e gli disse, che gli donava i detti quattro cento mila scudi e interessi, e
che se ne facesse ben pagare; il che è un buon seme di concordia *inter
fratres*. Nondimeno, avendo Sua Altezza, dapoi che è in Inghilterra,
scritto agli abitanti di Abbeville, che avessero a trovare casa comoda

per il suo consiglio, e alloggiamento per dugento gentiluomini, il governatore di detta città e certi di detti abitanti ne parlorno al Re, il quale in somma disse loro, al contrario dei comandamenti stati fatti loro prima da Sua Maestà, che voleva che Sua Altezza e i suoi fussero ricevuti, e che loro la riconoscessero per il fratello del loro Re.

Alcuni tengono, che il principe di Condé abbi di già fatto vela dalla Rochella in Inghilterra, per di là andare a' Paesi Bassi luogotenente di Sua Altezza; il che è sempre più dar gelosia alli cattolici; e, se è vero che M. di Bellièvre sia passato in Spagna, alcuni dubitano che *revocare gradum* sarà difficile.

Don Antonio di Portogallo doveva partire alli xvii del presente; per e con don Antonio anderanno : Filippo Strozzi, Sainte-Sulène, La Rochefoucauld, Clermont-d'Amboise, Combelle e Dufresne, fratello di M. d'O.

4 décembre.

Si fanno alla chiesa di Saint-Augustin i preparativi per tenere l'ordine dello Spirito Santo il primo dell'anno.

Alcuni stimano, che la venuta del marescial di Biron in questa corte non sia solamente a causa del detto ordine; ma che, se le cose s'ingarbugliano, egli sia per comandare in Piccardia.

Alli xxvi del passato il Re publicò, che *Monsignore*, suo fratello, era re d'Inghilterra, essendo il matrimonio fra lui e quella regina sì innanzi, che di già ai xxii di detto s'erano dato scambievolmente l'anello in presenza di molta nobiltà; verso la quale la detta regina aveva usati preghi e comandamenti di onorare Sua Altezza come suo marito. E, perchè alcuni, che fanno professione di conoscere il modo di vivere di quel regno, dicono, che ancora innanzi il cambiamento della religione, la più solenne e apparente cerimonia *in similibus* è il detto dare l'anello; e atteso che, a causa della differenza delle religioni delle parti contraenti, quanto manco di cerimonie, tanto manco di difficoltà di accordarne : alcuni pensavano che di già avessero passato oltre, *nonobstantibus quibuscumque*. Le nuove dell'anello dato furno .

portate a Loro Maestà il detto dì xxvi da un Pietro Landi, Fiorentino, mandato da un certo de'Capponi che sta in Inghilterra; e, perchè il detto Landi aveva passato il mare a dispetto del vento molto contrario che continuò ancora qualche dì dipoi, si stimava, *id est publice*, che ciò fusse causa, che, nè dalle Maestà d'Inghilterra, nè dall'ambasciatore Francese Mauvissière o altri, non ce ne fussero lettere confirmative; sino che, al primo del presente, venne un corriero di Londres con nuove e più lettere, che confermano il seguito del xxii. Ma di lettere di quelle Maestà di là, nè del detto Mauvissière, *verbum nullum.*

In questo mezzo, a quel che mi ha detto un cameriere della Regina Madre, ella fa fare con diligenza un braccialetto, alla maniera d'un anello astronomico, per portare al braccio fra il gomito e la spalla, con molti diamanti e gioie, che costerà almanco trenta mila scudi, per Inghilterra. E di cento mila scudi, che il Re accorda a Sua Altezza, o Maestà Inglese, ne sono partiti questo dì dieciotto mila contanti, con polizze di cambio di trenta due a'mercanti di Londres, che fanno cinquanta mila, e gli altri cinquanta mila debbono essergli pagati al fine di questo mese; e alcuni dicono che ne averà bene degli altri; e Dio voglia che si contenti!

Ai xxiv del passato, fu dato un assalto generale a Tournai con poco felice successo. Si dice, che uno de'Bandini, Fiorentino, ha convenuto col principe di Parma di fargli tenere quattro cento mila scudi d'oro; e, se l'impresa di Tournai riesce male, il Re Cattolico può bene far conto, che ve ne metterà ancora qualche numero di milioni, prima che ne cavi il primo soldo.

Le forze di Sua Altezza, che s'era detto ch'erano passate a Dunkerque per terra presso di Gravelines, fecero *halte*, a causa delle forze che trovorno in testa sotto il carico del marchese di Richebourg; e dipoi avere rovinato il paese all'intorno di Calais, la fanteria passò per mare, essendosi una parte imbarcata al porto di Calais e l'altra parte a una spiaggia tra Calais e Gravelines; quanto alla cavalleria, s'è ritirata nel paese all'intorno di Boulogne, aspettando migliore comodità di passare in Fiandra.

*Monsignore*, fratello del Re, è ançora in Inghilterra; donde sono venute più nuove da poco in quà, che hanno molto raffreddata l'opinione e voce del matrimonio. Gli Stati si raunorno, e dovevano cominciare a negoziare alli vii del presente, senza che si sappi cosa alcuna
del seguito; la quale raunanza pare a alcuno, che con ragione debba
essere sospetta di partorire qualche effetto poco proprio per la quiete
di questo regno, e che i detti Stati siano per fare a Sua Altezza qualche dimanda, che la regina d'Inghilterra non vorrà fare *per se ipsam*.
Tuttavia altri dicono, che, *sicut in principio*, non bisogna pensare che
*agatur de matrimonio*, ma di lega *contra Hispaniam*, la quale *non obstantibus quibuscumque* è conclusa; e che di già, oltre le levate che si cominciano per questo regno dal principe di Condé e altri, tanto di fanteria
che di cavalleria, Sua Altezza ha dato ordine di levare tre mila raitri
e quattro mila Svizzeri. Il Re non è della lega, e tuttavia, senza ordine di Sua Maestà, alcuni pratici dicono, che la levata de' detti Svizzeri non si può fare, che contravenendo alle convenzioni; e però conchiudono, o che quella levata non si farà, o che ci interverrà l'autorità
di Sua Maestà. Ma sia che le dette levate si faccino o no, *quid hæc* per
finire la guerra de' Paesi Bassi, dove per l'una e l'altra parte bisognano
altro che canzoni? Nè mancano di quelli che dicono, che le dette levate
domestiche e forestiere *aliò tendunt*, e che il principe di Condé è stato
in Bretagna, Normandia, al borgo di Saint-Germain di questa città,
di quì in Piccardia, e di là a Sedan, senza dirsi il fine nè dell'intenzione di suo viaggio; e che vi sono genti di Sua Altezza, che vanno in
volta per negozii poco piacevoli e poco pacifici *inter fratres*.

Tournai si rese non per forza o necessità, ma per le intelligenze
degli abitanti della detta città che erano al campo, con quelli di dentro; che hanno accordato di ricevere certa guarnigione, non avere altro esercizio di religione che della cattolica, e di pagare dugento mila
fiorini per ovviare al sacco.

La regina di Navarra doveva essere quì a questo anno nuovo; ma la grossezza sorvenuta, *ut aiunt*, pare che sia per ritardare sua venuta; e, se ella è vera, potrebbe scemare l'opinione di molti per il parentado fra il duca di Savoia e la prinçipessa di Navarra.

Don Antonio è a Tours, aspettando il tempo commodo per andare a godere il suo regno di Portogallo; ma in questo mezzo un Sernigi, Fiorentino, andrà innanzi a la Terceira, per esservi luogotenente del detto don Antonio; cosa che mostra che esso don Antonio ha buon giudizio, di accompagnarsi e servirsi di uomini che corrono medesima fortuna che lui.

----

## XX.

### ENEA RENIERI À BELISARIO VINTA.

Paris, janvier et février 1582.

#### ANALYSE.

(1er janvier.) Le gouverneur de Calais a demandé à la Reine mère, s'il est possible que *Monsieur* épouse la reine d'Angleterre. Elle a répondu qu'elle ne le peut pas croire : *Con viso di non volerlo. E si dice che dimandi Calais, che non lo arà.*

Le maréchal de Biron a été bien accueilli. Le Roi lui a fait don de cent mille francs et de l'abbaye de Clérac, qui est d'un revenu de quatre à cinq mille écus.

La chambre constituée pour l'exécution de l'édit de la paix s'est avancée jusqu'à Poitiers, où elle s'est arrêtée, à cause des troubles du Poitou. Elle demande au Roi une escorte avant de passer outre.

(15 janvier.) Les ambassadeurs Suisses sont attendus. Le Roi Catholique leur a, dit-on, offert, s'ils quittaient l'alliance française pour la sienne, de leur payer tout ce qui leur est dû, et de leur assigner des pensions plus fortes. Le Roi se met en mesure de leur payer quatre cent mille écus comptant.

On n'est pas sans appréhension en Provence; on songe à fortifier Toulon et quelques autres places.

Le maréchal de Cossé est mort le 7 à son château de Gonnor : son bâton de maréchal a été donné à M. de Joyeuse; sa charge de pannetier à son neveu, le comte de Brissac; son gouvernement d'Orléans à M. de Chiverny.

M. d'Ainsi, ancien gouverneur de Cambrai, a été tué entre cette ville et le Cateau, d'un coup d'arquebuse.

Le Roi s'occupe de remettre de l'ordre dans ses finances : *Il Re ha stabiliti bellissimi editti per il maneggio delle sue finanze ; ma alcuni dubitano che le dimande di questi ambasciatori Svizzeri non siano causa di rompere il corso di questa sua tanto santa resoluzione.*

(29 janvier.) La Reine régnante est partie pour Chartres en pèlerinage avec la duchesse de Joyeuse, sa sœur, sa belle-sœur, la duchesse de Mercœur, mesdames de Guise, du Bouchage, de Carnavalet et le prédicateur Rose. Tout ce monde est parti à pied : *ma il cambiamento del tempo sarà causa di fare finire il viaggio d'altra maniera, a causa dei grandi fanghi.*

Les envoyés suisses se sont retirés contents. MM. de Mandelot, gouverneur de Lyon, de Hautefort, premier président de Grenoble, et de Sancy, ambassadeur ordinaire du Roi en ce pays, confirmeront les conventions et renouvelleront la ligue : *E pare che questo sia l'anno delle dimande de' debiti* : Venise réclame trente-six mille écus, le grand-duc de Toscane autant.

M. Henri de Mesmes, seigneur de Roissy, un des vieux conseillers du Roi, chancelier de la Reine régnante, et qui aspirait même à la charge de grand chancelier, est tombé en disgrâce. Il était l'auteur de beaucoup d'impôts et de mesures vexatoires, qui avaient excité le mécontentement public. Le Roi, pour lui signifier son congé, *lo cacciò e con grandissimo disonore, dandogli un calcio al culo, e dicendogli che è il più tristo uomo del suo regno, e il più scelerato del mondo ; e che, se gli capitava più innanzi, lo farebbe impiccare. Il che ha raffreddato il corso delle invenzioni* SANCTÆ CRUCIS [1] ; *oltre la dichiarazione fatta da Sua Maestà* de crimine læsæ majestatis *con tutti quelli de' suoi sudditi che se ne impaccieranno.*

Le Roi voudrait vendre un million de francs de revenus des biens d'Église ; ce qui, au prix ordinaire de quatre pour cent, produirait une somme de huit millions et tant de mille écus.

Le prince d'Orange a reproché aux États de Flandre leur défaut d'énergie, qui leur a fait perdre Tournai. Un complot a failli faire tomber Bruxelles au pouvoir des Espagnols.

L'infanterie de *Monsieur*, en Flandre, est fort affaiblie et en mauvais état. Elle a été reçue à Bruges : *e quasi tutti loggiati agli spedali.*

Msr de Malaspina, nonce du pape, est mort d'une esquinancie.

(12 février.) Le bruit court qu'on a découvert une conspiration ayant pour but de faire ouvrir les portes de Bayonne au roi d'Espagne.

M. de Landereau s'embarque avec deux mille hommes pour les Açores. La Reine mère a été obligée de se fâcher pour obtenir du trésorier cent mille écus.

---

[1] On appelait ainsi toutes les nouvelles inventions mises en avant pour faire de l'argent.

Le peuple de Cambrai murmure contre les Français de la garnison, qui se montrent insolents et avides : *E senza la citadella, di già arebbe corso pericolo di cambiamento di signore.*

La province d'Artois accorde deux cent mille écus au prince de Parme pour continuer la guerre.

Le capitaine suisse Studder est envoyé par *Monsieur* dans les cantons pour y faire, s'il se peut, une levée de dix mille hommes.

La reine d'Angleterre accompagne le prince jusqu'à Douvres : *con grandissime dimostrazioni di amore verso di lui, o di moglie o di* plus quam honestam decet, *e promesse di aiuti.*

Les *Églises* des huguenots de la Guyenne s'engagent à fournir au prince de Condé quatre mille hommes; les gentilshommes, ses amis, lui promettent douze cents chevaux, et M. de Châtillon fait pour lui des levées dans le Languedoc.

On vend à la foire Saint-Germain une estampe : *Siede nel mezzo una bella donna, con città e terre per corona, e sopra v'è scritto :* BELGIA. *Da un canto di essa vi è Monsignore, e dopo lui il principe Delfino con certi battaglioni di soldati, che lo seguitano; e dall' altro canto è il re di Spagna, che tiene in mano una trappola che acconcia per pigliare i topi, accompagnata dal cardinal Granvelle e altri genti di chiesa, e sopra vi è scritto :* PAX COLONIENSIS.

M. du Maine est attendu à Paris, où se trouvent déjà tous les autres seigneurs de la maison de Guise.

(26 février.) Le bruit court que le Pape a envoyé deux seigneurs italiens, avec mission de remettre le comtat d'Avignon au roi d'Espagne, en échange de quelque partie du royaume de Naples; ce qui pourrait engager le Roi à rompre avec le Roi Catholique : *del che tal atto non gli darebbe che troppa occasione.*

On parle aussi de la conversion du roi de Navarre : *Il che dagli pacifici e non interessati in magnis si desidera, come necessario alla salute di sua anima, e spianare il cammino alla sua grandezza* in omnem casum; *al quale, non essendo cattolico, troverebbe intoppi tali, che gli bisognerebbe una buona spada, e con* ruina multorum. *Nè hanno mancato chi hanno detto che il Re lo farà suo luogotenente generale.* Le premier fait est douteux; le second semble impossible : *perchè non può piacere a quelli che possono molto presso al Re, e che* ut plurimum non curant publica mala, *pure che essi abbino particularia bona.*

## XXI.

### ENEA RENIERI À BELISARIO VINTA.

Blois, avril et mai 1582.

#### ANALYSE.

(9 avril.) Le roi de Navarre a refusé d'avoir une entrevue avec la Reine mère dans le château de M. de Lansac : *Per essere sì poco amico del detto Lansac, che in sua presenza disse un' altra volta alla Regina : Che si maravigliava come lo tenesse presso del Re, dovendo ella essere pure sicura che egli è pensionario del re di Spagna.* L'entrevue a eu lieu à *Saint-Maixent*, d'où la Reine mère et la reine de Navarre sont revenues à Chenonceaux, tandis que le roi de Navarre s'est rendu à la Rochelle, où l'attendait le prince de Condé, qui se dispose à se mettre au service de *Monsieur.* Quel était le motif de cette entrevue? Peut-être d'engager le roi de Navarre à attaquer l'Espagne de son côté : *Benchè non ha bisogno di speroni* in similibus, *tuttavia desidera che il Re meni il ballo.*

Le prince d'Orange a eu les joues traversées par une balle; il est incroyable qu'il n'ait pas été tué; il a fallu à deux reprises, dans l'espace de quelques heures, lui tirer beaucoup de sang [1]. L'irritation du peuple d'Anvers a d'abord été grande contre *Monsieur* et les Français; mais on est revenu à des sentiments plus justes, et les États paraissent résolus à pousser la guerre avec activité. *Monsieur* a fait des réductions sur l'état de sa maison : *che è un principio di accomodarsi alla masserizia Orangista.* Le prince Dauphin est venu rendre compte au Roi du progrès des affaires de *Monsieur*, et a paru satisfait de son audience; il est allé rejoindre le duc de Montpensier, son père.

(23 avril.) *Monsieur*, proclamé duc de Brabant et comte de Flandre, attend la guérison du prince d'Orange pour faire son entrée à Gand : *Sua Altezza ha giurato sui Santi Vangeli di guardare i loro privilegi.* On lui accorde pour son entretien cinq cent mille florins par an, et pour les frais de la guerre, selon les uns, deux millions de florins par an, selon d'autres, quatre cent mille florins par mois.

*Monsieur* demande au Roi, ou un secours d'argent, ou l'autorisation d'engager son apanage; il s'entoure d'hommes du pays; il est assidu aux conseils, et se montre fort modéré. Toutefois, depuis l'assassinat du prince d'Orange, les prêtres qu'il avait établis à Notre-Dame et à Saint-Jacques ont été chassés.

---

[1] L'assassin était le Biscayen Jaureguy, qui fut tué sur place. Le jésuite Timmerman, reconnu complice, fut exécuté publiquement.

M. de Biron semble désigné pour commander en Picardie; il offrirait volontiers ses services à *Monsieur*. M. de la Rochefoucauld passe en Flandre bien accompagné, à l'instigation des deux reines. La blessure du prince d'Orange est guérie, mais il est fort amaigri.

(8 mai.) Quelques troupes levées en Picardie, par ordre de *Monsieur*, ont été dispersées par exprès commandement du Roi : *che parebbe pronosticare qualche garbuglio* inter fratres. Mais *Monsieur* a d'autres affaires sur les bras.

Le Roi et la Reine sont à Fontainebleau pour une diète (*piccola dieta*) d'un mois.

Le roi de Navarre est en Béarn, après avoir visité ses amis de Saintonge, indisposés contre Condé.

---

## XXII.

### ENEA RENIERI ET GIULIO BUSINI À BELISARIO VINTA.

Paris, juin et juillet 1582.

#### ANALYSE.

(Busini, 4 juin.) Le Florentin Raffaello Martelli, et Sébastiano Rametti, de Turin, ont pris la ferme des sels pour neuf ans, au prix d'un million cent mille écus par an. Ils ont donné, pour l'avoir, au Roi deux cent quarante mille écus, payables en deux mois. Ils doivent payer à leurs prédécesseurs deux cent mille écus de déboursés et soixante mille pour le rabais que le Roi leur a accordé. Les associés (*li compagni*) de Martelli sont madame del Bene et Mario Bandini; ceux de Rametti sont Girolamo Gondi, et sous son nom le cardinal Birague et Milon (?) (peut-être Miron). Martelli a eu ce court entretien avec la Reine mère :

« Pourquoi faire veux-tu aller à Florence? » — « Madame, je ne veux pas faire « comme tant d'autres, qui prennent ici pour porter là-bas. Je vais prendre là-bas « pour porter ici. » — « C'est fort bien fait. » *L'opinione è che abbino a guadagnare molto.*

L'assemblée générale des huguenots, tenue à Saint-Jean-d'Angely, a nommé pour chef et protecteur le roi de Navarre, en lui assignant un revenu annuel, et en désignant, comme ses conseillers, quatre ministres dont il est tenu de prendre l'avis : *Alla moglie ha scritto, tornarsi più comodo far questo che altra resoluzione.*

M. de la Valette, dans son gouvernement de Saluces, a fait publier que chacun pouvait venir vivre là selon sa conscience, à la condition d'être bon et fidèle sujet du Roi. Le nonce a protesté.

Le Roi a fini sa diète; il est à Saint-Germain; la Reine à Monceaux ou à Villers-Cotterets. La flotte de Strozzi est dans la Gironde; celle de Brissac à Belle-Ile. Don Antonio sera sans doute de l'expédition.

Le duc du Maine et le duc d'Épernon échangent quelques paroles assez vives : *nate sopra il volere portare una mattina la camicia a Sua Maestà.*

Le maréchal de Biron n'obtient pas du Roi la permission d'aller joindre *Monsieur* : *È malissimo satisfatto, indebitato fino agli occhi, spendendo più di quello non ha.*

(Busini, 19 juin.) Le maréchal de Matignon, sur l'ordre du Roi, se fait remettre la place de Blaye par le jeune Lansac, qui en était gouverneur.

Le duc de Joyeuse prête serment comme amiral.

La reine de Navarre a reçu du Roi, son frère, deux cent mille écus; elle déclare qu'elle ne veut plus demeurer avec son mari : *mentre è ugonotto.* Elle chasse publiquement une de ses demoiselles : *raccomandatale dal marito, che segretamente ha auto da lei un figlio.*

(Busini, 1er juillet.) Le duc de Savoie s'apprête à attaquer Genève, qui est dans l'alliance du Roi. On suppose que le duc agit de concert avec le Saint-Siége et l'Espagne.

MM. de Fervacques et de Laval font des levées en Normandie et en Touraine, pour les conduire à *Monsieur.*

M. de Montmorency, en Languedoc, M. de la Valette, à Saluces, s'appuient sur les huguenots.

En Angleterre, le conseil privé n'est occupé que de faire tomber entre ses mains tous ceux qui viennent de Rome ou du collége de Reims : *E, per le catture fanno ogni dì, si vede che questa Maestà ha intelligenze grandissime, che è gran pietà!*

(Renieri, 3 juillet.) M. de Crèvecœur a reçu du Roi cet ordre secret : *di tener mano che le forze di Monsignore* non egeant, *però insciis vicinis quanto può.*

Le Roi doit réunir d'ici à peu de jours les grands du royaume pour traiter d'affaires importantes : *dicono che saranno degli affari de' Paesi Bassi, di Ginevra* et de inventione Sanctæ Crucis [1].

*Monsieur* appelle avec instance le maréchal de Biron; il se dispose à délivrer Oudenarde, aux risques d'une bataille.

Le duc d'Épernon est, dit-on, favorable à *Monsieur.*

(Renieri, 15 juillet.) Les réformes que médite le Roi émanent sans doute d'un bon cœur (*procedono del buon cuore*); mais on a coutume de recourir à de tels moyens quand on redoute une crise; or les Guise *sono molto male contenti e sospetti; e può essere che questo è fatto per torre loro il seguito in ogni caso.*

[1] On sait qu'il faut entendre par là toutes les inventions plus ou moins ingénieuses pour faire de l'argent, pour *battre monnaie.*

Le Roi part en pèlerinage pour Notre-Dame-de-Liesse.

(Busini, 30 juillet.) L'assemblée des *Églises* des huguenots s'est réunie à la Rochelle, pour y traiter de l'affaire de Genève, et pour donner une somme d'argent au roi de Navarre.

Le Roi, de son côté, offre au roi de Navarre deux cent mille écus, s'il consent à céder le gouvernement de Guyenne à M. d'Épernon : *Ha risposto volerlo fare, sempre vogli pagare li suoi debiti, che sono circa un milione di franchi.* Le Roi y consentira peut-être. Il sollicite en même temps M. de Montmorency de céder, en échange de grands avantages, le gouvernement du Languedoc à M. de Joyeuse. S'il échoue près de Montmorency, il donnerait à Joyeuse le gouvernement de Provence : *Per travagliare a ridurre Montmorency in necessità, la quale cosa sarà facile, avendo Épernon il governo di Guienna.* On donnerait à M. de Montpensier le duché de Châtellerault, pour le décider à céder au duc de Mercœur son gouvernement de Bretagne, et l'on dédommagerait la veúve de François de Montmorency, en lui donnant, en échange de Châtellerault, Angoulême, qui rapporte cinq à six mille francs de plus. Enfin on donnerait le gouvernement de Normandie au maréchal de Joyeuse, en indemnisant MM. d'O et de la Meilleraie.

Le Roi exige du clergé un décime extraordinaire montant à cinq cent mille écus, et destiné à s'acquitter envers les Suisses.

On a publié un édit très-sévère contre les duels : *Si dice ancora che il Re farà fare il medesimo, perchè non si giuochi più alla fede, seguendo ogni dì inconvenienti grandissimi.*

L'ambassadeur d'Espagne a fait au Roi de vives remontrances, touchant le concours secret qu'il prête à *Monsieur* dans les affaires de Flandre.

Le Roi a donné l'évêché de Bayeux à madame de Conti, et une abbaye à madame de Villeroy; le nonce s'en est plaint au Roi : *che subito ha trovato ripiego d'averle date a persone idonee, bene a richiesta di queste due donne.*

La cour est à Fontainebleau; la Reine régnante est souffrante[1].

---

[1] Busini ajoute cette note en chiffres : «Odo. e mi è certificato da persona che lo può sapere, che ha il mal francese, cosi che si è scoperto da un mese in quà anche a madama di Carnavalet. »

## XXIII.

### GIULIO BUSINI À BELISARIO VINTA.

Paris, 4 août-11 septembre 1582.

#### ANALYSE.

(4 août.) M. de Bellièvre et le secrétaire Brulard sont partis pour la Flandre. S'agit-il d'un arrangement à ménager avec l'Espagne? On ne sait. En attendant, le Roi fait donner des vivres aux quatre mille Suisses enrôlés par *Monsieur*.

(13 août.) Les envoyés du Roi en Flandre ont à s'occuper de l'affaire de Salcède (né en France d'un père Espagnol et d'une mère Bretonne noble), que *Monsieur* a fait jeter en prison à Anvers, comme émissaire du prince de Parme[1]. Salcède est accusé d'être venu (en compagnie d'un Italien, qui a été arrêté et s'est suicidé dans sa prison) avec le dessein d'assassiner *Monsieur*. Avant de mourir, cet Italien aurait fait de terribles révélations. A la fin de juillet, le Roi et la Reine mère ont été informés par un gentilhomme du prince. Ce gentilhomme était en outre porteur de copies de diverses lettres, écrites à *Monsieur* par un grand nombre de seigneurs qui n'ont pas été nommés : *Per le quali lettere le danno conto del male animo che hanno più provincie per li aggravi che sono loro messi, e consumati sì malamente. Altre dicono che Joyeuse e Épernon hanno avuto da due anni in quà tre milioni d'oro, tassandoli assai; e che, per quietare il popolo, il Re fa le dimostrazioni coi preti, e molte altre cose, dì che Sua Maestà è in collera grandissima su questo proposito.*

Beauvais vient de se soulever contre les collecteurs des nouveaux impôts. La répression a été à peu près nulle, et les impôts allégés.

Le Roi a congédié la cour pour six semaines, laissant l'autorité à la Reine mère; il est parti pour Dolinville et de là pour Notre-Dame-du-Puy, d'où il se rendra à Lyon. Selon les uns, Sa Majesté veut laisser sa mère plus libre d'agir en faveur de *Monsieur*; d'autres ont remarqué qu'il a mandé à Lyon M. de la Valette, gouverneur de Saluces, et que d'Épernon, sous prétexte de prendre les bains de Lucques, se prépare à passer en Italie[2].

(28 août.) La flotte de Strozzi et de Brissac a été battue par la flotte espagnole.

*Monsieur* a fait son entrée solennelle à Gand, en présence de MM. de Bellièvre et Brulard, qui doivent ramener avec eux le prisonnier Salcède.

[1] Voyez, sur l'affaire Salcède, Cimber et Danjou, *Archives curieuses de l'histoire de France*, 1ʳᵉ série, t. X, p. 139-171.

[2] Busini parle assez longuement dans cette lettre et dans la suivante du conflit des cordeliers de Paris et du général de l'ordre, et de l'intervention du parlement dans cette affaire.

On dit que *Monsieur* a vendu à la couronne ses apanages pour un million huit cent mille écus, à payer en deux ans : *Che si può credere sia cosa fatta a posta per levare la considerazione agli Spagnuoli; li quali temono di rottura, perchè dieci compagnie di gente d'arme di Sua Maestà si sono allargate da per tutta la frontiera di Piccardia; e la notte alla sfilata vanno a'passi in busca di quelli che portano li viveri in Fiandra alle terre del principe di Parma, dando voce di essere cavalli di Anjou; il cui effetto è cagione di fare penuria al campo spagnuolo.*

(11 septembre.) Salcède est enfermé à Vincennes; il a d'abord déclaré qu'il ne voulait rien dire qu'au Roi lui-même; mais le lendemain, à la vue des instruments de torture, il a confessé que la déposition qu'il avait faite en Flandre lui avait été inspirée par Charretier [1]. Il a dénoncé en outre MM. de Pruneaux et de la Vergne, favoris du prince. En un mot, il s'est démenti. Son interrogatoire a duré quatre heures, en présence de la Reine mère, des cardinaux de Bourbon et de Birague, de Chiverny, du premier président de Thou, de Bellièvre et de Brulard.

*Monsieur* est de retour à Anvers; ses troupes ont éprouvé un léger échec près de Gand.

MM. le prince Dauphin, de Laval, de Saint-Aignan, de la Rochefoucauld partent pour la Flandre.

Le maréchal de Biron est à toute heure avec la Reine mère; il affecte de se plaindre du Roi; il ira sans doute rejoindre *Monsieur*. Ce qui manque, c'est l'argent. On sollicite très-secrètement un prêt considérable du duc de Ferrare.

Le Roi a envoyé dans chaque province un membre de son conseil et un maître des requêtes, pour faire une enquête sur l'état et les besoins du pays.

Sa Majesté exige absolument que M. de Montpensier cède le gouvernement de Bretagne à M. de Mercœur. D'Épernon a été délégué pour terminer cette affaire.

---

[1] Charretier avait été secrétaire de M. Damville et de M. de Bellegarde, avant de passer au service de *Monsieur*. C'était un homme peu considéré. Busini atteste qu'il est l'auteur de toutes les intrigues qui ont agité le marquisat de Saluces, et il ajoute qu'il a un grand crédit sur *Monsieur* : *che è oggi appresso a Sua Altezza in grandissima alturità.*

## XXIV.

### ENEA RENIERI À BELISARIO VINTA.

(*Arch. Med.* Legazioni di Francia, filza 22.)

Paris, septembre-décembre 1582.

Sommaire. — *12 septembre.* Affaire Salcède; grandes précautions pour l'amener. Déclarations de l'accusé; ses rétractations; qu'en penser?— *25 septembre.* Continuation du même sujet. — *4 novembre.* Supplice de Salcède; son crime semble avéré; a-t-il eu des complices? — *27 décembre.* Livre d'un chanoine de Toul, cherchant à établir les droits des Guise à la couronne. Conjectures diverses. Prétendue apologie de *Monsieur.*

12 septembre.

Il viaggio, che fecero in Fiandra i signori di Bellièvre e Brulard, non appare altro che avere menato Salcède, accusato d'avere impreso ad ammazzare *Monsignore* di espressa commissione del principe di Parma, come dice un discorso della sua presa, che ho visto prima stampato a Bruges, e poi quì della prima e seconda impressione; perchè lo stampatore, visto che in due dì n'avea smaltiti quattro mila, ne ristampò ancora un altra. Ma nel detto discorso non si dice, che egli ha accusati il duca di Lorena e gli altri signori di quella casa, e alcuni altri, di poca amicizia verso *Monsignore* e fedeltà verso il Re. Ed è il detto Salcède in tale stima, che per più gran sicurtà di non perderlo, fu menato per mare sino a Abbeville, e là dato in guardia al luogotenente del governatore di quella città, un fratello del quale ha una compagnia di cavalli al servizio di Sua Altezza; il quale ricevutolo nel castello per una porta che è sul fiume di Somma, la mattina seguente, accompagnato da detti signori, di trenta uomini d'arme del Re, venti archibusieri a cavallo, e otto delle guardie di Sua Altezza che lo avevano avuto in carico sino a Abbeville, lo condusse al castello del bosco di Vincennes, dove il dì seguente furno la Regina Madre, i cardinali di Bourbon e Birago, i signori di Chiverny, Bellièvre. Brulard, il primo presidente, quattro consiglieri dei primi di questo parlamento, e il procuratore generale del Re. In presenza dei quali si dice che fu esaminato, e che, disdicendo di quel che aveva confes-

sato e detto in Fiandra, disse, ch'era stato sforzato a accusare i detti
signori dai signori di Pruneaux, la Vergne e Charretier; i quali sono
tali presso *Monsignore*, che, parlando di loro *in hoc casu*, pare che si
parli di lui; il quale, se questo fosse vero, verrebbe accusato di volere
con calunnie rendere i detti signori, stimati poco suoi amici, odiosi al
mondo. E queste accuse e disdette varie *sumuntur* secondo gli umori
degli uomini; e quelli, che le vogliono provare vere o verisimili, mar-
cano che non c'è alcuno degli accusati, che prima che adesso non sia
stato sospetto di favorire gli affari di Spagna, e di essere male affezionato a Sua Altezza; la quale, il che è peggio, mostra di fare conto
delle dette accuse, perchè prima di lasciar partire il detto Salcède, ha
voluto avere sua confessione e deposizione segnata da lui, e contro-
segnata dal detto Brulard. Altri mettono in dubio la detta disdetta,
atteso che, di poi che si disse ch'egli si era disdetto, il detto discorso
è stato stampato e venduto publicamente. Si tiene ancora, che il detto
Salcède deve essere rimenato in Fiandra, come è stato promesso a Sua
Altezza; ma, al ritorno dei detti signori di Bellièvre e Brulard, che partirno di quì l'ultimo del passato verso il Re, se ne potrà sentire o vedere qualche cosa di più certo. Ma, qualche cosa che ne avvenga, gli
interessati debbono averne male al cuore, per molte cause che la signoria vostra può meglio pensare ch'io dirgli. In questo mezzo il giovane d'Egmont è prigione, per avere tenuto pratica, col detto Salcède,
d'avvelenare il principe di Orange, cioè accusato.

25 septembre.

Per la mia ultima vedrà, che, temendo di già la mala parata, gli
dissi parte di quel che avevo inteso, non volendo dirgli tutto; perchè
io non credo molto di leggiero, ancorchè mi fusse stato detto di buona
parte, che in luogo di far morire Salcède, menato quà prigione di
Fiandra, come il volgo aspettava, era stato menato un sarto a pigliare
le misure per vestirlo di nuovo; nè che fussi stato scoperto un trattato
per mettere la fortezza di Corbie, ch'è in Piccardia a quattro leghe
d'Amiens, in potere del re di Spagna. Ma, quanto al primo fu vero,

che Salcède, avendo fatto sapere alla Regina Madre, per mezzo del signor di Montsoreau, fidatissimo servitore di Sua Maestà, e che ella ha ordinato per la guardia e compagnia di esso, che i pidocchi lo mangiavano, essa, mossa a pietà, comandò a Marcello, suo tesoriere generale, che gli facesse fare un vestito di ermesino; per il che egli mandò un suo genero con il detto sarto che l'ha rivestito, del che *multi multa et varia dicunt*. Si pensava che, al ritorno de' signori di Bellièvre e Brulard, s'intenderebbe qualche resoluzione del caso suo; ma, benchè tornorno dal Re alli xiv di questo, non si è intesa cosa alcuna. Solo si dice che il tutto è rimesso al ritorno del Re; il quale ai xxvi del presente deve essere a Moulins, per di là andare a Nostra Donna di Cléry, e di là a Chartres, per venire di quà ai x d'ottobre.

4 novembre.

Salcède finalmente, ai xxv del passato, finì la tragedia *quantum ad se;* e, benchè aveva commessi molti e varii delitti capitali, tuttavia i gridi fatti all'escir di prigione e al luogo del supplizio, come si usa in questo regno, non portorno altro, se non che esso Salcède presente era condennato, per crime di lesa maestà, a essere tirato a quattro cavalli alla piazza di Grève, squartato in quarti appiccati alle quattro principali porte di questa città, e la testa portata a Anvers, per essere messa su un'asta sulla principal porta di quella città (*inter alia* notasi Anvers), e i suoi beni riuniti alla corona, ma che ne siano cavati sei mila scudi destinati per l'edificio del palazzo del parlamento. Quà è costume o legge, che a tutti i condannati alla morte, per casi dove *est questio* di complici, subito dopo la sentenza della morte, si dà la tortura; alla quale Sua Maestà fu presente, o sì presso dietro un panno d'arazzo, chè non ha bisogno di sapere da altri quello che egli disse. E, al partire di là, andò al palazzo del Comune, che è alla detta piazza di Grève, dove d'una finistra vicinissima al palco fatto per il detto supplizio, vide quasi il fine.

Gli Spagnuoli volevano far credere, che quel fatto fosse una pura calunnia; ma l'essersi visto, oltre la sentenza de' giudici principali del parlamento, che nè alli detti gridi fatti in sua presenza nè altrimenti non negò mai, nè disse che gli fusse fatto torto, anzi che subito sceso sul detto palco, si gettò a ginocchi a mani giunte, chiedendo per misericordia moderazione di supplizio verso la detta finestra, dove poteva pensare che era Sua Maestà per più cause, pare che sia bastante per assicurare la verità dell' impresa.

Alcuni dicono, che continuò nel suo primo dire di Bruges, e alla tortura, e sino a che, all' ultima ora, scaricò i signori della casa di Lorena e alcuni altri, con grandissimo piacere del Re. Al che si stima che servisse molto il parocchiano di San Severino, uomo molto dotto e da bene, che lo consolò sino alla morte, impiegato a quell' officio di pietà per la prima volta, *de mandato*.

Si è detto, che i detti signori avevano chiesta e ottenuta da Sua Maestà dichiarazione della loro innocenza; se si stampa, ne farò parte alla signoria vostra [1].

27 décembre.

Sua Maestà sapendo, che sono stati stampati e venduti con privilegio di essa molti libri composti da certo tempo in quà da un certo canonico Loreno, per i quali prova che di ragione questa corona appartiene ai signori di casa Guisa (cioè vuol provare), sebbene ella dette carico a qualche governatore di far pigliare il detto canonico, e a qualche consigliere del gran consiglio di cercare e pigliare da tutti i librai i detti libri, con qualche sdegno contro chi aveva segnato e sigillato detto privilegio; tuttavia le cose sono passate e passano con sì poca apparenza per un caso di sì grande importanza e particolare, che pare non sia da maravigliarsi della tolleranza *in externis;* benchè al-

---

[1] A la date du 3 novembre Busini écrit ces quelques lignes :

« Il procaccio dell' innocenza dei signori « accusati dal Salcède si terminò con buono « espediente per la clausa aggiunta alla sen- « tenza : *Insuper omnes depositiones, scriptas* « *litteras,* etc. etc.; la quale non mando alla « signoria vostra, sapendo ch' ella l' arà « vista o vedrà ben tosto, essendone state « stampate più di ottocento, e mandate per « tutto; del che *multi multa dicunt.* »

cuni spiriti maligni interpretino ciò così male come il resto, mettendo
innanzi, che il fatto de'detti libri e altri possano essere cose fatte a
posta per tirarne congetture di sdegno di Sua Maestà contro quelli che
hanno fatto fare detti libri, e assicurare tanto più il re di Navarra a
venire quà. Il che tuttavia dicono non farà, sconsigliatone da quasi
tutti i suoi di quelle bande; come se il Re avesse mai data alcuna occasione di stimare tal cosa di Sua Maestà.

Fu stampato un'apologia di *Monsignore*, che contiene il discorso degli affari de'Paesi Bassi dopo che Sua Altezza andò là: la quale non
credo che Sua Altezza abbi fatto fare nè approvvata, perchè è cosa debole, e più piena d'ingiurie che di altra cosa; fra le quali, il re di
Spagna è un mazzano, e il principe di Parma, figliuolo d'una figliuola
di puttana. Che sono tutti mezzi per pacificare le parti!

----

## XXV.

### GIULIO BUSINI À BELISARIO VINTA.

Paris, septembre-novembre 1582.

#### ANALYSE.

(24 septembre.) M. de Bellièvre est de retour de son voyage auprès du Roi. Le
maréchal de Biron est autorisé à rejoindre *Monsieur*, auquel la Reine mère doit envoyer deux cent cinquante mille écus. Enfin M. de Puygaillard, qui commande
dix compagnies d'hommes d'armes sur la frontière, a mission d'appuyer la cavalerie du prince.

Le peu d'obéissance qu'on avait pour Strozzi, *per essere Italiano*, a entraîné le
désastre des Açores. Les deux tiers de la flotte n'ont pas combattu. Quarante vaisseaux sont sauvés, et trois mille hommes ont été débarqués.

Madame de Villeroy a dit que le Roi Catholique est sur le point de donner sa
seconde fille au duc de Savoie, avec le Montferrat, en compensation duquel le roi
céderait Crémone au duc de Mantoue; ce qui a motivé le départ de deux envoyés
français, l'un à Mantoue, l'autre en Savoie.

Salcède charge le duc de Ferrare dans ses déclarations.

Cependant l'agent de ce duc a promis en son nom de faire payer à Anvers en
deux fois, d'ici à cinq mois, la somme de quatre cent mille francs.

(8 octobre.) Défense a été faite à tous les étrangers de séjourner dans les villes frontières.

Beaucoup de navires chargés de grains pour l'Espagne ont été retenus sur les côtes de Bretagne.

M. de Châtillon, posté avec quatre mille hommes du Languedoc sur les limites de la Champagne et de la Bourgogne, ravage et pille chaque jour les terres du Roi Catholique, se retirant la nuit sur le territoire français. Avec de tels procédés, il semble difficile que la paix se maintienne, bien que le Roi y soit fort enclin.

M. de Biron est parti pour la Flandre avec cent vingt mille écus [1].

Le roi de Navarre et le prince de Condé arment de leur côté.

La peste règne à Londres, où quatre cents personnes meurent par semaine.

Le duc de Montpensier, le 23 septembre, est passé à une autre vie.

(9 octobre.) Le 28 septembre, le peuple a délivré de vive force un jeune clerc qu'on allait pendre : *Per avere avuto che fare con una figlia d'un presidente, di chi questo giovane era servitore, stimolato e indotto dalla figlia; la quale ha sempre detto, che era suo marito, e che n'è causa lei avendone auto due figli; anco non gli valse. Condotto al luogo, il popolo a furia di sassi lo levò, ferendo il bargello, molti della guardia della villa feriti e morti, buttando la forca e il carro nel fiume* [2].

(22 octobre.) Le Roi est furieux du désordre arrivé à la place de Grève; il ne néglige rien pour retrouver les coupables.

Sa Majesté a vu et interrogé Salcède, qui prétend avoir parlé à l'instigation de Charretier; ce dernier est en fuite : *e il Re conosce d'effetto, che questo negozio ha una radice terribile.* L'accusé est à la Bastille et le parlement instruit son procès.

Le duc de Joyeuse est revenu du Languedoc, ayant échoué dans toutes ses démarches auprès de M. de Montmorency.

M. de la Mothe-Fénelon a été envoyé auprès du jeune roi d'Écosse.

(28 octobre.) Grande procession à Paris. On a porté les reliques de sainte Geneviève et de saint Marcel : *per essere esauditi de' preghi, che hanno fatto lungamente per la quiete e prole.*

*Di Ginevra scrivono, come quei signori hanno rizzato una statua di bronzo alla porta che va a Savoia, che dice :* Arrigo, Francia e Polonia Re, Protettore e Liberatore, etc.

(5 novembre.) Salcède, le jour de son supplice, a déchargé tous ceux qu'il avait dénoncés, à l'exception du prince de Parme. Le Roi, la Reine et les principaux seigneurs ont assisté à l'exécution.

---

[1] «C'est le plus grand homme de guerre que la France ait aujourd'hui.» Busbec, corresp. lettre VIII. Dans le X⁰ vol. des *Archives curieuses*, p. 62.

[2] Comparez à ce récit celui qu'a donné de l'Estoile, Coll. Petitot. 1ʳᵉ série, t. XLV, p. 240.

Le premier président de Thou est mort; il est remplacé par M. de Harlay.

Sur la demande du nonce, le nouveau calendrier sera mis en usage dans tout le royaume au mois de décembre.

Cinquante mille écus sont envoyés au camp de *Monsieur*, et dix mille à Cambrai. Le Roi consent à en envoyer autant chaque mois. Cette résolution est due au duc d'Épernon, qui a reçu des remercîments de *Monsieur*, et qui a de fréquents rapports avec la Reine mère : *cosa che non faceva per avanti.*

Le Pape ne consent pas à la levée d'un nouveau décime sur le clergé.

A propos de l'affaire Salcède, le roi de Navarre avait envoyé un gentilhomme chargé d'annoncer au Roi son arrivée à la cour; depuis il s'est excusé : *per essere avvertito, che questi di casa Guisa cercano di farlo ammazzare.*

(29 novembre.) Les commissaires envoyés par le Roi pour faire une enquête dans les provinces demandent de l'argent au pays pour le rachat des biens de la couronne qui ont été aliénés, et pour la défense du royaume contre les Espagnols. La somme qu'ils réclament monterait à un million et demi d'écus d'or. On pense qu'il faudra en venir à une assemblée des États généraux.

L'ambassadeur d'Espagne, Taxis, *e persona assai destra, cortigiano grandissimo, penetrativo fuori di modo.* C'est une créature du cardinal Granvelle.

L'ambassadeur de Venise a voulu décider le nonce à ne pas éviter l'ambassadeur d'Angleterre; le nonce s'y est refusé péremptoirement.

Le Pape se propose d'envoyer le cardinal Borromée, pour empêcher la rupture de la France avec l'Espagne.

## IV.

## CORRESPONDANCE D'ANDREA ALBERTANI.

### 1581-1583.

(*Arch. Med.* Legazione di Francia, filza 21.)

### I.

### ANDREA ALBERTANI AU GRAND-DUC [1].

#### Paris, novembre-décembre 1581.

SOMMAIRE. — *18 novembre.* Explication d'Albertani avec la Reine mère, touchant les assassinats des proscrits florentins. Étrange assurance. — *28 novembre.* La Reine mère; le Roi et ses deux mignons. Les princes Lorrains. Le mariage anglais et ses conséquences probables. L'Empereur et le Roi Catholique. Le duc de Savoie et le duc de Nemours. Le Portugal. *Monsieur* et le cardinal Farnèse. Le Turc sollicite le Roi de déclarer, ainsi que lui, la guerre à l'Espagne. La question de la préséance. — *4 décembre.* Réponse toute pacifique du Roi à l'envoyé du Turc. *Monsieur* très-hostile à l'Espagne.

18 novembre.

La Regina Madre mi disse [2] : « Non pensi il granduca, ch'io abbi pro-
« curato questo contro di lui; ma non posso già negare, ch'io non la-
« sciassi passare il negozio di precedenza come volse il Re, senza mai
« parlarne parola. Questo lo confesso; e lo feci, perchè veggo che il
« granduca non tien conto di me; anzi, con tanto dispiacere mio e del Re,
« ci ha fatto ammazzare sugli occhi il signor Troilo Orsini e altri, che non
« ci pare ben fatto, sendo questo regno libero, e che ognuno ci può
« stare. » Io la replicai : « Madama, Vostra Maestà è appunto venuta in

---

[1] Albertani était gentilhomme ordinaire du grand-duc et l'un de ses secrétaires. Sa mission avait pour objet de réclamer le payement complet d'une somme prêtée au Roi. Le grand-duc demandait quarante-deux mille huit cents écus; le conseil du Roi ne reconnaissait qu'une dette de trente mille. Trente-six mille écus furent définitivement alloués.

Albertani fut retenu en France, par cette interminable affaire, jusqu'au printemps de 1583. Sa correspondance complète celles de Renieri et de Busini jusqu'à la fin de 1582 : elle y supplée dans les premiers mois de 1583.

[2] A propos de l'affaire de la préséance, décidée en faveur de Savoie et de Ferrare.

« un proposito dove ella ha tutti i torti del mondo; perchè, se al signor
« Troilo e ad altri è stata tolta la vita in questo regno, non meritava
« nè lui nè quelli di vivere tanto, avendo fatto quello che avevano con-
« tro l'onore e servizio suo; e Vostra Maestà, che deve tener conto dell'
« uno e dell'altro, come attenenti a lei, ancora doveva difendere Vostra
« Altezza, e con il Re, e con ogni altro che avesse voluto pôr bocca in
« queste materie, e che questo è uno dei maggiori dispiaceri che abbi
« Vostra Altezza, vedendo che la Maestà Sua, non solo non piglia la
« protezione degli affari suoi, ma che anco riceve e favorisce i suoi
« ribelli, come gli fusse nemica capitale; e quando non hanno dove ri-
« pararsi altrove, se ne vengono a questa corte ben visti, soccorsi di
« denari e di ogni altra comodità, come Sua Maestà ha fatto ultima-
« mente a Pier Capponi. Come vuol dunque Vostra Maestà che il gran-
« duca, mio padrone, le mostri di buona cera quella buona volontà che
« arebbe in animo, se vede trattarsi di questa maniera? » E qui sopra
si discorse un pezzo; e assicuro Vostra Altezza che non gliene perdo-
nai mai nessuna, con la libertà che si usa qua, sempre però con quel
rispetto e modestia che si deve parlare alla Maestà Sua, e con sua licenza.

Alla fine io tornai al negozio, e le dissi : « Madama, lassati questi
« propositi da banda, io la supplico di operare di maniera che il Re si
« risolva a satisfare al granduca, mio signore, questo poco di resto che
« gli deve. »

E Sua Maestà mi disse : « Dovrebbe il granduca non si perdere questa
« corona, come ha mostro di fare sin qui. » Io le soggiunsi : « Ma-
« dama, Vostra Maestà ha torto a tener questi propositi del granduca;
« chè sa pure i servizii che ne ha ricevuti, e con quanta volontà; ma
« che se nascono de' disgusti, che Vostra Altezza non ne può far altro,
« e che loro medesimi se li sono procacciati. » « Or basta, disse Sua
« Maestà; scrivete a Sua Altezza che non proceda più di questa ma-
« niera, e massime in non fare ammazzare persona in questo regno;
« perchè il Re, mio figliuolo, non lo comporterà. » — « Nè anco Vostra
« Maestà, le replicai io, dovrebbe comportare che simili persone aves-

« sino la ritirata sicura in questa corte, come hanno avuto sino ad
« ora; che sarebbe cagione di levar l'animo a ognuno di cospirare con-
« tro i loro principi. » E qui fini questo ragionamento, durato un gran
pezzo.

Io ho trovato la Francia in assai miglior termine che io non pensavo,
quanto alla quiete; ma non può durare, se non hanno una guerra forestiera; e a tempo nuovo si dovrà vederne qualche segno.   •

28 novembre.

La Regina Madre ha oggi manco altorità che non il Re; che, oltre
all'essere amico della quiete e de'piaceri, si lascia dominare assai da
Joyeuse e La Valette, che sono i due suoi favoriti; i quali soli, se fussino così uniti in amicizia come si congiungono in parentado, farebbono
fare il Re a loro modo; ma in secreto non si amano troppo. Pensi ora
Vostra Altezza, come questi principi di Lorena passino simulatamente
la vita loro, non trovando modo di levare il Re da questo procedere!
Se riesce vero il mariaggio di *Monsignore*, creda Vostra Altezza che
non sarà mai coronato, e che a tempo nuovo tutte le forze d'Inghilterra, e intelligenza di Fiamminghi e Alemanni si riduranno nei Paesi
Bassi a danno del Cattolico; e forse anco se il Re, suo fratello, non
vuole consentire alla rottura, domanderà Calais, a contemplazione della
moglie che n'ha avuto sempre voglia.

Ritraggo dal cavaliere Giraldi[1], che il duca di Nemours si trattiene
in Piemonte, per trovar modo di fare morire secretamente il duca di
Savoia; e che la Imperatrice che sa questo umore, si è trattenuta
tanto a Genova per quest'effetto, e non per altro, con quelli Spagnuoli.
Ho ben inteso sicuramente che fra loro non ci è intelligenza alcuna.
ma non sapevo tanto innanzi; e mi ha accennato ancora, il Cattolico non darà così presto la primogenita all'Imperatore, per essere
pieno di *mal francese*; e che il Cattolico si mariterà, e sarà forse con la
figliuola del duca di Braganza.

---

[1] Ambassadeur de Portugal à la cour de France.

Il Giraldi sta qui privatamente; nè queste Maestà vogliono sentire mandati di Sua Maestà Cattolica che trattino li affari di Portogallo; e don Antonio è stato trattato con molta amorevolezza, con titolo di re, ma per ancora non trovano modo di dargli denari.

Il cardinale Farnese ha mandato a posta a *Monsignore*, oltre alli altri mezzi che sotto mano ci ha messo, perchè lo favorisca al futuro pontificato; ed io ne ho dato conto qua all'ambasciatore di Sua Maestà Cattolica, dicendo di averne comandamento da Vostra Altezza; che gli è stato carissimo, perchè non ne aveva lume alcuno; e io lo sapevo di buona parte.

Il negozio dell'ambasciatore del Turco consiste in dar conto al Re Cristianissimo, che la pace con il Persiano è seguita, e che il Turco disegna a tempo nuovo rompere con Sua Maestà Cattolica; la quale si farebbe formidabile a tutto il mondo, se non si cercasse di rimediare alla grandezza sua; prega la Maestà Cristianissima a concorrere, perchè sa certo che, quando venga sua armata, non si mancherà in Italia di far lega contro di lui, e che si vuole assicurare di Sua Maestà Cristianissima. La quale per ancora non gli ha dato risposta; nè io lascierò di fare ogni opera per saperla.

Sono stato tentato, credo di ordine di Sua Maestà, non potendo ancor credere che io sia qua solo per questa rescossione, se Vostra Altezza vuol fare officio contro il duca di Ferrara in materia di precedenza. E, dicendo io, che non avevo commissione alcuna, mi è stato risposto da M. de la Chapelle, che, come servitore di Vostra Altezza, vorrebbe vedere qua un ambasciatore; che crede che, al partir mio di qua, si piglierà qualche spediente in questo negozio, dove Sua Maestà vorrà forse satisfare Vostra Altezza, col rimetterla nel suo primo essere in questa corte.

4 décembre.

Intendo, Sua Maestà ha fatto rispondere all'ambasciatore del Turco, che ha animo di conservare l'amicizia che ha auto sempre; ma, quanto al volersi dichiarare contro il re di Spagna, che per ora non ne ha causa, nè lo può fare; ma che gli promette bene di non entrare in lega seco, sebbene gli altri principi lo facessino; e che, se ha animo di muovergli guerra, che lo faccia; che quanto a Sua Maestà non l'arà per male, e che presto gli manderà un suo gentiluomo.

Si tien per certo, verificandosi il mariaggio d'Inghilterra, che *Monsignore* forzerà il Re a romperla con Spagna, o almeno a chiudere gli occhi a tutti gli ajuti che potrà avere di Francia, di uomini e di denari per ogni verso.

---

## II.

### ANDREA ALBERTANI AU GRAND-DUC.

Paris, janvier-mars 1582.

SOMMAIRE. — *17 janvier*. Remontrances du nonce au Roi touchant le mariage anglais et les affaires de Portugal. Réponses du Roi et de la Reine mère. M. de Joyeuse et les Montmorency. Les Lorrains et Joyeuse partisans de la paix avec l'Espagne. *Monsieur* et d'Épernon du parti de la guerre. Mauvais vouloir des ministres espagnols envers le grand-duc. Le Roi fort opposé au mariage d'Angleterre. — *26 janvier*. Prodigalités du Roi; extrême pénurie. Le duc de Lorraine et sa famille.—*26 février*. Conversion du roi de Navarre; combien désirable. Rupture du mariage anglais. *Monsieur* et la princesse Éléonore, fille du grand-duc. — *26 mars*. Attentat contre la vie du prince d'Orange.

17 janvier.

Il nunzio straordinario Malespina ha rimostro molto efficacemente a queste Maestà il disordine che nascerebbe nel mondo, e massime per la religione, se questo mariaggio d'Inghilterra seguisse; e che anco il Papa le esortava a desistere di ajutare don Antonio in queste cose di Portogallo. Al primo capo gli fu risposto, che non è restato da loro ogni sorte d'impedimento; ma che il Papa può sentire il modo del procedere di *Monsignore*, e quante cose fa contro l'opinione e volontà loro. All'altro il Re disse, che questo non apparteneva a lui ma alla Regina, sua madre; la quale gli rispose, che le sue pretensioni in Portogallo non valevano manco che quelle del re di Spagna, il quale avendosi fatto la ragione con l'armi, che lei ancora cercava di fare il fatto suo, senza aver fine di ajutare don Antonio.

Il maresciallo di Cossé è morto, e in luogo suo è stato creato M. di Joyeuse, il vecchio, il quale sendo luogotenente per il Re in Languedoc, può pensare Vostra Altezza quel che si potrà continuare contro il marescial oggi di Montmorency; il quale s'intende essere confusissimo, vedendo aver perso molto credito, poco seguitato dalli amici, e la casa sua per terra, sendo li altri fratelli di pochissimo valore; anzi n'è qui uno che si chiama M. Damville, prima Méru, che ognuno se ne ride, mettendosi alle volte a seguitare sino M. di Guise; e questo era genero del marescial di Cossé: il governo del quale si è dato a M. di Chiverny, che oggi tiene il sigillo, poichè piacque al Re di levarlo di mano al cardinale Birago, il quale ancora lui pesca, e va poco in consiglio, sendo disgustatissimo; nè il Re se ne cura.

I Guisi, con questo mariaggio di M. di Joyeuse con la sorella della Regina di Francia, si sono guadagnati lui, il padre e tutti li suoi aderenti, i quali insieme terranno sempre, sinchè potranno, che fra questo Re e Spagna non si venga a rottura; e *Monsignore* cerca di tirare dal suo La Valette, tanto che Sua Maestà Cristianissima troverà sempre varia opinione, nè d'uno di chi ella si fida più; e questi parentadi che si fanno fra loro non gli riesce punto di vantaggio. Si sta in deliberazione di mandare il figliuolo del duca di Nemours a Torino per condurre qua il duca di Savoia, ma se è bene consigliato non ne farà altro.

Sento che di Spagna è stato scritto qua in proposito del granduca di Toscana, ma non so se escono dall'ambasciatore: « Faccia il granduca di Toscana quello che vuole, che mai si acquisterà la grazia dei ministri di Sua Maestà Cattolica; i quali, dove potranno abbassare la grandezza sua, se ne ingegneranno sempre. » Servasi ora Vostra Altezza dell'avviso come le piace.

Non ostante le lettere che hanno scritto Loro Maestà in Inghilterra, la verità è che il Re non vuole questo mariaggio, e dove può, lo attraversa; anzi ha intercetto lettere di *Monsignore*, che venivano qua a suoi ministri, fatto fare i suoi sigilli per risuggellare le lettere; e ha detto in confidenza a qualcuno, che vuole più presto la guerra con il

fratello che con Spagna. Ma Dio sa se potrà continuare in questa buona
volontà.

26 janvier.

Si dà ordine di fare danari per ogni via. Il Re ha messo un accatto
di cento cinquanta mila scudi a questi del consiglio e altri, come il
Gondi, Orazio Ruccellai e simili; e ne vuole altrettanti dal Clero, oltre
a cento mila scudi di entrata che vogliono mettere in vendita di beni
ecclesiastici, che si pensa ne abbino già mandato avvisare il Papa, acciò
ne dia il *placet*, per trovarsi questa corona in tanta necessità; con la
quale non guarda il Re di fare continuamente donativi eccessivi; come
fece ultimamente a M. di Joyeuse per cento quaranta mila scudi di
entrata per nove anni, sebbene lui non ne caverà che cento mila; al
duca di Guisa per cinque cento mila in tanti offici sul sale, che in
poco tempo si aranno denari contanti; al duca di Lorena su trecento
mila in boschi. Può pensare anco Vostra Altezza, se M. de la Valette,
duca d'Épernon, più favorito di tutti, ne vorrà la parte sua!

Il principe di Lorena si partì da questa corte poco dopo il mio arrivo con il duca, suo padre; era malato, come è stato molte volte. È
brutto di viso sebbene di statura ragionevole, non è troppo accorto,
nè sino a ora dà troppa speranza delle sue azioni. Il duca ha poco debito, sebbene ha compro assai; ha d'entrata più di trecento mila
scudi. Il secondogenito è prete; gode tre vescovadi, Metz, Toul e Verdun, che gli vagliono intorno a sessanta mila scudi. Ci sono poi altri
figliuoli maschi, e femine, e la primogenita gli costerà poco, avendo
preso assunto di maritarla la Regina Madre, appresso della quale sta
sempre.

26 février.

Si parla che il re di Navarra vuol ritornare cattolico, e non senza
discorso; perchè, oltre che lo doverebbe fare per salvare l'anima, ci
è anco l'interesse di Stato, che, se questo Re e *Monsignore* mancassino
senza figli, la corona verrebbe in mano sua; che se tal disgrazia arri-

vasse a questi principi, e che lui fusse trovato ugonotto, mai perve-
rebbe a questa esaltazione; oltre che si dice, che, se ritorna alla buona
fede, il Re si potrebbe servire di lui come suo luogotenente generale,
poichè s'intende tanto poco col fratello. Ma sono tutti discorsi, sebbene
di qualche apparenza.

È tornato l'abate del Bene d'Inghilterra, e ha tenuto proposito col
signor Mario Bandini, suo parente e mio amico, che come da sè mi
tenti, se Vostra Altezza inclinasse a dare la principessa Eleonora a
*Monsignore*, sendo il mariaggio d'Inghilterra rotto interamente; e che
ne parla con fondamento, sapendo l'animo di suo padrone, del quale
lui è assai favorito. Che *Monsignore* inclini a imparentarsi con Vostra
Altezza l'ho da più bande molto sicuramente; e questo abate del Bene
ha commissione di far venire un ritratto della principessa, e ne ha
dato la cura al Bandini; il quale mostrando di essere servitore sviscerato di Vostra Altezza, e se ne rimette alla prova, mi ha conferito
liberamente quel che l'abate gli ha detto; e non vuol far venire ritratto se ella non se ne contenta; e con questa sarà una lettera sua per
Agostino Dini, indiretta al cavaliere Serguidi, che lo prega a fargli
questo piacere sotto altro colore, come ella vedrà; e, caso che Vostra
Altezza non vogli, la lettera si può stracciare.

26 mars.

Dopo avere scritto a lungo a Vostra Altezza, è venuto ieri un corriere
del governatore di Calais, M. di Gordon; porta a Sua Maestà, che un
Guascone, vassallo del re di Navarra [1], avendo animo resoluto di ammazzare il principe di Orange in Anvers, si messe con una pistola alla porta
della sua camera, e nell'uscire gliene sparò, e lo colse in una gota
che li passa dall'altra, si dice con poco pericolo della vita. Quelli che
erano all'intorno del principe, non avendo la pazienza di pigliarlo prigione, l'ammazzórno subito, e addosso gli hanno trovato una polizza
di cambio di tre mila scudi indiritta a certo mercante, che vogliono sia

---

[1] Jaureguy, assassin du prince d'Orange, était un Biscayen, qui n'était nullement vassal
du roi de Navarre.

stato messo in carcere, con poca speranza di saper cosa alcuna da lui;
e di più un'orazione, che supplicava Dio gli desse pazienza ne' martiri che sapeva di avere a patire per questo fatto. Altro non posso dire
a Vostra Altezza, se non che si è cavato voce, che in Fiandra sono una
dozzina di congiurati contro questo principe per ammazzarlo.

---

## III.

### ALBERTANI AU GRAND-DUC.

Paris, avril-mai 1582.

9 avril.

Il mercante a chi era indiritta la lettera di cambio che si trovò addosso al delinquente morto, s'era di già partito due giorni innanzi
d'Anvers, e fatto bancarotta, e ritiratosi dal principe di Parma. Chiamasi Guasparre d'Agnastio, Spagnuolo, in casa del quale fu preso un
suo uomo, e un altro in abito seculare, che era frate, suo confessore.
Depongono, che trovandosi Guasparre alla corte di Spagna, il re lo
ricercò di questo fatto, e che, trovandosi ruinato, accettò il partito,
con promesse grandi che gli faceva Sua Maestà; e venuto in Fiandra,
conferì il negozio con questo suo uomo prigione, il quale, non gli bastando l'animo, gli disse : « Io non ho tanto cuore; ma avete un tale in
« casa che farà questa e ogni altra cosa per denari. » E così a poco a
poco lo messero sul filo; gli fecero insegnare a tirare la pistola, che
non ne aveva mai adoperata, e alla fine assicurato che non morrebbe,
perchè fatto il colpo, non l'ammazzerebbono, ma lo farebbono prigione, per sapere donde venisse la commissione; e che lui, ancora che

dicesse la cosa come stava, non sarebbe esecutato per giustizia, atteso
che il re di Spagna, per salvargli la vita, prometterebbe libertà al visconte di Turenne o a M. de la Noue, i quali farebbono morire se gius-
tiziassero lui; oltre che aveva orazioni addosso e altro che gli salve-
rebbono la vita. E ci mescolano la persuasione d'un gesuita. Così si
narra questo fatto. E il principe va guarendo gagliardemente, e forse
vorrebbe essere digiuno del libro che ha fatto stampare sotto suo nome
contro il Re Cattolico, dove narra mille impertinenze di tirannia : di
aver fatto avvelenare la moglie che aveva della casa di Francia, e il
figlio; con quanta poca ragione gli abbi fatto mettere taglia di venti
mila scudi, non essendo suo vassallo, anzi di più antica casa di lui; e
molte altre cosacce della vita di Sua Maestà.

*Monsignore* ebbe, dopo questo accidente, un gran mormorio intorno;
e, se il principe moriva subito, era facil cosa che quei d'Anvers dessino
addosso a tutti i Francesi, dubitando che *Monsignore* non fusse interessato in questo fatto. Tuttavia si placorno, subito che veddero tanta
dimostrazione di amicizia fra Sua Altezza e il principe.

Il Re ha levato dalla casa della villa di Parigi ottanta mila scudi
per il viaggio in Lorena delli MM. di Joyeuse e Épernon; chè ne patiranno molti poveri uomini che ci hanno la rendita, poichè li bisognerà
scorrere. E nonostante questo, ha mandato Sua Maestà un suo capitano della guardia con alabardieri a rompere le prigioni, per cavarne
un prevosto delli soldati della sua guardia che era stato condennato
dal parlamento alla forca, e si aveva a giustiziare il giorno dopo; perchè senza processo aveva fatto appiccare tre soldati, nè appariva la ragione. Dicono che il Re lo impedì a richiesta di M. d'Épernon, sendo
costui sua creatura.

23 avril.

Nell'abboccamento che ha fatto la Regina Madre con il re di Navarra, per reconciliarlo con il Re, suo figlio, e fargli gran promesse, ci
sono anco corsi molti ragionamenti sopra l'animo suo del seguitare o
no *Monsignore* in Fiandra; e si è lasciato intendere liberamente di vo-

lerlo fare con ogni sua forza a ogni suo avviso. Ha rimostro questo re alla Regina Madre, che tutto il mondo si meraviglia, che ella tenga appresso di sè e si serva continuamente di M. di Lansac il vecchio, il quale è il più scellerato uomo che sia mai nato in Francia, traditore al suo re, e che sapeva di certo che tirava pensione ordinaria da Spagna, e i luoghi dove si facevano i ragionamenti fra lui e li ministri di Sua Maestà Cattolica; e che, se voleva, lo direbbe a lui alla sua presenza; tassandolo, fra li altri suoi vizi, di avarizia, per la quale non è scelleratezza che lui non commettesse. Sua Maestà l'andò scusando il meglio, e ruppe il ragionamento.

Il Gondi ha confermata la dogana di Lione, e ha sborsato al Re dugento mila scudi, e cinquanta mila a M. d'Épernon, d'ordine e per donativo di Sua Maestà.

Il cardinal di Guise rinnuova gagliardemente la pratica, perchè venga nella persona sua la legazione dello Stato di Avignone, poichè il cardinale Bourbon, e con il favore che ha Guisa e con qualche ricompensa secreta, sendo lui oramai vecchio, facilmente ci acconsentirà. Si pensa bene, che il Re sia per impedirlo quanto potrà, ma non apertamente come ha fatto altre volte; e in tal caso, se paresse a Vostra Altezza farne tenere qualche proposito al Papa, e a M. di Foix che di buonissima voglia eseguirà le commissioni del Re, sendo poco amico ai Guisi, e metterci su il cardinale, suo fratello [1], sarebbe un grado, che da essere Papa in poi, non è il più bello nè di maggiore riputazione, autorità e utile in tutto lo stato della Chiesa. Non è dubbio che il tiro sarebbe bello; e per far dare al diavolo tutta casa Guisa.

1" mai.

M. du Maine ha venduto il suo ammiragliato cento venti mila scudi a Joyeuse; e il Re gliene ha di già fatti sborsare ottanta mila, con buona sicurtà del restante; e il signor Alfonso Corso ancora lui è stato fatto colonnello della fanteria italiana, con ricompensa di otto mila scudi al

---

[1] Ferdinand de Médicis, qoi succédera à son frère comme grand-duc de Toscane.

cardinal Birago che l'aveva prima; talchè Vostra Altezza vede che li
officii della corona, che se solevano già dare a' soldati vecchi benemeriti, il Re ci è mezzano a farli vendere, e lui paga i denari.

7 mai.

A M. d'Épernon è stato scritto una polizza, e trovata in camera
sua; la quale dice, che avanti passi due mesi, sarà ammazzato a ogni
modo; e che i più grandi della corte sono della congiura. Il Re l'ha
avuto molto per male, e lui fa professione di non avere paura.

IV.

ALBERTANI AU GRAND-DUC.

Paris, juillet-septembre 1582.

SOMMAIRE. — *15 juillet*. Le Roi, sa santé, ses deux mignons; profonde irritation des Guise. — *22 juillet*. Peu de crédit de la Reine mère. Le Roi; son dépérissement; son ressentiment contre le grand-duc.
— *30 juillet*. Tentatives des deux reines pour ramener le roi de Navarre à la cour; d'Épernon favorable au roi de Navarre et à *Monsieur*. — *13 août*. Affaire de Salcède; ses antécédents. Gravité de
sa première déposition. — *10 septembre*. Déclaration de Salcède en présence de la Reine mère. La
peste à Paris; absence de précautions.

15 juillet.

Il Cavriana, come servitore di Vostra Altezza, mi ha pregato che io
le scriva da sua parte, che il Re da pochi dì in qua è assalito da umori
melanconici così gagliardamente, che dubita lui stesso di non divenire
pazzo o di finire la vita sua violentemente; che per questo ha fatto
voto di non usare con altri che con la moglie, è fa pregare Dio del
continuo ai gesuiti e altri frati che ha d'attorno, acciò lo levino di
questo umore.

Li Guisi sono tutti malissimo sodisfatti, e peggio starebbono se il
Re mancasse, sebbene li ha per troppo parziali di Spagna, nè se ne
fida; Joyeuse e d'Épernon si beverebbono il sangue, ma il primo
come il più fondato fugge le occasioni di malcontentare il Re, e ottiene

56.

quello che vuole; l'altro sparla male a proposito, e si conosce in tanto favore, che ardisce di dire, che si ritirerà quando Sua Maestà non lo tratti come Joyeuse; usando parole verso lui poco onorate; che chi sa questi modi di fare sta a vedere come il Re li comporti. È ben vero che tutti due non impediscono tanto li affari di *Monsignore*, poichè questi Guisi non hanno saputo navigare e servire al tempo, e sono nella maggiore collera del mondo.

L'ambasciatore di Spagna e il cavaliere Giraldi mi dicono sapere di certo, che il cardinale Alessandrino ha ordine da Sua Maestà Cattolica di trattare il parentado di Savoia con Vostra Altezza.

22 juillet.

Ho trovato il Re travagliatissimo, con mala cera; nè contenta persona alcuna fuorchè li suoi mignoni, Joyeuse e d'Épernon, e i loro fratelli. Questi due hanno occupato di maniera le finanze, che per due anni, se il tempo non cambia, nessuno ci può fare assegnamento, nè ardisce alcuno del consiglio proporre richiesta di denari di qualsivoglia sorte, per non dispiacere a costoro. Ognuno è disperato, e più che tutti la Regina Madre, la quale dice, che Dio la fa vivere solo per vedere quello che la vede, e conoscersi tanto poco stimata. E non sono troppi giorni, che le fu rifiutato in certa occasione di parlare al Re, facendoli fare scusa che era impedito. Di voce dirò a Vostra Altezza la vita del Re, sebbene dice di volerla cambiare; e chi la sa, dubita che Dio tardi troppo a risentirsene.

Ho inteso di buonissima parte, che, dopo l'arrivo del conte d'Olivarès a Roma, il Re ha conceputo tanto odio verso Vostra Altezza, che ha detto, che lei si è data interamente a Spagna, senza tener più conto alcuno di Francia; e che gli vuol rendere la pariglia dove potrà. E nel particolare del credito, ho inteso, per via indiretta di due principalissimi del consiglio, che non vuole tener conto di. questa partita, e che, se li assegnamenti si avessino, non sarebbono effettuati, e che non vuol più promettere di bocca, perchè non gli si abbi a dire che manchi della parola. Io ho detto all'ambasciatore di Spagna, che dia conto al suo re, che tutti li disgusti che Vostra Altezza ha in questa corte vengono per amore di Sua Maestà, come è con effetto, e lui lo conosce; e m'ha promesso di farlo.

30 juillet.

La Regina Madre e quella di Navarra seguitano di fare ogni opera che quel re venga alla corte, con ogni promessa di satisfazione; ma per ancora tira molto alla staffa, ricordandosi di San Bartolomeo; nè anco Sua Maestà Cristianissima se ne cura. Si dice, che M. d'Épernon ajuta questo loro desiderio secretamente, come fa ancora il soccorso per *Monsignore* in Fiandra, e consiglia parimenti il Re alla rottura con Spagna, pensando con il favore e seguito che ha, se si venisse a questo, di fare gran cose, e farsi nominare per tutto il mondo; oltre che sa con queste operazioni di dispiacere infinitamente a tutta casa Guisa, e satisfare poco a M. di Joyeuse, suo cognato; composizioni che chi ne sa trovare il bandolo è un valent'uomo, massime che, e nell'operare e nel parlare, ciascuno obbedisce all'interesse proprio.

13 août.

Un Salcède, nato in Francia, ma di padre Spagnuolo, e maritato in Normandia nobilmente, e anco di quattro mila scudi d'entrata, dopo essere stato imputato di falsatore di monete, e di altre cose brutte, se ne andò al campo del principe di Parma, e fu visto all'assedio di Oudenarde; dipoi andò a trovare *Monsignore*, obligandosi di far gran cose per suo servizio. Ma sono state sì bene osservate le sue azioni. sapendo che era stato dal principe di Parma, che *Monsignore* gli fece mettere le mani addosso; e con la tortura ha confessato (si dice qui), che voleva tentare contro la persona di Sua Altezza e del principe di Orange, e gli altri suoi delitti, per li quali a Rouen era stato appiccato in effigie, come si usa qui quando non si può avere il delinquente [1].

Questo Salcède era molto amato del duca di Lorena, sendo cognato

[1] Voyez, sur Salcède, le t. X des Archives curieuses de Cimber et Danjou. Lettres de Busbec. Lettre VIII, p. 62.

del suo primo maestro di casa; e ha domandato la confiscazione de' suoi beni, e ottenutala per li figli del morto.

15 août.

*Monsignore* scrive al Re, che Salcède ha deposto, che il duca di Guisa era il principale che l'aveva condotto a congiurare contro la persona di Sua Altezza; la quale ha domandato che il Re ne trovi il fondamento, e che ne facci poi quella dimostrazione che conviene; e, se si verifica, non so come le cose andranno.

26 août.

Di quel Salcède si sta in dubio quel che ne sia per seguire, dicendosi che il Re lo vorrebbe avere nelle mani, e che l'ha domandato a *Monsignore* per averlo a ogni modo.

10 septembre.

La Regina Madre ha voluto intervenire all'esamine di Salcède con il cardinal Birago, primo presidente, e altri del consiglio; e fattogli leggere la deposizione che aveva fatto in Fiandra, dove includeva il principe di Parma per capo, tutta casa Guisa, alcuni di questo consiglio, il Papa, duca di Savoia, quel di Lorena, di Joyeuse, e altri, che ha fatto maravigliare ognuno; disse : « Madama, tutta la deposizione « mia fatta in Fiandra è falsa, e la dissi così, perchè quei tali che mi « esaminorno a nome di *Monsignore*, mi messono la cavezza alla gola, « e minacciavano di farmi morire, se io non la dicevo a quel modo; « ma la verità è che l'animo mio era di ammazzare *Monsignore*, perchè, « come Spagnuolo, desideravo liberare il mio re dalla guerra che di- « segna fare Sua Altezza. »

Nè ha confessato chi gli abbi dato quattro mila scudi contanti per cominciare l'effetto. Si fanno ora molti giudizi; nè si può credere, che, senza l'ajuto di qualche grande, costui si fosse messo a simile impresa.

Della peste io non so che dirmi a Vostra Altezza, stando confuso del modo di fare di costoro; perchè, essendo in molti luoghi qui all'intorno, in Parigi se ne burlano, ricevono ognuno indifferentemente, anzi molti si vengono a curare in questa città, nè ci è proibizione alcuna, e ognun tien per certo, che, passato il mese di ottobre, non se ne sia per parlare più.

---

## V.

### ALBERTANI AU GRAND-DUC.

Paris, octobre-décembre 1582.

SOMMAIRE. — *8 octobre.* Départ de M. de Biron pour la Flandre avec l'assentiment de Sa Majesté. Mauvaise santé du Roi. — *27 octobre.* Supplice de Salcède, son dernier interrogatoire. Les Guise compromis. — *30 octobre.* Versions diverses sur la déclaration de Salcède à ses derniers instants. — *16 novembre.* Modification du calendrier. Projets de guerre contre l'Espagne à l'instigation de d'Épernon. Alliance avec le Turc. Réconciliation avec le roi de Navarre. — *1er décembre.* Mission de M. de Rambouillet auprès de *Monsieur.*

8 octobre.

Il marescial di Biron, avanti che partire, ha voluto parlare al Re, e avere da Sua Maestà per scritto, che esso va a servire *Monsignore* con sua buona grazia e di suo comandamento; e anco è stato provvisto da lei di trenta mila scudi per mettersi a ordine.

I bagni hanno giovato poco a Sua Maestà, la quale disperata quasi della sua intera salute, non fa che gridare, e si è levato dinanzi il suo primo medico, per qualche poco di tempo, dicendogli che è un ignorante, e che mai ha conosciuto il suo male. Ha la Sua Maestà la palma delle mani molto segnata per il *mal francese,* e in capo ancora qualche glandula; nè vuole che si sappi, nè che se parli.

27 octobre.

Alla fine Salcède è stato giustiziato, tirato da quattro cavalli; ma alle due prime scosse fu strangolato, e subito gli fu tagliato la testa, la quale si è mandata a Anvers, e il busto messo in quattro parti alle principali porte di Parigi. Il Re con la Regina si misero alle finestre nella casa della villa a vedere questo spettacolo; e anco volse Sua Maestà esser presente secretamente dreto a una trapezzeria, quando, dopo che fu letto la sentenza a Salcède, gli fu data la tortura; dove si dubita abbia detto gran cose contro di Guisi; i quali si vede stanno di mala voglia. M. di Mercœur, come parente della moglie, domandò e ottenne da Sua Maestà la confiscazione de suoi beni per i figli del morto.

3o octobre.

Dopo che fu data la raccomandazione dell'anima a Salcède, e chè fu tormentato, avendo prima detto gran cose contro questi Guisi, vogliono che poi si sia disdetto nel punto della morte, e che solo abbi dato la colpa al principe di Parma, che gli avesse comandato di ammazzare *Monsignore* o il principe di Orange, il primo che avesse potuto. Altri vogliono che ci abbi mescolato anco di avvelenare il Re e la Regina Madre, pure di ordine di Parma, e con promessa di gran premii. Altri poi, e questo viene da' confortatori che aveva d'attorno, mi hanno referto che lui si è disdetto di tutto, e che aveva fatto queste invenzioni per allungarsi la vita dopo la imputazione; ma che la verità è, che di questa che gli davano, non ci aveva alcuna colpa, e che moriva a torto, se bene aveva commesso altre cose che meritavan la morte, come omicidi, false monete e simili gentilezze.

La verità è, che, quando il boja stava per tagliarli la testa, domandò da scrivere, e avendone avuto, scrisse alcuni versi, e li firmò di sua mano.

Dicono che questi Guisi vogliono una dichiarazione del Re, della loro innocenza; mà non so, se è vero, se saranno ben consigliati, perchè sendo innocenti, gli doverebbe bastare la buona coscienza.

16 novembre.

La reduzione dell'anno è segnata qui ancora; e si comincierà passato li nove di dicembre, a dire in cambio di x, alli xx per tutto il regno.

La Regina Madre, per quanto intendo, ha alla fine tanto operato, che Épernon è tutto volto al servizio di *Monsignore*, per il quale non cessa d'impiegarsi dell'uno e dell'altro, perchè si venga a rottura aperta con Spagna; e mi vien detto di buona parte che, se il Turco fa la pace col Persiano, che il Re Cristianissimo vuole spedire personnaggio di qualità a Costantinopoli, per pregarlo a concedergli a tempo nuovo cento galere armate d'ogni cosa, per farle venire in Provenza, e stiano a soldo e disposizione sua; e di già è venuto in considerazione M. di Rambouillet maggiore. Se l'avviso è vero, faccia il granduca di Toscana la conseguenza del resto. Il re di Navarra ha mandato qua secretamente tre ministri, per scoprire al Re il tradimento di questi Guisi, e sebbene non se gli presta fede, augumenta nondimeno lo sdegno; e se lui si conduce in corte, che sino a qui Sua Maestà non ha mai voluto, si può credere che procurerà qualche commissione per rompere e molestare Spagna da più bande. So bene dire a Vostra Altezza, che Navarra ha fatto dire al Re, che si trova cinque cento mila scudi per spenderli nel principio di questa rottura, se Sua Maestà Cristianissima vuole.

Ho inteso, che quel che scrisse Salcède nel punto della morte, fu che *Monsignore* stesso gli aveva comandato che facesse la deposizione scritta a Sua Altezza, o che lo farebbe morire in Anvers; e che, quando fu mandato a Parigi, *Monsignore* gli dette la fede, che il Re, suo fratello, gliene rimanderebbe, e che stesse pur saldo nelle esamine fatte; e che se gli era mancato, non voleva morire con questo errore, e pregava Dio gli perdonasse li altri sua peccati che lo avevano condotto a questo stato.

1ᵉʳ décembre.

Intendo che la gita di Rambouillet da *Monsignore* è stata per ragguagliarlo sinceramente dell'animo del Re, sì di quanto si prepara contro Portogallo, come dell'aiuto che vuol dare a lui per Fiandra; e anco di queste negoziazioni che devono fare con li Svizzeri e con Navarra, se ci viene, come si va continuando di dire; come si dice ancora, che *Monsignore* medesimo se porterà in Inghilterra presto, e di là voglia venire in Francia per abboccarsi in qualche luogo con il Re e con la Regina Madre.

---

## VI.

### ALBERTANI AU GRAND-DUC.

Paris, janvier 1583.

Sommaire. — *8 janvier*. Augmentation des tailles; envoi de commissaires dans les provinces. Don Antonio et la Reine mère. La défaite des Açores imputée à la trahison; M. de Sainte-Solène accusé. La guerre avec l'Espagne est imminente et toujours ajournée. — *22 janvier*. M. d'Épernon a l'autorité de connétable en attendant qu'il en prenne le titre. Prodigalités. Les bénéfices ecclésiastiques. M. de Montmorency.

8 janvier.

Nell' accrescimento delle taglie, che monterà un milione e mezzo d'oro per anno, ha Sua Maestà insieme ordinato, che per tutte le provincie vadino gentiluomini espressi per intendere, d'ordine di Sua Maestà, tutte le doglienze de' popoli, mostrando di volere rimediare agli abusi e contentare ognuno; ma è un pasto che pochi ne gusteranno, e che non conoschino che si fa per levare i rumori e cavare questi denari più dolcemente.

Don Antonio è stato più volte con la Regina Madre, e sta pur ora a Montmorency, vicino due leghe di qui, e viene spesso nascostamente a Parigi e con buona cura. Gli è stato rimostro da Sua Maestà di nuovo, che non ricorra nè a *Monsignore* nè ad altri per avere ajuto al tempo nuovo; che vuol essere quella lei che domandi al Re, suo figliuolo, e a ogni altro; sotto il nome della quale e non suo, si deve fare questa impresa di Portogallo; e comincierà ad accorgersi in quanta acqua pesca. Il medesimo don Antonio ha detto al Re, che gli sa male, oltre alla perdita fatta alle Terceire di tanti navili e soldati, avere ad accertare Sua Maestà che i denari di Castiglia abbino potuto tanto nei Francesi, che abbino voluto perdere così bella occasione e tradire Sua Maestà; la quale, sebbene aveva avuto il medesimo per lettere, se ne è alterata nondimeno straordinariamente, e comandato in più luoghi che il capitano Sainte-Solène sia messo in mano della giustizia, per farle fare il processo, e giustiziarlo come traditore; mandò per farne fare cattura, ma non fu a tempo.

· Se di Roma viene scritto a Vostra Altezza quasi la rottura con Spagna, la supplico a prestarmi fede, che qui per ora non se ne vede altra apparenza per quelli che possono ancora sapere molte cose. È ben vero ch'io credo che la necessità e non il buon volere ritenghino tanto alla lunga queste due nazioni; parlo di loro, perchè quanto alle Maestà Cattolica e Cristianissima qui sono tenuti per principi amatori della quiete, e che di volontà propria non verebbono a rottura; ma sono bene in altra considerazione molti instrumenti gagliardissimi da una banda e dall'altra, e molto più quelli di Francia; che alla fine si può dubitare e con molta apparenza che ci si debba venire a ogni modo.

Intendo essere stato messo in prigione a Toul quel canonico che Sua Maestà è stata certificata avere fatto stampare un libro, che mostra la corona di Francia appartenersi a casa Guisa, e essergli stata usurpata da quella di Valois; e si è mandato a fargli il processo.

22 janvier.

M. d'Épernon si va pigliando tanta autorità per il regno sopra tutta la gente d'arme a piede e a cavallo e fortezze, come se fusse contestabile; e a lui si danno i memoriali per tutto quello che occorre, senza supplicarne altrimenti Sua Maestà; di maniera che si crede per qualcuno, che non passerà troppo tempo che gli sarà ancor dato questo titolo; e Dio sa quanto sia per piacere, seguendo, a *Monsignore* e alli altri principi del sangue, che aspiravano a questo grado con il nome di luogotenente del Re!

È venuto qui il secretario del maresciał di Montmorency; e si dice che il principe di Condé e lui, di commissione del Re, hanno messo in unione tutti li cattolici e ugonotti di Languedoc, dove Montmorency è stato ricevuto per tutto pacificamente con la presenza di detto principe; e si dubita che il Re ci abbi consentito, per dare da pensare a questi Guisi, che hanno fatto ogni opera per far levare il governo al

57.

detto Montmorency. M. d'Épernon ha avuto in dono dal Re tutto quel che possono importare per il regno di provvisione a ogni sorte di officiali li dieci giorni levati al mese passato; e fanno calculo ne caverà più di trecento mila scudi.

Sua Maestà ha preso gran piacere della grazia che gli ha fatto il Papa, per potere dispensare il quarto delle entrate di tutti i beneficii che vacheranno nel regno, e ne farà pensioni per beneficare i suoi servitori. E, sebbene Sua Santità ci si deve essere indotta per levare l'occasione al Re di mettere in persone indegne i beneficii ecclesiastici, tuttavia si crede che la Maestà Sua piglierà questo, e che si dispenseranno a ogni modo i benefici, come si è fatto fino a qui; che in tal caso Sua Beatitudine revoca la grazia a Sua Maestà Cristianissima.

---

## VII.

### ALBERTANI AU GRAND-DUC.

Paris, 1ᵉʳ-14 février 1583.

1ᵉʳ février.

A li xxvi del passato, per via d'Inghilterra s'intese la sollevazione seguita in Anvers, per causa che i Francesi si volevano assolutamente impadronire di quella città. Con questa le dirò quanto va attorno. Vogliono adunque che *Monsignore*, consigliato dal marescial di Biron, si risolvesse di tentare d'impadronirsi di Anvers interamente, senza che Orange ci avesse più parte alcuna, come quello che non comporterebbe mai che Sua Altezza fusse la patrona nè di quella piazza nè delle altre, ma servirsi di lei come aveva voluto fare dell'arciduca Mattias, adesso che ne avea tirati tanti servizi con sì gran risico e spesa. E, per

effettuarlo, aveva Biron apprestato il suo campo a una lega d'Anvers;
e *Monsignore*, sotto vari pretesti e abiti, fatti entrare nella città più di
due mila soldati con forse trecento gentiluomini dei più bravi e suoi
fedeli. Alli xvii detto, volse *Monsignore* andare a vedere fare la mostra
del suo esercito fuor della città, e seco conduceva il principe di Orange;
il quale dicono che aveva intera notizia di tutta la impresa, e che
aveva dato buonissimi ordini per ammazzare tutti li Francesi, facendo
sollevazione alcuna; e con tale sicurtà se ne uscì dalla villa con Sua
Altezza. Ma non fu lontano un archibugiata, che, fingendosi malato
per qualche accidente sopravenutogli, e come debole dell' indisposizione avuta da poco tempo in qua, prese licenza da *Monsignore,* e se ne
ritornò drento, nè alla porta ebbe impedimento alcuno, sebbene i
Francesi, come poco pazienti, avevano di già cominciato a tumultuare
e impadronirsi della porta Saint-Jacques, per donde era uscito *Monsi-*
*gnore;* e rientrato il principe, al quale non essendo ascosto il pericolo
in che stava lui e la città senza presto rimedio, fatto dare il cenno
della campana o tamburo che lui aveva prima ordinato, ciascuno si
trovò subito armato alla sua insegna; e, in numero di più di dodici
mila, si spartirno per tutto, con sbarrare le strade con le catene,
prese le piazze e li altri luoghi necessari, per impedire i Francesi dal
correre la città e saccheggiarla, come avevano cominciato; talchè si
attaccò una gran zuffa per tutto; e, dopo di avere combattuto per più dì
cinque ore, i Fiamminghi, come di gran lunga superiori, e ajutati dagli Inglesi, non senza grande mortalità di loro, restarono al di sopra.
ammazzando tutti i Francesi, fuorchè alcuni, e dei capi, che Orange
volse si pigliassino prigioni. E, fra li principali morti, si nominano MM. di
Rochepot, Bellegarde, figlii del già maresciallo, conte di Saint-Aignan.
con un suo figlio, due figli del marescial di Biron, che più non ne
aveva, il viconte di Ranté, Chanvallon, due Biraghi, Mario e Lodovico, e molti altri. D'Italiani, il capitano Pandolfo Cenami da Lucca.
un capitano Giuliano che non conosco; e fra nei altri si dubita del capitano Giovanni Alamanni e del capitano Antonio Gondi. La mortalità è
stata grandissima; e *Monsignore,* s'è ritirato a Termonde, sei leghe

lontano d'Anvers, donde ha mandato nuove di sè a Loro Maestà, acciò si provegga al caso suo; e di già M. di Guise, per riacquistare la grazia di *Monsignore*, s'è offerto; ma non si è fatta alcuna resoluzione, se non che di mandare alla frontiera M. di Puygaillard con quel maggior numero di gente d'arme che si potrà.

Sono avvertito, che, nel medesimo giorno, *Monsignore* aveva dato ordine, per tutto dove aveva guarnigione Francese, che s'impadronissero di quelle piazze, e che gli è riuscito in parte, ma in altre li Francesi sono stati scacciati e parte ammazzati, come in Anvers; in Flessinghe che è luogo proprio del principe di Orange, gli hanno ammazzati e gettati nella riviera.

Affinchè Vostra Altezza sappi tutto quello che va attorno, vogliono che, da molti mesi in qua, Orange abbi intelligenza con il Re Cattolico. e averla trattata col mezzo dell'Imperatore e dell'arciduca Ernesto, e alcuni Olandesi che sono stati assai tempo a Lisbona; e che Sua Maestà, col mariaggio della sua secondogenita nel detto arciduca, lo facci padrone de'Paesi Bassi, e che Orange resti a'suoi servizi, cavando di questa maniera di Fiandra tutti gli Spagnuoli e Francesi.

Dicono ancora, che la regina d'Inghilterra sapeva questo negozio, e che di suo ordine tutti gl'Inglesi mercanti s'erano partiti d'Anvers più di due mesi fa, e ritiratisi in Olanda; e di più che ne abbia dato qualche motto a *Monsignore*, sul quale Sua Altezza tanto più facilmente si sia lasciato indurre al consiglio di Biron. Come là si stia, la maggior crudeltà usata in Anvers ai Francesi viene da'Inglesi; sebbene quella regina dicano abbia spedito uno de'suoi gran navili a Dunkerque, purchè *Monsignore* possa servirsene e liberarsi; e che abbia scritto a Orange, che se della sollevazione di Anvers ne viene alcun male nella persona di *Monsignore*, che se ne piglierà a lui, e ne farà tal risentimento che doverà pentirsene; di che la Regina Madre ha mandato il Gondi a ringraziare l'ambasciatore d'Inghilterra che risiede qui, ma si dubita sieno tutti artifizii[1].

[1] Voyez sur l'affaire d'Anvers la correspondance de Busbec et surtout la lettre XIV.

Archives curieuses, t. X, p. 72. Voyez aussi *Lestoille*, coll. Petitot. 1ᵉ série. t. XLV.

7 février.

Il principe d'Orange, dopo il fatto, spedì subito a Termonde, dove *Monsignore* s'era ritirato con le sue forze, dolendosi di questo accidente preveduto da lui, e del quale dice averne avvertito Sua Altezza, assicurandolo che esso era stato cagione di salvare molti Francesi, e particolarmente della nobiltà che s'era ritirata da lui; gli aveva concesso viveri, e pregatolo che si governasse con qualche pazienza; che alla fine, con le piazze che se li offrivano e con un poco di tempo, si verrebbe al di sopra d'ogni cosa. E ai Fiamminghi aveva fatto un'orazione publica, facendo comparazione, che un cerusico gli avesse feriti tutti i loro figli, e che altri che quel medesimo non li poteva risanare, e che perciò erano necessitati pregare *Monsignore*, con il richiamarlo per loro principe, a perdonargli questo fatto, seguito solo per l'insolenza dei suoi soldati, senza la quale essi mai avrebbono preso le armi contro Francesi. Ha scritto anche a queste Maestà, e sforzatosi di fargli credere, che in questo accidente lui non ci ha colpa alcuna, e che si offerisse a ogni giustificazione e servizio di *Monsignore*, come s'ingegnerà che le opere sue gliene faccino amplissima fede. Se ora dice da vero, mal si può credere che avesse intelligenza con il Re Cattolico; ma è tenuto da ognuno tanto astuto, che sempre da' più savi se gli ha più cura alle mani, chè a cosa ch'egli dica o scriva. Tutti si accordano, che i Francesi si volevano impadronire della città, e saccheggiarla; e anco che la mortalità non sia tanto grande, massime nei nobili; e che sia falso che Orange uscisse fuori di Anvers con *Monsignore*, anzi negandoglielo affermativamente, vogliono che Sua Altezza fusse pregata da lui istantemente a non uscire della villa, per dubio di tumulto, e che ella volse andare a ogni modo; nè fu fuora

p. 250, sur l'odieux propos attribué à *Monsieur* en apprenant la mort de M. de Saint-Aignan, un de ses plus braves et de ses plus fidèles officiers, noyé dans les fossés de la place : «Je crois, dit-il, que qui auroit pu

«prendre le loisir de contempler à cette «heure Saint-Aignan, on lui auroit vu faire «une plaisante grimace.» Ce disoit-il, parce «que le comte avoit coutume d'en faire.»

appena della porta, che i Francesi cominciarono a attaccare i Fiamminghi; e secondo gli ordini dati da loro, presero la porta Saint-Jacques, tre strade delle principali, e s'impadronirono con la cavalleria dei rimpari della muraglia, dove era molta artiglieria; ma che non fecero poi gran cose nel menar le mani, avendo trovato tanti ordini, e così gran resistenza e animo nei Fiamminghi impensatamente. Dicono anche di più, che tutte le robe di *Monsignore* e scritture non sono state tocche da Orange, ma lasciate in mano a chi ne ha la carica; e che mostra una gran buona volontà, o un artifizio straordinario in simile accidente.

Ora le resoluzioni qui vanno molto adagio; ed è opinione di qualcuno, che *Monsignore* se ne ritorni in Francia, ma che prima cercherà con ogni sua forza, acciò non apparisca fuga, di rimettere le cose per suo onore in miglior termine che potrà, se si lascierà comandare dalla ragione e dalla pazienza. Tuttavia questa è conjettura, nè le posso scrivere per ora con maggior fondamento.

*Monsignore* si prepara con ogni sforzo di mettere insieme uno esercito come l'anno passato per Fiandra, dove sarà ricevuto in molti luoghi; e di già in Bruges vi è entrato M. di Rochepot con cinque compagnie. Il Re non si vuole dichiarare contro Spagna, ma non fa anco quello che potrebbe per impedire il fratello; il quale si vede che fa mettere gente insieme.

La Regina Madre ha tanto fatto, che ha avuto cento mila scudi per il suo capricio di Portogallo, e molti servitori del Re, buoni soldati, ci vanno, e con buona grazia di Sua Maestà, dicendo che non può mancare alla madre. Ho inteso, che don Antonio dia a intendere allo Strozzi, a Brissac e alli altri capi, che lui ha intelligenza in molti luoghi di Portogallo medesimo, e che la prima tenta sarà quivi. Chi la discorre forse più fondatamente dice, che questa armata non servirà ad altro che a ruberia di navili, e sieno di chi vogliono.

Il vescovo[1] pare che non si curi di cosa alcuna; e poi che non ha figliuoli, fa credere al mondo, che ha voglia volentieri che il regno finisse con la vita sua.

---

[1] C'est-à-dire le *Roi*. Il est quelquefois désigné sous le nom de *vescovo* (évêque).

1 4 février.

Mi è stato detto, che il Re manda il duca di Épernon a Venezia, per tentare di far lega con loro; e, per mostrare di venire in Italia per necessità, farà credere al mondo, che venga ai bagni di Lucca per curarsi di certa sua indisposizione; e che di lì vuol venire a baciare le mani a Vostra Altezza.

────────

VIII.

ALBERTANI AU GRAND-DUC.

Paris, 21 février-30 mars 1583.

Sommaire. — 21 février. Envoi de M. de Bellièvre en Flandre. Secours d'argent dérisoire. Retour probable de *Monsieur* en France. M. de Biron et sa protestation. — 7 mars. Négociations des Flamands avec *Monsieur*; leurs mauvaises dispositions réelles. — 21 mars. Envoûtements. Édits bursaux; nouvelles prodigalités. La confrérie des flagellants. Mécontentement de M. de Montmorency. — 30 mars. Accord de *Monsieur* et des États; défiance réciproque. Le prince d'Orange; son quatrième mariage. M. de Joyeuse et son installation comme gouverneur de Normandie. Affaires d'Écosse. Démarche de la Reine mère auprès de M. de Montmorency; réponse; colère du Roi. Le prédicateur Poncet.

21 février.

Del seguito di Anvers, essendosi dipoi da Orange continuato di vettovagliare il campo di *Monsignore*, e fatto un' infinità di dimostrazioni a Sua Altezza del buon animo suo, che qua si sono gustati assai, sebbene ci può essere dell' artifizio da una banda e dall' altra; ha il Cristianissimo alla fine spedito M. di Bellièvre alli Stati, a Orange e a *Monsignore*, suo fratello; il quale ajuta in tal occasione di cinquanta mila scudi, che sono una burla. Si vedrà ora il frutto di questa negoziazione; che quanto a me sto nella mia credenza, che *Monsignore*, impiastrato che abbi le cose, se ne debba ritornare in Francia, ancorchè assicuri Sua Maestà del contrario, e che da lei non si desidera, come l' Altezza Vostra si può imaginare.

Il marescial di Biron fa, secondo si dice, grandissimi risentimenti su la voce cavata che questo fatto sia seguito per consiglio suo, e vuole

che tutto il mondo sappi che non ci ha acconsentito se non per forza ;
e *Monsignore* accorda agli Stati, che voleva bene impadronirsi d'Anvers interamente e d'altri luoghi, ma non già il sacco a modo alcuno.
e che ne farà ogni dimostrazione per satisfare ai Fiamminghi. E già si
sparge voce, che pochi la credono, che a Fervacques e ad alcuni altri
prigioni si fa il processo; che se fusse vero sarebbe facil cosa che qualcuno morisse per il populo.

7 mars.

*Monsignore* si trova ancora a Termonde, malissimo contento e quasi
disperato delle sue resoluzioni. Quelli di Anvers gli hanno mandato
ambasciatori, nè lo chiamano più duca di Brabant; e se, conforme
alle domande loro, Sua Altezza vorrà ritirarsi a Bruxelles con pochi
de'suoi e con li Svizzeri, con lasciare i luoghi che tiene, e fare castigo esemplare di chi l'ha consigliato a tanto mancamento di fede,
promettono accordarsi, e Dio sa con che animo! Ma sono capitoli che
Sua Altezza non ci condescenderà mai; e se potrà ridursi a Dunkerque,
credo che se ne ingegnerà in qualsivoglia modo, ma i Fiamminghi
che sanno questa sua volontà cercono ogni strada per impedirlo.

Li prigioni di poca portata si lasciano partire di Anvers con taglia;
e come si vede un Francese allo scarto, gli è subito fatta la festa dai
Fiamminghi, i quali sparlano senza alcuno rispetto contro *Monsignore*,
e che mai più si fideranno di lui.

21 mars.

Si sono ritrovate in palazzo due imagini di cera, una che rappresenta la Regina Madre con le gambe legate con corde, l'altra il Re
con tre pugnalate nella vita.

Gli undici editti che Sua Maestà fece publicare, essendo tutti a danni
del publico, sono ritrovati molto strani da ognuno, e quello delle
Espices, che in Italia si chiamano sportule, il parlamento medesimo.
che lo volse approvare per fuggirne un altro della tassa de'processi
civili, ora se ne pente, trovando che il quarto spettante al Re impor-

terà più di detta tassa, oltre che per quella strada Sua Maestà potrà
sempre venire in cognizione dei loro guadagni. La erezione di quaranta mila birri per il regno, importerà più di due milioni d'oro per
una volta sola.

M. d'Épernon ha avuto il governo di Metz, Toul e Verdun, dando
Sua Maestà ricompensa a M. di Rambouillet; e lui e Joyeuse di pari
hanno per debitore il Re di quattro cento mila scudi per ciascuno a
$8\frac{1}{3}$ per cento, che importerà cento mila franchi l'anno per ciascuno (?);
che fa gridare il popolo straordinariamente, vedendo a quel che servono tanti editti e imposizioni. Prometto a Vostra Altezza che questi
predicatori hanno usato termini nelle loro prediche da fare sollevare i
popoli contro Sua Maestà, la quale non ha ardito di farli castigare,
ma solo ammonirli per levare l'occasione di tumulto, e appena se ne
ritengono.

Ha Sua Maestà mandato a effetto la *compagnia de' battuti* all'usanza
d'Italia; e in persona ci si trova con l'abito, e ha esortato molti de'suoi
a entrarci, come hanno fatto, e anco è stato permesso a molti presidenti e consiglieri di Parigi. Il cardinale di Bourbon n'è stato rettore, e un vice-rettore ne arà tutta la carica con quattro mila franchi
di pensione; e saranno in questo principio sino al numero di dugento,
pagando dieci scudi per ciascuno; e il Re si dona di entrata dodici mila
franchi l'anno, per intrattenere gli officiali, e l'altre spese.

M. di Montmorency, vedendo continuare il vecchio Joyeuse nelle pretensioni del suo governo di Languedoc, non si contentando di essere
stato eletto maresciallo e di avere la luogotenenza di quel paese, e che
il Re per amore del figliuolo vorrebbe consolarlo, si dice che ha fatto
nuova unione con li ugonotti; e, se non avesse tanto che perdere in
questo paese, si dubita farebbe ancora qualche altra scappata, vedendo
che il Re tiene sì poco conto di lui.

3o mars.

La Regina Madre ha voluto particolarmente sfogarsi un poco, come
di voce riferirò a Vostra Altezza, con qualche commissione che mi ha

58.

dato, per mostrare, dice lei, l'affezione ch'ella gli porta; il Re se l'ha passato freddissimamente.

*Monsignore* fece l'impiastro con li Stati e con Orange, e si ritira a Dunkerque; il marescial di Biron comanderà agli eserciti; lascia le altre terre in mano degli Stati, non intendendo però Cambrai; e loro rifaranno nuovo giuramento, con ordine espresso e pene gravissime che non si possa mai per alcuno riandare le cose passate. Pensi ora Vostra Altezza come passerà il negozio, e se io avevo qualche ragione di credere che *Monsignore* fussi per essere presto in Francia! E ora più che mai sono di questo animo, dicendosi che la Regina Madre andrà a trovarlo sino a Calais. Li principali di Anvers conducono Sua Altezza a Dunkerque, dove si crede che oggi si trovi, nè ha bastato questo, che ha voluto ostaggi nelle forze di Biron, dubitando di qualche stratagemma; e si tien per certo che i Fiamminghi sieno condiscesi a questo appuntamento, per dubio quasi sicuro che avevano, che l'Altezza Sua, per ritornarsene senza pericolo in Francia, avrebbe accordato con il principe di Parma, e messo in mano sua qualche piazza, come in verità ce n'era trattamento.

Orange ha scritto e fatto dire a queste Maestà, che su le promesse loro e dalla viva voce di M. di Bellièvre, hanno fatto questa risoluzione; supplicandole che per satisfare a quei popoli, sieno contente fare qualche severa dimostrazione contro li autori del sacco di Anvers, se bene non ha avuto effetto.

Il principe detto ha preso, per la quarta moglie, la figlia del già ammiraglio Châtillon, vedova, maritata a M. di Téligny, che fu ammazzato qui il giorno di San Bartolomeo col suocero.

Si dubita che in Normandia nasca tumulto nel ricevimento di M. di Joyeuse per governatore, nella maniera che l'ha mandato il Re, dicendo che non sono soliti accettarli in tal modo, se non quando sono principi del sangue; e la Maestà Sua ha mandato ordine espresso che sia ricevuto così, nonostante qualsivoglia uso, o altra cosa in contrario.

Il re di Scozia si trova ancora nei medesimi termini, e mi dice

l'ambasciatore, che l'ultima resoluzione è stata di fare assemblea generale della nobiltà e popoli, che sino a ora mai si è potuta accordare,
e che si risolverà quanto si debba fare; che intanto quella Maestà si
era guadagnato il capitano della sua guardia, col mezzo del quale andava corrompendo li altri, per vedere di liberarsi da quella servitù,
per quella strada che potrà trovare più espediente.

La Regina Madre, per satisfare al Re, aveva mandato uomo espresso
a chiamare il mareseial di Montmorency perchè venisse in corte, e si
rappresentasse a Sua Maestà, dalla quale sarebbe ricevuto e trattato
onoratissimamente, con infinite altre promesse. Il maresciallo ha repli-
cato liberamente alla Regina, che, se ella fusse nella medesima autorità e credito appresso il Re che è stata altre volte, che sotto la parola
sua verebbe in corte, e sarebbe sicurissimo di non ricever torto, anzi
ogni sorte di onore dalla Maestà Sua; ma che essendo lui assicurato
del contrario, che non si guarderebbe per rispetto suo a conservargli
la parola, e che non ne vuol fare altro. Ella, parendogli risposta che
piccasse troppo il figliuolo e lei, ha mostro la lettera stessa al Re, il
quale in collera ha sparlato contro Montmorency, tassandolo d'infedele e di troppo ardito a parlare contro di lui e di sua madre di quella
sorte, con la quale dice avere sempre proceduto con rispetto dovuto e
conveniente. In somma si è visto in collera straordinaria per questo
conto, e non pare che ci possa star sotto.

Quel che predicava nella principale chiesa di Parigi, perchè sparlava troppo arditamente contro queste Maestà, il Re, fattolo mettere
in un cocchio, l'ha rimandato alla sua abbazia, con ordine a chi ne è
capo, che non lo lasci più uscire di qui a modo alcuno.

La Regina Madre seguita più che mai nel suo umore di maritare
la principessa di Lorena con Savoia, e pare che oggi più che mai se ne
prometta.

## V.

# CORRESPONDANCE DE GIULIO BUSINI

## AVEC BÉLISARIO VINTA.

### SECONDE PARTIE.

Avril 1583 - novembre 1585.

---

## I.

### GIULIO BUSINI À BÉLISARIO VINTA.

Paris, avril-mai 1583.

#### ANALYSE.

(4 avril.) Les huguenots prennent ombrage de la nouvelle confrérie des fla-gellants; ils s'élèvent contre l'introduction en France des canons du concile de Trente. Le Roi résiste, sur ce point, aux vives instances du nonce.

Le bénédictin Poncet est reconduit à son couvent pour avoir prêché à Notre-Dame contre les flagellants.

Le Roi est prévenu de plusieurs côtés que M. de Montmorency s'est rapproché des huguenots du Languedoc : *E quel Charretier, che era da Monsignore, è venuto lì da lui ; e scrive qua, che chi toccherà il marescial Montmorency, toccherà Navarra e Condé.*

M. de Joyeuse est installé dans son gouvernement de Normandie, malgré les protestations du parlement de Rouen, qui invoque le privilège de la province de n'avoir pour gouverneur que l'héritier de la couronne.

M. d'Épernon est prêt à partir pour son gouvernement de Metz et Verdun.

La Reine mère se dispose à rejoindre *Monsieur* à Boulogne, afin de le décider à persister dans son entreprise, lui promettant à l'avenir une assistance efficace : *E in effetto teme, venendo qua, di non avere la guerra civile!*

(28 avril.) Le Roi, en habit de flagellant, et à pied, la Reine en litière, font le pèlerinage de Notre-Dame de Chartres et de Notre-Dame de Cléry. De là Sa Majesté se rendra à Saint-Germain pour une diète de quarante jours.

Les principaux seigneurs se rendent dans leurs provinces.

M. de Saint-Germain, confesseur du Roi, est donné pour coadjuteur à M. l'é-vêque de Paris.

Le Roi, sur les nouvelles taxes, a distribué quatre-vingt mille écus entre les cardinaux de Bourbon, d'Este et de Guise. Il a donné à M. de Biron, en Guyenne, un évêché d'un rapport de huit mille écus.

*Monsieur* est arrivé à Dunkerque en litière : *E subito qua si sparse fama che abbi un poco di male francese.* Il a été de nouveau proclamé duc de Brabant à Bruxelles et en Hollande; des députés des États sont venus traiter avec lui : *E si può congetturare che faranno a ingannarsi l' un l' altro.*

( 2 mai.) Le Roi ordonne à tous ceux qui ont des bénéfices d'église, et qui n'ont pas expédié les bulles à Rome, d'avoir à les produire dans les trois mois; faute de quoi les bénéfices feront retour à la couronne; cette mesure procurera de grosses sommes au Pape, et le disposera, on l'espère, à accorder au Roi les deux décimes extraordinaires qu'il sollicite. Les séculiers possesseurs des bénéfices sont en outre très-vivement priés de les résigner entre les mains de personnes *di quella professione e idonee, siccome si accostuma di fare in Italia.*

M. de Bellièvre est de retour; il a certifié au Roi que, s'il faisait passer en Flandre de l'argent et des hommes, *Monsieur* ne reviendrait pas. Deux cent mille écus ont été promis; on en envoie en outre cinquante mille : *Dicono che Sua Altezza vuol fare Fervacques suo generale, e un suo valetto di camera, figlio d' un sergente, primo gentiluomo; cose che disgustano tutti li nobili* [1].

M. de Bellegarde est revenu fort mécontent.

Le maréchal de Biron est à Anvers, à la tête d'une petite armée de huit mille hommes.

(16 mai.) M. de Saint-Goar a été nommé membre du conseil privé, et a reçu du Roi vingt-cinq mille écus. M. du Ferrier, qui a été ambassadeur à Venise, n'a rien reçu : *vogliono sia per essere sospetto d' ugonotto.*

Ce serait, dit-on, l'archiduc Ernest qui épouserait la fille du Roi Catholique : *poichè l' Imperatore è malsano.*

Le Roi songe à réformer sa maison, et à réduire le nombre de ses gentilshommes de trois cent soixante à cent.

Le nonce charge Busini de dire, comme de lui-même, au secrétaire de don Antonio, que la Reine mère ne tient nul compte de son maître, qui ne saurait mieux faire que de confier au Pape le soin de veiller à ses intérêts. Commission délicate, dont Busini n'a garde de se charger.

(31 mai.) Le Roi médite de grandes réformes, qu'il doit accomplir à la Saint-Michel. Il porte l'habit de pénitent, communie tous les quinze jours, le vendredi, ainsi que la Reine; il a au cou un collier d'ébène avec des têtes de mort en ivoire

---

[1] «Monsignore fa là (à Dunkerque) sua dieta, ed è tutto pelato.»

Il fréquente surtout l'église des capucins, se plaçant avec eux dans le chœur, écoutant l'office divin, baisant la terre, et chantant comme eux pendant trois et quatre heures : *che fa meravigliare ciascuno*. Il a pour acolytes MM. du Bouchage et de Maulevrier. Il a licencié ses musiciens, ne voulant plus de bal ni de danses.

M. de Saint-Goar est nommé ambassadeur auprès du Saint-Siége (six mille écus de traitement, deux mille *per il banchetto, spese di lettere e altro*).

Leurs Majestés sont parties pour les eaux de Spa. Quant à la Reine mère, elle se rendra peut-être à Saint-Jean-d'Angély, pour y avoir une entrevue avec le roi de Navarre.

Le duc de Lorraine a quitté la cour; le Roi lui a fait, dit-on, un don de cent vingt mille écus. Le cardinal de Vaudemont a reçu l'évêché de Castres, qui vaut sept mille écus de revenus.

Une nouvelle expédition navale est prête à partir pour les Açores. Quant à don Antonio, il vit retiré près de Saint-Germain.

MM. de Guise et d'Épernon sont mal ensemble, à cause de madame de Sauve: *la quale è gran tempo che è inamorata di Guisa, l'altro di lei; che per essere in favore, conviene condescenda a' suoi desideri.*

Les huguenots se sont emparés du Pont-Saint-Esprit. On soupçonne Montmorency d'être d'intelligence avec *Monsieur*, qui a refusé de recevoir l'argent récemment envoyé par le Roi, et qui se plaint amèrement de l'insuffisance des secours qu'on lui fournit [1] : *Quanto è di buono per Sua Maestà, è che ogni uno si parte da detta Altezza malissimo satisfatto.*

## II.

### GIULIO BUSINI À BÉLISARIO VINTA.

Paris, juin-juillet 1583.

#### ANALYSE.

(13 juin.) M. de Clervant est venu trouver le Roi pour le supplier, au nom des huguenots de France et du prince Casimir, de laisser lever deux mille soldats dans le royaume pour le service de la ligue protestante et pour le maintien de l'archevêque de Cologne [2]. Cette démarche excite les plaintes du nonce et les réclama-

---

[1] «Monsignore è tuttavia in Dunkerque, non troppo bene, continuandogli il male del membro genitale.»

[2] Ghebhard Truchsès, archevêque de Cologne depuis 1577, avait embrassé le protestantisme et épousé une chanoinesse en

tions de l'envoyé de l'Empereur. Malgré le refus catégorique du Roi, les hommes s'enrôlent et sont dirigés à la file vers la frontière.

M. de Joyeuse est parti pour l'Italie, après une conférence de trois heures avec la Reine mère. Son prétendu pèlerinage à Lorette cause quelque ombrage aux huguenots. Ce qui est certain, c'est qu'il va à Rome solliciter pour son frère, l'archevêque de Narbonne, le chapeau de cardinal.

M. l'abbé de Marmoutiers est mort. *Monsieur* a disposé de cette abbaye en faveur de son favori d'Avrilly, fils d'un ancien sergent devenu premier maître d'hôtel du prince. M. de la Rochefoucauld, neveu de l'abbé défunt, et qui vient de dépenser vingt mille écus au service de *Monsieur*, est revenu de Flandre indigné. Son Altesse est à Dunkerque, malade et sans ressources, hors d'état de secourir Cambrai, à moins que le Roi ne donne l'ordre à M. de Puygaillard de couvrir cette importante place.

(13 juin.) La reine de Navarre est dans la disgrâce du Roi; elle est sur le point de rejoindre son mari; mais elle est retenue par le manque d'argent.

Un Allemand, envoyé par la reine d'Angleterre pour s'informer des affaires de France, d'Espagne et d'Italie, a été arrêté à Dieppe, et ses papiers visités; il a été relâché sur les plaintes de l'ambassadeur anglais.

Les Guise craignent que M. de Joyeuse n'obtienne du Pape, pour son frère, la légation d'Avignon, en retour de la promesse qu'il lui ferait de faire publier dans ce royaume les canons du concile de Trente; ce qui pourrait amener une prise d'armes des huguenots, et une rupture avec l'Angleterre.

(25 juin.) La Reine mère a eu à Chaulnes, en Picardie, une entrevue avec *Monsieur*. Elle lui a promis des secours pour la défense de Cambrai. Dunkerque a ouvert ses portes au prince de Parme.

Il est question de nommer *Monsieur* lieutenant général, et de l'opposer aux huguenots et à M. de Montmorency.

M. de Joyeuse est, dit-on, chargé de demander au Pape l'autorisation d'aliéner des biens d'église, à la condition de faire la guerre aux huguenots. Un courrier du Roi à Joyeuse a été dépouillé de ses papiers et assassiné.

Dévotion du Roi : *Sua Maestà continua più che mai abbi fatto alla devozione; e mi è detto che porta sotto il cilicio dell' ordine di San Francesco; vuole far fare una chiesa al bosco di Madrid per venti quattro capuccini.*

(27 juin.) Le Roi, sur les observations du nonce, a renoncé à porter l'habit de pénitent. Leurs Majestés prennent les eaux de Spa.

---

1582. Déposé par le Pape le 1ᵉʳ avril 1583, il fut attaqué avec vigueur par Ernest de Bavière, évêque de Liége, qui le vainquit et lui succéda.

La reine de Navarre est malade : *alcuni vogliono che la sia gravida, altri idro-pica.*

Charretier, venant d'Angleterre, a été pris sur mer par ceux de Gravelines; on le fera parler sur les intrigues de la reine d'Angleterre, de *Monsieur*, de Montmo-rency et du roi de Navarre, sur le maréchal de Bellegarde, dont il a été le secré-taire, et sur l'affaire de Salcède.

M. d'Épernon se proposerait de faire un pèlerinage à Saint-Jacques de Compos-telle; il pourrait, à cette occasion, avoir une entrevue avec le roi d'Espagne : *se questo è vero, si può pensare a molte cose di conseguenza.*

(4 juillet.) *Monsieur* est rentré en France. La Reine mère doit l'aller voir à quelques lieues d'Amiens. Le Roi semble décidé à garder Cambrai.

M. de la Valette doit être nommé gouverneur de Lyon, laissant le gouvernement de Saluces au fils de Bellegarde.

(11 juillet.) Le maréchal de Biron a essuyé un échec assez grave à Bergues, il a eu la jambe cassée. Il se plaint du défaut de concours des États.

Le comte de Barlemont, envoyé du prince de Parme, est venu trouver le Roi à Mézières.

La Reine mère et *Monsieur* se sont vus à Meaux. M. de Puygaillard, avec qua-torze compagnies de gens d'armes, s'est rapproché de la frontière du côté de Cambrai.

(25 juillet.) Le Roi et la Reine mère se sont rencontrés à Monceaux. Le Roi poursuivra son voyage et sa mère exercera en son absence l'autorité de ré-gente.

Il résulte de l'interrogatoire du secrétaire Charretier, que *Monsieur* aurait conçu les plus mauvais desseins contre le Roi; on n'y veut pas ajouter foi; cependant M. de Biron écrit que Son Altesse est si mal conseillée, qu'on a lieu de craindre de sa part quelque escapade : *qualche scappata, che turberà questo regno.* Heureusement la Reine mère a déjà obtenu que toute levée d'hommes serait suspendue.

Le jeune comte d'Egmont, fait prisonnier avec Salcède, a été ramené par *Mon-sieur*; il est resté malade à Abbeville.

Quoique les affaires du roi d'Espagne, dans les Pays-Bas, soient en bonne voie, il ne faut pas croire que ces peuples soient près de se soumettre.

## III.

### GIULIO BUSINI À BÉLISARIO VINTA [1].

Paris, 8 août 1583.

M. de Bellièvre revient de la Fère, rapportant de bonnes nouvelles de *Monsieur*. Le Roi lui a fourni tous les moyens de secourir Cambrai, et lui fait en outre don de deux cent mille francs; le bruit court qu'il le nommera son lieutenant général. Le Roi est retiré depuis quelques jours à Madrid (près Paris), où il fait construire une église pour les ermites, et sa mère, qui est à Passy, le voit secrètement tous les jours; c'est elle qui gouverne en ce moment. Quant au Roi, il s'occupe uniquement de sa confrérie de pénitents : *sendosi lasciato crescere la barba, che nel mento e nella metà delle gote è bianca fuori di modo; ha buonissima cera, continuando l' orazioni più che mai abbi fatto.* Il va partir pour Lyon.

La reine de Navarre ne voulait pas partir, mais il lui faut obéir aux ordres du Roi, qui la fait accompagner par l'évêque de Langres et M. Charles Birague.

La princesse de Lorraine, à son retour à la cour, a fait chasser madame de Sauve : *per la sua sfrenata libidine.*

Un religieux de l'ordre de Saint-Bernard est venu de Toulouse à pied et pieds nus. Il est âgé de quarante ans, et dirige, près de cette ville, une abbaye de quatre mille francs de revenus, où il entretient plus de soixante frères. La vie de cet homme est exemplaire; il se nourrit d'herbes et de racines, ne boit jamais de vin, dort sur une planche dans son unique vêtement, qui est une robe de laine blanche. Le Roi l'a fait appeler et l'a fait prêcher devant lui; il doit s'en retourner pieds nus.

Ravages de la peste en Picardie, Champagne et Normandie : *ma non si fa diligenza alcuna.*

Le roi d'Écosse a échappé à la tutelle du parti anglais; sa situation est difficile : *per essere quella gente ugonotissima, e la maggior parte Epicuri, per l' ordinario di poca fede, soggetta molto ai danari, pei quali fanno ogni cosa*[2].

---

[1] Cette lettre et les lettres suivantes sont à l'adresse de Lorenzo della Stufa, à Rome. Ce Lorenzo était parent de Busini, qui, sous son couvert, faisait passer ses lettres à Vinta, comme il les avait fait jusqu'alors parvenir par l'intermédiaire de Dini de Viterbe.

[2] Busini termine sa lettre par le paragraphe suivant, en chiffres : «Sauva (madame de Sauve), quando la Regina Madre è stata da *Monsignore,* dormiva ogni notte con d'Avrilly (le favori de *Monsieur*), e Atri (mademoiselle d'Atri) con il duca

## IV.

### GIULIO BUSINI À BÉLISARIO VINTA.

Paris, 22 août 1583.

Sommaire. — Départ de la reine de Navarre. Affront que lui inflige le Roi. Projet d'alliance entre *Monsieur* et la princesse de Lorraine; réconciliation probable entre le Roi et son frère. Le duc de Nevers. Affaires de Flandre; M. de Biron; Cambrai.

Il giorno appresso che partì la regina di Navara, Sua Maestà fece fare prigione, otto leghe lontano da qui, dal cavaliere *du Guet*, madame di Duras e Béthune, prime dame d'onore d'essa regina, e una Barbera, serva di camera. Medesimamente, il medesimo tempo, il gran prevosto della corte, con forse quaranta cavalli, arrestò la carrozza d'essa regina, e tutte le altre, volendo vedere in viso ciascuno, con finta di non conoscere detta regina, levandogli un suo scudiere; e il medico che cercava non fu altrimenti trovato. Dicono che la prefata regina ebbe a dire queste formali parole : «È possibile che tante persone ab- «bino a patire per me? Ammazzatemi, vi prego, senza farmi più lan- «guire; sebbene Sua Maestà non lo può fare nè per ragione nè per «giustizia, come d'alturità!» Con molte altre parole; dalle quali si comprendea sapesse donde venisse tanta persecuzione. E, su tal no- vità l'arcivescovo di Langres che l'accompagnava, parendogli l'af- fronto stato grande, venisse subito a darne conto alla Regina Madre. che era a la Fère con *Monsignore*, e poi al Re a Montargis, ove si era fermo per interrogare, siccome fece lui medesimo, le suddette donne e scudiere; che poi sull'arrivo dell'arcivescovo le fece rilasciare, con l'obbligazione che nessuno di essi dovesse ritornare più da detta di Navara, inviando alla madre il duca d'Épernon, il quale non faceva che arrivare dal Loreno, sendo prima stato qua vicino con la detta Regina Madre; la quale inviò, a XXIX, l'abate Guadagni alla regina di

«d'Anjou, con gran carico della Regina.           «volsuta vedere. Sono fuori versi che toc-
«Navarra (la reine de Navarre) ancora lei        «cano molto la Regina Madre.»
«faceva gran bordello; che il Re non l'ha

Navara, che si è ferma a Vendôme. Domani o l'altro pare ci vadi anco
M. di Bellièvre, che gli porterà dugento mila franchi, dei quali ha
gran bisogno, sendosi partita di qua con una carrozza e tre cavalli
senza un soldo, dicendo che non potea fare altro, poi che così voleva
il Re. Il quale si dice adesso che gli vogli rendere il suo onore, e dare
ogni sodisfazione, con mostrare di essere stato male informato di lei,
poi che ha trovato tutto essere falso. Ragionasi che la prefata regina
non sia per ire altrimenti dal marito; che odo, come su quello romore
del parto, scrivesse al Re a Mézières, che, quando è stata da lui, non
sa giammai le abbi fatto torto, e che, se gliene ha fatto qua, come
ode, tocca alla Maestà Sua farne dimostrazione; e che da questo motto,
e dal bordello che l'ha fatto tanto apertamente con Chanvallon il
giovane, che si è fuggito non si sa per ancora dove, sebbene si dice
in Germania, vogliono che il Re facesse subito da se stesso questa resoluzione. Ma avanti nessun motivo, su di notte cercò la casa di Chanvallon da dieci o dodici mascherati, che non ve lo trovorno altrimenti.
Ho inteso, che Sua Maestà è già molto tempo che avea fatto intendere
alla sorella dovesse levarsi d'attorno Duras e Béthune, perchè con la
loro mala vita gli portavano cattivo odore; e che la si levasse in collera
contro la madre, che gliene disse. Per ancora non si sa nè si dice quello
che sia per fare Sua Maestà.

Si dice che la Regina Madre, fra tre o quattro giorni, si partirà
de la Fère, dove è con *Monsignore*, per venire a Gaillon dal cardinale
Bourbon, e che facilmente potria condurre detta Altezza; la quale
dice non volere imitare altrimenti casa d'Austria in maritarsi, e che
piuttosto piglierà una privata gentildonna di questo regno o d'altra
parte, che sua nipote[1]. Contuttociò la Regina non perde la speranza, e
ci fa quanto può; continuandosi di dire che avrà la carica di luogotenente, ma con certe condizioni; e per le dimostrazioni fatte ultimamente dalla detta Altezza a Épernon che è stato dalla madre, fa credere

---

[1] La Reine mère avait sans doute pro- | Lorraine, fille de sa sœur, Claude de France,
posé à *Monsieur* d'épouser la princesse de | et du duc Charles.

sia per seguire. Dicono che facci conte quel d'Avrilly, con l'occasione del maritarlo in la figlia di Fervacques; e che detta Altezza vadi ancora lui fare una congregazione di penitenti di San Francesco, con l'obbligo di portare un cordiglio attraverso al busto di seta bigia; e che venghi qui a Mantes, e forse quando la Regina sarà a Noisi e a Saint-Cloud, dove si fa conto venghi fra dieci giorni.

Il duca di Nevers ritornò qui a xv; e per il cammino riscontrò Sua Maestà, che gli fece buonissima cera, dicendogli come al principio dell'inverno volea fare un'assemblea di tutti i principi per dare ordine alle cose del regno, esortandolo a volersi ritrovare ancora lui; mostrando come faceva molto capitale del suo consiglio.

Orange e quelli Stati, suoi aderenti, si ritrovavano in Zelanda, là dove avean fatto resoluzione di volere difendere Bruges, avendovi di già fatto entrare mille dugento Francesi che restavano in quei paesi. Biron non venne altrimenti a Calais, come si diceva, ma era ancora là in Zelanda, con voce che se ne verria con la fanteria Svizzera diverso Cambrai. Si ode, che i viveri andavano senza contrasto; così, che la maggior parte di quei tre mila fanti che *Monsignore* c'invia, fussino comparsi e iti a predare verso Douai, laddove si erano impadroniti di non so che ladri.

<hr />

## V.

### GIULIO BUSINI À BÉLISARIO VINTA.

Paris, septembre 1583.

Sommaire. — *6 septembre.* Mort et funérailles du nonce du Pape. Affaire de la reine de Navarre. *Monsieur* et le Cambrésis; projet de céder Cambrai au Roi lui-même. Les Espagnols maîtres des Açores. Le roi d'Écosse et la sœur du roi de Navarre. L'Angleterre adopte le nouveau calendrier. Levées faites par les huguenots de Guyenne pour secourir l'archevêque de Cologne. — *20 septembre.* Don Antonio. La reine de Navarre. *Monsieur* dans le Cambrésis; le prince de Parme. Projet de mutations dans les gouvernements de provinces. Prochain retour du Roi.

6 septembre.

Ai xxvii del passato morì il nunzio. Al primo da mattina li furono

fatte l'esequie come a un re; intervenendoci li ambasciatori invitati
per ciò dal Gondi, non da parte del Re nè Regina Madre, ma solo
per l'amistà che gli portavano; e li duchi di Guise e du Maine accompagnorno il nipote dalla casa del vescovo fino in chiesa. Li ambasciatori non volsono altrimenti fare simile officio, come furno ricerchi particolarmente dal Gondi; così non si mossono dai loro luoghi, come
feciono anco dodici vescovi, due presidenti, venti consiglieri, otto della
camera de'conti, il senato della villa con numero infinito di torcie:
sendo stati vestiti ottanta poveri a bruno con le loro torcie.

La regina di Navarra è tuttavia in Touraine. Sua Maestà inviò al
marito M. du Ferrier, con l'occasione d'ire a servirlo come suo cancelliere; dicono per dare conto, che il motivo fatto contro di lei sia stato
solo per levarle d'attorno quelle donne e qualche servitore, che con
la loro dissoluta vita li apportavano mala fama. Dipoi, al primo, passò
di qui un gentiluomo di detto Navarra, che andò a trovare il Re, si
dice per supplicare la Maestà Sua, che la moglie non vadi da lui altrimenti sino a tanto che non oda bene il fatto; ed ancora per fare intendere, come la parte ugonotta le fa istanza di avere lettere che ha
promesso di dare loro per sicurezza; occasione da temere di qualche
motivo di guerra.

La Regina Madre è a Gaillon; si abboccò con lei Biron; se ne passò
da *Monsignore*, il quale dicono che l'istesso giorno dovea partire da
la Fère per ire a Cambrai, con otto cento uomini d'arme del Re, secento cavalli, quattro cento dei quali tiene ha condotti di Guienna Lavardin, e da quattro mila fanti che già sono in quei contorni di Cambrai e sulla frontiera. La voce è, come abbi messo in possesso di quel
governo Puygaillard, che vadino a ripigliare con queste forze Cateau-
Cambrésis, non so che altri luoghi, l'Écluse, vicino a Douai, e Valenciennes, per fortificare e munirsi bene, come territori appartenenti
al Cambrésis, quali si afferma che Sua Altezza ha ceduti a Sua Maestà;
e che c'inviì lui Puygaillard per suo governatore, con patente e resoluzione, per essere terra d'Imperio e libera, di volerla tenere lui della
maniera medesima che faceva il Re Cattolico; intendendo anche, come

per ciò, alli xxii del passato, sono stati a Bourbon-Lancy li deputati di
detta villa con Sua Maestà, per fermare li articoli e condizioni delli loro
privilegi; così che ci fece mandare due mila tonelli di vino di Piccardia, gran quantità di grano e altri mantenimenti a sue spese; ragionandosi nel volgo, come il Re sia per fare intendere al Re Cattolico,
che in l'avvenire *Monsignore* non si ingerirà più delle cose di Fiandra,
e che ha preso Cambrai in sua protezione.

La verità è, che hanno ultimamente fatto dire non so che a questo
ambasciatore per via del Gondi; che cosa si sia non si sa; vogliono
che, come *Monsignore* abbi dato ordine a tutto, che si sia per avvicinarsi in qua, e venire in corte in questa assemblea di principi che vogliono fare.

Il duca di Nevers, nell'andare a Mézières, si abboccò con lui, che
gli fece molte carezze.

Qua c'è nuova, per via di Bordeaux e de la Rochelle, come li Spagnuoli entrorno nella Terceira ai xxvi di luglio; così che in corte simile
avviso fusse, sino a x d'agosto, portato da quel naviglio che era venuto
in Normandia.

L'ambasciatore di Ferrara non dovrà star qua molto; per quanto
intendo, il suo principe resta poco sodisfatto di lui, per essere sovente
per le bische.

Scrivono di Londres, come quel segretario supremo era passato in
Scozia, subito l'arrivo lì a quella corte d'un gentiluomo inviatole il re
di Navarra, con voce d'ire a trattare mariaggio con quel principe della
principessa di Navarra; ma credeano fusse per timore che hanno l'Inglesi, che quel principe, ora che n'è fuori delle mani de' pensionari
d'Inghilterra e con gran seguito, non facci qualche novità, temendo
anche di qua; scrivendo ancora che quella regina si lasciava intendere
a quei mercanti, che nel primo parlamento faria introdurre il calendario, senza menzione però del Sommo Pontefice.

In Guienna si fanno mille fanti per opera di un agente di Casimiro;
li quali saranno imbarcati per la Garonna, per ire a Hambourg, di lì a
servizio dell'arcivescovo di Colonia maritato.

20 septembre.

Don Antonio è tuttavia qui vicino; mi pare intendere che glí faranno dare qualche casa in Brettagna o in Guienna, perchè si ritiri là.

La regina di Navarra, di poi la relazione fatta M. du Ferrier al suo marito, va inverso lui e già si ode ch'era a Poitiers. *Monsignore* arrivò a Cambrai, e incamminò le forze verso il Cateau-Cambrésis, impadronendosi d'Haucourt, piccolo luogo del principe d'Épinoy, tenuto da' Spagnuoli; nel quale Cambrésis si dice sieno sette compagnie del principe di Parma; e non molto lontano di lì, in quella parte di Valenciennes e Douai, ci è gran numero di cavalli e fanti, sotto la carica del governatore di Artois, comprendendosi da questo che vogliono conservarlo, per essere luogo che guarda l'entrata di Artois, e da divertire molti disegni. Si dice, che detta Altezza abbi sei mila fanti, computato due mila Svizzeri, quattrocento cavalli leggieri suoi, e da mille dugento uomini d'ordinanza. M. di Puygaillard sino qui non s'ode sia stato a Cambrai, sì bene lì vicino, nè che per ancora rimuovi il governatore, nè facci altra dimostrazione, come si dicea. Ha fatto conte quel d'Avrilly, suo favorito.

Il principe di Parma, alli xi, stava ancora sotto Ypres, e di Anvers per lettere de'x non s'ode altre novità, salvo che in Gand aveano fatto tornare diversi gentiluomini, stati cacciati già per opera d'Orange, e che Campagni, fratello del cardinal Granvella, andava per la terra.

È stato messo avanti da un Italiano di Lione l'invenzione di fare pagare tutti i corrieri, che portano li ordinari di Spagna, Roma e Venezia, cento cinquanta scudi di tassa, mostrando che la corte ne caveria quattro mila scudi; non dovrà ire altrimenti avanti, sendo stato rimostro al consiglio il male servizio e disordine che seguiria delle lettere poi con miseria tale.

Si dice tuttavia, che il padre di Joyeuse averà il governo di Provenza; così che daranno al gran priore questo di Parigi; ragionandosi nel volgo ancora, che La Valette arà quello di Lione con la fortezza; Saluzzo il barone di Bellegarde; e che Sua Maestà dia di ricompensa a Mandelot venti mila franchi di beni ecclesiastici, e promessa del primo maresciallato che vacherà.

La Regina Madre s' aspetta questa mattina qui, per ire a Saint-Maur. Il Re, dipoi essersi bagnato sei giorni a Bourbon-Lancy, venne per acqua alla Madonna di Cléry, ed ora è in Orléans, avendo inviato alla madre il duca d'Épernon, si dice, per sapere come va la contagione, della quale ce n'è assai, e di febbre terzana cosa grandissima. Così mi pare intendere, che se ne verrà a Fontainebleau e a Saint-Germain, e ai v del prossimo qui, non facendo progresso la malattia.

<hr />

## VI.

### GIULIO BUSINI À BÉLISARIO VINTA.

Paris, octobre 1583.

#### ANALYSE.

(3 octobre.) Le voyage de M. de Joyeuse en Italie a coûté quarante-huit mille six cents écus. Les différents princes et seigneurs lui ont fait le plus grand accueil. La Reine a fait tenir à *Monsieur* une somme de cent mille francs.

Les capitaines suisses engagés en Flandre se sont plaints de n'être pas payés; la Reine mère leur a fait donner soixante mille écus.

L'infanterie française qui est à Cambrai se débande, faute de paye.

Le Roi a le dessein de réformer le royaume : *nello spirituale e temporale.*

(17 octobre.) Le Roi et la Reine sont à Saint-Germain, où l'on a préparé le logement de *Monsieur.* Ce prince est à Château-Thierry [1]. Il a presque forcé M. de Biron à attaquer Cateau-Cambrésis. Le prince de Parme, avec des forces supérieures, a dégagé cette place. Un ordre de *Monsieur* a également causé à un fils de M. de La Noue un échec assez grave entre Bruxelles et Cambrai. M. de Biron est à la cour, où il exhale ses plaintes avec une grande amertume.

La Hollande, la Zélande et la Frise ne veulent plus entendre parler de *Monsieur.* Le Brabant et la Gueldre tiennent seuls pour lui.

Le roi d'Écosse n'a voulu entendre l'envoyé d'Angleterre qu'en audience pu-

<hr />

[1] Busini ajoute ces deux lignes en chiffres : «È inamorato di quello Avrilly ; dico «con tale dimostrazione, che in effetto è «cosa bruttissima.»

blique. Les Écossais font des courses au delà de leurs frontières. On les croit exci-
tés secrètement par la France.

La reine de Navarre est à Cognac, où son mari lui a signifié qu'elle eût à attendre ses ordres : *e Sua Maestà* (Henri III), *secondo intendo, n'è in gran pensiero,*
*non sapendo che resoluzione pigliare.*

Don Antonio fait acte de roi; il a fait étrangler un Espagnol, et mis à mort un
Portugais convaincu d'être en relation avec l'ambassadeur d'Espagne.

(31 octobre.) M. de Bellièvre est envoyé vers le roi de Navarre, qui insiste, si
sa femme est reconnue innocente, pour qu'on tire un châtiment exemplaire de
ceux qui l'ont outragée. Sans cette réparation, son honneur lui défend de la reprendre. Il songe à la répudier: *e pigliarne altra; per il che Sua Maestà n'è in gran*
*pena, come ancora la Regina Madre.*

Le Roi se prétend autorisé par le Pape, en conférant un bénéfice, à le grever
de telle pension qu'il lui plaira jusqu'à concurrence du quart. Il va bien : *sendo ri-*
*tornato a suoi soliti piaceri, sendo declinato assai dalla devozione.*

Le nouvel ambassadeur d'Angleterre, Strafford, est reçu en audience solennelle
par Sa Majesté. Strafford a été élevé en France, où il a été gentilhomme de feu
M. le prince de Condé; il paraît disposé à mener un grand train.

*Monsieur* est venu visiter la Reine mère à Monceaux. De là, dit-on, il verra secrètement le Roi à Dolainville, puis il se rendra en Anjou ou en Touraine.

La convention faite avec les Suisses n'a pas reçu d'exécution; aussi mangent-ils
le pays : *consumando li poveri contadini.*

La réaction continue en Écosse contre l'influence anglaise.

Le Roi voudrait donner la princesse de Lorraine, sa nièce, à d'Épernon : *a cui*
*avanzerà tanto, che non arà da nessuno altro.*

------

#### VII.

##### GIULIO BUSINI À BÉLISARIO VINTA.

Paris, novembre 1583.

ANALYSE.

(2 novembre.) Non, ce n'est pas *Monsieur* qui est venu à Monceaux; c'est la
Reine mère qui est allée le trouver à Château-Thierry. Ce prince menacerait, dit-on,
si on ne lui fournit pas de secours efficaces, de vendre Cambrai à l'Espagne pour
une grosse somme.

Le grand-duc de Toscane aurait dit à M. de Joyeuse, qu'il n'était pas si Espagnol qu'on voulait bien le dire, et qu'il eût été aussi bien Français si la France avait eu quelques égards pour lui.

(14 novembre.) *Monsieur*, pour venir à la cour, impose de dures conditions : l'oubli absolu du passé, et le pardon complet à tous les gentilshommes qui ont pris les armes contre Sa Majesté ; une garde de cinq cents hommes et de cinquante archers ; la lieutenance générale. Le prince est à Château-Thierry avec un peu de fièvre tierce ; il vient de marier d'Avrilly avec la fille de Fervacques.

Le prince de Parme fait, dit-on, offrir à *Monsieur* la mise en liberté de La Noue, du vicomte de Turenne et d'autres prisonniers ; et pour la ville de Cambrai huit cent mille écus : *cosa in vero che fa molto molto temere.*

Le Roi aurait été jusqu'à proposer au roi de Navarre d'en venir à une rupture avec l'Espagne. Mais on pense que c'est un artifice pour amener ce prince à reprendre sa femme ; après quoi le Roi trouverait bien moyen de rester en paix avec le Roi Catholique.

L'assemblée des grands, qui doivent être consultés sur la réforme générale du royaume, est convoquée pour ce jour même. Le Roi semble vouloir tenir la main à l'exécution des arrêts de la justice ; les grands jours de Troyes ont été prolongés ; un seigneur a eu la tête tranchée, malgré la protection du duc de Lorraine et des Guise. Quant à ceux qui ne répondent pas à la citation qui leur est faite, leurs maisons doivent être rasées. Aussi y a-t-il à Troyes plus de trois cents gentilshommes prisonniers.

Le Pape a envoyé au Roi l'absolution pour tous les bénéfices qu'il a donnés dans le passé à des personnes indignes, sur la promesse qu'à l'avenir il ne les conférera plus qu'à des gens d'église.

Sur la demande de M. d'Épernon, le Roi donne l'évêché de Senlis à M. de Thermes pour son fils : *che è qui a studio*, après l'avoir promis au poëte Desportes, à la requête de M. de Joyeuse.

Il existe entre d'Épernon et Joyeuse une grande rivalité.

On a arrêté dans divers endroits de la ville, et jusque dans les églises, des hommes et des femmes en grand nombre, pour s'être revêtus d'habits prohibés par l'ordonnance du Roi.

(28 novembre.) C'est M. Rose, prédicateur du Roi, qui a eu l'évêché de Senlis. Le cardinal de Birague est mort le 24.

Le nouveau nonce, évêque de Bergame, est attendu le soir même ; il suivra, dit-on, la même voie que son prédécesseur : *ma non sarà tanto scrupuloso nè violento.*

Les Vénitiens, créanciers du Roi, se montrent beaucoup plus patients que ne l'a été le grand-duc de Toscane; leur ambassadeur a dit : « *Io non ho volsuto strin-* « *gere il negozio, come fece fare il granduca, sapendo quanto dispiace al Re li modi che* « *usò il suo segretario, nel domandare quello li deve l'anno passato.* »

Le 18, le Roi, devant l'assemblée des grands, a prononcé un long discours qui n'est pas encore publié.

Sur la supplique du cardinal de Bourbon, demandant que la religion catholique fût la seule religion du royaume, Sa Majesté est entrée dans de grands développements; revenant sur les événements passés, et s'exprimant avec une telle force *che il cardinale non seppe che risponderli; dacchè dicea non volere altrimenti la guerra civile nel suo regno.*

M. de Joyeuse a tout fait pour que les sceaux fussent donnés à son frère, l'archevêque de Narbonne; mais Chiverny les a obtenus par le crédit de d'Épernon.

Le Roi cherche à emprunter à un intérêt de 15 p. o/o.

*Monsieur* est à Château-Thierry : *patisce grandemente di denari, come fanno anco tutti quelli che ha appresso di lui.*

Le Roi, dit-on, pour apaiser le roi de Navarre, aurait l'intention de déclarer que, s'il a agi ainsi qu'il l'a fait à l'égard de sa sœur, c'est à l'instigation du nonce qui est mort.

------------

## VIII.

### GIULIO BUSINI À BÉLISARIO VINTA.

Paris, décembre 1583.

#### ANALYSE.

(12 décembre.) Le nouveau nonce est reçu par le Roi et la Reine mère. L'ambassadeur du Roi Catholique fait tous ses efforts *per vedere di ritrarre l'umore suo, e particolarmente se pende più a Francia che a Spagna.*

Les funérailles du cardinal Birague ont eu lieu le 10 avec une certaine solennité. Don Antonio reçoit par mois, pour sa dépense, une somme de mille écus.

. Le Roi s'est délivré des Suisses, qui sont retournés dans leur pays.

On craint que *Monsieur* n'excite de nouveaux troubles dans le royaume. Il est question de lui envoyer une grosse somme d'argent.

Pour consoler Joyeuse de n'avoir pas un frère chancelier, le Roi va lui acheter, en Touraine, une terre de deux cent mille écus.

Les pieuses pratiques sont revenues. Le Roi, qui assistait aux obsèques de Birague avec l'habit de pénitent, établit à Vincennes une confrérie d'hiéronymites, composée de douze membres.

M. de Chanvallon a écrit de Sedan, où il s'est réfugié, à la reine d'Angleterre, pour lui demander asile dans son royaume.

Le prince d'Orange a été proclamé comte de Hollande et de Zélande.

On n'entend plus parler de la reine de Navarre. Son mari n'a nulle envie de la reprendre, et elle ne veut pas retourner à la cour.

(27 septembre.) La princesse de Lorraine est un parti de huit cent mille écus. Le duc de Savoie, auquel on propose sa main, préfère épouser la sœur de l'Empereur, qui est en Espagne.

Les fréquents rapports du nouvel ambassadeur anglais avec l'ambassadeur espagnol donnent beaucoup à penser.

Les affaires vont mal en Guyenne et en Languedoc. M. de Montmorency est fort irrité de la vaine démarche tentée auprès du Pape par le duc de Joyeuse, pour le faire excommunier.

Madame de Duras, qui le soir se portait bien, a été trouvée morte le matin : *il volgo vuole che il marito l' abbia avitata.*

Le prince d'Orange et les États font de nouvelles offres à *Monsieur*, qui demande au Roi cent mille écus, la permission d'envoyer à sa place M. de la Châtre, et de faire une levée de six mille hommes de pied et de mille chevaux. Le Roi peut-être consentira à tout, pour éviter la guerre civile.

La Reine mère est fort mécontente du Pape, qui n'a donné le chapeau ni à Paul de Foix ni à M. de Nazareth.

---

## IX.

### GIULIO BUSINI À BÉLISARIO VINTA.

Paris, janvier 1584.

blir l'impôt sur tout le monde. L'ordre de Saint-Lazare. Armement maritime pour don Antonio. La reine de Navarre toujours en suspens. Le prince d'Orange et *Monsieur*. L'ermitage royal de Vincennes et les douze ermites. La reine d'Angleterre; dangers qui la menacent.

9 janvier.

La cospirazione, che si dicea avea scoperto *Monsignore* contro la sua persona, non fu altrimenti, ma contro quel suo favorito d'Avrilly, in questo modo : Fu fatto prigione a Château-Thierry un soldato di bassissima mano, venuto ultimamente dalle Terceire, il quale andava qua mendicando. Esaminato con tortura, pare che abbi deposto, come un uomo di statura bassa, barba bionda, li dimandasse donde veniva e di che luogo fusse, e se si metteria a pane. Dicendogli di sì, gli dette per allora certi pochi soldi, ordinandogli che la mattina seguente si lasciasse vedere in la chiesa di San Severino, come fece. L'altro li tornò a domandare, se volea servirlo e correre la medesima sua fortuna, promettendogli che non gli mancheria cosa nessuna. Acconsentendo, con dire di essere pronto a fare ogni cosa, gli cominciò in quella medesima ora a narrargli, come avea qualche questione d'importanza, e che bisognava vedere di ammazzare qualcheduno, in particulare un gentiluomo che era da *Monsignore*, nominandogli il nome; facendogli insieme a credere che là erano cinque o sei capitani consapevoli di questo fatto che lo assisteriano, dandogli per ciò una lettera sigillata senza soscrizione, e un soprascritto a un capitano, che mai dicono hanno possuto averne relazione, dico del nome. Narrando, come questo tale che lo ha inviato là gli disse come si faceva chiamare Pommier, anco simile nome non si trova; e come gli avea detto, che subito fussi fatto il negozio, si dovea ritirare a una badia che è vicino a una lega, che era dell'abate del Bene, mostrandogli come avea venduto una terra per quindici mila scudi, che dovea sborsare subito dieci mila per tal fatto; affermando che non conosceva l'abate detto nè altri di tal casa. Sulla quale deposizione *Monsignore* scrisse subito di suo pugno al Re, pregandolo a volere fare pigliare l'abate del Bene, e inviargliene. Il quale essendo avvertito da Joyeuse, come intendo, di simile negozio, in quel medesimo istante che Sua Maestà lo mandava a chiamare per un luogotenente di guardie, comparse là, dove dandogli conto delle azioni sue, lo supplicò a volersi contentare che potesse rimostrare la sua innocenza fuori di prigione, offerendo per ciò sicurtà di rappresentarsi ad ogni ora che fusse domandato, e dove la Maestà Sua volesse. Così dopo averlo esaminato bene, lo liberò, rispondendo a *Monsignore*, che bisognava per trovare la verità del fatto inviasse qua il prigione. Ma *Monsignore* pare che abbi ogni altro pensiero, poi che ha mandato il suo prevosto con il processo, insistendo pure che l'abate vadi là prigione. Sentendo lui questo, ha supplicato il Re, con offerta di contentarsi sia giudice lo stesso cancelliere di *Monsignore*, o chi vuole la Maestà Sua; la quale li ha segnato che non vuole vadi da *Monsignore*, ma che la cosa si vegga per il parlamento, e che il delinquente devi venire insieme con quello che l'ha accusato, il cui l'abate non può sapere chi sia, lo desidera estremamente e insiste. Con tutto ciò si pensa, che alla fine *Monsignore* farà morire il soldato, e occulterà l'accusazione, dacchè si vede è una carità fatta a posta.

Alessandro del Bene mi disse ieri sera cenando con lui, come lo faranno morire a coda di cavallo, e come questo fatto derivi dall'odio particulare che hanno con il suo fratello, e ancora per tenere *Monsignore* lungi dal Re, il quale vorria pure fusse fatto giustizia qua dal parlamento. Mario Bandini si è adoperato assai, rimostrando che il suo cugino non ha badia in quella parte nè beni da vendere. Questa occasione in vero ha fatto causare che l'abate sia ritornato in grazia più che non era del Re, la cui Maestà dicono che abbi auto a dire : « Come questa è un'altra Salsedata. » Dicono che detta Altezza abbi ancora inviato alla badia di Baccio del Bene, che è lì vicino a sedici leghe, avanti che scrivesse al Re, e a un priorato dell'abate dove suole spesso ritirarsi.

Questi signori di corte, visto questo modo di fare, vorrieno che Sua Maestà desse qualche ordine in l'avvenire, con allegare che simile caso può succedere a qualsivoglia di loro, però che non è bene correre simili pericoli.

La Regina Madre, che è ancora là da *Monsignore*, scrive all'abate

che ha fatto molto bene a non ire lì, lodando la resoluzione presa e la
grazia fattagli Sua Maestà, dicendogli che non avea visto ancora l'uomo
ma il processo.

Quattro giorni fa, il Re fece dire per il duca di Joyeuse a tutti li gentiluomini della camera, come Sua Maestà dava loro licenza per due
mesi, e che andassino dove paresse loro; che poi a quel tempo sape-
rieno quello si risolvea. Si presume, se le cose si mettano alla guerra,
che non sia per cassare nessuno; quando no, quelli che aranno altri
carichi. Ha levato via tutti li tesaurieri, non volendo che ne resti che
due per ogni generalità; le quali di venti che erano l'ha ridotte a diecisette; e questi tali che aveano compero le dette tesaurerie, si devono
rimborsare del primo costo dalle generalità stesse; in questo mentre
tirarne 8 $\frac{1}{3}$ per cento. Leva molti altri offici simili, e cassa la maggior
parte dei pensionari; riordina la spesa di casa; cassa tutta la gente
d'armeria, e ne rifa cinquanta compagnie di nuovo al modo antico,
le quali saranno, secondo si dice, di venticinque l'una; le quali vuole
faccino la mostra a marzo, e anticipare un quartiere avanti, che importa dugento trenta mila scudi; per la cui somma si sono cotizzati diversi signori a trovare li detti danari, scompartiti in cinque compagnie,
ciascuna delle quali si obliga pagare quaranta mila scudi per il suo
quinto.

Il duca di Joyeuse ha un pò di febbre terza; lui chiamò il Gondi, il
quale ha di suo, molto tempo fa, settanta mila scudi. In effetto il favore
suo è diminuito; ma quel di Épernon quanto più si può essere aumentato, con meraviglia di ciascuno.

Il nunzio ha presentato brevi del Papa a detti due duchi, e li visita
sovente; cosa che non hanno costumato di fare mai li altri suoi antecessori. Però li più vogliono che li abbi fatti venire a posta, consigliato da questo ambasciatore di Venezia, che lo governa ed è a tutte
le ore seco. Nel procedere invero è persona gentilissima; ma nel negozio, secondo odo, di poca pratica.

Si dice, che Sua Maestà abbi promesso che in avvenire non darà più
vescovadi che a persone atte a quella dignità.

L' ambasciatore di Spagna è stato, da quindici giorni in qua, più di sei volte gran pezzo con il segretario Villeroy; la qual cosa dà gelosia grande a questi Inglesi, senza sapersi ancora la segreta dei loro negozi.

Di Guienna non si ode poi altro, che il re di Navarra vuole in ogni modo che si levi la guarnigione di Bazas. Bellièvre ha spedito qua per questo; in Languedoc stanno sollevati; Sua Maestà, inclinata alla quiete, fa ogni cosa per la conservazione di essa, ma con tutto ciò si teme che alla fine non si venga alla guerra.

*Monsignore* pare che abbi cominciato a dare fuori patenti per fare levata di gente da piè; la voce corre per Fiandra. Già in Normandia si è cominciato, per opera di Fervacques.

Leonardo Strozzi è qui, che cerca di mettere non so che nuove invenzioni di cavare danari; ha di già parlato al Re, che gli ha risposto vadi a notificarlo a Videville; e, se saranno cose che non sieno state proposte nè ragionate altre volte, gli concederà quanto domanda. Avanti le communichi, vuole che segni una supplica che fa al Re. Mi pare udire, come le conferì già a Gabriello Strozzi, pregandolo, quando venne qua l' anno passato, le volessi proporre lui; ma non lo fece.

23 janvier.

La Regina Madre ritornò in corte a' xii; parlò a quel soldato che accusò l'abate del Bene; e, nel dimandargli ove erano li sua vestiti, e da chi li avea auti, Fervacques che era lì presente, come quello che forse pensava che la detta Regina non fussi informata, gli venne detto che il mantello era già stato suo. La Regina dicono li dicessi : « Bisognerà fare il processo contro di voi. » In somma hanno per indizio certo che venghi da lui, e che *Monsignore* lo sappi, e che sia fatto a posta perchè sia lontano dal Re; dicendosi che detta Altezza facci curare diligentemente il soldato, non volendo che abbi altro male, ma che, come fia guarito, entri nella sua guardia di arcieri. Detta Altezza rispose all'abate del Bene, che non l'avea creduto, ma, su la deposizione che fece il prigione, fu forzato scrivere quello al Re; la cui Maestà ha fatto mettere qua prigione uno, che dicono accusassi il detto soldato, quando era qui in chiesa parlando con l'altro; di maniera che l'abate doverà sapere l'intrinseco di questo fatto, che è molto desiderato, per quanto odo, anco da Sua Maestà.

Otto dì fa, un M. della Fusiera, già intimo di detta Altezza, udendo ancora lui che *Monsignore* avesse qualche mala relazione di lui, si andò a presentare qui a M. di Pibrac, cancelliere, ma con obligazione di non volere ire altrimenti a giustificarsi da *Monsignore* dove erano li sua nemici; ma qui volea si procedesse contro di lui criminalmente, sendo caso lo trovassino in falta. Così in casa di detto cancelliere, una mattina, in una stanza si congregorno da quindici persone, la maggior parte gentiluomini e servitori di detta Altezza, chiamati lì, ove venne il luogotenente criminale di questo parlamento; poco appresso quel Serra, che ultimamente ha fatto mettere prigione Sua Maestà; sendoli diligentemente mostrato tutti, e poi dimandato se egli era quel tale che accusava, disse di no, ma che si ricordava d'avere visto a Mons a quel tempo con quel tale La Fusiera, però non sa altro nè che cosa li apponga. Il gentiluomo fu libero con cauzione di rappresentarsi sempre fusse chiamato, e l'altro ritornato alla Bastiglia. Ora si dice, che subito che li ambasciatori di Fiandra si partiranno da detta Altezza, che se ne ritirerà a Alençon.

A istigazione di questo ambasciatore d'Inghilterra, il Re ha fatto ultimamente carcerare tre Inglesi cattolici, per avere fatto stampare un libro che narra la morte che n'ha fatto fare la sua regina in quel regno a preti e altri Inglesi cattolici; nel quale c'è scritto le stesse esamine con le loro risposte. Con il primo gliene invierò uno.

Il reggente del seminario degli Inglesi che sono a Reims è venuto qui a supplicare il nunzio, siccome ancora ha fatto l'ambasciatore di Scozia con detto nunzio, perchè facci officio con Sua Maestà sieno rilassati; fu tre dì fa in corte per questo, e ancora per notificare a Sua Maestà, come in questi borghi si predica la notte occultamente in due case di ugonotti.

Viene scritto di Lorena, come quel duca avea dato passaporto e ordine di fare provvisione di viveri, per dodici mila bocche, che calculano possino essere la gente del Re Cattolico, che vengono d'Italia per Fiandra.

Il Re ha fatto sindachi e commissari a rivedere li conti a tutti li tesaurieri che hanno maneggiato denari della corona; cosa da cavarne molti scudi. Per ancora non si sa la riforma; bene si ode come va cassando gran numero di officiali, pensionari, e servitori; con dire che vuole ognuno paghi le gravezze, salvo li uomini d'arme, dei quali ha dato fuori in stampa come si hanno da governare; e di sessanta compagnie che vuole sia per tutto il regno, vuole ne servino questo quartiere dodici, avendole ridotte di cento a cinquanta, e di cinquanta a trenta, come vostra signoria vedrà per l'ordinanza. Ha parimente inibito di fare levata di gente da piè, come la vedrà per il bando in questa.

Leonardo Strozzi alla fine significò la sua intenzione, quale era la *gabella* de' *Contratti*[1], e di volere introdurre per tutti i parlamenti l'archivio, con ordine che li notari dovessino produrre li istrumenti fatti dal 1560 in qua; e che chi li volesse cavare, fosse obligato pagàre per ogni cento scudi un scudo; e di lì in là all'avvenente. Onde per essere cosa già stata prodotta da altri, non ne sarà altro.

Mi è detto, che il duca di Savoia ritorna di nuovo a far fare grandissime offerte a questo cavaliere Salviati, che in questo regno è gran maestro della religione di San Lazzaro, e fa cavalieri del continuo, affine ceda simile grado; ma ritraggo che, quando bene volesse, non può, perchè i parlamenti del regno non lo comporterebbero, per il gran utile che cavano dalle liti delle commende d'essa religione, che qua ce n'è molte.

Giovedì con gran cerimonia Alessandro Ruffini, Bolognese, venuto di Roma, dette in mano del Re le due berette per Joyeuse e Rouen.

Sua Maestà pare che pagasse ogni anno certa provvisione a forse venti cinque capitani e diversi altri officiali di galere; ora dicono le ha

---

[1] Institution financière de Florence.

levate via, e ordinato al duca di Retz che ne facci armare fino al numero di dodici, le quali vuole siano in essere e pagarle. Le navi che
vanno al mare per don Antonio saranno fino a otto, e fanno l'imbar-
cazione alla Rochelle, Brouage, e, secondo intendo, saranno al mare a
mezzo il prossimo.

La regina di Navarra scrive a Biron, come, stante l'opera fatta la
Regina, sua madre, e *Monsignore*, suo fratello, sperava ritornare ben
presto da suo marito. Nel volgo è, che a quest'ora sia da lui, ma non
ce n'è nuova, nè per ancora lo credo.

Per lettere dei III d'Anvers s'ode, come Orange cercava che i populi li facessino il giuramento della contea d'Olanda e di Zelanda, ove
avea qualche difficoltà, con tutte le promesse facea far loro. Questi sua
commissari dicono che offerisca a *Monsignore* sette o otto terre, e
molte cose; che con la partenza di essi si saprà quello aranno accordato.

Questa sera si dice, che la Regina Madre ritorni là da lui, temendosi
non voglia fare qualche romore nel regno, alzandosi fama per questi
ugonotti, che il re di Navarra ha inviato grossa somma di danaro in
Alamagna, e molte cose che', per non portare del verosimile, non gliene
narro.

Si dice, che Sua Maestà si sia per ritirare al bosco di Vincennes, laddove ha fatto fare da dodici celle per li girolamisti, in le cui è solo un
letto e un piccolo oratorio guarnito a panno bigio; del medesimo colore sono li vestimenti che devono portare mentre sono là; la cui re-
gola pare sia tanto stretta, che li preti, che sono accostumati di stare
alla cappella, recusano di stare; ove il Re è in pena, volendo quelli
stieno là del continuo, e che non possino andare fuori di lì che due
volte il mese, e il loro priore sei. D'essi non può essere che dodici;
già ne sono il cardinale di Vaudemont, duca di Mercœur, il conte di
Maulevrier, du Bouchage; si dice che ci entra il duca d'Aumale; li altri ci vanno lenti.

La regina d'Inghilterra vive con timore grandissimo, non solo dell'
armata spagnuola, ma dalla parte di Scozia, ove non può più cosa veruna.

## X.

### GIULIO BUSINI À BÉLISARIO VINTA.

Paris, 6 février 1584.

**ANALYSE.**

(6 février.) L'ambassadeur d'Angleterre réclame le châtiment de trois Anglais, auteurs de pamphlets contre leur reine; il rappelle qu'en pareil cas la reine d'Angleterre a sévèrement puni les délinquants français. Le lieutenant criminel juge qu'il n'y a pas lieu de poursuivre.

L'innocence de l'abbé del Bene est évidente : *La carità gli è stata prestata in corte di* Monsignore; *la cui Altezza non vuol dare il soldato.* L'abbé insiste pour que le parlement soit saisi de l'affaire.

Le lieutenant civil, au nom du peuple de Paris, s'est présenté à Saint-Germain devant le conseil, et a prononcé un discours très-hardi contre l'intervention des étrangers dans les affaires du royaume : *Dicendo che erano quelli che si facevano ricchi del loro sangue, allargandosi molto, e tassandoli di sanguisughe; nominando per uno il Diaceto, Sardini, Ruccellai, Gondi e Rametti.* Le lendemain, Gondi et Rametti portent leurs plaintes devant le conseil; ils sont prêts à se retirer, quand on leur aura rendu l'argent qu'ils ont déboursé.

Il est vraisemblable que le lieutenant civil n'a pas parlé de lui-même; on pense donc que le Roi songe à reviser toutes les fermes des impôts. L'enquête contre les trésoriers et les généraux des finances est commencée : *Dicono che faccino offerire i tesaurieri cinque cento mila scudi, e che Sua Maestà non vogli.*

Le 29 janvier, le Roi a remercié l'assemblée des grands, et l'a convoquée pour le troisième dimanche de carême; il veut reconstituer l'armée, la justice, la police, réformer la noblesse et le peuple, et revenir aux usages antiques : *continuandosi di dire che vogli riordinare tutto al modo e costume antico.*

Les douze ermites du Roi se sont rendus au bois de Vincennes la veille de la Chandeleur, savoir : cinq cardinaux, les évêques d'Auxerre, de Nevers et d'Angers, les ducs d'Aumale, de Mercœur et de Joyeuse, enfin du Bouchage. Chacun est accompagné d'un seul serviteur [1].

[1] Busini entre dans de grands détails sur cette fantaisie dévote du Roi :

«Il loro abito è di panno bigio; cioè una «tunica da frate, la quale ha nel lato manco «una croce bianca, dentro la quale sono «quattro gigli; un ferraiuolo che viene sino «al ginocchio, che ha un gran capuccio. «Ciascuno ha la sua cella; ma è piccolis-

La cour est fixée à Saint-Germain : *E, quanto prima le piaceva di stare a Parigi, adesso le dispiace.*

Le roi de Navarre est à Foix ; les armements se poursuivent en Languedoc, ce qui fait craindre une rupture avec l'Espagne.

La reine de Navarre est à Agen. Son mari exige toujours une réparation de la part du Roi.

Joyeuse et surtout d'Épernon sont toujours en faveur, mais le Roi ne leur prodigue plus l'argent.

L'ambassadeur d'Espagne en Angleterre a reçu du conseil de ce royaume l'ordre de sortir du pays dans les quinze jours.

On a trouvé dans une maison de Londres jusqu'à quatre cents catholiques, assistant à la messe : *tutti presi.*

---

## XI.

### GIULIO BUSINI À BÉLISARIO NINTA.

Paris, 20 février 1584.

SOMMAIRE. — Retour inopiné de *Monsieur.* Détails sur cet heureux événement. L'ambassadeur d'Angleterre et sa réclamation. Différend entre Joyeuse et Mercœur. Montmorency ; le duc de Savoie et le mariage de Lorraine.

Nei XII, sulle due ore di notte, *Monsignore,* fratello del Re, stivalato, comparse in camera della Regina Madre che era a letto ; la quale come

«sima, dove è un letto e uno oratorio ornato «del medesimo panno ; sei piatti piccoli con «bacino ; un candelliere, due boccaletti, uno «per vino, l'altro per acqua, tutti d'argento. Si dice, che, a tempo di carne, hanno «da avere tre sorte di bollito e dua di arrosto, uno di frutte ; così, come si levano «un'ora avanti giorno a dire l'ufficio, cantando, come fanno la messa, il vespro e «compieta ; dipoi stanno sempre in orazione «con silenzio ; e, per quanto intendo, faranno una certa professione. E, perchè li «frati e preti, che sono accostumati ad una «vita più libera, non si vogliono ridurre a «questa sì stretta, così Sua Maestà si risolve «di mandare a pigliare di quei frati che «sono vicino a Toulouse, sotto la custodia di «quell'abate che fu qui otto mesi sono, li «quali non vivono che d'erbe e stanno sempre in orazione. Le celle da dodici sono «aumentate fino a trenta ; il Re è più che «mai dato alla devozione, dicendosi che voglia cominciare la quaresima domani ; «così che la maggior parte di essa la sia «per fare al bosco di Vincennes. »

l'ebbe abbracciato e udito, mandò a chiamare il Re per cosa che importava. Come udì, venne subito; e entrando nella camera, dicono che detto *Monsignore* se gli gittò a' piedi, supplicandolo di perdono, e a volere scusare la sua gioventù, mostrando come la Maestà Sua era il suo re e signore, e che in l'avvenire gliene faria conoscere; con tante altre parole piene di grandissima sommissione e d'amore, che il Re lo fece levare subito e l'abbracciò, dicendogli, come non avea altro bene che lui, che vedria tutto l'opposito di quello che li sua servitori li aveano sempre dato a intendere, perchè l'amava come fratello e figlio, poichè, mentre non avea prole, a lui si aspettava la successione, così che ciò che avea era suo; con tanta allegrezza che la Regina Madre, che per tenerezza lacrimava, dicessi: «Ringrazio Iddio, che, «dopo tante fatiche, mi ha fatto questa grazia di vedervi qui da «me in un subito sì uniti insieme e da voi stessi. Adesso credete che io «morirò sempre contentissima.» E in quell'ora medesima il Re prese per la mano *Monsignore*, e lo condusse in casa madama di Nemours, ove erano tre cardinali, tutti quei di casa Lorena, duca di Nevers, e la maggior parte di queste principesse a banchetto. Li quali, nel vedere *Monsignore*, restorno attoniti e meravigliati, siccome seguì in ciascuno che mai l'averia creduto.

Di lì se n'andarno sul Rametto, dove erano molte dame e signori di corte e di questa villa. E, il giorno di carnovale, corsono a cavallo mascherati in gran trupa tutta questa villa. La sera si mascherorno riccamente con loro tutti questi principi, e andorno fino a giorno in più di venti otto case.

Per tutto Sua Maestà si vedde lietissima e contenta, dico tanto che più non si potria dire, come si vede ancora in ciascuno di corte e questo popolo. Quando detta Altezza va al levare del Re, e quando al desinare, sempre che compare da Sua Maestà è con la beretta in mano, il Re si cava la sua e lo fa coprire; se è a sedere, si leva un po' in piè, e gli fa portare una seggiola; e bene spesso, quando se ne va, lo fa accompagnare dal duca d'Épernon. È alloggiato in casa la Regina Madre, dove sono stati a visitarlo tutti gli ambasciatori e agenti, salvo quel di Spagna; tutto il parlamento, senato della villa e signori. Così gli ambasciatori sono iti a rallegrarsi con il Re, che ieri fece correre all'anello nel giardino di *Tuilleries*.

Ora si dice, che detta Altezza sia per ire a Château-Thierry, per udire due commissari di Fiandra, che si attendono di ritorno ad ogni ora; li quali pare ritornassino.là per nuovo potere, li altri due sono qui; e che poi verrà in corte, la quale per la venuta sua è già ridotta tutta qui, nè doverà partire sino a fatto Pasqua.

Sua Maestà si tiene alla casa d'Anjou, e si dice che sia per ire a Lione con disegno di fare qualche intrapresa contro al duca di Montmorency, e che farà suo luogotenente *Monsignore*, con condizione che possi comandare a tutti, fuori che le finanze e alle ville di frontiera; e che *Monsignore* si contenta di pigliarlo, dacchè Sua Maestà li promette dargliene dipoi libero.

La detta Altezza, la mattina di carnovale, fu più di due ore in casa l'ambasciatore d'Inghilterra, cosa che al nunzio e all'ambasciatore di Spagna ha dato materia di discorrere; massime che il Re era lì vicino, che l'attendea a desinare.

Inviano cinque cento fanti di nuovo a Cambrai, e danari per quelli che sono là, che hanno d'avere tre paghe, dicendosi nel volgo molte cose toccante il ritorno di detta Altezza in Fiandra, mente del Re. come ancora del soccorso e capo che ci sia per inviare in assenza sua; quale il popolo vuole che sia il duca du Maine; le quali cose, per non avere fin qui aparenza alcuna, non gliene dico.

*Monsignore* venne di Château-Thierry il giovedì grasso, e smontò sconosciuto all'osteria di San Dionigi; poi la sera se n'andò alla casa di Marc Cramon, ove stette fino alla sera, che fu in casa la Regina, senza farsi vedere.

Di qui si partì alli vIII un gentiluomo Inglese, che ha servito qua già da segretario, che va spedito dalla regina d'Inghilterra al Re Cattolico, secondo scrivono di Londres, per fare sapere a quella Maestà la cagione e le pratiche che n'ha fatte e faceva detto ambasciatore in quel regno per sollevare li sua sudditi; il quale Inghilese è ito racomandato caldamente, secondo intendo, dal Re al suo agente.

L'ambasciatore d'Inghilterra tornò a insistere Sua Maestà per fare carcerare di nuovo quelli Inglesi che erano prigioni, particolarmente il principale che ha fatto quelle stampe, rimostrandole che era per cosa di *crimen lesæ-majestatis* e non per altro; ottenne, ma avanti furno avvertiti e se n'andorno via.

Fra il duca di Joyeuse e Mercœur è stato un poco di querela, causata dal non volere Mercœur che Joyeuse avesse potere sopra le terre marittime del suo governamento di Bretagna, come mostra Joyeuse abbino auti ordinariamente li antecessori suoi, che hanno posseduto la medesima carica che ha lui di ammiraglio; perchè Sua Maestà non se n'è voluto impacciare, sono iti dieci o dodici giorni bene-accompagnati; pure in ultimo si dice che la Regina Madre e regnante li abbino accordati, cioè fatto che Joyeuse si compiace sine prejudizio.

Si dice, che M. di Châtillon abbi volsuto sopraprendere la villa d'Agen in Guienna, ove è la regina di Navarra; e che in Languedoc li ugonotti si sieno impadroniti di due ville vicino a Avignon.

Sua Maestà, con tutti li mezzi e diligenze che fanno li ambasciatori di Savoia, non dà risposta, ma si mostra austerissimo; di sorte che temono di qualche sospetto che possi avere, che detto duca non abbi intelligenza segreta con Montmorency, col tenersi così; e facendo la deliberazione detta di sopra in Languedoc, facilmente indurrà Savoia al matrimonio di questa principessa di Lorena.

---

## XII.

### GIULIO BUSINI À BÉLISARIO VINTA.

Paris, mars 1584.

violence du Roi; son pèlerinage. Maladie de *Monsieur*. Les projets d'armement s'en vont en fumée :
puissance de Montmorency; mécontentement des provinces. L'Espagne et la Savoie. Réclamation du
roi de Navarre à propos de l'affront fait à sa femme. — *20 mars*. La vie de *Monsieur* est en danger.
Disgrâce honorable du commandeur de Champagne. Le duc de Savoie et Montmorency.

5 mars.

Qui si ragiona, che *Monsignore*, fratello del Re, sia per essere di ritorno in corte fra quindici giorni, così che sia per venire con lui Fervacques, quale ha di già mandato a chiamare. La cui Altezza ha auto
in dono da Sua Maestà quei giorni, che sono stati goduti da quei tali
che hanno compero uffici per il regno dacchè il Re è venuto alla corona, come dire rifare la rendita di essi posseduta avanti la patente
della cancelleria; sendoci tale, per quanto intendo, che ha trasandato
sei mesi : perciò è cosa che può importare più di ottocento mila scudi,
oltre a molte altre grazie che la Maestà Sua li ha fatto. Gli accordò
otto mila scudi il mese per intrattenimento del presidio di Cambrai nel
tesauriere de l'Épargne, la quale villa adesso sono appresso per farla
munire di viveri e munizioni per un anno; e M. de la Châtre, secondo
si dice, n' ha la cura di farlo con la spalla dell'aumento che si fa tuttavia di queste fanterie con le compagnie di gente d'arme che è in
quella parte di Piccardia. Dicendosi che il Re voglia adesso che tutte
le compagnie di fanteria, che sono cinquanta e che non aveano che quaranta fanti l'una, sieno di dugento, tale che l'aumento sarà di sette
mila cinque cento, e non di quattro mila. Medesimamente come rimette le compagnie di gente d'arme a ciascuna, ma di trenta per compagnia; così che abbi mandato a soldare otto mila Svizzeri, con fama
che vogli servirsi di queste forze per Languedoc contro a Montmorency;
continuando la voce che la corte, fatto Pasqua, andrà a Lione. E, perchè vanno secento fanti e tre compagnie di gente d'armi a Saluzzo, li
Spagnuoli temono, come ancora fanno molti altri, con fare stravaganti
conjetture, come dire che questa gente sia per ire a impedire il passo
alli Spagnuoli che passano di Borgogna in Fiandra; e che Sua Maestà
possi, con questa fama di volere fare la guerra a Montmorency, fare
due effetti, l'uno per tenere in freno i popoli che sono alterati per

l'imposizione, l'altro per darla a *Monsignore* perchè la possi mandare in Fiandra; e mille altre cose che non portano nè hanno punto di presente del verosimile. Savoia ancora è in gelosia grandissima d'essa, e per certe lettere e avvertimenti, che dicono ha dati il duca d'Anjou al Re di Montmorency, per dove si conosce la intelligenza grande con il prefato; e, con tutte le diligenze che fanno questi sua ambasciatori. che continuamente sono avvertiti di tutto, non possono aggiustare cosa veruna, ma più presto dubitano che li umori non si vadino ogni dì più ingrossando; massime che Sua Maestà, per quanto intendo, non vuole udire cosa alcuna del matrimonio che da dodici giorni in qua detti ambasciatori domandano con grandissima istanza. La malattia della Regina Madre e il non negoziare già un tempo fa, ha dato e dà loro grandissimo disturbo.

Sua Maestà fu a' xxv al bosco di Vincennes a quella sua devozione. ove stette fino a' xxviii; dipoi a' ii di questo, andò in processione in *battuto* con tutta la compagnia de' penitenti e frati capucini e de' buoni uomini ad acquistare un giubileo che n'ha concesso per un anno tutti li venerdì il Papa, a intercessione della Regina Madre, a questa villa in sette chiese, delle quali ne sono cinque in la terra e due fuori, cammino di tre miglia.

Ora si dice, che Sua Maestà sia per fare una dieta di venti giorni; come cominci, il duca di Joyeuse se n'andrà in Normandia, al suo governamento.

Per le alligate stampe signoria vostra vedrà li officii che il Re leva, così l'ordine della gente d'armeria. La cui Maestà vuole che tutti li arendamenti siano di nuovo messi all'incanto, e che si dieno a chi più offerirà, avendo di già ordinato che si devi fare alli ix del prossimo; così ha nominato dodici uomini a ciò, fra i quali c'è il primo presidente. El Gondi esclama, atteso che già del tempo che ha da tenere la dogana, è stato offerto per supplica a Sua Maestà trenta mila scudi. dico per li due anni che la deve tenere. Lui dice che ha da avere più di dugento mila scudi; questi altri, che hanno ancora loro sborsato per li loro grosse somme, pare loro strano, massime che adesso cominciavano a rimborsarsi delli loro; vedendo simile motivo, temono che non abbino da venire in potere di Francesi; la quale causa seguendo, averieno da stare assai a cavare il loro, dico con tutti li contratti che hanno. Però altri credono, che il negozio sia fatto a posta per cavare qualche grossa somma di denari.

Quei capitani che vanno al mare per don Antonio, sono partiti per imbarcarsi in quella parte di Brouage; con essi andranno da secento fanti. E in Bretagna va un M. de la Roche con tre navi, dando voce di volere ire a cercare terre nuove.

Di Normandia sono venuti deputati a rimostrare a Sua Maestà, come non è possibile che possino pagare il nuovo aumento che viene messo loro, mostrando essere più dell'anno passato dugento mila scudi. Si pensa faranno il medesimo le altre provincie.

Dicesi, che il Re vogli fare un nuovo consiglio per li affari di cose di Stato.

Don Bernardo di Mendoza, che era già ambasciatore in Inghilterra per il Re Cattolico, è qui in casa questo ambasciatore venuto dal principe di Parma, ove starà aspettando risposta. Conta molte cose della d'Inghilterra; fra le altre, che avea paura non tenesse pratica di mettere in libertà la regina di Scozia, e che non s'intendesse con il Papa e duca di Guisa.

Ieri ebbe audienza questo barone Seaton [1], mandato dal re di Scozia, introdotto da quello della regina di Scozia; il popolo vuole sia venuto per trattare mariaggio nella sorella di Navarra, ma intendo per adesso che la sua venuta è per i dispareri che sono fra il suo re e quella d'Inghilterra; e per la regina di Scozia per altra gliene saprò dire qualche particulare.

D'Inghilterra scrivono, come quella regina avea inviato commissari per tutto il regno a pigliare il giuramento dei popoli; come la è capo della chiesa d'Inghilterra; e che quelli che non vogliono consentire nè conoscerla per tale sono carcerati.

---

[1] Voyez, sur la mission de Seaton, l'excellent travail de M. Hubault sur l'ambassade de Michel de Castelnau, p. 87 et suiv.

Gli Stati di Fiandra andorno per vettovagliare Ypres con mille fanti, cento cinquanta cavalli e novanta carri; furono rotti e i carri presi con morte di quattro cento e cinquanta prigioni. Secondo scrivono d' Anvers per lettere dei xxvi, erano in gran confusione, il populo contro ai soldati, di maniera che temevano non si risolvessino; e con questo fo fine.

18 mars.

Ai vii stante, stando Sua Maestà in consiglio, dove si trattava di trovare modo di avere grossa somma di danari, così dopo essere stati messi avanti molte vie, dicono che il commendatore di Champagne[1] dicesse : « Sire, se la Maestà Vostra ne vuole avere prontamente, biso- « gna si volti a questi Gondi, Vidiville e Rametti, e non al suo povero « popolo, dal quale mostrava di sapere che s' era cavato da gennaio in « qua più di quattro milioni di franchi, dei quali non se ne era veduto « che miseria. » Tassando molto quelli che maneggiano le finanze. Ri- spondendo Vidiville che erano uomini da bene, e come Sua Maestà sa- peva dove erano iti, l' altro dicea : « Io so che il Re sa bene, se vuole « dire la verità, dove vanno. » E, replicandolo più volte e in certo modo, che Sua Maestà si messe in collera, levandosi in piè per trarre fuora la spada per dargli. Il cancelliere e Villequier non lasciorno, ma feciono inginocchiare il commendatore. Contuttociò non poterono fare che il Re non gli dessi un pugno e un calcio nel ritirarsi fuori della porta. Poi dicono che, ritornando a sedere, dicesse : « C' è qualche altro che « vuole fare qui del saccente, e mostrerò bene chi sono! »

La cui Maestà, a' x da mattina, se n' andò in *battuto* a piè con forse settanta della compagnia de' penitenti, fra i quali li cardinale di Vau- demont, Joyeuse e Vendôme, li duchi d' Aumale e di Mercœur, alla Madonna di Chartres; di lì si ode poi come sono iti a quella di Cléry, ch' è altanto cammino, e che il Re abbi portato il crocefisso più di due leghe; così che si communica ogni mattina, fa le spese a tutti, facen-

---

[1] Michel de Sèvre. chevalier de Malte.

dosi conto che possino essere di ritorno ai xxiv; fa fabriccare con gran
furia una casetta dentro li capucini, accanto alla chiesa, per ritirarsi
qualche volta.

La Regina Madre guarì, e ai xiii si partì di qui per ire a vedere
*Monsignore* che è a Château-Thierry malato di febbre terzana, e il
terzo termine che fu alli xi fu assai violento, sputando tutto quel giorno
sangue; per il che sino alla mattina seguente si facea cattivo giudizio.
massime che di qua erano andati tre medici; ma col restargli il sangue per bocca e la febbre mancare, tuttavia si crede non sia per avere
altro, e che se ne verrà qua con la Regina Madre, che nel partirsi
disse non volere ritornare senza lui. Il volgo vuole pure che abbia il
mal francese, altri la medesima malattia che avea il re Carlo, e che
non sia per viver molto; malsano d'effetto è.

Il duca di Ferrara manda a dimandare uno di questi maestri di vio-
lone, perchè vadi là a insegnare tutti questi balletti che si fanno
qui[1].

Le espedizioni, provvisioni e tanti apparati di guerra che si faceano
qui, se ne sono iti in fumo; come ancora la levata de' Svizzeri, la
quale fu contromandata ai ix. La causa si dice, per essere Sua Maestà
avvertita del gran seguito e appoggio che n'ha Montmorency, e le
difficultà che di effetto Sua Maestà averia, non solamente in la provincia
di Languedoc ma da per tutto il regno, per la mala satisfazione che
n'ha la nobiltà e popolo. Odo che in quel cambio il Re gli abbi scritto
una lettera molto amorevole in risposta d'una sua, che gli dà conto di
avere ripreso non so che terra stata occupata dalla gente di Joyeuse,
mostrando che, come governatore, l'onore suo l'ha costretto a ripren-
derla, e che la gente che ha assoldata è stata per questa cagione.
Ora si dice, che Sua Maestà invii M. di Bellièvre, di maniera che la
corte non doverà discostarsi troppo di Parigi fino a San Giovanni; al
qual tempo si dice che andrà a Mézières, a pigliare l'acqua di Spa.

---

[1] Le duc de Ferrare faisait cette demande, à l'occasion des fêtes du mariage de son fils avec
la fille du grand-duc.

Il gran priore ha mandato qua un nipote di quello che ultimamente prese Colmars in Provenza, ch'è morto da Montmorency. Costui pare che abbi significato al Re molte pratiche e cose di conseguenza; e infra le altre, che il Re Cattolico, per via indiretta, prometta di pagare a Montmorency sei mila fanti e trecento cavalli; così che la intelligenza fra Savoia e Montmorency è grandissima. ·                              -

Il signor Villeroy, dipoi che il Re è partito, è stato due volte con l'ambasciatore di Spagna, e una con quel di Savoia; il volgo vuole sia per dare loro conto di simili cose; ma io non lo credo.

Sua Maestà, su quelle provvisioni di guerra, domandò dugento mila scudi al Clero per sovvenire alle spese; che gliene accordò subito cento mila.

Dicesi, che Sua Maestà sia ritornata a ritirare a sè altra volta tutte le ferme, che è buona facenda se così è; perchè ha li arendamenti per non aversi a travagliare col parlamento.

Gli è fuori una scrittura che ha mandata il re di Navarra al Re, ove mostra, come si maritò nella sorella, e con quanto onore e fasto l'andò da lui; così, quando la è ritornata, è stata accompagnata dalla Regina Madre; e che adesso sia venuta in Guienna sì male accompagnata, e la maniera intende s'è partita, e l'affronto gli è stato fatto per il cammino; parendogli strano averla a ripigliare, senza che la Maestà Sua non faccia qualche dimostrazione contro di quelli che l'hanno infamata; toccandogli destramente tutti i punti.

Dal campo del principe di Parma venne qua don Bernardino di Mendoza, che sta aspettando risposta dal Re Cattolico, perchè ha la sua famiglia a Calais. Si presume che lui abbi da rimanere per ambasciatore residente in questa corte, e che questo se ne sia per passare in Fiandra dal principe di Parma. La Regina Madre gli fa grandissimo onore, ed è stato da essa assai; dovrà parlare, per quanto intendo, da esso anche con il Re.

                                                        20 mars.

C'è nuova, che *Monsignore* ha la febbre continua; e, quel che più

importa, è che si teme non abbi il medesimo male che avea la felice
memoria del re Carlo; per essere assai debole e maltrattato, se ne fa
cattivo giudizio.

Sua Maestà si attende sabato; ha scritto qua al cancelliere, che facci
intendere al commendatore di Champagne, che non lo trovi qua quando
ritornerà. Presumesi sia dall' udire che vadi dicendo, per avere parlato
per il bene publico li sia avvenuto tal cosa. Temesi non avvenga uno
di questi dì il medesimo a MM. di Lenoncourt e di Maintenon; pure
questa occasione doverà servire loro per esempio.

Gli ambasciatori di Savoia alla fine dettono per iscritto al Re, che il
duca, loro signore, approva di essere vero che abbi intelligenza grandissima con Montmorency, e che la conserverà, mentre sappi che lui
sia, come si persuade, fedel suggetto al Re; a cui s'offre, sempre sappi
l'opposito, di fare quanto Sua Maestà le comanderà.

----

## XIII.

### GIULIO BUSINI À BÉLISARIO VINTA.

#### Paris, avril 1584.

SOMMAIRE. — *3 avril.* Maladie de *Monsieur*; indisposition de la Reine mère. Pratiques de dévotion
du Roi. L'ambassadeur d'Écosse Seaton; l'envoyé d'Espagne et le nonce. Le Roi et le clergé. Le
gros jeu. Les pénitents du cardinal de Joyeuse. Gand et Bruges traitent avec le prince de Parme.
— *5 avril.* État désespéré de *Monsieur*. Mort de M. de Mandelot. — *17 avril.* Crise salutaire dans la
santé de *Monsieur*. Nouvelles de la Reine mère et du Roi. Les fermes de l'impôt mises aux enchères.
Visite de l'ambassadeur d'Angleterre à *Monsieur*; les députés flamands. Les bénéfices ecclésiastiques;
volonté exprimée par le Roi. Refus du Roi Catholique de recevoir l'envoyé d'Angleterre. Réduction de
la liste des pensionnaires du Roi. Reddition d'Ypres au prince de Parme.

3 avril.

*Monsignore* è tuttavia a Château-Thierry, senza febbre, ma pure
assai estenuato e debole; ove, per riaversi, si è messo a pigliare il latte
d'asina. La Regina Madre è ancora là, dove non fu prima arrivata,
che le prese la febbre, e n'ebbe tre termini; pure con l'essersi cavata
sangue e preso medicine, s'ode che stia bene; e che appresso le feste

si partirà per ritornarsene qui; dove ai xxiv ritornò Sua Maestà, che le inviò subito Villequier.

In questo viaggio che il Re ha fatto, è sempre ito a piè, e l'ultimo giorno fece quindici leghe con meraviglia di ciascuno. Ha fatto ogni mattina le sue Pasque e ancora continua di farle. Mercoledì santo, nel licenziarsi da lui Placido Ragazzoni, fratello del nunzio, lo fece cavaliere a spron d'oro, dandogli una spada e pugnale. Il medesimo giorno si licenziò l'ambasciatore straordinario di Savoia.

Il giorno seguente, il Re fece la solita cerimonia dei poveri; la notte andò a processione in *battuto* con la compagnia dei penitenti, visitando le chiese. Il giorno seguente, con il cardinale Vaudemont, duchi di Mercœur e Joyeuse, du Bouchage e Lavalette, andò al bosco di Vincennes, ove ancora è.

Si ragiona che, fra otto giorni vadi in pelerinaggio pure in *battuto* con la compagnia alla Madonna di Liesse in Piccardia, venti cinque leghe di qua; altri dicono si ritirerà a Saint Germain per fare lì una dieta.

L'ambasciatore di Scozia, venuto ultimamente, ha preso la casa del duca di Ventadour con sua mobili ricchissimi, stando sontuosissimo. Per quanto ritraggo, è sovente con il nunzio e ambasciatore di Spagna; cosa che fa insospettire molto questo d'Inghilterra, per essere cattolico, pratico assai di questa corte, affezionatissimo al re di Spagna. Sin qui non s'ode tratti altro che di fare accomodare le controversie e sospetti che sono infra la regina d'Inghilterra e suo principe; e il Cristianissimo, come protettore di Scozia, ci si adopra.

Quel don Bernardino di Mendoza ebbe dal suo re risposta con ordine di ritirarsi in Fiandra, nè di lì partire senza altro suo ordine; ma lui ha tornato a rispedire e a domandarle grazia di potere ire fino in Spagna per quattro mesi, con l'occasione della morte d'un suo fratello, e pensa averla. Tutti questi ambasciatori l'hanno visitato, salvo il nunzio; cosa che in segreto se ne risente, e che in vero ne viene tassato con meraviglia di ciascuno, massime per la fama che corre, che sia stato levato d'Inghilterra per l'ajuto e favore che dava ai cattolici;

oltre a molte cose che odo facea là per Sua Santità. Detto nunzio si
lascia tanto governare da questo ambasciatore di Venezia, che è cosa
ridicola. È persona freddissima; sta molto sulla religione; ha poi un secretario di Modena, giovane, che conferisce assai con questo ambasciatore di Ferrara.

Sua Maestà ha concesso al Clero, che possi ricattare tutti li beni
ecclesiastici che sono stati alienati, tanto a tempo del re Carlo che suo.
e che poi si rivendino il giusto prezzo, sendoci invero luoghi che adesso
vagliono due volte tanto che non sono stati venduti; per la quale occasione gli ha accordato fino alla somma di dugento mila scudi che domandava loro. Per questa occasione e altra pare che vadi a Roma
quel Gassotto, primo commesso di Villeroy, che fu là la state passata.

Ai xxvii, Bastiano Rametti fece gran banchetto al duca Épernon e
M. di Schomberg, ove fu il Nasi; giuocorno tutti e quattro insieme a
dadi da dopo desinare fino alla mattina : poste di dua e tre mila scudi
d'oro contanti, li quali si pesavano con le bilancie; Schomberg guadagnò diecinuove mila scudi; dodici mila ne perse il Nasi; cinque mila
Épernon; la metà di quali odo attengano al Bandini, il resto al Rametti. Secondo si dice, a Sua Maestà non è piaciuto punto, e pare che
abbi molto biasimato il Nasi, mostrando, che, quando non c'è lui, non
si fa questi giuocchi grossi.

Il cardinale di Joyeuse ha fatto una nuova compagnia di *battuti*,
che vanno vestiti di turchino. Sono stati il giovedì santo a processione:
al popolo e predicatori non piace punto tal cosa.

C'è avviso della frontiera di Fiandra, come quei di Gand e di Bruges
aveano inviato deputati al principe di Parma; così che in Gand era
entrato il conte di Barlemont; e come aveano fatto sospensione d'arme
per tutta la Fiandra, salvo a quei di Ypres. Qua corre fama che *Mon-*
*signore* invii a favore di quelli Stati La Châtre con sei mila fanti, ma
non ci è apparenza fin qui nessuna.

5 avril.

Queste poche righe sono per farle sapere, come *Monsignore*, fratello del Re, è tornato a ricadere, di maniera che, fra l'essere tanto estenuato e malcondotto, li medici ci hanno poca speranza. Medesimamente odo, che la Regina Madre è assai fiacca e debole; così come questa mattina dovea partire di lì per venire a Monceaux a riaversi; partendosi di là secondo scrivono, per non potere comportare di vedere la fine della prefata Altezza, a cui di qua a tutte le ore è mandato quei remedi che si possono.

Ieri per lettere di Fiandra viene scritto all'agente di *Monsignore*, come quei di Gand e di Bruges si erano accordati con il principe di Parma, promettendo l'osservazione delli loro privilegi, che non aranno guarnigione, e molte altre cose che presto si doveranno vedere per li articoli.

Con questa viene alligata la copia di quel che il re di Navara ha fatto dire a Sua Maestà. Dicono, come abbi fatto chiamare la moglie, e come, fatto Pasqua, dovea ire da lui Piero Strozzi.

Ier sera venne nuova della morte di Mandelot, governatore di Lione, e si dice che il Re darà quel governo a La Valette, e non a M. di Nemours, come pare se li avessi dato già intenzione.

17 avril.

Con ultima mia, che fu a' v stante, scrissi a vostra signoria il timore grande che allora si avea della indisposizione di *Monsignore*; dico non solamente qua, ma ancora a Château-Thierry, tenevano dovesse morire, avendo per mantenerlo in vita provati molti remedi, infra li altri a farlo tetare una donna; e non potea nè tampoco pigliare cosa nessuna, sendoseli congelato fra la canna della gola e la bocca del petto assai flemme mescolate con sangue; le quali fu necessario le sputassi. E invero la natura lo ajutò mirabilmente, perchè in un corpo tanto estenuato come era il suo fu gran grazia di Dio; perchè si era già accomodato alla morte con quella divozione che imaginare si possi. Come ebbe purgato per bocca quelle flemme, la febbre se li fermò, e cominciò a pigliare nutrimento, tale che va tuttavia riavendosi; ma non per questo li medici, per quanto intendo, si assicurano dell'intera sua salute ancora, temendo tuttavia non li ritorni il medesimo male. L'opinione nel volgo è che non sia per vivere molto tempo, e che sia etico.

La Regina Madre si partì alli xi da lui, e se ne venne a Monceaux. di lì a Saint-Maur ove è; ma debole e con la milza grossa, che gli causa qualche po' di opilazione, avendo ancora ogni due giorni qualche po' di alterazione.

Sua Maestà farà la sua dieta a Saint-Germain uno di questi giorni. Dipoi tornò di pelerinaggio, ha sempre auto male d'un piè, che bene spesso lo fa stare a letto. Ieri venne qui privatamente per vedere il quarto fratello di Joyeuse, che nel medesimo tempo passò a miglior vita; poi su la sera andò a visitare la Regina Madre; oggi ritorna qui per vedere l'incanto che si fa di tutto le gabelle.

Già c'è chi offera di cinque ottanta mila scudi l'anno di più; fra le quali è la dogana di Lione che ha il Gondi; dicendosi, che questi tali che le pigliano arriveranno anche a cento mila scudi, e che disegnano di mettere questo aumento a rendita, calculandosi ne sieno per cavare un milione e dugento mila scudi, coi quali danari pagheranno tutti quelli che hanno d'avere da esse ferme.

Quella del sale per ancora non è stata bandita, come è seguito di tutte le altre. Ogni giorno, appresso desinare si tiene consiglio per questo effetto, e M. di Lenoncourt è quello che ci si mostra più caldo che nessuno altro, facendo ai circumstanti rimostranze grandissime per indurre a fare offerte.

Si vede, che questa cosa del ricantare durerà ancora qualche giorno. A Vidiville e duca di Retz non piace, massime che sanno che Sua Maestà è informata della parte che in esse gabelle hanno, e temono che dipoi questa occasione non sia fatto a loro qualche torno, tanto è il grido che hanno addosso.

Il duca di Joyeuse andò al suo governo di Normandia. L'ambasciatore d'Inghilterra andò a visitare *Monsignore* per parte della sua regina; come ancora feciono nel medesimo tempo li deputati di Fiandra; e con tale occasione si licenziorno da lui, che li presentò d'una catena per uno di trecento scudi, facendoli accompagnare con le sue carrozze e spesare fino a Calais.

Ritraggo che non aveano alturità che della provincia di Brabante, Zelanda e Olanda; poichè non s'ode si facci nessun preparativa, si può credere ne riportino buone parole.

Don Bernardino di Mendoza fu dal Re, che lo fece coprire e grandissime dimostrazioni. La mattina seguente lo mandò a visitare per Villeroy, che li fece mille offerte. Quattro giorni fa fu con la Regina Madre; e nel ritorno, incognitamente con la posta se ne partì con due secretari per ire a Milano, Genova e Spagna.

Dicono, che ultimamente che il Re fu alla compagnia dei penitenti, esortasse ciascuno secolare che avesse beni ecclesiastici a volerli lasciare e dargli a gente di tale professione, e levare, come qua si dice, li *custodi nos*, mostrando, oltre alle censure del Papa, come se gli facea dispiacere grandissimo, e che verrieno privi della grazia sua, se in termine d'un anno non li lasciassino o provedessino a persone idonee. Il duca d'Épernon, che avea la badia di Granselve, che è in quella parte di Toulouse, che vale quattro mila scudi, de' quali ne paga due mila di pensione al cardinale Farnese, l'ha donata liberamente a Bastiano Rametto, per un suo fratello che è qui a studio e si fa prete. Il Bandini pensava averla lui per un suo fratello, che vuole venghi qua a studiare.

L'andata di Gassotto a Roma è per la dispensa della nuova compagnia de' girolamisti, e per qualche altro affare che vuole il Re dal Clero.

Quel gentiluomo che inviò la regina d'Inghilterra al Re Cattolico, ritornò qui a XII molto mal sodisfatto, dicendo che detto re non l'ha volsuto udire altrimenti, ma fattogli dire che se n'andasse, perchè non parlava a Inglesi eretici.

Uscì fuori la nota dei pensionari Italiani, dei quali ne sono cassi assai, in particulare tutte le donne; e de' nostri, Alessandro del Bene, Ruberto Venturi, Giuliano Alamanni. A Cosimo Strozzi, ch' avea due mile cinque cento franchi, gliene hanno levati cinque cento, altanti al

Girolami, che ne avea tre mila cinque cento, e assegnato ad Antonio
Capponi mille dugento franchi, senza sapersi ancora dove saranno assegnati.

Qua è passato un corriere spedito dal principe di Parma a Spagna,
che porta che Ypres si sia accordato con le condizioni che ha volsuto detto principe, e che Gand e Bruges trattava con condizione più
dolce.

----

## XIV.

### GIULIO BUSINI À BÉLISARIO VINTA.

Paris, mai 1584.

SOMMAIRE. — *1er mai.* Nouvelle prématurée de la mort de *Monsieur*. Mariage du duc de Mantoue et
d'une des filles du grand-duc; singulier détail. Réconciliation du roi et de la reine de Navarre à
Nérac. Le Roi et la douane de Marseille. Don Antonio de Portugal. M. d'Épernon et les bénéfices.
Nasi gros joueur. La ferme des impôts. — *14 mai.* État de langueur de *Monsieur*. Mission de d'É-
pernon en Guyenne et en Languedoc. Dernières dispositions de *Monsieur* relativement à Cambrai.
Les fermes et Rametti. Nasi et le jeu. Affaires de Flandre. — *29 mai.* La reine mère et les députés
flamands à Château-Thierry. Toute-puissance de d'Épernon; son départ. Joyeuse et Mercœur. Le
Roi; sa conduite envers la Reine; ses prétendus desseins; mission de d'Épernon. Arrangements
financiers. Affaires diverses.

1er mai.

Ai XXVI, si sparse fama da per tutto che *Monsignore* era morto ai XXIV,
dico di tale maniera che ognuno se la credeva; almeno questo ambasciatore Cattolico, secondo intendo, lo scrisse al principe di Parma per
corriere espresso, il Bandini a Roma, e molti altri in Italia. L'accidente fu grandissimo, perchè, dopo avere buttato molto sangue per il
naso e bocca, stette più di due ore senza parlare e polso, nè fare motivo alcuno; pure poi sulla mezza notte tornò, e mangiò comodamente.
La mattina se gli mosse un flusso di sangue che li levò la febbre; ma
col vedere che il male è disperato, e sopravanza sempre tutti li remedi
che se gli fanno, causa che li medici non ci hanno speranza alcuna;
però la opinione generale è che non deva andare molto tempo in là,
avendo in effetto il medesimo male che il re Carlo. Quel che più im-

porta è che ha offeso le più nobili parti di dentro, in particolare la vena dello stomaco. Ieri Sua Maestà mandò il duca d'Épernon a visitarlo.

Questo agente di Mantova, ai xxv, dette conto al Re e Regine e diversi di questi principi del mariaggio del principe di Mantova nella serenissima nostra principessa[1]; e recitò alla Regina Madre la prova che n'ha auto a fare il detto principe in Venezia, in una figlia delli Albizzi bastarda, per levare il dubbio che dice avea il granduca, nostro signore, che non fosse impotente al matrimonio; e di tal fatto mostra una lunga lettera, che narra puntualmente ogni particolarità, dicendo avere destato nella prefata Regina gran contento e gusto.

Ai xiii ritornò la regina di Navarra con il re, suo marito, in Nérac. Il quale nel riceverla, scrivono, che facesse quella maggiore dimostrazione che si potesse. Detto re pare che abbi presso di lui un gran teologo, frate di Cestello[2], statogli inviato li giorni passati dalla Regina Madre, il quale lo vede volentieri; sulla quale novità il popolo vuole che sia per divenire cattolico, ma fin qui non c'è apparenza alcuna.

Sua Maestà dicono, che abbi donato a quel M. du Plessis Mornay, che ha indotto Navarra a ripigliare la moglie, cento mila franchi.

E, per il combattere che fa per ogni piccola cosa questa nobiltà, il Re ha ordinato sia fatta una legge rigidissima, non solo per quelli si riduranno al combattere, ma di chi porterà l'ambasciata, o che si troveranno a fare compagnia; e il parlamento deve averne la cura, per procedere contro ai beni.

Sua Maestà è in gran collera con la villa di Marseille, per non volere acconsentire ci metta la dogana, adducendo li consoli che sono qui d'essere esenti, mostrando privilegi confermati da tutti li antecessori suoi. Il Re dice non volerli alterare, ma che vuole sia per li mercanti e mercanzie forestiere e non per loro; li quali temono che le fan-

[1] Vincent, fils de François II, duc de Mantoue, succéda à son père en 1587. Il avait épousé, 1° Marguerite Farnèse, de laquelle il se fit séparer en 1580, pour un défaut corporel de cette princesse; 2° Éléonore de Médicis, fille du grand-duc François, dont il eut trois fils et deux filles.

[2] Couvent de Florence.

terie che sono ite ultimamente di Lione, non vadino per fare loro
qualche torno, poi che odono vanno incamminate al gran priore, e
non a Toulon, come il volgo vocifera, per conto della fortezza che
vuole fare Sua Maestà.

La Regina Madre fu qui a' xx, e alli scappuccini; appresso desinare
parlò con don Antonio più di tre ore; la causa, secondo ritraggo, è che
gli è referto come facci trattare costà con il Papa, per via di non so che
frate, di accordo con il Re Cattolico; la quale cosa don Antonio la nega.

S'è ridotto qui in necessità, perchè la provvisione assegnatali li corre
malamente.

Scrivono di Londres, come si armavano in gran gran furia sei navi
inglesi per ire a unirsi con queste che sono ultimamente partite di
questo regno con li sua portoghesi; e come questa deliberazione è
stata fatta sul ritorno là del gentiluomo Inglese di Spagna.

Sua Maestà ha fatto un ordine, che in avvenire nessun vescovo, abate
o priore non possi uscire dal regno senza sua licenza.

Il duca d'Épernon se ne andrà in Guienna fra quindici giorni, mandato da Sua Maestà al re di Navarra, e di lì dal duca di Montmorency.
Si è spogliato di trenta sei mila franchi di benefici che avea, avendoli
di effetto donati a persone di tale professione, senza nessun carico, con
grandissima sua lode.

Il Nasi ha guadagnato a d'O e duca di Guise da quaranta mila scudi,
la maggior parte contanti; fassi conto che abbi lesti settanta mila scudi;
e non vuole giuocare, se non vede danari o cedole, cosa che non piace
punto a chi ha perso.

Ai xxviii, fu verificato in consiglio privato il credito ch' ha il Gondi
sulla dogana di Lione; dalla quale cosa si presume che l'arendamento
non vadi in altra mano, cioè nel numero di quelli che feciono l'offerta
di pagare ottanta mila scudi l'anno di cinque ferme, li quali sono
aumentati fino a ottanta cinque; però ancora non c'è resoluzione.

Vogliono levare l'imposta del sale, cioè di darla per forza, per il
romore che fanno le provincie; questi che hanno l'arendamento domandano un gran ribasso; per ancora non si vide resoluzione, ma ogni

due giorni il consiglio torna a fare rincantare, vedendosi che Sua
Maestà disegni di cavare qualche grossa somma di danari.

14 mai.

*Monsignore* sta sempre a letto, senza parlare nè fare motivo alcuno,
osservando quanto dire si può l'ordine de' medici; tanto è grande la
paura che ha di morire. Ha rotto la vena dello stomaco, la quale facendo crosta siccome sperano li medici, vogliano che abbi da potere
vivere ancora qualche tempo. Dicono che di presente la febbre l'ha
lasciato e che riposa benissimo. In questo regno ci sono alcuni che
hanno avuto simile male e ne sono guariti; ma come detta Altezza è
debole, di complessione gentilissima, e quella anco affaticata assai
d'altri mali, il volgo ne fa cattivo judicio. Sua Maestà gli inviò il duca
d'Épernon, che ritornò tre giorni appresso; il quale duca sta adesso
attendendo il ritorno di Joyeuse, e poi subito si partirà per Guienna
e Languedoc con forse dugento gentiluomini. Ora come lui è stato
quello che stornò il Re della intrapresa che ultimamente voleva fare
contro a Navarra e Montmorency, dicono levi alturità di trattare con
loro negozi di grandissima importanza; per ciò le congetture che si
fanno sono infinite e stravaganti; ma di effetto non si può ancora sapere la segreta d'essi; solo che le dimostrazioni d'amistà in apparenza
fra detto Épernon e Navarra sono grandissime. Medesimamente Sua
Maestà si mostra favorevole e grato verso il re di Navarra, dico quanto
si può mai fare in apparenza.

Dieci giorni fa, fu qui, dicono per vedere d'intendere chi erano stati
quelli che aveano fatto fare consulte toccante la cessione della corona,
mostrando di essere stato avvertito e di averne gran collera.

Intendo *Monsignore* ha lassato per testamento Cambrai e tutti li titoli e ragioni che ha del Paese Basso al re di Navarra; similmente che
simile cosa è stata fare a posta dal Re, per possere con questa coperta
fare conservare detta villa; e come sono stati di parere di farla lasciare
alla Regina Madre, ma per levare la sospizione al re di Spagna, abbino preso questa via.

Sua Maestà per dare qualche sodisfazione alle provincie e popolo, che in effetto esclama pe' tanti pagamenti, leva di presente l'imposta del sale, e dice volere l'anno futuro sgravare cinque cento mila scudi d'entrata delle taglie.

Ieri fece otto giorni, Bastiano Rametti, visto che questi di Parigi stavano per pigliare quelle cinque gabelle, entrò in consiglio ed offerse di volerle pigliare lui, con obligo di rimborsare subito tutti quelli che hanno d'avere dal Re. La quale offerta piacque a Sua Maestà e tutti: così credo gli resteranno, perchè li Francesi non hanno modo di sborsare otto cento mila scudi, che hanno d'avere questi che hanno le dette ferme. Si sono acordati con il detto Rametto, particularmente il Gondi, a cui doverà restare la dogana di Lione; ed ancora intendo come entra alla parte di due altre, per rimborsarsi di trecento sessanta mila scudi ch'ha da avere. Questa sera si deve risolvere medesimamente la gabella del sale, intorno alla cui ci sono tutti questi tesaurieri, ma non credo che sieno bastanti a levarla al Rametto, per il favore e interessati che sono in detto negozio.

Il Nasi ha guadagnato al duca di Guise, M. d'O e Schomberg da ottanta mila scudi, dicendosi come a cento cinquanta mila scudi, de' quali ne perde la maggior parte Guise. Comincia per quanto intendo a essere odiato di cotanto, che temo non gli avvenghi qualche cosa. Se ne va in Guienna col duca d'Épernon.

Vannozzo da Diaceto è venuto qui da Lione per conto del negozio che ha del sale di Delfinato.

Perchè il male che ha nel piè Sua Maestà non guarisce, ai xii, li medici fecion scannare un bue e metterlo nella gola.

Li Francesi che tiene Sua Maestà a Catelet, sulla frontiera di Cambrai, pare che avessino cominciato a fare un forte su quel degli Spagnuoli; ove una notte furno assaliti all'improvviso, di sorte che s'ebbono a ritirare con morte di venti e altanti feriti. Ci sono lettere di Tournai dei vii, che dicono come lì erano dieci otto deputati Fiamminghi di Bruges e Gand, e che l'accordo si tenea per concluso.

Scrivono che quelli della parte d'Orange aveano fatto una lista di forse cinque cento cattolici, che disegnano cacciare fuori d'Anvers, ma non so se le riuscirà loro. Un gentiluomo Fiammingo mi scrive, che, volendo mettere ad esecuzione, verranno alle mani, e che sarà il giuoco appunto come desiderano li Spagnuoli.

Il Rametto ha auto le cinque ferme con sessanta mila scudi di più l'anno; venti mila gliene dona Sua Maestà, come era il rincanto, per causa degli sborsi.

29 mai.

Ai xxii, andò la Regina Madre a vedere *Monsignore*, ch'è tuttavia a Château-Thierry nei medesimi termini senza febbre, e, per quanto si dice, comincia a mangiare, ma non già levarsi, sendo in effetto estenuato fuori di modo; e, quel che più importa, è che con tutti questi miglioramenti non si vede che ancora acquisti, nè a ristagnare il sangue della vena di dentro; la quale cosa fa che se ne abbi sempre poca speranza. La Regina, nel partirsi di corte, lasciò fama che detta Altezza desiderava vederla; ma altri vogliono, che con questa coperta sia ita a parlare, o per meglio dire, a udire un inviato della villa d'Anvers e d'Orange, venuto lì, sebbene dicono per vedere se *Monsignore* è morto, come in Fiandra si tiene per certo; ma se tiene per fermo, sia per sapere l'intenzione sua, toccante il lascio fatto al re di Navarra dei titoli e diritti di quei paesi; e quel che fa credere sia così, è che si ode, come questo medesimo passi in Guienna da Condé e Navara.

Ai xvi, partì il duca d'Épernon, il quale dicono che per il cammino vedrà il principe di Condé, che è a Saint-Jean-d'Angély; medesimamente che porti alturità di Sua Maestà tale, che giammai più si trova fia stata data da nessun re come a lui. Nel partire che ha fatto di qua, non ha tenuto nessun termine con li duchi di Guise e du Maine, siccome ha fatto con tutti li altri che ha visitati, allegando che ultimamente, nella sua dieta, giammai furno a vederlo nè mandarno pure a sapere di lui; che in effetto è in quel maggior favore che essere si possi. Perciò vogliono, ed in qualche parte anco si vede, che Sua Maestà per questa e altre occasioni non veda troppo di buon occhio detti Guisi;

li quali, oltre a questo, sono in sospetto di avere messo avanti alla successione il cardinale di Bourbon, cosa che ha dato molto nel naso, ma non se n'è possuto chiarire.

Sua Maestà è stato, dalla vigilia delle Pentecoste fino a quella della Trinità, al bosco di Vincennes all'oratorio della Madonna; così vuole si chiami e non più dei girolamisti.

Joyeuse fu qui, ai xxx, a visitare li duchi di Guise e du Maine: fra lui e quel di Mercœur li umori vanno tuttavia ingrossando di mala maniera, tenendo Joyeuse, che il poco contó e dimostrazione che gli hanno fatto in Brettagna quei di Rennes sia stato gran parte per opera sua. Sua Maestà n'è in gran collera; e, la sera dei xxi, venne dal bosco di Vincennes a Saint-Maur a vedere la Regina Madre; e, tra li altri motivi che fece, fu notato, nell'entrare che fece nella sala, ove era la moglie, domandò ad alta voce dove è la Regina Madre, tirando alla volta d'una piccola camera senza far motto alla Regina regnante; e dopo essere stato più d'un ora con la Madre, la quale venne a chiamare la regnante e la condusse dal Re, nell'entrare fu udito che Sua Maestà gli dicesse : « La è gran cosa che voi vogliate opporvi a tutte le cose « che faccio, per compiacere ai vostri fratelli ! »

E nell'uscire che il Re fece di lì, andò subito da madama di Joyeuse, dicendo forte : « Vostro marito sarà qua fra due giorni. » Facendo vista di non vedere la di Mercœur che era lì; e se ne ritornò all'oratorio. Poi nell'uscire, la Regina regnante fu vista rasciugare gli occhi. Ora in questo proposito non vo' lasciare di significarle quel che si ragiona qua nel volgo, che fia per repudiarla e maritarsi nella sorella di Navarra, fare ritirare di Guienna il marescial Matignon, e lasciare libero il governo a Navarra, sempre si vogli dimostrare divoto alla Chiesa cattolica, come dicono già vogli fare, e venire in corte; eccettuando la villa di Bordeaux, la quale si deve dare a M. di Thermes. Similmente che lascierà a Montmorency quel di Languedoc, facendo dare al padre di Joyeuse quel di Provenza, e al gran priore questo di Parigi e suo distretto; che Épernon si mariterà con la figlia di Montmorency : in somma rappacificare il regno; e questo vogliono ch'Épernon porti.

Il cardinale di Bourbon ha auto d'Avrilly la badia di Marmoutiers, la cui è capo d'ordine ed ha molti benefici grandi da dispensare; avendo dato in cambio ad un suo fratello la badia della Costura, che vale sette mila scudi. Si dice che il Re ha dato al duca di Joyeuse l'arcivescovado di Toulouse e li benefici vacati per la morte di Foix, per il cardinale, suo fratello, quale darà quel di Narbonne con grossa pensione.

Ieri si morse il presidente Pibrac, cancelliere di *Monsignore*.

Ai xviii, questo ambasciatore di Spagna fu a compiangersi alla Regina Madre del danno, che hanno fatto li Francesi, che sono a Catelet per Sua Maestà, in quel di Arras, abbruciando e depredando i sudditi del suo re, come se fusse guerra aperta.

Sua Maestà ha fatto partito delle rendite di Provenza con due gentiluomini d'essa provincia, li quali si sono obligati in sei anni di sdebitare il Re e pagare tutti li carichi e spese consuete, così li officii che ultimamente sono stati suppressi, e darle ogni anno cinquanta mila franchi.

Quei di Marseille alla fine si sono accollati loro la dogana, e promesso di pagare d'essa al Re un tanto all'anno.

Baccio del Bene guarì; non vo' lasciare di dire la fama che qua si è sparsa : dico dell'essere Sua Maestà tante volte ito a vederlo, che fusse per vedere la moglie del figlio; e fra queste donne di corte la fama è tale, che cosa strana, ancora lei ha una lingua lunghissima.

M. di Saint-Goar, che verrà a risedere costà per ambasciatore residente, gli è stato assegnato mille scudi il mese, così ordinato si cavino della più viva entrata di Lione, sebbene alli altri non davano che quattro mila scudi; ma con li donativi e spese hanno trovato che Sua Maestà spendeva il medesimo in capo dell'anno; così per ovviare la pena che a tutte le ore davano al Re, hanno fatto tal risoluzione.

Il Rametti riebbe la ferma del sale per opera di Épernon, il quale odo che ha parte in essa, e ancora nelle altre cinque che prese; il Gondi e lui hanno sborsato sessanta mila scudi per il suo viaggio.

## XV.

### GIULIO BUSINI À BÉLISARIO VINTA.

Paris, juin 1584.

11 juin.

Ai xxx, ritornò la Regina Madre da *Monsignore*, referendo, dico non solamente lei ma quelli che sono stati con la Maestà Sua, che il sangue sia ristagnato, e che ha tuttavia la febbre, la quale causa non si possi riavere, sendo condotto come una anatomia; non parla nè si muove punto dal letto. Però, se il male suo non è nei polmoni, potria la gioventù con il riguardo e osservanza grande far guarire, ma si teme molto non sia polmonista. Da sei giorni in qua, dicono vadi più presto acquistando che altrimenti; però in generale è non fia per durare molto tempo.

La prefata Regina parlò più volte con quell'inviato di Fiandra, che ancora è là, avendo essa pregato non si partire di lì; dove fu inviato il marescial di Biron, il quale ora si dice che andrà a Cambrai per dare ordine e vedere quella villa, senza rimuovere altrimenti quel governatore che vi è; avendo resoluto d'inviarci mille cinque cento fanti e secento cavalli, molti ordigni da guerra, polvere, munizioni, arme e viveri per un anno, con voce di temere che il principe di Parma non vadi a assediarla. Così in quella terra saranno tre mila fanti e più di mille trecento cavalli; cosa che fa dubitare con questa coperta non voglino travagliare le provincie dell'Artois e di Hainaut, per divertire le imprese che in avvenire farà il principe di Parma.

Di nuovo si dice che a Château-Thierry si aspettano commissari di Anvers, Gand, Frisia e Olanda, condotti da M. di Pruneaux, agente là di *Monsignore;* così che la Regina Madre ritornerà là.

L'ambasciatore di Spagna fu dal Re, ad avvertirlo di quanto intendeva, mettendogli in considerazione la confederazione e amistà del suo re; poi si compianse della rinnovazione fatta Joyeuse, come amiraglio, a quelli di Normandia, che hanno carte di marca contro ai Portoghesi sino al tempo del re Carlo. E per le pretenzioni che di detto regno ha la Regina Madre non ebbe gusto alcuno. Poi pregò Sua Maestà a volere dare ordine, che fosse restituito non so che terra in Borgogna, che tiene questa corona, del suo re. Così, dopo una lunga disputa, auta in consiglio detto ambasciatore con il procuratore del Re, Sua Maestà nominò l'arcivescovo di Lione per vedere e risolvere questo affare.

Il duca di Joyeuse ha fatto venire venti quattro cortaldi di Danimarca per mandarli a donare al duca di Savoia; l'ambasciatore del quale è sovente con lui; il quale odo fa quanto può per levare non so che mala satisfazione che Sua Maestà ha di detta Altezza; e ultimamente, stando l'ambasciatore suo con Villeroy, intendo che a certo proposito li dicesse, che il suo duca pendea più da Spagna che da loro, e, se fosse vivo suo padre, riconoscerebbe bene l'obligo.

Sua Maestà vuole dal Clero dugento mila scudi, dice per pagare quello deve al re di Navarra; loro d'altra parte insistono, perchè conceda possino riandare l'alienazione dei beni ecclesiastici, stati venduti con il consenso del Papa e alturità della corona, siccome avea già dato loro intenzione che faria; ma questi che li hanno, se gli appongono, e mostrano averli presi per sentenza del parlamento, che è in loro favore; di sorte che Sua Maestà non doverà farne altro, e loro bisognerà sborsino.

Joyeuse avrà il governo du Havre de Grâce per venti mila scudi; e perchè quel governatore ch'è là non volea disfarsene, pare che facessi opera che quei tali a cui ha rinuovato le carte di marca, hanno dato diverse accuse nell'amiraglio, che la minima sarìa bastante a farli perdere non solo il governo ma la vità; onde per liberarsi da simili intrighi, lien'ha accordato per tal somma, con obligo di essere liberato per sentenza di simili accuse. Adesso detto Joyeuse è appresso M. d'O, perchè le dia la fortezza di Caen e altra ch'a pure in Normandia, offerendoli, per esse e per ricompensa del governo cedutogli l'anno passato, cento mila scudi, cinquanta di presente e cinquanta altri fra un anno.

Sua Maestà, l'ottava del *Corpus Domini*, andò in processione in *battuto* con la compagnia de' penitenti alla Santa Capella e chiesa maggiore; poi la sera fu a dormire alli scappuccini, laddove ha finito di fabbricare una casa, ove dicono si ritirerà spesso a fare orazione, ritornando di nuovo alla devozione, dico più frequente che abbi mai fatto.

Il duca d'Épernon fu a Saint-Jean-d'Angely, e trovò Condé partito per Languedoc, ove è ancora ito Navarra per abboccarsi con Montmorency.

Si dice che la regina d'Inghilterra invia qua un gentiluomo al Re con l'ordine della Giarettiera.

Di Fiandra scrivono, che ai xxvIII del passato, quei di Bruges fecion il giuramento al Re Cattolico, e che persone eretiche se ne uscirno per non avere volsuto farlo; che il conte di Emden era stato cacciato dai sudditi per opera del fratello, e che si dicea l'abbia venduto al Re Cattolico, con l'obligo di recuperarlo con gente che li dava il principe di Parma.

Post-Scriptum. Io ho scritto due ore fa; ora c'è nuova che ieri, alle ventuna ora, *Monsignore*, fratello del Re, passò all'altra vita; così che quel Avrilly, suo favorito, supplica Sua Maestà a volere riconfermare la contea di Montfort, statagli data da detta Altezza; la quale vale tre mila scudi. Adesso il re di Navarra sarà chiamato *Monsignore*, da che dice Sua Maestà non volere levare la successione a chi la va, ma lì piegarsi e favorirla. Li nuovi deputati che vengono di Fiandra c'è nuova sieno a Calais; doveranno venire al Re.

25 juin.

Dopo la morte di *Monsignore*, Sua Maestà dette subito il governo di

Touraine a Chiverny, Angers a Puygaillard, confermando quel di Berri a La Châtre con la rocca di Bourges, la cui mai ha potuta avere in vita di detta Altezza; quel d'Alençon resta sotto il governo di Normandia. Inviò il marescial di Biron per il corpo, quale, ai xxi, fu condotto nei borghi di Saint-Jacques in una chiesa di detto nome, già appartenente all' Altopascio di Toscana; in la cui, ai xxiii, si vede la sua effigie di getto sopra un letto di brocato con la corona in testa ducale, vestito di velluto paonazzo pieno di gigli d'oro. Il medesimo giorno fu notificato per tutta la terra la sua morte, così il giorno del suo interramento, come qua si costuma di fare ordinariamente. Questi tali portano una campanella in mano, e dietro le spalle e d'avanti l'arme; e uno d'essi dice il nome e cognome, titoli e preeminenze che ha aute in vita ad alta voce. Fu nominato *Monsignore*, fratello del Re, duca d'Anjou e altri titoli di questo regno; l'arme che portavano quei tali era di Francia con una corona ducale, attorno d'essa una riga, larga come un dito, rossa, che dicono significhi fratello del Re; non avendo volsuto Sua Maestà sia fatto menzione alcuna dei titoli di Fiandra, dicendo non se gli pervenire altrimenti, da che era passato in quei paesi senza sua licenza.

Poi il Re, appresso il desinare, andò a darli l'acqua benedetta a cavallo, tutto vestito di paonazzo, accompagnato dalle sue guardie, da tre cardinali, molti principi e signori, tutti con le gramaglie; i cavalieri di Santo Spirito con il gran collare a collo; li gentiluomini coi ferraiuoli e fornimenti di cavallo di panno; appresso la Regina regnante, tutta vestita di trine, in una lettiga aperta del medesimo colore, accompagnata da molte carrozze. Oggi l'hanno condotto, accompagnato dalla sua guardia e famiglia, tutto il clero di Parigi, quattro principi del sangue, parlamento, camera dei conti, al vescovado con gran pompa; dove starà fino a domani; fatto l'ufficio, lo condúranno a San Dionigio con il medesimo ordine, e l'arcivescovo di Bourges farà l'orazione.

Per la precedenza che n'è fra Inghilterra e Scozia, Inghilterra dicea di volere ire ancora lui, mostrando di avere licenza dalla sua re-

gina; ma Sua Maestà li fece intendere per il Gondi, che non volendo
ire in chiesa, non volea andasse altrimenti.

Fervacques, nell'udire che veniva Biron, si fuggì con due cavalli;
dicono che gli hanno levato un vescovado, che avea in Normandia, di
dieci mila scudi, e dato già a un parente di Joyeuse con buona pensione per il cardinale di Joyeuse; e la badia di Marmoutiers, ch'avea
già come accordata Bourbon con Avrilly, il Re ha volsuto sia data al
cardinale di Joyeuse, quale dà un priorato di due mila scudi e non so
che altro a detto Avrilly in ricompensa.

*Monsignore* lasciò alla Regina Madre Cambrai, e al re di Navarra
tutti li titoli e preeminenze di Fiandra.

Son venuti deputati di Cambrai a supplicare sia dato loro il cuore;
ma Sua Maestà pare vogli sia messo ai Celestini.

Il marescial di Biron non doverà ire altrimenti a Cambrai, come si
dicea; sì bene vogliono ci sia per ire il duca di Retz, che Sua Maestà
manda in Piccardia a rivedere quelle terre, e fare giustizia, e ovviare a
molti mali che là fanno i soldati di *Monsignore;* in oltre che il governatore di Cambrai non ha troppa intelligenza con Biron, ma molto con
Retz; però si presume che con questa occasione si transferisca fino là.

Nella carta di marca contro ai Portoghesi, che significai con la
penultima mia, si trovano ancora compresi li Spagnuoli; l'ambasciatore n'ha fatto risentimento, nè fino al presente gli hanno dato
risposta.

Sua Maestà piglia a rendita secento mila scudi sull'aumento delle
cinque gabelle, e il Rametto che le prese, si è obligato trovargliene,
cioè quattro cento mila in contanti, e dugento mila in crediti vecchi.
Già ha trovato il duca di Retz, che ci entra per cento cinquanta mila,
cioè cento mila contanti, e cinquanta mila di credito che mostra avere
per conto delle galere di Marseille; in somma ha molti, che per fare vivo
un terzo di credito vecchio, che sborserieno li altri volentieri.

Si dice, che Sua Maestà abbi auto molto male che il cardinale di
Bourbon vadi dicendo: che il re di Navarra non è suo nipote, ma bastardo, e che la madre si maritò prima con un altro; inoltre che è ere-

tico; e, mancando Sua Maestà avanti di lui, che la successione viene in lui. Dicono con tal veemenza, che è cosa strana. Perciò il Re ha auto a dire, che il detto cardinale è pazzo.

Intendo che la Regina Madre se n'andrà a Chenonceaux e Sua Maestà a Lione; e poi, a mezzo agosto, in Guienna dal re di Navarra, per condurlo in côrte e a trattare molte cose. Sua Maestà se n'andrà in Normandia a Gaillon fra otto o dieci giorni; poi a Lione privatamente, come fece l'anno passato. Il consiglio non doverà partire di qui, per quanto si dice. Joyeuse dice a questi che vanno al mare, come Sua Maestà intende e vuole che i suoi sudditi possino ire all'Indie di Spagna e conquiste di Portugallo, e che quei vascelli che fossino presi dalle armate Spagnuole, sieno i portionarii risarciti dai beni degli Spagnuoli che si troveranno nelle terre di Francia.

Per via di Gravelines si ode, che il principe di Parma è venuto a Bruges, e che quei di Gand di nuovo tornavano a trattare; così che la gente venuta d'Italia era venuta già in Brabant.

---

## XVI.

### GIULIO BUSINI À BÉLISARIO VINTA.

Paris, juillet 1584.

SOMMAIRE. — *10 juillet.* L'ambassadeur d'Espagne consent à porter le deuil de *Monsieur*. Incident survenu dans la cérémonie des funérailles. Dessein du Roi de garder Cambrai. M. de Guise prend congé, et M. du Maine, et M. de Mercœur, et M<sup>me</sup> de Nemours. Départ de l'ambassadeur d'Écosse avec de belles paroles. Délivrance de M. de Turenne. Le roi de Navarre plus huguenot que jamais. Libelle contre la Reine mère. Intrigues de cour. Union entre d'Épernon, Montmorency et le roi de Navarre. — *23 juillet.* Cambrai sous la protection du Roi. Démarche de la reine, veuve de Charles IX ; elle consulte le Roi et la Reine mère sur son mariage projeté avec le Roi Catholique. Protestations du nonce contre les excès des huguenots. Le Roi à Vincennes; ses nouvelles constructions religieuses. Prochain départ du Roi pour Lyon; la cour dispersée jusqu'au mois d'octobre. Don Antonio; nouvelle expédition en sa faveur. Les fermes et Rametti. Plaisanterie du Roi au cardinal de Bourbon. Parfait accord entre le cardinal, Nevers, Mercœur et les Guise. Croyance très-répandue de la mort prochaine du Roi.

10 juillet.

Il Gondi remostrò a questo ambasciatore Cattolico, che i ministri di questa Maestà in corte di Spagna aveano sempre vestito a bruno, e fatto gran dimostrazione di mestizia, per morte di quelli del sangue del suo re, e ultimamente quando mancò la sorella del Re Cattolico: con tante chiarezze e disuazioni, che il prefato ambasciatore vestì in un subito la sua famiglia, pigliando la rascia, che avea rifutato, e andò a condolersi con l'una e l'altra Maestà.

Il giorno che si portò la cassa a San Dionigio di *Monsignore*, nell' uscire del duomo fu gran contrasto fra li ambasciatori e vescovi, pretendendo gli ambasciatori di essere loro li ultimi e no loro; li quali diceano toccare alli loro, mentre erano vestiti pontelicalmente. L'ambasciatore della regina di Scozia mostrava che no, e insisteva il nunzio a non volerlo comportare; il quale non fece motivo alcuno; così li vescovi la tirorno; il vescovo d'Auxerre, gran limosinario del Re, fu quello che fece simile motivo.

Di poi la partita per Piccardia del duca di Retz, s'ode essere comandate, oltre le guardie del Re, il reggimento di Champagna e di Piccardia, dodici compagnie di gente d'arme, le quali devono trovarsi ai confini per accompagnare i viveri e munizioni che vogliono condurre in Cambrai per un anno; de' quali si fa tuttavia provvisione, temendo che due mila cinque cento fanti e secento cavalli, che pare sieno venuti a Mons e Valenciennes del principe di Parma, non sieno per impedire tale vettovagliamento. Altri credono che sieno venuti apposta per fare spalla ai populi di quella provincia, acciò possano fare il raccolto che è in quella parte, e di grandissima importanza per la gran quantità di grani e biade che vi fanno; non ostante che qui si dica, che Sua Maestà ha comandato ed inibito a quei di Cambrai, che in avvenire si guardino di fare più rubi o scorrerie.

Li due del senato sono tuttavia qua molto accarezzati, li quali attendono quattro altri, cioè due per la parte del clero, due per la plebe, dicendosi per stabilire ed ampliare li loro privilegi, e che Sua Maestà li fa esenti, così come nel suo regno; e saranno trattati come Francesi naturali; e molte altre cose, delle quali si arà lume subito. Vuole continuare di fortificare della medesima maniera che è dalla parte di

Francia, assegnandoli per tale effetto quaranta mila franchi l'anno, si crede sul sale; mostrando di tenere più conto di essa villa che non fa di Saluzzo o di Metz. In somma dice publicamente che la vuole conservare e guardare.

Il duca di Guise si licenziò dal Re e regine con disegno di ritirarsi a sui stati e governo, e di volere stare assente dalla corte molto tempo. Il volgo dice molte cose stravaganti, che, per essere lui principe di molto valore e prudenza, non piglio la pena di scriverne. Farà il simile quel du Maine, come la moglie abbi partorito. Quel di Mercœur si ritira ancor lui in Brettagna, nè doverà ritornare in corte se non è chiamato dal Re, che per causa di Joyeuse non pare lo veda volentieri; vuole si ritiri anche la sua moglie. Madama di Nemours si è licenziata ancora lei per ire in Piemonte; questa volta si crede vadi da vero; massime che s'ode che il duca di Savoia ha inviato un gentiluomo al re di Navarra, si pensa sia per attaccare di nuovo la pratica di mariaggio della principessa, sua sorella; cosa che qua non piace punto, per non avere tenuto nessun compimento, e la prefata madama qua tenere sempre viva quella pratica della principessa di Lorena.

L'ambasciatore del re di Scozia si licenziò per ritornarsene; ha auto una catena di mille scudi, e molte buone parole, senza resoluzione alcuna de denari che desiderava dal Re, il quale invia là il figlio del segretario Pinard, al quale hanno dato cinque cento scudi per il viaggio; e se ne andrà con detto ambasciatore.

Si dice, che Sua Maestà vogli levare via il concordato fatto già li sua antecessori con Clemente Settimo; cioè che non possino conferire li beneficii che vacano in curia. Il visconte di Turenne è qui molto male edificato degli Spagnuoli, per avere fatto pagare cinquanta mila scudi di taglia. In sua casa si predica all'ugonotta, come odo segue in diversi altri luoghi, con poca reputazione del nunzio, che dicono doveria non solamente farne romore col Re, ma ire a farne risentimento in parlamento. È tenuto persona freddissima, e che non vogli fare cosa che dispiacia a costoro. Quel che peggio è, che Navarra si mostra più che mai della religione; per la quale cosa s'intende come si sono dichia-

rati e scoperti in diversi luoghi assai ugonotti; in Orléans particularmente più di trecento, ove quei cattolici hanno inviato al Re, e supplicato la Maestà Sua di dare loro licenza di cacciarli; la quale cosa non ha
volsuto, per non dare animo ai popoli, e pigliare come farieno le armi.

Questi giorni addietro è ito attorno certe copie di lettere, che dic-
cano abbia scritte il re di Navarra alla d'Inghilterra e in Alamagna,
toccante l'avere ripreso la sua moglie; ove mostrava di averlo fatto
per obedire al Re, e convenuto come per forza, mostrando che non pas-
seria molto che si conoscerà la sua volontà, non avendo altro discarico
dal Re. Dipoi la morte di *Monsignore*, odo che questi suoi agenti ne
hanno fatto con il Re e Regina Madre gran risentimento, con dire essere cosa falsa e inventata dai nemici del loro principe. Si è visto anche un libretto, che dicono tocchi molto l'alturità della Regina Madre
e di *Monsignore*, narrando tutte le pratiche di Fiandra e Inghilterra;
sendoci ancora inscritto molte lettere di essa Regina scritte al principe
d'Orange, regina d'Inghilterra, e altre di Fiandra; senza sapersi
d'onde esca, facendosi grandissima inquisizione, inibito pena della vita
il venderlo o tenerlo. Se sarà possibile averne uno, farò ogni diligenza
per inviarlo a vostra signoria. Mandogli un esemplo del testamento
che hanno dato fuori questi di *Monsignore;* li più vogliono che sia stato
fatto da Chinse, suo segretario.

Dicono che il Re non sia molto bene con Chiverny, e che Joyeuse
abbi posto avanti il cardinale, suo fratello, all'officio di cancelliere; e
in vero odo, che, se non fusse che Chiverny è portato da Épernon, se
ne potria dubitare.

Navarra e Épernon si abboccorno insieme con tanta amorevolezza e
dimostrazione di amistà tre giorni, che più non si potrià dire. Sua
Maestà dicono restare contentissima della negoziazione del prefato
Épernon, quale avea fatto restituire due terre; dicesi che dovea partire, ai xxv di questo, per ritornarsene. La regina di Navarra non l'ha
volsuto vedere; la Regina Madre gli ha inviato due gentiluomini, perchè non manchi di vedere e di udire quello che gli ha imposto il Re,
ma non vuole farlo; stimano che il suo marito s'abbi da ridurre. Detto

Épernon non andrà in Languedoc altrimenti, da che Montmorency dovea venire lì per abboccarsi con lui e Navarra.

21 juillet.

Ier mattina venne un corriere della regina d'Inghilterra a questo suo ambasciatore in quaranta sei ore, con avviso che a Delft in Olanda, in giorno undecimo del presente, fu morto il principe di Orange d'una archibusata, statagli tirata da un suo servitore Borgognone, che l'ha servito dieciotto anni, in la sua camera istessa, appresso desinare, ove si ritirava per riposarsi, stando leggendo certe suppliche. Si dice, che dipoi il fatto, serasse, come era suo costume, la camera, e si salvasse. È nuova di gran conseguenza al Re Cattolico, e mala per la d'Inghilterra, che ha perso in breve tempo tre maggiori amici che avesse, uno in Scozia che era quel conte Gowrie[1], stato decapitato là ultimamente, *Monsignore*, e questo; di cui fra due giorni, con l'ordinario, le saprò dire.

23 juillet.

S'ode dalla frontiera, che gli Spagnuoli s'erano impadroniti del forte di Lillo, vicino ad Anvers, col mezzo di non so quante barche e galeotte che aveano fatto venire per la riviera, le quali davano gran disturbo alla navigazione di Flessingue a detta città.

Di Piccardia scrivono, come il marescial di Retz avea fatto mettere guarnigione per tutte quelle terre di frontiera, e in esse fatto publicare, come Sua Maestà piglia Cambrai e suo dominio in protezione, proibendo a tutti li officiali, gabellieri, guardie di non impedire la gente, mercanzie e robe che verranno e andranno in essa terra o altrove, ma si lassino passare franche, volendo si obedisca solo alla fede e sigillo di quel senato d'essa villa; in la cui medesimamente hanno inibito al governatore, capitani e soldati di qualsivoglia sorte, che in avvenire non possino ne devino fare più scorrerie nè rubi su quel del Re Cattolico, ma tenersi nei loro territori.

---

[1] Lord Ruthven, comte de Gowrie.

La regina Isabella, che fu già moglie del re Carlo, ha spedito qua un corriere al suo agente con lettere al Re e Regina Madre, per avere il loro consiglio circa il maritarsi con il Re Cattolico, mostrando esergliene fatta grandissima istanza della madre e fratelli, e che non è per fare questo passo senza l'avviso e licenza loro.

Il nunzio ha remostro al Re, che qua sono molti luoghi ove si predica all'ugonotta, e d'intendere come sul fiume del Loire li ugonotti hanno fatto diversi motivi brutti nelle chiese, nè fin qui si vede ci facci quella provvisione che vorrià ci facesse. È qui al bosco di Vincennes, dove fa fare una gran fabbrica che costerà più di dugento mila scudi, facendosi stanze per trentatre frati osservanti di San Francesco, li quali vuole stieno sempre lì questo numero a fare orazione, e che vivino delle rendite di quel priorato che vale da sei mila franchi, dovendo essere maneggiate e distribuite da due secolari della compagnia dei girolamisti, la quale non può essere ancora lei più di trentatre; e per loro devono essere fatte altante stanze, con un piccolo scrittoio, sendo li frati, per riverenza e memoria dell'età di Nostro Signore Iddio, e li secolari per quella del Re, che corre tale anno. Li altri frati, che vengono da quella parte di Toulouse, si dice li vogli mandare a quella badia di Miramont, e qui a Madrid, dove fa fare un piccolo oratorio per dieci o dodici.

Sua Maestà si attende qui domani, e appresso se ne ritornerà a Fontainebleau, ove sono le Regine. Il consiglio, per causa della moglie di Chiverny, che, sei giorni fa, morse, è ancora qui; partirà appresso domani; e il Re sabato o lunedì per Lione. Le Regine, come Sua Maestà sarà partito, se ne vengono qui, e subito la regnante se ne va alla Madonna di Chartres; poi ritorna; dicendosi che se ne anderanno a Blois, per attendere il Re questo ottobre, con disegno di svernare là e in Touraine.

Li ambasciatori seguiranno le prefate Regine, come dire alla fine d'agosto.

A la Rochelle si apprestano dieci navi con gran diligenza, atteso che le altre hanno patito gran sinistro dalla fortuna; sopra delle cui s'imbarcheranno, secondo intendo, da novecento fanti per ire al mare per don Antonio.

Don Antonio ha fatto dare fuori una scrittura latina, ove mostra al Papa, che adesso non è più tempo di accordarsi col Re Cattolico.

Su questa gita che fa Sua Maestà a Lione, si dice che vogli dare il governo del Delfinato, Borbonese, Lionese, tutti insieme a Épernon, e quel di Metz e Verdun a M. di Thermes.

Il Re ha scritto al governatore di Lione, che facci intendere a tutti li gentiluomini delle provincie sudette, che si trovino a mezzo agosto in Lione per communicare con loro alcune cose.

Dicono che il Gondi ha confessato per quittanza, di essere stato pagato dal Rametti di trecento venti mila scudi che avea d'avere; così che hanno fatto il simile li altri che aveano le gabelle, che il prefato Rametto ha prese; non avendo Sua Maestà volsuto si passasse il contratto di esse ferme senza le quittanze. Se questo è, lui e li altri si sono messi a gran pericolo, non solamente della vita del Re, ma del Rametto; e se fussi guerra, avrieno de' travagli.

Dicesi, che, nel licenziarsi che fece Bourbon dal Re, li dicesse: « Addio, mio zio, raccomandatemi al duca di Guise. » E che il cardinale volea sapere a che fine li dicea questo; e il Re ridendo li replicasse, che lo sapea bene. Guise, fratelli, Mercœur, Nevers, Bourbon, Vendôme sono d'accordo fuori di modo; ed è cosa strana il ragionare che si fa che il Re non possi vivere molto; e in vero si vede assai pallido e magro, avendo spesso male al capo e orecchi; e il medico sempre accanto, che è cosa fa che temere.

Li deputati di Fiandra sono stati in corte, e sono ritornati qua, ove aspettano l'ultima resoluzione, la quale dicono essere stata promessa di dare loro tra qui e sabato, mostrando di volere pigliare partito. Si dice offeriscano terre in Zelanda e Olanda.

## XVII.

### GIULIO BUSINI À BÉLISARIO VINTA.

#### Paris, août 1584.

7 août.

Scrivono di Fiandra, che quello che ha morto d'Orange è un Borgognone; il padre del quale tramò già di dare la terra di Besançon a *Monsignore*; e, scoprendosi, fu fatto prigione, e questo che era consapevole, salvatosi e trattenuto in corte di detta Altezza, la cui seguitò alcun tempo, nel quale vogliono avesse qua commercio segreto con questo ambasciatore Cattolico; così che lui lo inviasse al campo del principe di Parma, ove servì il conte vecchio di Mansfeld; di lì se n'andasse in Olanda a trovare Villiers, ministro, dandoseli a conoscere per uno della religione, dandoli passaporto, e alcuni bianchi di detto conte a cui dicea avere tolti; offerendosi a stare a ogni cosa, fingendo d'essersi fuggito, e che il desiderio suo era di servire il principe; il quale lo esaminò più volte, e in ultimo disegnò inviarlo con lettere in non so che luogo delli Spagnuoli, avendoli per ciò dati danari perchè si mettesse in ordine. Nel passare da una stanza all'altra ove negoziava, osservata da questo tale, il giorno, subito desinato, si cacciò fra le due stanze, e facendoseli incontro, che il principe li dicessi : « Adesso « ti spedirò, » nel voltarli le spalle l'altro li tirasse l'archibusata. Al quale romore corsono li servitori; e, vedendo in terra il principe, seguirno lui che era già uscito fuori, e vicino al canale dove avea designato buttarsi e passare a nuoto dall'altra banda, e servirsi del cavallo già stato ordinato per il viaggio sudetto. Fu preso, e con tutti i martori datigli, non ha giammai volsuto confessare altro, che di averlo fatto di sua propria volontà, per la taglia, e per conoscere che lui era la ro-

vina di quei paesi, senza essere mandato da nessuno. Li hanno bruciato con una torcia la mano destra, poi tagliatoli la lingua, e datogli
alcuni colpi di tenaglia, cavandogli il cuore. Lui sempre costante, dicendo, che se non l'avesse fatto, lo faria di bel nuovo.

Credono che quei populi, cioè il suo consiglio, alzino Maurizio, suo
figlio, nato della seconda moglie di Sassonia, d'età d'anni dieci nove,
ancorchè si scopre che quattro terre principali di Olanda mai abbino
volsuto darli titolo di conte, nè acconsentirlo.

Qua sono ancora li deputati delli Paesi Bassi, dico quelli che vennono a suo tempo a *Monsignore*, e due altri venuti da poi la morte del
prefato principe, che trattano sovente con la Regina Madre. I primi
odo che offeriscono al Re di darli in mano l'Escluse e Bruges, Ostende
e non so che altre piazze infra terra, con promessa d'altri luoghi in
Zelanda ed Olanda; e che Sua Maestà li ringraziasse, ed esortasse a
volere ritornare al loro principe, offerendosi a impiegarsi e fare per
loro ogni servizio. Già s'erano partiti e iti a Rouen per imbarcarsi, e
sulla nuova della morte d'Orange, inviorno là in diligenza il signor
Brulart, che li fè ritornare indietro, e insieme con li altri, dicono, offeriscano, che, se il Re vuole conservare li loro privilegi, che li daranno in mano tutto. Ora, come questa cosa è stata con intelligenza
della regina d'Inghilterra, la quale pare che offerisca molte cose, e
fra le altre, di volere prestare cinque cento mila scudi alla Regina Madre, della cui temono molto li Spagnuoli, quantunque si veda il Re
avere ogni altro pensiero, sebbene sanno anco che questi ultimi non
hanno alturità che del consiglio d'Orange, ma promettono di fare venire; così la loro paura è che la non si impadronisca di qualche piazza
in Olanda o Zelanda per forza di denari o inganno de' governatori. Nel
volgo è che la Regina Madre abbia pronta una levata di otto mila Svizzeri e sessanta compagnie di fanteria francese in un mese. È tanto romore, che per me credo che abbi da riuscire tutto fuoco di paglia,
non vedendo altre provvisioni.

Questa sera si dice, che ci sono lettere de' xxviii di Flessingue con
avviso che, il giorno di San Jacomo, li Spagnuoli dettono due assalti al

forte di Lillo, e furno ributtati con perdita di molti di loro, e che s'erano ritirati.

Il governatore di Cambrai è stato a Saint-Germain col marescial di Retz, e nel ritornare menò con lui il marchese di Bellisle, primogenito di detto maresciallo, si dice per trovarsi presente al giuramento che devono fare quei popoli alla Regina Madre, la quale ha accordato tutto quello hanno saputo desiderare i deputati di detta terra; li quali se ne sono ritornati, presentati di catene.

Sua Maestà, ai xxx, andrà a Moulins, là dove si dice attenderà Épernon; e poi se n'andrà a Lione, dove qua è opinione, che il duca di Savoia, che è li vicino, venga ad abboccarsi con lui; facendosi per ciò molti discorsi.

È fama che detta Altezza devi ad ogni modo maritarsi con questa principessa di Lorena, ora che, dicono, è stato escluso dalli Spagnuoli.

Sabato fu con la Regina Madre l'ambasciatore d'Inghilterra, e appresso li deputati di Fiandra, il giorno appreso il nunzio, ambasciatore di Scozia, Venezia, e Spagna, dicono a condolersi della morte di *Monsignore* per parte dei loro principi.

Questa nuova camera ha cominciato a procedere contro i tesaurieri; e già questa settimana passata ne hanno fatto carcerare due; scoprendosi che Sua Maestà annulli tutti li accordi stati fatti dai re, sua antecessori; così che ne caverà grossa somma di denari.

Pare che Montmorency si sia impadronito della terra di Lodève, per non averlo volsuto ubidire nè conoscere per governatore; e per il guasto e danni fatti la sua gente ai luoghi di quei di detta terra, il parlamento di Toulouse cita detto marescial con pena ad avere rifare i danni. Dicono ch'è luogo d'importanza, e che Sua Maestà s'è forte sdegnata.

21 août.

Ai xxiii, il Gondi banchettò la Regina Madre, cancelliere, li tre segretari di Stato, consiglio di finanze, e quattro presidenti; poi appresso desinare, trattorno di trovare modo di avere prontamente quattro cento mila franchi per la detta Regina, con fama devino servire a pagare sua debiti; ma si presume sieno per li affari di Fiandra, poichè lo stesso giorno si licenziorno da lei li deputati, e ancora dal cancelliere; e fu ordinato a M. di Pruneaux, ch'è stato gran tempo là appresso di loro ambasciatore per *Monsignore*, che dovesse ritornare, siccome fece, con essi; perciò si va congetturando non segua qualche novità.

La voce è, che offerischino la Zelanda, e promettino che le altre provincie che possedono faranno il medesimo. Per la qual cosa si dice che tornino con promessa, che se d'effetto le provincie di Zelanda e Olanda voglino venire sotto la corona di Francia nei medesimi modi e condizione che aveano con casa d'Austria, che Sua Maestà la difenderà; e che di questo abbino la parola della Regina, con la confermazione del cancelliere.

Questi Spagnuoli e Fiamminghi non possono nè vogliono credere giammai che la Olanda sia per venire a questo, ma che più presto, con si fatta voce e dimostrazione, che non trattino di fare qualche intrapresa in Zelanda, e che riuscendo, la prefata Regina non dica di volere tenere per le pretensioni di Portogallo. Quel che fa più credere sia così, e l'udire che queste pratiche sono maneggiate e spinte dalla d'Inghilterra, dove si doverà conoscere dove la cosa ha da riuscire.

Quei di Cambrai fecioro tregua per tre mesi con quei di Artois e di Hainaut; dicono per potere fare il raccolto e seminare.

La Regina Madre si partì, a'xvi, per Chenonceaux, dove si ode essere arrivata la regnante per purgarsi e fare certi bagni, ordinatoli una donna per ingravidare.

Gli ambasciatori fanno conto di partire all'ultimo per ire a Blois, laddove dicono che a mezzo settembre sarà Sua Maestà con tutto il corpo della corte, e che si tratterrà là fino a Natale.

Il duca d'Épernon ritornò di Guienna, inviando qui alla Regina Madre Mocaccino, suo cugino, e se n'andò a Lione. Questo dice, che Navarra venirà ad abboccarsi con il Re a mezzo ottobre a Champigny, casa di Montpensier, e che detto Navarra desidera che Sua Maestà facci contestabile Épernon; già nel volgo si tiene come per fatto.

---

## XVIII.

### GIULIO BUSINI À BÉLISARIO VINTA.

Paris, septembre 1584.

SOMMAIRE. — *4 septembre.* La Reine mère et sa statue. Mutations dans les gouvernements des provinces. Le duc de Savoie et M. de Montmorency. La reine d'Angleterre et *Monsieur.* Envoyé anglais en Espagne. Affaires des Pays-Bas. — *18 septembre.* Procès intenté au duc de Retz. Réunion des princes lorrains. Épidémie. Mariage du duc de Savoie avec la seconde fille du roi d'Espagne. Poursuites contre les financiers. Réclamations du roi de Fez. Pasquinade dirigée contre le Roi. Envoyé de Flandre. Retour du Roi. Le financier Videville. Entreprises et progrès du prince de Parme.

4 septembre.

Intendo, che la Regina Madre dà ordine che sia pagato mille scudi alle Murate[1], perchè spendino la metà in bestiami per li poderi comperati loro, e dell'altra in far fare la sua effigie in metallo o marmo, con certi versi latini, che qua già vanno attorno in questi poeti e dotti di legge per avere il loro parere; li quali odo che sono d'altra sorta che quelli ha mandati ultimamente costà e a Fiorenza il Corbinelli; toccante la statua che la Regina vuole si facci per sua memoria, è opinione in alcuni de'nostri che il granduca, nostro signore, n'abbi da far fare una lui a sue spese, altri no; ma che più presto sia per farla fare il cardinale[2].

---

[1] Catherine de Médicis avait passé plusieurs années de sa jeunesse dans ce monastère. Le nom de *Murate* venait de l'usage reçu de murer la porte par laquelle les religieuses faisaient leur entrée dans le couvent.

[2] Voici l'extrait d'une lettre de Catherine au grand-duc à ce sujet :

14 août 1584.

La Reine envoie aux religieuses murées de Florence mille écus d'or, dont la moitié pour lui ériger une statue de marbre : «Laquelle sera mise à genoux dans l'église *delle Murate* la main gauche allant vers l'autel, suivant le portrait que je vous en envoiray; vous priant, mon cousin, de commander ladite statue à quelque bon et excellent ouvrier, et qu'il prenne garde que tout soit bien fait et que la similitude du visage avecques les mains soit de marbre blanc, et tout le surplus de ladite statue de marbre noir.»

Dicesi, che daranno la fortezza di Lione a un cugino di La Valette; così che leveranno il governamento di Provenza al gran priore, per darlo al marescial di Joyeuse, e al gran priore questo di Parigi; quel di Piccardia, che ha Condé, al duca di Montpensier, ricompensando in danari Condé; quel del Delfinato al duca d'Épernon; Metz e Verdun a M. di Thermes; quel di Lione a La Valette, Saluzzo al barone di Bellegarde; e che, da qui all'anno nuovo, seguirà questa mutazione.

Si dice per cosa certa, che il duca di Savoia abbi preso la seconda figlia del Re Cattolico, la quale cosa non piace punto a questi Francesi. Di Lione viene scritto, che visto Sùa Maestà, che il prefato duca non veniva da lui come si persuadeva, le inviasse un gentiluomo a significarle la cagione; il quale, dopo molte rimonstranze e persuasioni fatteli a nome del Re, lo esortò a volere lasciare l'amistà di Montmorency; e che detto duca li rispondesse, che mentre non vedesse occasione di poterlo fare con suo onore, che Sua Maestà li perdoneria : massime che avea sempre udito dire dal duca, suo padre, che la casa di Montmorency era stata sempre fedele alla corona di Francia, come sapea era d'effetto detto Montmorency a Sua Maestà; inoltre che lui era strettissimo suo parente, raccomandatogli *in articulo mortis* suo padre. Sulla quale risposta scrivono le inviasse il duca di Joyeuse, chi vuole fussi a dissuaderlo di nuovo, chi per fare che detta Altezza facci qualche nuovo ufficio con detto Montmorency; e che M. di Genova, inviato da Savoia al Re, vogliano fra li altri compimenti fussi anco per fare scusa, come per non dare sospezione alli Spagnuoli, non era venuto abboccarsi con la Maestà Sua, siccome desiderava.

Morse, due giorni fa, il duca d'Uzès, li giorni passati con suo figlio unico.

La Regina Madre ha fatto fare una bambola di legno, vestita appunto come era la regnante il giorno che andò a dare l'acqua benedetta al corpo di *Monsignore;* poi una vesta di saja, manto di velo del medesimo colore e fazione; e l'ha inviata per uomo espresso alla regina d'Inghilterra, la quale dicono se ne vuole servire il giorno delle essequie che disegna fare a San Michele a Londra per detto *Monsignore*.

Venne d'Inghilterra un giovanni Surgo, Milanese, e se ne passò subito alla corte di Spagna. Per quanto viene scritto di là, è mandato da quel gran tesauriere, sotto colore di far recuperare certi beni, attenenti a' sudditi di Spagna stati presi da pirati Inglesi, e con questa occasione vedere di fare proporre avanti qualche articolo concernente a rinnovare l'amistà da don Bernardino di Mendozza, di chi questo tale è intimo. Qua non pare sia preso in troppa buona parte, massime da questi della Regina Madre, per li affari di Fiandra. Di dove non capita ancora nessuno, bene si ode dalla frontiera, che quei di Gand s'abbino volsuto dare al principe di Parma nel medesimo modo che quei di Bruges, e che lui abbi risposto non volerli adesso con quelle condizioni, per li molti motivi che hanno fatto di poi stravaganti contro ai cattolici e affezionati al Re; la fame li farà risolvere, non avendo alcun rimedio.

Per via di Calais s'ode, che quei di Olanda e Zelanda abbino inviato al detto principe con l'offerta di volere ritornare alla devozione del Re Cattolico, sempre che vogli osservare loro la pace fatta ultimamente a Gand; la qual cosa non si crede che mai il Re Cattolico sia per accordare, per il punto della religione, e poi in simile tempo.

Questa mattina si dice, che è passato uno alla Regina Madre, che viene d'Anvers, spacciato dal suo agente; così che porti l'ultima resoluzione delli Stati. Se è vero, tra due o tre giorni si doverà sapere qualche cosa.

All'intorno c'è assai peste e molta febbre.

18 septembre.

Don Antonio alla fine si partì di qui per Brettagna. Il maresciallo di Retz venne qui d'Amiens, per vedere se potea impedire la lite che li muove un gentiluomo e donna di Poitou della religione alla ducca di Retz, favoriti da Navarra; li quali mostrano che la comperò la metà meno di quello valeva, con tutto la sentenza che a quel tempo fu data, e il favore della Regina Madre; non è stato possibile, avendo ottenuto di poterla riandare, che è cosa di grandissima importanza.

Qua è nuova, che a Nancy dal duca di Lorena sono li duchi di Guise, du Maine, cardinale di Guise; e che vi aspettavano quel d'Aumale, che, è molti giorni, è venuto in Normandia; medesimamente che Sua Maestà abbi inviato da'bagni là quel di Joyeuse per visitare Lorena; ma il volgo vuole sia ito per ritrarre. Il duca di Mercœur, che dovea trovarsi là ancora lui, è malato di febbre continua a Nantes, non senza pericolo.

Qua e per tutto il regno c'è gran numero di malati di febbre, che ammazza le persone in tre giorni. S'è scoperto da dieci giorni in qua da quaranta case contagiose; in diversi luoghi del regno n'è assai; a Tours è morto d'essa M. di Puygaillard.

Madama di Nemours si partì ieri per Piemonte, con disegno, se la figlia di Spagna non viene là questo inverno, di passare a Ferrara e Loreto.

L'assemblea di Montauban principiò ai xxv del passato; ancora dura. Si dicono molte cose inventate; così per non avere del verosimile, non gliene scrivo.

Dicesi, che la lettera scrive il Re Cattolico alla Regina Madre dica, come sendoseli porto prontamente l'occasione di maritare la sua seconda figlia al duca di Savoia, non deve meravigliarsi se non gliene ha dato conto prima, perchè è stata cosa subita. In sustanza con tutto la nipote è nel medesimo grado che la di Lorena; non gusta, sebbene li Piemontesi dicono non restasse dal duca di non pigliare lei; e li Francesi soggiungono che quello voleva da Sua Maestà non potea, massime di concedere ei potere fare l'impresa di Ginevra, o di avere Saluzzo; le quali cose erano fatte ad arte per venire dove è venuto.

Da due giorni in qua si è sparso fama, che detta Altezza se ne passerà in Spagna per fare le sue nozze a Barcelone, e che la Maestà Cattolica verrà lì lui; ma li Spagnuoli non lo credono.

Questa camera nuova di tesaurieri ha dato fuori una scommunica sotto gravissime pene, e premi a chi sapesse nessuno tesauriere, aren-

datore, officiale o finanziere di qualunque condizione si sia, che avessi
avuto manco di quello che il Re ha volto loro, dico dal tempo è venuto alla corona, con pena, chi lo sapesse e non lo rivelerà, corporale
e beni, sempre che per altre vie venisse a luce; con tanti altri articoli, che in effetto ha messo tutti questi tali sotto sopra, non ci essendo,
secondo odo, nessuno che non sia imbrattato. Però si crede il Re ne
caverà grossa somma di denari, e che ne sia per succedere la rovina
di qualche principale.

Qua è venuto un inviato dei consoli di Marseille, a mostrare a Sua
Maestà una lettera che scrive loro il re di Fez per causa di trenta
schiavi, suoi sudditi, che sono lì in la galera del fratello di Joyeuse,
dicendo che, se in termine di sei mesi, non li averanno rilassati, che
farà il medesimo di tutti li Francesi che saranno trovati nel suo regno.

A Lione è stato fatto una pasquinata sopra una donna con cui ha
auto a fare il Re; la quale tassa l'arcivescovo, governatore di Lione, di
ruffiano, scoprendo con tale occasione tutte le loro invenzioni e modi
di fare; quel che più importa è che toccano Sua Maestà.

L'uomo che è venuto dalli Stati, odo che ha rimostro alla Regina
Madre che, dovendo communicare con tutte le terre, non dovea meravigliarsi se non veniva la resoluzione, supplicandola in questo mentre
di non so che fanterie a loro spese; così pare ci vadi un Provenzale,
che è della religione, con forse sette cento fanti di quei che sono in
Piccardia, e che s'imbarcheranno per ire in Zelanda, là dove s'intende
v'erano giunti da mile cinque cento Inglesi. M. di Pruneaux è passato
due dì fa alla Regina Madre, senza sapersi quello porti.

Le Regine, ai XII, erano ancora a Chenonceaux; Sua Maestà si attende oggi al bosco di Vincennes, dicendosi che fra lì, Saint-Germain e
qui, si tratterrà sino all'ultimo di questo; poi se n'andrà a Blois, ove
continua la voce che la corte vadi.

Questa mattina è passato un corriere a Spagna del principe di
Parma, con avviso che Vilvorde si arrese nel vedere il cannone; medesimamente la villa di Gand, a condizione: di fare due fortezze; una
campana che già fu fatta fare da Carlo Quinto per memoria del tradi-

mento che feciono, la quale deve suonare ogni notte; pagare secento mila fiorini; e darli un principale che ha causato la maggior parte di quelle rivoluzioni. Dice che il principe era sulla riviera d'Anvers, facendo fondare travi, e già n'avea messe da trenta cinque, persuadendosi con tal mezzo averla a chiudere in ogni modo; la quale cosa riuscendoli, causerà che in breve detta villa verrà in suo potere.

Domani si attende qua Sua Maestà. Il cancelliere, d'ordine di detta Maestà, fece comandamento a Videville che dovesse trovarsi qua ai xx, e consegnare in mano di Cinaglia tutte le scritture che ha, non si sapendo ancora d'onde venghi l'occasione; si dicono molte cose. Come lui è persona che è stata in gran favore e alturità, come sa vostra signoria, ricchissimo, non gli mancano degli emuli. Con le prime le saprò dire la cagione.

----

## XIX.

### GIULIO BUSINI À BÉLISARIO VINTA.

Paris, octobre 1584.

SOMMAIRE. — 2 octobre. Affaire de Vidiville et des gens de finance; sévérité du Roi; réformes projetées. Intrigues dirigées contre M. de Chiverny. Détails touchant la cour et les princes. Projet de mettre M. d'Épernon à la tête des finances. La Reine mère négocie le mariage de la princesse de Lorraine avec le roi d'Écosse. Progrès de la peste. — 16 octobre. Motifs qui ont engagé le Roi Catholique à promettre sa seconde fille au duc de Savoie. Encore les gens de finance; nouveau système projeté pour la perception des impôts. Don Bernardino de Mendoza; Cambrai et l'Espagne. Le duc de Parme devant Anvers. — 30 octobre. La cour chassée de Blois par la peste. Le Roi à Vincennes. Négociations relatives aux affaires de Flandre; l'Espagne et l'Angleterre. Étiquette minutieuse. Étrange proposition faite par d'Épernon à madame de Montpensier; irritation contre le roi de Navarre. Pamphlet d'un huguenot contre le Roi et la Reine mère. Recherche rigoureuse, jusque dans la demeure des ambassadeurs, des personnes compromises dans l'affaire des gens de finance. Propos inconsidéré de Ruccellai. Gondi et Rametti et leur diamant. Réduction projetée des membres de la chambre des comptes.

2 octobre.

Sua Maestà è stata qui al bosco di Vincennes otto giorni; e tre dì fa, se n'è andata a Saint-Germain, di là a Dolinville.

Il duca d'Épernon è stato banchettato dal Ruccellai, Rametti,

Gondi; ed ha guadagnato in questi luoghi da dieci otto mila scudi, la maggior parte al conte di Schomberg, quattro mila al Ruccellai, due mila al Nasi; ma come ogni sera questi tre travagliano insieme, non si sa l'intrinseco del negozio.

La persecuzione di Vidiville fu vera, e l'origine si dice sia stato il gran priore e altri, in particulare il Ruccellai che ha scoperto molte cose a Lione.

M. d'Épernon supplicò, ai xxiii, Sua Maestà a volerlo ascoltare; ma dicono, che il Re li rispondesse che non s'impacciasse di questo affare, volendo che la giustizia avesse suo luogo, e che li daria quattro volte più danari che per avventura li potea avere promesso questo ladro; il quale come fu avvertito di sì fatto sermone, se n'andò via la notte stessa per il cammino d'Alamagna; con lui il primo commesso de l'*Épargne;* e già s'intende che è capitato a Sedan. Le scritture, che si sono trovate in sua casa, sono state consegnate a Marcello.

Il giorno appresso, il Gondi e Rametti andorno dal Re; il quale, secondo intendo, volse che facessino una confessione di tutto, come pare feciono; e che poi Sua Maestà dicesse loro, che non dubitassino di cosa alcuna, ma vedessino quello voleano da lui per sicurezza; che a Blois lo faria volentieri. Adesso odo, che sono appresso per fare che non sia proceduto contro Vidiville criminalmente; ma non so se riuscirà loro, con tutto il favore che hanno della Regina Madre, e li presenti che si dice promettono di fare; li quali passano i cento cinquanta mila scudi. Épernon è quello che si mena in questo; Joyeuse ancora qualche poco, per amore del Bandini; e Gondi, a cui invero preme, non tanto per suo interesse quanto per quello del duca di Retz, che vogliono fosse compagno di detto Vidiville sino al tempo del re Carlo; acciò non venghino a luce molte cose d'importanza. Ancora non si sa come il Re la piglierà; fa guardare il tesauriere Leroy, il quale si trova malato a Chenonceaux; e qua tutti quelli che hanno auto rabassi sui sali e sulle dogane, sono molestati da questa nuova camera, che vuole li ritornino con il quadruplo, sendo caso non mostrino realmente le perdite. Con tutto il favore che mostra di avere il Ruccellai, sei dì fa, l'hanno costretto a dare mallevadore un suo ministro, sotto nome del quale era l'arendamento dei sali, e auto per carcere la terra. Il Gondi fa levare i suoi conti, adducendo di avere auto perdita nel tempo che n'ebbe il rabasso. La moglie del Diaceto se ne va in corte, sendo ancora lui molestato; ma come le sua sono al tempo del re Carlo, si crede non sarà astretto altrimenti. Parlasi pure assai del cancelliere; ed il vulgo vuole pure che Sua Maestà l'abbi a levare, e darlo al cardinale di Joyeuse; e perchè è giovane, fare un guardasigillo. Sono in predicamento a ciò l'arcivescovo di Lione, Bellièvre, un presidente di Toulouse; ma non lo credo. Dicono ancora che vogli riformare il suo consiglio privato, e farne altro nuovo per le cose di Stato; come ancora trenta gentiluomini della camera, nominati quartiere per quartiere da lui. In somma porre l'ordine a tutto, e tenere lui le chiavi dei denari; almeno dice così volere fare. La cui Maestà si porta meglio che abbi mai fatto, contando miracoli di questa fontana di Nevers, la quale dicono li ha fatto buttare due pietre.

Dette il governo di Angers, vacato per morte di Puygaillard, al du Bouchage, e il maresciallo di campo a M. di Thermes; la compagnia di gentedarme al baron di Bellegarde, e al conte d'Albigni, marito della Biraga, quella che avea il duca d'Uzès; il vescovado di Clermont, che vale sei mila scudi, al secondogenito di madama di Randan; e per morte di madama de Sipière, ha parimente dato tutto il carico di prima dama d'onore della Regina regnante a madama di Randan detta, che gli varrà quattro mila ducati. Vuole si mariti madama di Sauve, e che esca di corte; così sono in pratica di darla a un giovane di casa de la Trémouille, che ha venti due anni, per divertire Épernon.

Madama di Nemours conduce il principe di Joinville, primogenito di Guise, a Ferrara, per istare appresso quel duca qualche tempo. Dicono, che Sua Maestà presti al duca di Lorena ducento mila scudi per finire di pagare una terra che detto duca ha comprato in Alemagna; la cui Altezza ha gran contrasto coi nobili titolari, suoi sudditi di Lorena, per non volere acconsentire il parlamento che vorria introdurci, affine le cause fussino conosciute da lui, e non da essi che non

conoscono che l'Imperio; per offerte e diligenze che facci non si abbassa.

Dicesi, che il re di Navarra sia innamorato fuori di modo della contessa della Guiche, già moglie di quel Grammont che fu morto a la Fère.
Si parla d'un motivo fatto, sei giorni sono, il duca d'Épernon a un gentiluomo di detto re che gli portò una lettera, e come l'ebbe letta.
questo tale li presentò altra per Sua Maestà, la quale non volse accettare, ma ad alta voce disse, che non era segretario, con collera tale
che costui fu costretto a ritirarsi; e il giorno vegnente andò al bosco
di Vincennes per darla al Re, ma li fu fatto intendere che la portassi
a Villeroy; per dove si congettura che Navarra abbi talvolta mutato
proposito. Dicono, che l'assemblea è finita, e che non vogliono restituire altrimenti le terre; medesimamente che Navarra si mostrava più
che mai della religione, e che in essa avea communicato tutto quello
che li ha fatto dire Sua Maestà per Épernon : cioè, che non avendo
prole, la corona va a lui; e che mentre tenghi la parte loro, che non
può guardare il suo diritto; e molte altre cose, che se sono vere, potrieno causare qualche novità. D'altra parte si vede, che l'abate del
Bene negozia per lui, ed ha spedito a Navarra. È fama, che Épernon
avrà la cura di attendere alle finanze; e invero si vede, che questi della
camera dei conti e arendatori lo corteggiano, cosa che non fanno a
Joyeuse, il quale dicono che attenderà alle cose di Stato.

Intendo che la Regina Madre pratica a maritare la principessa di
Lorena nel re di Scozia; e perchè la d'Inghilterra non pigli sospetto
e li condescenda, li fa offrire molte cose per sicurezza del suo regno.
contro ai disegni che avere potesse il re di Spagna o qualsivoglia altro
principe.

Qua la peste va aumentando fuori di modo, e se continua di fare
come ha fatto da otto giorni in qua, sarà molto maggiore e pericolosa
che non fu due anni fa. Si è scoperta in molti luoghi e in case principali; per il regno n'è assai. Se è vero che la Regina Madre scriva al
Re che a Blois aumenti, potria essere mutassino proposito d'ire lì.

16 octobre.

Gli ambasciatori furno comandati d'ire a Orléans; è opinione che la corte si deva ridurne lì tutta. La contagione è dapertutto; in Brettagna, Normandia e Piccardia ne è assai; in Borgogna qualche poco; qua non cessa e ne muore gran numero per il poco ordine che vi è. Se il freddo non la leva, sarà più maligna che li anni passati.

Venne il nuovo ambasciatore di Venezia, che dice come l'accordo fra il granduca, nostro signore, e la sua signoria è più in rotta che mai; medesimamente che il duca di Savoia li avea detto di volere passare a Spagna avanti l'anno futuro per la moglie. In questo proposito, non voglio lassare di far parte a vostra signoria quel che qua si discorre. Dicono, che detta Altezza, sulla nuova della morte di *Monsignore*, dicesse al barone Sfrondato, come volea essere risoluto di questa pratica avanti il suo ritorno di Savoia, per potere pigliare altra resoluzione, e che la Maestà Cattolica, udito tal morte, deliberazione fatta il Cristianissimo di Cambrai, le pratiche che aveano con li deputati di Fiandra, l'andata del maresciallo di Retz alla frontiera, il Re a Lione, tutte queste cose in un medesimo tempo; che il Re Cattolico si risolvesse a mandare la procura d'esso al prefato barone, che temea non si abboccasse con questa Maestà; concludendo, che li Spagnuoli l'abbino fatto ad arte per guadagnare tempo, avendo opinione se ne abbi ancora a potere ritirare, e che con questa voce vogli scorrere alcun tempo; parendo impossibile a costoro che abbi da levarla ad uno dei fratelli dell'Imperatore, tanto maggiormente sendo là la Imperatrice, e vedendo il figlio di debole complessione, e la maggiore sorella non ancora maritata, e quando sarà, se arà prole o no; con tante altre cose, le quali come sono tutte fondate sulla passione, non gliene dico.

Dicono, che Sua Maestà ha inviato dietro a Vidiville un luogotenente di guardie, per farlo ritornare a significare le cose come stanno, offerendoli per ciò salvo condotto; la quale cosa non piace a questi che sono in considerazione, che di presente si dice essere il cancelliere, vescovo di Parigi, Retz, Villequier, d'O, li due tesaurieri de l'*Épargne*, diversi loro commessi. La settimana passata ne furono carcerati tre, che pagavano le rendite della casa di questa villa; dicono che la Regina Madre facci quanto può perchè la cosa non vadi avanti; il simile fa ancora Épernon, ma non s'intende che il Re si pieghi. Il Ruccellai viene molto tassato, e ciascuno vuole pure, che lui sia stato quello che abbi dato lume al Re di molte cose d'importanza. La verità è, che il prefato Vidiville si mostrava fuori di modo contrario al suo negozio; del quale, sino a tanto che il consiglio non si riduce insieme, non si può di effetto sapere che fine avrà. Ci è bene chi dice che il conte di Schomberg ha auto parola di d'Épernon di non li fare contro, e di contentarsi di ottanta mila scudi di presente; ma altri vogliono devi sborsare più, ed io lo credo.

Dicesi, che Sua Maestà vogli levare via li tesaurieri de l'*Épargne*, e fare che tutte le provincie riscuotino loro, con obligazione di fare portare li denari a Parigi, per levare via la spesa grande che ne ha la corona per mano di detti tesaurieri; e assegnare certa provvisione per li commissari che deputeranno le provincie, le quali averanno cura di farli condurre in mano del Re, o di quello che a quest'effetto deputeranno.

Qua sono venuti molti nobili e gente di don Bernardino Mendoza ch'erano in Fiandra, ed hanno preso casa da per loro vicino a quella dell'ambasciatore Cattolico, il quale s'attende ad ogni ora; lui non ha aviso alcuno di essere rimosso, sebbene si dice venghi per suo successore, e che porti la resoluzione di Cambrai : cioè che la Maestà Cattolica si contenterà lasciarlo, semprechè non dieno favore nè orecchio ai suoi rebelli dei Paesi Bassi e di Portogallo, e molte altre cose appartenenti all'Inghilterra, che stante le pratiche che hanno di presente con loro questi, non le posso credere. La verità è, che questi Inglesi hanno sospetto di questo cavaliere per la intelligenza grande che n'ha in quel regno; odo bene dal Gondi che ultimamente quando fu qui, li fosse detto da Villeroy, che non bisognava che il suo re facesse conto di riavere Cambrai, che più presto perderieno tutto il regno di Francia; ma se lo voleva lasciare, che li darieno ogni sodisfazione per le cose di Fiandra.

Monsignor di Metz, secondogenito del duca di Lorena, se n'è ito in Alamagna a pigliare il possesso di canonico di Mayence e di Liége, per potere pervenire ad uno delli vescovadi; dicono che il padre pratichi di avere quello di Liége.

In corte sono deputati della parte ugonotta, che portano al Re la resoluzione che hanno fatta in la assemblea di Montauban, toccante la restituzione delle terre, domandando fia loro allungato il tempo. Navarra, secondo dicono, continua più che mai nella falsa religione.

Scrivono di Gravelines, che quei d'Anvers, aveano recusato certo soccorso degli Inglesi e Francesi venuto di Zelanda; e che fra di loro era qualche po' di tumulto; che il principe di Parma travagliava per fare chiudere la riviera. Se per tutto questo mese non gli riesce, bisognerà se ne levi; quei di Bruxelles e Malines parlamentavano.

3o octobre.

Dissi a vostra signoria, come la corte se n'andava riducendo a Blois, e già era quasi tutta insieme, quando la peste dà in una figlia di Montmorin, dama della Regina regnante; per la qual cosa subito le due Regine si cansorno, come ancora fece Sua Maestà, venendosene tutti verso Orléans con disegno di starvi qualche giorno; ma aumentando ancora lì fuori di modo, s'incamminorno in qua, e son qui all'intorno, trattenendosi fino che Saint-Germain sia fornito d'acconciare; perciò è licenziato il consiglio fino ai vi del prossimo, al qual tempo, dicono, sarà là il Re, il quale pare sia venuto qui al bosco di Vincennes, ove starà fino passata la festa dei Morti.

Don Bernardino di Mendoza ha vestito tutta la sua famiglia a bruno, dicendo venire a condolersi della morte di *Monsignore;* è alloggiato con l'ambasciatore, non si lasciando intendere venghi per risedere qua, come è opinione in ciascuno; medesimamente che l'altro sia per ire in Fiandra, capo delle finanze; per la quale cosa si discorre sopra di Cambrai; e vogliono pure che porti la resoluzione di esso, ma con qualche condizione, che non si sa se qua sarà accordata. Quel che fa credere possi essere così, è il vedere, che subito hanno saputo la sua venuta, hanno fatto comparire i deputati di essa villa, li quali hanno continuamente corteggiato Épernon; si aspetta ancora quei di Fiandra, che dicono portare carta bianca dell'isola di Zelanda, Frisia e Gheldria e Anvers. La d'Inghilterra ci s'interpone gagliardemente, e promette molte cose; presto si dovrà vedere la resoluzione. Questi che conoscono e sanno l'umore del Re, hanno opinione che, se il Cattolico lascia Cambrai, che tutto riuscirà fuoco di paglia; come fia, non mancherò di significarle subito quel che udirò.

Ragionendo con don Bernardino, mi domandò in confidenza, se sapevo che qua fussi nessuno che facessi per il granduca; il medesimo ha fatto con un mercante Genovese, e pregatolo d'intenderlo come cosa che l'importa molto saperla; questo tale che è molto amico dell'agente di Mantova liene ha domandato, e li ha risposto non sapere ci sia nessuno. Il Gondi mi dice che gliene ha domandato ancora lui; e circa la sua venuta, che non sa di certo se rimarrà, mostrando che subito abbi negoziato, li converrà spedire a Spagna e attendere la risposta; ha auto con l'ultimo straordinario due mila scudi d'ajuto di costà.

Dicesi che Sua Maestà ha fatto fare cinque paramenti di camere ricchissimi, le quali vuole sempre sieno distese ove lui alloggierà; così che in ciascuna di esse stia un portiere vestito di velluto con una collana d'oro al collo; e nell'ultima che è quella ove Sua Maestà dormirà, nessuno potrà sedervi nè fare strepito. Dicono anco, che ha ordinato servino trenta gentiluomini di camera ogni quartiere, con pensione di quattrocento scudi e il piatto; li quali hanno a essere chiamati da lui con molti oblighi; fra li altri, mentre saranno in quartiere, di non mangiare che alla loro tavola, nè corteggiere nè seguire nessuno che lui; due li hanno da portare da bere e la salvietta, altri metterli il calzetto, e li altri la cintura. Così che fa certo numero di gentiluomini, li quali hanno sempre da stare d'intorno, e seguire la sua persona, con provvisione di ottocento scudi e il piatto. Chi dice saranno venti, chi più. Ancora non si sa il nome che darà loro nè la quantità. Il volgo li nomina *bravi*.

Madama di Montpensier dice, che un mese fa, che il duca d'Épernon la vidde due volte in casa la duchessa vecchia di Uzès; e che, fra molti propositi tenuti con lei, le dimandasse, se la si mariteria con lui, che le rimostrò la facultà che avea, con aggiunta che vedesse quello che la volesse fosse in questo regno, che lo faria fare al Re, medesimamente per servizio de'suoi fratelli. Lo ringraziò con dirle, che non avea di presente questa volontà, e che non piglieria mai resoluzione alcuna senza l'avviso di sua madre e fratelli. Ora come questa principessa è assai avanti col tempo, non bella e zoppa, in dubio se la potria fare prole, fa credere che questo motivo sia stato fatto ad arte da Épernon per scoprire l'umore di questa casa; chi che possi essere di effetto per l'odio che pare n'abbi con il re di Navarra, non solamente lui ma Sua Maestà, dicono, per essersi ritirato di molte cose promessolo, ed ancora notificato in l'assemblea ciò che Sua Maestà gli ha fatto dire per lui; fra le altre, che si contentava simulasse in la religione, e molte altre cose che hanno, secondo odo, disgustato pure assai Sua Maestà; massime che si sia trovato in detta assemblea incognito, e ora nieghi non essere vero. La quale domanda tre anni di proroga a restituire le terre, e perciò pare che venghino in corte mandati da essa Laval e il conte di Montgommery.

Quattro giorni fa, fu condotto con gran seguito alla Bastiglia un M. di Belleville d'età di anni sessanta, della religione, per avere fatto un libro che tocca molto l'alturità del Re e Regina Madre, dico di cose disonestissime e brutte. L'originale che questo tale ha fatto di suo pugno, si dice essere in potere di Sua Maestà, che vuole sapere chi l'ha informato di molti particolari che in esso sono, che pungono li sua familiari.

Sua Maestà pare che abbi levato la contea di Montfort a d'Avrilly, ritornandola alla corona, e dato la casa con il bosco a d'Épernon.

Un consigliere di questo parlamento, che, li mesi passati fu deposto, è stato a Blois, ed ha accusato al Re molti di essi, che ancora non si sa, nè si dovrà sapere sino che la corte non si riduce insieme. Vuole che questa nuova camera vadi due volte in settimana a tenere giustizia, ove sarà per portarsi lui in persona. Continua di procedere rigorosamente contro a questi che sono imputati. Ultimamente inviò il luogotenente criminale e provosto con tutta la sbirreria alla casa dell'ambasciatore di Savoia, per avere un Savoiano che ha fatto il personaggio, e si è intramesso a molte cose d'importanza con diversi di questi tesaurieri e finanzieri; del quale hanno le scritture in mano. Dopo molti contrasti e furori fatti all'ambasciatore, che ricusava, mostrando di essere suddito del suo principe, alla fine il primo presidente mandò per il Gondi, dicendoli che importava più il servizio del suo re che il rispetto di Savoia; che se l'ambasciatore non voleva darlo amorevolmente, che lo farià pigliare per forza. Ora come costui era in letto malato con la febbre, l'ambasciatore lo prese in guardia, e per scrittura publica si obligò rappresentarlo sempre fusse guarito. La quale cosa a questi altri ambasciatori e gentiluomini non è punto piaciuta, massime di comportare che giornalmente in casa sua la giustizia sia ad esaminarlo.

Stando ultimamente Sua Maestà a Blois un appresso desinare, ragionando della contagione, mostrava di avere udito sempre dire, che, quando la corte stava in un luogo dieci e quindici giorni, ove ne fusse la facea andare via; il Ruccellai disse : « Sì, Sire, l'un diavolo caccia « l'altro. » Per la quale risposta dicono che il Re si mutasse di colore, senza parlare gran pezzo; e ritiratosi, dicesse a Joyeuse e al conte di Maulevrier : « Io non so come ho fatto a contenermi di non fare buttare « a basso dalle finestre il Ruccellai. » Soggiungendo : « Se non fusse « venuto qua per la causa che è nota a tutta Italia, l'averia fatto. » Onde il Ruccellai avvistosi dell'errore, subito con sommessione grandissima che usò, e per lui nel medesimo istante M. di Bellièvre, affine che Sua Maestà dovesse pigliare simili parole per proverbio e non ad altro fine, con tutto questo dicono che il giorno vegnente, nel fermare il Re una patente che gli avea per d'avanti promesso, per fare liberare dalle molestie che dava loro questa camera li ministri del suo nego-

zio, fu udito dire tre o quattro volte : « Sì, un diavolo caccia l'al-
« tro. »

Come fia insieme il consiglio, si doverria terminare il negozio di
detto Ruccellai; e con tutte le ragioni che mostra di avere, gli costerà
grossa somma di denari, udendo che lo pigliano per altra via, la quale
non apparisce che Sua Maestà liene abbi accordato, nè la fa menzione
alcuna. Ha promesso di fare venire le gioie che avea in pegno, le quali
devono essere già qui. Per quello intendo, a lui pare mille anni di potersi spedire.

Il Gondi e Rametti hanno compro insieme un diamante scelto di
quaranta otto caratti, che qua era in pegno per ventidue mila scudi;
dieci otto altri ne promettono sborsare ai ministri di don Antonio di
cui era; e si pensa siano per darlo al Re.

Il Re vuole, che tutti i tesaurieri che hanno venduti è loro stati e
che sono entrati in la camera dei conti, siano cassi e rimborsati, volendo ridurre la detta camera al numero e modo antico, che sono dodici,
e di presente sono sessanta.

Un prete gesuita Scozzese, che andava al re di Scozia, fu fatto prigione, e la regina d'Inghilterra l'ha fatto mettere in torre, per sapere
molte cose sa, sendo pratichissimo dell'uno e l'altro regno.

----

## XX.

### GIULIO BUSINI À BÉLISARIO VINTA.

Paris, novembre-décembre 1584.

#### ANALYSE.

(12 novembre.) Don Bernardino de Mendoza remplace Taxis comme ambassadeur d'Espagne en France.

Le maréchal de Retz, sur l'ordre du Roi, a licencié les troupes qu'il avait réunies près des frontières de Flandre.

Le Roi a mandé à Saint-Germain les ducs de Guise et du Maine, les cardinaux
de Bourbon et de Vendôme.

Un livre très-séditieux vient d'être publié, *intitolato : La possanza che ha il popolo sopra il principe*. L'imprimeur et deux libraires sont à la Bastille.

On pense que Vidiville reviendra, et assistera au règlement de ses comptes [1].

(27 novembre.) Le Roi fait un grand accueil à Mendoza.

Les plus amples pouvoirs ont été donnés à M. de Montmorency dans son gouvernement du Languedoc.

Le Roi a cassé en une fois cinquante-huit édits portant création d'officiers divers; il s'engage à alléger les charges du peuple d'une somme de deux cent cinquante mille écus, à supprimer l'impôt forcé sur le sel : *dicendo volere ridurre il regno della forma e maniera che era al tempo del re Luigi XII*. Il se doute qu'il est tel prince qui conspire contre lui, et il promet de grandes récompenses à qui révélera le complot.

Le vieux cardinal de Bourbon est à la cour; il a pris, depuis la mort de *Monsieur*, plus d'importance : *per credere di avere a vivere più del Re*.

Le chapitre de Paris ne veut pas admettre M. de Saint-Germain comme coadjuteur. Il ne veut obéir qu'à un évêque et non pas à deux.

Les États des Pays-Bas continuent à faire de belles offres au Roi, qui feint de les écouter pour amener le roi d'Espagne à lui laisser Cambrai.

Joyeuse a reçu de Sa Majesté le duché d'Alençon, et d'Épernon le comté de Montfort et la seigneurie de Saint-Léger.

Horace Ruccellaï a rendu ses comptes; on pense qu'il se tirera d'affaire, mais non pas sans bourse délier.

La poursuite des financiers semble se ralentir : *non sendo riuscita la cosa come pensavano* [2].

(11 décembre.) Le nombre des trésoriers de France, qui était de sept, est réduit à six.

---

[1] Voici un détail fort intime, qui termine la lettre du 13 : «Mi è detto in massimo segreto, che il Re abbi fatto condurre di Lione una figlia che ha diciotto anni, di estrema bellezza; così che l'ha al bosco di Vincennes madama d'Angoulême; si crede, per vedere se l'effetto di non avere figli viene dalla moglie o pure da lui. Questa persona mi dice che la è di Savoia, e che la moglie del cavaliere del Bene lo sa.»

[2] Deux traits de mœurs :

I. «Queste dame di corte mormorano pure assai contro alla marescialla di Retz, per essere stata assente da suo marito quattro mesi, e in un subito ita a trovarlo, e scoprirsi gravida; e quel che più li dà carico, è l'udire che sia di tre mesi; vogliano sia di Entraguet.»

II. «Sua Maestà ha dato titolo di marchesa a madama di Carnavalet; il Bandini fa all'amore con lei, che ha poco meno di cinquanta anni. Questi di corte si ridono di lui, che vogli essere gentiluomo e mercante.»

La reine d'Angleterre demande au Roi de vouloir bien rappeler son ambassadeur, auquel elle reproche de servir d'appui aux catholiques de son royaume[1].

(24 décembre.) M. de Lénoncourt, en rendant compte au Roi de la bonne volonté du clergé, qui vient d'accorder sans difficulté une somme de deux cent mille écus, se laisse aller à faire l'éloge du vieux cardinal de Bourbon, et il ajoute : *« Sire, se Dio facesse altro della Maestà Vostra, che ci guardi! da poi che Navarra va tuttavia all' eresia, chi disegneria lasciare suo successore? » Alla qual domanda dicono che Sua Maestà stessi alquanto sospeso; poi gli rispose : « Lénoncourt, mi sono molto maravigliato di questa vostra impertinente domanda; avveggendomi bene la curiosità e disegni di voi altri preti :* Le mia figliuoli, che Dio mi darà; *sperando, con l' aiuto suo, avere a pisciare adosso in la fossa a tutti quelli che ci disegnano. » E lo lasciò.*

Le Roi a accordé un délai de trois ans aux huguenots pour rendre leurs places. Il ne consent pas à accorder de pleins pouvoirs en Guienne au roi de Navarre, tant qu'il ne sera pas converti.

On dit que, avant d'épouser la fille du roi d'Espagne, le duc de Savoie sera fait roi par l'empereur. A l'occasion de son mariage, son peuple lui fait don de cinq cent mille écus.

Le Roi fait de grandes réformes dans sa maison. Il prend de l'étiquette un soin minutieux.

La reine d'Angleterre et les États de Hollande supplient le Roi de mettre Maurice, second fils du prince défunt, en possession de la principauté d'Orange. Le roi d'Espagne la fait réclamer au nom du comte de Buren, son prisonnier.

Tosinghi, ne recevant plus ni pension ni secours, et se trouvant chargé de dettes, demande au Roi son congé, dans le dessein d'aller servir le prince de Parme.

On arme dix navires en Normandie et à Brouage, pour tenter quelque nouvelle expédition en faveur de don Antonio.

---

## XXI.

### GIULIO BUSINI À BÉLISARIO VINTA.

Paris, janvier-février 1585.

#### ANALYSE.

(7 janvier.) Par arrêt du parlement, Cambrai est réuni à la couronne : *E in*

---

[1] Cet ambassadeur n'est autre que Michel de Castelnau, seigneur de Mauvissière, un des diplomates les plus distingués de cette époque.

*questo atto fu conosciuto, che la Francia pretende dal fiume del Reno in qua sia tutto suo, siccome dovea essere al tempo di Carlo Magno.*

L'ambassadeur d'Espagne sollicite en vain une audience de la Reine mère et du Roi.

Antonio Scalini, avec quatre navires partis de la Rochelle et de Brouage, a pris la mer, ayant à bord un pilote portugais; un autre capitaine, avec l'argent de Joyeuse, a équipé trois navires.

Ruccellaï en sera quitte pour payer en secret à d'Épernon cinquante mille écus.

Le Roi a distribué à toutes les personnes de la cour un petit livre imprimé, où se trouve réglée la nouvelle étiquette; puis il leur a fait rendre ce livre : *sendovi in effetto molte cose che è impossibile che questa nazione possi osservarle.*

Le premier jour de l'an, il a distribué à tous les serviteurs de sa maison une fleur de lis d'or suspendue à une chaîne d'or, qu'ils doivent porter, quand ils sont de service, sur un vêtement de velours noir.

Le même jour, il a fait connaître la liste des quarante-cinq gentilshommes, que le peuple a surnommés *tagliagaretti*, les coupe-jarrets. Tous sont Gascons, célibataires, tenus de suivre toujours la personne de Sa Majesté.

(22 janvier.) Les dix-neuf députés des six provinces : Brabant, Zélande, Hollande, Utrecht, Frise et Gueldre, sont arrivés à Dieppe. MM. de Bellièvre, de Retz et Pinard sont chargés de négocier avec eux. L'ambassadeur d'Espagne a enfin eu son audience. Il a demandé que les députés des Flamands ne fussent pas entendus, parce que ce sont des rebelles, et des hérétiques, et des agents de la reine d'Angleterre. Sur la question de Cambrai, le Roi l'a renvoyé à sa mère, qui a dit qu'elle avait agi dans le Cambrésis comme le Roi Catholique avait agi en Portugal.

M. de Gondi a fait adroitement observer à l'ambassadeur, qu'il était à propos de laisser Cambrai à la Reine mère, comme lieu de retraite en cas de mort du Roi, et qu'après elle cette cité reviendrait aux héritiers du roi d'Espagne, dont les filles ont eu pour mère la fille aînée de Catherine de Médicis.

L'ambassadeur d'Angleterre fait au Roi de grandes promesses. On attend le comte de Warwick, qui apporte à Sa Majesté l'ordre de la Jarretière.

Le duc de Joyeuse et le roi de Navarre élèvent des prétentions sur la principauté d'Orange.

Le Roi voudrait bien amener le duc du Maine à céder le gouvernement de Bourgogne à d'Épernon : *li umori infra Sua Maestà e casa Guisa odo vanno tuttavia ingrossando.*

L'impôt forcé sur le sel a été supprimé.

(4 février.) La charge de colonel général donnée à d'Épernon lui assure le

commandement de toute l'infanterie française et l'autorité sur les maréchaux. Le 22 janvier, d'Épernon a prêté serment devant le parlement.

On parle de marier la princesse de Lorraine avec le jeune cardinal de Vendôme : *che ha spirito mirabile in tutte le cose.*

Un ermite de Milan : *che fa professione di guarire le contagione per l'amore di Dio,* a été admis à l'audience du Roi. Il lui a dit qu'il devait, pour être en la grâce de Dieu, faire justice et soulager son peuple : *e che le compagnie e chiese non bastano.*

La Reine mère se plaint tout bas des dégoûts et des ennuis que lui causent les deux personnages : *che Sua Maestà ama.* Leur crédit est tel : *che bene spesso teme non lo abbino ammaliato.* D'Épernon surtout est tout-puissant, et sa fortune est immense. Il paraît prendre parti contre les Flamands qu'il traite de séditieux : *che vorebbonno mettere in ballo Sua Maestà.* Joyeuse, qui veut être agréable à la Reine mère, est d'une opinion contraire. Les députés sont à Senlis, honorablement traités; le Roi leur donnera audience. Depuis quinze jours, Nasi a perdu au jeu soixante et dix mille écus.

· (18 février.) Les députés flamands ont été reçus par Sa Majesté le 13; ils étaient au nombre de quinze. La Reine mère leur a ensuite donné audience. On attend, pour leur rendre réponse, l'arrivée très-prochaine du comte de Warwick. Le Roi ne se laissera pas entraîner dans cette aventure par les démarches de sa mère. D'Épernon a dit hautement que qui lui donne de tels conseils *non l'ama, nè è suo servitore.*

Le roi de Navarre a fait arrêter un de ses secrétaires, qui avait accompagné sa femme; on suppose qu'il veut obtenir de lui quelque révélation, surtout en ce qui touche M. de Chanvallon. Il a voulu également faire prisonnière madame de Duras, ce qui a fort déplu au Roi [1].

---

[1] Trois détails de mœurs :

I. «Navarra continua di fare all'amore »con quella vedova di Grammont, e per la »dimostrazione grande ne fa in corte, è »fama che sia ammaliato da lei.»

II. «Il cardinale di Pellevé e altri di »chiesa fanno contro a Lénoncourt, impu- »tandolo che tenghi una donna già molto »tempo, cosi che si abbi parecchi figli, con »aggiunta che si abbi maritato ultimamente »una, e datogli in dote due priorati; e molte »altre cose, da fargli levare il cappello.»

III. «Detta Maestà va continuamente di- »portandosi a festini, avendo di già fatto due »mascherate; molti di questi principi e gen- »tiluomini devono farne, a sua requisizione. »È stata S. M. dietro a una vedova assai »bella; ma, quando pensava venisse a non »so che veglia fatta fare a posta alla Regina, »d'Épernon trovò se ne era ritornata a casa »sua in paese. La quale cosa gli è molto dis- »piaciuta. Adesso è appresso a una figlia »d'un maestro de' conti.»

## XXII.

### GIULIO BUSINI À BÉLISARIO VINTA.

#### Paris, mars 1585.

SOMMAIRE. — 5 mars. M. de Saint-Goar ambassadeur à Rome; Genève sous la protection de la France. Le Roi reçoit l'ordre de la Jarretière; détails sur cette solennité; présence du nonce à la cérémonie. La Reine mère, l'ambassade anglaise et les députés flamands. M. Brulart envoyé au roi de Navarre. Complot tendant à tuer le vicomte de Turenne. Ambassadeur moscovite. Expédition tentée par deux Italiens au nord de l'Amérique. — 29 mars. La grande ambassade anglaise prend congé. Arrestation par ordre du Roi, à la requète de Warwick, de l'Anglais catholique Morghan, ancien serviteur de la reine d'Écosse; conspiration contre la reine d'Angleterre. Départ des députés flamands. Armements secrets des Guise. Soupçons. Les huguenots accusés d'être les auteurs de ces bruits alarmants. L'éveil est donné; le Roi fait sonder le cardinal de Bourbon et les Guise; il se met sur ses gardes.

5 mars.

Fra le altre commissioni che dicono ha Saint-Goar dal Re, è di fare intendere al Papa che non facci disegno alcuno sopra la villa di Ginevra, siccome qua corre fama, e che abbia fatto lega con il Re Cattolico e Savoia per fare quell'impresa; che non lo comporteria mai, ma di difenderla, non solo per la protezione e confederazione che n'ha con essa e con li Svizzeri, ma come luogo di conseguenza al suo regno. Medesimamente di anteporre al cardinalato, prima di tutti gli altri Francesi, M. di Lénoncourt.

Ai XXIII, entrò il duca di Warwick, il quale si trattenne due giorni a San Dionigi, la dove andò il duca di Montpensier con gran nobiltà, sendo più di trecento cavalli. Lo condussono alla casa d'Anjou, oggi di Longueville. Nell'entrare della porta di Parigi, fu notato che l'ambasciatore residente avea la man ritta. Sono venuti con lui da quaranta gentiluomini, fra i quali sono due baroni giovani; tutti sono spesati e trattati sontuosissimamente. Ai XXIV, baciò le mani a Sua Maestà e le Regine. Ai XXV, furno banchettati la sera dal mariscial di Retz, ove si vedde una bella e ricca mascherata fatta da M. di la Trémouille; ai XXVI, da Lansac; ai XXVII, dal duca di Joyeuse, che gli presentò due cavalli. Ai XXVIII, Sua Maestà prese l'ordine della Giarrettiera, in questo

modo : Appresso desinare, si partì dal Louvre pontificalmente a cavallo con tutti i principi e cavalieri, venendo a scavalcare alla casa del
prevosto di Parigi, che è vicina agli Agostini; laddove si spogliò, e si
vestì dell'abito di detto ordine, venendosene a piè; avanti gli araldi
di detto ordine d'Inghilterra, li quali erano vestiti riccamente con
l'arme d'Inghilterra e di Francia (la qual cosa non piaceva ai Francesi,
che l'Inglesi portassero l'arme loro e avanti del Re, come fanno nel
loro regno); ed era accompagnato dal detto conte ed ambasciatore
residente, venendosene così in chiesa, ove era il nunzio del Papa con
tutti gli altri ambasciatori. All'incontro di loro erano li cardinali e
vescovi; un po' più in là le Regine, e principesse per ordine. Il Re si
mise sotto un baldacchino posto a piè del coro a mano stanca, sotto il
quale era la sua arma incatenata con la Giarrettiera; e a man destra
un altro baldacchino con una seggiola e guanciale; sopra, l'arme della
regina d'Inghilterra sola senza la di Francia, avendo così volsuto Sua
Maestà. Sei braccia più là nel coro, stava posta un arme del conte di
Warwick con la Giarrettiera, e lui sotto; accanto di esso l'ambasciatore
residente. Così si cominciò a cantare un vespro solenne; e nel finire lo
*Magnificat*, il conte di Warwick si levò, come fece l'ambasciatore, e andò
a mettere la Giarrettiera al piè di Sua Maestà, ritornandosene al suo
luogo. Finito il vespro, il nunzio con li ambasciatori andorno a rallegrarsi con il Re; e nel muoversi dai luoghi loro, li d'Inghilterra si
avanzorno ancora loro, di maniera che, quando li altri se ne ritorna-
vano, quel d'Inghilterra con riverenze e bacciarli la mano, salutò tutti.
Così il Re se ne partì, e la sera banchettò detti Inglesi, quali erano da
venti quattro; e ieri la Regina Madre fece fare loro una bellissima co-
lazione in la sua casa, e la notte, Sua Maestà al Louvre fece una ricchissima mascherata, in la quale si dice abbi speso trenta mila scudi.
La musica fu buona.

Ora, signor mio, in la cerimonia della Giarrettiera, ciascuno si è maravigliato che il nunzio del Papa ci sia volsuto trovare, attento che la
regina d'Inghilterra è scomunicata da Pio V; cosa che ha dato e dà
assai da dire a questi cattolici Inglesi e preti Francesi; li quali dicono

che, quando la felice memoria del re Carlo la prese a Lione, che la
detta regina non era scomunicata.

Quanto poi ai negozi, dicono che questo conte, oltre alla Giarrettiera, porti la riassunzione della lega, con non so che nuovo articulo
concernente alla difesa, mostrando che la dimostrazione che n'ha
fatta tanto apertamente la sua regina a favore di quelli Stati, sia stata
per *Monsignore* a istigazione della Regina Madre; alla quale odo offerisce, sempre che Sua Maestà pigli la protezione di quei paesi, di
contribuire con denari e gente. Si crede partirà avanti otto giorni,
vociferandosi che Joyeuse o qualche altro principe potria ire in Inghilterra.

Li deputati di Fiandra furno ancora loro a vedere la cerimonia.
Sono stati tre volte con il cancelliere, Bellièvre, Villequier e Brulart;
nè per ancora si ode cosa nessuna hanno spedito; ma che tutto sia fatto
ad arte per vedere se l'ambasciatore di Spagna esce a cosa nessuna.
Il quale, ai xxvi, ebbe audienza, in la cui odo tornasse a fare la medesima rimostranza, già significatole. In sostanza si tiene, che non dando
Flessingue e non so che altra terra principale in Olanda, la quale,
quando bene volessino, non è in potere loro di darla, che di qua si
piglierà l'occasione; e li rimanderanno con buone parole, lasciando
ire qualche fanteria sotto la carica d'un colonnello Provenzale, che
gran tempo serve quegli Stati. Altri vogliono che, dando le terre, domandano che la Regina Madre sia per pigliare lei la protezione, la qual
cosa non si crede nè ci è ragione alcuna.

Sua Maestà inviò al re di Navarra il presidente Brulart, sebbene
si dice per fare il processo a quel segretario, si crede ed ha più del
verosimile, sia perchè Navarra non ricerchi cosa nessuna dalla moglie;
dicendosi che detto segretario non sia stato preso altrimenti per le
cause dette a vostra signoria con l'altra mia, ma per qualche pratica
che avea con M. di Duras, per fare ammazzare il visconte di Turenne,
con la spalla di Saint-Luc e del primogenito di Lansac.

Qui è capitato un ambasciatore del Moscovito; si dice per offerire
il traffico e commercio con molte condizioni da satisfare a questi mer-

canti che trafficano in quelle mercanzie. Desidera nel suo ritorno condurre medici e diversi artigiani, ai quali promette partiti grandissimi.

Luigi Minucci e Cesare Niccolini, nipote di Raffaello Martelli, vanno a imbarcarsi a Bordeaux per ire alle Terre Nuove, laddove ordinariamente vanno li Francesi a pescare le morue, con disegno di navigare una riviera che dicono essere stata navigata già più di cento cinquanta leghe, ove si vedono molte isole piene di gente idolatra che vive di caccia; la quale non ha arme di sorte alcuna. Disegnano d'ire a vedere dove detta riviera nasce, persuadendosi che abbi qualche riuscita. Saranno tre navi e da dugento fanti; e se trovano che si possi per lì ire in la parte degli Spagnuoli, tornare per menarci gente e fare fortezze. Sua Maestà non ha volsuto fare alcuno sborso, mostrando di essere stato ingannato più volte; avendo fatto una patente, che a quella navigazione non potria ire che loro, a cui promette, se trovano cosa a proposito, di volere fare ogni spesa; come ancora Joyeuse che ha dato quattro mila scudi; il Rametto, Dandini Martelli dà tre mila.

Con tutte le diligenze che fanno tutti questi pensionari Italiani con Sua Maestà, non si vede per ancora che promesse. Il Tosinghi dice, se non lo satisfa, di volersene ire a servire il principe di Parma; e il Girolami non ha potuto avere risposta del suo memoriale.

29 mars.

Ai x, si licenziorno li Inglesi, e l'istessa sera Sua Maestà fece loro un festino con un bellissima mascherata; poi andò per la villa in diverse case fino a giorno. Poi ai xii, se ne partirno, e il conte di Warwick fu presentato d'una credenza d'argento di quattro mila scudi; un segretario di quel consiglio, ch'era con lui, d'una catena di cinque cento scudi; li araldi e gli altri, che portorno l'ordine, di catene di dugento; e Sua Maestà ha inviato a donare due carrozze con otto cavalli, una, tutta ricamata d'oro e d'argento dentro e fuori, a quella regina, e l'altra di velluto rosso con frangie d'oro alla contessa di Warwick, prima dama d'onore d'essa regina.

Nel particolare di Fiandra, si dice che abbia remostro la cagione, perchè non abbi volsuto accettare l'offerta di quelli Stati, con la considerazione della disunione che n'è di presente dapertutto il suo regno, e che, se fussi in altro tempo, non aria lasciato fuggire simile occasione.

Due giorni avanti che detto conte si licenziasse, fu dal Re a darle conto d'una cospirazione, che disse avea fatto un dottore Inghilese contro la persona della regina, a nome della quale lo supplica a volere far fare prigione un Inghilese cattolico, cognominato Morghan, con il quale mostrò avesse il cospirante trattato qua. Così subito fu preso, e levatogli quanto avea. La quale cosa ha disgustato tutti questi altri cattolici Inglesi, come ancora il nunzio, ambasciatore di Spagna, e di Scozia, per essere questo tale già stato segretario del conte di Salisbury, che tenea in guardia la regina di Scozia; e per servigi che facea a detta regina di ricapitar lettere e imbasciate, fu levato via già dodici anni sono, e nel tempo che io fui fatto prigione, venne qua, dove è sempre stato con una provvisione che li facea dare essa regina, a cui scrivea e facea in vero molti servigi; similmente alla maggior parte di quei cattolici che sono in Inghilterra; cosa che ha sempre dispiaciuto a quella regina e suo consiglio, che ha fatto fare ogni sforzo con questa coperta di averlo là. E invero, se non parlava subito al Re il nunzio e altri chi era, e le virtuose operazioni sua, che l'aria mandato in quella congiuntura. Lo fece mettere, dipoi essere stato quattro giorni in casa il gran prevosto, alla Bastiglia, con promessa che non sarà interrogato che di questo affare, e che le sue scritture non saranno altrimenti viste dall'ambasciatore d'Inghilterra, come hanno desiderato; non sendo intrigato in detta cospirazione, come tengo per fermo non è, sarà libero. Non è dubbio che per sua via la regina d'Inghilterra potria sapere molte cose d'importanza, atteso che ogni affare di quei cattolici e de' prefati ambasciatori passava per sua mano, sendo a tutte le ore con il nunzio e ambasciatore di Spagna. Circa questo trattato, non gliene so per ancora dire, se non quello che ha dato fuori questo ambasciatore d'Inghilterra; il medesimo scrive di Londres il capitano Sassetto, cioè che avesse determinato di ammazzare la regina con uno pugnale, e che abbi confessato d'essersi messo tre volte per farlo, nè gli è bastato l'animo; così che fussi stato dissuaso a fare questo dal nunzio passato, vescovo di Rimini; e che questo Morghan lo introducesse da lui, tre anni fa che venne da Roma; medesimamente che un gentiluomo, complice d'essa congiurazione, sia stato quello che l'abbi scoperto alla regina, la quale gli ha perdonato. Dicono che n'abbino fatto giustizia. È un ordine, che in avvenire nessuno passi più in la sala di presenza, eccetto quelli che sono di corte.

Ai xiv, furno licenziati i deputati di Fiandra, con fama che se ne tornino senza avere fatto cosa veruna, e io lo credo. Una volta hanno mostro di essersi partiti molto male satisfatti; con tutto abbino auto una catena per uno di dugento cinquanta scudi. Odo che lasciano qua un agente, e che uno d'essi se n'è passato al re di Navarra, che è quello dà un po' di gelosia a questi Spagnuoli, i quali con tutte queste dimostrazioni, temono non voglino fare qualche cosa sotto mano, e che abbino qualche attacco, temendo molto più all'autunno che di presente.

Ai xiv, è partito Luigi Minucci, Cesare Niccolini e un fratello di Battista Sernigi per Nantes, ove si devono imbarcare, per ire al mare in quella parte già significata a vostra signoria; ma come il capitano con cui vanno ha nome di pirata, si crede vadino in altre parti a cercare loro fortuna.

Il cardinale di Bourbon si ritirò a Gaillon, e quel di Guise a Reims; il duca d'Elbeuf e quelli d'Aumale alle loro case. Ai xiv, in la riviera della Marna a Lagny, fu ritenuta una barca ove erano mille dugento archibusi, trecento corsaletti e trecento piche che andavano di qua in Borgogna al duca du Maine. Furno condotti in la casa di questa villa. Sulla qual cosa si sparse fama dapertutto, che la casa Guisa armava e faceva fare dapertutto gente di nascosto. Fu anco fatto prigione l'istessa sera un capitano Jacomo da Ferrara, imputato di fare gente. Per avvisi ancora venuti di Piccardia, Normandia e altre parti, Sua Maestà invia al duca di Guise un suo valetto di camera; poi, essendo aumentato il sospetto per altre parti, con copie di lettere che, dicono, abbino scritto Guise e du Maine, e avvertimento dato il re di Navarra per suo gentiluomo a posta, ha causato che Sua Maestà ha inviato M. di Maintenon a detto Guise, M. di Rochefort a du Maine, La Mothe Fénelon al cardinale di Bourbon; spargendosi fama, oltre alla mala satisfazione, che voglino : « sia sgravato il populo; che Sua Maestà nomini suo successore; che faccia guerra alli ugonotti per estirparli; che si dia gli onori e gradi ai principi e signori che meriteranno. » Ma, come queste sono cose, per quello intendo, che sono messe fuori dalli ugonotti, come ancora tutti li rumori, non si pensa abbino giammai a muovere.

La verità è che il timore è grandissimo; dicono che Sua Maestà invierà il duca de Retz in Brettagna per abboccarsi con quel di Mercœur, che vogliono sia d'accordo con i sopradetti. Hanno ordinato sia fatto guardie in diverse parti qui all'intorno, e che li reggimenti di Piccardia e questo delle guardie del Re che sono di cinquanta fanti per compagnia, si faccino di dugento. In somma il volgo e molti altri tengono la guerra; come sia, si dovrà chiarirsi di tutto con il ritorno di questi signori. Medesimamente Sua Maestà, con tale occasione, manderà al re di Navarra M. di Thermes o Bellegarde a ringraziarlo, come faranno per lettere La Roche e Clervant, suoi agenti; ai quali si dice che il Re dicesse sabato, dovesse farlo e pregarlo stare pronto. Manda per tutte le terre principali gentiluomini a notificare la sua volontà, e che si guardino; ch'è segno di qualche cosa. Ma io non posso nè lo vo' credere, sino non vedo l'effetto.

La Regina Madre, da tre giorni in qua si trova mal disposta e con un po' di febbre; iersera uscì dal Louvre, e se n'andò a casa sua.

Sua Maestà domanda a questa villa dugento mila scudi, che bisogna li trovino per pagare dodici compagnie di gente d'arme, che vuole stieno qui all'intorno.

## XXIII.

### GIULIO BUSINI À BÉLISARIO VINTA.

Paris, 3-5 avril 1585.

SOMMAIRE. — Première levée de boucliers de la Ligue. Le cardinal de Bourbon, les ducs de Guise et du
Maine. Rapports des envoyés du Roi. Nouvelles députations vers les seigneurs ligués; la Reine mère à
Épernay. Ramifications de la Ligue; le Pape, le roi d'Espagne, les ducs de Savoie et de Lorraine. Pré-
paratifs de défense du Roi. Bruits divers.

3 avril.

Il sospetto di guerra va aumentando più che mai, dicendosi che, fra
otto o dieci giorni, saranno in campagna per venire a questa volta.
Medesimamente si dice, che il duca du Maine si è scoperto, e impadronito di Dijon e altre terre; Guise di Péronne e Reims. Quel che
più importa, è che si tiene per certo che abbi a devozione sua la villa
di Orléans.

L'avere Sua Maestà spedito ieri in uno subito là M. di Clermont-
d'Entragues, suo capitano di guardia, fratello del governatore di essa
villa, fa credere che sia così; cosa in vero di gran conseguenza a
questa terra, la quale sta in timore grandissimo di qualche tumulto;
perciò si fanno guardie grandi alle porte, e dapertutto li quartieri.

Dicono, che il cardinale di Bourbon abbia scritto al Re come fa fare
questo motivo lui, tenendosi la seconda persona di questo regno;
però vuole anticipare, perchè si chiarisca, e sfavorisca quelli che non
s'appartiene la successione, atteso che sa le parti che fanno; supplicando la Maestà Sua a volerlo pigliare in buona parte; assicurandola
che tutto fa per la conservazione dell'alturità sua, e dei beni che
hanno li principi e signori che sono con lui; dei quali gli eretici sono
formali nemici; e simili cose.

Medesimamente tenono, che i gesuiti siano stati quelli che abbino
maneggiato questa Lega costà. D'Orléans pare non sia vero altrimenti, sebbene e' tramassino.

5 avril.

Ai xxi, ritornò La Mothe Fénelon dal cardinale Bourbon; il quale dicono gli rispondesse, d'essere prete e servitore di Sua Maestà, e che non conosceva nessuna di queste cose; ma sì bene sapea di lunga mano che casa Guisa era mal satisfatta per molte occasioni, recitandogliene non so quante; promettandogli di venire in corte ai xxiv per fare quanto Sua Maestà comandasse.

Ai xxii, venne poi Maintenon da Guise, referendo di averlo trovato vicino ad una sua casa in cammino con la sua famiglia e corte; che gli avea dato una lettera della Regina Madre; e a bocca narratogli quel tanto gli avea commesso dovesse dirgli Sua Maestà; e che Guise gli rispondesse : « Ho molto caro la vostra venuta; io mi sono mosso in « viaggio per ire ad abboccarmi con il cardinale, mio fratello, che « mi ha fatto intendere per uomo espresso di venire da lui, per comu- « nicarmi quello che gli ha comandato il Re mi dica; così vi troverete « presente per potere udire tutto, e fare fede a Sua Maestà di ogni « cosa. » Dicendogli : « Domattina ci metteremo in cammino per Châ- « lons. » Dove Maintenon gli replicò : « Se vossi vostra eccellenza, non « andria lì altrimenti, perchè darete maggiore sospetto. » Il duca gli soggiunse. « Oh! come? L'è la principale terra del mio governamento. « Non conosco chi sia più servitore di Sua Maestà di me, nè di avere « fatto cosa che possi dare suspicione alcuna. »

Stando in questo, la notte stessa, Maintenon prese la posta, e se ne venne qui, insalutato ospite. Guise, la mattina che pensava dovesse ire con lui, o almeno licenziarsi, trovando si era partito, inviò qua un Paolo, Cremonese, suo scudiere, con lettere alla Regina Madre, del tenore che di sopra si dice, con offerta di venire a trovarla con la sua moglie e figli dove l'appunterà, pregandola a volere avere in prote- zione la sua casa, siccome ha fatto sempre per il passato; e simili cose. Questo scudiere non vidde altrimenti il Re.

Venne da du Maine Rochefort, che dice averlo trovato in Dijon solo; medesimamente come si mostrò maravigliarsi, ed essere servitore di Sua Maestà, prontissimo a venire dove la comandasse, sempre che non fusse dai nimici di casa loro; recitando molte cose che erano state fatte contro di loro; al fine, se il duca, suo fratello, avea qualche sdegno, non dovesse la Sua Maestà maravigliarsi.

Poi venendo nuova, che Guise era entrato in Châlons, e che Centeville, luogotenente per il Re in esso governamento di Champagna, un'ora avanti che il duca vi arrivasse, v'era comparso lui con patente del Re, per impedire che detto duca non ci entrasse, e se ne era partito e venuto a Troyes; la Regina Madre gli spedì un suo maggiordomo, ed il Re altra volta La Mothe a Bourbon, che si scusò e mostrò non essere potuto venire per causa della gotta, ma che in ogni modo si partiva per venire il giorno vegnente in lettiga. Così, credendo qua ciascuno dovesse farlo, venne nuova che avea preso il cammino di Piccardia, condotto dal duca d'Elbeuf con gran comitiva di cavalli e fanti, facendo spargere fama che detto duca lo menasse come prigione. Ora si dice sia da Guise. Nel medesimo tempo, venne avviso, che il duca d'Aumale, con il suo fratello e famiglia, s'era partito d'Anet, quattordici miglia di qua, e ito in Piccardia. Medesimamente che dapertutto marciano alla spicciolata fanterie verso Champagna. Per la qual cosa Sua Maestà inviò a riconoscere e pigliare Vitry con seicento cavalli, quali andorno venti leghe di qua; e, nel ritornarsene, scontrorono uno, cognominato La Rochette, servitore intimo del cardinale di Guise, che avea fatto certo numero di fanteria, la quale tuttavia marciava. Lo feciono prigione, e lo condussono qua dal Re, che lo interrogò più di tre ore; poi lo mandò a M. di Villeroy; dicendosi che abbi scoperto pure assai cose. E Sua Maestà, per otto giorni continui, è stato mattina e sera dalla Regina Madre tre e quattro ore; e nel xxviii, uscì fuori che detta Regina andria abboccarsi con Guise. Similmente, che il Re spediva sessanta compagnie di fanteria e venti cinque di cavalli. Poco appresso furono nominati, per ire a trovare il cardinale di Bourbon, il maresciallo di Retz e M. di Lenoncourt; a Guise, La Chappelle degli Orsini e l'arcivescovo di Lione; a du Maine, Rochefort e l'abate du Châtelier; al duca di Lorena, Liancourt,

primo scudiere; facendo liberare nel medesimo tempo La Rochette.
Li quali tutti partirno il giorno appresso; come ancora fece la Regina
Madre la sera dei xxx, in lettiga, assai debole, e con un catarro e
gotta in una gamba; dicendosi vadi a Épernay, terra aperta vicina
a cinque leghe di Châlons, dove Guise viene abbocarsi con lei;
fassi conto sia là domani. L'opinione è, che la non sia per fare niente,
massime se fia vero che questa sia una Lega, come ognuno dice e
tiene per certo, abbino fatto con la maggiore parte di questi principi e signori di Francia, e che si sia scoperta avanti il tempo. Questo
potria talvolta causare qualche accordo se fussi così; ma in effetto
non si crede, per essere Guise un principe di tanto valore e prudenza
come è, deva ridursi in qualsivoglia modo, dacchè le cose sono tanto
avanti.

Il vulgo vuole ci sia intruso il Papa, Re Cattolico, e Savoia, e Lorena.
In somma lui dice che il Re è senza danari, disarmato; fra le altre cose,
s'ode come ha fatto comandare dieci otto compagnie di gente d'arme,
e che non si trova il terzo de' cavalli; medesimamente non sapere di
chi fidare si deva.

Qua hanno fatto diligenza grande in ogni casa, per sapere chi ci è
e chi se ne sia ito, e trovano che, da venti giorni in qua, sono usciti di
artigiani soli più di sei mila persone, tutte ite da Guise. Hanno medesimamente mutato tutti gli capitani de' quartieri, e fatto persone
ricche e di seguito; li quali avanti ieri feciono giuramento nelle mani
del Re, alla presenza del parlamento; mutato alcuni del magistrato, e
ordinato non possino fare cosa nessuna senza l'intervento del primo
presidente. E li borghesi cominciano a ire a guardare le porte.

Sino al presente non si ode che siano andate fuori che dieci nove
commissioni, cioè compagnie di fanteria, di cui ne hanno una il Nasi,
Girolami e cavalier Bandini di dugento fanti; e per farla hanno avuto
dugento scudi per ciascuno. Di cavalleria, sette compagnie, tutti giovani; il figlio di Retz e Alessandro del Bene ne hanno una; Sua Maestà
non sborsa che mille scudi; dicendosi che sarà generale il duca di
Montpensier, luogotenente Biron, che già hanno mandato a chiamare;

della cavalleria, Joyeuse; e che questi siano per venire di primo slancio
qua a fare una protestazione al Re. Ora, come ci è chi ne parla diversamente delle cose proporanno, non duro fatica di significarlo a vostra
signoria, perchè di effetto non si crede si sappi ancora quello vogliano.
Dicesi, che faranno la massa qui a Dammartin, che è otto leghe; medesimamente che, tra qui e xxv del prossimo, saranno in campagna,
e che saranno tra fanti e cavalli più di venti cinque mila persone;
e che avanti si sia per sentire rivoluzione di ville da per tutto il
regno.

Sua Maestà dicono abbi scritto di suo pugno a tutti i governatori e
gran numero di gentiluomini; spedito più di cento cinquanta corrieri
da otto giorni in qua. Parlasi assai, che ci sia il duca di Nevers, con
tutta la fama data d'ire in Italia ai bagni, ma io non lo credo; e quel
di Mercœur, contro al quale dicono che il Re sia molto sdegnato.
Venne il cardinale di Vaudemont, suo fratello, e nel dirgli Sua Maestà
queste cose e altre per rinfacciargli la ingratitudine loro, e dicendo
non poterlo credere, Sua Maestà gli disse che lo sapea, e che era uno
sciocco; e parole simili. Se n'andò via nella medesima ora. Questa
sera si dice, che il medesimo duca si è impadronito della villa di Nantes
con qualche sparsione di sangue seguita tra la sua gente e quei borghesi; temesi di altri luoghi, ma non si ode ancora cosa di verità. Non
è dubbio alcuno, che lo scrivere che ha fatto il Re ai governatori e
magistrati delle ville, che farà divertire assai.

Non resterò di dire a vostra signoria, che il timore è grandissimo in
ciascuno, temendosi che non segua qualche romore nel populo.

Il maresciallo di Retz ha offerto al Re dugento mila scudi in presto
in questa occasione.

M. di Villeroy fu chiamato da Sua Maestà, e, con tutto la quartana
che ancora ha, è del continuo con il Re.

È venuto un gentiluomo della regina d'Inghilterra, dicono, ad offrire a Sua Maestà otto mila fanti; e con simile occasione domandare
quell'Inglese, che ultimamente fu messo, a istanza dell'ambasciatore,
in la Bastiglia; ma il Re ha promesso a quel di Scozia, che non lo con-

sentirà mai. Qui è opinione, che sia per venire un legato, e che abbia
ad essere il cardinal Salviati.

Sua Maestà ha mandato a dire al re di Navarra, che non si muovi,
sì bene che si tenghi pronto. Qua la maggior parte di quelli della religione si sono andati, per timore che hanno, che, venendo alla pace,
non mandino queste forze contro di loro. Si dice pubblicamente, che il
Papa dona indulgenza a tutti quelli che favoriranno questa Lega, e per
contro censura a chi andrà contro, e che Bourbon abbi la dispensa
per maritarsi con madama di Montpensier, e molte baje.

Sono state gran parole fra Joyeuse e La Valette, temendosi non succeda qualche novità, se succede cosa alcuna di guerra. Vostra signoria
creda che stiamo assai male; cominciasi già per ognuno a gridare
contro di loro; una volta se vengono, bisogna il Re accordi loro tutto!

---

### XXIV.

#### GIULIO BUSINI À BÉLISARIO VINTA.

##### Paris, 16 avril 1585.

Sommaire. — Entretien du Roi et du nonce. Protestations de fidélité du duc de Nevers et du cardinal
d'Este. Les jésuites. Activité du Roi; levées de Suisses et de reîtres; offres de la reine d'Angleterre.
Orléans tient pour la Ligue; le duc de Montpensier reçu à coups de canon. Le mal menace de se
propager. Entrevue de la Reine mère et du duc de Guise à Épernay. Le Roi, pour donner satisfaction à des réclamations si considérables, pourrait se tourner contre les huguenots; peut-être est-il
trop tard. Le duc de Mercœur dans la Ligue, entraînant la Bretagne. Mouvement en Provence et en
Dauphiné. L'esprit de révolte souffle partout. Forces dont le Roi dispose; expédients financiers.
Appréhensions des huguenots.

Il duca di Nevers inviò qui un suo gentiluomo al Re, a scusarsi se
non veniva, remostrando che la sua indisposizione non lo permettea,
mettendosi a cammino per l'Italia, e che gli era servitore, siccome
ancora l'assicura saria sua moglie, e figli, e tutti li suoi sudditi. Similmente che avea lasciato ordine a Nevers si conservassino in fede e devozione della Maestà Sua. Così si tiene per fermo non sia altrimenti
di questa Lega.

Ai ɪᴠ, Sua Maestà mandò a chiamare il nunzio, col quale, dicono, dicessi d'essere avvertito per molte vie che il Papa fusse in questa Lega; così che avesse fatto brevi e molte cose che non potea nè volea credere, massime essendo lui principe cattolico e poi tanto geloso di quella Santa Sede, come potea avere visto per tante dimostrazioni che ne ha fatto sempre in tempi tanto turbolenti, ed altre simili parole; concludendogli, quando. tal cosa fusse, che saria costretto di pigliare quelli ajuti che potesse per difendersi, e di fare ancora lui tale dimostrazione che non piaceria punto a Sua Santità nè a quello sacro collegio. Il quale nunzio spedì a Lione, il giorno vegnente.

E, perchè il cardinale da Este è in qualche considerazione ancora lui, il suo agente fu dal Re il giorno appresso, a remostrarli la devota e ossequente servitù del suo padrone inverso la Maestà Sua, e in quante occasioni e modi l'ha sempre dimostrato; supplicandola a non volere credere così facilmente quello che dagli emuli e spiriti maligni era detto di lui; assicurandola che, sebbene sia zio dei Guisi, che mai si troveria che abbi trattato o tenuto mano a cosa veruna di queste, e che, se fussino venute a sua notizia, che l'aria avvertita. Dicono che il Re gli rispondessi : « Mi dispiaceria', se fusse vero quello mi viene « detto e scritto. »

Resta in qualche considerazione il duca di Ferrara, per la fama che qua corre abbi prestato dugento mila scudi; ma non si sa se sia vero. Vogliono parimenti che un prete, gesuita francese, cognominato padre Claudio, che l'estate passata venne costà, possa talvolta essere stato quello che abbi maneggiato questo negozio; ma fino al presente non si prova, sì bene che era sovente col cardinale di Bourbon e con detto Guise. Sono in sospetto grandissimo, e se trovassino niente, senza dubbio li caccieriano di qua e ancora del regno. Questi del parlamento e dottori gli sono contro fuori di modo.

Ai ɪᴠ, Sua Maestà fu a cavalcare per la terra, e fu a vedere le muraglie della villa, ordinando fussi fatto certi cavalieri di terra alla porta di Saint-Antoine e di Saint-Martin. Medesimamente che si aumentassino le guardie delle porte, standoci per ciascuna cento borghesi, e li prin-

cipali della villa, come presidenti e consiglieri, non lasciando uscire
cavalli di prezzo; e chi viene di fuori che non sia conosciuto, è cerco,
e se ha lettere, messo prigione. Cavalcò, ai vii, e sera e mattina; sta in
consiglio assai; si dice che ha mandato a soldare otto mila Svizzeri, e
che vogli mandare a fare una levata di raitri, avendo di già fatto dare
assegnazione di cento cinquanta mila scudi al conte di Schomberg e
suo cugino, a conto de' crediti che hanno con la corona, e per potere
fare questa levata; dicendosi che andranno via avanti le feste.

Hanno nuova, che quelli che si fanno per i Guisi non saranno in ordine che a San Giovanni.

Il gentiluomo della regina d'Inghilterra si licenziò ieri l'altro; si
dice, che abbi offerto a Sua Maestà e fanti e cavalli, che la sua regina
è obbligata conforme al trattato che è fra lei e questa corona; e con
simile occasione fatto istanza gli desse questo Inglese che ultimamente
fu mandato alla Bastiglia; e che il Re abbi risposto, che inviino il processo, affine, se arà errato, lo possi fare gastigare, come farà.

Li viii di questo, Sua Maestà inviò in Orléans il duca di Montpensier e il maresciallo d'Aumont per mettere ordine a quella villa, e per
vedere di levare anche M. d'Entragues che vi è governatore. È questo
per avere scoperto per via di certe lettere state intercette, le quali
scrivea un segretario di Guise a un capitano che era qui e dovea trattare con detto governatore e altri; il quale fu subito fatto prigione; e,
deciferate, conosciuto che era della partita; e ratificato poi dal prigione.
Cavorno di questo arsenale quattro cannoni, li quali fanno ire con
gran diligenza a quella volta per battere la fortezza. Arrivati che furno
là detti signori, con tutto la diligenza che feciono a due porte, non fu
possibile li volessino lasciare entrare, nè tampoco mai ascoltare; così
ritirandosi inverso i borghi, sempre lungo la muraglia si accostorno
alla fortezza, la quale cominciò a salutarli con buoni colpi di moschetti,
e di sorte che ammazzorno un servitore di Montpensier, e tre altri ne
restorno feriti; e detto duca corse gran pericolo. Se ne venne qui il
maresciallo, e il duca si ritirò ad una sua casa ch'ha vicino a Angers,
non troppo bene satisfatto.

Qua sì fatta novella mise gran bisbiglio e terrore in ciascuno, temendosi da questo esempio, che tutte le terre che sono sulla riviera della
Loire e altre non faccino il medesimo. Quel che più importa è, se
questa villa tiene per la parte avversa, che una gran parte delle ville
d'importanza che ha la corona vengono per lì, di maniera che non si
potranno esigere; oltre alla comodità de' viveri e traffichi di merca-
tanzie e altro che ne cava di lì questa villa di Parigi. In somma è di
gran conseguenza; perciò Sua Maestà inviò là un suo valetto di camera
con lettere a quel magistrato, che contenevano la meraviglia di sì
fatto motivo, mostrando che lui mandava là quei signori per dare
ordine e per fare battere giù la fortezza, non per volere mettere a
presidio o fare altra novità.

Sulla quale cosa hanno risposto, che faranno rompere loro la
cittadella, e che gli saranno buoni suggetti, ma desiderano che si contenti di levare via certe imposizioni che hanno. Le quali il Re li contenterà; ma con tutto questo non si assicura nessuno se poi faranno
quanto promettono; sendo, come credo sappi vostra signoria, questi
populi vaghi di novità, massime sulle proposte del manifesto che
hanno fatto dare fuori sotto nome del cardinale di Bourbon. Le quali
sono tutte cose da piacere, non solamente al populo, ma ancora al
clero.

Venne l'arcivescovo di Lione in grandissima diligenza, dicendo, che
la Regina Madre si abboccò con Guise a Épernay, alli xi di mattina, e
comè venne lì con la moglie e figli, accompagnato da cento cavalli, e
che le recitasse tutti li torti e affronti che gli erano stati fatti in presenza
e assenza; medesimamente le dimostrazioni e pratiche che erano state
fatte e tuttavia si facevano contro di loro con Navarra per opera di
altri loro nemici; le quali cose aveano costretti di fare quello faceano
per sicurarsi non solamente loro ma li figli; dolendosi di non poterle
dare risposta nè pigliare resoluzione alcuna senza prima comunicarlo
con li altri; e che detta Regina se ne potria ire a Reims come luogo
più comodo che l'Épernay, là dove era il cardinale di Bourbon, di
Guise e duca d'Aumale, e ad ogni ora vi aspettavano quel di Lorena,

che ha mandato a dire a Sua Maestà per Liancourt, che farà quanto potrà.

Ci sono di più venute lettere de' xii, che la Regina avea sempre un po' di febre terza, e che non partiria da Épernay che a xiv. Si attendeva lì Bourbon e il duca di Lorena con altri.

Con tutto il desiderio che si ode n'ha il Re di non volere la guerra, e che l'arcivescovo di Lione, secondo dicono, abbi portato alturità di fare ogni cosa, nientedimeno è opinione che la prefata Regina non sia per fare cosa alcuna, e se pure farà, che non deva durare molto. Ecci chi dice ancora, che visto Sua Maestà questa risoluzione sì grande e sì generale in tutta la nobiltà, clero e ville, si accordi di fare la guerra agli ugonotti; con questo si publichi avanti uno editto per avvertire quelli della religione, che non volendo dare ubbidienza alla Chiesa Romana, se gli assegni certo tempo per potere vendere li loro beni e ritirarsi; e che si tenghi gli Stati generali. Ma non si sa se li altri vorranno, dacchè sono armati, dicendosi che abbino dieci colonelli, che ciascuno di loro ha due mila fanti, e che metteranno insieme otto mila cavalli, volendo il vulgo comincino a muoversi passate queste feste; e che faccino la massa in Champagna alla Madonna de l'Épine. Il barone du Lau venuto da Guisa, dicono, che ha assicurato il Re essere così. Temesi della villa di Nantes; così che il duca di Mercœur non si muova ancora lui di Brettagna con buon numero di fanti e cavalli, che si ode ha fatti venire a trovarli. Sua Maestà l'inviò M. di Montmorin, che non è per ancora ritornato. Dicono anche, che M. di Vins ed altri signori in Provenza vadino tuttavia mettendo cavalli e fanti insieme; almeno il gran priore scrive, che hanno più di cinque cento cavalli. Ecci ancora nuova che la maggior parte delle terre del Delfinato sieno a devozione del duca du Maine.

Ieri inviorno un gentiluomo a Lione per conto della diffidenza che ha quel populo con il castellano. La fortezza di Bordeaux, Blaye in la Garonna è per loro; temesi di Poitiers e di Angoulême; che dicono non volere altrimenti per governatore il figlio di Bellegarde.

Si è scoperto trattati in molti luoghi, particolarmente in Havre de

Grâce. In somma si dubita che, quando venghi quell' ora che marcino, non si rivolti molte ville, con la coperta di non volere guarnigione, nè pagare li antichi e soliti pagamenti.

In Champagna è stato ritenuto dieci sette mila scudi che andavano di qua per pagare le guardie di Metz; e si ode che Guise abbia scritto a molte terre, che non paghino denari della corona e decime, ma che li salvino per servizio della Lega contro alli ugonotti.

Il duca d'Elbeuf medesimamente in la Bassa Normandia va pigliando simili danari, e fa ricevute; cosa d'importanza, e da non credere, con tutte le diligenze si fa, si accordino. Come vuole il vulgo, non può tardare molto a sentirsi la resoluzione; intanto qua vanno mettendo sempre gente insieme; computato le guardie di Sua Maestà, reggimento di Piccardia venuto due dì fa, quindici compagnie che hanno fatto di nuovo, si calcola abbino in tutto di presente otto mila fanti e mille cinque cento cavalli. Sono comandate da venti cinque compagnie d'uomini d'arme, le quali non possono essere preste che di questo altro mese. Dicono venghi gente da Poitou; gentiluomini, con tutte le diligenze fatte Sua Maestà, non si vede ancora comparire. Sua Maestà, tre giorni fa, ha domandato in presto a molti di questi presidenti, consiglieri e gente di questa villa, suoi consiglieri, danari; la maggior somma è di quattro mila scudi; si calcola ascenderà in tutto a dugento mila scudi; è ordinato che i pagamenti della casa della villa cessino per suo servizio; è ordinato si vendano per venti mila scudi di suo dominio, per restituirli quanto prima.

Alfonso Piccolomini si fermò con Guise; venne con lui dalla Regina Madre; secondo scrivono di là, s'è doluto con lei estremamente di Joyeuse, e del maltrattamento statogli fatto; che in questo ha torto, ma doveria imputarlo alla sua poca pazienza e cervello che ne ha, chè il Re l'ha visto volentieri, e fatto ogni dimostrazione.

Qua è venuto un gentiluomo del duca di Bouillon, che dice, come la gente dei Guisi hanno scorso ne' suoi territorii di Sedan, pigliando e ammazzando molti sua sudditi con la coperta di essere della religione. S'ode ancora che in Languedoc, in una terra vicina a Carcassonne, che i cattolici aveano ammazzati da nonanta una mattina a giorno.

Da questi motivi, e dalle domande che fanno i Guisi, col sospetto che generalmente si ha che in ogni modo Sua Maestà sia costretta di accordarsi di fare loro la guerra, causa se ne vadino tutti, e quei pochi che qua restano, temono assai.

---

## XXV.

### GIULIO BUSINI À BÉLISARIO VINTA.

Paris, 3o avril 1585.

SOMMAIRE. — Montmorency prêt à servir le Roi contre les Guise. Indisposition de la Reine mère à Épernay. Négociations. Exigences du duc de Guise; progrès de la Ligue. Fermeté de Matiguon à Bordeaux. Marseille fidèle au Roi. Mercœur, maître de Nantes, échoue à Rennes. Mouvements divers. Le duc de Savoie est de la Ligue. Mort du Pape; les cardinaux français; démarches des cardinaux d'Este et Farnèse. Maladie de d'Épernon; il offre au Roi tout ce qu'il possède. Faveur du jeune de Thermes. Le duc de Ferrare proteste de sa fidélité au Roi.

M. di Poigny, di ritorno di Languedoc, dice, che Montmorency ha restituito tutte quelle terre che avea prese ultimamente; similmente che, conservandolo in alturità, farà conoscere a Sua Maestà che è buon Francese e suo servitore, e non degli Spagnuoli, come ode lasciano fama li suoi emuli.

Quattro giorni appresso, venne il segretario di detto Montmorency in diligenza, il quale, dicono, che abbi fatto molte offerte contro ai Guisi.

Sua Maestà spedì il medico Miron alla Regina Madre; la quale è tuttavia a Épernay, ove è il duca di Lorena con li due suoi primi figli. Ha auto tre termini di febre, cavatosi sangue due volte; adesso si ode che la febre l'ha lasciata, ma gli resta un catarro e le gambe infiate. In capo di cinque dì, fu di ritorno il prefato Miron; stette con Sua Maestà una sera, poi lo rinviò là. E si sparse fama, che Guise non voleva venire a appuntamento alcuno di pace, se prima Sua Maestà non si risolvesse a levare via tutti gli ugonotti che sono nel suo regno con editto publico; e che dentro a certo tempo fussino in pena della vita; e che i ministri si dovessino ritirare subito di tutte le terre; con condizione che loro non intendeano nè voleano disarmarsi senza prima vedere l'esito, ed avere molte terre per loro sicurtà.

Il maresciallo di Retz, che è tuttavia dal cardinale di Bourbon, inviò qua il marchese, suo figlio; inoltre a tutte le ore vanno e vengono corrieri, sulla fama che il duca du Maine veniva per abboccarsi con la Regina, e già era vicino; se ne ritornò indietro, subito che ebbe parlato con Guise, che l'andò ad incontrare, con scusa di essere avvertito che alcuni di quei di Dijon cominciavano a tumultuare. Per la quale cosa il Re mandò a dire alla Regina se ne ritornasse. La quale inviò subito l'abate del Bene, che il giorno appresso Sua Maestà le rimandò, dicendo, come il cardinale di Bourbon veniva ad abboccarsi con la prefata Regina per l'ultima resoluzione. Sua Maestà per divertire la distruzione de' suoi popoli e regno, inclina forte alla pace, e, secondo dicono, concederà tutto, perchè senza dubio acquista assai, possendo; ma con tutto questo non si crede la devino fare, stante i motivi di conseguenza che hanno fatto, e tuttavia fanno dapertutto la loro gente e fazione; le quali hanno ultimamente disfatte quattro compagnie di fanteria di queste nuove del Re; e avanti ieri venne nuova che Guise in persona si è impadronito di Verdun, con tutto ci fosse quattro compagnie di fanteria del reggimento di Metz, e messi in pezzi la maggior parte dei soldati. Come credo sappi vostra signoria, il luogo è forte e d'importanza, vicino a Metz, terra di frontiera d'Alamagna; credesi abbia auto ancora Toul; se n'è impadronito per opera del governatore.

Ha vicino ancora il castello di Bordeaux; e per via di lettere che furno intercette del signor di Guise, ove si conobbe la cosa di Orléans, ebbono lume di questo. Così fu scritto a Matignon e a quel parlamento dal Re che vedessino di fare prigione quel capitano. Così ordinorno che fussi fatto consiglio, con fama di volere mettere ordine alle cose della terra. Feciono chiamare il castellano detto, il quale, non sapendo di essere scoperto, ci andò, e fu fatto prigione dal maresciallo Matignon, che li pose le mani al coletto, dicendoli: «Sua Maestà vuole

« lasciate la fortezza. » E lui rispose : « Perderò prima la vita. » Così fu messo in carcere, e in quel medesimo tempo fu cavato fuori artiglierie per ire a pigliare la fortezza, con tutto il popolo che già s'era sollevato; ma come li soldati udirno che il capitano era prigione e traditore al Re, la dettono a detto maresciallo.

In quella parte non si ode abbino che Blaye in la Garonna, tenuta per il figlio di Lansac. Della cosa di Marseille, mi persuado che vostra signoria l'avrà intesa puntualmente [1]; solo le dico che tal nuova piacque fuori di modo al Re, che ha concesso la confermazione dei privilegi; così ha accordato quanto ha saputo desiderare l'altro consolo, ch'era qua, e se ne ritorna contentissimo. In questo proposito non vo' lasciare di significarle, come il volgo non ha mancato di mormorare contro al duca di Nevers, pigliando l'occasione delle sei galere, che dicono erano in quel porto del granduca, nostro signore, ad aspettarlo, volendo pure sia della Lega, e che facilmente Sua Altezza, nostro signore, ne fussi consapevole; ma spero si chiariranno con il processo e confessione di que' due capi che hanno giustiziati, quale si attende a tutte l'ore.

Il duca d'Elbeuf ha volsuto impadronirsi del castello d'Arcques in Normandia, il quale sendosi difeso, li soldati saccheggiorono la terra, che è in quella parte di Havre de Grâce. Il duca d'Aumale, vicino a Abbeville, fece prigione quell'ambasciatore Inglese che ultimamente fu qui ad offrire la gente, poi lo rilassò senza toccargli cosa alcuna, facendogli dire d'essere venuto lì a posta, pensando che conducessi in Inghilterra questo Inglese che è tuttavia qui alla Bastiglia, per levargliene.

Il duca di Mercœur ha messo in la fortezza di Nantes da cento venti fanti, e volse fare il medesimo nella villa di Rennes per una porta, ma non gli riuscì, sendo stato impedito da un barone che anticipò, inviando

---

[1] Le second consul de Marseille, La Motte Dariès, et le capitaine quartenier Boniface avaient en vain tenté de soulever la ville; un courageux citoyen, Bouquier, s'opposa aux ligueurs. Les deux chefs séditieux furent livrés au grand prieur, qui en fit justice, et Marseille demeura fidèle au Roi.

alla sfilata assai uomini con intelligenza di quel parlamento; e s'ebbe a ritirare, mostrando di fare tutto per servizio del Re. La cui Maestà su questi motivi ha alla fine spedito M. di Schomberg, che partì, sei giorni sono, per Alamagna, a fare levate di raitri, e in Suizzera a sollecitare quelle fanterie. Fu ultimamente a San Dionigi a vedere fare la mostra del reggimento di sue guardie e di Piccardia, che erano da due mila cinque cento fanti, lasciandovi là il reggimento di Piccardia. Queste compagnie nuove dovevano ire a guardare i passi e luoghi qui convicini, ancora che per questo modo di fare, d'impadronirsi delle terre, si presume che non devino nè possino mettersi così presto in campagna come si credea, ma che abbino attendere a presidiare e munire li luoghi hanno, e pensare di fare il medesimo delle altre che si scopriranno per loro.

Ragionasi che, oltre a Orléans ch'è a loro, abbino Angers, e la villa di Beauvais; questa mattina si dice anche di Amboise e Montargis.

M. di Balagny, che è al governo di Cambrai, ha mandato ad offerire al Re quattro cento cavalli e cinque cento fanti; e qui all'intorno è Lavardin con cento cinquanta cavalli. Dicesi, che appresso domani, Joyeuse, così zoppo come è, andrà a Rouen, accompagnato da due mila fanti e cinque cento cavalli, per essere più forte del duca d'Elbeuf che è in questi contorni. Ieri si dicea, che abbino avuto parole lui e M. d'O, per il sospetto che non sia disunito da loro; è fama che abbi mandato ad offerirsi al Re con tutta la gente ha; ma non si crede, per la inimicizia che ne ha con Joyeuse. Li suoi fratelli sono qui in corte.

Odo che si scopre per le lettere intercette dei Guisi, che il duca di Savoia è della partita, e che non si dovea fare motivo alcuno di qua, se non quando fusse venuto di Spagna; e, dai proposti che pare n'ha anche tenuto questo suo nuovo ambasciatore in diversi luoghi e tanto altamente, si può credere.

Sulla nuova della morte del Papa [1], il cardinale di Joyeuse si partì la mattina seguente, per ire in conclave. Sua Maestà fece nel mede-

[1] Le pape Grégoire XIII était mort le 10 avril 1585, à l'âge de quatre-vingt-trois ans.

simo tempo chiamare Vendôme, dicendogli si mettesse a ordine per ire ancora lui; poi, come seppe che avea avuto licenza dal Re, gli mandò a dire, che non volea andasse più. Di poi venne un gentiluomo del cardinale da Este, si dice con simile occasione, per giustificarsi della mala opinione che n' ha di lui fia consapevole di questa Lega, e poi per darle conto delle pratiche, e cardinali papali, e per supplicarlo a volere fare ire là tutti questi cardinali. È stato due volte col Re, e insieme con l'agente di detto cardinale se ne andorno a trovare la Regina Madre. Di lì hanno avuto licenza d'ire abboccarsi con li cardinali di Guise, Vaudemont, Bourbon, e duca di Guise; nè per ancora s'ode che li cardinali detti sieno partiti, per diligenza che facessino.

Intendo, che Sua Maestà non ha volsuto scrivere a nessuno di loro.

Ai xxv, venne un corriere a istanza del cardinal Farnèse, con lettere di detto cardinale per il Re, Regina Madre e segretario Villeroy; quantunque si dica sia per dimandare li danari che detto cardinale ha d'avere sulle gioje della corona, e che facci questa diligenza per la necessità che ne ha di presente, intendo sia per ridurle a memoria la sua divozione. La medesima sera ne venne altro spedito dal cardinale d'Este, e si disse che erano uniti insieme, e disuniti con Medicis.

Il male che n' ha Épernon va tuttavia aumentando, nè per ancora si trova medico nè rimedio; ha sovente una febre etica. Odo che l'altra sera stando il Re da lui, gli dicesse il disgusto e dispiacere grandissimo che avea di questi motivi, con offerta se pensasse quietarli, di ritirarsi e rimettere tutti li onori e facoltà in mano di Sua Maestà, pure che sapesse di essere sempre in la grazia sua, che altro non desiderava; dicendogli di avere otto cento mila scudi pronti in tre luoghi, dei quali la supplicava a servirsene in questa occasione. La quale cosa piacque fuori di modo al Re.

Il figlio di Thermes comincia a essere in favore grandissimo, dico tanto ch'è maraviglia; è giovane di dieci otto anni, di bello aspetto e vita; Sua Maestà gli dà mille scudi il mese; e, tre dì fa, gli ha dato, dicono, una badia di due mila scudi. Vogliono, se Épernon muore, che questo averia le sue cariche e tutto il favore.

Odo che molti vescovi e prelati, che hanno le loro chiese sotto i governi di questi della Lega, sono venuti a riconoscere il Re; e altri hanno scritto, che il Re li ha ringraziati, e ordinato non si movino.

L'ambasciatore di Ferrara l'istesso giorno, dicono, remostrasse il risentimento che facea il suo principe nell' udire la mala opinione che avea la Maestà Sua di lui; e che tutto era falso; e che mai troverà di lui cosa che di vero e divoto servitore.

Madama d'Angoulème ha lettere del cardinale Farnèse, che gli mostrano gli obblighi che n'ha la casa Farnèse e particolarmente lui con la felice memoria del re Henrico, suo padre, riducendogli in memoria la consanguineità, e che adesso è il tempo di adoperarsi per lui, che mostra di essere stato e sarà mentre vivo Francese.

<hr>

## XXVI.

### GIULIO BUSINI À BÉLISARIO VINTA.

Paris, mai 1585.

Sommaire. — *13 mai*. Le Roi ne donne aucun regret au pape défunt; pourquoi. Le Roi Catholique se défend d'avoir prêté aucun concours aux ligueurs. Retraite de d'Épernon à Saint-Germain. Joyeuse et les Normands. Perte de Verdun et de Toul; Metz menacé; M. de Schomberg arrêté en Lorraine. Vols et violences. Puissance de la Ligue; négociations de la Reine mère. Les reîtres du duc de Guise. Le nouveau pape. — *28 mai*. Bref du pape Sixte-Quint. Offres de l'ambassadeur d'Angleterre. Le duc de Guise devant Metz. M. de Joyeuse et le duc d'Elbeuf. Efforts du Roi pour avoir de l'argent et des troupes. Difficulté d'un accord. Le parlement et les jésuites. Une grande partie de la noblesse de Bretagne fidèle au Roi. M. de Saint-Luc s'empare de l'île de Ré. M. de Montmorency tout dévoué à la cause royale. Demande d'un concile national par le roi de Navarre. L'oratoire du Louvre et les capucins. Convalescence de d'Épernon, condamné par les médecins, guéri par un empirique.

13 mai.

Il nunzio è estremamente meravigliato, che nella condolenza fatta col Re della morte del Papa, non gli rispondesse nè tenesse proposito alcuno; e nel dar conto di questo al cardinale di Vendôme, gli rimostrò che non dovea meravigliarsi, dacchè l'alturità di Joyeuse e Épernon continuava, ed essi tenere che il Papa fosse loro nemico; con tutto

che il cardinale·di Como, secondo dice, per sua lettera scriva deva
sgannare, come ha fatto, Sua Maestà ed ognuno, non essere vero che
il pontefice abbi concesso a Guise nè ad altri mai niente[1]; nè tampoco
trattato nè pensato di fare cosa contro alla Maestà Sua; e che, se fussi
stato mosso proposto, o ricerco, gliene avria significato; con altre parole. Nè per questo, odo, si quietano, particolarmente Épernon, che
continua di dire sa come il male viene dal Papa.

Ai vi stante, fu dal Re l'ambasciatore di Spagna a rimostrargli,
secondo si dice, come la fama sparsasi qua, che il suo re fussi consapevole di questa Lega, e che sotto mano somministrasse i collegati di
denari, era cosa falsa; presentandogli lettere del Cattolico, accompagnate di molte parole, mediante le quali, odo che Sua Maestà restasse
satisfattissima.

La cui Maestà, ai vii, andò al vespro a piè, con l'abito e ordine d'Inghilterra, dal Louvre a Saint-Germain l'Auxerrois, pontificalmente
con tutta la sua corte, ove erano tutti gli ambasciatori, salvo quello
d'Inghilterra; e la mattina seguente, nel medesimo modo andò alla
messa, in la cui si trovorno i medesimi ambasciatori, li quali furono
banchettati al Louvre, e il Re mangiò ritirato.

Il medesimo giorno dei vii, partì di qui il duca d'Épernon per
Saint-Germain, accompagnato da gran numero di cavalli e fanti, con
fama d'ire là per curarsi la malattia grave che n'ha, avendo uno che
l'ha tolto a guarire, ma non si crede; nel partire fu visto lacrimare
il Re.

Il duca di Joyeuse non andrà più in Normandia, come si diceva,
dacchè quei di Rouen hanno inviato a supplicare Sua Maestà, che non
vogli mandarlo in quella provincia altrimenti con gente, pel timore
che hanno che il popolo non si levi: che si guarderanno e conserve-
ranno sempre in fede; e, se ci vuole ire, vadi là con il suo traino ordinario, che lo riceveranno.

[1] Le Pape avait donné audience au jésuite Claude Mathieu, agent de la Ligue,
mais il avait prêté fort peu d'appui aux
ligueurs.

Il trattato di Verdun si dice fussi fatto dal clero, e per opera del cardinale di Vaudemont; però non fu vero fussi messo a pezzi li soldati. S'ode dipoi, che hanno avuto Toul, e che in Metz sia gran divisione; perciò hanno di qua inviato per soccorerlo il secondo Mocacino, con secento archibusieri e dugento cavalli; il quale dovendo sempre passare per li luoghi e dove ha le forze Guise, si teme non gli sia per riuscire altrimenti. Una cosa lo potria ajutare, che è l'essere lui partito due giorni avanti che alcuno l'abbi saputo. M. di Schomberg fu fatto prigione in una terra del duca di Lorena, vicino a Nancy a quattro leghe; dipoi s'ode, che l'hanno condotto a Châlons da Guise. Non manca chi lo tassi che l'abbi fatto a posta; ma in effetto chi lo conosce crede altrimenti. Come si sia, Sua Maestà n'è sdegnato pure assai col duca di Lorena, che alla fine si è scoperto ancora lui della partita.

Il tesoriere del Berri conduceva qui quattordici mila scudi di Bourges, in uno cocchio dove erano dieci persone; gli furno levati, tre leghe da essa terra, da gente travestita; e a Nantes messono prigione un Lucchese, che avea riscosso là per questo Rametto venti cinque mila scudi, levandogliene, con dire sono denari d'Épernon e non del Re. Vicino a detta terra è stato levato tutte le lettere che avea un valetto del Re, inviato là al duca di Mercœur, dicendosi che detto Mercœur l'abbi fatto fare per chiarirsi se alcuno di quella terra scrivea al Re; e in Montargis sono entrate cinque compagnie di fanti dei Guisi, li quali cacciorno subito li ugonotti che vi erano. Sino al presente non si ode faccino motivo alcuno ai passaggieri.

Quei di Lione inviorno qua a dare conto del motivo fatto a quel castellano, e a supplicare Sua Maestà di spianare la fortezza; e quando lui non voglia, di mettervi il vecchio castellano o altro della villa.

Il duca d'Elbeuf è tuttavia all'assedio di Alençon, in la cui terra è il primogenito di Matignon. Vogliono pure, che sia per ire a soccorrerlo Lavardin con cinque cento cavalli e otto cento fanti.

Sua Maestà mandò La Mothe Fénelon al re di Navarra, e un cognato di Villeroy a Bourges a La Châtre, che pare che ancora lui sia con li altri. Di maniera che, come vostra signoria può comprendere. questi della Lega hanno di già la maggior parte del regno, cioè le principali terre, come Orléans, Bourges, Tours, Angers, Nantes. Lyon. In Piccardia le principali, in Champagna e Borgogna la maggiore e meglior parte; in Auvergne è per loro sollevato M. di Randan. come malcontento della grazia fatta a Lavardin; in Provenza quel signor di Vins s' ode essere assai forte; molti altri luoghi, che non si scoprono. ma staranno a vedere come il negozio passerà. È cosa certissima, che Sua Maestà vuole la pace, resoluta, per quello intendo, di concedere quanto vogliono.

Il medico Miron è ito innanzi e indietro due altre volte; iersera venne l' abate del Bene, che dice come ieri si doveano trovare insieme. e che le cose erano assai addolcite e la Regina ita di là da Châlons per vedersi con Guise; si crede sulla fama della venuta di dieci mila Svizzeri che vengono, e che siano per entrare in Francia avanti la fine di questo mese, cioè a Lione; in somma si tiene che la deva seguire, quantunque costi cara. La Regina odo si raccomanda e desidera avere questo contentamento in sua vecchiaia. Odo vogliono rompi subito con gli ugonotti, e che per tutti i parlamenti del regno sia pubblicato; avere Metz, Toul e Verdun e il governo di Normandia, col carico di luogotenente generale, come anche tutte le terre hanno per loro sicurtà, è fino a tanto che li ugonotti abbino restituite quelle hanno in mano loro.

In somma Sua Maestà ha la mira, per quanto si vede, di fermare questa ruota, la quale cosa non è dubio acquista assai.

I raitri dei Guisi si fa conto, che alla fine di questo, sieno in Champagne. Se fosse vero quello si dice questa sera, che Sua Maestà invii a chiamare Casimir, si potria credere che le cose della pace fussino disperate.

Saint-Goar e cardinale da Este scrivono della bontà del Papa[1], e quanto sia estremamente affezionato a questa corona.

---

[1] Sixte-Quint, élu le 24 avril, se montra en effet peu favorable à la Ligue.

28 mai.

Ieri il nunzio presentò un breve del Papa a Sua Maestà, pieno di affezione e volontà, con promesse di volere fare per la Maestà Sua sempre ogni dimostrazione, lodando estremamente il valore e prudenza di Saint-Goar, suo ambasciatore. Quel d'Inghilterra ebbe ancora lui audienza, in la quale, si dice, offerisse quattro mila fanti, che la sua regina ha già pronti, e poi si dolse di alcuni Inghilesi per causa di libri e stampe che a tutte le ore danno fuori, particolarmente di una di cui si fa grandissima inquisizione per avere lume dello stampatore, e di quelli che la vanno vendendo.

Ai XVI, venne qui nuova, che quel Mocacino che andava al soccorso di Metz, era passato da Guise con quattro cavalli, l'altra gente se ne ritornò indietro. La quale nuova perturbò assai Sua Maestà, tutta la corte e città, nell'udire che se ne fusse ito con il duca verso Metz, e che già lì all'intorno fussino quattro mila raitri, e un reggimento di lanzichenecchi per detto Guise; inoltre che, fino a quattro giorni fa, si è sempre tenuto che detta terra e castello fussino già in potere di Guise. Furono là inviati subitamente il giovane Mocacino, M. di Crillon e altri per diverse vie, nè per ancora s'ode l'arrivo loro, nè tampoco sino a iersera c'era lettere di alcuno di que' governatori. L'avviso che ci è, è una lettera scritta di Lorena otto dì fa, al giovane Schomberg che è qui, dicendogli che, quella medesima mattina, avea auto avviso come Guisa s'era presentato il giorno avanti a Metz, e che l'intrapresa gli era fallita. Della medesima maniera venne scritto di poi a questo M. di Clervant, agente di Navarra. La quale cosa ha dato gusto e favore grande al Re, il quale inviò subito Joyeuse in Normandia con tre compagnie di gente d'arme, sei di cavalleria, il reggimento di Piccardia con molti gentiluomini, fra i quali è Lavardin e Pietro Paolo Tosinghi, si dice a dare ordine al suo governamento e guardarlo, e anche per combattere il duca d'Elbeuf, quale ha fatto molti mali in la Bassa Normandia, che ha irritato molto quei popoli. Se n'è passato in la provincia du Maine e d'Anjou; però si crede non sia per ritor-

narvi più, ma ire a unirsi con quei di Guienna o accostarsi in qua.
Dove si ode, che Sua Maestà vuole si cominci a formare un campo in
quella parte di Meaux; e si ragiona ci andrà il marescial d'Aumont.
M. de Lavauguyon e la Chapella degli Orsini; avendo date fuori nuove
spedizioni di fanti e cavalli; e per avere danari vuole mettere a rendita
mille dugento mila scudi; cioè otto cento mila in conto, e quattro
cento mila fare buoni crediti vecchi. Per ancora non è passato alla
camera de' conti; è in pratica di pigliarlo questo Rametto. Disegna
ancora di fare vendere per dugento mila scudi di dominio, e di darlo
per quello ne troverà, perchè non gli manchi danari. Ha preso in presto
da diversi del suo consiglio dugento mila franchi; dicono per mandargli agli Svizzeri, tenendosi per cosa ferma la guerra, con tutto che la
Regina Madre sia ancora a Épernay, laddove è ritornato il duca di
Lorena; ed oggi vi aspettavano Guise per risolvere tutto; ma si teme
molto che Sua Maestà non abbi levato l'alturità di molte cose alla Regina Madre; dalla quale andò M. di Villequier.

Il volgo vuole, che Guise non sia per fare accordo alcuno, se non gli
danno quanto propone, ma venire a farlo qua vicino con tutti i sua
collegati. E invero quelli che considerano il motivo che n'ha fatto, non
credono altrimenti. D'altra parte è impossibile che il Re gli accordi,
adesso che comincia a essere forte ancora lui, le cose che domandano.

Dicesi, che a Châlons sia venuto un gentiluomo del duca di Ferrara
per negoziare con Guise, cosa che non piace punto qua; come ancora
che vi s'aspetti un nunzio, ma non si crede segua senza la communi-
cazione di Sua Maestà,

M. di Lavardin è stato qui in corte molto accarezzato da Sua Maestà, la quale fece che non potesse essere molestato dalla giustizia
mentre duri questa guerra. La quale dimostrazione ha disgustato molto
madama di Randan e suoi figli, che mentre detto Lavardino è stato
qua, si ritirorno di corte. M. di Randan, che ha il governo di Auvergne è in Champagna per li Guisi, nè si ode sia possuto fare intrapresa di Clermont nè di altra terra d'importanza.

Temesi, che venendo alla guerra coi Guisi, che non lievino di qua i preti gesuiti. Odo che il primo presidente, a certo proposito tenuto-gli il Re di loro, che gli abbi mostro come il parlamento non li ha giammai ammessi che *in modo provisionis*, di maniera che quando Sua Maestà vorrà, li faranno andare subito.

È stato ultimamente decapitato uno di questi quaranta cinque gen-tiluomini che ha fatti il Re, per una inventiva trovata, che il duca d'Elbeuf l'avessi pregato di ammazzare Sua Maestà; alla quale dicen-dogliene, di modo, che quando il Re volse sapere le circostanze, lo dette in mano della giustizia; come vedde la tortura, disse averlo fatto con disegno di avere un presente.

Il governatore di Orléans fece ultimamente carcerare due capitani; dicono per timore che non avessino intelligenza con Sua Maestà; dipoi s'ode che ha cacciato d'essa villa tutti li tesorieri e ufficiali del Re, che erano più di quaranta, per dove si presume vogli fare esigere lui li denari.

In Normandia, vicino a Caen, sono stati levati dieci sette mila scudi di Sua Maestà che venivano qui. Si dice, che M. de Laval e de La Noue in Brettagna, d'ordine di Sua Maestà, vadino mettendo insieme gran numero di cavalli per opporsi al duca di Mercœur; e che la maggior parte di quella nobiltà sono contro a questi della Lega; se sia così, Mercœur difficilmente potrà uscire in campagna. Dalla Rochelle scri-vono, che Lansac e Saint-Luc s'erano impadroniti dell'isola Rhé, che è vicina a detta Rochelle, con disegno di farla fortificare, particolar-mente un luogo ove vi è un porto, che travaglierà il commercio de la Rochelle.

Sua Maestà ha accordato a Montmorency tutto quello che ha saputo desiderare, avendogli inviato alturità da potere tenere gli stati di quella provincia; il quale Montmorency dicono che abbi mandato ad offerirsi, che avendo la guerra con casa di Lorena, volere venire in persona con cavalli e fanti, e morire a' sua piedi. Per dove si ragiona, che facilmente Sua Maestà potrà inviare là M. di Thoré, per ringraziarlo e cavarlo di ogni sospizione che avere potesse, e per restare là in suo scambio; ma non c'è che parole.

Questi agenti di Navarra desiderano che Sua Maestà facci fare un concilio nazionale di vescovi e prelati del regno, promettendo che il suo re starà a quello che detti prelati cattolici faranno, con promessa anco che nessuno ministro della religione ripeterà nè dirà niente: solo loro hanno da essere quelli mostreranno tutto ai prefati ministri. Il nunzio che n'ha qualche sentore, si oppone, nè vorria seguisse; ma, come qua, come sa vostra signoria, non è ammesso il concilio di Trento, è impossibile rimediare.

Sua Maestà ha fatto fare un oratorio drento del Louvre, dove va sovente, e ci è sempre con lui frati scapuccini, dandosi la disciplina.

Il duca d'Épernon venne qui iersera; va guarendo contro l'opinione di ognuno, particolarmente di tutti questi medici, sendo in mano d'un empirico che ne ha guariti altri; il quale lo medica al contrario degli altri, facendogli fare grandissimo esercizio, e pigliare sciloppi; dice volere sia guarito innanzi San Giovanni. Lui, si ode, sia quello che consiglia Sua Maestà alla guerra.

---

## XXVII.

### GIULIO BUSINI À BÉLISARIO VINTA.

#### Paris, juin 1585.

11 juin.

Ai xxviii del passato, l'ambasciatore di Ferrara fu a dire al Re, che il suo principe supplicava la Maestà Sua a volere avere in raccomanda

zione la casa di Guise, e considerare li servizi e cose rimarcabili che
ha fatto sempre per la corona, e particularmente questi signori in
tempo della Maestà Sua, come si vede per li segni che portano; sendo
loro zio, e sapendo la loro fedeltà e devozione, non potea mancare di
non impiegare sempre tutte le sue forze e potere per la conservazione
dell' onore e alturità in che sono nel suo regno, assicurandola per
quello concerne allo Stato e interesse di sua corona, con promessa
che farà in tal caso sempre contro di loro; mostrando che li motivi
stati fatti da essi non sia per altro fine che per estirpare la religione
eretica, e assicurarsi dall' oppressione de' loro nemici, che a ciò fare li
hanno tirati; supplicandola, in questo particulare delli emuli, a volere
considerare i principi sono, e la differenza che n'è fra quelli che con
l'alturità e favore cercano di opprimerli; e molte cose; e che il gentiluomo n'è inviato loro, non sia ad altro fine. Dicono che il Re si alte-
rasse alquanto, dicendo : « Il duca, mio zio, è male informato; però
« non posso credere sia per fare cosa che da prudente, come lo tengo. »
Odo che dì fa, abbi volsuto avere per iscritto dal detto ambasciatore
tutte le parole e commissioni che n'ha avuto; si crede per compiacere
a Épernon che l'ha desiderato. Così il detto duca e cardinale da Este
fratello, che ancora lui ha fatto fare officio un po' più dolce dal suo
agente, sono in sospizione, particolarmente di Épernon, che è in maggiore favore che non sia stato.

Dicono che il re di Spagna ha scritto, e fatto intendere al Re per il
suo ambasciatore, che veda quello può fare per la Maestà Sua, in dimostrazione che lui non ha mai fomentato nè favorito il motivo de' Guisi,
e che il Re sia restato satisfatissimo.

Ai xxx del passato, si partì di qui Épernon, La Valette e du Bouchage,
con fama d'ire a liberare la villa di Gien, stata assediata dalla gente
di Guise e da quei di Montargis con mille cinque cento fanti e secento
cavalli; che nell' udire la loro venuta si ritirorno, e detto Épernon andò
lì, ove è stato non so che giorni. Adesso si ode se ne ritornerà a Saint-
Germain male disposto, e che la Chapelle degli Orsini in sua assenza
comanderà la fanteria francese.

M. di Thermes, al primo, andò in Piccardia con dieci compagnie di gente d'arme e secento fanti. Già il duca di Aumale s'era ritirato da Guise, così se n'è ritornato con la maggiore parte della gente. Partì anco il maresciallo d'Aumont per ire a rincontrare li Svizzeri, quali si dice faranno la massa a Moulins. Qui vennono sei ambasciatori di essi, e cattolici; li quali ebbono subito audienza, e parlarono nella loro lingua per via d'interprete. In la quale si dice, che esortassino prima la Maestà Sua a non volere principiare una guerra civile nel suo regno e con principi sì cattolici; poi gli dettono conto del numero de' fanti, supplicandolo a inviare le paghe per la mostra, e cavalleria per fare loro ala ove la Maestà Sua vorrà vadino; che il Re si lamantasse d'un colonnello Piffero che è là in Svizzera per i Guisi, e che detti ambasciatori gli offerissino che, se la Sua Maestà volea, gli farieno avere subito quel castigo comandasse. E perchè è fama, che il duca du Maine abbi occultamente parlato vicino a Lione ad alcuni di quei principali colonelli e capitani, Sua Maestà, con l'occasione dell'esortazione fattagli, ha fatto dare loro conto di tutto il seguito de' Guisi.

Fu rilasciato M. di Schomberg, che venne qui ai II; nel medesimo tempo il medico Miron; e si sparse fama che la pace era conchiusa; poi ai III, il medico se ne ritornò, e ai IV fu inviato là Schomberg; continuando sempre che tutto fusse appuntato, e che si aspettava un gentiluomo che ha inviato il duca di Lorena a quel di Mercœur e d'Elbeuf; il quale Lorena dicono sia quello che maneggi questo negozio; dicendosi, che Sua Maestà dia loro tre mila fanti pagati per sei mesi; dentro al qual tempo prometta di fare la guerra agli ugonotti; perdoni loro tutto, lasciandogli i governamenti che hanno, non so che terre in Champagna, Borgogna, Piccardia, e Rouen e Dieppe al cardinale di Bourbon, e tutti i governi che hanno di presente gli altri signori e gentiluomini loro confederati; questo si tenea per certo fino alla sera dei IX che venne Miron, e subito fu fuora che ogni cosa era in rotta, e che la Regina Madre si partiria per essere qua appresso domani. Come Sua Maestà udì Miron, spedì un corriere in grande diligenza a essa Regina, perchè non si partisse, e poi la mattina avanti giorno ritornò a inviare il medico, presumesi per riattaccare la pratica; dicendosi per il vulgo che domandino in cambio di Metz, Calais o Boulogne, e molte altre cose per li loro confederati; che con tutto che il Re sia volto alla pace, è impossibile le conceda. La comune opinione è che non siano per farlo che a vista dell' uno e dell' altro campo, quando saranno tutti insieme.

Il duca di Mercœur si trova ammalato di febre terzana ai confini d'Angers, dove si ode sia il duca d'Elbeuf, e M. di Brissac, si dice con tre mila fanti e cinque cento cavalli; che Guise abbi quattro mila archibusieri e quattro cento cavalli Francesi, tre mila raitri e tre mila lanzi, ai confini di Lorena: du Maine tre mila cinque cento fanti e tre cento cavalli; M. di Randan due mila fanti e dugento cavalli; li quali vogliono che in venti giorni possino ridursi insieme. Sua Maestà si fa conto che abbi tre mila cavalli e otto mila fanti Francesi, li Svizzeri, e che venendosi alla guerra, possa mettere insieme in quattro dì, cioè la cavalleria e fanteria Francese, e li Svizzeri al medesimo tempo che loro. Aspettasi di Guyenna il conte d'Aubigny con due mila fanti.

Il maresciallo di Biron si attende qua fra due giorni; gli hanno fatto l'alloggiamento dentro al Louvre. Il conte du Lude non morì altrimenti come fu detto. Qua la contagione comincia a farsi sentire, e in case principali; per la quale cosa questo parlamento ha inibito, due dì fa, per publico bando, non si dia più la elemosina a' poveri, dei quali n'è grandissimo numero; ma ha ordinato diloggino, dubitando non venghi da loro.

D'Alamagna viene scritto, che la maggior parte di quei principi protestanti abbino inibito sotto gravi pene, che in l'avvenire nessuno loro suggetto vadi a soldo d'altri, nè tampoco possino uscire dei loro limiti senza licenza. Similmente, che la maggior parte di detti principi abbino inviato e scritto al duca di Lorena, che, se la sua casa farà fare la guerra agli ugonotti, che loro manderanno a' danni del suo paese. La quale cosa gli dà, secondo dicono, travaglio, per non essere molto bene con li suoi vicini.

Pel cammino di Lione è stato levato una parte delle lettere che venivano di costà; fra le altre mancano quelle del nunzio e ambasciatore di Ferrara, si dice anco il pacchetto del Re, e che le abbi fatte pigliare M. di Randan; altri vogliono il Re.

Sua Maestà andò al bosco di Vincennes la sera degli vin, ove è stato fino a ieri. Dicono sia molto sdegnato con la moglie di Retz, per avere auto a dire su certo proposito, che sarà *vil* e *traître* col cardinal di Guise; ancora, per dire, tutto s'accomoderà poi con un paro di forbici.

È qui una monaca d'anni sedici, assai bella di viso e vita, che dodici giorni fa, fu con il Re tutto il dì alla casa del medico Miron. La medesima sera fu dato conto di questa cosa a madama di Montpensier, che me ne fece parte. Detto Re dorme ogni sera con la Regina senza parlarle nè guardarla.

Dicono, che fra la regina di Navarra e re, suo marito, sia mala intelligenza; dicono tanto, che è impossibile si possino ridurre insieme. È tuttavia in Guyenna, a Agen, ove s'ode facci grandissima dimostrazione a favore dei Guisi. Il cardinale di Bourbon non ha volsuto arrendare la sua legazione di Avignon a quello d'Armagnac; come ha fatto per il tempo passato, la volea per quattro anni.

Orazio Rucellai presta al Re trenta mila scudi sulle gioje ha, e ha assegnazione sulla ricetta di Lione. Il Guicciardini ch'è con lui, ha fatto una relazione delle cose di questo regno; è giovane accortissimo, molto affezionato al granduca; qua è riuscito assai bene.

I signori Veneziani dicono, che mandano a offrire al Re dugento mila scudi e la solita buona volontà.

In Inghilterra è stato publicato un bando, che tutti li preti che sono in quel regno, devino uscire in termine di quattro giorni, e di lì in poi quanti ne saranno trovati saranno giustiziati; medesimamente, che i gentiluomini che ne tenessino o trattenissino, non possino farlo più, passato tal tempo, e trovandosi, s'intendino incorsi in *crimen lesæ*, e confiscati i loro beni.

22 juin.

Non ostante la voce che corre già per tutta la terra della pace. questa sera è stato mandato a dire a madama di Montpensier da diversi signori, che il medico Miron porta che la Regina Madre l' ha appuntata, non restando altro che la ratificazione del Re : dicendosi prometta di lasciare non solamente a' Guisi, ma agli altri loro confederati, i governi che aveano per avanti; di dimenticare le cose passate; che si farà la guerra alli ugonotti fra sei mesi, con l'avviso degli Stati che dentro a tal tempo si devano convocare; loro licenziano tutte le genti forestiere; disarmano sino a certo numero, rimettendo in mano di Sua Maestà tutte le terre prese; come più particolarmente si dovrà udire col ritorno della Regina Madre, che s'attende, secondo dicono, fra tre o quattro giorni.

Dicesi ancora, che quei d'Anvers, Olanda e Zelanda, con l'ajuto di quattro mila Inglesi, abbino fatto ritirare il principe di Parma, e liberato Anvers dall'assedio. L'avviso viene di Calais; se fia vero, è mala faccenda per li Spagnuoli.

25 juin.

La pace si tiene tuttavia per fatta, e ad ogni ora si attende M. di Villeroy che andò là XII giorni fa; dicendosi, che la Regina Madre abbi accordato che Sua Maestà ratificherà li appresso articoli :

Che Sua Maestà pagherà tutte le spese che ha fatto Guise, per via di ricompensa, salvo quelle de' raitri;

Che la gente forestiera dell' una parte e l'altra se ne andranno;

Che si farà la guerra agli ugonotti, passato il tempo di sei mesi, dentro al quale quelli che non vorranno diventare cattolici possino vendere e contrattare li loro beni e uscire del regno. Ma questo articolo odo che il Re non si contenta, volendo che gli Stati chiarischino e provedino essi;

Che dà loro tre mila fanti pagati per sei mesi, e al cardinale di Bourbon la villa di Soissons, al duca di Guise Toul, Verdun e Saint-

Dizier, al duca du Maine la fortezza di Dijon e Beaune, al duca d'Aumale una terra in Piccardia, al duca d'Elbeuf il governo del Borbonese, al duca di Mercœur il castello di Nantes e due terre in Brettagna, a d'O il governo di Caen. Ma Sua Maestà non vuole ammetterlo, lasciando li governi non solamente a detti principi, ma a tutti li altri loro confederati quel che aveano, dimenticando tutto.

Si scrive da Épernay, che i prefati principi veniano tutti a Sens e Montargis, per trovarsi insieme e soscrivere con le loro forze; medesimamente, che la Regina Madre veniva a Lagny, e forse qui, per abboccarsi con il Re; poi ancora lei andria là, stimandosi che talvolta Sua Maestà potria ire a Fontainebleau per essere più vicina a supplire quel poco restasse. Per la dimostrazione che han fatto tutti a Épernay, si tiene per fatta, vedendosi ciascuno lieto, particolarmente questo popolo per l'affezione grande che porta a questi principi.

Ritornò Epernon, che va guarendo; dicono, facendosi la pace, come verrà in Italia, e particolarmente in Venezia e costà. Venne il marescial di Biron, ed è alloggiato al Louvre; Sua Maestà, oltre alle gran carezze fattegli, gli ha donato sessanta mila scudi sui sali, venti mila in contanti per pagare sua debiti, li altri saranno pronti fra due anni.

L'ambasciatore di Venezia, a nome della sua republica, esortò ultimamente il Re alla pace e quiete del suo regno; e se pure si avesse a fare la guerra, farla con il re di Spagna; e perchè casa di Lorena sappi l'ufficio di detto ambasciatore, l'ha fatto penetrare a madama di Montpensier; di più come la detta republica d'ogni somma di danari si colizzeria; la quale madama me l'ha detto in massimo secreto.

M. di Brissac pare si sia sdegnato con il duca d'Elbeuf.

Mercœur si partì di Nantes, alli xii, con cinque cento cavalli e mille fanti per venire ad unirsi con Guise.

Il Re fa lo spasimato della principessa di Condé; e perchè alla Madre non piace, l'ha fatta levare di corte.

Odo che il re di Navarra scrive al Re una lettera, supplicando la Maestà Sua a volerle dare licenza di potere sfidare a combattere il duca di Guise a corpo a corpo, per finire la querela, o giornata con li amici e aderenti dell'una parte e l'altra, promettendo di farla nel mezzo di Lorena, affine che il popolo Francese non venghi a patire.

Detto re ha fatto dare fuori una scrittura che invierò con l'altra. Vedesi a tutte le ore molti sonetti e pasquini sceleratissimi; ma come sono cose fatte dagli ugonotti, non piglio pena d'inviarle.

Qua sono da tre mila guastatori, li quali perchè non stieno in ozio, li fanno travagliare in questi borghi di Saint-Germain la fortificazione già disegnata. Questa villa si cotizzò, sei giorni fa, di farne mille dugento e di mantenerli mentre durasse la guerra.

La nuova che qua venne per via di Calais, che gli Stati di Fiandra avessino fatto ritirare il principe di Parma dall'assedio di Anvers, fu falsa; sendoci di poi lettere dei xix dal campo, come quei di Anvers tumultuavano e volevano la pace; medesimamente che aveano mandato al campo a trattare d'accordo; il principe parimenti inviato là; così pensavano, che con le prime averci a dare nuova della resa di essa.

La regina d'Inghilterra fa offerire cinque cento mila scudi a Sua Maestà in presto. Scrivono, che abbi fatto un ordine, che tutti gli Inglesi che sono costà per l'Italia, Spagna, Fiandra e questo regno, devino ritornare in termine di sei mesi; che il padre sarà obligato per il figlio e il più prossimo parente; e a quelli che non ritorneranno, saranno confiscati li loro beni; quelli verranno, dovranno presentarsi alli loro giudici per giurare e confessare la regina per capo della Chiesa d'Inghilterra, e molte cose diaboliche. Aveano fatto tormentare un medico della regina di Scozia, cognominato il dottore Absalon, intimo di Ruberto Ridolfi, e un segretario del conte d'Arondel; ma non aveano confessato cosa nessuna; per dove si pensava, che detto conte venisse libero del pregiudizio di *crimen lesæ*.

## XXVIII.

### GIULIO BUSINI À BÉLISARIO VINTA.

#### Paris, juillet 1585.

SOMMAIRE. — *9 juillet.* L'accord semble établi; la guerre contre les huguenots résolue. Distribution des troupes. Mémoire adressé au Roi par le roi de Navarre. Projet de voyage de la Reine mère en Guyenne. Les troupes suisses; renvoi des compagnies composées de huguenots. Démarche de l'ambassadeur d'Angleterre en faveur du roi de Navarre. Conversion ou départ de beaucoup de huguenots. Protestation de fidélité du duc de Mantoue. Grave échec porté à l'autorité du Roi par les derniers événements. — *23 juillet.* Les chefs de la Ligue à Paris; bon accueil que leur fait le Roi. L'édit de pacification solennellement révoqué en plein parlement; acclamations du peuple. Députés envoyés par le Roi au roi de Navarre. Préparatifs de guerre. Le duc de Guise et le roi d'Espagne. Le cardinal de Joyeuse et les princes italiens. Le cardinal d'Este. Expédients financiers. Le roi de Navarre et la reine sa femme. Assassinat du comte de Northumberland à Flessingue.

9 juillet.

L'accordo tuttavia si conferma, ha fatto la Regina Madre con Guise; la quale venne l'istesso giorno a Lagny, insieme con lei il duca di Lorena. La detta mattina andò lì il Re, Épernon, il cancelliere, Villeroy e Bellièvre; e ci stettono fino all'altro giorno, spargendosi fama che tutto fusse stabilito e fermo, cioè di fare la guerra alli ugonotti. E la prefata Regina e Lorena s'incamminorno a Sens per trovare Guise; ma per causa della contagione ch'è là si ritirorno tutti a Nemours, dove ancora sono il duca du Maine, d'Aumale, d'Elbeuf con la maggior parte delle loro forze; trattandosi, secondo dicono, di ordinare l'armata, e che sarà luogotenente il duca di Montpensier, e che du Maine menerà l'avanguardia, con obligo che l'uno e l'altro principe non potranno risolvere cosa alcuna senza il consiglio e parere del marescial di Biron; che il duca di Guise se ne ritornerà in Champagna per condurre fuori del regno i suoi raitri e Alamanni, restando, con le forze che n'ha Francesi, a quella frontiera, per opporsi a' raitri, che qua corre fama si mettino insieme per venire a' danni di Lorena e di questo regno. Sua Maestà ha parte delle sue forze a Étampes, e qui vicino; fra Tours e Blois sono di presente li Svizzeri, con Montpensier e Joyeuse che hanno buone truppe; dicendosi, che il Re vuole avere quattro mila Svizzeri, quattro reggimenti di fanteria, e trenta compagnie di uomini d'arme per sua guardia. La quale cosa dà materia di fare molte congetture da insospettire questi collegati, non solo per i modi che hanno tenuti per indurlo, ma per la negoziazione che l'ha forzato. Domani pare che si aspetti la Regina a Corbeil, ove dicono andrà il Re ad abboccarsi con lei; altri vogliono che la sia per venire qua a dirittura; in somma che si devi rompere l'editto di pacificazione in questo parlamento avanti sabato; e che questa dilazione sia per attendere, se Navarra vuole rendere le terre, levare via i ministri, come pare sia l'appuntamento fatto, che è: di rendere subito le terre, e che i ministri sortino fra un mese dal regno, e gli ugonotti abbino da avere sei mesi di tempo per provedere ai casi loro.

Detto Navarra inviò qua ultimamente M. di Serigliac, che è stato ritenuto alcuni giorni a Beaugency dal duca d'Elbeuf. Come ebbe parlato a Sua Maestà, procurò che l'agente del suo principe, che qua risiede, desse il giorno appresso una scrittura al cancelliere, perchè la leggesse, come fece, in consiglio; il contenuto della cui è, che dopo grandissima umiltà e remostranza che fa al Re, dà una mentita a tutti quei che volessino dire che lui fusse eretico o rilasso, dicendo di essere stato educato e rilevato in essa religione che lui professa; pregando Sua Maestà a volere fare fare un concilio nazionale o provinciale, o qualche assemblea di uomini dotti, perchè vedino e ordinino tutto; che starà a quello che que' tali risolveranno, con molte altre cose; concludendo nell'ultimo di combattere a corpo a corpo, o a due, quattro, sei, dieci, dentro del Louvre con Guise. La quale scrittura, Sua Maestà ordinò subito a detto agente, che non dovesse in modo alcuno darla fuori, come in vero ha fatto fino a questo giorno, che odo l'abbi mandata a tutti gli ambasciatori de' principi stampata.

Il volgo vuole, che la Regina Madre cerchi tutte le vie e modi per vedere se queste due case si potessino accordare per via di mariaggi; ma non si crede devi seguire così presto, con tutte le diligenze facci; e come le cose in vero sono in aria, non ne scrivo cosa alcuna. Dicesi, che la prefata Regina, come abbi negoziato qua con il Re, se ne vadi in

Guienna con du Maine, per vedere se con la dolcezza può fare ridurre Navarra e gli altri; dicendosi anche, che non apparirà, nè si farà menzione di cosa veruna toccante l'accordo ha fatto, ma che tutto passerà fra di loro segretamente.

Gli ambasciatori degli Svizzeri, che, come scrissi, s'erano licenziati e partiti, furono richiamati, e ancora sono qui, senza potersi sapere la causa. Vogliono, che fra le loro compagnie sia quale dissensione, e che Sua Maestà non vuole servirsi di cinque compagnie che sono in fra di loro ugonotti. È fama che quelli che vengono per Guise, siano già ai confini di Borgogna. Mai più si ricorda tanta gente d'armi insieme; è cosa invero degna di compassione a udire i danni che fanno dapertutto.

Odo, che l'ambasciatore d'Inghilterra abbi ultimamente offerto, a nome della sua regina, al Re danari per redimere l'arroganza dei suoi ribelli, così li chiamò; e che gli raccomandasse il re di Navarra. Che Sua Maestà gli dicesse, che ringraziava la sua principessa; e che sperava di ridurre i suoi suggetti conforme alla volontà sua; e sopra il particolare di Navarra, come era posto di non volere nel suo regno che una religione, come udiva facea la regina nel suo regno della sua.

La Regina Madre disse agli agenti di Navarra e Condé a Lagny, che gli parlavano ad alta voce, che il Re voleva che ciascuno andasse alla messa.

Un fratello del cardinale Rambouillet, che era della religione, si è fatto cattolico per opera di due sorbonisti e vicario di Sens. Diversi altri gentiluomini sono tornati; donne assai. Li altri che non vogliono, vanno vendendo le più cose leste abbino, e se ne vanno via.

Perchè al Louvre e in altre parti si continua di dire, che il granduca, Savoia, Ferrara e Mantova sono ancora loro de' collegati, l'agente di Mantova mostra una lettera che gli scrive il suo duca, in la quale gli commette deva dire, ove sente di lui, non essere vero; e che è servitore di Sua Maestà; la quale odo ha mostra a questi segretari di Stato e ambasciatori.

La Regina Madre pare, che abbi fatto carcerare quel Maturino Charretier, già segretario di *Monsignore*, che è stato tanto prigione in
Fiandra.

Vedendo ognuno, che casa di Lorena ha costretto Sua Maestà a darle
molto più di quello che avere potessi se avessino guadagnato una battaglia, vogliono con questa coperta di fare la guerra e d'ire contro
agli ugonotti, abbino dato un gran colpo al Re, che avendo qualche
fine di vendicarsi con loro, non gli sia per riuscire; perchè come vedranno le cose mancare, si solleveranno con questa coperta, e tireranno
sempre dalla parte loro li cattolici che sono più forti. In somma ciascuno
che ha giudizio, vede che casa di Lorena vuole essere più forte che la
di Bourbon per opprimerla, sendo caso che Sua Maestà mancasse. Pure
gli è ben vero che, se Navarra venisse cattolico, come si presume sia
per fare col tempo, e vera dimostrazione, daria disturbo a Lorena. Ciascuno tiene, che le cose non possino stare così, e che presto si devi
venire a rottura.

23 juillet.

La Regina Madre venne, a dì XIII, a Saint-Maur; con lei li duchi di
Lorena e di Guise, cardinale, suo fratello, e cardinale di Bourbon.
Andò lì Sua Maestà con li sua quaranta otto gentiluomini e guardie.
Nell'arrivare che fece il Re dalla Regina Madre, ove erano li sudetti
principi e gran numero di signori, il duca di Guise andò a baciargli le
mani; la cui Maestà l'abbracciò due volte con lietissimo volto; poi fec-
cino il simile li due cardinali, e si ritirorno in altra stanza per due ore.
Appresso uscirno alla messa e a desinare; Guise gli dette la salvietta.
Dopo si congregò il consiglio; la sera Sua Maestà venne qui; la mattina seguente ritornò là, con lui Joyeuse e Épernon; nell'entrare che
fece in la sala ove Guise era ragionando con Villeroy, Joyeuse fu il
primo a correre ad abbracciarlo, come fece anco Épernon; facendo
tutti e tre cerchio, ragionando insieme un gran pezzo; consumando la
maggior parte di quel giorno in consiglio. Nel partirsi, il Re ragionò
assai con Guise; il quale poi la mattina seguente se ne partì per Ne-

mours con la sorella; e la Regina Madre venne qui al Louvre in carrozza
con il duca di Lorena e li due cardinali, con gran sodisfazione di
questo popolo, che correva come pazzo a vedere li detti cardinali, li
quali se ne stanno alle loro case, e ogni giorno vanno in corte come
faceano per avanti. In questa dimostrazione Sua Maestà fu notato, nel
baciargli le mani diversi signori e gentiluomini che erano con Guise,
fra gli altri, Entraguet, e cavalier Berton, che pare siano stati di quei
che hanno sparlato, che non ne tenne conto alcuno. La cui Maestà, il
xviii di questo, andò pontificalmente in parlamento, accompagnato da
quattro cardinali, tutti li principi e signori, a rompere, come fece, l'e-
ditto di pacificazione, e per fare osservare quello che in avvenire vuole
si facci, facendo un' orazione. Dipoi lui, parlò il cancelliere, appresso
il primo presidente, e l'ultimo l'avvocato reale; il quale con arte mirabile dimostrò brevemente l'astuzia degli ugonotti e le loro invenzioni,
supplicando Sua Maestà all' esecuzione. E fu aperto la porta, perchè il
popolo udisse come il Re volea una religione sola, ch'è la cattolica, e
d'allora innanzi fusse interdetta quella degli ugonotti. Nel finire, in
detta sala fu gridato da tutti « Viva il Re! » come ancora fu fatto da basso,
quando passava, con tanta gran veemenza e dimostrazione d'allegrezza,
che giammai dicono si sia visto.

La sera dei xix, venne qui il duca du Maine e d'Elbeuf, e primogenito di Lorena, senza essere incontrati, salvo da quelli che sono loro
intimi amici e servitori, li quali anco ci andorno con rispetto. Li detti
due duchi vennono a scavalcare in casa il cardinal di Guise; la mattina furno al Louvre, condotti dalli cardinali di Bourbon e di Guise,
duca di Lorena; e arrivati nella camera, andorno tutti subito nel gabinetto, ove stettono un' ora, senza vedersi altro; salvo che uscirno alla
messa con Sua Maestà, dicendosi, che se ne andranno domani in Borgogna a pigliare possesso delle terre che gli dà il Re, e du Maine per
mettere ordine al suo governamento, poi incamminarsi all' esercito
che si deve formare qui a Etampes, là dove sono tutti li Svizzeri e
gente d'arme.

Ieri sera arrivò qui il duca di Montpensier, accompagnato da gran

numero di signori e gentiluomini; fu incontrato tre leghe di qua dal
duca d'Épernon e marescialli di Biron e d'Aumont; venne a scavalcare al Louvre; poi nel ritirarsi alla sua casa, ch'è di là dal fiume,
detto Épernon e due marescialli l'accompagnorno sino alla barca.

Ier l'altro per la posta inviorno l'abate del Bene al re di Navarra, e
appresso domani si dice che andranno M. di Lenoncourt, il presidente
Brulart e M. di Pugny, con fama se si vuole ridurre a lasciare li cattivi
consigli che n'ha appresso di lui, e tornare alla ubidienza della Chiesa,
come invero desiderano tutti li nobili e cattolici del regno; in somma
per fare, s'è possibile una pace generale, come in effetto desidera Sua
Maestà. La quale non resta per questo di mandare avanti le forze.
Sono gran numero di nobili e signori risoluti di stare a vedere, non ci
andando in persona il Re; di maniera che, venendosi alla guerra, sarà
mala facenda. Ragionasi, che questo campo sarà comandato dal duca
di Montpensier, se però vorrà accettare la carica, e che du Maine avrà
l'avanguardia, che sarà di otto mila fanti Francesi, quattro mila Svizzeri, mille cinque cento cavalli d'ordinanza, mille cinque cento raitri;
un altro per Guise in Champagna e alla frontiera di Lorena sarà di
quattro mila lanzichenecchi, alcune compagnie d'ordinanza e il resto
de' raitri; promettendo Sua Mastà, se sarà di bisogno, di fare levare
cinque o sei mila raitri, affine che, venendo alla guerra, nessuno si
muova in soccorso degli ugonotti. Sua Maestà dicono vogli avere presso
di lui quattro mila Svizzeri, tre reggimenti di fanteria, e alcune compagnie di cavalleria. Rimandorno indietro cinque insegne di Svizzeri
eretici, e contramandorno ancora quelli che conduceva ai Guisi il
colonnello Piffero; per il quale effetto hanno mandato cinquanta mila
scudi.

Dicono, che il duca di Guise abbi confessato che avea intelligenza
col Re Cattolico; mostrando, quando erano qua li deputati di Fiandra,
lo sollecitava con offerta di molte cose; ma poi, quando vedde che avea
desiderio di avere delle terre in mano, lo lasciò.

Il cardinale di Joyeuse, che arrivò qui ai xv, ha dato conto degli
onori che gli hanno fatto tutti li principi d'Italia; e significato molte

cose toccanti quello che costà ha publicato il Nevers. Fra le altre, dice
che il duca di Mantova gli avea detto che il granduca di Toscana, li
cardinali da Este, Medici e Gonzaga gli aveano scritto, pregandolo a
volere deporre le controversie che fra di loro sono, e fare qualche dimostrazione di affezione verso di lui, ora che era in Italia; che avea
risoluto, mentre fusse contro a Sua Maestà, non volerne sentire niente,
ma essere come per il passato e più, mostrando di essere servitore
del Re.

La quale Maestà ha gradito molto, e ha detto al suo agente che lo
ringrazi per parte sua. Dicono anche, che il cardinale da Este torni di
nuovo a supplicare il Re di volerlo lasciare venire fino qui a giustificarsi
di molte calunnie che ode gli sono date, mostrando di essere stato
sempre, e sarà mentre viva, suo devotissimo e fedele servitore, e di essere pronto a dimostrare per effetti contro al suo fratello e nipoti, con
quella dimostrazione che la Maestà Sua vorrà.

Sua Maestà, per pagare li Svizzeri e cavalleria, ha fatto partito di
mille cinque cento mila scudi sulla villa di Rouen, e per pagare questi
eserciti, oltre ai più vivi danari del regno, vuole si vendino per cento
mila scudi d'entrate di beni di Chiesa, e, se la guerra andrà in lunga,
avere permissione per altrettanti; ha inviato per avere licenza. .

Il Re fece chiamare tutti questi capitani della terra, ordinando loro
che in avvenire allargassino le guardie alle porte.

A Bordeaux la contagione è grandissima; dicono sia stata portata qui
da uno procuratore.

Il re di Navarra scrive a Sua Maestà, che sente fa la pace con Guise
per fargli la guerra; mostrando di essere stato sempre pronto a fare
tutto quello che poteva in servizio della Maestà Sua, supplicandola a
volere dire al suo agente quello deve fare. E che il Re abbi risposto
loro, di avere inviato l'abate del Bene a significarli la sua volontà.
Contuttociò è opinione che, come il prefato abate scrive, che la Regina
Madre sia per ire là lei, non solo per ridurre Navarra, ma per accomodare le controversie che sono fra esso e la regina, sua consorte; la
quale ha volsuto ultimamente impadronirsi di Villeneuve, e gli saria

riuscito, se il marito non avessi provisto con farli disfare quattro compagnie di fanteria ha con lei.

Nella torre di Flessingue, fu morto il conte di Nortumberland d'una archibusata stata gli fatta dare a posta da quei che governano; e quei tali aveano fatto dire fuori, come detto conte era convinto, e lui per non venire al giudizio publico, s'era data da se stesso; mostrando che l'archibusetto gli fussi stato portato nascostamente da uno suo servitore, che quei ribaldi aveano contaminato con danari.

Mando un piccolo libretto dato fuori da sei giorni in qua, perniziosissimo contro i Guisi.

---

### XXIX.

#### EXTRAIT D'UNE LETTRE VENUE DE LA COUR IMPÉRIALE.

13 août.

Sommaire. — L'Espagne, le Pape, les Guise se préparent secrètement à attaquer la reine d'Angleterre. Propos féroce de cette princesse. Animosité des Allemands contre les Français.

Qui non si crede, che li quattro mila fanti e otto cento cavalli che il Papa vuol fare abbino a servire per il re di Spagna in Fiandra, ma più presto contro a Inghilterra; il che tanto più si conferma per l'armata che s'intende prepararsi in Spagna sotto pretesto dei Turchi in Barberia. La regina, svegliata dai movimenti del duca di Guise, gli mandò a dire che sapeva ch'egli la voleva visitare per turbare il suo regno, ma che s'egli era vero, gli manderebbe la testa della regina di Scozia, sua cugina, per il primo piatto. Non è cosa fuori di proposito che s'abbi a fare quell'impresa d'Inghilterra, mentre che si dà addosso al re di Navarra; e ciò seguendo, aremo facilmente scoperto il negozio di M. Sega con il Re Cattolico, l'anno passato; ma non so come se l'intenderanno i principi protestanti in Germania, quali tuttavia si dice volersi congregare per deliberare di opporsi a tali disegni, gridando contro il Re Cristianissimo, e li poveri Francesi; chiamandoli perfidi, traditori più che mai. Qui in corte se ne parla un poco più modestamente, dicendosi solo a pratica : *A Gallis libera nos, Domine!*

## XXX.

### GIULIO BUSINI À BÉLISARIO VINTA.

Paris, septembre-octobre 1585.

#### ANALYSE.

(26 septembre.) Les ducs de Guise, du Maine et de Nevers ont eu une entrevue à Troyes.

On organise très-lentement l'armée de M. du Maine; les huguenots se fortifient de jour en jour.

Paris, pour fournir au Roi une somme de cent vingt mille écus, a établi sur les maisons un impôt de demi pour cent de la valeur : *cosa che ascenderà a molto più.* Le clergé a accordé cent cinquante mille écus, en déclarant qu'il ne donnerait plus un denier, tant que la guerre ne serait pas engagée. Le Roi a créé de nouvelles charges de magistrature, pour faire de l'argent : *cosa che non piace punto a questi del parlamento nè al popolo; perchè quanti più officii si vendono, tanto più aumenterà la contaminazione della giustizia.*

M. de Montmorency a appris, par des lettres interceptées, que le Roi a écrit au maréchal de Joyeuse de s'emparer de Carcassonne. Il a eu une entrevue avec le roi de Navarre; tous deux se préparent à se défendre.

Le roi de Navarre se plaint aux envoyés du Roi, de ce que la Reine mère soit allée trouver M. de Guise, qui n'est qu'un sujet, et qu'elle ne se soit pas dérangée pour lui, qui est son gendre et la seconde personne du royaume; ce n'est qu'avec elle seule qu'il peut toucher certains points délicats; il propose d'aller à sa rencontre jusqu'à la Loire. Il a reçu des ambassadeurs d'Angleterre et d'Allemagne : *la quale cosa quà non piace punto.*

Des envoyés d'Angleterre et de Danemark sont venus solliciter le Roi en faveur des huguenots.

Deux dames de la Reine mère se sont retirées de la cour : *si dice per essere grosse.*

Le duc de Mercœur a été bien reçu par le Roi; il s'est réconcilié avec M. de Joyeuse, et se plaint du peu d'égards qu'a eu pour lui M. de Guise.

(30 septembre.) D'Épernon et les chefs de la Ligue semblent réconciliés par les bons offices de Gondi et de Rametti. Le Roi a annoncé lui-même le départ prochain de M. du Maine pour l'armée de Guyenne; il a déclaré qu'il veut en finir avec les huguenots : «*Ho risoluto di volere distruggere in ogni modo li ugonotti, o loro « hanno a distruggere me.*» Le clergé se chargera de la moitié de la dépense; ses

commissaires à cet effet suivront l'armée et surveilleront l'emploi des fonds. Une seconde armée, sous les ordres de d'Épernon, sera formée dans le Dauphiné.

Pour contenter les Guise, la Reine mère a renoncé à toute entrevue avec le roi de Navarre.

Le nonce promet, au nom du Pape, de fournir de l'argent au Roi pour faire la guerre aux huguenots :

*Questi della Lega hanno un breve di Papa Sisto, che assolve tutti dal giuramento; dicono che ne hanno altro che scommunica chi va a favore degli ugonotti, e per contro assolve con indulgenza plenaria chi favorisce l'impresa.*

Soixante-six prêtres anglais, chassés d'Angleterre, se disposent à y retourner : *desirando il martirio; è cosa mirabile certo.* Quatre jésuites sont arrivés en Écosse; la reine d'Angleterre exige qu'ils soient expulsés.

La peste continue ses ravages.

(29 octobre.) Le clergé accorde au Roi, pour l'armée du duc du Maine, douze cent mille écus, en prenant des termes pour le payement, qui n'aura lieu qu'autant de temps que durera la guerre.

M. de Nevers députe vers le Roi un envoyé chargé d'expliquer et de justifier sa conduite; il dément les assertions de M. de Saint-Goar touchant son voyage d'Italie.

Le nonce remet au Roi le bref d'excommunication du roi de Navarre, avec prière de le publier. Sa Majesté se montre plus prudente et plus modérée : *Subito che detto nunzio si parti, dicono che Sua Maestà dicesse : « Il Papa vuole pure ch'io serva per « suo prevosto in Francia. »*

Le roi de Navarre proteste de son obéissance et de sa fidélité.

Le prince de Condé a passé la Loire près d'Angers[1]; on a aussitôt dirigé contre lui les forces disponibles, et MM. du Maine, d'Épernon et Biron se sont préparés à lui tenir tête. La nuit du 24, M. de Joyeuse, par courrier exprès, donne avis que le prince, à la tête de quinze cents chevaux et de trois mille fantassins, est campé près des faubourgs de la ville; il marche contre lui. Le Roi engage tous les gentilshommes qui sont à la cour à se diriger de ce côté. Le 27, on a appris que Condé battait en retraite devant le petit corps d'armée de Joyeuse.

---

[1] Le prince de Condé espérait arriver à temps pour prendre possession du château d'Angers, dont un aventurier, du Hallot, s'était emparé par un coup de main, peut-être à l'instigation du Roi, qui aurait voulu enlever cette forteresse au ligueur Brissac. Condé arriva trop tard; du Hallot s'était laissé prendre, et les ligueurs l'avaient pendu. Voyez sur cet épisode la thèse de M. Ern. Mourin, *La Réforme et la Ligue en Anjou*, p. 194 et suiv.

## XXXI.

### GIULIO BUSINI à BÉLISARIO VINTA.

#### Paris, novembre 1585.

Sommaire. — *4 novembre*. Détails sur l'entreprise tentée par le prince de Condé contre la forteresse d'Angers. — *12 novembre*. Arrivée de M. de Saint-Goar, bien accueilli par le Roi. L'excommunication du roi de Navarre et le parlement; le cardinal de Médicis blâmé d'avoir signé cet acte. La place d'Auxonne au pouvoir des habitants. Le duc et le cardinal de Joyeuse. Armée du Dauphiné. Le Roi décidé à châtier les gentilshommes qui marcheraient avec les reîtres. Démarche du Roi pour maintenir la paix entre l'Écosse et l'Angleterre. — *25 novembre*. Les reîtres et les Suisses. Détresse du royaume. Accord possible. Le Roi et les Guise; secret désir de vengeance. Le duc du Maine en Guyenne. Le clergé et le concile de Trente. La bulle d'excommunication traduite en français; l'imprimeur en prison. M. de Montmorency destitué de son gouvernement de Languedoc. Pratiques de dévotion du Roi. La Savoie et Genève.

4 novembre.

Questa è per darle avviso della fuga del principe di Condé; il quale, visto non esserli riuscita l'intrapresa del castel d'Angers, si risolse di ritornare a passare la fiumara da Rosières, come era venuto; e già avea fatto passare Laval e La Trémouille con le loro truppe, che vennono tre barche mandate a posta dal duca di Joyeuse, che era lì vicino a otto o dieci leghe. Come già era notte, fu loro facile rompere, come feciono in uno subito, il ponte che avea fatto il principe di barche; onde, per essere la fiumara in quella parte assai larga e alta, prese resoluzione di venire a passare più a basso ad altri ponti con forse secento cavalli e mille fanti, la maggior parte archibusieri a cavallo, fra i quali era M. di Rohan; il quale facea difficultà; nè gli valse nessuna remostranza che facessi, venendo sino a dirgli, che non volea perdersi per sua ambizione; ove dicono che il principe gli rispondesse : « I poltroni non mi seguiranno, come so farà chi arà cuore. » Per la quale cosa Rohan sdegnatosi, voltò adietro, e se n'andò con forse dugento cavalli, ritornandosene in Brettagna alle sue case; e perchè nessuno lo seguitasse, fece rompere tutti li ponti ove passò. Fu questo il lunedì mattina; poi, appresso desinare, fece il medesimo Clermont d'Amboise con cento cavalli; e nel domandare licenza al principe, gli disse : «Anche tu, traditore, hai paura?» Venendo la notte, e sendo già vicino a dove era Joyeuse, dico tanto che una parte della sua cavalleria, che era stata per scoprire, cominciò a travagliare la sua; onde temendo che fusse con li Svizzeri e fanteria francese, si disunì, dicendo ai capi, poichè ognuno l'avea abbandonato, e loro condotti in potere de' nemici, ciascuno cercasse di salvarsi. Questo fu non molto lungi da Vendôme; e se n'andò con forse quindici cavalli, senza sapersi per ancora dove sia capitato; vogliono pure se ne sia passato in Normandia, e che di lì per mare vadi in Inghilterra o la Rochelle. L'udire che Joyeuse sia corso in quella parte, fa credere possa essere così, e l'avere qui nella stessa villa e all'intorno levato i passaggi della fiumara si tiene per certo. Nessuno sa dire come sia venuta, che dalla mano di Nostro Signore Iddio; perchè senza dubio, se venia avanti con le forze che si mosse da Rosières, facea ritirare Joyeuse e li altri, per lo poco ordine che aveano, e il non avere ancora insieme le fanterie, li Svizzeri fare difficultà il muoversi senza artiglieria, poi du Maine e Épernon stare discosto a dove era Joyeuse più di trenta cinque leghe, solamente con li loro seguiti che di questa villa erano usciti. La fama è che abbino fatto da quattro cento prigioni, tutta gente di bagaglie. La nobiltà e chiunque era bene a cavallo, si è salvato. Non è dubio che questa occasione fa diminuire la reputazione degli ugonotti, e in particolare quella di Condé, aumentare la du Maine.

Pirro Strozzi è morto, in una scaramuccia che faceano quei di Alfonso Corso a Bagnulo, d'una archibusata.

12 novembre. .

Condé s'ode ha perso molto la reputazione con quei della Religione; li quali su tal nuova e forze che il duca du Maine conduce in Guienna, si pensa che il visconte di Turenne, che dicono essere venuto nel Limousin con quattro mila fanti e artiglieria sotto una terra, che tenendola gli ugonotti fariono fare diversione all'impresa di Montauban, si sia per ritirare.

M. di Saint-Goar[1] arrivò qui ai xxix; il giorno appresso fu dal Re, che gli fece in publico grandissimi abbracciamenti. Poi, ai ix, partì il vescovo di Parigi, e se n'è ito pel cammino di Borgogna, con resoluzione di non toccare il territorio di Lione, per la contagione.

Sua Maestà non ha volsuto comportare in modo alcuno, che questi del clero scrivino al Papa, nè tampoco che detto vescovo facci ambasciata nè atto alcuno per parte loro, mostrando non toccare ad altri nel suo regno che alla Maestà Sua, la quale li ha astretti a fare una procura, e rimettersi a lui, come hanno fatto ben con gran regretto; intendendo che, dopo avere molto a lungo negoziato più e più volte con M. di Saint-Goar, il Re gli ha dato lettere di credenza per tutti codesti illustrissimi cardinali, e una lunga orazione sopra il negozio del suo ambasciatore, molte lettere che n'ha scritto Nazareth a lui, Regina Madre e ad altri; medesimamente fra come deve trattare sopra la scomunica[2], la quale in generale dispiace a tutto il popolo, e in particolare a questi di roba lunga; li quali tutti si tengono al concordato che fece Papa Leone con la felice memoria del Re Francesco.

La Regina Madre si maraviglia e si duole con questi nostri, che il cardinale de' Medici si trovasse a soscrivere la scomunica di Navarra e Condé, allegando che, come parente suo e principe di giudizio, dovea fare il medesimo che hanno fatto alcuni altri, che tengono conto di questa Corona.

Ritornò di Savoia M. di Rambouillet, presentato da quella duchessa d'un aquila, pierra di diamante, stimata mille cinque cento scudi.

Il figlio del già marescial di Tavannes, ch'era governatore e castellano della villa d'Auxonne in Borgogna, venendo la mattina d'Ognissanti alla chiesa maggiore per fare le sue pasque, il popolo si sollevò

---

[1] Jean de Vivonne, marquis de Pisani, seigneur de Saint-Goar, avait quitté Rome avec beaucoup de dignité, et Sixte-Quint, qui regrettait sa vivacité à l'égard de cet ambassadeur, négociait son retour.

[2] La sentence d'excommunication lancée contre le roi de Navarre et le prince de Condé avait soulevé l'indignation du parlement.

e lo prese mettendolo in carcere, e in quel medesimo istante s'impadronì della fortezza, sotto colore di chiamare, come feciono, quei soldati per venire ajutare il castellano, mettendo dentro un gentiluomo del paese; inviando qua a Sua Maestà a remostrare di avere fatto questa novità solo per li mali portamenti di esso governatore, e per timore non mettesse Spagnuoli nel castello. Sulla quale nuova, madama di Montpensier se n'andò in corte, ove il Re gli fece vedere le lettere, e quanto gli venia scritto di là; dicendole, che spedisse, come fece immediate, al duca du Maine, perchè ci mettesse dentro chi voleva, pure che fosse del paese. Con tutto ciò non manca chi dice che quel popolo potria mutare proposito e rompere il castello; ma non si crede, per essere luogo di frontiera, e di più importanza che abbi Sua Maestà in Borgogna.

Si dice anco, che, per compiacere Joyeuse, che non vuole si rompa altrimenti il castello d'Angers, come disegnava per avanti, ma che l'ha dato a M. du Bouchage che ha quel governo, il quale ci ha già messo un suo sviscerato dei quaranta cinque. Medesimamente dicono, che ha dato al cardinale di Joyeuse tutte le vacanze che seguiranno in Normandia, Lorena e Anjou.

Sei dì fa, partì di questa villa cinquanta carri di munizione pel Delfinato; e si dice, che appresso domani andrà La Valette, e che avrà quattro mila fanti, mille cinque cento Svizzeri e secento cavalli.

Partì per Alamagna Schomberg per fare levata di raitri avanti li altri, dacchè s'intende vadino tuttavia assestando grosso numero; per la quale cosa Sua Maestà ha giurato di volere ire in persona contro di loro, e di degradare di nobiltà tutti quei nobili del suo regno che andranno a favore loro; similmente di fare tale rigorosa dimostrazione contro le loro persone e beni, che mai più e stata fatta in Francia da nessun altro antecessore. Di questi che si sono trovati con il principe di Condé, ne fa fare informazione grande, per fare travagliare dalla giustizia.

Sua Maestà ha inviato in Scozia il genero del segretario Pinard, a istigazione della d'Inghilterra, per fare ufficio con quel re di mante-

nersi in amistà con la prefata regina; la quale teme, ora che ha preso
la protezione di Olanda e Zelanda, del Re Cattolico, sentendo ch'era
passato di Spagna in quel regno un Scozzese, pensionario delli Spagnuoli, che per il passato era bandito di quel regno.

Questo ambasciatore Cattolico, per diligenza che facci, non può fare
ritornare alcuni luoghi confini in Borgogna del suo re impediti dai
Francesi.

25 novembre.

Il principe di Condé si dice essere capitato alla Rochelle, e, da sei
giorni in qua, risuona per più vie che la levata dei raitri e lanzichenecchi, che si fa in Alamagna per li ugonotti, è grande; si dice saranno dodici mila cavalli e sei mila fanti. Il duca di Guise scrive di
avere il medesimo avviso. Vogliono ancora dire, che averanno degli
Svizzeri eretici; la qual cosa dà materia di fare assai congetture, tutti
appartenenti alla pace. Non è dubio, se questo numero di gente forestiera entrasse nel regno, che bisogneria venirci, sì per la scarsità
de' denari, come ancora per essere il popolo assai stretto e affamato, e
Sua Maestà stataci tirata per forza; oltre che in seguito non avrà questi
di Guise, con la giunta poi dei ministri che governano lo Stato, i
quali sono tutti uniti e odiano casa di Lorena, e sono posti a mantenere la successione a chi la va. Tutte queste cose sono rimostre da chi
li ama alla sorella, con l'aggiunta di più che l'umore del Re è tale
da temerne, con tutte queste dimostrazioni fa di presente; concludendo, quando verrà l'occasione, si prevalerà d'essa per vendicarsi;
con molte altre cose che vostra signoria con il suo buon giudizio può
senza altro comprendere.

Una volta bisogna provedere all'armata di Delfinato, di Languedoc, e alla di Guise, che venendo tanta gente sarà la più importante.
Il duca du Maine cammina con le sue forze in Guienne, ed è di già di
là da Poitiers.

Questi del clero, sei dì fa, ebbono audienza da Sua Maestà al bosco
di Vincennes. Fra le oltre cose, s'ode, che gli facessino grandissima

istanza, perchè volesse fare publicare il concilio di Trento; presumesi che questa cosa sia stata fatta fare a posta dal Re, per tirare questi di roba lunga a qualche altro suo disegno, non per volontà n'abbi di fare simile cosa; della cui già si dice che, avendo costà il vescovo di Parigi gusto dal Papa di quello domanderà per Sua Maestà, che facilmente potria seguire; ma io non lo credo.

La scomunica, tradotta in francese, si cominciò a vendere un giorno di festa, ma l'altro fu inibito, e messo prigione lo stampatore; il quale motivo non piacque punto a questi della Lega, e in particolare al nunzio.

M. de La Valette partì ai xx pel Delfinato; e il Rametto e Bandini pare che sieno dietro a fare partito per pagare tale armata.

Épernon ha avuto il governo di Boulogne in Piccardia.

S'ode che il parlamento di Toulouse abbi, d'ordine di Sua Maestà, privato già la seconda volta Montmorency del governo di Languedoc, e publicato governatore il marescial di Joyeuse. In detta privazione si vede la cagione, perchè il Re gliene leva, e una ammonizione generale a tutti li sudditi che l'ubbidiranno e seguiranno; la quale col tempo non gli può che apportare disturbo grande, con tutta la benevolenza e forza che n'ha di presente in quelle bande; laddove Sua Maestà ci fa incamminare tre mila Svizzeri e dieci compagnie d'ordinanza.

La detta Maestà continua fuori di modo la devozione, ed è tanto caldo, che è cosa rimarcabile; fa fare una chiesa nel bosco di Madrid, dicono per metterci frati di quello abate di Saint-Bernard, che fu qua due anni sono; e qui alla degli scappuccini ha fatto rovinare tutte le stanze che avea fatte fare, le quali erano grandi; le fa fare piccole, con una grandissima sala da mangiare. Ha parimenti rinuovato li ordini e capitoli della chiesa del bosco di Vincennes, e di trenta tre che dovea essere il numero, l'ha accresciuto sino a cento venti, avendo levato via i frati di San Francesco, e messoci in cambio di quei dei Buonuomini.

Il cardinale di Joyeuse è in gran favore, non si partendo da lui; che è stato male per conto di non so che acque e latte d'asina che li medici gli faceano pigliare, le quali gli aveano raffreddo lo stomaco; pure adesso si porta benissimo. Ha licenziato la corte e il negoziare per quindici giorni, trattenendosi quando al bosco di Vincennes, quando ai Buonuomini e qui all' intorno.

La Regina regnante andò, cinque dì fa, in pellegrinaggio alla Madonna d'Auxerre; e la Regina Madre ch' è male contenta di queste cose, e particolarmente quando ode che la Maestà Sua si batte, essendosene doluta con lui, causa non sieno di presente molto bene insieme.

Qua è nuova certa, che il duca di Savoia cominci armare per fare l'impresa di Ginevra; e si dice che il Re Cattolico gli dia la cavalleria di Milano.

Non fa altro che piovere già sono sei mesi.

## VI.

## CORRESPONDANCE DE FILIPPO CAVRIANA

### AVEC BÉLISARIO VINTA ET SERGUIDI.

1584-1589.

### NOTICE BIOGRAPHIQUE.

Philippe de Cavriana était de Mantoue; il était médecin. Nous n'avons sur lui que fort peu de renseignements. Il a écrit la *Vie de Cosme I<sup>er</sup>*, qui est restée inédite, et qui se trouve manuscrite à la *Bibliotheca Magliabecchiana*, classe xxv, codex n° 49 : *Vita Cosmi Medicis I, Magni ducis Etruriæ*. Il dit dans la préface :

« Se in Gallia diutius moratum esse, ac inter bella civilia Gallorum et aulæ regiæ incertas continuatasque peregrinationes, *Vitam hanc* olim scripsisse; quam in duas partes distribuit : in secunda res gestas, in prima vitam et mores prosequitur; in prima Suetonium, in secunda Cæsarem imitari pro viribus conatus est. »

Cavriana a donc séjourné longtemps en France; il a suivi la cour. Dans une des lettres de Busini nous voyons qu'il accompagne le duc de Nevers aux eaux de Spa. Comme ce seigneur était de la maison de Gonzague, il est assez vraisemblable qu'il s'était attaché Philippe de Cavriana, qui était Mantouan. Nous avons vu également que Cavriana se trouva compromis à propos de l'affaire de l'assassinat de la dame de Villequier. Son innocence fut reconnue; mais il fut, pour un temps, éloigné de la cour.

On le considérait comme un agent secret des Médicis. Il est certain qu'il informait la cour de Toscane des événements de la cour de France. Nous avons eu l'occasion de publier de lui plusieurs lettres, dont la plus importante renferme le récit circonstancié de la Saint-Barthélemy. Sa correspondance est en général intéressante; il a l'art de présenter les faits et de juger les hommes avec une piquante originalité.

## I.

## CAVRIANA À BÉLISARIO VINTA [1].

(*Arch. Med.* Legazioni di Francia, filza 22.)

Paris, novembre 1584.

SOMMAIRE. — *13 novembre*. Tableau vivant et rapide de la cour de Henri III. — .. *novembre*. M. de Montmorency. Ses intelligences présumées avec l'Espagne, le Pape, la Savoie, la Toscane. Ses projets d'alliance avec les Guise. L'italien Piccolomini. Les Guise ont quitté la cour. Nouvelle garde du Roi. Les Suisses.

13 novembre.

Il Re è fatto sospettoso, avaro, implacabile, dispettoso, mutabile, e più che mai altiero. Ha spie per tutto, e cumula 'danari; non vuole soccorrere gli Stati di Fiandra, ma dà loro parole, e si intende con il Re Cattolico in ciò; e ama più che mai il duca d'Épernon, il quale ottiene da lui ciò che vuole a viva forza. Il duca di Joyeuse è timido, ha paura del Re e del duca d'Épernon. L'odio che ha il Re contro il duca di Guise e il suo cardinale è immortale, visto che aspirano alla Corona, e portano perciò il cardinale di Bourbon; ma per essere la parte potente e favorita da Spagna e da molti di Germania, non può usare forza; onde dissimula e li tiene bassi e dispregia. La Regina è sterile, magra, e poco amata dal Re e da altri. Si teme di divorzio repentino.

La Regina Madre vive con il Re, soffrendo, dissimulando e tacendo. Dà promesse e parole agli Stati di Fiandra; de' fatti, non può.

Il duca d'Épernon chiede per moglie madama di Montpensier, sorella del duca di Guise; questo rimetterebbe la casa di Guise. Fra il re di Navarra e il Re vi è intelligenza per dispetto dei Guisi, ma non

---

[1] Voici deux lettres fort courtes, l'une sans date, l'autre avec la date de novembre sans celle de l'année. Toutes deux se trouvent dans la filza 22, après la lettre de Busini du 22 janvier 1585. Il est évident qu'elles sont d'une date antérieure. Nous proposons de les rapporter l'une et l'autre au mois de novembre 1584. Elles étaient en chiffres.

durerà. Il regno è in pace, la corte povera, infame, piena di uomini bassi, creati da Joyeuse e Épernon. Così fanno nelle provincie, per abbassare la parte del duca di Guise, e crescere quella del re di Navarra, con il quale sono legati per volontà del Re, che disegna il re di Navarra suo successore.

.. novembre?

Il Re, costretto da molte cause, lascia il Languedoc libero al maresscial di Montmorency, e chiama il cardinale di Joyeuse a corte; rimettene bene in grazia sua Montmorency, il quale fa modi con il duca di Guise, dando per moglie la figlia al figlio di lui. Così Montmorency e il duca di Guise si legano. Si crede da tutti, che il duca di Toscana, duca di Savoia, Ré Cattolico e il Papa abbino mantenuto di molte cose Montmorency, e ciò spiace qui molto.

Il Piccolomini è caro al Re e Regina Madre e al duca di Joyeuse; ma il mondo sospetta della sua venuta, tenendolo per sanguinario.

Il duca di Guise con il duca du Maine non ritornano in corte, e il Re è risoluto di non chiamarli, dicendo : «Sono iti di loro volontà e «senza mia licenza; da loro vengano, se vogliono.»

Il Re, insospettito di qualche cosa, crea circa cento uomini, giovanni, non maritati, che lo accompagneranno dì e notte; la metà dà al duca di Joyeuse, e l'altra dà al duca d'Épernon, dai quali e dal Re sono dipendenti.

Si è mandato a' Svizzeri seicento mila scudi per debiti vecchi, e per assicurarsi una levata al bisogno.

## II.

CAVRIANA À BÉLISARIO VINTA.

Paris, février-mars 1585.

15 février.

Di qui non ci è cosa di momento. Fiamminghi domandano ajuto, ed offrono condizioni incredibili, se il Re li vuole pigliare in sua protezione e difesa; ma, al credere dei più giudiziosi, egli non se ne mescolerà, e cercherà piuttosto di essere mediatore che turbatore di pace. Si aspetta l'ambasciatore d'Inghilterra per persuadere al Re che non rifiuti così bella occasione, e offrirà anche egli per parte della reina meraviglie. Nondimeno io credo che si farà la predica al sordo. Sono molte le ragioni per le quali il Re non può entrare in briga col re di Spagna, e poche quelle del contrario.

M. d'Épernon non sta bene di quel suo male che lo tiene alla gola già tanti mesi. Un segretario del re di Navarra è accusato di averlo voluto uccidere, e se gli fa il suo processo in Guascogna.

20 mars.

Noi siamo alla guerra, civile e *principale;* perchè la famiglia di Guise, persuadendosi di essere men riverita alla corte e meno carezzata dal Re de' meriti suoi, e vedendo crescere la grandezza di M. di Joyeuse e di Épernon, la quale fa ombra alla sua, si è partita già un pezzo di corte senza chiedere licenza al Re; e ritiratasi alle case sue, dà molti indizii di mala sodisfazione. Il cardinale di Bourbon d'altra parte, pretendendo la successione della Corona, se n'è ito mezzo ammutinato a Gaillon, luogo dell'arcivescovato di Rouen. Di modo che questi principi, legati insieme e assenti dalla corte, hanno fatto pensare al Re, che si sia qualche trama segreta, la quale possa portare a lui pregiudizio; tanto più che egli con nuovi ordini e maniere che tiene nel vivere e nel negoziare, ha loro chiusa l'entrata di privanza che per innanzi avevano seco. S'aggiunge a questo, che non si vedendo figliuoli del Re, ed essendo estinta la sua famiglia, ed egli mortale, ancorchè sano, ogni governatore di provincia e di qualche luogo, pensa ad impadronirsi di quello che ha, se il caso della morte del Re arrivasse. Si è dunque già un pezzo (come si tiene per fermo) discorso dalla detta famiglia e dal cardinale di Bourbon del modo di potere pervenire alla Corona, caso che il Re mancasse; e perchè il re di Navarra pretende anch'egli alla successione, ma per essere ugonotto, e di nuovo riconfermato nella detta eresia, non potendo per i statuti essere re, si viene a un manifesto scisma. Per questi rispetti Guisi e il cardinale di Bourbon hanno fatto lega tra sè, e con l'ajuto segreto di Spagna (come si murmura) sperano di pervenire, egli alla Corona, come cattolico e legittimo successore, e loro rimessi nella pristina dignità e credito, essendo molti di numero, e grandi di valore, e, quello che importa, amati ugualmente da' cattolici e dagli ugonotti. Questo non si può effettuare senza armi e senza tumulto; però si dice, che hanno fatta una levata di dodici mila raitri in Germania, e che hanno intelligenza con moltissime cittadi del regno; le quali tutte, alli xx di aprile, hanno a rivoltarsi col pretesto della religione cattolica, la quale vogliono sia universale e publicata per tutto il regno, con l'estirpazione della *ugonotteria*, e col pretesto insieme della gravezza de' dazi e imposizioni. Loro poi presantano al Re una supplica, nella quale dimandano che dichiari il successore, acciocchè sappiano a chi, dopo la morte sua, egglino ubbidiscano, e con questo rimedio ogni cosa stii quieta e tranquilla.

Ma il Re ha scoperto troppo tosto l'impresa, ed ha dato ordine di levare sei mila Svizzeri e quattro mila raitri, comandando a' governatori e alle cittadi libere di pigliare cura a tutto, acciocchè non nasca disordine; e con provedere danari per la guerra, dà segno di animo intrepido; tanto più che ha fatto sapere a' Guisi, che, siccome di propria volontà sono partiti di corte, di propria volontà altresì ritorne-

ranno se loro piace, senza che egli gli richiami o preghi. Siamo
dunque, come dissi da principio, alla guerra, civile e *principale*, cioè
con principi, i quali in questa materia seguono l'orme del già amiraglio Châtillon, salvo che non tentano alla persona del Re. Il Re poi
favorisce li principi Montpensier e i figliuoli cattolici del già principe
di Condé, i quali sono sempre mai a lato di lui, nè escono di corte.
Gli ugonotti s'armano, e temono che non potranno resistere; dubitando che questo sia un strattagema per estirparli di tutto; di modo
che vivono con gran tema. Dio lasci, per sua bontà, succedere da
questa novità quello che sia per suo servizio e quiete del regno, e
conservi queste Maestà sane e illese da ogni inconveniente!

---

### III.

#### CAVRIANA À BÉLISARIO VINTA.

Paris, avril-mai 1585.

SOMMAIRE. — *2 avril.* Les ligueurs et le Roi. La Reine mère à Épernay. Situation critique du Roi et
du pays. — *11 avril.* Négociations. Coup d'œil sur la situation et sur les forces des partis. — *27 mai.*
Conjectures. Le maréchal de Biron. La paix; dures conditions; défiance.

2 avril.

Le cose di qui sono come prima. Rumori grandissimi e sospetti incredibili. Il Re s'arma, ma lentamente, non vi essendo danari, e meno
il modo di poterne avere dai popoli già esausti e attenuati. E, a dire
il vero, i soldati veterani e di credito sono con l'altra parte: alla
quale, siccome corse la fama, Spagna somministra danari e gente. La
Reina Madre, vinta da prieghi del Re, inferma come era di gotta e
tosse crudele, si mise in cammino sabato, per andare ad Épernay in
Champagna, con animo di trattare accordo con il duca di Guise. Ma
si stima, che il suo viaggio non sia per servire di molto, atteso che le
persone, con le quali ha da trattare, sono ostinate e risolute nelle loro
opinioni, e che vedendosi vilipese non condescenderanno all'accordo;
oltre che la gelosia, la quale nasce una volta tra il Principe e i sog-

getti, impedisce che non si dia orecchio a' consigli più sani. A quest'
ora il cardinale di Bourbon è giunto col duca di Guise a Reims, con
assai forte e valorosa banda di soldati; il quale invaghito dalla speranza
di essere re, non vuol intendere che il nipote, cioè il re di Navarra, lo
sii; di modo che, innanzi che il Re sia morto, vogliono usurparsi il
regno. E questo farà, che il Re sarà constretto di assoldare delli ugonotti, e de' Turchi ancora, poi che la parte contraria si serve solamente
de' cattolici; sicchè ognuno teme, che questo movimento sarà l'ultima
rovina di Francia. Con Sua Maestà non vi è alcuno capitano di gran
nome, e si è mandato per il marescial di Biron, che di valore e di esperienza è il primo ch'egli possa avere; ma si era murmurato non so
che di lui, giudicando certi che s'intendesse con la parte avversa.

Parigi si munisce di tutto; e si comincia a fare buona guardia alle
mura, essendosi sparsa voce, che la parte contraria verria all'assedio
di esso; e il Re non uscirà di qui se non ha le forze bastevoli a resistere;
le quali non possono essere ben presto insieme; perchè i capitani di
valore e i soldati conosciuti sono stati incaparrati di lungo tempo dagli
altri.

Per quello che si giudica da' più intendenti, il Re, inclinando molto
alla pace, darà molto gran prezzo per averla, tanto più che, non
avendo figliuoli legittimi nè naturali, non si curerà così ardentemente
della riputazione quanto della quiete sua; e si potrebbe mitigare il
furore dei capi di là, moderare le domande loro, e assopire il desiderio del cardinale di Bourbon, con qualche larga concessione di terre
e abbassamento di alcuni particolari; e, secondo il solito delle guerre
civili, fare un empiastro mitigativo per un tempo; portando questo
paese, che il bene e il male, la fermezza e l'incertitudine, non siano
perpetue.

Col Re non ci è che gioventù, e la corte in segreto è divisa; ed ho
udito dire che la Reina, ritornata che sia, se non può stabilire (mentre
che è là) un bon accordo, si risolve di starsene a Parigi alla sua casa,
e vivere a sè. E, sebbene il Re con questi signori che sono di continuo seco mostrano di non temere questi movimenti rovinosi, nondi-

meno, quando considerano le piaghe se vedranno bentosto nel bel corpo
di questo regno, restano confusi.

Si è mandato in Lorena al duca, in Brettagna al duca di Mercœur,
a la Rochelle, in Languedoc e per tutte le provincie, per fermare i
popoli, gli amici e i benvoglienti, e pregarli che non mutino fede; perchè, al dire il vero, ella è molto incerta per le ragioni che vostra signoria si può imaginare.

Gli uni e gli altri desiderano la pace, ma ciascuno sta sull' onorevole e sul vantaggio. In questo mentre solo il Re col popolo patisce. Il
punto principale sarà della riconciliazione della reina di Navarra col
marito; l'altro di una sola religione; il terzo della sicurtà per loro.
Ma il primo è importantissimo, perchè il re di Navarra parla apertamente di ripudio.

11 avril.

La pace si tratta dalla Reina con i signori di Guise, i quali sono a
Reims insieme col duca di Lorena; e si spera che la necessità la farà
concludere, tanto più che il Re vi inclina per molte ragioni, le quali
superfluo è il raccontarle; e si crede, che questo mal tempo andrà tutto
addosso agli ugonotti; di modo che la Francia non lascierà di avere
guerra, ma non così mortale nè crudele come si temeva. E quelli di
Guise riterranno il governo di Borgogna e Champagna con le armi e
con le guarnigioni a devozione loro; onde nascendo occasione di morte
del Re, che Dio non voglia! averanno quelle due provincie come in
feudo. All'esempio dei quali, li governatori degli altri luoghi faranno
il medesimo. Il Re fa quel che può per mettere forze insieme, ma l'e-
rario è povero, e le città fanno il sordo, perchè la maggior parte di
esse è congiunta con i Guisi, e non vuole nè governatore nuovo, nè
meno guarnigione, che è quanto a dire : « Noi non vogliamo sogge-
« zione, nè meno sborsare denari, se non in spese ragionevoli e neces-
« sarie. » E la guerra non stimano necessaria, parendo a' popoli che le
dimande dei Guisi sieno giuste e legittime. Sì che il Re si trova in stato
che ha bisogno di ajuto e di consiglio.

I capitani e uomini militari dal canto nostro sono molto pochi, e, come nelle guerre civili è Stato diviso, di fede dubia. Gli ugonotti hanno fatto lega cogli Alamanni di ogni setta ed eresia, ed altresì con gli Inglesi; e capo e protettore loro è il re di Navarra. Di là si aspetta soccorso per loro; e se Montmorency non gli ajuta, saranno al verde ben tosto; perchè quell' uomo, oltre l'industria e valor proprio, ha un paese quasi invincibile, e può mantenere molti anni la guerra contro ognuno; nel qual tempo nascono o nasceranno molti accidenti che faranno mutare proposito a coloro che gli assaliranno. Egli ha molta obbligazione al re di Navarra e a Condé; però non si può sapere quello che farà. È ben vero che offre al Re sei mila fanti e mille cavalli, e altrettanti il re di Navarra, dei quali Sua Maestà sarà forzata servirsi se l'armi vanno innanzi, avendo egli bisogno di pronto soccorso e fedele contro quelli che hanno tirato dal loro canto i cattolici tutti o maggior parte. Ora il punto è qui : i Guisi non parlano di cosa alcuna che di estirpare gli ugonotti, e fare una sola religione, e vorrebbero obbligare a ciò il Re. Se lo fa, eglino come potenti e favoriti da' cattolici, e molti in numero, faranno un re a sua posta, venendo a morte il Re; ovvero averanno sempre le armi in mano, e saranno ajutati da Spagna ad ogni loro richiesta; così saranno sempre formidabili ad ognuno. Ma, se il Re non vuole accordarle questo capo, le armi, che sono mosse sotto pretesto di religione da loro, saranno la rovina del regno, e daranno adito a molti maligni di eseguire i loro mali pensieri.

In questo stato è il Re, che non lascia le sue solite devozioni ed officii.

Orléans non vuole guarnigione, nè persona che dal Re venisse, ancorchè vi mandasse un principe del sangue con un marescial di Francia; esempio che sarà dannoso a questo regno, e del quale il Re è restato malissimo contento. Ha mandato per Biron, acciocchè sia generale dell'esercito che farà, essendo uomo di valore e di sperienza. La Reina spera la pace, e si crede che si farà un empiastro su la dimanda delli Guisi.

D'Anvers si ha nuova che quelli della terra hanno dato una stretta notabile al principe.

Noi trattiamo di pace, ma ognuno cerca il vantaggio; e pare che sotto questa quiete stia nascosto l'angue; di modo che si dubita che la guerra sia un artificio, inventato da chi ha suprema autorità nel regno, per estirpare il re di Navarra con colorato pretesto. Altri credono, che questo mal tempo vada a terminare sulla Fiandra, per renderne contenta la Regina Madre, non immemore delle Terceire. D'ogni verso vi sono insidie e fraudi; e, quando la pace si faccia, non pare a molti che possa essere di durata, essendo violenta e costretta.

Épernon sta meglio del solito di quel suo male, e si crede che egli impedisca l'accordo con i Guisi, perchè si tratta di torgli Metz, il quale non ha potuto cadere nelle mani del duca di Guise, ancorchè il cugino di Épernon menasse la pratica segretamente di darglielo, e si fosse messo in cammino per farlo. Perchè il tradimento, scoperto a buon'ora, è stato impedito dal Re, ma non punito. Ecco quanto poca fede si può trovare nelle guerre civili, anche in quelli che sono del proprio sangue. Si arma di continuo da Sua Maestà, ma il danaro è così corto e così stretta la borsa, che non si può fare gran cose.

Biron si aspetta, ma non vuole venire, se non se gli pagano ottanta mila scudi che egli deve a Parigi. Se li è mandato di nuovo a farlo venire per condurre l'armata, la quale sarà di ben trenta mila uomini.

Il Re continua il suo vivere ordinario di tutto e per tutto come per innanzi che le armi si levassero; e dice di volersi trovare in persona all'esercito, perchè ama meglio di morire in battaglia che arrischiarsi di essere preso da' suoi nemici. Gente nuova, indisciplinata, licenziosa e piena di mal talento, e, che è peggio, mal pagata; vostra signoria giudichi che frutto si può sperare da cotesta sorte di uomini.

Quello che consola il Re è l'espettazione dei suoi undici mila Svizzeri, nei quali ha posto ogni sua fidanza e vittoria, la quale Dio le dia!

Se Metz era preso, la pace si faceva, e Villequier, ajo del Re, è già partito, ed ha parlato a quest' ora con la Regina Madre, con Guise e Lorena, per la pace; la quale se bene pare fastidiosa e aspera, nondimeno la si tiene per necessaria, e credesi che la si farà. Ma come dissi già a vostra signoria, l'armi non saranno per ciò posate in tutto e per tutto il regno, perchè il sospetto regnerà sempre in ambedue le parti, trovandosi di molti mali umori, e cattivi vassalli contro il Re.

Si tratta di un concilio nazionale, di tenere gli Stati, di rendere a' principi i loro gradi ed ufficii, di lasciare a' Guisi le terre che tengono, con quattro mila soldati per guardia, pagati dalla borsa del Re, e tutto questo se li concede; ma Lorena vuol Metz, e se questo si fa, la pace sarà terminata. Si aggiunge, che il Re dichiari la guerra agli ugonotti; il Re sta duro, dicendo che la farà fra un anno e non prima. *Si esset in iis fides in quibus summa esse deberet, non laboraremus.*

---

## IV.

### CAVRIANA À BÉLISARIO VINTA.

Paris, juin-juillet 1585.

SOMMAIRE. — *11 juin.* La paix difficile à conclure. La reine de Navarre du parti des ligueurs. Le Roi conservera des ressentiments. — *9 juillet.* Guerre déclarée aux huguenots; défaut de ressources. M. de Montpensier se refuse à commander l'armée qui doit attaquer son parent, le roi de Navarre. Ce prince sera sollicité par la Reine mère de se convertir; le fera-t-il? Son défi au duc de Guise; son mémoire au Roi. Les ligueurs n'auront réussi qu'à faire peser de nouvelles charges sur le peuple. Tristes pressentiments; projets de vengeance. Habile modération du roi de Navarre sur le fait de la religion. La reine d'Angleterre accepte le protectorat de la Flandre maritime.

11 juin.

La Reina Madre travaglia molto alla pace, ma il Re si rende difficile ad accordare alcuni capitoli, i quali sono la salvazione degli avversarii : come volere Rouen, Dieppe, Boulogne, Orléans, Mézières e Dijon per la sicurtà. Questo causa che si teme molto, che la non si terminerà così tosto, nè forse mai, con queste condizioni. Delle altre il Re si contenterà meglio : come tenere gli Stati, rompere la guerra cogli ugonotti, ordinare un concilio nazionale. E di vero, dopo la giunta degli Svizzeri in Francia, il Re si è sentito così forte ed assicurato, che parla d'altra maniera che per lo innanzi. Épernon si mostra più disposto alla guerra che alla pace; vero è che si deve temere di qualche segreta intelligenza, la quale noi di qui non potiamo scoprire che sia e dove vada a terminare. Il Re è offeso, e l'ira dei re è sempre da temere in ogni tempo, e sotto la sicurezza anche di tutti i mallevadori. Dall'altra parte, Guise con i suoi han mosso l'armi, le quali deposte saranno la loro rovina; di qui nasce la diffidenza, e la guerra continua. La reina di Navarra, non immemore dell'injuria ricevuta ora fa l'anno, s'arma contro noi, ed ajuta gli avversarii, e fortifica Agen dove è, terra principale della Guyenna, con tutte le terre e castella vicine, di modo che il fuoco e molti capi si spargono qua e là per il regno. Da una parte e l'altra si ordinano gli eserciti. I Svizzeri consigliano la pace al Re, e mostrano di non avere animo di combattere contro i Guisi. Espettiamo ben tosto la Reina Madre qui, *re infecta*.

9 juillet.

Così è come già scrissi a vostra signoria : *bella ex bellis, sciunt fata*. La pace che è seguita tra il Re e quelli della Lega, cioè la famiglia di Lorena, ha generato una guerra, forse più della prima importante; perchè il Re constretto e forzato dalla condizione dei tempi, e consigliato altresì a ciò dalla Madre, muove l'armi contro gli ugonotti; e delle sue genti, congiunte a quelle del duca di Guise, fa un esercito potente per arrivare in Guyenna contro il re di Navarra. L'esercito è tale : il Re ci ha i due terzi de' suoi, l'altro è delle genti di Guise, di modo che la parte del Re è più grossa; e a questo comanda il duca du' Maine, che va all'espugnazione di Saint-Jean-d'Angely in Guyenna. Un altro esercito si fa, per andare contro dieci mila raitri e altrettanti lanzichenecchi che vengono di Germania per gli ugonotti; e questo conduce sulle frontiere di Lorena il duca di Guise. Di modo che questi principi della Lega hanno l'armi in mano, non avendo voluto fare pace, se non aveano o terre in loro potere o l'armi. Ma quello che ci fa credere che non possino durare lungo tempo questi eserciti, è che il Re non ha modo di pagarli, e quelli della Lega non hanno fondo nè fonte d'oro; e i soldati di questa nazione, accostumati alla licenza, si straccheranno ben tosto a un assedio lungo, come sarà quel di Saint-Jean-d'Angely, essendo luogo molto forte, e ben presidiato di genti, ai quali la necessità dà loro ardire, sapendo che gli assedianti sono nemici capitali, dai quali non possono sperare altra cortesia che di morire per le loro mani. Il Re voleva porre il duca di Montpensier per capo di questo esercito; ma pare che egli si sia mostrato molto freddo ad accettare la carica, dicendo che non vuole andare contro il suo sangue, atteso che conosce queste armi essere drizzate contro la sua famiglia che è di Bourbon, e non particolarmente contro gli ugonotti; pure l'ambizione e la cupidità di comandare, che rende disleale. il figliuolo al padre, potrà forse più in lui, che questa vergogna della publica opinione, di essere detto nemico de' suoi.

L'esercito sarà grossissimo e poderosissimo, e con gran numero di artiglieria; e se il vivere non gli manca, e sia condotto come si deve, potria su questo principio fare qualche frutto. Ma noi, che conosciamo gli umori dei capi e le parzialità loro, non pensiamo che faccia miracoli. Chiara cosa è che la Reina, avendo fatta questa pace particolare, tratta e disegna l'universale, e andrà in Guyenna a parlare col re di Navarra, acciocchè si unischi all'obbedienza del Re e alla sua grazia, e si facci cattolico. E le succederà quanto ella si propone per molte ragioni, ma particolarmente per trattarsi della successione d'un sì gran regno, al quale il re di Navarra tanto tempo ha che aspira; oltre che niente è impossibile a questa principessa, massime con le genti di qua. E se cosa alcuna muove gli uomini in questo mondo, è il desiderio di avere e di comandare; sicchè vostra signoria se la tenga per certa e sicura, che il re di Navarra, vedendosi astretto come egli sarà, si farà cattolico; e voglia Dio che non rassomigli a coloro che di giudei si sono fatti cristiani, trovandosene molto pochi che buoni sieno! Egli ha mandato in corte un gentiluomo con un cartello scritto di sua mano propria, per lo quale dà mentita a chiunque dice o ha detto, ch'egli

sia inabile alla successione del regno e che sia eretico; e scrive altresì
una supplica al Re, per la quale, dopo avere mostrato che Guise, mosso
da pura ambizione e avarizia, non di zelo di religione cattolica, avea
mosso le armi contro Sua Maestà, e insieme che egli aspirava alla
Corona per successione legittima, venendo da Carlo Magno, come certi
suoi cronisti, ma falsamente, mostravano, supplica umilmente il Re,
che gli piaccia di permettere che egli e il suo cugino, il principe di
Condé, possino terminare le differenze loro che hanno contro quelli
di Guise con singolare battaglia, acciò che si sparmii tanto sangue di
poveri innocenti, e la perdita di tante città; imperocchè ben veggono
che si tratta di rovinare la famiglia di Bourbon, non di sollevare i popoli di gravezze, o la religione di eresia.

Il Re ha mandato ambedue le scritture alla Regina Madre, la quale,
come savia, modererà questi empiti. Ed oggi è partito Clervant, gentiluomo di Lorena e agente del re di Navarra qui in corte e degli ugonotti, verso il suo padrone, visto che il Re vuole in ogni modo rompere
l'editto della pacificazione, già molti anni sono concluso con gli ugonotti, simile a un *interim* di Germania. Io non so se m'inganno; il Re,
a mio giudizio, non può soffrire questo affronto, nè scordarsi il pericolo
corso; chè di certo, se costoro, sul cominciamento che l'armi furono
scoperte, e ognuno intimidito era dubbioso dell'evento per essere incerta
la causa e la finezza della pratica, arrivavano a Parigi, nasceva qualche
gran disordine nella città, nella quale il Re non era ben ben fermato;
pure Dio ci provvide, e diede consiglio a chi n'avea bisogno. Però egli
si è armato, e si manterrà sempre forte, volendo avere ordinarie e
certe armi presso di sè, più di stranieri che de'suoi; di modo che non
mancheranno mai nove spese e nove gravezze; e si avrà poco obligo a
cotesti signori, i quali, con titolo di propagare la religione cattolica,
averanno costretto il Re a multiplicare i dazi e le gabelle sul popolo.

È certo Sua Maestà andava a cammino di fare una ritirata da sè
stesso dalle cose publiche, e lasciare la carica totale alla Reina Madre,
amando egli sopra modo la vita privata; ma questo suo disegno gli è
stato interrotto, e non si potrà risolvere più a quella vita, ancorchè si

vegga essere senza figliuoli; poichè dovrà temere sempre delle insidie
e delle violenze; e vostra signoria sa come i gran principi si scordino
le ingiurie.

Credo anche che, poi che l'odio fatale tra queste due famiglie di
Bourbon e di Lorena è così acceso, che udirete dire che saranno nati
nuovi Bruti e nuovi Cassii, avendo noi in queste parti di qui molti
esempii di fresca memoria di cuori risoluti e bravi; frutti certo delle
guerre civili, tra le quali è seminata la zizania dell' eresia.

Il Re non ha voluto andare a Corbeil, vicino di Parigi a sette leghe,
come avea promesso, a vedere Bourbon cardinale e il duca di Guise;
cosa che dà a pensare che *coquit iram*. E Guise ha detto, che verrà a
domandarle perdono a ginocchio sino in Parigi, di avere mosso le armi
contro il suo volere.

Delli articoli di pace non scrivo cosa alcuna a vostra signoria, perchè
la somma consiste in questo, che quelli di Guise averanno eserciti, e
saranno pagati dal Re; si romperà la pace cogli ugonotti; e si perdo-
nerà a tutti quelli che erano con i Guisi. E si vede di già effettuazione
di tutto questo, che era la somma di quanto chiedevano.

Il re di Navarra scrive, che essendo stato instituito da suo padre e da
sua madre nella Religione, egli ha sempre serbato il modo istesso sin' ora
del credere come loro; e, quando sarà instrutto che egli creda male e
viva contro i dogmi della santa fede, tornerà vela, e si unirà con la fede
cattolica; ma che desidera essere insegnato per un concilio. Di modo
che, udendosi uscire dalla bocca di lui cotesti propositi, si fa giudizio
che non sarà molto difficile a ritornarsene alla Santa Chiesa.

Mentre io scrivevo, è pure venuto in pensiero al Re di andare a
Corbeil a vedere questi principi; i quali hanno acquistato questo punto,
che i ministri e rabbini degli ugonotti saranno cacciati del regno; e
così con poco disturbo gli uomini si ridurranno alla fede cattolica:
onde si spera che l'*ugonotteria* se n'irà come vento. Ma l'ira del Re, e
gli odii dei principi tra di loro, qual fine avranno? Pare che la reina
d'Inghilterra si risolve d'essere protettrice delle isole di Fiandra, ma non
di terra ferma; e si buccinò non so che, di maritare il re di Scozia alla

principessa di Navarra, con sicurezza che la reina d'Inghilterra lo dichiarerà suo successore.

I tempi sono stravagantissimi in questi paesi, e pare che le stelle e li elementi si accordino alla rovina comune,

----

## V.

### CAVRIANA À BÉLISARIO VINTA.

Paris, 4 août 1585.

SOMMAIRE. — La paix. Les Guise en présence du Roi. Apparente réconciliation. M. du Maine et M. de Montpensier; celui-ci se décide à accepter un commandement. Coup d'œil sur la situation des partis. La guerre impossible sans argent. Les ligueurs et les puissances étrangères. Misère du peuple; affaiblissement des huguenots, conversions par peur ou par intérêt. Paix sans cesse renouvelée, toujours inefficace. Le crédit des Guise fort diminué; pourquoi. Pour le Roi l'oubli est impossible. Les jésuites, leur active intervention. Les favoris : d'Épernon et Joyeuse. Les Bourbons; leurs partisans parmi les catholiques. Don Antonio à la Rochelle; tentative des Espagnols pour s'emparer de lui. Si le roi de Navarre se fait catholique, il détruit d'un seul coup l'édifice élevé par l'ambition des Guise. Conclusion : mauvais succès de la rébellion.

Scrissi a vostra signoria, che la pace era seguita tra il Re e i Guisi, e che s'aspettavano in corte per far riverenza al Re, siccome era convenuto tra la Reina e loro. Ora deve sapere vostra signoria, che Bourbon, cioè il cardinale, e il duca di Guise furno condotti dalla Reina, che in mezzo di ambedue s'era posta, alla presenza del Re; il quale uscì dalla sala, e scese due scalini a ricevere questi due principi. Gli abbracciamenti furono grandi e reiterati, ma si osservò che il duca avea la voce fioca, ed il colore non ben chiaro siccome è suo costume. Di qui si fecero diverse congetture secondo li umori; io per me stimai, che la presenza di un re abbia forza di mettere terrore al più ardito uomo del mondo, massime sentendosi nella coscienza qualche picciolo rimorso. Si sono poi trattenuti in corte di continuo, salvo il duca di Guise, tutti i seguaci; perchè Guise fece la riverenza al Re à Saint-Maur, casa di piacere della Reina Madre, e poco dopo ritornò al suo esercito che era vicino a Sens, senza venire a Parigi.

Non si vede gran gaudio in questi visi, e come persone che hanno offeso, o da' quali si dovea temere, vanno qua e là turbati nel pensiero. Dopo che Guise fu partito, venne a Parigi il duca du Maine, rincontrato da nessuno; e il dì innanzi era arrivato Montpensier con più di seicento cavalli, ed è stato rincontrato dal duca di Épernon con quattro cento gentiluomini e capitani, avendo nel cammino ricevuto dal duca di Joyeuse molte cortesie. Questo è metter gelosia alle genti e spezzare il mondo. Il duca du Maine non è restato troppo contento, nè nel negoziare nè nel partire; ancorchè il duca di Lorena ci fosse, il quale assicurava la coscienza di detto signore. Ha però parlato lungamente al Re, ricevuto mediocri carezze e sicuranza dell'esercito per la volta di Guyenna. Montpensier, dopo avere ricusato la carica del generalato, ha finalmente posto il collo sotto l'ambizione, e così *homo factus est*. E per levare la discordia che nascerebbe tra lui e il duca du Maine, il Re ha comandato al duca di Montpensier di guidare un esercito in Poitou e Saintonge, e l'altro si menerà per du Maine in Guyenna. Vostra signoria consideri un poco, se ci bisogna fondo per mantenerli, e se i tesori di Creso basterebbono; e se mancando il stipendio, manchi l'ubbidienza e la disciplina. Questo è il più bel strattagemma del mondo, che disobbliga il Re di quello che costretto ha concesso a costoro; perchè, non avendo modo come non ha, e non è sogno il mio scrivere, l'esercito si disfa da sè, e la guerra con gli ugonotti va in fumo, salva la fede e le promesse regie. Quanto ai principi stranieri, non si crede che somministrino denari a questi signori di Guise, perchè Spagna, il quale è stato autore, fautore e promotore di questa facciata, per liberarsi di quello che egli temette, già ora fa un anno, per le cose di Fiandra, non ha approvato in modo alcuno questa pace così repentina, e mostra di restare malissimo contento, dolendosi della leggerezza di cotesti capi. Savoia, poi che aspirava al contado di Provenza e alla occupazione di Ginevra, non ha modi di far guerra; e può essere che, se egli s'ingerisse a soccorrerli di denari, sarà il primo a ripentirsi; oltre che picciol somma non basta, e la grande non si può da alcuno provedere. Il Papa non è dell'umore, come odo, del morto, e i ministri che sono all'intorno di lui, non sono della Lega, nè vogliono intendersi di questa cabala. Veniziani non approvano la guerra, prevedendo che le guerre civili di Francia sono la grandezza di Spagna, e conseguentemente la diminuzione del loro imperio.

Di già questi principi hanno tolto molte migliaja di scudi all'interesse, e i domestici loro sentono l'incomodità de' padroni. I popoli maledicono questi e quelli, e solo i poveri uomini dei campi patiscono il tutto; i quali se vostra signoria vedesse, le rappresenterebbero il più bel ritratto di miserie che si vedesse mai. Noi non crediamo che ci sia zelo di religione, ma sì bene di vendetta, di ambizione e di avarizia, e non si vede altro per le città o per le ville che genti d'arme senza disciplina, senza coscienza e senza anima; ai quali il Re non può dar legge o porre lor freno. Vostra signoria tenga per certo, che, innanzi che fossero passati quattro anni, non v'era più memoria di ugonotti; perchè, non volendo il Re avere presso di sè, nè nelle cariche publiche, alcuno della religione novella, e mettendo in pratica questa tal sua volontà, molti avevano cominciato a ritirarsi di là per amore dell'utile non delle loro anime, e si riducevano volontariamente alla fede cattolica; sicchè senza sangue si ricuperavano molte migliaja di persone. So bene che altrimenti si è detto costì da qualche grande [1]; ma io non vuo' contradire persona, bastandomi di scrivervi, come amico, il vero e quello che è, perchè non ci ho passione; *mihi rex Navarræ neque beneficio neque injuria cognitus.*

Quanto al giudizio universale, nessuno è in questo regno che stimi potesse porre fine a queste guerre, che non pulluli sempre mai qualche germine di querele in una parte o nell'altra del regno, e così l'armi sieno del continuo adoperate; ma si crede bene dai più savi, che come si sieno date qualche strette tra loro questi eserciti, che sarà presto per la naturale ferocità di cuore di questa nazione, avida di venire alle mani, si tratterà di pace; e che la Reina Madre, che vorrebbe pure

---

[1] Il parle sans doute du duc de Joyeuse, qui, dans son récent voyage d'Italie, avait passé par Florence.

ritirare suo figliuolo di là, la procurerà e concluderà, come ha fatto l'altra. Empiastri sopra empiastri per mitigare il dolore, non per curarlo.

Quanto ai Guisi, hanno perduto molto del credito che avevano con i stranieri, e molto più con i propri Francesi, poichè nella pace fatta nessuno dei partigiani ha più di quello che avea innanzi che l'armi si movessero, ed hanno di più l'ira e mala sodisfazione del Re, che prima li amava e stimava fedeli. E i Guisi si sono fortificati di qualche terra che non avevano; di modo che, per la pace, viene a loro soli essere cresciuto il potere, e agli altri sminuito l'aver loro, essendosi fatte di molte spese per mettersi in ordine, e seguire la fortuna di que' principi. Delle quali spese non hanno ricevuto ricompensa alcuna; però chi ha venduto una casa, chi un podere, chi una vigna; e, come avviene nelle cose avverse, ognuno si duole. La speranza che avevano di occupare ben tosto i beni degli ugonotti, e sguazzare delle ricchezze altrui, è loro mancata; perchè, se l'impresa seguiva al volere loro, non si attendeva ad altra religione che alla preda e al sangue; fine molto lontano dal desiderio e consiglio di qualche grande che vostra signoria ha onorato poco fa e ammirato molto; il quale sono certo che da puro zelo della fede è mosso a guerreggiare, se l'occasione se li appresenta[1]. E, se Guisi tornassero di nuovo a rifare l'esercito quale avevano, che era di quaranta mila uomini bravi, non saprebbero mettere insieme dodici mila fanti, tanto hanno perduto di aderenti e di amici; perchè hanno sempre detto che il Re e la Reina erano della parte loro, e che col loro consiglio tutto si faceva; anzi hanno fatto predicare per le chiese la Santa Lega, e infiammato i popoli alla uccisione delli ugonotti; i confessori altresì hanno tentato la coscienza di molti, mostrando quanto giusta causa fosse questa. Ma dopo che la festa si è scoperta, e che si vede il negozio essere altro da quello che si credeva, le cittadi collegate e i principali della parte si sono raffreddati, e temono che l'ira del Re non scoppii loro addosso.

---

[1] N'est-il pas ici question du duc de Nevers?

Vostra signoria sa come volentieri un privato si scordii le ingiurie; le lascio pensare che può fare un re offeso nella maniera di questo; e, se non che egli è di buona natura e amico della quiete, io temerei d'un gran fatto. Nondimeno io credo che egli e loro non possino più essere buoni amici, e che nascerà ogni dì più diffidenza. Laonde si starà sulle guardie da ambedue le parti; nè si troveranno mai in corte tutti i fratelli. La diffidenza, e il stimolo di molti maligni ai quali il romore piace, può generare, e in poco tempo, qualche sinistro accidente, il quale a me non sarà mai nuovo; poichè ho visto questi Guisi con l'armi in mano contro il Re, che già un anno mi saria parso impossibile, impensabile e infattibile. Che direste? Li gesuiti, che sono stati ministri a questa impresa, che hanno corso poste a Roma, in Spagna e altrove, non possono lodare certe azioni dei capi; e il duca du Maine è stato lungo tempo pertinace in non volere accordare la pace, parendo a lui che li sminuirebbe il credito con i principi della Lega : Lega mal legata per questo regno. È certo il Re ha avuto una gran pazienza a non cacciarli di Francia (parlo dei gesuiti); poichè, dal portare l'archibugio in fuori, hanno fatto l'ufficio del soldato; onde ne nasce che questi governatori de' collegii sono poco prezzati al presente, e non si lodi molto il generale loro.

La Reina Madre ha accomodato tutto fin'ora; accomoderà anche il resto, come si crede, e si medicheranno queste piaghe col tempo; dando tempo al tempo, nel quale nascono tante cose, s'offrono tante occasioni per rappacificare le due famiglie, che disputano non di Dio ma del regno, che io non dubito che non s'accordino. Ma perchè l'aria di questo paese è agitata dal vento molto più spesso che qualunque altra si sia, e gli uomini vogliono e disvogliono, io mi rendo certo, che la guerra e la pace non può essere lunga.

Quanto ai favoriti, sono i medesimi, anzi più bravi, più arditi, più risoluti, poichè veggono il negozio dei Guisi essere andato alla traversa, e questa decadenza loro serve l'inalzare e stabilire la propria fortuna. Épernon è molto più costante nelle sue opinioni, e riconosce molto bene il credito che ha col padrone, il quale lo crede terribilmente. L'altro va più freddo, ma non lascia di fermare la sua fortuna.

Degli ugonotti, io non so dire altro, se non che pare che siino risoluti di morire coll'armi in mano; e il duca di Mercœur è quasi stato in pericolo di essere preso e morto dal principe di Condé; il quale fece una cavalcata per sorprenderlo di più di venti leghe in un dì con secento cavalli. Il luogo, nel quale si ritirò, che è forte per il sito, l'ha salvato da questo inconveniente. Con gli ugonotti sono molti cattolici, partigiani della casa di Bourbon, i quali impediranno la rovina loro. E però quello che costì si dice, che si doverebbero estirpare, e che si può in poco tempo, è ridicoloso; atteso che le guerre civili non si governano con la medesima norma che le straniere; e i popoli di Francia non sono quelli di Tivoli o di Narni, ai quali un solo birro con una verga in mano fa loro paura.

Don Antonio di Portugallo, quel re fuoruscito, è fuggito in la Rochelle, dove è ben visto e ben guardato dai cittadini, perchè essendosi ritirato in Concarneau, luogo della Reina Madre in Brettagna, ed ivi vivendo di quello che la detta Reina li somministrava, è quasi stato sorpreso da alcuni navili Spagnuoli, perchè il luogo è sul mare; dei quali era capo il nipote del marchese Santa Croce; ma la diligenza che fece in salvarsi, insieme col figliuolo bastardo e Diego Botteglia, suo favorito e confidente antiquo, lo ha liberato dal pericolo. Nondimeno molti de' suoi, meno di lui pronti al salvarsi, furono presi e menati in Spagna; e questa pratica non è stata, come si dice, senza saputa dei Guisi, massime del duca di Mercœur; in modo che il povero principe ha trovato più di sicurezza nei nemici di Dio e di sè che negli amici propri.

So che vostra signoria desidera sapere, se gli due favoriti fecero buona ciera al duca di Guise e du Maine, e se la ricevettero scambievole. Le dirò che ambe le parti sono cortigiani, e si accomodano al tempo; ma pure Épernon stette più sulla sua che l'altro; come dei due fratelli du Maine fece il medesimo, tenendo non so che d'Italiano più dell'altro. Bourbon è quello d'ogni dì; e arrossisce, ricordandosi di aver parlato di volere essere re; onde si vede che è stato subornato.

Sono cinque eserciti in Francia, dei quali quattro sono a soldo del Re; vede vostra signoria se può supplire a così gran spese. Guise ha l'armi in mano, ma non così bene, che il Re non sia più di lui possente; ha terre di più che non aveva, ma nè anco tanto forti che, se fa cenno d'innovare cosa alcuna, il Re non possa impedirlo. Questo ha egli guadagnato, che ha forzato il Re a rompere un editto di tanta importanza, e se venisse a morte Sua Maestà, che Dio non voglia! sarebbe padrone d'una buona parte di Francia. Quanto alla guerra cogli ugonotti, non ne aspettate il fine di molti mesi; e, se il re di Navarra si risolve a divenire cattolico, come se li fa forza per ciò, essendosi mandati verso lui molti teologi, e il vescovo di Auxerra, M. di Lenoncourt, a convertirlo, e uno che li dirà all'orecchio; « ch'è molto meglio « essere re di Francia mangiando pesce il venerdì, che povero duca di « Béarn con la licenza di mangiar carne a suo beneplacito; » Guise e du Maine avranno fornita la festa, i quali hanno perduto molto con il clero e con la città di Parigi.

Io ho imparato in questa rivolta a conoscere ch'egli è verissimo quello che ci dice : Ordina l'uomo e Dio dispone; e che se Astolfo rimontasse di nuovo al paradiso per riportare quaggiù il senno di alcuno, troverebbe le ampolle di molti vote, i quali stimano noi savi e pieni di cervello. Contentatevi di questo per addesso, e credete che è miracolo di udire : « Guise ha preso le armi contro il Re, e la famiglia « di Bourbon, che era negletta e vilipesa, risorge. »

## VI.

### CAVRIANA À BÉLISARIO VINTA.

Paris, 17 septembre 1585.

SOMMAIRE. — La guerre et le défaut de ressources. Défiance universelle. Malaise général. Lenteurs calculées du Roi. La reine de Navarre en guerre avec son époux ; elle reçoit des subsides de l'Espagne. Éloge de la Reine mère. Le Roi à ses dévotions. Les ligueurs sont les dupes.

L'odio segreto e il sospetto cresce nell' una e l'altra parte; parlo del Re e de' Guisi; e il re di Navarra si fortifica di molti cattolici, pigliando ogni dì qualche terriciuola, la quale a ricuperare ci vorrà di molti uomini. Il duca du Maine è qui, e non andrà in Guyenna così tosto, nè così bene in ordine come si credeva, perchè il verno ne viene e le provisioni per la guerra sono molto lenti, mancando denari per cominciarla. Il clero offre molto, ma a sborsare sarà parco, e la città di Parigi va molto fredda a contribuire, perchè la maggior parte degli aderenti ai Guisi fugge il prestito, nè vuole intendere alla grossa somma che il Re dimanda; e i più ardenti a consigliare la guerra e a persuadere le novità, sono restati così male edificati degli andamenti di questi principi, che gli odiano e biasimano. Il duca di Mercœur, fratello della Reina, e governatore di Brettagna, arrivò qui innanzi ieri, richiamato dalla sorella non dal Re, dal quale è stato visto mezzanamente bene a' prieghi e intercessione della moglie. Così si vive da ambedue le parti con gelosia e con amicizia coperta. Épernon va a Metz, di là si dice in Delfinato, ed è ricercato grandemente dal duca di Guise, il quale vuole in ogni modo conchiudere stretta amicizia seco. Orsù chi crederia tanta incostanza? La reina di Navarra fa guerra contro del marito, e lo chiama il duca e principe di Béarn, esso la principessa di Francia; e pare che di Spagna se le somministrino denari per fomentare la rovina di questo regno. La Reina Madre è per andare in Guyenna per accordare queste dissensioni, le quali finiranno con un accordo, che chi ha si tenga; e in questo mentre il Re è quel solo che perde, e se viene a morte, che Dio non voglia! in questi garbugli, il regno resti diviso in più parti. Ella fa ogni opera per riunire alla buona grazia del Re questi principi, ma ognuno teme; e però il duca di Guise non vuole venire a Parigi e trovarsi in corte col fratello, perchè sa come passò la festa di San Bartolomeo, tredici anni sono, con gli ugonotti. Gli aderenti e confederati a quelli principi sono molto male contenti di essi, e ognuno, ripentito della folle impresa, tenta rientrare in grazia del Re.

La peste cammina, e il tempo è così maligno che bisogna segua mortalità e fame.

Per questo anno gli ugonotti non avranno soccorso di stranieri, non essendo bisogno; perchè la nostra tardità nel provedere le cose necessarie alla guerra longinqua, dà tempo a loro di fortificarsi e stare sulla difensiva, massime ajutati da Montmorency, fautore della casa di Bourbon, di sorte che il Re non può, quando voglia, di dieci anni a venire a soggiogarli. Molti credono che questa tardità di provedere sia volontaria, non necessitata, per mostrare ai Guisi l'errore loro, concitarli odio di ciascuno, e lasciare che da sè stesso si rovinino, rompino e sieno più abili a ricevere gastigo. *Peccatum utrinque est;* so bene che hanno perduto di molti amici, e molto più di credito. Vostra signoria mi creda, che la Reina Madre è una gran donna, e sa menare la barca; e se le cose camminano innanzi alla guerra, converrà che il Re le rimetta l'amministrazione del regno nelle mani, libera come altre volte, e che i favoriti la servino mal loro grado; perciocchè ella sola è mediatrice, e come mallevadore confidente, di ambedue le parti.

Pare che si cerchi instantemente dal re di Navarra l'abboccamento con la Regina, e lo sollecita molto. Faremo in fine una pace, tale che gli umori di queste genti permettono; e il Re, intento sempre alle sue devozioni e luoghi segreti, quasi ritirato dagli affari, vedrà, non avendo figliuoli, questo povero regno fluttuare.

Post-Scriptum. La Reina Madre si fa pregare al viaggio di Guyenna; e così il re di Navarra più la desidera. In questo mezzo le forze delli Legati e signore di Guise si consumano, e il popolo stride, vistosi mangiato da tanti soldati cattolici; avendo il Re speso fin ora un milione d'oro, senza avere l'esercito in essere. Così la guerra si spedirà in vento, e questi signori Ligarii si troveranno ingannati, perchè il Re non può sostenere tanto gran peso di guerra; e si chiamerà la impresa di costoro : *Tumultus Gallicus*.

----

## VII.

### CAVRIANA À BÉLISARIO VINTA.

#### Paris, 10 novembre 1585.

Il castello di Angers, occupato con insidie dagli ugonotti, e mal soccorso dal principe di Condé, si rendette a Sua Maestà, come vostra signoria avrà inteso, salve le persone che vi erano dentro, sino al numero di quindici, li quali si caricorno di preda e di mille scudi per uno, lasciando il resto, di valore di più ottanta mila scudi; così fu l'accordo; e il Re ne levò Brissac governatore, della fazione Guizarda, mettendovi uno a sua devozione; così la terra e il castello, che pendevano dalla venerabil Lega, si è ridotto alla nostra; scacco dunque Angers per questi Ligarii.

Condé venne là con buon numero di gente, e passò Loire; pose guardia al luogo dove passò, ma debole e vile, che è stato cagione della sua rovina; e fattosi in vista del castello, trovò la terra nemica, e i passi presi e ben guardati, per entrare nel castello, di natura inespugnabile; costretto ritornarsi, trovò le forze del Re, in testa e in coda, le quali aveano guadagnato il passo, dove era con le sue genti passato tre dì innanzi. Cominciò a pensare a' casi suoi, e di ripassare il fiume grossissimo più che mai fosse, non poteva, levatogli ogni ponte e barca,

ed avendo il nemico d'ogni parte che lo cacciava. Prese dunque resoluzione di andare a rincontrare i suoi raitri alli confini di Francia, e
così con otto cento cavalli buoni e lesti, la maggior parte gentiluomini
armati di corazza e di pistole, e mille dugento buoni archibugieri a
cavallo, si pose in cammino quasi lungo il fiume verso Blois e Châ-
teaudun; perchè i raitri non vogliono entrare in Francia senza buona
scorta di Francesi naturali. Ma così tosto che questa deliberazione fu
udita da M. di Rohan, gran signore e principale di Brettagna, che avea
condotto quattro cento cavalli al principe, egli cominciò a dire, che se
ne volea ritornare, nè li parea bene andare verso Parigi, dove la giustizia lo potesse pigliare. Clermont d'Amboise (corrotto, come si ha dopo
inteso), che avea cento cavalli, de' quali molti erano cattolici, ne disse
altrettanto. Al quale il principe minacciò di ucciderlo, chiamandolo
disleale, traditore e perfido, perchè alla sola sua persuasione era venuto a soccorrere Angers, preso per intelligenza di detto Clermont. Il
principe allora disse : « Io me ne andrò dunque solo, e a quei pochi
« che mi seguiranno, servirò di scorta, mettendo io il primo la vita al
« pericolo. » E certo egli metteva la vittoria sua nella celerità; perchè,
se avesse potuto andare innanzi al nostro esercito, sei leghe, come
avrebbe del certo, perchè la nostra cavalleria era poca, disunita e
sparsa qua e là, e la fanteria è in questo tempo e in questo paese inutile, senza dubbio egli arrivava a Montargis, passando presso a Orléans,
di là verso Nevers in Morvan; e passando la sorsa de la Seine, se ne
andava in Borgogna, di là ai confini di Lorena per ricevere i suoi raitri; non vi essendo forze del Re in quel paese, nè fiume nè ponte, nè
impedimento alcuno, e così serviva molto alla sua fazione, menando
seco quattordici mila raitri di Sassonia, di Brandebourg e di Land-
gravio; perchè il conte Palatino, suo confederato, il quale ha molte e
molte volte menato raitri in Francia, è occupato per causa dell' elet-
torato. Ora la deliberazione parve a quei pochi che seco erano pericolosa, sì perchè erano stracchi e rotti dal cammino e abbandonati dai
migliori, sì perchè era entrato in loro un così gran spavento, che non
ubbidivano a' consigli. Il che visto dal principe, e come ognuno si voleva

salvare, si pose con sei o otto in cammino alla volta del fiume Loire, e lo passò in un battello, salvandosi al meglio che potea. Le sue genti gettando qua e là le armi, e lasciati i cavalli mezzi morti dalla fatica, si rendettero ai nostri, al numero di dugento.

Così senza spargere pure una sola goccia di sangue, il Re ha ricevuto una vittoria onoratissima, e gli ugonotti una rovina incredibile, avendo perduto il credito, che serve molto sul cominciare delle guerre.

Questo è stato quel *timor panicus* degli antichi istoriografi, che nasce in un esercito senza cagion manifesta. La fanteria del principe con cinque cento cavalli passò sicuramente da principio il fiume, con quel de Laval, figliuolo di Andelot il bravo, il quale vista la cosa di Angers vana, ripassò prima che il passo fosse ripreso da quelli di Joyeuse, e la fanteria era allora di quattro mila soldati lesti.

Il visconte di Turenne, cugino del marescial di Montmorency, che è col re di Navarra, ha preso in Limosino una terra ricca, detta Tulle.

Quelli di Auxonne, frontiera di Borgogna sulla Saône, dove era il visconte di Tavannes per governatore, dipendente dalla Lega, hanno tumultuato, e dopo avere ferito malamente il detto Tavannes, l'hanno posto prigione con animo di ucciderlo. Lo presero che si confessava, e il prete confessore armato di corazza era consenziente del fatto. Non vogliono più governatori che sieno della Lega, ma regii, e posti di nuovo da Sua Maestà, dimandando, come le altre città, la demolizione della cittadella e castelli, acciocchè non sieno più tiranneggiati. Al che il Re consente, e così i signori della Lega non potranno lungo tempo mantenere le cose loro in stato sicuro, poichè Auxonne è una delle terre date al duca du Maine per sua sicurezza.

Il Re vuole distruggere li ugonotti, ma non si scaderà al giudicio d'ognuno di disunire questi della Lega. Montpensier fulmina, perchè non ha avuto la carica di andare in Delfinato, suo governo; così l'esercito, il quale è guidato da La Valette, fratello di Épernon.

Contuttociò noi non abbiamo figliuoli, nè ve n'è alcun segno di doverne avere, il che causa la comune rovina del regno.

Sin ora il Re non sa di certo dove sia il principe di Condé; stima bene che sia passato in Inghilterra con qualche vascello, per di là poter tragettare poi in Germania, e condurre i suoi raitri pronti al venire; e i denari vi sono; i quali sono somministrati dalla reina d'Inghilterra, trattandosi così del suo come del particolare del principe. E questi ugonotti sono impauriti molto, nè osano quasi venire alle mani con i nostri, perchè conoscono che il Re vi va di buone gambe alla loro rovina. Molti di loro si sono ridotti e divenuti cattolici; ma per questo la guerra non si fornisce, anzi comincia, e Dio sa l'esito!

Il Re è tutto dato alla devozione, e conversa continuamente con i scapuccini, ai quali edifica un bel convento; nè credo che re alcuno di questa linea sia stato mai tanto infervorato al servizio di Dio e della Chiesa come lui, facendo cose straordinarie in questo esercizio. Dio Nostro Signore gli continui il zelo così ardente.

M. il duca du Maine va in Languedoc, perchè si ha nuova che Montmorency stringe Narbona.

Il re di Navarra ha scritto alla congregazione de' teologi della Sorbona di Parigi una lettera, per la quale mostra qualche desiderio di ritornare alla Chiesa cattolica. E certo la Corona di Francia è un bel pegno di chi vuol esser grande. Vedremo il fine di tutto ciò.

---

## VIII.

### CAVRIANA À BÉLISARIO VINTA.

#### Paris. décembre 1585.

SOMMAIRE. - *3 décembre.* Reîtres et lansquenets attendus par les huguenots; Condé est, dit-on, à leur tête. Les électeurs protestants, menacés par le Pape, font cause commune avec les huguenots français. Combien il serait à propos de conclure la paix. M. d'Épernon et le duc de Guise. Le Roi : pèlerinages, dévotions. Faveur du jeune de Thermes. -- *9 décembre.* Le Roi capucin. Opérations militaires presque nulles. M. de Montmorency tout-puissant dans le Languedoc. Triste situation du royaume. Le duc de Lorraine sur la défensive.

#### 3 décembre.

Noi siamo in spesa, per andare a rincontrare i raitri del re di Navarra, i quali senza alcun dubio verranno in Francia molto prima della comune opinione; e si tien per certo, che sono dodici mila, e due altri mila venturieri, guidati da diversi signori, sotto squadre e bande particolari. Con questi veneno dieci mila lanzichinecchi, e altrettanti Svizzeri; di modo che innanzi il primo tempo noi faremo fatto d'arme. Il Re ha comandato alla gente di cavallo francese di andarsene in Champagna, acciocchè sotto la scorta del duca di Guise, si faccia testa a questo grosso esercito; col quale non è dubio che vi saranno sei o sette mila Francesi.

Il duca du Maine se ne andò in Guyenna; non però si è inteso che sino ad ora presente egli abbia esercito e denari. Del principe di Condé non si ha nuova alcuna; molti giudicano diversamente· del luogo dove egli possa essere; la maggior parte tiene ch'egli sia ito in Germania, per condurre gli Alamanni, i quali non vogliono entrare in Francia senza un capo Francese ben ben conosciuto. Di questi raitri dicesi, che ne sia condottiere il fratello del re di Danemark, al quale sia congiunta la cavalleria di Sassonia, di Brandebourg e di Brunswick; perchè avendo voluto il Papa scomunicare gli elettori eretici dell' Imperio, e persuaso agli Alamanni di sostituire in lor luogo de' cattolici, essi sdegnati di ciò, e temendo che alle minaccie segua il fatto, ajutano i Francesi, i quali corrono con loro l'istessa fortuna. E la reina d'Inghilterra soffia quanto più può al fuoco, fuoco che brucierà questo bel regno, se Dio non ci pone la mano.

Si è tenuto proposito di pace; e la si desidera, come necessaria, e che al fin fine la si farà, con molto maggior disvantaggio che adesso si farebbe; perchè, se gli stranieri entrano in Francia, e che sieno pari con noi di forze, ovvero in qualche rincontro un po' poco superiori, bisognerà inghiottire l'insolenza delle loro dimande, e concedere alli ugonotti per forza molto più di quello ch'ora posseggono. Vostra signoria vedrà s'io m'inganno, caso che la disgrazia arrivi, il che Dio non voglia!

Embrun, terra del Delfinato, è stata presa da' nemici; ed è terra ricca, e che ha chiese piene di molte cose preziose, le quali cederanno tutte alla nostra reina. La Valette, fratello di Épernon, se ne andette in Delfinato, dove si crede che non farà di molto profitto, per molte cause, le quali vostra signoria può meglio considerare che io scriverle. Ed Épernon, temendo della fede di Moncassino, suo cugin germano, castellano della cittadella di Metz, è andato là con animo di menarnelo, e lasciare alla guardia del luogo altro suo confidente. Egli ha veduto a Châlons il duca di Guise, dal quale è stato più che umanamente ricevuto.

Loro Maestà sono gran tempo assenti di Parigi; il Re per la divozione di Nostra Donna di Chartres, dove è ito in pellegrinaggio; e la Reina moglie per Borgogna; dove è stata per visitare una chiesa, il patrono della quale dicesi che fa ingravidare le donne. E la Madre Reina se n'è ita a Gaillon col cardinale di Bourbon, per non essere qui sola tanto tempo oziosa. Certo è che il Re è tutto consumato in devozione, e fa cose straordinarie in questa materia. Edifica ora in Parigi una casa giunta al monasterio de' capuzzini, la quale sarà tosto fornita, ed ivi credo che darà rarissimi esempi di pietà cristiana, di modo che non si potrà credere che non brami ardentemente l'estirpazione delli eretici.

L'erario sta male, e conviene inventare nuovi modi per mantenere la guerra, la quale Dio sa quando avrà certo fine! Non c'è altro di nuovo di qua. Quelli di Languedoc non han paura di cosa alcuna, e se il Re torna tutte le sue forze in Champagna, come le converrà fare per impedire l'entrata agli Alamanni, correranno per tutto, e piglieranno a loro volere terre e paesi.

Gli due favoriti sono sempre gli medesimi col Re, e ora cresce Thermes, nipote del già maresciallo di Bellegarde, in gran favore con Sua Maestà, giovine grazioso e dolce; ed è cugino di Épernon.

9 décembre.

Ieri, che fu il dì di Nostra Donna, e ottavo del mese, il Re prese l'abito di capuzzino, nel monastero loro, dal guardiano del convento, di nazione Calabrese, e seco il cardinal di Joyeuse col fratello, gran priore di Toulouse, della religione di Malta. Nè persona laica si trovò presente a quésta pratica. Là dentro starà fino a giovedì, vivendo nella istessa forma che gli altri capuzzini; poi uscirà con l'abito suo ordinario, e seco si potrà negoziare.

Questa è bene fervente divozione, nè si può più dubitare s'egli è cattolico e amico della santa fede. Platone stimava felici le provincie che aveano i principi e capi filosofi; se fosse a questo secolo, direbbe divoti ed ardenti del zelo divino.

Il duca du Maine s'avviava verso Saint-Jean-d'Angély, con animo di assediarlo, e unire alle sue le forze del marescial Matignon. Condé era là intorno, provedendo a quello che gli parea più necessario; così il re di Navarra. Montmorency fa fuoco; e non trovando resistenza nel governo suo, scorre qua e là, e si è detto ch'egli aveva preso per intelligenza Carcassona, e che quelli di Narbona aveano fatto sapere al marescial di Joyeuse che dentro vi era, che se ne uscisse, non volendo guerra, nè vedere rovinare il suo paese. Cosa certa è che Montmorency ha, per la capacità del paese, un fiorito e poderoso esercito, gran credito coi paesani, e pratica di guerra, e sa certo che di qui noi non possiamo nuocerli se non si machinasse di farlo assassinare, corrompendo qualche manigoldo. E si giudica da' più sani, che, se egli è violentato, darà nelle mani del duca di Savoia, suo parente e benvogliente, il Languedoc, ed egli gli farà cadere nelle sue il marchesato di Saluzzo, mal provisto e mal guardato; tanto più che in Lione pare che sia stata una pratica segreta di rivolta, con participazione di detto duca.

Così questo regno si divide in pezzi, qua e là; la rovina universale cresce, nè vi è chi li ponga ordine. Gli raitri verranno per gli uni e per gli altri, e si discorre del modo d'impedirli (parlo de' nemici) l'entrata in Francia, nè sin' ora è stato risoluto affatto come. Il duca di Lorena caccia via tutti gli ugonotti del suo paese, e fa quattro reggimenti di fanteria per guarda del detto paese; paese che sarà il primo a sentire il male dalli Alamanni.

Questi Guisi potevano fare le cose d'altra maniera e meglio; ma non c'è permesso dal cielo di fare le cose due volte.

## IX.

### CAVRIANA À BÉLISARIO VINTA.

Paris, janvier-mars 1586.

7 janvier.

Le cose di qui sono in stato tale, che non c'è persona, per savia e
antiveduta che sia, la quale possa dire che forma piglierà questa rivolta. Perchè fin'ora gli ugonotti non hanno perduto alcun luogo, e
aspettano soccorso molto gagliardo di Germania, e i nostri non hanno
ancora dato saggio della loro virtù, nè rispondono alle promesse fatte,
morendosi di fame e di disagio l'esercito del duca du Maine in Poitou,
e rovinando molto più, col soggiorno che fa nel paese, gli amici forzati
a nodrirlo, che gli inimici, i quali hanno rifuggito tutto il loro avere
nella Rochelle e terre vicine; di modo che questo anno sarà calamito-
sissimo per i vincitori e per i vinti, veggendosi una necessità incredibile
di tutte le cose. Ognuno teme e sospetta di nuovi tumulti, tanto più
che cresce la diffidenza nelli animi dei Guisardi, e altresì dei nostri,
parlo de' regii; nè si può più aspettare sincera amicizia tra loro, perchè la gelosia sopraffa ogni pensiero.

Guisa, Conti, Montpensier non vennero alla creazione dei nuovi
cavalieri al primo dì dell'anno, come si diceva; il che dà da pensare;
e Nevers è sempre mai in sospetto al Re, ancorchè io sappia come si
sia dall'amico[1] di vostra signoria trattato per la riconciliazione.

Però tutto questo regno è atterrito, e grida che vi è rumori e no-

---

[1] Sans doute le duc de Joyeuse.

vità, ma non sa dove venga nè dove vada a terminare. Il Re, più che
mai infervorato di devozione, vive secondo il suo ordinario; e quando
bene avesse mille Nestori seco, non saprebbero però consigliare quanto
farà mestieri. Ecco lo stato nostro.

Joyeuse cresce bravamente nel favore, sendo assente Épernon a
Metz, infermo del suo antiquo male; e Montmorency non è punto
alieno dall'amicizia de' Guisi; anzi si parlava non so che di matrimonio
tra loro. Le cittadi mostrano volere essere libere; e se il Re venisse a
morire (che Dio non voglia)! ognuno s'impadronirebbe di quello che
più gli tornasse commodo. Così *nos alia ex aliis in fata vocamur*.

3 mars.

Non ho scritto a vostra signoria già un mese, parte per l'avere
avuto comandamento dalla Reina, mia padrona, d'andare a trovare
il signor duca di Nevers, dove sono stato per due volte, e inutil-
mente; parte per non essere occorse cose che meritassero di scriverle.
Ora, per non incontrare la mala grazia di vostra signoria, ho preso la
penna.

Qua arrivò il duca di Guise, che fu incontrato da buon numero di
gentiluomini, ma non molti cortigiani, e alcuno dei favoriti non vi si
trovò; se bene, il dì innanzi la venuta sua, si fosse terminato che Épernon e Joyeuse l'anderebbono ad incontrare; ma perchè, il dì stesso
che entrò in Parigi, il Re provava un balletto che voleva fare a carnovale, del quale balletto Épernon e Joyeuse erano i capi, per non volere eglino perdere il tempo, che era molto vicino al carnovale, e im-
parare ben bene la danza, si prese quel pretesto di non andarvi.

Per le strade il popolo lo guardava con meraviglia e con gaudio, e
s'udivano voci di festive acclamazioni, tanto che per le continue salu-
tazioni che riceveva, fu costretto quasi dalla porta della città sino a
casa sua, spazio lunghissimo, tenere il cappello in mano. La nobiltà
non si è mostrata verso di lui così ardente come il popolo; e meno i
senatori e gente di roba lunga : quella, perchè molti si sono rovinati
seco, e alla sola sua richiesta prese l'armi, corse pericolo di punizione

di crime di *lesa maestà*, e sulla fine non hanno avuta alcuna ricompensa;
cosa che da questa nazione è sopra tutte le altre cose desiderata; e
questi, perchè si accorgono che questa infame Lega è rovinosa alla
Francia, e che, sotto il pretesto della propagazione della fede cattolica, ognuno vuol sodisfare ai suoi ingordi desideri. Di modo che egli
è scemato molto di credito coll'universale; e, se sua madre, madama
di Nemours non fosse arrivata prima di lui, la quale ha ravvivato i
partigiani, io credo che si sarebbe visto poco gaudio nel popolo, atteso
che ella è molto ben vista in questa città. Egli venne vestito positivamente, e positivamente va per la terra, accompagnato dai suoi dome-
stichi, i quali sono bene vicino a dugento buoni uomini, con spade e
pugnali, e non fanno cenni di insolenti nè di fastidiosi, e tutto nel
pensiero turbati. E non si vede in lui più quella leggiadria e conten-
tezza che soleva, anzi non avendo che trenta cinque anni, ha la parte
dinnanzi del capo tutta bianca; io non so se sia dispiacere dell'animo
per l'offesa fatta al suo re, ovvero di non avere potuto adempiere i
suoi pensieri, o bene se egli pensa ad altre novità.

I cortigiani lo fuggono, chi volontariamente, e chi per non offendere il Re, e altri perchè non ha risposto con l'opere alla espettazione
che avea messo negli animi di ognuno. Il Re lo accarezzò molto, *verbo
tenus;* e i mignoni mezzanamente. Parlò con Sua Maestà con umiltà e
sommissione incredibile, dolendosi delle cose passate, e promettendo
di spargere il sangue proprio per cancellarne la memoria, nè mai più
di entrare in codeste brighe; ma che l'occasione delle armi prese fu
per vedere Sua Maestà senza figliuoli, e temere che succedesse un re
eretico, il quale trattasse sè e la sua famiglia nel modo che la reina d'Inghilterra tratta i suoi sudditi.

Qui il Re rispose : « Che era troppo prudenza e quasi biasimevole a
« pensare del successore alla Corona, visto che egli si manteneva sano e
« stava molto bene della persona; e che, se non aveva sin'ora avuto
« figliuoli, non era però disperato d'averne. »

La Reina Madre si è mostrata molto amorevole e graziosa verso lui,
perchè li ha detto, che l'ama tanto quanto se fusse uscito dal suo

ventre. E queste carezze danno ad intendere al mondo sospettoso, che ella sia tutta della parte Guisarda, e che col consenso di lei si sia recitata la tragedia passata, e quella che si reciterà tantosto con la venuta dei raitri; giudicandosi da molti, che questa sia la sola ed unica via di comandare (anche dopo morte del Re, suo figliuolo, che Dio conservi molti anni!), mantenendo Guise e li altri della Lega in piedi. Ma io credo che ella non ne sia stata consapevole, e si dolga molto della rovina manifesta che vede; e che il mondo cattivo attribuisce a gran torto a questa principessa queste calunnie. Quanto alle nozze della figliuola del duca di Lorena col duca di Nemours, elle sono prolungate, e il Re non le ha troppo a cuore; e le principesse di corte si sono ammutinate, dicendo che elle non cederanno alla futura duchessa di Nemours il loro luogo, il quale sin ora per comandamento della Reina Madre, e per essere ella giovinetta e figliuola d'una figliuola di Francia, aveano quasi volontariamente concesso; e a questa loro deliberazione pare che inclini il Re. E madama di Longueville non ha poi voluto più trattare col duca di Lorena per avere la secondogenita sua per il duca, suo figliuolo, temendo che la principessa futura, moglie di Nemours, gli levasse la precedenza e l'onore.

Il conte di Soissons, figliuolo del fu principe di Condé, ma cattolico, e i suoi cugini di Longueville, così tosto che intesero la venuta di Guise, se ne andorono fuori di corte, in maniera che questa bella veste del regno di Francia si divide in molti pezzi, e si pianta una nuova Lega, detta la Controlega delli principi cattolici di Bourbon, per fare testa ai Guisi, visto che tutte queste pratiche sono indirizzate alla rovina e estirpazione della famiglia reale, e che si cuoprino col mantello della fede cattolica. Con questi di Bourbon, ancorchè giovani, sono legati molti dei più vecchi cavalieri e signori di Francia, e molti governatori di terre vicine al Poitou e Xaintonge; e si farà capo di essa Montpensier, lasciando a parte il cardinal vecchio di Bourbon, il quale si è tutto prosternato ai Guisi, e va poco a poco rovinando il sangue suo; e si tiene per certo che questa banda non sarà da sprezzare, perchè metterà sempre paura ai Guisi vincitori o vinti. Il Re non ci è mostrato troppo malcontento di questa nuova setta, perchè credo che covi, come coverà eternamente nell'animo suo, un gran dolore della necessità nella quale i Guisi l'han posto; atteso che egli vorrebbe vivere, e avea risoluto di starsene piuttosto ritirato che altrimenti, se questo rumore non avveniva, lasciando il peso della republica alla Reina, sua madre. La quale va con gran destrezza e con incredibile piacere trattando col figliuolo, per tema di offenderlo, sendo egli molto facile e pronto a questo.

Si è trattato del modo e forze per resistere agli Alamanni che verranno, ma non si è risoluto cosa alcuna; e pare che il Re ritenga un non so che nel suo petto per servirsene; il che dispiace a Guise, il quale odia e teme molto queste proroghe e silenzi troppo freddi. E il Re si doleva, che du Maine, fratello del duca di Guise, non avesse in sei mesi fatto cosa alcuna di momento con un esercito florido, come è il suo, e così ben pagato; tanto che si giudica ch'egli ritardi i consigli, differisca le provisioni, acciocchè eglino medesimi lo preghino di pace; alla quale per sua natura e per necessità del regno è inclinato; perchè venendo numero così grosso di raitri, e non essendo possibile al Re di porre insieme tante genti che faccino loro testa, per avere nel regno quattro eserciti in diversi luoghi, saranno costretti a domandare la pace al Re. che è quello che egli desidera; acciocchè si conosca che imprudentemente aveano mosso le armi, e che *nesciverunt quid peterent*, quando vollero per forza cacciare gli ugonotti.

Viene grosso numero di raitri con alcuni capi famosi, ed esercitati nelle guerre civili di Francia e di Fiandra; e noi non siamo ancora in ordine per andargli ad incontrare; però io stimo che si farà la pace verso agosto, qual quale ella si sia; e già odo e veggo alcuni segni, i quali sono indizii del futuro. In questo mezzo i due milioni concessi dal Papa, con la vendita dei beni della Chiesa, serviranno a pagare gli Alamanni, acciocchè eschino dal regno. E tanto più mi persuado che la si farà, perchè non è bene per il Re che i Guisi abbino l'armi in mano, e che egli stia, come tra l'incude e il martello, fra le due parti. I Guisi sono indebitati molto; e pare che du Maine, in luogo di pagare

il suo esercito, intaschi bravamente, sospettando della pace; la quale
fatta, se l'armi non li restano più in mano, li restino almeno molte
migliaia di scudi, per rinnovare poi fra pochi mesi la guerra.

Questa è una vivanda tanto saporita che chi l'ha gustata una
volta, non se ne sa satollare: parlo dell' imperio e del dominare, e però
questo regno sempre tumultuerà.

Il Re ha recusato di dare al duca di Guise Angers e Auxonne in
Borgogna, dicendogli : « Poichè, avendole io concesse a' vostri parti-
« giani, per vostra occasione, ed essi l'hanno perdute, io non voglio
« arrischiarmi più a porle in mano di altri; ma le terrò per me. »

Épernon si mostra amico e intimo di Guise; non so se vi sia nascosto
sotto a questa fratellanza il serpe. Con Joyeuse non ha alcuna buona
intelligenza; anzi sono venuti in disparere, e non saranno mai più così
familiari come erano. Questo è lo stato delle cose publiche.

<hr />

## X.

### CAVRIANA À BÉLISARIO VINTA.

#### Paris, 14 avril 1586.

Sommaire. — Distribution des commandements des diverses armées; dénùment et lassitude. Le Roi
plus dévot qu'un ermite; nouveau pèlerinage. Nullité de la campagne de M. du Maine. Le duc de
Guise belliqueux; madame de Nemours plus pacifique. M. d'Épernon maître de Boulogne et de
Metz. M. de Balagny conserve le gouvernement de Cambrai. M. de Guise et M. d'Épernon. L'habita-
tion du Louvre interdite aux princes et aux seigneurs. La reine de Navarre attendue à Chenonceaux.
La Reine mère toujours vaillante.

Il mondo di qua girà come prima. Guise ha avuto promessa dal Re
di buon soccorso per la venuta di raitri, sino a sei mila cavalli, e cinquanta compagnie di fanteria, e in quell' oste andrà Épernon e Joyeuse
volontariamente. Si manda il marescial d'Aumont in Rouergue e Gé-
vaudan, provincie confini dell' Auvergne e Languedoc; e si parla che
Biron andrà in Poitou per recuperare Lusignan, occupato e fortificato
da Condé; ancorchè Montpensier, il quale è in quelli paesi, non voglia
compagno nè superiore. Questi disegni si fanno; si discorre ogni dì di

vincere il nemico; si ordinano li eserciti; ma il principale del giuoco
ci manca, che è il denaro, la volontà e gli uomini. E ognuno è così
stracco di vedere le rovine publiche e private, che pochi desiderano la
guerra, e tutti gridano la pace. Il Re, che è tutto dato alla devozione,
e supera ogni eremita e pellegrino, vorrebbe la quiete; la quale, quando
non possa venire per suo consiglio e comandamento, verrà malgrado
de' molti, per la necessità dei tempi; sendo tutto il regno perseguitato da fame, peste e da tumulti civili, essendosi in molte provincie,
dopo che questa sacrosanta e virtuosa Lega cominciò, perduta ogni
forma di giustizia.

Guise, quanto all'esteriore, si mostra alieno dalla pace, dicendo
che non si può nè si deve dal Re tollerare due religioni in Francia;
ma sua madre lo prega e consiglia a non volere perseverare in questa
opinione, con publico pericolo e incomodo del regno; potendosi trovare modo di medicare il male e sminuire le forze degli ugonotti, i
quali poco a poco si perderanno da sè stessi. Oltre che le nozze del
duca di Nemours, suo fratello, con la principessa di Lorena, non si
faranno se non con la publica pace e quiete, sendo questo il pensiero
della Reina Madre. Aggiungasi a questo, che dopo il tempo che i signori
Ligarii presero l'armi (che sono tredici mesi, e sette che du Maine
partì di qui per andare in Guyenna), non si è spugnato pure un forno,
salvo Montignac, casa d'un gentiluomo, assai forte. Così io spero, che
si farà una pace, la quale si trama e fabrica segretamente, ancorchè
voi altri signori, ai quale piace il bisbiglio di Francia, ci abbiate concesso due milioni d'oro con la vendita de' beni ecclesiastici; ma serviranno a pagare i raitri, e ad acconciare i panni a coloro che li hanno
sdrusciti.

Il Re ha fatto un viaggio incredibile per fanghi et pioggie a Chartres
con parte della sua confreria de' Penitenti, e questi a piedi; di che
ognuno si meraviglia. Pare cosa nuova, che un Re così grande pigli
tanta pena, come piglia, per salute dell'anima sua. Non c'è chi possa
dubitare se egli è cattolico da dovero, e se è zelatore della fede, poichè
cotesti pellerinaggi basterebbero al più ardente scapuzzino che viva.

Egli è sano e disposto, e inganna tutti gli astrologi, i quali affermavano che sarebbe stato di vita molto corta, il che causò nelli signori della Lega la presa delle armi.

Quanto alli due favoriti, lo sono più che mai; e sebbene c'è tra di loro gara e emulazione mortale, nondimeno la cuoprono esteriormente; ed Épernon si fa conte di Boulogne, terra d'importanza, posta alla ripa del mare di Piccardia, pigliandola in pegno per quattro cento mila scudi, e dentro vi pone genti, e presidio dipendente da lui solo. Così con la città di Metz verso Germania, e con Boulogne verso la Fiandra e Inghilterra, alle quale egli comanda, si apre il cammino a un gran principato, se il Re venisse a morte, che Dio non voglia! Egli pretendeva su Cambrai, e voleva cavarne con promesse Balagny governatore di essa, dico con promessa di gran ricompensa. Ma egli è restato ingannato della sua opinione, perchè Balagny non ha voluto lasciare il certo per l'incerto. E otto dì fa, si ammutinarono le compagnie che dentro vi sono, donde uscì poi fuori la fama che Balagny l'avesse venduta ai Spagnuoli per quattro cento mila scudi contanti; ma la cosa fu falsa. Guise è ancora qui, e va sperando e chiedendo; e con poco credito conduce le cose sue; e pare che il Re vada molto lento nelle resoluzioni di questa guerra, alla quale per forza di argani è stato condotto; e stimo certo che le cose conducendosi come si conducono, Guise medesimo pregherà il Re di pace, e così verrà a fare il latino a cavallo, perchè i favoriti sono così bene fiancati, e possedono tanti paesi, e hanno oggidì altrettanti amici quanti Guise, e il Re vuole che tutto passi per le mani e prieghi di questi due. Laondè Guise si mostra amorevolissimo e congiuntissimo con Épernon, e con amorevoli insidie e lusinghe di corte l'uno inganna l'altro; *sic vivitur*. Bisognava non cominciare, e questo sarebbe meglio; ma cominciato che s'era il giuoco, si dovea fornire in tutto e per tutto.

La reina di Navarra muterà luogo, e si crede che venirà in Touraine, a una casa della Reina, detta Chenonceaux, dove si comincierà a formare gli articoli per la pace. La buona madre sta bene, salvo che la gotta alcuna volta la piglia; ma al corpo buono risponde il cuore *ingentibus negotiis par;* e di vero mostra bene di essere di quel serenissimo ceppo in ogni cosa.

Il Re non vuole più principi seco, nè che alberghino dentro il suo palazzo come facevano prima; però ha gettato a terra la regia di questa città, detta il Louvre, facendo più chiese in esso; nè avrà persona seco, che la madre, la moglie, la nipote e i due favoriti, con alcune poche donne necessarie al servizio. Così si veggono grandi mutazioni.

----

## XI.

### CAVRIANA À BÉLISARIO VINTA.

Blois, 5 mai 1586.

SOMMAIRE. — La guerre n'est qu'apparente, mais la paix est nécessaire. M. de Biron envoyé à l'armée de Poitou; plaintes du duc de Montpensier. Le Roi à ses dévotions. La Reine mère atteinte de la goutte. La Reine régnante met tout en œuvre pour donner à la France un dauphin. M. d'Épernon malade à Saint-Germain. Le duc du Maine, gros et pesant, impropre à faire la guerre. Le duc de Guise pressent que la paix se fera, et il la veut profitable.

Come le ho sempre scritto, le cose di qua s'incamminano in apparenza alla guerra, ma la verità è che si farà la pace, verso settembre, perchè di già c'è chi la maneggia e fabrica. Aggiungesi a questo l'estrema inopia nella quale è tutto il regno, di modo che, volendo questi sacrosanti Ligarii continuare il romore mal cominciato, non è loro possibile di farlo. Oltre di ciò non c'è un soldo, con tutte le imposizioni e arti trovate per averne de' popoli. Ma la pace non si può fare così tosto, perchè le piazze occupate dalli ugonotti sono bene munite, ed espettano altresì li raitri, di sorte che si potria concludere d'accordo quando le armi d'una parte e l'altra saranno pari. E se li raitri non vengono, noi siamo così stracchi di cotesti tumulti, che faremo pace in qualunque maniera si sia, sapendosi molto bene che il re di Spagna fomenta il male di questo regno, e che interterrà continuamente la guerra domestica tra di noi. Le dirò anche che il Re non è inclinato alla guerra, e noi non sappiamo fare nè pace nè guerra intiera.

Biron parte ora per andare in Poitou, e attaccherà di primo balzo
Lusignan assai bene presidiato dai nemici, poi Marans, e di là va soccorrere Brouage presso la Rochelle, il quale, se fra sei settimane non
è soccorso, converrà rendersi al principe di Condé che lo assedia; ed
il luogo è importantissimo per il sale che si fa costì, di entrata di più
di seicento mila scudi l'anno, ed è munitissimo. Montpensier fulmina,
perchè pretendea che persona non governasse quel paese, nè conducesse la guerra che lui; ma avendosi saputo come egli aveva intelligenza in Saumur (passaggio sulla Loire verso Angers), e che se lo
voleva appropriare, il Re ingelosito ha dato la carica delle armi a
Biron, il quale sarà nondimeno richiamato alla cura dell'esercito che
il Re fa per difesa propria, e che terrà qui intorno a Parigi, così tosto
che si sappiano le nuove della partita di Germania dei raitri.

Continua sempre mai il Re nelle fabriche di chiese, or qua or là,
e nelle sue ferventissime devozioni e pellegrinaggi sta bene della persona; ma la Reina Madre ha la gotta, e parmi che s'invecchi molto,
cominciandosi in lei delle infermità che la costringeranno a stare in
letto, e non potere più camminare come avea di costume, simili a
quelle de'suoi avoli, e del rarissimo principe e magnanimo eroe granduca morto. Noi abbiamo gran bisogno della vita d'ambedue, e senza
questi due lumi la Francia è morta al tutto.

Drack, famoso corsaro Inglese, ha preso l'isola di San Domingo, e
se ne ritorna ricco di preda.

Épernon favorito è a Saint-Germain, dove fa dieta per guarire se
potrà (e non potrà giamai) del suo male del collo, che sono scrofole
congiunte ed associate a mal francese, mantenute da vari disordini.

Guise è qui, in apparenza bene, ma nell'animo mal contento, ed
egli vedendo che la guerra non va come vorrebbe, non sarà renitente
alla pace; dalla quale se non può ritenere l'armi in mano, farà nondimeno che i frutti di essa li apportino quasi l'istesso che la guerra,
cioè terre ben presidiate in suo dominio e de'suoi nella Champagna
e Borgogna, e cumulare denari per potere di nuovo tumultuare
quando l'occasione si appresenti, come saria la morte del Re, che

Dio non voglia! Egli ha scemato di credito con tutti, e non potria rimettere il terzo delle genti che avea raunate. *Vincere scis Hannibal,
victoria uti nescis.* Infatti l'impeto si vince col tempo. Vostra signoria
m'intende, e questa nazione non cangia natura.

La Reina ha fatto molti rimedii per ingravidare. Dio faccia che
n'esca frutto, come saria mestieri; perciocchè senza un Delfino le cose
vanno male.

È morta di peste la contessa di Fiesco, dama di onore della Reina
Madre, la quale era figliuola di Ruberto Strozzi, e nipote del maresciallo, donna pianta e sospirata da ognuno, salvo da questi onorati signori della Lega, perchè non aderiva alle loro pazzie.

Il duca du Maine, che è in Guyenna con lo esercito, divien molto
pesante e pigro, e si crede quasi inabile alla guerra; è quasi grasso
al paragone del già signor Chiappino.

<hr />

## XII.

### CAVRIANA À BÉLISARIO VINTA.

Paris, juin 1586.

SOMMAIRE. — *21 juin.* Plan à suivre pour achever de déconsidérer les ligueurs; la Ligue est déjà bien
malade. L'Espagne pousse à la guerre et en profite. Les maréchaux de Biron et de Matignon; le
commandement du maréchal d'Aumont donné à M. de Joyeuse : faute sur faute. Indifférence du Roi
hors deux points : les capucins et ses mignons. Guise et Bourbons; leur importance relative et leurs
chances de succès. Le peuple écrasé d'impôts. L'excès du mal amènera la paix. Douze navires armés
à la Rochelle; conjectures : le roi de Navarre irait en Angleterre, puis en Allemagne, pour se mettre à
la tête des reîtres, ou bien il serait question simplement de secourir Brouage. — *24 juin.* M. d'Épernon gouverneur de Provence; insolente fortune des deux favoris. Envoyés du roi de Navarre; ils
se plaignent, mais ne demandent pas la paix. Le duc de Nevers réconcilié avec le Roi. Ambassadeurs
des Suisses huguenots et du Danemark. Auxonne refuse de recevoir aucun gouverneur. Le Roi vit
dans la retraite, porte un cilice, écrit sans cesse en secret. La Reine en est aux recettes de bonnes
femmes pour avoir un dauphin.

21 juin.

Ogni cosa è volta alla guerra, nè si ragiona che di battaglie ed es-
pugnazioni di città. Per tutto il regno marciano eserciti, e si continua

alla rovina universale; con tutte queste apparenze, noi vogliamo pace,
ma vogliamo che i signori Ligarii la chiedino, acciocchè, con loro grandissimo danno e obbrobrio, confessino di avere mal consigliato il Re,
e peggio operato, movendo l'armi contro gli ugonotti, i quali si per-
devano per sè stessi senza trar spada. Il modo di costringerli è : lasciar
loro l'esercito che hanno in Guyenna, ma non pagarlo; non somminis-
trare i viveri necessari; richiamare i capi principali; e così poco a
poco i soldati si sbandano, e la disciplina se ne va; si aggiunge a
questo il comune lamento dei popoli, i quali sono costretti a provedere
al campo le vettovaglie; ed essi sono talmente esausti, che non possono più lungo tempo sopportare questo peso, che si è anche fatto
maggiore, per la comune sterilità del regno; di modo che non si può
vivere. E questa necessità ha indotto malattie pestilenti e quasi una
mortalità universale. Sicchè noi stiamo male; e la Chiesa, la quale
paga ordinariamente gran somma di denari, si fastidisce, e vorrebbe
che la festa si finisce; ma non si può. L'ambizione della sacrosanta
Lega, e l'odio degli altri contro di quella, non permette che se ne
venga a fine, come la Chiesa vorrebbe. Nella corte poi non vi è gran numero di gente che favorisca la sacrosanta Lega; e si danno de'consigli
poco fedeli, almeno inutili, non perchè si voglia essere ugonotto (che
non c'è chi lo pensi, nè lo desideri), ma perchè questi benedetti Ligarii
han rovinato sè stessi prima, e gli altri dopo; e dove aveano perfida-
mente cominciato, non hanno saputo saviamente fornire. E se non
fosse il rispetto che si porta alla Reina Madre, la quale aperta e segretamente sostiene la Lega, la Lega saria già un pezzo sciolta e sle-
gata.

Quanto ai luoghi che si tengono dagli ugonotti, che sono più di sessanta, parte buoni e parte cattivi, non si verrà a capo di molti anni
per torgli loro; perchè hanno sempre mai il mare aperto a loro voglia
per soccorso, e Montmorency maresciallo non desidera la rovina di
quelle genti, le quali li servono di fianco o di difesa.

Spagna poi fomenta il male, ed ha caro di vedere questa guerra intestina; e lo so molto bene, come quello che ha toccato il polso di co-

loro che maneggiano il negozio; perchè con la discordia civile di Francia stabilisce la potenza sua di Fiandra. Potrà bene dissimulare le cose,
ma le si sanno poi al fin fine. Sicchè noi facciamo guerra a nostro dispetto, e a voglia di altri. Marte, Venere, Bacco e Ozio sono deità
contrarie, e a chi il fatto tocca deve essere egli stesso il capo e conduttore delle armi; e il Re non può essere in quattro luoghi in uno stesso
tempo, e provedere di denari, di munizioni, di consigli e di opera; di
modo che, facendosi la guerra col giudizio e mezzo di altri, ciascuno
pensa più al suo particulare che a quello del Re; il quale non avendo
figliuoli, e vivendo nella esemplarissima divozione più che monastica
nella quale vive, è esposto ad ogni male; così le cose nostre non
camminano, come i signori Romani si credono.

Tutte queste ragioni mi persuadono che si farà la pace, sebbene l'apparenza della guerra sia grandissima; tanto più che i popoli la chieggono man giunte; e si continua il romore della venuta dei raitri; i quali.
se è vero quello che si dice, sarà una inondazione di barbari in questo
regno, come già de' Goti in Italia. Così tosto che saranno arrivati,
senza dubio farem pace; e, a modo del villan matto, dopo il danno
faremo patto.

Biron, valoroso capitano, andò in Poitou; e giunto ha subito recu-
perato Lusignan per via di composizione; ma siccome v'è ito con gran
fausto, così vi resterà impegnato, e con poche forze, e mal pagate;
quasi che egli stato sospetto della congiura e resoluzione dei Guisi,
ma più savio in non essere entrato tanto avanti che non se ne sia tirato
fuori con garbo, meriti di patire nell'animo e ne'beni; di sorte che
conoscendosi l'animo di lui ambizioso e guerriero, si lascierà là con un
esercito senza essere pagato nè provisto di cose necessarie; che è la
vera punizione degli animi ardenti e militari. E in corte verrà il maresciallo Matignon, suo emulo, il quale farà i fatti suoi, s'inriccherà,
e biasimerà le azioni del maresciallo di Biron; così a vicenda se la daranno con detrimento publico. Vostra signoria può giudicare l'esito
di questa guerra, e come saviamente la è stata consigliata, e molto
meglio come la si conduce.

Il maresciallo d'Aumont era stato deputato per l'Auvergne con l'esercito; ma il Re ha tolto con destrezza l'armi di mano a lui, col pretesto della malattia che lo teneva (la quale però si è terminata bene), e le ha poste in mano di Joyeuse, acciocchè soccorra il padre che fa poco progresso contro Montmorency. E il detto maresciallo ha trovato strana questa mutazione, quasi che si persuada di essere tenuto dal Re o perfido o inutile.

Anche questa maniera di fare rende più intricati i nostri negozi, più odioso il nome regio ai ministri suoi, e più disperazione alli animi, per conseguente diffidenza immedicabile. Nè pare che il Re si travagli molto per l'una ovvero per l'altra parte, che tanto dà ai Guisi quanto ai Borbonisti; ma solo attende alla sua vita ritirata, alla divozione, a fabbriche di chiese, e all'ingrandire i due suoi figliuoli adottivi, Joyeuse e Épernon. Per Guise è la Regina Madre; per Bourbon (cioè la parte nemica di Guise) v'è il popolo tutto (non parlo dei ugonotti, chè la religione non è causa di questa guerra), e la maggior parte dei signori, gentiluomini e capitani vecchi, i quali non riconosceranno mai altro re che il legittimo successore a questo, della stessa famiglia, ma cattolico, come è ragionevole; acciocchè non siamo fatti preda all'eresia.

Con Guise pochi sono gli uomini che si vogliano giungere, vedendosi la riuscita che ha fatto; e se non fosse che questa nazione è di sua natura cupida di cose nuove, e facilmente si muove or qua or là, io credo che, nascendo l'occasione di morte del Re (che Dio conservi lungo tempo!), egli si troverebbe solo; ma perchè ha parti popolari, ed è bello della persona, *vastoque animo et corpore*, questo lo rende grato al mondo, massime alla giovanezza. Poi che dunque facciam guerra contro nostra volontà, e per l'appetito di altri, può vostra signoria giudicare come la si governi.

Il Re ha publicato un numero grandissimo di editti, overo ordini, i quali aggravano talmente i popoli, che ognuno grida misericordia a Dio. E si scusa di queste imposizioni e gravezze con la necessità de' tempi e della guerra che ha in tante parti. Il denaro che si caverà di questi statuti, se si potesse esigere, come egli intende di fare, monteria a

più di sessanta milioni di franchi, che renderebbono venti milioni
d'oro. Sì che questi sono veri baccelli, e non siamo più que' popoli
franchi e liberi che suona il nome. Si biasimava già il duca di Savoia,
perchè *deglubebat suos cives;* che si dirà ora di noi? *Ubique hasta, ubique
sector, columnaria, hostiaria,* e il resto di quelle cose che si facevano in
quei tempi.

Queste necessità del povero Re sono tali, che il popolo oppresso murmura contro di lui, lo biasima, lo maledice, affigge pasquilli qua e là,
e lo minacia stranamente. E per mio parere, come le genti comincino
a vedere che il male il quale si patisce è solamente per la guerra civile,
della quale non si può vederne il fine per via delle armi, e che la sola
ambizione de' Guisi mantiene il rumore in piedi, non zelo di religione
cattolica, si correrà apertamente alla pace da ognuno, e si lascierà
col diavolo gli ugonotti e gli eretici. E allora chi volontariamente levò
le armi, chi fece assemblee, chi procurò l'entrata ai stranieri nel
regno, chi si legò col Papa e con Spagna, dimanderà la pace a mani
giunte; e la se gli darà, levandogli l'armi di mano, e mettendolo in
stato tale, che se ne piglierà poi quel castigo che si vorrà.

Così con artifizi si cammina dal Re e dai Guisi; in questo mentre,
patisce il popolo. Cosa orrenda dal vivere di qui, e non se ne può
scrivere senza lagrime da chi è uomo.

Alla Rochelle erano arrivate dodici navi grosse bene in ordine; le
quali, secondo il parere di molti, leverebbeno il re di Navarra per
Inghilterra, acciocchè di là tragetasse in Germania, a mostrarsi a
quei principi della sua Lega, e farsi capo dei raitri, i quali veniranno
in Francia; ed eccedono il numero consueto, parlandosi di trenta
mila tra cavalli e fanti, con provisioni di barche per far ponti, e artiglierie. E queste bestie non vogliono entrare in Francia se non hanno
per capo un principe del sangue regio, sì per la riputazione, come
per l'assicuranza del pagamento. Altri credono che questa armata di
mare sia per pigliare Brouage, piazza fortissima, vicina alla Rochelle,
posseduta da questi della Lega; la quale è all'ultimo, e si muore di
fame. Vedremo l'esito.

24 juin.

Épernon ebbe il governo di Provenza; la quale mostra mala sodisfazione di doverlo avere per superiore; e già M. di Susa, signore nel Delfinato, il quale ebbe promessa dal Re, già dieci anni sono, che ne sarebbe governatore, ha mandato qui suo figliuolo a pregare il Re per l'osservanza della sua promessa. Questi principii pajono fastidiosi, e si giudica che possa nascere qualche garbuglio, ma si crede anche che una buona somma d'oro, la quale Épernon porterà seco, cavata dalli editti che il Re vuole che si osservino, basterà ad aquetare li animi di coloro i quali tumultuano. Egli vi va accompagnato da sei mila fanti e mille dugento lancie, e passerà pel Delfinato, dove è il fratello, il quale si accompagnerà seco, e con le forze di là farà un giusto esercito, bastante ad acquetare la Provenza, se fa novità, overo a frenare l'orgoglio degli ugonotti di Delfinato, se si movessero.

Era venuto nuova, che Mandelot, governatore di Lione, era morto; anche quel governo si dava a La Valette, fratello di Épernon. Intanto che Saluzzo, Lione, Provenza, e infra poco il Delfinato, erano tutti alla divozione d'Épernon insieme con Metz, Calais e Boulogne. Può vostra signoria giudicare che intenzione sia la nostra, che speranza abbino i principi di ricevere ricompensa de' suoi servizi dal Re, e come queste cose, che sono tanti grandi, possino durare! Joyeuse è generale dell' Oceano, e governatore di Normandia; imperio che non si dava già che ai soli figliuoli di Francia. Così tra questi due giovani il mondo di qua si partisce, e ciò che vaca, vaca a loro.

Vennero alcuni deputati del re di Navarra, i quali parlarono al Re, dolendosi dei Guisi; e che senza ragione fosse fatta la guerra a quelli della religione reformata (così si dimandano). Di pace nè di accordo non fecero motto alcuno; anzi, dimandando loro il Re se avevano commissione di trattarne, risposero di no. Questo è segno che la vogliono vedere al di lungo, e che si sentono fomentati e portati da più possenti che non sono le chiese loro di Francia, intanto che ognuno ha da patire il suo piccolo inferno in questo regno. Oh! come meglio farà

l'aver lasciato le cose nella loro natura e stato nel quale erano, che
turbarle; e come leggermente è stato creduto dalla corte di Roma le
cose che se le sono dette e scritte! Dio perdoni a chi n'è stato causa!

Il duca di Nevers è in miglior stato di grazia col Re che non era,
avendogli Sua Maestà scritto una lettera assai buona e assai amorevole; e mostrando per la ch'egli lo stima uomo da bene e suo fedel
servitore, e promette farli conoscere che egli lo ha in buona opinione,
con le occasioni che se le potranno presentare.

Vostra signoria può pensare che mi è stato necessario andare su e
giù, e parlare e bravare, e umiliarmi secondo i luoghi e le persone con
le quali avevo da trattare; ma, lodato sia Dio per sempre! io sono al
fine, e con onore suo; non l'avendo obbligato a cosa alcuna, nè ingag-
giato la sua riputazione, come hanno fatto molti ministri di qualche
principe; perciocchè, sapendo io quanto a dentro il duca fosse nella
benedetta Lega e quanto no, sapendo altresì quale fosse l'intenzione
sua quando egli andette a Roma, io non ho mai usato, parlando col
Re nè con i suoi ministri, di queste voci: Perdono, scusa, satisfazione!
Eppure sono venuto a capo senza renderlo colpevole di quelle accu-
sazioni che se gli opponevano, acciocchè non fosse astretto a dimandare
perdono, come hanno fatto li altri Legarii. Egli è fuori di corte, nè
vi verrà per mio consiglio di un buon pezzo, perchè è cosa da savio
a stare a vedere il naufragio d'altri sulla ripa del mare; salvo se egli
non facesse il matrimonio delle due sue figliuole col duca di Montpensier e col principe di Dombes, padre e figlio, principi del sangue,
che si pratica già un mese o due; il quale se riuscisse, come desidero,
noi saremo giunti al colmo della nostra gloria; essendo parentado di
molta importanza, e che si fa strada a cose più grandi, le quali non si
possono ottenere se non con questa congiunzione; e il Re lo desidera
assai, per infringere e annullare la potenza dei Guisi, per quello ch'io
credo.

Gli ambasciatori Svizzeri e eretici parlarono al Re, persuadendolo
alla pace; rispose loro, che i suoi soggetti gliela chiedessero, l'avreb-
beno; e, dopo lungo ragionamento gli diede comiato, e un donativo

di cinque cento scudi per uno, e catena di trecento. Non si è visto
grande affezione del Re verso costoro, nè ha loro usato più di dome-
stichezza che a quelli di Danemark, ai quali rispose bravamente e
quasi con superbia, perciocchè essi poco prudenti si misero a dire
male della famiglia di Guise, e parlare male del Papa. Questi segni sono
di guerra e di rumore; ma io torno sul mio primo articolo, che si farà
la pace, la quale si vuol far trovar buona a tutto il mondo, e ridurre
in tale stato li Ligarii, con la ruina che vedranno, di loro occhi, di
questo regno, che essi stessi, mossi da pietà, la chiederanno al Re; *sic
ars deluditur arte*.

Si murmura, che il Re va a Lione, ovvero là intorno per favorire le
cose di Épernon, il quale va verso Provenza, novo governatore di detta
città, a rinunziare il governo a La Valette, e forse fare che il governatore del Delfinato seguisse l'esempio di lui, acciocchè il Piemonte, il
Lionese e il Delfinato, fossero retti e governati da uno solo. So bene
che vostra signoria dirà, che ciò non si può fare senza far torto a molti,
ed eccitare novi rumori in casa, e che la ragione non lo comporta;
ma io le rispondo, che in questo clima la ragione non ha sempre mai
tanta forza quanto la sorte, la fortuna o il caso; e che è cosa da savio
credere che niente sia impossibile qui, come altresì non assicurarsi mai
di ciò che si dice, che si faccia o si lasci di fare; e questo è causa che i
signori Romani si formano molte cose nello spirito e nell'idea loro,
le quali non possono aver luogo qui; e di altre non credono, che qui
si fanno con poca difficoltà.

Auxonne, terra fortissima del ducato di Borgogna, la quale escluse
ed esterminò il governatore, seguace della sacra Lega, non ha voluto
ricevere alcun altro, sebbene il Re ha fatto ogni opera per dargliene
uno. Si scusano i cittadini dicendo, che non ne hanno bisogno, e che
la fede, che han data al Re e mostrata già molti anni con le opere,
serve loro di governatore; e minacciano, se sono astretti di torne uno
per forza, che un vicino più del Re potente gli riceverà così come sono
in sua protezione. Si giudica che vi sia qualche trama segreta dentro, e
che il re di Navarra v'abbia parte, persuadendosi la maggior parte

degli uomini che per là i raitri dei nemici sieno per entrare nel regno. E c'è chi crede che il Re tirerà a quella volta con forze, per vedere di ridurla all'intiera e antica sua obbedienza. Ma sono cose lunghe e malagevoli, e di non essere tentate a questo tempo.

Il Re tutto dì si dà alla devozione, e vive quasi ritirato e solitario nelli monasterii da lui fabbricati e riedificati, e negli eremi, con la disciplina e cilicio; scrive però molte ore del giorne da sè, e fa di molte memorie e schedule senza che alcun segretario le vegga; che fa credere che *manet alta mente repostum* l'affare di coloro che se gli sono mostrati nimici.

La Reina giovine fa bagni, stufe e altri rimedii ordinati da certe donne per ingravidare. Dio permetta che il fatto riesca! perchè con un figliuolo questo regno si acqueteria molto tosto, altrimenti non mancheranno querele e rumori.

---

## XIII.

### CAVRIANA À BÉLISARIO VINTA.

#### Paris, juillet 1586.

8 juillet.

Cosi è : *Nos alia ex aliis in fata vocamur.* Questo regno se ne va all' occaso; nè c'è chi lo rimetta o lo sospiri; e temo che, quando il Re salirà in cielo, ogni provincia ritorni al suo antiquo signore, come le cose naturali, le quali si risolvono nelli loro primi principii. La venerabil Lega diede principio a nuovi rumori, i quali si acquetorono un poco; poi si cominciò la guerra contro li ugonotti, che non chiedevano niente; la si continua quanto si può in molte parti del regno sotto la causa di diversi capitani, i quali hanno el loro umore e pensiero a parte, forse congiunto col servizio del Re, e forse anche no. Per mantenerla conviene al povero principe trovar danari, e perchè il suo erario già buon tempo è esausto, è stato costretto a ritrovare alcuni mezzi, un poco asperi (quanto porta la condizione di Francesi, liberi e non soggetti a gabelle e dazi), per i quali ogni persona del suo regno se ne sente, nè c'è chi se ne possa esentare; ma fra tutti c'è questa città, la quale è la sola nutrice delle spese regie, poichè il resto della Francia o è occupato da partigiani, o impoverito in modo che può dar poco a chi ha mestieri di molto. Per queste cause, avendo il Re publicato nuovi editti, sufficienti a trovare le migliaia di milioni, ma insieme da impoverire i suoi soggetti, e da farsi odiare, questa terra si è mutinata in modo, che ha detto alla libera, che non vuole contribuire. Così la giustizia tace al presente, perciocchè gran parte de' denari che il Re pensava di avere, si cavava dalli uomini del palazzo e della giustizia. E, come avviene in simili frangenti, si trovano molti *Pasquini* sparsi qua e là; i quali, pieni di maledizioni, d'ingiurie e di minaccie, danno ad intendere la mala sodisfazione de' populi.

Quello che ci par strano è, che in questi tumulti e disordini tanto importanti, il Re lasci Parigi, e se ne vada verso Lione per potere stabilire il duca d'Épernon al governo della Provenza; e se non che la prudenza della Reina Madre può frenare ogni mala volontà dei cittadini, la quale non muove da qui intorno, io temerei d'un inaudito caso.

Sua Maestà con la Reina moglie disegnano andare a Pougues, fontana presso a Nevers due leghe, per bere quell'acqua, la quale tempera mirabilmente il calor del fegato, e leva le opilazioni della milza.

In Provenza, Vins, famoso capo di parte, ha preso l'armi, di commissione del parlamento, e senza saputa del Re, col pretesto di resistere alli ugonotti. Così si dà principio a nuovi tumulti, e sono i frutti della santa Lega, tanto perniciosa a questo povero regno; perchè ad esempio di quella provincia, le altre ne faranno con nuove occasioni altrettanto. E non possendo il povero Re contentare ognuno, atteso che l'ambizione e l'avarizia sono insuperabili in chi che sia, coloro che da lui si partono mal contenti, si ritirano verso i signori Ligarii o altri capi, e il simile faranno le cittadi, le quali non vorranno pagare le imposizioni. Così mentre ci sarà la divisione, sempre ci sarà guerra, la quale non possendosi fare senza denari, si farà una pace, qualunque ella sia.

Si sparse voce, che Balagny, governatore di Cambrai, la vendeva al re di Spagna; altri dicono alla reina d'Inghilterra, col consenso del re di Navarra, e forse di qualche grande di corte, e molto favorito, come il duca d'Épernon. E qui ne stemmo con gran sospetto; ma si è poi saputo, che, sebbene Balagny resta malcontento, vedendosi mal pagato, e secondo lui vilipeso, che nondimeno l'effetto non è seguito. Può ben seguire, e facilmente; e credo che dal principe di Parma non si manca. Anche quando quel tradimento riuscisse, non lo stimerò cosa nuova nel tempo e stato che noi siamo in questo regno, dove è quasi vergogna di essere uomo da bene.

Montmorency tratta l'unione di Guise col re di Navarra, la quale saria troppo dannosa al Re, se avesse luogo.

Il duca d'Épernon, come sia stabilito governatore in Provenza, ha le tre chiavi principali del regno in mano[1], e può dar adito ad ogni straniero in questa provincia. Egli tratta matrimonio con la primogenita della duchessa di Longueville; e li riuscirà, poichè egli, col suo compagno Joyeuse, sono l'esempio delle forze ed effetti della fortuna in esaltare li uomini da basso al supremo stato.

22 juillet.

Come ho più volte scritto a vostra signoria, noi non possiamo lungo tempo durare con l'armi in mano; e però la Reina va postdomane a trattare la pace col re di Navarra; e il Re ha pregato il duca di Nevers con ogni affetto, che accompagni la madre a questa impresa; la quale piaccia a Dio che succeda, come abbiamo bisogno! I consigli di Roma sono perniziosi a questo regno; con i quali se si vuole estirpare l'ere-

---

[1] D'Épernon était déjà gouverneur de Metz et de Boulogne.

sia, è opera al tutto impossibile; e però quello che serve a Tivoli non è buono per Parigi, e così scambievolmente. Il tempo consuma meglio le perverse volontà delli uomini che le minaccie nè l'armi; e il Re, innanzi a questa profana Lega (poichè non v'era zelo di religione ma di ambizione), avea trovato il modo di estirparla, perchè non dava più ufficio nè beneficio ad alcun ugonotto; onde ognuno, più dell'utile che dell'anima zelatore, si riducea poco a poco alla fede cattolica, nella quale si trovava delle comodità, e nella eretica dei disagi.

Noi la faremo (la pace) quale si potrà il meglio; e se il duca di Nevers vi pone la mano, la sarà buona; atteso che egli con gli uni e con gli altri ha gran credito, ed è stimato *prudhomme* e savio.

Guise va ad assediare Auxonne con le armi regie, ma riceverà poco onore, se non vi va come si deve; e si crede che il Re non desideri che detto Guise l'espugni. Perchè così? giudicatelo voi, signor mio.

In Poitou si scaramuccia e si guerreggia, essendo il re di Navarra e Condé alla Rochelle; e Biron cogli altri ministri regii a Lusignan; i quali si risolvevano di andare ad assediare Marans, capo delle saline, occupato e ben munito dagli ugonotti.

Drack, Inglese, famoso corsaro, che già tre mesi saccheggiò l'isola di San Domingo, ha preso, e dopo preso, fortificò Cartaghène nel Pérou (*sic*), terra di molta importanza, del che gli Spagnuoli temon molto.

La fame e la peste ne cruciano qui, e la guerra fa il suo effetto; pensi vostra signoria come stiano, e se si può lungo tempo stare così.

La Reina andrà a Champigny per la pace, casa del duca di Montpensier, cugino di Condé, ma cattolico. Di cotesta pace il cardinale di Bourbon è inimicissimo, e si mostra molto alieno; onde non va con la Reina. Guise e li altri la desiderano in segreto, ma fa ogni opera per rinnovare i romori di Francia, e il Re teme che Guise e Condé si accordino contro di lui.

## XIV.

### CAVRIANA À BÉLISARIO VINTA.

#### Paris, 3o septembre 1586.

SOMMAIRE. — Conspiration de Babington. Détails. La main de la Ligue est dans cette affaire, comme elle était dans le complot de Salcède, dirigé contre le duc d'Alençon. Le jeune roi d'Écosse; son éloignement pour les femmes. L'ambassadeur d'Espagne; ses dénégations, ses menaces. Drake; ses succès dans les Indes espagnoles. La guerre civile se poursuit lentement; triste campagne de M. du Maine; légers avantages remportés en Auvergne par M. de Joyeuse. Le duc de Guise et le duc de Nevers. Opinion du Roi sur le duc du Maine. Le cardinal de Bourbon et sa manie d'être roi. Portrait de Henri III. La Reine mère; défiance qu'elle inspire aux huguenots. Le roi de Navarre se fera indubitablement catholique, mais non sur l'injonction des Guise. La reine de Navarre reléguée en Auvergne. Jugement porté sur la Ligue et sur ses résultats. Tristes présages. Dépêche remarquable.

L'assenza della corte da Parigi ha causato il mio silenzio con vostra signoria. Ora che il Re è ritornato, seguo la traccia. Le cose d'Inghilterra scopertesi a tempo idoneo, han dato da pensare a queste Maestà, alle quali pare (come altresì pare a ciascuno), che il volere insidiare alla persona de' principi con congiure e sicarii, avendo il modo di fare guerra aperta, sia atto piuttosto d'animo plebeo e basso, che regio e generoso; nè si sa lodare anche negli inimici intestini l'avvenimento di cotal impresa. E si va discorrendo, che chi ha macchinato tal congiura, abbia alle volte pensato di fare il medesimo al già duca di Alençon, e forse che ne fu parlato. Ma perchè, come ho scritto nella vita del glorioso principe Cosimo granduca, *impunitatis cupido magnis semper conatibus est adversa*, non ci fu persona che l'intraprendesse, se non forse quel Salcède, Spagnuolo rinnegato, il quale fu tirato a quattro cavalli, e che scoperse poi cose molto simili di queste sacrosante Leghe. In somma la congiura è scoperta e punita; e se l'autore potesse essere preso, darebbe piacere ai spettatori. Credo che la reina di Scozia si teme molto; ma ella non è causa movente, nè la prima, ma si bene una senza la quale queste tragedie non si rappresenterieno; perchè questi suoi parenti, come han turbato il regno di qua.

pensano anche di turbare i regni d'oltremare; e il stimolo di Filippello ne è causa, con quelle doble e portughese[1].

A costei veniva di ragione la successione d'Inghilterra; ma essendo ella convinta di adulterio duplicato, anzi triplicato, e di omicidio commesso nella persona del fu re, suo marito, e decaduta dalle sue ragioni e pretensioni, succederà il figliuolo senza alcun dubio per le leggi del regno; e così lo stima la stessa reina d'Inghilterra; la quale opera quanto può, che le sia data per moglie la figlia del re di Dacia, overo Dauermark. Egli nondimeno ha l'animo molto lontano dalle donne; e, sebbene è di età nella quale Venere esercita le sue forze, che è di ventuno anno, e biondo e sanguigno, pure non ne prende diletto; e la dama la quale mi raccontava questo, che è principalissima del regno d'Inghilterra per beltà, per sangue e per maniere, mi disse con bella similitudine non conosciuta dalli retorici: «Che egli era tanto alieno «dalla moglie e da maritarsi, quanto la reina d'Inghilterra, mia si- «gnora, da mariti. Vostra signoria intende il negozio.» Queste furono le formali parole, le quali meritano considerazione.

Sono stati scoperti quasi tutti i congiurati, e puniti nella testa; e un segretario della regina di Scozia è preso, con il quale si confronterà la detta signora. De' congiurati ve ne sono di grandi, e buon numero; e due ovvero tre gentiluomini, ma poveri, della guardia della regina, alli quali ella aveva fatto gran bene e avanzamento; e uno di questi, che è giovane di belle maniere, avea promesso, col pugnale che egli portava accanto, di ucciderla allora che entrerebbe (come ha di costume) in un parco vicino alle mura di Londra, dove andava con sola compagnia di dame, senza guardie nè scorta di uomini. E si dice, che vi sono mescolati de' gesuiti in questo negozio, i quali non faranno altro fine che quello dei congiurati. La cosa fu scoperta a caso, e come fu publicata, recò tanto dispiacere ai populi, che si corse a supplicare la reina, che la si contentasse di crescere il numero delle sue guardie; e si pianse, e in uno stesso tempo si giubilò per ciascuno, del pericolo che ella avea corso, e dell'esito che avea avuto la congiura.

[1] Les doublons d'Espagne.

Ma ella rispose : « Che non bisognava maggior caterva per sua difesa, « poichè colui, il quale l'avea guardata dalle insidie e dai sicari per tre « volte, la guarderebbe anche per l'avvenire; che è Dio. » Duolsi bene che questi signori Ligarii (parlo di certi) abbino avuto le mani in cotal pasta, e credo che *manet alta mente repostum.*

L'ambasciatore di Spagna, che è qui residente, nega cotal congiura essere vera; e dice che sono finzioni e cautele della reina d'Inghilterra per levarsi certi cattolici, sospetti a lei, dinnanzi agli occhi, e per mettere più di odio sul re di Spagna, suo signore, di tutti i suoi vassalli, ed altri amici ed aderenti; ma che con questo non fuggirà la venuta dell'*Armata,* la quale si apprestava in Spagna e Portogallo, per venire in questi nostri mari di qua ai danni di essa reina, ed a ricuperare (se può) Olanda e Zelanda, occupate tirannicamente e ingiustamente da lei.

Io credo per me, che la castratura bruci e cuoca molto agli Spagnuoli, di vedersi predati sino nelle viscere da Drak, famoso e ricco corsale Inglese; il quale, a' dì passati, fece il diavolo alle Indie nuove, dove è di nuovo ritornato, e s'ode che continua la sua buona fortuna. E oltre alla perdita delle isole di Paesi Bassi, si sa che la sola reina d'Inghilterra interrompe il corso delle vittorie del re di Spagna, e i suoi affari di qua. Tanto è che la congiura non piace nè è piaciuta a queste Maestà, potendo toccare a loro (che Dio lo vieti!) il medesimo, e dagli stessi autori; tanto più che non vi è sin' ora alcun successore che possa vendicare azioni così enormi. Nè può impedire questo loro dispiacere l'essere la reina eretica, poichè chi ha ordita la congiura, o favorita, o comandata, si muove per ragione di Stato solamente, e non per religione, se bene con questa quasi con velo si voglia cuoprire; e, affine che la sia stimata opera più onorevole e pia, i gesuiti ci han posto il loro consenso.

· In Inghilterra si sono tenuti chiusi tutti i passi, i quali non sono . molti, sino tanto che i congiurati sono stati presi; e intorno l'isola sono molti vascelli, i quali la costeggiano, temendo delle insidie dei stranieri.

Ecco quanto alle cose inglesi; quanto alle nostre, la guerra continuerà

ancora questo altro mese d' ottobre; poi le pioggie, i freddi, la carestia
e le infermità ci costringeranno a riporre le trombe nei sacchi. Potrei
anco dire la poca volontà dei capitani, e molto meno quella de'soldati; ma non vuo' offenderli.

Biron, maresciallo, patisce un po' poco della riputazione, dolendosi
il Re o almeno quelli del suo consiglio che egli abbia disarmato Poitou, senza espresso comandamento del Re; di donde nasce che nel
paese Poitevino gli ugonotti predino liberamente, non vi essendo chi
resiste alle loro imprese. Quanto al duca du Maine, egli se ne viene in
corte, o almeno verso il paese di Francia, *fractis viribus* dell'animo e
dell'escercito, parte per la mortalità e carestia grande, la quale l'ha
perseguitato sempre per quel tempo che'gli è stato là, e parte per non
gli essere succeduto la centesima parte de' suoi pensieri; nè ha fatto
cosa alcuna di momento, se non avere preso con denari quattro castella,
sotto le quali ha perduto molti uomini; di sorte che, se avesse avuto
due vittorie simili a quella di Castillon, assediato da lui due mesi e
mezzo, e preso a composizione per la peste che dentro vi era, egli rimaneva al tutto disonorato. La Valette, che era in Delfinato, non ha
fatto alcuna prova con tutte le forze ch' egli avea; nondimeno, per
amore del fratello Épernon, il Re gli ha fatto grandissime carezze.
Joyeuse è stato più fortunato di tutti, e il più stimato, avendo preso
due terre nelle montagne di Auvergne di molta importanza per il paese;
e merita di trionfare, perchè sono già venticinque anni che erano l'asilo
di ladri e bandolieri eretici, e, per il sito loro inaccessibile, stimate inespugnabili. Ma il tempo secco, che a durato qui per alcune settimane, ha
fatto strada a Joyeuse nelle montagne, nelle quali avendo condotto facilmente l'artiglieria, ha poi battuto le dette terre e ridotte all' obbedienza
del Re. Guise se ne resta in Champagna, e così tosto che ha saputo che il
duca di Nevers e madama, sua moglie, sono stati accarezzati straordinariamente dal Re, e che han ricevuto accoglienze quali essi desideravano,
ha mandato procura qua al cardinale, suo fratello, acciò che termini
il matrimonio scambievole di suo figlio e figliuola col figlio e figliuola
del duca di Nevers, e lo termini in quella maniera che piacerà al duca

di Nevers; temendo egli, che detto duca si imparenti e leghi con quelli
di Bourbon e principi del sangue regio cattolico; perchè conosce
quanto importi il consiglio e l'assistenza di questo zoppo alle cose sue;
ma io credo che Nevers non farà cosa alcuna, trovandosi ingannato
per due volte col duca di Guise in cose di grandissima importanza; di
sorte che, se egli non è pazzo, non si mescolerà con gente leggiera e
disleale. So bene che il Re ha in altra stima il duca du Maine che
Guise; e lo ha detto a persona di fede, lodando la fermezza e fede del
duca du Maine, col biasimare l'incostanza e dislealtà dell'altro; e,
quanto al valore nelle armi e nell'industria militare, egli preferisce a
Guise quell'altro; oltre di ciò l'ama più per essere stato più obbe-
diente al Re e a suoi comandamenti, e non si essere tanto avanzato in
parole, che di burlarsi e ridersi delle azioni sue, come ha fatto suo
fratello : *etiam apud principes veritas odium parit.*

Si murmura, che fanno assemblee per rinnovare la guerra; ma sono
parole che non hanno ali per volare, e ognuno è stanco; e i capi principali, governatori di terre e di provincie, come di Orléans, Bourges,
Auvergne, sono già guadagnati dal Re, ed hanno rinnegato la fede di
Guise. Bourbon cardinale persevera nell'umore di essere re, ma io
attribuisco questa malattia di spirito alla vecchiaia e all'ozio nel quale
è vissuto.

Quanto al Re, egli è sano e disposto, e continua nel fervore della
divozione, e cose ecclesiastiche, mostrandosi molto alieno dai negozi
del mondo, con tutto che egli scriva di sua mano più che con notaro,
e risolva da sè le più importanti cose del regno. Mangia bene al desinare, cena poco, leva innanzi dì, e travaglia con lo spirito molto; è
segreto, paziente, memore e dissimulato; pronto nelle risposte, ed ha
certi suterfugii che sono ammirandi quando non vuol fare le cose. È
tutto bianco de'capelli e della barba, e ha pochi denti sani, se bene
non ha più di trenta sei anni. Non si vede che alla sfuggita, e poche
volte ancora : *sic vivitur.*

La buona Madre corse qua e là, come provvido nocchiero, per conservare la barca; ma gli ugonotti ingannati più volte, anche il dì delle

nozze della reina di Navarra, non credono più alle parole di lei; e se
fanno pregare per l'abboccamento, dando parole per parole, e lunghe
per lunghe; ma come si sia, noi faremo pace nella nostra maniera, cioè
necessitati dalla fame, dal disagio, dalle malattie, e dalla nostra impazienza, e chi può salvarsi si salvi.

Vostra signoria non creda che le regole di Roma, nè i discorsi
delle corti di costà servino ai nostri affari; perchè con queste teste la
fortuna e il caso hanno gran luogo. Quelli che sono stati nemici mortali si riuniranno con parentado nuovo, e si farà la legge dell'amnistia
Ateniese. Vostra signoria me lo creda, e vedrà che non sono troppo
stravagante astrologo. Non c'è alcun ugonotto che non si facesse cattolico per essere re; pensi mo' vostra signoria, se il re di Navarra vorrà
perdere così bella gioja per sola una opinione! Ma il povero principe
non lo vuole divenire a colpi di bastone o di sforza, nè forzato dagli
Guisi; anzi dice che ubbidirà il Re, se glielo comanda; e dice chiaramente, come è stato ricerco dai Guisi di unirsi seco a'danni del padrone; il che è spiaciuto al Re, il quale per questo rispetto desidera la
pace, temendo di non restare una di queste mattine, che ne viene il
verno, senza mantello.

Pensi mo' tutta Roma, e tutta Italia quello che vorrà; faccia monti
di discorsi sopra monti; la pace, qualunque ella sarà, sarà più necessaria e utile a noi che ogni guerra; e in questo mezzo Madonna Santa
Lega ha rovinato Madonna Santa Chiesa Cattolica Romana, avendo il
clero venduto il proprio e pagato sette eserciti un anno intiero, per
non fare altro che rovinare i popoli, e rovinare la riputazione della nazione; e se si continua ancora un anno, ci saranno molti signori e
principi che chiederanno limosine, o si daranno al falsificare monete.
Io non uso iperbole, che non è mio costume, ma come uomo cono-
scente dell'umore di queste genti, scrivo il vero.

Madonna Venere fa il suo corso per tutta la corte, e viva l'amore!
perchè chi starebbe saldo in così strette conversazioni, come sono
queste degli uomini e donne di corte?

Gli eserciti si ritirano in le provincie più abbondanti, e poco a poco si sbandano i soldati mal pagati e molto ammalati. E la Reina Madre è ancora a Chenonceaux, verso Tours sul fiume di Loire, aspettando risoluzione del luogo dove potrà vedere il re di Navarra; il quale come folletto che non vuol parlare, fa, disfa e dà ad intendere. Sua moglie è nelle montagne di Auvergne, in un castello eletto da lei per sicurezza sua, inaccessibile, dove vive di quello che può; odiosa al Re, suo fratello, e al re suo marito; e si è da sè stessa posta prigione, per non essere prigione. Questo regno porta pericolo, morendo il Re (che Dio non voglia!) di correre la medesima fortuna che Portogallo, e d'essere in possessione d'un re straniero.

Il Re è più che mai amico della vita solitaria e ritirata; nè si può indurre a portare il peso de' negozii, come faceva innanzi.

Questo è lo stato di questo regno; povero, esausto, diviso, infermo, fraudolente, e che se ne va all'occaso, con gran dispiacere di ognuno che ama il publico.

## XV.

### CAVRIANA À BÉLISARIO VINTA.

Paris, octobre-décembre 1586.

SOMMAIRE. — 26 octobre. Le Roi se fait ermite à Vincennes. Procès et condamnation de Marie Stuart; démarche du Roi en sa faveur; la première imprudence de ses partisans la perdra. Détresse en France. Maladie grave de la reine de Navarre; projets de mariages entre les familles de Bourbon et de Lorraine. Rapprochement possible entre Guise et Navarre, mais contre le Roi. — 11 novembre. Projets de trêve et d'alliances. La paix nécessaire; opposition des Guise et de l'ambassadeur d'Espagne. Maladie de M. de Montmorency. Paris menacé par les Guise d'une nouvelle Saint-Barthélemy. Le parlement et le roi de Navarre. — 8 décembre. Entrevue projetée entre la Reine mère et le roi de Navarre. Rocroi pris par les huguenots. Situation déplorable de la reine de Navarre. La France menacée d'un démembrement; la Toscane en profitera-t-elle? Le Roi et ses deux favoris. La reine d'Écosse; prétentions exorbitantes du roi d'Espagne; les malheurs de la France l'ont fait grand.

26 octobre.

Qui non c'è cosa di momento, perchè la corte è separata; e il Re, ancorchè avesse publicato di soggiornare tre mesi a Saint-Germain, nondimeno stimolato dal zelo della sua ardentissima devozione, è stato ed è ancora al bosco di Vincennes (eremo suo proprio e famigliare), dove non si va da persona se non è chiesta da lui. La Reina Madre è a Chenonceaux per la pace; la moglie è a Dollinville, casa già favorita del Re; il consiglio è a Saint-Germain, senza il capo proprio; di sorte che *silent omnia*, e così deveno fare le nostre lettere; ma voi avete sete e vorreste trarvela. Orsù pigliate questo poco.

Si rinnovella la congiura contro la reina d'Inghilterra, poichè la prima non riuscì, ed in Francia sono i maestri; ma queste pratiche noceranno alla reina di Scozia, alla quale si è fatto il processo, ed ella convinta resta condennata nella testa; nondimeno la reina d'Inghilterra le ha donato ed assicurato la vita. Il processo è stato mandato qui al Re, acciochè vegga le trame ordite, e lo faccia giudicare dai suoi consiglieri; e Sua Maestà ha pregato la detta reina a volere perdonare alla reina di Scozia; il che farà, parte per amore del Re, parte per la riputazione della clemenza, la quale ella desidera di conservare; potendo in un baleno levarla dal mondo senza sospetto, quando fantasia le ne verrà, con un boccone. E forse che coloro i quali trafficano questa sì onorevole impresa, veggendola viva, si rimetteranno di nuovo al negozio, affine che rovinino lei, sè, e molti altri insieme con la loro imprudenza.

Noi qui moriamo di fame, di peste, di malattie e di disagio d'ogni cosa; e crescono intanto i disordini, la ingiustizia e l'impietà, con la licenza che la guerra civile adduce seco, che se Dio non vi pone la mano, non vi sarà più da dolersi degli ugonotti che de' cattolici.

La reina di Navarra è malissimo della persona, con dolori di tutto il corpo, e sta in modo che non si può espettare che cattivo esito di lei; la quale se viene a morte, la principessa di Lorena, ambita e corteggiata dal duca di Nemours, si darà al re di Navarra; e con questo parentado si farà cattolico; la sorella di lui si darà al primogenito del duca di Lorena, il quale mariterà altresì due sue figliuole al duca di Longueville e al conte di Soissons, figliuolo del già principe di Condé.

Guise fece assemblee col cardinale di Bourbon e col cardinale di Guise a Ourscamps, vicino a Soissons; ma non si vede ancora motivi

di quel consiglio; e si sa che il duca di Guise scrive al Re, che, se
vuole, egli farà la guerra alli ugonotti, senza che Sua Maestà fornisca
un soldo; ma noi vogliamo la pace, perchè non sappiamo nè possiamo
far guerra, e i preti sono lassi di tanto distribuire denari, e conferire
alle spese. È pietà di vedere le rovine che sono in questo regno, le
quali cresceranno da vantaggio, se Dio non fa nascere la pace, buona
a tutti.

Guise coi suoi non è tanto nemico del re di Navarra quanto si
crede; anzi i ministri degli uni conferiscono coi ministri degli altri, e si
visitano per terza persona; vi lascio mo' pensare, se i nemici e capi
principali fanno buona ciera e si onorano scambievolmente, quello che
ne può toccare al Re di cotesta finta nimistà. Però noi faremo pace, e
chi vuol guerra, chi la consiglia, e chi somministra modo di farla, è un
mal cristiano; Dio li perdoni! Sulle prime nuove che verranno di
Auvergna e Languedoc, io credo che ci sarà la morte della reina di
Navarra, la quale se ne è quasi fuggita all'improvista d'un castello,
detto le Charlat, e andata a un luogo vicino a Issoire; e, se Dio non
provede ai casi suoi, la non può farla lunga.

Joyeuse e Épernon sono richiamati in corte, i quali rimeneranno
gran nobiltà dalla guerra; e il duca du Maine se ne ritorna, avendo
patito molti disastri in Guascogna, senza avere fatto gran servizio al
Re. Così va il mondo di qua.

Post-Scriptum. Si tiene per certo, che il Re sia cagione della fuga
della reina di Navarra, la quale è guardata e custodita da dugento cavalli in questo luogo dove è, per commissione di Sua Maestà. *Magna
sunt mysteria Domini.*

11 novembre.

Si farà una tregua lunga di quattro anni, per incamminarsi a una
buona pace, lunga e stabile; nel qual tempo ognuno poserà le armi,
e chi ha in mano fortezze, se le terrà; si tratterà anche di ridurre al
grembo della Santa Chiesa il re di Navarra con qualche concilio nazio-

nale che qui si farà, non discordante da quell' ultimo di Trento, e col contento del Papa; e si vedrà, o di rendere monaca la reina di Navarra, o che in questo tempo la si moria, avendo ella cause di ciò; e si potrebbe, per unire le due famiglie tumultuanti, maritare la principessa di Lorena al re di Navarra, e la sua sorella al primogenito di Lorena, e di mano in mano fare altri matrimonii che saranno vincoli o legami indissolubili per tenere congiunte le due case. Questa è la pace che si tratta ora, e che ci riuscirà, volendola il Re, e chiedendola tutto il popolo esausto e afflitto.

Guise col cardinale di Bourbon farà quanto possono per impedirla, e si ajutano di Spagna, e del suo ambasciatore che è qui, il quale è sediziosissimo e nefando; e con tutto che il re di Navarra si rendesse monaco, non che cattolico, dice che non può più succedere alla Corona, avendo già perduto ogni pretensione coll' essere stato scomunicato e relasso, e che altri hanno guadagnato la sua ragione e quasi anzianità; in somma che il re di Spagna non la permetterà mai, e farà per vie diritte ed oblique ch'egli ne resterà privo. Miseri che siamo, poichè questi marrani e ladri ci hanno a dare la legge, ancorchè siamo cattolici e buoni!

Montmorency era infermo; e se morisse, gli ugonotti e il re di Navarra è al tutto perduto; e si getterà al tutto nelle nostre braccia.

È stato pericolo di un altro San Bartolomeo a Parigi, alla festa di Ognissanti, perchè Guise coll' ambasciatore aveano secretamente ammutinati più di dodici mila uomini per uccidere gli ugonotti riconciliati che sono di ritorno, e cominciavano dall' ambasciatore d' Inghilterra con la fresca occasione del supplicio di quelli che aveano voluto uccidere la reina, i quali si dicevano cattolici. Ma vi si è posto ordine.

La corte di parlamento, che è tutta la giustizia di Francia, è in favore del re di Navarra, se ritorna cattolico da senno e non altrimenti, e i Guisi si disperano di ciò; ma se non ritorna alla Chiesa non sarà mai re. Infine i Francesi vogliono un re cattolico, naturale e dell' arbore proprio, se possono averlo, e non un forestiero. E il Re, o per vendicarsi dei Guisi, o per ragione di giustizia, o per inclinazione naturale, si contenta che il re di Navarra sia successore, mentre sia buon cattolico, e non altrimenti.

8 décembre.

La diffidenza del re di Navarra, più volte beffato col mantello della pace, e la Reina Madre sospettosa delle insidie degli ugonotti, i quali, a guisa del Turco, mentre trattano di pace o di tregua, occupano sempre mai qualche luogo, hanno causato il ritardamento di trovarsi insieme. Però è stabilito, che al sesto, overo al più lungo al decimo del presente mese, si abboccherà la Reina col detto re a la Mothe Saint-Héraye, casa di Lansac, vicina a Niort, e non molto lontana dalla Rochelle, asilo degli ugonotti; e a quello che si vede, le cose sono assai bene incamminate per la tregua, di dove nascerà poi una buona pace; anzi la Reina ce la promette certa e sicura, forse perchè la ha una buona mano, e un buon astro a fare cose eroiche e sopranaturali, e terminare quello che altri non possono credere potersi fare. Con lei v'è il duca di Nevers, il quale è carissimo alle parti, e vie più a loro Maestà.

Nel trattare di accordo e di abboccamento è successo la presa di Rocroy, fortezza di Champagna, governo di Guise, vicino a Mézières e a Sedan, verso la foresta di Ardenna; la quale è stata praticata dagli ugonotti del paese; ma così tosto che vi sono entrati, il duca di Guise gli ha seguiti, e chiuso tutti i passi per condurvi il vivere, del quale sono malissimo provisti; di sorte che il luogo si renderà senza alcun dubio, prevenuto dalla celerità del duca. E a Maillezais, presso Cognac in Poitou, il re di Navarra, pensando di prendere all'improvvista il castello, fortissimo per natura e per il sito, ha perduto cinque compagnie di gente da piedi, e il mastro di campo di quel reggimento, ch'era il migliore che aveva dal canto suo; così pare che la perfidia si sia da sè stessa punita, e che Dio combatta per noi.

La reina di Navarra è molto male, e sarà anche peggio fra poche settimane, perdendo ogni ora della sanità; e il Re avendola fatta arrestare prigione in Auvergna, ha comandato che si faccia morire per giustizia un certo, il quale si diceva avere avuto poco rispetto alla pudicizia di lei; e il volere scrivere a vostra signoria le cose che si raccontano, vere o false che siino, saria materia tragica. Basta che *undique angustiæ;* e Dio scampi ogni fedel cristiano dalle guerre civili, le quali sono il seminario d'ogni male, e il vero mezzo di rovinare ogni floridissimo imperio! Dio opera qui sua forza, se l'operò giammai in alcun tempo ed in alcun regno; e parmi vedere aperto il cammino a chi si sia, mentre abbia un po' poco di appoggio, di impadronirsi di molti luoghi del regno, come credo farà Savoia e Spagna, se la guerra dura; e non so se voi altri signori Toscani vi terrete le mani a cintola, avendo il mare aperto di Provenza, tanti tesori come avete, e intelligenza con molti del paese. Forse che avrete rispetto al sangue, come se i principi, ancorchè grandissimi, non stimassero onorevole quello che solamente è loro utile!

Si sono publicati molti libri diffamatorii contro Sua Maestà, ma gli autori e i libri insieme sono stati puniti col fuoco. Joyeuse e Épernon hanno avuto vittoria con l'espugnazione di molti luoghi; e il padre si gode molto di vedere i due figliuoli adottivi far prove del loro valore. È certo han fatto più che i signori della sacrosanta Lega cattolica; così va il mondo.

La reina di Scozia ha avuto grazia della vita dalla regina d'Inghilterra, a' prieghi e intercessione del Re di Francia; e se ella fosse morta, Spagna pretendeva subito a quel regno per diritta linea, come pretese già in Portogallo, e come l'occupò più con l'armi che con Bartolo e Baldo; poichè la nostra sciocchezza e le discordie civili di Francia le hanno fatto salire a quel segno, al quale non montò mai alcun re del nostro clima. Noi siamo senza figliuoli e senza speranza di averne, e ci basta a vivere. Se la pace non si termina per tutto gennaio, ovvero una tregua lunga di qualche anno, noi verremo alle armi, le più crudeli che sieno mai state tra noi, perchè *agitur de summa rerum* questa volta. Il verno crudelissimo, con il poco modo che abbiamo gli uni e gli altri di assediare o di fare giornata, impedisce che la guerra non continui.

## XVI.

### CAVRIANA À BÉLISARIO VINTA.

Paris, janvier 1587.

5 janvier.

Noi siamo tutti in pensiero della risoluzione che piglierà il Re, per la risposta che ha da fare al re di Navarra, secondo la quale avremo pace o guerra. E se egli sta fermo in non volere l'esercizio della Religione, quelli della parte avversa mostrano deliberazione resolutissima di volere morire con le armi in mano, e dicono apertamente che non mancheranno loro degli ajuti e forze de' stranieri per conservarsi nel loro pristino stato di conscienza. E si vede che, se Montmorency non si leva loro da canto, a pena il Re potrà ridurre di sua vita le cose in buon stato; perchè quello è il precettore e conduttore di cotesta tragedia da quel canto. E sebbene, essendo morta già otto dì la connestabile, madre di detto Montmorency, il Re ha confiscato i suoi beni, e donati in buona parte a madama di Chastellerault, sorella bastarda del Re, già moglie del duca Orazio Farnese; egli nondimeno ne ha usurpato sei volte tanto in Languedoc, e fattosi una messe di più d' un milione d' oro, secondo il comune parere. Di modo che stiamo tutti in questa espettazione di sapere l' esito e la intiera volontà del Re. Di volere una sola religione è bene suo disegno, e utile, ma alle volte per accomodare le cose publiche si danno proroghe, si cuoprono i pensieri, si dissimulano le offese, e si spera sempre col tempo medicare il tempo. Così potria avvenire a noi, che sebbene il Re non vuole che una sola

84.

religione, nondimeno ha da credere e considerare di non fare alcuna risoluzione in questa materia così lubrica, per la quale egli perda la religione, la giustizia e tutto il popolo minuto insieme, pensando di conservare intiera la religione cattolica. Questa zizania ha preso tanto di forza e piede in questo regno, che la non si può svellere in un punto, e come il tempo l' ha introdotta e stabilita, così conviene col tempo estinguerla. Per mio credere noi avremo pace, e queste sono le ragioni : non c' è disciplina nella milizia, non vi sono denari, e meno il modo di averne, perchè in molte provincie sono morte infinite persone, quasi il terzo de' villani e della plebe, e i campi sono renduti sterili; di sorte che il Re non può esigere la metà delle gabelle, le quali sono tante e così gravi che il popolo non può più; e se si continua ad estorquere da lui quel poco di sostanza che vi rimane, converrà morire, o di disperazione rendersi Turco.

Queste non sono favole nè invenzione di persona che sia altro che buon cattolico; e, se vostra signoria vedesse le nostre rovine, direbbe : *Et campos ubi Troja fuit.* Questi signori di costà sono al loro agio, e consigliano e discorrono a modo del paese, ma non veggono nè sentono le nostre miserie. Piacesse a Dio che tutti si trovassero presenti per un' ora! Io sono certo che canterebbeno un' altra canzone. Ma che? voi siete lontani dal fuoco, e però non temete il fumo.

Le altre ragioni per le quali la pace si farà, è che Caterina de' Medici non si occupò mai in causa alcuna in questo regno che non la conducesse a fine secondo il suo desiderio, e il Re, vivendo come vive, non può far guerra; la necessità poi, e la stracchezza universale di menare le mani è tale, che si maledice da ognuno e Navarra e Guise come fonti di questi disordini; chè si sa bene che non si combatte da loro per Cristo, ma per avere il regno in mano e in possanza propria.

Se Montmorency lasciasse il re di Navarra, egli lo ruinerebbe; ma, diffidandosi scambievolmente l' ugonotto del cattolico, e tutti del Re, non si può trovare temperamento nè modo di fare una buona pace, ma si bene un empiastro in forma d' una male ordita tregua che durerà quanto potrà.

Io credo bene, che Spagna, il quale attizza il fuoco, somministrerà a Montmorency modo di guerreggiare, perchè già l'ha fatto; e desiderando la divisione di Francia, farà dal canto suo ogni buon officio, acciocchè i suoi Stati sieno sicuri dalla nostra furia.

Io ho deliberato molte volte, che il granduca, nostro signore, fosse padrone di Saluzzo per ogni verso che lo potesse essere, per compra o prestito di denari o altro mezzo; perchè nell'apertura delle cose di questo regno, egli si farebbe grandissimo e potentissimo, mancando il Re; e a me darebbe l'animo, quando non vi fosse questo Re (che Dio lungamente ci conservi!), di farle così segnalato servigio, quanto alcun gentiluomo o servidore ch'egli abbia qui. E non m'inganno, conoscendo io molto bene l'umore delle genti, e sapendo di molti particolari che agli altri sono nascosti.

Il Re nostro è più che mai divoto, e riformato, e veste di bigio puro e schietto, di sorte che se vogliamo far bene, abbiamo l'esempio domestico. La Reina moglie non è per anco madre, e se ella non produce frutto, o che il re di Navarre col principe di Condé non muojano, mai avremo riposo.

Rambouillet, fratello del cardinale, ritorna al re di Navarra, per l'ultima risoluzione del Re intorno la pace; si stima anche, che ritornato che sarà Bellièvre, gravissimo senatore, d'Inghilterra, dove era ito per la liberazione da morte della reina di Scozia, egli andrà a trovare la Reina Madre, acciocchè ajuti il negozio della pace, tanto necessaria a noi, quanto altra cosa del mondo.

La reina di Navarra è in povero e miserando stato, e vive non più come principessa ma quasi privata damigella. Fu appiccato coi piedi in alto colui che avea velenato un gentiluomo, fratello del castellano di le Charlat, luogo dove ella s'era ritirata, e così mezzo morto fu gettato subito in una fossa, fatta a posta sotto la forca; giovane nobile, bello, ma insolente e indiscreto, se bene valoroso e ardito. Si dicono altre ragioni di questo supplicio, le quali io non scrivo; si chiamava Oppiac; finì sua vita in Aigueperse.

Il Re ha risoluto di non volere che una sola religione, ma della persona del re di Navarra e del principe di Condé egli ne terrà particolar conto, e mostrerà loro segni di amistà; che è a dire : « Io li « voglio separare dal volgo, il quale non avrà alcun esercizio della « religione ugonottica; poi col tempo li ridurrò al buon cammino, « levatigli d'intorno i ministri e rabbini della loro legge. » E si farà un po' poco di tregua, se a questa resoluzione che porta Rambouillet il re di Navarra si accorda; dal quale si è fatto opera di volere separare il principe di Condé, e porre tra ambedue divisione e sospetto, per avere miglior mercato della pace; ma il demonio li tiene pei capelli.

Eccovi, signor mio, lo stato nostro miserando; apprestatevi di udire da qui innanzi cose orrende; e, se non si viene ad omicidii e assassinamenti particolari di qualche grande, sarà un miracolo. Sicchè non vi turbate, quando leggerete le nostre rovine.

20 janvier.

Il Re, dopo aver fatto un'assemblea de' più signalati cavalieri di corte, che qui si trovano, e de' senatori più famosi, ha terminato di non volere che una sola religione in Francia; e che, se il re di Navarra fa l'ostinato, di procedere contro di lui con l'armi in mano; le quali egli stesso vuol maneggiare, caso che i raitri venghino; ma se non viene gente straniera, questi Guisi meneranno l'esercito contro il re di Navarra e contro Montmorency, fautore e protettore di lui; e il Re nostro si starà alle sue divozioni, sperando con le forze proprie e naturali vincere i nemici suoi, e ridurli all'obbedienza della Chiesa cattolica.

Ma il re di Navarra non mostra di aver paura, dicendo che il duca du Maine, con tante forze ch'egli aveva, non ha preso che tre terricciuole di poca importanza, le quali si perderanno ben tosto; dice che non ha perduto cosa veruna del suo, ma quanto ha acquistato il Re è tutto o proprio della Corona o di alcuni particolari, come è Castillon, che è nella dote nella duchessa du Maine. Dice altresì, che avendo nodrito la Francia, a nome del Re, sette eserciti pieni di gente naturale e straniera contro di sè, ed egli non avendo che un branco di persone, si è difeso quindici mesi, senza aver speso un soldo e senza ajuto di persone forestiere; e che a lui pesa di vedere rovinare la Francia senza cagione. Si promette anche grandissimi soccorsi di Germania e di altrove. E se mancasse il Re, e qualcheduno volesse pretendere alla Corona, la quale di ragione ne viene a lui, che converrà a quel tale vestirsi di corazza, e dì e notte portarla sulle spalle, per assicurarsi dalli agguati e traversi ch'egli gli farà.

Io credo certo, che il Re venendo a morte, sarà cagione di perpetua guerra civile, perchè gli odii crescono da ogni parte, e di ogni parte vi è soccorso e fomento; e trovandosi gli umori disposti al male, converrà che gli uni o gli altri soccombino; altrimenti non si vedrà mai questo regno tranquillo. Ma la morte termina ogni impresa, della quale ancorchè ognuno sia certo, non è però certo dell'ora.

La Reina Madre, che è valentissima principessa, non si rende ancora alle ostinazioni del re di Navarra; anzi spera ridurlo al buon cammino; e per questo avea mandato il marescial di Biron alla Rochelle, dove detto re si era ritirato insieme col principe di Condé, per non trattare più di accordo. E si ode, che non parla più così bravamente come facea, anzi pare ramollito e cupido della pace. Egli sa le forze nostre, sa la inopia e necessità del Re, la quale è tale che, se la guerra dura, l'astringerà a fare cose inique ed impie per trovar denari, e da una volta o due in sù che ne avrà riscosso, non avrà più modo d'esigerne, perchè il terzo del popolo minuto, che è quello che porta le gravezze, è morto in molte provincie, ed il clero è lasso di pagare, e la nobiltà è esente dai prestiti, balzelli e dazi; di modo che, mancando il modo di guerreggiare, la guerra mancherà. In questo mezzo il regno si diserta, e s'apre il cammino a' forestieri di entrarvi a loro beneplacito, per piantarci nuove colonie, e si traffricherà dagli uni e dagli altri di farsi assassinare per via di ferro e di veleno. Le piazze poi, che il re di Navarra tiene, sono bene munite e fortificate, e non si possono ricuperare che per lungo spazio di tempo. Vostra signoria che è giudiziosa, savia ed esercitata nelle cose del mondo, giudichi di grazia se questa festa si può fornire in un anno, come si fanno a credere molti di costì; i quali, se conferiranno gli andamenti delle cose di Fiandra con queste di Francia, vedranno che ci vuole una età a venirne a capo; e averà molto a fare il Re per acquetare il regno, quando anche abbia in ajuto suo apertissimamente il re di Spagna e il Papa.

Vostra signoria mi creda, i consigli di voi altri signori d'Italia, che ci avete dato e date tuttavia, non sono al proposito per le cose di Francia, sendo la gente di questo clima d'altra natura che la vostra; ci bisogna tempo e pazienza, e conviene pregare Iddio assiduamente che ci ponga la mano, acciocchè si estirpi questa maladetta setta e velenosa zizania, la quale vi si fa credere che è in istato di perire ben tosto, dove si vede che si mantiene mal nostro grado, e contro il giusto, molto vivamente. Il duca du Maine dimanda la carica di Poitou, e promette di ridurre le cose del Re in buonissimo stato. Biron maresciallo è poco grato al Re nostro, e non è più nella opinione di Sua Maestà come già era un anno; ma per essere uomo di valore, di seguito e d'esperienza, non se gli osa dire quello che si direbbe ad altri; anzi se gli fa buona ciera. *Sic vivitur.*

Si sono confiscati i beni del maresciallo di Montmorency, e se ne è dato porzione a madama d'Angoulème, già sua cognata, sorella bastarda del Re; delli altri che restano vi sono molte liti. Ma egli non tiene molto conto di questo, usando dire : *« On m'a pris ung œuf en France, et moy j'ay pris ung bœuf en Languedoc. »* Si confischeranno anche i beni degli altri ugonotti o ribelli, ma si crede che non si troveranno compratori, per la tema delle mutazioni del mondo.

Signor mio, la guerra civile e la guerra straniera non si governano d'un modo istesso, e però voi altri signori, esenti da cotesta peste, non potete consigliare secondo il bisogno.

Rocroy, terra del governo del duca di Guise, presa dagli ugonotti col consenso del duca di Bouillon, fu da lui subitamente ripresa, e dopo è andato da sè stesso ad assediare Sedan, vicino a detto Rocroy, per essere nell'istesso governo, e nido degli ugonotti, dove è il duca di Bouillon, suo capital nemico. Il Re approva questo assedio, e pare che tra le persuasioni dei gesuiti, che gli sono a canto ordinariamente, e tra la necessità dei tempi, ed anche della buona fortuna dei Guisi, egli sia costretto a fare cose contro sua voglia, cioè lasciare che altri, sotto specie di estirpare l'eresia, levino le armi, le maneggino a loro voglia, e si facciano grandi a spese sue; le quali armi gli saranno mai sempre sospette, perchè non le potrà più levar loro di mano.

Egli cerca danari ad ogni via, e fa partiti da rovinare Creso e Mida, non potendo con l'ordinario delle sue entrate vivere mezzo anno. Joyeuse è qui, legato strettamente col duca du Maine e di Mercœur, per tenere lontano dal Re Épernon, il quale è in Provenza. Dio ci dia pace ed estirpi l'eresia, perchè umanamente non spero che si possa l'una, e l'altra non può venire a noi, che siamo così cattivi per noi medesimi che non ci emendiamo.

## XVII.

### CAVRIANA À BÉLISARIO VINTA.

Paris, 16 février 1587.

SOMMAIRE. — Les ligueurs assemblés à Lyon pour souffler la guerre. La reine de Navarre et M. de Ca-nillac. Le Roi est à ses dévotions et devient invisible. Motifs qui retardent la conversion du roi de Navarre. Intrigues des Guise pour gagner à leur cause M. de Montmorency. M. de Guise; sa situation critique; ses avantages. Duels multipliés.

Ancorchè la Reina travagli in una parte del regno per la pace, o almeno per una lunga tregua, nondimeno la sacrosanta e venerabil Lega opera tutto il contrario in l'altra parte; perchè in Lione si sono fatte assemblee di molti governatori delle provincie vicine, per impedire di comun accordo che Épernon non s'impadronisca della città e territorio Lionese, per conseguente dei paesi finitimi; dicendosi assai chiaro, che egli col fratello vogliono il governo di Lione, di Vivarais, di Delfinato e di Auvergne; e che per questo effetto egli non si era partito di Provenza per venire in corte, ma che tardando nel suo governo, spiava l'occasione d'impadronirsi di qualche luogo, e invernare là le sue genti. Questi sono i pretesti di Mandelot, governatore di Lione, dell' arcivescovo (vedete come i preti si meschiano nelle querele publiche!), di Randan, di San Vitale, del vescovo du Puy e del marchese di Canillac, guardiano già della reina di Navarra, ed ora prigione di lei; i quali hanno risoluto di non volere pace, e per romperla hanno già assoldato capitani di cavalleria e fanteria in Germania e nei Svizzeri; e come si publichi la pace o la tregua, credo che di là suoneranno la guerra; chè questo desiderio è la causa sola della loro congregazione ed assemblea, e non la tema di Épernon. Così noi stiamo aspettando grandissima rovina, perchè il padrone non può resistere a tanti assalti che se gli fanno all' improvista, e là ove meno egli se gli aspetta. *Si esset in iis fides in quibus summa esse deberet, non laboraremus.* Vostra signoria creda che camminiamo di buon passo all' occaso, e se non fosse che questa macchina di Francia *sua mole stat,* egli è gran tempo che *sua mole ruisset.*

Il Re, più che mai divoto, si rinchiude ordinariamente negli oratorii di alcuni luoghi più solitarii, fatti da lui per quest' effetto, e non si vede se non alla sfuggita; i negozii si trattano dal consiglio; il quale, per le molte cariche che ha, non li può spedire come si converrebbe. La reina di Navarra, non immemore delle ingiurie ricevute, fa (per quanto si dice) quello che la può per accendere il fuoco. E così, non mancando capi alla rovina comune, non possiamo aspettare che male. E, se Cornelio Tacito tornasse in vita e fosse qui, avrebbe materia di tessere una storia non meno ammiranda di quella che egli ha scritto. La detta principessa, detenuta presso di Riom, in Auvergna, in un castello fortissimo dal marchese di Canillac, a nome e sotto il comandamento del Re, si è posta in libertà, e pare che Canillac, ammagliato da lei, sia di presente non più guardiano ma prigioniero di lei. La penuria di tutte le cose eccessiva, e però *omnia venalia,* eccetto la virtù.

In Inghilterra nuove suspizioni, nuove ricerche, nuove guardie, e si teme dalla reina un' altra congiura, ancorchè usi severissima ed esemplarissima punizione in coloro che si arrischiano a questo; la misera non sa da chi guardarsi. Quella di Scozia è come morta al mondo, vivendo rinchiusa in piccol spazio e con servitù vilissima : se queste non sono tragedie, non so come chiamarle.

Il re di Navarra vorrebbe essere cattolico; ma teme che, come egli lo sia, questi altri non se ne burlino, e che gli convenga fare miraculi innanzi che si creda da loro che lo sia da dovero; e se in questo mentre il Re morisse, egli non sarebbe re, e si troverebbe privo dell'appoggio di molti, coi quali può dare da fare ai suoi nemici. Questa causa è la più potente che sia per tenerlo duro e ostinato nella sua opinione. Ma per quello s'ode, si ridurrà al buon cammino, e forse innanzi che sia lungo tempo. Dio lo voglia! perchè nostre voglie divise guastan del mondo la più bella parte. Egli non ha forze da resistere ad un potente esercito; ma perchè sa molto bene che noi siamo divisi, e con poco modo di formare esercito che basti a rovinarlo, spera di essere tanto forte che potrà travagliarci; e starà sulla difensiva. Montmorency, poi che lo mantiene in vita e in credito, non perde cosa alcuna del suo governo; e, perchè è il vero sostegno del re di Navarra, quelli della parte di Guise fanno quanto più possono per guadagnarlo e tirarlo dalla sua. Ma egli, che non è sciocco, non si fida di parole; e se si fosse potuto trovar modo di assicurarlo della parola e promessa del Re, già buon pezzo saria per noi; ora le insidie che se gli sono fatte, sono state tali e tante che non si può trovar modo di riconciliazione sicura. Io credo che, segua pace o tregua, sempre saremo alle mani, perchè una camicia non può servire a due corpi; e questa sete di avere e di comandare è inestinguibile.

Il duca di Guise non può star peggio di quello che sta; ha otto o nove figli, e una moglie che ogni anno gliene fa qualcheduno; deve più di quattro cento mila scudi; si trova imbarazzato di parola col re di Spagna; ha promesso molte cose a molti ch'egli non può mantenere; ha l'animo altiero e ambizioso; che può dunque altro desiderare che rumori e novità? Noi poi ci governiamo in modo, che rendiamo la maggior parte di coloro che trattano con noi malcontenti; i quali vedendosi il cammino aperto, e un capo che vuol tumultuare, passano di là; e così cresce al detto duca il numero de' sediziosi. A questi la

licenza e la speranza sono il salario ed il soldo; però senza denari egli
fa la guerra, e assedia Sedan, luogo fortissimo, dove sono rifuggiti
gli ugonotti di Francia; dal quale avendolo richiamato per due volte
il Re, egli non ne ha fatto conto, nè mostrato segno di volere ubbidire.
Queste sono le cose di Francia, le quali non possono durare nel modo
che sono condotte. Ognuno attende a fare i fatti suoi, e pensare al suo
particolare, sprezzando il publico, poco curando la autorità e nome
regio, e meno la giustizia, la quale ha tanto bisogno di riformazione
quanto cosa che ci sia. Vostra signoria giudichi che speranza ci sia di
star bene.

In questa corte non si ode altro che querele e duelli, e passano pochi
giorni che non si combatta corpo a corpo, ancorchè il Re abbia proibito, sotto gravissime pene, il far questione come si usa qui; perchè i
gladiatori Romani sono niente a petto di costoro, ed il male è che i
più grandi e più ricchi incappano in questa disgrazia di duellare, della
quale non ne segue altro che la morte.

------

## XVIII.

### CAVRIANA À BÉLISARIO VINTA.

Paris, mars 1587.

3 mars.

Dopo l'ultima mia, è successo in questa città un caso degno di memoria : *Rectorem generis gallici in arce ferme obsideri.* Il fatto è che, fa-

cendosi segrete pratiche da questa venerabile Lega, e segnandosi li uni e li altri per mantenerla contro anche la volontà del Re, si è visto per la terra molta gente nuova e gente militare, la quale con l'intelligenza dei suoi partigiani disegnava di porre le mani adosso al Re, non per ucciderlo, come credo, ma per levargli d'intorno i consiglieri e altre persone, le quali sono contro la detta Lega; poi darvi quei capi e guardie che fosse parso ai principali di essa. Così, avendo il Re in sua balia e dominio, non è dubio che la casa di Bourbon, cattolica o eretica (salvo i due cardinali), se ne andava all'altro mondo, e Madonna Santa Lega, a guisa di Cesare, avrebbe violato *jus divinum et humanum*. Ma, come da alcuni più ricchi della setta fu poi pensato che, così tosto che il popolo avrebbe l'armi in mano (non si potendo fare senza armi così grande e subita mutazione), eglino correrebbero l'istessa fortuna che molti ignoranti della impresa e resistenti a così vituperosa resoluzione, e che le case loro sarebbero state rubate e prese, da questi stessi fu scoperta l'impresa, ripentiti del consenso che aveano prestato ai capi di essa [1]. E così il marescial d'Aumont, per quanto si crede, avvertito di questo, l'andò a scoprire al Re; il quale dai capuccini, ove solea alloggiare senza guardia, si ritirò nel Louvre, sua regia, casa munita di fosso, e raddoppiò le guardie; fece dormire tutti gli Svizzeri là dentro insieme con li suoi quaranta cinque satelliti della persona; e di fuori triplicò e quadruplicò le sentinelle. Fu fatto bando, che ognuno, che fosse in Parigi senza padrone o capo che promettesse per lui, se ne andasse entro venti quattro ore; si mandò a visitare di casa in casa chiunque vi fosse, ed averne il nome e la professione; si distribuirono i quartieri ai cavalieri di Santo Spirito (ordine instituito da questo Re), per comandare in caso che nascesse il tumulto; e cotali altre provisioni che si sogliono fare da chi si teme e sospetta d'interiore e intestino tumulto. Uscirono più di quattro mila fanti nel tempo prescritto, il che dà segno che c'era non so che; e molti capitani del

---

[1] Voyez sur cette affaire le *Procès-verbal de Nicolas Poulain*, imprimé à la suite du *Journal de Lestoille*. Coll. Petitot, 1re série. t. XLV, p. 411 et suivantes.

duca di Guise si trovarono presenti, i quali ci fecero sospettare da vantaggio, massime che il duca du Maine c'è, e con esso lui Sacramoro
Birago, il reggimento del quale andava vadendo intorno a Parigi. Dio
ha voluto che noi abbiamo avuto solamente paura, e non male; ma io
credo che non sia ancora fornita la festa, e che la cosa non si sappia
ben bene come la stia. Perchè il duca du Maine ha la casa sua piena
di soldati, e fa guardie in essa segretamente, nè va più al Louvre così
sovente come di costume. Inoltre egli ha parlato al Re molto altamente
e molto bruscamente di Épernon e de La Valette, suo fratello, favori-
tissimi del Re, minacciando di risentirsi contro di loro in qualunque
luogo che egli li troverà; e se fossero stati qui, come sono in Provenza,
io credo che si faceva un conflitto.

Tutto questo è zolfo e pece per estinguere il fuoco, il quale essendo
mezzo coperto è più pericoloso che se fosse manifesto. Il Re ha temuto
assai, non sapendo di chi fidarsi, e veggendo questi cittadini mal edificati di lui, e fare segrete leghe e combriccole per gli altri. Io ho desiderato mille volte, e dettolo publicamente, che il granduca Cosimo
fosse in vita, e fosse qui, perchè in un batter d'occhio ci avrebbe posto
rimedio. E di vero quel grande eroe non avrebbe tardato tanto a medicare il suo male. Si è mandato alla Reina Madre perchè ritorni, acciò
che, col suo prudentissimo giudizio, si metta ordine a questi sospetti.
A tutti noi pare strano vedere il primo re de' Cristiani rinchiuso nel
suo palazzo, ed essere assediato dal sospetto solo, senza sapersi come
e da chi particolarmente ne venisse il male. E di vero, se la cosa si cominciava, la sarebbe anche riuscita, ma con tanto sangue di molti
innocenti, e con tanta rovina delle case e presa di beni, che gli autori
stessi avrebbero maledetto il consiglio. Ognuno è attonito e stordito; e
sono molti, se potessero, che si ritirerebbero da questo regno, veggendo che egli va totalmente all'occaso.

Si è mandato per quattro mila Svizzeri, i quali saranno perpetuamente col Re, potendosi egli fidare di cotesti uomini. Il duca du Maine
dice non sapere che cosa sia tutto questo, e fa i fatti suoi secondo il
costume, mostrandosi di fuori molto contento e non avere niente sulla

sua coscienza. L'assedio di Sedan è levato, essendosi pagato dal Re l'esercito del duca di Guise.

D'Inghilterra non è uscito persona da due mesi in qua, perchè si attende a rintracciare i congiurati nuovi, dei quali la reina ha avuto notizia con le lettere intercette, che l'ambasciatore di Francia, residente nell'isola, poco prudentemente ha scritto al re nostro; e si tiene per certo, che il re di Spagna sia per darle una mano a questo primo tempo; sapendosi come ella avea mandato Jacopo Manuzio, Fiorentino, in Constantinopoli, a sollecitare l'armata del Turco per venire nel mare Mediterraneo a danno della Spagna e di Napoli, senza il male che ella le fa continuamente nei Paesi Bassi; nelli quali ella ha provato addesso la perfidia di alcuni Inglesi, suoi parenti stretti, che ribellandosi a lei, han reso le terre, che tenevano in Frisa in suo nome, al principe di Parma; e di poi se ne sono iti in Spagna per ricevere il premio della loro perfidia e dislealtà; il qual vizio è così comune in questi paesi di qua dall'Alpi, che non pare che alcuno possa avere titolo di onorato e galantuomo, se non è stato due o tre volte traditore del suo principe. Ora pensi vostra signoria come stiamo, poichè vizio così enorme e detestabile è premiato e stimato virtù eroica. La detta reina ha armato sessanta vascelli grossissimi, e creato suo almirante Drack, famoso corsale Inglese, nobilitato dalli viaggi felicissimi che ha fatto nelle Indie; e si prepara alla guerra con la venuta che farà l'armata spagnuola; la quale si crede che abbia in Flessingue (terra dell'isola di Zelanda, posseduta dagli Inglesi per via delli Fiamminghi) pratiche e segrete intelligenze:

> Aurum per medios ire satellites,
> Et prorumpere amat claustra, potentius
> Ictu fulmineo.....

Altrimenti che farebbe armata così grossa nell'oceano senza porto? E, se discende nell'isola, ella si risolve di fare giornata, non avendo alcuno luogo forte ove ridursi; e, perduta una battaglia, pensa di rifare nuovo esercito, per combattere la seconda e terza volta; tanto di cuore ha questa antiqua Amazone.

La tregua non si termina, perchè il re di Navarra va differendo e guadagnando tempo, nel quale egli si promette raitri e forze straniere; e non vuol farsi a modo alcuno cattolico per forza nè per tema de' suoi avversarii. Ma tanta è l'inopia e necessità universale del regno, e tanto poco il rispetto che si porta dai più grandi al Re, che ci converria farla, e forse anche pace, con quelle condizioni che potremo avere, non che noi chiediamo.

La duchessa di Nemours non pare di essere molto contenta dei suoi figliuoli, nè eglino lo sono di lei; perciocchè non approva la Lega condotta come la si conduce, poichè ella è piena di sangue, di preda, di rovina e di morte; e non di zelo o pietà cristiana. S'aggiunge, che i beni del fu cardinal da Este danno occasione ad alterare gli animi dei fratelli uterini, volendone i figliuoli del duca di Nemours la loro parte, così bene come quelli del duca di Guise, per rispetto della madre, sorella di detto cardinale; e già tanto è il desiderio di avere, che si comincia dai partigiani a dire, che, morendo il duca di Ferrara senza eredi da lui instituiti, il principe di Joinville, figliuolo del presente duca di Guise (quello che voi altri signori non riceveste troppo cordialmente a Firenze, già tre mesi o poco più), lo sarà; e si fanno dei discorsi i più piacevoli del mondo.

I rumori di Lione, e i motivi della reina di Navarra stanno così; non sono se non sopiti, e per credere mio, aspettano l'occasione di tumultuare tutti questi signori della Lega, che è specie di congiura.

Il protonotario du Tillet è frenetico, e sarà sempre al mio parere, perchè *dat motus incompositos*, ancorchè abbia lucidi intervalli di mente, perseverando nei suoi umori.

Non so che scrivere altro per addesso; ben so certo che questa Francia produrrà più mostri che l'Africa, e che non mancherà soggetto ai novellisti, massime alla venuta del duca d'Épernon, che sarà a Pasqua.

31 mars.

Noi siamo stati in termini, quindici dì sono, di provare quanto sia vero quel detto di Cornelio Tacito : *Imperium cupientibus nihil medium inter precipitia et summa;* perchè i signori della Lega, che sono i cattolici sediziosi, volendo la pelle e il cavallo, s'erano risoluti d'impadronirsi della persona del Re e conseguentemente della città di Parigi, al governo della quale vi arebbono posto quelle persone che fossero state più al proposito loro; ed avendo in esse buonissima parte molti poveri e necessitosi, i quali non cercano che novità, e trovandosene di molti altri mal contenti, si armava da loro più di venti mila persone, le quali, con la presenza del duca du Maine, capitano di molta stima, avrebbero sforzato il Re a rendersegli nelle mani; poi tenendolo, Épernon e Joyeuse, contro di quali ognuno murmura, si facevano saltare; e così il Re restava preso e senza quell'appoggio del quale più si fida e si assicura, che sono questi due coi suoi seguaci e coi suoi governi.

Ma la cosa si scuoprì da alcuni complici, più per imprudenza e sospetto avuto da loro di certi altri cattolici, che da zelo del bene publico o fede che devono al principe. La quale udita dal Re, e mostrando di temer molto, come ragione ne aveva, mutò tutti i capitani de' quartieri, e si armò, e vegliò molte notti; e così da quella notte, che dovea essere la scellerata ed acerba, sino a quest'ora presente, sono più di venti mila uomini, ordinariamente armati, che fanno tutta notte la guardia. Vedete ora, signor mio, se questo è amore di Dio che li spinge, o pure mera ambizione, *quæ multos mortales falsos fieri cogit;* e vedete se quei signori di Roma, i quali favoriscono tanto questa Lega, hanno giudizio per consigliare questi di Francia nel maneggio del regno, perchè mentre pensano di estirpare per forza gli eretici in un anno, rovinano il regno; e questo rovinato, il re di Spagna diverrà così altiero, che vorrà inghiottire quanti sono principi d'Italia e d'altrove. Non si può abbassare questo che l'altro non s'inalzi, sendo l'uno contrapeso naturale dell'altro; ora sia fatta la volontà di Dio! Noi saremo quelli che sentiremo le battiture, e i vicini si burleranno di noi.

Épernon si aspetta di momento in momento, col quale non può nè vuole compatire Guise, e meno il duca du Maine, più risoluto e più collerico, e però più esecutivo, conseguentemente meno dissimulato del fratello. E si parla ad alta voce che egli favorisca gli ugonotti, il che gli reca gran biasimo, e gli cresce l'odio addosso (forse che è invenzione della parte contraria per rovinarlo di credito). Con lui la vuole apertamente il duca du Maine, ed essendo quegli portato dal Re e sostenuto, conviene venire alle mani e farne un aspro conflitto, il quale perderà prima l'una delle parti, e poi il Re stesso, giuocandosi sempre del suo e non dell'altrui.

Costoro hanno in opinione di prendere più terre che possono, ed amicarsi i cittadini; il che gli vien fatto, perchè fanno loro credere che Épernon ajuti gli ugonotti con participazione e consenso del Re (vedete forza della malizia!), non perchè il Re non sia arcicattolico, ma per l'odio che porta a quelli della Lega, i quali così infedelmente l'hanno schernito; e così occupando molte piazze, e guardandole gli stessi terrazani cattolici (poichè di ugonotti non ve n'è uno solo, salvo in Guienna, Provenza e Delfinato), non spendono un soldo in stipendii nè in presidii, e non sono sforzati a mettere esercito in campagna; e, se avvenisse in questo mentre la morte del Re, questi signori della Lega averebbero la metà del regno in mano loro; *hoc est novum aucupii genus.* Ora se il Re vuol mettere gente insieme, non lo può fare, perchè tutto il paese è mangiato, lacero e guasto; e qui all'intorno di Parigi i Ligarii hanno più credito di lui; è senza denari, e non ne può trovare, e non ha che il duca di Nevers dei principi per lui, il quale gli possa sicuramente servire, sendo cattolico ma non sedizioso e ambizioso. Gli altri sono giovanetti, inesperti e poco stabili. Il rimedio di tanti mali sarebbe levare ad Épernon e Joyeuse tutto quello che ha loro dato, lasciandogli solamente venti mila scudi di entrata e qualche dignità principale, perchè a tutti i principi cattolici, sediziosi e quieti, parrebbe che gli emuli e rivali, saliti di luogo basso al supremo, se gli sarebbeno levati dinnanzi agli occhi. Ma l'amore che porta ad ambedue il Re è tale, che gli leva l'autorità di eseguire quello che la ragione e la necessità gli mostra essere convenevole da farsi. E poi costoro che hanno preso l'armi, e che sono entrati di già nel fatto di lesa maestà, stimano che non sia molto sicuro a posarle; e, conoscendo il Re, che non è vindicativo, anzi dato ad ogni altra pratica che alla guerra, seguono la prima traccia arditamente. Sono anche poveri e numerosi, di sorte che è quasi giusto che facciano quello che fanno, poichè si lasciano fare, e ogni rimedio saria quasi inutile, sendo penetrato troppo addentro il male. Sicchè *ipsa, si velit, servare nos nequeat salus*. Questo è lo stato nostro.

La Reina Madre è ritornata dal re di Navarra senza avere potuto far niente, e fu sollecitata dal Re a venire più che in posta, allora che egli si temette d'essere preso e mal trattato dalla venerabil Lega, e da alcune assemblee di cittadini di Parigi, cattolici sediziosi. La buona principessa, ancorchè afflitta dalla gotta, non tardò al soccorso del figliuolo, e pare che ognuno sia ravvivato all'arrivo di lei, prudentissima ed esperimentatissima nel governo del regno. Nel mio particolare prendo gran contento, veggendo un vero ritratto del granduca Cosimo, quando io figgo gli occhi in lei. Ella farà quanto potrà pel ben publico, ma temo farà poco frutto; perchè, come vostra signoria sa, ogni principato, che ha avuto cominciamento, ha ancora il suo fine come tutte le altre cose del mondo. Ella disegna di riunire gli uni e gli altri in amicizia per tranquillare il regno; ma questa nazione è così instabile, che si può sperare poco di bene, e anche quel poco, poco durabile.

Il duca di Aumale, cugin carnale del duca di Guise, ha preso in Piccardia alcuni luoghi forti, altri ha assicurati alla divozione della sua parte, come è Peronne, città d'importanza, ed ha avuto anche pratica in Boulogne, terra marittima, scala già d'Inglesi in Francia, e ora presidio d'Épernon; ma il trattato non gli è riuscito. Il re di Scozia ha rifiutato di parlare ad un milord, mandatogli dalla reina d'Inghilterra, e meno di dargli passaporto sul suo paese.

La fame ci cruccia stranamente, e i raitri dei nemici che si levano forniranno a darci il guasto; i quali saranno rincontrati da buon numero di Francesi, guidati da Châtillon, figliuolo del già amiraglio, che è passato con grossa compagnia, quindici dì sono, a traverso della Francia, per andargli a torre sul Reno.

Quelli di Sedan in Champagna si difendono dall'assedio, ed hanno fatto una salita così brava e così inopinata, che il duca di Guise v'ha perduti molti de' suoi, e secondo alcuni, un poco della reputazione. *Undique angustiæ.*

---

## XIX.

### CAVRIANA À BÉLISARIO VINTA.

Paris, 12 avril 1587.

SOMMAIRE. — Levée d'une armée que dirigera le Roi. Bonne garde à Paris; misère partout; sombre tableau. Faveur méritée du duc de Nevers. M. d'Épernon soupçonné d'agir de concert avec les huguenots: M. de Joyeuse est favorable aux Guise. La France sur son déclin.

Le cose nostre sono in questo stato : Non si avendo potuto far pace e meno tregua sicura, si è dato del tutto l'animo alla guerra; onde ogni luogo è pieno di soldati, nè si ode che tamburi e trombe. Questa città è custodita dalle insidie interne con mirabile ordine e vigilanza, e chi vorrà innovare cosa alcuna in essa, tratterà dell'impossibile. All' intorno vi sono infinite compagnie di genti da piede e da cavallo; perchè volendo il Re essere armato per difendersi da Madonna Santa Lega, insidiosa e perfida, va mettendo insieme poco a poco le genti di guerra, acciò che poi, fattosi capo di esse, esca di questo contorno con poderoso esercito, per andare ad assaltire, o il re di Navarra, ovvero i raitri che vengono da dovero, se il duca di Guise non li combatte e vince sulle frontiere di Germania; e forse per dare addosso a chi ha voluto dare addosso a lui. In questo mentre tutto il paese viene mangiato, guasto e lacerato, e si veggono le squadre dei contadini e artigiani morirsi di fame per le ville e casali, cosa che ci mette tanto spavento, che ognuno trema. Pensi vostra signoria se noi possiamo seguire i consigli datici da Roma, perchè quest'anno passato e il presente sono stati tanto sterili di tutte le cose necessarie al vivere umano, che non si può provedere alla metà degli uomini di questo regno; e non vi essendo vettovaglia, nè gente per lavorare i terreni, meno vi può essere denari; di sorte che, se si verrà alle mani una volta o tra noi o contro

nemici, il conflitto sarà l'ultimo, e chi resterà superiore sarà padrone
e re, non vi essendo modo di rimettere più insieme esercito, se non
dopo lunghissimo spazio di tempo. Io veggo una poliarchia invece di
monarchia, e la nostra infermità simile ad un canchero che va visibil-
mente e senza rimedio mangiando il corpo. I soggetti mal sodisfatti,
i principi (salvo alcuni pochi) alienati dall'amore del Re; le città mur-
murare, le provincie ribellarsi, e i governatori persuadersi che i governi sieno come ereditarii e propri a loro. Solo il Re patisce e perde,
e sempre vi si giuoca del suo. I predicatori in ogni paese gridano la
guerra, suonano all'armi; e, col pretesto di conservare la fede cattolica e predicare il vangelo ai popoli, gli animano segretamente e con
malvagio artificio contro il Re; cosa, che è stimata di cattivo esempio, la quale più bisogno ha di castigo che di vociferazione.

Quanto al duca di Nevers, egli è conosciuto e stimato dal Re per cavaliere e principe di onore, e a lui fedele, laddove era quasi cascato in
pericolo di essere in perpetua sequestrazione dalla corte; ora è fatto
dallo stesso Re, *motu proprio*, governatore di Piccardia, provincia di
molta importanza, e sola frontiera del regno; e oltre ciò marita la sua
primogenita nel conte di Soissons, principe del sangue, al quale può
facilmente venire sul capo la corona reale, essendo egli figliuolo del
fu principe di Condé, ma cattolico e virtuosissimo; e gli dà il Re cento
mila scudi contanti di dote per parte sua. Questo matrimonio è stato
dal Re trattato e concluso; e spiace molto alla venerabilissima Lega
cotesto vincolo, temendosi ella che il duca di Nevers pigliando l'armi
in mano, a nome del Re, e governando l'esercito, le dia un bravo rifrusto, avendo, come egli ha, giudizio, pazienza e valore. Di qui può
conoscere vostra signoria, che il duca di Nevers, ancorchè fosse della
Lega, quanto al fatto della religione, non era punto consenziente alla
rovina del regno; e che avendo i Guisi altro fine del suo, come le
loro azioni hanno bene mostrato, il Re lo accarezza, lo onora, e non
lo ha in quel conto che gli altri; di sorte che non fu mai così caro e
stimato dal Re quanto è ora, maneggiando le finanze e i fatti principali di questo imperio.

Épernon è venuto, ed è tanto in odio al popolo che non si può credere, stimando questi che egli aderisca segretamente al re di Navarra,
e favorisca gli ugonotti, non per sua natura, ma per consenso e volere
di qualche uno [1], acciocchè si faccia col mezzo suo contrapeso ai Guisi,
i quali diverebbero insolenti, come si crede, se non ci fosse chi gli tenesse il bacino alla barba. Egli si mostra molto ardito e risoluto, e non
di temere cosa alcuna, parendogli che il favore del Re sia lo scudo di
Atlante. È entrato in differenza e disputa con Joyeuse; e, ancorchè
siino legati insieme col vincolo di parentela, nondimeno non si possono
tollerare l'un l'altro, perchè Joyeuse aderisce apertissimamente ai
Guisi, onde ha il favor popolare; e l'altro, di natura superbo, lo
sprezza e vilipende. Di sorte che questi due nuovi Cesare e Pompeo
ci perderanno del tutto, e faranno correre pericolo grandissimo al Re,
per la divisione che hanno posto nel regno, nella corte e nei parlamenti. Sola la Reina Madre tiene quanto più può il timone di questo
imperio, e, governando secondo il costume, soccorre ai bisogni, spesso
riprendendo l'uno e l'altro di questi giovani. Dio voglia che le ammonizioni materne giovino!

Si è mandato Bellièvre al duca di Guise e a quel du Maine, acciò
che accomodi il caso loro con Épernon, contro al quale sono fieramente stomacati, parendogli che soggetto tale non debba competere
seco; e pare che questo solo oggetto tolto di mezzo possa rappacificare
ogni cosa. Il buon Re ha disgiunto la Lega; si arma destramente, e
darà forse scaccomatto a chi ha turbato lo Stato suo, e questo è quello
che i Guisi temono. Però ogni artifizio è da loro inventato per rendersi
grati ai popoli, e fare che gli altri, che della Lega non sono, siino
odiosi. È cosa troppo aspera il volere costringere un principe e indurlo
a rovinare sè per accomodare altri. Dio dia sanità al Re e costanza nei
buoni consigli propostigli dal duca di Nevers, perchè se segue il suo
parere sarà re assoluto, avrà una sola religione, e riunirà tutti i principi e altri disuniti da lui in amore e concordia, e si viverà tranquil-

---

[1] Ce *quelqu'un* n'est autre que le Roi lui-même.

lamente. Ma io temo molto la natura di questi cervelli, e con non so
che di voler divino, voi altri lo chiamereste filosoficamente : Fato.
Questo imperio è lungo tempo che dura; credo che i poli siino usati e
logori, onde conviene che cada, e che come è uno, sia per dividersi in
molti.

Si murmura, che la reina d' Inghilterra si accomoda con Spagna; e
il duca di Guise è intorno a Sedan, morendosi con le sue genti quasi
di fame; e la tema che si ha dei raitri e degli Alamanni fa che le città
vicine serrino i grani e altre cose necessarie da vitto.

------

## XX.

### CAVRIANA À BÉLISARIO VINTA.

Paris, 18 mai 1587.

SOMMAIRE. — Progrès de la Ligue; intrigues de l'Espagne; calomnies dirigées contre le Roi. But que
se propose chacun des deux partis; la Reine mère s'efforce de tenir entre eux la balance. Ruine universelle. Prospérité et puissance des deux favoris; leur antagonisme. Les fautes du gouvernement
augmentent de jour en jour les forces de ses adversaires. Chaque ville est indépendante et refuse
d'obéir. Guise et Nevers. La paix est-elle possible?

La venerabil Lega tumultua come prima, consigliata a ciò dall' ambasciatore di Spagna, il quale, a guisa del demonio, accompagna gli
uomini al pericolo, poi ne gli lascia perire. Egli è di opinione, che
questi signori di Guise piglino più terre e luoghi che possono, e per
intertenere le guarnigioni in esse, sforzino i villaggi vicini a contribuire, sotto pena del fuoco; le quali terre se il Re vuole recuperare con
armi ed esercito ordinario, eglino allora si ajuteranno delle forze straniere, e imploreranno l'ajuto del re di Spagna vicino, facendosi loro
a credere, e quello ch'è peggio persuadendolo ad ognuno, che il Re
s'intende cogli ugonotti, non perchè egli sia eretico, ma per piacere
ad Épernon, fautore del re di Navarra, e per rovinare essi. Se non si
mette anche in campagna, e con dissimulazione passi le cose, continueranno a prenderne delle altre, poichè di questa ribellione restano

impuniti; sanno anche che il Re non vuol guerra, che non ha un soldo, che desidera la pace, che ha perduto nel generale quella opinione che di lui si aveva, e quel rispetto che ai loro regi portano naturalmente i Francesi; in somma che tanti sono gli umori di costoro e tanto differenti, tante le divisioni e il disgusto che si ha da ognuno, che ogni rumore che sia in Francia è la salute loro. E così attendono alle novità; e dopo aver preso Mezières e alcuni luoghi di Piccardia, dimandano il castello d'Angers, quel di Valence, e Loches verso Touraine; e mostrano di voler far guerra, se non se le danno loro.

Il re di Spagna, contento di aver acceso il fuoco qui, e avervi così buoni ministri, con qualche somma di denari assai notabile, ma non bastante a far guerra, tiene. quei poveri principi impiccati, gli rende odiosi al loro signore e a tutti gli uomini da bene; e come egli abbia fatto il fatto suo, non lascierà di dir loro che son perfidi e disleali. Ora il Re nostro non può scordarsi l'ingiuria ricevuta, e si crede che quelle dimostrazioni che fa verso i Guisi, e le assegnazioni che dà loro per le loro pensioni e stipendii, siino sforzate, e che, parte di tema che ha, parte per desiderio della quiete, se gli mostri amorevole; nondimeno nell'intrinseco desideri la rovina loro sino là che nuocergli non possino; e spera forse consumarli col tempo poco a poco, per dargli poi la giusta punizione. Così scambievolmente si opera, e diversamente dalle parti si pretende : Guisi aspettando la morte del Re, predetta loro dagli astrologi; il Re la loro necessità e miseria, per la quale cadino di reputazione, di forze; e abietti e vilipesi, o si gettino nelle braccia di lui, o siino puniti per la sua giustizia.

Fra questi due pensieri, e fra queste due parti così possenti cade in mezzo la Regina Madre, la quale favorevole ai Guisi per amore del duca di Lorena, suo genero e amatissimo da lei, e per essere principe di valore e merito, vorrebbe vedere costoro obbedienti al Re; e d'altra parte trattandosi dell'interesse del figliuolo, e veggendolo esposto alle insidie, vorrebbe pure terminare le cose con una pace; però ella è partita di qui, e se ne va verso Reims coi cardinali di Bourbon e di Vendôme, fratello del principe di Condé, per porre fine al negozio: e

come si siino rappacificati col Re, si tratterà di pace universale con
gli ugonotti. La quale se non succede, vostra signoria mi creda che
non sarà possibile di vivere in questo regno; perchè il duca di Guise
deve settecento mila scudi, e ne ha appena cento mila di entrata; il
duca di Aumale ne deve cento e venti, e non ne ha ventiquattro di
rendita; du Maine deve molto, ma è meno indebitato degli altri, per
conto che la moglie gli ha dato buona somma di danari contanti; della
parte del Re non è numero a debiti; da quella degli ugonotti anche
peggio : di sorte che, dovendosi dai più grandi, ed essendo rovinato il
paese per la guerra, per la peste e per la fame, chi potrà essere sicuro
in questo paese?

Non si manca anche da molti sciagurati da una parte e altra di fare
pessimi officii, mettendo sospetto e gelosie tra il Re e i Guisi. Solo i
due favoriti pare che faccino bene il caso loro, intascando ogni dì, e
fermandosi vie più che prima nell'imperio e nella possessione della
grazia del Re; della quale Épernon è più ricco, e pare che egli inanimi
il Re a non lasciarsi suppeditare e vilipendere dai Guisi, contro ai quali
offre denari, forze e sè stesso. Joyeuse, parente dei Guisi per via della
sua moglie, va più ritenuto, e non vuol offendere quei signori; il che ha
causato un poco di disparere con Épernon, il quale di natura collerico
ed impaziente non può frenare le sue volontà; e credo che, senza l'in-
tervenzione della Reina Madre, si sarebbero pugnalati tra loro con
molto piacere del regno. Così il mondo cammina; chi porta la Lega,
e chi gli ugonotti, e chi la parte del Re; ognuno grida, nessuno soccorre, e il caso nostro mi pare simile a colui che dice : « Levami di oggi;
« mettimi in domane. » Épernon sposa una parente strettissima di Montmorency, il che fa credere e tenere per certo, ch'egli sia congiunto col
re di Navarra con partecipazione del Re nostro; *et hoc objiciunt nobis
adversarii*. Si vede anco, che in Boulogne, terra di Piccardia, egli vi ha
posto dentro presidio guascone con capi dipendenti da lui; e dove può
mettere le mani, non vi lascia alcuno che non sia dipendente da lui
solo. Questa è la divisione del regno, e per conseguente la perdita di
esso. Noi poi ci governiamo sì male, e diamo tanto poca sodisfazione ad

ognuno, che, ancora che i malcontenti non volessero, sono astretti a passare ai Guisi o al re di Navarra, non per speranza di bene ma per impunità del male; e a questo modo le loro forze crescono, le nostre indeboliscono; *fata vocant;* il che mi fa risolvere di ritirarmi fra due anni, perchè io credo che fra questo tempo vi siino cinque o sei re in Francia; poichè nelle città il Re vi ha poca parte, essendosi risoluta ciascuna di vivere sotto forma di republica, e senza guarnigione dell' una o dell' altra fazione, e meno regia. Guisi si dolgono, che non è loro atteso dal Re quello che gli ha promesso; e il Re si lamenta di loro, che segretamente insidiino al suo regno; e così, crescendo la diffidenza, scema l'amore e la riverenza. Giudichi vostra signoria quello che può seguire! si tien per certo la venuta dei raitri; e la Reina innanzi la loro venuta vorrebbe fare la pace, al che vi pone molto studio.

Tra Nevers e Guise cresce lo sdegno, perchè Guise voleva imparentarsi o facea sembiante di farlo con Nevers; ma il Re gli avea proposto il conte di Soissons, figlio cattolico del fu principe di Condé; e si era quasi stabilito l'accordo, se il cardinale di Bourbon, nemico della sua famiglia, e sviscerato dei Guisi, non l'avesse sturbato. Ha anche gran dispiacere di vedere Nevers, suo rivale e competitore, caro al Re, col governo di Piccardia; di sorte che ogni cosa conspira alla rovina del regno. Ai Guisi spiace il deporre le armi, temendo che per questa via si abbassi loro l'audacia, e si rompa la forza e confederazione che hanno con la nobiltà; però mal volentieri vogliono accordo. Se si guarda alla necessità, la pace si farà; se alla volontà dei popoli ancora più tosto; ma se alla opinione dei capi è impossibile a farsi. Nondimeno la Reina pública per tutto che morirà o la farà, e sono certo che d'uno verso o d'un altro noi avremo qualche riposo; chè di pace universale la non si può nè si deve sperare.

## XXI.

### CAVRIANA À BÉLISARIO VINTA.

Paris, juin 1587.

Sommaire. — *7 juin*. Irrésolution fatale du Roi. Le duc de Guise, criblé de dettes, aux gages de l'Espagne. Concert de malédictions contre les deux favoris. La Reine mère penche pour les Guise. M. de Joyeuse envoyé en Poitou contre les huguenots. Drake dans les Indes espagnoles. — *24 juin*. Conduite équivoque de la Reine mère. Si le Roi prenait le commandement, il porterait un coup décisif à la puissance des Guise; sa funeste pusillanimité. Excellente appréciation de la situation des partis. Les reîtres et le duc de Lorraine. Traité de commerce avec l'Angleterre. Succès du roi de Navarre à Fontenay. Faute commise par la cour de Rome en approuvant la Ligue. Le Roi et sa fille naturelle. Encore Joyeuse et d'Épernon.

7 juin.

Il Re si mostra timido a farsi temere da chi così insidievolmente ha procurato la rovina di questo regno; e, se non si risolve a montare a cavallo egli stesso, e mostrare il viso ai suoi nemici, perderà di tutto il credito con l'avere. Poichè i signori di Guise, avendo pratica per tutte le parti di Francia, fingono di volere ciò ch'egli vuole, ma sempre pigliano ed occupano qualche cosa del suo; così poco a poco fanno il caso loro, e i servidori del Re e i benvoglienti, veggendo tanta tepidità in lui e tanta irresoluzione, perdono il cuore di seguitarlo e armarsi contro questi Ligarii; di modo che fanno i fatti suoi, perchè noi facciamo poco prudentemente i nostri. E in questo paese, dove la incostanza ha corso, chi una volta si mette in campagna, congregherà tanti soldati di quanti avrà bisogno, anche con piccol somma di denari.

Il rumore nutrisce il rumore, e la mala volontà è stimolata dalla necessità. Il buon duca di Guise è talmente indebitato, che l'erario di Venezia, del Papa e il vostro insieme gli sarebbe necessario; e però deve per ragion di Stato desiderare l'armi, e prese una volta contro al suo principe, non le riporre mai. Così lo consiglia l'ambasciatore di Spagna, e per questo effetto somministra denari assai scarsamente, per intertenere il fuoco acceso già in Francia.

Il visconte di Turenne, valorosissimo, ricchissimo e stimatissimo cavaliere fra gli ugonotti, è ferito a morte, e si crede che sia passato a miglior vita [1]; è parente della Reina Madre, ed è il terzo personaggio che sia tra quelli della Religione; la quale con la perdita di lui riceve un grandissimo colpo.

I suoi raitri vengono di Germania, e sono in gran numero, e intendendosi che si avvicinano, non vogliono intendere di pace nè di accordo; sì che noi aspettiamo di menar le mani. Il Re non è armato, nè ha danari per armarsi; e trovandosi fra due nemici, cioè i Ligarii spagnolizzati e gli ugonotti, egli resterà ai piedi, e gli converrà, a modo del villan matto, dopo il danno far patto. Questo è lo stato delle cose di Francia, il quale giudico essere una permissione di Dio; perchè non c'è persona che pensi al publico, ma solamente al suo proprio e privato interesse, senza aver cura dell'onore, della fede e della posterità.

Tutti gridano contro i due favoriti come sanguisughe del regno; tutti biasimano questa pusillanimità del Re, e molti temono che la Madre Reina sia guadagnata dai Guisardi; la quale è ancora a Reims, nè ha risolto cosa veruna; e Dio sa ciò che farà! e fatto che ella abbia qualche buon frutto, se durerà! perciocchè questi ladri Spagnuoli affogano i Ligarii con apparenti promesse e con denari. Ma fra otto dì non si può mancare di sapere l'esito della negoziazione di questa principessa con i Ligarii.

Quelli del Jametz, terra del duca di Bouillon, vicina a Sedan e fortissima, fingendo di volersi dare segretamente al duca di Guise, tirarono drento alcuni bravi capitani del detto duca; ma essendo doppio il trattato, furono uccisi, e sul soccorso che veniva diedero la stretta, il quale combattendo fu rotto.

Gli ugonotti corrono liberamente il Poitou; per i quali raffrenare Joyeuse, vostro ospite, c'è andato, ed ha questa nuova carica; Mercœur duca è irritato molto, parendo a lui di meritarla meglio di quell'

___
[1] Cette nouvelle était fausse.

altro; di sorte che il diavolo somministra le divisioni fra cattolici; Dio
sa che fine avremo!

Drack, Inglese, va verso le Indie; al quale se la fortuna è favorevole, come ha cominciato, avrà per quest'anno divertito il mal tempo
che Filippo apparecchiava alla reina d'Inghilterra.

24 juin.

Cresce nell'animo del duca di Guise la diffidenza, ed in quello del
Re il dolore dell'ingiuria ricevuta; dal che nasce la guerra e la disunione; e sebbene la Reina s'interpone per accomodarli, nondimeno la
non può quello che a noi saria necessario; anzi c'è chi crede ch'ella,
per avere il maneggio delle cose, dia un colpo alla botte e l'altro al
cerchio; e se non fosse il materno amore verso il Re, suo figliuolo, che
si saria, già buon pezzo fa, legata coi Guisi apertamente, per rovinare
la casa di Bourbon, alla quale per comun parere è stata sempre ini-
micissima.

Nel Re si desidera più d'ardire e di risoluzione che non c'è, perchè
se egli monta a cavallo da dovero, e riporta le cariche come si conviene,
non è dubio che leva di mano le armi ai Guisi; e levatele, sono tanto
bassi che non leveranno mai più il capo; e qui sta il punto. Questi vorrebbero essere sempre armati, e il Re non lo vuole, temendosi di loro;
ma ancorchè egli concluda e publichi di volere essere capo dell'esercito, per andare incontro agli Alamanni che vengono grossissimi, nondimeno un qualche maligno spirito c'è che lo sturba e rende negligente alla esecuzione, come saria a dire un favorito; di modo che
quelli che lo seguirebbeno a questa impresa e si dichiarerebbeno suoi
fedeli servitori, veggendo tanta tepidità in lui e tanta irresoluzione,
non osano scuoprirsi, per non rendersi al tutto odiosi ai Guisi, dai
quali possono ricevere il malanno, trovandosi abbandonati dal Re. Di
modo che si crede che, se il Re vuol fare il re come deve, questi Guisi,
ancorchè fomentati e consigliati da Spagna, daranno a terra; ma eglino
conoscono la pusillanimità, come dicono, e la povertà nostra e il mal
modo del procedere con tutti; di sorte che non si curano di cosa alcuna,

aspettando la morte del Re, nella quale sperano di farsi re per sè stessi; e siccome Sua Maestà pensa di consumarli poco a poco, così all'incontro eglino studiano di obligarsi ogni dì più di persone e di gente straniera, e impadronirsi di terre, le quali prese da loro, più non si renderanno.

Gli due favoriti poi ajutano le parti, e accendono il fuoco; e sendo tra loro nimici, dividono la corte, come Guisi il regno. Solo il Re con i popoli patisce. Il Re ha gran fede in Nevers e in Biron; e se egli si commette al tutto in loro, come mostra di voler fare, nel maneggio delle armi, noi staremo bene. Di questo si temono i Guisi, e come artifiziosi che sono, tentano tutte le vie per obligarsegli e rendersegli amici; ma non c'è verso, perchè Nevers è troppo regio, e l'altro non può ricevere da loro quello che spera dal Re. Se Sua Maestà va in persona alla guerra, leva l'armi di mano ai Guisi; e dando, come ha stabilito, la vanguardia al duca di Nevers, si combatterà contro gli Alamanni senza di loro; e così restano spogliati di quello scudo che è più necessario per le cose sue. A questo incomodo la Reina Madre pare che dia rimedio, pregando il Re che i Guisi conduchino l'esercito; e se lo consente, egli è rovinato, e insieme i suoi servidori; i quali veggendolo così facile a lasciarsi voltare, caleranno le vele, e si metteranno dalla parte dei Guisi, e seguiranno la sua fortuna. *Peccatum utrinque est.* Vostra signoria me lo creda; eglino vogliono avere le armi sempre mai in mano, e la Reina la sua primiera autorità, e negoziare secondo il costume; il Re non può quello che vuole nè quello che deve, sendo in questo regno l'avarizia, l'ambizione e la perfidia troppo grandi, sicchè noi stiamo male e peggio.

La negoziazione della Reina col duca di Guise non ha servito a molto, perchè il sospetto non si può armare, nè la diffidenza assicurare, e conviene che una delle parti dia a terra. Eglino danno parole, e vanno guadagnando più gente che possono, e succede loro assai abbondantemente; perchè non si lasciando vedere il Re, come è il solito dei re di Francia, nè possendo con esso lui se non i due favoriti, ognuno si sdegna, e come rabbioso se ne ritorna a casa sua, risoluto di seguire

colui che se gli mostrerà amico. Questi sono gli errori che si fanno da
noi, i quali sono i veri ministri e fautori della grandezza del duca di
Guise. Si aggiunge a ciò, che appresso di Sua Maestà non ci è persona
la quale gli possa dire il vero; e come le sue orecchie sono assuefatte
alla adulazione (male a tutti i principi comune), *tardiora sunt remedia
quam mala*. Conoscono anche questi signori Ligarii la natura del Re,
sanno le forze di lui, la mala opinione dei popoli per le gravezze imposte; di modo che basta loro cominciare il rumore come hanno di
già cominciato, e lasciare che questo sia dalle molte occasioni nodrito,
portando così la natura delle genti di Francia, amiche di novitadi e di
tumulti, per i quali ogni cosa fluttua qui. Eccovi lo stato nostro.

Gli Alamanni vengono e il duca di Lorena, il quale è il primo a
portare il basto di quella venuta, ha operato che passino nella Franca-
Contea, e ciò per mezzo di M. de la Noue, perchè i popoli non volevano
correre il pericolo di essere bruciati, come minacciavano di fare gli
Alamanni, passando per di là; e a questo modo chi primo ha consigliato la Lega è il primo a ritirarsene. Per i nemici vengono dieci mila
raitri, dodici mila Svizzeri, otto mila lanzichenecchi con otto colu-
brine, e ci saranno sei o sette mila Francesi che gli condurranno; esercito
troppo numeroso e rovinoso per noi, del quale è capo Otto di Lune-
bourg, duca di gran famiglia; la cavalleria è di Pomerania, di Brunswick e di Alsazia; vi è un valentissimo ed esercitatissimo capitano tra
loro, pratico della Francia, il quale conduce quattro mila cavalli. Con
Inghilterra noi abbiamo mezza confederazione, trafficandosi liberamente di qua e di là; e questo spiace agli Spagnuoli, i quali aspi-
rando alla monarchia suprema, vorrebbono che noi fossimo nemici di
quella regina da dovero. Ma le cose di Francia non patiscono che ci
rendiamo odiosi ai vicini per piacere ai nostri nimici; e però il Re,
lasciando là la reina di Scozia, ha pensato che il commercio con gli
Inglesi sia necessario alla Francia, e così ce lo ha permesso, e chi è
morto è morto [1].

---

[1] Marie Stuart avait été décapitée à Fotheringay le 18 février 1587.

Il re di Navarra attende a fare i casi suoi; e avendo preso Fontenay in Poitou, con ottanta mila scudi che dentro vi erano, corre tutto il paese; è lecito ad ognuno divenire cattivo, perchè oltre la libertà vi è il premio.

Noi dunque non avremo pace nè tregua, se non così stravagante e insidiosa che la guerra aperta saria più sicura. Vedete di grazia quanto avete operato voi altri signori, con dar forze, ajuto e favore a quelli che levano l'armi contro al suo re! ci avete rovinati, per poi al fine rovinare voi altri. Dio perdoni a chi n'è causa, e a quei savii consiglieri di Roma, i quali non sanno che non si combatte per la religione nè per la onnipotenza di Dio, ma per l'ambizione e fantasia di due soli! Il povero Re è quello che perde del suo, e costoro vogliono farlo impossente e sterile, con tutto che abbia, come si dice, avuto una figliuola d'una dama del paese di Berry, che si nutrisce molto segretamente. Noi staremo a vedere, e pregheremo Dio che non ci abbandoni, perchè la malattia è gravissima, e vince ogni rimedio umano. Non scrivo della fame e necessità che qui corre, perchè è inesplicabile; basti a vostra signoria di sapere che proviamo tutti i flagelli dell'ira divina.

Post-Scriptum. Il Re ha avuto un poco di mala sodisfazione di Joyeuse, credendo che egli s'intendesse con la Lega, e lo ha rabbuffato; ma egli ha negato apertamente di esserlo. Épernon è il solo onnipotente; la Reina si è doluta col Re, che sia andato a Meaux, luogo dove dovea farsi l'abboccamento con Guise, con così grossa guardia, che è di più di tre mila soldati. *Sic vivitur.* E però io credo che l'altro non verrà. *Sic itur ad arma.*

## XXII.

### CAVRIANA À BÉLISARIO VINTA.

#### Paris, 5 juillet 1587.

SOMMAIRE. — Forces des divers partis; revue des principaux chefs; précieux renseignements. Jugement sur la Reine mère. Le Roi; ses conseillers; son dénûment. Vigoureuse satire des mœurs du temps. Tristes effets des folles prodigalités du Roi. Indigne conduite des Guise; le Roi en a la pleine connaissance, et il se souvient. Mutuelle défiance. Bravade du duc de Guise; ses prétentions. Les Allemands sont près de la frontière; le duc de Bouillon est en marche pour les rejoindre; le duc de Lorraine n'est pas prêt à leur résister. Entrevue de Meaux; duplicité et mensonge. Les protestants d'Allemagne et le roi d'Espagne. Léger avantage remporté par Joyeuse en Poitou. Tort irréparable que causent au Roi ses deux favoris. Négligence des ministres du Roi. Dépêche importante.

La corte e il regno sono divisi in questo modo : col Re s'intende il conte di Soissons, il principe di Conti e il duca di Montpensier, tutti tre della casa di Bourbon; il cardinale di Vendôme, fratello del conte, è corpo neutro, ma inchina per lo più al cardinale, suo zio, ruina comune di questo regno; e ciò fa per la speranza che ha delli beneficii del detto suo zio; non lascia per questo il Re di farle buona ciera. S'intende seco : il duca di Nevers, e confida molto in lui; il duca di Longueville; il marescial di Biron, esercitatissimo capitano in ogni parte dell'arte militare e'valorosissimo; il marescial d'Aumont, uomo di natura guerriero e bravo; il marescial di Matignon, sagace e cauto. Quel di Retz giuoca ambedue le parti, e si crede ch'egli sia più Guisardo che regio; pure non si scuopre del tutto, temendo che i fatti suoi non vadin bene, e desiderando sempre di promuovere al cardinalato il suo fratello, vescovo di Parigi. Ci è poi Épernon, del quale non si può dubitare. Joyeuse è Guisardo, di donde ne ha avuto un gran rabbuffo dal Re, minacciato di farlo tornare dove è partito. Con il Re s'intendono i magistrati publici, le corti dei parlamenti, che sono sette, le quali hanno la giustizia e l'erario in mano; i signori ricchi, i vecchi capitani, gli uomini maturi, e buona parte del clero, parlo di buona parte; perchè cotesti sanno che i signori Ligarii non sono infervorati del servizio di Dio, ma del loro proprio, e di crescere, in ogni

maniera che sia, sopra tutti coloro che si oppongono ai loro disegni.
E fra i gesuiti ci sono di quelli i quali biasimano le azioni di questi
cattolici ambiziosi, come e il priore Emondo, gran trombetta già dei
Guisardi, ed ora tutto regio, e ammaestrato a credere poco agli uomini
di quella fazione, nemica e distruggitrice di questo bel regno. Vi sono
anche di molti abati, i quali costretti a vendere i beni della Chiesa per
questa guerra, in niuna parte profittevole alle cose ecclesiastiche, biasimano le armi e i progressi dei Ligarii e aderiscono al Re. Le donne e
il sesso femminino hanno le loro parzialità; chi è affezionata a una parte
e chi a un'altra; la più inchina ai Guisardi.

Con Guise s'intende il popolo minuto, la nobiltà più giovane, i necessitosi e banditi, i cittadini delle terre, alcuni governatori di luoghi forti,
e, secondo si crede, la Reina Madre e la Moglie; quasi tutto il clero.
Taccio l'ambasciatore di Spagna, il quale consiglia e grida questa
danza. S'intende seco Brûlart, uno degli segretari di Stato, Villequier,
ajo del Re (vedete perfidia grande!), e il cancelliere.

Col re di Navarra: Épernon (ciò si stima sia di consenso del Re,
per odio concetto contro Guisi); Montmorency, tutti i seguaci e fautori del fu conestabile, e molti cattolici, consapevoli del fine per lo
quale Guise ha preso l'armi; i quali non si terranno per scomunicati, nè meno le mani a cintola, e, venuta l'occasione, combatteranno per lui, stimandosi da loro che la religione sia solamente il pretesto, ma l'ambizione il vero fatto e la sorgente principale di questi
tumulti.

Ora si sa da ognuno che la Reina Madre ha mala volontà contro la
casa di Bourbon, e ottima verso quella di Lorena e di Guise, e che
per questo rispetto cerca di promuovere i suoi nipoti il più che ella
può; ma, come saccente che ella è, dà sovente un colpo alla botte e
l'altro al cerchio, e così mostrandosi neutrale, e in volontà di mantenere l'equilibrio delle cose, non si avanza in parole, anzi non ha altro
in bocca che il servizio del Re, suo figliuolo, e il ben pubblico.

A lei spiace di vedere Épernon e Joyeuse tanto avanti nella grazia
del Re, che la sopraffaccino, e che le convenga passare per le mani

loro, quando ha mestieri della liberalità e favore del Re, suo figliuolo;
e, come valorosa donna ch'ella è, avrebbe caro di vedere questi due
tanto bassi, che alzarsi non potessero da qui innanzi. Abbassarli non
può persona al mondo meglio del duca di Guise coi suoi, e però ella
non si è mai mostrata aliena da loro.

Si prometteva essa di poter governare ambedue le fazioni a suo
beneplacito, e far loro prendere e posare le armi, quando le fosse
parso, siccome faceva già nelle prime guerre e sedizioni passate;
ma gli ugonotti, ingannati già tre o quattro volte dalle sue parole e
artificii, non credono più in lei in modo alcuno, e altrettanto ne fa
Guise. Così andando qua e là, ha il maneggio delle cose in mano,
e parimente non l'ha; perchè non può condurre le cose come la vorrebbe.

Vi sono anche alcuni uomini, detti i politici; vi sono i malcontenti, e i mal trattati, i quali aderiscono più al Guisardo che al Re,
non perchè egli abbia più modo di beneficarli, ma per la licenza del
predare.

In questo modo è diviso il regno; al Re non manca spirito nè cognizione di quello che deve fare, ma quella brava risoluzione del granduca Cosimo, il quale sapea conservare la sua dignità. Nè ha appresso
di lui, potenti nei negozi publici, che Villeroy, primo segretario, e Bellièvre e Épernon; gli altri non sono ammessi, o se pure lo sono, non
sono esauditi.

In questa grande necessità di cose c'è la estrema inopia del vivere,
che è incredibile, vendendosi il sacco di fromento in Parigi dodici
scudi di sole; e ancora quella del denaro, non se ne trovando nè per
amore nè per forza, nè meno per vie indirette; perchè, come si è perduta la fede per il Re tra tutti i suoi sudditi e anco tra i forestieri,
non ci è più modo di recuperare; e le esazioni violenti lo metterebe-
bono in pericolo di perdere sè stesso, non che il regno.

Che faremo dunque con i consigli datici da Roma? — la guerra, direte voi. — Ma come? senza denari e senza vettovaglie e senza capitani, essendo morti quasi tutti i più esercitati; nè vene essendo ora

88.

che di giovani, inesperti, arroganti, persuasivi e licenziosissimi. Bisognerà dunque fare la pace, quale ella si potrà avere, e credere che la
ci sarà più dolce, ancorchè ruinosa, che la manna. Vostra signoria mi
creda, che il Re verrà più tosto al fine degli ugonotti col modo antico
di non darli officii e beneficii, che per via d'armi. L'esperienza delle
cose passate ce ne rende certi; ma noi siamo tanto acciecati nelle
nostre opinioni, e tanto involti nei lacci dell'ambizione, che non crediamo la verità. Quello che serve in Italia non serve in Francia, e i
costumi delle due nazioni sono tra di loro differentissimi; per conseguente hannosi da maneggiare con diverso modo. Qui regna la perfidia,
la menzogna e l'avarizia, nè si esercitano ad altro questi spiriti che a
trovar modo di avere danari e farsi ricchi; il che causa i tanti mono-
poli che ci sono, e tante fraudolenti imposizioni, che oramai il puzzo
ne va al cielo. Le gran somme dei denari regii sono entrate nelle borse
dei particolari, i quali fanno il fatto loro; e i doni immensi, le spese
eccessive delle nozze di Joyeuse, i presenti che ha fatto il Re da sei
anni in qua, e quello che può sottrarre a sè per dare a uno o due,
lo ha ridotto a questa necessità che gli converrà lasciare le armi in
mano dei Guisi, o accordarsi con gli ugonotti. E così non può fuggire,
o una guerra perpetua, o una infamia publica.

Cosa chiara è che gli Spagnuoli credono che egli s'intenda col re
di Navarra; i Ligarii lo predicano, e molti dicono che egli dà ogni
mese buona somma di denari al detto re per mantenere la guerra. Io
non lo credo; ma quando lo facesse, si potria ben dire che ne ha ragione; perchè Guisi, attizzandolo tanto come fanno, pigliandogli le
terre con certi artificii come pigliano, e insidiando allo Stato e quasi
vita di lui, non può di meno che di servirsi dei nemici de'nemici suoi.
Vostra signoria mi creda, che non si lascia da loro che di tentare ogni
modo per rendere odioso il Re ad ognuno; nè so come egli soffra
tanto. Sin'ora questi della Lega non hanno acquistato al Re, con
l'armi che hanno avuto in mano quasi due anni, un palmo di terra; e
quello che aveano vinto in Guascogna, lo hanno perduto ad un soffio
di vento, rovinati i popoli, esausto l'erario, e venduto il patrimonio

della Chiesa. Questo nasce dall'essere stato sforzato il Re a rompere
inopinatamente i suoi editti, e contro a sua volontà a muovere le
armi; di sorte che, non s'intendendo bene con Guisi, non possono
essi fare quello che vorrebbero.

Il Re sa molto bene il fine del duca di Guise, sa l'intelligenza che
ha col re di Spagna e col Papa, e sa di che natura ei sia; sa come
l'ha voluto privare del regno; potrà egli dunque fidarsi di lui? Potrà
commettergli un esercito potente nelle mani, senza averne uno maggiore presso di sè? Signor mio, io credo che come egli ha dubio
della sua fede, così Guise ha timore della giustizia del Re; e però
io mi persuado, che la va ad inganna compagno; e che non saprà
mai arrivare tanto male al detto duca, che il Re non ne sia lieto
dentro di sè. Il genio dell'uno ha timore del genio dell'altro; e però
non vi può essere società nè amicizia, se non tale quale porta la
natura dei principi riconciliati, e prima offesi tra loro, per conto di
Stato.

La Reina ha bravato contro Épernon, dicendogli altamente ch'egli
è la rovina del regno; e per questo rabbuffo è stato assente da Meaux,
dove ella è al presente, e dove è ito il Re, aspettando là il duca di
Guise. E il Re sta sempre fermo nella sua opinione di volere menare
egli stesso l'esercito contro gli Alamanni, e dare una vanguardia di
due mila cavalli Francesi, di quattro mila fanti, e quattro mila di lanzichenecchi o Svizzeri, al duca di Guise per traccheggiare il nemico;
ma Guise non la vuole intendere, temendo che, se egli fosse rotto, il
Re non gli caricasse le spalle e s'intendesse coi raitri. Se gli dà forze
anche più potenti, il Re sta dubio della volontà di Guise; così va il
mondo. Duolsi molto il Re che Guise abbia scritto a sè e fatto scrivere
altrove, che egli solo poteva e voleva senza le forze regie combattere i
nemici sulla frontiera di Germania, e che avea quaranta mila uomini
bravi in ordine. Ora non solo non ha gli uomini, che non ha denari
da poterli fare, e sollecita e chiede denari e forze a Sua Maestà; la
quale resta scandalizzata di questa jattanza tanto importante. I più
savii pensano che le forze del re di Spagna, delle quali Guise si

voleva prevalere, sono occupate in Fiandra, e molte che si aspettavano d'Italia non sono ancora in ordine; e gli Alamanni con la loro
celerità hanno prevenuto le azioni di Guise. Altri dicono che Guise
vorrebbe avere più grandi forze del Re, acciò che potesse poi a sua
voglia correre la Francia, e trovare il Re sprovvisto o almeno mal
guarnito di gente; e il Re ha molto ben caro di vedere Guise avvilup-
pato nei fastidii per rimproverarsi la perfidia e la persuasione con la
quale vive. Così si giuoca ad inganna compagno; *quidquid delirant reges*
*plectuntur Achivi.*

Gli Alamanni vengono, e sono venti sette mila combattenti, avendo
passato il Reno più che la terza parte di loro; hanno molini a braccio, gran quantità di carne salata e biscotto; e il duca di Bouillon è
ito ad incontrarli; non si sa dove li troverà, ma si farà la massa dei
Francesi per accompagnarli verso Saverne, e si crede che ve ne saranno verso otto o nove mila.

Il Re non ha raitri per colpa di Schomberg, colonello del Re, non
avendo incaparrato i rismastri a tempo, perchè non avea denari; e
quando bene si levino addesso e volino, i nemici saranno già entrati
nel regno. Averà dodici mila Svizzeri, e quattro mila lanzichenecchi;
i Francesi sono mal montati, e poco cupidi di combattere.

Il duca di Lorena prometteva al duca di Guise monti d'oro, ma si è
di poi trovato che non ha forze nè denari.

Solo dunque il regno di Francia patirà; e noi faremo pace al dispetto di chi non la vuole, non si potendo far guerra; ma la ci costerà
cara, e il re di Navarra stabilirà così bene le cose sue a questa volta,
che non averà più da dubitare della Corona; altrimenti sarà l'ultimo
sforzo e il fine di questa nazione.

Il Re sta fermo di volere le fortezze occupate da' Guisi in Piccardia,
nè vuol perdere un *iota* della sua opinione; sopra di che la Reina Madre
si commosse a Meaux, ma infine egli disse : « Io voglio così. » Se egli
piglia il freno pe'denti come dovrebbe, noi staremo bene; ma se si
lascia andare, noi saremo sempre tra l'incude e il martello. Pace si
farà, ma tale quale si potrà, non quale dovremmo avere; perchè in

questo paese le cose sono mutabili e varie, le quali si governano più a
volte di cervello che per ragione.

Ieri, a dì IV di luglio, il duca di Guise vide il Re a Meaux, e se gli è
gettato nelle braccia, dicendo che non vuol altro che servirlo e ubbi-
dirlo; e dà segni di grande umiltà. Ma noi altri che conosciamo la
volpe diciamo, o che necessità lo ha condotto a questa vista, ovvero,
qualche inganno. Con Épernon si è riconciliato; e, se le dimostrazioni
che si sono fatte tra di loro fossero vere ed ingenue, si direbbe che
sono fratelli. Temono tutti che il Re si lasci voltare; e che per le persuasioni materne e per quelle di alcuni altri poco fedeli al ben publico,
e meno al Re, si tolga giùso dai gangheri della costanza, e, sebbene
nega di volere lasciare a Guise le fortezze della Piccardia, le lasci nondimeno con qualche condizione poco onorevole.

L'esercito dei nemici che viene non è pagato solamente dal re di
Navarra, ma dalla controlega di Germania, e però durerà, atteso che
il re di Dacia, che è quasi il principale dei protestanti, l'ha mandato
ed assoldato, dicendo, che val meglio per loro avere la guerra in
Francia che in Germania; consapevoli che Filippo, re di Spagna, autore dei nostri rumori, e che aspira alla monarchia d'Europa, come
abbia fatto il caso suo in Francia, volgerà le forze sue in Germania.
Ma l'età sua ci assicura della sua ambizione. Vedremo il progresso che
faranno questi Alamanni.

Joyeuse va ad assediare Saint-Maixent in Poitou, avendo dato una
stregghia a due reggimenti di fanteria del re di Navarra; di che il Re
gongola, parendo a lui che il mondo abbia da stimarlo giudizioso in
favorire due così buoni guerrieri come Joyeuse e Épernon. Coteste
vittorie, e cotesti avanzamenti di gente quale è l'uno e l'altro, fanno
rabbiare i principi e grandi di Francia, che non sono impiegati, anzi
pajono vilipesi dal Re, e lasciati oziosi e quasi inutili alle loro case; il
che fa che Sua Maestà non sia servita bene; beati quei popoli i quali
hanno i principi savii e giudiziosi.

Si vede che il Re vuole che i popoli, i quali hanno desiderato la
guerra, corrino a lui a pregarlo per la pace, perchè di vero le provi-

sioni che si doveano fare, buon pezzo ha, per ovviare agli Alamanni.
non si sono fatte se non tardi; ed egli incolpa i suoi ministri, i quali
assicuravano che i raitri non verrebbero; nè hanno dato ordine al
trovar denari; così arrivati che saranno in Francia, verranno diritto a
Parigi, ed ivi si tratterà, mal nostro grado, della pace. Vostra signoria
lo vedrà, e vedrà che non m'inganno.

---

## XXIII.

### CAVRIANA À BÉLISARIO VINTA.

#### Paris. août 1587.

12 août.

Gli raitri dei nemici hanno passato il Reno; sono nove mila, e sei
mila fanti; aspettano diecisette mila Svizzeri, con i quali si aggiungono sei mila Francesi, guidati da Châtillon, figliuolo del fu amiraglio;
hanno artiglieria, molini a braccio, lanze, e munizione necessaria, persuadendosi di avere a patire necessità di vivere entrando nel regno,
perchè ogni cosa si ritira nelle terre per ordine regio. Noi crediamo
che verranno qui dritto a Parigi, non per farsi cattolici, ma per far
fare la pace profittevole agli ugonotti; perchè Guise, che minacciava
di combatterli e vincerli di là dal Reno, non avendo tanta gente quanta

egli si prometteva dal duca di Parma e dai suoi aderenti Francesi, nè
possendo estorquere dal Re come si persuadeva, disegna di ritirarsi
nelle sue fortezze di Champagna e di Borgogna, e lasciare che questi
barbari corrino a loro voglia il paese. E il Re, essendo esausto di denari, avendo poca obbedienza de' suoi, trovandosi sdegnato col detto
Guise, e morendo di fame il popolo, non può più contrastare con la
necessità; di sorte che, ognuno gridando la fame e la pace, egli sarà
costretto a farla; e chi prima ha turbato il regno, sarà senza dubio
il primo a chiederla e a procurarla, che è quello che si desidera e
brama da Sua Maestà, acciò che si sappia da voi altri signori Italiani,
che non si comanda nell'istesso modo alli Francesi che voi altri comandate ai vostri sudditi. E Guise, non più cauto che sospettoso,
mercè della sua coscienza, teme che, se, venendo alle mani con i raitri,
rimane vinto, il Re per giusto sdegno gli dia addosso; e se riman vincitore, il medesimo gli avvenga. Però vorrebbe avere la vanguardia
da condurre, nella quale farebbe disegno di avervi pari numero di
stranieri dipendenti da lui e dei Francesi regii; i quali prima si espo-
rebbero al pericolo per vederne l'esito, e stare sempre armato contro
il Re, se a questi venisse in animo di offenderlo.

Ma il Re dà la vanguardia al duca di Montpensier, e vuole Guise
col fratello seco, ovvero che se ne stieno ai loro governi; nè può patire
che entrino croci rosse in Francia, di modo che questi signori Ligarii
non hanno il giuoco franco come si credevano. Fanno pensiero di avere
due mila cavalli leggieri Italiani, due mila Francesi, suoi amici, e
quattro mila raitri; aspettano dodici mila Svizzeri eletti, col colonnello
Pfeffer, strenuo e vecchio capitano. Il re di Spagna paga cotesto numero di gente. Dei soldati datigli dal Re il numero è piccolo; sono
quaranta compagnie d'uomini d'arme e otto mila fanti. Ma la cosa
va tanto lenta, le provisioni sono tanto tarde, per volontà o necessità,
non lo so, che, *dum Romæ consulitur, Saguntum amittitur;* e al Re è
parso questo numero di gente bastante per opporsi ai raitri, se si
giunge con quei tanti Scipioni e Annibali che Guise vantava di avere
del suo. Nè è parso bene al Re di dare tante forze a costui, che, smi-

nuendo la sua propria, dovesse temere da chi gli ha dato saggio di
onorata perfidia. Oltre che, se fosse vinto da raitri, egli fosse astretto
di ritirarsi vergognosamente in Parigi. Di così piccol numero dunque
che se gli dà di gente, e male in ordine, e molto tardi, si duole il
detto duca di Guise; e protesta che si ritirerà nelle sue terre, lasciando
libero e aperto il paese ai nemici. E il Re gli replica : « Dove sono le
« tante vostre forze con le quali minacciavate di rovinare il mondo? »

Così noi ci mangiamo e insidiamo l'un l'altro, e con la venuta dei
raitri, se si viene a giornata, si combatterà non per la fede, ma per
l'imperio, e il premio del conflitto sarà la Corona di Francia, la quale
il re di Navarra a questa volta o la si assicurerà dopo la morte del Re
nostro, ovvero vi perderà il tutto, non possendo egli nè gli fautori
suoi, che sono Inghilterra e Germania, mandare ad ogni soffio di vento
un poderoso esercito come è questo nel regno di Francia.

Il detto re ha mandato qui un suo agente alla corte del parlamento, alla corte regia, e alla Sorbonna (accademia di teologia),
protestando di non introdurre stranieri in Francia per far male ai
cattolici nè al Re, ma per difesa della sua famiglia, vilipesa dai
Guisi, e per conservazione delle ragioni sue alla successione libera
della Corona; altrettanto ne ha scritto al Re. Il quale ha imposto un
balzello, e chiede denari apertamente a uno ciascuno, secondo che a
lui pare che le facoltà di colui possino portare; il che spiace ai Parigini stranamente, non si esigendo decine di scudi ma migliaja. Tale è
la nostra necessità, tale il disordine nel quale siamo caduti!

È venuto nuova, che il re di Navarra era gravemente infermo, e
portava pericolo di morte nella Rochella; tutti siamo aspettando la
nuova, la quale quando succeda, staremo peggio che prima, essendovi
qualche speranza in lui di riunirsi alla Chiesa cattolica, per amore di
Dio o dell'utile, non lo so; chè del principe[1] non c'è chi possa promet-
tersene cosa di buona.

Joyeuse vostro ha avuto qualche vittoria in Poitou, avendo recupe-

---

[1] Il s'agit sans doute ici du prince de Condé, zélé huguenot.

rato Saint-Maixant, e ucciso alcune compagnie dei nemici; ma così
tosto che egli volterà le spalle, quei luoghi si ribelleranno, essendo
l'asilo *ab antiquo* degli ugonotti. Di qua noi non manchiamo di provedere all'esercito, e accumulare uomini e denari; ma manca in alcuni la volontà, e a tutti il modo di porsi all'ordine.

Si è dato la gran croce di Malta al bastardo del fu Re Carlo, ed è
talmente amato dal Re nostro che è cosa straordinaria; non lo lascia
di vista un sol momento, il che spiace a M. di Épernon, veggendo
che questo giovinetto di anni quindici è di bellezza come un angelo,
di persona garbata, e di spirito così vivace che supera l'ordinario degli
uomini; di donde nasce che tira ognuno in meraviglia di sè, lasciando
dubio se sia un dio o un novello angelo venuto dal cielo. Ei promette
cose grandi della sua persona, se viene condotto come si deve; e, se
non fosse che si metterebbe in bisbiglio il regno, credo che il Re lo
legittimerebbe per succedere alla Corona. Piaccia a Dio che così pre-
zioso vaso sia riempito da chi lo condura di virtù e non di vizii! Io
sono sicuro che le graziose maniere sue caccieranno al bordello e dalla
grazia del Re i due favoriti, e si parlerà di lui più che di persona
di Francia; e le donne che lo veggono divengono amorose. *Servitus
tibi crescit nova.* Il Re lo alleva come figliuol proprio e legittimo, non
come bastardo del fratello. Vostra signoria udirà cose grandi fra due
mesi.

Il cardinale di Vaudemont sollecita il soccorso promesso dal Re ai
Guisi, ma l'esecuzione va lenta; e il Re publica di volere essere all'
esercito fra venti dì, e combattere, se la necessità lo astringe. E in
questo mentre le nozze della principessa di Lorena col duca di Nemours sono differite in alcune settimane, nel qual tempo possono avvenire molte cose che romperanno ogni parentado. Di qui nascono le
soavi lagrime di madama di Nemours, la quale, dubitando che queste
dilazioni, rovinose negli affari dei Francesi fervidi per natura, turbino
i suoi disegni, piange di continuo nel grembo del Re e della Reina
Madre. E il duca di Lorena non vuole darla al detto duca di Nemours,
se la principessa non rinuncia ad ogni e qualunque ragione dei beni

patrimoniali; cosa che spiace senza modo alla suocera ed al genero.
Ma che fareste voi, poichè si fa qui, come altrove, a inganna compagno?

L'esercito del re di Navarra e quel di Joyeuse sono così vicini, che
sarà forza che venghino a giornata; la quale se è perduta da noi, siamo
perduti e rovinati, non avendo il Re forze da mandare contro al vincitore, e guadandosi per tutto i fiumi in questa stagione secca; il che
crescerebbe l'ardire ai raitri, e verrebbero senza contrasto diritto a
Parigi.

Guise ha mandato il migliore de'suoi beni mobili in Saint-Dizier,
terra del suo governo molto forte, e lì andrà la moglie per più sua
sicurezza. Non si può sapere ancora il disegno dei raitri; credesi che
aspettino il re di Navarra o Condé, che venga loro incontro per condurli nel regno, dove non entreranno senza buona e onorata scorta.
Altri stimano che vogliano fare colonie di Germani in Lorena per levare il passo di Fiandra al re Filippo; il che se facessero, la reina
d'Inghilterra non temerebbe più gli Italiani nè gli Spagnuoli, non possendo venire soccorso ai Fiaminghi, seguaci di Filippo, d'Italia o di
Spagna. Cosa chiara è che Casimiro, duca di Baviera e conte Palatino,
ha scritto al duca di Lorena, che se egli si vuole ritirare dalla Lega, e
promettere di non impacciarsene più, che gli Alamanni passeranno pel
suo paese senza danno; altrimenti che non potria impedire il bar-
barico furore contro di lui. Di qui noi gli abbiamo mandato belle
parole, e i fatti succederanno quando si potrà; però il buon duca si
è posto all'ordine per fare testa del suo ai nemici e defendersi come
potrà il meglio, non intendendo a.modo alcuno di abbandonare i suoi
cugini.

Erano i raitri, già sei dì, nel piano di Saverne, aspettando che i suoi
Francesi gli venissero a trovare per condurli nel regno; e noi qui abbiamo opinione, che, senza combatterli, eglino si distruggeranno da sè,
parte per il guasto che da noi si darà al paese dove hanno a passare,
parte per la stagione ardente nella quale siamo. In ogni modo è male
al Re e al paese suo.

Il duca di Savoia ha negato il passo a Sacromoro Birago, condottiere di alcuni cavalli leggieri Italiani per il duca di Lorena, adducendo per iscusa che egli non vuole offendere il Re col quale è in
buona amicizia; e se non mostra le patenti di Sua Maestà, per le
quali egli conosca che cotesta gente è per servizio di essa Maestà,
che non gli permetterà il cammino. Ma il Re ha scritto che lo lasci
venire, chè è suo servizio. Vedete, signor mio, fraudi e malizie dei
principi, e come noi, suoi soggetti, ci debbiamo governare, poichè
i più grandi ci mostrano il cammino della dissimulazione e della
perfidia.

Il duca di Lorena ha fatto tagliare più di quattro mila alberi, e
attraversare le strade dei boschi per i quali li raitri e Alamanni nemici hanno da passare, già accampati nel piano di Saverne.

L'Écluse, porto di mare già assediato dal duca di Parma, è da lui
stato preso per composizione. È luogo quasi inespugnabile, e i nemici
se ne sono andati salve le robbe e le persone. Costui espugna e vince
ogni cosa, in tanto che si chiamerà il secondo Demetrio, *expugnator
urbium.*

Da che il duca di Parma avrà domato un poco il furore Inglese,
volgerà le sue forze verso Luxembourg, presso il ducato di Lorena,
per favorire la Lega, e per assicurarsi, che, facendosi pace in Francia,
queste genti non volgino in Fiandra l'armi loro, come si teme che
debbano fare.

3_1 août.

Guise raguna più gente che può, e promette di andare ad attaccare
i raitri, nè si manca dai suoi ministri in questa corte di sollecitare
soccorsi dal Re; ma, o sia fato delle cose o negligenza o pure necessità,
le cose vanno tanto lente, che si può dire con buona ragione : *tardiora
sunt remedia quam mala.* Cosa chiara è, che a questo esercito di raitri
non è stato dato l'intero stipendio che se gli doveva dal re di Navarra,
e che per questa causa v'era nato disparere tra essi e il detto re, e
medesimamente tra li capi; nondimeno non se ne è inteso poi altro,

nè il Re nostro ha cercato di fare che codesto disordine di volontadi sia stato a suo profitto, quasi non curante che costoro soggiornino dove sono; il che non pare prudenza, trovandosi egli posto in tante difficoltà come egli è, e dovendosi temere non meno dagli raitri che dalla Lega, se vincono.

Si fa ogni opera per trovare danari, ma la poca fede e credito che ha codesta nazione causa che non si trova un soldo, e senza essi non si può raccorre soldati nè andare ad incontrare i nemici, dei quali non si sa sin' ora l'intento; e, quello che è più strano, il Re non è avvisato di cosa alcuna che faccia o dica il nemico, tanta è la fatale negligenza nostra; e però noi perimo volontariamente. Ben so io che vi sono molti signori i quali si unirebbero ardentemente col Re, ed egli supererebbe con essi le insidie della Lega e l'orgoglio dei raitri; ma, non si vedendo costanza nelle menti di certi, nè si possendo l'uomo assicurare di scuoprire al Re molti bei modi di rovinare le parti e le fazioni, per tema che il consiglio ritornasse in rovina e a danno del consigliere, ognuno, si può dire, brama di essere piuttosto spettatore che attore di questa tragedia; e tra questo timore e tra il poco conto che si fa del consiglio del Re, il regno va in rovina; la quale si accelererà da vantaggio, vedendosi il Re senza successore e senza figliuoli. Onde io che ammiro le azioni eroiche del fu granduca Cosimo, spesso mi riduco in memoria quella sua opinione: esser meno male a uno re perdere un membro del corpo che la riputazione. Io per me vi dirò il vero: se avessi più che non ho, mi ritirerei di qui, per non vedere quello che già con gli occhi della mente preveggo; ma il poco modo di vivere onorevolmente a Roma o a Venezia, dove il mio genio mi guiderebbe, mi fa pensare a stare qui, e sepellirmi nelle ceneri di questa mia seconda patria; il che mi dispiace.

Joyeuse ha avuto qualche vittorietta in Poitou, le quali non rilevano di cosa alcuna il Re, perdendo egli sempre nell'acquisto che fa dell' effusione di sangue de' suoi sudditi, e non si sminuirà per questo il numero de' suoi nemici e ribelli, poichè in altre parti della Francia ve ne rinascono e risorgono molti.

Quanto a Montelimars, terra del Delfinato, occupata già dagli ugonotti, e, già dieci dì, ripresa con intelligenza dai nostri (salvo la cittadella),
voi dovete sapere che il capo che in essa era è stato ucciso, e seco molti
gentiluomini e capitani di credito, oltre più di sette cento soldati; i quali
tutti, ancorchè fingessero di servire il Re, erano nondimeno a divozione
della Lega, e il capo, che si chiamava di Susa, non volle accettare cinquecento Corsi che Alfonso, colonello di quella nazione, gli menava per ordine de La Valette, generale di quel paese per il Re, e fratello di Épernon, dicendo che era assai forte e possente contro gli ugonotti; ma egli
si avvidde poi che s'ingannava; perchè i nemici, considerando di quanta
importanza fosse loro il conservare quel luogo, non perdettero tempo,
così tosto che intesero la nuova della perdita di esso, di mandare Povet
del Delfinato con dugento cinquanta archibugieri, i quali ricevuti da
quelli della cittadella che si teneva per loro, furono in un istante alle
mani con i nostri; i quali impauriti (non si sa come) voltarono le spalle,
e si dettono a fuggire nelle case, avendo per capo di così vergognosa
retirata Susa, il quale vi era entrato così tosto che i nostri l'avevano
presa; e pare che Dio abbia voluto che l'ingannatore sia rimaso a piè
dell'ingannato. Perchè Susa v'era entrato dentro con pensiero di conservarla a sè e alla Lega, non per il Re; di donde nacque che non
volse accettare Alfonso Corso contro l'empito di quelli della citadella,
e però fece sapere a La Valette che non avea mestieri di rinforzare il
numero dei suoi soldati, temendo che Alfonso, tutto regio, non gli facesse la barba se vi fosse entrato. Ora i capi degli ugonotti, che erano
Lesdiguières e Châtillon, figliuolo del fu amiraglio, volendo congiungersi con i suoi quattro mila Svizzeri che erano in vista e nostra e loro,
i quali venivano dall'esercito di Lorena, trovandosi in testa La Valette
con le forze regie, non poterono adempire il loro disegno, e però lasciarono tagliare a pezzi i suoi Svizzeri, rotti e disfatti dal colonnello
Alfonso con soli secento archibugieri e dugento cavalli; il che pare
quasi impossibile. Ma la qualità del luogo montuoso e stretto nel quale
furono colti dai nostri, che non permetteva che maneggiassero le picche
nè le spade a due mani, ha dato la vittoria a La Valette, il quale molto

a proposito s'era posto tra i Svizzeri e Lesdiguières, capo degli ugonotti del Delfinato. Vi sono morti mille dugento Svizzeri, feriti più di cinque cento, e presi intorno a mille. Qui si è cantato il *Te Deum laudamus*, ma a molti pare che sia stata pugna Cadmica, considerando l'importanza degli uomini morti e presi in Montélimars, che sono cattolici, e la perdita di esso, temendo soggetto tutto il Rodano e molte leghe del paese montuoso, e non si potendo recuperare più se non con gran spesa e gran tempo, senza l'incomodità che arreca alle provincie vicine.

Il Re ha avuto dispiacere della morte di Susa e della perdita del luogo, ma come porta l'umana natura quando è offesa, disse con viso quasi turbato: «Così avviene a coloro, i quali beneficati da me contro «me levano l'arme: E così i Svizzeri, mentre che meco hanno combattuto contro i miei nemici, sono stati sempre mai vittoriosi; ora «che, mutando opinione, contro me si sono armati, sono stati puniti «giustamente da Dio, del loro folle pensiero.»

Épernon si maritò con la nipote di Montmorency[1], la quale gli dà in dote dieci mila scudi di entrata e molte migliaia di contanti. Questo maritaggio dà da sospettare alla Lega, perchè Épernon non è amico di essa, e, per essere favorito del Re, fa credere molte cose che si scuopriranno poi.

Guise promette di combattere raitri, e va a trovarli ben armato e accompagnato. Dio gli dia vittoria! Il Re si metterà in campagna fra quindici dì, assai ben forte, e va verso Sens in Bourgogne. Con Guise sono due mila cinquecento lance del duca di Parma, e più di mille cinquecento altre Francesi, tutti soldati di valore.

---

[1] Le duc d'Épernon épousa Marguerite de Foix, comtesse de Candale. Elle était nièce de Montmorency, car sa mère Marie était une des filles du connétable.

## XXIV.

### CAVRIANA À BÉLISARIO VINTA.

#### Paris, 23 septembre 1587.

SOMMAIRE. — Marche des reîtres; leur bonne discipline; conjectures sur la direction qu'ils prendront. Mouvements du roi de Navarre; concentration des forces des princes catholiques de la maison de Bourbon. Le Roi se met enfin à la tête de son armée, composée en grande partie d'étrangers; presque toute la noblesse française est avec les Bourbons ou les Guise. La cavalerie est à pied; l'argent manque absolument. Cette armée se forme à Gien-sur-Loire; pourquoi. Chacun ménage ses forces. Le frère de M. de Joyeuse est capucin. Essai de machines infernales, à l'imitation de l'Italie.

I raitri sono arrivati a Joinville, casa del duca di Guise in Champagna, combattendo sempre e marciando tanto stretti, che con tutto che il duca ad ogni momento gli attaccasse e tracheggiasse, nondimeno non si sono mai sbandati, nè si andava mai in foraggio da loro che non fossero due o tre mila insieme. E di vero hanno mostrato sempre più di ardire che quali altri raitri siano venuti di Germania, intendendosi che abbino combattutto con quelli della Lega con i stocchi e con le spade, pugna insolita a loro, e come avviene a chi giuoca, ora questi ora quelli sono restati vittoriosi. Nel passare per Lorena, hanno bruciato molti villaggi e casali, più per odio concetto contro certi particolari capi di quel paese, fautori della Lega e nemici degli ugonotti, che per offendere quel duca, tirato in questa mischia per forza d'inganni e non per volontà. Sin'ora non si sa dove piegheranno, non avendo eglino alcuna terra forte o ricca o nobile che gli possa servire di sicurezza in ritirarsi, e convenendo correre un gran paese e passare molte riviere e fiumi, prima che arrivino in Poitou, dove si crede che andranno, se il re di Navarra gli viene a trovare, o sul Loire fiume, o di qua di esso; e caso che non possa passare, come si presumeva che passerebbe (avendo avuto le riviere e fiumi questo anno tanto secchi che per tutto v'era buon guado), eglino se ne rimarranno dove sono, mangiando e bruciando il paese, o che se ne verranno a Parigi, luogo dove il re di Navarra si vanta che farà fare pace al dispetto della

Lega. Ma il Re ha mandato Joyeuse e Matignon maresciallo ad impedirlo e trattenerlo di là de la Loire, vicino a Tours, dove era ito per
ricevere nel suo campo quelli di Normandia, du Perche e du Mans, i
quali montavano a cavallo per seguitarlo al viaggio che pretendea di
fare verso i raitri; ma se tarda, le pioggie che hanno cominciato, e
sono molto grandi e spesse, faranno crescere in modo i fiumi, che non
ha ponte alcuno per lui. Tutte le sue genti sono a cavallo, il che dà a
credere che voleva fare gran giornate; sono al numero di quattro mila
archibugieri e quasi mille dugento lancie. I suoi parenti, cioè il conte
di Soissons, il principe di Conti, figliuoli del già principe di Condé,
e Montpensier altresì hanno adunato molti uomini e tutti cattolici, i
quali non muovono, nè si sa ciò che voglino fare; e, se questi si uniscono insieme, fanno il quarto esercito che può nuocere o servire alle
cose del Re. Chiara cosa è, che, con tutto che il Re dia la vanguardia da
condurre a Montpensier, egli nondimeno non può patire che la sua
famiglia sia così malmenata come è, e che gli convenga, con il bel
titolo di condottiere di esercito regio, essere il carnefice del suo sangue, dovendosi mostrare crudele contro il re di Navarra e i suoi fautori. Vedremo la resoluzione che farà, e se verrà a trovare il Re o no;
il che darà a conoscere se ha prudenza o se ne è privo.

Quanto al Re, egli partì di qui accompagnato dal duca di Nevers,
Biron, d'Aumont e Retz, marescialli, con faustissime acclamazioni del
popolo; nel quale nondimeno, come vostra signoria può pensare che
avviene nelle guerre civili, tutti non sono di un medesimo volere, e per
conseguente sono di diversa affezione. L'esercito suo s'ingrossa poco
a poco, e i raitri suoi saranno molto tosto in Francia, che saranno sei
mila, e dodici mila Svizzeri veterani; perchè, quanto ai Francesi, la cosa
va molto diversamente dell'ordinario, essendo la maggior parte dei
bravi e esercitati tra loro stata preoccupata da ambedue le fazioni; di
dove nasce il piccol numero che rimane al Re, e questo anche mal disciplinato, e sotto capitani poco pratichi della milizia. La cavalleria, già
nerbo di questo regno, non essendo stata pagata già molti anni sono,
è a piedi, e di rimettersi a cavallo non può per la gran carestia di

tutte le cose necessarie, e per non donare il Re cosa veruna ai gentiluomini, non avendo egli il modo di farlo; di sorte che cotesta nazione
è ita alla guerra più per naturale ferocità di cuore che per volontà o
elezione. Dei denari poi io non oso scrivere quello che si vede ed ode;
perchè leggendolo vostra signoria lo stimerebbe favola; onde io giudico, che non staranno molto tempo fuori di Parigi questi nostri guerrieri, anzi potrieno fare una pace. Vostra signoria mi dirà : come?
Rispondole : come le altre volte, e durerà come le altre, e che qui non
si mira così esattamente alle cose come si fa costà. L'esercito regio si
congregava a Gien sul Loire, vicino a Orléans, per essere giusto tra il
re di Navarra, se avesse voluto tentare di passare il fiume, e tra i
raitri, se si fossero approssimati. Oltre di ciò, per avere due buone
terre vicine, abbondanti d'ogni cosa, Orléans e Montargis, e potere in
due dì avere ogni soccorso necessario dalla città di Parigi che le resta
alle spalle. Ha poi Sua Maestà mandato i mastri del campo generali,
che chiamano marescialli di campo, a Saint Florentin e a Sens in Borgogna, per essere in testa alli raitri, e trattenerli a qualche passaggio,
e farli temporeggiare, sino tanto che le nostre forze straniere sieno
giunte e ragunate tutte insieme; perchè, sebbene il Re arde di desio
di venire alle mani coi nemici, egli nondimeno non vuole arrischiarsi
ad una battaglia, se non la vede vantaggiosa per sè e con certissima
vittoria in mano, sapendo che la perdita di essa è l'ultima rovina di lui
e la gloria della Lega. Dall'altra parte, il duca di Guise, temendo, se
venisse a giornata con i raitri e fosse vinto, di dovere essere esposto
alla misericordia regia, va trattenuto, e non vuole avventurare le forze
che ha. Vostra signoria vegga le due ultime mie, e giungale con questa,
e vedrà come io le scrivo il vero e non le significo vanitadi.

In questo tempo che si vede il regno di Francia essere in giuoco, e
che non si sa quale delle due parti rimarrà superiore e vincitrice, è
successo un miracolo : il conte du Bouchage, fratello del duca di
Joyeuse, si è renduto capuccino, avendo rinunziato totalmente al
mondo; e, sebbene il Re ha fatto tutto quello che possibile le è stato,
per ritenere questo suo favoritissimo favorito e intimissimo servitore al

mondo; ha nondimeno più in lui potuto il volere divino che la persuasione regia; e, coll' esempio di questo nobilissimo giovine e già fortuna-
tissimo secondo il mondo, molti altri nobili e di credito grande si
rendono quotidianamente nel monastero, *et quod exemplis tuemur inter
exempla erit.*

Le vostre scatole del Fontana, Modenese, le quali fecero, già venti
sei anni, uccidere molti, e particolarmente un gabelliere della porta
che viene da Bologna a Fiorenza, troppo subito e pronto a volere riconoscere quello che dentro ci era, sono rissuscitate qui sotto altra
forma, un poco più grande e lorda, ma non hanno nociuto a persona,
salvo a colui che le aveva fabricate e portate; onde giustamente *imbuet
auctor opus,* dovendo egli domani essere posto in ruota, supplicio crudelissimo e abbominevole.

Gli predicatori fulminano in favore della Lega e in laude della casa
di Guisa, ed ogni cosa è piena d'arte e di destrezza. Vostra signoria
potrà vedere per quello che ho scritto già molti mesi, che qui si travaglia a inganna compagno; secondo questa mira, alla quale tutti tirano,
conoscerà facilmente qùal sia per essere l'esito della guerra, e ciò che
si può sperare da questi così grandi movimenti. Si darà al duca di
Guise qualche forza, e altresì a quel du Maine, per trattenere i raitri,
e insieme per impedire che Châtillon, figliuolo del fu amiraglio, non
si giunga con cotesti Alemanni, perchè sarebbe una banda troppo
forte da rompersi.

---

## XXV.

### CAVRIANA À BÉLISARIO VINTA.

Paris, octobre 1587.

armée royale; leur déférence pour la personne du Roi. Déclarations de quelques prisonniers des reîtres, compromettantes pour M. d'Épernon. Indiscipline des soldats royaux; froideur de la noblesse; ruine du peuple; lourds sacrifices imposés au clergé : tels sont les fruits de la Ligue! Violence des prédicateurs. Les reîtres se rapprochent de Paris. Première nouvelle de la défaite de M. de Joyeuse à Coutras.

1<sup>er</sup> octobre.

· Gli raitri dei nemici marciano per la Champagna in libertà, e pare · che voglino tirare al cammino di Borgogna, per andarsene poi verso Roanne, terra vicina a Lione dodici leghe, e di là verso Languedoc, per congiungersi col re di Navarra; il quale era verso Tours, aspettando che il conte di Soissons e il principe di Conti, fratelli e cugini suoi carnali, si congiungessero seco, come si sono, già otto dì fa; e questa congiunzione degli cugini dà materia a molti di discorrere secondo le passioni di ciascuno; e alcuni la stimano poco savia e meno utile al conte; il quale, se si fosse messo dalla parte del Re, non è dubbio che, venendosi alla elezione dei principi del sangue per la Corona, dopo la morte del nostro, egli era per averla, atteso che mai sarà re un ugonotto; e egli solo, si può dire, era stimato arcicattolico fra quelli della sua stirpe, portante armi. Ma la speranza, che il re di Navarra le ha dato, di darle la sorella ricchissima per moglie, e il vedere che la sua famiglia se ne va in rovina, poichè quella di Lorena la vuole ad ogni modo soprafare, sono stati stimoli di quella sua repentina ed improvvisa trasmigrazione. Noi conosciamo ora la causa del lungo soggiorno che ha fatto il re di Navarra vicino a Tours, del quale si facevano varii giudici, e con essi si biasimava la sua prudenza, perchè non si affrettava di andarsi a giungere coi raitri; perciocchè il suo disegno era di far spalle ai suoi cugini, che andavano a trovarlo con seicento cavalli. Vegga ora vostra signoria come imprudentemente questi due fratelli si rovinino, e faccino quelli di Guise più forti e più possenti col popolo!

Nel passare che fanno i raitri per le provincie non si fa da loro alcun male ai popoli, anzi a Joinville, terra del duca di Guise, hanno mostrato segni di buona volontà; e il duca, avendolo scritto al Re, ha dato materia di parlare. Per il vivere usano questo rimedio : sforzano con minaccie le terre murate a dare loro il vitto ovvero una somma di denari; la quale ricevuta s'astengono egregiamente dal predare e bruciare; e i popoli amano meglio contribuire ad una piccola somma che vedersi ardere le case e menare via i bestiami. Non si marciò mai da alcuno esercito Alemanno così giudiciosamente, nè con tanto ordine quanto fa questo, e la santa Lega non ha osato vederlo in faccia; e, sebbene la si scusa, che non le è stato tenuto quello che se gli era dal Re promesso per resistere ai nemici, nondimeno, nè anche con quelle genti che hanno tutti i Guisardi, si è fatto una minima fazione di guerra. Si stima che farà il viaggio che fece già il duca des Deux-Ponts, quindici anni sono, che menò seco le miriadi di raitri, quando andette in Languedoc, e dipoi si fece la battaglia sanguinolenta di Moncontour. I fiumi per tutto il regno si sono gonfiati, e non hanno i nemici alcun ponte per passare a loro agio, di sorte che si stima che faranno male i casi loro, non si essendo giunti col re di Navarra, ed essendovi poca speranza di giungersi, se qualcheduno non fa qualche tradimento, cosa permessa in questo regno, e premiata altresì dopo che le guerre civili cominciarono.

Combatteranno dunque le due famiglie insieme, Bourbon e Lorena; il Re starà di mezzo, cioè sarà il battuto e lo spogliato, poichè contendono di quello che è proprio suo. Egli ha un esercito, ma non numeroso o potente come si dovrebbe, per l'inopia universale; e perchè questi soldati di qua hanno perduto ogni ubbidienza e disciplina militare, e pel credere di ognuno, si farà una pace, la quale (segua in qualunque maniera si sia) la offenderà e straggerà la sacrata Lega. Si giudica bene che non vi sarà altra religione che la nostra vera, ma non saranno gli uomini inquisiti delle loro coscienze, stando nelle case loro, alle ville e ai campi; e se il re di Navarra si accordasse a ciò, si crede ch'egli sarebbe dichiarato successore alla Corona, e la veneranda Lega costretta a rendere le terre che tiene; di donde nascerebbe a lei diminuzione di credito con i Francesi, e più con gli stranieri, e forse pericolo delle persone.

Quello che si può costringere alla pace sarà l'esercito dei nemici,

se venisse dinanzi a Parigi, dove si buccina che verrà, perchè sendo
numeroso e guidato da gente pratica a queste azioni, può in poco
tempo assediarci tutti, occupando tre luoghi soli che sono i passi per
i quali ogni cosa viene a Parigi : cioè Saint-Denys, Saint-Cloud, e
ponte Charenton. Dal primo si viene di Piccardia, dal secondo di Normandia, e dall' ultimo di Champagna, dalle quali provincie l'abbondanza delle cose necessarie al vitto umano viene somministrata. E
perciò la Reina, che è rimasta reggente in assenza del Re, ha mandato
un ingegnere per fortificarli, temendo che a questa terza volta le avvenga quello che le due altre le è avvenuto in simili guerre civili, e
per i medesimi capi. *Omnia ruunt in deterius ;* e così si n'andiamo poco
a poco.

Post-Scriptum. I raitri nemici sono a Chasteauvilain in Bourgogne ;
Guise a Neufchateau, frontiera di Lorena; dieci leghe gli uni distanti
dagli altri, così non si morderanno. Il Re aspetta i suoi Svizzeri e i
suoi raitri, ed è a Romorantin tra Blois e Bourges. Il re di Navarra è
ritornato in Poitou.

I raitri sono giunti con Châtillon, figliuolo del fu amiraglio ere-
siarca, se bene il duca du Maine lo seguiva e quel di Guise lo andasse
ad incontrare con il suo cugino, il duca di Lorena, fortificato di tutti i
soldati che erano nel suo Stato, per tagliarlo a pezzi. Ma la celerità di
lui ha prevenuto i nostri disegni, e due mila cavalli, che s'erano partiti dal campo nemico per soccorrerlo, hanno fatto ritirare quelli della
Lega, *re infecta.* Con Châtillon erano due mila archibugieri e dugento
cavalli, strascinati per montagne e per colli dal Languedoc in Champagna, paesi nemicissimi a lui; e questa fazione è stata stimata bellissima.

2 5 octobre.

Dopo che il Re partì di questa città, per formare un campo contro
gli Alemanni i quali erano già discesi in Francia, ancorchè i capi della
Lega avessero promesso d'impedire loro il cammino con le proprie
forze, non è successo alcun conflitto memorabile, nè meno presa di
città, la quale possa stabilire o rovinare le cose degli uni o degli altri;

e sin' ora questi stranieri (i quali, dalla più forte e numerosa banda di essi che è di raitri sono nominati) non hanno fatto un sol fallo nell' arte della guerra, perchè nell' alloggiare usano prudenza, e nel partire non hanno confusione; si ristringono in poco spazio di paese; e, quando vanno in scaramuccia, sono sempre mille o mille dugento, il medesimo quando vanno alla busca. Di modo che, a volerli assalire e seguitare, conviene avere gran numero di cavalleria fresca e buona, cosa che ci manca; perchè il duca di Guise non ha più che mille lancie e cinque mila fanti, male in ordine perchè non sono pagati; il duca du Maine molto meno minor numero. Non offendono persona, s' astengono dagli incendii delli sudditi del Re, e si contentano di essere ajutati delle cose necessarie dalle terre presso alle quali passano, senza a quelle volere far forza. Se gli è somministrato loro da una piccola terriciuola in Bourgogne, detta Tonnerre, dugento pelli di vacca per far stivali, cinque mila paja di scarpe, dodici cavalli per l'artiglieria, e qualche somma di panno per vestire gli lanzichenecchi e Svizzeri. *Ita sine maleficio transeunt.* Non è republica meglio governata, non è convento di frati così bene disciplinato come questo esercito, il quale ha buoni capi e molto pratichi di condurre uomini di guerra; e quando si viene al menare delle mani, coloro, che gli hanno provati, raccontano che si mostrano molto arditi e molto savii, e che c'è tra loro maggior disciplina che non era nelli passati anni; sia stata la necessità che ha loro mostrato il vero cammino di guerreggiare, o sull'uso dell' andare in paesi stranieri sotto diverse condotte, fanno da savii e valentuomini. Certa cosa è che si accampano con mirabile arte, e quando marciano sono fiancati da una quantità di carri, i quali li difendono dai nostri cavalli e nostre lancie. Se le terre negano di dare loro il vitto, con alcuni cannoni che hanno si fanno aprir le porte; e oramai questi paesani, instrutti della maniera del procedere loro, gli portano volontariamente quello che è loro bisogno, e con questa forma salvano i suoi beni. È ben vero che ciò si biasima dalla Lega, la quale vede che questo modo di fare è molto nocevole; perchè non si snideranno giammai da questo paese, nel quale

ricevono per mal fare ricompensa e utile; e, trovandovi essi vitto,
vestito e ricchezza, ogni altro pensiero avranno che di ritornarsene.

Guise, temendo che, se venisse alle mani con loro e restasse vittorioso, non lo potrebbe essere senza perdita dei suoi, e temendosi altresì
delle insidie cortigiane, va solamente costeggiandoli e travagliandoli
quanto può; d'onde è che è nato che, avendoli cacciati fino al fiume
del Loire, egli si è fermato a Auxerre, e gli ha gettati sulle braccia al
Re, il quale è a Sancerre sur Loire accampato con un esercito reale. Il
fiume è rapido, largo, profondo in molti luoghi, ed ha il fondo mobile,
di sorte che, se bene vi si trovano molti guadi, nondimeno, per avere
egli come banchi di arena (*sable mouvant* in buon francese), è mal sicuro
il passaggio a guazzo, essendo un gran numero di gente, perchè non
essendo solido il fondo, i primi rompono il guado alli ultimi.

Gli nemici dunque, discesi nello Stato del duca di Nevers, si mo-
strarono in battaglia alli venti di ottobre sulla ripa del fiume; che potevano essere otto mila cavalli, e potevano anche essere visti agevolissi-
mamente dal Re; perchè Sancerre è su un colle altissimo, ed è solo,
il quale scuopre più di venti miglia all'intorno di paese. Cominciarono
a passare un guado, il quale è capace di sessanta cavalli di fronte, ma
sull'altra ripa v'era un battaglione di dodici mila Svizzeri, mille dugento uomini d'armi e molti cannoni postivi dal Re, che sospettò che
per là tenterebbero di tragettare il fiume.

Vistosi impediti, fecero alta; e, riconoscendosi i nostri e i loro, come
porta la natura della guerra civile, Châtillon, figliuolo del fu amiraglio
(rovina di quello regno), e di molta stima fra i nemici per essere
ardito e avvisato cavaliere, chiamò Poigny, fratello del già cardinale
Rambouillet, e gli disse : « Piacesse a Dio che il Re volesse pigliare la
« pena di volerci vedere qui come siamo! perchè vedrebbe otto mila
« cavalieri, tutti suoi fedelissimi e ùmilissimi servidori, i quali andremo
« in qualunque parte gli piacerà di comandarne; sendo noi venuti in
« Francia per servizio suo e contro la Lega. »

L'altro dì il nostro campo si mise in schiera; e il Re si mostrò ai
nemici, avendo dinnanzi a sè la cornetta. Subito si posero in battaglia,

e la forma era quadra con due ali archibugieri a cavallo. Visto che
ebbero il Re, abbassarono le lancie che avevano di già in mano in atto
di arrestarle, e altresì i pistoletti (voi li chiamate archibugietti), e con
la testa, che insieme abbassarono, tutti fecero segno di riverenza e sommissione al Re; nè si mossero punto dal luogo. Dicesi che questo atto
intenerì il cuore del Re, al quale fecero sapere che le armi loro erano
per difesa di Sua Maestà e non per oppressione.

Sono andati trattenendosi lungo il detto fiume molti giorni, con
speranza di guadagnare qualche ponte sopra di quello, per intelligenza
o per insidia, non importa. E di certo avevano qualche segreta pratica
in Gien; la quale scoperta dal Re, fu mandato dal medesimo il duca
di Nevers a fermare quei cittadini nella obbedienza e fede che le devono; e l'autore della pratica vistosi scoperto, è passato ai nemici come
transfuga. L'avevano anche alla Charité, terra vicina a Nevers sette
leghe; ma risaputosi, si è posto buon ordine, che ne sono stati esclusi;
perchè sendosi eglino accostati di notte con le scale alle mura, con
l'intelligenza che dentro avevano, e pensando di sorprenderla, sono
stati ributtati, tolto loro le scale; e, dato un buon rifrusto, se ne sono
ritornati in minor numero che non erano venuti, e con maggiore vergogna che non si credevano. E, se avessero avuto il passo libero, cosa
chiara è che sarebbero già in Poitou, e il Re non avrebbe potuto
uscire di Parigi, dove poi tutti sarebbero venuti, per costringerlo a una
pace vergognosa, e per conseguente dannosa.

Mentre che questi eserciti sono in vista l'uno dell'altro, che si
vanno a riconoscere scambievolmente, il duca d'Épernon ha preso alcuni soldati nemici, e avendogli presentati al Re, furono interrogati da
Sua Maestà, della causa della loro venuta contro di sè. Risposero, che
ad essi non è mai stato fatto sapere che fossero stipendiati nè inruolati
per altra persona che per il Re, e come soldati di lui militavano per
servirlo. Gli domandò ciò che si diceva tra di loro delle nostre genti.
Dissero ad alta voce che M. d'Épernon era loro amico, e speravano, col
favore ch'egli aveva con Sua Maestà, di potere ottenere una buona
pace. Di che non contento Épernon, già sospetto alla Lega, come con-

scio dei negozii dei nemici, disse con un mal viso : « Voi ve ne avve-
« drete bene se sono vostro amico o no; e vi farò apparere il contrario. »
Si sta dunque sulle guardie di qua e di là. Il Re ha provvisto ad ogni
luogo del fiume perchè non passino, anzi si è posto alla testa della loro
vanguardia, per combatterli se si arrischiano a passare. E i raitri vanno
spiando il guado per passare senza pericolo. E certo, se non avessero
artiglierie e carriaggi, se ne sarebbero di già volati a nostro marcio
dispetto in Poitou; ma non vorrebbero perdere quegli ordigni, senza
i quali non possono vivere. Per il Re non è buono di venire a giornata
con loro, perchè porterebbe gran pericolo di perdere tutto se perdesse
la battaglia; ma se gli si presentasse occasione idonea, come di trovarli nel guado del fiume, ovvero in disordine alloggiando e dislog-
giando, o simile altra (che nelle guerre sono molte e fugaci), io non
dubito che ei si tenga le mani a cintola, avendo egli un odio così grande
contro gli ugonotti, che non si può esprimere, e bramando sommamente
di sradicarli di Francia.

Quanto al nostro esercito, trattone li dodici mila Svizzeri, tutti
sono volontari, perchè non ci è modo di pagare, e anche miseramente,
la fanteria di mezza paga, o qualche cosa più; e però, sebbene il Re vi
è presente, e presenti i marescialli di Francia, quattro principi, Montpensier, Nevers, Mercœur e Nemours, e tanti vecchi capitani e signori,
nondimeno la licenza, introdotta fra gli soldati, li rende incorrigibili e
indisciplinati. La nobiltà, che ha l'animo ulcerato, per vedersi preferire
due soli, e essere priva di quei favori che i re antichi solevano farle, ed
essendovi di già tre o quattro gran capi che la praticano, chi per una
fazione, chi per l'altra, si mostra molto fredda. Oltre di ciò non vi è
un soldo, ed essa è tanto impoverita, che non vuol guerra. Però, se tra
qui e la Santa Lucia il Re non combatte ovvero non paghi l'esercito,
voi udirete che ognuno sarà ito a casa sua.

Quel grande eroe del duca Cosimo sapeva bene quello che si diceva,
quando persuadeva a ciascuno a conservarsi l'autorità e il credito.
Addesso ne faciamo prova, e sappiamo quanto importi ad averne. Si
spende ogni mese dal Re, nel suo esercito, quattro cento mila scudi, e

cotesta somma non si può trovare con quante invenzioni che si mettono
ai popoli, di gabelle, dazi, imposte, e altre ruberie che si possono imaginare. Pensi poi quanto ce ne vuole al campo di Joyeuse e de la
Valette, quanto alle frontiere; e però si fornirà la guerra per falta di
denari, di uomini e di vettovaglie. La Chiesa ha venduto per cento mila
scudi d'entrata, e non facciamo che cominciarla; s'offre di nuovo a
dare un milione e dugento mila scudi, dei quali ne paga di presente
dugento mila; *sed quid inter tantos?* Quando questi saranno spesi, la
guerra non sarà però fornita, e ce ne bisogneranno dieci volte tanto.
Però, se vostra signoria vedesse la necessità del regno, le róvine, le
straggi degli uomini che si muojono di fame, e le lagrime di tanti che
sospirano e piangono questo eccidio gallico, sono certo che deteste-
rebbe la Lega e i consiglieri di essa; e mi assicuro che non ci è alcuno
inquisitore così rigoroso in Ispagna, che non biasimasse la maniera che
si tiene, e non consigliasse la pace.

Noi non vedremo la fine di questa tragedia, nè forse i nostri discen-
denti; nè bisogna che alcuni i quali hanno gran credito per il mondo,
si formino de' sillogismi, e si persuadino che questo clima di qua porti
l'istessa pena e supplicio, che porterebbe il vostro di là se fosse infermo
e colpevole come questo; solo Dio e il tempo possono terminare il
nostro male, al quale sto aspettando una mala crise. E mentre che viveranno i capi, sempre ci sarà materia di tumulto. Dica mo e discorra
a suo bell'agio fra le camere e fra le vigne che vuole, questa maladetta setta *flectetur, non frangetur;* perchè la materia di cotesta febbre
continua non è pura eretica, ma ci è aggiunta la febbre etica dell'
ambizione, la quale accesa dagli odi e dagli disfavori di corte, e in-
trattenuta dalla occasione della sterilità della Reina, fa la malattia
lunga e incurabile. Lorena pretende per il tutto, Navarra altresi; e
il re Filippo vuole il tutto e le parti; e però con l'occasone d'Inghilterra, arma bravamente, spiando il tempo e l'ora di caricarla a
questo regno, se potrà. *Sic vivitur* dai grandi.

Gli predicatori di questa città fanno il diavolo, e vibrando la lingua
contro gli ugonotti, instigano il popolo al tumulto; nè si può raffrenare

loro questa licenza di parlare; tanto che non più delle cose divine che
dei magistrati e pertinenti al Re parlano con gran fervore e con pericolo di una sedizione popolare, la quale calerà il volo suo non sopra
li ugonotti, chè qui non ce ne sono, ma sopra i più ricchi della città;
e, senza la presenza della Reina Madre che mette ordine al tutto, si saria già venuto all' esecuzione.

Tutta la corte delle Reine è data alle divozioni, esse più di tutte; e
si fanno novene, quarantene e settimane : cosa insolita, ma in queste
necessità utilissima e giovevolissima.

Joyeuse ha combattuto col re di Navarra a bandiere spiegate, e ha
perduta la battaglia; la quale rotta ne causerà un' altra di qua, e farà
enfiare il cuore agli raitri. Cotesti sono i frutti della venerabil Lega.

Gli raitri, lasciando la Loire, s' inviano al cammino di Montargis per
venire a Parigi, nella quale città il popolo sedizioso sospetta (ma fol-
lemente) che con loro il Re s' intenda, poichè non fanno male alle sue
provincie se non sono irritati, e perchè il Re non li combatte, inoltre
perchè non parlano male di lui. Vedete la miserabile condizione di questo
principe, che non può castigare i suoi ribelli, e ben facendo è odiato,
ma *regium est, cum bene feceris, male audire.* Il Re ritornerà per coprire Parigi dai nemici. Eccovi lo stato delle cose di qua dopo la venuta dei raitri.

<hr />

## XXVI.

### CAVRIANA À BÉLISARIO VINTA.

Paris, 1<sup>er</sup> novembre 1587.

Sommaire. — Récit de la bataille de Coutras; détails et réflexions. Combat de Vimori, léger avantage
du duc de Guise sur les reitres; le Roi doit-il s'en réjouir? Terrible responsabilité des premiers auteurs de ces troubles.

Narrerò sotto brevità il lamentevole caso avvenuto al duca di
Joyeuse, alli XIX di ottobre, presso a Coutras in Guyenna, e vicino alla
Dordogne. Il Re nelle lettere che gli scriveva, lo consigliava sempre e

quasi lo stimolava a combattere il re di Navarra, mentre l'occasione si presentasse a lui, per natura guerriero, enfio delle precedenti vittorie, e che si trovava circondato da giovinezza fervida e cupida di menare le mani, e a chi pareva un'ora mille anni di azzuffarsi col nemico. E però le era sempre ai fianchi e le incalzava sopra modo. Da questa continuazione di seguitarlo, e dal vedere che il re di Navarra non si fermava per aspettarlo, nacque nell'animo di lui dispregio del nemico, tanto che egli si persuadeva d'inghiottirlo al primo incontro che seco avesse; e nei ragionamenti che aveva, o qui in corte, o nell'esercito, del re di Navarra e del principe di Condé, parlava con poco rispetto di loro, cosa che pareva strana a tutti, e mal conveniente alla dolce natura della quale era dotato. Marciando dunque con buon ordine, e accompagnato da quattordici compagnie di uomini d'arme, tre mila fanti, e moltissimi cavalieri venturieri, dei quali ve ne erano di molto ricchi e capi delle famiglie, e buon numero di guastatori, si rincontrò in alcune sentinelle poste giudiciosamente dal nemico in luogo opportuno alli aguati; e, non sapendo che il re di Navarra fosse con tutte le sue forze così vicino come lo era, se ne andava nondimeno con buon ordine di guerra. Delle sentinelle che quattro erano, due furono uccise, una fuggì e la quarta restò presa, la quale menata dinnanzi a Joyeuse, fu da lui interrogata chi egli era. Rispose che era gentiluomo e soldato del re di Navarra. Dimandògli perchè portasse le armi contro il suo proprio e legittimo signore, che è il Re Cristianissimo. Disse che le portava per la sua religione, e non per fare cosa contro il servizio di Sua Maestà. Domandògli altresì delle cose del re di Navarra, della forma del suo campo, del modo del vivere, e se era bene risoluto di combattere, e dove fosse allora. A tutto satisfece il prigioniero, e soggiunse : «Il re di Navarra essere talmente disposto al combattere, «che l'aspetterebbe sempre di piè fermo per azzuffarsi seco, e che non «era molto da lui discosto.» Allora Joyeuse, mostrando gran desio di ciò, gli disse : «Toccate qua (e le porse la mano), voi mi avete dato «così buona nuova che non posso darvi altro ringraziamento che la li-«bertà, la quale vi dono in questo punto.» E così licenziato fu da lui;

ma prima lo fece mangiar seco, e dare altresi qualche scudo per ritornarsene.

La sentinella adunque se ne ritornò al re di Navarra, al quale raccontò il tutto. Joyeuse intanto fece consiglio con i suoi di quello che doveva fare. Tutti gridarono battaglia; e con questo desiderio che gli guidava alla pugna, si avviarono diritto alla parte dove era il nemico. Ora il re di Navarra era in un sito tanto avvantaggioso per lui quanto contrario a Joyeuse : piccoli boschi, ma infiniti, nelli quali vi avea posti buoni archibugieri; un vallone coperto da un colle, nel quale aveva collocato qualche cavalleria; e nel basso egli era rimasto con tutte le sue forze, le quali non potevano essere viste se non allora che i nemici vi fossero tutti discesi. Sul colle la cavalleria, che era di quattro cento cavalli leggieri, arrivato che fu Joyeuse, e che si venne al menare delle mani, lasciò quattro cornette, e si diede a fuggire. Fosse per timore o pure per tirare il nemico nel vallone, non si sa. Joyeuse non conoscendo gli inganni, avendo guadagnato le cornette, seguiva coloro che si fuggivano, e tanto gli incalzò, che arrivò nel vallone assai stracco. Allora d'ogni intorno uscirono gli inimici, avendo l'artiglieria in ordine.

Quivi fu costretto a combattere da dovero, e pensare di vincere o morire, per non potersi più ritirare, cinto da ogni intorno dagli ugonotti. Egli dunque come valoroso menò le mani; per due volte gli fu ucciso il cavallo sotto, e alla terza, volendo rimontare, fu da molti colpi tolto di vita. Rimise due o tre volte la battaglia, e riguardandosi indietro per vedere chi lo seguiva, sempre si trovò accompagnato da pochi, tanto che per l'ultima volta non vi erano seco cinquanta cavalli. Perchè la cavalleria fu sbandata quasi al primo incontro dalle continue cannonate che le furono tirate, e la fanteria, secondo il solito di gente nuova e poco ardita, come si vidde presa nella rete, pensò al fuggire, e nol al combattere con tanto disavvantaggio. Restarono sul campo morti mille o poco più; presi molti e di molta importanza, fra gli altri Saint-Luc, governatore di Brouage, piazza fortissima vicina alla Rochelle; Saint-Sauveur, giovine di quattordici anni, fratello minore di

Joyeuse; Bellegarde, governatore di Saintonge; Tercellino, mastro di campo d'un reggimento, il quale, già un anno, fece una bellissima fazione, nella quale il figliuolo d'Andelot, famosissimo guerriero, restì mal trattato, e molti altri. Tutti questi sono stati feriti a morte, salvo il Tercellino. Saint-Sauveur sendo nel paviglione del re di Navarra, che lo medicavano d'una grandissima archibugiata nella coscia, morì tra le mani de' cirurgici; *digne puer longiore vita!*

Quando Joyeuse andò ad assalire il nemico, credeva di dover essere seguito da tutti i suoi; ma restò ingannato; perchè molti voltarono le spalle, visto il disavvantaggio del luogo e del numero dei nemici. Altri pieni di perfidia ajutorono a caricarlo in luogo di difenderlo; e di ciò si biasima il capitano di Coutras, luogo dove il caso avvenne; il quale gli avea menato quattro cento archibugieri a cavallo molto lesti, e molto garbati per soccorso, e dei quali gloriandosene il povero signore col fratello, disse : «Anche questi con i miei faranno un segna-lato servizio al Re.» Il servizio fu che, venuto Joyeuse alle mani col re di Navarra, costoro posti sulle ali, lasciarono passare Joyeuse, e subito lo caricarono alla spalle, e non tirarono giammai in fallo un colpo. Vistosi adunque cadere da ogni parte i suoi, e restare con po-chissimi soldati, disse al fratello : «*Mon petit frère, il fault avoir du cou-rage; n'en avez-vous point?*» — «*Ouy*, rispose il giovinetto, *mon frère, j'ay du courage.*» Replicò Joyeuse : — «*Nous sommes perdus, il fault mourir; allons doncques, mon petit frère, courage!*» — E l'altro rispose animandosi a vicenda : «*Courage, mon frère!*» Il povero signore era in gran pena, massime che vedeva le cannonate fare strade larghissime nelle sue genti, e tutte lacere dai colpi andare qua e là. Fu conosciuto, e sarebbe stato salvato, se l'avesse voluto; ma, temendo la vergogna, così ferito che era, pregò un soldato che gli diceva si rendesse, di ucciderlo. Il soldato, essendo stato nodrito nella casa del padre, non volle macchiarsi di così villan atto, ma sopraggiungendovi gran calca di nemici, fu ucciso con un colpo di pistola nel capo, e così morto portato al re di Navarra, il quale lo ha fatto imbalsamare con gli altri, che sono : Nevieux, favorito del Re; il conte di Aubigeac, bellissimo e valorosissimo cavaliere, genero del fu cardinale Birago, cancelliere di Francia; il conte della Susa; Sipierre, figliuolo di colui che fu governatore del Re Carlo, e che, preso a Parma, fu prigione di don Ferrante nel castello di Milano; un figliuolo di M. di Piennes, ricchissimo signore in Piccardia; la Roche du Maine, che uccise in Roma con mal modo il figliuolo del fu Sampierro Corso, e molti altri di non minor importanza.

Tutti erano giovani dai quindici ai trenta sei anni e non più. Il reggimento di fanteria, che era di Piccardia, fu messo in pezzi per sdegno concetto dal re di Navarra contro di esso. Agli altri tutti, dopo quel primo empito, fu perdonato, dicendo detto re che si risparmiasse il sangue dei Francesi. Si sono perdute tutte le bagaglie e l'artiglieria; e si tiene per il detto di tutti che questa rotta è avvenuta dall'imprudenza del capitano, e dalla perfidia dei nostri che seco erano, corrotti come si stima da alcuni cattolici, nimici della Lega.

So ben io, che Pietro Paolo Tosinghi, vostro gentiluomo, e il più vecchio capitano d'Italia che viva al servizio della Francia, e il più esercitato, mi disse già sei mesi, che Joyeuse non poteva vivere lungo tempo, e che sarebbe trappolato dai nemici nella maniera che gli è stato; e mi diceva le ragioni, come colui che, essendo stato con esso l'anno passato a tutte le sue imprese, e servito di maestro e di rettore per comandamento del Re, conosceva gli errori che faceva e il naturale di quel signore. Al quale se il Re avesse di nuovo dato questo onorato vecchio in compagnia, non si sarebbe ricevuto il grave danno che si ha, mentre che egli e la nobiltà troppo fervida avessero creduto ai consigli di lui. La sua morte mi pare simile a quella di Curione, capitano di Cesare, rotto in Africa da Juba; e il luogo dove il caso è avvenuto non molto differente da quello, dove i Samniti vinsero i Romani e gli mandarono sotto il giogo.

Dalla parte dei nemici pochissimi sono morti; ferito in una coscia da una archibugiata è restato il principe di Condé; Favas e Vivien, due valorosissimi cavalieri, amendue feriti e d'un mal modo. Questa vittoria fece alzare le corna al re di Navarra, e se altro non l'impedisce, verrà liberamente al fiume di Loire per giungersi con i suoi raitri, acciocchè termini la sua fortuna o la sua disgrazia; sicchè si farà ben tosto il mortuario di questo misero regno. Non che il terreno si muti, ma si cangierà di principe, di religione e di umori, e quasi nuove colonie caccieranno gli vecchi abitatori; perchè Filippo, introdotto segretamente da Francesi in questo paese, spia il tempo di darci la stretta, e Inghilterra con gli Alemanni già presenti cercano il medesimo.

La corte è tutta in pianto; il Re non si può dar pace, avendo perduto così amata cosa. Frate Angelo, cappuccino, si consola con molta divozione e pazienza; il padre suo morrà di dolore.

Ecco grandissima novità; ecco una rovina quasi momentanea d'una felicissima famiglia! Che sicurezza si può avere delle cose di questo mondo! Ognuno ha perduto in questa rotta memorabile, salvo il suo rivale Épernon, *qui rerum potitur,* ed ha le medesime provincie in governo che aveva l'emulo suo. Per me, giudico infaustissimo l'essere caro al Re nel modo che sono stati molti, poichè l'esito della vita loro è stato violento e nel fiore della loro età; raccontandosene cinque morti nella maniera detta in meno di nove anni. Stimo che ciò avvenga dalla buona fortuna chè accieca il mondo, nè lo lascia conoscere che *contra Dominum non est consilium neque scientia.*

Ho voluto scrivere a vostra signoria a lungo il caso di questo signore, acciocchè la sappia di qual sorte l'amico suo ha terminato i giorni suoi. E, perchè dopo morte gli uomini notano le azioni dei defunti, le dirò cosa, la quale dava presagio ch'egli riceverebbe qualche gran scaccio in questo viaggio. Per tutti i luoghi dove è passato, quando partì di qui, si raccomandava mani giunte agli ecclesiastici e ai popoli, dicendo che ben tosto li metterebbe in libertà, e li leverebbe dalla tirannia delli ugonotti e del re di Navarra, ma che vi lascierebbe la vita; e lo diceva con le lagrime agli occhi, e con viso indice del futuro danno; cosa che nelle imprese passate mai le era avvenuto. Il cardinale di Bourbon, ancorchè capo e fautore della Lega, avendo intesa la nuova della morte, e sapendo come questo signore sparlava dei suoi nipoti, disse : « Egli avrà imparato a sue spese a conoscere che cosa « importi attaccarsi col mio sangue. » A Parigi è pianto da molti che sono restati senza appoggio con la perdita sua; e molti che gli avevano fornito di mercanzie si trovano afflitti, perchè egli spendeva senza risparmio.

Questa battaglia ha generato tanto grande odio agli ugonotti nella città di Parigi, che non è nè pure uno per ardito ch'egli sia, che osassi venirci con tanti salvicondotti che il Re potesse dargli, e i predicatori fanno il suo dovere in accendere il popolo.

In Sedan vi era intelligenza per prenderla, e il duca di Lorena era capo dell'impresa, ma la pratica è ita in fumo, sendosi scoperto il trattato.

Ora come la vicissitudine delle cose è propria di questo mondo, se abbiamo pianto per Joyeuse, rideremo innanzi ieri d'una bellissima fazione, eseguita dal duca di Guise e da quello du Maine, i quali avendo assalito la retroguardia dei raitri, alloggiata in un villaggio, uccisero ben settecento uomini, bruciarono ottanta carri, e ne menarono seco molti con cento prigioneri, e cavalli nudi più di nove cento; di modo che il buttino è stimato più di cento mila scudi di valore. Il colonnello Bovo, vecchio capitano, si salvò per una finestra, mentre il villaggio e i suoi raitri si bruciavano; questo danno han ricevuto per poca vigilanza o diligenza di porre le sentinelle. Ma questa vittorietta, aggrandita da quelli della Lega, non è di molto intervallo pari alla perdita di Poitou, dove tanti cavalieri illustri sono stati estinti con Joyeuse; della quale il Re giura doversene vendicare acerbissimamente; e però la guerra sarà la più aspra e crudele che si sia vista di molti secoli in Francia. Dio ci metta la sua mano e ci doni pace! perchè in ogni vittoria che si acquisti da l'una delle due fazioni, sempre mai il Re perde, e, perdendo dei suoi, inalza sempre la fazione vittoriosa, della quale s'ha a temere non meno che dal nemico straniero; e chi ha una volta gustato il piacere di comandare, massime per via delle armi, che è la più sicura e gloriosa che sia, non si può disporre al lasciarle. Vostra signoria intende il tutto; e, se si ricorda di quello che le ho scritto per altre mie, le quali vorrei bene che fossero state arse, vedrà che non le ho scritto il falso; e che, sebbene non sono astrologo, e le stelle di questo clima sono pianetti tutti e non fisse e ferme, donde nasce che il giudizio non può essere così certo, nondimeno, conoscendo l'umore delle genti, posso fare de' prognostici veri.

La mi creda pure, che chi ha incominciato questa festa se ne ripente da dovero; ma la tema della vita lo fa stare ostinato nel peccato; e quelli che lo seguono, veggendosi quasi esuli dalle case loro, per convenirgli stare di continuo con la corazza sul dosso, e spendere il proprio senza ricoverare quello d'altrui, dannano il primo consiglio; anzi se non si fa pace, saranno costretti malgrado loro lasciare i capi della Lega e fare la guerra da sè.

<hr>

## XXVII.

### CAVRIANA À BÉLISARIO VINTA.

(*Arch. Med.* Legazioni di Francia, appendice, filza 5.)

Paris, novembre 1587.

SOMMAIRE. — *5 novembre.* Exposé de la situation des partis; quatre mille Suisses à Paris; calomnies dirigées contre le Roi. Considérations qui empêchent l'armée royale d'attaquer les reîtres. Le cardinal de Lorraine a pris les armes contre le duc de Bouillon. Le duc de Joyeuse était affilié à la Ligue. Le royaume est dépeuplé. — *22 novembre.* Le duc de Nevers s'est cassé la jambe, à l'instant où il menait à bien une négociation avec les Suisses ennemis; conséquences fâcheuses de cet accident. Renforts amenés au duc de Guise par le duc de Lorraine; auxiliaires espagnols: vaine opposition du Roi; sa position très-critique. Dangers de toutes parts. La grande flotte espagnole menace la France autant que l'Angleterre. Le nouveau grand-duc de Toscane. Les reîtres aux environs de Chartres; M. de Guise couvre Paris, le Roi défend la Loire. Partout règnent la trahison et la déloyauté.

5 novembre.

Le cose politiche sono in questi termini : la diffidenza delle parti è più grande che mai; Guise non vuole deporre le armi, e cerca ogni occasione di perpetuare in quelle. Il Re va temporeggiando, e stima potere consumare l'una e l'altra parte col tempo, temendosi più dalla Lega che dalla parte contraria, perchè è aiutata da Filippo, dal popolo minuto, e dal clero, imbuto di mali concetti contro il Re per via dei predicatori, i quali non perdonano alla lingua. Parigi è continuamente in armi, dubitandosi che il Re voglia porgli il giogo con guarnigione e col cercarle l'armi; e senza la presenza della Reina, che tempera il populare furore con la sua prudenza, si saria già fatto un *Vespro Siciliano* tra di noi, cioè sopra i più ricchi dal popolo minuto, col pretesto della religione cattolica e della mala amministrazione della giustizia. Tutto ciò si crede venire dagli artifici di Guise e suoi aderenti, per nuocere alla reputazione regia, e per mostrare che ei s'intende con i raitri e col re di Navarra, il che vien da loro publicato per tutto, ancorchè sia falsissimo.

In questa città sono stati introdotti quattro mila Svizzeri per guardia, gente facile e disciplinata, ma non bene vista dal popolo, il quale si vanta di non avere mestiere di guarnigione, e di potere difendersi da ogni grandissimo esercito con le sole sue forze; sicchè ogni notte si fa guardia, come se il nemico ci assediasse.

I raitri vanno verso Chartres, per tirare verso Tours, e passare Loire, dove il re di Navarra gli potrà andando in là rincontrare. Sono uniti, stretti e numerosi, e i nemici suoi dicono che sono molto bravi e molto esercitati, nè sino ora hanno perduto in alcuna fazione nella quale si sieno trovati. Il popolazzo vorrebbe che il Re li combattesse: ma, come vostra signoria sa che *est bellua multorum capitum* e non ha giudizio delle cose militari, accusa temerariamente le azioni di Sua Maestà, e di tanti signori e capitani che sono con lei. Il Re vorrebbe combattere, ma vorrebbe combattendo vincere, perchè, avvenendogli altramente, egli è perduto, *et hoc cuperent fœderati*, e i Spagnuoli, i quali si vogliono introdurre nel regno al dispetto nostro, perchè la porta è loro aperta dalla sacratissima Lega. Noi che sappiamo il mal animo di molti e le trame spagnuole (volli quasi dire romane), cerchiamo di conservarci dalle insidie dei cattolici sediziosi, e impedire il progresso dei nemici eretici; però non possiamo combattere a voglia di altri, ma secondo le occasioni proprie a noi, le quali non sono conosciute dalli assenti; e, non avendo noi il modo di pagare il nostro esercito, siamo

astretti di vedere le rovine proprie, tollerarle e premiarle; sicchè, se
non si dà sodisfazione da noi a tutto il mondo, non è colpa nostra.

Il cardinale di Guise, lasciando in disparte il breviario e il messale
per un poco di tempo, e avendo bruciato una terra del duca di Bouillon in Champagna, detta Bréhain, va per assediare Sedan, nella
quale vi aveva intelligenza, mal condotta però dalla fazione dei suoi;
e ivi verranno Spagnuoli per soccorso suo; il che sarà principio di
romperla con Filippo, e fare che al nostro marcio dispetto veniamo alle
mani seco.

Suo fratello Guise col duca di Lorena verranno a ritrovare il Re; e
seco menano da dodici mila uomini, parte da cavallo e parte da piedi;
i quali, se si giungono con amore e fede al Re, batteranno gli raitri
senza dubbio. Ma io temo tanto le insidie, le parzialità, i dissegni oc-
culti e l'ambizione cortigiana, che, se si fa da loro cosa alcuna di buono,
m'ingannano.

La morte di Joyeuse ha dato un gran croflo alle cose del Re, perchè
si è perduto molto di reputazione, di nobiltà che era seco, e di speranza. Per contro il re di Navarra ha cresciuto il suo esercito e le
forze sue, non solamente di ugonotti ma di gente cattolica; e si è inteso, che il detto Joyeuse aveva, già un anno, segnato e sottoscritto alla
Lega, senza saputa del Re; il che è stato trovato odioso e quasi degno
di punizione.

La fame e la peste fanno progresso per tutto il regno, e si potrà dire
in pochi mesi : *jam sedes ubi Troja fuit;* perchè, se non vengono nuove
colonie, non vi si troverà la metà del popolo minuto : cosa grata ai Spagnuoli, i quali *inhiant predæ.*

Non fu vero che i raitri e gli Svizzeri mandassero a parlare al Re
per riceverli al suo soldo, ma solamente per consigliargli, da parte dei
suoi cantoni e magistrati, che riunisse il regno con una pace publica, e
che, se aveva mestieri di loro, che se ne servisse, che anderebbero
contro chi fosse, per suo comandamento.

22 novembre.

L'ambizione e la diffidenza che regnano nel nostro esercito causano la rovina nostra, alla quale non c'è chi resista; perchè il duca di Nevers, avendosi rotto una gamba con una caduta del cavallo sopra di essa, il quale aveva cominciato e quasi condotto a fine la saggia negoziazione con li Svizzeri nemici, nerbo e principal forza degli ugonotti, che in poche ore se ne andavano fuori del regno con salvo condotto e qualche paga regia, ora non può più attendere che a curarsi e torsi dal pericolo della morte imminente, per la quale evitare si stava in dubbio se gli taglierebbono la gamba; cosa che egli desiderava che dai cirugici si eseguisse, essendo la rottura orribile a vedere.

Questa negoziazione importava molto alle cose del Re, atteso che, se i Svizzeri se ne andavano, come già promettevano, era in pratica del medesimo con li raitri; e, levati gli aiuti stranieri al re di Navarra, il Re con le forze proprie poteva combatterlo e vincerlo, e nel medesimo tempo comandare a quelli della Lega di porre le armi basso, poichè non aveva bisogno di stranieri per domare i suoi ribelli. E se questi Ligarii facevano l'ostinato, gli avrebbe dichiarati criminali di *lesa maestà*, e il re Filippo non avrebbe avuto più occasione di offerire al Re nostro gente per soccorso, nè voi altri signori di Roma a consigliare come fate, perchè chi ha la forza in mano e può menarla a voglia sua, non ha mestieri di parole nè di minaccie. Manca adunque al Re un buonissimo strumento, sospirato e pianto da tutto il campo; e avendo fraudolentemente Épernon trovato modo d'ingerirsi in cotesta negoziazione, gli Svizzeri non se ne contentano troppo; pure la necessità nella quale si trovano potrìa piegarli. Ma tra la negoziazione del duca e quella di costui c'è questa differenza, che di quella tutti i cattolici si contentavano, e di questa sono offesi; perciocchè pare, a quello che si ragiona, ch'ei voglia condurli al servizio del Re, e altresi i raitri; e, se il Re fa un'oste di gente ugonotta giunta alla sua cattolica, egli mette la discordia nel campo, perde l'opinione di pio e cristiano, e corre fortuna di essere odiato e escluso dalle città, le quali in generale sono devotissime e cattolicissime.

Noi staremo a vedere la festa, la quale non può essere con sollazzo; e, per mio credere, si farà una pace violenta e sforzata, rabbiata, e prodotta dalla necessità di tutte le cose, non da buon zelo; la quale durerà quanto potrà; poi, fra qualche mese, si tornerà a romperla secondo il costume ordinario di costoro.

Nel campo di Guise, così bene come nel nostro, le genti si sbandano senza commiato, e non ubbidiscono perchè non sono pagate. Il duca di Lorena mena sei mila cavalli e qualche fanteria a M. di Guise, e il Re non vorrebbe che ei venisse; ma egli non crede a lettere nè a preghi, anzi dice di volere venire a vendicarsi delle ingiurie ricevute dai raitri nel passaggio che hanno fatto per Lorena. E così di una guerra ne nasce un altra, e d'un esercito un altro esercito. Bene si contenta il Re della venuta della persona propria; ma di gente Spagnuola e pagata dal re Filippo, punto. Si stava su questo, che coteste genti facessero il giuramento al Re; ma il duca dice che sono suoi soldati, pagati dei suoi propri denari (il che è falso), e che essendo suoi, egli giurerà per tutti.

Per tutte queste repliche e coperture, il Re non ha lasciato di mandare Bellièvre, gran senatore e molto prudente, verso lui, perchè arrestasse le sue genti, *sed surdo verba fiunt;* costoro marciano e vogliono la pelle e il cavallo; di sorte che, se il Re si sdegna, sarà costretto giungersi coi nemici, e cacciare le genti Lorene con tutti i suoi. Se si accorda con esse, io lo veggo in preda alla Lega, la quale menerà l'ambiziosa spada intorno, sicchè *undique angustiæ.* A Roma sarà biasimato che si unisca con gli ugonotti, e per tutto il mondo sarà schernito e vilipeso se si pone nelle mani della Lega. Noi crediamo certo, che innanzi il dì di Natale si farà qualche memorabil fatto, veggendosi due grossissimi eserciti pieni di maltalento, tanto vicini quanto ci sono; e quattro Arrighi, due cattolici e due di contraria fede, disputar della più bella e feconda parte dell'Europa. Vediamo altresì le cittadi tutte aver in odio il presente imperio, desiderare novità; rispettare molto poco il proprio principe, avere intelligenze con Spagna (al che ajutano molto i gesuiti), fremere altamente, nè curare più i comandamenti del Re. Si vedono genti armate su li confini del regno, minacciando di venire in esso; e tanto poca buona volontà tra i più grandi, che chi non avesse mai letto nè udito la rovina di una monarchia, potrebbe avere un ampissimo ritratto, veggendo le cose di qua; Épernon più che mai favorito e più grande, per conseguente più atto a cadere appresso dalla invidia, poichè egli solo *rerum potitur*. Montpensier ha la gotta, e dice liberamente di non volere combattere contro il re di Navarra. Gli altri capi e ufficiali della Corona hanno altresì i suoi umori e passioni proprie : che cosa si può dunque sperare di buono in tanta diffidenza e varietà? In questo mezzo *populus luit pœnas.*

Noi crediamo 'che l'armata di mare spagnuola, la quale è la più numerosa che sia mai stata in cotesto mare di qua dopo che il mondo fu creato, sia per assalire qualche costa del regno, e, con le intelligenze che l'ha per via dei Ligarii, impadronirsi dei porti; dicendo Guise assai chiaro, ch'egli si vuol rovinare e perdere per perder altri.

Se aveste il vostro Stato vicino a noi, potreste in questi frangenti fare i fatti vostri, e dare di piglio a qualche pena, e guardarvela; ma voi siete uomini da bene e vi contentate del vostro, massime in vita di questo Re, il quale è degno di compassione e di ajuto.

La fame cresce insieme con la rovina, e quello ch'è peggio, non si ci trova remedio.

Molti credono che il granduca nuovo[1] sia Spagnuolo di volontà e d'animo, e che da quel re sarà maritato; ma rispondo loro, che quel principe è principe libero e assoluto, nè conosce Filippo o Arrigo in quanto allo Stato suo; ma per altri rispetti ha più d'obbligo all'uno che all'altro, e che essendo ora all'imperio di Toscana, farà sempre quello che stimerà convenirsi alla continuazione e grandezza sua, senza volere offendere i re; dei quali se sarà con grate maniere obbligato,

---

[1] Le grand-duc François était mort le 19 octobre; son frère, le cardinal Ferdinand I⁵, lui avait succédé; il devait être beaucoup moins Espagnol que ses prédécesseurs.

potrà secondo i tempi e le necessità inclinarsi a questo o a quello; e
che il maritarsi è cosa che conviene che venga dall' umore di lui, non
dal consiglio di altri. Io non so se parlo bene, e se la risposta può piacere a vostra signoria; la me ne dirà un motto con prime sue. A me
pesa molto la morte del nostro comun signore[1].

I nemici tirano verso Chartres per Normandia; il Re gli segue, im-
pedendogli il passare il fiume Loire per andare a trovare il re di Navarra. Guise è sempre tra Parigi e loro, il che gli acquista credito con
i cittadini, *tanquam popularis*. Sono tanto forti che non si possono combattere se non dalla fame. Pare ai più vecchi capitani che abbino perduto l'occasione di passare Loire, allora che erano verso Cosne, perchè il guado era buono, e il Re poco armato per potergli impedire;
oltre a ciò sono biasimati di non avere usato celerità per andare a
trovare la sorsa e fonte di Loire verso l'Auvergna, per passare agevolmente.

Ma noi non sappiamo le intelligenze che avevano su quel fiume,
nè tampoco nelle terre vicine; il che ha causato la tardanza loro in
questi contorni. Eglino si scusano, dicendo che non vogliono combattere contro il Re, e, se non si fosse trovato nell'esercito quando si pre-
sentarono al fiume, che avrebbero passato liberamente. Che volete?
La Lega e gli ugonotti combattono per il Re, e nondimeno gli uni e
gli altri occupano le sue terre. Torno dunque a replicarvi che la va a
inganna compagno, e chi sarà più accorto e più fortunato sarà il fedele, il valoroso e il meritevole; l'altro il disleale, dappoco e indegno.

---

[1] Le grand-duc François.

## XXVIII.

### CAVRIANA À BÉLISARIO VINTA.

Paris, 4 janvier 1588.

Sommaire. — Retraite des reîtres. Les Suisses de l'armée royale restent en France. Siége de la Rochelle conseillé par le duc de Nevers, le Roi doit le diriger en personne; le fera-t-il? Il est déconsidéré. M. de Guise, en aucun cas, ne déposera les armes. M. de Montmorency travaille à la conversion du roi de Navarre. L'intérêt des seigneurs les engagera tôt ou tard à quitter la Ligue, dont le chef est perdu de dettes et mal payé par l'Espagne. M. de Châtillon. Toute-puissance de d'Épernon.

Ancorchè si sieno vinti e debellati quei raitri [1] e Svizzeri i quali erano venuti per difesa degli ugonotti, e che le strade sieno piene di morti d'ogni sesso e di ogni età, nondimeno la guerra non cessa nel paese di Guienna, nella quale il Re vi troverà più di fatica che non ha avuto nel superare l'esercito nemico, perchè ha da espugnare molti luoghi di molta importanza, e vi ha da spendere gran somma di denari per venirne a capo. Però a nuovo tempo credo che vi si incomincierà con le maggiori forze che potrà, le quali al giudicio di ognuno non saranno notabili, sendo il regno esausto di denari e delle cose necessarie al vitto. Ci aggiunge a questo un comune dispiacere della nobiltà, la quale spargendo il sangue per il servizio del suo re, non riceve quelli frutti che la pretende; ed essendo distribuite le cariche, gli onori e le utilità a pochi, anzi a uno solo, pare che ella si sdegni e rallenti il suo naturale vigore di andare alla guerra.

Fin' ora il Re ha speso poco nell'esercito che aveva per impedire il transito del fiume ai Germani; e pare cosa impossibile che così grosso campo sia vissuto tre mesi e mezzo senza danari; ma chi conosce la natura di questa nazione non resterà ammirato. Gli Svizzeri che erano venuti per noi, restano in Francia; dei quali il Re fa gran capitale, e sono più di otto mila, nerbo e corpo dell'esercito. Si an-

[1] Les reîtres avaient été battus par le duc de Guise, le 24 novembre, à Auneau. — Les débris de leur armée avaient quitté le royaume.

93.

derà diritto alla Rochelle per farvi de' forti, e stringerla con l'assedio; in ciò si segue il consiglio del duca di Nevers, il quale tien per fermo che la si piglierà in sei mesi; e a ciò egli si offre. E giudica tanto necessaria quella impresa, che prova, con vive ragioni, la vittoria del Re non poter essere intiera, se non si viene a capo di questa impresa e si estirpi l'asilo degli ugonotti, che non stima meno di Geneva degli Svizzeri. In questo mentre si faranno preparativi della guerra, e si incammineranno le genti che sono in ordine verso quel paese, per invernarsi là vicino, acciocchè al nostro tempo con la presenza del Re il fatto si eseguisca.

Noi teniamo per certo che, se il Re vi va, ogni cosa si può sperare; ma se per caso non potesse fare il viaggio, la guerra si produrrà in molti mesi con poco utile e onor nostro; e la vittoria acquistata sopra i raitri non ci avrà servito a cosa alcuna.

Ben crediamo che, se il re di Navarra sia per ridursi ad essere cattolico, necessitato dai tempi e dalla poca speranza che ha degli ajuti stranieri, visto che alli Alemanni e Svizzeri venuti per ajuto suo ha dato così poco di sodisfazione e di soccorso, onde, non avendo altro che i suoi Francesi, sarà costretto a ridursi alla obbedienza della Chiesa cattolica.

Tutto quello che la Reina Madre cerca e travaglia è di riunire gli uni e gli altri alla divozione e obbedienza del Re, acciocchè egli possa comandare, come per lo innanzi, liberamente nel regno suo; ma tanta è la diffidenza delle parti, che malagevole cosa è il poterlo fare, e si vede chiaro che la va ad ingannarsi l'uno l'altro. E se vostra signoria mi domandasse quale sia per essere l'esito delle nostre azioni, le dirò che non si verrà mai a quel segno d'amore e di fedeltà che si è provata già dai passati re nelli suoi sudditi, trovandosi gli animi delle due fazioni troppo ulcerati, e il Re senza figliuoli; senza alcune altre cagioni, le quali non è necessario di scrivere. Questo fa che Guise non ripone le armi; e, quando bene il re di Navarra sarà ridotto alla Chiesa cattolica, non cesserà per questo di cercare occasione di tenere le cose del regno in continua combustione; e, senza avere più contrasto con gli ugonotti, pensare ad altre novità, per sempre essere quello che vuol essere, e che di essere si pensa.

Montmorency travaglia per persuadere il re di Navarra ad essere cattolico; e questa pratica è la conservazione di sè stesso; e sin' ora le persuasioni non sono di poco momento; là dove speriamo meglio che mai. Quanto alla Lega, ella si disfa da sè medesima; tre o quattro capi di essa, Saint-Luc, Lansac, Beauvais-Nangis, già colonnello delle guardie reali, sono venuti alla devozione del Re, e detestano la Lega, come mal guidata dai capi, e poco giovevole a loro e meno al regno; e non si possendo arricchire da essi, come vorrebbono, hanno lasciato quella pratica con opinione di essere per il Re, dal quale, come dal sole, viene ogni lume.

Questo fa che Guisa si troverà senza seguito dei Francesi; i quali, come la più parte degli uomini, seguono l'utile; e in questo regno non c'è chi possa conferire un soldo se non il Re. Aggiungete a ciò i molti debiti e usure, le quali mangiano e rodono come tarlo quel principe. Le provisioni del re di Spagna per intertenere questo fuoco intestino, così piccole e di sì poco vigore, sono sempre mai mangiate in erba prima che arrivino; e i suoi ministri danno tanto di nodrimento a questo corpo della Lega quanto basta solamente a vivere. Non si fa dunque male, perchè non si può. Ma che? così si vive, e vivendosi con speranza che o questi o quelli morrà, il tempo corre, e si stabiliscono da una parte e d'altra le cose proprie meglio che si può.

Non è dubbio che, se il re di Navarra si rende cattolico, che la porta è aperta al Re di punire la Lega da buon senno se vuole usare rigore, ma egli si contenterà di avere potuto e non avere voluto far male; e la Reina Madre, come pia e umana, modererà sempre mai i consigli sanguinosi e aspri del Re, caso che gli venisse in animo di volere mostrarsi padrone. Ma a dirvi il vero, noi siamo Francesi e non Spagnuoli, cioè quei primi empiti ci muovono, i quali cessati, noi siamo dessi; e forse Guise, conoscendo l'umore, continua le sue imprese.

Nella notabile rovina dell' esercito nemico, Châtillon, figliuolo del fu amiraglio, ha mostrato più di cuore, di consiglio e di giudicio che alcun capo; e se si fosse seguito il suo parere, *lugeremus hodie* dove trionfamo. Non si è letto nè visto mai esercito così grande così tosto dissipato e sparso; e il Re ha detto essere cose e opera di Dio, non delli uomini. Pure se agli uomini si deve qualche laude di ciò, al duca di Nevers e ad Épernon solamente la si deve, avendo quel principe cominciato l' opera tanto utile al Re, e poi interrotta dalla sua caduta, e Épernon fornita[1].

Epernon è solo al mondo; gode, governa e domina; e se continua in la grandezza, è miracolo.

Questa vittoria acquistata dal Re senza sangue, gli ha dato gran credito in Parigi e per tutto il regno, e pare che il popolo licenzioso del parlare, raffreni da sè stesso la lingua. Contuttociò siamo senza figliuoli e senza danari, e, il peggio, senza credito.

## XXIX.

### CAVRIANA À SERGUIDI, SECRÉTAIRE DU GRAND-DUC.

Paris, 31 janvier 1588.

SOMMAIRE. — Incurable défiance; manœuvres des partis. La Ligue perd beaucoup de son crédit. On n'a rien gagné sur les huguenots. M. d'Épernon et la Normandie. Faveur et platitude; le seul maréchal d'Aumont ne s'incline pas devant le tout-puissant favori. Le Roi à ses dévotions. Nouvelles démarches tentées auprès de M. de Montmorency et du roi de Navarre. La flotte espagnole. Desseins secrets du Roi Catholique; mesures énergiques et prudentes prises par la reine d'Angleterre. Appréhension de la France, affaiblie et divisée.

La diffidenza cresce sempre mai più da una parte e dall' altra, e questa gelosia è immedicabile, perchè i capi della Lega non vogliono

[1] Ce passage ne peut s'expliquer, qu'en admettant que les négociations entamées par Nevers et poursuivies par d'Épernon, pour détacher les Suisses des reîtres, ont été la véritable cause de la défaite d'Auneau. Le vainqueur n'en était pas moins le duc de Guise, qui en a eu toute la gloire.

deporre le armi, e il Re non vuol credere a parole, avendo visto i cattivi fatti, sicchè noi staremo sempre in bilancia. Il Re li consumerà poco a poco, negando loro molte grazie delle quali non si possono passare, perchè toccano ai loro beni e dignità; e, se non le nega, le impedirà almeno o attraverserà l'esecuzione in modo che impoveriranno a vista d'occhio; ed essi, per tema della vita e credito loro, s'intenderanno sempre con Spagna, e daranno al Re materia di gravi spese, di sospetto, e di gelosia di Stato, che è la suprema di tutte. Non mancano poi da un canto e dall'altro ministri e genti che fomentano queste male volontadi, acciocchè il regno rovini piuttosto che può, perchè non c'è chi pensi al pubblico, e, se alcuno vi è, non è ascoltato il suo consiglio.

È morto a Geneva il duca di Bouillon e Clervant, uomo fazioso e molto utile agli ugonotti; di sorte che Sedan, loro asilo in Champagna, potria facilmente ritornare al tutto nelle mani del Re, con poco piacere dei capi della Lega, come si crede da molti; perchè mancando il numero degli ugonotti, e ritornando volontariamente alla ubbidienza del Re i luoghi che se ne erano separati, quelli della Lega non avranno più alcun pericolo di tenere le armi in mano; festa che non può piacere a loro. Vedete ora, signor mio, ciò che importa a levare le armi contro il proprio padrone, tanto cattolico, tanto divoto, e tanto dato al zelo di Dio, che, se non fosse mescolato con l'ambizione questo velo della fede, ogni cosa andrebbe bene, tutto il popolo sarebbe dalla loro parte, e si correrebbe furiosamente addosso a questi ugonotti sono in Francia; ma ognuno conosce dove stia nascosta la malattia, e quale delle due cagioni sia più potente nell'animo di questi signori Ligarii, o l'ambizione o il zelo della religione cattolica. Il che causa che la Lega non ha vigore simile a quello che ella ebbe già due anni: gli fautori si intepidiscono; quelli che fornivano de' denari sono esausti; alcuni sono falliti, avendo prestato e non possendo essere rimborsati da questi sacrosanti signori; altri hanno cambiato stile, e quasi ripentiti della festa, vorrebbero ritornare in grazia del Re; e, come questa nazione è per sua natura pronta ad ogni impresa, così ben tosto la si ripente è ravvede dell' errore, e chi seco si sarà congiunto rimane schernito. Onde torno a replicarvi quello che già vi scrissi : i consigli datici da Roma per questo fatto erano belli, ma non molto utili al regno. Noi non siamo ancora al mezzo del nostro negozio, e sono tre anni che cominciamo a menare le mani, nè sin'ora si è preso un sol luogo d'importanza; e, se è vero che i nemici abbino in Guienna, come si ragiona, più di cinquanta luoghi, altri inespugnabili, altri più facili da recuperare, quando pensa vostra signoria che possiamo vedere la fine? Bisogna che Dio ci ponga la mano! altrimenti non ne verremo a capo di trent'anni.

Il duca di Épernon andrà al possesso di Normandia ben tosto, dove potrà avere qualche disparere con i governatori dei luoghi particolari dipendenti dal già duca di Joyeuse, che fu governatore innanzi questo; ma si crede che li leverà di là con l'oro e promesse regie, chè per forza non si può. Ha ottenuto dal Re di potere conferire gli uffici di quella provincia, che è essere assolutamente di essa; grazia che lo carica d'invidia, e lo rende odioso al mondo; ma egli non mostra di curarsi di queste malevolenze; e, sebbene sa che è mal voluto da tutti, e minacciato da molti e potentissimi, nondimeno si tiene sicuro e inviolato col favore regio, il quale è tale che i suoi malevoli hanno publicato che egli è uno stregone e incantatore, e che ha ammaliato il Re; perchè di vero è favore inaudito e incomparabile. Contuttociò si fa qui come in tutte le altre corti del mondo; si onora il favorito, si cole e si adora al dispetto del nostro volere, e si può dire da uno ciascuno : *nobis obsequii gloria relicta est.* Non mancano molti, massime Ligarii e della parte di Guise, che lo publichino fautore e aderente alli ugonotti, e non sanno o non vogliono sapere il misterio di questa apparente benevolenza; perchè, quando si riduranno a memoria l'offesa fatta al Re, e la gelosia dell'imperio, troveranno che non si fa loro torto alcuno.

Il maresciallo d'Aumont, cavaliere di molto valore della sua persona, ha particolare inimicizia col detto duca d'Épernon, nè ha potuto mai il Re accomodarli insieme, perchè quelli giura di non dovere

essere mai amico di questi. Ve ne sono poi altri di più e manco grado
che abbajano e non mordono. Egli, sempre cauto e benissimo accompagnato, si guarda dalle insidie, promuove i suoi parenti a gradi altissimi
e a governi di provincie; di modo che, se morisse il Re, colui che
succederà alla corona sarà astretto ad abbracciare il duca, ovvero, se
lo vorrà cacciare d'imperio, vi spenderà molto tempo e moltissimi denari, dei quali egli ha gran dovizia, stimando grandissima sciocchezza di
un principe e da un potente, se ha fortezze e non abbia denari per guardarle; *sic vivitur.* Egli sarà non solamente governatore di Normandia e
almirante dell'Oceano, ma insieme colonnello della fanteria francese, e
governatore di Metz, Boulogne, e della Provenza; aggiungetevi anche
un milione d'oro che già tiene nelle sue mani, *omnibus ad unius
imperii conversis.* E ognuno dei grandi lo tollera, perchè ciascuno vuol
vivere ed è cupido della grazia e benevolenza del Re, dal quale solo
si aspettano i premi e le ricompense; e il volere sdegnarlo non è utile.
Voi signori, accostumati a innalzare e deprimere chi vi pare nel vostro
imperio, rimettetevi dinanzi agli occhi l'idea e il modello delle cose
nostre, e vedrete allora come noi stiamo.

Il Re sempre divoto, e dedito alle sue divozioni segrete, e ritirato, si
pone in animo di andare a novo tempo in Poitou a fornire la guerra;
ed è tanto fisso in questo pensiero, che di già le forze sono incamminate là; contuttociò si manderà Bellièvre, prudentissimo uomo, e
M. di Candale, il più letterato signore di Francia [1], verso Guienna, per
tentare di nuovo, per mezzo di Montmorency, se il re di Navarra vuol
divenire buon cattolico, e se le cose si possono terminare senza sangue. Noi lo crediamo e speriamo per molte ragioni; ma i Ligarii, ai
quali questa ripentenza e riunione alla vera fede e Chiesa cattolica
non deve piacere molto, la giudicano impossibile, e biasimano la legazione; perchè, come manchino gli infermi, i medici si morranno di
fame. Dio ci ponga la sua santa mano! Si tratta di rimettere Montmorency col Re e riconciliarlo da dovero; il che se succede, converrà al
re di Navarra gettarsi nelle braccia di Sua Maestà, sendo Montmo-

---

[1] C'est le savant Paul de Foix.

rency l'unico supporto di lui. Per me credo che tutto si farà, poichè in questo clima l'odio e l'amore non sono perpetui, e la varietà con l'impazienza sono gratissime.

In Inghiltera quel timore dell'armata spagnuola pare scemato; e si crede che i tanti preparativi del duca di Parma in Fiandra sieno per riuscire a nulla, poichè l'occasione è fuggita, sendosi scoperto l'ultimo trattato del re in Inghilterra col mezzo di alcuni cattolici, suoi pensionarii, e altresì i maneggi ch'egli aveva con Scozia; e la reina mostra di non temere, e di volere morire principessa e padrona di quell'isola come ella è; però è armata da dovero e ha mandato sino alle coste di Spagna a riconoscere l'armata nemica; della quale riportano che i soldati e i marinari erano infermati gravemente. Ha ripartito le cariche come deve, diviso l'armata in tre, armato il popolo, il quale in quattro dì tutto si troverà alla ripa del mare sino al numero di sessanta mila combattanti sotto le insegne e sotto i suoi capitani. E, al mio giudizio, questa femina è la reina delle Amazzoni, ma più saggia e più avveduta. Per noi di qua non è bene che il re Filippo s'impadronisca dell'isola, e però non ci piace ch'egli si avanzi tanto che ci stringa da ogni canto. Cresca pure nelle Indie e in Calicut, che non l'impediremo mai; ma di qua io stimo certo che non si soffrirà, e si avrà più riguardo alle ragioni di Stato che della fede cattolica; e questa è legge comune a tutti i principi. Quanto all'opinione di alcuni politici, si giudica che l'apparato del re Filippo sia stato per tema che egli aveva dell'esercito delli ugonotti se fosse restato vittorioso; e che col favore degli Stati di Fiandra se ne sarebbe ito nei Paesi Bassi a rivoltare le cose sue. Altri stimano, che egli spiava il tempo di discendere in Francia, se per caso il nostro esercito si fosse affrontato col nemico; perchè, non potendosi ottenere la vittoria dall'una delle parti, che sanguinosa non fosse, e trovandosi l'altra debole, egli coll'occupare qualche porto, e col favore della sacratissima Lega, si gettava in Francia. Questi sono giudizii umani. Basta che noi siamo ancora vivi, e, Dio grazia! Francesi e non Spagnuoli, salvo certi pochi venali e mercenari.

Dico bene a vostra signoria, che io giudico che non saremo mai quieti, perchè i principi vogliono dare la legge al Re, e il Re non la vuole ricevere; eglino vorrebbero delle cose a loro modo, le quali il Re non vuole concedere. Così sdegnandosi e piccandosi questi con quelli, noi che siamo tra mezzo patiremo le loro querele. La buona Madre Reina, ancorchè donna di grandissimo valore, non può sempre quello che a lei pare ragionevole, e però l'arte è sopraffatta dalla inobbedienza popolare.

## XXX.

### CAVRIANA À SERGUIDI.

Blois, 11 février 1588.

SOMMAIRE. — Empoisonnement et mort du prince de Condé. Son influence dans le parti huguenot. MM. de Châtillon et de Turenne; leur importance; ressources du parti de Bourbon bien appréciées. Le vieux cardinal de Bourbon. La Ligue et l'Espagne; refuge ouvert à tous les mécontents. Le duc de Guise profite de toutes les fautes de la cour. La France se meurt, et laisse la place libre à l'ambition espagnole. Progrès du roi de Navarre. M. d'Aumale et les Guise poussés à tout oser par le sentiment de leur ruine présente. Rôle important de M. de Montmorency. Trève en Dauphiné et en Languedoc. La Pologne. L'Angleterre et l'Espagne. Prétentions de Philippe II sur l'État de Sienne.

Giovedì passato, e dì secondo di quadrigesima, il principe di Condé, trovandosi a Saint-Jean d'Angély, terra degli ugonotti molto forte, fu assalito a mezza notte da un dolor colico (come si scrive di là) tanto acuto che non trovava luogo, e fattisi molti rimedii, e nullo giovando, fu posto in un bagno, il quale non servì a cosa alcuna; di sorte che sabato, vinto dalla fierezza del male, passò di questa vita. Ognuno stima che sia stato veleno, perchè, quasi nello stesso punto che rendeva lo spirito, versò pel naso una quantità di materia putrida mista con sangue (il volgo grida che era cervello, ma s'inganna), e venne livido. Io non so ciò che sia stato, ma ben giudico la morte, e la cagione di essa violentissima, approssimante a natura di veleno; poichè uomo robusto, come egli era, e giovane sia stato in tre soli dì vinto e atterrato senza trovare allevio in alcuna cosa; e chi l'avrà aperto, avrà trovato infiammazione nelle budella, come accade nei dolori detti iliaci, e nel cervello. E, perchè nel corpo umano si generano umori, i quali fanno l'istesso effetto e hanno i medesimi segni che ha il veleno, senza però averne preso, voglio credere che questo principe sia morto di questa maniera e non velenato. Ora sia in pace!

Alli ugonotti manca un grande appoggio, perchè, oltre all'essere principe del sangue reale, valoroso, nodrito in quella setta e di molta stima tra loro, egli era in quella ostinato, e fermo tanto che pareva passare il termine degli uomini di sua famiglia e di sua nazione: e a noi tutti parea che, se egli fosse stato tolto da lato al re di Navarra, che più agevolmente si sarebbe venuto a un buon accordo per lo stabilimento della santa fede. Ora vedremo se il diavolo avrà trovato tempio nel quale voglia essere onorato per successore al detto principe; e per credere di ognuno, ce ne sono due di gran reputazione tra loro, Châtillon, figliuolo del fu amiraglio, e il visconte di Turenne, valorosissimo e avedutissimo cavaliere. Ciascuno (quando anche il re di Navarra morisse) di questi due pretende alla maggioranza e all'essere capo della religione, perchè non lascia l'armi, e mantenuto dalla causa comune, può perder poco e si arrischia ad acquistar molto; e col nome che averà, farà amicizia con forestieri, i quali conoscendo la fermezza di questi due molto maggiore che del principe o del re di Navarra, gli sopporteranno e soccorreranno sempre. Così non mancherà capo e conduttore della rovina nostra. Aggiungete a questo, che avendo amendue gustato il piacere del comandare, ed essendo stati sino dalla culla nodriti nelle armi e alle dissenzioni civili, e avendo sofferto in varii paesi varii accidenti, hanno fatto abito al male nel quale si godono; persuadendosi, che in noi altri non sia fede o verità; il che li renderà più ostinati nel loro parere e in seguire la vita cominciata; di sorte che ciascuno di loro diverrà un Sertorio; e se si vorrà poi dare un poco di reputazione alle cose, non mancherà il conte di Soissons ovvero il principe di Conti, fratelli, e fratelli del morto, di prendere la carica, e con quel specioso titolo di principe del sangue, farsi capi di questa Lega, come il duca di Guise e quel du Maine di quell'altra. Sicchè, se a Roma o in Spagna si farà allegrezza di questa morte, ella sarà giusta, ma troveranno quei signori che la non è compiuta, perchè : *uno avulso non deficit alter*. Vostra signoria che è arguta mi dirà, che sendo questi due fratelli cattolici, non potranno essere capi, parte perchè non vorranno cambiare religione, e parte perchè quelli della parte del re di Navarra non daranno fede a quello che da essi si dirà, di modo che potranno servire di mano ma non di consiglio. Rispondo che voi altri signori Romani siete molto lontani dal fatto. Non si combatte per la fede nè per Cristo, ma solamente per l'imperio; ognuno confessa un Re, lo vuole e lo grida, ma si vorrebbe levarle l'abito e l'autorità, e quando si trovasse un capo più divoto e cattolico di un cappuccino, il quale promettesse agli ugonotti di fare quello che fanno, egli sarebbe da loro riverito ed adorato; oltre che vede che la santissima Lega vuole estirpare la famiglia di Bourbon con l'istessa famiglia, avendo tolto il cardinale di Bourbon per sua guida e come generale per estinguerla. Gli ugonotti crederanno sempre a quelli di Bourbon, usciti dal fu principe di Condé, e sieno di questa o quella setta, non importa. E i vecchi Francesi, affezionati alla sua nazione, trovano strano che Spagna e Lorena pretendino a questa corona. Vostra signoria mi creda, che ognuno conosce le astuzie dell'una e dell'altra setta; e se il Re avesse figliuoli, la troverebbe che io dico il vero. Nè l'una nè l'altra vale molto; più savii sono stimati quelli che meglio cuoprono i loro pensieri e dissegni.

Il cardinale de Bourbon, per essere arcicattolico, ha dato segni di allegrezza per questa morte; non so se nell'animo risenta (come uomo) dolore della perdita di un suo nipote. Io credo che i vecchi si curino poco d'altro che di conservare sè medesimi, e poichè gli è entrato addosso il fistolo di volere essere re, ogni impedimento e ostacolo che se gli levi dinanzi, gli porgerà sempre mai materia di gaudio e di contento.

Dalla Rochelle e di Poitou si scrive, che il detto principe è stato velenato, senza publicare la sorte del veleno, nè il venefico o il persuasore di esso; e come varie sono le passioni e varii gli umori, così si accusa segretamente or questo or quello. Quanto alla venerabil Lega, ella ha perduto un grande antagonista, e di ciò si deve ella rallegrare; ma se si considera poi, che il re di Navarra potrà più facilmente rendersi buon cattolico, levatogli con la morte da canto quel cugino, il quale lo manteneva nell'eresia, io credo che la non lo potrà soffrire, convenendogli deporre quelle armi che ella si vanta di aver preso per difesa della fede cattolica; e, sebbene vi restano Châtillon e Turenne, questi due sono nulla quando Navarra si ritorni alla obbedienza della Santa Sede. Per mio credere non ci mancheranno autori, cause e modi di rumore, portando così l'umore di questo paese, e però apprestate le orecchie per le novità future. Il principe ha lasciato due figliuole, e la moglie gravida, e molti debiti. Era molto ardito, e che avea passato di molte strane avventure in così fresca età, che potea essere di trenta quattro anni. Di lui non altro; Dio gli perdoni i suoi falli!

Aspettiamo Bellièvre e la Guiche, mandati dal Re al duca di Guise, i quali riporteranno belle parole, non volendo egli deporre le armi a condizione alcuna; parte perchè ha imperio essendo armato, e il tempo corre a suo beneficio, parte perchè così lo consiglia Spagna, della grazia del quale egli vivotta piuttosto che vive, non tirando di là tanto che si possa sfamare, perchè se gli danno denari molto assegnatamente; di modo che questa santa Lega mangia da tutte le parti, e nondimeno è molto estenuata e magra. E, se noi di corte vivessimo d'altro modo che facciamo, ella in meno di tre mesi saria perduta; ma quelli che partono di qui mal contenti, e quelli che sendo contenti studiano a novitadi (dei quali il numero è grande), sanno sempre mai dove trovare appoggio e ricapito, vivendo e stando in piedi questa venerabile Lega, trovata per rovina della Francia, e forse, se Dio non ci pone mano, della fede cattolica, ancorchè in apparenza l'uomo giudichi essere lo stabilimento di essa. Vostra signoria può molto ben credere, se si considera che sino all'ora presente si è alienato del bene ecclesiastico più di ducento mila scudi di entrata, e nondimeno gli ugonotti sono così forti e così stabili come prima; il popolo è più che mai distrutto e rovinato; e, se in questi frangenti avvenisse la morte del Re, lascio pensare a vostra signoria come si staria, e se l'uomo attenderia più a sè che al publico. Ho detto che, se la Lega mangia da ogni parte, così è; Spagna e Roma conferiscono al nominato duca; le chiese di Francia e alcuni particolari fanno il medesimo (ma un poco più parcamente dell'ordinario); e il Re nostro concede molte cose chiestegli da lei, non però tanto che si possi impennare. Chi è dunque colui che, trovandosi in stato tale, lasciasse le armi? O chi è così bravo oratore che glielo potesse persuadere? Mentre adunque che si userà dissimulazione dagli uni in coprire lo sdegno concetto, e l'astuzia dagli altri per adempire i suoi dissegni, non si farà mai cosa buona; e il duca, giovine, florido, ardente, seguitato da tanti suoi parenti, tutti armigeri, non può perdere nell'aspettare, atteso che tutti gli errori che facciamo noi altri servono per la grandezza di lui; il quale, molto bene avvisato della divisione dei consiglieri regii, della codardia di certi, della necessità comune e della superbia di alcuni altri, non si dà pena di cosa alcuna. Ognuno grida contro al duca d'Épernon, dicendo che, se egli non fosse, il duca di Guise saria accettissimo al Re, e saria molto bene venuto in corte: ma sono parole; *fata obstant;* e vostra signoria me lo creda, che, quando Épernon sarà morto, ne rinascerà un altro, e dopo questo un altro ancora. Ognuno vuol comandare, e avendo la maggior parte di questi grandi trovato il terreno molle, tenta di piantarvi a sua voglia; e l'insolenza è tanto cresciuta, che non si può domare; così si rovina il regno, si dà adito ai vicini d'entrarvi dentro, si toglie l'autorità al Re, e in somma si vede avvenire a questa già floridissima provincia quello che avviene a un corpo infermo di cui le membra sono putride, che perdendosi or l'uno or l'altro, alla fine non restando in alcuna parte vigore che nel cuore, anche quello con gran duolo si estingue. Noi siamo senza posto tantosto, se Dio non ci provede.

Voi di costà non potete udire i nostri gridi, nè vedere le nostre lagrime: ma credetemi, che se questo imperio si perde, il quale solo fa

testa a Spagna raffrenando la libidine del comandare della insolentis-
sima nazione, vi avvedrete quanto poco savii sono stati quelli che
hanno assentito alla Lega, e Lega tale che rovina il regno a bello studio. Conservare la fede cattolica è utile, onesto e necessario, ma altra
forma conveniva tenersi per ciò, ed essendo stata guasta da coloro che
meno la dovevano, si doverebbe esterminare gli autori. Voi sentirete
i nostri guai; e piaccia a Dio che non li proviate un qualche dì! chè
la grandezza vostra in cotesto paese è quasi sospetta, per quello che
ne odo dire a molti; e chi vuole impadronirsi degli Stati altrui, trova
sempre mai il modo di farlo, purchè abbia forze, avendo il demonio
in questo mondo i suoi satelliti, i quali somministrano ai principi i
mezzi nefandi di far male.

Io mi sono allargato più che non volevo, ma l'ho fatto acciocchè
voi siate instrutto di tutto quello che qui occorre, per potere rispondere a questi signori Romani, i quali, poco pratichi dei regni stranieri, consigliano e giudicano molto spesso le cose altrimenti che e'
siano. Dio ci ponga la sua santa mano, poichè ogni umano rimedio è
di nessun vigore!

Il re di Navarra fa progresso in Guienna, perchè se gli lascia fare,
non avendo noi forze bastevoli a cacciarlo di là; si tratta di mandarci
il duca du Maine, ma non so se accetterà la carica, ricordevole come
fu trattato già due anni, che vi andette.

Quelli di Abbeville in Piccardia hanno accettato volontariamente il
presidio regio che già rifiutarono.

Mentre che io scrivevo, è arrivato il secondo corriere, che accerta
la morte del principe di Condé, publicata in piena assemblea dal Re
alla messa che si diceva alle essequie del duca di Joyeuse; e porta
da vantaggio che è stato velenato da un suo paggio, il quale se n'è
fuggito, per consiglio e opera della moglie, che di lui si temeva per
giuste ragioni. Il veleno gli fu dato in una coppa bevendo, e gli ha
bruciato tutte le interiora, come se gli è trovato dai cirurgici che
l'hanno aperto. Sarà stato, al creder mio, sublimato, dal quale ha sentito crudelissimi dolori. Questi sono i frutti delle nostre guerre civili e

delle passioni umane. La moglie è de la Tremouille, figliuola di una figliuola del già connestabile; e ora l'uso dei veleni, già familiare ai principi Italiani, è passato in Francia, di modo che non si potrà più rimproverare a noi il veneficio.

Il duca di Aumale continua a fortificare le terre, parte rubate e subornate da lui, astenendosi però dalle correrie e prede che facea in Piccardia, credo per le minaccie, che gli sono state scritte dai suoi, del Re, il quale prometteva di fargli porre il capo su un palco, se andava in quel paese; ma non durerà molto il detto duca in questa riverenza, perchè le novità e il garbuglio fa per i malstanti; e mentre che egli col cugino Guise tumultuano, non c'è persona la quale osi chiedere loro denari, de' quali il numero è così grande che il duca di Guise deve più che il terzo del suo, e quell'altro più della metà; di sorte che, correndo loro addosso le uscite e interessi grandi, e non essendo ajutati così liberalmente dai doni del Re come erano prima, è necessario che rovinino, e divenghino chi Catilina e chi Cetego, e non pensino che alla rovina pubblica con opinione della conservazione particolare.

La morte del principe causerà nuovi consigli e nuovi eventi; e forse che si tratterà più amichevolmente col re di Navarra, il quale non seppe usare della vittoria che ebbe a Coutras contro a Joyeuse, non altrimenti che noi, delli raitri cacciati del regno. Dio ci ponga la sua santa mano!

Si crede che Montmorency potrà più agevolmente vincere l'ostinazione del re di Navarra poichè è morto il principe, pertinacissimo nella eresia; e se ciò avviene pel mezzo suo, egli sarà sempre mai grande e stimato molto da amendue le parti; il che lo manterrà in credito e in istima per tutto il mondo, senza lasciare il governo che ha, invidiato da molti, e sostegno di tutti quelli che seguono la fazione contraria alla Lega.

Gli ugonotti del Delfinato si accordano con i cattolici nimici, non si possono fare scambievole male, e il medesimo si farà in Languedoc; che sarà una tregua di un anno, acciò si possa travagliare alla campagna dai lavoratori, non vi essendo modo di vivere per questi, e mezzo per quelli. Mandate pure-quanti cento mila scudi vi pare da Roma, che si troverà in*che impiegarli, senza però che si fornisca la guerra nè meno si scemi d'un punto.

Inghilterra non accorda con Parma; le condizioni pajono troppo aspre e la sicurezza poco stabile; di modo che si crede che la legazione ritornerà nell'isola, *re infecta;* dove la buona reina si sta molto armata; e si era sparsa voce che l'armata spagnuola stava male di soldati, parte de'quali moriva quasi di peste, e parte fuggiva, e che in essa v'era intelligenza fra molti capi e padroni di navi per rovinarla a beneficio d'Inghilterra; dei quali molti sono stati puniti dell'ultimo supplicio. Inghilterra e Francia sono il perno di tutte le cose nuove di questo tempo e dei discorsi degli uomini, perchè, quanto alla Polonia, a noi pajono favole, e come lontani da quella pare che non ci tocchi. Eppure è regno così grande e tanto importante contro al Turco, e altrettanto necessario a quelli di Austria. Voi altri signori Italiani sarete condannati nelle spese, le quali non saranno da qui innanzi per questo conto troppo grandi, sendo preso Massimiliano il rivale del nuovo re.

Si buccina in questa corte non so che di Spagna, che aveva chiesto Siena al granduca; e si sono viste lettere nelle mani di certi Fiorentini; ma io non lo credo, non parendo a proposito che il re Filippo s'imbarazzi in nuova guerra, e con un principe che può conservare Siena a sè, e acquistarne delle altre. Pure gli uomini non sono sempre mai d'un umore istesso, e quanto più s'invecchia più s'impazza.

---

## XXXI.

### CAVRIANA À SERGUIDI.

Paris, 14 février 1588.

SOMMAIRE. — M. d'Épernon; son gouvernement de Normandie; les abbayes héréditaires; sa querelle avec M. de Crillon. La princesse de Lorraine et le grand-duc de Toscane. Le duc de Guise envoie son fils aîné en Flandre, pour qu'il fasse ses premières armes sous le prince de Parme et contre les Anglais.

La nostra infermità continua come prima, e si può dire di avere acquistato il terzo grado dell'etica, che dai medici viene giudicata incurabile; perchè, o che noi non sentiamo il nostro male, o che i nostri falli sieno così grandi che Dio non permetta che a quello si ponga rimedio, si vive secondo il costume.

Il duca di Épernon voleva andare al possesso di Normandia, e già ogni cosa era in ordine, quando si è scoperto che in quella provincia v'erano genti del duca d'Aumale e del duca d'Elbeuf, cugini carnali, e della casa dei Guisi, le quali parevano di volere impedire l'entrata a detto duca; e, oltre a ciò, Dieppe e Havre de Grâce, due principali porti di quella provincia, sono tenuti da due parenti del già duca di Joyeuse, i quali bravano, e apertamente negano di volere di là uscire, se non se le dà loro una buona somma di denari e certa entrata di alcune abbadie, nelle quali pretendono, non per ragione, ma per la commodità e vicinanza alle case loro paterne. Perchè, affine che vostra signoria sappia, le abbadie e simili beni ecclesiastici sono stimati da chi li possiede in questo paese come patrimonio e eredità, e tanto sono richiesti dalle donne quanto dagli uomini. Nè a questo abuso può dare il Re alcun ordine o legge; se non con gran lunghezza di tempo; perciocchè ogni cortigiano vi è caduto dentro, e la necessità nella quale siamo ve lo mantiene. Si farà dunque qualche impiastro per acquetare la sete di questi due governatori, e poi, fatta la prima settimana di quaresima, si vedrà che il duca di Épernon vi possa andare sicuro e onoratamente.

Può giudicare vostra signoria, che è avveduta, quale sia lo stato nostro, convenendosi comperare la fede e benevolenza dei nostri sudditi, e quanto poco durabile sia la nostra quiete.

In questo mentre che si è dato ordine al viaggio, il detto duca ha avuto querela d'importanza con Crillon, mastro di campo del reggimento delle guardie reali, uomo molto feroce e bravo; e, se il Re non

95.

vi avesse interposto la sua autorità, succedeva un romore notabile; perchè il popolo e la corte (questa per invidia che porta alla grandezza del duca, e quello per l'opinione impressagli dai predicatori dei costumi di lui) sarebbero corsi furiosamente alle case sue, e l'arebbero ucciso con la scorta di Crillon. Del che temendosi, per certi suoi domestici, tutta la notte del dì che ebbero parole insieme, si fecero guardia nella casa, e si tennero in ordine due pezzi di artiglieria. La causa della querela è che a Crillon pare di meritare molto e ricevere poco dal duca, il quale egli ha seguito molti anni del suo con speranza di promozione a grado maggiore di quello che egli ha, possendo egli tutto quello che vuole col Re; e oltre di ciò voleva il governo du Havre de Grâce, promessogli, come egli dice, dal duca. Ma i più cauti stimano che a costui, molto ardito e risicato, sia stato soffiato nelle orecchie per attaccare rumore col detto Épernon, come a persona idonea a sbrigarsi di ogni impaccio; parendo a ciascuno che, morto costui, carico di tante dignità e onori, possessore di molte provincie, il Re compartirebbe le medesime a molti, e rallegrerebbe i popoli, ai quali non c'è chi manca per sedurli dalla benevolenza e obbedienza che devono al suo Re con le persuasioni che gli fanno, mostrando loro, come per sdegno, l'avanzamento del duca, l'inclinazione del Re e la rovina del regno; e che questa ultima non d'altrove viene che da questo uno. Bene le dirò, che dopo questo rumore, alcuni capitani, pure Guasconi, e che hanno fatto giuramento sotto a detto duca, l'hanno lasciato e sparlatoņe in publico, il che dà segno che cotesta sua grandezza è odiosa ai propri suoi, e che poco a poco la si comincia a zappare e minare anche dai benemeriti. Io non me ne do pena nè meraviglia alcuna, persuadendomi che ciò sia volere di Dio, i cui segreti sono incogniti a noi; e stimo che, quando questo fosse morto, ne verrebbe un altro. Qui non pare che sia posta l'essenza del suo male; ma, come avviene in ogni corte, sempre s'invidia ai supremi, e chi non ottiene quello che desidera, crede che il favore di coloro glielo abbia tolto.

Nel particolare della principessa di Lorena, io dirò a vostra signoria, come quello che l'ho servita dodici anni e più, che non si può trovare principessa di costumi più santi e casti di lei; e se dicessi che non ve n'è alcuna, trattone la Reina Madre e la reina d'Inghilterra, più instrutta nei maneggi di Stato, io credo di non mentire; perchè la buona Reina l'ha nodrita negli affari e consigli pubblici : di modo che io stimerei felicissimo il principe che la sposasse. Ha bellezza aggradevole, maniere graziose, e l'anima senza alcun vizio o macchia che possa nuocerle in alcun conto. Molti stimano che quelli di Guise la vorebbero maritare al principe di Parma, giovane di venti anni, per fortificarsi del braccio di Spagna; altri dicono che la converrebbe al serenissimo granduca; e a questo più inclina il duca di Lorena, e la Reina Madre più di tutti lo desidera. Nel primo partito vi è di contrario il consenso del Re nostro, il quale, ancorchè ami la nipote, non può nondimeno tollerare di vedere che cresca la forza e grandezza di coloro i quali l'hanno inquietato nel suo regno; errore che non si perdona in questo nè in quell'altro secolo da alcun principe. Nel secondo vi sarebbe da sospettare che Spagna non lo troverebbe buono. acciocchè quel gran principe non si unisse con Francia; perchè, sebbene è principe libero e assoluto, nondimeno è stato favorito e ajutato sempre da Spagna, al quale pare che di ragione se le abbia a chiedere licenza, o almeno il suo consiglio. Ma perchè il buon re Filippo tiene già il piede in questo regno col mezzo dei Guisi, ai quali somministra nodrimento per il fuoco acceso da loro, non saria gran difficultà al duca di Lorena di ottenere dal detto re il consenso suo per maritare la figliuola in Toscana; e questo particolare mi ha detto don Bernardino di Mendoza, ambasciatore del Re Cattolico a questa nostra corte. col quale ho stretta amicizia; e mi ha detto di più che la Reina Madre, parlando seco di questo negozio, gli ha detto che sarà officio del padre accasare la figliuola più attamente che potrà, e avere insieme il consenso del re Filippo, se l'accasa col granduca. Io conosco ambedue questi soggetti, e veggo che l'uno non si scuopre all'altro, ma vassi dall'una parte e dall'altra tastando e fingendo, per dare il colpo intiero quando l'occasione si appresenterà. Basta a voi altri signori di sapere

quello che si ragiona, acciocchè governiate con prudenza i vostri negozii.

Quanto al duca di Nemours, il quale l'ha corteggiata due anni,
non ci è persona in corte che si possa persuadere che quel matrimonio segua; sia disparità d'animi, di beni, e di costumi, o sia qualche
occulta causa, non si trova chi l'approvi nè lo giudichi riuscibile.
Come dunque è avvenuto, direte voi, che la madre di quel principe
se ne sia tanto assicurata quanto è, e che la Reina Madre l'abbia consentito, ajutato e quasi promosso, se poi si sta in dubbio di dargliela?
Rispondo che così si vive in corte, e che nuovo partito fa nascere
nuovo consiglio; se persona al mondo fa i fatti suoi per cagione dell'
utile, è il principe; perchè dunque non cercherà la Reina Madre o il
duca di Lorena di maritare la figliuola a signore più del duca di Nemours possente e ricco? So bene quello che ne odo ogni ora in questa
corte, e che, se stesse al giudicio universale, già si saria terminato l'affare. Non è cosa nuova in Francia che un principe sia accordato e promesso ad una principessa, la quale egli poi non sposi; e il proverbio è
molto in uso e in bocca ad ognuno : *Qui fyance n'espouse pas.* E però
come i tempi sono mutati, come sono nate nuove occasioni, e come i
pensieri non sono riusciti, così gli uomini seguono o non seguono
l'imprese. Diasi a chi si voglia, io son certo che chi la sposerà, sposerà insieme la felicità e l'onore; nè mi muove affezione alcuna a dire
ciò, perchè nelle mie parole non ho altra mira che la verità, e nelle
azioni l'onesto.

Io m'ero scordato di dire a vostra signoria, che don Bernardino mi
disse e mostrò lettere che il granduca le scriveva; e si allargò meco in
certi particolari, i quali erano seguiti tra il nuovo granduca e l'ambasciatore del re di Francia a Roma, poco prima che il granduca
Francesco passasse a miglior vita, i quali scrittigli di là da un certo
che sospettava che il detto granduca, allora cardinale de'Medici, fosse
segretamente Francese; egli rispose molto avvedutamente : « I preti di
« Roma sono molto dissimulati, e vivono con artificio, servando tra
« loro la fede e l'amicizia per quanto porta la loro comodità, e però il

« cardinal de' Medici con Saint-Goar, ambasciatore del Re Cristianis-
« simo, viveva alla maniera di Roma, e forse che si mostrava amorevole
« a quel cavaliere per fare il servizio del Re Cattolico; ma al presente
« che è granduca non parlerà più nè viverà da cardinale nè da uomo
« nudrito alle sottilità di Roma, convenendogli mutare stile, avendo
« mutato dignità. » Gli dimandai ciò che gli pareva della figliuola dell'
arciduca Carlo, della quale si ragionava che si darebbe al granduca
per moglie. Mi disse che quel principe è buono ma povero, e necessi-
toso, e converrà al genero nodrire il suocero.

Io mi sono allargato più che non pensavo in questa materia.

Il duca di Guise manda il principe di Joinville, suo primogenito,
con buona banda di archibugieri alla guerra di Fiandra, per ivi poi imbarcarsi affine di tragettare in Inghilterra, se l'armata spagnuola vi si
sbarca, volendo che sotto gli auspici del duca di Parma cominci a portar l'armi, le quali tinga nel sangue inglese, per vendetta di quello
che la fu reina di Scozia sparse in publico per le mani di un carnefice.
Tutto questo si fa per obbligarsi Spagna, per levare forze al re di
Navarra, favorito da Inghilterra, per tenere le armi in mano, e per far
credere al popolo che egli sia solo sostegno della fede cattolica. Ma
il detto principe non partirà, che non ci sia nuova che l'armata sia
comparsa nel nostro Oceano.

Molti di coloro che somministrano segretamente denari alla Lega,
sono falliti, e nondimeno non si lascia per vie diritte ed oblique di
mandare ancora qualche cosa, ma più scarsamente; e quasi tutti quelli
della casa di Guise sono al verde di danaro, avendo impegnato i beni
e la reputazione, nè possono sussistere alle usure che li mangiano e
rovinano; di sorte che sono totalmente oberati; il che causa in loro
una disperazione, e che per riaversi converrà, o che il Re faccia un
gran donativo, ovvero, secondo l'antiquo costume di Roma al tempo
delle guerre civili, *condant novas tabulas* con li suoi creditori; perchè
Spagna non è così sciocca, che voglia loro fare largizione dei tesori coi
quali poi eglino si rivolghino contro di lui, sapendo egli per prova che
le genti di quel clima mutano facilmente opinione. Basta a lui di dar

loro tanto del suo, che faccino in questo regno quello che fanno, e impediscano il re di Navarra che mai possa mandare nè in Fiandra nè in Inghilterra gente per sturbare le cose sue di là. E così si troverà il buon duca di Guise sospetto a tutti due i re, ed accetto a nessuno di loro : premio ordinario della dislealtà.

Pur ieri, parlando con don Bernardino di Mendoza della principessa di Lorena, mi disse, che non credeva che il granduca la sposasse, perchè ella è della casa di Guise, la quale è stata poco favorevole al fu granduca Cosimo, e molto meno all'ultimo defunto; e che, avendo Montmorency ajutato sempre la grandezza di quel principe in questa corte, non pare a lui che il nuovo granduca possa lasciare l'amicizia di detto Montmorency così *ex abrupto*, come le converrà se si maritasse con questa principessa. Gli dissi che i tempi fanno mutar opinione, e che può sposare una principessa senza sposare le querele della sua famiglia; anzi se si facesse questo matrimonio, il granduca potrebbe essere mediatore di riunire le due famiglie, e rendere amici i capi di esse, e fare questo beneficio al regno.

Bellièvre e la Guiche, quello gran senatore e versatissimo in maneggi di Stato, e questi gran mastro dell'artiglieria, vanno a trovare il duca di Guise. Credesi per vedere se vuole qualche accordo e tregua con i nemici, sendo il Re e il regno esausto per la guerra, e per essere molto piccolo soccorso quello che dal Papa e dalla Chiesa gallicana si riceve; inoltre per acquetare il mal animo di detto duca contro al duca d'Épernon, nato dal vederlo così grande in corte e così favorito dal Re.

Si stima anche che ci siano per farle rimostranza della rovina pubblica, nata dai tumulti cominciati da lui, e che abbia pietà di questo povero regno. Infine ambedue hanno commissione di parlare gli per Jametz, terra posta alli confini di Francia con lo Stato di Spagna verso Luxembourg, posseduta già dal duca di Bouillon e poi dal figliuolo morto ultimamente a Geneva, nella quale il duca vi pretende e altresì quel di Lorena. E, perchè è frontiera, il Re teme che, con questo pretesto di recuperare il proprio, il duca di Guise v'introduca Spagnuoli,

e malgrado suo l'armi straniere si annidino in Francia. Vorrebbe dunque Sua Maestà comporre le cose senza armi.

Ha anche commesso a M. di Rieux, cavaliere di nome e di valore,
di andarsene a Sedan, nella quale terra La Noue, avvisatissimo e bra-
vissimo capitano, è entrato dopo la morte del duca di Bouillon, affine di
vedere se il popolo lo vuole ricevere a nome suo, poichè quella terra,
sebbene è di signore che non riconosce superiore, nondimeno la guardia
di essa è pagata del stipendio regio, e posta alla volontà del Re. Ma,
come vostra signoria sa, le guerre fanno alterare e immutare ogni cosa.

L'odio comune contro il duca di Épernon cresce in modo, che se
Dio non lo preserva, può durare poco tempo, e già dai più grandi di
corte è stato ripreso di temerità, e avvertito che, se non cambia
stile, la sua vita non durerà ore.

Stiamo aspettando che effetto farà questa mostruosa armata di Spagna, la quale minaccia a uno, e dà da sospettare a molti, temendosi che
ella abbia qualche segreta intelligenza in alcuni porti di Normandia
per via di governatori postivi da Joyeuse, il quale s'intendeva puntualmente con la venerabil Lega. Noi staremo a vedere l'esito; Dio
voglia che sia tale che non ci incommodi! perchè, a dire il vero a vostra signoria, questi maranni vogliono tiranneggiare il mondo, e Filippo
pensa di farsi monarca, trovando pretensioni in tutti i regni del mondo
per via di matrimonii, ma vieppiù per armi e astuzie; e noi sciocchi ci
mangiamo l'un l'altro per ingrandire lui, e poter dire: *Hispanos rerum
dominos*.

## XXXII.

### CAVRIANA À SERGUIDI.

Paris, 1er mars 1588.

Sommaire. — Le duc d'Aumale en Picardie. Position difficile du Roi. Prétentions du Roi Catholique à la
couronne de France. Le duc d'Épernon et M. de Lansac. Vains efforts de la Reine mère pour amener
une réconciliation entre les princes. L'héritière du duché de Bouillon. Menace d'une nouvelle invasion
de la Lorraine par les Allemands. Représailles.

Il duca d'Aumale in Piccardia fa gran male, pigliando or questa or

quella casa dei gentiluomini, i quali si sono conversi e ritornati alla
Chiesa cattolica; e perchè il Re ha fatto decapitare alcuni dei suoi, i
quali erano entrati per forza in una casa di simili reconciliati, egli si
è così fieramente sdegnato, che pare che voglia porre un esercito in
campagna con l'ajuto delli cugini, cioè Guise e Maine, e con la vicinanza del duca di Parma, il quale gli ha mandato dugento bravissimi
cavalli Italiani, con intenzione di provedergli di nuove forze, se dal Re
si fa motivo per gastigare il detto Aumale; perchè sulle frontiere di
Piccardia dalla parte de' Spagnuoli sono di già quaranta insegne di
fanteria, le quali con la loro presenza favoreggiano i movimenti del
duca di Aumale, sebbene quel di Parma dice che coteste sue genti sono
là per conservazione dei Paesi Bassi, visto che il duca di Aumale, che
è Francese e così vicino a lui quanto egli è, ha l'armi in mano.

Il Re gli ha scritto una lettera comminatoria, e si buccina che vi andrà in persona, per di là poi (mentre non si cominci una guerra in
quella provincia) andarsene in Normandia, e stabilirci governatore il
duca d'Épernon, per lo che eseguire aveva mandato un reggimento di
Guasconi in Piccardia, per indi poi passare armato in Normandia, tra-
getto molto breve, e collocarvi il detto duca di Épernon. Ma le fanterie menate dal maestro di campo, cugino di detto Épernon, nella provincia, non hanno potuto passare Pontdormy, luogo occupato e fortificato
dal duca di Aumale sul cammino di Amiens e Abbeville; anzi, venute
alle mani seco, hanno perduto qualche pochi soldati, e egli il suo luogotenente. Costrette adunque a ritirarsi, sono ite qua e là, facendo
opera di essere ricevute nelle terre con le patenti anche del Re in
modo di guarnigione e di presidia. Ma i terrazzani non le hanno voluto
ricevere, dicendo che non vi era guerra aperta co'Spagnuoli, e però
non era mestieri di presidio ad alcuna delle città di Piccardia. Il che
inteso da Aumale, gli ha fatto crescere il cuore nel corpo, e ha mandato
dei suoi in vari luoghi persuadendogli a non ammettere Guasconi, perchè l'intenzione di chi li manderà era di rendere quella provincia tri-
butaria al duca di Épernon, e favorire i nemici suoi; e che, se da questa
fanteria si facesse forza, offeriva egli ajuto e modo per frenarla. Così

mandò a Saint Valery, luogo marittimo e degli Stati del duca di Nevers, per tentare i cittadini; ma eglino savii e fedeli non hanno ascoltato il consiglio di lui, nè ricevuto gli Guasconi di quest' altro.

Ha il detto duca di Aumale quattro reggimenti di eletta fanteria
francese; ha pratica in Montreuil e Abbeville, e si crede che siino alla
divozione della Lega; ha quattrocento buoni cavalli, e crescerà il nu-
merò delle sue genti ogni volta saprà la venuta del Re; perchè Guise
non lascerà il cugino in pena; e così il Re correrà pericolo della riputazione, se non vi va e non libera la Piccardia dalla oppressione del
duca di Aumale, e se vi va non può essere molto armato, non avendo
denari per trattenere l'esercito regio. Oltre a ciò, ognuno griderà che
egli, lasciando gli ugonotti in pace, perseguita i cattolici coll'armi;
e chi sa che, lasciando Parigi, questi cittadini, nemici del nome di
Épernon, non chiamino il duca di Guise? *Undique angustiœ.*

La buona Reina Madre, cauta e vecchia nel maneggio di questo imperio, fa quanto può per impedire o almeno ritardare la rovina del
regno; e con lettere, con messi, con prieghi, e con ogni mezzo onorevole, cerca di pacificare il tutto; ma si conosce che vi è non so che
di fato, il quale impedisce la riuscita dei suoi consigli, ingrandendo
al nostro dispetto i progressi di Filippo, il quale, sebbene minaccia ad
Inghilterra con l'armata spagnuola, ha nondimeno intenzione (come
si giudica dai più di questo regno) di occupare qualche porto in
Francia, per pretendere egli, dopo la morte del Re senza figliuoli, in
essa all'occasione della moglie che egli ebbe, sorella del re presente;
e poi quel gran nome di Cattolico, col fasto spagnuolo, pare a lui e ai
suoi consiglieri legittima causa di guerra e di ampliare l'imperio; il
che gli verrà fatto molto agevolmente con la comodità della nostra divisione insanabile e immedicabile. E si vedono di già alcuni libri stampati in Spagna, per i quali accenna a non so che di ragione e preten-
denza nella corona di Francia. Però mantiene questo fuoco acceso da
nòi contro di noi, come utile ai suoi Stati e al nodrimento della ambizione spagnuola.

Per un bel particolare vostra signoria saprà, che Lansac il giovine (figliuolo di quello che nella guerra di Siena fu preso a Fiorenza, e minacciato della fune dal granduca Cosimo b. m.), sendo venuto di Guascogna a Parigi per riconciliarsi col Re, all'occasione dell'avere levato le armi con la Lega contro di lui, è andato a trovare il duca d'Épernon, e gli ha detto che gli voleva scuoprire un trattato che si ordiva contro la persona sua dal duca di Guise, di Nevers, d'Aumale, di madama di Montpensier, dai marescialli Biron, Aumont, e Retz; e che a lui avevano dato carico e denari per l'esecuzione. Del che il buon duca si turbò molto, e si stette in casa molto bene armato, aspettando ciò che si farebbe da coloro, i quali, per l'avviso di Lansac, erano venuti a Parigi all'omicidio. Ma si è poi scoperto che questa è una leggierezza, e che l'invenzione veniva da lui per porsi in grazia del Re col mezzo di Épernon, e cavarne, come ha fatto, denari. Non resta però che non sia entrato nell'animo del duca d'Épernon gran sospetto, e che perciò, quando cavalca per la cittade, conduca molti capitani seco, dei quali buona parte è armata di corazza e pistole; e, sia il vero o pure verisimile, si guarda da dovero, senza dar segno di timore o di codardia.

Noi teniamo per una massima infallibile, che, sino tanto che il Re non abbia appresso di se tutti i principi dell'una e dell'altra setta, e che li unisca insieme con la confarreazione de' Romani, noi non possiamo giammai godere della quiete e pace stabile; i quali nondimeno devono essere trattati come principi e come sostegni e colonne di questo impero. Però la buona Madre Reina, quasi nocchiero molto pratico di questi mari di qua, fa quanto può per cotesta unione, nè, al mio credere, potrà ella giammai fermarla, per essere entrato troppo di gelosia e di ambizione nelli animi delli uni e delli altri; e così il nostro male (quasi etica dell'imperio Gallico) l'andrà consumando poco a poco, massime che il rimedio di torre ogni speranza a costoro, e a Filippo altresì di possedere questo bel regno, ci manca tuttavia, che è la posterità e figliuolanza del Re.

La sorella del duca di Bouillon rimasa erede di Sedan e di Jametz, per testamento di detto duca, vuole accettare guarnigione e leggi dal

Re tali che a lui piacerà; nuova poco grata alla Lega, *quæ occasionem quærit* di fare novità; e così crediamo che in quel canto della Francia, le cose potrebbero passare pacifiche più che non erano; ma, per essere femina e condotta da umori stravaganti, non si può fidare intieramente della risoluzione che promette fare. So bene che vi sono di già molti proci famosi, anche della venerabil Lega, che la vorrebbero in matrimonio, non per zelo di rendere lei cattolica, ma per cupidità dei beni che ella possederà, sperando questi tali, con persuasioni, con lusinghe, di ridurla al buon cammino.

Quei raitri, che se ne tornarono in Germania laceri e guasti, hanno dato materia ai suoi di ridersi di loro e inasprirli contro di noi; tanto più che, essendo stati seguitati dalle genti del duca di Lorena nei confini di Savoia, dei Svizzeri a Monbelliard, e della Franca Contea, senza risparmiare il fuoco o il ferro alle terre del conte di Monbelliard, fratello del duca di Wurtemberg, che già due anni venne qui in ambasciata per le chiese eretiche di Germania a trovare il Re, hanno dato materia agli Alamanni della loro setta di pensare al vendicarsi dei danni e vergogne ricevute qui. Però si era sparso rumore di una gran levata di raitri che si faceva, non per ritornare in Francia ma per dannificare la Lorena, nella quale si doveva fermare quell'esercito che venne qui, per consiglio dei più savii di Germania; ma li cento mila scudi donati segretamente dal duca di Lorena a Casimiro, conte Palatino, e qualche altra buona somma al barone di Dohna, capo infelice del sfortunato esercito, hanno causato la rovina di quelle povere genti. Nondimeno si tiene per certo, che al primo tempo discenderanno nuovi soldati in quella provincia, e verranno grossi e ben condotti, per avere la ragione dei danni fatti al conte di Montbelliard, fratello del duca di Wurtemberg, al ritorno dei raitri rotti e fracassati per quelle genti del duca di Lorena.

Si aspetta anche qui ambasciatori di Germania, i quali vengono per sapere dal Re se approva quello che dalle genti della Lega è stato fatto al conte di Montbelliard, dico soldati della Lega, perchè altri non si sono mischiati in quella impresa che essi, ed hanno scorso molto in-

nanzi verso la piana di Strasbourg; e si crede che il Re sia per scusarsi
di questo, non essendo egli stato autore della venuta dell' una o dell'
altra parte in questo regno; nè potrà giammai arrivare tanto di male
alle genti del duca di Lorena, quanto sarà grato a ciascuno l' udirne
d' avvantaggio, per le estorsioni ed azioni viziose ed enormi che hanno
esercitato sopra i soggetti del Re.

<hr />

## XXXIII.

### CAVRIANA À SERGUIDI.

Paris, 9 avril 1588.

SOMMAIRE. — Le duc de Guise ne dépose pas les armes; mauvais succès des deux envoyés du Roi. Prochaine assemblée de la Ligue à Soissons. Prétendue folie du roi d'Espagne. Le duc de Lorraine.
Intrigues à la cour d'Espagne. La France épuisée par vingt-cinq ans de guerre civile. Desseins secrets
du duc de Guise. Le Roi, apaisé par sa mère, emploie la voie de la douceur à l'égard du duc d'Aumale. Impossibilité de tirer de l'argent du peuple. Le mariage de la princesse de Lorraine. Prise de
Marans par les catholiques. La Picardie et les Ligueurs. Le duché de Bouillon sous la protection du
duc de Montpensier; Sedan et Jametz en bon état de défense. Le duc de Parme; ses droits sur le
royaume de Portugal; ses desseins touchant les Pays-Bas.

Bellièvre con la Guiche ritornarono dalla loro legazione, nè hanno
riportato altro che onorevoli parole, avendo trovata la medesima volontà nel duca di Guise, che era prima, cioè di non volere deporre le
armi; e per mantenerle trovano i suoi consiglieri ed aderenti molti
pretesti, di modo che pare che cotesta legazione sia stata più per tentare la riconciliazione del duca di Épernon col detto duca di Guise che
per cose pubbliche. E Bellièvre dicendo a questi, che il duca di Épernon le era servidore, e che gli farebbe buoni uffici appresso il Re, ris-
posegli subito: « E' sarà secondo il costume; e però parliamo d'altro. »
Replicandogli Bellièvre, che si poteva assicurare della divozione di detto
signore, il duca di Guise gli disse in sua lingua : *Passons cela.* Cioè
passiamo ad altro discorso. Ha però promesso di operare col cugino
Aumale che si astenga da far male in Piccardia, e che per ciò terminare egli si troverebbe a Soissons col cardinale di Bourbon, Vendôme

e Guise, suo fratello, e alcuni altri capi Ligarii, a far Pasqua, dove si
darà, insieme con questo, a molti altri negozii buona resoluzione. Si fa
dunque un'assemblea a Soissons, dove si cova, pel giudizio comune,
qualche gran male; perchè, come essi temono di essere ingannati da
noi, così eglino cercheranno d'ingannarci; e di già i due cardinali
sono partiti di qui. Una cosa è molto nociva a questa Lega, l'opinione che abbiamo della sanità del re Filippo, del quale c'è nuova che
sia impazzito. Le congetture sono ch'egli è soggetto al mal caduco, il
qualè in questa età conduce facilmente alla alienazione di mente;
l'aver rimesso gli affari publici all'infanta, essersi visto lettere di lei
al duca di Parma per due ordinarii e non del re; vedere un armata
così grande come è la sua stare oziosa e inutile con tanta spesa; e poi
sapersi che egli è per padre e avola paterna soggetto a cascare nel
delirio, massime nella vecchiaia : queste sono le ragioni dei più ; ma
se sono vere, voi altri signori che spendete le migliaia di scudi in corte
di quel re per sapere ciò che ivi si faccia, lo potrete meglio giudicare.
So bene che, se quel re manca, la sacrosanta Lega è morta. E di già
si vede qualche divisione fra alcuni capi; perchè il duca di Lorena,
temendosi delli Alemanni, i quali si sono ammutinati per gli incendii
e rapine patite dalle genti di esso duca, e fremendo di volere fare
vendetta, sta in dubbio di ciò che abbia a fare; chè, sebbene avrà
soccorso da Spagna, non per amore del parentado ma per ragione di
Stato, egli nondimeno riceve l'incomodo delle guarnigioni, e i suoi
popoli maledicono la Lega e i Ligari, perchè in cotesta specie di
guerra, alcuni poveri fanno bene i casi suoi e la maggior parte si rovina; e però il buon duca insieme col figliuolo, marchese du Pont, si
attrista di questa festa. Nè rileva in lui la speranza di dovere essere
re, caso che morisse il nostro, che Dio non voglia! perchè molti
gradi di pericoli e di pene ha da varcare innanzi che vi arrivi, e non
so se ha l'animo così forte come si richiede a questa impresa, o se il
cugino, quando ciò avvenisse, glielo vorrà cedere. So bene che pullula
non so che di divisione alla corte di Filippo tra l'infanta e il figliuolo
maschio, perchè l'imperatrice non vede volontieri che il suo nipotino,

e nato di una sua figliuola, sia in minor credito, ancorchè di tenerissima età, per conto degli affari publichi, appresso il padre, della infanta, nata d'una Francese. E, se questa zizania cresce, noi ci rideremo di loro, come eglino, e a buona ragione, di noi si sono risi; perchè seguirà divisione e disparere tra cortigiani, consiglieri, popoli e Stati; donde formatesi le fazioni, quel regno patirà il suo supplicio come questo il suo; e si faranno dai principi Italiani molti disegni, i quali riusciranno benissimo a quelli che avranno i tesori di Crasso, siccome è la fama che voi altri signori avete.

Il Re persiste nell'opinione di volere andare in Poitou, fatto Pasqua; e forse che questa assemblea modererà il furore di Aumale e di altri, per il che potrà Sua Maestà sicuramente incamminarsi là con le forze. Alla quale impresa il duca du Maine mostra desiderio grandissimo di andarvi insieme col Re. Ma tanto grande è la diffidenza e così grave l'offesa, che a nessuno di loro pare che vi possa essere luogo di sicura amistà e benevolenza nell'animo del Re. Costoro vorrebbero tirare per forza in Lega Sua Maestà, e poi mostrare che savia e necessaria è stata la loro impresa, dal che ne nascerebbe l'impunità loro e il publico grido di fedeltà. Ma Sua Maestà non vuol essere forzata dai suoi sudditi, nè da loro ricevere la legge. Vuol bene abolire li eretici con quei modi e mezzi che si convengono; sicchè non si può nè tosto nè bene fare quello che a voi altri signori Romani, imbuti di opinioni erronee intorno alli negozi di Francia, pare che sia mestieri.

Siamo esausti, e i popoli muoiono, e languiscono quelli che restano in vita, essendo venticinque anni che non si attende ad altro che alle carnificine e alle prede.

Il Re offeriva al duca di Guise Valence sul Rodano, acciò si acquetasse; ma io credo ch'egli pretenda molto più di questo, conoscendo l'umore nostro e il nostro potere; egli ha nel petto suo nascosto non so che, il quale non communica al duca di Lorena nè al fratello du Maine, ma tenendolo serrato dentro dà da pensare ad ognuno, nè può essere cosa buona o salutare al publico; e dicesi che, dopo che ha incominciato a maneggiare queste sacre armi della Lega, egli sia riuscito

molto accorto, e vieppiù che di prima dissimulato e cauto. A lui cresce
la spesa e la rabbia ogni dì, e scemato l' entrate degli amici, perchè
questa nazione, per natura fervida, non può portare quella pazienza
che è di mestieri a chi vuol turbare un imperio; e però, non si venendo
a fine di molte cose, ognuno pensa di ritirarsene, sperando più di
sopporto dal Re che da un duca. Questo è il flusso e riflusso del mare
Francese.

Aveva Sua Maestà risoluto di mandare due presidenti con un us-
siere (lictor all' antiqua) al duca di Aumale, per interrogarlo di ciò che
aveva a dire per conto delle armi mosse da lui in Piccardia, e per la
preda che faceva in essa; poi, fatta l' interrogazione, dichiararlo ribelle
e confiscargli quei beni che ha, che sono molto pochi, essendo indebitato sino all' anima. Ma si è giudicato essere più onorata via e più giovevole quella della dolcezza, della quale Sua Maestà, esortandola così
la Reina, sua madre, si è compiaciuta di usare, tanto più con la vicina
speranza dell' assemblea di Soissons, nella quale si crede che il cardinale di Bourbon farà ufficio paterno.

Si cercano tutte le sottilità per trovare denari, ma le moltiplicazioni
dei pensieri e dei conti non possono cavare dalla borsa dei popoli
quello che non vi è; sicchè, se non si faranno gran cose, converrà in-
colpare quel Pluto dell' Inferno [1].

La duchessa di Nemours comincia a moderare il dolore della licenza
data dalla Reina Madre al duca di Nemours, suo figliuolo, per conto
di sposare la principessa di Lorena, la quale è una savia, onorata, e
ben qualificata dama; e felice sarà colui che l' avrà per moglie. Qua si
crede che il granduca si caserà in Germania con la figliuola dell' arciduca Carlo; noi vorremmo bene che si giungesse con la principessa di
Lorena, ma vi si trovano delli imbarrazzi pure assai, e di tutti il principale è il consenso di Filippo, senza il quale questa favola non si
può terminare; parendo a noi che quel savio principe, quando si risolvesse di congiungersi con Francesi per parentado, lo farà sempre mai

---

[1] Cavriana ne confond-il pas ici Pluton avec Plutus?

con partecipazione di quel re, il quale bisogna onorare, e non sdegnarlo.

Marans, vicino alla Rochelle, che fu preso dai nostri ai dì passati, si va fortificando da dovero; servirà per ostacolo ai Rochellesi, e per spesa agli ugonotti.

Vedremo ciò che partorirà l'assemblea di Soissons; e, secondo quello che verrà in luce, ci risolveremo ancor noi a fare o a non fare. Ben posso dire a vostra signoria, che quei di Piccardia, trovandosi mangiati dalle genti del duca d'Aumale, non vorrebbero più d'incommodità, e se ha da continuare qualche settimana a stare là, eglino getteranno il giogo e lo caccieranno, perchè sono trattati altrimenti che loro è stato promesso. E, se vostra signoria vedesse o udisse gli artificii con i quali questi uomini turbulenti e poveri sollevano i popoli e persuadono alle città il porsi in franchigia, la direbbe che questa non è Lega per religione, ma per distruzione. Tuttavia ella sta in piedi, perchè Dio lo vuole.

Sedan e Jametz sono assediati, ma non molto strettamente, perchè alcune compagnie di cavalli leggieri Italiani posti in certi villaggi (non in forma di forti) corrono qua e là, e impediscono la entrata a molti, tagliando i viveri che dentro vi si potrieno portare da faziosi e aderenti coperti. E ogni dì si scaramuccia fino sotto alle mura con pari perdita e vittoria; ma si crede che il duca di Montpensier potria facilmente pigliare la cura di quel luogo, come zio della erede, e ridurlo come prima era nella medesima obbedienza del Re, che sarebbe un levare l'oggetto delle armi e della ruina publica alli Ligarii, se però la loro ambizione è nata da zelo divino. Per incommodare poi Jametz, sono qualche poche compagnie del duca di Lorena (che è sempre il re di Spagna) nelli confini; e, se sarà bisogno si avrà dal duca di Parma quel numero di gente che si domanderà; queste fanno il medesimo che quelle di Sedan, e se non vi è qualche tradimento dentro, ovvero non manchi il vivere, o che la malattia di peste non vi entre, nè l'una nè l'altra piazza si può perdere, sendo amendue fortissime di sito e d'arte, e munite di ostinati cittadini con qualche presidio.

Non vuo'lasciare di dire a vostra signoria, che si giudica dalli andamenti del duca di Parma, che, se il re Filippo morisse, egli si impadronirebbe degli Stati di Fiandra per ricompensa del regno di Portogallo, che ingiustamente, come stimano molti legisti, gli è occupato dal Re Cattolico[1]; e di già il rumore è grande, con l'opinione publica che quel principe sia impazzito. Questo è quello che a vostra signoria posso scrivere di nuovo, aggiungendo che noi altri Francesi: *Imus, non ibimus.*

XXXIV.

### CAVRIANA À SERGUIDI.

Paris, 7 mai 1588.

SOMMAIRE. — Le Roi se voit menacé dans Paris, dont les abords sont au pouvoir des ligueurs. Il vit enfermé, écrivant sans cesse, ne consultant personne. Il est à la discrétion de son sujet rebelle; mission de Villeroy et de Miron. La démocratie à Paris; si le Roi osait agir, une réaction en sa faveur serait encore possible. Départ de d'Épernon avec plein pouvoir pour faire la guerre en Guyenne; peut-être ramènera-t-il des forces pour les mettre au service du Roi. Les prédicateurs impuissants à éteindre l'incendie qu'ils ont allumé. Extrême gravité de cette révolte. Le ligueur Brissac à Rouen.

Noi stiamo in diverse maniere; il duca di Guise attende a fortificarsi della benevolenza popolare, occupare più luoghi che può, come è Meulan, Meaux, Château-Thierry e altri luoghi non molto lontani da Parigi; a creare magistrati, trovare denari, fare nuove leggi, avvanzare i suoi, e a stabilirsi nell'imperio. A tutto questo pretende sempre il servizio del Re e l'utilità publica.

Per contro Sua Maestà pare che non curi molto queste prese di terre; e, licenziando quelli che la vanno a trovare, dà ad intendere che vuol pace e non guerra, sia che speri nel tempo, il quale può consumare questi Ligarii, oppure che l'animo di lei inchini alla quiete. So bene che la si trova molto confusa, perchè si trova circondata da

---

[1] Le duc de Parme, Alexandre Farnèse, avait épousé Marie de Portugal, fille d'Édouard, fille d'Emmanuel le Fortuné, et sœur aînée de Catherine, duchesse de Bragance.

molti disleali e perfidi; di modo che, non si potendo fidare di quelli i quali gli sono obbligati per molti favori che hanno ricevuti, sente un dispiacere incredibile, ed è costretto mutare maniera di vita, scrivendo di sua mano la maggior parte delle cose che ha da fare, e, senza torre il parere di persona, consigliare sè stesso. Ha poi pochissimi ai quali ella commetta il segreto del suo animo; sta in dubbio di quelli che sono qui nella città; teme le insidie dei suoi custodi, e, veggendo ogni luogo pieno di perfidia e di tradimento, dà materia a molti di parlare sinistramente delle azioni sue.

Sopratutto sentì la presa di Meulan, luogo molto forte e presidiato da lei medesima, sì perchè era vicino a dieci miglia di Mantes, dove Sua Maestà si era ritirata, come per vedere la codardia e dislealtà di colui al quale, come a un Decio o a un Camillo, ella l'avea commesso. Questa perdita ha causato che di là si partisse molto tosto, e si avviasse verso Rouen, dove arriverà martedì. E di già i consoli della città sono venuti ad incontrarla, e le hanno portato le chiavi, supplicandola di andare là, dove troverà fede, ubbidienza e servizio volontario.

È in questo mentre arrivato Villeroy, primo segretario di Stato, col medico Miron, creatura del Re, i quali hanno piena autorità di conchiudere le cose della composizione coi Ligarii. Nè pare che vi sia alcuna difficoltà d'importanza, salvo due : la prima che Épernon sia realmente e in atto spogliato ignudo, insieme col fratello e cugini, di quanto hanno avuto dal Re; e la seconda che Guise non esca di qui, oppure se esce, ritenga le fortezze della città nelle mani, come le ha di già. All'una e all'altra il Re si rende inesorabile, e lé pare che vi vada troppo della riputazione sua. Se concludeva l'accordo come è costretto di concludere, Guise rimane superiore in questa città. Su questo punto sta la pratica dell'accordo; ma, quando il Re non le conceda questo, pure che tenghi le armi in mano e sia come suo connestabile, non si darà noia di cedere Parigi e le sue fortezze.

Dura cosa è il ricever la legge dal suo soggetto, ma la necessità dei tempi, l'imprudenza dei consiglieri, la perfidia di molti, e una fatalità delle cose umane guidate dal volere divino, rendono l'animo

delle persone pieghevole a un accordo, ancorchè poco onorevole. Se
Sua Maestà fosse un poco più severa e terribile che non è, le cose sue
passeriano meglio che non passano; ma i Ligarii conoscono che la natura di lui è benigna e lontana molto dal sangue, e che, amando la
pace, troveranno sempre appresso lui buona composizione. Così si vive.

Qua intorno sono molte miriadi di soldati Ligarii; e, se il Re tarda
a comporre le cose, è pericolo che costoro, trovandosi padroni di Parigi, e trattando il popolo a guisa di democrazia e non di monarchia,
s'impadronischino del tutto, e il nome del Re sia tenuto dal popolo,
già male edificato, per vano e imaginario; e, se Sua Maestà pensa con
fraudi o con dissimulazioni rovinare costoro, eglino, armandosi bravamente, l'andranno a trovare dove sarà, e lo costringeranno a battaglia,
ovvero a ritirarsi in qualche luogo, dove assediato, Dio sa qual esito
avrà la guerra! Tanto importa il vedersi privo di riputazione, di consiglio, di denari e di amici.

Il danno che può arrivare a costoro, è che i Francesi, per natura
mobili e amatori di novità, trovandosi senza il suo re legittimo, e non
guadagnando come solevano (perchè in questi romori ognuno attende
a far guardie e ad osservare le occasioni), non possendo più sofferire
il disagio, la rompino col duca di Guise e lo caccino dalla città; e ad
imitazione di Parigi le altre terre faccino il medesimo. Tanto più che
qui si fanno delle ruberie e delle estorsioni da particolari soldati sopra
i cittadini, col pretesto che sieno stati già ugonotti; e, se il Re, come
ha giudizio e prudenza, avesse un tantino di ardire più che non mostra, il fatto nostro andrebbe bene; perchè i ricchi, i buoni, i veri Francesi sono per il Re; gli altri, che buscano fortuna, seguono la parte
avversa. Si bilanciano adunque di qua e di là le cose col maggior vantaggio che si può.

Io temo molto, che questo accidente tanto importante renda il Re
melancolissimo, e da qui innanzi non si fidi di persona, sendo egli per
natura assai saturniano.

Partì Épernon di corte, ma non lasciò di avere da Sua Maestà una
autorità molto ampia per far la guerra in Guienna, come già ebbe

Joyeuse; cosa che spiace molto ai Ligarii, i quali lo vorrebbero tanto basso che non potesse più rilevarsi, e di già ne murmurano da dovero, nè vogliono conchiudere cosa alcuna, se prima costui non è cacciato; tanto è l'odio universale e particolare contro di lui. Si pubblicano poi da una parte e dall'altra come cartelli e manifesti, per rendere la propria causa men sospetta e quella degli avversarii odiosa e spiacevole; ma si verrà ai fatti del certo, dopo che si avrà cartellato di qua e di là, e tutto sulle spalle dei miseri popoli, i quali pagheranno le pazzie dei principi col proprio sangue e bene. Quando partì Épernon, il maresciallo d'Aumont ebbe parole strane con esso lui, e il Re impose silenzio ad ambedue. Si spogliò di Normandia apertamente; le altre cariche e dignità disse che le rimetteva nelle mani del Re, pregandolo a non volerne dare alcuna di esse ad alcuno dei suoi nemici. Partì per Angoulême assai bene accompagnato, bravando, bestemmiando e dolendosi della insolenza della fortuna. Ma si crede ch'egli andrà in Provenza, armerà molte genti, e verrà a trovare il Re, che vorrebbe bene fare qualche cosa per risentimento, ma non sa e non osa. Il Re ha sentito molto questa partita del suo adottivo.

Qui poi si formano tante bugie, tante cavillazioni, tante novità dalli fautori della Lega, che è meraviglia, difendendosi costoro e ampliando le forze della Lega non meno con la lingua che con la spada. Si tratta qui dunque tra il Re e il duca di Guise: *uter imperet;* e, se il Papa non manda una buona scomunica, io credo che non si farà cosa buona. I predicatori, i quali hanno acceso il fuoco, vorrebbero estinguerlo, e non possono; gettano acqua ad ogni momento, pregano, gridano, promettono molte cose, e tutto è vento; chè bisogna che questo influsso corra sino tanto che a Dio piacerà.

L'armata di Spagna non è ancora comparsa, quella di Fiandra è oziosa; e si crede che quel grandissimo apparato di uomini e di legni in Portogallo sia stato tutto per intimidare la reina d'Inghilterra e darle spesa, ed anche per avere migliori condizioni di pace, se fosse seguita tra Filippo e lei. Ma ella non vuole lasciare Olanda e Zelanda, e l'armata sua è uscita dell'isola.

Ogni dì quelli della Lega pigliano terre, e per tutto il regno hanno intelligenze; cosa che pare ordinata da Dio, poichè i più cari e favoriti dal Re gli mancano e si uniscono segretamente alla Lega. Signor mio, questa è una delle maggiori rivolte e ribellioni che si udisse mai; e temo molto, che prima che sia un mese, io vi scriverò un accidente stranissimo. Guise vuol regnare, e il Re può poco per impedirlo; di sorte che sarà costretto di andare sotto l'imperio del suo soggetto. Se i Stati si tenessero innanzi che questa negoziazione fosse fornita, la passerebbe bene per il Re; ma gli avversarii instanno e non danno tempo.

Il conte di Brissac è entrato in Rouen, ajutato dalla parte, e ha occupato alcuni luoghi forti, con il mezzo dei quali impedirà l'entrata al Re, e il possesso della Normandia al duca di Montpensier. Di sorte che io temo, che Sua Maestà non avrà alcun sicuro ricetto nel suo regno : *magna sunt mysteria Domini.* A me pare che il Re sia simile alla republica di Roma, e il duca di Guise a Cesare; e però, siccome ella cesse a costui, così il Re starà alla discrezione di quest'altro; e, se le cose non si accomodano innanzi la fine di questo, il regno è perduto, vedendosi una fatal negligenza e timore nel capo principale, e una vituperosissima dislealtà nelle membra. Dio ci ponga la sua santa mano !

―――――

XXXV.

CAVRIANA À SERGUIDI.

Paris, 8 mai 1588.

SOMMAIRE. — Affluence des ligueurs à Paris; complot pour s'emparer de la personne du Roi, dénoncé par Tosinghi. Le Roi au Louvre et bien gardé; d'Épernon hors de danger. La crise est imminente; la Reine mère, aimée du peuple, cherche encore les moyens d'éloigner le péril. Le roi de Navarre craint d'être empoisonné. La princesse de Condé est mise en jugement. La reine de Navarre retirée à Villers-Cotterets ou à la Fère. Pas de nouvelles de l'Armada.

Scrissi a vostra signoria, che non poteva andare molto tempo che noi avressimo sentito qualche grande incommodo, preparatoci dalla malvagità delli uomini e del tempo che corre. Ora le confermo l'istesso,

e una sola cosa ci manca che è l'esecuzione; la quale se fosse seguita,
eravamo spediti. Il fatto è, che, non si fidando la Lega del Re, non per
colpa o difetto di lui ma dei suoi consiglieri, e d'altra parte non possendo stare Sua Maestà senza sospetto della Lega, poichè, occupati i
luoghi del regno nei quali non vi è pure un solo ugonotto, pare che
ciò che si fa da loro e da noi sia sempre interpretato in mala parte, e
che si studii scambievolmente alle insidie.

Questa opinione ha causato che, essendosi machinata la rovina,
anzi la morte del duca di Épernon da quelli della Lega, come si
dice, e dovendosi eseguire in Parigi, molti capi e fautori della Lega
vi erano venuti, e di continuo venivano; e, perchè dopo la morte di
lui, poteva arrivare il malanno ai congiurati, era necessario impadronirsi della persona del Re. La moltitudine dei complici, il desiderio di
eseguire il fatto, e la natura fervida di queste genti ha guasto il tutto,
perchè ogni cosa si è risaputa, e tanto a tempo, che il Re avvertito si
ritirò nel suo palazzo con grossa e valorosa banda di armati, e il duca
fuggì il pericolo. Pietro Paolo Tosingo fu l'autore di farlo sapere al
Re, il quale lo ha riconosciuto più che mezzanamente.

Come la cosa non ha potuto riuscire ai Ligarii, hanno cominciato a
tornare vela, e a publicare col mezzo di due confessori alcune novelle,
le quali erano : che, la ottava di Pasqua, i cattolici Épernonisti dovevano fare un *Vespro Siciliano* su i cattolici Ligarii. Di che avvisata madama di Montpensier, sorella del duca di Guise, ne parlò al Re, condusse i confessori e i confessati dinnanzi a Sua Maestà; cui, dopo lunghe
dispute, si conobbe che vi era della malizia femminina; perchè madama sopradetta affermava che il duca di Épernon voleva fare uccidere quel di Guise; i confessori furono biasimati, e i confessi posti prigioni per avverare il fatto; così si stette tutto il dì e la notte in arme
e in sospetto. Questo medesimo continua ancora, partendosi le schiere
dei cavalieri per andare a trovare Guise a Soissons, chi di qua e chi di
là. E giudicasi che, come il duca di Épernon ritorni di Rouen, dove è
ito per prendere il possesso di Normandia, si troverà in testa più di
sei mila uomini, e che converrà combattere; e così la prima parte

della tragedia sarà recitata. Dio lasci seguire quello che ci è più necessario!

Mentre che questo negozio si traffica, e che, sotto il pretesto dell' assemblea di Soissons, si dà speranza dai capi della Lega ai suoi aderenti di fare novità in brieve tempo, e che Bellièvre ritorna vuoto d' ogni buon effetto da Soissons, non portando altro che parole amorevoli e summissioni più che umili, come saria di dire, che Guise voleva ciò che piaceva al Re, e che verria a Parigi a baciarle le mani; si è fatta ogni opera e quasi l' ultimo sforzo in questa città per mutare e cambiare la forma di governo. Ma non può succedere in modo alcuno, se il Re non si sforza e costringe. Di sorte che quelli Ligarii, volendo avere nelle mani Épernon, mutare il cancelliere, levare le gabelle del sale, alterare il governo di Parigi, avevano pensato di pigliare il Re, il quale era a quella sua chiesa dei *Bons hommes*, lungi dalla cittade due leghe, che sono quattro miglia, con poche guardie, dove si purgava. Di che avvertita Sua Maestà per diversi, e per vedersi fare d' ogni intorno assemblee, ieri, che pure aveva preso medicina, si ritirò molto presto in Parigi; dove si attende a fare guardie dì e notte, temendosi che questo popolo, misto di buoni e di malvagi, di sediziosi e di quieti, e mal contento di Sua Maestà per le gravezze che ha posto, non faccia novità. Tanto più con la vicinanza di Guise, e col stimolo dei predicatori, e per l' odio che si porta al duca di Épernon, come insaziabile degli onori e dignità dovute a tanti principi e capitani. Se a questa volta la sacra e venerabile Lega non dà fondo alla sua impresa, la si troverà bene al basso, perchè perderà di credito con le nazioni straniere, e i seguaci suoi, vista la tepidità e irresoluzione dei capi, volteran testa; e, se il Re non si risolve a mostrarsi re, noi siamo spediti, dovendo sempre stare tra l' incude e il martello. La somma è, che costoro vogliono mutare governo e tenere in loro balia il Re, e perchè sono poveri e indebitati, studiano di maneggiare il regno per farsi grandi ed estinguere le razze dei principali. A questa potenza poi e autorità si può congiungere il desiderio di regnare; sicchè non è religione la nostra, ma ambizione. Vostra signoria lo vede chiaro, e come questi signori Romani sono male informati delle cose nostre. Fra otto dì al più lungo si vedrà dove va a parare il negozio.

La Reina Madre è fatta valetudinaria, e con il dispiacere che riceve da queste cose immedicabili con umano consiglio, sta tutta maninconiosa; nondimeno, come forte che ella è di cuore e di corpo, e con la esperienza che ha delle azioni del mondo, vive al meglio che può. Il popolo l'ama e la desidera in questa terra, dove se non fosse, si sentirebbero di più grandi romori che sentiamo. Dio ce la conservi! Io stimo che converrà, per salvazione di questo regno, che il Re si dichiari per li uni o per gli altri, e che perda qualche poco del suo per appacificare gli animi. Nella quale necessità mi ricordo sempre del granduca Cosimo, il quale soleva dire: che il principe non deve perdere la reputazione, perchè, perduta che sia, ogni cosa gli va attraverso.

Il re di Navarra vive con grandissimo sospetto di veleno per il fresco esempio del cugino di Condé, e fa cose straordinarie e inusitate a lui, il quale viveva alla libera e mangiava di ogni vivenda con tutti. La principessa parricida sarà castigata con la spada o col fuoco, e di già il suo processo si giudica. In fatti la carne ha gran forza, e però non mi meraviglio se l'amore fa violare le leggi divine e umane; ella era innamorata d'un paggio, e voleva goderne a suo agio; il che non si poteva, stando in vita il marito.

La reina di Navarra ritorna in queste parti, a Villers-Cotterets ovvero a la Fère, sua terra, e ciò con sodisfazione del Re, alla clemenza del quale ella si è rimessa del tutto. Così si potrà vivere da lei meglio di prima, sendo questo altro luogo da quello dove era.

Si è inteso, che questi signori della Lega vogliono presentare al Re una supplica, acciocchè cacci da sè Épernon e dia i suoi luoghi a principi, come avevano già presso i suoi predecessori; e si sgravino i popoli di molte gravezze, inutili al regno e giovevoli ad alcuni particolari. Ma non presenteranno la detta supplica se non armati.

Quanto all'Inghilterra, sin'ora l'Armata favolosa di Spagna non è comparsa, e si crede che non sia per venire.

## XXXVI.

### CAVRIANA À SERGUIDI.

Paris, 13 mai 1588.

SOMMAIRE. — Le duc de Guise à Paris: sa visite au Roi. Journée des Barricades. Fuite du Roi. M. de Guise est le maître. Détails et réflexions.

L'ultima mia fu delli VIII del presente, e due dì dopo arrivò il duca di Guise in Parigi inopinatamente, sendosi partito, senza significarlo a persona del mondo, a mezza notte da Soissons; nè volle avvertirne il Re, se non due ore prima che egli arrivasse qui. La venuta sua così impensata e repentina turbò molto il Re e più la Reina Madre; la quale vistolo entrare in casa sua restò attonita; poi, fattogli accoglienza secondo il costume, lo menò al Re, il quale per due volte lo abbracciò. Gli disse la causa della sua venuta essere, perchè voleva liberare il Re del sospetto che egli aveva di tumulti e rumori popolari di Parigi, dei quali molti avevano voluto persuadere Sua Maestà che egli ne fosse il capo e l'autore; e però ne veniva a lei solo e disarmato come egli era. Lo ringraziò molto Sua Maestà, e gli promise l'opera e fede sua. Questo era in apparenza la causa; ma la verità era, che avendo detto duca inteso che il Re voleva punire di supplicio capitale alcuni sediziosi partigiani pure di detto duca, ed essendo presto ad essere eseguito il comandamento regio, egli non volle che i suoi aderenti corressero fortuna, per non perdere la comune benevolenza del popolo e insieme la riputazione, massime essendo egli vicino a Parigi come egli era.

Avendo questa intenzione il duca, e temendo che il Re si armerebbe d'avvantaggio per eseguire una giustizia notabile come quella che si temeva, mandò, alcuni dì innanzi, molto segretamente varii soldati dei suoi e molti signori pratichi di queste tresche in Parigi al numero più di due mila, i quali sotto varii colori negoziavano per la cittade, aspettando però che il duca venisse qui, e secondo l'occasione impadronirsi della persona del Re. Sua Maestà, avvertita del numero così grande di gente straniera entrata furtivamente e furtivamente

98.

nascosta per le case dei partigiani, mandò per dodici compagnie di
Svizzeri e sei di Francesi che venissero nella città, acciò che con
quelle si munisse dalle insidie e cercasse queste genti. I Svizzeri, venuti
e posti nelli luoghi publici per guardia, diedero sospetto al duca che
fossero entrati per fargli un affronto e forse ucciderlo. Cominciò dunque ad armare il popolo e mandare dei suoi qua e là, persuadendo a
tutti, che il Re voleva porre guarnigione nella terra e incrudelire contro de' cittadini. Allora ognuno si armò, e facendo trancee e ripari per
ogni via, acciò che i Svizzeri e i nostri non andassero più innanzi, si
stette così sino sul mezzodì.

Il duca mandò a dire alla Reina Madre, che desse ordine a tutto
questo rumore, perchè dal canto suo egli era risoluto di morire onoratamente e vendere la pelle sua molto cara a chi la voleva. La Reina
fece quello che la potette; parlò al Re, pregò i capitani dei quartieri
per acquetare il tumulto e per fare deporre le armi; scrisse agli uni,
promise alli altri; ma, non potendo ottenere cosa veruna, e crescendo
di continuo il rumore, alla fine si venne alle mani dai Svizzeri con i
cittadini contrarii; e tirandosi molte archibugiate di qua e di là, e quelle
dei nemici non andando mai in fallo sopra i Svizzeri, scoperti e mal
pratichi delle battaglie che si fanno nelle città e luoghi stretti, furono
costretti ritirarsi dalla guardia dove erano e cedere al popolo armato
e ai soldati del duca, i quali, coperti dai gabbioni e barricate, e tirando
dalle finestre molto spesso e molto sicuramente, sprezzavano ogni nostro sforzo; e, se il duca non fosse ito in persona a far cessare il tumulto,
tutti i Svizzeri sarebbero stati uccisi. Cedendo i nostri, i nemici gua-
dagnarono la piazza vuota, e crebbe loro l'animo, e dove eravamo superiori del luogo, fussimo cacciati. Avvertito il Re di questo, comandò
ai Svizzeri di ritirarsi intorno alla sua regia, che si chiama il Louvre.
Vi si stava il povero Re quasi assediato, e tanto triste, e tanto mesto che
pareva l'imagine d'un morto.

La notte veniente, si stette in armi, ed egli pianse amaramente la
sua fortuna, dolendosi della perfidia di molti. Guise voleva che si
mandassero fuori tutte le compagnie straniere delle guardie del Re,

e non avesse seco che le ordinarie; poi volea capitolare con Sua
Maestà, e presentarle una supplica (ahi! che supplica!) nella quale
si conteneva tutto quello che faceva per la grandezza propria e per
l'abbassamento del Re. Il povero principe non sapendo dove dare del
capo, non volendo venire nelle mani del suo nemico, nè meno mandarlo a pregare, come si studiava da molti che facesse, disse alla
Madre, che andasse a trovare il duca, e vedesse di acquetare il popolo.

Mentre che ella se ne va a trovar questi, il Re per una porta conti-
gua al Louvre se ne uscì con tre persone in cocchio, comandando a
tutte le sue guardie di seguirlo. Così tosto che si vedde fuori delle
mura, levando il capo e scuotendolo disse : « Lodato Dio, che io ho
« scosso il giogo! » E ridendo disse : « Andiamo alla buon' ora. » Seco
era Villeroy, primo segretario di Stato, Bellièvre e il gran priore di
Francia, bastardo del fu Carlo re, suo fratello; e mandò poi alla moglie a dirle che egli era sano e in libertà, e che stesse con l'animo
quieto. Allora i gridi e gli voci delle dame andarono sino al cielo, e
piansero il vivo Re come se fosse morto.

Camminò quella sera sei grandi leghe, tirando al cammino di
Chartres, avendo scritto ad ogni officiale della Corona, che lo andasse
a trovare con più gran numero di gente che potesse, e giurò ad alta
voce che non ritornerebbe in questa città, se prima non si vendicava
dei suoi nemici.

Qui subito cominciò il duca a pigliare il possesso delle fortezze e
luoghi pubblici, come saria l'uno e l'altro Arsenale, la Casa della
Villa, quasi il Pretorio; le piazze e il palazzo della Giustizia; e, dando
passaporti e il motto alle guardie, fece conoscere che egli era il re. Il
popolo, non ancora capace del malanno che si ha tirato addosso, am-
mirava e riveriva il duca, che con molta umanità salutava ciascuno; e.
avendo mandato a dire al parlamento di Parigi, che è il senato, che
l'altro dì si trovasse al Palazzo (o foro che vogliamo dire), per ammi-
nistrare la giustizia secondo il solito, gli fu risposto che non lo voleva
fare, atteso che non conoscevano alcun altro, via del Re, il quale po-

tesse o dovesse comandare loro questo; e tra i senatori nacquero querele e dispareri molto grandi, dalle quali usciranno poi nuove sedizioni. E così il Re, ajutandolo Dio, vendicherà le injurie ricevute dai suoi con i suoi stessi. Oggi che il popolo ha dormito e quasi digesto la metà della crapula di questo furore, pare più saggio, e alcuni si ripentono di avere offeso così estravagantemente il Re; ma non possono più ritirarsene, atteso che ci sarebbe chi li scannerebbe, se osassero aprir la bocca, come disleale e disertore della confreria.

Il modo che ha il Re di punire questa città, è levarle il parlamento e porlo altrove, levare la camera dei conti e riporla insieme coi tesorieri e questori delle provincie in qualche altra città; perchè da questi tre magistrati sono nodriti e mantenuti in Parigi più che ottanta mila persone. Può dichiarare nullo e invalido ogni atto di giustizia che si faccia altrove che in quel parlamento che egli erigerà di nuovo; può dichiarare ribelli il duca e tutti i suoi seguaci, e se bene questa dichiarazione non lo muoverebbe punto, godendosi liberamente di Parigi, nondimeno se venisse a morire in questo mezzo, i suoi figliuoli andrebbero accattando. Può assediare la terra e costringerla, per la fame e necessità che soffrirebbe, di rendersi, imitando Carlo V, re di Francia, il quale avendo corso ai suoi dì simile fortuna di questa, fatto una poderosa oste e accampatosi à Melun, assediò in pochi dì questa città; per lo qual assedio furono astretti i cittadini a rendersi e chiedere perdono, puniti nondimeno in trecento di loro con le forche.

La crise, la quale io dissi a vostra signoria che si farebbe molto tosto, si è fatta, e non è per anco fornita, perchè andrà più innanzi, e sempre in peggiorando; e si attenterà alla persona del Re, acciocchè non sia più da temersi di lui.

Ecco, signor mio, come abbiamo giuocato e perduto in un momento tutta la reputazione e il regno; e quanto sono dannosi i consigli delli uomini appassionati! Questo era quello che temevo, e che così spesso dicevo a vostra signoria per lettere che avverrebbe. Abbiamo dunque due re, e un scisma immedicabile e incurabile.

Quando il povero principe si partì, egli andò ai cappuccini, e ivi pregato Dio, si fece calzare i stivali, stando a sedere sopra una pietra, e disse a quei Padri : «Pregate Dio per me, il quale se ne va per «non restar prigionero.» I Padri attoniti risposero più con lagrime che con parole. La Reina Madre è qui, nè si sa se andrà a trovare il figliuolo; si crede bene che costoro la riterranno quanto più potranno; i quali, alla maniera del re, fanno consigli e dispongono delle cose.

Non si aspetta più altro che rovina e morte; e io ho pensato, che non sarà molto sicuro ad alcun straniero di trovarsi qui; però, se vostra signoria non riceverà mie così sovente nè così piene come soleva, accusine i tempi; i quali forzeranno a fare più gravi spese e a peregrinare or qua or là; tenendosi per certo che noi avremo ben tosto l'assedio di Parigi, e che i Spagnuoli discenderanno molto presto in Francia.

Se il Re tardava un'ora di più a partire, era astretto a rendersi a più di cinquanta mila persone del popolo armato, fra i quali vi erano molti frati e preti, che di un comune accordo l'averebbero sforzato nel Louvre. Dio ci pose la sua mano, il quale prego che conservi Sua Maestà!

Vostra signoria faccia scrivere sugli annali di costì, se alcuno scrive istorie, che il xii maggio è stato e sarà il più funesto giorno per la Francia che mai si sia udito. I vostri rumori di costì non sono che vento, parlo di quelli scritti da Machiavelli e altri, rispetto a questi nostri.

## XXXVII.

### CAVRIANA À SERGUIDI.

#### Paris, 23 mai 1588.

SOMMAIRE. — L'exemple de Paris contagieux pour les autres villes. Impuissance du Roi. Sa retraite à Chartres. Les deux reines à Paris. Le parlement, sur l'ordre du Roi, continue à siéger. Articles importants soumis au parlement par les ligueurs. Déclaration comminatoire de la noblesse fidèle au Roi touchant M. d'Épernon. Le duc de Lorraine désapprouve la révolte de Paris; M. de Guise fait les affaires du roi d'Espagne.

.Dal successo delle cose di qui può vostra signoria conoscere, che non le ho mai scritto nè pronosticato il falso; e perchè con l'altro ordinario diedi conto della rivolta di Parigi e della repentina partenza del Re, io non entrerò a dirgliene altro. Quello che mi occorre al presente è che il duca di Guise, avendo occupato le fortezze della città e del contorno, e creando i magistrati a sua divozione, sotto però il titolo e autorità del Re, dando il motto alle guardie, ponendo guardie alle porte con uno dei suoi, fa credere che egli voglia assicurarsi questa città per sempre; e, se il Re vi rientra e pensi di volere assoggettire il popolo o fare qualche novità, come di punire alcun principale ovvero un gran numero di gente, non lo possa fare.

L'esempio di Parigi sarà seguito dalle altre terre del regno, perchè ognuno ascolta e abbraccia volentieri coloro i quali si studiano di ajutarlo; e già si ode che Troyes, Angers, e altre simili dicono di non volere ricevere il Re, se non con la sua famiglia e guardie antique ordinarie. Aprendo dunque gli occhi il popolo, e trovandosi favorito dal duca di Guise, non è dubbio che l'autorità regia vacilla, e vacillando scema. Con la riputazione si sminuiscono le entrate e i tesori, i quali essendo stati spesi dopo dieci anni in varie cose, e essendo stato rubato il Re da ministri, è avvenuto che, trovandosi nudo di mezzi per far guerra, e con consiglio appresso di sè corrotto e guasto, non può castigare i delinquenti, nè mostrare di avere quel cuore che in simili materie saria necessario. Egli dunque se ne sta a Chartres, lontano venti leghe di qui, aspettando che questo popolo si mostri dolente dell'atto, e come ripentito, lo vada a trovare per averne l'indulto. Là da ogni parte concorrono genti a offerirsi a Sua Maestà; ma come savia che è, ringrazia ognuno e lo rimanda alle sue case, dicendo, che se sarà bisogno, lo chiamerà. Egli vede che la forza non serve, perchè il male è di tal natura che ha bisogno di rimedio dolce e non aspro. Teme le insidie, conosce l'umore delli avversarii, vede il poco conto che ne fanno le città, e, quasi fastidito fra sè, non può risolversi a quello che saria bisogno, mancandogli il nerbo principale della guerra.

Qui in Parigi sono amendue le Reine, le quali risiegono come prima al governo di volontà e commissione del Re; ma nondimeno il duca

amministra il tutto a suo piacere, e piglia da loro il consenso dove e
quando le pare. Donde nasce che la Reina Madre spesso si adira, vedendo che la autorità è manomessa; e ha minacciato sovente di volersene andare, se non si governa questa republica come si deve, cioè
riservando sempre il decoro del Re. Il popolo e il duca la supplica a
restare, e dicono, che se ella se ne va, ogni cosa va in rovina, e si
vedranno le strade correre sangue. Questi lo dica per avere copertura
e uno scudo delle sue azioni, e quelli per tema che tra di sè i cittadini venghino alle mani; come verranno del certo, come manchi a
tanto popolo il modo di vivere, e che gli artigiani, assuefatti a lavorare,
non abbino più a chi vendere le loro bisogna e opere. Molti partono
di questa città con intenzione di andare ad abitare altrove, perchè non
si può sperare alcun buon esito di questa nuova discordia.

Il parlamento ha mandato gente al Re, per sapere la sua volontà. Gli
ha risposto, che continui l'amministrazione della giustizia come innanzi; e così farà ogni tribunale e ogni ministro regio, sì dei denari
come di giustizia. Da questa risposta si vede che l'animo del Re si
mitiga, e che la necessità delle cose gli mostra la pazienza, la quale gli
è necessarissima.

Questi signori della Lega gli hanno mandato alcuni articoli, i quali
sono molto necessarii per conservazione del regno, e sono: Che si
faccia la guerra vivamente agli ugonotti, e si caccino del regno; che
Épernon col fratello sieno spogliati dei gradi e onori che hanno, e sieno
inquisiti dalla giustizia per causa di molte sceleraggini, che dicono e
provano che hanno commesso; che le gabelle e taglie imposte da certi
anni in qua si levino; che il duca du Maine vada con l'armi in Delfinato a cacciare gli ugonotti; che Sua Maestà chiami appresso di sè i
principi e marescialli con gli ufficiali della Corona, col giudizio dei
quali dia i gradi e onori a chi li merita; che d'O sia cacciato e inqui-
sito; che il duca di Guise vada col Re in Poitou contro il re di Navarra; che le decime che pagano gli ecclesiastici si toglino e levino
del tutto, per l'oppressione che patiscono in molte altre cose; che si
faccia rendere conto ai ministri regii, fatti ricchi in sei anni più che

Mida o Crasso; che alla Regina Madre si dia l'antiqua autorità del governo, come savia e prudente.

Ve ne sono qualche altri, ma di poco momento; questi sono i principali, i quali sono lodevolissimi e necessarissimi; e di già il dazio del sale, del vino e delle tele è ritornato all'antiquo stato, sendosi levata una imposizione troppo grave. Vogliono questi signori altresì l'inquisizione e il concilio di Trento; credo che questi due capi daranno molto disturbo a questa nazione. Non si sa quello che il Re sia per risolvere; si stima bene, che la necessità dei tempi le indurrà a concedere quello che non avrebbe gli anni passati permesso, perchè in questo modo egli riceve e non dà la legge ai suoi sudditi.

Il duca di Montpensier, quel di Longueville, e tutti i marescialli che sono col Re, hanno detto apertamente a Sua Maestà, che sono prontissimi insieme con la nobiltà (la quale è intatta e inviolata dell'opinione della Lega e della ugonotteria) a spendere la vita e i beni in servizio di lei, mentre che il duca di Épernon non sia in corte e non governi come fa; e se egli continua nel grado e dignità che tiene, eglino se ne ritorneranno alle loro case, e lasceranno il Re solo. Ognuno odia quest'uomo e lo maledice come la peste del regno.

Il duca di Lorena non ha trovato buono quello che i suoi cugini hanno fatto in Parigi, e se Épernon fosse tolto da lato al Re, egli verrebbe qui, e aiuterebbe a medicare questa piaga; ma colui leva l'animo ad ognuno di servire il Re. Ha mosso le sue genti di nuovo per assediare Jametz, pretendendo che sia suo feudo, di dove era stato cacciato con perdita di più di ottocento uomini. Si crede che non farà molto frutto, perchè Casimiro, conte Palatino, leva gente in gran numero per venire in Lorena.

Io credo che, se Épernon non consiglia il Re, noi avremo un buon accordo; ma, se Sua Maestè sta sull'ostinato e duro, siamo perduti; perchè il duca di Guise non vuole dimandare perdono a modo alcuno, per non essere convinto di lesa maestà; e si sarà necessitato, si getterà nelle braccia del re di Spagna, per il cui consiglio e beneficio

questa tragedia si recita. Egli ha la fortuna pei capelli, e vede le forze
regie molto piccole, conosce quanto questo popolo l'ami, e sa che
questo stesso è di già in mala opinione del Re; di modo che conviene
a questi di mantenere il detto duca per conservarsi libero dal supplicio e castigo di Sua Maestà. Così il genio di Marc-Antonio combatte
con quel di Ottavio. Buono sarà l'accordarsi a quel miglior pregio
che si potrà; poi il tempo mena cose che l'uomo non l'avrebbe pensato.

---

## XXXVIII.

### CAVRIANA À SERGUIDI.

Paris, 30 mai 1588.

Sommaire. — Les ligueurs s'emparent des avenues de Paris. Persistance du menu peuple dans la
révolte, tristesse des gens de bien. Paris déserté et appauvri. Pleins pouvoirs du Roi apportés par
Miron à la Reine mère. Disgrâce de M. d'Épernon. M. de Guise et le Roi; réconciliation sincère
impossible. Les États généraux proposés, redoutés par les deux partis. La flotte anglaise en vue des
côtes de Bretagne.

Il Re si ritirò a Chartres, aspettando che questi Parigini, riconoscendo il fatto loro, l'andassino a trovare per dimandare perdono, e
vedere il motivo dei suoi nemici; ma quelli, assai ostinati nel loro proponimento, hanno dato pochi segni di ripentenza, perchè al popolo ogni
dì s'imprime nell'animo, che il Re aveva in pensiero di dargli guarnigione e saccheggiarlo; e questi ogni dì pigliano qualche terra delle più
vicine a Parigi, e che sono sui fiumi, come è Meaux, occupata il dì dell'
Ascensione del duca di Guise senza alcun pericolo nè fatica, Château-
Thierry, amendue sulla Marna, e Meulan sulla Seine, la qual terra è la
chiave della Normandia, parlo per conto del traffico e delle merci che
vengono di Rouen. A Meaux il cardinale di Guise v'era ito sei dì innanzi, e avendo praticato i principali del luogo, malcontenti e leggieri
per natura, è stato facil cosa di guadagnare quella città, ricca e opu-
lenta. Dove ci ha trovato venti mila scudi delle ricette regie, e se ne è
impadronito. Qui poi trovandosi divisione tra i terrazzani, ne segue

che quella debita riverenza, la quale si doveria portare al Re, non si mostra; la plebe e il popolo minuto segue il partito del duca di Guise, e questa brava, grida, minaccia ed afferma avere fatto bene; ma i più ricchi, i più nobili, i togati, e quelli che hanno riputazione di buoni e savii cittadini, doglionsi della temerità popolare, e vorrebbero che si mandassero cento e più di quelli della città, a chiedere perdono al Re, e mostrassero esteriormente i segni di ripentenza, come di dentro la devono avere. Nondimeno il consiglio dei savii non è approvato, e a chi ne ha parlato è stato posto silenzio con minaccia. Con tutto ciò alcuni sono iti a trovare il Re, per parte di questi magistrati regii, e hanno supplicato di perdono per tutti i cittadini, e l' hanno ottenuto. Ma si vede, che cotesti uffici non sono volontarii, e che si fa da loro come si fa dalle serpi, che s'incantano il più tardi che si può.

Cominciasi dal popolo a sentire necessità nelle arti, perchè Parigi floridissima si diserta da sè stessa; e si parla che, se questo tempo dura ancora un mese, che scuoterà il giogo, e daranno nel pazzo contro coloro i quali li hanno desti al rumore.

La Reina Madre è qui, e avendo voluto uscire ieri della città per andare ai soborghi ai cappuccini, trovò chiusa la porta, nè fu persona che gliela volesse aprire; di che sdegnata, ebbe di male parole col duca di Guise, il quale escusava sè e accusava i cittadini; ma oggi si sono avvisti dell' errore loro e le hanno aperto, e, accompagnatola, hanno fatto segni di sommissione. Che volete? è furor popolare. È poi arrivato Miron, protomedico del Re, al quale egli commette la cura dei suoi più intimi segreti e pensieri, ed ha portato alla Regina Madre una potestà amplissima (è specie di procura) per poter trattare col duca di Guise e collegati tutti questi affari, e terminarli secondo che ella troverà essere utile ed espediente. Che è un gran fatto e una grande confidanza che mostra avere di lei; di modo che si comincia a sperare che questo fuoco si debba spegnere infra pochi giorni. Ma il principale punto è che Épernon stava di ora in ora per andarsene fuori di corte verso Guascogna, sua patria, spogliato di molti onori, e per essere spogliato fra poco di tutti. Questa è una grande mutazione, e questa è una rara tragedia; e qui si vede che cosa possa l'ambizione, quanta forza abbia l'amicizia, e quanto maggiore la necessità dei tempi e la violenza dei popoli. Contro costui gridano i buoni e i rei, e pare giudizio celeste il comun odio, di modo che io non so se sogno, o se pur veggo quello che è.

Il Re vede mal volentieri partire costui, e nondimeno egli si è risoluto di andarsene, avendo provato la contrarietà della mala fortuna, alla quale non può resistere il Re, ancor che volesse, se non vuol perdere con sè stesso il regno. La reina di Navarra vede ora le vendette sue di colui dal quale ella si tiene offesa, come vostra signoria si deve ricordare, ch'ella fia, tre o quattro anni sono.

Ha rinunziato la Normandia al duca di Montpensier; gli altri onori e cariche si rinunzieranno poco a poco, perchè la Lega non vuole accordare cosa veruna nè trattare col Re, se questo articolo non è intieramente terminato. Ed è tale l'odio del duca di Guise contro costui, che egli ha detto liberamente alla Reina: che ogni volta che Épernon con i suoi parenti sarà privato delle dignità e governi che tiene, egli è per rimettere nelle mani del Re tutto quello che tiene, e andare a servirlo dove e come vorrà Sua Maestà, dalla quale non vuole altra sicurtà. Questo dice egli molto spesso e molto altamente, ma non si crede da ognuno a quello ch'egli dice, e si stima che la vada, come già le scrissi, all'*inganna il compagno*. Il Re cede al tempo, e Guise s'ajuta del tempo; uno ha sdegno avendo ricevuto l'offesa, e l'altro la tema per avere offeso, e stima che non vi sia luogo di riconciliazione. Però i garbugli sono per lui, e l'innalzano da dovero. Vedremo chi sarà più cauto. In questo mezzo il popolo patisce.

Si è proposto dal Re di ragunare gli Stati per eleggere un successore del Sangue, e non altrimenti, caso che egli non abbia figliuoli. Se ciò si fa, la Lega non starà molto bene. E la Lega domanda altresì questa assemblea, ma i savii giudicano che ella non la vorrrebbe, ancorchè la chiegga. Perchè questa assemblea di gente è come una censura delle azioni regie e dei principi, e un sollevamento del popolo. E però si crede, che la non si desideri di cuore dagli uni nè dagli al tri, contuttochè la sia necessarissima per regolare e riformare i disordini che sono in quello paese.

Sulle spalle del re di Navarra va a cadere questo mal tempo, se non si fa cattolico; ma egli chiede un concilio nazionale e particolare per essere istrutto, sendo nato, nodrito e allevato nell'eresia. Io non so se voi altri signori Romani approverete questa maniera di fare; starà a voi ad opporvi.

Comparve la superba armata d'Inghilterra in Brettagna, la quale era di cento cinquanta grossi vascelli, che andava a scuoprir l'armata nemica, nè si sa dove la possa rincontrare. Boulogne è assediata dai Ligarii, e, la sarà astretta di rendersi, non potendo essere soccorsa da Épernon, stella cadente e erratica, ancorchè egli vi abbia il presidio e il capitano Guascone. La casa di detto Épernon, che è qui in Parigi, è stata svaligiata dal magistrato, e spogliata di tutto quello che vi era dentro.

Si tratta d'accordo, e anche le parti armano da dovero, dovendosi terminare con le armi, fra pochissimi mesi, chi sarà il padrone; chè questo è il fatto principale, e non la Santa Madre Chiesa. Vostra signoria lo vedrà.

———

### XXXIX.

CAVRIANA À SERGUIDI.

Paris, juin[1] 1588.

SOMMAIRE. — Conditions de la paix discutées entre la Reine mère et M. de Guise. Le Roi à Rouen; se défiant de tout le monde, trahi par tout le monde. Misère et anarchie à Paris; menaces de massacre et de pillage. Perfidies et mensonges. Coup d'œil sur la situation générale du royaume.

Scrissi ultimamente a vostra signoria, che si trattava di pace tra il Re e i suoi soggetti, e che ogni dì si proponevano nuovi articoli dal duca di Guise; i quali, con la grazia di Dio, ieri furono terminati; e

---

[1] La date du jour manque dans le manuscrit.

Villeroy partirà domani per andare a Rouen, dove è Sua Maestà, acciò la li segni e approvi, come farà di certo. Noi per qualche mese
avremo riposo in questa parte di Francia di qua di Loire; ma, perchè
questa benedetta pace è cosa violenta e cavata dal seno al Re con gli
argani, la non può essere amicale. Dio ce la mantenga però tale quale
la sarà! perchè non può essere così cattiva o insidiosa, che non sia
migliore e più utile ai popoli che la guerra.

Le condizioni sono molte, perchè costoro ogni dì innovano articoli, ma la somma è questa (oltre a quello che ho già scritto a vostra
signoria, non mancando io di avvisarla quasi ogni settimana delle occorrenze di qui) :

Che il Re si dichiarerà capo e protettore della Lega, e la farà segnare a tutte le corti sovrane dei parlamenti del suo regno, parlo in
quanto al fatto della religione, la quale non sarà più che una;

Che le terre associate al duca di Guise, cioè alla Lega, non saranno
inquisite nè ricercate dal Re, e, se alcuna si vorrà associare e giungere
di nuovo a esse, lo possa fare senza incorrere la disgrazia o malevo-
lenza del Re;

Che, allora che gli Stati si terranno a Blois, che sarà a mezzo settembre, sendosi di già pubblicati da Sua Maestà per quel tempo, si
tratterà e determinerà del concilio di Trento, se si deve accettare o
no in Francia; si terminerà altresì di comun consenso degli Stati, se il
Re deve rinunziare all'amicizia d'Inghilterra, come viene dal duca di
Guise sollecitato, e lasciare la protezione di Genova e di Sedan; se il
duca d'Épernon, col fratello e cugini, sono capaci e meritevoli degli
onori e gradi che tengono, ed, essendo trovati indegni, ne saranno subito spogliati, e posti in petto a persone meritevoli; in questo mentre
Épernon non eserciterà alcuna delle cariche che ha, ma si ritirerà in
casa sua, lasciando del tutto il maneggio della repubblica;

Che le fortezze di Parigi resteranno in mano di certi cittadini, approvati però e confermati da Sua Maestà;

Che i magistrati resteranno quali ora sono, cioè nelle persone che
Guise ha posto all'amministrazione di essi;

Che Doulens in Piccardia sarà restituito al Re, ed egli renderà Valence sul Rodano ai Ligarii;

Che al conte di Brissac si pagheranno trenta mila scudi, per non avere potuto ottenere il castello di Angers già perduto da lui;

Che Boulogne in Piccardia sarà rimessa nelle mani di un signore del paese, caro ad ambedue le parti o almeno non sospetto; e già tre sono in campo : Crèvecœur, Piennes, Estrées, a l'uno dei quali toccherà la carica;

Che il duca di Guise eserciterà il suo officio di gran mastro, e sarà di continuo alla corte;

Che si farà risolutamente la guerra agli ugonotti;

Che si dichiarerà successore legittimo alla Corona il cardinale di Bourbon; e il re di Navarra incapace e indegno, quando bene si facesse arcicattolico;

Che dal popolo Parigino si farà una sommissione tanto umile al Re, allora che farà l'entrata sua in Parigi, che conoscerà la ripentenza universale.

Ve ne sono alcuni altri, i quali non si possono assicuratamente scrivere, perchè ogni dì queste genti chieggono cose nuove e inventano dimande, annullando quello che avevano fatto e stabilito il dì innanzi; tanta è la rabbia e ambizione loro.

Questa pace o accordo resta concluso quanto alli capitoli generali; ma, essendo tante cittadi e particolari persone interessate, ciascuna vuole la sua sicuranza e la sua libertà, e di qui nasce l'idea delle dimande e il chaos della risoluzione. Tantosto è pace, tantosto è guerra; e al suono di questi tumulti vengono da ogni parte deputati e ministri di provincie per intendere ciò che qui si termina, per potere all'esempio di questa città governarsi e scuotere il giogo del Re, non molto difficile a portarsi; ma avverrà che, sazii i popoli dell'imperio di Guise, caccieranno lui come hanno espulso il Re. Vedremo al ritorno che farà Villeroy, quello che deve essere dei casi nostri quando alla pace e guerra.

Il povero Re non ha un solo consigliere fedele, nè sa di chi potersi

fidare; anzi, timoroso della fede di ognuno, cela ordinariamente il suo
pensiero, e risolve quasi da sè solo tutto quello che si ha da trattare a
Parigi, e stabilire per questo suo gran regno. Però non è meraviglia s'egli è astretto a concedere ai Ligari tutto quello che chieggono, e quanto più tarda, tanto più si trova imbarazzato, udendosi ogni
dì qualche nuovo tradimento e qualche notabile atto di perfidia, come
è ultimamente avvenuto dell' Havre de Grâce, in Normandia, nel qual
luogo sendovi un parente di Joyeuse, che avea promesso di aprire le
porte e ricevere Sua Maestà, ha poi tornato vela, e postovi i Ligarii,
corrotto con danari; immemore e ingrato servidore!

Questa città tumultua ogni dì, e vorrebbe pure il popolo che si venisse alle mani per rubare i più ricchi; spargendosi voce che il sacco
è colmo, che non si può più tollerare la tirannide dei consiglieri e ministri regii, e che i più grandi, i quali aderiscono al Re, sono ugonotti
coperti o ateisti publici; e, se la Reina Madre non fosse qui, la quale
modera questo furore popolare come può il meglio, la Seine correrebbe già sangue; perchè questo popolo, avendo l'armi in mano e morendo di fame, per essere ozioso come è all'assenza della corte e di
tante migliaia di persone che se ne sono ite e tuttavia se ne vanno, le
quali gli davano da travagliare e lavorare, non potrà lungo tempo
stare senza eccitare tumulti, nè sarà in potere di Guise a raffrenarlo :
così il Re vedrà le vendette sue per mano dei suoi nemici, ma che
vendetta sarà poi, se non la rovina propria e di sè medesimo?

Veda vostra signoria, come può fare il misero principe i fatti suoi?
Chè da un grandissimo di corte vien scritto al duca di Guise, che non
ceda pure un tantino delle dimande, perchè il Re ha paura e vuole in
ogni modo la pace, e che gli darà tutto quello che le chiederà! Dal
quale avviso è nato, che il detto duca, bravando e mostrandosi acceso
contro Villeroy, il quale voleva pure avere qualche vantaggio per il Re
nel terminare l'accordo, e però non si allargava fino là dove avea
avuto commissione di distendersi per li capitoli che si proponevano,
disse : *Mortdieu! je sçay bien ce que vous avez eu en charge d'accorder;
parquoy, si vous ne le faites, vous vous repentirez.*

IV.                                                                     100

Che dirà vostra signoria delle bugie che costoro scrivono qua e là? delle lettere stampate, dei discorsi finti, degli artificii con li quali seducono sino a Roma, che il Re è ugonotto e ateista? Pigliate esempio, voi altri signori, di tener basso i vostri popoli, e riducetevi a memoria quel savio detto, e molto più il memorabil modo ed esempio del gran Cosimo granduca, che non darebbe mai ad altri l'autorità sua per poi volerla riavere. E però, se noi avessimo seguito la traccia di quell'eroe nel nostro governo, noi non saremmo caduti nel baratro dove siamo. Ma che? Vostra signoria creda che è volontà divina, e che i Salomoni e i Catoni vi perderebbero la loro arte. Scrivo a vostra signoria liberamente il mio giudizio; però la mi perdoni, se sono indiscreto.

Tutto il regno è in armi; li villani sono disperati, chiudono le ville, fortificansi contro le genti di guerra dell'una e dell'altra parte, e muojono di fame, nè vogliono più tributi o gabelle. Le città si mettono in republica e aderiscono a Guise; la nobiltà è divisa, la quale passa e ripassa ora a questa fazione ora a quest'altra, e la giustizia è al tutto morta; la Francia partita in due, ai Ligarii e alli aderenti della casa di Bourbon; quelli comandano assolutamente di qua di Loire, e questi di là; solo il Re si sta e si spoglia ignudo, il quale non ci può dare ordine, e vede il suo male con grandissimo dolore; di modo che di una grande monarchia si va alla democrazia, nel quale stato il duca di Guise non otterrà quello che si crede, perchè questa nazione è di un umore volubile. Dio è giusto, conosce i nostri cuori, e ci darà la pena secondo i nostri misfatti.

## XL.

### CAVRIANA À SERGUIDI.

Paris, 1er juillet 1588.

Sommaire. — Melun fidèle au Roi. Contre-ligue des catholiques royaux. On doit craindre quelque coup de poignard. Déplorables effets de la Ligue. L'*Armada* n'a pas encore quitté les côtes du nord de l'Espagne. Le duc de Lorraine rappelle en vain la cavalerie italienne qu'il a envoyée au duc de Guise.

Le Pont-Saint-Esprit assiégé par M. de Montmorency. Le royaume ne sera pas pacifié. Le menu peuple et la jeune noblesse sont avec le duc de Guise; l'archevêque de Lyon, insulté par M. d'Épernon, est devenu l'âme de la Ligue. Le Roi réduit à dévorer tous les affronts.

Melun ogni dì scaramuccia; vi si è mandata l'artiglieria per batterlo; dentro vi è numero di buoni soldati per il Re, i quale venderanno cara la loro pelle.

Si fa una controlega di cattolici reali e altri simili alla Lega del duca di Guise, la quale sarà grande e di molti signori di merito; e credo che si congiungerà con li ugonotti, o se non si unisce seco, starà sempre mai armata, e darà contropeso al detto duca di Guise. Questa avrà per capo alcun Bourbon cattolico, come saria Montpensier o il conte di Soissons, il quale ritorna in corte e in grazia del Re; avrà de' marescialli e de' signori e baroni molto grandi. Vi sarà poi la terza parte che è delli ugonotti, e così non mancherà mai occasione di menare le mani; perchè quanto durerà Guise e Bourbon, tanto resterà il fuoco acceso.

Vostra signoria creda che si verrà un dì al pugnale, e si cercherà qualche Scevola Romano, ovvero qualche Lampugnano Milanese per nobilitarsi con un atto segnalatissimo. Io veggo di già la festa; e con tutto questo, solo il Re e il popolo patisce, nè discende per ciò dal cielo alcun San Michele per suo soccorso. Dio è molto adirato contro di lui e contro i popoli, ed ha bene ragione, poichè da amendue è molto offeso.

La controlega che si fa è per la conservazione della corona e della fede cattolica contro gli usurpatori e turbatori di quella. Questo è il titolo, e credo che il Re non abbia molto dispiacere di questa nuova confreria.

Épernon è verso Loches, in Touraine, con qualche gente di guerra, odiato da ognuno; e il Re scema molto di quella sua naturale inclinazione verso di lui, sia che si avvegga la rovina procacciatagli da costui, sia che i principi si saziano tosto delle cose. Ma, perchè a Sua Maestà pare disdicevole l'essere forzato dai suoi sudditi a degradare un suo favorito, e fare ciò che fa a colpo di bastone, di qui nasce che non può scordarselo così di repente, nè spogliarlo di ogni cosa a voglia d'altri : questo è il flagello della Francia.

Può vostra signoria considerare quanto saviamente si sia fatto da questi signori Romani, i quali hanno ajutato tanto vivamente la Lega; perchè, mentre si sono persuasi di stabilire e rendere una la religione cattolica in questo regno, l'hanno divisa e smembrata in modo che, se Dio non ci provede, si perderà il regno. Credo bene che molti ministri di Sua Santità, i quali non consideravano l'interiore della Lega, hanno scritto che ella era la più santa e giovevole confreria del mondo, e altri, per guadagnarsi commende e beneficii, hanno scritto lo stesso; ma vostra signoria vede e ode i frutti di essa. Basta; noi siamo male, e andremo a cadere in peggio; e, se pure ci rileviamo, e questo regno si rimetta, sarà pura bontà e grazia di Dio, perchè consiglio umano non può soccorrerlo; sarà esempio a voi altri signori di credere a pochi, e a quelli solamente la fede e giudicio dei quali sarà stata conosciuta e approvata per noi di molto tempo innanzi.

L'Armata spagnuola è in Gallicia a Santa Maria *de finibus terræ*, di cento cinquanta legni; porta dieciotto mila soldati; partì di Lisbona alli IX; e l'Inglese è al canale tra Brettagna e Inghilterra, di cento trenta grossi vascelli, aspettando il nemico; sarà crudel conflitto, se si viene alle mani, combattendosi con rabbia e disperazione da una parte, e per avarizia e gloria dall'altra.

Il duca di Lorena richiama la cavalleria leggiera italiana, che egli aveva assoldato, e che seguì Guise quando caricò i raitri; ma il duca di Guise non la vuole lasciare partire, sendo ella troppo necessaria alle sue imprese di qui; ed essa, con la speranza di andare in Poitou dove si guadagnerà meglio, non cura di ritornare là, e si scorda il giuramento fatto. Questo causa un poco di mala sodisfazione tra Lorena, che ne ha bisogno per Jametz, e il duca di Guise, che se ne vuole servire qui.

Si assedia il Ponte di Santo Spirito, in Languedoc, da Montmorency e dagli ugonotti, e Alfonso Corso, governatore di esso, partì ieri per andare là, acciò lo liberi dal pericolo. Boulogne, in Piccardia, si assedia dai Ligarii, nè si sa l'esito dell'assedio.

Noi faremo pace qui a Parigi, e la guerra altrove; questa durerà sempre, e quella poco tempo. Oh! che Filippo si gode delle nostre calamitadi, e che ha ottenuto quanto desiderava! Si leva gente in Germania, nè si sa del certo per chi; noi che siamo afflitti, stimiamo sia per rovinarci. Dio ci ajuti, e ponga nell'animo a chi ha cura di noi di riconoscere le sue e nostre miserie!

Mi scordavo di dirle, che il popolo minuto ama straordinariamente Guise e la nobiltà più giovane, onde con esso lui non si vede che giovinezza, perchè di uomini sessagenarii e maturi non se ne vede un solo. I più vecchi, i più ricchi, e i magistrati sono col Re; il quale se mutasse stile, rovinerebbe i disegni del detto duca; ma, come ho detto a vostra signoria molte volte, *fata obstant*. Col detto duca ecci l'arcivescovo di Lione gratificato già e avvanzato da Sua Maestà, il quale è il supremo consigliere di questa rivolta e a cui tutta la Lega deferisce molto. L'occasione di farle levare le corna e vibrar la lingua contro il Re è stato il duca di Épernon; il quale, alla pace che si fece tre anni sono ad Épernay, lo piccò molto vivamente e in publico : «Che punizione dessero i teologi a coloro, i quali si giacevano con le proprie sorelle?» Al che l'arcivescovo, il quale era in opinione di cotal fatto, arrossito restò quasi mutolo. Così le nostre passioni e querele particolari rovinano il publico, e pare quasi volontà divina, che il popolo minuto adori Guise, e le città si ribellino dal Re, tanto più dei suoi antecessori miserabile, quanto non può nè sa offendere chi così villanamente lo ingiuria, per non incorrere il pericolo di essere tenuto ugonotto da tutto il regno, movendo le armi contro cattolici. Veda vostra signoria che cosa ha potuto la Lega, e il pretesto della religione!

## XLI.

### CAVRIANA À SERGUIDI.

Paris, 26 juillet 1588.

SOMMAIRE. — L'*Union* est conclue; les Parisiens ont obtenu leur pardon du Roi. Paroles adressées par Sa Majesté à l'archevêque de Lyon; sa lettre à M. d'Épernon. Trop de résignation; défiance générale. Toutefois en France les esprits sont mobiles, et les haines ne sont pas immortelles. Grande position du duc de Guise. On ne publie pas tous les articles de l'*Union*, mais, ce qui est notoire, c'est que le Roi s'est lié les mains. Réserves du comte de Soissons, réconcilié, et du duc de Montpensier. Démarches pour ramener le Roi à Paris; il a quitté Mantes et est revenu à Chartres. Dépouilles de M. d'Épernon partagées. Quelle sera l'issue de ces événements? Conjectures. L'évêque du Mans menacé de mort pour s'être opposé aux violences d'un prédicateur de la Ligue. L'*Armada* ne paraît pas.

Noi abbiamo fatto pace, la quale ha nome di *Unione* e non di pace, perchè questi signori Ligarii, non volendo mai essere convinti di crime di lesa maestà, che sarebbe quando avessero fatto guerra contro il suo Re, hanno battezzato questa sollevazione popolare e tumulto civile (ridotta poi per opera della Reina a una quiete) *Unione;* e i capi principali della sedizione, cittadini di Parigi, sono andati a trovare il Re, a Mantes, per chiederle perdono e supplicarlo a volere venire a Parigi. Dal quale hanno avuto, non solamente buone e onorevoli parole, ma ricevuto tutte le testificazioni di amore e di umanità, di sorte che pareva loro padre e fratello, non il re adirato, che poche ore innanzi era stato cacciato da questi stessi fuori della sua regia. Vi è anche ito l'arcivescovo di Lione e la Châtre, cavaliere principalissimo appresso Guise; i quali furono abbracciati più volte da Sua Maestà, e disse loro parole così amorevoli e dolci che ognuno resta ammirato; ma particolarmente all'arcivescovo : « Io vuo' confessarvi il vero; sin'ora sono « stato captivo dello spirito e del corpo, poichè da quelli che erano « intorno di me ero così rigidamente posseduto, che non potevo dire di « essere il padrone e il re vostro. Ora, lodato Dio! sono libero, e ciò « riconosco dalla vostra bontà e da quella dei miei cugini di Guise; « col consenso dei quali, insieme con gli altri principi, vuo' da qui innanzi governarmi, e reggere lo Stato mio col loro consiglio. »

Se queste non sono parole da obligarsi ogni animo ribelle e perfido, vostra signoria lo dica. Aggiunse alle parole il fatto, che fu di
scrivere al duca di Épernon, che si spogliasse di ogni carica e governo
che avea, fuori che di uno, e che non venisse più a corte, nè in parte
dove egli fosse, poichè egli conosceva che la disgrazia avvenuta a sè e
ai suoi popoli era nata dalla insolente e incomportabile natura di lui,
tanto ambizioso e fastuoso, che, spregiando ognuno, avea irritato tutto
il mondo, e cumulato sè e lui d'odio immortale. Così questi due signori furono dal Re ricevuti, e con il loro traino nodriti da lui splen-
didissimamente. Chi non si glorificheria, o signore, di questo favore?
Sono ben di altra sorte, che di una lettera amorevole e officiosa. Con
tutte queste dimostrazioni però e con altri segni di amore e riconciliazione, il popolo di Parigi non si fida; anzi raddoppia le guardie di dì e
di notte, chiede ai passaggieri il passaporto, osserva i movimenti di
ciascuno, e, temendosi di aguato, sta come in un tempo di tregua. Nè
si assicura di tutto il modo tenuto dal senato per dimostrare la sicurezza della pace, che fu : il cantare a Nostra Donna il *Te Deum laudamus*, alla presenza delle Reine; tirare artiglieria; far fuochi publici;
giurare solennemente di osservarla e farla da altri altresì osservare :
sia che la coscienza gli levi la sicurtà, oppure che conosca l'animo dei
principi offesi in materia di Stato non si placare giamai.

Sua Maestà sta molto bene, è gagliarda, sana, lieta, e si crede che
le Reine, le quali sono ite a Mantes, lo rimeneranno a Saint-Germain,
di là poi a Parigi, dove il popolo, che patisce disagio, lo desidera
vedere; e spero che egli, che è principe benigno, non mancherà di
venire.

Questi nostri sono tumulti, non guerre, fazioni non però di Guelfi e
Ghibellini, querele reconciliabili, non immortali; e però in Francia
molte cose sone fattibili, che altrove, dove gli amori sono più tenaci e
duri, sariano impossibili. Non mi dispererò giamai in questo regno,
nè mi assicurerò onninamente di tutto. Per tutto questo Guise ha fondato molto bene il caso suo; che, se il Re venisse a morte in questo
mezzo, egli sarebbe senza dubio il padrone, e il cardinale di Bour-

bone il patriarca. Amendue andranno a trovare il Re, e saranno ricevuti, visti, abbracciati, non come parenti e sudditi, ma come fratelli e
liberatori del Re, perchè la Reina Madre ha fatto la spianata al loro
cammino.

Dei capitoli di questa *Unione* io non ho preso copia, perchè, secondo
le passioni dei copisti e dei scrittori, si diminuiscono e si crescono, nè
si può sapere del certo la verità. Solamente il Re, la Reina Madre, Villeroy, Guise e Lione gli hanno visti e fabricati, e molti particolari si
sono celati alla Reina e a Lione. Bene vi sono compresi quelli che già
ho mandati, e di più questi altri, ma non si stampano :

Che coloro, i quali non segneranno questi articoli, saranno dichiarati ribelli;

Che nessuno possa essere ammesso alla Corona, che sia stato eretico,
ovvero militato e favorito ad ogni verso gli eretici;

Che si muti il consiglio del Re;

Che non si faccia mai pace con essi eretici, ma si attenda con ogni
studio e spesa ad estirparli.

In somma, il Re si è legato strettissimamente da sè, e postosi in prigione volontaria, della quale non so quando ne potrà uscire; e, volen-
dolo, non si vede alcuna via, salvo quella degli Stati, i quali si terranno a Blois; perchè per insidie e artificii non si può, essendo costoro
molto avvertiti, e tanto sapendo altri quant'altri.

Montpensier e il conte di Soissons, riconciliato al Re dieci dì fa,
si sono sottoscritti ai detti capitoli, ma con una giunta che è : *senza
pregiudizio dei principi;* che vuol dire senza far torto al loro sangue; di
modo che la porta è ancora aperta per salvarsi dall'infamia del per-
giuro e disleale verso il suo re. Convengono tutti in questo : di mantenere la fede cattolica, e non volere mai che un Re Cristianissimo;
ma non vogliono però offendere i principi, suoi parenti cattolici, i quali
possono giustamente pretendere alla Corona, e senza quella clausola,
resteranno esclusi con questo testimonio loro.

Il Re non ha mostrato troppo mal viso al detto conte, quando, postosi ginocchione dinnanzi a lui, gli dimandò perdono a Mantes, e lo

pregò a volerlo ricevere in sua grazia e protezione; ma le Reine si sono mostrato più acerbe, e molti cortigiani hanno fatto il medesimo, memori della fresca perdita di Joyeuse. Però egli se n'è ritornato a Noyant, terra del suo Stato, così comandandolo il Re, e ivi si tenirà sino a nuovo comandamento di Sua Maestà.

Guise e questi della Lega s'erano molto corrucciati con la venuta di detto conte alla corte, alla quale dovevano andare, e l'avevano promesso, senza questo nuovo oggetto; ma, poichè il rivale è loro tolto innanzi agli occhi, partiranno di qui sabbato, sotto gli auspici della Madre Reina, la quale è venuta in questa città, parte per condurli seco a far riverenza al Re e chiedere perdono, e parte perchè i capitani di questa città e capi delle decurie popolari giurino fedeltà al Re nelle mani di lei; senza il quale giuramento il Re non verrà mai a Parigi, non volendo nè permettendolo la dignità di lui di porsi alla discrezione d'un popolo sfrenato e disubbidiente, che ha l'armi in mano, insolente per la stessa rivolta.

Si era terminato che egli verrebbe a Saint-Germain, ma si trovano sempre mai nei consigli e nelle corti regie delle parzialità e dispareri, i quali frastornano le cose; onde egli è ito a Chartres a sodisfare un voto a quella devotissima Nostra Donna, e famosissima per miracoli; e ivi starà, secondo il comun parere, sino a mezzo agosto; poi, seguendo il suo primo proponimento, si avvierà a Blois per dare ordine agli Stati. Può essere che Guise con la Madre Reina lo pieghino per venire a Parigi, ma io non lo giudico.

Ad Épernon non è più così favorevole come era; anzi gli leva il grado di primo gentiluomo di camera per darlo ad altri, e conosce che colui era uno strumento di perdizione e di rovina. Metz lo dà a la Guiche, gran mastro dell'artiglieria, e l'amiragliato al duca di Longueville. Ogni cosa finalmente ha il suo periodo e le sue alternazioni del crescere e del scemare.

So che vostra signoria desidera sapere l'esito delle cose nostre; le dirò che è dubbioso, perchè il Re è per natura, e molto più per le occasioni che se gli danno, sospettoso, memore delle ingiurie, tradito da

molti di coloro i quali gli doverebbero essere fedelissimi, povero, e caduto di credito con i suoi populi, per le invettive di questi predicatori,
i quali vibrano la lingua contro le sue azioni. Ha in casa i nemici, dai
quali non si può guardare, conosce il genio del duca di Guise; sa
quanta benevolenza popolare egli s'abbia acquistato, vede sè senza figliuoli, sente l'animo suo lontanissimo dall'armi. Si può dunque concludere, che staremo sotto questo principe in continuo movimento
d'armi e di guerre, piuttosto tumultuose che vere guerre; e talora gli
uni saranno favoriti, talora gli altri; salvo però se Guise, giunto che
sia in corte, non s'impadronisce del Re, perchè egli solo governeria
il mondo a posta sua. Si giudica bene, che possa nascere qualche Cassio o qualche Bruto, ma non già per consiglio del Re, anzi per la rabbia che occuperia la parte avversa; tanto più che il duca du Maine,
suo fratello, ha corso fortuna di una gran congiura a Dijon, in Borgogna; la quale scoperta per la presa di sei o sette complici, dà da
temere a quest'altro; e se riusciva come era stata ordita, egli moriva
nel senato, ucciso da alcuni senatori armati, come si legge di Cesare.
Noi vedremo dunque in questo secolo il popolo e la nobiltà nemici; il
Re povero e in continuo timore, e la monarchia Gallica andare al
basso.

Il cardinale di Bourbon non vuole udire a modo alcuno a parlare del suo nipote di Soissons, sia che l'animo suo odii il proprio
sangue ancorchè cattolico, oppure perchè l'ambizione e quel nome
di re (che gli può in qualche parte essere sminuito da questo giovinetto principe) lo stimuli e acciechi. Così, con quel gran manto
della religione, veliamo noi altri di qua ambiziose voglie dell'animo
nostro.

Mi scordavo dirle, che al paese du Maine, un predicatore, parlando
indiscretissimamente al popolo del Re, fu agramente ripreso dal vescovo del luogo; il predicatore, sprezzando la correzione, parlò ancora
peggio il dì seguente; e, minacciandolo il vescovo di carcere, egli ebbe
ricorso al popolo; il quale, avendo avvertito certi gentiluomini Ligarii
vicini, li ritirò dentro alla città, e cacciò il vescovo a colpi di archi-

bugio nel castello della città, detto le Mans, verso Vendôme, e lo asse-
diava con speranza di pigliarlo. Ma il Re, mandatovi soccorso, ha fornito la guerra nata tra questi uomini ecclesiastici. Che dite ora, signor
mio? Non vi pare che quelli signori Romani conoschino bene dove sia
il nostro male? Il vescovo è fratello del più da bene cavaliere che si
possa desiderare, ed è della famiglia di Rambouillet, ed è stato a Fiorenza altre volte.

L'Armata, fabulosa quanto alla grandezza, di Spagna, non compare;
si giudica che, se non spunta per tutto agosto, ella non sia per venire
più, almeno quest'anno; nel qual tempo Inghilterra riposerà, poi fra
un anno nasceranno mille intoppi. Si dice che ella ha avuto il vento
molto contrario, patito strani temporali e malattie di peste.

<hr />

## XLII.

### CAVRIANA À SERGUIDI.

Paris, 8 août 1588.

SOMMAIRE. — Entrevue du Roi et de M. de Guise à Chartres; détails. Grand accueil et grands pouvoirs.
M. le duc de Nevers; M. le comte de Soissons. M. d'Épernon, sa réconciliation probable avec les
Guise; il serait dangereux de le pousser à bout. Le peuple de Paris, toujours armé, signe en foule
l'acte d'Union. L'Armada et la flotte anglaise dans la Manche. Grande victoire navale annoncée par
l'ambassadeur d'Espagne. La nouvelle se confirmera-t-elle? Allégresse des jésuites. Appréhensions
en France. La reine d'Angleterre et le roi d'Écosse.

Non si possono scrivere le dimostrazioni di amorevolezza, usate dal
Re al duca di Guise quando l'andò a trovare a Chartres; perchè,
considerando le cose passate e così recenti, parrebbe a voi altri signori, memori delle ingiurie, che fosse impossibile. Ma a noi altri,
nati e nodriti in questo clima, è molto facile il perdonare e scordarsi
l'offesa. So che voi direte, che è dissimulazione di principe, che come
uomo a nuocer luogo e tempo aspetta; ed io dico che è benignità del Re,
di natura dolce e mite, il quale non desidera sangue nè vendetta, ma
solamente cerca la quiete e il riposo, il quale comprerebbe a contanti.

Di sorte che il duca di Guise ha incontrato un umore tale che ai suoi disegni conveniva per farsi grande. Il genio dell'uno teme il genio dell'altro; questo causerà la quiete publica per qualche mese in questo clima; poi nasceranno sdegni ed odii tra particulari, i quali rimetteranno di nuovo il chaos delle dissenzioni. Il Re lo farà suo luogotenente generale nell'esercito che farà e che terrà presso di sè; gli ha permesso di fare tavola, ed esercitare l'ufficio di gran mastro secondo l'antica forma; e così ha cominciato a fare, e lo continuerà; il che gli acquista più servidori e clienti che mai. Gli pagherà buona somma di denari che egli deve, essendo oberato e impegnato sino agli occhi; ha creato del consiglio segreto i più sediziosi della Lega, cioè l'arcivescovo di Lione, biasimato già da Épernon d'incesto con la propria sorella, e Rosne, gentiluomo di Lorena, uomo fazioso. Non si sa separare dal detto duca, con lui conferisce tutte le cose più ardue e segrete, e di lui ha un'opinione ottima e santissima. Questo accumulerà odio al detto duca, il quale, avvisato dai suoi amici quasi a tutte le ore a guardarsi dalle insidie e dai pugnali, risponde, che non se gliene parli più, perchè non vuole avere a pensare alle cose future in questa materia di omicidio, e che Dio sa quello che gli ha da intervenire. In questo mezzo goderà il beneficio della fortuna.

Quando si presentò al Re, divenne rosso come fuoco e il Re molto pallido, per le diverse complessioni di ambedue, sendo questi di natura malinconico e quelli sanguigno. Reiterarono molte volte gli abbracciamenti; poi più famigliamente si sono visti in gabinetto. Questa corte dipende dal duca per rispetto del favore, il che è proprio ad ogni corte; ed egli serba la sua grandezza e autorità quasi regia. Gli altri principi sono poca cosa al presente. Nevers è stimato molto dal Re per savio e gran capitano, e gli dà la carica di condurre l'esercito in Poitou contro il re di Navarra; ma io credo, che non vi andrà, se non gli dà il modo di guerreggiare, e questo è molto corto e incerto, per essere esausti i tesori publici e privati. Il conte di Soissons fu ben visto dal Re e dalla Reina, e poi fu rimandato a casa sua, per non impedire la venuta del duca di Guise alla corte; è bravo e di grande

espettazione, e mostra di essere di sangue regio. Si cercherà dalla
Regina Madre di riunire ed accoppiare questi principi, discordi tra loro,
con qualche matrimonio, e approssimarli al Re come solevano essere,
acciò si governi il regno da grandi e non da plebei.

Noi conosceremo con il tempo, se questa maniera di fare di Sua
Maestà col duca di Guise nasce da bontà, o da timidità come certi vogliono credere. Si fa venire in corte il duca du Maine, e così non si
vedrà altro che Guisardi. Che vi pare, signor mio? Non si fanno dei
miracoli in Francia? Sì certo; e che superano le considerazioni e menti
di voi altri signori speculativi, i quali volete che ogni cosa si governi
con la ragione e con la bilancia, ed io dico spesso che la fortuna e
il caso han gran forza in questo clima, dove Mercurio e la Luna sono
in la loro esaltazione. Però conviene a chi ha da trattare con queste
genti, legarle molto bene, e non credere di avere, se non quando la
cosa è nelle proprie mani.

Épernon si rimetterà col duca di Guise, e sarà il ben visto, avendo
egli in mano tante fortezze e tanto buone, che se non le vuole cedere
volontariamente, il pensare a toglierle per forza è impossibile. Però
la Reina Madre li riunirà; e Guise cercherà di averlo per amico
più tosto che nemico, massime sperando di far piacere al Re, se bene
ha scemato in parte quel ardente amore che gli portava. È in Angoulême, terra di molta importanza, verso il Poitou; e, se si congiunge
col re di Navarra e con Montmorency, vedendosi disperato e alienato dalla grazia del Re, ci sarà per molti anni molti disturbi. Onde
credo, che Sua Maestà cercherà di rappacificarlo con Guise; poi il
tempo aprirà il cammino a nuove imprese; e potrebbe forse dire il
popolo: *De inimicis meis vindicavi inimicos meos.* Sicchè staremo in continuo moto.

Il Re cerca di disarmare questi Parigini insolenti, il che non gli
può venir fatto che per il solo mezzo di colui che gli ha armati e com-
mossi, che è Guise, nel quale questa città (parlo del popolo) ha gran
fede e sicurezza. Egli dunque si aspetta qui per questo effetto, e si
crede che gli farà deporre le armi, sebbene dà voce di venire per fare

insinuare nella corte di parlamento le lettere ed espedizione sua del generalato.

Si segnano e sottoscrivono alla folla questi cittadini alla pace e Unione publicata; e si vedono le sale del Palazzo piene di gente per questo effetto. Tutto è popolo lieve e mobile.

L'Armata di Spagna ha perduto a Bordeaux tre galere per la tempesta passata; è entrata poi per forza dei venti nel canale d'Inghilterra (che è quel spazio di mare che è tra l'isola e la Brettagna), e tirava spinta dal vento molto prospero e che ha spirato molto tempo verso Fiandra. Drak, nemico, vi era a sopravento, che la seguiva con sessanta grossi vascelli, e di tutti i porti d'Inghilterra uscivano navi per incontrarla e costringerla al combattere, e impedirle quello che ella pretende, cioè di unirsi con il duca di Parma. Ma ora scrivendo, l'ambasciatore di Spagna mi ha inviato un suo paggio per dirmi che, giovedì, iv del presente mese, le armate si sono incontrate a Wight, isola d'Inghilterra, ed hanno combattuto un dì intiero; la vittoria essere degli Spagnuoli, con pochissima perdita loro e con strage grandissima dei nemici. L'amiraglio inglese fu messo a fondo a colpi di cannone, insieme con quindici grossi vascelli, sbaratati gli altri, i quali si rifuggirono in Antona (Southampton). Pare che tra Drak e l'almirante non fosse buona intelligenza, il che ha causato la perdita e la rovina dei suoi. Scuoprirassi alla fine se vi sarà stata della corruttella, e che l'oro Indiano avrà levato ogni stimolo di onore; perchè si tiene per certo, che in quei porti di Zelanda e d'Inghilterra il re di Spagna vi abbia buona amicizia e segreta intelligenza.

Le galeazze e i galeoni di Portogallo hanno riportato il vanto della vittoria, sendosi da queste due sole specie di vascelli combattuto da dovero e fatto il tutto; di sorte che il duca di Medina Sidonia ha acquistato sopra gli Inglesi quello onore, che, già cinque anni, riportò il marchese di Santa Croce sopra i Francesi alle Terceire verso il Portogallo. Se la superbia spagnuola alzerà ora il capo, dicalo chi lo sa; e se penserà alla monarchia e al vilipendere gli altri! Il duca di Parma farà opera di sbarcarsi nell'isola, dovendo comandare all'esercito di terra, come all'armata don Alonzo di Guzman, duca di Medina Sidonia. Si saprà di dì in dì molto più chiaramente come sia passato il negozio; e io ne avvertirò vostra signoria.

I gesuiti di qui gongolano di allegrezza, e sperano di vedere questa Amazone d'Inghilterra condotta in trionfo a Roma, e dimandare a lei la ragione e giustizia di tanti religiosi innocenti morti per suo comandamento a Londra. Sicchè la signoria vostra potrebbe ancora vedere questa seconda Cleopatra prigioniera. Ognuno fa i suoi disegni, e noi altri Francesi non staremo troppo bene di questa vittoria, la quale farà diventare insolente la nazione spagnuola, e per conseguente gli aderenti e partigiani suoi che sono in questo regno.

Fra sei dì partirò di qui, a Dio piacendo, per andare alla corte a Blois, più per vostro servizio che per volontà o modo che mi abbia di seguirla, convenendo spendere e spendere più che non si può. Ma farò quello che potrò; e, non possendo più, mi ritirerò con vostra partecipazione, per non rovinarmi affatto e chiedere alla maniera di molti cortigiani elemosina.

Vostra signoria non si scandalizzi se non ha ricevuto tutto questo mese passato che due lettere mie, perchè non è occorso cosa di momento.

Post-Scriptum. Il re di Scozia aderisce alla reina d'Inghilterra, per la speranza di essere da lei dichiarato successore, ed ha di già fatto morire alcuni mezzo-cattolici sospetti a lui di perfidia. Si è anchè inteso, che la detta reina aveva corso fortuna di veleno per una sua fida cameriera. Anche i re si servono di questo maligno e detestabile istrumento per ampliare i termini del loro imperio. Scozia muterà forse opinione con l'occasione della rotta e presenza spagnuola.

## XLIII.

### CAVRIANA À SERGUIDI.

Paris, 23 août 1588.

Sommaire. — Le duc de Guise lieutenant général du royaume; sa haute fortune, ses qualités; conditions favorables au milieu desquelles il est placé; son alliance étroite avec le prince de Parme. Résolution du Roi de ne pas rentrer à Paris avant deux ans. Complot à Angoulême contre la vie de
M. d'Épernon; détails. Maître de Boulogne, de Metz et d'Angoulême, d'Épernon est à ménager; son
frère se fortifie dans le Dauphiné. La situation du royaume de plus en plus fâcheuse. Générosité du
duc de Nevers; son exemple peu suivi. Manœuvres habiles de la flotte anglaise. Échec et situation
critique de l'*Armada*. Conduite énergique de la reine d'Angleterre; l'*Écosse* déclarée contre l'Espagne.
Obstacle qui s'oppose à la jonction de l'*Armada* avec les forces du prince de Parme. Détails sur cette
malheureuse expédition du Roi Catholique. Patriotisme des Anglais. Le maire d'Angoulême, avant
d'expirer, a dénoncé M. de Villeroy.

Arrivato che fu il duca di Guise in corte, e ricevuto regiamente
dal Re, egli trattò di esercitare la carica di gran mastro; il che ottenne
senza alcuna replica, e si cominciò a nudrire delle spese e ordinarii di Sua Maestà. E, perchè gli era stato offerto già di farlo luogotenente generale del Re, parve a lui che ora fosse venuta l'occasione
di chiedere l'officio promesso; nè anche a questa dimanda il Re si
mostrò difficile, e però lo ha creato luogotenente generale delle armi
regie, che vale tanto quanto connestabile, con ampia autorità di terminare e concludere molte cose e di molta importanza. Questo ha
dato materia agli altri principi e marescialli di Francia di dolersi, parendo a ciascuno di meritare la carica di condurre eserciti, a chi per
lunga esperienza di guerra, e a chi per la grandezza della sua famiglia
e del sangue donde discende. E sopra ciò s'erano sparse voci un poco
superbe; ma egli ha detto publicamente che deferirà sempre mai
quello che e' deve al duca di Nevers, al quale cederà anche la carica
che tiene; ma, trattone lui, se alcuno sarà così ardito d'interrompere
il corso delle sue azioni, e volere glossare sopra quello che Sua Maestà
graziosamente gli conferisce, che non si terrà le mani a cintola : così
il buon duca ha stabilito il cominciamento di questa sua nuova fortuna, la quale sin'ora gli ride e applaudisce molto. Di modo che egli

non si partirà più dal lato del Re, e vi tirerà appresso dei suoi parenti, dei quali il numero è grande; siccome ha di già fatto, con la resignazione di gran scudiere del regno fatta nella persona del duca d'Elbeuf, suo cugino carnale, dal conte di Charny, suocero di questo. E così fermando la sua grandezza, parte col maneggiare le armi e le finanze regie, parte coll'intervenire a tutti i consigli accompagnato dai suoi consanguinei e amici, e parte per non abbandonare un momento il Re, si renderà a quel grado, che altri crede che egli abbia di già concetto nell'animo di volere ascendere. A questa sua buona fortuna si aggiunge l'industria propria, il valore dell'animo e del corpo, e l'imbecillità di molti, i quali lo potriano con ragione far resistenza, se in quei tali fossero le condizioni che si trovano in lui. Egli ha trovato un re buono, a chi la quiete è carissima; ha riscontrato i popoli così mal edificati di quelli che li governano; ha preso la parte più sana, che è quella dei cattolici; ha visto la sciocchezza del re di Navarra, il quale, con ostinata risoluzione di perdere l'anima e il corpo, continua nell'erezia; e, vivendo molti, i quali sono beneficati dalli suoi antecessori, non ha potuto meno che di farsi grande come egli è, e come sarà anche per l'avvenire, se si difende dalle insidie e agguati, le quali ordinariamente si drizzano a quelli i quali aspirano a cose grandi e al comandare. E, sebbene pare che al Re sia stata fatta un' ingiuria troppo grave da lui, nondimeno, avendo egli risparmiato il sangue di molti i quali forse meritavano gastigo, e impedito un sacco di Parigi che era vicino a farsi, ogni aggravio si fa minore; e poco a poco s'intepidisce quel sangue, il quale nell'animo del Re faceva fuoco e creava desiderio di vendetta. Così il buon duca, parte per valor proprio, parte per dapocaggine altrui, e parte per la natura dei tempi, si precipita nella sua gloria.

Voglio che vostra signoria sappia una cosa che da pochi intenderà: che, sebbene questi re sono bravi e amati dai loro sudditi, è nondimeno necessario che abbino appreso loro un uomo di tanta autorità che li faccia rispettare dai suoi popoli, come avea il re Enrico, di gloriosa memoria, il connestabile; Francesco, ultimo morto, il duca di Guise, padre di questo. E, se alcuno ha credito col popolo, di quelli che vivono, è questo nostro, al quale aderisce tutto il clero. La nobiltà, così tosto che la vedrà tutto il favore delle cose inclinare al duca di Guise, lascierà le parzialità, e vorrà quello che vuole il Re, non possendo ella ricevere frutto alcuno delle proprie fatiche che da lui o da coloro che a lui saranno cari.

Questo è il giudizio comune delli uomini intorno a questa repentina mutazione delle cose nostre; ma ciò che stia nascosto nel petto delli offenditori e delli offesi, e quello che possa partorire il tempo, Dio lo vede e lo sa. So ben io, che l'odio è un gran fabbro d'inganni. Al detto duca aderisce l'una e l'altra Reina, già da lui malissimo sodisfatte, la maggior parte delle dame (che non è volgare strumento nelle azioni di corte), i segretarii di Stato, e molti governatori di provincie; e, poichè il Re così vuole, ognuno piega le spalle, e si risolve a lasciar l'odio e correre il tempo come corre, poichè il nostro desiderio non può vincere la volontà dei cieli.

Fra il detto duca e quel di Parma è strettissima amicizia, stabilita già un pezzo, e mantenuta con secreti officii e messi; nè si crede ch' egli sia per maritare la figliuola sua primogenita ad altri che al principe di Parma, Rinuccio, per potere sperare nelle rivolte di Francia (o se qualche gran pensiero lo assalisce, come di dominare e essere capo dopo la morte del Re) ogni gran soccorso e ajuto dal duca di Parma, massime con la continuità delle provincie, le quali l'uno e l'altro regge. Non lascia però di mostrare la detta figliuola a molti, e ascoltare chiunque gli parla di maritarla, perchè con queste arti intertiene ognuno, fa i fatti suoi, e mette gelosia a diversi.

Qui ogni padre di famiglia si sottoscrive alla Lega, ovvero *Unione*, poichè così comanda il Re; e questo modo di fare obliga ciascuno a conferire danari e uomini del proprio per fare la guerra agli ugonotti; del qual obligo non se ne può ritrarre persona, chi si sia. Dio voglia che succeda qualche bene! parendomi di vedere gli animi gonfii d'orgoglio e pieni di mal talento. Perchè il Re, sdegnato contro i Parigini del torto ricevuto da loro, ha giurato solennemente di non ritornare in questa città di due anni, il che cresce lo sdegno in loro, e li mette alla estremità d'ogni cosa, mancando il denaro il quale si spendeva e impiegava quotidianamente dalla corte, e del quale questi cittadini s'arricchiscono.

Mentre che queste cose se governano in questo modo alla corte, il consolo e *maire* della città d'Angoulême aveva preso deliberazione di uccidere il duca di Épernon, ritirato là dentro come in asilo e seggio principale del suo regno. Pretendea alle cause della congiura questo *maire* l'insolenza del duca e dei suoi Vasconi, posti in presidio nella città e castello sino al numero di cinque cento, oltre le pretensioni comuni note a tutto il mondo, come saria a dire : l'essere nemico publico della Lega ; l'essere in poco opinione del Re e in odio a Guise ; temere che si unisse col re di Navarra ; avere intelligenza con gli Inglesi e con gli Alemanni ; e in somma per essere Épernon, cioè un cardinal Caraffa ai Romani nel tempo di papa Paolo. Il *maire*, armati alcuni dei suoi popolari, andette alla stanza del duca, fingendo volergli parlare ; e, montate le scale e entrato in camera, trovò la porta del gabinetto nel quale il duca scriveva aperta. E, perchè era accompagnato da dodici o quindici, facendo rumore col calpestio, Raffaello Girolami, che lì era e dormiva sopra una sedia, si destò, e andossene all'incontro del *maire* con accoglienze amorevoli, e gli domandò se voleva parlare al duca ; e in uno stesso tempo fermò la porta del gabinetto ; poi, trattenendosi un po' poco così con esso lui, come avea di costume quando egli veniva a parlare ad Épernon, gli venne fatto di toccare il *maire* nel petto, e trovatolo armato, e tutto nel pensier turbato, come persona facinorosa, gli disse : « Che cosa è questa? Che « venite voi a fare qui in questa forma? » Allora il *maire*, lasciando cadere il mantello, per vedersi scoperto, scaricò una pistola contro Raffaello e lo colse in parte, che cadde a terra. Egli, nel morire che faceva, tirato il pugnale lo cacciò tutto nell'inguinaia al detto *maire*, il quale subito cadde boccone a terra ; e così ognuno corse al rumore in soccorso dei suoi. I Vasconi montati ad alto, e sforzate le porte delle camere nelle quali i cittadini s'erano posti per fornire la festa, uccisero buon numero di loro, e liberarono Épernon del pericolo. Il quale, con buona troppa di gentiluomini, uscì per la città; e rimbarrò il popolo che tumultuava. La moglie fu ritenuta dai cittadini, e menata con parole sporche e insolenti e con modi spiacevoli dinnanzi al castello; fu minacciata più volte di morte se ella non lo faceva rendere, e uscire dalla terra il duca, suo marito, al quale promettevano sicurezza e danari, se sè ne andava. Ella d'animo virile rispose, che non lo voleva fare, e comandò al castellano di fare il debito suo verso il Re, e il duca, suo signore. Così, vincendo l'ostinato animo di lei ogni popolare insolenza, la terra, che è di molta importanza per le opportunità della guerra di Poitou e per la vicinanza del re di Navarra, è rimasta in balia e dominio d'Épernon; il quale ha pianto Raffaello, vostro cittadino, molto bravo, per l'obligo che conosceva di avergli, avendo egli con la morte propria salvato la vita di lui.

Questo caso è di tanta importanza, che, se Épernon si sdegna da dovero, avendo Metz e Boulogne in carica, introdurrà tanti stranieri nel regno che Serse non ne condusse mai così gran numero in Grecia; ed io veggo che converrà al Re mandargli ambasciate e trattare seco di accordo, come si è mandato al maresciallo Montmorency, al duca di Guise e al re di Navarra.

Non si sa l'autore e consigliere di questa congiura; e, sebbene si sospettano molti, nondimeno s'ingannano. Il duca di Guise giura di non esserne consenziente (come credo essere il vero), e fra otto dì si saprà il tutto per i processi che si fanno a molti complici presi dal detto duca e incarcerati.

La Valette, suo fratello, oltre le fortificazioni che fa in Delfinato, ha preso alcuni luoghi, e s'impadronisce sempre mai dell'imperio e governo di quella provincia col pretesto di ovviare alle insidie e disegni delli ugonotti, dei quali egli ha piuttosto la benevolenza che l'odio; e ha cumulato molte migliaia di scudi dopo che partì di qui, unico sostegno di chi ha da condurre eserciti e da mantenersi contro nemici potenti, come egli ha insieme col fratello.

Il duca di Nevers non ha ancora accettato la carica dell'esercito di

Poitou, parte perchè non vuole imbarcarsi senza denari, parte per l'indisposizione del corpo, e parte per l'autorità che ha il duca di Guise, la quale è un poco molesta alli altri grandi, essendo egli luogotenente generale del Re negli eserciti; di modo che, se Sua Maestà non dà particulare autorità e possanza al duca di Nevers, della quale il duca di Guise non abbia a essere partecipante, io credo che egli non vi andrà, stimando ognuno che per l'età, per l'esperienza e pel valore, il duca di Nevers non debba cedere a quest'altro. Queste discordie particolari e necessarie in tale caso faranno crescere l'ardire delli ugonotti, ma più il poco modo di ritrovare denari sufficienti a muovere l'armi, dovendosi spendere in due diversi eserciti quattro cento mila scudi al mese; la qual somma dovendo essere presta per adesso, nè vi essendo, le imprese si conduranno nel verno, stagione mal a proposito per guerreggiare.

Il clero offre molto di presente, ma non sarà la metà dell'offerto, e poi la continuazione lo fastidirà; l'erario regio è vuoto da un pezzo in qua, il popolo scuote il giogo delle gabelle e imposte; la povertà estrema; nuove discordie tra cattolici; ogni cosa divisa, piena di sospetto e d'insidie; la corruzione grandissima e comunissima, la giustizia intimidata, il consiglio attonito. Giudichi vostra signoria ora ciò che si può sperare in tal fortuna e stato di questa Francia. Aveva offerto il duca di Nevers cinquante mila scudi contanti al Re per cominciare la guerra di Poitou, e cento gentiluomini armati (che sono quattro cento cavalli buoni e lesti), che egli per tre anni continui nodrirebbe a sue spese senza chiedere giamai un soldo per ciò. Consigliava altresì fare una crociata contro gli eretici, e che le città collegate e unite conferissero ciascuna, secondo la loro possanza, uomini e denari.

Questo consiglio con l'offerta dei cinquanta mila scudi fu trovato buono; ma, perchè ognuno non ha l'istesso zelo che ha il duca di Nevers, non si troverà modo di eseguirlo. Le guerre civili consumano il piu saldo cervello del mondo, e i consigli, che si possono avere per iscritto intorno al maneggio di quelle, giovano poco o niente a chi si trova sul fatto. Vostra signoria si ricordi di Roma e dei precetti che di là si mandano a noi altri di qua.

Ora vediamo che il duca di Guise è giunto al segno che voleva; ha l'armi in mano e perpetue, ha la grazia del Re, lo possiede, nè lo perde di vista; avanza i suoi, abbassa e disarma i nemici di credito e di autorità nel regno; si fortifica di amici dentro e fuori del paese, si fa rispettare dal popolo, e crea la corte del Re a modo suo. Da questi fondamenti nasce la grandezza sua, la quale se sia per durare lungo tempo, Dio lo sa! perchè la buona fortuna è fugace. In questo stato è la nostra Francia.

L'Inghilterra è d'altro modo, perchè l'armata spagnuola, condotta dal duca di Medina Sidonia nel mare inglese ha patito molto dalla tempesta e dai venti, e si sono perduti diversi buoni legni; si è anche combattuto, ma non all'ingrosso; perchè, se bene i Spagnuoli, fidatisi nel numero de'suoi vascelli, gridassero battaglia e mostrassero volontà di venire alle mani, nondimeno gl'Inglesi non accettarono l'invito, perchè bastava loro d'impedire il congiungimento delle navi spagnuole col duca di Parma, e che il nemico non iscendesse nell'isola; sperando questi, che, non avendo l'armata porto alcuno, ed essendo il mare d'Inghilterra difficilissimo e pericolosissimo ai vascelli grossi, ogni mutazione di tempo le darebbe vinta la pugna senza combattere. Però non si vollero scostare dal lido dell'isola, anzi radendolo e costeggiandolo di continuo levarono ogni occasione ai Spagnuoli di smontare, e alli Inglesi (se alcuno v'era che avesse intelligenza coi nemici) di fare novità nell'isola. Si è adunque scaramucciato tra loro, e con continue cannonate fatto pruova de'suoi uomini. Dall'una e l'altra parte si è ricevuto del danno; e, per il comun grido (perchè qui è la bottega delle menzogne e delle parzialità), Spagnuoli sono partiti col peggio, sendosi riportate a Londra molte insegne prese nella galeazza che diede in secco a Calais, e menato alcuni prigionieri; perchè gli altri, che Spagnuoli naturali erano, trovativi sopra, furono per lo più uccisi, e molti pensando di salvarsi a nuoto, s'affogarono. In questa armata non vi è più gran numero di soldati, che quindici mila Spagnuoli e Portughesi, essendone morti e fuggiti molti; è però gente scelta e buona, e che combatterà più volentieri col nemico che sopportare le incommodità del mare alla stagione che viene. Nella Inglese vi sono buoni marinari. rabbiosi soldati, e uomini ostinati quanti altri si trovino al mondo, convenendo a chi si accozzerà seco vincere o morire, perchè di rendersi non è loro costume. L'almirante di quella è gran cavaliere, savio, esercitato, è che non arrischierà le cose; i suoi vascelli molto più piccoli degli Spagnuoli, ma più lesti, più agili e che si girano a voglia del pilota, e molto più pronti ad assalire e a fuggire che questi, i quali sono gravi, grossi e grandi.

La buona reina arma di continuo molti legni, empie quei mari di vascelli Olandesi e di Dacia, e mostra animo più che virile, non volendo essere menata in trionfo come Cleopatra; e s'intende che i cattolici segreti e i calvinisti manifesti si uniscono da dovero contro Spagnuoli, conoscendo che correranno egual fortuna e giogo di servitù gli uni e gli altri; il che sarà di gran danno al duca di Medina, perchè non potrà con le intelligenze, le quali si giudicava che avessero gli Spagnuoli cogli isolani, operare quello che si aveva proposto al partire di Portogallo. Tanto meno, che Scozzesi si sono dichiarati per la reina, visto il comune pericolo dal nemico comune, il quale fa forza di scendere in terra e impadronirsi di tutta l'isola, pretendendo contro questi l'eresia e contro quelli una successione ereditaria, publicata a colpi di pistoletti e di doble da alcuni adulatori e parziali scrittori. Il re di Scozia, quando bene volesse, non può operare cosa veruna di buono per Spagna, vivendo egli sotto l'obbedienza delle leggi scozzesi, e per l'ordine degli Stati. In Inghilterra si è provisto che ogni persona sospetta si mandi fra terra con buona guardia, e in questo mentre i suoi beni serviranno alla guerra.

Quanto al congiungersi Medina con Parma, vi sono difficoltà grandissime; la principale che l'armata nemica segue di ben presso la spagnuola; d'Olanda e Zelanda sono uscite cento navi che fanno testa all'armata del duca di Parma, piena certo di valorosissimi soldati, ma povera di marinari e di buoni legni, non avendo egli porto capace di vascelli grossi; il mare fluttuoso e tempestoso, banchi d'arena senza numero, e gli uomini desti alla rovina degli Spagnuoli, dai quali si combatte non per la gloria ma per difesa della vita e dei beni, come antiquamente *pro aris ac focis*. Sicchè noi crediamo, che il re di Spagna non occuperà l'Inghilterra, ma si contenterà di comporre le cose sue, riavendo l'Olanda, la Zelanda, e i Paesi Bassi presidiati dagli Stati di soldati Inglesi, e lasciare in questa sua età cadente vivere la reina a suo agio. C'è anche da considerare la forza e mutazione dei venti, i quali sono stati molto contrari sin'ora ai Spagnuoli; e alli Inglesi è molto facile il navigare con ogni sorta di vento che spiri, per la qualità dei loro legni, fatti ad altra guisa che i nostri.

Ho inteso anche, che nella detta armata vi è gran confusione e disordine del comandare, volendo ciascuno essere il capo. Vi mancano tre dei migliori che fossero pel governo: don Ugo da Moncaire, morto sulla galeazza presso Calais, Valdès, preso e condotto in Inghilterra, e Merenda, che alla Corogne in Galizia cadde infermo a morte; di sorte che, priva di questi tre capi valorosi e savii, la detta armata patisce molto.

Ella aveva intenzione, quando parti di Spagna, di pigliar terra nell'isola a Plymouth, dove era l'almirante non bene all'ordine, e quel porto è capacissimo di molti vascelli; il che le sarebbe successo, se i venti non fossero stati contrarii, e il generale fosse stato dell'umore del marchese di Santa Croce. Così da loro si è perduta la prima occasione di sbarcarsi in luogo comodo, e il duca di Parma non pare troppo inanimato contro la reina come vorrebbero gli Spagnuoli; anzi si sospetta che, per riavere il Portogallo, dovuto a lui di ragione, si conserverà la Fiandra, la quale, morendo Filippo, le resterebbe nelle mani. Si bucina di non so che mala intelligenza tra lui e Medina, ancorchè questi comandi in mare e quello in terra, senza turbarsi l'uno l'altro.

Si è inteso che l'armata tirava alla volta di Scozia, portata là dalla forza dei venti, che è un viaggio fastidioso; e dietro seguiva Drak con settanta navi grosse, per dannificarla.

L'ambasciatore Spagnuolo che è qui ha chiesto porti per l'armata, in caso che la fosse caricata dagli Inglesi, o che il verno la costringesse a ritirarsi; e il Re gli ha promesso, siccome ho dallo stesso ambasciatore udito, ogni favore e ajuto; ma voleva il buon don Bernardino tirarlo in lega con Spagna contro Inglesi, facendogli tante rimostranze, che saria pazzia la mia a scriverle. Di Châlons, in Champagna, si lascia uscire gran quantità di biade per Fiandra, e si fanno di buoni uffici dagli aderenti di Spagna, pensionati da Filippo, che sono qui, al duca di Parma, di modo che non morirà di fame.

Tutto questo è lo stato d'Inghilterra, del quale ho voluto scrivere al lungo a vostra signoria per informarla di ogni cosa, poichè Francia e Inghilterra sono la materia dei discorsi di voi altri signori di costì.

Post-Scriptum. Si ha nuova, che l'armata spagnuola si va perdendo poco a poco, e che il figlio dell'ambasciatrice d'Inghilterra residente in questa corte, capitano dell' *Orso bianco* (nave tra tutte le altre bravissima e munitissima), che è giovane bellissimo e valorosissimo, ha fatto miracoli combattendo, e che ha posto in fondo alcuni navigli alla presenza dell'armata nemica, tra la quale è passato e ripassato senza patire sconcio alcun di momento. Quello che ajuta la reina d'Inghilterra è l'unione dei popoli, ancorchè di fede diversi, i quali, poste a parte le loro contese e i pensieri di ribellione e di congiure (vanità nelle quali gli uomini leggieri danno del capo), hanno pensato convenirsi a loro di accordarsi per non dare adito ai Spagnuoli, nemici dell'una e dell'altra parte. Questo farà fare pace tra Filippo e lei, la quale non ha pensiero di mandare a sturbare il Portogallo nè meno le Indie, sebbene ha vittoria sino adesso sopra i suoi nemici. Si contenterà di questa presente gloria senza cercare altro.

Épernon promette di non accordarsi cogli ugonotti, e ha mandato al Re le ultime parole dette dal *maire*, poco prima che morisse del colpo datogli da Raffaello Girolami, vostro Fiorentino; il quale affermava la congiura essere stata opera di Villeroy, che assicurava dovesse essere carissima al Re se l'uccideva, o bene se lo pigliava e lo metteva in prigione, rendendosi padrone della città di Angoulême.

## XLIV.

### CAVRIANA À SERGUIDI.

Paris, 28 août 1588.

Sommaire. — Le Roi s'applique à combler le duc de Guise de ses faveurs. Susceptibilité de M. de Nevers; il accepte le commandement de l'armée de Poitou; difficultés qu'il devra surmonter. Départ prochain de la cour pour Blois. Affabilité de M. de Guise; pressentiments. Le comte de Soissons en butte aux attaques des prédicateurs. Le Roi désire la réunion des États. Désastre de l'*Armada*. Philippe II et le prince de Parme.

Il Re continua la sua grazia e benevolenza verso il duca di Guise; e a me pare che, alla maniera dei fiumi (i quali più correndo più crescono e sono più abbondanti di acqua), i principi mostrino il loro animo e amore verso quelli, i quali pigliano a favorire. Questo ardore di amicizia si scuopre vivamente più che in altri nel Re nostro; il quale, siccome promosse a grandissimi onori Joyeuse e Épernon, così intende di accrescere le dignità e gradi al duca di Guise, avendo detto publicamente che l'essere suo luogotenente non sarà l'ultimo segno dove egli vuole che quel principe si arresti, e che, trovino buona o no gli altri signori di questo regno la promozione del detto duca, egli la vuole e intende in questa maniera. Ciò disse egli, perchè parve che, tra tutti quelli i quali erano in corte (parlo dei principi), il duca di Nevers dicesse molto apertamente, che non intendeva assoggettare l'onor suo a persona, la quale fosse della istessa condizione e qualità che egli è, e che in questo regno non ubbidirebbe a persona in materia di Stato e di armi che a Sua Maestà, portando così la condizione della sua età e della dignità che tiene. Per allora non v'era alcun principe del sangue alla corte. E di vero questo poco di risentimento del duca diede occasione alli cattolici di corte di temere, che, nascendo differenza tra Guise e Nevers, le cose andassero male; però si è medicata

questa piaga come si è potuto il meglio dagli amici dell' uno e dell'
altro, mostrando Guise e dicendolo chiaramente, che non irà in Poitou.
nè sturberà le imprese del duca di Nevers, nè dirà mai nè soffrirà che
si dica ch'egli sia suo luogotenente, come di effetto non lo crede nè
lo vuole; e se ciò ritardasse il duca di Nevers o lo ritenesse di incamminarsi contro il re di Navarra, che egli quitterà e metterà nelle
mani del Re la sua generale luogotenenza. Su questo Loro Maestà
hanno promesso di onorare il duca di Nevers come devono, e fare
che l'onor suo rimarrà intiero e incorrotto, per quanto tocca alla dignità conferita a quel di Guise. Così egli ha accettato la carica delle
armi di Poitou; e il clero si spoglia in giuppone per fornirgli·cinque
cento mila scudi. Seco irà il duca di Longueville, suo genero, acciocchè.
sotto la disciplina di tal suocero e con gli auspici del Re Enrico, egli
cominci adoperare l'armi. Vi va il maresciallo di Retz altresì, e molti
cavalieri di stima. Ma vi troverà di molte difficoltà; il paese poco
amico, il danaro che mancherà tosto, la perfidia di molti, il verno che
viene; sentirà sino in Poitou i stimoli della invidia cortigiana, la mutazione delle volontà di molti, la debolezza della sua persona, e altre
incomodità che a chi è straniero in un paese ordinariamente arrivano,
senza potersene schermire. Un solo riparo ha egli, la causa di Dio e
del Re, ch'egli si offre a difendere. E di vero, ancorchè tra i principi
vi sia piuttosto apparenza di amicizia che amicizia vera, questi della
casa di Guise fanno gran conto di Nevers, stimando molto il giudizio e
consiglio di lui, e però lo vorrebbero legare strettamente a sè, al che
il clero tutto si affatica molto; sapendo bene, che da questi due principi può essere rilevato di ogni incomodità con le armi regie. E, perchè
l'uno può malagevolmente operare cose grandi senza l'altro, e amendue contendono della maggioranza, di qui nasce che gli amici travagliano per contenerli in amicizia.

Si continua pure la fama degli Stati di Blois, dove il Re innanzi ieri
si avviava; ma, sendosi poi inteso che il re di Navarra aveva dato una
rotta alle nostre genti, delle quali erano restate sul campo mille dugento tra cavalli e fanti, e che veniva verso Loire, a Saumur, per occu-

parlo, Sua Maestà ha ritardato la partenza, e forse si risolverà di mutar luogo per li Stati; sì perchè il re di Navarra in tre dì può correre insino a Blois con quelle genti che ha, che sono da cavallo ed espedite, e sino al numero di cinque mila, come anche per li suoi Svizzeri, i quali dimandano il loro stipendio innanzi di mutare alloggiamento.

La corte è grossa e quasi piena di sospetto, credendo che questi Stati non si teniranno, e che in una congregazione di tanto numero di persone per cose di tanta importanza, e fra genti che hanno il cuore impiagato, sia per nascere qualche gran fatto. Quanto al duca di Guise, egli si mostra molto degno dei favori che riceve quotidianamente dal Re, e onora ogni minima persona con tanta amorevolezza che pare meraviglia; ma io non so donde nasca che ognuno teme qualche sinistro a questo principe. Quelli del sangue sono pochi e giovani, e tra loro divisi per conto della religione; quello che è di più speranza è il conte di Soissons, il quale, per essersi bruttato le mani nel sangue di Joyeuse e suoi soldati cattolici, pare alienato dalla speranza della Corona, secondo il desiderio di quelli della Lega, ancorchè il Re gli abbia fatto una dichiarazione per l'assoluzione e sentenza sua; ma il popolo grida, e abborre questo sangue Borbonico, il quale è stato fautore delli ugonotti; al che ajutano molto i predicatori, i quali lanciano dardi e folgori contro di esso.

Le parti saranno sempre mai in questo regno, il quale dividendosi in molti pezzi, levano l'autorità al Re di gastigarle e lo costringono mal suo grado di seguire il corso del fiume, che è il popolo, concedendo quello che vendere non può. Parigi fa più che mai le guardie, e si tiene in ordine per difendersi da ognuno. Si è dichiarato il cardinale di Bourbon Primo Principe del Sangue e successore alla Corona, Guise luogotenente generale; onde noi teniamo per certo che non ci mancherà romore; Dio ci ajuti, chè ce ne abbiamo mestieri!

Il Re vuole gli Stati, e molti di corte non li vorebbero, consapevoli dei loro misfatti; poichè questa ragunanza di uomini avrà autorità di torre e di dare il suo a ciascuno, ed è il flagello dei grandi.

Jametz si assedia dal duca di Lorena; ma, se non vi va altra persona
che colui che vi è per capo, gli assedianti saranno gli assediati.

Quanto all'armata spagnuola, il vento del mezzodì l'ha mandata a
traverso, cacciandola verso Scozia; nè si crede che possa più giungersi
con Parma, di modo che, o la si ritornerà in Spagna lacera e guasta,
ovvero s'invernerà molto male, chi in qua e chi in là, e non potrà più
offendere Inghilterra; la quale è armata da dovero, sendovi quattro
eserciti di venti cinque mila uomini pel meno l'uno, in quattro diverse
parti dell'isola, e sino al numero di quattro mila lancieri bravissimi.
quasi tutti nobili e bene montati. L'armata loro la costeggia, e certo
numero di vascelli segue l'armata spagnuola. Parma è ritirato in
Bruges, nè si porrà più al pericolo del mare, tenendosi per certo, che
egli si sia accorto che Filippo, ingelosito di lui, lo voleva levare dal governo di Fiandra, e porvi Medina. Ogni dì s'ode, che qualche vascello
spagnuolo è perduto, e che l'armata patisce molto, massime di acqua; e di vero questi legni sono troppo vasti e gravi, nè convengono
a questi mari di qua; pure l'ambizione e superbia spagnuola stima
di potere comandare ai venti, i quali sin'ora trattano Filippo come
trattarono già Carlo, suo padre, ad Algieri. Sino adesso ella non ha
fatto cosa veruna di buono nè di bello; ciò che sia per essere, vostra
signoria lo intenderà con le altre mie.

---

## XLV.

### CAVRIANA À SERGUIDI.

#### Blois, septembre 1588.

13 septembre.

Il Re, contro l'opinione di ognuno, ha cacciato di corte questi signori

qui sottoscritti : Villeroy, primo segretario, Brulart e Pinart, pure
dell'istesso officio, Bellièvre, gravissimo senatore, e Combault, primo
maestro di casa, con la sua moglie, e il gran cancelliere. Nessuno sa
del certo la cagione di questa repentina licenza; la maggior parte giudica, che comunicassero gli affari a diversi, e che traversassero i disegni del principe, opponendosi a molte cose buone, e surrogando a
quelle di molte cattive. Altri vogliono, che s'intendessero con le fazioni che qui sono, ma diversamente e con diversi pretesti; nè manca
chi pensi, che Sua Maestà vuole essere lei il capo, il consigliere e il
segretario delli affari.

Questa mutazione così subita ha dato tanto di meraviglia a tutti, che
i più costanti e fideli del regno dubitano di loro stessi, e non ci è
alcuno così intiero nella coscienza sua, che non si giudichi nocente e
colpevole.

La forma di licenziarli è stata questa; a ciascuno di essi ha scritto
un polizzino di sua mano con questi due versi : « Villeroy, io resto
« molto ben contento del vostro servizio ; non lasciate però di andar-
« vene a casa vostra, dove voi starete sino che vi mandi a dimandare;
« non cercate la cagione di questo mio scrivere, ma ubbiditemi. »

Lo stesso ha scritto a tutti, e inviatolo per diversi suoi valetti di camera. Il cancelliere voleva andargli a parlare, ma il Re non lo volle:
parlò nondimeno alla Reina Madre. Villeroy accettò il polizzino, e disse
che ubbidirebbe, ma desiderava essere giustificato, per qualunque giudice che a Sua Maestà piacesse di dargli, dinnanzi a lei delle sue
azioni, le quali erano state assidue e fedeli. Pinart, sospirando la sua
sciagura, disse : « Se io avessi così bene servito Dio come ho il Re, mi
« troverei il più fedele uomo del mondo. » Le lagrime di Bellièvre,
come erano giuste, così commossero ognuno, avendo noi tutti visto la
fatica presa per lui in tante onorate e faticose legazioni straniere.

In luogo di questi ha creato due che serviranno di segretario, l'uno
detto Révol, buona persona, già agente regio in Savoia, e l'altro
detto Migeon, già commesso di Sauve, segretario. Non hanno autorità
di pure aprire una lettera, nè meno di riceverla, non possono andare

a desinare con persona, nè meno convitare alcuno, sicchè saranno
soggetti e piuttosto scrivani. I sigilli, i quali mandò a chiedere al
cancelliere, gli dà a un famoso avvocato di Parigi, detto Montholon.
di buona dottrina e di miglior coscienza, il quale tratterà solamente
le cose della giustizia. Questi sono motivi da re e da principi grandi.
dall'ira e sospetto dei quali conviene guardarsi. Si tiene per certo, che
casserà molti altri, e ognuno si tiene molto, fino ai più grandi e più
arditi.

Scrivo a vostra signoria molto al lungo questo fatto, come cosa repentina, nuova, inopinata e inaudita. Si comincieranno gli Stati verso
la fine di questo. Dio voglia che non naschi sedizione e sangue!

Nemici corrono alla libera per Poitou; Piccardia tumultua, e Parigini, ostinati come sempre nel male, seguono i loro principii, ajutati da
stimoli degli ecclesiastici, e minacciano di giungersi con la Piccardia.
se si fa forza a quelli di Amiens, i quali vorrebbero vietare che non
- si punisse un loro potestà, autore di novella sedizione. Sicchè noi
stiamo male.

Chi vi ha scritto di qua, che il duca di Lorena non si curava di le-
garsi con voi altri signori, di parentado, è un sciocco maligno, perchè
io ho veduto lettere di sua mano tutto al contrario di questo. Vostra
signoria me lo creda, perchè le dico il vero; la Reina lo desidera sommamente, e tutti quelli che sono amatori di questa Corona; però io
giudico che, se il matrimonio si fa, la felicità sarà scambievole delli
sposi, conoscendo io per pruova il valore dell'uno, e le virtù dell'
altra per fama.

24 septembre.

Questa corte è piena di timori e di sospetto. Si teme per ognuno
uno strano accidente e inaudito, ma non si sa di che sorte nè da chi.
Arrivano ogni dì deputati delle provincie e dei paesi, i quali sono tre
per ciascuna, secondo il stato delle persone di questo regno, cioè de'
Nobili, di Popolo e l'Ecclesiastico. Tra loro sono differenti, e pare che
venghino pieni di passione, e già subornati dalle fazioni; la maggior

parte dipende dal duca di Guise; pochi sono per Borbonisti. I nobili aderiscono a questi, ma la plebe e il clero è molto alienata da loro. Portano seco le petizioni da farsi alla convocazione, molto giuste e più che necessarie; e, se non hanno luogo, e s'eseguisca quello che sarà terminato, addio il regno; non ci è più speranza di quiete nè di unione, e il regno sarà diviso per particelle minutissime. Il Re parla a ciascuno di essi deputati, e mostra loro il suo desiderio di rimettere la quiete e la pace publica, e dice in somma che non vuol compagno. Dio voglia, che, come lo dice ad alta voce, così lo sappia fare! Beato lui e noi insieme! Ma io temo molto quella fatalità di lassu, conoscendo l'animo suo e delli altri. Vostra signoria mi creda, che non è più tempo da perdere, e, se Sua Maestà perde in questi Stati, ha di certo perduto il giuoco. Dio, Nostro Signore, l'ispiri e l'assista, perchè non ne ebbe mai tanto mestieri! Le petizioni di costoro sono per la più gran parte, queste: Che nessuno possegga più d'un beneficio; — che i preti confidenti (noi qui li chiamiamo *custodi nos*) sieno levati al tutto; — che si gastighino i simoniaci, dei quali qui non è numero; — che dei beni degli ugonotti si rifaccino le chiese abbattute da loro; — che degli stessi si faccia vendizione, e si annessino alla Corona; — che si accetti il concilio; — che si riscatti il dominio del Re, impegnato a diversi per buonissimo prezzo; — che si cascino tante migliaia di ufficiali inutili, sansughe del popolo, come tesorieri eletti ad esigere danari dal popolo, controllori e procuratori in simil materia; — che si faccia rendere conto a' gabellieri, e a' coloro i quali hanno fatto qualche partito col Re, ed hanno guadagnato straordinariamente; — che i tesorieri principali siino inquisiti, per sapere da loro se hanno preso denaro da quelli ai quali il Re ha fatto qualche dono; — che non sia che una sola religione in Francia; — che coloro, i quali hanno ricevuto doni grandi ed eccessivi, rendino i due terzi; — che il Re paghi la gente di cavallo che ha ordinariamente nel regno, e che, per sgravarlo di questa pena, gli Stati offeriscono di pagarla, ma non per mezzo dei tesorieri, anzi per le genti deputate per le città e provincie.

Queste domande pajono e sono giuste, ma il modo, col quale si ha da trovare il denaro per fare quello che propongono, sarà fastidioso e spiacevole. Oltre di ciò, cassandosi tante migliaia di offiziali, i quali hanno comperato gli uffici loro, pare che si dia occasione a qualche capo di formare una fazione e tumultuare da dovero.

Non tratteranno di successione alla Corona, non volendo il Re intenderne una sola parola. Vorrebbero trattare di repudio della moglie che egli ha, per rispetto della sterilità, ma non osano, per essere la materia odiosa, e per appartenere ella al duca di Guise. Nondimeno, perchè tutti d'un conserto chieggono a Sua Maestà che non sia presente all'assemblea alcun principe, acciocchè si possa parlare liberamente, non sarebbe impossibile che qualche temerario ragionasse di questo fatto.

Le guardie sono grossissime; si sta con l'occhio aperto da ognuno, e non si sa di chi fidarsi. Intorno alla persona del Re non vi è persona de' grandi, e pare che ogni cosa inchini per Guise, il quale con molta riverenza e industria si trattiene col Re. Vedremo il frutto di questa convocazione; Dio voglia che non sia acerbo!

Non si ragiona più dell'armata di Spagna, i libecci l'hanno mal trattata, e, se non vi si conducono con maggior prudenza la seconda volta questi signori Spagnuoli all'acquisto d'Inghilterra, perderanno così bene la riputazione, come abbiamo noi altri. Un galantuomo, per fare favore a don Bernardino di Mendoza, ambasciatore del re Filippo in questa corte, ha attaccato in diversi luoghi di Parigi un monitorio : « Che, se alcuno sapesse dove fosse andata l'armata di Spagna, vitto- « riosa dell'Inglese, e lo volesse dire al detto don Bernardino, che se gli « darà cinque lire di piccioli. » Bucinasi un non so che del duca di Parma, che negozi col Re nostro; ma non vi veggo ragione di questo rumore; pure i dispetti e sospetti rendono gli uomini molte volte mal contenti, di dove nasce poi la perfidia. Spagna farà il fatto suo meglio che potrà, mentre che noi altri forsennati ci rompiamo il capo tra di noi.

La Piccardia tumultua segretamente, e fa nuove pratiche per il duca di Aumale. Épernon non vuole spogliarsi di cosa veruna, e mi-

naccia, se lo mettono in disperazione, di favorire il re di Navarra. Suo
fratello, La Valette, si fortifica in Provenza e in Delfinato, ed ha cagio-
nato la morte di Antonio Lenzi, ricchissimo uomo di Marsiglia, l'uno
delli tre consoli, mentre che, per ajutare la parte di Épernon, questo
sfortunato armava il popolo e lo guadagnava per lui. Io non veggo
modo di scrivere a vostra signoria, se non morti, fughe, esilii, rovine
di cittadi e di provincie, perchè ogni cosa è funesta qui, come avviene
nelle guerre civili. Parigi sta sulla sua; sprezza l'autorità regia, e non
vuole più portare il giogo; all'esempio del quale le altre cittadi del
regno si governano.

---

## XLVI.

### CAVRIANA À SERGUIDI.

#### Blois, 13 octobre 1588.

SOMMAIRE. — Le comte de Soissons et la cour de Rome : l'absolution, promise au jeune prince, qui a
combattu à Coutras contre les catholiques, est ajournée; graves conséquences de cette fâcheuse mesure. Le duc de Nevers; ses bons services, son loyal et énergique langage. Tout se fait pour la Ligue,
rien pour le Roi. M. de Guise pensionnaire du roi d'Espagne. Appréhensions pour la vie du duc de
Guise; conseil de famille à cet égard; résolution du duc de continuer à habiter le château. La majo-
rité des États vendue aux Guise. Le duc de Savoie et le marquisat de Saluces; la coupable tentative
de ce prince devait coincider avec deux attaques de l'Espagne contre la France, empêchées par le
désastre de l'*Armada*. L'ambition de la Savoie suspecte aux princes italiens. Projet d'engager Saluces
au grand-duc, en retour d'un prêt d'argent considérable. La Ligue se prononce contre le duc de
Savoie. Mariage entre l'héritière du duché de Bouillon et le fils du duc de Lorraine, négocié par La
None. La cour de Rome ne s'oppose plus à l'absolution du comte de Soissons.

Le novità di questo regno sono così frequenti e così grandi, che non
è penna che lo possa esprimere. Il conte di Soissons, principe del
sangue, valoroso e garbato giovane, avendo ottenuto indulto dal Papa,
per l'assoluzione di avere combattuto per il re di Navarra, suo cugino, contro i cattolici, e ucciso Joyeuse, generale loro, era venuto a
Blois, chiamato dal Re alli Stati, dove doveva ricevere per mano del
cardinal Morosini, legato apostolico, l'assoluzione, e già era in punto
a farlo, quando arrivò un corriere di Roma, il quale portò lettere a

detto legato, per le quali gli era comandato di non passare più innanzi, sino tanto che di novo egli non avesse comandamento da Sua Santità di assolvere detto conte. Come si turbasse tutto il parentado, e come la principessa di Condé, madre del conte, si restasse a quella nuova, vostra signoria se lo può pensare; e, se non fosse che il Re interpose la sua autorità, raddolcì gli animi di questi signori, e il cardinale di Bourbon si risolvette a pigliare cura di questo negozio, io sono certo che nasceva in questo luogo un grandissimo scandalo, sapendosi molto bene chi sia l'autore di questa repentina mutazione. Di qui noi giudichiamo, che quei signori di Roma sono male informati delle cose di qua, e che il loro spirito non si estende più oltre che delle frontiere di Romagna; perchè, se questo giovine signore piglia il freno pei denti, e comincia a sprezzare l'autorità sacrosanta del Papa, vedendosi schernito e trastoriato così di repente, dopo aver fatto l'obbedienza impostagli e la confessione necessaria, è gran pericolo, che, dove Sua Santità dovrebbe mettere d'accordo i cattolici, la vi ponga discordia e divisione, per l'imprudenza di quei ministri, i quali poco cauti danno orecchio a molte persone perniciose e maligne; e questo regno se ne vada più tosto in perdizione e rovina.

Io ho visto il duca di Montpensier gettare fuoco dalla bocca di rabbia, per l'affronto che suo cugino riceve, e le lagrime delli due cardinali Bourbon e Vendôme, per il suo nipote e fratello; e, se una volta si comincia a vilipendere la santissima autorità papale, non occorrerà più minacciare queste genti di quello che ogni buon cristiano deve con ragione temere. Io credo che Sua Santità sia mossa da altri, e questi altri dall'avarizia, o dalla cupidità di vendetta, nel che si può piuttosto far male al regno, che al conte; atteso che le due famiglie Bourbon e Guise avendo li animi rugginosi, ogni piccola occasione le condurrà ai coltelli, e così Sua Santità avrà nelle nostre guerre intestine più di perdita che di profitto. Il caso è di molta importanza, perchè, se non si assolve ben tosto questo conte, gli Stati, praticati dalla fazione contraria, dichiareranno detto signore incapace della Corona, che è altra disputa che di Narni o di Todi; e se questo viene nell'assemblea accettato e publicato, converrà al povero e sventurato principe bandirsi da questo paese, ovvero arrischiare con l'onore la vita; e il suo esempio tirerà altresì il fratello; che sono signori di qualità e di molta speranza, massime il conte.

Il legato fulmina, veggendosi affrontato così vergognosamente dai ministri del Papa; il quale avendogli dato piena autorità, e avendo ricevuto nel grembo di Santa Chiesa il principe confesso e ripentito, torna a levargli l'autorità, per avere udito nuovi peccati del conte, i quali sono falsissimi e manifestissime calumnie. Noi vedremo ciò che apporterà il corriere che il Re ha spedito per questo negozio a Roma; e, se viene tosto, staremo con manco timore; se tarda, dà da pensare a molti, e fa credere che anche a Roma vi sieno delle parzialità e nimicizie occulte, e che li uomini che governano non sieno troppo pratichi dei nostri costumi di qua.

Parigi poi, avendo saputo il negoziato dei maligni contro il conte, ha anch'egli, in questo interregno (che così chiamo lo stato di quella città e del Re), risoluto di publicare nella corte del parlamento una scrittura, per la quale lo dichiara incapace (come scomunicato) di succedere alla Corona, e questo causerà una perpetua discordia e rissa fra le due famiglie, nuove divisioni di provincie e nuove guerre, le quali non possono essere estinte nè dagli Stati nè dagli uomini.

In questo stato siamo al presente, e il Re si trova molto confuso e attonito, non sapendo di chi fidarsi nè a qual parte piegare, sendo in mezzo alle forbici, povero ed esausto e senza figliuoli, e con gente tanto piena di avarizia e di perfidia che non si può credere.

Il duca di Nevers, avendo ridotto all'obbedienza del Re la Piccardia, è venuto in corte, dove è stato visto da Sua Maestà tanto volentieri, che ella ha più volte detto quel motto della scrittura: *Inveni hominem secundum cor meum*; e insieme, che se egli avesse quattro duchi di Nevers, egli crederebbe di pacificare il suo regno, e acquistare un altro simile. Se ne va in Poitou contro il re di Navarra, ma prima che egli pigliasse commiato dal Re, disse in pien senato: « Che non aveva « ancora trovato alcuno di quei cattolici zelanti, i quali facevono più

« schiamazzo degli altri, che portasse denari, nè conferisse alla causa
« comune il suo avere, siccome aveva promesso quando segnò la Lega; e
« che egli non esponeva solamente la vita alli pericoli della guerra per
« servizio di Dio e del suo Re, ma eziandio cento cinquanta mila scudi
« del suo; che non era ragionevole di abbandonare il Re, il quale era
« entrato in questo labirinto per consiglio e avviso, anzi per forza, di al-
« tri; che per questo doveva ognuno, ardente del bene publico e della
« tranquillità del regno, spogliarsi in camicia più tosto che mancare di
« fede verso Dio e Sua Maestà. » Alle quali parole non si trovò chi avesse
ardire di rispondere, se non con un silenzio o con un mormorio leggiero.

Parigi non ha voluto conferire denari, nè meno trovare sicurtà, e
pure fa più del cattolico che tutta la Spagna insieme. Vostra signoria
può pensare dove nasca questa ostinazione e vilipendio regio; e pure
si sa di buon luogo che le città collegate hanno fatto una borsa comune, nella quale si pone da ciascuno quel più che può per ajutare
i signori e capi della Lega, ma non già il Re; anzi, quando gli raitri
furono rotti per loro dapocaggine a Auneau, verso Parigi, si fece segretamente un donativo di sessanta mila scudi al duca di Guise, al quale
il re Filippo dà, mentre è pace, venti mila scudi, e, nella guerra, cinquanta mila. Quel uomo ci mantiene in discordia, e ci alluma il fuoco
con le doppie spagnuole, e noi ciechi ci uccidiamo per piacere altrui;
Dio ci punisce bene da senno.

Ogni dì compajono nuove profezie e nuovi ciurmadori, i quali minacciano a noi altri, raccolti in questa gabbia di Blois, un gran rumore.
Quelli del duca di Guise, cioè della Lega, temono molto, che, essendo
egli rinchiuso nel castello, il Re gli faccia una burla al tempo della
notte; e, avendolo levato dinnanzi, faccia un simil *Vespro Siciliano* sui
suoi, che sono più di trecento gentiluomini, e Madonna Santa Lega con
questo artifizio se ne vada a spasso. Questo solo temono, massime sendovi col duca, il cardinale di Guise, suo fratello, il principe di Joinville, suo figliuolo, la moglie, la madre, la sorella, due suoi cugini, ed
aspettandovisi ancora il duca di Aumale, chiamato dal Re. Quanto alla

forza e in publico, i suoi aderenti non temono un frullo Sua Maestà, sapendo bene che il più delle guardie reali è per il duca. Stanno adunque con questo timore e con sospetto, perchè chi prende diletto di far frodi non si deve lamentare se altri lo inganna; anzi, essendosi mosso proposito dai più intimi del duca, se il stare in castello era sicuro a lui, ovvero se l'andarsene poteva assicurare la causa loro, ed essendosi discorso di qua e di là quello che era necessario; terminò finalmente il duca, il doversi restare nel modo e forma che egli vi sta, rendendosi sicuro della buona natura del Re, che non violerebbe l'ospitalità nè la fede pùblica, e che l'andarsene scemerebbe a lui la riputazione, e l'ardire ai deputati di parlare liberamente e terminare la sicuranza dei suoi amici e complici; e, quando pure s'abbia a morire, morrà con l'armi in mano e costerà cara la morte sua a coloro che l'assaliranno; che i suoi nemici erano pochi in numero, giovani e senza quel giudicio che ricerca simile contesa. Con tutto questo i suoi partigiani temono molto, dicendo che, morto ch'egli fosse, non si troverebbe un altro Ercole o Atlante, capace di questo peso.

Quanto agli Stati, pare che ogni cosa sia confusione, rabbia, odio, avarizia e vana gloria; e, sebbene si sono confessati e comunicati, acciocchè, ispirati dal Divino Spirito, parlino per la conservazione del regno, nondimeno pajono *magis alii homines quam alii mores;* e si sa che la maggior parte è salariata e stipendiata e dipendente dalla fazione del duca di Guise. Vedremo ciò che si farà, dovendosi aprire la porta a questa assemblea domenica o lunedì prossimo; dove il Re parlerà un buon pezzo, come piloto della navigazione, per proporre i mali che si trovano in così bel corpo, e averne il giudizio da tutta l'assistenza per medicarli.

Non eravamo assai afflitti dalle guerre intestine, se non ci veniva il malanno della straniera; perchè quell'istesso corriere della Regina Madre, il quale ritornò da Fiorenza, per avviso del contratto con il granduca per le nozze della principessa, essendo passato per Torino, è tenuto prigione, e poi passando a Carmagnola, e altresì detenuto ivi due dì contro sua volontà, ci apportò, che il duca di Savoia aveva

occupato tutto il marchesato di Saluzzo in una notte col pretesto degli
ugonotti, i quali, partiti di Delfinato sotto la condotta di Lesdiguières,
potevano e volevano impadronirsi di Carmagnola, Revello e Centale,
che sono le piazze forti del marchesato; onde egli, temendosi da questi
vicini, preoccupolle, e, cacciatone coloro che v'erano in presidio, vi
aveva posto dei suoi, per pure conservarle sempre mai, come egli
dice, al Re. Si è poi scoperto, che alcuni capitani, i quali erano dentro dei luoghi, corrotti con danari dal duca, aveano venduto con la
fede le fortezze, e che cotesta pratica era antiqua e non nuova, siccome
di fatto ella è, sendo più di un anno, che nel castello di Carmagnola,
per cotesto affare, furono decapitati due. Ora il Re ha sentito vivamente questo affronto e questo danno; e, se non fosse che egli è detenuto dalle divisioni civili nel modo che egli è, il duca di Savoia si
ripentirebbe ben tosto della sua impresa. Nè per questa così bella
occasione di riunirsi, i Francesi divisi si possono accordare, e, congiunte le armi patrie e gli animi, andare a guerra così giusta e così
santa come sarebbe questa, poichè dal nipote, nodrito e favorito dal
Re, vien fatto a questo regno una piaga così grave, che non c'è chi la
possa medicare; e, rotte tutte le condizioni di amicizia e dell'onesto,
egli occupa il nostro con perverso e maligno pretesto. L'ambasciatore
ch'egli ha qui, vuole pure medicare con parole al male, e mostrare
che tutto è per servizio del Re, al quale rimetterà la provincia ogni
volta che Sua Maestà vorrà, e che levi dalle cariche quelli che vi sono;
ma sono parole e artificii del re di Spagna, il quale doveva assalire
questo regno per tre parti, già più mesi, cioè: per i Pirenei, ove mandò
alcune bande Spagnuole; per la parte di Savoia doveva far quello che
fatto ha; e con l'armata di mare, la quale aveva intelligenze con la
Lega, assalire la Brettagna. Ma Dio ha differito la nostra rovina, contentandosi che dalla guerra civile siamo travagliati, e che i disegni di
Filippo sieno riusciti per lo più vani; perchè l'armata sua, gettata alle
isole Orcadi, lacera e guasta, se ne è ritornata in Spagna con perdita
del quarto de' suoi vascelli, avendo il duca, generale dell'armata, abbruciato venti cinque di quelli che parevano inutili, e riposto il mi-

gliore di ciò che dentro di essi si trovava negli altri, e con quelli fatto vela in Spagna, senza avere fatto danno a persona del mondo salvo che a sè stesso. I disegni poi che aveva per la Navarra in Francia si sono scoperti molto a tempo, di sorte che non ha operato quello che si prometteva. Solo il duca di Savoia si è voluto caricare di questa gloria, la quale potria forse nuocere un qualche giorno; e noi crediamo certo, che il Papa, come comune padre, farà dal canto suo quello che potrà, acciò che le cose d'Italia non si turbino, e opererà che si renda quello che ingiustamente ci vien tolto con fraude. Non pare anche molto a proposito per i principi d'Italia, che Savoia si aggrandisca; chè, sebbene non accresca l'imperio suo verso loro, nondimeno, sendole successo felicemente questa impresa, le potria venire in animo di toccare il Monferrato, nel quale pretende, e così le cose di voi altri signori si turberebbero.

Io avevo, otto dì sono (cioè allora che si ebbe nuova della ferita della Valette, e poco poi della morte, ma falsa), detto alla principessa di Lorena, che, dovendo essa sposare il granduca, la operasse col Re, che il marchesato fosse dato a persona confidente di lei; e, giunta che la fosse in Toscana, operasse poi che fosse dato in gaggio o pegno al suo marito per una certa somma, e frattanto egli ne avesse il governo e provvedesse alle piazze di soldati e capitani a voglia sua, sperando che, come Sua Altezza vi avesse posto il piede, il Re non l'avrebbe mai riscosso; e fra tanto Savoia sarebbe divenuto più dolce che non è. Ne dissi attrettanto alla Reina; ma La Valetta non morì, e la Reina mi rispose, che il granduca era molto lontano da Saluzzo, nè aveva i suoi Stati contigui. Replicaile, che, siccome la Mirandola era mantenuta dalla riputazione del Re, lontanissimo da quella, così Saluzzo poteva essere conservato da Sua Altezza, con quei dieci milioni d'oro che si dice che ha, e che non era di sì piccol cuore, che, se vi fosse entrato dentro, Savoia nè altri vi avesse fatto pratica per occuparlo; e che Spagna geloso non avrebbe avuto occasione di dolersi del granduca, poichè s'impegnava dal Re ad un parente suo. Ma Savoia ci ha levato di discorso.

Il duca di Guise mostra di essere malcontento di questa perdita, e molti gridano che è molto più necessario l'andare a riacquistare questa provincia, che guerreggiare con li ugonotti, con i quali si dovrebbe far tregua. Cosa certa è, che la Lega di Francia non ha amicizia nè intelligenza con Savoia; anzi vi è un non so qual odio particolare, per la intelligenza che il detto duca ha con Montmorency; e Spagna malizioso e cauto fomenta gli uni egli altri per nostro danno.

La Noue, valorosissimo capitano è a Sedan, dove trafica, per fare che la figliuola del duca di Bouillon si dia al figliuolo del duca di Lorena per moglie, con dote di trenta mila scudi l'anno di entrata, e tre piazze fortissime e inespugnabili, Sedan, Jametz e Rocroy; il che se avvenisse sariemo in pace per quella parte di Champagna; e il Re fa quello che può per riconciliare questi principi del sangue con gli altri di Lorena; e, se ciò avvenisse, o per via di matrimonii, o per altra strada, noi saremo in riposo dalle guerre civili; il che previsto dagli Stati, è stato posto questo articolo, acciò che nell'assemblea si tratti del modo della riconciliazione, senza la quale ogni rimedio che si inventi per il regno è inutile. Ma io temo che Dio sia talmente irritato contro di noi, che ci leva il senso dei nostri mali, e lo spirito per il rimedio.

Aspettiamo con molto desiderio di momento in momento il Rucellai, per terminare le cose della principessa di Lorena, e credo che domani o l'altro sarà qua, e ci consolerà appieno [1].

In questo punto è arrivato il gentiluomo del conte di Soissons, mandato a Roma, il quale porta l'assoluzione totale di Nostro Signore al detto conte; e già il legato si pone in ordine per domani dargliela. Così speriamo, che questo bravo principe, rimesso in grazia di Santa Chiesa, farà opere degne del suo valore.

---

[1] Voyez ci-après la correspondance de Rucellai.

## XLVII.

### CAVRIANA À SERGUIDI.

Blois, novembre 1588.

Sommaire. — *15 novembre.* Les États hostiles au Roi. Le duc de Nevers commande l'armée du Poitou, qui se débande faute d'argent. Intolérance du clergé. Tentative de réformes; le concile de Trente et l'Église Gallicane. M. du Maine s'offre à reprendre les places du marquisat de Saluces, occupées par le duc de Savoie; MM. de Montmorency et de la Valette soupçonnés à tort. La main du roi d'Espagne est dans cette affaire; politique perfide de ce prince; ses conséquences. Confidences de l'ambassadeur d'Espagne, dignes d'être méditées par les princes italiens. Le roi de Navarre se tient sur la défensive. Animosité des États contre lui et ses parents; propositions violentes. Les finances. Impunité à peu près assurée au duc de Savoie. Anarchie et détresse. — *22 novembre.* Troubles à Orléans. Suppression par les États d'un grand nombre d'officiers des finances. Quel parti prendre? Le mal semble incurable. Les États et M. d'Épernon; que fera ce seigneur, si on le pousse à bout? Le Roi et le duc de Guise se disputent le gouvernement d'Orléans; importance de cette place. Paris en proie à tous les désordres. Prise de Mauléon par le duc de Nevers, que les États laissent sans ressources. M. de Saint-Luc le seconde avec une petite flotte. L'Angleterre se prépare à repousser une nouvelle attaque de l'Espagne. Les États ne font rien de bon.

15 novembre.

Quanto agli Stati, ci è poco di buono; e credo che ne riuscirà poco profitto, perchè la più gran parte di costoro sono passionati e mal disposti verso il Re; l'autorità del quale pare che si sieno posti per bersaglio a volerla diminuire, e di mio giudicio ella irà di più in più scemando, non si facendo provisione di conservarla e riuforzarla da coloro ai quali questo appartiene. Hanno finalmente confinato il duca di Nevers (una lettera del quale direttiva a Sua Altezza mandai a vostra signoria l'altro dì) in Poitou con una armata, la quale da sè si dissipa e si dissolve per mancamento di stipendio; e con tutto questo egli ha preso Brion, Mauzé(?), luoghi forti, e batte adesso Mauléon, terra munita e ben provista di soldati risoluti, la quale presa che sia, drizzerà il suo cammino a Montaigu, piazza fortissima e di grande importanza. La cavalleria, che gli era stata promessa, non si è trovata al campo come si credeva, e di quella che ha seguito il duca di Nevers, tre compagnie se ne sono ite, non avendo elle toccato un soldo dal Re da cinque anni in qua. Questo è un nuovo modo di guerreg-

giare, il quale farà parere quel valentissimo e prudentissimo capitano
di poco condotta, se Dio, a gloria del quale si ha vestito l'armi, non
l'ajuta.

Gli Stati, particolarmente il clero, non gridan che la guerra, e
sempre contro il re di Navarra, sì per l'odio antiquo che a lui porta,
come per tema, che, se succederà alla Corona, egli si vendicasse dell'
ingiuria ricevuta dal Re, ma ad istigazione del detto clero, nella an-
nullazione dell'editto di pacificazione, col quale conservava gli ugonotti sino ad un certo tempo. Questo istesso censura e gastiga le azioni
del duca di Nevers, arcicattolico, parendo a lui, perchè non scortica
gli uomini e abbatte le case degli ugonotti, che sia poco zelante dell'
onore divino, e, intendendosi col Re, tiri in lungo gli affari. Ma non
vi essendo denari, io stimo che non si meneranno in lungo, anzi si
abbrevieranno tosto.

Si conosce una estrema animosità di ciascuno, una fervente rabbia
delle provincie, suscitata e nodrita da capi e faziosi, e dalla necessità
nella quale questo povero Re insieme col regno sono caduti. Si è
terminato, che nessuno avrà più d'un beneficio, che si risiederà dai
vescovi ai loro vescovadi, e si farà qualche cosa di meglio nella
Chiesa che non si faceva; ma non sarà però molto nè molto tempo,
portando così la natura di queste genti e di questo paese. Il concilio
di Trento che si cerca d'introdurre, non si crede che abbia ad aver
luogo intieramente, per non derogare alla autorità della Chiesa Gallicana, col quale pretesto solo, costoro che non lo vogliono, che sono
molti, e i più grandi, si difendono. Si riformerà dunque qualche cosa,
per non parere che questa convocazione sia stata inutile del tutto, e
il fine sarà modo di trovar denari per estirpare gli ugonotti e mantenere le spese del Re.

Ieri si risolvette dalla maggior parte di questi Stati di trovar modo
per recuperare Saluzzo; alla quale impresa si offerisce il duca du
Maine, sì per onore della nazione Francese come per privato interesse,
non potendo essere pagato dal duca di Savoia della vendita che gli
fece del contado di Tenda in Provenza, terra della sua moglie. E si

vede in moltissimi cavalieri un gran desiderio di cancellare questa ignominia, ricevuta per la perfidia dei capitani e soldati che v'erano dentro. E tutti noi teniamo per certo che questa pratica sia stata senza
participazione de la Valette, governatore di Saluzzo, nè del maresciallo di Montmorency, dei quali si dubitò sino dal principio, dell'uno
per la parentela che ha col duca di Savoia e per i favori che continuamente riceve; dell'altro per vendicarsi del Re, il quale volontariamente
o sforzato perseguitava Épernon, e per averne una buona somma
d'oro, con la quale (avendo di già altre piazze nel regno) potesse
resistere ai suoi nemici potentissimi e numerosissimi. Poi, come il
tempo scuopre i disegni delli uomini, si è saputo (ed io l'ho dalla
bocca di don Bernardino di Mendozza, ambasciatore Spagnuolo), che
sono delli mesi più di sei, che cotesta pratica si trattava con i capitani
particolari dei luoghi, con saputa però di Filippo, re di Spagna; e don
Bernardino non voleva che la si mettesse in esecuzione al presente,
ma si assicurasse solamente il negozio per condurlo a fine quando gli
fosse parso buono. Tutto questo è particolare vendetta del re di Spagna, il quale crede che il Re, ancorchè Cristianissimo e Cattolicis-
simo, s'intenda con la reina d'Inghilterra, e non si voglia in modo
alcuno separare dall'amicizia di lei, ancorchè di fuori dia segni di poca
concordia e benevolenza che seco abbia; e impedisca le cose sue di
Fiandra.

Veda vostra signoria l'artificio di questi marrani; cercano con ogni
verso di levare al Re nostro ogni appoggio, e impedirgli la confederazione con i stranieri, massime con quelli i quali sono grandi e vicini, come Inghilterra e Svizzeri; e ciò fanno, perchè abbia occasione e
necessità insieme di giungersi a Filippo per estirpare gli ugonotti di
Francia e acquetare il regno; dicendomi molto spesso don Bernardino, che il Re non verrà mai a capo delle sue cose, se non s'intende
bene col re suo; ma che la Reina Madre impedisce, insieme con i
consiglieri che erano corrotti, questa unione; e che, se si fosse inteso
già quattro anni sono, Guise non avrebbe levato l'armi, nè fatto il romore che ha. Come il Re si sia servito di Spagna a domare i suoi sog-

gietti, egli viene di necessità a rendersi odioso ai vicini, Inghilterra,
Germania e Svizzeri, e rimane solo; e, sendo senza amici e confederati, il re Filippo lo travaglierà in modo che ne avrà buon mercato.
Nè essendogli venuto fatto questo pensiero, ha pensato poi di seminare
discordia tra i Francesi, nutrendo tra loro la guerra col pretesto della
religione. Così si diede principio, già tre anni, alla sacrosanta Lega,
nella quale ogni sorte di persone vi entrò; e col desiderio di novità,
proprio a questa nazione, con la necessità dei popoli angariati e afflitti, e col nostro mal governo in molte cose, si sono ridotte le cose
in termine, che è lecito a ciascuno di occupare ogni luogo che gli sia
vicino. Tutto questo essendo noto al duca di Savoia, l'ha fatto pensare, risolvere e accelerare l'impresa di Saluzzo; la quale è molto pre-
giudiciale agli Italiani, se Filippo, il quale ha la gola aperta, pensasse
di volerli divorare; dicendomi don Bernardino : «Gli Veneziani, e il
«granduca con Ferrara, daranno sempre al re di Francia seicento mila
«scudi per ricuperare Saluzzo, sendo il passo per il quale Francesi
«entreranno in Italia al soccorso loro ogni volta che il mio re volesse
«muovere guerra ad uno di essi.» Quasi che devini che voi altri signori siate per legarvi insieme contro la tirannide spagnuola, che
ogni dì cerca occasione di disunirvi e abbassarvi.

Il re di Navarra è ritirato nelli suoi presidii; e, avendo alloggiato
per questo verno i suoi soldati, non attende al altro che a guerra difensiva; ha buona ed eletta cavalleria al numero di secento, e tre mila
fanti valorosissimi. Si era però ritirato a Pons, ma avendo i suoi preso
una terra ricca e forte in Auvergna, ma non però nobile, ed essendo
subito stata assediata dai cattolici, che non diedero tempo al nemico di
provvedersi di cose necessarie, portando pericolo di essere recuperata,
s'intende che egli vi sia ito per far levar l'assedio. Ivi potrebbe arri-
vargli qualche disastro, che sarebbe il bene comune di tutto il regno.

Questi Stati sono talmente animati contro la casa di Bourbon, che
hanno richiesto istantemente al Re, che confischi i beni del re di Navarra, lo dichiari di nuovo ribelle e reo di lesa maestà, e le perse-
guiti come comune nemico della patria e di Dio. Il Re ha risposto, che

si mandasse di nuovo a lui, per sapere se si voleva riconciliare alla Chiesa o no; e udita la sua resoluzione, si correrebbe a fuoco e a fiamma contro di esso, ogni volta che si stesse fermo nella perversa sua opinione. Ma non per questo si sono partiti dalla importunità e tediosa insolenza, di dimandare che fosse dichiarato ribelle e perfido; mostrando, che, se il Re non gli accorda questo articolo, eglino sieno per rompere questa assemblea. Hanno anche chiesto, che i riconciliati alla Chiesa e rimessi dal Re nei suoi beni, non possino, di cinque anni prossimi a venire, ottenere grado, dignità nè governo alcuno dal Re o da altri; nel qual tempo si abbia da loro a dare tal segno di ripentenza della mala opinione che della fede hanno avuto, che non si possa per alcuno dubitarsi se sono veri cattolici o no. Questo articolo tocca il conte di Soissons; e per essere un poco duro e malagevole, si va moderando con molta destrezza, perchè il Re non può intieramente quello che vorrebbe e saria di bisogno per la conservazione della sua autorità.

Qui è somma carestia di denari; e si va ad esaminare da questi Stati la qualità dei tesorieri e di coloro che hanno maneggiato le finanze regie; nel qual fatto si crede che vi nasceranno rumori, i quali con tassarsi l'un l'altro per fare una giusta somma da condurre la guerra, si acqueteranno.

Tutti biasimano Savoia; tutti lo crucifiggono; ma il fatto è, che non vi è un soldo col quale la guerra si guidi, e i preti sono più curiosi delli ugonotti che di Saluzzo; la nobiltà tanto mal sodisfatta del popolo; i villani tanto irritati contro le genti di guerra, che queste ragioni renderanno al duca di Savoia libera la possessione di Saluzzo. E poco importerà ai principi d'Italia, che il Re implori l'ajuto loro con questo ambasciatore Gondi per ricuperarlo, non volendo alcun di loro essere il primo ad irritarsi contro di sè Filippo.

Épernon sta in Angoulême con buona cavalleria e assai belle compagnie di gente da piedi, correndo la campagna contro suo cugino, governatore di Xaintes e di Cognac, il quale si gli è mostrato nemico capitale. Tutte queste feste si fanno a danno del Re, e perde sempre mai del suo, nè si crede che siamo per veder altro che rovine e rumori, per la divisione dei principi Francesi, per il piccolo modo che ha il Re di gastigare i discordanti, e per essere entrato il male tanto innanzi che il membro è già corrotto, e viverà quelle poche ore che potrà. Che sarà dunque di tutti questi motivi? Sarà una leggiera riforma delle cose del regno, poco stabile e poco sicura; si gastigheranno in parte gli ugonotti, e si tratterà male la borsa di qualche particolare; la plebe e il popolo si sgraverà di leggiera somma; e la nobiltà divisa si morrà di fame; il Re viverà in continuo dispiacere, veggendosi nello stato nel quale la malvagità dei tempi lo ha posto, e nella quale lo manterrà.

Savoia dice di volere rendere Saluzzo, ogni volta che vi si ponga per governatore uno uomo confidente; ma sono parole; chè non lo lascierà mai che per forza; ed egli, sapendo come noi stiamo, non si dà pena di cosa alcuna.

22 novembre.

Orléans tumultua molto, è diviso in parte regia e della Lega, e ogni dì si sta per venire alle mani; massime che un cappuccino sedizioso predica contro l'autorità e nome del Re, e ieri l'altro, volendo il provinciale dell'ordine levarlo di là, per menarlo a Parigi ovvero a Blois, il popolo si levò al numero di quattro mila e impedì che lo conducessero fuori, di sorte che ogni dì si veggono monstri nelle nostre azioni.

Si è anche cassato più di sette mila officiali regii da questi Stati. come tesorieri, controllori, eletti al riscuotere denari del popolo, e simili; i quali, malcontenti come sono, desiderano novità. Veda vostra signoria qual modo si averà da far guerra in Savoia, in Poitou, in Guienna e in Delfinato, avendo noi in ogni città la guerra intestina? E, se l'armi si muovono là, che farà Filippo in Piccardia? Congiungersi con Inghilterra? Voi altri signori lo giudicate cosa impia, essendo eretica quella principessa. Che si farà dunque, direte voi? O si ha da rovinare per noi medesimi, come roviniamo, aprendo le porte

ai nostri nemici, o converrà riunirsi. Ma questa unione è troppo difficile da farsi, sendovi entrata tanta ruggine negli animi di queste genti,
che, senza una espressa bontà e misericordia di Dio, la non si deve
sperare. Facciansi tanti matrimoni che si vorranno, quella radice dell'
ambizione, piantata nel cuore di molti con l' occasione dei tempi e con
la facilità del Re, non lascierà di pullulare ogni momento qualche ne-
fanda opera. Così il duca di Savoia si avrà buscato Saluzzo e se lo
guarderà, con speranza di andare più oltre, perchè vostra signoria sa
bene che : *veterem ferendo injuriam invitas novam.* Dio voglia ch'io sia
falso profeta !

Épernon è adesso fra le bocche e fra i concetti delli Stati, i quali vogliono citarlo a questa convocazione, per rendere conto delle provincie
e dignità ch' egli ha, e altresì dei doni immensi avuti dal Re; e, caso
che non venga, come di certo non verrà, lo vogliono dichiarare reo di
lesa maestà e infame, caricandolo di tutti quei bandi che si possono
dare al più scelerato uomo del mondo. Non si sa se questo motivo
viene dal Re (perchè ogni cosa sotto il cielo si muta), o dal duca di
Guise, ovvero dalla propria volontà degli Stati. Da questo può vostra
signoria considerare se si farà la guerra in Savoia; poichè, avendo
Épernon tante fortezze in mano come ha, e sentendosi offeso con tanto
vilipendio, se vorrà tenersi le mani a cintola, e non rendersi benevola
la reina d'Inghilterra con Boulogna, e gli Alamanni con Metz, caso
che egli sia necessitato a fare·pazzie, come mi pare che costoro cercano di fargliene fare, tanto più usando del consiglio del maresciallo
di Montmorency, suo zio per conto della moglie.

Noi vedremo fra pochi dì chi può più, il Re o il duca di Guise; perchè qual dei due otterrà Orléans per sè, quello avrà la vittoria quasi
di tutte le cose di Francia, perchè quella città, ricca, forte, grande,
piena di valoroso popolo, darà la legge alle altre, e coll' esempio di lei
il resto dei populi si governerà. Guise dice, che gli è stata data per
sicurtà nelle capitolazioni della pace, e che non vuole governatore in
essa che a lui sia sospetto, altrimenti mostra che vi sarà nuova guerra.
Il Re dall' altra parte non lo vuole rendere mal contento, ma vorrebbe

bene che il popolo ubbidisse e lo riconoscesse per suo re e signore, e così sendo divisa la città, ogni dì sono in romore.

Parigi diviene un bosco di baccano per le sceleraggini che ogni dì si commettono; alle quali la connivenza o l'impotenza della giustizia non rimedia, e il Re sta duro di non volervi andare d'un gran pezzo.

Il duca di Nevers prese con onorate e lodevolissime condizioni Mauléon in Poitou, luogo molto forte e ben munito e d'importanza, per essere una delle ricette di denari del Poitou basso, di dove il Re nostro tira ogni anno più di trecento mila scudi. Se ne andava con l'esercito mal pagato e lacero a battere Beauvoir sul mare, o a Montaigu, luogo munitissimo; e si spera che Dio prospererà le sue vittorie; e, se questi Stati sanguinarii non gli provveggono dei denari, io credo che sarà costretto di lasciare l'impresa, massime in questa infaustissima stagione.

Si fa una piccola armata di mare a Brouage, vicino alla Rochelle, da Saint-Luc e da altri signori, per favoreggiare, costeggiando le coste di Poitou, i disegni del duca di Nevers, il quale è stimato un gran capitano.

In Inghilterra si attende a nuove provvisioni di mare e di terra, stimandosi che la superbia spagnuola possa temerariamente porsi in pericolo di nuovo a questo primo tempo per acquistare quel regno, o bene ricuperare l'onor perduto. Ma quelle genti pare che non temino le forze del re di Spagna.

Qui abbiamo continue pioggie, e viviamo con mala opinione di questi Stati, perchè le cose vanno in lungo, nè si vede zelo di conservare il publico. Staremo a vedere, e le cose che occorrerianno vostra signoria le saprà, massime che ieri ricevetti l'alfabeto intatto.

## XLVIII.

### CAVRIANA À SERGUIDI.

#### Blois, 24 décembre 1588.

SOMMAIRE. — Assassinat du duc de Guise. Paroles authentiques du Roi à la Reine mère aussitôt après l'attentat. Mesures diverses prises par Sa Majesté. Conséquences de cet acte; importance de la résolution que prendra M. du Maine. Détails sur le meurtre du duc. La Reine mère gravement malade.

Ieri, che fu l'antivigilia di Natale, e il ventesimo terzo di dicembre, sulle otto ore di mattino (che sono a foggia d'Italia quasi un' ora e mezzo di giorno), il duca di Guise fu ucciso a colpi di pugnale, nella camera del Re, da quelli gentiluomini i quali sono perpetuamente alla guardia e custodia di lui; che, per essere al numero di quaranta cinque, si chiamano li QUARANTA CINQUE; datigli già tre anni da Épernon, Joyeuse e de la Valette, allora che governavano il mondo a voglia loro. La maniera della morte la conterò a vostra signoria, come la ho udita raccontare dal proprio Re alla Reina, sua madre, essendovi io presente e molto vicino, quando le narrò il caso.

Così tosto che il Re vidde morto l'emulo e rivale dell'imperio, egli scese a basso alla camera della Reina Madre, e domandò a me particolarmente come stava. Risposi : «Bene, e che aveva preso un «poco di medecina.» Egli, avvanzatozi, disse con un viso il più assicurato e più costante del mondo :

«Buon dì, Madama. Io vi prego a perdonarmi; M. di Guise è morto, «e non se ne parlerà più. Io l'ho fatto uccidere, avendolo prevenuto «in quello che egli disegnava fare a me. Non potevo più tollerare l'in-«solenza sua; la quale, ancorchè avessi risoluto di tollerare per non «bruttarmi le mani nel sangue di lui, e avessi scordato l'ingiuria rice-«vuta il XIII di maggio che fu in venerdì, giorno ch' egli fu constretto «foggirsi di Parigi, avessi anche posto in oblio come egli avesse ten-«tato di offendermi nella vita, nell'onore e nel regno; nondimeno sa-«pendo io, e provandolo a tutte l'ore, ch' egli zappava e minava

« (queste furono le formali parole) di nuovo l'imperio, la vita e lo
« Stato mio, mi sono risoluto a questa impresa; la quale ha lunga-
« mente travagliato l'animo, disputando fra me se la dovessi eseguire o
« no. Pure, veggendo che la mia pazienza recava a me danno e vergo-
« gna, e che ogni dì ero da lui irritato e offeso con nuove insidie, in-
« fine Dio mi ha inspirato e ajutato. Il quale addesso vado a ringra-
« ziare alla chiesa al sacrificio della messa. Parli più da qui innanzi chi
« che si sia di Lega, io ne farò altrettanto a lui come ho fatto a M. di
« Guise. Io vuo' sgravare i miei popoli di nuovo; vuo' tenere gli Stati,
« ma vuo' altresì che parlino conforme al loro grado, e non in guisa di
« re, come sin' ora hanno fatto. Alla famiglia e cosa di lui non vuo'
« male alcuno; favorirò, abbracierò e ajuterò i suoi, come il duca di
« Lorena, di Nemours e d'Elbeuf e madama di Nemours, i quali so
« essermi fedeli e affezionati. Ma vuo' essere il re, e non più captivo e
« schiavo, come sono stato dal XIII di maggio sino a questa ora; nella
« quale comincio di essere di nuovo il re e il padrone. Ho anche posto
« guardie al principe di Joinville, di Nemours, d'Elbeuf e a madama
« di Nemours, non per offenderli, ma perchè vuo' assicurarmi. Il mede-
« simo ho fatto al cardinal di Guise e all' arcivescovo di Lione; e, per
« la medesima cagione al cardinale di Bourbon, mio zio; il quale non
« averà male alcuno da me, ma lo metterò in luogo, che egli starà bene
« e io non potrò essere offeso da lui. Seguirò più ardita e ardente-
« mente la guerra contro gli ugonotti, i quali vuo' ad ogni modo es-
« tirpare dal mio regno. »

Così detto con quella costanza che cominciò e che venne, se ne ritornò, in niuna maniera turbato nel viso o nel pensiero; che a me, che
ero presente, parve meraviglia. Se non che sono andato discorrendo fra
me stesso da poi, che tanta è la dolcezza della vendetta, che fa rinvi-
gorire e ravvivare i spiriti e schiarire il viso.

Questo esempio servirà alli altri di non tentare il suo principe; perchè (come egli disse allora saviamente) non si sa che alcuno si sia
ribellato contro il suo padrone e signore naturale, che non sia stato
punito tosto o tardi.

Egli ha fatto mettere prigione sei o otto di quelli di Parigi, autori e consiglieri delle rivolte publiche, e intimi del duca; e questi saranno appiccati fra pochi dì. E dà ordine al regno, scrivendo a tutti i governatori il modo col quale si debbano governare. Manda Alfonso Corso, figliuolo di fu Sampiero, al duca du Maine che è a Lione, acciò l'assicuri della volontà e opinione sua verso di lui, e lo persuada ad essergli fedele come gli è stato sempre, e non faccia novità; avendo egli un esercito in campagna, vicino alla Savoia e alla contea di Borgogna, con le quali può far lega e rovinare la più bella parte di Francia. Non ha lasciato di scrivere ai Parigini, acciò non tumultuino. Perdona al duca di Aumale, che è di presente a Parigi, e ritiene qui la duchessa, sua moglie. Continua gli Stati, i quali, tutti attoniti per la perdita del capo, cercano con varii pretesti di andarsene, ancorchè egli abbia comandato che restino. Se Parigi non rivolta, e se il duca du Maine non fa novità, noi staremo men male dall'ordinario, perchè di star mai più bene non ci è più speranza.

Questa morte sarà trovata nuova da molti, ma alli principi Italiani e Spagnuoli, i quali non si tengono le mani a cintola in materia di Stato, parrà troppo tarda. Dio faccia che ella sia il fine delle nostre calamità e non l'idra! dovendo il Re, o insanguinarsi da vantaggio, o perdonando stare sempre mai con timore di essere insidiato, rimanendo tanti della famiglia grandi, bravi e valorosi, i quali malagevolmente sopporteranno l'ingiuria e la perdita del capo loro, col mezzo del quale vivevano al loro agio ed erano amati dal rè di Spagna.

Inghilterra sentirà con piacere questa morte; Parma ne resterà afflittissimo, il quale è sospetto al re, suo signore; e Savoia gongolerà, sperando novità nel regno, e potere accomodarsi col duca du Maine, facendo riuscire vane quelle minaccie che venivano dagli Stati, di doverle muovere guerra per la recuperazione di Saluzzo. Spagna farà il fino, e loderà il Re, ma dall'altra parte non lascierà di continuare le pratiche col duca du Maine, il quale è molto fermo nella opinione che piglia di qualunque cosa si sia, e molto fedele (parte che mancava al duca di Guise), e che non si scorda le ingiurie, tenendo in questo dell'

Italiano. E se egli sta saldo in volere servire il Re, Spagna ha perduto il giuoco in questo regno; il quale si rimetterà, mentre che il Re monti a cavallo e segua quello che ha incominciato.

Sono sicuro, che per l'avvenire il Re troverà pochi che si fidino di lui, avendo fatto questo negozio dopo tante promesse e sagramenti; ma, a dire il vero, *læsa sæpius patientia fit furor;* ed egli portava grandissimo pericolo, prima che gli Stati fornissero, di lasciarvi la pelle; e se ne vedevano segni manifesti per l'insolenza degli Stati, per le pratiche segrete che si facevano, e per la superba arroganza del duca, *longiore vita dignus, nisi imperium malis artibus affectasset.* È morto come Cesare, l'anno trenta nove della sua età, tredici mesi dopo la rotta che diede ai raitri vicino a Parigi, lasciando quattro figliuoli maschi, quattro femine, e la moglie gravida, con un milione e più di debiti, per i quali molti faranno bancarotta. Ebbe quattro pugnalate, tre nel petto, una nelle reni; e gridò più volte : « *Ah! messieurs, miséricorde!* » E, cadendo, atterrato da otto o dieci che l'avevano afferrato pel collo, braccia e gambe, finì in queste parole : « *Ce sont mes offenses!* » Era vestito di raso bigio; e, sedendo in consiglio di dove fu chiamato a nome del Re in camera sua, gli era venuto freddo con un poco di sfinimento, quasi fosse presago di qualche sconcio. E di già si vedeva, che egli era diventato più dell'ordinario melanconico; e aveva rimesso nelle mani del Re l'autorità che gli aveva dato di luogotenente generale delle armi francesi.

Questo fatto è passato con tanta segretezza del Re, che non si può dire; e, sebbene una cometa che è comparsa in questo clima, e molti dei confederati persuadessero al duca di doversi partire, ed egli stesso dicesse molto spesso che non poteva credere che il Re gli avesse perdonato; nondimeno non ha saputo schivare quel fato che conduce gli uomini alla penitenza dei loro misfatti. È però morto il più qualificato principe e capitano di Francia; e, se avesse avuto la fedeltà simile alle altre doti dell'animo, era lodevolissimo. Si difese quanto potè con la persona, e coi denti, e col movimento, di modo che il Re disse che si aveva difeso a guisa di leone. Morto che fu, il Re

lo volle vedere. È ancora nel castello, e si darà ai suoi per la sepol-
tura.

Noi aspettiamo novità; Dio ci assista! E si leggeranno tanti libri
diffamatori, che ci verranno a noia. Due principi di diametro contrarii
hanno mostrato il cammino al Re, il papa e la reina d'Inghilterra, per
punire i sediziosi.

La Reina Madre è inferma, avendo passato una terribile burrasca
di malattia già quindici dì, per la quale pensò morire; e con la par-
tanza della signora principessa di Lorena, e con questo spettacolo fu-
nebre del duca di Guise, temo che la faccia male.

Si trattava di rimettere bene col Re Montmorency; e di già l'era, e
dovea o venire qua o mandare il figliuolo in corte; ma questo atto
farà raffreddare la negoziazione.

Inghilterra manderà armata a tentare la costa di Portogallo fra pochi giorni, e così punirà i Spagnuoli *pœna talionis*.

---

## XLIX.

### CAVRIANA À SERGUIDI.

Blois, 31 décembre 1588.

SOMMAIRE. — Assassinat du cardinal de Guise. Parallèle entre la mort de César et la mort du duc
de Guise. Nouveaux détails sur le meurtre de ce seigneur. Sépulture secrète. Portrait du duc. Retour
sur la mort de Coligny. Réflexions judicieuses. Le danger peut venir du duc du Maine, d'Orléans, de
Paris. Situation d'Orléans et de Paris; lenteurs du Roi; son imprévoyance. Convalescence de la Reine
mère. La princesse de Lorraine fiancée au grand-duc de Toscane. M. de Montmorency réconcilié. Prise
de Niort par le roi de Navarre.

L'antivigilia di Natale, il duca di Guise fu ucciso a colpi di pugnale
nella camera del Re, come ho di già scritto a vostra signoria; e la vigilia sulle nove ore di questo paese, sendo il Re alla messa, il cardinale, suo fratello, fornì nel medesimo modo la vita sua.

Pare che la morte del duca si conformi molto a quella di Giulio
Cesare, del quale egli era imitatore a tutto suo potere, e di cui i

scritti aveva nella memoria e nelle mani perpetuamente. Fu ucciso Cesare in senato; e il duca nella camera del Re, giunto alla quale era il consiglio, e dove egli sedeva allora, e ne fu richiamato. Fu avvertito Cesare, quando andò in senato, della congiura, e sprezzò l'avviso; il duca ebbe nuova, andando al consiglio, che quella mattina sarebbe ucciso, e non ne tenne conto, dicendo : « Ben guardato è chi Dio « guarda. » Parvero prodigii innanzi la morte di Cesare; e una cometa si è vista prima che il duca fosse ucciso. Il popolo pianse dirottamente Cesare; e tutto il popolo Francese si dispera per il duca. Dopo la morte di Cesare l'aria si turbò molto, crebbero i fiumi, e si viddero rovine degli edifici di Roma; e il dì che il duca fu ucciso, piovve tanto che non è memoria d'uomo di più gran pioggia per un dì solo. Cesare era prodigo; il duca altrettanto. Cesare morì nel colmo della sua gloria; il duca gloriosissimo fra tutti i Francesi, e contentissimo, come gli ho udito a dire più volte. Cesare fu ucciso dai suoi amici e ai quali aveva fatto piacere; il duca avea amato e gratificato alcuni di coloro che lo ferirono. Cesare cadde morto ai piedi della statua di Pompeo che egli avea fatto uccidere; il duca ai piedi del Re al quale avea levato l'autorità, e forse gli avrebbe levato la vita. Cesare fu ucciso perchè avea occupato l'impero; è il duca perchè lo voleva occupare. In questo sono differenti, che le essequie di Cesare furono onorevolissime con le lagrime publiche e private; quelle del duca al contrario; è pianto in segreto solamente, ma il corpo suo posto in un lenzuolo è seppellitto in luogo sacro senza alcun onore di mortorio, e in un villaggio separato dal mondo, insieme col cardinale, suo fratello; e ciò si sa da pochissimi.

Aveva il duca tutte le condizioni di grande : bellezza, grandezza, forza, dolcezza, ardire, prudenza, pazienza, dissimulazione, segretezza; ci mancava la fede, per la quale sarebbe stato il maggiore del mondo, e si sarebbe mantenuto poco meno che re; ma, come il fistolo dell'ambizione lo cominciò a stimolare, moltiplicò in modo il desiderio nell'animo suo che si acciecò, parte da sè, considerando le qualità ch'egli aveva e che mancavano agli altri, parte col ministerio di alcuni sediziosi, che fermentavano la cupidità dell'animo suo rivolto al comandare; il che mostrava la fisionomia di lui.

Così precipitato nella necessità, non si ha potuto ritenere in modo alcuno. Hanno anche portato i tempi, che trovandosi il Re senza successione di figliuoli, nella divisione del regno, e nella mala sodisfazione dei popoli di Sua Maestà, morto il duca di Alençon, il duca di Guise, veggendosi circondato da tanti dei suoi parenti bravi e principi grandi, e sentendosi favorito dal popolo, si sia risoluto a fare novità; delle quali, per essere in pregiudizio del Re, suo signore, il fine è stato fastidioso, turbulento e lagrimevole; il che da tutti è stimato giustizia divina, più che opera o consiglio umano; sendosi condotta questa pratica del Re con tanta destrezza ed arte che non si può dire, gastigato colui con quelle astuzie medesime che egli si serviva d'ingannar altri.

Nel Re non si è visto segno alcuno di grande allegrezza, nè si è udito uscire dalla bocca sua alcuna parola che onorevole dei morti; anzi si duole di avere avuto occasione di fare questo fatto; e, se non fosse stato l'onore e la riputazione perduta a Parigi, con i nuovi avvertimenti ch'egli avea avuto ultimamente delle insidie drizzate contro la persona sua, egli si rimaneva di farlo. Ma ogni dì avvisato quasi dal duca du Maine, fratello del morto, e ciò per via di Alfonso, colonnello dei Corsi, è stato astretto ad assicurare sè e i Stati suoi.

Il modo che ha tenuto di condurre questo negozio è stato questo: Ha continuamente mostrato di fidarsi di lui; l'ha gratificato in molte cose; mostratogli buon viso; e, la sera innanzi che fosse ucciso, gli disse : «Mon Cousin, noi avemo molti negozi sulle braccia, li quali bi- «sogna fornire innanzi la fine di questo anno; però venite domane di «buon'ora in consiglio, acciò si spediscano; io me ne vuò fuori; mi «manderete quelli che averete risoluti.» E finse di andare in villa ad una sua casilia, vicina un miglio di Blois.

Il mal cauto duca, immemore delle offese, e guidato dal suo fato, se ne andò all'ora ordinata, però nel pensiero turbato, siccome già più dì pareva ch'ei fosse. Si trattenne nel consiglio, aspettando il cardinale che tardava a venire. Giunto che fu, discorrendosi degli affari del Re, venne uno a dimandare il duca a nome di Sua Maestà. Si levò, e passò in camera del Re; ivi assalito dai satelliti regii, appostati per l'omicidio, fu ucciso; e il Re lo andò a vedere che quasi era spirato. Il cardinale, sentendo il rumore e i gridi del fratello, volle fuggire, ma fu arrestato dai capitani delle guardie, con l'arcivescovo di Lione, e furono posti prigioni ambidue. Il cardinale il dì seguente fu ucciso, nel modo che il fratello, avendo prima pregato Dio e confessatosi; nè volle mangiare o bere cosa alcuna, se non quella che dai suoi servidori domestici gli era portata, temendosi del veleno. Lione è riservato in vita ai prieghi d'un suo nipote caro e fedele al Re, ma sarà confinato per sempre tra quattro mura. Uomo ambizioso, vano e cupido di novità, e che d'una torbida eloquenza pasceva sè e il popolo. Questo è stato il fine dei capi della Lega; della quale, come ho sempre mai detto a vostra signoria, *nihil perniciosius*. E può vostra signoria giudicare se i consigli di questi signori Romani sono stati buoni a coloro che li hanno ricevuti; poichè ingannati dal pretesto della religione, sotto il quale stava nascosto il veleno del loro ambizioso pensiero, hanno sempre persuaso l'armi, e ajutato i loro disegni imprudentemente. Noi di qua speriamo che Dio ci ajuterà, massime se il Re si rivolge a lui, e da lui attende ogni consiglio e soccorso, come pare che faccia. E questa tragedia è molto simile a quella della morte dell'amiraglio del dì di San Bartolomeo; poichè chi così cupidamente cercò la morte di lui, chi volle vedere il nemico morto e gettato per le finestre, chi procurò che restasse qualche dì insepolto, ma prima trascinato per le vie publiche, chi lo schernì, e chi tramò la morte con insidie; questo istesso è dato nella ragna del medesimo modo; e pare giudizio divino sopra il quale non è consiglio nè sapere. Servirà di esempio a molti, e ai principi minori di non ricevere consiglio da gente passionata, da gente bassa e uscita del fango. Perchè li uomini nati nobilmente han vergogna di far male, e più a consigliarlo. Il buon duca di Guise fu subornato da certi Parigini mecanici e sordidi; i quali pieni di rabbia, volendo vendicare le loro offese, imbarrazzarono

questo principe, ambizioso per natura, in questi affari, dai quali non
si ha potuto mai cavare i piedi. Gli astrologi bugiardi, predicendo la
morte del Re prima che Dio l'avesse ordinata, diedero occasione al
duca di Guise di procurare l'impero, massime veggendo il Re senza
figliuoli, e forse senza speranza di poterne avere; e si può dire con ragione, che la morte del duca di Alençon sia stata la rovina di Francia, perchè si è aperta la porta a molti di desiderare e procacciare il
regno.

Ma, se il re di Spagna rise per la morte dell'amiraglio, piangerà ora
la perdita del duca di Guise, del quale si serviva come di ministro
nelle cose di Francia, e nell'assicurare la Fiandra, e nell'offendere
la reina d'Inghilterra. Vi resta il duca du Maine, suo fratello, che è
uomo valoroso e guerriero, ma non ha la testa che quell'altro, nè il
credito, nè la maniera di trattare col mondo, ancorchè sia più costante
amico di lui e di più fede. Ecci il duca di Aumale col fratello, cavaliere di Malta, buoni ambedue nel menare le mani, ma non riescono
a petto di quell'altro. Noi stiamo aspettando quello che farà il duca du
Maine, quello che riuscirà a Parigi e a Orléans; perchè da questi tre
capi nascerà la nostra quiete o il disturbo comune. Si giudica, che il
duca penserà ai casi suoi prima di tentare novitadi; e, avendo moglie
e figliuoli, non si metterà al pericolo di perdere il sicuro per acquistare
l'incerto, massime che Dio, protettore dei re e dei principi, non concede gran vittorie ai sudditi contro loro. Orléans mandò qui ambasciatori a dimandare perdono al Re della ribellione loro, e supplicarlo
a volere smantellare la cittadella che hanno sul collo, e levargli quel
governatore che hanno avuto sin'ora, il quale era della Lega e molto
caro al duca di Guise, ma poi voltò il mantello e si riconciliò al Re.
Sua Maestà gli disse, che le perdonava, poichè gettatisi ai suoi piedi
gli erano venuti a dimandare perdono, ma che non voleva levare il
governatore nè meno demolire la cittadella; e che, fra un dì, se non
si rendevano e ricevevano le sue genti che gli aveva mandato (che
erano il gran priore di Francia col maresciallo d'Aumont, e tutti i
cortigiani con seicento fanti delle sue guardie), egli li avrebbe gasti-

gati come meritavano; che dalle opere loro egli si risolverebbe poi di
smantellare la cittadella e levargli quel governatore, ma di presente
non poteva nè voleva l'uno nè l'altro.

Costoro se ne andarono, e, trovati i cittadini inaspriti e ostinati, massime con la presenza di alcuni gentiluomini, famigliari del fu duca di
Guise, rifuggiti là dentro, i quali accendono il fuoco e servono di capi
al popolo, non hanno potuto operare cosa alcuna di buono; onde rim-
paratisi e rintrinzatisi di dentro contro le cannonate della cittadella,
si fanno forti e sperano di zapparla e rovinarla. Al che le donne si mostrano tanto infuocate e ardenti, che è una meraviglia. Se il Re rimane
superiore, noi staremo bene, perchè tutte le altre cittadi prenderanno
esempio da questa; ma se non la piglia, dirò che perderemo di tutto
il credito. Vi è entrato dentro il cavalier d'Aumale con quaranta cavalli, e regge il popolo a suo modo. Pure si ragiona sempre più di accordo, e tuttavia si combatte dai nostri e da loro; i nostri hanno la
cittadella in favore, ma per essere piccola e ben battuta dai cittadini,
non guadagnano molto, e loro stanno ostinati.

Parigi poi non fa male; ambedue le fazioni, la regia e la Lega, si
sono armate e per ogni canto rintrinzate (che chiamano *barricate* in
questa lingua). Il duca di Aumale vi è dentro, il quale, per quello si
ode, non permette che si faccia insolenza da alcuno, così nel predare
come nell'uccidere; di modo che noi crediamo che le cose passeranno
meno male che non si sperava. Di là non esce un uccello, e il Re non
ha mai ricevuto avviso alcuno dai suoi, e ciò che qua si ode viene da
qualche garzone che per le mura si fugge di là. Madama di Montpensier, sorella del duca, è là dentro, la quale, a guisa di Hecuba, rab-
biosa per la morte di Polidoro, grida, urla, commove il mondo, e fa
parlare bravamente i predicatori contro il Re. Si sono pigliati tutti i
servidori regii che erano in Parigi, e posti in prigione; acciò che, se il
Re fa male a quelli che egli ha qui prigioni, che sono di Parigi, e
corrono fortuna del capestro, possino saziare le ingorde voglie del popolo; onde si stima che staremo meno male del temuto.

Pare a tutti, che il Re sia molto lento all'armarsi e a provvedersi nella necessità nella quale egli è, e che non sappia usare della vittoria, perchè non ha subito provvisto a Orléans nè a Parigi come doveva, nè meno dato carica ad alcuno di pigliare il duca du Maine, se bene i Ligarii hanno publicato che vi era una congiura contro di lui; e, quasi contento della vendetta, si goda di quel beneficio momentaneo, senza provvedere ai danni futuri. Non ha anche richiamato il duca di Nevers coll'esercito di Poitou, temendo che, se egli non perseguita più che mai gli ugonotti, gli sia imputato da tutti quello che i partigiani di Guise hanno sospettato e publicato sempre, cioè che s'intenda cogli ugonotti, e questi motivi sieno solamente apparenti per dare pastocchie al mondo. Conviene dunque che Sua Maestà si guardi, e che noi preghiamo Dio per la salute di lui, dalla quale la nostra dipende. La Reina Madre è molto turbata; e, ancorchè prudentissima ed esperimentatissima delle cose del mondo, non sa tuttavia qual rimedio dare a tanti mali presenti, e riparare ai futuri; è convalescente della sua gravissima infermità, e fra otto dì speriamo che potrà ritornare ai suoi uffici e modi ordinari.

Si manda in Lorena un cavaliere principale, per dare parte al duca di questa tragedia, e la granduchessa, vostra e mia signora, mostra tanta prudenza in questo fatto, che se vostra signoria la vedesse, l'ammirerebbe. Vorrei, e ella insieme col Re vorrebbe, che fosse a Fiorenza; dicendole spesso Sua Maestà : «Felice voi, mia nipote, che «sarete in terra di riposo, e non vedrete le rovine del mio povero re-«gno!» Si dà ordine quanto si può al viaggio, ma nascono di momento in momento tanti e sì gravi accidenti, che sturbano ogni cosa.

Montmorency si rimette bene col Re, il quale gli dà il governo intiero di Languedoc, e Joyeuse si rimarrà col solo titolo di maresciallo. Balagny, governatore di Cambrai in Piccardia, vuole al tutto accomodarsi col Re, e di già si fanno pratiche dai suoi ministri, acciò sia in buona grazia di Sua Maestà; di modo che questa morte servirà in parte al Re, e gli nuocerà in qualche altra, secondo la natura delle cose umane, che non sono mai piene di contento e di felicità.

Il re di Navarra ha preso Niort, fortissima e ricchissima terra, dentro della quale era il governatore di Poitou; e si accosterà ben tosto a Poitiers, ovvero a Chatellerault, trenta leghe lontano di Blois.

---

## L.

### CAVRIANA À SERGUIDI.

Blois, janvier 1589.

SOMMAIRE. — *6 janvier.* Mort de Catherine de Médicis; douleur du Roi et de la princesse de Lorraine. Derniers moments de la Reine, son héritage. Fureur populaire à Paris, à Amiens, à Orléans. — *16 janvier.* Orléans ne se soumet pas. Lenteurs du Roi. Récriminations injustes dirigées contre lui. Violence inouïe des prédicateurs. Dernière prédiction du duc de Guise réalisée. Démence du peuple. Nulles nouvelles du duc du Maine. Le roi de Navarre et le duc de Nevers en présence dans le bas Poitou. Quinze mille Suisses enrôlés par le Roi. Deux nouveaux favoris.

6 janvier.

Ieri, che fu il v di gennaio e la vigilia dei Re, a un'ora e mezzo dopo mezzodì, la Reina, gran madre dei re, passò a miglior vita di un male di costato, il quale era passato a un altro, detto peripneumonia, che tanto importa quanto infiammazione dei polmoni; e amendue le recarono l'apoplessia, essendo montata la materia d'ambedue loro al capo. Morì con tanto dolore di ognuno che è meraviglia.

Il Re e la granduchessa[1] diedero certissimi segni di dolore interno, perchè eccessero i termini di figlio e di nipote; nè posso scrivere ciò che dissero e ciò che fecero; stimo bene, dagli atti e dalle parole che uscirono da quella principessa, felicissimo il granduca che la piglia per moglie. È morta con tutti gli ordini di Santa Chiesa e con gran repetenza delle offese fatte da lei a Dio. Noi tutti siamo restati privi di luce, di consiglio e di supporto, e, per dire il vero, è morto con essa lei quello che ci manteneva in vita. Da qui innanzi bisognerà pensare ad altro, e converrà a ciascuno provvedersi di nuovo appoggio.

Il regno sentirà più di incomodità che non si crede, e il Re è privo del più necessario che egli avesse; Dio l'ajuti!

---

[1] La jeune princesse de Lorraine, petite-fille de la Reine mère.

Orléans si difende bravamente, e converrà al Re accordarsi con quelle condizioni che [1] . . . . . . . Questi furiosi, stimulati dai predicatori e da altri della Lega, fanno contro il Re più che non fece il popolo di Roma contro i percussori di Cesare; e si vedrà bentosto l' esempio singolare d' un popolo feroce guidato da rabbia. A Amiens, metropoli di Picardia, collegata segretamente con Parigi, hanno arrestato la madre, la moglie ed il fratello del duca di Longueville, governatore della provincia, in casa, e, se egli vi si trovava, ne riceveva altrettanto; ma era ito a Saint-Quentin. Non hanno però lasciato di mandarvi uomini per farlo uccidere, per essere servitore del Re.

In Parigi hanno eletto un consiglio di molti, per la guerra, per le finanze e per il governo publico. Non si parla nè si conosce più il Re. Il duca du Maine è a Châlon in Borgogna, nè si vede che e' faccia motivo alcuno. Se egli sta fermo nella fede verso il Re, ogni cosa andrà bene; ma se veste l' armi, noi avremo del rumore. Gli Stati si forniranno fra due dì, e di poi bisognerà pensare ad altro. Questo è quanto al publico.

Torno alla gran Reina : ha lasciato la granduchessa e il gran priore di Francia suoi eredi; e ha preso il male, sendosi esposta al freddo il primo dì dell' anno, freddissimo e impetuosissimo, contro il volere de' medici; e dopo avere pianto molto per le parole aspere che il cardinale di Bourbon le disse, quando, di commissione del Re, l' andò a vedere, e annunziarle la sua liberazione : «Madama, se voi non ci aveste «ingannati e fatti venire qui sotto belle parole e sotto mille sicurtà, i «due non sarieno morti, ed io sarei libero.» Da queste parole sentì tanta offesa, che, ritornandosene alla sua camera, ricadde nel male del quale non era appena libera e meno bene confermata. Questo è il corso del nostro male, il quale non terminerà qui, se Dio non ci pone la mano.

Vostra signoria mi scusi; io non posso esser più lungo per il dolore e per le lagrime che mi abbondano, ricordandomi della virtù di

---

[1] Une ligne manque dans le manuscrit.

quella gran Reina, mia amorevole padrona; e, se non trovasse la lettera come ella merita, scusimi con la mia passione. Un'altra volta la sodisferò meglio.

16 janvier.

Orléans fa più che mai l'ostinato e il ribelle, e si difende bravamente dalle cannonate della cittadella, facendo ogni dì scaramuccie e salite sui nostri, quando con vittoria e quando con perdita. Egli si è trincerato di dentro con molta arte e ha ricevuto molti stranieri per soccorso, pure Francesi, condotti da alcuni capitani delle bande del fu duca di Guise, e sotto il comandamento del duca di Aumale. Dal canto nostro, vi si mandano alla sfilata genti; e, sino a tanto che il duca di Nevers non arrivi di Poitou, di dove è richiamato da Sua Maestà, io credo che non farà cosa buona, perchè quella città per natura inquieta, armigera, ricca, numerosa di gente, forte e posta nel centro del regno, dalla quale si aspetta di prendere per le altre l'esempio di obbedire o di sprezzare il Re, non si risolverà a portare il giogo ordinario che per forza. Ma a tutti pare, che il Re abbia usato troppo di lentitudine in andare addosso a questi ribelli dopo la morte del fu duca di Guise. Le cause non si sanno, salvo che egli temeva, richiamando l'esercito di Poitou, che il re di Navarra occupasse molto più luoghi che prima non aveva, e facesse credere al mondo che si volesse intendere segretamente con gli ugonotti per guerreggiare contro i cattolici, come di già tutti i Ligarii vociferavano. E mi ricordo, che la gloriosa memoria della Reina Madre, parlando meco di questo, mi disse quasi il simile. Ma egli è avvenuto altrimenti, perchè il re di Navarra con intelligenze e denari ha guadagnato Niort e Saint-Maixant, posti nel cuore del Poitou, con gran biasimo di fellonia dei governatori dei luoghi; mentre che il duca di Nevers fra le nevi e le pioggie del basso Poitou va forzando e vincendo molti luoghi forti delli ugonotti, ma non tanto ricchi come gli altri due; delli quali il re di Navarra caverà tanto, quanto può avere perduto nel danno che gli ha fatto l'esercito del duca di Nevers. E oltre ciò Parigi, Orléans, Amiens, capi delle città collegate, gridano che il Re vuole estirpare la religione cattolica e favorire li eretici; dal che nasce il dispregio dell' autorità regia, e che, mentre Sua Maestà va temporeggiando per non incrudelire e per dare spazio a costoro di ritornare in cervello, eglino acquistano piede, e confermano il mondo in questa opinione erronea, levando al Re la possanza di armarsi.

Ajutano a questo i predicatori arrabbiati, l' ambasciatore di Spagna, e tutti i domestici del fu duca; aggiungetevi i gesuiti e simile maniera di gente, i quali urlano e bestemmiano contro il cielo perchè non vendica la morte dei due fratelli. Ed è stato tanto temerario un predicatore di Parigi, molto celebre, che in publico ha consigliato il popolo ad eleggere il re di Navarra per loro re, piuttosto che soffrire un tiranno, perfido, vizioso, eretico e demoniaco.

Non si può scrivere ciò che la passione di costoro fa fare e dire; nè si può imaginare le tristizie di don Bernardino di Mendozza, con le quali mina e zappa l' autorità regia; e oggidì proviamo quello che, otto dì prima che fosse ucciso il duca, disse ad alcune dame, sue amorevoli, parlando se egli fosse estinto col ferro o col veleno da Sua Maestà : « Io « lascierò tanto rumore dopo me al Re, che non l'acqueterà di sua « vita, e perciò si ripentirà di avermi ucciso, perchè le cittadi sono tal- « mente legate insieme, che non si può più da Sua Maestà sciogliere il « nodo. » Sicchè conviene al Re nostro usare di quel verso : *Parcere subjectis et debellare superbos.*

Parigi poi fa bottega a sua posta; chi si dice servidore o officiale del Re è reo di lesa maestà; l' armi sue sono gettate a terra con dispregio; si è fatto nuovo consiglio, nuovo erario, nuovo governatore, e si vive alla maniera di Roma quando era sotto i consoli col dittatore. Per le chiese si adorano i due corpi morti, e sono posti nel catalogo dei martiri; per tutto le loro imagini con quelli che li uccisero; e quanto più si prega Dio per loro, tanto si prega contro il Re; non si perdona alla lingua nè alla borsa dei cittadini di Parigi. Oh! rabbia populare! oh! perfidia più che moresca!

Non s'intende ancora alcun motivo del duca du Maine, senza il

quale questa festa non si può fare; e, se egli sta fermo nell' obbedienza
regia, i popoli si umilieranno.

Da quelli di Parigi si è mandato al duca di Nevers, a pregarlo di volere prendere la protezione delli cattolici e ajutarli di consiglio e di
mano, e offeriscono molte cose; ma egli savio, ricercato già due volte
in diversi tempi da quelli stessi, farà come fece già: cerca di umiliarli
al Re e riunirli alla buona grazia sua, perchè questo è il vero cammino
di salvazione.

Mercoledì passato, che fu il dì undici di gennaio, il re di Navarra
si avvicinò a Granzay, luogo forte, battuto dal duca di Nevers, e che
si voleva rendere a lui dopo avere sostenuto bravissimamente un assalto, sotto condizione che si renderebbe del certo, se dentro di otto
dì non gli veniva soccorso; e si accampò tre leghe vicino al duca con
tre mila archibugieri a cavallo e seicento cavalli, numero di elette e va-
lorose genti. Il duca si accampò in un sito molto forte, e dove non poteva essere offeso se non malagevolmente, fortificandosi con dodici
cannoni dei quali si avea servito nella batteria del luogo, nè meno poteva essere sorpreso dagli assediati. Così mandò a dire al re di Navarra, che egli lo aspettava a battaglia, e che non gli poteva fare più
di piacere che di venire a giornata. Egli ha più genti da piedi che il
nemico, ma non così buona nè così bene armata per i molti disagi patiti; di cavalleria ne ha manco e molto cattiva, perchè la non si paga,
e non se gli permette il rubare come alli ugonotti; oltre di ciò aveva
mandato in soccorso del Re due reggimenti di eletta fanteria e cinquecento archibugieri di cavallo. Sin'ora non si può sapere l'esito di
questa vicinanza; quale ella sarà vostra signoria lo saprà.

Épernon manda gente in soccorso del Re, al quale pare che manchi
il consiglio; e conosciamo tutti quanto necessaria era la vita e la prudenza della Reina Madre a Sua Maestà, e quanto utile alla salvazione
del regno, potendo ella medicare le piaghe che la malizia altrui e la
nostra troppa indulgenza ci faceva; chè addesso non ci è più mediatore col popolo, e meno con i principi, salvo il duca di Nevers, al giudizio del quale e alla condotta del suo spirito tutti i principi del san-

gue, che sono qui tutti, si rimettono volontariamente, e lo eleggono come per loro guida e maestro; e il Re confida molto in lui.

Dénari non vi sono, nè modo di trovarne; si assoldano da Sua Maestà quindici mila Svizzeri, e sempre si sta fermo di perseguitare li eretici : questo grida il Clero, la Nobiltà e il Popolo. Oggi si terminano gli Stati; e, nel licenziarli, il Re dirà qualche cosa della morte dei due fratelli, sendosi trovate scritture, cifre, contratti e ministri delle loro azioni.

Li due favoriti del Re, Bellegarde e Longnac[1], amendue maestri di guardaroba, sono saliti a grandezze straordinarie; quelli è grande scudiere del regno, dignità principalissima, e questi governatore di Perche, Maine, Touraine, Chartres ed altri luoghi. Sono ragguardevoli da ognuno, ma indifferentemente. La corte non è più l'antiqua; morta la Reina Madre, ogni cosa è morta seco, nè ci è chi la rilievi. Bacio a vostra signoria le mani, e spero di vederla fra due mesi, in compagnia della principessa, mia signora, se altro non arriva!

Di Blois funestissimo, il XVI gennaio 1589.

----

## LI.

### CAVRIANA À SERGUIDI.

Blois, 9 février 1589.

SOMMAIRE. — Le duc du Maine se déclare contre le Roi. Orléans perdu par la faute du Roi et de ses conseillers, les deux Gondi. Blois menacé par M. du Maine. Le Roi emmène ses prisonniers à Amboise; fuite du duc de Nemours. La princesse de Condé intercède en vain en faveur du vieux cardinal de Bourbon. Arrivée du duc de Nevers; ses bons conseils. Retraite du maréchal de Retz; son arrestation près de Moulins par les gens de M. du Maine. Défection des villes; trahison des seigneurs; ruine du Roi et du royaume. Mise en liberté de madame de Nemours. Impossibilité d'amener une réconciliation. Très-prochain départ de Cavriana avec la princesse de Lorraine. Les Parisiens et le grand aumônier; les jésuites et M. de Nevers. Les princes du sang négligés. Progrès du roi de Navarre; les ligueurs le préfèrent au Roi, et semblent l'appeler au trône. Expédition anglaise dirigée contre le Portugal.

Il duca du Maine finalmente si è scoperto nemico del Re, e, facendo levata di gente, se n'è venuto a Orléans abbandonato dai nostri; i

____
[1] Montpezat, seigneur de Longnac.

quali, lasciata la cittadella in potere dei nemici, se ne sono ritornati a
Blois. Perdita gravissima al Re; il quale, col maligno consiglio che ha
presso di sè e con il poco modo che ha di porre gente insieme, si perderà del'tutto, se Dio miraculosamente non lo soccorre. Questa cittadella si è perduta per alcune ragioni. La principale è che il Re non si
risolvette dopo la morte di Guise di andarvi egli stesso, e richiamare
subito Nevers di Poitou: col consiglio e forze del quale avrebbe, in
quella inopinata occasione e stordimento di cervello dei cittadini, senza
dubbio ridotto alla sua obbedienza Orléans. Ma il maresciallo di Retz,
col suo fratello cardinale, sturbarono il Re da questo pensiero; mostrando che, se richiamava il duca di Nevers, che guerreggiava contro
eretici, per venire contro cattolici, egli correva biasimo di eretico e
infedele, e l' alienazione totale dei popoli, gia stomacati contro di lui
per le gravezze immense e per la morte di Guise. Così vinsero la
risoluzione del Re. Si è poi visto la malizia loro, perchè eglino, cupidi
di conservare alcune sue terre che erano in Poitou dove il nostro esercito invernava, e guardarle dalli ugonoti che senza dubio le avrebbero
prese, cercarono di trattenere là il duca di Nevers, acciò che con la
presenza di quel principe assicurassero le cose loro. Così il bene particolare ha rovinato il publico. Di che accortosi Sua Maestà, ha detto
publicamente, che avrebbe soccorso Orléans senza il maligno consiglio
dei traditori; intendendo di costui, il quale se n' è ito di corte, con dar
voce ch'egli va a Lucca ai bagni per un mal di capo che ha. Noi sentiremo ogni dì più i mali di questo scelerato consiglio, perchè Orléans
servirà di esempio alle altre terre; e, sendo munitissimo per natura e
per arte, non si recupererà mai più da Sua Maestà. E il duca du Maine
correrà tutto il fiume di Loire a suo piacere, assicurando con questo
e confermando nella ribellione quelli di Parigi.

Mentre che queste cose si fanno, venne nuova, che il duca con buona
banda di cavalli veniva verso Blois; della quale impaurito il consiglio, e trovandosi mal in ordine di soldati il Re, si risolvette da Sua
Maestà di partirsi di qui, ed andare ad Amboise, e ivi condurre i prigionieri principi che teneva in Blois, sapendo che il duca si moveva

a questa volta per liberare costoro. La cosa non si potè tenere segreta; sì che il duca di Nemours prigione, con abiti falsi e col consenso di coloro che lo guardavano, se ne fuggì di notte dal castello, e se ne andò a Parigi. Bourbon cardinale, Joinville e il duca d'Elbeuf con madama di Nemours, insieme con quelli di Parigi, autori della sedizione, furono menati ad Amboise, con gran dispiacere di chi li vidde, e il Re li menò seco. Ivi furono lasciati sotto buona custodia con qualche libertà, più al cardinale che agli altri, sì per essere zio del Re, come per l'età grave, passando sessanta tre anni; Joinville è più ristretto; madama di Nemours non molto male. Le lagrime che si sono sparse da quei poveri principi, quando furono condotti là non si possono raccontare, e la eloquentissima e bellissima principessa di Condé. gettatasi ai piedi del Re, lo supplicò che volesse perdonare alla età del cardinale, e alla sottilità del fu duca di Guise, le falte che aveva fatto, mostrando che egli era stato sedotto dal detto duca, e che da qui innanzi viverebbe in modo che Sua Maestà ne riceverebbe servizio è contento; che si ricordasse che egli era principe del sangue, e che non era mai stato consapevole di alcuna cosa contro la vita e lo Stato del Re; che non si scordasse della vicissitudine delle cose, per la quale poteva sapere, che la clemenza è molto più utile al principe del rigore; che tanti signori e signore lo supplicavano per questo povero cardinale, ai quali Sua Maestà non doveva negare cotesta grazia.

Disse molto, parlò arditamente, come donna di gran cuore e di gran spirito, aggiungendo una dozzina delle sue lagrime ai prieghi; ma il Re, fermo come uno scoglio, rispose che non poteva farlo, e che essa si mettesse in suo luogo, e vedrebbe poi se giusta o ingiustamente le rifiutava questa dimanda. Ben voleva donarle la vita, ma porlo però in luogo dove non potesse da lui ricevere alcun danno; poi mutandosi il tempo, egli si potria mutare di opinione. Sono ad Amboise nel castello molto forte, con un capitano nuovo, che è uno di quelli che uccisero Guise, detto Guast, dell'ordine dei satelliti regii che sono quaranta cinque, i quali dì e notte assistono al Re; ed ha due compagnie di gente da piedi, l'una Francese e l'altra Svizzera.

Quel dì stesso vi arrivò il duca di Nevers, vittorioso; e fu visto dal
Re più che umano e amorevolmente, perchè trattò seco di tutte le cose
passate, e chiese consiglio di quelle che aveva da fare. Il buon duca
conscienzatissimo lo dissuase per molte vive ragioni a non servirsi degli ajuti offertigli dagli ugonotti Alamanni e Inglesi, e lo confermò in
questa bellissima opinione di valersi dei soli cattolici; la quale egli
ha abbracciato molto strettamente, e crede tanto al parere di questo
principe, che sarà quel solo che governerà l'armi regie; le quali,
per quanto esso duca mi dice, saranno poco pungenti, poco sicure e
mal guidate, sendo il misero Re ridotto in tale stato che si può dire
la decrepità del suo regno, ribellandosi a lui ogni dì qualche città o
provincia, o qualche uno dei suoi più cari servitori; e, mancando la
fede e il danaro, non si può fare guerra.

Il maresciallo di Retz, sendosi incamminato per Italia, col suo traino
ordinario che era di quaranta cavalli, è stato preso da quelli del duca
du Maine a Moulins, e pagherà grossissima taglia prima che esca,
contuttochè sia stimato di dubbia fede, ovvero che Sua Maestà sarà
astretta di cambiarlo con qualcuno di cotesti principi prigionieri.
Questo regno è un bosco di ladroni, e ogni ora si ode qualche atto celebre di tradimento.

Longnac, l'uno dei due favoriti del Re e maestro della guarde-
roba, caduto in disgrazia del padrone, se ne è andato di corte mal
contento, e va ad Amboise, terra del suo governo. Il Re nel partire gli
disse, che gli farebbe piacere sempre mai e l'amerebbe, ma che di ritenerlo più presso di sè non lo farebbe, sendo l'umor suo molto differente da quello che egli ricerca. Gli mandò nondimeno appresso, ma
invano, temendo che faccia novità in Amboise, dove sono i prigioni,
e il capitano suo molto cordiale amico. Egli è là, e non ha voluto ritornare.

Parigi fa come sempre, impazza più che mai, e il duca du Maine
che è ito là, lo farà divenire furioso del tutto. Ivi dirizza l'esercito suo
per venire ad assaltarne, e si stima, che tra Parigi, Chartres, Orléans
e Blois si debba terminare con l'armi chi sarà il padrone di questo

imperio, se madama di Nemours, la quale è stata posta dal Re in libertà, e che va a trovare il figliuolo, non rimedia a tanti mali. Sono tre in questo regno, i quali possono accomodare le cose senza sangue, ma sì bene con qualche disonore del Re, Bourbon, Nevers e la detta dama di Nemours. Ma tanto poca è la fede di costoro, e tanto il sospetto del Re, ch' io temo che ogni cosa andrà in rovina.

E partito l'ambasciatore del Re per i Svizzeri, il quale non mancherà di sollecitare quelle genti a discendere in Savoia e streggiarla molto bene, e don Bernardino teme molto a quel duca, e sospetta che voi altri signori Toscani abbiate volontà di sturbare la quiete d'Italia, e qui ha detto che vi ha posto spie per scuoprire i disegni che avete.

Il Re ha gran dolore alle emeroidi e giace nel letto, nè può dar ordine alle cose come converrebbe, di modo che, *quando caput languet, cœtera membra dolent*. Noi siamo a peggior termine che mai, perchè abbiamo negletto le occasioni di seguire così alto e bel principio di regnare in pace, e pare che Dio ci acciechi; e, sebbene ci armiamo, lo facciamo così lentamente, che pare che non sentiamo la necessità che abbiamo di farlo.

Credo che questa sarà l'ultima che scriverò a vostra signoria di qui, dovendo noi partire per Lione con la serenissima sposa, fra sei o otto giorni, se qualche nuovo accidente non ci sturba. Ben posso assicurare vostra signoria, che la serenissima principessa desidera di essere fuori di qui, perchè non vede preparato altro che male; e quei di Parigi, mostratisi ingrati verso la memoria della fu Regina Madre, con l'avere vietato di lasciare condurre fuori della città i mobili ch'ella aveva lasciati a questa principessa, hanno vie più infiammato il desiderio di partirsi la detta signora.

Si sta discorrendo, se si potesse trovare qualche impiastro alla pace, ovvero reconciliazione del Re con i suoi sudditi in generale, e con la famiglia di Guise in particolare; perchè della casa di Bourbon e quella di Lorena si troverebbe qualche temperamento; ma, per assicuranza della persona di Sua Maestà e per quella dei Guisardi, non se ne trova, sendosi rotto il vincolo comune, ch'era la fede; e si farà come sempre a *inganna il compagno*.

Si sono presi dai Guisardi molti canonici di Nostra Dama di Parigi, che se ne andavano alle loro possessioni, per salvarsi dalla tirannia popolare, e per non volere giurare per i cittadini contro Sua Maestà; e altresì è stato preso il grande elemosinario del Re, uomo dottissimo e esemplarissimo, il quale se ne andava ad una sua abbadia; ed è quello che ha tradotto così felicemente Plutarco; e tutti questi, posti a taglia, pagheranno buona somma di denari. Veda vostra signoria che specie di religione cattolica è questa, e quanto devotamente si affezionano alla borsa dei suoi cittadini, poichè a gente ecclesiastica fanno queste burle.

I gesuiti di Nevers cominciano a fare novità nella terra, dicendo che, se il duca di quel luogo serve il Re e l'accompagna alla guerra contro il duca du Maine, che fa male, e che i suoi sudditi non lo debbono obbedire. Di modo che si vede un furore universale e una mera insania di queste genti, ajutato dagli ecclesiastici. Contuttociò il signor duca di Nevers, sebbene è minacciato dal popolo di Parigi e dagli altri, non lascierà di accompagnare il Re in ogni impresa, e servirlo come deve, avvenga che che si sia; tanto più confidandosi in lui, e rimettendosi a lui nelle grandi imprese Sua Maestà, per essere solo dei principi appresso il Re, il quale abbia sale in zucca.

Si dolgono bene i principi del sangue, che non sieno più accarezzati dal Re di quello che sono, e pajono quasi ammutinati, ma sono tanto buoni che soffrono volentieri; fra tutti è di molto valore il conte di Soissons, e riuscirà grandissimo.

Il re di Navarra spia le occasioni di aggrandirsi verso Loire, e si aggrandirà di certo, non possendo sostenere il Re, poverissimo e esaustissimo, due diverse guerre, massime rivoltandosi ogni dì contro di lui qualche città; di sorte che i cattolici, tanto scrupolosi, fanno crescere volontariamente gli ugonotti; e si vede che la fortuna tira all'imperio di Francia il detto re, sendosi, dopo la morte di Guise, desiderato dal popolo per suo re questo che è ugonotto, e dalli predicatori di Parigi detto publicamente ch'egli doveva essere il signore, e non quello che è; offrendosi da alcuni di loro di venire a Blois ad uccidere il tiranno. Che pare a vostra signoria di questo? Ecci assai di eleboro per guarire la pazzia di costoro?

Tutte queste disgrazie mostrano non so che di vendetta celeste sopra questo regno, e particolarmente sopra il nostro re, per lo quale preghiamo ogni dì divotamente Dio, perchè, morto o prigione o cacciato ch'egli sia, noi siamo perduti. Sua Divina Maestà ci ajuti e ci consoli, perchè nella universale perfidia, e povertà nella quale si trova, consiglio umano non può avere luogo ad ajutarlo!

È fama che, fra pochi dì, uscirà l'armata inglese potentissima, con don Antonio, per andare verso Portogallo, dove il re di Fez, il quale è collegato con il detto don Antonio, avendo un suo figliuolo per ostaggio, manderà sue genti a sturbare quanto potrà il re Filippo; e si vede che la reina d'Inghilterra ha volontà di renderle quello che voleva l'anno passato fare a lei.

Non ho altro che dire a vostra signoria, se non ogni ora tradimenti e perfidie.

---

## LII.

### CAVRIANA À SERGUIDI.

Moulins, 11 mars 1589.

SOMMAIRE. — Départ. Tableau désolant de la situation de la France. Le Roi sera assassiné. Forces du duc du Maine; sa supériorité. Le Roi se verra forcé de se réunir aux huguenots du roi de Navarre; il est à Tours et attend ses Suisses. Le mal est à son comble.

Siamo in cammino con la serenissima sposa; ed oggi, che è l'xi marzo, partiamo di Moulins per andare a Lione, dove si è di già mandato per sapere se ci vorranno ricevere, avendo noi patito repulsa a Bourges e a Cerilly, terriciuola del Borbonese. Sua Altezza sta bene; e spero di condurla e renderla in buono stato al Serenissimo Nostro Signore.

Di qua non occorre che le scriva cosa veruna di piacevole nè di lieto, perchè siamo al fine del nostro imperio, e non si ode più che tradimenti, fellonie e insidie; e chi fa peggio è più lodato. Non passano più corrieri nè mercanti, perchè chiunque esce dalla città per andare in villa, è preso, tagliaggiato e incarcerato; ed ha buon patto, se non se gli toglie la vita. La giustizia è tanto grande quanto è la forza delle armi, e il più ardito e possente è colui che ha ragione. Di modo che io stimo felicissima cotesta principessa, che esca di questo regno decrepito e cadente.

Quanto è da Parigi sino alle Alpi della Savoia (parlo per la Borgogna, Berry, Francia, Borbonese e coteste altre provincie) tutto è ribellante, e si dividono le provincie dai più potenti tra loro. Del Re non ci è memoria nè rispetto, e si parla da ognuno di torgli la vita con l'imperio; e di già si sono posti all'ordine per eseguire questa impia e scelerata loro deliberazione. Il duca du Maine si affretta di porre insieme le sue forze, le quali saranno molto più tosto in campagna che le regie, veggendosi una prontitudine volontaria della nobiltà e dei popoli per lui contro Sua Maestà; e questa non nasce già perchè si seminano i denari per captivarseli, ma piuttosto da una permissione divina; di sorte che, se Dio non intenerisce i cuori, o dia il malanno a qualcheduno, noi siamo rovinati per sempre. Vostra signoria mi creda, che chi non è presente non può credere quello che noi veggiamo.

L'esercito del duca si formerà a Montargis, vicino ad Orléans e non molto lontano da Parigi, e camminerà diritto dove sarà il Re; e si tiene per fermo da questi Ligarii, che a Quasimodo sarà in stato tale che camminerà per tutto. Egli si vanta di avere dieci mila Svizzeri, guidati da Pfiffero, vecchio e reputato colonnello tra loro; e dal duca di Parma alcune compagnie di Valloni e d'Italiani, cassate a bello studio da lui per dar luogo al duca du Maine di assoldarle. Ma il principale del suo fatto è : la disobbedienza del popolo verso il Re, il dispregio della nobiltà, e il mal talento che il clero gli porta. Queste sono le armi del duca contro il Re, questi sono i sostegni della sua impresa; e posso aggiungervi, una tardità nel spedire le cose, la quale si conosce tanto manifesta in Sua Maestà, che ognuno che gli è servidore si dispera. In somma noi non attendiamo che il mortuario di questo regno.

Quanto al re di Navarra, egli ha buone forze, e voleva assediare e battere Saumur sù Loire; ma il Re, sendosi trasferito a Tours, gli ha levato di mano la vittoria, e costretto a ritirarsi verso Poitiers, per dar di piglio se potrà a Chatellerault, dove è inviato, e dentro del quale ha buona parte, per essere quella terra infetta d'eresia già molti anni. Quanto al Re, egli sta saldo nell'opinione di non volersi servire delle forze delli ugonotti; e sino a qui, sebbene si trova in male stato, non ha voluto aprire le orecchie ad alcune offerte fattele dal suo cognato, per non alienarsi molti cattolici col favore degli ugonotti. Ma io temo che la necessità lascierà la brida alla ragione, e che, sentendosi bene pressato, gli converrà servirsi di ognuno. Egli partì di Blois otto dì sono con gran fretta, sendo corso sino nel borgo che va a Chartres un nipote del già cardinale de La Bordisière con dugento cavalli, e avendo ucciso intorno a trenta Scozzesi della guardia reale del corpo; avea posto un gran spavento a tutta la corte e alla città, dicendosi che il duca du Maine vuole rovinare il castello di Blois, dove il fatto dei fratelli avvenne, e ivi fondare una cappella a perpetuità; e che publicamente dice, che egli avrà la vita del Re, o il Re la sua. Di pace o composizione non vuole intendere parola, e solamente pensa alla vendetta.

Ora che il Re è a Tours, e che il fiume di Loire lo fianca, pare che sia in qualche sicurezza; ma tanto è il sospetto dei tradimenti, che nè anche in quel luogo è sicuro; ed è molto lontano da Moulins, dove aspettava i Svizzeri, e dove pensava di formare il suo esercito; ma con la rivolta di Bourges, e con la dubbia fede di Moulins e di Nevers, che stanno per fare come le altre, è costretto di mutare pensiero; onde siamo a mal partito. Tutti stimano che non si verrà a giornata se non verso agosto, che le forze di ambe le parti saranno pari. Ma in questo mentre si faranno di piccole battaglie e dei riscontri memorandi, si prenderanno delle città, e si impedirà scambievolmente la levata delle compagnie per il regno; e i cammini si renderanno, come hanno cominciato, malissimo sicuri.

Il re di Spagna dimanda Cambrai, e di già l'ambasciatore ne ha fatto istanza molto viva al Re; il quale gli ha risposto, che avviserà sopra di ciò. Ma a dire il vero, questo uomo cerca la rovina del regno, la procura, e procaccia quanto può; e vorrebbe pure avere giusta occasione di romperla con Sua Maestà.

Gli principi prigionieri sono ancora col Re, e si stima che si lascieranno a Loches, o a Chinon, ovvero a Angers, luoghi dove sono castelli molto forti; ma non si sa ancora di certo quali di queste fortezze li riceveranno. Credo bene che vi penserà un pezzo, per essere stato, già venti dì, in una generale agonia, allora che quel suo favorito Longnac se ne andette ad Amboise, e pose tutto il regno in sospetto della sua fede. *Si esset in iis fides in quibus summa esse deberet, non laboraremus.* Parigi, più che mai pazzo, ha rotto il sigillo del Re, e non sigilla più col sigillo regio, ma col proprio; di modo che non vi è più modo alcuno di accordo, se non con la viva forza delle armi, perchè i popoli, scosso il giogo e gettata a terra la giustizia, vogliono la licenza, non che la libertà.

La moglie del maresciallo di Montmorency se ne va a Parigi, e si vede che ciascuno fa i fatti suoi, e vuole abbandonare il Re, pensando di aderire al vincitore e al più potente; di modo che, se Dio non lo soccorre, e non difende quel corpo sacrato e onto a Reims, io non veggo modo di salvazione alla sua persona. Il duca di Lorena non può digerire la morte dei cugini; e stimo che vostra signoria troverà ammirabile lo spirito della serenissima sposa, la quale sa con prudenza riconoscere quello che la debbe al suo sangue, e quello che al suo benefattore il Re.

FIN DE LA CORRESPONDANCE DE CAVRIANA.

## LIII.

### LETTRE DU CARDINAL GIOVANNI FRANCESCO MOROSINI,

### LÉGAT EN FRANCE, À. . . . .

(*Arch. Med.* Carteggio di Ferdinando I°, filza 146.)

### Janvier 1589.

Sommaire. — Le légat explique et justifie la conduite qu'il a tenue après l'assassinat des Guise. Excommunication du Roi. Curieux détails.

Essendo io avvisato da molti miei amici delle imputazioni e opposizioni che mi vengono fatte in Roma, per l'accidente seguito di questi signori Guisi fel. mem., ho giudicato bene, così per informazione e consolazione sua, come per iscarico e giustificazione mia, di dargliene con questa quel più sicuro conto che potrò.

La sapia dunque, che, avendo il Re Cristianissimo stabilito nell' animo suo di far morire il signor duca di Guise, per le cause che da Sua Maestà poi con diverse stampe sono state publicate al mondo, fece eseguire l'intenzione sua, la mattina dei xxIII di dicembre, con tanta prestezza e segretezza, che prima fu publicata la morte che sospettata da alcuno; perchè, sebbene le porte del castello fuori dell'ordinario erano serrate e le guardie di Sua Maestà tutte in arme e in battaglia, tuttavia, perchè questo s'era veduto altre volte per cause leggierissime, non bastava per far credere un'esecuzione tanto importante, e massime essendosi sparso che tutto ciò si faceva per dare delle mani addosso a uno che aveva posta mano al pugnale in camera del Re. Ma infine, essendo io stato avvisato per un servitore mandato da madama di Nemours, che lei stava con tremore dei suoi figliuoli, e mi pregava a volere andare in corte, io subito vestito, mi mossi per andare in castello; ma, stando per scendere le scale, il capitano della porta mi si fece incontro, e mi disse avere ordine espresso di non lasciare entrare alcuno; oltre che il duca di Guise era morto. Onde restando io semivivo e fuori di me stesso per sì orribile caso, non solo per la perdita di sì gran personnaggio, ma per la rovina ancora che io prevedevo dovere tirare seco la sua morte, ritornai lagrimando alla mia stanza; e il capitano andò a Sua Maestà, e le riferì che io gli avevo fatta istanza per entrare in castello; e però Sua Maestà mi mandò a dire subito per il signor cardinale Gondi, che per necessità di salvare la sua vita era stata astretta di fare morire il duca, e assicurarsi dei signori cardinali di Bourbon e di Guise e dell'arcivescovo di Lione, quali mi affermò sua signoria illustrissima che non avriano avuto altro male. Io per questi avvisi restai per un pezzo senza alcun sentimento; infine pregai il signor cardinale, che in mio nome domandasse audienza, acciocchè almeno potessi fare uffizio per i vivi, e non fossero tenuti prigioni due cardinali tanto principali, e con tanta indegnità del Sacro Collegio. Sua signoria rispose, che di questi non mi dessi pensiero, perchè al sicuro non moririeno, e che erano in buonissime stanze; e che, quanto all'audienza, non era possibile averla, trovandosi il Re occupatissimo; pure che non saria mancato di dimandarla, e che mi avria riportata la risposta; come fece verso sera, escusando Sua Maestà con le occupazioni, e confermandomi di nuovo che nè i cardinali nè l'arcivescovo sariano morti.

Con questa promessa del signor cardinale Gondi, io restai tanto più sicuro della vita di loro, quanto che vedevo che la serenissima Regina Madre, per parola del Re, teneva il medesimo. Contutto ciò l'istessa sera mi fu detto, che era vero che il Re non voleva far morire il cardinale di Guise, perchè già era morto; di che presto ancora fui sgannato da un gentiluomo che l'aveva veduto.

La mattina, quando manco sospettavo che Sua Maestà fusse per uscire a tanta trasgressione, ecco che mi viene detto che il povero cardinale aveva miseramente finita la sua vita, cosa sentita da me con tanto orrore e abbominazione, con quantà dovevo, e per l'abito che porto, e per l'enormità dell'eccesso. Onde, essendo l'illustrissimo Gondi venuto a vedermi, lo pregai instantissimamente, che dicesse al Re, in mio nome, che era scomunicato, che non dovesse entrare in chiesa, e che mandasse a Nostro Signore per l'assoluzione; e, per questo officio, Sua Maestà, che si voleva communicare il giorno di Natale, s'astenne dal farlo.

Il giorno di San Stefano poi, mi fece intendere Sua Maestà che andassi ai cappuccini, perchè mi voleva parlare; e, parendomi necessario di farle conoscere la gravezza del suo peccato, di esortarla a fare penitenza, e a dimandare perdono a Sua Santità, e di confermarla nella obbidienza della Sede Apostolica, andai, e l'aspettai nel giardino per levarle l'occasione di entrare in chiesa.

Venuta Sua Maestà, entrò a darmi conto delle cause che l'avevano mossa a fare quelle esecuzioni contro ai prefati signori, e poi si escusò del non avermi data audienza. Io le risposi, che per la gravezza del suo peccato, temevo grandemente dell'ira di Dio e contro Sua Maestà e contro tutto il regno, poichè non solo lei, ma tutti quelli ch'avevano tenuto mano così in darle come in eseguire così pernizioso consiglio, erano scomunicati, e che però doveva piangere amaramente l'errore suo, confessarlo e chiedere umilissimo perdono a Sua Beatitudine; avvisandola che frattanto non entrasse in chiesa e si astenesse dai santissimi sacramenti; e tutto questo passò alla presenza di più di cinquecento persone.

Dopo, sono stato due volte a parlare a Sua Maestà; una per protestarle, che, se lei si accordava col Navarra, come si parlava per la corte, che io senza altro mi licenziavo; l'altra per fare ufficio per il signor cardinale di Bourbon e per l'arcivescovo di Lione; di che tutto ho dato conto a persone a Roma.

Ora mi viene opposto, come intendo, che sia proceduto con timore, dove era necessaria l'audacia, e che non abbia, subito seguito questo accidente, publicato l'interdetto; ed io potrei rispondere, che l'accelerare questa medicina era un convertirla in veleno; e che io non devo correre con quelli che non considerano il pericolo, se non quando è passata la facoltà di rimediargli; e che, avendo l'esempio assai vicino, non giudicai espediente di mettere in disperazione un re già quasi condotto all'orlo del precipizio, e che aveva ancora sanguinate le mani. Mi risolsi però di avvisare con ogni diligenza a Roma, e di lasciare questo negozio, gravissimo e importantissimo a tutta la Cristianità, al saldo e prudentissimo giudicio di Nostro Signore; poichè la dilazione di quindici o venti giorni non legava le mani a Sua Santità, che non potesse far quello che le fosse suggerito dallo Spirito Santo e dalla propria sua prudenza. Nel che mi confermo tanto più di non avere errato, quanto che vedo che, se una congregazione di sei dottissimi cardinali, deputata all'esame e giudizio di questo successo, per molti dì ha tenuta, tuttavia tiene sotto al mantello la resoluzione di essa, io non dovevo in un'ora fare una dichiarazione di tanta conseguenza, e che servisse quasi per istrumento delle novità e orrendi accidenti seguiti; poichè tutti sariano stati rovesciati sopra di me, con mia perpetua ignominia, e forse con notabile perdita e danno della religione cattolica in questo regno, e con un odio irreconciliabile tra Sua Santità e il Re; il quale poi, quasi per conseguenza, fosse necessitato di collegarsi non solo con li eretici di Francia, ma anco con quelli d'Alemagna e d'Inghilterra.

Se dunque in caso di tanta importanza ho giudicato bene, prima che mi movessi a fare cosa di mio capo, di essere illuminato dalla mente dei padroni, per potere dirizzare secondo quella tutte le azioni mie, non mi deve questa risoluzione, fondata su quel poco di giudizio che Dio mi ha dato e sulla pratica che tengo di questo paese, essere ascritta a peccato sì grave, che metta in pericolo non solo l'onor mio, ma la grazia di Nostro Signore, a me più cara che la vita stessa.

Si vede, che ho fatto tutto quello che ho saputo e potuto per salvare la vita al signor cardinale di Guise e di tutti gli altri prigioni; si vede che ho avvisato il Re che era scomunicato, non solo lui, ma tutti gli altri che l'avevano consigliato e ajutato in questa morte; si vede che l'ho deviato dall'entrare in chiesa dei capuccini, e che io ho fuggito di trovarmi seco in luoghi publici, come alle esequie della Serenissima Regina, e altre occasioni; e infine si vede che, accortosi del suo errore, ha mandato un prelato a posta a Roma per dimandare perdono a Nostro Signore. Onde si potria dire, che, se pure mi sono ingannato, e la mia opinione non è stata buona, devo almeno per il fine avuto andare esente d'ogni riprensione e calunnia.

Le altre imputazioni che mi vengono fatte sono sì esorbitanti, e tanto lontane dalla verità, e sì piene di malizia e di sceleratezza, che non solo non temo che siano per fare impressione alcuna negli animi dei buoni, ma spero che doveranno servire per maggior testimonio dell' innocenza mia, e per più chiaro argomento della malignità di quelli che, *dum alios judicant, se ipsos condemnant.*

Ho voluto scrivere tutto questo, sebbene confusamente, per sua informazione, come ho detto di sopra; con tutto chè speri che il tempo, padrone della verità, la quale può bene essere oppressa ma non soppressa, in breve sia per levare questa rabbia di malignità, e per illustrare tanto più la candidezza e rettitudine dell'animo mio, che è stato e sarà sempre voltato all'onore di Dio, al servizio di Santa Chiesa, e al benefricio publico.

## VII.

# CORRESPONDANCE D'ORAZIO RUCELLAÏ[1].

### ADRESSÉE À PIETRO USIMBARDI,

#### PREMIER SECRÉTAIRE DU GRAND-DUC.

Octobre 1588-mars 1589.

(*Arch. Med.* Legazione di Francia, filza 21.)

## I.

### RUCELLAÏ À USIMBARDI.

#### Octobre 1588.

##### ANALYSE.

(5 octobre, Turin.) Le voyage de Rucellaï est retardé à cause des événements qui viennent d'avoir lieu dans le marquisat de Saluces; il a obtenu du duc de Savoie l'autorisation de poursuivre sa route. Voici ce qui s'est passé : le 28 septembre les portes de Turin ont été fermées; la nuit suivante le duc, à la tête de deux ou trois mille hommes, s'est rendu à Carmagnola, place forte que le gouverneur. M. La Fitte, avait quittée deux jours auparavant avec la plus grande partie de la garnison, sous prétexte de garantir Saluces des attaques des huguenots; la ville a été prise, et la forteresse a ouvert ses portes après quelques jours de résistance. Cental, Saluces et les autres places du marquisat sont au pouvoir du duc de Savoie, à l'exception de Revel, qui ne tiendra pas longtemps. Le duc proclame qu'il agit dans l'intérêt du roi de France, auquel les huguenots du Dauphiné auraient enlevé ces places. On fait courir le bruit de la mort de M. de la Valette en Provence, et de la prise de la Mirandole par le duc de Mantoue.

Le duc est rentré à Turin dans la soirée du 5; il s'était fait précéder par deux enseignes prises au siége de Carmagnole, et dont il a fait hommage à la duchesse

---

[1] Orazio Rucellaï était un des grands banquiers florentins, que l'importance de leurs affaires avait appelés en France. Toute la correspondance dont nous donnons l'analyse a trait aux négociations qui précédèrent le mariage du grand-duc Ferdinand Ier avec la princesse de Lorraine, petite-fille de Catherine de Médicis et nièce de Henri III. Cette alliance eut pour conséquence de rapprocher la cour de Toscane de la cour de France.

son épouse. Difficultés que Rucellaï a à surmonter pour obtenir ses passe-ports. Le duc veut que l'envoyé, qui doit expliquer sa conduite au roi de France, précède tous les autres voyageurs. L'ambassadeur de France a protesté hautement contre les procédés du duc, qui lui a répondu qu'il s'était défié de lui, parce qu'il le regarde comme dévoué aux intérêts du roi de Navarre.

(10 octobre, Lyon.) Rucellaï est arrivé dans cette ville, après beaucoup de fatigues; il y a trouvé M. du Maine, qui lui a fait grand accueil, et qui lui a promis son concours pour mener à bien l'affaire du mariage, affirmant que le duc de Lorraine sera heureux de donner la princesse sa fille au grand-duc Ferdinand.

(23 octobre, Blois.) Rucellaï est arrivé le 15; il a été installé magnifiquement dans la maison occupée précédemment par feu M. le cardinal de Birague. Il a assisté, le 16, à l'ouverture des États; le Roi lui a ensuite donné audience le 17, et a accueilli avec beaucoup de bonne grâce les deux propositions du grand-duc : la première touchant son désir d'épouser la princesse de Lorraine; la seconde consistant à employer ses bons offices pour amener la réconciliation du Roi et de M. de Montmorency. La Reine mère a reçu Rucellaï tous les jours. Les conditions du mariage ont été discutées avec une attention scrupuleuse de part et d'autre [1]. Le Roi désire que la cérémonie des fiançailles ait lieu en France, et que le grand-duc désigne pour le représenter le duc de Mercœur, le duc de Guise, et son fils aîné, le prince de Joinville. Le duc de Guise, consulté par le duc de Lorraine touchant le mariage, lui a fait cette réponse : *La mia passione mi persuade a consigliarvi di no, affinchè si continui il proposito di darla al duca di Nemours, mio fratello; ma la ragione mi comanda di darvi contrario consiglio.*

La princesse est adorée à la cour et dans le royaume.

Les États ont fait le serment de faire une guerre sans trêve aux huguenots. *Di che il generale ha preso un gran contento; e ciò può servire di chiarissima prova, che li Francesi meritano tuttavia il nome di buoni cattolici.*

---

[1] Nous supprimons les détails infinis dans lesquels entre Rucellaï, parce qu'ils présentent peu d'intérêt pour l'histoire générale. Il est cependant un point que nous croyons devoir signaler dans la dépêche du 23. Le grand-duc s'opposait formellement à ce que la princesse amenât une nombreuse suite de dames françaises; il ressort de la correspondance de Rucellaï, qu'il voulait se mettre en garde contre l'influence de la cour de France, où les mœurs étaient dépravées.

Lorsque, sur la prière de la Reine mère, le nonce Morosini et Girolami Gondi insistent pour que la princesse soit autorisée à emmener comme première dame d'honneur M^me de Marigny, qui l'a élevée, et en outre quatre toutes jeunes filles, ils ajoutent que M^me de Marigny a soixante et un ans, et qu'elle a toujours été de mœurs irréprochables; quant aux quatre petites filles, *sono di tenera età, e nutrite nelle case loro, SENZA MAI AVER VISTO LA CORTE.*

( 24 octobre, Blois.) Le Roi se propose d'envoyer M. de Poigny au duc de Savoie, pour le sommer de remettre entre ses mains les places du marquisat de Saluces : *per procurare di addormentarlo, tentando di dargli a credere che Loro Maestà non pensino più oltre che a caminare in questo affare per via di negozio.* Cependant on réunirait à Lyon vingt à vingt-cinq mille hommes sous les ordres du duc du Maine, comme pour les diriger contre les huguenots du Dauphiné. *Allora il Re di Francia parlerà fuòra delle denti, e si volterà a dirittura a scorrere la Bressa e la Savoia.* Ainsi on espère recouvrer Saluces. Le manque d'argent retardera l'entreprise, à moins que les princes d'Italie, sur de bonnes garanties, ne fassent un prêt considérable à Leurs Majestés. Le duc de Guise se montre tout de feu pour venger l'injure faite à la France par le duc de Savoie : *per chiarire il mondo, che esso non ha che fare cosa alcuna con li Spagnuoli.*

La Reine mère a remis à Rucellaï un mémoire contenant les conditions mises par le Roi à sa réconciliation avec M. de Montmorency, dont la parole serait garantie par le Pape et par le grand-duc.

Le légat Morosini supplie le grand-duc d'intervenir auprès du Pape pour obtenir son rappel; *se trova stracco e sbigottito da queste orribili turbulenze.*

Le Roi a congédié Villeroy et ses autres ministres, *per essere tutti sviscerati di casa Guisa. E la cagione che ne allega il Re stesso è, perchè avevono preso tanta autorità sopra di lui, che lo menarono per il naso dove più loro piaceva, senza che egli se ne potesse aiutare.*

( 28 octobre, Blois.) Girolamo Gondi est envoyé à Rome : pour engager le Pape à interposer son autorité, afin que le marquisat de Saluces soit restitué par le duc de Savoie; pour demander une assistance efficace du Saint-Père *in questi frangenti del Re*; pour le prier de vouloir bien amener M. de Montmorency à faire sa soumission au Roi. M. de Gondi doit s'arrêter à Florence pour y prendre les conseils du grand-duc. Le Roi désirerait vivement que le grand-duc consentît à marier madame Éléonore de Médicis, sa nièce, avec le fils de Montmorency; mais ce second mariage, conclu en France, pourrait causer quelque ombrage à l'Espagne. M. de Guise se meurt d'envie — *si muore di voglia* — de donner une de ses filles au fils de M. de Montmorency, ce que le Roi voudrait empêcher; et, la Reine mère lui ayant proposé cette alliance, *il Re prese tanto sdegno di quel proposito, che stette sei giorni quasi senza parlare alla stessa sua madre.*

Les États éprouvent un vif ressentiment de l'insulte faite à la France par le duc de Savoie. Le Roi sera soutenu dans cette affaire par les princes d'Italie; il peut compter sur le concours du grand-duc. M. de Poigny est parti pour Turin, afin d'y remplir sa mission.

## II.

### RUCELLAÏ À USIMBARDI.

Novembre 1588.

#### ANALYSE.

(7 novembre, Blois.) Le 29 octobre, Rucellaï a dîné chez le duc de Guise, qui approuve entièrement les conseils et les exhortations du grand-duc touchant l'affaire de Saluces; il y va de l'honneur même de la France. Rucellaï, au nom du grand-duc, a essayé d'amener entre le Roi et le duc de Guise une réconciliation sincère, recommandant avec adresse l'oubli du passé. *Ma la ragione in loro si trova combattuta dall' appassionato desiderio che è in casa di Guisa di aggrandirsi, e in Re di abbassarla; di maniera che hinc inde si va obediendo, ora al senso, ora allo spirito.*

La noblesse est mécontente des Guise : *per avere tenuto più conto della plebe che di lei.*

Les Guise sont les maîtres des États généraux, *per avere essi in loro libera disposizione quasi tutti li voti del Clero e del Terzo Stato.* Le duc est criblé de dettes; *e si tiene per cosa notoria, che, dallo accidente di Parigi in qua, egli abbia dato fine a più di sette cento mila scudi; sebbene tutti li parrochiati di Parigi, eccetto due soli, si sono indotti a andar chiedendo danari casa per casa in servizio e per lo intrattenimento suo, e riuscito loro di raccorre somme grossissime già parecchie volte.*

Le cardinal de Guise fait à Rucellaï le plus honorable accueil.

M. d'Épernon, loin de se rapprocher des huguenots, fait sa cour aux Guise. Le Roi le hait aujourd'hui autant qu'il l'a aimé, *odiandolo nello stesso grado che già egli lo amava.*

L'ambassadeur d'Espagne, don Bernardino de Mendoza, a de fréquentes audiences du Roi et de la Reine mère. *E io, nello investigare, ho penetrato che si tratta unione tra li due re, a fine di ridurre tutti li eretici alla Religione Cattolica, Apostolica, Romana, e li vassalli di ciascuno di loro ribellati alla debita loro obedienza.* Mais bien des obstacles s'opposent à une semblable alliance.

(23 novembre, Blois.) Cette très-longue dépêche est consacrée tout entière aux discussions d'affaires relatives au mariage.

### III.

#### RUCELLAÏ À USIMBARDI.

#### Décembre 1588.

(19 décembre, Blois.) La Reine mère est malade; elle a soixante et dix ans, *un corpo molto ripieno, la complessione assai catarosa, una mala tossa. Fomenta anco il sospetto in noi di vedere che, nè le purgazioni dateli, nè il sangue cavatoli, han fatto in lei li buoni effetti consueti in altri simili suoi mali.* Ce fâcheux incident apporte d'inévitables retards à la conclusion du mariage. Le Roi voudrait précipiter la cérémonie des fiançailles, mais le grand-duc exige qu'elle n'ait lieu que quatre jours avant le départ, ce qui excite les défiances de Leurs Majestés. On dit, en effet, que le roi d'Espagne doit envoyer un personnage tout exprès pour faire rompre le mariage de la princesse et du grand-duc.

La princesse est charmante; elle éprouve quelque embarras à l'égard du grand-duc, et elle en donne cette raison : *Con tutto che il granduca abbia renunziato del tutto il cappello, a me nondimeno rimane qualche cosa da cardinale, che è l' avere chiuso la bocca.*

Rucellaï a rendu la visite qu'il devait à l'ambassadeur de Savoie, qui a cherché à justifier son maître, ajoutant qu'il avait entendu dire que les Vénitiens et le grand-duc offraient beaucoup d'argent — *molti milioni d' oro* — au Roi pour faire la guerre au duc. Il n'en offre pas moins à la future grande-duchesse le libre passage par les États de Savoie.

L'expédition contre la Savoie se prépare avec une extrême lenteur : *parendo che ne sia la causa il mancamento di denari; il che con effetto nuoce al negozio. Ma il principale impedimento, a mio credere, è la irresoluzione del Re; al quale li avversarii della Lega persuadono che, poichè nel mettere insieme le dette forze, quasi tutti li loro capi saranno dependenti da casa Guisa (il che è verissimo), il Re verrà a ridursi del tutto a loro discrezione, la qual cosa Sua Maestà aborrisce.* Le duc de Guise, maintenu dans l'inaction, parle de remettre au Roi sa patente de lieutenant général du royaume, car cette haute charge engage son honneur à venger les affronts reçus par la France. Il prend ses mesures pour avoir à l'avenir l'entière direction des affaires : *Ha cavato promessa dalli Stati, che chiederanno al Re di stabilire un consiglio, il quale abbia facultà di risolvere e fare tutto quel'o che ricerchi il servizio del regno, etiam senza intervento del Re; mostrando muoversi a questo, a fine che li affari non vadino in precipizio mentre che Sua Maestà non ci attende, come dicono essere seguito per il passato: e protestando che si dissolveranno-in caso che ciò non segua. Il qual protesto vuole inferire di lassarlo* infantem nudum. Il est sous-entendu que toute la maison de Bourbon serait exclue du nouveau conseil. Défiance réciproque : *una gran diffidentia che ha il Re di casa Guisa e casa Guisa del Re, SINO DELLE PROPRIE VITE.*

Alfonso Corso est à la cour, envoyé par M. du Maine, pour savoir comment il doit se conduire à l'égard du duc de Savoie, attendu à Chambéry. Ce prince avait écrit une lettre aux États, mais son ambassadeur n'a pas jugé à propos de la lire, *perchè li Stati gli ariano fatto una risposta terribile.* Cet ambassadeur est devenu importun ; sur une observation qui lui est faite il demande ses passe-ports, qui lui sont délivrés sur-le-champ, et dont il ne fait pas usage.

L'ambassadeur d'Espagne déclare que son gouvernement n'est pour rien dans l'affaire du marquisat de Saluces. A la nouvelle de l'attitude prise par les États, le duc de Savoie aurait résolu de restituer Saluces ; mais depuis il serait revenu sur cette résolution. Le duc de Guise est décidé à tout tenter pour reprendre le marquisat.

(23 décembre, Blois.) Rucellaï a reçu les magnifiques bijoux destinés à la princesse, et il lui en a fait hommage. Cette parure a obtenu le plus grand succès auprès du Roi et à la cour. La princesse n'est plus appelée que la grande-duchesse. Tout le monde se réjouit de la conclusion de cette heureuse alliance. On s'en remet sur tous les points au jugement et à la délicatesse du grand-duc. Rien ne semble plus s'opposer au départ. Le Roi a dit très-gracieusement : *di tener la granduchessa per sua propria figlia, ed amare e stimare il granduca tutto quello che si può.*

Sur ces entrefaites, le duc de Guise est assassiné. Il faudra désigner d'autres représentants pour la cérémonie des fiançailles : le jeune prince de Joinville est en prison, et le duc de Mercœur ne viendra sans doute pas à la cour. M. de Bassompierre, qui avait la procuration du duc de Lorraine, étant de la Ligue, a pris la fuite. La jeune grande-duchesse, voulant éviter de nouveaux délais, désire que le grand-duc désigne le plus tôt possible ceux qui doivent le représenter, quels qu'ils soient. Elle aurait pensé à Rucellaï lui-même, qui s'excuse sur ce qu'il n'est pas prince. La princesse lui répond vivement : *Quanto a me, io vi dichiaro di restare capace che le cerimonie sono vanità, dove le possono ritardare la mia partita. Chiamasi questo aver la bocca aperta!* On pourrait envoyer la procuration au cardinal de Retz et au comte Scipion de Fiesque, chevalier d'honneur de la Reine régnante. Dans l'état présent des choses on ne peut compter sur madame de Montpensier pour accompagner la grande-duchesse jusqu'à Lyon, où la duchesse de Brunswick, sœur du duc de Lorraine, doit l'attendre. On pourrait mander cette princesse à Blois, mais cette combinaison entraînerait des retards ; d'ailleurs son frère consentirait-il à ce qu'elle se présentât à la cour dans ces fatales circonstances? Le chevalier Guicciardini est parti pour Nancy, afin de remettre au duc de Lorraine les lettres du grand-duc.

La Reine mère est entrée en convalescence.

POST-SCRIPTUM du 24 décembre : *In questo punto, che è un' ora innanzi a mezzo giorno, mi è stato mandato avviso per cosa certa di buonissimo luogo, che il cardinale di Guisa è stato ammazzato di pugnalate nella stanza dove era prigione.*

---

## IV.

### RUCELLAÏ À USIMBARDI.

#### Janvier 1589.

##### ANALYSE.

( 6 janvier, Blois. ) Mort de la Reine mère : *Piaccia a Sua Divina Maestà avergli dato luogo in cielo, si come ne danno ferma speranza tutta la vita che ella ha trapassata, e la partita che così santamente ell' ha fatta !*

(6 janvier, Blois.) Le 1er et le 2 janvier, la Reine mère allait assez bien pour sortir; une pleurésie l'a emportée. Le Roi est fort affligé, — *Sua Maestà si trova afflitta incomprensibilmente.* — La grande-duchesse est en proie à la plus vive douleur. La Reine mère lui laisse un palais à Paris et la moitié de ses biens meubles. La Reine régnante est chargée par le Roi de veiller à la prompte conclusion du mariage. Tout va bien.

( 31 janvier, Blois. ) Paris est en proie à la plus complète anarchie; on s'y livre à tous les excès : *sino a fare professione, e trattare di volere fare ammazzare il Re; essendo anco rinforzato il loro ardire, dopo che il signor duca du Maine ha accettato di unirsi con loro.*

Le Roi a conduit ses prisonniers à Amboise; M. de Nemours s'est évadé. Le Roi réunit toutes ses forces pour se rendre maître d'Orléans.

## V.

### RUCELLAÏ À USIMBARDI.

#### Février 1589.

##### ANALYSE.

( 2 février, Blois.) Les Parisiens ont aboli le nom du Roi, *il quale chiamano Henrico Terzo, già Re di Francia.* Violence des prédicateurs; ils accusent, du haut de leur chaire, le Pape d'agir en politique et non en chef de la religion. M. le maréchal de Retz part pour prendre les eaux de Lucques; *il popolo non loda punto questa partita, parendoli che a questo tempo convenga tornare a chi è lontano, e non partirsi a chi è sul fatto, tanto più a un maresciallo di Francia.*

( 12 février, Blois.) Le duc de Nemours, à qui la princesse était d'abord destinée, se propose, dit-on, de l'enlever pendant son voyage. Il réunirait à cet effet des forces entre Bourges et Moulins. Les Parisiens retiennent l'argent, les chevaux et les autres objets acquis par le grand-duc, ainsi que tous les meubles légués à la princesse de Lorraine par la Reine mère. Le roi d'Espagne et le duc de Savoie agissent secrètement pour empêcher le mariage. La princesse ne manquera ni de protection ni d'escorte. M. du Maine déjouera tous les mauvais desseins attribués sans vraisemblance à M. de Nemours. Au besoin, le duc de Lorraine saurait défendre sa fille.

Le chevalier Guicciardini écrit que tout ce qui appartient au grand-duc et à lui-même est retenu à l'Hôtel de ville de Paris; la princesse a adressé ses plaintes à M. du Maine.

Le Roi essaye de faire un emprunt de trois cent mille écus au grand-duc; Rucellaï le détourne de donner suite à ce projet tant que le mariage ne sera pas accompli. Bon vouloir de la Reine. La princesse, au milieu de toutes ces disgrâces, montre une grande force d'âme.

Madame de Nemours a été délivrée par ordre du Roi, et aussitôt elle s'est rendue à Orléans pour y trouver son fils, M. du Maine, et l'amener, s'il se peut, à un accord. M. du Maine était parti pour Chartres, d'où il se rendra à Paris. M. de Longnac, un des deux favoris du Roi, et gouverneur d'Amboise, irrité de ce que Sa Majesté n'avait pas accueilli une de ses demandes, a quitté la cour, et l'on craint, si son lieutenant ne reste pas fidèle au Roi plus que lui-même, qu'il ne livre au roi de Navarre et le château d'Amboise et les prisonniers qu'il renferme. M. le duc de Nevers, dont la santé est fort altérée, et M. d'Épernon sont venus mettre au service du Roi les forces dont ils disposent.

Les obsèques de la Reine mère ont été célébrées le 4 février. M. l'archevêque de Bourges a prononcé son oraison funèbre.

(17 février, Blois.) M. de Lenoncourt a obtenu du duc du Maine que les chevaux et les objets appartenant au grand-duc fussent restitués par les Parisiens. Toutes les mesures sont prises pour que le voyage s'accomplisse sans danger.

M. de Longnac et son lieutenant ont déclaré au cardinal de Lenoncourt, envoyé par le Roi, qu'ils ont donné à la Ligue leur parole de délivrer les prisonniers, et qu'ils n'auront garde de manquer à ce serment. Amboise semble donc perdu pour le Roi.

(27 février, Chéverny.) Le 26 les fiançailles ont été célébrées par le cardinal de Gondi, le grand-duc étant représenté par M. le grand prieur de France. Le départ a enfin eu lieu.

Nota. Les lettres du mois de mars ne contiennent que des détails sur le voyage de la grande-duchesse, depuis Blois jusqu'à Lyon. Le voyage se poursuit de la façon la plus heureuse.

------

## VI.

### RUCELLAÏ À SA FEMME, CAMILLA GUICCIARDINI.

#### Blois, 23 février 1589.

Sommaire. — Envoi de la convention secrète conclue entre le Roi et le grand-duc, touchant le marquisat de Saluces. Ce pays serait engagé au grand-duc pour une somme de huit cent mille écus. Importance de ce document.

Cuor mio dolcissimo,

[1] La inclusa scrittura contiene la traduzione di una promessa che mi ha fatta il Re, la quale rimane appresso di me. Francesco Guicciardini, presente latore, che io mando espresso per comandamento del Re, farà sapere il modo nel quale si è venuto a questo con ogni sua circunstanzia, avendolo io instrutto minutamente di tutto; ed esso è capace, spiritoso e accurato molto.

Or che la palla è pervenuta in mano di granduca, starà a lei di

[1] La lettre et la convention traduites sont entièrement en chiffres.

governare questo negozio per quella via che la sua somma prudenzia le detterà. La impresa con effetto è difficile, tornando marchesato di Saluzzo così commodo, non meno al re di Spagna che a Savoia, essendo così smisurata la ambizione e alterigia di detta Savoia, e trovandosi il Re per al presente con il vento sì contrario, che non ha del verisimile Savoia sia per volere lasciare la preda. Ma da altra parte la promessa di quelli dugento mila, se io non m'inganno, arà gran forza di fare mutare registro a Papa; e a Sua Santità, ben disposta per tale verso e bene consigliata dal granduca, non doverà mancare il modo di toccare tali tasti da fermare della testa ogni più sbardellato cervello. Nè io confido poco nella buona fortuna del granduca; parendomi che di già la cominci a scoprirsi favorevole in questo fatto, giacchè egli balza in campagna appunto su la dolcezza delle nozze del signor don Virginio, le quali presupongono che il Papa disegni appoggiare la sua successione al granduca; e di qui poi (secondo il discorso naturale) risulta che ogni sua grandezza e forza sia desiderabile anco al Papa. In ogni caso il Re non può se non guadagnare con questa proposizione verso il Papa, benchè molto più per un verso che per l'altro. E granduca similmente, quando pure il negozio non riesca, può in ogni modo, secondo il mio debole giudicio, stimare qualche cosa, se sia stato rimesso così assolutamente alla sua disposizione un tale fatto, che è tenuto delli maggiori e più importanti, non meno per le sue dependenzie che per sè stesso, che si sia presentato da gran tempo in qua; sì come credo, che aporterà molto piacere al granduca il vedere con che estraordinaria affezione et confidenza il Re tratta con Sua Altezza, massime che si la possa assicurare che tutto questo è anco poco, rispetto a quel che Sua Maestà ha nel cuore verso di Sua Altezza; essendo io certo, che la non penserebbe niente a metterla in mano liberamente a chiusi occhi tutto il suo regno con sè stesso. Per il che, e perchè anco il consiglio secreto del Re, che interviene a simili deliberazioni, è ottimamente volto alla medesima mira, secondo che il detto Guicciardini esplicarà, non è da dubitare che anco, senza la mia presenza, non venga dalla banda di qua eseguito tutto quel che occorresse con ogni prontezza e facilità nella miglior forma che si possa desiderare. Il Re mette in considerazione al granduca, contentandosi però che Sua Altezza se ne governi del tutto a suo gusto, se fusse oportuno che, innanzi di far fare offizio con il Papa dal marchese di Pisani, Sua Altezza, come di suo proprio, facesse tastare la mente di Sua Beatitudine sopra questa materia per quel verso che più le piacesse, a fine che Sua Maestà non ci mettesse della reputazione, in mente che il Papa non ci volesse prestare orecchio, riserbando a far fare gli atti suoi al detto marchese, dopochè granduca avesse trovato terreno ben disposto. Al qual marchese il Re ordina con la alligata di fare intorno a Saluzzo interamente e a punto tutto quello che granduca gli farà intendere, e lo stesso gli ordina Sua Maestà nella lettera del suo spaccio, che porta il medesimo Guicciardini; il quale gli piacerà Piero Usimbardi far mandare subito a buon ricapito, con il plico di cardinale Morosini per il Papa.

Il signore Dio vi faccia e conservi lunghissimo tempo felicissima!

Avendo dipoi ricevuto le lettere di ix del signore, vostro fratello, ho esposto al Re la buona speranza, che granduca gli dà, che Papa possa ridursi a favorire li suoi affari, il che gli è stato caro fuora di modo; e poichè li umori cattivi comincion ad essere ben preparati, la medicina di quelli dugento mila viene a riscontrare intanto più oportuna occasione; e si può sperare, che la sia per avere forza di evacuarli tutti. Trattanto il Re mi ha assicurato, che non mancarà di governarsi interamente secondo li ricordi prudentissimi di granduca in questo ed in ogni altro conto.

### CONVENTION SECRÈTE.

Noi, Re, promettiamo a granduca di vendergli, cedergli e transportargli, con facultà nondimeno di riscatto, il nostro marchesato di Saluzzo, con le terre, castelli e villaggi, piazze, fortezze, vassalli, omaggi, ragioni, profitti, entrate e qualunque altre appartenenze e dependenze di esso, con ogni diritto di sovranità; ed insieme tutta la artiglieria e munizioni di guerra che vi abbiamo; e di passargliene contratto in buona e debita forma, ogni volta che ne saremo richiesti da sua parte;

e ciò mediante il prezzo e somma di otto cento mila scudi del sole.
Della quale somma noi consentiamo e concediamo che egli possa, per
mano sua, o de'suoi agenti e ministri, dare e portare a me, o a·chi a
detto Papa parrà, dugento mila a conto, e per parte delli detti scudi
otto cento mila. E, quanto alli restanti scudi secento mila, egli dovrà
farceli pagare in questo modo : cioè dugento mila a Francfort o a Nuremberg in Alemagna, e li altri quattrocento mila a Lione o in altra
città di questo nostro regno, che ci tornerà più commodo il tutto allora. E, nel medesimo instante, egli entrerà in possesso atto del detto
marchesato; con condizione ancora, che nel pigliare egli il detto possesso, si abbia a fare buono e reale inventario da persone che a ciò saranno deputate, tanto per la parte nostra.che per la sua, di tutte le
cose suddette; e che egli sarà obligato renderci e restituirci il tutto,
secondo il detto inventario, quando noi lo rimborseremo delli detti ottocento mila scudi in un solo pagamento, senza che siamo tenuti a altro verso di lui nel fare il detto riscatto per qualsivoglia causa. Promettiamo inoltre al detto granduca di tenere esso marchesato nella
nostra protezione, e di impiegare le nostre forze e modi per conser-
varglielo e difenderglielo con tutte le dette sue ragioni e appartenenze
verso ognuno e contro ognuno, ogni volta che bisognerà. E per dette
abbiamo sottoscritto la presente, e fatto tutto anco sottoscrivere da
uno de'nostri secretarii di Stato. Blois, alli xxiii di Febraio 1589.

---

## VII.

### LETTRE DE M. LE COMTE DE LENONCOURT.

(*Arch. Med.* Carteggio di Ferdinando I°, filza 148.)

Nancy, août 1589.

Sommaire. — Assassinat de Henri III.

Le premier jour d'aoust, un Jacopin s'en alla ou estoit le Roy, et s'a-
dressa a ung nommé M. de La Guesle, procureur du Roy, luy disant

qu'il avoit quelque billet à bailler à Sa Majesté et luy dire quelque
secret qui importoit pour son service. Le dict La Guesle le fait entendre
au Roy; ce que le Roy ne voulut soudainement l'ouyr parler, mais ordonna a son procureur de sçavoir ce qu'il avoit a luy dire. Et le dict
Jacopin persista ne le vouloir dire qu'au Roy, qui fut cause que le Roy
dict qu'on le fist venir. Et, estant dans le cabinet du Roy, il présenta
au Roy deux ou trois billets l'ung aprés l'aultre. Lesquels le Roy leust;
et sur la fin, le dict Jacopin print ung couteau qu'il avoit préparé
en sa manche, du quel il luy en donna un coup au petit ventre au
dessus du numbrile, luy laissant le couteau dans le ventre, que l'on
tient estre empoisonné. Le Roy, se sentant blessé, tira le couteau et
finalement se l'arracha; et de la vigueur qu'il y alla, s'eslargit davan-
tage la plaie et il se coupa les doigts de la main, et en même temps
donna au Jacopin du dict couteau dans la mâchoire. Et soudain le Jacopin eut ung coup de coutelas d'un des gardes, et enfin ung coup
d'halebarde tranche le corps; et il fut tué sur la place, et depuis
pendu et mis en quattre quartiers. Le coup fut donné a dix heures du
matin, et le Roy mourut a deux heures apres minuit suyvant, parce
que les boiaux estoient offensés, et que le couteau estoit empoisonné,
comme on estime.

# TABLE DES MATIÈRES.

FIN DE LA TABLE.

www.ingramcontent.com/pod-product-compliance
Lightning Source LLC
Chambersburg PA
CBHW071350290326
41932CB00045B/1278